Reuse (Hrsg.)

Praktikerhandbuch Risikotragfähigkeit

Prozesse, Steuerungsansätze und Einbindung von Risiken im Kontext von SREP und MaRisk 6.0

2. Auflage

Finanz Colloquium Heidelberg, 2016

Zitiervorschlag:

Autor in: Reuse (Hrsg.): Praktikerhandbuch Risikotragfähigkeit,
2. Auflage 2016, RdNr. XX.

ISBN:	978-3-95725-031-5
© 2016	Finanz Colloquium Heidelberg GmbH
	Im Bosseldorn 30, 69126 Heidelberg
	www.FC-Heidelberg.de
	info@FC-Heidelberg.de
Titelfoto:	depositphotos.com/stevebonk
Satz:	MetaLexis, Niedernhausen
Druck:	STRAUSS GmbH, Mörlenbach

Reuse (Hrsg.)

Praktikerhandbuch Risikotragfähigkeit

Prozesse, Steuerungsansätze und Einbindung von Risiken im Kontext von SREP und MaRisk 6.0

2. Auflage

Volker Abel
Senior Manager, Practice Group Finance & Risk
zeb/rolfes.schierenbeck.associates GmbH

Stefan Blömer
Senior Manager, Fachbereich Banken und Finanzdienstleister
BDO AG Wirtschaftsprüfungsgesellschaft

Noel Boka
Spezialist Controlling
PSD Bank Rhein-Ruhr eG

Matthias Brand
Controlling und Rechnungswesen
Kreissparkasse Böblingen

Dr. Christian Buddendick
Manager, Practice Group Finance & Risk
zeb/rolfes.schierenbeck.associates GmbH

Axel Dehnhard
Leiter Abteilung Betriebswirtschaft
Kreissparkasse Euskirchen

Jörg Friedberg
Abteilungsdirektor Risikomanagement/Risikotragfähigkeit
Deutscher Sparkassen- und Giroverband e. V.

Björn Gereke
Abteilungsleiter Controlling
Hannoversche Volksbank eG

Dr. Berthold Haag
Gruppenleiter Credit Risk and Capital Management
Interne Revision
UniCredit Bank AG

Dr. Nicole Handschuher
Bereichsleiterin Gesamtbanksteuerung
Kreissparkasse München Starnberg Ebersberg

Dr. Matthias Haug
Mitglied des Vorstandes
Volksbank Flein-Talheim eG, Flein

Prof. Dr. Dirk Heithecker
Professur für Quantitative Methoden und Corporate Finance
Hochschule Hannover
Senior Risk Manager/Fachreferent Credit and Residual Value Risk
Volkswagen Financial Services AG, Braunschweig

Oliver Klenner
Direktor Gesamtbanksteuerung
Sparkasse Leverkusen

Christian Klomfaß
Mitarbeiter Banksteuerungsanwendungen
Finanz Informatik

Jochen Krahn
Verbandsreferent
Rheinischer Sparkassen- und Giroverband

Wibke Lindemann
Senior Manager, Fachbereich Banken und Finanzdienstleister
BDO AG Wirtschaftsprüfungsgesellschaft

Matthias Meier
Bereichsleiter Unternehmenssteuerung & Personalplanung/-entwicklung
Sparkasse Märkisches Sauerland Hemer-Menden

Dr. Markus Müller
Leiter Private Banking – Betreuung Freie Berufe und Heilberufe
Taunus-Sparkasse

Wolfgang Otte
Rechtsanwalt/Wirtschaftsprüfer
Partner, Leitung Fachbereich Banken und Finanzdienstleister
BDO AG Wirtschaftsprüfungsgesellschaft

Dr. Svend Reuse (Hrsg.)
Bereichsleiter Gesamtbanksteuerung
Stadtsparkasse Remscheid
u. a. Dozent an der FOM Hochschule für Oekonomie und Management
sowie HRW Hochschule Ruhr-West
Mitglied im Fachbeirat des isf – Institute for Strategic Finance

Simone Seeger
Referentin Marktpreisrisikocontrolling
Kreissparkasse Ludwigsburg

Gennadij Seel
Abteilungsleiter Risikocontrolling
Städtische Sparkasse zu Schwelm

Andreas Seuthe
Referatsleiter
Deutsche Bundesbank, Hauptverwaltung in NRW

Andreas Tangemann
Stellvertretendes Mitglied des Vorstandes
Stadt-Sparkasse Solingen

Dennis Tschuschke
Senior Risk Manager/Fachreferent Credit and Residual Value Risk
Volkswagen Financial Services AG, Braunschweig

Viola Uphoff
Gruppenleiterin Steuerungsverfahren/Gesamtbank
Bundesverband der Deutschen Volksbanken und Raiffeisenbanken e. V.

Dr. Matthias Wagatha
Head of Portfolio Management & Reporting II
Deutsche Pfandbriefbank AG

Michael Wellershaus
Mitglied des Vorstandes
Stadtsparkasse Remscheid

Nick Wermuth
Fachprüfer, Referat Bankgeschäftliche Prüfung
Deutsche Bundesbank, Hannover

Marcus Wilhelm
Abteilungsleiter Treasury
Kasseler Sparkasse

Dr. Roland Wolff
Senior Manager, Practice Group Finance & Risk
zeb/rolfes.schierenbeck.associates GmbH

Prof. Dr. Stefan Zeranski
Professur für Betriebswirtschaftslehre und Dekan
Brunswick European Law School (BELS) an der Ostfalia Hochschule
für angewandte Wissenschaften, Wolfenbüttel

Finanz Colloquium Heidelberg, 2016

Inhaltsübersicht

A. Einleitende Worte zum vorliegenden Werk   1

B. Regulatorische Rahmenbedingungen zur Risikotragfähigkeit   13

C. Zusammenhang von Strategiekonzepten und Risikotragfähigkeit   133

D. Ganzheitliche Risikoinventur unter Berücksichtigung von Konzentration und Diversifikation   227

E. Kritische Würdigung von Risikotragfähigkeitskonzeptionen   337

F. Messung, Limitierung und Einbindung von Risiken in die Risikotragfähigkeit   441

G. Stresstests zur Ergänzung der Risikotragfähigkeit   681

H. Aufbau eines MaRisk-konformen Risikoreportings   711

I. Softwarelösungen für die Risikotragfähigkeit   797

J. Prüfung und Beurteilung der Risikotragfähigkeits-Prozesse   883

K. Fazit und abschließender Ausblick auf die Zukunft   943

Anhang   955

Literaturverzeichnis   1035

Abkürzungsverzeichnis   1077

Abbildungsverzeichnis   1087

Tabellenverzeichnis   1103

Stichwortverzeichnis   1109

Inhaltsverzeichnis

A. Einleitende Worte zum vorliegenden Werk *(Reuse)*   1

    I. Herleitung und historischer Abriss   3

    II. Definition und Strukturierung des Risikotragfähigkeitsbegriffes   5

    III. Neuerungen und Ergänzungen im Vergleich zur 1. Auflage   6
        1. Rollierend vs. Ultimo/Ultimo Folgejahr   6
        2. Definition Going-Concern   7
        3. Implementierung neuer aufsichtsrechtlicher Anforderungen   9
        4. Technische Umsetzung   9
        5. MaRisk 6.0-E – Auswirkungen auf das Reporting   9

    IV. Aufbau des vorliegenden Werkes   10

    V. Danksagung   12

B. Regulatorische Rahmenbedingungen zur Risikotragfähigkeit   13

    I. Anforderungen der Bankenaufsicht an die Risikotragfähigkeit *(Seuthe)*   15
        1. Einleitende Worte und Problemstellung   15
        2. Regulatorische Rahmenbedingungen des ICAAP   17
            2.1. Baseler Eigenkapitalvereinbarung (»Basel II«)   17
            2.2. Europäische Vorgaben   21
            2.3. Kreditwesengesetz   31
            2.4. Mindestanforderungen an das Risikomanagement – MaRisk   35
        3. Aufsichtliche Beurteilung bankinterner Risikotragfähigkeitskonzepte   46
            3.1. Einleitende Worte   46
            3.2. Definitionen   48
            3.3. Grundsätze der aufsichtlichen Beurteilung   50
            3.4. Risikodeckungspotenzial   52
            3.5. Risikoarten und Risikoquantifizierung   63

	3.6.	Stresstests	66
	3.7.	Einbindung in die Geschäfts- und Risikostrategie	67
4.	»Range of Practice« zur Sicherstellung der Risikotragfähigkeit		67
	4.1.	Überblick	67
	4.2.	Steuerungsverfahren	69
	4.3.	Risikodeckungspotenzial	69
5.	Überprüfungs- und Sanktionsinstrumente der Aufsicht		72
	5.1.	Aufsichtsgespräche	72
	5.2.	Prüfung des Jahresabschlusses	73
	5.3.	ICAAP-Prüfungen	74
	5.4.	Erhöhte Eigenmittelanforderungen	75
	5.5.	Maßnahmen bei organisatorischen Mängeln	77
6.	Fazit		78

II. Auswirkungen des SREP auf die Banksteuerung – der Säule 1+ Ansatz *(Blömer/Lindemann)*   81

1.	Einleitende Worte		81
	1.1.	Historischer Abriss: Vom ICAAP zum SREP	81
	1.2.	Strukturierung des Beitrages	82
2.	Methodenfreiheit der internen Risikotragfähigkeitskonzeption (ICAAP)		83
	2.1.	Methodenfreiheit nach MaRisk	83
	2.2.	Leitfaden von BaFin/Bundesbank	83
	2.3.	Erster Ausfluss: Meldewesen nach FinaRisikoV	84
	2.4.	Überführung von Säule 2-Anforderungen in Eigenkapitalzuschläge	85
3.	Aufbau und Umsetzung des bankaufsichtlichen Überprüfungs- und Bewertungsprozesses (SREP)		85
	3.1.	Grundlegender Aufbau der SREP	85
	3.2.	Geltungsbereich des SREP	88
	3.3.	Würdigung der Anforderungen	90
	3.4.	Datengenerierung: Modernisierung Meldewesen und kennzahlenbasierte Aufsichtsfunktion	90
4.	Auswirkungen des SREP auf die Institute		92
	4.1.	Ziele und Grenzen des SREP	92

		4.2.	Wesentliche Risiken	94
		4.3.	Notwendigkeit der Geschäftsmodellanalyse bis in die Teilbereiche des Instituts	99
		4.4.	Auswirkung des SREP-Kapitalbewertungsprozesses auf die Banksteuerung	103
	5.	Fazit und kritische Würdigung		109
		5.1.	Zusammenfassung	109
		5.2.	Weiterentwicklungsbedarf der Steuerungsinstrumente	109
		5.3.	Empfehlungen für die Institute	110
III.	Meldung der Risikotragfähigkeit nach FinaRisikoV *(Wermuth)*			112
	1.	Historischer Abriss – Die Modernisierung des bankaufsichtlichen Meldewesens		112
	2.	Gesetzliche Grundlagen		113
	3.	Wesentliche Informationen im Überblick		114
		3.1.	Meldepflichtige Unternehmen	114
		3.2.	Meldefrequenz, -stichtag und Abgabefrist	114
		3.3.	Meldeverfahren	116
		3.4.	Meldeinhalt	116
	4.	Meldebögen – Inhalte und Befüllungshinweise		116
		4.1.	Strukturierung der Meldebögen	116
		4.2.	Detailanalyse der Meldebögen	121
	5.	Impulse für die Praxis		125
		5.1.	Überprüfung des eigenen RTF-Konzeptes	125
		5.2.	Zuständigkeiten	125
		5.3.	Datenqualität und Vieraugenprinzip	127
	6.	Fazit und Ausblick		128
IV.	Ausblick auf die zukünftig zu erwartenden Regelungen durch die Aufsicht *(Reuse)*			130
	1.	SREP für LSI		130
	2.	Eigenkapitalunterlegung von Zinsänderungsrisiken		130
	3.	Going-Concern in Diskussion		131

C. Zusammenhang von Strategiekonzepten und Risikotragfähigkeit — 133

I. Definition eines konsistenten Strategiesystems *(Haug)* — 135

II. Ausgestaltung einer Risikostrategie *(Haug)* — 137
1. Verankerung der Risikostrategie in bankaufsichtlichen Vorschriften — 137
2. Von der Mission, über die Strategie zum Risikomanagement — 140
3. Das Geschäftsmodell als Basis der Strategieentwicklung — 146
4. Ausgestaltung der Geschäfts- und Risikostrategie — 147
5. Kapitalplanungsprozess — 152
6. Anforderungen des SREP an den Strategieprozess — 156

III. Ableitung eines Risikotragfähigkeit-Konzeptes aus der Strategie *(Haug)* — 157
1. Die Risikotragfähigkeit im Mittelpunkt der Strategieentwicklung — 157
2. Zusammenhang zwischen Geschäftsstrategie und Risikotragfähigkeit — 158
3. Risikotragfähigkeitskonzepte in der Banksteuerung — 160
   - 3.1. Bilanzorientierte Risikotragfähigkeit — 160
   - 3.2. Wertorientierte Risikotragfähigkeit — 163
4. Anforderungen an Risikotragfähigkeitskonzepte — 166
5. Die Rolle der Risikotaxonomie in der Risikotragfähigkeit — 168
6. Strategische Implikationen eines Risikotragfähigkeitskonzepts — 169
7. Kreislaufmodell der Strategieentwicklung — 170

IV. Praxistipps für die Umsetzung und mögliche Fallstricke *(Haug)* — 173
1. Strategie und Strategieprozess — 173
2. Kapitalplanungsprozess — 176
3. Die Risikotragfähigkeit im Licht der Niedrigzinsumfrage der Deutschen Bundesbank — 177

V. Berücksichtigung von Kapitalplanungsprozess und Basel III im Risikotragfähigkeitskonzept *(Boka)* — 180

1. Einleitende Worte zur Kapitalplanung nach MaRisk — 180
2. Kapitalplanung im regulatorischen Kontext — 181
   - 2.1. Kapitalplanung im Risikotragfähigkeitskonzept — 181
   - 2.2. Zeitlicher Horizont — 183
   - 2.3. Prozessuale Zuständigkeiten in Aufbau- und Ablauforganisation — 184
3. Determinanten der Kapitalplanung — 186
   - 3.1. Allgemeine Determinanten der MaRisk — 186
   - 3.2. Einfluss der Eigenkapitalanforderungen — 188
   - 3.3. Berücksichtigung weiterer Basel III Kennziffern — 190
   - 3.4. Besondere Anforderungen an adverse Entwicklungen — 192
4. Ganzheitliche Szenariobetrachtung — 193
   - 4.1. Ermittlung des Grundprozesses — 193
   - 4.2. Adverse Szenarien — 199
   - 4.3. Maßnahmenableitung — 202
5. Fazit und Ausblick — 204
   - 5.1. Selbstcheck Kapitalplanung — 204
   - 5.2. Ausblick auf die Zukunft — 205

VI. Umsetzungsherausforderungen in der Praxis – Integriertes Engpassmanagement zur Sicherstellung von Kapitaladäquanz und -effizienz *(Abel/Wolff)* — 207

1. Bedeutung des Risikotragfähigkeitskalküls für die Banksteuerung — 207
   - 1.1. Von den »Steuerungssilos« zur integrierten Banksteuerung — 207
   - 1.2. Banksteuerung in Zeiten von SSM und EZB-Aufsicht — 209
2. Aktuelle Herausforderungen im Kapitalmanagement und in der Umsetzung der RTF — 210
   - 2.1. Regulatorische Kapitaladäquanz — 210
   - 2.2. Wertorientierte Kapitaleffizienz — 213
   - 2.3. Zwischenfazit — 216

	3.	Integriertes Engpassmanagement im Rahmen der Gesamtbanksteuerung	216
		3.1. Werttreiberbasierte Gesamtbankplanung	217
		3.2. Engpassorientierte Kapitalallokation	219
		3.3. Szenariobasiertes Risikomanagement	221
		3.4. Holistisches Analyse- und Reportingframework	223
	4.	Zusammenfassung der Ergebnisse und Ausblick	224
VII.		Fazit und Ausblick *(Haug)*	226

D. Ganzheitliche Risikoinventur unter Berücksichtigung von Konzentration und Diversifikation — 227

I.	Definition Risikoinventur *(Gereke)*		229
	1.	Allgemeine Begriffserläuterung und Abgrenzung	229
	2.	Aufsichtliche Definition und Historie	229
II.	Strukturierung von Risikoarten *(Gereke)*		230
	1.	Identifikation relevanter Risikoarten	230
	2.	Aufsichtliche Vorgaben	232
III.	Anforderungen der MaRisk an die Ausgestaltung des Inventurprozesses *(Gereke)*		233
	1.	Wortlaut des AT 2.2 der aktuell gültigen MaRisk-Fassung	233
	2.	Auslegung der aufsichtlichen Anforderungen	234
IV.	Aufbau eines modernen Inventurprozesses *(Gereke)*		236
	1.	Grundprinzipien einer Risikoinventur	236
	2.	Technisch-organisatorische Rahmenbedingungen	237
	3.	Durchführungsstandards und Prozessregeln	238
V.	Praktische Umsetzungsimpulse bei der Ausgestaltung der Risikoinventur *(Gereke)*		242
	1.	Umgang mit wesentlichen Risiken	242
		1.1. Analyse und Bewertung von Adressrisiken	242
		1.2. Analyse und Bewertung von Marktpreisrisiken	246
		1.3. Analyse und Bewertung von Liquiditätsrisiken	249

		1.4.	Analyse und Bewertung von operationellen Risiken	252
	2.		Analyse von Interrisikokonzentrationen	254
	3.		Umgang mit nicht wesentlichen Risiken	255
VI.			Umgang mit Modellrisiken/-schwächen/-fehlern *(Handschuher)*	257
	1.		Ausgestaltung des jährlichen Validierungsprozesses	257
	2.		Grundsätzliche Ansätze zur Validierung von Risikomodellen	259
	3.		Modellrisiken in der Praxis	260
		3.1.	Validierung des Risikotragfähigkeitskonzepts	260
		3.2.	Validierung von Adressrisiken	263
		3.3.	Validierung von Marktpreisrisiken	265
		3.4.	Validierung von Liquiditätsrisiken	266
		3.5.	Validierung von operationellen und sonstigen Risiken	267
	4.		Fazit und Zusammenfassung der wesentlichen Erkenntnisse	268
VII.			Umgang mit Konzentrationsrisiken *(Heithecker)*	269
	1.		Vorüberlegungen zu Risikokonzentrationen	269
	2.		Aufsichtsrechtliche Vorgaben	269
		2.1.	Grundsätzliche Vorgaben in Aufsichtspapieren	270
		2.2.	Neue Vorgaben der Säule II nach SREP und MaRisk	275
	3.		Risikokonzentrationen in der Risikotragfähigkeitsanalyse	283
		3.1.	Identifikation und Abbildung von Risikokonzentrationen	283
		3.2.	Bewertung von Risikokonzentrationen	288
		3.3.	Abbildung in der Risikotragfähigkeit und in der Limitierung	301
	4.		Schlussbemerkung	305
VIII.			Kritische Analyse risikomindernder Diversifikationseffekte *(Reuse)*	307
	1.		Grundgedanke der Risikodiversifikation	307

	2.	Anforderungen der MaRisk an die Verwendung von Diversifikationen	307
		2.1. Darstellung der Anforderungen	307
		2.2. Zusammenfassende Würdigung	309
	3.	Nachweis der Stabilität von Korrelationen in der Asset Allocation	310
		3.1. Vorbemerkungen auf Basis bestehender Literatur	310
		3.2. Praktischer Nachweis der Stabilität von Korrelationen in Extremsituationen	311
		3.3. Grundsätzliche Anwendbarkeit von Korrelationen in der Risikotragfähigkeitsberechnung	323
	4.	Vorgehensweise zum Umgang mit Diversifikationen in der Risikotragfähigkeit	323
		4.1. Bestandsaufnahme der verwendeten Diversifikationen im Institut	323
		4.2. Stressen von Korrelationen	326
		4.3. Anwendbarkeit in Modellen sowie der barwertigen und periodischen RTF	332
	5.	Fazit und kritische Würdigung	334
IX.	Ausblick auf die zukünftige Weiterentwicklung der Risikoinventur *(Reuse)*		334

E. Kritische Würdigung von Risikotragfähigkeitskonzeptionen — **337**

I.	Steuerungsansätze zur Herleitung der Risikotragfähigkeit *(Klomfaß/Müller)*		339
	1.	Grundlagen für die Ermittlung der Risikotragfähigkeit	339
		1.1. Definitionen und Abgrenzungen	339
		1.2. Steuerungsperspektiven für die Ermittlung der Risikotragfähigkeit	342
	2.	Ansätze für die Ermittlung der regulatorischen Risikotragfähigkeit	345
		2.1. Sicherstellung der Tragfähigkeit mittels Mindestkapitalanforderungen	345

		2.2.	Ermittlung der anrechenbaren Eigenmittel für Säule I des Baseler Rahmenwerks	348
	3.	\multicolumn{2}{l	}{Bankinterne Konzepte zur Bestimmung des Risikodeckungspotenzials}	351

- 3. Bankinterne Konzepte zur Bestimmung des Risikodeckungspotenzials — 351
  - 3.1. Periodische Ansätze auf Basis von Bilanz und GuV — 351
  - 3.2. Barwertige Ansätze — 358
- 4. Bankinterne Ansätze zur Ermittlung des Risikopotenzials — 367
  - 4.1. Definition der wesentlichen Risikoarten — 367
  - 4.2. Risikoquantifizierung auf Basis des gewählten Steuerungsansatzes — 369
  - 4.3. Aggregation der einzelnen Risikopotenziale zum Gesamtbankrisiko — 373
- 5. Ausblick — 374

II. Erweiterung und kritische Analyse des barwertigen Steuerungskreises *(Klenner/Tangemann)* — 376

- 1. Einleitung – der ewige Streit zwischen Barwert- und GuV-Orientierung — 376
- 2. Barwert vs. GuV: Vergleich der beiden Ansätze — 378
  - 2.1. Erste Überlegungen zu Gemeinsamkeiten und Unterschieden — 378
  - 2.2. Steuerung einzelner Risikoarten — 380
  - 2.3. Intertemporales Hedging – oder: Die kalte Sparkasse — 388
- 3. Zinsänderungsrisiko-Effekte anhand einer Beispielbank — 391
  - 3.1. Ausgangssituation — 391
  - 3.2. Zinsschock + 200 BP — 393
  - 3.3. Erweiterung um den Zeitraumgedanken — 393
  - 3.4. Auswirkung bei gehebelten Strukturen — 395
- 4. Zinsänderungsrisiken: Wie aktuelle Vorschriften zu Fehlsteuerungsimpulsen führen — 398
  - 4.1. Verlustfreie Bewertung des Bankbuchs — 399
  - 4.2. Unterlegung von Zinsänderungsrisiken mit Eigenmitteln — 402
  - 4.3. Konsultation zur MaRisk 6.0-E — 408

			5.	Fazit und Ausblick	409
	III.	Risikotragfähigkeit im Kontext der Asset Allocation *(Wilhelm)*			412
		1.	Einleitung		412
		2.	Korrelation – Ausgewählte Aspekte		414
			2.1.	Definition	414
			2.2.	Stabilität im Zeitverlauf	416
			2.3.	Verwendung im Rahmen der Asset Allocation	419
			2.4.	Verwendung im Rahmen der Risikotragfähigkeitsrechnung	421
		3.	Einsatz von Spezialfonds zur Umsetzung der Asset Allocation		424
			3.1.	Zusammenhang von Asset Allocation und GuV	424
			3.2.	Der Spezialfonds – ein Lösungsansatz?	426
		4.	Konkrete Durchführung einer Asset Allocation		428
			4.1.	Zielsetzung	428
			4.2.	Grundlegende Annahmen	429
			4.3.	Festlegung der relevanten Assetklassen	430
			4.4.	Ermittlung des Zielportfolios	436
		5.	Fazit		438
	IV.	Ausblick auf die Zukunft der RTF-Konzepte *(Reuse)*			439
F.	**Messung, Limitierung und Einbindung von Risiken in die Risikotragfähigkeit**				**441**
	I.	Adressausfallrisiko (inkl. Kontrahenten- und Spreadrisiko) *(Meier/Wellershaus)*			443
		1.	Vorüberlegungen		443
		2.	Definition und Strukturierung des Risikos		444
		3.	Methoden der Messung		456
			3.1.	Vorüberlegungen	456
			3.2.	Risikomaße in der Praxis der Risikotragfähigkeit	457
			3.3.	Portfoliomodelle	459
			3.4.	Praxisherausforderungen am Beispiel der Sparkasse Musterstadt oder »Die Tücke im Detail«	468

	4.	Einbindung in die Risikotragfähigkeit	474
	4.1.	Vorüberlegungen	474
	4.2.	Periodischer Steuerungskreis	477
	4.3.	Barwertiger Steuerungskreis	512
	5.	Limitierung	515
	5.1.	Vorüberlegungen	515
	5.2.	Periodischer Steuerungskreis	518
	5.3.	Barwertiger Steuerungskreis	524
	6.	Ausblick auf die weitere Entwicklung der Messung und Limitierung	525
II.	Marktpreisrisiko inkl. Zinsänderungsrisiko *(Seeger)*		527
	1.	Definitionen und Strukturierung des Marktpreisrisikos	527
	2.	Messung des Marktpreisrisikos	528
	2.1.	Grundüberlegungen zur Marktpreisrisikomessung	528
	2.2.	Eingetretene Marktpreisrisiken	530
	2.3	Quantifizierung potenzieller Marktpreisrisiken	534
	3.	Limitierung und Einbindung des Marktpreisrisikos	558
	4.	Ausblick	563
III.	Liquiditätsrisiko *(Zeranski)*		569
	1.	Einleitung	569
	2.	Definitorische Grundlagen	574
	2.1.	Finanzielles Gleichgewicht und Liquiditätsrisiko in Banken	574
	2.2.	Eigenmittel- und Liquiditätsrisikotragfähigkeit in Banken	581
	3.	Regulatorische Anforderungen an das Management der Liquiditätsrisikotragfähigkeit in Banken	584
	3.1.	Ausgewählte BIZ- und EBA-Anforderungen an das Management der Liquiditätsrisikotragfähigkeit in Banken	586
	3.2.	Ausgewählte LCR-Anforderungen an das Management der Liquiditätsrisikotragfähigkeit in Banken	590

	3.3.	Ausgewählte MaRisk-Anforderungen an das Management der Liquiditätsrisikotragfähigkeit in Banken	601
4.		Eckpunkte zum Liquiditätsrisikotragfähigkeitskonzept in Banken	608
	4.1.	Betriebswirtschaftlicher Rahmen für das Management der Liquiditätsrisikotragfähigkeit in Banken	608
	4.2.	Grundüberlegungen zur GuV-orientierten Liquiditätsrisikotragfähigkeit in Banken	609
	4.3.	Grundüberlegungen zur wertorientierten Liquiditätsrisikotragfähigkeit in Banken	618
5.		Zusammenfassung und Ausblick auf die Zukunft	623

IV. Operationelles Risiko *(Krahn/Uphoff)*   625

1.		Einleitende Worte und Definition	625
2.		Aufsichtsrechtliche Risikotragfähigkeit	626
	2.1.	Basisindikatoransatz	626
	2.2.	Standardansatz	627
	2.3.	Fortgeschrittene Ansätze	627
3.		Methoden zur Integration operationeller Risiken in die periodische Risikotragfähigkeit	628
	3.1.	Festlegungen für die periodische Risikotragfähigkeit	628
	3.2.	Methoden zur Bestimmung von erwarteten und unerwarteten Verlusten	630
	3.3.	Verfahren zur Ermittlung des unerwarteten Verlustes	633
	3.4.	Abbildung operationeller Risiken in der periodischen Risikotragfähigkeit	635
4.		Methoden zur Integration operationeller Risiken in die wertorientierte Risikotragfähigkeit	637
	4.1.	Grundlegende Überlegungen zum Charakter der wertorientierten Risikotragfähigkeit	637
	4.2.	Ermittlung der erwarteten und unerwarteten Verluste in der wertorientierten Sicht	639

V. Sonstige Risiken: Ertragsrisiko zur Messung der Ertragsstabilität und Abbildung sonstiger Residualrisiken *(Heithecker/Tschuschke)*   642

    1. Bedeutung von Ertragsrisiken und sonstigen Risiken für die RTF   642

    2. Umfang und Definition von Sonstigen Risiken und Ertragsrisiken   643

        2.1. Kategorisierung von Sonstigen Risiken   643

        2.2. Problemstellung von Identifikationsrisiken   646

        2.3. Definition von Ertragsrisiken   648

    3. Ertragsrisiken aus aufsichtsrechtlicher Sicht   653

        3.1. Ertragsrisiken unter aufsichtlicher Beobachtung   653

        3.2. Umsetzung in den MaRisk   655

        3.3. Vorgaben aus dem SREP-Papier   656

    4. Methodik zur Messung von Ertragsrisiken   659

        4.1. Abbildung von Ertragsrisiken in der RTF   659

        4.2. Parametrischer Ansatz zur Messung von Ertragsrisiken   666

        4.3. Aufbau und Durchführung von Szenarioanalysen   672

    5. Limitierung und Einbindung in die Risikotragfähigkeit   678

    6. Fazit und weitere Entwicklungen   679

G. **Stresstests zur Ergänzung der Risikotragfähigkeit** *(Wagatha)*   **681**

    I. Definition   683

    II. Verfahren und Anforderungen   684

    III. Beispiel Sensitivitätstests   689

    IV. Beispiel Szenarioanalysen   696

    V. Verknüpfung von Stresstests und RTF   701

H. **Aufbau eines MaRisk-konformen Risikoreportings**   **711**

    I. Anforderungen der MaRisk an ein Risikoreporting *(Reuse)*   713

        1. Einleitende Worte   713

		2.	Strukturierung der Anforderungen des BT 3 der MaRisk 6.0-E	713
		3.	Aufbau des Kapitels	716
II.	Reporting der Risikotragfähigkeit *(Dehnhardt)*			717
	1.	Einleitung		717
	2.	Rahmenbedingungen unter Berücksichtigung der MaRisk		718
		2.1.	Ziele und Nutzen des Reportings	718
		2.2.	Sender des Reportings	719
		2.3.	Empfänger des Reportings	719
		2.4.	Bereitstellung des Reportings	720
		2.5.	Inhalte des Reportings	722
		2.6.	Häufigkeit des Reportings	723
		2.7.	Zeitrahmen für die Erstellung des Reportings	725
	3.	Gestaltungsbeispiele für die Inhalte des Reportings		726
		3.1.	Zusammenführung von Risikodeckungsmasse und Risiken	727
		3.2.	Limitauslastung, Strategieabgleich und vorgeschlagene Steuerungsmaßnahmen	730
		3.3.	Risikodeckungspotenzial und -masse	732
		3.4.	Risiken	737
		3.5.	Ergebnisse des Kapitalplanungsprozesses	740
		3.6.	Frühwarnindikatoren	745
		3.7.	Zeitreihen	746
		3.8.	Annahmen und Parameter	749
		3.9.	Anlassbezogenes Reporting (Ad-hoc-Berichterstattung)	749
	4.	Fazit		750
III.	Reporting der Risikoarten *(Brand)*			752
	1.	Einleitung und aufsichtsrechtliche Grundlagen		752
	2.	Ad-hoc Berichterstattung		753
	3.	Turnusmäßige Risikoberichterstattung		755
		3.1.	Allgemeine Anforderungen	755
		3.2.	Adressrisikobericht	757
		3.3.	Marktpreisrisikobericht	763

	3.4.	Liquiditätsrisikobericht	768
	3.5.	Bericht Operationelle Risiken	771
4.	Berichterstattung an das Aufsichtsorgan		774

IV. Reporting von Stresstests *(Seel)*   775

1. Einleitende Worte zur Bedeutung und Reporting von Stresstests   775
2. Aufsichtsrechtliche Anforderungen   776
   - 2.1. Anforderungen der MaRisk 6.0-E   776
   - 2.2. Eckpfeiler der Stresstestreports   777
3. Aufbau eines MaRisk-konformen Stresstestreportings   778
   - 3.1. Generelle Hinweise zur Erstellung des Reportings   778
   - 3.2. Darstellung eines Musterreportings   780
4. Anforderungen an Empfängerkreis und Berichtsturnus   785
   - 4.1. Empfängerkreis des Berichtswesens   785
   - 4.2. Anforderungen an den Berichtsturnus   786
5. Fazit und Ausblick auf die Zukunft   787

V. Reporting des Strategieabgleiches *(Reuse)*   788

1. Einleitende Worte   788
2. Anforderungen der MaRisk an einen Strategieabgleich   788
   - 2.1. Inhaltliche Anforderungen   788
   - 2.2. Reportingturnus   791
3. Beispiele für einen Strategieabgleich   792
   - 3.1. Struktur   792
   - 3.2. Beispiel für das Reporting der wesentlichen Geschäftsaktivitäten   793
   - 3.3. Beispiel für das Reporting der strategischen Einzelziele und Maßnahmen   794
   - 3.4. Beispiel für das Reporting der gesamten Strategieeinhaltung   796
4. Fazit und Ausblick auf die Zukunft   796

I. Softwarelösungen für die Risikotragfähigkeit — 797

I. Einleitende Worte *(Reuse)* — 799

II. S-RTF als IT-Lösung für die Risikotragfähigkeit und Kapitalplanung in Sparkassen *(Friedberg)* — 801
  1. S-RTF als IT-Instrument in der Sparkassen-Finanzgruppe — 801
  2. Unterstützung der Sparkassen in der Risikotragfähigkeit und Kapitalplanung — 802
    2.1. Kapitalplanungsprozess — 806
    2.2. Periodische/regulatorische Risikotragfähigkeit — 820
    2.3. Wertorientierte Risikotragfähigkeit — 825
    2.4. Gegenüberstellung von Stresstestergebnissen und Risikodeckungspotenzial — 829
    2.5. Gesamtreporting und Datenexport — 830
    2.6. Meldung gemäß FinaRisikoV — 831
  3. S-RTF als Standardlösung in der Sparkassen-Finanzgruppe — 834

III. Risikotragfähigkeit mit VR-Control© SIMON *(Boka)* — 835
  1. Ganzheitliche Gesamtbanksteuerung mit VR-Control© — 835
    1.1. Steuerungsperspektiven mit VR-Control© — 835
    1.2. Risikotragfähigkeit mit VR-Control© okular SIMON — 836
  2. Anwendung von VR-Control© okular SIMON — 838
    2.1. Limitierung — 838
    2.2. Ergebnis-/Risikosituation — 845
    2.3. Gesamtbank-Reporting — 847
  3. Kritische Würdigung der Risikotragfähigkeitsmöglichkeiten mit VR-Control© SIMON — 857
    3.1. VR-Control© SIMON im Kontext der MaRisk 6.0 — 857
    3.2. Stärken der Anwendung — 861
    3.3. Schwächen der Anwendung — 863
  4. Fazit und Ausblick — 865

IV. Softwarelösungen für die strategische RTF-Planung –
zeb.future.grip *(Buddendick)* ... 866
1. Notwendigkeit von Softwarelösungen für die RTF ... 866
2. Unterstützung der strategischen RTF-Planung durch Softwarelösungen ... 867
2.1. Herausforderungen bei der strategischen RTF-Planung ... 867
2.2. Anforderungen an Simulationsmodelle zur Bestimmung der RTF ... 870
2.3. Beispiel für eine Softwarelösung: zeb.future.grip ... 872
3. Zusammenfassung und Ausblick ... 877
V. Würdigung der Softwarelösungen für die RTF-Darstellung *(Reuse)* ... 879

J. **Prüfung und Beurteilung der Risikotragfähigkeits-Prozesse** ... **883**

I. RTF-Prozessprüfung im Fokus der Internen Revision *(Haag)* ... 885
1. Einleitung ... 885
2. Risikoinventur ... 887
3. Gesamtbanksteuerung ... 890
4. Kapitalmanagement ... 893
5. Risikoquantifizierung ... 897
5.1. Modellentwicklung ... 898
5.2. Berechnung der Risikomaße ... 902
5.3. Validierung ... 903
6. Stresstests ... 908
7. Berichtswesen ... 914
8. Fazit ... 917

II. Prüfung der Risikotragfähigkeitaus Sicht der externen Prüfung *(Otte)* ... 918
1. Vorbemerkungen ... 918
2. Anforderungen der Aufsicht an die Ermittlung der Risikotragfähigkeit auf Basis der MaRisk ... 920

	3.	Ansätze zur Ermittlung und Sicherstellung der Risikotragfähigkeit	925

- 3. Ansätze zur Ermittlung und Sicherstellung der Risikotragfähigkeit — 925
  - 3.1. Going-Concern-Ansätze — 925
  - 3.2. Gone-Concern-Ansätze — 926
  - 3.3. Beide Ansätze im Vergleich — 926
- 4. Ermittlung des Risikodeckungspotenzials — 930
- 5. Ausgewählte Themen zur Risikotragfähigkeit eines Instituts — 932
  - 5.1. Bestimmung des periodischen Risikodeckungspotenzials — 933
  - 5.2. Ermittlung des wertorientierten Risikodeckungspotenzials — 934
  - 5.3. Stresstests — 935
- 6. Art und Umfang der Prüfungshandlungen — 936
- 7. Zusammenfassung und Fazit — 938

III. Ausblick auf die Zukunft der Prüfung der RTF *(Reuse)* — 940

K. Fazit und abschließender Ausblick auf die Zukunft *(Reuse)* — **943**

I. Methodische Konzeption — 945

II. Kapitalplanungsprozess und Mehrjährigkeit der RTF — 949

III. Risikoinventur und Risikoarten — 951

IV. Säule 1+ Ansatz — 951

V. Ausblick — 954

Anhang — **955**

Anhang 1: Detaillierte Praxistipps für die Risikotragfähigkeit — 957

Anhang 2: AT 4.1 – Anforderungen an die Risikotragfähigkeit (MaRisk 5.0, 14.12.2012) — 981

Anhang 3: BT 3 – Anforderungen an die Risikoberichterstattung (MaRisk 6.0-E, 18.02.2016) — 984

Anhang 4: Aufsichtliche Beurteilung bankinterner
Risikotragfähigkeitskonzepte 990

Anhang 5: FinaRisikoV und Anlagen 1005

Literaturverzeichnis **1035**

Abkürzungsverzeichnis **1077**

Abbildungsverzeichnis **1087**

Tabellenverzeichnis **1103**

Stichwortverzeichnis **1109**

A.

Einleitende Worte zum vorliegenden Werk

A. Einleitende Worte zum vorliegenden Werk[1]

I. Herleitung und historischer Abriss

Die vollumfängliche Forderung nach einer Risikotragfähigkeit[2] im Bankbereich, welche alle wesentlichen Risiken abdecken soll, ist erst seit den MaRisk[3] 2005 verpflichtend für die Institute in Deutschland[4]. Dies erscheint auf den ersten Blick verwunderlich, sollte es doch seit jeher für eine gut aufgestellte Bank selbstverständlich sein, nie mehr Risiken einzugehen, als sie verkraften kann. Dass dies nicht so ist, hat die Finanzmarktkrise gezeigt: oftmals wurden hier unverhältnismäßig hohe Risiken eingegangen, ohne dass bei kritischer ex post Betrachtung die Risikotragfähigkeit gegeben war[5].

Dem Begriff, der methodischen Ausrichtung und der konsequenten Anwendung der Risikotragfähigkeit kommt folglich eine besondere Bedeutung zu. Dies ist auch seitens der Aufsicht sukzessive aufgegriffen worden. Eine empirische Analyse der Deutschen Bundesbank aus Mitte 2009[6] differenzierte erstmals in die Begriffe Going-Concern[7] und Liquidationsansatz[8] und klärte erste methodische Fragestellungen[9]. Nachfolgend griff die BaFin[10] in ihrem Schreiben vom 07.12.2011 die grundsätzlichen methodischen Aspekte auf und schaffte erfreuliche Klarheit in Bezug auf die korrekte Anwendbarkeit der periodischen und wertorientierten Risikotragfähigkeit[11].

---

1 Autor: **Svend Reuse**. Die Ausführungen geben die persönliche Auffassung des Autors wieder.
2 Im Folgenden oft mit RTF abgekürzt.
3 Mindestanforderungen an das Risikomanagement.
4 Vgl. *BaFin* (2005.12), AT 4.1. In den MaH aus 1995 war nur von einer singulären Definition einer Verlustobergrenze für Handelsgeschäfte die Rede. Vgl. *BaKred* (1995), Punkt 3.2.
5 Oftmals bedingt durch falsche strategische Ausrichtung, vgl. hierzu u. a. *Frère/Reuse/Svoboda* (2008), S. 12, 18.
6 Vgl. *Deutsche Bundesbank* (2010.11), S. 7.
7 Bei Eintritt des Risikos werden die aufsichtsrechtlichen Mindestkapitalquoten eingehalten, vgl. u. a. *Reuse/Schillings* (2012), S. 8.
8 Bei Eintritt des Risikos wird das Unternehmen liquidiert. Die Abgrenzung zwischen den Ansätzen findet sich gut visualisiert in *Wiesemann* (2012), S. 19. Detaillierter wird hierzu in den Ausführungen in Kapitel B eingegangen.
9 Vgl. *Deutsche Bundesbank* (2010.11), S. 6 ff.
10 Bundesanstalt für Finanzdienstleistungsaufsicht.
11 Vgl. *BaFin* (2011.12), ebenfalls diskutiert in Kapitel B und in Auszügen abgedruckt in **Anhang 4**. Zur Differenzierung in periodische und wertorientierte Risikotragfähigkeit vgl. u. a. *DSGV* (2014), S. 230 ff.

EINLEITENDE WORTE ZUM VORLIEGENDEN WERK

3   In den (noch) aktuellen MaRisk vom 20.12.2012[12] sind weitere Aspekte wie Diversifikationseffekte und mehrjähriger Kapitalplanungsprozess konkretisiert worden[13]. Dies ist auch vor dem Hintergrund der verschärften Anforderungen aus Basel III[14] eine Herausforderung für die Banken, die es aktuell zu meistern gilt. Weitere Hinweise zur methodischen Umsetzbarkeit der Risikotragfähigkeitsbetrachtung gibt die Deutsche Bundesbank in ihrem Monatsbericht März 2013[15]. In der Praxis oft zu beobachtende methodische Inkonsistenzen werden aufgedeckt, zudem werden Hinweise zur adäquaten Umsetzung gegeben. Es ist zu erwarten, dass die Umsetzung dieser Aspekte auch in der Prüfungspraxis nun konsequent von den Instituten erwartet wird.

4   Auch in Bezug auf das Meldewesen werden die gesetzlichen Regelungen erweitert. Mit der FinaRisikoV[16] muss seit 2015/2016[17] das Risikotragfähigkeitskonzept nebst entsprechenden qualitativen Aussagen an die Aufsicht gemeldet werden. Dies ist neu in der Geschichte des Meldewesens – neben rein quantitativ zu erhebenden Daten müssen nun auch Beschreibungen der Modelle und des Konzeptes als solches dargestellt werden.

5   Seit 2014 lassen zudem die sogenannten SREP[18]-Guidelines umfassende Änderungen im europäischen Aufsichtsrecht erahnen[19]. Auch wenn diese im ersten Schritt nur für die nationalen Aufsichtsbehörden gelten, so gehen doch tiefgreifende Änderungen hiermit einher. Erstmals wird konkret die Frage nach dem Geschäftsmodell der Bank gestellt, zudem wird die Liquidität im Rahmen des ILAAP[20] deutlich umfassender diskutiert als noch im Rahmen der aktuell bestehenden Regelungen.

6   Der »Strauß« an Mindestanforderungen und methodischen Bausteinen ist folglich groß. Das vorliegende Buch widmet sich all diesen Aspekten, beleuchtet die Risikotragfähigkeit aus verschiedenen Blickwinkeln und gibt dem Praktiker konkrete Hinweise auf die Umsetzung in der Praxis. Zudem werden die

---

12   Vgl. *BaFin* (2012.12a); *BaFin* (2012.12b); *BaFin* (2012.12c). Auszüge zum AT 4.1 sind abgedruckt in **Anhang 2**. Die MaRisk 6.0-E befanden sich bei Manuskripterstellung in Konsultation und werden in 2016 als Rundschreiben erlassen. Vgl. hierzu *Reuse* (2015.05), S. 18 ff.; *BaFin* (2016.02a) und *BaFin* (2016.02b).
13   Vgl. *Reuse* (2013.02), S. 10; 12.
14   Vgl. *Deutsche Bundesbank* (2011a), S. 19.
15   Vgl. *Deutsche Bundesbank* (2013.03), S. 31 ff.
16   Verordnung zur Einreichung von Finanz- und Risikotragfähigkeitsinformationen.
17   Zu Details vgl. *Reuse* (2015.02), S. 41 sowie die Ausführungen in Kapitel B.III.
18   Supervisory Review and Evaluation Process.
19   Vgl. *EBA* (2014.12).
20   Internal Liquidity Adequacy Assessment Process.

sich abzeichnenden Regulierungen auf europäischer Ebene in konkrete Praxisimpulse umgesetzt.

II. Definition und Strukturierung des Risikotragfähigkeitsbegriffes

Im ersten Schritt gilt es, den Begriff der Risikotragfähigkeit zu definieren und zu strukturieren. Risikotragfähigkeit bedeutet zum einen die Einhaltung der Mindesteigenkapitalanforderungen der Säule 1 nach Basel II/III[21]. Für die Institute deutlich wichtiger ist jedoch die Einhaltung des ICAAP[22] und die damit verbundene Verlustabsorbtionsmöglichkeit auf Basis ökonomischer Eigenkapitalbestandteile und/oder Plangewinnen[23].

Für die Lesung des Buches ist es folglich wichtig, verschiedene Begrifflichkeiten zu definieren bzw. voneinander abzugrenzen. Dies zeigt Abbildung A – 1.

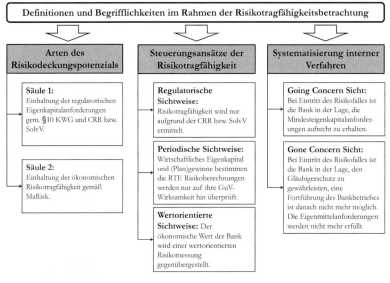

Abbildung A – 1:   *Abgrenzung verschiedener Risikotragfähigkeitsbegriffe*[24]

---

21   Vgl. *DSGV* (2014), S. 232; *Deutsche Bundesbank* (2013.03), S. 33.
22   Internal Capital Adequacy Assessment Process.
23   Vgl. *Schierenbeck/Lister/Kirmße* (2008), S. 17.
24   Eigene Darstellung in Anlehnung an vorgenannte Quellen.

9 Letztlich eröffnet die Methodenfreiheit viele Möglichkeiten und Kombinationen für die Institute, die hausindividuell austariert werden müssen, um den Anforderungen der Strategien und der MaRisk gerecht zu werden. Allerdings wird dies durch die FinaRisikoV durchaus eingeengt – durch die Vorgabe, bestehende RTF-Konzepte standardisiert zu melden, wird sich mittelfristig wohl auch eine Standardisierung der Konzepte selbst ergeben[25]. Dies ist durchaus ambivalent zu sehen, lässt sich aus Sicht des Herausgebers aber nicht verhindern.

III. Neuerungen und Ergänzungen im Vergleich zur 1. Auflage

10 Das vorliegende Werk ist im Gegensatz zur ersten Auflage deutlich erweitert worden. Neben einer umfassenden Überarbeitung der bestehenden Kapitel sind folgende Knackpunkte bzw. Ergänzungen hinzugekommen.

1. Rollierend vs. Ultimo/Ultimo Folgejahr

11 Schon seit jeher gibt es zwei konkurrierende Sichtweisen: rollierende Sicht und die eher an Bilanzstichtagen hängende Sicht. Beide haben Vor- und Nachteile, wie Abbildung A – 2 zeigt.

12 An dieser Stelle hat sich aktuell noch kein »Richtig« oder »Falsch« herauskristallisiert, beide Sichtweisen sind aufsichtsrechtlich akzeptiert und liefern richtige Steuerungsimpulse. Auf den konkreten Umgang mit diesen differierenden Sichtweisen wird in den überarbeiteten Kapiteln eingegangen.

---

25 Vgl. *Reuse* (2015.02), S. 45.

	Rollierend 12M	Zwei Geschäftsjahre
Definition	Es werden immer die nächsten 12 Monate analysiert. Die RTF „wandert" über echte Jahresabschlüsse hinweg.	Ab ca. September des laufenden Jahres wird neben der aktuellen GuV auch das Folgejahr betrachtet.
Vorteile	• Immer konstanter Horizont. • Einsparen von Risikokapital, da nie über 12M hinaus geschaut wird.	• Betrachtung eines Zeitraums größer 12 M. • Ergebnisse mit Jahresabschluss vergleichbar. • Going Concern auch im zweiten Jahr darstellbar.
Nachteile	• Kein „echter" Jahresabschluss ausweisbar, Ergebnisse oft erklärungswürdig. • Nie eine Betrachtung über 1J hinaus. • Wenn ein Jahresabschluss innerhalb des 12M Horizontes liegt, führt dies per 31.12. zu Verwerfungen.	• Bindet mehr Risikokapital. • Aufwendiger in der Herleitung. • Gängige Risikomodelle geben oft keine mehrperiodischen Risikowerte > 12M her.
Eher geeignet für	• Großbanken, die Quartals- oder gar Monatsabschlüsse erstellen. • Banken, die sich hierfür strategisch entschieden haben.	• Volksbanken und Sparkassen, die risikoavers aufgestellt sind und in Jahresabschlussgrößen denken wollen. • Institute, die auch einen Going Concern/Gone Concern im zweiten Jahr adäquat darstellen wollen.

Abbildung A – 2: Rollierend vs. Ultimo/Ultimo Folgejahr[26]

2. Definition Going-Concern[27]

Mit Basel III sind die **starren 8 % Eigenkapitalquote** erstmals aufgehoben worden. Auch wenn gem. Artikel 92 (1) c) CRR weiterhin *»eine Gesamtkapitalquote von 8 %*[28]*«* gilt, wurden verschiedene Puffer – z. B. Kapitalerhaltungspuffer, antizyklischer Kapitalpuffer oder Systemrisikopuffer eingeführt[29]. Dies führt direkt zur Problematik der höheren Eigenmittelanforderungen nach Basel III und der Interpretation durch die Aufsicht. Gilt ein Going-Concern erst ab 10,5 % (inkl. Kapitalerhaltungspuffer) oder gar 13,0 % (inkl. antizyklischer Puffer) als erreicht oder reichen weiterhin die 8,0 %? Wie wird mit flüchtigen Eigenkapitalbestandteilen wie § 340f HGB[30] umgegangen? Was für eine Auswirkung hat ggf. ein nicht mehr eingehaltener Hard Test auf die regulatorischen Eigenkapitalanforderungen? Sind die nach Basel III auf 76,19 %

---

26 Entnommen aus *Reuse* (2014.09), S. 210.
27 Entnommen aus *Reuse* (2014.09), S. 206 f.
28 Vgl. Artikel 92 (1) c *CRR*.
29 Vgl. *Deutsche Bundesbank* (2013.06), S. 69.
30 Vgl. *HGB* (2016).

EINLEITENDE WORTE ZUM VORLIEGENDEN WERK

reduzierten Eigenkapitalgewichte[31] für KMU[32] nachhaltig stabil? Die Differenzierung ist in der Praxis nicht immer eindeutig. Dies veranschaulicht Abbildung A – 3, welche die bisherige Darstellung des Going-Concern erweitert[33].

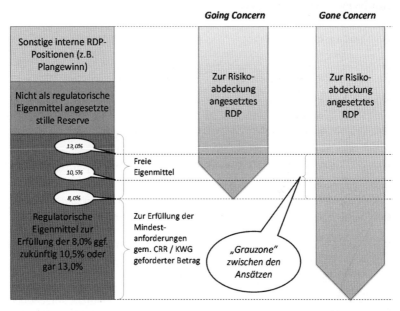

Abbildung A – 3:   *Abgrenzung von Risikotragfähigkeitskonzepten*[34]

14   Auf Basis der rechtlichen Argumentation kann für den Going-Concern zweifelsfrei ein Wert von **8,0 %** festgehalten werden – ein Kapitalerhaltungspuffer beschränkt nur die Ausschüttung, in keinem Regelwerk ist von einer expliziten Sperrung für die Risikotragfähigkeit die Rede. Konkrete offizielle Stellungnahmen seitens der Aufsicht stehen Stand heute[35] noch aus, es bleibt aber zu befürchten, dass hier eine übervorsichtige Argumentation in Richtung **10,5 %**[36] erfolgen wird. Das vorliegende Werk diskutiert auch diese Effekte im Kontext der konkreten Umsetzung in der Praxis.

---

31   Vgl. Artikel 476a *CRR*.
32   Kleine und mittelständische Unternehmen.
33   In Anlehnung an *Wiesemann, B.* (2012), S. 19.
34   Entnommen aus *Reuse* (2014.09), S. 207.
35   Stand 30.04.2016.
36   Ggf. inkl. Phase-In Regelungen.

3. Implementierung neuer aufsichtsrechtlicher Anforderungen

Mit SREP und FinaRisikoV[37] sind zwei wesentliche Neuerungen im Aufsichtsrecht zu nennen. Auf beide wird in neuen separaten Kapiteln[38] eingegangen. Die entsprechenden Wechselwirkungen auf die Risikotragfähigkeiten und die tägliche Praxis werden aufgezeigt.

4. Technische Umsetzung

Durch die immer weiter gehende Standardisierung im Bereich der RTF haben sich auch diverse Standardlösungen in der technischen Umsetzung herauskristallisiert. Neben der Umsetzung in S-RTF des DSGV[39] wird auch die Umsetzung im Genossenschaftsbereich und im Privatbanksektor beschrieben[40]. Die Vor- und Nachteile dieser Lösungen werden anschaulich analysiert und dargestellt. Der Leser erhält so konkrete Impulse für die Umsetzung in »seinem« Sektor – etwas, was bisher erstmalig in der Literatur der Risikotragfähigkeit aufgeführt wird.

5. MaRisk 6.0-E – Auswirkungen auf das Reporting

Durch die immer weiter steigenden Anforderungen an das Reporting, nicht zuletzt getrieben durch die Baseler Standards BCBS 239[41] und die MaRisk 6.0[42], wird die Darstellung eines adressatengerechten Reportings[43] immer wichtiger. Dies gilt gerade in Bezug auf das Aufsichtsorgan. Folglich wird dem Reporting ebenfalls ein eigenes neues Kapitel gewidmet, welches sich mit anschaulichen Praxisbeispielen beschäftigt und die zum Zeitpunkt der Manuskripterstellung hochaktuellen Anforderungen des BT 3 der MaRisk 6.0-E[44] berücksichtigt[45].

---

37 Vgl. auch *Reuse* (2015.02), S. 41–46.
38 Vgl. Kapitel B.II und B.III.
39 Deutscher Sparkassen- und Giroverband, vgl. Kapitel I.II.
40 Vgl. Kapitel I.III.
41 Vgl. *BCBS* (2013.01a), diskutiert in Reuse (2015.06).
42 Vgl. *BaFin* (2016.02a) und *BaFin* (2016.02b). Erste erwartete Neuerungen wurden bereits in *Reuse* (2015.05), S. 19–20 diskutiert.
43 Vgl. *BaFin* (2016.02b), BT 3.
44 Entwurf.
45 Vgl. *BaFin* (2016.02b), BT 3.

IV. Aufbau des vorliegenden Werkes

18 Die Struktur des Buches stellt sich auf Basis dieser Erkenntnisse wie folgt dar:

19 Kapitel A – dieses Kapitel – gibt **einleitende Worte** und strukturiert das Werk. Neben den wesentlichen Änderungen werden auch die Neuerungen erwähnt.

20 Kapitel B stellt die **aktuellen regulatorischen Anforderungen** in Bezug auf die Risikotragfähigkeit detailliert vor. Dem Leser wird so ein Überblick über den Status Quo der europäischen aber auch der deutschen Regulierungsvorschriften gegeben, aktuelle Entwicklungen werden verarbeitet. Neu hinzugekommen sind die Kapitel mit den Schwerpunkten SREP und FinaRisikoV[46].

21 Kapitel C diskutiert die **Zusammenhänge von Strategiekonzepten und Risikotragfähigkeit**. Aufbauend auf einem konsistenten Strategiesystem gilt es, die Risikotragfähigkeit entsprechend abzuleiten und aufzubauen. Den Punkten Kapitalplanungsprozess und Basel III ist in diesem Zusammenhang ein eigenes Kapitel gewidmet.

22 Kapitel D widmet sich anschließend der **ganzheitlichen Risikoinventur unter Berücksichtigung von Konzentrationen und Diversifikation**. Die Risikoinventur gemäß MaRisk und die Strukturierung der Risiken werden ausführlich vorgestellt. Auf die Themen Modellrisiko, Konzentrationsrisiko und Diversifikationseffekte wird in diesem Zusammenhang gesondert eingegangen.

23 Mit Kapitel E folgt erstmals eine **kritische Würdigung der Risikotragfähigkeitskonzeptionen**: Neben der Analyse der bestehenden Konzepte werden auch Dinge wie eine strategische Asset Allocation in die Sichtweise integriert.

24 Kapitel F widmet sich schließlich der **Messung, Limitierung und Einbindung der Risiken in die Risikotragfähigkeit**. Die vier wesentlichen Risiken Adressrisiko, Marktpreisrisiko, Liquiditätsrisiko und operationelles Risiko werden detailliert im Hinblick auf Quantifizierung und Einbindung in die Risikotragfähigkeit analysiert. Auch sonstige Risiken, z. B. Ertragsrisiken oder strategische Risiken finden abschließend Beachtung. Besonderer Schwerpunkt wird hier auf die Abgrenzung rollierend – Ultimo/Ultimo Folgejahr gelegt.

---

46 Vgl. Kapitel B.II und B.III. Die FinaRisikoV und die entsprechenden Anlagen finden sich in **Anhang 5**.

Oftmals ist eine reine quantitative Risikomessung nicht ausreichend. Aus diesem Grund wird den **Stresstests als Ergänzung der Risikotragfähigkeit** ein separates Kapitel G gewidmet. Diese werden definiert und strukturiert. Es folgen konkrete Beispiele für Stresstests, zudem wird die (mögliche) Verknüpfung zur Risikotragfähigkeitsbetrachtung vollzogen.

Im Vergleich zur ersten Auflage hinzugekommen ist Kapitel H, welches den **Aufbau eines MaRisk-konformen Reportings auf Basis des aktuellen Entwurfes vom 18.02.2016**[47] darstellt. Anforderungen der MaRisk werden genauso beschrieben wie Best Practise Ansätze, die dem Leser konkrete Impulse für die eigene Umsetzung geben.

Neu ist auch Kapitel I, welches die **technische Umsetzung der RTF** beschreibt. Für den Anwender wird hier die konkrete Umsetzung in die Praxis – auch vor dem Hintergrund der FinaRisikoV – beschrieben.

Der Bereich der **Prüfung und Beurteilung der Risikotragfähigkeitsprozesse** wird in Kapitel J behandelt. Sowohl die Sicht der internen Revision als auch die Erfahrungen externer Prüfer sowie mögliche Prüfungsfeststellungen werden formuliert.

Das **Fazit** fasst in Kapitel K die wesentlichen Erkenntnisse kurz zusammen und wagt einen **Ausblick auf die Zukunft.**

Hinzu kommen ein umfassendes Stichwortverzeichnis und ein aus mehreren Teilen bestehender **Anhang**. Hier sind vor allem die detaillierten Praxistipps für die tägliche Arbeit zu nennen[48]. Zu jedem Kapitel des Buches sind die wesentlichen Erkenntnisse strukturiert zusammengefasst. Des Weiteren folgen die relevanten Passagen der MaRisk zum AT 4.1[49] und der Entwurf der Ausführungen der MaRisk 6.0-E zum Thema Reporting[50], das Rundschreiben der BaFin zum Thema Risikotragfähigkeit[51] sowie die FinaRisikoV nebst Anlagen[52].

---

47 Vgl. *BaFin* (2016.02a) und *BaFin* (2016.02b), BT 3.
48 Vgl. **Anhang 1**.
49 Vgl. **Anhang 2**, im Folgenden zitiert als *BaFin* (2012.12b) bzw. *BaFin* (2012.12c) in Bezug auf die Erläuterungen zum AT 4.1.
50 Vgl. **Anhang 3**, im Folgenden zitiert als *BaFin* (2016.02b).
51 Vgl. **Anhang 4**, im Folgenden zitiert als *BaFin* (2011.12).
52 Vgl. **Anhang 5**, im Folgenden zitiert als *FinaRisikoV* (2014).

V. Danksagung

31 An dieser Stelle sei wiederholt ein ausdrücklicher Dank an alle beteiligten Autoren ausgesprochen. Diese haben verschiedene Sichtweisen aufgrund ihrer theoretischen und beruflichen Erfahrung einfließen lassen und auch die zweite Auflage mit viel Mühe noch einmal um aktuelle Aspekte erweitert und an vielen Stellen neues Wissen und neue Denkansätze geschaffen. Das vorliegende Werk konnte nur aufgrund der Vielzahl hochwertiger Beiträge zu einem konsistenten Ganzen zusammengefügt werden.

32 Dem Leser wünsche ich bei der Lektüre der zweiten Auflage, dass er viele Anregungen für Theorie und Praxis erhält und die Umsetzung von Risikotragfähigkeitskonzepten und auch deren Meldung gemäß FinaRisikoV in der Praxis gut gelingt.

Remscheid, im Juni 2016
Dr. Svend Reuse

B.
Regulatorische Rahmenbedingungen zur Risikotragfähigkeit

B. Regulatorische Rahmenbedingungen zur Risikotragfähigkeit

I. Anforderungen der Bankenaufsicht an die Risikotragfähigkeit[53]

1. Einleitende Worte und Problemstellung

Eine der größten Herausforderungen für die Institute bei der Umsetzung der durch die »Neue Baseler Eigenkapitalvereinbarung (Basel II)« vorgegebenen qualitativen Elemente zum Risikomanagement war und ist zweifelsohne die **Entwicklung und Implementierung interner Verfahren zur Beurteilung und Sicherstellung der angemessenen (ökonomischen) Kapitalausstattung bzw. Risikotragfähigkeit von Banken (ICAAP)**[54]. Sie bilden unter der sog. Säule II ein Kernstück des bankaufsichtlichen Überprüfungsverfahrens (Supervisory Review Process [SRP]), bei dem die Bankenaufsicht die anspruchsvolle Aufgabe hat, vor dem Hintergrund der individuellen Institutsgegebenheiten wie Größe, Geschäftstätigkeit und Risikoprofil bzw. -appetit die Qualität der institutsinternen Leitungs-, Steuerungs- und Kontrollprozesse fortlaufend zu beurteilen (SREP)[55].

33

Mit Umsetzung der einschlägigen Bestimmungen der europäischen Bankenrichtlinie sind die Regelungen zum ICAAP grundlegende Bestandteile des nationalen Bankenaufsichtsrechts geworden. Diese finden sich zum einen in den Vorschriften des § 25a Kreditwesengesetz (KWG[56]). Zum anderen sind sie ein zentraler Baustein der »Mindestanforderungen an das Risikomanagement der Bundesanstalt für Finanzdienstleistungsaufsicht« (MaRisk).

34

Die Implementierung adäquater Risikotragfähigkeitskonzepte ist für die Institute wie auch die Bankenaufsicht ein evolutionärer Prozess, der einer ständigen Fortentwicklung bedarf, wenngleich sich in der Praxis im Laufe der Zeit konzeptionelle Grundstrukturen herausgebildet haben. Klar ist aber auch, dass es in der originären Verantwortung der Geschäftsleitung einer Bank liegt, interne Verfahren zur Kapitalbeurteilung zu entwickeln und Eigenkapitalziele

35

---

53 Autor: **Andreas Seuthe**. Erweiterte und aktualisierte Ausführungen aus *Seuthe* (2012), S. 93 ff. sowie der ersten Auflage dieses Werkes. Die Ausführungen geben die persönliche Auffassung des Autors wieder.
54 Internal Capital Adequacy Assessment Process.
55 Supervisory Review and Evaluation Process.
56 Vgl. *KWG* (2016).

festzulegen. Diese institutsindividuelle Sichtweise geht einher mit einer grundsätzlichen Methodenfreiheit hinsichtlich der Risikotragfähigkeitskonzepte, die zum Einsatz kommen.

36 Die Einbindung des ICAAP in die Geschäfts- und Risikostrategie ist von zentraler Bedeutung für die davon ausgehenden Steuerungsimpulse, weil im Rahmen der Risikotragfähigkeitsbetrachtung auch die Verteilung des Risikokapitals auf die einzelnen Geschäftsfelder erfolgt. Darüber hinaus sind die damit verbundenen Berichtspflichten ein wichtiger Baustein einer robusten Corporate Governance.

37 Fragen der Risikotragfähigkeit stehen auch im Zentrum von Aufsichtsgesprächen, die als (jährliche) Routinegespräche oder anlassbezogen mit den Instituten geführt werden.[57] Sie bieten eine gute Möglichkeit, den aktiven Dialog zwischen Instituten und Bankenaufsicht sowohl hinsichtlich methodischer Fragen als auch der konkreten Gewährleistung der Risikotragfähigkeit zu intensivieren.

38 Die Beurteilung dieser Verfahren und Konzepte sind zu einem essentiellen Bestandteil von Jahresabschlussprüfungen nach § 29 KWG und bankgeschäftlicher Prüfungen nach § 44 KWG geworden. Gerade bei letzteren sind insoweit die Prüfungsinhalte mit Umsetzung des SRP auf alle Risikoarten, den übergeordneten ICAAP sowie die gesamte Aufbau- und Ablauforganisation eines Instituts erweitert worden.

39 Die Bedeutung, die der Gesetzgeber einer ordnungsgemäßen Geschäftsorganisation sowie der Risikotragfähigkeit von Banken beimisst, zeigt sich nicht zuletzt an den durch das im Sommer 2009 verabschiedete »Gesetz zur Stärkung der Finanzmarkt- und Versicherungsaufsicht« erleichterten Eingriffs- bzw. Sanktionsmöglichkeiten der Aufsicht nach §§ 10 Absatz 3 und 45b KWG. Eine erneute Überarbeitung erfuhr dieser Regelungsbereich durch das CRD-IV Umsetzungsgesetz vom 28. August 2013.

40 Die folgenden Ausführungen geben zunächst einen Überblick über das bankaufsichtliche Regelwerk bezüglich der Implementierung des ICAAP. Sie behandeln im nächsten Schritt die Grundformen von Risikotragfähigkeitskonzepten, die in der Institutspraxis anzutreffen sind. Schließlich setzen sie sich mit den wesentlichen Überprüfungs- und Sanktionsinstrumenten der Bankenaufsicht auseinander, die ihr in diesem Zusammenhang zur Verfügung stehen.

---

57 Vgl. *Deutsche Bundesbank* (2008.02), Artikel 12.

2. Regulatorische Rahmenbedingungen des ICAAP

2.1. Baseler Eigenkapitalvereinbarung (»Basel II«)

2.1.1. Überblick

Ausgangspunkt für eine deutlich stärkere qualitative Ausrichtung der Bankenaufsicht war zweifelsohne die vom Baseler Ausschuss für Bankenaufsicht im Juni 2004 vorgelegte, überarbeitete Rahmenvereinbarung zur »Internationalen Konvergenz der Eigenkapitalmessung und der Eigenkapitalanforderungen«[58] für international tätige Banken. Die Säule 2 des Rahmenwerkes[59] enthält die zentralen Grundsätze zum aufsichtlichen Überprüfungsverfahren (SRP) und Empfehlungen zum Risikomanagement der Institute. In diesem Kontext wird ausdrücklich die Verantwortung der Geschäftsleitung hervorgehoben, ein **internes Verfahren zur Kapitalbeurteilung zu entwickeln und Eigenkapitalziele festzulegen, die dem Risikoprofil der Bank entsprechen**, sowie dafür zu sorgen, dass über die aufsichtlichen Mindestanforderungen hinaus angemessene Eigenmittel zur Deckung der Risiken verfügbar sind.[60]

41

Grundsatz 1:

Banken sollten über ein Verfahren zur Beurteilung der Angemessenheit ihrer gesamten Eigenkapitalausstattung im Verhältnis zu ihrem Risikoprofil sowie über eine Strategie für den Erhalt ihres Eigenkapitalniveaus verfügen.[61]

Die Banken müssen darlegen können, dass die gewählten internen Kapitalziele gut begründet sind und dass die Ziele mit dem Gesamtrisikoprofil und der aktuellen Geschäftssituation in Einklang stehen. Bei der Beurteilung der Angemessenheit des Eigenkapitals hat die Geschäftsleitung der Bank die jeweilige Phase des Konjunkturzyklus zu beachten, in der sie gerade agiert. Es sollten strenge, zukunftsorientierte Stresstests durchgeführt werden, die mögliche Ereignisse oder Veränderungen der Marktkonditionen aufzeigen, die sich negativ auf die Bank auswirken könnten. Die primäre Verantwortung der Geschäftsleitung besteht darin, sicherzustellen, dass die Bank über angemessenes Eigenkapital zur Unterlegung ihrer Risiken verfügt.

42

---

58 Vgl. *BCBS* (2004.06).
59 Vgl. *BCBS* (2004.06), Tz. 719 ff.
60 Vgl. *BCBS* (2004.06), Tz. 721.
61 Vgl. *BCBS* (2004.06), Tz. 725.

REGULATORISCHE RAHMENBEDINGUNGEN

43   Die **fünf wichtigsten Elemente des ICAAP** nach der Baseler Rahmenvereinbarung sind:[62]

- die Überwachung durch die Geschäftsleitung und das oberste Verwaltungsorgan,
- die fundierte Beurteilung der Eigenkapitalausstattung,
- die umfassende Beurteilung der Risiken,
- ein angemessenes System zur Überwachung und Berichterstattung sowie
- die Überprüfung durch interne Kontrollen.

2.1.2. Überwachung durch Geschäftsleitung und oberstes Verwaltungsorgan

44   Die **Geschäftsleitung** muss die Art und den Umfang der von der Bank eingegangenen Risiken sowie deren Beziehung zur angemessenen Eigenkapitalausstattung kennen. Sie ist auch dafür verantwortlich, dass Form und Entwicklungsgrad des Risikomanagement-Verfahrens mit Blick auf das Risikoprofil und den Geschäftsplan angemessen sind. Die Analyse des gegenwärtigen und künftigen Kapitalbedarfs einer Bank im Verhältnis zu ihren strategischen Zielen ist ein wesentliches Element des Planungsverfahrens.

45   Das **oberste Verwaltungsorgan** trägt die Verantwortung für die Festlegung der Risikotoleranz der Bank. Es sollte außerdem sicherstellen, dass die Geschäftsleitung ein Regelwerk für die Beurteilung der verschiedenen Risiken einführt und ein System für die Gegenüberstellung der Risiken und der Eigenkapitalausstattung entwickelt sowie eine Methode zur Überwachung der Einhaltung der internen Grundsätze etabliert. Es ist ebenso von Bedeutung, dass das oberste Verwaltungsorgan strikte interne Kontrollen sowie schriftliche Geschäftsgrundsätze und Verfahrensweisen einführt und unterstützt; ferner hat es sicherzustellen, dass die Geschäftsleitung diese in der gesamten Bank wirksam vermittelt.

2.1.3. Fundierte Beurteilung der Eigenkapitalausstattung

46   Nach Basel II umfasst die **fundierte Beurteilung der Eigenkapitalausstattung** folgende grundlegenden Elemente:

---

[62] Vgl. *BCBS* (2004.06), Tz. 726 ff.

- Grundsätze und Verfahren, die sicherstellen, dass die Bank alle wesentlichen Risiken identifiziert, misst und darüber berichtet,
- ein Verfahren, das das Kapital zur Höhe des Risikos in Beziehung setzt,
- ein Verfahren, das Ziele für eine angemessene Eigenkapitalausstattung mit Blick auf die Risiken festlegt, wobei die strategische Ausrichtung und der Geschäftsplan der Bank zu berücksichtigen sind, sowie
- ein System interner Kontrollen, Überprüfungen und Revisionen, das die Stabilität des gesamten Managementverfahrens sicherstellt.

2.1.4. Umfassende Beurteilung der Risiken

Alle **wesentlichen Risiken**, denen eine Bank ausgesetzt ist, sind im Verfahren zur Eigenkapitalbeurteilung zu erfassen. Der Baseler Ausschuss räumt zwar ein, dass nicht alle Risiken präzise gemessen werden können, doch sollte ein Verfahren zur Schätzung entwickelt werden. Folgende – keinesfalls abschließend aufgeführte – Risikopositionen sollten dabei berücksichtigt werden:

- **Kreditrisiko**
  Die Banken sollten über Methoden verfügen, die es ihnen ermöglichen, das Kreditrisiko sowohl auf Ebene der Kredite an einzelne Kreditnehmer oder Kontrahenten als auch auf Portfolioebene abzuschätzen.

- **Operationelles Risiko**
  Der Baseler Ausschuss ist der Auffassung, dass ähnlich strenge Kriterien auf die Steuerung der operationellen Risiken angewandt werden sollten wie bei anderen bedeutenden Risiken im Bankgeschäft.

- **Marktrisiko**
  Diese Beurteilung basiert weitgehend auf der bankeigenen Messung des Value at Risk (VaR) oder dem Standardansatz für Marktrisiken. Ferner sollte darauf geachtet werden, dass das Institut Stresstests zur Beurteilung der Eigenkapitalausstattung für das Handelsgeschäft durchführt.

- **Zinsänderungsrisiko im Anlagebuch**
  Das Messverfahren sollte alle wesentlichen Zinspositionen der Bank beinhalten und alle bedeutenden Daten über Zinsneufestsetzungen und Laufzeiten berücksichtigen.

- **Liquiditätsrisiko**
  Die Liquidität ist entscheidend für den dauerhaften Bestand jeder Bank. Sie muss adäquate Systeme zur Messung, Überwachung und Kontrolle des Liquiditätsrisikos haben und die Angemessenheit des Kapitals angesichts ihres eigenen Liquiditätsprofils und der Liquidität der Märkte, auf denen sie aktiv ist, beurteilen.

REGULATORISCHE RAHMENBEDINGUNGEN

- **Andere Risiken**
  Obwohl dem Baseler Ausschuss bewusst ist, dass »andere« Risiken – wie Reputations- und strategische Risiken – nicht leicht zu messen sind, erwartet er eine Weiterentwicklung der Techniken für die Handhabung aller Aspekte dieser Risiken.

2.1.5. Überwachung und Berichtswesen

48 Eine Bank sollte über ein angemessenes System zur Überwachung und Berichterstattung über die Risikopositionen sowie zur Einschätzung der Auswirkungen eines sich ändernden Risikoprofils auf ihren Eigenkapitalbedarf verfügen. Die Geschäftsleitung oder das oberste Verwaltungsorgan sollten regelmäßig Berichte über das Risikoprofil und den Kapitalbedarf der Bank erhalten. Diese Berichte sollten es der Geschäftsleitung ermöglichen,

- das Niveau und die künftige Entwicklung der wesentlichen Risiken und deren Auswirkungen auf die Eigenkapitalausstattung abzuschätzen,

- die Sensitivität und Schlüssigkeit der im Kapitalbeurteilungssystem verwendeten zentralen Annahmen zu beurteilen,

- festzustellen, ob die Bank ausreichend Kapital für die verschiedenen Risiken vorhält und sich in Übereinstimmung mit den festgelegten Zielen für die Kapitalausstattung befindet, sowie

- die künftigen Kapitalanforderungen auf Basis des gemeldeten Risikoprofils der Bank abzuschätzen und dementsprechend die notwendigen Anpassungen an ihrer strategischen Planung vorzunehmen.

2.1.6. Überprüfung durch interne Kontrollen

49 Die interne Kontrollstruktur der Bank ist wesentlich für das Verfahren zur Beurteilung der Eigenkapitalausstattung. Zur effektiven Kontrolle dieses Verfahrens gehört eine unabhängige Überprüfung und ggf. Einbeziehung interner oder externer Revisoren. Zu den Bereichen, die überprüft werden sollten, zählen

- die Angemessenheit des Kapitalbeurteilungsverfahrens der Bank angesichts der Art, des Umfangs und der Komplexität ihrer Geschäfte,

- die Identifizierung von Großkrediten und Risikokonzentrationen,

- die Genauigkeit und Vollständigkeit der in dem Beurteilungsverfahren der Bank verwendeten Daten,

- die Schlüssigkeit und Nachvollziehbarkeit der im Rahmen des Beurteilungsverfahrens angewandten Szenarien sowie
- Stresstests und die Analyse der Annahmen und der Eingabeparameter.

2.2. Europäische Vorgaben

2.2.1. Richtlinie über den Zugang zur Tätigkeit von Kreditinstituten und die Beaufsichtigung von Kreditinstituten und Wertpapierfirmen (»CRD IV«)[63]

Während die Baseler Vereinbarung diverse – zum Teil auch sehr konkrete – Prinzipien zur Ausgestaltung des ICAAP aufstellt, sind die auf europäischer Ebene bestehenden Richtlinienvorgaben sehr kurz und prägnant gehalten. Gleichzeitig eröffnen sie damit aber auch eine flexiblere Vorgehensweise bei ihrer konkreten Umsetzung.

Erwägungsgrund 43 zur CRD IV

Die Mitgliedstaaten sollten gewährleisten, dass das interne Kapital von Kreditinstituten und Wertpapierfirmen deren aktuellen und etwaigen künftigen Risiken quantitativ, qualitativ und verteilungstechnisch angemessen ist. Aus diesem Grund sollten die Mitgliedstaaten dafür sorgen, dass Kreditinstitute und Wertpapierfirmen über Strategien und Verfahren verfügen, mit denen sie die Angemessenheit ihres internen Kapitals bewerten und dieses auf einem ausreichend hohen Stand halten können.

Die Artikel 74 (Interne Unternehmensführung und Kontrolle und Sanierungs- und Abwicklungspläne) und 73 (Internes Kapital) der CRD IV enthalten die zentralen Anforderungen des SRP an Kreditinstitute.

---

63 Vgl. hierzu und im Folgenden *CRD IV* (2013); *CRR* (2013). CRD = Capital Requirements Directive, CRR = Capital Requirements Regulation.

REGULATORISCHE RAHMENBEDINGUNGEN

> **Artikel 74**
>
> 1. Die Institute verfügen über solide Regelungen für die Unternehmensführung und -kontrolle, wozu eine klare Organisationsstruktur mit genau festgelegten, transparenten und kohärenten Zuständigkeiten, wirksame Verfahren zur Ermittlung, Steuerung, Überwachung und Meldung der tatsächlichen und potenziellen künftigen Risiken, angemessene interne Kontrollmechanismen, einschließlich solider Verwaltungs- und Rechnungslegungsverfahren, sowie eine Vergütungspolitik und -praxis, die mit einem soliden und wirksamen Risikomanagement vereinbar und diesem förderlich sind, zählen.
>
> 2. Die in Absatz 1 genannten Regelungen, Verfahren und Mechanismen sind der Art, dem Umfang und der Komplexität der dem Geschäftsmodell innewohnenden Risiken und den Geschäften des Kreditinstituts angemessen und lassen keinen Aspekt außer Acht. Den technischen Kriterien der Artikel 76 bis 95 der CRD IV wird Rechnung getragen.
>
> 3. Die EBA[64] gibt im Einklang mit Absatz 2 Leitlinien für die in Absatz 1 genannten Regelungen, Verfahren und Mechanismen heraus.
>
> 4. ...

52 Nach Artikel 74 der CRD IV erfordert ein angemessenes internes Kontrollsystem zum einen klare aufbau- und ablauforganisatorische Regelungen, die insbesondere auch eine transparente und konsistente Abgrenzung der Verantwortungsbereiche der Mitarbeiter des Instituts erlauben. Darüber hinaus sind in das interne Kontrollsystem Prozesse zur Identifizierung, Beurteilung, Steuerung sowie Überwachung und Kommunikation der Risiken zu integrieren.

53 Die zentrale Normen des Artikels 74 und der Artikel 76 bis 95 der CRD IV (»Technische Kriterien für die Organisation und Behandlung von Risiken«) im Unterabschnitt II des Abschnitts 2 des Kapitels 2 des Titels VII der CRD IV setzen sich in grundsätzlicher Form mit der Thematik auseinander und sind für sich genommen nicht besonders detailliert. Um aber in der Europäischen Union eine einheitliche Anwendung dieser Bestimmungen sicherzustellen, hat der europäische Gesetzgeber dem »Committee of European Banking Supervisors« (CEBS) bzw. der »European Banking Authority« (EBA) die Aufgabe

---

64 Europäische Bankenaufsicht/European Banking Authority.

übertragen, ausführliche Vorgaben für eine gute Leitung von Kreditinstituten auszuarbeiten.[65]

> **Artikel 73**
>
> Die Institute verfügen über solide, wirksame und umfassende Strategien und Verfahren, mit denen sie die Höhe, die Arten und die Verteilung des internen Kapitals, das sie zur quantitativen und qualitativen Absicherung ihrer aktuellen und etwaigen künftigen Risiken für angemessen halten, kontinuierlich bewerten und auf einem ausreichend hohen Stand halten können.
>
> Diese Strategien und Verfahren werden regelmäßig intern überprüft, um zu gewährleisten, dass sie der Art, dem Umfang und der Komplexität der Geschäfte des Instituts stets angemessen sind und keinen Aspekt außer Acht lassen.

Nach Artikel 73 der CRD IV muss ein Institut über angemessene, effektive und umfassende Strategien und Verfahren verfügen, um jederzeit die in Anbetracht der Risiken des Instituts erforderliche Höhe, Art und Verteilung von internem Kapital (Risikodeckungspotenzial) ermitteln und vorhalten zu können. Es stellt insoweit im Unterschied zu den Solvenzanforderungen in erster Linie eine interne Steuerungsgröße dar, die immanenter Bestandteil einer weitergehenden Prozesskette ist (Verknüpfung mit den Strategien und Einbindung in die internen Kontrollverfahren).

Grundsätzlich ist neben einer Risiko- auch eine Geschäftsstrategie festzulegen, in der die Ziele und Planungen aller wesentlichen Geschäftsaktivitäten niederzulegen sind. Zwischen beiden Strategien muss ein konsistenter Zusammenhang bestehen. Die Risikostrategie kann auch in die Geschäftsstrategie integriert werden.

2.2.2. Richtlinien des Committee of European Banking Supervisors (»CEBS«)

Neben den Vorgaben der Bankenrichtlinie waren hinsichtlich des ICAAP auf europäischer Ebene bis zum 31. Dezember 2015 die »**Guidelines on the Application of the Supervisory Review Process**« (CP03 revised)[66] zu beachten, die vom CEBS im Juni 2005 veröffentlicht wurden und inzwischen von den »**Guidelines on common procedures and methodologies for the**

---

65 Vgl. auch Kapitel B.I2.2.2. und 2.2.3.
66 Consulting Paper.

supervisory review and evaluation process (SREP)« (EBA/GL/2014/13) vom 19. Dezember 2014[67] **abgelöst wurden**. Das sehr umfangreiche CEBS-Papier formulierte insgesamt zehn grundlegende Prinzipien zu den Erwartungen der Aufsicht an den ICAAP der Institute:[68]

> - »Every Institution must have a process for assessing its capital adequacy relative to its risk profile (an ICAAP).
> - The ICCAP is the responsibility of its institution.
> - The ICAAP's design should be fully specified, the institution's capital policy should be fully documented, and the management body (both supervisory and management functions) should take responsibility for the ICAAP.
> - The ICAAP should form an integral part of the management process and decision-making culture of the institution.
> - The ICAAP should be reviewed regularly.
> - The ICAAP should be risk-based.
> - The ICAAP should be comprehensive.
> - The ICAAP should be forward-looking.
> - The ICAAP should be based on adequate measurement and assessment processes.
> - The ICAAP should produce a reasonable outcome.«

57 Erwähnenswert ist, dass als **Gegenstand des ICAAP** zwischen

- Pillar 1 risks,
- Risks not fully captured under Pillar 1,
- Pillar 2 risks *sowie*
- Risk factors external to the institution

unterschieden wird.

58 Pillar 2 risks werden dabei im Sinne von zusätzlichen Risikoarten verstanden, die nicht bereits Gegenstand des Pillar 1, wohl aber in Pillar 2 zu berücksichtigen sind. Diese Kategorisierung macht deutlich, dass die Palette der Risikoarten, die vom ICAAP abzudecken sind, regelmäßig über die in Pillar 1 enumerativ vorgegebenen Risiken hinausreicht.

---

67 Vgl. Kapitel I.2.2.3.
68 Vgl. *CEBS* (2005), S. 20 ff.

Nachfolgende Abbildung B – 1 beschreibt recht eindrucksvoll die interaktiven Beziehungen und Herausforderungen innerhalb des SRP.

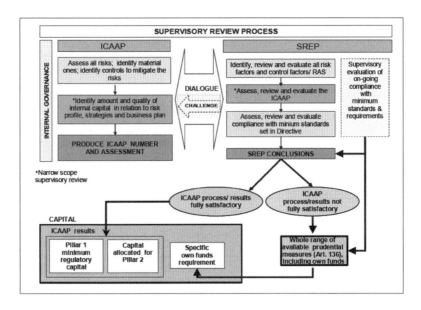

Abbildung B – 1: The Supervisory Review Process[69]

2.2.3. SREP-Guidelines der European Banking Authority (EBA)[70]

Wie oben bereits erwähnt, hat die EBA am 19. Dezember 2014 die finalen »Guidelines on common procedures and methodologies for the supervisory review and evaluation process (SREP)« (EBA/GL/2014/13) verabschiedet, die die gemeinsamen Verfahren und Methoden für die Funktionsweise des aufsichtlichen Überprüfungs- und Bewertungsprozesses (Supervisory Review and Evaluation Process, SREP) nach Artikel 97 sowie Artikel 104 Absatz 1 der CRD IV festlegen. Danach haben die zuständigen Behörden u. a. die Internen Führungsstrukturen und Kontrollen zu bewerten. Im Fokus dieser Untersuchung steht die Frage, ob sichergestellt ist, dass die Internal Governance und die institutsinternen Kontrollen adäquat zum Risikoprofil, Geschäftsmodell sowie zur Größe und Komplexität des Instituts sind. Hinzu kommt die Bewertung, inwieweit sich das Institut nach den Anforderungen

---

69 Entnommen aus *CEBS* (2005), S. 8.
70 Vgl. *EBA* (2014.12) sowie die Ausführungen in Kapitel B.II.

und Standards guter Unternehmensführung richtet. Mit einbezogen werden u. a. die Organisation und Funktionsweise der Geschäftsführung, Vergütungspolitik und -praxis, Unternehmens- und Risikokultur und vor allem die **internen Prozesse zur Sicherstellung der Risikotragfähigkeit (ICAAP) und zur Angemessenheit der kreditinstitutseigenen Verfahren zum Liquiditätsmanagement**[71]**: ILAAP.**

61 Die zuständigen Behörden sollten die **ICAAP und ILAAP eines Instituts** regelmäßig überprüfen und deren **Solidität, Wirksamkeit und Vollständigkeit** bestimmen. Außerdem sollte bewertet werden, wie die ICAAP und ILAAP in der Praxis in das Gesamtrisikomanagement und das strategische Management (einschließlich Kapital- und Liquiditätsplanung) integriert sind. Diese Bewertungen sollten für die Berechnung der zusätzlichen Eigenmittelanforderungen und für die Bewertung der Angemessenheit der Eigenkapitalausstattung im Rahmen des SREP herangezogen werden

62 Zur **Bewertung der Solidität der ICAAP und ILAAP** sollten die zuständigen Behörden ermitteln, ob die Richtlinien, Prozesse, Eingangsdaten und Modelle, aus denen ICAAP und ILAAP bestehen, für die Art, den Umfang und die Komplexität der Geschäfte des Instituts angemessen sind. Zu diesem Zweck sollte festgestellt werden, ob mit dem ICAAP und ILAAP die Angemessenheit der internen Kapital- und Liquiditätsausstattung – auch unter Stressbedingungen – beurteilt werden kann und internes Kapital und Liquidität auf einem ausreichend hohen Stand gehalten werden können, um die Risiken, denen ein Institut ausgesetzt ist oder ausgesetzt sein kann, zu decken und Geschäftsentscheidungen (z. B. für die Kapitalallokation gemäß dem Geschäftsplan) zu treffen.

63 Im Rahmen der Bewertung der Solidität der ICAAP und ILAAP sollten die zuständigen Behörden, sofern relevant, überprüfen, ob:

   a. die vom Institut verwendeten Methoden und Annahmen angemessen und für alle Risiken kohärent sind, sich auf solide empirische Eingangsdaten stützen, zuverlässig kalibrierte Parameter verwenden und einheitlich für die Risikomessung und das Kapital- und Liquiditätsmanagement angewandt werden;

   b. das Maß an Zuverlässigkeit des Risikoappetits entspricht und die internen Annahmen zur Diversifizierung das Geschäftsmodell und die Risikostrategien wiedergeben;

---

71 Internal Liquidity Adequacy Assessment Process.

c. die Definition und Zusammensetzung der vom Institut für die ICAAP und ILAAP vorgesehenen verfügbaren internen Eigenkapital- und Liquiditätsressourcen den vom Institut gemessenen Risiken Rechnung tragen und für die Berechnung der Eigenmittel und Liquiditätspuffer anerkannt werden und

d. die Verteilung/Allokation der verfügbaren internen Eigenkapital- und Liquiditätsressourcen zwischen den Geschäftsfeldern oder rechtlichen Einheiten das Risiko korrekt widerspiegelt, dem die einzelnen Geschäftsfelder oder rechtlichen Einheiten tatsächlich oder möglicherweise ausgesetzt sind, und dabei etwaige rechtliche oder operationelle Beschränkungen hinsichtlich der Übertragung dieser Ressourcen korrekt berücksichtigt werden.

Bei der **Bewertung der Wirksamkeit der ICAAP und ILAAP** sollten die zuständigen Behörden den Nutzen dieser Verfahren für den Entscheidungs- und Managementprozess auf allen Ebenen des Instituts untersuchen (z. B. Festlegung von Limits, Messung der Leistung usw.). Die zuständigen Behörden sollten bewerten, wie das Institut die ICAAP und ILAAP im Rahmen seines Risiko-, Kapital- und Liquiditätsmanagements nutzt (Use-Test). Bei dieser Bewertung sollten die wechselseitigen Beziehungen und die zusammenhängende Funktionsweise der ICAAP/ILAAP und dem Rahmen für den Risikoappetit, dem Risikomanagement und dem Liquiditäts- und Kapitalmanagement analysiert werden, einschließlich der zukunftsgerichteten Finanzierungsstrategien, und es sollte überprüft werden, ob diese wechselseitigen Beziehungen für das Geschäftsmodell und die Komplexität des Instituts angemessen sind.

Zu diesem Zweck sollten die zuständigen Behörden bewerten, ob das Institut über Richtlinien, Verfahren und Instrumente verfügt, die Folgendes erleichtern:

a. die eindeutige Ermittlung der Funktionen und/oder der Ausschüsse des Leitungsorgans, die für die verschiedenen ICAAP- und ILAAP-Elemente zuständig sind (z. B. Modellierung und Quantifizierung, Innenrevision und interne Validierung, Überwachung und Berichterstattung, Problemeskalation);

b. die Kapital- und Liquiditätsplanung: die zukunftsgerichtete Berechnung der Kapital- und Liquiditätsressourcen (einschließlich für angenommene Stressszenarien) in Verbindung mit der Gesamtstrategie oder bedeutenden Transaktionen;

c. die Allokation von Kapital- und Liquiditätsressourcen zu Geschäftsfeldern und Risikoarten sowie die Überwachung dieser Ressourcen (z. B. sollten die für die Geschäftsfelder, Unternehmen oder Einzelrisiken definierten Risikolimits mit dem Ziel in Einklang stehen, die Angemessenheit der internen Kapital- und Liquiditätsressourcen des Instituts insgesamt sicherzustellen);

d. die regelmäßige und unverzügliche Meldung der Angemessenheit der Eigenkapital- und Liquiditätsausstattung an die Geschäftsleitung und das Leitungsorgan. Insbesondere muss die Häufigkeit der Meldungen den Risiken, der Entwicklung des Geschäftsvolumens, bestehenden internen Puffern und dem internen Entscheidungsprozess angemessen Rechnung tragen, damit die Geschäftsleitung des Instituts Abhilfemaßnahmen in die Wege leiten kann, bevor die angemessene Eigenkapital- oder Liquiditätsausstattung gefährdet ist, und

e. Sensibilisierung der Geschäftsleitung oder des Leitungsorgans und entsprechende Maßnahmen, falls die Geschäftsstrategie und/oder bedeutende Einzeltransaktionen nicht mit dem ICAAP und dem verfügbaren internen Kapital vereinbar sind (z. B. Billigung einer bedeutenden Transaktion durch die Geschäftsleitung, wenn die Transaktion höchstwahrscheinlich eine spürbare Auswirkung auf das verfügbare interne Kapital hat) oder dem ILAAP entgegenstehen.

66 Die zuständigen Behörden sollten bewerten, ob sich das Leitungsorgan in angemessener Weise mit dem ICAAP und ILAAP und den daraus resultierenden Ergebnissen befasst und diese Verfahren und Ergebnisse kennt. Vor allem sollte überprüft werden, ob das Leitungsorgan den ICAAP- und ILAAP-Rahmen und die betreffenden Ergebnisse sowie, falls relevant, die Ergebnisse der internen Validierung der ICAAP und ILAAP genehmigt. Des Weiteren sollten die zuständigen Behörden bewerten, zu welchem Grad der ICAAP und ILAAP zukunftsgerichtet sind. Hierzu sollte untersucht werden, ob der ICAAP und ILAAP mit den Kapital- und Liquiditätsplänen sowie den strategischen Plänen in Einklang stehen.

67 Die zuständigen Behörden sollten bewerten, ob der ICAAP und ILAAP **die Geschäftsfelder, die rechtlichen Einheiten und die Risiken abdecken, denen ein Institut tatsächlich oder möglicherweise ausgesetzt ist**, und ob der ICAAP und ILAAP die rechtlichen Anforderungen erfüllen. Insbesondere sollte überprüft werden, ob

a. der ICAAP und ILAAP im Hinblick auf die Ermittlung und Bewertung der Risiken für alle betreffenden Geschäftsfelder und rechtlichen Einheiten des Instituts auf homogene und verhältnismäßige Weise umgesetzt werden;

b. der ICAAP und ILAAP alle wesentlichen Risiken abdecken, unabhängig davon, ob das Risiko auf Unternehmen zurückgeht, die nicht der Konsolidierung unterliegen (Zweckgesellschaften), und

c. im Falle, dass ein Unternehmen Regelungen oder Prozesse zur internen Governance besitzt, die sich von denen der anderen Unternehmen der Gruppe unterscheiden, diese Abweichungen gerechtfertigt sind (z. B. kann es gerechtfertigt sein, dass nur einige Unternehmen der Gruppe fortgeschrittene Modelle übernehmen, weil für einige Geschäftsfelder oder einige rechtliche Einheiten keine ausreichenden Daten zur Schätzung von Parametern verfügbar sind, vorausgesetzt diese Geschäftsfelder oder rechtlichen Einheiten stellen für das restliche Portfolio keine Quelle der Risikokonzentration dar).

Bei der **zusammenfassenden Bewertung** haben die zuständigen Behörden die Angemessenheit der Regelungen zu interner Governance und der institutsweiten Kontrollen insgesamt zu beurteilen. Hierzu zählt auch, inwieweit das Rahmenwerk für das Risikomanagement und die Risikomanagementprozesse, **einschl. ICAAP, ILAAP**, Stresstests, Kapital- und Liquiditätsplanung, angemessen sind. 68

Im Rahmen der **SREP-Kapitalbewertung sollten die zuständigen Behörden zusätzliche Eigenmittelanforderungen zur Deckung des Risikos unerwarteter Verluste** festlegen, wobei das Institut diese Anforderungen zu jedem Zeitpunkt erfüllen muss. Die zusätzlichen Eigenmittelanforderungen sollten auf Basis der Einzelrisiken nach aufsichtlichem Ermessen bestimmt werden, wobei diese Entscheidung durch folgende Informationsquellen gestützt werden sollte: 69

a. **ICAAP-Berechnungen;**

b. Ergebnis der aufsichtlichen Benchmark-Berechnungen und

c. andere maßgebliche Eingangsdaten, einschließlich Informationen aus der Interaktion und dem Dialog mit dem Institut.

Wenn die ICAAP-Berechnungen als zuverlässig oder teilweise zuverlässig erachtet werden, sollten sie als Ausgangspunkt für die Bestimmung der zusätzlichen Eigenmittelanforderungen verwendet werden, wobei sie gegebenenfalls durch das Ergebnis der aufsichtlichen Benchmark-Berechnungen und durch andere maßgeblichen Eingangsdaten zu ergänzen sind. 70

Falls eine ICAAP-Berechnung nicht als zuverlässig erachtet wird, sollte als Ausgangspunkt für die Bestimmung der zusätzlichen Eigenmittelanforderungen das Ergebnis der aufsichtlichen Benchmark-Berechnungen herangezogen werden, gegebenenfalls ergänzt durch andere maßgebliche Eingangsdaten. 71

REGULATORISCHE RAHMENBEDINGUNGEN

72 Die zuständigen Behörden sollten sicherstellen, dass die für die einzelnen Risiken festgesetzten zusätzlichen Eigenmittelanforderungen eine solide Deckung des Risikos gewährleisten. Dazu sollten die zuständigen Behörden

   a. Gründe für alle zusätzlichen Eigenmittelanforderungen anführen, die deutlich von den Ergebnissen der zuverlässigen ICAAP-Berechnungen oder den Benchmark- Berechnungen abweichen, und

   b. zusätzliche Eigenmittelanforderungen auf kohärente Weise anwenden – sofern diese nicht auf institutsspezifischen Erwägungen beruhen –, um über alle Institute hinweg eine weitgehende Übereinstimmung der aufsichtlichen Ergebnisse zu gewährleisten.

73 Die zuständigen Behörden sollten die **Zuverlässigkeit der ICAAP-Berechnungen** im Hinblick auf folgende Aspekte bewerten:

   a. **Granularität**: Die Berechnungen/Methoden sollten eine Aufschlüsselung der Berechnungen nach Risikoart erlauben; eine einzige Berechnung (des ökonomischen Kapitals) zur Deckung aller Risiken sollte nicht verwendet werden. Diese Aufschlüsselung sollte durch die ICAAP-Methode selbst möglich sein. Sofern dies von der zuständigen Behörde als angemessen erachtet wird, können Schätzungen vorgelegt werden, indem beispielsweise der marginale Beitrag für Risiken berechnet wird, die nicht für sich allein gemessen werden können (z. B. das Kreditkonzentrationsrisiko).

   b. **Glaubwürdigkeit**: Die verwendeten Berechnungen/Methoden müssen sich nachweislich auf das Risiko beziehen, um dessen Deckung es geht (z. B. müssen bei der Berechnung des Kreditkonzentrationsrisikos geeignete sektorale Aufschlüsselungen verwendet werden, die die tatsächlichen Korrelationen und die faktische Zusammensetzung der Portfolios widerspiegeln), und sollten auf anerkannten oder geeigneten Modellen sowie vorsichtigen Annahmen beruhen.

   c. **Verständlichkeit**: Die den Berechnungen/Methoden zugrunde liegenden Treiber müssen eindeutig angegeben werden. Eine Black Box-Berechnung ist nicht zulässig. Die zuständigen Behörden sollten vom Institut eine Darlegung der fehleranfälligsten Bereiche der verwendeten Modelle verlangen sowie Erläuterungen, wie diesen Rechnung getragen wird und in welcher Form entsprechende Korrekturen in der abschließenden ICAAP-Berechnung vorgenommen werden.

   d. **Vergleichbarkeit**: Die zuständigen Behörden sollten die Haltedauer/den Risikohorizont und die Konfidenzniveaus (oder eine vergleichbare Messgröße) in den ICAAP-Berechnungen beurteilen; diese Variablen werden von den zuständigen Behörden angepasst – oder vom Institut wird eine Anpassung dieser Variablen gefordert –, um eine bessere Vergleichbarkeit mit der Peer-Gruppe und den aufsichtlichen Benchmark-Schätzungen zu erlauben.

Des Weiteren sollten die zuständigen Behörden die Zuverlässigkeit der ICAAP-Berechnungen bewerten, indem sie diese mit den Ergebnissen der aufsichtlichen Benchmark-Berechnungen für die betreffenden Risiken sowie mit anderen maßgeblichen Eingangsdaten vergleichen.

Eine ICAAP-Berechnung sollte als teilweise zuverlässig eingestuft werden, wenn sie immer noch in hohem Maße glaubwürdig ist, auch wenn sie nicht alle vorstehenden Kriterien erfüllt; dies sollte jedoch nur der Ausnahmefall sein und durch entsprechende Schritte begleitet werden, um die in der ICAAP-Berechnung festgestellten Schwächen zu mindern.

2.3. Kreditwesengesetz

Die besonderen organisatorischen Pflichten von Instituten i. S. d. § 1 Absatz 1b KWG wurden durch die Einfügung des § 25a KWG im Rahmen der »Sechsten KWG-Novelle«[72] erstmals gesetzlich kodifiziert. Danach wird von den Instituten als Leitsatz eine **ordnungsgemäße Geschäftsorganisation** verlangt, die die Einhaltung der von ihnen zu beachtenden gesetzlichen Bestimmungen und der betriebswirtschaftlichen Notwendigkeiten gewährleistet. Was unter einer »ordnungsgemäßen Geschäftsorganisation« zu verstehen ist, wird im Gesetz in nur wenigen Grundprinzipien beschrieben. Im Gegensatz zu anderen Vorschriften des KWG hält sich § 25a KWG mit Details bewusst zurück. Insoweit wird die grundsätzliche Freiheit des geschäftspolitischen Entscheidungsspielraums betont, die sich nicht zuletzt auch bei der Wahl eines geeigneten Risikotragfähigkeitskonzepts im Rahmen des ICAAP zeigt **(Methodenfreiheit)**. Diesem grundsätzlich liberalen Aufsichtskonzept folgend, enthält § 25a Absatz 1 KWG eine Vielzahl unbestimmter Rechtsbegriffe. Zu deren Präzisierung hat die BaFin rechtsnormkonkretisierende Verwaltungsanweisungen erlassen, die sie in ihrer Auslegung der gesetzlichen Anforderungen bindet. Von zentraler Bedeutung sind dabei die MaRisk, mit denen die BaFin bislang in Form eines Rundschreibens konkretisierte, was sie unter einem »angemessenen und wirksamen Risikomanagement« i. S. d. § 25a Absatz 1 Satz 3 versteht[73].

---

72 Vgl. *KWG* (1997).
73 Vgl. Kapitel B.I.2.4. Zu den MaRisk 6.0-E vgl. *Reuse* (2016.02b), S. 1 ff.

77 Durch die Ergänzung des § 25a KWG um den Absatz 1a im Rahmen des sog. »Vierten Finanzmarktförderungsgesetzes«[74] wurde klargestellt, dass die besonderen organisatorischen Anforderungen für Institute auch von übergeordneten Unternehmen einer Institutsgruppe und Finanzholding-Gruppe sowie eines Finanzkonglomerats zu beachten sind. Mit dem CRD-Umsetzungsgesetz vom November 2006 wurde die Gruppenbetrachtung auf bestimmte Teilkonsolidierungs-Tatbestände ausgedehnt. Im Zuge der Umsetzung der geänderten Finanzkonglomeraterichtlinie im März 2013 wurden die gemischten Finanzholding-Gruppen i. S. d. Artikels 4 der CRR in den Regelungsbereich der Gruppenbeaufsichtigung nach § 25a Abs. 3 KWG einbezogen. Die Geschäftsleiter des übergeordneten Unternehmens sind für die ordnungsgemäße Geschäftsorganisation der Institutsgruppe, der Finanzholding-Gruppe oder gemischten Finanzholding-Gruppe verantwortlich.

78 Die Aufzählung der Bestandteile einer ordnungsgemäßen Geschäftsorganisation in § 25a Absatz 1 KWG wurde im Laufe der Zeit mehrfach geändert und neu strukturiert, zuletzt durch das CRD IV-Umsetzungsgesetz. Danach muss eine ordnungsgemäße Geschäftsorganisation

- insbesondere ein **angemessenes und wirksames Risikomanagement** umfassen, auf dessen Basis ein Institut die **Risikotragfähigkeit laufend sicherzustellen hat** (Absatz 1 Sätze 3 bis 5); darüber hinaus

- angemessene Regelungen, anhand derer sich die finanzielle Lage des Instituts jederzeit mit hinreichender Genauigkeit bestimmen lässt (Absatz 1 Satz 6 Nr. 1) sowie eine vollständige Dokumentation der Geschäftstätigkeit, die eine lückenlose Überwachung durch die BaFin für ihren Zuständigkeitsbereich gewährleistet (Absatz 1 Satz 6 Nr. 2) sowie einen Prozess, der es den Mitarbeitern unter Wahrung der Vertraulichkeit ermöglicht, Verstöße gegen die CRR oder gegen das KWG oder gegen die aufgrund des KWG erlassenen Rechtsverordnungen sowie etwaige strafbare Handlungen innerhalb des Unternehmens an geeignete Stellen zu berichten (Absatz 1 Satz 6 Nr. 2).

79 Das Risikomanagement umfasst insbesondere die Festlegung von Strategien, insbesondere die Festlegung einer auf die nachhaltige Entwicklung des Instituts gerichteten Geschäftsstrategie und einer damit konsistenten Risikostrategie, sowie die Einrichtung von Prozessen zur Planung, Umsetzung, Beurteilung und Anpassung der Strategien (Absatz 1 Satz 3 Nr. 1); **Verfahren zur Ermittlung und Sicherstellung der Risikotragfähigkeit, wobei eine vorsichtige Ermittlung der Risiken und des zu ihrer Abdeckung verfügba-**

---

74 Vgl. *Viertes Finanzmarktförderungsgesetz* (2002), Artikel 6.

ren Risikodeckungspotenzials zugrunde zu legen ist (**Risikotragfähigkeitskonzept; Absatz 1 Satz 3 Nr. 2**); die Einrichtung interner Kontrollverfahren mit einem – prozessabhängigen – internen Kontrollsystem und einer – prozessunabhängigen – Internen Revision, wobei das interne Kontrollsystem insbesondere aufbau- und ablauforganisatorische Regelungen mit klarer Abgrenzung der Verantwortungsbereiche, Prozesse zur Identifizierung, Beurteilung, Steuerung sowie Überwachung und Kommunikation der Risiken (entsprechend den in Titel VII Kapitel 2 Abschnitt 2 Unterabschnitt II der CRD IV niedergelegten Kriterien) und eine Risikocontrolling-Funktion und eine Compliance-Funktion (Absatz 1 Satz 3 Nr. 3) umfasst; eine angemessene personelle und technisch-organisatorische Ausstattung des Instituts (Absatz 1 Satz 3 Nr. 4); die Festlegung eines angemessenen Notfallkonzepts, insbesondere für IT-Systeme (Absatz 1 Satz 3 Nr. 5), und angemessene, transparente und auf eine nachhaltige Entwicklung des Instituts ausgerichtete Vergütungssysteme für Geschäftsleiter und Mitarbeiter (Absatz 1 Satz 3 Nr. 6).

§ 25a Absatz 1 Satz 3 KWG gibt damit nur einen groben Rahmen vor, der von allen Kredit- und Finanzdienstleistungsinstituten zu beachten ist. Er lässt ihnen einen weiten Spielraum für die Ausgestaltung eines individuellen Risikomanagements. Dies ist zum einen in der Heterogenität des deutschen Finanzdienstleistungssektors begründet. Zum anderen entspricht es dem liberalen Aufsichtskonzept des KWG, das lediglich einen Rahmen für die Geschäftstätigkeit der Institute bei grundsätzlicher Freiheit der geschäftspolitischen Entscheidungen vorgibt.

Durch den im Zuge des »Finanzmarktrichtlinie-Umsetzungsgesetzes«[75] neu in Absatz 1 eingefügten Satz 4, nach dem die Ausgestaltung des Risikomanagements von Art, Umfang, Komplexität und Risikogehalt der Geschäftstätigkeit abhängt, wurde das **Proportionalitätsprinzip** ausdrücklich gesetzlich verankert. Damit korrespondierend müssen die Institute Maßnahmen treffen, die der Art und den Umständen ihrer jeweiligen Tätigkeit gerecht werden. Große Institute mit einem breiten und risikoreichen Spektrum an Bankgeschäften und Finanzdienstleistungen müssen dementsprechend umfangreichere organisatorische Vorkehrungen für ein wirksames Risikomanagement treffen. Andererseits ermöglicht diese Flexibilisierung vor allem kleinen Instituten, die wenig risikorelevante Geschäftsaktivitäten ausüben, von einigen Anforderungen abzusehen oder diese in anderer Weise zu erfüllen. Die Angemessenheit des Risikomanagements ist vom Institut regelmäßig zu überprüfen.

---

75 Vgl. *Finanzmarktrichtlinie-Umsetzungsgesetz* (2007), Artikel 3.

82 Aus dem sehr weiten Umsetzungsspielraum resultiert andererseits aber auch eine gewisse Rechts- und Planungsunsicherheit für die Institute, insbesondere vor dem Hintergrund, dass die Einhaltung der nur grob skizzierten Vorgaben des Gesetzes der Prüfung durch Dritte – etwa im Rahmen der Abschlussprüfung (vgl. § 29 Absatz 1 Satz 2 KWG) oder von Sonderprüfungen nach § 44 Absatz 1 Satz 2 – unterliegt. Deshalb besteht ein Interesse der Institute als auch der Prüfer, was die Aufsicht unter einem »angemessenen und wirksamen Risikomanagement« versteht. Diesem Transparenzbedürfnis hat die BaFin bislang mit den MaRisk entsprochen. Insoweit entfalteten sie auch über die Prüfungspraxis eine faktische Bindungswirkung, da sich die Prüfer bei der Beurteilung der Einhaltung des § 25a Absatz 1 Satz 3 Nr. 1 und Satz 6 Nr. 1 KWG ebenfalls an den MaRisk orientieren.

83 Durch das Gesetz zur Stärkung der Finanzmarkt- und Versicherungsaufsicht vom 29. Juli 2009 wurde in § 25a Absatz 1 Satz 3 klargestellt, dass die Institute die Risikotragfähigkeit laufend sicherzustellen haben. Schon nach dem vorherigen Wortlaut[76] waren die Verfahren zur Ermittlung und Sicherstellung der Risikotragfähigkeit als Bestandteil eines angemessenen und wirksamen Risikomanagements anzusehen. Dies ergab sich aus ihrer Eigenschaft als notwendiges Bindeglied zwischen den Strategien eines Instituts einerseits und dessen internen Kontrollverfahren andererseits. Mit der Neufassung wird dies deutlicher als bisher zum Ausdruck gebracht, indem die **Verfahren zur Ermittlung und Sicherstellung der Risikotragfähigkeit** als **bestimmender Bestandteil eines Risikomanagements von Instituten (gesetzlich) definiert** werden. Dies entspricht der – schon bestehenden – aufsichtlichen Verwaltungspraxis, wie sie in den MaRisk niedergelegt war.

84 Durch das CRD IV-Umsetzungsgesetz wird ergänzend betont, dass die Ermittlung der Risiken und der zu ihrer Abdeckung verfügbaren Risikodeckungspotenziale dem **Vorsichtsprinzip** Rechnung zu tragen haben. Diese Forderung war zuvor nicht explizit verankert, konnte jedoch aus der aus § 25a Absatz 1 Satz 3 erwachsenden Forderung nach einer **laufenden Sicherstellung der Risikotragfähigkeit** hergeleitet werden. Daraus folgt, dass die Risikoermittlung sowie die Festlegung der Risikodeckungspotenziale auf der Grundlage konservativer Annahmen und vorsichtiger Schätzungen zu erfolgen haben und nicht lediglich auf mehr oder weniger als wahrscheinlich angenommenen oder gar optimistischen Annahmen beruhen darf. Diese Aspekte waren schon zuvor Teil der Verwaltungspraxis, sind aufgrund ihrer Wichtig-

---

76 »… das auf der Grundlage von Verfahren zur Ermittlung und Sicherstellung der Risikotragfähigkeit die Festlegung von Strategien sowie … beinhaltet, …«.

keit für die Wirksamkeit der Risikotragfähigkeitskonzepte der Institute durch das CRD IV-Umsetzungsgesetz nun auch auf der Gesetzesebene klargestellt.

2.4. Mindestanforderungen an das Risikomanagement – MaRisk[77]

Zuletzt hat die BaFin mit dem Rundschreiben über die »Mindestanforderungen an das Risikomanagement« vom 14. Dezember 2012 – wie oben bereits erwähnt – bekanntgemacht, was sie unter einem »angemessenen Risikomanagement« versteht und insoweit die Auslegung der unbestimmten Rechtsbegriffe des § 25a Absatz 1 KWG konkretisiert. Das Rundscheiben gibt aber auch einen qualitativen Rahmen für die Umsetzung der Artikel 73 und 74 der CRD IV vor[78]. Danach sind von den Instituten angemessene Leitungs-, Steuerungs- und Kontrollprozesse (»Robust Governance Arrangements«) sowie Strategien und Prozesse einzurichten, die **gewährleisten, dass genügend internes Kapital zur Abdeckung aller wesentlichen Risiken vorhanden ist (ICAAP)**. Die Qualität dieser Prozesse ist von der Aufsicht nach Artikel 97 der CRD IV im Rahmen des SREP regelmäßig zu beurteilen. Die MaRisk sind daher unter Berücksichtigung des Prinzips der doppelten Proportionalität der bedeutendste Regelungsrahmen für die qualitative Aufsicht in Deutschland (SRP).

Durch Artikel 2 des Gesetzes zur Anpassung des nationalen Bankenabwicklungsrechts an den Einheitlichen Abwicklungsmechanismus und die europäischen Vorgaben zur Bankenabgabe (Abwicklungsmechanismusgesetz – AbwMechG) vom 2. November 2015[79] wurde **§ 25a Absatz 4 KWG** dahingehend **neu gefasst**, dass das Bundesministerium der Finanzen (BMF) nunmehr ermächtigt ist, durch **Rechtsverordnung**, die nicht der Zustimmung des Bundesrates bedarf, im Einvernehmen mit der Deutschen Bundesbank und **nach Anhörung der Europäischen Zentralbank (EZB)** nähere Bestimmungen über die Ausgestaltung eines angemessenen und wirksamen Risikomanagements auf Einzelinstituts- und Gruppenebene gemäß § 25a Absatz 1 Satz 3 Nummer 1 bis 5 und Absatz 3 KWG und der jeweils zugehörigen Tätigkeiten und Prozesse zu erlassen. Damit hat der Gesetzgeber der Notwendigkeit einer verbesserten rechtlichen Grundlage für Anforderungen an das Risikomanagement der Institute Rechnung getragen. Die MaRisk haben bislang als Rundschreiben keinen Rechtsnormcharakter. Sie konnten daher direkt weder als Grundlage für Verwaltungsakte noch für die Verhän-

---

77 Vgl. hierzu und im Folgenden *BaFin* (2012.12c).
78 Vgl. Kapitel B.I.2.2.1.
79 Vgl. *AbwMechG* (2015).

REGULATORISCHE RAHMENBEDINGUNGEN

gung von Bußgeldern herangezogen werden. Vor dem Hintergrund, dass durch die Verordnung (EU) Nr. 1024/2013 des Rates vom 15. Oktober 2013 Aufgaben der Bankenaufsicht auf die EZB übertragen worden sind und sie nunmehr Aufsichtsbehörde nach § 1 Absatz 5 KWG ist, ist die Beteiligung der EZB im Vorfeld des Erlasses einer Rechtsverordnung in diesem Bereich vorgesehen.

87 Bislang (März 2016) allerdings hat das BMF von dieser Verordnungsermächtigung noch keinen Gebrauch gemacht.

88 Hingegen hat die BaFin am **18. Februar 2016 einen ersten Konsultationsentwurf einer neuen Fassung der MaRisk** vorgelegt[80], um vor allem internationalen Entwicklungen im Bereich des Risikomanagements Rechnung zu tragen. Schwerpunktthemen sind die Inhalte des Baseler Papiers zur Risikodatenaggregation und Risikoberichterstattung (BCBS 239), das Erfordernis einer angemessenen Risikokultur sowie Änderungen im Bereich der Auslagerung[81].Wenngleich die Konsultation des MaRisk-Entwurfs zum Zeitpunkt der Finalisierung dieses Buches noch andauert, wird im Folgenden in geeigneter Weise auf den Diskussionsstand des Konsultationsentwurfs eingegangen[82].

89 Zentrale **Anforderungen hinsichtlich der Risikotragfähigkeit** ergeben sich bezüglich des o. g. BaFin-Rundschreibens aus den »Allgemeinen Anforderungen an das Risikomanagement« (AT 4.1) der MaRisk.

AT 4.1 Tz 1

Auf der Grundlage des Gesamtrisikoprofils ist sicherzustellen, dass die wesentlichen Risiken des Instituts durch das Risikodeckungspotenzial, unter Berücksichtigung von Risikokonzentrationen, laufend abgedeckt sind und damit die Risikotragfähigkeit gegeben ist.

---

90 AT 4.1 Tz. 1 der MaRisk präzisiert § 25a Absatz 1 Satz 3 Nr. 2 KWG hinsichtlich des Verfahrens zur Ermittlung und Sicherstellung der Risikotragfähigkeit dahingehend, dass im Rahmen des Risikotragfähigkeitskonzepts die **wesentlichen Risiken** dem Risikotragfähigkeitspotenzial gegenübergestellt werden. Bei dieser sehr allgemeinen Betrachtung ist die Risikotragfähigkeit dann gegeben, wenn das Risikotragfähigkeitspotenzial die wesentlichen Risiken vollständig und laufend abdeckt.

---

80 Vgl. *Reuse* (2016.02b), umfassend erläutert in der dazugehörigen Anlage S. 1–9.
81 Vgl. *BaFin* (2016.02a).
82 Vgl. *BaFin* (2016.02b).

Der Begriff des **Risikodeckungspotenzials** wird in den MaRisk nicht präzisiert, seine Bestimmung erfolgt vielmehr durch das einzelne Institut im Rahmen seines Risikotragfähigkeitskonzepts. Aus seiner Zweckbestimmung heraus muss es aber zur Abdeckung der wesentlichen Risiken zur Verfügung stehen. Ein Institut wird i. d. R. nicht sein volles Risikodeckungspotenzial den wesentlichen Risiken gegenüberstellen, sondern nur einen bestimmten Anteil, der als Gesamtbankrisikolimit zugleich die Ausgangsbasis für eine detaillierte, d. h. tiefer gehende, Limitstruktur ist (vgl. BTR 2.1 Tz. 1). Die Höhe des insoweit verbleibenden »Risikopuffers« ist – ebenso wie die Wahl der Berechnungsmethode – eine wichtige risikostrategische Festlegung und ein Indikator für den Risikoappetit eines Hauses. 91

Der zweite Baustein des Risikotragfähigkeitskonzeptes ist die **Einschätzung der wesentlichen Risiken**. Die Beurteilung, welche Risiken das Institut als wesentlich ansieht, ist Gegenstand des Gesamtrisikoprofils (vgl. AT 2.2 Tz. 1 Satz 2). Auch hinsichtlich der Messung der wesentlichen Risiken gilt der Grundsatz der Methodenfreiheit. Sie müssen allerdings nachvollziehbar und für die Verhältnisse des jeweiligen Instituts angemessen sein. Darüber hinaus ist auf die Konsistenz des Berechnungskonzeptes zu achten. In der Praxis haben sich inzwischen verschiedene Methoden zur Risikomessung etabliert. Im Bereich der Marktpreisrisiken überwiegen VaR-Ansätze, die sich mehr und mehr auch bei der Messung von Adressenausfallrisiken (»Credit-VaR«) durchsetzen und bei denen der sog. *unexpected loss* als eigentliches Risiko im Fokus steht. Die Quantifizierung von Liquiditätsrisiken ist i. d. R. nicht sinnvoll und unterbleibt deshalb häufig. Hinsichtlich der operationellen Risiken sind die vorhandenen Messmethoden (noch) nicht so weit fortgeschritten, sodass insoweit meist auf regulatorische Messansätze nach der CRR[83] (Basisindikatoransatz, Standardansatz, Fortgeschrittener Messansatz [Advanced Measurement Approach – AMA]) zurückgegriffen wird. 92

Um beurteilen zu können, ob die wesentlichen Risiken insgesamt durch das vorhandene Risikodeckungspotenzial abgedeckt sind, müssen auch Risikokonzentrationen ausdrücklich berücksichtigt werden. Dies bedeutet indes nicht, dass eine isolierte Steuerung und Limitierung von Risikokonzentrationen parallel zu Risikosteuerung der wesentlichen Risiken zu erfolgen hat. 93

Bei der Gegenüberstellung von Risikotragfähigkeitspotenzial und wesentlichen Risiken im Rahmen des Risikotragfähigkeitskonzepts werden zudem meist Szenariobetrachtungen angestellt. Abhängig von der Eintrittswahr- 94

---

83 Vgl. CRR (2013).

scheinlichkeit bestimmter Risikoszenarien werden unterschiedliche Teile als Tragfähigkeitspotenzial verwendet.

95 Die Risikotragfähigkeit muss laufend gegeben sein, sodass sie auch unterjährig zu berechnen und sicherzustellen ist. Hierbei dürfte eine Orientierung an periodischen Risikoberichten (meist monatlich) sinnvoll und ausreichend sein.

> **AT 4.3.3 Tz. 5**
>
> ... Die Ergebnisse der Stresstests sind auch bei der Beurteilung der Risikotragfähigkeit angemessen zu berücksichtigen. Dabei ist den Auswirkungen eines schweren konjunkturellen Abschwungs besondere Aufmerksamkeit zu schenken.

96 Die Ergebnisse solcher Stresstests sind kritisch zu reflektieren. Dabei ist zu ergründen, inwieweit, und wenn ja, welcher Handlungsbedarf besteht (z. B. Kapitalunterlegung, verschärfte Überwachung der Risiken, geschäftspolitische Anpassungen). Eine Unterlegung mit Risikodeckungspotenzial ist dann erforderlich, wenn die Stresstests bewusst zur Quantifizierung des internen Kapitalbedarfs eingesetzt werden.

97 Ergebnisse inverser Stresstests müssen in der Regel bei der Beurteilung der Risikotragfähigkeit nicht berücksichtigt werden.

> **AT 4.1 Tz. 2**
>
> Das Institut hat einen internen Prozess zur Sicherstellung der Risikotragfähigkeit einzurichten. Die Risikotragfähigkeit ist bei der Festlegung der Strategien sowie bei deren Anpassung zu berücksichtigen. Zur Umsetzung der Strategien bzw. zur Gewährleistung der Risikotragfähigkeit sind ferner geeignete Risikosteuerungs- und -controllingprozesse einzurichten.

98 Die MaRisk heben hervor, dass die Institute für die laufende Sicherstellung der Risikotragfähigkeit einen **Prozess** einzurichten haben. In diesem Sinne sind u. a. auch die regelmäßige Analyse des Risikoprofils, die Durchführung von Stresstests, die Aktualisierung des verfügbaren Risikodeckungspotenzials, die regelmäßig aktualisierte Kapitalplanung, das interne Limitsystem, die Aufstellung und Verfolgung der Strategien sowie das interne Berichtswesen Teil dieses Prozesses.

Die Verknüpfung mit den Risikosteuerungs- und -controllingprozessen kommt u. a. auch darin zum Ausdruck, dass die Risikotragfähigkeit bzw. Limitauslastung im Rahmen der regelmäßigen Risikoberichte reportet wird. Je angespannter die Risikotragfähigkeit eines Instituts ist, je kürzer müssen die Berichtsrhythmen gewählt werden und desto höher sind die Anforderungen an die Genauigkeit der Messverfahren. 99

Nach dem o. g. **Konsultationsentwurf** haben die hierzu eingesetzten Verfahren sowohl das Ziel der Fortführung als auch den Schutz der Gläubiger vor Verlusten aus ökonomischer Sicht angemessen zu berücksichtigen. Die bisher unter AT 4.1 Tz. 8 festgelegte Regelung soll nunmehr unter AT 4.1 Tz. 2 normiert werden. 100

Ist ein konkreter Steuerungsansatz aus der Perspektive eines der beiden Ziele (Fortführung des Instituts oder Gläubigerschutz) ausgestaltet, so ist ggf. dem jeweils anderen Ziel durch entsprechende Adjustierungen bzw. Ergänzungen des Steuerungsansatzes Rechnung zu tragen.[84] 101

AT 4.5 Tz. 3

Das übergeordnete Unternehmen hat auf der Grundlage des Gesamtrisikoprofils der Gruppe einen internen Prozess zur Sicherstellung der Risikotragfähigkeit auf Gruppenebene einzurichten. Die Risikotragfähigkeit ist laufend sicherzustellen.

Nach § 25a Absatz 2 KWG sind die Geschäftsleiter des übergeordneten Unternehmens einer Institutsgruppe oder Finanzholding-Gruppe sowie die Geschäftsleiter des übergeordneten Finanzkonglomeratsunternehmens eines Finanzkonglomerats für die Einrichtung eines angemessenen und wirksamen Risikomanagements auf Gruppenebene verantwortlich. Die Reichweite erstreckt sich auf alle wesentlichen Risiken der Gruppe unabhängig davon, ob diese von konsolidierungspflichtigen Unternehmen begründet werden oder nicht (z. B. Risiken aus nicht konsolidierungspflichtigen Zweckgesellschaften). 102

Bei der Beurteilung der Risikotragfähigkeit sind die Intragruppenforderungen angemessen abzubilden. Die intern angesetzten Preise haben sich an denen des externen Marktes zu orientieren. 103

---

84 Vgl. *BaFin* (2011.12), Tz. 17, 18, 49.

> **AT 4.1 Tz. 3**
>
> Knüpft das Risikotragfähigkeitskonzept an Jahresabschluss-Größen an, so ist eine angemessene Betrachtung über den Bilanzstichtag hinaus erforderlich.

104 Bei Anknüpfung des Risikotragfähigkeitskonzeptes an Jahresabschluss-Größen können in der Regel eine Betrachtung bis zum übernächsten Bilanzstichtag spätestens ab Mitte des Jahres oder eine rollierende 12-Monats-Betrachtung angemessene Lösungsansätze sein.

> **AT 4.1 Tz. 4**
>
> Wesentliche Risiken, die nicht in das Risikotragfähigkeitskonzept einbezogen werden, sind festzulegen. Ihre Nichtberücksichtigung ist nachvollziehbar zu begründen und nur dann möglich, wenn das jeweilige Risiko aufgrund seiner Eigenart nicht sinnvoll durch Risikodeckungspotenzial begrenzt werden kann (z. B. im Allgemeinen Liquiditätsrisiken). Es ist sicherzustellen, dass solche Risiken angemessen in den Risikosteuerungs- und -controllingprozessen berücksichtigt werden.

105 **Grundsätzlich** sind **alle wesentlichen Risiken** in das Risikotragfähigkeitskonzept einzubeziehen. Dies setzt voraus, dass die Höhe der wesentlichen Risiken zuverlässig und mit einem vertretbaren Aufwand bestimmt werden kann. Da dies nicht für alle als wesentlich eingestuften Risiken der Fall ist, lässt die Regelung insoweit eine Ausnahme zu, wenn das jeweilige Risiko aufgrund seiner Eigenart nicht sinnvoll durch Risikodeckungspotenzial begrenzt werden kann. Beispielhaft sind Liquiditätsrisiken bzw. das Zahlungsunfähigkeitsrisiko zu nennen. Hingegen kann eine nachvollziehbare Quantifizierbarkeit im Bereich der Adressenausfall- und der Marktpreisrisiken unterstellt werden; insbesondere sind sie in eine Limitstruktur einzubeziehen[85].

106 Soweit das Institut von der **Ausnahmeregelung** Gebrauch macht, ist dies nachvollziehbar zu begründen. Für kleinere Institute kann es vor allem unter Kosten-/Nutzen-Gesichtspunkten unverhältnismäßig sein, Methoden zur Quantifizierung bestimmter Risikoarten (z. B. operationelle Risiken) einzuführen.

---

[85] Vgl. *BaFin* (2012.12b), BTR 1 Tz. 1 und BTR 2.1 Tz. 1.

> **AT 4.1 Tz. 5**
>
> Verfügt ein Institut über keine geeigneten Verfahren zur Quantifizierung einzelner Risiken, die in das Risikotragfähigkeitskonzept einbezogen werden sollen, so ist für diese auf der Basis einer Plausibilisierung ein Risikobetrag festzulegen. Die Plausibilisierung kann auf der Basis einer qualifizierten Expertenschätzung durchgeführt werden.

Wenngleich noch nicht alle Institute für sämtliche wesentlichen Risiken bereits heute über ausgereifte (mathematische) Verfahren oder ausreichende Zeitreihen zur Risikoquantifizierung verfügen, bleiben diese bei der Risikotragfähigkeitsbetrachtung nicht komplett außen vor. Vielmehr ist mittels qualifizierter Expertenschätzungen eine sinnvolle und nachvollziehbare Abschätzung der jeweiligen Risiken vorzunehmen.

Abbildung B – 2 verdeutlicht die in diesem Kontext zu beachtenden Zusammenhänge.

REGULATORISCHE RAHMENBEDINGUNGEN

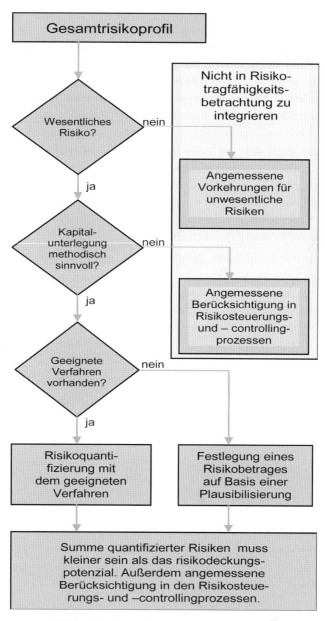

Abbildung B – 2: Einbeziehung wesentlicher Risiken[86]

---

86 Entnommen aus *Deutsche Bundesbank* (2009.09), S. 77.

> **AT 4.1 Tz. 6 u. 7**
>
> Soweit ein Institut innerhalb oder zwischen Risikoarten risikomindernde Diversifikationseffekte im Risikotragfähigkeitskonzept berücksichtigt, müssen die zugrunde liegenden Annahmen anhand einer Analyse der institutsindividuellen Verhältnisse getroffen werden und auf Daten basieren, die auf die individuelle Risikosituation des Instituts als übertragbar angesehen werden können. Die zugrunde liegenden Datenhistorien müssen ausreichend lang sein, um Veränderungen von Diversifikationseffekten in konjunkturellen Auf- und Abschwungphasen widerzuspiegeln. Diversifikationseffekte müssen so konservativ geschätzt werden, dass sie auch in konjunkturellen Abschwungphasen sowie bei im Hinblick auf die Geschäfts- und Risikostruktur des Instituts ungünstigen Marktverhältnissen als ausreichend stabil angenommen werden können.
>
> Die Verlässlichkeit und die Stabilität der Diversifikationsannahmen sind regelmäßig und ggf. anlassbezogen zu überprüfen.

Die Ableitung von Diversifikationseffekten in Form einer reinen Durchschnittsbildung über konjunkturelle Auf- und Abschwungphasen hinweg ist nur dann ausreichend, wenn sich die Diversifikationseffekte über den gesamten Konjunkturzyklus hinweg als sehr stabil erwiesen haben und keine Anhaltspunkte dafür vorliegen, dass sie in Zukunft nicht stabil bleiben werden. Ergibt die Analyse der Datenhistorie, dass diese Bedingungen nicht erfüllt sind, können Diversifikationseffekte höchstens in dem Ausmaß berücksichtigt werden, wie sie auch in für das Institut sehr ungünstigen Marktphasen Bestand haben.

109

Die Festlegung von Diversifikationsannahmen innerhalb der Marktpreisrisiken kann ggf. auf Zeitreihen beruhen, die nicht alle Phasen eines Konjunkturzyklus abdecken. Es ist jedoch sicherzustellen, dass Diversifikationseffekte auch auf der Basis eines Zeitraums ermittelt werden, der im Hinblick auf das aktuelle Portfolio des Instituts eine ungünstige Marktphase darstellt. Beinhaltet die beobachtbare Historie keine entsprechend geeignete Marktphase, kann anstelle einer historischen ausnahmsweise eine hypothetische Marktphase berücksichtigt werden, die entsprechend konservativ ausgestaltet sein muss.

110

> **AT 4.1 Tz. 8**
>
> Die Wahl der Methoden und Verfahren zur Beurteilung der Risikotragfähigkeit liegt in der Verantwortung des Instituts. Die den Methoden und Verfahren zugrunde liegenden Annahmen sind nachvollziehbar zu begründen. Die Festlegung wesentlicher Elemente der Risikotragfähigkeitssteuerung sowie wesentlicher zugrunde liegender Annahmen ist von der Geschäftsleitung zu genehmigen. Die Angemessenheit der Methoden und Verfahren ist zumindest jährlich durch die fachlich zuständigen Mitarbeiter zu überprüfen. Dabei ist den Grenzen und Beschränkungen, die sich aus den eingesetzten Methoden und Verfahren, den ihnen zugrunde liegenden Annahmen und den in die Risikoquantifizierung einfließenden Daten ergeben, hinreichend Rechnung zu tragen. Die Aussagekraft der quantifizierten Risiken ist insofern kritisch zu analysieren. Die zur Risikotragfähigkeitssteuerung eingesetzten Verfahren haben sowohl das Ziel der Fortführung des Instituts als auch den Schutz der Gläubiger vor Verlusten aus ökonomischer Sicht angemessen zu berücksichtigen.

111 Da jegliche Methoden und Verfahren zur Risikoquantifizierung die Realität nicht vollständig abzubilden vermögen, ist dem Umstand, dass die Risikowerte Ungenauigkeiten – sowohl auf Ebene der Einzelrisiken als auch auf aggregierter Ebene – aufweisen oder das Risiko unterschätzen könnten, bei der Beurteilung der Risikotragfähigkeit hinreichend Rechnung zu tragen. Das Institut muss gewährleisten, dass es jederzeit einen vollständigen und aktuellen Überblick über die Methoden und Verfahren hat, die zur Risikoquantifizierung verwendet werden. Sind bei vergleichsweise einfachen und transparenten Verfahren die damit ermittelten Risikowerte im Hinblick auf die Grenzen und Beschränkungen der Verfahren erkennbar hinreichend konservativ, kann auf eine weitergehende Analyse verzichtet werden. Sind die Methoden und Verfahren, die ihnen zugrunde liegenden Annahmen, Parameter oder die einfließenden Daten vergleichsweise komplex, so ist eine entsprechend umfassende quantitative und qualitative Validierung dieser Komponenten sowie der Risikoergebnisse in Bezug auf ihre Verwendung erforderlich. In die Risikodeckungspotenzial- und Risikoermittlung sowie die Aggregation von Risikodaten dürfen keine Parameter einfließen, die auf der Basis von Daten und Annahmen ermittelt werden, die unreflektiert aus anderen Quellen übernommen wurden. Auf externen Daten beruhende Annahmen zu Parametern der Risiko- oder Risikodeckungspotenzialermittlung setzen voraus, dass das Institut

plausibel darlegen kann, dass die zugrunde liegenden Daten die tatsächlichen Verhältnisse des Instituts angemessen widerspiegeln.

Nach dem o. g. **Konsultationsentwurf** der MaRisk 6.0-E ist – falls aufgrund der vergleichsweisen Komplexität der Verfahren und Methoden, der zugrunde liegenden Annahmen oder der einfließenden Daten eine umfassende Validierung dieser Komponenten durchzuführen ist – hierbei eine angemessene prozessuale und organisatorische Trennung zwischen Methodenentwicklung und Validierung zu gewährleisten. Die wesentlichen Ergebnisse der Validierung und ggf. Vorschläge für Maßnahmen zum Umgang mit bekannten Grenzen und Beschränkungen der Methoden und Verfahren sind der Geschäftsleitung vorzulegen.

112

AT 4.1 Tz. 9

Jedes Institut muss über einen Prozess zur Planung des zukünftigen Kapitalbedarfs verfügen. Der Planungshorizont muss einen angemessen langen, mehrjährigen Zeitraum umfassen. Dabei ist zu berücksichtigen, wie sich über den Risikobetrachtungshorizont des Risikotragfähigkeitskonzepts hinaus Veränderungen der eigenen Geschäftstätigkeit oder der strategischen Ziele sowie Veränderungen des wirtschaftlichen Umfelds auf den Kapitalbedarf auswirken. Möglichen adversen Entwicklungen, die von den Erwartungen abweichen, ist bei der Planung angemessen Rechnung zu tragen.

Mit dem **Kapitalplanungsprozess**, wie er in AT 4.1 Tz. 9 gefordert wird, soll das Risikotragfähigkeitskonzept um eine **stärker zukunftsgerichtete Komponente** ergänzt werden. Ziel ist die frühzeitige Identifizierung etwaigen Kapitalbedarfs, weshalb die Kapitalplanung einen mehrjährigen Zeitraum über den Risikobetrachtungshorizont des Risikotragfähigkeitskonzepts hinweg betrachten soll (in der Regel 2 bis 3 Jahre über den Risikobetrachtungshorizont hinweg). Dies bedeutet nicht, dass das Risikotragfähigkeitskonzept im Sinne der MaRisk über einen mehrjährigen Zeitraum ausgedehnt wird. So zielt die Anforderung nicht etwa auf eine Ausdehnung des Risikobetrachtungshorizonts, auf den die Risikoquantifizierung im Risikotragfähigkeitskonzept abstellt. Auch bedeutet der Hinweis auf adverse Entwicklungen, denen bei der Planung Rechnung zu tragen sind, nicht automatisch die Durchführung von Stresstests im Sinne des AT 4.3.3. Institute arbeiten naturgemäß mit Annahmen, was die Kapitalbestandteile und die ihnen gegenübergestellten Risiken im Rahmen der Planung angeht. Die Institute haben jedoch auch Überlegun-

113

REGULATORISCHE RAHMENBEDINGUNGEN

gen anzustellen haben, welche Auswirkungen auf die Kapitalausstattung und den Kapitalbedarf ausgehen, sollten die erwartete Entwicklung des Instituts und die zugrundeliegenden Annahmen ein zu positives Bild zeichnen. Diese Überlegungen in unterschiedlichen Szenarien abzubilden, denen jeweils unterschiedliche Annahmen zugrunde liegen, dürfte i. d. R. eine sinnvolle Vorgehensweise darstellen.

114 Der zukunftsgerichtete Kapitalplanungsprozess ist eine Ergänzung des Risikotragfähigkeitskonzeptes, um auch die zukünftige Fähigkeit, die eigenen Risiken tragen zu können, angemessen zu überwachen und zu planen. Bei der Kapitalplanung geht es darum, etwaigen Kapitalbedarf (intern und regulatorisch), der sich über den Risikobetrachtungshorizont hinaus ergeben könnte, rechtzeitig zu identifizieren und erforderlichenfalls frühzeitig geeignete Maßnahmen einzuleiten.

3. Aufsichtliche Beurteilung bankinterner Risikotragfähigkeitskonzepte

3.1. Einleitende Worte

3.1.1. Methodenfreiheit vs. Sicherstellung RTF

115 Die internen Verfahren der Kreditinstitute zur Sicherstellung ihrer Risikotragfähigkeit sind für die Banksteuerung von wesentlicher Bedeutung. Auch aus bankaufsichtlicher Perspektive kommt ihnen eine große Bedeutung zu. Dementsprechend wurde das Thema bereits in der ersten Fassung der MaRisk als ein Kernelement des institutsinternen Risikomanagements aufgegriffen. Der ICAAP stellt die Sicht der Institute auf ihre Risikotragfähigkeit dar. Die Bankenaufsicht hat daher stets betont, dass es grundsätzlich den Kreditinstituten selbst obliegt, mit welchen konkreten Verfahren sie die laufende Risikotragfähigkeit steuern.

116 Allerdings findet die Methodenfreiheit dort ihre Grenze, wo die internen Verfahren die Zielsetzung »Sicherstellung der Risikotragfähigkeit« nicht hinreichend gewährleisten.

117 Die Bankenaufsicht muss daher im Rahmen der ihr vom Gesetzgeber zugewiesenen Aufgabe die internen Risikotragfähigkeitskonzepte im Hinblick auf diese Zielsetzung beurteilen. Sie orientiert sich dabei vor allem an den **Geboten der Vollständigkeit der Risikoabbildung, der Konsistenz der Verfahren sowie am Vorsichtsprinzip.** Daraus resultieren in der auf den MaRisk

basierenden Aufsichtspraxis hinsichtlich verschiedener Aspekte **Konkretisierungen, die bei der Gesamtwürdigung der internen Verfahren eines Instituts Berücksichtigung finden.**

Dem ist die BaFin mit dem im Dezember 2011 vorgelegten Papier zur »Aufsichtlichen Beurteilung bankinterner Risikotragfähigkeitskonzepte« nachgekommen, das die regelmäßig von der Aufsicht berücksichtigten Gesichtspunkte bzw. entsprechenden Beurteilungskriterien festhält.[87] 118

Ergänzend zu den Aspekten, die in dem Papier thematisiert werden, können weitere Gesichtspunkte für die Beurteilung von Risikotragfähigkeitskonzepten der Kreditinstitute von Bedeutung sein oder diese künftig erlangen. Insoweit werden nicht alle Aspekte aufgegriffen, die in jedem denkbaren Einzelfall relevant sein können. 119

3.1.2. Vorbemerkungen

Den Anforderungen hinsichtlich der Angemessenheit und Wirksamkeit der Risikotragfähigkeitskonzepte können Kreditinstitute grundsätzlich durch unterschiedlich ausgestaltete interne Verfahren entsprechen. **Die Methodenfreiheit der Kreditinstitute findet ihre Grenze indes dort, wo die internen Verfahren das aufsichtsrechtlich vorgegebene Ziel »Sicherstellung der Risikotragfähigkeit« nicht hinreichend zu gewährleisten in der Lage sind.** 120

Bei der Beurteilung der internen Verfahren im Rahmen des bankaufsichtlichen Überprüfungsprozesses orientiert sich die Aufsicht unter Berücksichtigung des Proportionalitätsprinzips an den Geboten der Vollständigkeit der Risikoabbildung, der Konsistenz der Verfahren sowie dem Vorsichtsprinzip. Als Konkretisierung dieser Grundprinzipien legt sie in ihrer derzeitigen Aufsichtspraxis grundsätzlich die Prinzipien und Kriterien zugrunde, die in diesem Papier festgehalten sind. Damit wird zugleich die gebotene Einheitlichkeit des Verwaltungshandelns sichergestellt. Sofern die Besonderheiten eines Einzelfalls dies rechtfertigen, kann bei nachvollziehbarer und schlüssiger Begründung ausnahmsweise von den nachfolgend formulierten Prinzipien und Kriterien abgewichen werden. 121

---

[87] Vgl. *BaFin* (2011.12). Der Veröffentlichung vorausgegangen war eine Umfrage (»Range of Practice«), auf die in Kapitel 4. noch näher eingegangen wird. Vgl. hierzu *Deutsche Bundesbank* (2010.11).

122 Die in dem Papier vorgenommenen Definitionen (z. B. für Going-Concern- und Liquidationsansätze) dienen ausschließlich der Systematisierung. Eine Wertung ist mit den definierten Begriffen nicht verbunden.

3.2. Definitionen

123 Für die Zwecke des Papiers erfolgt eine Unterscheidung der in der Praxis anzutreffenden Risikotragfähigkeitskonzepte zum einen in Going-Concern- und Liquidationsansätze sowie zum anderen danach, ob die Ableitung des RDP[88] in einem Steuerungskreis GuV[89]-/bilanzorientiert oder wertorientiert erfolgt. Mit den Definitionen folgt die Aufsicht den in der Praxis beobachtbaren Vorgehensweisen der Institute, auch wenn sich diese im Einzelfall nicht immer der gleichen Begriffe wie die Aufsicht bedienen.

124 Als Steuerungskreis wird im Rahmen dieses Papiers jede Gesamtheit zusammenhängender, steuerungsrelevanter Verfahren verstanden, die darauf abzielen, dass die auf Gesamtinstituts- bzw. Gruppenebene aggregierten Risiken durch das RDP laufend abgedeckt sind.

3.2.1. Going-Concern- und Liquidationsansätze

125 Allgemein werden solche Steuerungskreise als Going-Concern-Ansätze bezeichnet, bei denen das Institut unter Einhaltung der bankaufsichtlichen Mindestkapitalanforderungen noch fortgeführt werden könnte, selbst wenn alle Positionen des zur Risikoabdeckung angesetzten RDP durch schlagend werdende Risiken aufgezehrt würden. Beinhaltet das zur Risikoabdeckung angesetzte RDP in einem Steuerungskreis hingegen (auch) Positionen, bei deren Aufzehrung c. p. eine Fortführung des Instituts grundsätzlich nicht mehr möglich wäre, so handelt es sich um einen Liquidationsansatz (auch als Gone-Concern-Ansatz bezeichnet). Während ein Going-Concern-Ansatz also im Kern darauf abzielt, auch bei vollständiger Aufzehrung des RDP die bankaufsichtlichen Mindestkapitalanforderungen noch zu erfüllen, stellt ein Liquidationsansatz darauf ab, dass bei einer fiktiven Liquidation (ohne Abstellen auf Zerschlagungswerte) die Gläubiger vollständig befriedigt werden könnten. Dies zeigt Abbildung B – 3.

---

88   Risikodeckungspotenzial.
89   Gewinn- und Verlustrechnung.

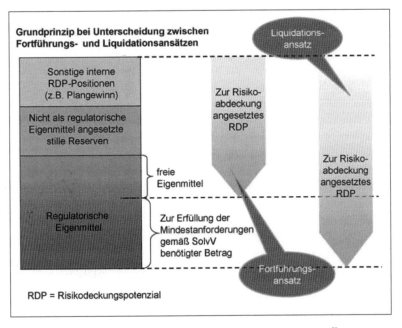

Abbildung B – 3:   Abgrenzung von Risikotragfähigkeitskonzepten[90]

Die Unterscheidung zwischen Going-Concern- und Liquidationsansätzen erfolgt daher im Rahmen dieses Papiers anhand des vom Institut **selbst definierten maximal zur Risikoabdeckung eingesetzten RDP**. Als Going-Concern-Ansätze werden dabei solche Steuerungskreise bezeichnet, die jenen Teil der regulatorischen Eigenmittel, der mindestens zur Erfüllung der bankaufsichtlichen Mindesteigenkapitalanforderungen gemäß Solvabilitätsverordnung (SolvV) notwendig ist, nicht im Risikotragfähigkeitskonzept zur Risikoabdeckung berücksichtigen. Beinhaltet das vom Institut definierte maximal zur Risikoabdeckung eingesetzte RDP hingegen auch diesen Teil der regulatorischen Eigenmittel (vollständig oder teilweise), so handelt es sich um einen Liquidationsansatz. Gleiches gilt, wenn Positionen als RDP zur Risikoabdeckung angesetzt werden, die per se nur im Insolvenz- bzw. Liquidationsfall zum Verlustausgleich zur Verfügung stehen, was insbesondere auf typische nachrangige Verbindlichkeiten zutrifft.

126

Im Hinblick auf die durch das CRD IV-Umsetzungsgesetz neu in den §§ 10c bis 10h KWG aufgenommenen Kapitalpuffer-Anforderungen stellt sich die

127

---

90   Entnommen aus *Wiesemann* (2012), S. 19. Vgl. hierzu auch die Ausführungen in Kapitel A.III.3.

REGULATORISCHE RAHMENBEDINGUNGEN

Frage nach deren Berücksichtigung bei Instituten, die einen Going-Concern-Ansatz als primären Steuerungskreis zur Sicherstellung der Risikotragfähigkeit implementiert haben. Für die Bemessung des Risikodeckungspotenzials in Going-Concern-Ansätzen ist die **Kombinierte Kapitalpuffer-Anforderung i. S. d. § 10i KWG** relevant, weil die dortigen Maßnahmen greifen, sobald die gesamte Pufferanforderung verletzt ist. Nach deutschem Recht liegt somit keine Rangfolge der zu ergreifenden Maßnahmen vor, und die Institute müssen in ihren Going-Concern Ansätzen (einschl. der Kapitalplanung) alle Mindestkapitalanforderungen und die gesamte Kapitalpufferanforderung jederzeit sicherstellen können. Somit bilden alle Mindestkapitalanforderungen und die gesamte Kapitalpufferanforderung die im Going-Concern Ansatz einzuhaltende Untergrenze.

3.2.2. GuV-/bilanzorientierte und wertorientierte Ableitung des RDP

128 Eine GuV-/bilanzorientierte Ableitung des RDP liegt vor, wenn ein Plangewinn, wie er in der externen Rechnungslegung erwartet wird, und/oder Bilanzpositionen als RDP angesetzt sind.

129 Demgegenüber handelt es sich um eine wertorientierte RDP-Ableitung, wenn das RDP aus rein ökonomischer Perspektive grundsätzlich losgelöst von der Abbildung in der externen Rechnungslegung definiert ist und bilanzielle Ansatz- und Bewertungsregeln, die im Hinblick auf die ökonomische Betrachtung verzerrend wirken können, mithin nicht zum Tragen kommen.

130 Verfahren, die zwar von Bilanzgrößen ausgehen, dabei aber das bilanzielle Eigenkapital um stille Lasten und Reserven bereinigen, können im Ergebnis einer wertorientierten RDP-Ableitung nahekommen.

3.3. Grundsätze der aufsichtlichen Beurteilung

131 Ob die bankinternen Verfahren angemessen sind oder nicht, beurteilt die Bankenaufsicht grundsätzlich in Form einer **Gesamtwürdigung aller Elemente der Risikotragfähigkeitssteuerung im jeweiligen Einzelfall**. Im Hinblick auf einzelne Elemente können zwar ggf. konkrete Fallgestaltungen von vornherein als inkonsistent oder nicht hinreichend konservativ erkannt werden. Abseits solcher eindeutigen Mängel bleibt die Beurteilung der Risikotragfähigkeitssteuerung einer Gesamtbetrachtung aller Elemente vorbehalten, wobei Art, Umfang, Komplexität und Risikogehalt der Geschäftsaktivitäten sowie Umfeld und Größe des jeweiligen Kreditinstituts zu berücksichtigen sind.

Bei ihrer Beurteilung berücksichtigt die Aufsicht die in den folgenden Abschnitten dargestellten Aspekte und legt dabei grundsätzlich die dort formulierten Prinzipien und Kriterien zugrunde. Dabei beachtet sie das **Prinzip der Wesentlichkeit**. Unabhängig von der Wesentlichkeit können im Einzelfall konkrete Sachverhalte ein Abweichen von den Prinzipien und Kriterien rechtfertigen. 132

Das Papier erhebt zudem nicht den Anspruch, alle mit dem Thema verbundenen Aspekte, die aus jedem denkbaren Einzelfall resultieren können, aufzugreifen. Die Aufsicht lässt daher in die Beurteilung institutsinterner Verfahren ggf. zusätzliche Gesichtspunkte einfließen, die hier nicht behandelt werden. 133

Für die in den nachfolgenden Abschnitten thematisierten Aspekte sind vielfach bei Liquidationsansätzen andere Maßstäbe angezeigt als bei Going-Concern-Ansätzen. Während die Unterscheidung der Ansätze indes logisch zutreffend »digital« erfolgt (ein Ansatz ist entweder Liquidations- oder Going-Concern-Ansatz), ist bei der Beurteilung von Going-Concern-Ansätzen zu berücksichtigen, wie weit die RDP-Definition noch von einem Liquidationsansatz entfernt ist. Je dichter sie sich an der Schwelle zum Liquidationsansatz befindet, umso mehr nähert sich der aufsichtliche Beurteilungsmaßstab in der Regel jenem Maßstab an, der an Liquidationsansätze regelmäßig anzulegen ist. Umgekehrt wendet die Aufsicht die für einen Liquidationsansatz geltenden Maßstäbe ggf. abgemildert an, wenn das zur Risikoabdeckung angesetzte RDP die Schwelle zum Liquidationsansatz lediglich geringfügig überschreitet. 134

Die Aufsicht geht davon aus, dass die wesentlichen Risiken eines Instituts zumindest in einem Steuerungskreis, der den Grundsätzen und Kriterien dieses Papiers entspricht, mit strengen, auf seltene Verlustausprägungen abstellenden Risikomaßen und Parametern quantifiziert werden. 135

Da jeder Steuerungsansatz die Risikotragfähigkeit nur aus einer bestimmten Perspektive zu beleuchten vermag, geht die Aufsicht davon aus, dass die Institute die Grenzen der von ihnen implementierten Steuerungskreise kennen und ihnen angemessen begegnen. So erwartet die Aufsicht bei Instituten, die ihre Risikotragfähigkeit anhand eines Going-Concern-Ansatzes mit wertorientierter RDP-Ableitung oder eines Liquidationsansatzes steuern, dass zumindest ergänzende Verfahren vorhanden sind, die auf die Einhaltung der aufsichtlichen Mindestkapitalanforderungen bei schlagend werdenden Risiken abzielen. Dabei werden nur freie Eigenmittelbestandteile als Risikopuffer zu berücksichtigen sein, die dem Institut unter Fortführungsgesichtspunkten zur Verfügung stehen. 136

REGULATORISCHE RAHMENBEDINGUNGEN

3.4. Risikodeckungspotenzial

137 Es sind nur solche Ansätze der Risikotragfähigkeitsbetrachtung angemessen, die auf die Risikotragfähigkeit des Instituts aus eigener derzeitiger Substanz heraus abstellen. Die Berücksichtigung von erhofften Leistungen Dritter, auf die bei eigener Unfähigkeit des Instituts, schlagend werdende Risiken auszugleichen, etwaige Lasten abgewälzt werden sollen, widerspräche der eigentlichen Zielsetzung interner Risikotragfähigkeitskonzepte. Diese sollen gerade verhindern, dass die Überlebensfähigkeit von Instituten bzw. die Gläubigerbefriedigung nur durch Stützungsleistungen Dritter gewährleistet werden können.

3.4.1. Risikodeckungspotenzial bei GuV-/bilanzorientierter RDP-Ableitung

3.4.1.1. Planergebnisse

138 Die Berücksichtigung noch nicht erzielter aber geplanter Gewinne als Risikodeckungspotenzial setzt voraus, dass sie vorsichtig ermittelt wurden. Je volatiler bzw. unsicherer Ergebniskomponenten sind, die mit positiven Ergebnisbeiträgen in einen als RDP angesetzten Plangewinn einfließen, umso mehr ist dem damit verbundenen Risiko negativer Abweichungen durch Abschläge vom Plangewinn oder bei der Risikoquantifizierung Rechnung zu tragen.

139 In einem schlüssigen Gesamtkonzept sind sowohl erwartete als auch unerwartete Verluste zu berücksichtigen.[91] Wird als RDP-Bestandteil das geplante »Ergebnis vor Bewertung« angesetzt, so kann sich die Ermittlung der Risikobeträge nicht auf unerwartete Verluste beschränken. Vielmehr müssen in diesem Fall auch die erwarteten Bewertungsaufwendungen als Risikobetrag angesetzt werden. Demgegenüber kann sich der Risikoansatz grundsätzlich auf unerwartete Bewertungsverluste beschränken, wenn als RDP-Position das geplante »Ergebnis nach Bewertung« angesetzt wird, das die (konservativ kalkulierten) geplanten Bewertungsaufwendungen bereits beinhaltet.

140 Über die anfänglich konsistente und hinreichend konservative Kalkulation des Plangewinns hinaus muss gewährleistet sein, dass unterjährig eintretende Veränderungen, die negative Abweichungen von der ursprünglichen Planung auslösen, im Jahresverlauf verfolgt werden. Erforderlichenfalls ist der ursprünglich angesetzte Plangewinn anzupassen.

---

91 Vgl. Kapitel 3.5.2.

Grundsätzlich kommt der Ansatz eines Plangewinns als RDP nur in einem 141
Going-Concern-Ansatz in Frage. Soweit der Plangewinn auch Neugeschäft
berücksichtigt, muss sichergestellt sein, dass die den Neugeschäftsannahmen
immanenten Risiken angemessen abgebildet werden. Dies kann entweder
durch den Ansatz auf der Risikoseite oder eine entsprechend konservative
Kalkulation der Plangewinnbestandteile erfolgen.

Bei Liquidationsansätzen ist zwar die Berücksichtigung von Gewinnanteilen 142
möglich, die bereits unterjährig aufgelaufen sind. Ein darüber hinausgehender
Ansatz von – noch nicht erzielten aber geplanten – Gewinnbestandteilen als
RDP ist nur plausibel, soweit ein Institut darlegen kann, dass die Ergebniskomponenten auch im Liquidationsfall noch im Interesse der Befriedigung
der Gläubiger erzielbar wären. Aus diesem Blickwinkel dürfen bspw. Ertragsbestandteile, die auf geplantem Neugeschäft beruhen, nicht angesetzt werden.

Geht ein Kreditinstitut in seiner Planung bereits von einem Verlust aus, so ist 143
der Planverlust stets vom RDP abzuziehen. Ergeben sich im Jahresverlauf
indes Erkenntnisse, die einen gegenüber dem Planwert geringeren Verlust
(oder nunmehr einen Gewinn) erwarten lassen, so kann der angesetzte Verlust
entsprechend reduziert werden.

3.4.1.2. Bilanzielles Eigenkapital und ähnliche Positionen

Im Hinblick auf ihre Haftungsfunktion können bilanzielle Eigenkapitalpositi- 144
onen ebenso wie in Säule 1 auch bei der internen Risikotragfähigkeitssteuerung als RDP angesetzt werden.

Wiederum parallel zu Säule 1 können grundsätzlich auch die jeweils separat 145
ausgewiesenen Positionen Nachrangige Verbindlichkeiten, Genussrechtskapital sowie Fonds für allgemeine Bankrisiken nach § 340g HGB in der Regel als
RDP Berücksichtigung finden.

Beim Fonds für allgemeine Bankrisiken ist jedoch zu berücksichtigen, dass 146
gemäß § 340e Absatz 4 HGB aus dem Nettoertrag des Handelsbestands eine
Risikoreserve dotiert werden muss, die separat, ggf. als Davon-Vermerk, im
Fonds für allgemeine Bankrisiken auszuweisen ist. Da die Bildung dieser
Unterposition zwingend ist und nicht der Disposition des Instituts unterliegt,
kann sie nicht beliebig zum Verlustausgleich herangezogen werden. Grundsätzlich darf sie nur zum Ausgleich eines Nettoaufwands aus dem Handelsbestand aufgelöst werden. Ein Ansatz dieser Risikoreserve als RDP kommt
daher bei Going-Concern-Ansätzen nur insoweit in Frage, wie auf der anderen Seite Risiken des Handelsbestands angesetzt sind.

147 Nachrangige Verbindlichkeiten, die nicht an laufenden Verlusten teilnehmen, dürfen nur bei Liquidationsansätzen als RDP angesetzt werden, da sie von vornherein nur bei Liquidation oder Insolvenz zum Ausgleich von Verlusten zur Verfügung stehen.

3.4.1.3. Anteile im Fremdbesitz

148 Bei der Ermittlung der Risikotragfähigkeit auf Gruppenebene ist zu berücksichtigen, dass Anteile an Tochterunternehmen, die nicht von gruppenangehörigen Unternehmen, sondern von Dritten gehalten werden, grundsätzlich nur für Risiken haften, die bei dem jeweiligen Tochterunternehmen schlagend werden.

149 Um diesem Umstand gerecht zu werden, stehen auf Gruppenebene grundsätzlich zwei Möglichkeiten alternativ offen:

    a. Fremdanteile werden höchstens in der Höhe als RDP der Gruppe angesetzt, wie es ihrem prozentualen Anteil am quantifizierten Risikobetrag der jeweiligen Tochter entspricht. Ein die anteiligen Risiken übersteigender Wert der Fremdanteile wird hingegen bei Ermittlung des Gruppen-RDP eliminiert. Ggf. ist bei dieser Variante darüber hinaus eine weitere Verringerung des auf Gruppenebene ansetzbaren Anteils der Fremdanteile geboten, wenn der Beitrag der betreffenden Tochter zum Gesamtrisikowert der Gruppe deutlich geringer ist als der Risikobetrag auf Einzelebene der Tochter. Dies kann z. B. dadurch verursacht sein, dass bei der Gruppen-Risikotragfähigkeitsermittlung ein Netting der Positionen über die rechtlichen Einheiten hinweg erfolgt.

    oder

    b. Risiken und RDP der Tochterunternehmen werden jeweils quotal, entsprechend der Beteiligungsquote der Gruppe, in der Risikotragfähigkeitsbetrachtung der Gruppe angesetzt.

3.4.1.4. Stille Reserven

3.4.1.4.1. Vorsorgereserven nach § 340f HGB

150 Hinsichtlich ihrer Verlustausgleichsfunktion haben Vorsorgereserven nach § 340f HGB eine mit den offenen Eigenkapitalposten vergleichbare Qualität. Ihr Ansatz als RDP ist deshalb bei Konzepten, die an die HGB-Rechnungslegung anknüpfen, grundsätzlich möglich. Etwas anderes gilt nur

für die anstelle der Bildung von EWB[92] oder Rückstellungen gebundenen Vorsorgereserven.

Bei Unterscheidung der Risikotragfähigkeitsansätze in Going-Concern- und Liquidationsansätze[93] können die ungebundenen § 340f-Vorsorgereserven wie fiktives Kernkapital behandelt werden; d. h. bei der Überprüfung, ob ein Going-Concern- oder ein Liquidationsansatz vorliegt, kann fiktiv davon ausgegangen werden, dass es sich bei den Vorsorgereserven um Kernkapital handelt, was insbesondere Auswirkungen auf die in Säule 1 vorzunehmenden Kappungen nach § 10 Absatz 2 KWG haben kann. 151

3.4.1.4.2. Sonstige Bewertungsreserven

Nach Wegfall des Beibehaltungswahlrechts im deutschen Rechnungslegungsrecht ergeben sich abseits der § 340f-Vorsorgereserven (und der faktisch identischen Positionen) grundsätzlich zum Bilanzstichtag keine stillen Reserven mehr, die in vergleichbarer Weise durch schlichten Buchungsvorgang gehoben werden könnten. 152

Unterjährig können indes rechnungslegungsrelevante Bewertungsgewinne auflaufen, die aus dem (zwingenden) Wertaufholungsgebot resultieren. Entsprechende Wertaufholungsbeträge können mithin grundsätzlich dem Risikodeckungspotenzial zugerechnet werden. Hierbei ist aber einerseits darauf zu achten, dass etwaige steuerliche Belastungen, die bei Realisierung der Reserve entstehen würden, berücksichtigt werden. Zum anderen ist sicherzustellen, dass auch die Risikomessung auf Basis des erhöhten Wertes erfolgt. 153

3.4.1.4.3. Durch Transaktionen realisierbare stille Reserven

Das dem deutschen Rechnungslegungsrecht zugrunde liegende Anschaffungskostenprinzip führt dazu, dass die Buchwerte von Aktiva ggf. unter deren aktuell realisierbaren Marktwerten liegen, ohne dass eine Zuschreibung im Jahresabschluss zulässig wäre. Anders als bei den unter 3.4.1.4.1. und 3.4.1.4.2. behandelten Positionen können diese Reserven mithin nur durch Transaktionsvorgänge realisiert werden. Ein Ansatz derartiger Reserven als RDP ist an strenge Maßstäbe zu knüpfen. 154

Analog zu 3.4.1.4.2. ist der um die stillen Reserven vergrößerten Basis in der Risikomessung Rechnung zu tragen. Ferner müssen auch hier steuerliche 155

---

92 Einzelwertberichtigung.
93 Vgl. Kapitel 3.3.2.

Effekte, die sich aus einer Hebung der stillen Reserve ergäben, mindernd angesetzt werden.

156 Wenig fungible Positionen sind mit einer erhöhten Unsicherheit hinsichtlich ihrer Bewertung wie auch im Hinblick auf eine etwaige Realisierung verbunden. Stille Reserven in nicht handelbaren Beteiligungen oder in Immobilien werden deshalb von der Aufsicht grundsätzlich nicht als RDP akzeptiert. Eine Abweichung von diesem Grundsatz setzt voraus, dass zeitnahe und valide Bewertungsgutachten den Wert, der dem betroffenen Aktivum beigemessen wird, bestätigen und dabei vorsichtige Annahmen und nachvollziehbare Bewertungsparameter zugrunde gelegt und ferner die mit der Realisierung der stillen Reserven verbundenen Risiken angemessen berücksichtigt werden. Auch bei Vorliegen dieser Voraussetzungen kommt der Ansatz stiller Reserven in Immobilien oder nicht handelbaren Beteiligungswerten nur in Betracht, wenn den damit verbundenen Unsicherheiten durch angemessen hohe Wertabschläge Rechnung getragen wird.

157 Allgemein ist darauf zu achten, dass der Ansatz stiller Reserven nicht inkonsistent zu anderen Elementen des Risikotragfähigkeitskonzeptes ist. So könnte bspw. eine Doppelanrechnung von RDP daraus resultieren, dass die in einem Festzins-Aktivum ruhende zinsinduzierte stille Reserve als RDP angesetzt und zugleich der im laufenden Jahr erwartete Zinsertrag aus dieser Position in einen ebenfalls als RDP berücksichtigten Plangewinn einfließt. Ferner könnte sich eine Inkonsistenz ergeben, soweit stille Reserven als RDP angesetzt werden, deren Realisierung Sicherungsbeziehungen »aufreißen« würde.

158 Knüpft die RDP-Definition in einem Steuerungskreis an die IFRS[94]-Rechnungslegung an, so gelten die Ausführungen unter 3.4.1.4.2. und 3.4.1.4.3. analog für stille Reserven, die sich aus Anwendung der IFRS-Vorschriften ergeben.

3.4.1.5. Stille Lasten bei Wertpapieren im Anlagebestand

3.4.1.5.1. Grundsätzliche Herangehensweise

159 Nach den einschlägigen Rechnungslegungsvorschriften dürfen Wertpapiere, die wie Anlagevermögen bewertet werden, im HGB-Jahresabschluss nur dann mit einem höheren als dem zum Bilanzstichtag beizulegenden Zeitwert angesetzt werden, wenn davon auszugehen ist, dass die daraus resultierende stille Last sich im Zeitablauf wieder auflöst, also eine entsprechende Wertaufholung

---

[94] International Financial Reporting Standards.

erfolgt. Voraussetzung für die Höherbewertung im Jahresabschluss ist, dass das bilanzierende Institut das entsprechende Aktivum dauerhaft zu halten beabsichtigt und hierzu auch in der Lage ist.

Bei Liquidationsansätzen kann eine künftige Wertaufholung nicht unterstellt werden. Die stillen Lasten sind deshalb vom RDP abzuziehen oder entsprechend bei den Risiken anzusetzen. 160

Bei Going-Concern-Ansätzen ist eine Bereinigung der stillen Lasten in Wertpapieren des Anlagebestands nicht erforderlich, sofern sich keine Zweifel an der unterstellten Dauerhalteabsicht und -fähigkeit sowie der angenommenen Wertaufholung ergeben. 161

Sind Zweifel am Vorliegen dieser Voraussetzungen begründet, so ist bei einem Going-Concern-Ansatz von einer Realisierung der stillen Lasten in Wertpapieren des Anlagebestands auszugehen. Die stillen Lasten sind daher insoweit vom RDP abzuziehen oder auf der Risikoseite als Risikobetrag anzusetzen. 162

Liegen **stille Lasten in Wertpapieren des Anlagebestands** in erheblicher Größenordnung vor, so erwartet die Aufsicht, dass diese **in einem Steuerungskreis vollständig** berücksichtigt werden. 163

Die vorstehend dargestellte Herangehensweise ist grundsätzlich auch für Wertpapiere angezeigt, die der Deckungsmasse für Öffentliche Pfandbriefe nach dem PfandBG zugeordnet sind. 164

3.4.1.5.2. Sonderfall Bewertungsmodelle

Liegt für Wertpapiere des Anlagebestands kein aktiver Markt vor, so kann als Referenzgröße zur Ermittlung etwaiger stiller Lasten auf Werte zurückgegriffen werden, die anhand anerkannter Bewertungsmodelle (z. B. Discounted Cashflow-Modelle) ermittelt wurden. Analog zur Handhabung bei wie Umlaufvermögen bewerteten Wertpapieren, deren beizulegender Zeitwert für die Rechnungslegung mit anerkannten Bewertungsmodellen bestimmt werden darf, muss die Differenz zwischen Modelle-Wert und ggf. vorhandenem indikativen Wert hier grundsätzlich nicht als stille Last behandelt werden. 165

Macht ein Institut von vorstehender Regelung Gebrauch, so hat es die Entwicklung der Differenzen zwischen Modelle-Werten und ggf. vorliegenden indikativen Werten regelmäßig zu beobachten und zu analysieren. 166

3.4.1.6. Stille Lasten aus Pensionsverpflichtungen

3.4.1.6.1. IFRS-Rechnungslegung

167 Hinsichtlich der Abbildung von versicherungsmathematischen Gewinnen und Verlusten schreibt IAS 19 (revised 2011) spätestens ab dem Jahr 2013 die Vereinnahmung über die GuV oder die Eigenkapitalposition »Other comprehensive income« vor. Bis dahin kann hingegen alternativ noch das so genannte Korridorverfahren angewandt werden. Dies erlaubt, versicherungsmathematische Verluste nur insoweit erfolgswirksam zu erfassen, wie sie 10 % des Planvermögens bzw. der Pensionsverpflichtungen übersteigen, wobei der übersteigende Betrag über die durchschnittliche Restdienstzeit der Mitarbeiter gestreckt erfasst werden darf.

168 Verfährt ein Institut nach diesem Verfahren, so sind die (noch) nicht in der Rechnungslegung abgebildeten versicherungsmathematischen Verluste bei Liquidationsansätzen vom RDP abzuziehen. Hiervon kann insoweit abgesehen werden, wie die »stille Last« auf einkalkulierte künftige Gehaltssteigerungen und Inflationserwartungen entfällt.

169 Sowohl bei Liquidations- als auch bei Going-Concern-Ansätzen sind die möglichen künftigen Wertschwankungen des Planvermögens als Risiko zu berücksichtigen. Dies gilt unabhängig davon, ob versicherungsmathematische Gewinne und Verluste nach dem Korridorverfahren oder einem der alternativen Verfahren berücksichtigt werden.

3.4.1.6.2. HGB-Rechnungslegung

170 Der Gesetzgeber hat den Unternehmen zugestanden, die aus der Methodikumstellung nach BilMoG[95] resultierenden Rückstellungs-Fehlbeträge über einen Zeitraum von maximal 15 Jahren gestreckt aufzustocken.

171 Wird ein (HGB-) Plangewinn als RDP-Position angesetzt, so ist darin der in der betreffenden Periode zu erwartende Aufstockungsbetrag aus der Methodikumstellung zu berücksichtigen.

172 Bei Liquidationsansätzen muss grundsätzlich der vollständige aus der Umstellung resultierende Betrag berücksichtigt werden. D. h. ein in der Rechnungslegung auf künftige Perioden gestreckter Aufstockungsbetrag ist als stille Last entweder vom RDP abzuziehen oder als Risikobetrag anzusetzen. Analog zu 3.4.1.6.1. kann hierauf insoweit verzichtet werden, wie der Aufstockungsbe-

---

95 Bilanzrechtsmodernisierungsgesetz.

trag auf einkalkulierten künftigen Gehaltssteigerungen bzw. Inflationsannahmen beruht.

Über die vorgenannten stillen Lasten hinaus, können in der HGB-Rechnungslegung weitere stille Lasten aus Altzusagen (vor 01.01.1987) resultieren. Gemäß Art. 28 HGBEG[96] kann hier auf die Bildung von Rückstellungen nach § 249 Absatz 1 Satz 1 HGB verzichtet werden. Ergeben sich bei einem Institut, dessen RDP-Definition auf HGB-Werte abstellt, derartige stille Lasten, so sind diese in angemessener Weise zu ermitteln und zumindest bei Liquidationsansätzen vom RDP abzuziehen.

3.4.1.7. Eigenbonitätseffekt bei IFRS-Bilanzierung

Bei der IFRS-Bilanzierung erfolgt die Erstbewertung finanzieller Verbindlichkeiten grundsätzlich zum beizulegenden Zeitwert. In bestimmten Fällen ist auch die Folgebewertung von Verbindlichkeiten mit dem zum jeweiligen Bilanzstichtag beizulegenden Zeitwert vorzunehmen bzw. als Wahlrecht zulässig.

Daraus folgt, dass Entwicklungen, die hinsichtlich der Refinanzierung eines Instituts eigentlich negativ sind, eine Verbesserung der in der Rechnungslegung ausgewiesenen Verhältnisse nach sich ziehen. Gleiches gilt für die in einem Steuerungskreis ermittelte Risikotragfähigkeit, sofern das IFRS-Eigenkapital ungefiltert als RDP angesetzt ist.

Soweit die Verbesserung der in der Rechnungslegung ausgewiesenen Verhältnisse auf dem individuell allein das jeweilige Institut betreffenden Bonitätseffekt (Eigenbonitätseffekt) beruht, ist dieser bei der RDP-Ermittlung zu eliminieren.

Vorstehendes gilt analog für Institute, die das RDP ausgehend von der HGB-Rechnungslegung ermitteln und dabei stille Reserven aus eigenen Verbindlichkeiten als RDP-Position ansetzen.

3.4.1.8. Aktive latente Steuern

Aktive latente Steuern lassen sich materiell als Steuerentlastung in zukünftigen Perioden interpretieren, da die ihnen zugrunde liegenden abweichenden Wertansätze eine aus IFRS-/handelsbilanzieller Sicht zunächst zu hohe tatsächliche Steuerzahlung bedingen. In der Rechnungslegung resultiert aus dem Ansatz aktiver latenter Steuern eine Erhöhung des bilanziell ausgewiesenen Eigenkapitals.

---

96 Vgl. *HGBEG* (2016).

REGULATORISCHE RAHMENBEDINGUNGEN

179 Der in den aktiven latenten Steuern abgebildete künftige Steuerentlastungseffekt realisiert sich indes grundsätzlich nur insoweit, wie in den zukünftigen Perioden ein steuerpflichtiges Einkommen erzielt wird.

180 Da in Liquidationsansätzen regelmäßig von künftigen steuerlichen Verlusten auszugehen ist, ist ein solcher Steuerentlastungseffekt grundsätzlich nicht zu erwarten. Mangels Einzelveräußerbarkeit ist auch eine anderweitige Verwertung aktiver latenter Steuern im Liquidationsfall nicht möglich, so dass aktiven latenten Steuern in diesen Ansätzen im Allgemeinen keine wertbildende, das Eigenkapital erhöhende Wirkung beizumessen ist. Deshalb sind aktive latente Steuern in einem Liquidationsansatz grundsätzlich zu eliminieren.

181 Ist bei einem Institut unter der Going-Concern-Prämisse zumindest mittelfristig von steuerlichen Ertragsüberschüssen in entsprechender Größenordnung auszugehen, was mit der Realisierbarkeit der aktiven latenten Steuern einherginge, so ist eine Eliminierung der latenten Steuern bei Going-Concern-Ansätzen insoweit verzichtbar. Sprechen jedoch Anhaltspunkte dafür, dass ein Institut auch über mehrere Jahre hinweg keinen steuerlichen Gewinn erzielen wird, so ist eine Auflösung der gebildeten aktiven latenten Steuern im nächsten Jahresabschluss zu unterstellen. Sie sind daher in diesem Fall zu eliminieren.

3.4.1.9. Goodwill

182 Ein Goodwill im Sinne eines derivativen Geschäfts- oder Firmenwerts stellt eine rechentechnische Restgröße dar.

183 Die Elemente, auf die er zurückgeführt wird, können im Liquidationsfall nicht als valide Werte angesehen werden. So sind die im Goodwill aufgehenden Faktoren per Definition keine separaten Vermögensgegenstände und im Liquidationsfall daher nicht einzeln veräußerbar. Parallel zu den entsprechenden Vorgaben in Säule 2 ist deshalb ein bilanzieller Goodwill bei Ermittlung des RDP in Liquidationsansätzen grundsätzlich zu eliminieren.

184 Unter der Going-Concern-Prämisse können zwar einzelne Komponenten im Falle einer erwartungsgemäß positiven Zukunftsentwicklung möglicherweise valide Werte darstellen. Auch hierbei handelt es sich indes um Komponenten, die sich – insbesondere in Krisenphasen – sehr schnell verflüchtigen können. Grundsätzlich ist ein Goodwill deshalb auch bei Going-Concern-Ansätzen zu eliminieren, sofern die RDP-Definition bilanzielles Eigenkapital berücksichtigt. Davon kann nur insoweit abgesehen werden, wie ein Goodwill auf Fakto-

ren beruht, deren Werthaltigkeit und zukünftige Bilanzierbarkeit nachweislich sichergestellt sind.

3.4.1.10. Patronatserklärungen, Haftsummenzuschläge u. ä.

Im Hinblick auf die fehlende effektive Kapitalaufbringung sind Patronatserklärungen, die bspw. von Muttergesellschaften für ihre Tochterbanken abgegeben werden, bei letzteren nicht als RDP ansetzbar. 185

Gleiches gilt für allgemeine Beistandserklärungen, wie sie bspw. Verbundorganisationen für ihre Mitgliedsinstitute abgeben. Werden hingegen von Dritten (bspw. Verbundeinrichtungen bzw. Sicherungseinrichtungen) konkrete Ausfallgarantien für bestimmte bzw. exakt bestimmbare Assets rechtsverbindlich abgegeben, so kann dies auf der Risikoseite, z. B. durch ein geringeres Risikogewicht, berücksichtigt werden. 186

Haftsummenzuschläge der Kreditgenossenschaften stehen nicht unmittelbar im Institut zum Verlustausgleich zur Verfügung. Sie sind daher nicht als RDP ansetzbar. 187

3.4.2. Risikodeckungspotenzial bei wertorientierter RDP-Ableitung

3.4.2.1. Berücksichtigung barwertiger erwarteter Verluste

Die wertorientierte RDP-Ermittlung muss zukünftig zu erwartende Ausfälle von Schuldnern angemessen berücksichtigen. Soweit dies nicht bereits durch Anpassung der Zahlungsströme, die in die Barwertermittlung von Aktivpositionen eingehen, geschieht, müssen mit einem risikolosen Zinssatz ermittelte Barwerte entsprechend korrigiert werden. 188

Die Berücksichtigung der erwarteten Verluste kann insbesondere anhand risikoadäquater Spreadaufschläge auf die risikolosen Abzinsungssätze erfolgen. Für Kredite kann alternativ auch eine Korrektur der risikolos abgezinsten Barwerte durch den Abzug von Standardrisikokosten vorgenommen werden. Bei der Berechnung von Standardrisikokosten ist darauf zu achten, dass diese auch die Laufzeit der betrachteten Portfolien angemessen berücksichtigen (z. B. anhand der durchschnittlichen Kapitalbindungsdauer). Der Ansatz von Standardrisikokosten für einen kürzeren Zeitraum, der nicht die Totalperiode abdeckt (z. B. ein Jahr), kommt nur in Betracht, wenn das Institut nachweisen kann, dass hierdurch die erwarteten Verluste über die Laufzeit des Portfolios nicht wesentlich unterschätzt werden. 189

3.4.2.2. Berücksichtigung von Bestandskosten

190 Die Ermittlung des RDP muss die Kosten, die für Fortführung und Verwaltung der Positionen anfallen (Bestandskosten), in konsistenter Weise berücksichtigen.

191 Dabei ist die Laufzeit der betrachteten Portfolien angemessen zu berücksichtigen. Eine grundsätzlich konsistente Verfahrensweise ist insoweit die Errechnung eines Kostenbarwerts, bei dem die in zukünftigen Perioden anfallenden Bestandskosten auf den aktuellen Zeitpunkt abgezinst werden.

3.4.2.3. Ablauffiktionen bei der Barwertermittlung

192 Werden zur Barwertermittlung die Zahlungsströme aus Positionen mit unbestimmter Laufzeit (z. B. Girokonto- oder Spareinlagen) oder möglichen vertraglichen Optionen (z. B. Kündigungsrechte der Schuldner) anhand von Ablauffiktionen festgelegt, so sind diese plausibel festzulegen.

193 Grundsätzlich ist bei der Plausibilisierung insbesondere das beobachtete Kundenverhalten maßgeblich zu berücksichtigen. In bestimmten Fällen können qualifizierte Expertenschätzungen zur Festlegung der Ablauffiktionen angemessen sein. Dies gilt insbesondere, wenn sich das Kundenverhalten stark verändert hat, eine Änderung des Kundenverhaltens wegen Umfeldveränderungen zu erwarten ist oder bei Geschäften in neuen Produkten bzw. auf neuen Märkten.

3.4.2.4. Barwert der eigenen Verbindlichkeiten

194 Wendet ein Institut zur Ermittlung des Barwerts der eigenen Verbindlichkeiten Abzinsungssätze an, die im Vergleich mit einem risikolosen Zins einen Spread beinhalten, so führt dies grundsätzlich zu einem zu niedrigen Ansatz der Verbindlichkeiten. Lediglich in eng begrenzten Ausnahmefällen (bspw. wenn die zinsbedingte Wertentwicklung bestimmter Aktiva perfekt mit der zinsbedingten Wertentwicklung bestimmter Passiva korreliert) kann die Abzinsung mit einem oberhalb der risikolosen Zinskurve liegenden Zinssatz akzeptiert werden. Hierbei darf indes allenfalls der allgemeine Spread der Assetklasse, der das Institut angehört, Berücksichtigung finden.

195 Analog zu den Ausführungen unter 3.4.1.7. darf ein negativer Eigenbonitätseffekt nicht zu einer Erhöhung des ermittelten barwertigen Reinvermögens führen.

3.4.2.5. Ansatz erwarteter Vermögenszuwächse

Rechnet ein Institut dem wertorientiert ermittelten RDP auch erwartete Vermögenszuwächse aus Neugeschäft hinzu, so darf es sich nur um vorsichtig kalkulierte Planansätze bezogen auf den Zeitraum der Risikotragfähigkeitsbetrachtung handeln. Besondere Zurückhaltung ist beim Ansatz von Neugeschäften bei sehr volatilen Geschäften angezeigt. Werden in diesen Geschäftssegmenten geplante Geschäftsausweitungen ohne angemessenen Sicherheitsabschlag angesetzt, so muss dies bei Quantifizierung der Risiken entsprechend berücksichtigt werden. 196

Ferner müssen den Ausführungen in 3.4.2.1. und 3.4.2.2. entsprechend erwartete Verluste sowie Bestandskosten für das unterstellte Neugeschäft in den erwarteten Vermögenszuwachs einkalkuliert sein. 197

Analog zum Plangewinn bei GuV-/bilanzorientierter RDP-Ableitung kann ein geplanter Vermögenszuwachs grundsätzlich bei Liquidationsansätzen nicht angesetzt werden. 198

3.5. Risikoarten und Risikoquantifizierung

3.5.1. Spezifische Aspekte der zu berücksichtigenden Risikoarten

Hinsichtlich der in der Risikotragfähigkeitssteuerung zu berücksichtigenden Risikoarten sind folgende Aspekte zu beachten: 199

In einem Going-Concern-Ansatz mit GuV-/bilanzorientierter RDP-Ableitung kann es im Hinblick auf die Bewertungsvorschriften zur externen Rechnungslegung ggf. akzeptiert werden, wenn hier Kursrisiken bei Positionen im Anlagebestand unberücksichtigt bleiben. Analog zur Handhabung stiller Lasten setzt dies jedoch voraus, dass das Institut die Positionen dauerhaft halten will und kann und eine Realisierung der Kursrisiken in der Rechnungslegung im betrachteten Zeithorizont nicht zu erwarten ist[97]. 200

Für zinstragende Geschäfte im Depot A sind grundsätzlich auch Credit-Spread-Risiken zu berücksichtigen, wobei eine differenzierte Herangehensweise geboten ist. Da Credit-Spread-Risiken bei Depot-A-Positionen, die dem Handelsbestand zugeordnet bzw. wie Umlaufvermögen bewertet sind, im Falle ihrer Realisierung grundsätzlich eine Wertanpassung in der Rechnungslegung auslösen, sind sie in Steuerungskreisen mit GuV-/bilanzorientierter RDP-Ableitung stets zu berücksichtigen. 201

---

[97] Vgl. Kapitel 3.4.1.5.1.

202 Bei Depot-A-Positionen des Anlagebestands kann hingegen auf den Ansatz von Credit-Spread-Risiken in einem Going-Concern-Ansatz mit GuV-/ bilanzorientierter RDP-Ableitung verzichtet werden, sofern Positionen die unter 3.4.1.5.1 erwähnten Anforderungen an eine Nichtberücksichtigung stiller Lasten erfüllen. Die Verwirklichung der Credit-Spread-Risiken hätte hier nur die Entstehung/Erhöhung stiller Lasten zur Folge, die aber nicht zwingend rechnungslegungswirksam würden. Bei Liquidationsansätzen führen die unter 3.4.1.5.1. angestellten Überlegungen indes zu dem Erfordernis, die Risiken aus Depot-A-Positionen des Anlagebestands anzusetzen.

203 Die Logik einer wertorientierten RDP-Ermittlung erfordert grundsätzlich die Berücksichtigung von Credit-Spread-Risiken unabhängig davon, welcher Rechnungslegungskategorie die betroffenen Positionen zugeordnet sind. Soweit bei Buchkrediten jedoch keine aussagekräftigen Marktinformationen zu den Kreditnehmern im Hinblick auf das Credit-Spread-Risiko zu erhalten sind, kann auf die Berücksichtigung verzichtet werden.

204 Als ein Aspekt des Adressenausfallrisikos sind grundsätzlich auch Migrationsrisiken zu analysieren. Realisieren sie sich, so führt dies – anders als der Eintritt eines Ausfallereignisses – zwar noch nicht unbedingt zu rechnungslegungsrelevantem Aufwand. Der ökonomische Wert der betroffenen Position verringert sich jedoch auf jeden Fall. Bei Liquidationsansätzen sind deshalb regelmäßig nicht nur Ausfall- bzw. Default-Risiken, sondern auch Migrationsrisiken in der Risikotragfähigkeitsrechnung angemessen zu berücksichtigen. Dies kann entweder innerhalb eines Kreditportfoliomodells geschehen oder ggf. auch durch andere Verfahren, wie insbesondere entsprechende Stresstests, deren Ergebnisse als Risikowert im Rahmen der Risikotragfähigkeitsbetrachtung angesetzt werden[98]. So kann insbesondere bei kleineren Kreditinstituten ggf. eine Verschiebung der Ausfallwahrscheinlichkeiten (PD[99]-Shift) zur Abbildung des Migrationsrisikos angemessen sein.

205 Erbringt ein Kreditinstitut den Nachweis, dass sich Migrations- und Credit Spread Risiken überschneiden, so kann es den anzusetzenden Risikobetrag insoweit bereinigen.

3.5.2. Erwartete und unerwartete Verluste

206 Bei den als wesentlich identifizierten Verlustrisiken muss das Gesamtkonzept sowohl erwartete als auch unerwartete Verluste umfassen. Auf die Abbildung

---

98 Vgl. auch Kapitel 3.6.
99 Probability of Default.

erwarteter Verluste kann insoweit auf der Risikoseite verzichtet werden, wie sie bereits adäquat bei Bestimmung des RDP berücksichtigt wurden.[100]

3.5.3. Risikobetrachtungshorizont

Für die Risikotragfähigkeitsbetrachtung sind die Risiken über einen einheitlich langen künftigen Zeitraum zu ermitteln, der üblicherweise ein Jahr beträgt (Risikobetrachtungshorizont). 207

Bei Marktpreisrisiken muss sichergestellt sein, dass auch bei wechselnden Positionen und zwischenzeitlichen Glattstellungen insgesamt nicht mehr RDP aufgezehrt werden kann, als für diese Risiken für den gesamten Risikobetrachtungshorizont allokiert ist. 208

Eine konsistente Messung der Marktpreisrisiken im Rahmen der Risikotragfähigkeitsbetrachtung erfordert die Festlegung einer Haltedauer für Marktrisikopositionen sowie ein konsistentes Limitsystem, um die Risikonahme über den gesamten Risikobetrachtungshorizont steuern zu können. 209

Bei der Festlegung der Haltedauer von Marktrisikopositionen kann daher ein potenzieller Abbau von Risikopositionen nur insoweit berücksichtigt werden, wie das Institut nachweisen kann, dass eine solche Steuerungsmaßnahme mit den Strategien, Risikosteuerungs- und -controllingprozessen sowie der Portfoliostruktur im Einklang steht. Dies schließt die konsistente Berücksichtigung der Ertrags- und Kostensituation nach einem unterstellten Abbau von Risikopositionen ein. 210

Die Auswirkungen etwaiger Marktverwerfungen sind in Stresstests abzubilden. Je weniger solche Stressgesichtspunkte bei Festlegung der Haltedauern berücksichtigt wurden, umso mehr müssen sie in den Stresstests[101] Berücksichtigung finden. 211

3.5.4. Beobachtungszeitraum

Die von den Instituten verwendeten Ansätze zur Risikoquantifizierung beruhen im Regelfall zumindest teilweise auf beobachteten Entwicklungen aus der Vergangenheit. Diese bilden dann einen Teil der Berechnungsgrundlage für die Bewertung des (in die Zukunft gerichteten) Risikos. 212

Beinhaltet der Beobachtungszeitraum ausschließlich oder überwiegend Zeiten geordneter und ruhiger Marktverhältnisse, so sind auch die Auswirkungen von 213

---

100 Vgl. Kapitel 3.4.1.1.
101 Vgl. auch Kapitel 3.6.

stärkeren Parameterveränderungen bei der Risikoermittlung angemessen zu berücksichtigen, wenn diese für die bei der Risikotragfähigkeitsbetrachtung angenommene Haltedauer nicht auszuschließen sind.

3.5.5. Weitere Parameter der Risikoquantifizierung

214 Je nach Wahl der Risikomaße, anhand derer die Risiken quantifiziert werden, haben über die vorgenannten Größen hinaus weitere Parameter wesentlichen Einfluss auf die resultierenden Risikowerte (bspw. Konfidenzniveau, Korrelationskoeffizienten).

215 Die Wahl der Parameter muss mit der Perspektive der Risikotragfähigkeitsbetrachtung im Einklang stehen. So sind bei Liquidationsansätzen die Risiken nach solch strengen Maßstäben zu quantifizieren, dass eine Realisierung der quantifizierten Risiken nur in äußerst unwahrscheinlichen Fällen eine vollständige Aufzehrung der angesetzten RDP nach sich ziehen würde (bspw. sehr hohes Konfidenzniveau bei Value at Risk). Bei Going-Concern-Ansätzen sind die Parameter der Risikomessung in Abhängigkeit davon festzulegen, wie eng die RDP-Definition ist. Je dichter diese sich an der Schwelle zum Liquidationsansatz befindet, umso strenger müssen die Parameter ausfallen.

3.6. Stresstests

216 Die Stresstests, die ein Institut nach AT 4.3.3 MaRisk durchzuführen hat, sollen auch die Anfälligkeit des Instituts für außergewöhnliche, aber plausibel mögliche Ereignisse aufzeigen. Bei wahrscheinlichkeitsbasierten Messmethoden ist hierbei in angemessener Weise zu analysieren, wie sich Risiken jenseits des dem Konfidenzniveau entsprechenden Quantils der Verlustverteilung auswirken können. Je weiter das Konfidenzniveau, das in einem Steuerungskreis angesetzt wird, von 100 % entfernt ist, umso bedeutsamer werden insoweit Stressbetrachtungen.

217 Darüber hinaus müssen auch in angemessenem Umfang Stresstests durchgeführt werden, die sich von der zur Risikoquantifizierung in der Risikotragfähigkeitsbetrachtung zugrunde gelegten Verlustverteilung lösen. Dabei sind potenzielle Ereignisse zu analysieren, die in einer wahrscheinlichkeitsbasierten Risikoquantifizierung nicht oder nicht hinreichend abgebildet sind, weil bspw. die Marktverhältnisse während des Beobachtungszeitraums wenig volatil waren.

218 Stresstests können bewusst zur Ermittlung des Risikobetrages eingesetzt werden, der bei Sicherstellung der Risikotragfähigkeit Berücksichtigung findet.

3.7. Einbindung in die Geschäfts- und Risikostrategie

Neben den methodischen Fragestellungen ist die Einbindung des **ICAAP** in die **Geschäfts- und Risikostrategie** eines Instituts von besonderer Relevanz. Die zentrale Stellung der Risikotragfähigkeitsrechnung innerhalb des gesamten Risikomanagements wird in den MaRisk unterstrichen, indem ein formeller interner Prozess zur Sicherstellung der Risikotragfähigkeit eingefordert wird. Damit gewinnt auch die Verbindung zur Geschäftsstrategie weiter an Bedeutung, weil im Rahmen der Risikotragfähigkeitsbetrachtung die Verteilung des Risikokapitals auf die einzelnen Geschäftsfelder erfolgt.

219

Bei der Ausgangsanalyse hinsichtlich der Markt- und Wettbewerbssituation ist insoweit auch ein besonderes Augenmerk auf die mit einer bestimmten Geschäftsstrategie verbundenen Risiken zu legen. Dies umfasst eine ganzheitliche Diagnose aller Risiken einschl. der Berücksichtigung von Ertrags- und Risikokonzentrationen. Die daraus abgeleitete Risikotragfähigkeitsbetrachtung ist ein wichtiger Indikator im Rahmen der Gesamtbanksteuerung. Überdies ist sie Bestandteil der durch die letzte Überarbeitung der MaRisk gestiegenen Berichtspflichten im Rahmen einer robusten **Corporate Governance**. So gehört sowohl die Stärkung der internen Kommunikation als auch gegenüber dem Aufsichtsorgan bezüglich der Geschäfts- und Risikostrategie wie auch einer regelmäßigen detaillierten Analyse der Risikotragfähigkeit zu den grundlegenden Pflichten der Geschäftsleitung.

220

Von wesentlicher Bedeutung ist in diesem Zusammenhang auch, inwieweit die Risikotragfähigkeitssteuerung faktisch mit der laufenden operativen Steuerung verzahnt ist und wie intensiv und zeitnah die laufende Überprüfung der Verfahren und deren Berechnungsergebnisse ausfällt.

221

4. »Range of Practice« zur Sicherstellung der Risikotragfähigkeit[102]

4.1. Überblick

Im Vorfeld der Veröffentlichung des aufsichtlichen Papiers zur Beurteilung von Risikotragfähigkeitskonzepten führte die Deutsche Bundesbank im Auftrag der BaFin Mitte 2009 zunächst eine **Umfrage bei 50 Instituten** durch. Ziel war es – neben der aufsichtlichen Beurteilung der Risikotragfähigkeit im Einzelfall –, einen aktuellen Überblick über die im Einsatz befindlichen Risikotragfähigkeitskonzepte zu erlangen. Aufgrund der den Instituten im

222

---

102 Vgl. *Deutsche Bundesbank* (2010.11).

REGULATORISCHE RAHMENBEDINGUNGEN

Rahmen der Säule 2 eingeräumten Methodenfreiheit zeigte sich ein breites Spektrum im Einsatz befindlicher Risikomessverfahren und Methoden zur Ableitung des Risikodeckungspotenzials. Zur Verbesserung der aufsichtlichen Datenbasis und um statistisch valide Aussagen treffen zu können, wurde die Umfrage in einem zweiten Schritt **um 100 Institute erweitert**. Diese »zweite Welle« der Untersuchung startete Ende des Jahres 2009 und wurde im Frühjahr 2010 beendet.

223 Im Rahmen der beiden durchgeführten Umfragen zur Risikotragfähigkeit wurden zahlreiche Detailinformationen zum jeweiligen Risikotragfähigkeitskonzept erhoben. Die gewählte Stichprobe ist hinsichtlich der Auswahl nach Bankengruppen weitgehend repräsentativ. Dies galt jedoch nicht hinsichtlich der Kriterien Systemrelevanz und Qualität des Instituts, da zu einem großen Teil Banken mit einer Risikoklassifizierung im unteren Bereich (C und D) betrachtet wurden. Gleichwohl bot die Stichprobe einen guten Überblick über die Bandbreite der in der Praxis eingesetzten Verfahren.

224 Die Analyse der einzelnen Teilbereiche von Risikotragfähigkeitskonzepten war eine reine Darstellung der beobachteten Institutspraxis. Dem Charakter eines »Range of Practice«-Papiers entsprechend wurde keine aufsichtliche Bewertung vorgenommen. Aufgrund der Stichprobenauswahl handelte es sich insbesondere nicht um eine Darstellung der »Best-Practice«. Vielmehr musste aufgrund der überdurchschnittlich vielen Institute in der Umfrage mit einer Klassifizierung von C oder D eher von einer gewissen Verzerrung ins Negative ausgegangen werden. Die Darstellung einzelner Aspekte oder ganzer Konzepte im Rahmen dieses **Range of Practice-Papiers** bot in keiner Weise eine Garantie für deren aufsichtliche Akzeptanz im Rahmen des aufsichtlichen Überprüfungsprozesses der Säule 2 (MaRisk). Dies galt insbesondere für die Messung von Adressenausfallrisiken nur in Form des Expected Loss (oder durchschnittliche EWB-Bildung), für die Bestimmung von Diversifikationseffekten auf Basis von Benchmarkstudien und den Einsatz von Kreditportfoliomodellen ohne eine institutsindividuelle Parametrisierung. Das Range of Practice-Papier hatte vielmehr den Zweck, das Spektrum beobachtbarer Konzepte darzustellen und die Institute zu einer kritischen Reflexion ihrer eigenen Konzepte vor dem Hintergrund der am Markt beobachtbaren anzuregen.

4.2. Steuerungsverfahren

Im Gesamtbild konnte festgehalten werden, dass größere, kapitalmarktaktive Institute eher nach der Liquidationssicht steuern, während kleine und mittlere Institute eher die Going-Concern-Sicht als **primäres Steuerungsinstrument** wählen. Dass beide Ansätze in die Steuerung einbezogen werden, ist dagegen die Ausnahme. 225

Bei den Instituten mit **Going-Concern-Sichtweise** dominierte die perioden- bzw. bilanzorientierte Ableitung des Risikodeckungspotenzials, wobei die Risiken nur zum Teil ebenfalls perioden- bzw. bilanzorientiert gemessen werden. Bei einzelnen Risikoarten bzw. bei einzelnen Szenarien war auch eine wertorientierte Betrachtung der Risiken beobachtbar. Eine wertorientierte Ableitung des Risikodeckungspotenzials stellte in der Going-Concern-Sichtweise eine Ausnahme dar. Barwertige Verfahren wurden hier eher als zusätzliche Informationsquelle genutzt. 226

In der **Liquidationssichtweise** wurde unabhängig von der Unterscheidung nach bilanzorientierter oder barwertiger Ableitung des Risikodeckungspotenzials die Risikoseite immer barwertig betrachtet. 227

4.3. Risikodeckungspotenzial

Bei Instituten, die ihre Risikotragfähigkeitsbetrachtung primär nach einem **Liquidationsansatz** durchführen, entsprach das **Risikodeckungspotenzial** bei einer Minderheit der Institute exakt den regulatorischen Eigenmitteln. In den übrigen Fällen war es häufig kleiner, teilweise aber auch größer als die regulatorischen Eigenmittel. 228

Wenn Institute ein Risikodeckungspotenzial errechneten, das kleiner ist als die regulatorischen Eigenmittel, dann war der Grund hierfür oftmals darin zu sehen, dass nur Kernkapital als Deckungsmasse herangezogen wurde, nicht jedoch das für regulatorische Zwecke anerkannte Ergänzungskapital. Institute, die das Ergänzungskapital als Risikodeckungspotenzial heranzogen, aber trotzdem ein geringeres Risikodeckungspotenzial als ihre regulatorischen Eigenmittel aufwiesen, zogen regelmäßig stille Lasten vom Risikodeckungspotenzial ab. Sehr selten war zu beobachten, dass nur ein Teil des Kern- und/oder Ergänzungskapitals für die Risikodeckung eingesetzt wurde. 229

Überstieg das Risikodeckungspotenzial die regulatorischen Eigenmittel, so waren die Gründe dafür sehr unterschiedlich. Teilweise ermittelten Institute ihr Risikodeckungspotenzial wertorientiert und gingen dabei progressiv vor, 230 teilweise bezogen sie ihr aufgelaufenes, unter Umständen auch ihr geplantes Ergebnis mit ein, oftmals setzten sie auch nachrangige Verbindlichkeiten an, die regulatorisch nicht als Eigenmittel anerkennungsfähig sind. Diese Fallunterscheidungen zeigt Abbildung B – 4.

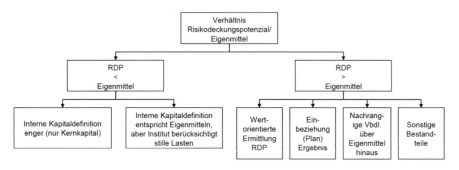

Abbildung B – 4:   Verhältnis des Risikodeckungspotenzials zu den Eigenmitteln[103]

231   Hauptbestandteil des bankintern definierten Risikodeckungspotenzials war immer (auch bei den barwertigen Ansätzen) bankaufsichtliches Kernkapital bzw. Eigenkapital nach den Vorschriften der Rechnungslegung. Einige Institute führten keine weitere Bereinigung durch, sondern setzten diesen eng definierten Wert als Risikodeckungspotenzial an. Ein Teil dieser Banken bereinigten dieses Kapital noch um stille Lasten bzw. um weitere Bestandteile (Goodwill, geplante Dividenden), so dass ein noch weiter geschmälertes Risikodeckungspotenzial ausgewiesen wurde.

232   Wenige Institute setzten ihre regulatorischen Eigenmittel (Kern- und Ergänzungskapital) ohne weitere Bereinigung als Risikodeckungspotenzial in Säule 2 an. Andere Institute nahmen die regulatorischen Eigenmittel als Basis und rechnen regulatorisch nicht anerkennungsfähige Nachrangverbindlichkeiten als zusätzliches Risikodeckungspotenzial an. Nur wenige dieser Institute bereinigten ihr so definiertes weites Risikodeckungspotenzial um stille Lasten, aktive latente Steuern und Goodwill, obwohl bei fast allen dieser Institute stille Lasten und/oder aktive latente Steuern im Risikodeckungspotenzial enthalten waren.

233   In der engsten beobachteten Abgrenzung des Risikodeckungspotenzials wurde das Eigenkapital nach IFRS um den Goodwill, die Neubewertungsreserve und geplante Dividenden bereinigt. Die breiteste Abgrenzung war in

---

103   Entnommen aus *Deutsche Bundesbank* (2010.11), S. 7.

barwertigen Konzepten zu finden, bei denen das Risikodeckungspotenzial aufbauend auf dem Eigenkapital primär aus einer progressiven Verbarwertung einzelner Portfoliobestandteile bestand.

Im Rahmen der Umfragen verwendeten 96 Institute als steuerungsrelevanten Ansatz eine periodenorientierte **Going-Concern-Sichtweise**, hinzu kamen neun Institute, die sowohl eine barwertige als auch eine periodenorientierte Sichtweise und drei Institute, die sowohl einen Liquidationsansatz als auch einen (periodenorientierten) Going-Concern-Ansatz verfolgen, so dass hier die Angaben von 108 Instituten ausgewertet wurden. Dies entsprach 72 % aller Institute, die an den Umfragen teilgenommen hatten. Die überwiegende Mehrzahl dieser Institute war von geringer oder mittlerer Systemrelevanz. 234

In Abhängigkeit von den betrachteten Szenarien wurden die in das Risikodeckungspotenzial einbezogenen Kapitalbestandteile enger oder weiter gefasst. Sofern es sich dabei um Bestandteile handelte, die auch als Eigenmittel im Rahmen der SolvV angesetzt werden können, wurden als Risikodeckungspotenzial in der Going-Concern-Sicht nur freie, d. h. nicht für die Risikounterlegung in Säule 1 gebundene Kapitalbestandteile, herangezogen. 235

Die Risiken des Normalszenarios werden in der Regel durch Planerträge oder Vorsorgereserven nach § 340f HGB abgedeckt. Für die Szenarien, die eine extreme Risikosituation widerspiegeln, werden häufig zusätzlich Rücklagen oder weitere Eigenmittelbestandteile als Risikodeckungspotenzial herangezogen. Rund ein Drittel (36) der Institute definierte aber nur ein Risikobudget für alle Szenarien, das dann weiter gefasst war. 236

Insgesamt 86 Institute (80 %) wollten im Rahmen ihrer internen Risikosteuerung einen Mindestsolvabilitätskoeffizienten einhalten, der über den aufsichtlich geforderten 8 % lag. Die internen Vorgaben variierten dabei zwischen einem Zuschlag von 0,3 und 6,75 Prozentpunkten. 13 % der Institute, die ausschließlich aus dem Sparkassensektor und Genossenschaftssektor angehörten, definierten zu diesem Zweck einen Puffer, der auch zur Abdeckung von nicht quantifizierbaren Risiken dienen sollte. Von den Instituten, die einen höheren Mindestsolvabilitätskoeffizienten vorgaben, differenzierten 40 Institute (37 %) nach Kernkapitalkoeffizienten und Gesamtkapitalkoeffizienten; die Vorgaben für die Mindestkernkapitalquoten lagen zwischen 4,4 % und 10 %. 237

Zwei Institute definierten unterschiedliche Mindestsolvabilitätskoeffizienten für das Normal- und das Stressszenario. Weitere zwei Institute gingen im Stressszenario zu einer Liquidationssicht über. 238

REGULATORISCHE RAHMENBEDINGUNGEN

239 Lediglich 3 Institute verwendeten eine rein barwertige Going-Concern-Sichtweise. Diese Institute definierten ihr Risikodeckungspotenzial ausgehend von einem Vermögensbarwert. Um einem Going-Concern-Ansatz gerecht zu werden, zog ein Institut die regulatorischen Eigenkapitalanforderungen davon ab, die beiden anderen bereinigten das Risikodeckungspotenzial um das bilanzielle Eigenkapital. Teilweise wurden auch noch Planergebnisse berücksichtigt. Ein Institut, das zunächst das komplette bilanzielle Eigenkapital abgezogen hatte, rechnete freies haftendes Eigenkapital dem Risikodeckungspotenzial hinzu.

240 Bei den Instituten, die zwar nach einem Going-Concern-Ansatz steuerten, aber sowohl eine periodenorientierte als auch eine wertorientierte Sichtweise anstellten (9), ließen sich ähnliche Vorgehensweisen beobachten. Allerdings war hier die Einhaltung des Mindestsolvabilitätskoeffizienten von nachrangiger Bedeutung. Lediglich zwei Institute berücksichtigten dies durch einen entsprechenden Abzug vom wertorientierten Risikodeckungspotenzial.

241 In der Going-Concern-Sichtweise zogen 76 der 108 Institute (71 %) die stillen Lasten im Anlagevermögen nicht vom Risikodeckungspotenzial ab bzw. berücksichtigten diese auch nicht als Risiko, da sie nach ihrer Ansicht in der Lage waren, diese Positionen bis zur Endfälligkeit zu halten.

5. Überprüfungs- und Sanktionsinstrumente der Aufsicht

5.1. Aufsichtsgespräche

242 Fragen der Risikotragfähigkeit stehen zunehmend im Zentrum von Aufsichtsgesprächen, die als (jährliche) Routinegespräche oder anlassbezogen mit den Instituten geführt werden. Sie bieten eine gute Möglichkeit, den aktiven Dialog zwischen Instituten und Bankenaufsicht sowohl hinsichtlich methodischer Fragen als auch der konkreten Gewährleistung der Risikotragfähigkeit zu intensivieren.

243 Routinemäßige Aufsichtsgespräche dienen insbesondere der regelmäßigen Erörterung der wirtschaftlichen Entwicklung, der Risiko- sowie der allgemeinen Geschäftslage der Institute auf Basis der ausgewerteten Jahresabschlussunterlagen. Sie können auch das Abstellen von festgestellten Mängeln zum Gegenstand haben, für die das Ergreifen von Maßnahmen nicht erforderlich erscheint. Zum Routinegespräch gehört auch die Erläuterung der Stärken-Schwächen-Analyse der Bankenaufsicht auf der Grundlage des Risikoprofils. Anlassbezogene Gespräche haben Sachverhalte oder Themen zum Gegen-

stand, die aufgrund bedeutender Entwicklungen beim Institut eine besondere bankaufsichtliche Würdigung erfordern.

5.2. Prüfung des Jahresabschlusses

Nach § 29 Absatz 1 Satz 2 KWG i. V. m. § 11 Absatz 1 der PrüfbV[104] hat der Abschlussprüfer eines Instituts die Angemessenheit und Wirksamkeit des Risikomanagements nach § 25a Absatz 1 Satz 3 KWG sowie die weiteren Anforderungen an die Ordnungsmäßigkeit der Geschäftsorganisation nach § 25a Absatz 1 Satz 6 Nummer 1 KWG unter Berücksichtigung der Komplexität und des Risikogehalts der betriebenen Geschäfte zu beurteilen. Dabei ist insbesondere auf Adressenausfallrisiken und Marktpreisrisiken einschließlich der Zinsänderungsrisiken des Anlagebuchs, der Liquiditäts- und operationelle Risiken sowie den damit verbundenen Risikokonzentrationen gesondert einzugehen.

244

Mit dieser Regelung soll sichergestellt werden, dass die Aufsicht mindestens jährlich Grundinformationen über das Risikomanagement (einschl. ICAAP) erhält. Umfang und Ausgestaltung der Berichterstattung sollten sich an der Größe, Risikolage und Komplexität der Geschäfte im Sinne einer risikoorientierten Prüfung[105] und dem sonstigen Prüfungsumfeld orientieren. Ausgangspunkt der Darstellung und Beurteilung wird regelmäßig die Risikotragfähigkeit des Instituts sein. Diese Beurteilung sollte

245

- die Funktionsweise und Ergebnisse der Risikotragfähigkeitsrechnung zeitpunkt- und zeitraumbezogen,
- die Schlüssigkeit und Angemessenheit des Konzeptes zur Bestimmung des Risikodeckungspotenzials unter Berücksichtigung des Geschäftsmodells,
- die Prüfung der Eignung und Qualität des Risikodeckungspotenzials,
- die Entscheidung der Geschäftsleitung zur Festlegung der Risikodeckungsmasse unter Berücksichtigung des Risikoprofils und der Strategie,
- die Verfügbarkeit und Mobilisierbarkeit einzelner Bestandteile des Risikodeckungspotenzials,
- die Übereinstimmung mit dem betriebswirtschaftlichen Steuerungsansatz des Instituts,
- die Festlegung einer Risikodeckungsmasse,

---

104 Vgl. *PrüfbV* (2015). Prüfungsberichtsverordnung.
105 Vgl. § 2 *PrüfbV*.

- die Angemessenheit der Methoden zur Ermittlung des Risikopotenzials unter Berücksichtigung des Geschäftsmodells, des Planungshorizonts und des Konzepts zur Bestimmung des Risikodeckungspotenzials,

- die Eignung der jeweils festgelegten Risikodeckungsmassen im Hinblick auf ihre Verfügbarkeit und Geeignetheit, im Falle von Risikoeintritten eine Verlust absorbierende Wirkung zu entfalten,

- die Eignung der gewählten Messmethoden (einschl. der Zusammenführung verschiedener Risikoarten), der verwendeten Parameter sowie der Methode zur Bestimmung des Risikodeckungspotenzials sowie

- die Frage, ob vor dem Hintergrund aktueller Entwicklungen im Risikoprofil sowie der wesentlichen Bewertungsparameter auch bei Risikoeintritten der Fortbestand des Kreditinstituts nicht gefährdet ist, unter Berücksichtigung von Szenarioanalysen sowie die Risikobeurteilung der Geschäftsleitung

umfassen.[106]

5.3. ICAAP-Prüfungen

246 Eine zentrale Rolle bei der Beurteilung der Risiken und des Risikomanagements von Kreditinstituten spielen nach wie vor Prüfungen nach § 44 Absatz 1 Satz 2 KWG, die als Teil der laufenden Überwachung nach § 7 Absatz 1 Satz 3 KWG in der Regel von der Deutschen Bundesbank durchgeführt werden. Derartige Prüfungen, die sich normalerweise über ein bis mehrere Wochen erstrecken (abhängig von Art, Umfang und Komplexität der Geschäftstätigkeit), ermöglichen der Aufsicht, den ICAAP sowie die interne Aufbau- und Ablauforganisation des Instituts einer fundierten Überprüfung und Bewertung zu unterziehen. Während vor Basel II qualitative Vor-Ort-Überprüfungen des Risikomanagements zunächst nur für das Handels- und Kreditgeschäft durchgeführt wurden, ist der Untersuchungsgegenstand mit Umsetzung des SRP auf alle Risikoarten, den übergeordneten ICAAP sowie die gesamte Aufbau- und Ablauforganisation eines Instituts erweitert worden.[107]

247 Im Zentrum solcher bankgeschäftlichen Prüfungen nach § 44 Absatz 1 Satz 2 KWG bezüglich der Einhaltung der MaRisk im Hinblick auf die Anforderungen an die Risikotragfähigkeit (»ICAAP-Prüfungen«) steht die Frage der konsistenten sowie angemessenen Kapital- und Risikoerfassung. Mit anderen Worten sind vor allem

---

106 Vgl. *IDW* (PS 525).
107 Vgl. *Seuthe* (2010), S. 112.

- die vollständige Identifizierung der wesentlichen Risiken sowie
- die Angemessenheit und Konsistenz der Methoden zur Risikoquantifizierung und -aggregation sowie der Definition des internen Kapitals

zu untersuchen.

Dabei sollte auch die Frage nach der Konsistenz zwischen der Strategie bzw. dem Geschäftsmodell eines Instituts und seinem Risikotragfähigkeitskonzept analysiert werden. Ferner wird geprüft, ob und inwieweit die Kapitalausstattung unter Berücksichtigung der aktuellen und erwarteten Gesamtrisikosituation ausreichend ist. Schließlich müssen funktionierende Risikosteuerungs- und -controllingprozesse (für alle Risikoarten) zur dauerhaften Sicherstellung der Risikotragfähigkeit angetroffen werden.

MaRisk-Prüfungen werden – auch hinsichtlich des ICAAP – in Form von Systemprüfungen durchgeführt. Im Mittelpunkt steht die Beurteilung der Angemessenheit und Funktionsfähigkeit der Risikomanagementsysteme der Institute. Zusätzlich wird anhand einer unter Risikogesichtspunkten getroffenen Auswahl an Einzelfällen validiert, ob die Systeme und Prozesse tatsächlich im Geschäftsalltag zum Einsatz kommen und angemessen angewandt werden. Damit unterscheiden sich MaRisk-Prüfungen grundsätzlich von Werthaltigkeitsprüfungen, bei denen anhand von Einzelfällen Wertansätze für Kredite und Kreditsicherheiten überprüft werden.

Über MaRisk-Prüfungen wird ein Prüfungsbericht erstellt, in dem die wesentlichen Prüfungsergebnisse dokumentiert werden. Zeigen sich im Risikomanagement eines Instituts Schwächen, so werden die Verstöße gegen die MaRisk in Form von Feststellungen in den Prüfungsbericht aufgenommen und je nach Schwere der mit den Schwächen für das Institut verbundenen Risiken einer von vier Kategorien (F1: geringfügig bis F4: schwerwiegend) zugeordnet. Diese Feststellungen bilden eine wesentliche Basis für die Gesamtwürdigung des Instituts und die daraus abgeleiteten bankaufsichtlichen Maßnahmen.

5.4. Erhöhte Eigenmittelanforderungen

Durch das im Sommer 2009 verabschiedete Gesetz zur Stärkung der Finanzmarkt- und Versicherungsaufsicht vom 29. Juli 2009 wurden die Möglichkeiten der BaFin bei der Beurteilung der Angemessenheit der Eigenmittel die Einhaltung von Eigenmittelanforderungen anzuordnen, die über die der CRR hinausgehen, erweitert. Mit dem CRD IV-Umsetzungsgesetz wurden die Regelungen erneut überarbeitet und hinsichtlich der Festlegung erhöhter Eigenmittelanforderungen in § 10 Absatz 3 KWG neu geregelt. Nach **§ 10 Absatz 3**

Satz 2 Nr. 2 KWG ordnet die BaFin zusätzliche Eigenmittelanforderungen an, wenn die Risikotragfähigkeit eines Instituts, einer Institutsgruppe, einer Finanzholding-Gruppe oder einer gemischten Finanzholding-Gruppe nicht gewährleistet ist. Die BaFin kann durch Androhung und ggf. Festsetzung höherer Eigenmittelanforderungen bei nicht gewährleisteter Risikotragfähigkeit erreichen, dass alle durch ein institutseigenes Risikomanagement identifizierten wesentlichen Risiken bei der Beurteilung der Angemessenheit der Eigenmittelausstattung in ausreichender Weise einbezogen werden. Es können somit auch solche institutsspezifische Risiken bei den Anforderungen an die regulatorischen Eigenmittel berücksichtigt werden, die sich in den Anforderungen der CRR nicht angemessen widerspiegeln, z. B. Risikokonzentrationen im Kreditrisikobereich und Zinsänderungsrisiken im Anlagebuch.

252 Ferner wird es der Aufsicht ermöglicht, durch die Androhung und ggf. Festsetzung eines höheren regulatorischen Eigenkapitals nach Säule I mittelbar Druck auf das Institut auszuüben, seine Geschäfte tatsächlich an den vorhandenen Risiken und dem vorhandenen internen Kapital auszurichten. Während die Möglichkeit zusätzlicher Eigenmittelanforderungen nach § 10 Absatz 3 Satz 2 Nr. 10 i. V. m. § 25a Absatz 1 KWG eine Maßnahme zur Reaktion auf eine nicht ordnungsgemäße Geschäftsorganisation darstellt, zielt § 10 Absatz 3 Satz 2 Nr. 2 KWG auf eine realistische Abbildung der tatsächlich bestehenden Risiken bei der Bemessung einer angemessenen Eigenmittelausstattung ab.

253 Ziel der Norm(en) ist es, ein präventives Verwaltungshandeln bei absehbaren Gefahren für die Solvenz eines Instituts zu ermöglichen, wenn nicht gewährleistet ist, dass die quantifizierten Risiken durch eine verfügbare Risikodeckungsmasse abgeschirmt sind. Zweifel an der dauerhaften Gewährleistung der Risikotragfähigkeit können insbesondere dann entstehen, wenn

- diesbezügliche Hinweise des Abschluss- oder Sonderprüfers vorliegen,
- bankinterne Reports auf eine fehlende Risikotragfähigkeit hinweisen oder
- die regulatorische Eigenmittelausstattung nur noch knapp über den Mindestanforderungen liegt.

254 Die Neuregelung des § 10 Absatz 3 KWG basiert auf den Vorgaben des Artikel 104 Abs. 2 der CRD IV und stellt gegenüber dem vormaligen Rechtszustand eine Verschärfung dar, da der Bankenaufsicht auf diesem Wege keinen Ermessensspielraum mehr hat, bei Vorliegen der entsprechenden Tatbe-

standsmerkmale eine institutsindividuelle Bewertung der Risikosituation vorzunehmen. Eine entsprechende Korrekturmöglichkeit verbleibt nur noch im Hinblick auf die Festlegung der konkreten Höhe der Eigenmittelzuschläge.

5.5. Maßnahmen bei organisatorischen Mängeln

Wie oben bereits ausgeführt, ist das Verfahren zur Ermittlung und Sicherstellung der Risikotragfähigkeit integraler Bestandteil des Risikomanagements eines Instituts und gehört damit zur ordnungsgemäßen Geschäftsorganisation i. S. d. § 25a Absatz 1 KWG (siehe 2. 3.). Durch das »Gesetz zur Stärkung der Finanzmarkt- und Versicherungsaufsicht« vom 29. Juli 2009 wurden die Eingriffsmöglichkeiten der Bankenaufsicht gegenüber Instituten erleichtert, die über keine ordnungsgemäße Geschäftsorganisation verfügen. Ergeben sich daher – vor allem methodische – Mängel beim Risikotragfähigkeitskonzept einer Bank, kann dies Maßnahmen nach **§ 45b Absatz 1 Satz 1 KWG** zur Folge haben. Danach kann die BaFin für den Fall einer nicht ordnungsgemäßen Geschäftsorganisation auch **bereits vor** oder **gemeinsam mit** einer **Anordnung nach § 25a Absatz 2 Satz 2 KWG** anordnen, dass das Institut

- Maßnahmen zur Reduzierung von Risiken ergreift, soweit sich diese aus bestimmten Arten von Geschäften und Produkten oder der Nutzung bestimmter Systeme oder der Auslagerung von Aktivitäten und Prozessen auf ein anderes Unternehmen ergeben,
- weitere Zweigstellen nur mit Zustimmung der BaFin errichten darf und
- einzelne Geschäftsarten, namentlich die Annahme von Einlagen, Geldern oder Wertpapieren von Kunden und die Gewährung von Krediten nach § 19 Absatz 1 KWG nicht oder nur in beschränktem Umfang betreiben darf.

Diese erleichterten Eingriffsmöglichkeiten entsprechen den Vorgaben des Artikels 102 der CRD IV. Die **besondere Anordnungsbefugnis des § 25a Absatz 2 Satz 2 KWG (früher § 25a Absatz 1 Satz 8 KWG)** wurde durch das sog. »Vierte Finanzmarktförderungsgesetz«[108] geschaffen. Zuvor musste die BaFin insoweit auf § 6 Absatz 3 KWG zurückgreifen. Anordnungen nach § 25a Absatz 2 Satz 2 KWG müssen geeignet und erforderlich sein, die ordnungsgemäße Geschäftsorganisation i. S. d. § 25a Absatz 1 Sätze 3 und 6 KWG sowie die Beachtung der Vorgaben nach § 25a Absatz 2 Satz 1 KWG sicherzustellen. Verstöße gegen § 25a KWG können Anlass für eine Verwarnung eines Geschäftsleiters sein oder in schwerwiegenden Fällen zu dessen

---

108 Vgl. *Viertes Finanzmarktförderungsgesetz* (2002), Artikel 6.

Abberufung nach § 36 Absätze 1 und 2 KWG führen. Auch eine Aufhebung der Erlaubnis nach § 35 Absatz 2 Nr. 6 KWG kann in den zuletzt genannten Fällen nicht ausgeschlossen werden.

257 Nach **§ 45b Absatz 1 Satz 2 KWG** kann die BaFin *Maßnahmen nach* § 45b Absatz 1 Satz 1 KWG *zusätzlich* zu einer Festsetzung erhöhter Eigenmittelanforderungen nach § 10 Absatz 3 Satz 2 Nummer 10 KWG anordnen. Im Ergebnis kann ein **Kapitalaufschlag** damit auch ohne besondere Voraussetzungen im Vorfeld von Anordnungen nach § 25a Absatz 2 Satz 2 KWG verhängt werden.[109] Er kommt daher bereits unter den Voraussetzungen in Betracht, unter denen die BaFin auch die anderen Maßnahmen nach § 45b Absatz 1 KWG ergreifen kann.

258 Zudem ist klargestellt, dass der Kapitalaufschlag durch eine Erhöhung der Eigenmittelkennziffer und nicht durch eine Verpflichtung zum Vorhalten zusätzlicher Eigenmittel erfolgt. Damit ist das Institut nicht notwendigerweise verpflichtet, für die effektive Zuführung von Eigenmitteln zu sorgen, über die es im Zweifel keine Verfügungsbefugnis besitzt. Vielmehr steht es dem Institut grundsätzlich frei, wie es die höhere Eigenmittelkennziffer einhält. Dies kann auch durch die Einschränkung der Geschäftstätigkeit oder die Reduzierung von Risiken geschehen.

259 Erkenntnisse der Aufsicht über eine nicht ordnungsgemäße Geschäftsorganisation dürften sich insbesondere aus Berichten über die Prüfung des Jahresabschlusses, über Prüfungen nach § 44 Absatz 1 Satz 2 KWG sowie durch sonstige Sachverhalte ergeben, die auf Mängel in der Internal Governance eines Instituts hinweisen.

6. Fazit

260 Aufgrund der übergeordneten Zielsetzung der Bankenaufsicht, Gläubiger zu schützen und die Stabilität des Finanzsystems zu wahren, steht die Fähigkeit der Kreditinstitute, auftretende Risiken zu tragen, seit jeher im Fokus der Aufsicht. So zielt das bankaufsichtliche Eigenkapitalregime bekanntermaßen darauf ab, Verlustrisiken durch Eigenmittelbestandteile abzudecken. Unter dieser sog. Säule I von Basel II sind die Bestandteile, die zur Abdeckung von Risiken herangezogen werden können, enumerativ vorgegeben. Auch die Risikoarten, die vom regulatorischen Eigenkapital abgedeckt werden müssen, sind exakt festgelegt (Adressenausfall-, operationelle und Marktpreisrisiken).

---

109 Vgl. *CRD IV* (2013), Artikel 99 Absatz 1.

Darüber hinaus sind die Institute hinsichtlich der Risikomessverfahren an die Vorgaben der CRR gebunden.

Das Bankaufsichtsrecht hat neben diese Säule I eine **Säule II** gestellt, die wesentlich flexibler ausgestaltet ist und darauf abzielt, die individuellen Verhältnisse eines Instituts treffender zu berücksichtigen als dies die starren »Säule I-Regeln« zulassen. Die Banken werden in die Pflicht genommen, selbst festzulegen, welche Risiken für sie wesentlich sind und wie sie diese zutreffend quantifizieren. Ebenso wird es grundsätzlich in ihr eigenes Ermessen gestellt, welche Positionen sie als zur Abdeckung von schlagend werdenden Risiken geeignet definieren. Für die Aufgabe und Verantwortung, die den Instituten im Rahmen der Säule II zugesprochen wird, hat sich deshalb der Begriff **»Internal Capital Adequacy Assessment Process«** durchgesetzt. Korrespondierend zu dieser großen Flexibilität, die die Säule den Banken diesbezüglich einräumt, verpflichtet sie zugleich die Bankenaufsicht, die internen Ansätze im Rahmen des **»Supervisory Review and Evaluation Process«** zu überprüfen und zu evaluieren. 261

Die Bankenaufsicht kann die Angemessenheit der von den Instituten eingesetzten Verfahren zur Sicherstellung der Risikotragfähigkeit grundsätzlich nur in Form einer Gesamtbetrachtung aller Elemente dieses Steuerungsprozesses anhand des jeweiligen Einzelfalles beurteilen. In diese Gesamtwürdigung fließen insbesondere Geschäftsart, Umfeld und Größe der jeweiligen Bank ein. Nicht zuletzt dieser individuelle Ansatz bringt es mit sich, dass sich adäquate Risikotragfähigkeitskonzepte – trotz der in diesem Beitrag aufgezeigten Eckpunkte – im Rahmen eines evolutionären Prozesses ständig fortentwickeln werden und deren Beurteilung durch die Bankenaufsicht insoweit eine dauerhafte Herausforderung bleiben wird. Mit der Vorlage des Papiers zur aufsichtlichen Beurteilung bankinterner Risikotragfähigkeitskonzepte hat die Bankenaufsicht in transparenter Weise dazu beigetragen, die Eckpfeiler ihrer Verwaltungspraxis gegenüber der Kreditwirtschaft zu kommunizieren. Nicht zuletzt die jüngsten Anpassungen der MaRisk hinsichtlich der Risikotragfähigkeitskonzepte zeigen, dass – insbesondere auf Basis internationaler Vorgaben – mit weiteren Adjustierungen zu rechnen ist. 262

Mit der Vorlage des **Basel III-Rahmenwerkes** im Juni 2011 hat der Baseler Ausschuss für Bankenaufsicht die Definition des bankaufsichtsrechtlichen Eigenkapitals vollständig überarbeitet. Hauptzielsetzung war es, auch vor dem Hintergrund der Finanzkrise, die Qualität und damit insbesondere die Dauerhaftigkeit und Verlustteilnahmefunktion des Eigenkapitals zu stärken und eine 263 internationale Vereinheitlichung zu erreichen. Insbesondere im Bereich des harten Kernkapitals führen die Basel III-Anforderungen zu einer deutlichen Erhöhung der Kapitalanforderungen. Zudem erfährt die Berechnungssystematik für die regulatorischen Eigenmittel eine erhebliche Veränderung durch eine vollständige Überarbeitung von Abzugs- bzw. Korrekturposten. Wenngleich damit keine unmittelbaren Veränderungen an den Vorgaben der Säule 2 einhergehen, sind die mittelbaren Auswirkungen einer Verschärfung der Eigenkapitalregelungen auf den ICAAP unverkennbar. Die den Instituten im Rahmen eines Going-Concern-Ansatzes – über die Mindestkapitalanforderungen hinaus – verfügbare Risikodeckungsmasse wird c. p. sinken und damit die Risikotragfähigkeit belasten. Umso wichtiger ist es, diesen Herausforderungen im Rahmen eines zukunftsgerichteten Kapitalplanungsprozesses[110] zu begegnen.

264 Ungeachtet dieser Rahmenbedingungen wird es im Zuge der weiteren Verwirklichung des Single Supervisory Mechanism zu einer **Vereinheitlichung der Aufsichtsansätze und -praktiken** in Europa kommen. Im Zuge dessen ist zu erwarten, dass die Spielräume der nationalen Aufsichtsbehörden (weiter) eingeengt werden. So dürfte die Implementierung der SREP-Guidelines[111]) auch zur Folge haben, dass die bisherigen Vorgaben der BaFin zur Ausgestaltung der Risikotragfähigkeitskonzepte[112] durch einheitliche Leitlinien der EZB ersetzt werden.

---

110 Vgl. *BaFin* (2012.12b), AT 4.1, Tz. 9.
111 Vgl. Kapitel B.I.2.2.3 sowie die umfangreichen Ausführungen in Kapitel B.II.
112 Vgl. Kapitel B.3.

II. Auswirkungen des SREP auf die Banksteuerung – der Säule 1+ Ansatz[113]

1. Einleitende Worte

1.1. Historischer Abriss: Vom ICAAP zum SREP

Eine ausreichende Kapitalausstattung hinsichtlich Qualität und Quantität sowie eine sachgerechte Steuerung der Risikotragfähigkeit der Institute sind eine wesentliche Voraussetzung für ein stabiles Finanzsystem. Deshalb ordnen die deutschen und europäischen Aufsichtsbehörden der Sicherstellung der Risikotragfähigkeit (ICAAP) sowohl in den Mindestanforderungen an das Risikomanagement (MaRisk)[114] als auch bei den Vorgaben der EBA zur Neugestaltung des seit 1. Januar 2016 verbindlich anzuwendenden aufsichtlichen Überprüfungs- und Bewertungsprozesses (**S**upervisory **R**eview and **E**valuation **P**rocess – SREP-Leitlinien) eine große Bedeutung zu.[115]

265

Die am 18. Februar 2016 veröffentlichte erste Konsultation zur MaRisk-Novelle[116] nimmt aktuelle Entwicklungen im europäischen Aufsichtsrecht bereits auf. Hervorzuheben sind hier die Entwicklung einer Risikokultur, die parallele Anwendung von Going-Concern- und Gone-Concern-Ansätzen zur Ermittlung der Risikotragfähigkeit, eine ausreichende Diversifikation der Refinanzierungsquellen und der Liquiditätsreserve. Sofern relevant, wird im weiteren Verlauf des Beitrags darauf eingegangen.

266

Die bisherigen nationalen Anforderungen zur Risikotragfähigkeit basieren auf den vergleichsweise wenigen, prinzipienorientierten Vorgaben der zweiten Säule des Basel II-Rahmenwerks. Als zentrale Anforderung an die Institute wird darin die Einrichtung eines internen Prozesses zur Sicherstellung der Risikotragfähigkeit (Internal Capital Adequacy Assessment Process – ICAAP) und damit einer ausreichenden Kapitalausstattung verlangt[117].

267

Säule 1 und Säule 2 des Baseler Rahmenwerks unterscheiden sich grundlegend in ihrem Fokus. Die zentrale Zielsetzung der Säule 1 ist es, international harmonisierte Eigenmittelanforderungen bezüglich Qualität und Quantität für die Institute zu formulieren. Ergänzend zu dieser regulatorischen Betrachtungs-

268

---

113 Autoren: **Stefan Blömer** und **Wibke Lindemann**. Die Ausführungen geben die persönliche Auffassung der Autoren wieder.
114 Vgl. *BaFin* (2012.12c), S. 9. Vgl. auch umfassend Ausführungen in Kapitel B.I.
115 Vgl. *EBA* (2014.12).
116 Vgl. *BaFin* (2016.02b), AT 4.1, Tz. 2, S. 10.
117 Vgl. Ausführungen in Kapitel B.I.

weise verfolgt die Säule 2 bisher eine sehr institutsindividuelle (wenig vergleichbare, benchmarkfähige), aber dafür umfassendere Sichtweise auf wesentliche Risiken und auf die zu ihrer Deckung zur Verfügung stehenden Mittel (Risikodeckungspotenzial).[118]

269 Die Vorgaben der Säule 1 (CRR) sorgen für eine (stichtagbezogene) Vergleichbarkeit der Eigenmittelanforderungen bzw. der vorhandenen Eigenkapitalausstattung (Benchmarking). Den sehr unterschiedlichen Risikosituationen der einzelnen Institute können die Vorgaben jedoch nur in begrenztem Umfang gerecht werden. Deshalb werden sie in Säule 2 um eine institutsindividuelle Einschätzung der Kapital- und Risikosituation ergänzt.

270 Die Institute sind dabei selbst gehalten, alle wesentlichen Risiken in einer zukunftsorientierten Gesamtbetrachtung zu identifizieren, mit geeigneten Methoden zu quantifizieren und mit ausreichend Kapital zu unterlegen. Die rein ökonomische Sicht auf Risiken und Kapital wurde in der Vergangenheit in der Praxis häufig von den ebenfalls zu erfüllenden regulatorischen Vorgaben der Säule 1 und den Anforderungen aus der Rechnungslegung überlagert. Je nach institutsindividueller Ausgestaltung reichte die Bandbreite von sog. »Säule 1+-Ansätzen«, die lediglich die Säule 1-Berechnung um die darin nicht berücksichtigten Risiken und Risikokonzentrationen ergänzen, bis zu Verfahren, die sich weitestgehend von den Vorgaben der Säule 1 und der Rechnungslegung lösen.[119]

1.2. Strukturierung des Beitrages

271 Zur Problematisierung des SREP-Ansatzes geht dieser Artikel wie folgt vor: Die Methodenfreiheit der internen Risikotragfähigkeitskonzeption wird kurz vorgestellt und gewürdigt. Im Anschluss erfolgt eine Einführung in den Aufbau bzw. die Vorgehensweise des bankaufsichtlichen Überprüfungs- und Bewertungsprozesses (SREP). Daran anschließend wird die Bedeutung des Meldewesens für die kennzahlenbasierte Aufsichtsfunktion erläutert. Die Bewertung möglicher Auswirkungen des SREP auf das Risikomanagement und die Steuerungsverfahren der Institute sind wesentlicher Gegenstand der weiteren Ausführungen. In diesem Zusammenhang wird insbesondere die Bedeutung des SREP für die Weiterentwicklung der internen Risikotragfähigkeitskonzeption (ICAAP) erörtert. Erläuterungen zum vorhandenen Anpassungsbedarf im Risikomanagement wesentlicher Kapitalrisiken, eine Einschät-

---

118 Vgl. *Deutsche Bundesbank* (2013.03), S. 32 f.
119 Vgl. *Deutsche Bundesbank* (2013.03), S. 33 f.

zung zur Auswirkung des SREP-Kapitalbewertungsprozesses (TSCR) auf die Banksteuerung und eine Erläuterung zur Anwendbarkeit aufsichtlicher Sanktionsmaßnahmen schließen sich an.

Abschließend wird in einem Fazit die Auswirkung des ganzheitlichen, kennzahlenbasierten bankaufsichtlichen SREP auf die Gesamtbanksteuerung der Institute gewürdigt.

2. Methodenfreiheit der internen Risikotragfähigkeitskonzeption (ICAAP)

2.1. Methodenfreiheit nach MaRisk

Die aktuelle Konsultation des Entwurfs der überarbeiteten MaRisk[120] bestätigt unverändert, dass die Wahl der Methoden und Verfahren zur Beurteilung der Risikotragfähigkeit in der Verantwortung des jeweiligen Instituts liegt. Hierdurch behalten die Institute auch weiterhin die Möglichkeit, die Beschränkungen der Standardisierung aus der Säule 1 »aufzubrechen«. Dementgegen steht die Vereinheitlichung des Meldewesens der Risikotragfähigkeit nach FinaRisikoV, welche auf lange Sicht zu einer Harmonisierung der Säule 2-Ansätze führen könnte[121].

Neu ist im MaRisk-Entwurf die Konkretisierung, dass sowohl das Ziel der Fortführung des Instituts als auch der Schutz der Gläubiger vor Verlusten aus ökonomischer Sicht angemessen zu berücksichtigen ist. Folglich sind Going-Concern- und Gone-Concern-Ansätze verpflichtend parallel anzuwenden.

2.2. Leitfaden von BaFin/Bundesbank

Der gemeinsam von Bundesbank und BaFin erstellte Leitfaden zur aufsichtlichen Beurteilung bankinterner Risikotragfähigkeitskonzepte[122] definiert und konkretisiert die zu verwendenden Grundprinzipien wie das Gebot der Vollständigkeit der Risikoabbildung, die Konsistenz der Verfahren sowie das Vorsichtsprinzip als grundsätzliche Basis für einheitliches Verwaltungshandeln.

Der SREP schränkt diese Methodenfreiheit der individuellen Risikotragfähigkeitskonzeption nicht ein. Der verbesserte Erkenntnisstand im Rahmen des Einheitlichen Aufsichtsmechanismus »Single Supervisory Mechanism«

---

120 Vgl. *BaFin* (2016.02b).
121 Vgl. *Reuse* (2015.02), S. 45; *Reuse* (2016.03), S. 20 und die Ausführungen in Kapitel B.III.
122 Vgl. *BaFin* (2011.12), diskutiert in Kapitel B.I.

(SSM)[123] mit einem einheitlichen Regelwerk »Single Rulebook« – insbesondere bestehend aus CRR[124], CRD IV[125], BRRD[126], DGSD[127] sowie technischen Regulierungs- und Durchführungsstandards sowie Leitlinien der EBA – kann jedoch von der Aufsicht mit den neuen Befugnissen aus dem SREP genutzt werden, um aus einem ursprünglich ausschließlich für interne Zwecke geschaffenen Risikotragfähigkeitskonzept ein Instrument zu schaffen, welches die Aufsicht mit Hilfe von Zeitreihenanalysen und Peer Group-Vergleichen auch extern einsetzt.

2.3. Erster Ausfluss: Meldewesen nach FinaRisikoV[128]

277 Hier liegt der wesentliche Unterschied zur Vergangenheit. Waren Institute bisher nur sehr eingeschränkt verpflichtet, über die ihrer Risikotragfähigkeitskonzeption zu Grunde liegenden Methoden und Verfahren zu berichten, so ist zukünftig gegenüber der Aufsicht eine Transparenz dieser Methoden und Verfahren so umfänglich herzustellen, dass die Aufsicht ihre eigenen Berechnungen und Analysen anstellen kann.

278 Erstmals erhielt die Aufsicht in Deutschland hierzu in 2015/6 gemäß FinaRisikoV[129] standardisierte und umfassende Risikotragfähigkeitsinformationen sowohl quantitativer als auch qualitativer Art.[130] Im Ergebnis kann sich aus diesen Überlegungen der Aufsicht auch ein Zuschlag zum Eigenkapital ergeben.

279 Neu ist also, dass der SREP der Risikotragfähigkeitskonzeption eine deutlich erhöhte Außenwirkung verschafft und hieran aufsichtliche Maßnahmen geknüpft werden können. Institute sind aus diesem Grunde gut beraten, wenn sie die Außenwirkung ihrer internen Risikotragfähigkeitskonzeption kritisch hinterfragen.

---

123 Vgl. *SSM-Rahmenverordnung* (2014.04) sowie *SSM-Verordnung* (2013.10).
124 Vgl. *CRR* (2013).
125 Vgl. *CRD IV* (2013).
126 Vgl. *BRRD* (2014.05). Bank Recovery and Resolution Directive.
127 Vgl. *DGSD* (2014.04). Deposit Guarantee Scheme Directive.
128 Vgl. *Reuse* (2015.02), S. 41–43 sowie detailliert die Ausführungen in Kapitel B.III.
129 Vgl. *FinaRisikoV* (2014). Vgl. umfassend Kapitel B.III.
130 Festlegung des erstmaligen Stichtags für die Einreichung der Risikotragfähigkeitsinformationen gemäß FinaRisikoV am 31. Dezember 2015 (Einreichungsfrist sieben Wochen ab Stichtag) bzw. bei erhöhter Meldefrequenz am 30. Juni 2015 (Einreichung einmalig bis 30. November 2015 verlängert). Vgl. *BaFin* (2015.02).

2.4. Überführung von Säule 2-Anforderungen in Eigenkapitalzuschläge

Mit dem SREP verändert sich auch das Verhältnis der ersten beiden Baseler Säulen zueinander. Bisher fokussierte sich die Aufsichtsperspektive zur Ermittlung der Mindesteigenkapitalanforderungen gemäß CRR auf bestimmte Risiken an einem Stichtag (Säule 1). Der bankaufsichtliche Überprüfungsprozess (Säule 2) hingegen berücksichtigte die Institutssicht auf alle Risiken unter Berücksichtigung von Veränderungen der eigenen Geschäftstätigkeit und des Marktumfeldes in der Zukunft. Durch den SREP und der Möglichkeit aus gewonnenen Erkenntnissen der Säule 2 Eigenkapitalzuschläge zur Säule 1 zu ermitteln, erweitert sich der Blick der Aufsicht in Säule 1 auf alle Risikoarten und die Zukunft, wodurch die Säule 2 eine bisher nicht gekannte Außenwirkung erlangt. Der Umgang mit dieser Veränderung stellt eine nicht zu unterschätzende Herausforderung für die Institute dar. Ergänzend werden die risikoreduzierenden Diversifikationseffekte zwischen einzelnen Risikokategorien nicht berücksichtigt.[131]

Die rechtliche Grundlage für den Dialog zwischen Instituten und Aufsicht zu Fragen der Geschäftsorganisation und des Risikomanagements in Deutschland stellt weiterhin § 25a KWG dar. Die darin enthaltenen Anforderungen präzisiert die Aufsicht unter Berücksichtigung der Anforderungen der EBA-Leitlinien anhand der MaRisk. Zur Vorbereitung auf die anstehenden Veränderungen ist es erforderlich, dass sich Institute eingehend mit der durch den SREP entstehenden neue Transparenz befassen und sich damit auseinandersetzen, wie die Aufsicht die Risikotragfähigkeit ihres jeweiligen Hauses anhand der ihr nun zusätzlich zur Verfügung stehenden Informationen beurteilen wird. Zukünftig kommt es eben nicht nur auf die interne Sicht, sondern ganz wesentlich auch auf das externe Verständnis der neuen Transparenz an.

3. Aufbau und Umsetzung des bankaufsichtlichen Überprüfungs- und Bewertungsprozesses (SREP)

3.1. Grundlegender Aufbau der SREP

Am 19. Dezember 2014 hat die Europäische Bankenaufsicht (European Banking Authority – EBA) Leitlinien zu gemeinsamen Verfahren und Methoden

---

131 Zum Umgang mit Diversifikationen vgl. umfassend Kapitel D.VIII und E.III.

für den aufsichtlichen Überprüfungs- und Bewertungsprozess (sog. SREP-Leitlinien) veröffentlicht.[132]

283 Die EBA verfolgt in den SREP-Leitlinien einen Ansatz, der das auch weiterhin bestehende Proportionalitätsprinzip über eine Kategorisierung der Institute berücksichtigt. Darüber hinaus zeigen die SREP-Leitlinien einen Prozess, der sich in die Schritte Monitoring von Schlüsselindikatoren, spezielle Analysen mit einzelnen Bewertungen, die zwischen 1 (»kein erkennbares Risiko«) und 4 (»hochgradiges Risiko«) liegen, sowie eine Gesamtbewertung gliedert. Sofern erforderlich, können die zuständigen Behörden auf Grundlage der Bewertungen der einzelnen SREP-Elemente sowie der SREP-Gesamtbewertung aufsichtliche Sanktionsmaßnahmen ergreifen (Aufsichtsmaßnahmen, Frühinterventionsmaßnahmen), die in den SREP-Leitlinien beispielhaft, aber nicht abschließend, dargestellt werden.

284 Abbildung B – 5 visualisiert diese Anforderungen des SREP und erläutert diese.

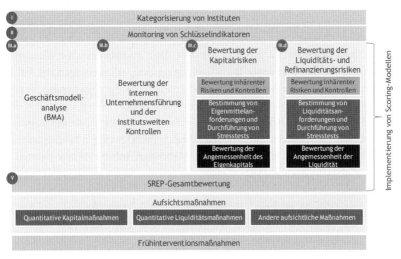

Abbildung B – 5: SREP – Übersicht über die Hauptbestandteile[133]

285 Zu den einzelnen Aspekten lassen sich folgende Beschreibungen anführen:

    I. Kategorisierung auf Grundlage von Institutsgröße, -struktur und interner Organisation sowie Art, Umfang und Komplexität der Ge-

---

132 Vgl. *EBA* (2014.12).
133 Vgl. *EBA* (2014.12), S. 13.

schäfte und systemischen Risikos des einzelnen Instituts zur Bestimmung der erforderlichen Überprüfungsintensität durch die Aufsicht.

II. Auswahl relevanter Schlüsselindikatoren unter Berücksichtigung von definierten Mindestindikatoren als zentrale Grundlage des bankaufsichtlichen Monitoring und Scoring.

III. Einzelanalysen und Scoring:

  a. Geschäftsmodellanalyse zur Bestimmung der Tragfähigkeit des Geschäftsmodells für einen Zeitraum von zwölf Monaten sowie der Nachhaltigkeit der Geschäftsstrategie über einen Prognosezeitraum von mindestens drei Jahren.

  b. Beurteilung der Angemessenheit der Vorkehrungen zur internen Unternehmensführung (Governance) sowie der Ausgestaltung des internen Kontrollsystems (IKS) im Hinblick auf das Risikoprofil, das Geschäftsmodell sowie Art, Umfang und Komplexitätsgrad der Geschäftstätigkeit (Dokumentation, Geschäfts- und Risikostrategie, ICAAP, ILAAP, Stresstesting etc.).

  c. Bewertung der Kapitalrisiken und der Angemessenheit des Eigenkapitals: Für jedes wesentliche Risiko (z. B. Kredit- u. Kontrahentenrisiko, Marktpreisrisiko, Operationelles Risiko, Zinsänderungsrisiko Bankbuch) haben die Aufsichtsbehörden eine Bewertung des inhärenten Risikos sowie der Qualität und Wirksamkeit von Risikomanagement (ICAAP) und Kontrollen (IKS) vorzunehmen.

  d. Bewertung der Liquiditäts- und Refinanzierungsrisiken und der Angemessenheit der Liquidität: Hierin werden mindestens die Punkte Bewertung des inhärenten Liquiditätsrisikos, inhärenten Refinanzierungsrisikos sowie des entsprechenden Risikomanagements betrachtet.

IV. SREP-Gesamtbewertung: Anhand der Scores für die einzelnen SREP-Elemente bildet die zuständige Aufsichtsbehörde einen ungewichteten Gesamtscorewert und vergibt -sofern notwendig- zusätzlich die Kategorie F (»failing or likely to fail« bzw. Ausfall)[134].

---

134 Vgl. *EBA* (2014.12), S. 17.

3.2. Geltungsbereich des SREP

286 Basis für die Anwendung der SREP-Leitlinien in Deutschland ist § 6b KWG, der im Rahmen des CRD IV-Umsetzungsgesetzes[135] zur Umsetzung von Art. 97 CRD IV[136] ins KWG aufgenommen wurde. Im engeren Sinn sind die SREP-Leitlinien der EBA[137] die Umsetzung des Art. 107 Abs. 3 CRD IV, d. h. die Definition von Vorgaben für die Aufsichtsbehörden der jeweiligen EU-Länder für gemeinsame Verfahren und Methoden für die aufsichtliche Überprüfung und Bewertung.

287 Für die Durchführung des SREP-Prozesses gemäß den SREP-Leitlinien[138] werden die Institute zunächst einer der vier folgenden Kategorien zugeordnet:

- **Kategorie 1** beinhaltet die global systemrelevanten Institute. Grundlage hierfür sind wiederum die Kriterien gemäß Art. 131 CRD IV[139], d. h. insbesondere solche mit einer Bilanzsumme von mehr als EUR 30,0 Mrd.[140] In gesonderten Fällen können die Behörden dieser Kategorie auch einzelne Institute zuordnen, sofern eine stärkere Überwachung für erforderlich gehalten wird.

- **Kategorie 2** beinhaltet die großen bis mittelgroßen Institute, die nicht unter den Geltungsbereich der Kategorie 1 zählen, die z. B. grenzüberschreitende Geschäfte tätigen und in mehreren Geschäftsbereichen tätig sind. Hierzu zählen auch spezialisierte Institute mit beträchtlichen Marktanteilen.

- **Kategorie 3** beinhaltet kleine bis mittlere Institute, die ihrerseits nicht in Kategorie 1 oder 2 einzuordnen, im Inland tätig sind und keine bedeutenden grenzüberschreitenden Tätigkeiten ausführen.

- **Kategorie 4** beinhaltet alle übrigen inländischen Institute, die keine komplexen Strukturen aufweisen.

288 Für die Kategorisierung ist primär das systemische Risiko für das Finanzsystem ausschlaggebend und keinerlei qualitative Bewertung des Instituts. Demnach sollte die Kategorisierung anhand aufsichtsrechtlicher Meldedaten erfolgen und die korrekte Kategorisierung regelmäßig bzw. anlassbezogen überprüft und ggf. angepasst werden.

289 In Deutschland wird der Großteil der Institute des Sparkassen- und Genossenschaftssektors den Kategorien 3 und 4 zugeordnet werden.

---

135 Vgl. *CRD IV Umsetzungsgesetz* (2013).
136 Vgl. *CRD IV* (2013).
137 European Banking Authority.
138 Vgl. *EBA* (2014.12), S. 13.
139 Vgl. *CRD IV* (2013).
140 Vgl. Kriterien gemäß *CRD IV* (2013), Art. 131. EUR = Euro.

Entsprechend des Proportionalitätsprinzips ergibt sich auf Basis des potentiellen Einflusses des Instituts auf das Finanzsystem und seinem Risikogehalt eine unterschiedliche Frequenz und Intensität der aufsichtlichen Bewertung durch die Aufsicht. Es besteht somit eine unmittelbare Verbindung zwischen der Risikobewertung des Kreditinstituts einerseits und dem Umfang aufsichtlichen Handelns andererseits.

Die Intensität bezieht sich insbesondere auf die folgenden drei Punkte:

- Überwachung der Schlüsselindikatoren
- Bewertung aller einzelnen SREP-Elemente
- Zusammenfassung zur SREP-Gesamtbewertung.

Die jeweilige Kategorisierung bestimmt die Intensität der Prüfung der genannten Punkte. Abbildung B – 6 verdeutlicht dies.

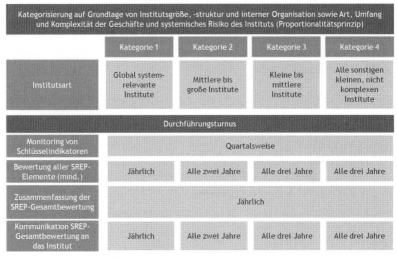

Abbildung B – 6:   *Anwendung des SREP auf die verschiedenen Kategorien*[141]

Die Übersicht macht deutlich, dass die Institute grundlegend den gleichen Überwachungsprozessen unterliegen, der primäre Unterschied ist die Mindesthäufigkeit der Bewertung aller SREP-Elemente sowie das Mindestmaß an Kommunikation/Dialog mit den Leitungsorganen des Instituts. Zum Zweck der Verhältnismäßigkeit jedoch, sind die Behörden dazu angehalten die Durchführung der SREP-Anwendungen nicht für alle Institute in gleichem

---

141   Eigene Darstellung in Anlehnung an *EBA* (2014.12), S. 13 und 23.

REGULATORISCHE RAHMENBEDINGUNGEN

Maße auszuüben. Nach Berücksichtigung der Kategorisierung ist auch die Größe, Art, das Geschäftsmodell sowie die Komplexität des Instituts bei der Prüfung zu berücksichtigen und ggf. sind weitere Abstufungen in der Intensität der Überprüfung vorzunehmen.

294 Infolge eines schlechten SREP-Gesamtscores auf Grundlage der Ergebnisse früherer Bewertungen von SREP-Elementen steht den Behörden frei eine individuelle Anpassung der Überwachung einzelner Institute vorzunehmen, unabhängig von deren ursprünglicher Kategorisierung.[142]

3.3. Würdigung der Anforderungen

295 Mit der Umsetzung des SREP-Prozesses gewinnen alle Institute zunächst einmal eine bisher nicht gekannte Transparenz. Die Aufsicht hat sich für den Umgang mit der Vielzahl an zusätzlichen Informationen nicht nur einen strukturierten Prozess gegeben, wie sie mit den neuen Möglichkeiten umgehen möchte, sie hat diesen Prozess auch in den Leitlinien offengelegt. Hintergrund dieser neuen Transparenz ist sicherlich auch, dass mit Hilfe dieses Prozesses Entscheidungen abgeleitet werden können, die letztlich auch in rechtlich wirksamen Aufsichtsmaßnahmen münden.

296 Im Vergleich zur Vergangenheit, in der die Aufsicht bei ihrer Arbeit auf deutlich weniger Informationen aus dem Meldewesen, den Berichten der Jahresabschluss- und/oder Sonderprüfer, der Korrespondenz und den jährlichen Aufsichtsgesprächen beschränkt war, ist dies eine große Veränderung.

3.4. Datengenerierung: Modernisierung Meldewesen und kennzahlenbasierte Aufsichtsfunktion

297 Grundlage des SREP bilden die der Aufsicht zur Verfügung stehenden Informationen. So sehr in der Vergangenheit die Aufsicht entweder über das Fehlen von Informationen oder über die fehlende Homogenität der Informationen zwischen den Mitgliedstaaten der EU geklagt hat, so sehr klagt jetzt der gesamte Bankensektor über den Datenhunger der Aufsicht. Der neue Ansatz des einheitlichen Aufsichtsmechanismus in Europa basiert auf der Analyse und dem Vergleich von Schlüsselindikatoren durch die Aufsicht. Die Voraussetzung für diesen Ansatz wurden durch die Umsetzung der europaweit ein-

---

142 Vgl. *EBA* (2014.12), S. 24.

heitlichen Vorgaben der CRR zur Eigenkapital- und Liquiditätsausstattung (COREP, LCR/NSFR) geschaffen.[143]

Ergänzt werden diese Anforderungen durch die im Modernisierten Meldewesen zu erfassenden unterjährigen Finanzinformationen (FINREP sowie in Deutschland zusätzlich FinaRisikoV) sowie den ebenfalls umzusetzenden Grundsätzen für die effektive Aggregation von Risikodaten und die Risikoberichterstattung des Baseler Ausschusses (BCBS 239)[144], die im Rahmen der Überarbeitung der MaRisk in nationale Vorgaben zur Flexibilität der Risikodatenaggregation umgesetzt werden sollen. Darüber hinaus trifft alle Institute die geplante Einführung des einheitlichen, hochgranularen zentralen Kreditregisters, sog. AnaCredit[145], welches die institutsindividuelle Einordnung des Adressausfallsrisikos bzw. der Risikokonzentrationen durch die Aufsichtsbehörden wesentlich erleichtern soll.

Die zusätzliche Transparenz zu diesen bisher im Meldewesen entweder noch nicht erfassten (z. B. NSFR, Leverage Ratio,), erweiterten (z. B. COREP, LCR) bzw. ergänzenden internen Informationen (z. B. FINREP, FinaRisikoV-Bericht zur Risikotragfähigkeit,) eröffnet den Aufsichtsbehörden auf der einen Seite neue Möglichkeiten und stellt auf der anderen Seite für die Institute eine Herausforderung dar. Unterjährige im Meldewesen weitergegebene Finanzdaten sind sowohl zur internen als auch zu einer bankaufsichtlichen Ableitung betriebswirtschaftlicher Kennzahlen (z. B. Cost-Income-Ratio – CIR, Return-on-Equity – RoE), der analytischen Bewertung individueller Geschäftsmodelle als auch für Zeitreihenanalysen und Quervergleiche im Rahmen eines Benchmarking verwendbar. Auch eine Konsistenzanalyse (»Überleitungsrechnung«) zwischen den regulatorischen Kapitalanforderungen (CRR – Säule 1) und der internen Risikoberichterstattung (ICAAP – Säule 2) wird durch die Vorgehensweise ermöglicht. Darüber hinaus können die Aufsichtsbehörden, gezielt, bewusst und auf Grundlage von sogenannten »Peer Group-Analysen« aufsichtliche Sanktionsmaßnahmen anordnen bzw. begründen.

Umso wichtiger ist es daher für die Institute, die Konsistenz der bereitgestellten Informationen stets sicherzustellen, um Fehler oder Unterschiede zwischen verschiedenen Meldungen zu vermeiden, da solche zu weiteren Fragestellungen und ergänzenden Informationsanforderungen der Aufsicht führen und den Instituten zusätzlichen Personal- und Sachaufwand bringen. Helfen kann hier z. B. die Schaffung einer zentralen Stelle im Institut, welche die

---

143 Vgl. *CRR* (2013).
144 Vgl. *Baseler Ausschuss für Bankenaufsicht* (2013.01). Umfassend diskutiert in *Reuse* (2015.06).
145 Vgl. *ECB* (2015.11).

Qualitätssicherung vor Meldung oder Versand vornimmt. Diese sollte ebenfalls in externe Prüfungen eingebunden sein. Denkbar ist eine solche Stelle im Umfeld des Risikocontrollings bzw. in einer Stabsabteilung.

4. Auswirkungen des SREP auf die Institute

4.1. Ziele und Grenzen des SREP

301 Die in den einzelnen Instituten durchaus sehr unterschiedliche Zusammensetzung des vorhandenen Gesamtrisikoprofils bzw. des zur Abdeckung dieser Risiken verfügbaren internen Risikodeckungspotenzials wurde in der bisherigen bankaufsichtlichen Überprüfungspraxis erfasst, indem die Institute im Rahmen der vorhandenen Methodenfreiheit ihre wesentlichen Risiken in einer zukunftsorientierten Gesamtbetrachtung selbst zu identifizieren, mit geeigneten Methoden zu quantifizieren und mit ausreichend internem Kapital zu unterlegen hatten (ICAAP). Berührungspunkte zur Aufsicht beschränkten sich auf die ggf. von den Instituten der Aufsicht auf individuelle Aufforderung einzureichenden internen Risiko- oder ICAAP-Berichte der Institute, die als solche auch Gegenstand der jährlichen Aufsichtsgespräche sein konnten.

302 Als Folge der Methodenfreiheit unterschieden sich die ICAAP-Berichte in der Vergangenheit sehr deutlich. Ihre Bedeutung wurde deshalb im bisherigen bankaufsichtlichen Überprüfungsprozess (Supervisory Review Process – SRP)[146] deutlich von den gewonnenen Erkenntnissen aus der Säule 1 zur Eigenkapitalausstattung sowie den Informationen zur Rechnungslegung überlagert.

303 Die Vorgaben der SREP-Leitlinien sollen das vorhandene Dilemma zwischen besserer Vergleichbarkeit und den Möglichkeiten des aufsichtlichen Benchmarking (Regulatorische Risikotragfähigkeit, Säule 1) einerseits und der höheren Aussagekraft einer ökonomischen Sichtweise der Risikotragfähigkeit (ICAAP, Säule 2) andererseits auflösen.

304 Die zentrale Zielsetzung bei der Bewertung der Kapitalrisiken im Rahmen des SREP ist es, eine weitestgehend einheitliche und somit auch zwischen Instituten einer Peer Group vergleichbare sowie auch für Benchmarking und Scoring geeignete bankaufsichtliche Überprüfungsmethodik umzusetzen.

305 Die Prüfungsmethodik im SREP schränkt die bisher für die Institute vorhandene Methodenfreiheit der MaRisk grundsätzlich nicht ein, beinhaltet aber

---

146 Vgl. *BaFin/Deutsche Bundesbank* (2009.08).

zumindest indirekt die Vergleichbarkeit der Wertigkeit der Methoden mit Unternehmen der Peer Group.

Dadurch kann sich im Einzelfall auch eine von Instituten als solches wahrgenommene Verschärfung der Anforderungen ergeben. Dort, wo nämlich das Institut ein Risiko in einer Art und Weise betrachtet, die gegenüber der Betrachtung der direkten Mitbewerber nach Ansicht der Aufsicht in einem speziellen Punkt unterlegen ist, kann sich durch den Peer Group-Vergleich die Pflicht zur Umstellung und damit eine Einschränkung der Methodenfreiheit ergeben. 306

Um das im Rahmen des ICAAP auf Basis der Methodenfreiheit durch die Institute selbst zu bestimmende Gesamtrisikoprofil für die Aufsichtsbehörden vergleichbar zu machen, verknüpfen die Vorgaben der SREP-Leitlinien die Säule 1 mit weiteren aufsichtlichen Vorgaben, die in Deutschland in den MaRisk als Mindestanforderung kodifiziert sind. 307

Analog zu den Anforderungen der MaRisk erheben aber auch die Vorgaben der SREP-Leitlinien keinen Anspruch auf vollständige Beschreibung aller vorhandenen Risikopotenziale innerhalb des Gesamtrisikoprofils eines Instituts. Das heißt, dass Institute auch weiterhin verpflichtet sind, einen offenen Prozess zur Identifizierung und Analyse ihrer Risiken vorzuhalten. 308

Unabhängig davon bieten die in den SREP-Leitlinien beschriebenen Anforderungen zum Risikomanagement der als wesentlich eingestuften Kapitalrisiken (»inhärenten Risiken«), eine Orientierung hinsichtlich der sachgerechten Ausgestaltung einer individuellen Risikotragfähigkeitskonzeption. 309

Neben den organisatorischen Vorkehrungen ist auch eine sachgerechte Abbildung des Gesamtrisikoprofils im Meldewesen (FINREP und FinaRisikoV) und im Kapitalplanungsprozess (MaRisk AT 4.1 Tz. 9) unerlässlich. 310

Im Rahmen ihrer Einschätzung sind die Institute bei der Ermittlung von Risikokategorien an die Art der Risikoposition gebunden und nicht an den Aspekt, ob die Risikoposition nach der regulatorischen Risikodefinition der CRR[147] als Komponente des Kredit-, Markt- oder operationellen Risikos definiert ist. 311

Analog zu den MaRisk können die Institute weiterhin eine ihrer Risikoinventur ihres Gesamtrisikoprofils entsprechende, aber zu den SREP-Leitlinien abweichende Aufschlüsselung wählen, wenn die Bewertung aller wesentlichen Risiken gewährleistet und dieses nachvollziehbar dokumentiert ist. 312

---

[147] Vgl. *CRR* (2013).

REGULATORISCHE RAHMENBEDINGUNGEN

313 Zur Einordnung der durch das Institut als wesentlich identifizierten Kapitalrisiken werden die Aufsichtsbehörden alle verfügbaren Informationsquellen nutzen, die ihnen zur Verfügung stehen. Verwendbar sind regelmäßig verfügbare Informationen des Meldewesens (FinaRisikoV), durch das Institut zur Verfügung gestellte Ad-hoc-Informationen (z. B. im Rahmen der im Mai 2015 erfolgten Umfrage von Bundesbank und BaFin zur Lage deutscher Kreditinstitute im Niedrigzinsumfeld) oder auch interne Kennzahlen und Reportings der Institute wie z. B. interne Revisionsberichte, Risikoberichte, Berichte von Sonderprüfungen durch die Aufsicht oder von ihr beauftragte Wirtschaftsprüfer sowie die externe Berichterstattung für Investoren oder Ratingagenturen.

314 Die aufsichtliche Bewertung erfolgt weiterhin institutsspezifisch, die Behörden können zur Analyse potenzieller einzelner Kapitalrisikopositionen (getrennt pro Risikoart) auch auf Vergleiche mit anderen Instituten der zugeordneten Peer-Group zurückgreifen.[148]

315 Die zuständigen Behörden werden bei der Bewertung der vorhandenen wesentlichen Risiken auch bewerten, ob die Berechnungen der Mindesteigenmittelanforderungen (regulatorischer Kapitalbedarf) den Vorgaben der CRR entsprechen, damit Situationen erkannt werden können, in denen die Berechnungen der Mindesteigenmittel das vorhandene Risikoniveau unterschätzt.

316 Nach den Vorgaben des AT 4.1 Tz. 9 der MaRisk müssen Institute über einen zukunftsgerichteten Kapitalplanungsprozess verfügen. Diese Anforderungen der MaRisk sind in erster Linie auf die Analyse der zukünftig verfügbaren internen Kapitalausstattung (Risikodeckungspotenzial) ausgerichtet. Die Anforderungen der SREP-Leitlinien konkretisieren diese Sichtweise insofern, als sie eine explizite Analyse des regulatorischen und internen Kapitalbedarfes fordern (**Säule 1+-Ansatz**).

4.2. Wesentliche Risiken

4.2.1. Bewertung des Kredit- und Kontrahentenrisikos

317 Die MaRisk sehen für Adressausfallrisiken vor, das das Institut durch geeignete Maßnahmen sicherzustellen hat, dass Adressausfallrisiken und damit verbundene Risikokonzentrationen unter Berücksichtigung der Risikotragfähigkeit begrenzt werden können. Im Sinne der gegebenen Methodenfreiheit der MaRisk war es ausreichend, die Ausgestaltung/Eignung dieser Maßnahmen (Riskomessmethodik, Limitierung, Risikoparametrisierung) sachgerecht zu

---

148 Vgl. *EBA* (2014.12), S. 26.

dokumentieren und die Eignung über ein modellbezogenes Backtesting nachzuweisen.[149]

Die SREP-Leitlinien konkretisieren diese Anforderungen nunmehr insoweit, als in die Bewertung des Kreditrisikos alle Komponenten einzubeziehen sind, die ausschlaggebend für potenzielle Kreditverluste sein können; hierzu zählen insbesondere die Wahrscheinlichkeit, dass ein Kreditereignis (d. h. ein Kreditausfall) oder korrelierte Kreditereignisse eintreten, die vornehmlich Kreditnehmer und ihre Fähigkeit zur Rückzahlung der betreffenden Verbindlichkeiten betreffen, sowie die Höhe der einem Kreditrisiko unterliegenden Forderungen und die Erlösquote der Kreditrisikopositionen bei einem Ausfall des Kreditnehmers. 318

Die Vorgaben der MaRisk werden hierdurch insofern erweitert, als die Quantifizierung der Adressausfallrisiken (z. B. mit Kreditportfoliomodellen) zukünftig auch im Rahmen der Risikotragfähigkeitsbetrachtung sämtliche definierte Risikoparameter (wie z. B. auch Forbearance) einzubeziehen hat. 319

Auf Basis der Vorgaben der SREP-Leitlinien ist es somit erforderlich, die internen und regulatorischen Kapitalanforderungen miteinander abzugleichen (z. B. zur Validierung verwendeter Ausfallraten). Wenn im Rahmen der regulatorischen Berichterstattung (Meldewesen für die Säule 1) Informationen zum Kreditportfolio gemeldet werden (z. B. Umfang des notleidendes Geschäft, Forbearance etc.), so sind diese Informationen gleichermaßen auch im Rahmen der internen Risikosteuerung sachgerecht zu berücksichtigen (z. B. zur Bestimmung des expected loss – EL). Hierzu zählen auch die Identifizierung und Bewertung der wichtigsten Risikotreiber der bestehenden Kreditrisikoposition (z. B. die Zusammensetzung des Gesamtportfolios, Verhältnis von Kunden- und Eigengeschäft, vorhandene Risikokonzentrationen). 320

Ob diese Anforderungen angemessen umgesetzt werden, lässt sich für die Aufsichtsbehörden über die im Rahmen des Meldewesens verfügbare interne Berichterstattung (FINREP -sowie national- FinaRisikoV für die Säule 2) nachvollziehen. 321

Nach den Vorgaben der SREP-Leitlinien ist es für das Adressausfallrisiko nicht mehr ausreichend, lediglich die Funktionsweise des internen Risikomodells über ein Backtesting und eine sachgerechte Dokumentation nachzuweisen. Da die Ergebnisse der »internen Risikomessmethodik« zu einer Unterschätzung des vorhandenen Adressausfallrisikos führen könnten, fordern die 322

---

149 Vgl. *BaFin* (2012.12c), BTR 1 Adressenausfallrisiken, S. 50.

SREP-Leitlinien eine separate Analyse der vorhandenen Modellrisiken, d. h. dem Risiko einer Unterschreitung der Eigenmittelanforderung durch die verwendeten, genehmigungspflichtigen Modelle, und sehen bei einem Bedarf die Anordnung von aufsichtlichen Sanktionen zur Abdeckung dieses Risikos vor.[150]

323 Das Risikomessverfahren sollte auch die Quantifizierung ermöglichen, inwieweit sich ein ermitteltes Adressausfallrisiko im zeitlichen Verlauf verschlechtern kann (**Migrationsrisiko**). Auch sollten die Ergebnisse der Risikomessung im Sinne einer Überleitungsrechnung mit den Informationen der regulatorischen Berichterstattung (Meldewesen) abgleichbar sein.

324 Die Analyse des aktuellen Kreditportfoliorisikos sollte die Kreditrisikostrategie eines Instituts im Ergebnis wiederspiegeln. In diesem Zusammenhang sollten die Institute einschätzen können, inwiefern die unter normalen Umständen sowie unter Stressbedingungen erwarteten makroökonomischen Entwicklungen sich auf die Risikomessung bzw. die Risikotragfähigkeit auswirken.

4.2.2. Bewertung des Marktpreisrisikos

325 Die MaRisk unterscheiden die Vorgaben zum Marktpreisrisiko in Allgemeine Anforderungen, Marktpreisrisiken des Handelsbuches und Marktpreisrisiken des Anlagebuches (einschließlich Zinsänderungsrisiken).[151] Hinsichtlich der Vorgaben zur Risikomessung des Zinsänderungsrisikos im Anlagebuch geben die aktuell gültigen MaRisk bisher lediglich vor, dass die Verfahren zur Beurteilung der Zinsänderungsrisiken, die vom Institut selbst zu entwickeln sind, die wesentlichen Ausprägungen des Zinsänderungsrisikos erfassen müssen.[152] Die SREP-Leitlinien i. V. m. den EBA-Leitlinien zur Steuerung des Zinsänderungsrisikos bei Geschäften des Anlagebuchs (Interest Rate Risk in the Banking Book – IRRBB-Leitlinien)[153] erweitern diese Anforderungen insofern, als es nicht mehr dem Institut überlassen bleibt, auf welchem Wege (»wertorientiert *oder* periodisch«) es das Zinsänderungsrisiko im Anlagebuch misst. Die ab 2016 anzuwendenden IRRBB-Leitlinien geben den Instituten vor, dass sie ihr Zinsänderungsrisiko zwingend wertorientiert *und* ertragsorientiert (periodisch) zu bewerten haben.

---

150 Vgl. *EBA* (2014.12), S. 94.
151 Vgl. *BaFin* (2012.12c), BTR 2.
152 Vgl. *BaFin* (2012.12c), Tz. 5.
153 Vgl. *EBA* (2015.10).

Im Rahmen der aktuellen Konsultation zur Fortentwicklung der MaRisk wird konkretisiert, dass eines der beiden Verfahren als primär steuerungsrelevant zu definieren ist, aber die Auswirkungen der jeweils anderen Steuerungsperspektive ebenfalls angemessen zu berücksichtigen ist. Bei Zinsänderungsrisiken im bedeutenden Umfang ist diesen im Rahmen der Risikosteuerungs- und -controllingprozesse sowie bei der Beurteilung der Risikotragfähigkeit Rechnung zu tragen.[154]

326

Es ist zu erwarten, dass auch für das Zinsänderungsrisiko im Anlagebuch zukünftig regulatorische Kapitalanforderungen der Säule 1 zu berücksichtigen sind. Folgerichtig wird das Zinsänderungsrisiko im Anlagebuch in den IRRBB-Leitlinien daher bereits heute als separate, eigene Risikokategorie behandelt.[155] Entsprechende Diskussionen wurden in 2016 bereits im Fachgremium IRRBB der BaFin und der Bundesbank gemeinsam mit Vertretern der Institute und Verbände geführt.[156]

327

Die Risikomessung der sonstigen Marktpreisrisiken hat unverändert alle Risikopositionen zu umfassen, die aus zinsorientierten Instrumenten und deren Kursrisiken sowie durch Eigenkapital- und eigenkapitalbezogene Instrumente im aufsichtsrechtlichen Handelsbuch entstehen. Darüber hinaus ist nach den Vorgaben der SREP-Leitlinien das Credit-Spread-Risiko aus zum beizulegenden Zeitwert zu bewertenden Positionen sowie (neu) das Beteiligungsrisiko als Unterkategorie des Marktrisikos zu berücksichtigen.

328

4.2.3. Bewertung des Operationellen Risikos

Bisher sehen die MaRisk für die operationellen Risiken vor, dass die Institute den operationellen Risiken durch angemessene Maßnahmen Rechnung zu tragen haben.[157]

329

Die Bedeutung des operationellen Risikos (z. B. durch Rechtsrisiken) hat in der jüngeren Vergangenheit deutlich zugenommen. Darüber hinaus unterliegt auch das operationelle Risiko einer regulatorischen Kapitalanforderung und erfordert nach den Vorgaben der SREP-Leitlinien eine Überleitungsrechnung zwischen regulatorischem und vorhandenem internen Kapitalbedarf.

330

Gemäß den SREP-Leitlinien haben die Institute ihr operationelles Risiko sowohl auf der Gesamtbankebene, als auch für einzelne Geschäftsfelder und

331

---

154 Vgl. BaFin (2016.02b), S. 64.
155 Vgl. *EBA* (2015.10).
156 Vgl. *Fachgremium Zinsänderungsrisiko im Anlagebuch* (2016), S. 1.
157 Vgl. *BaFin* (2012.12c), BTR 4.

REGULATORISCHE RAHMENBEDINGUNGEN

Geschäftstätigkeiten zu bewerten und im Zusammenhang mit Regelungen zur internen Governance und den institutsweiten Kontrollen zu analysieren. Auch sollte eine Analyse der vorhandenen operationellen Risiken im Rahmen der Risikoinventur untersuchen, wie sich das operationelle Risiko im Institut auswirken kann (wirtschaftliche Verluste, Beinahe-Verluste, Verlust künftiger Erträge, Gewinne).

332 Das operationelle Risiko der Institute umfasst nach den Vorgaben der SREP-Leitlinien auch das Reputationsrisiko, d. h. das bestehende und zukünftige Risiko in Bezug auf die Erträge, die Eigenmittel oder die Liquidität infolge der Schädigung des Rufs des Instituts, sowie -soweit vorhanden- ein Modellrisiko. Das Modellrisiko wird im SREP in zwei möglichen Ausprägungen durch die Aufsichtsbehörden unterteilt. Zum einen besteht ein Modellrisiko als Risiko einer Unterschätzung der Eigenmittelanforderungen durch genehmigungspflichtige Modelle (z. B. auf internen Beurteilungen basierende Modelle zur Bewertung des Kreditrisikos) und zum anderen als Risiko von Verlusten, die durch vom Institut entwickelte, umgesetzte oder nicht korrekt verwendete andere (interne) Modelle für Entscheidungsprozesse (z. B. Bewertung von Finanzinstrumenten, Überwachung des Risikolimits) herbeigeführt werden können. In Bezug auf eine mögliche Unterschätzung der regulatorischen Eigenmittelanforderungen ist das Modellrisiko ein unmittelbarer Teil der aufsichtlichen Bewertung spezifischer Kapitalrisiken und insofern für das jeweilige Risiko ergänzend in die Bewertung einzubeziehen. In Bezug auf modellbasierte (interne) Risikomessverfahren ist ein wesentliches Modellrisiko als separate Risikokategorie im Rahmen der Bewertung des operationellen Risikos zu berücksichtigen.

333 Nach den Vorgaben der SREP-Leitlinien ist auch die Art der operationellen Risiken durch die Institute im ICAAP zu differenzieren. Es ist zwischen Risiken, die zu Ereignissen mit höherer Eintrittswahrscheinlichkeit und geringerer Auswirkung (»High Frequency/Low Impact«) führen, und Risiken, die Ereignisse mit einer geringeren Eintrittswahrscheinlichkeit und schwerwiegenderen Verlusten (»Low Frequency/High Severity«) verursachen, zu unterscheiden.

334 Die Institute sollten den vorhandenen Rahmen und ihre individuellen Regelungen einschätzen, die speziell zur Steuerung und Überwachung des operationellen Risikos als eigene Risikokategorie vorhanden sind. Hierbei sollten sie auch – sofern vorhanden – die Ergebnisse der Geschäftsmodellanalyse, des allgemeinen Risikomanagements und des internen Kontrollrahmens einbezie-

hen en, da diese Elemente unmittelbaren Einfluss auf die Höhe des operationellen Risikos haben.

4.3. Notwendigkeit der Geschäftsmodellanalyse bis in die Teilbereiche des Instituts

Die Institute sehen sich mit Herausforderungen konfrontiert, trotz erhöhter aufsichtlicher Anforderungen insbesondere an die Eigenmittel- und Liquiditätsausstattung sowie den nach wie vor schwierigen gesamtwirtschaftlichen Bedingungen (z. B. das niedrige Zinsniveau, die noch nicht überstandenen Auswirkungen der Finanzkrise) nachhaltige Ergebnisse im zinstragenden oder sonstigen Geschäft zu erwirtschaften und Risikokosten zu minimieren. Diese Herausforderung gewinnt vor dem Hintergrund des Markteintritts innovativer Start Up-Unternehmen der sog. FinTech-Branche, die neue oder weiterentwickelte Technologien im Bereich der Finanzdienstleistungen anbieten. nochmals an Bedeutung. Die Institute müssen sich daher darauf einstellen, dass ihre Geschäftsmodelle zur Verhinderung von Krisen künftig eine stärkere Rolle spielen werden und das Ergebnis der Geschäftsmodellanalyse im SREP auch aufsichtliche Maßnahmen (wie z. B. individuelle Kapitalzuschläge oder zusätzliche Liquiditätspuffer) nach sich ziehen kann. 335

Die Geschäftsmodellanalyse durch die Aufsicht hat das Ziel, Geschäfts- und strategische Risiken der einzelnen Institute vor diesem Hintergrund dezidiert zu bewerten. Ausweislich der SREP-Leitlinien ist jedoch zu beachten, dass einerseits die Verantwortung für die Führung und Organisation des Geschäfts bei der Geschäftsleitung liegt und andererseits keine Priorisierung bestimmter Geschäftsmodelle erfolgen darf.[158] Dieses gilt auch vor dem Hintergrund, dass eine Einheitlichkeit von Geschäftsmodellen innerhalb eines Landes oder gar innerhalb der EU in bestimmten Marktsituationen zu Krisen führen kann, die mit den SREP-Leitlinien gerade verhindert werden sollen. 336

Bewertet werden soll mit Hilfe der Geschäftsmodellanalyse zum einen die **Tragfähigkeit** des bestehenden Geschäftsmodells im Hinblick auf die Eignung, in den zwölf Folgemonaten eine akzeptable Rendite zu erwirtschaften. Zum anderen wird die **Nachhaltigkeit** der institutsindividuellen Strategie zur Erzielung einer solchen Rendite -basierend auf strategischen Plänen und finanziellen Prognosen und Annahmen- über einen Zeitraum von drei Folgejahren beurteilt.[159] 337

---

158 Vgl. *EBA* (2014.12), S. 27.
159 Vgl. *EBA* (2014.12), S. 27.

338 Die SREP-Leitlinien nennen beispielhaft einige quantitative und qualitative Informationen, die die Aufsicht als Basis für ihre Analyse heranziehen soll. Hierzu zählen neben Informationen, die der Aufsicht ohnehin vorliegen (z. B. zur Rechnungslegung, Prüfungsberichte, Meldewesen, Sanierungs- und Abwicklungspläne), auch bankinterne Informationen (z. B. internes (Risiko-) Berichtswesen). Daneben sind auch Studien und Untersuchungen von Organisationen heranzuziehen (z. B. IWF[160], europäische Institutionen).[161]

339 In einem ersten Schritt sind die Haupttätigkeiten, geografischen Regionen und die Marktposition des Instituts kurz zu analysieren. Hierbei sind die auch wichtigsten Geschäftsfelder und Produktlinien anhand ihres Anteils an Gesamteinnahmen/-kosten oder Bilanzsumme bzw. Gesamtrisikobetrag sowie der Marktposition zu ermitteln.[162] Auf dieser Basis soll auch eine spezielle **Peer Group** ermittelt werden, anhand derer die Aufsicht ihre weiteren (vergleichenden) Analysen vornimmt.[163]

340 Hiernach legt die Aufsicht die institutsindividuellen Schwerpunktbereiche (z. B. einzelne Geschäftsfelder) fest. Diese Festlegung beruht neben der Wesentlichkeit bzw. Bedeutung der vom Institut betriebenen Geschäftsfelder auch auf früheren Aufsichtsergebnissen sowie auf Ergebnissen thematischer aufsichtlicher Überprüfungen, z. B. aus sektorweiten Analysen, die zusätzliche institutsspezifische Detailanalysen erfordern.[164]

341 Eine umfangreiche Bewertung des **Geschäftsumfelds** des Instituts schließt sich hieran an. Dazu sind die gegenwärtigen und zukünftigen Geschäftsbedingungen zu betrachten, unter denen ein Institut aufgrund seines wesentlichen geografischen oder geschäftlichen Engagements tätig ist. Dabei sollen makroökonomische und Markttrends z. B. technologischer, gesellschaftlicher und demografischer Art ebenso wie strategische Absichten der Peer Group identifiziert werden.[165]

342 Des Weiteren hat die Aufsicht das aktuelle **Geschäftsmodell** des Instituts mit Hilfe von quantitativen und qualitativen Merkmale zu analysieren. In diesem Zusammenhang werden zum einen Kennzahlen zur Rentabilität (z. B. Nettozinsspanne, Cost-Income-Ratio), zur Finanzierungsstruktur (z. B. Kernkapitalquote) sowie zu (Asset- oder Ertrags-)Konzentrationen in Bezug auf Kun-

---

160 Internationaler Währungsfonds.
161 Vgl. *EBA* (2014.12), S. 28.
162 Vgl. *EBA* (2014.12), S. 28.
163 Vgl. *EBA* (2014.12), S. 29.
164 Vgl. *EBA* (2014.12), S. 30.
165 Vgl. *EBA* (2014.12), S. 30.

den, Sektoren und geografische Regionen untersucht. Hierbei ist auch ein Schwerpunkt auf die Identifizierung unprofitabler Geschäftsbereiche bzw. die Presigestaltung und Produktentwicklung zu legen. Von Interesse ist auch, wie sich diese Parameter in zurückliegenden Jahren entwickelt haben und inwiefern hieraus Zukunftstrends ableitbar sind. Die Aufsicht ist darüber hinaus aufgefordert, festzustellen, welche Risiken das Institut im Vergleich zu den übrigen Instituten der Peer Group zu übernehmen bereit ist (**Risikoappetit**), um sein Ergebnis zu steigern.[166] Hiermit soll u. a. eine Transparenz geschaffen werden, die der Aufsicht in bestimmten gegenläufigen Marktsituationen Handlungsoptionen ermöglicht.

Zu den zu untersuchenden qualitativen Merkmalen zählen insbesondere endogene und exogene Abhängigkeiten, die das Geschäftsmodell des Instituts beeinflussen können.[167] Hervorzuheben sind hier insbesondere regulatorische Bedingungen, die zwar grundsätzlich für alle Institute anwendbar sind, aber auf das eine oder andere Institut stärkere Auswirkungen haben können. Ebenso wesentlich ist das Verhalten der Marktteilnehmer, wozu auch Kunden, Vermittler, Lieferanten sowie sonstige Geschäftspartner (z. B. Outsourcing-Partner) zählen, sowie die eigene Wettbewerbsposition. Es sind aber auch Personalressourcen sowie die technisch-organisatorische Ausstattung des Instituts einzubeziehen.[168]

343

Für die Ermittlung der **zukünftigen Auswirkungen** hat die Aufsicht neben der Gesamtstrategie und die Finanzpläne sowie die diesen Plänen zugrundeliegenden Annahmen des Instituts insbesondere hinsichtlich Plausibilität und Konsistenz zu beurteilen.[169]

344

Im Anschluss an die eigentliche Geschäftsmodellanalyse muss die Aufsicht die wesentlichen **Schwachstellen** des Instituts und alle notwendige Maßnahmen identifizieren, die zur Bewältigung etwaiger Probleme oder Ausräumung von Bedenken erforderlich sind.[170]

345

Der Aufsicht steht eine Reihe von **Maßnahmen** zur Verfügung, die zur Anwendung kommen können. In den SREP-Leitlinien sind beispielhafte Maßnahmen aufgelistet, die vom Institut im Wesentlichen eine Anpassung seiner Risikomanagement- und Kontrollregelungen oder seiner Governance-Regelungen verlangen, um die Umsetzung des Geschäftsmodells und der Ge-

346

---

166 Vgl. *EBA* (2014.12), S. 31 bis 32.
167 Vgl. *EBA* (2014.12), S. 32.
168 Vgl. *EBA* (2014.12), S. 32.
169 Vgl. *EBA* (2014.12), S. 33.
170 Vgl. *EBA* (2014.12), S. 35.

schäftsstrategie zu fördern oder auch bestimmte Geschäftstätigkeiten einzuschränken. Hierbei kann es sich um detaillierte Vorgaben wie z. B. die Zuweisung finanzieller, personeller und technischer/IT-Ressourcen handeln.[171] Unbenommen davon bleiben Kapital- und/oder Liquiditätsmaßnahmen, die zusätzlich auferlegt werden können.

347 Die Ergebnisse der vorstehend dargestellten Analysen münden in die Bewertung der Tragfähigkeit des Geschäftsmodells sowie der Nachhaltigkeit der Strategie des Instituts mit einem zusammengefassten Scorewert von 1 bis 4.[172]

348 Zu beachten ist somit auch, dass ggf. jeder einzelne Geschäftsbereich von der Aufsicht im Einzelnen untersucht wird und vor diesem Hintergrund auch isoliert betrachtet tragfähig und nachhaltig im Sinne der SREP-Leitlinien sein muss bzw. anderenfalls z. B. mit zusätzlichen Eigenmitteln zu unterlegen ist. Hierbei kann die Definition von »Geschäftsbereich« auch bis auf einzelne Vertriebswege heruntergebrochen werden. Als Beispiel ist hier inbesondere der Sparkassensektor in Deutschland anzuführen, dessen Hauptzweck gerade nicht in der Erzielung von Gewinnen liegt, sondern als Leitmotiv die Gemeinwohlorientierung in der Region hat, in der die jeweilige Sparkasse ihren Sitz hat. Das kann dazu führen, dass Geschäftsbereich, die durch eine Wahrnehmung einer öffentlichen Aufgabe (z. B. Engagement in Kultur, Sport, Bildung, Umweltschutz u. ä.) in diesem Zusammenhang mit Eigenmittelzuschlägen belastet werden und es daher zunehmend zu Problemen mit ihrer Wettbewerbsposition kommen kann.

349 Institute sind gut beraten, ihr eigenes Geschäftsmodell selbst anhand der Vorgaben der SREP-Leitlinien zu analysieren, um zum einen -sofern erforderlich- bereits eigene Gegenmaßnahmen, z. B. die Anpassung ihrer Geschäfts- und Risikostrategie, zu ergreifen und zum anderen den Fragen der Aufsicht entsprechend vorbereitet entgegenzutreten. Bedeutende Institute, die bereits zum 31. Dezember 2013 einen **Sanierungsplan gemäß MaSan**[173] zu erstellen hatten, oder weniger bedeutende Institute, die von der BaFin zur Erstellung eines Sanierungsplans explizit aufgefordert wurden, haben insbesondere mit der in den MaSan geforderten sog. **Strategischen Analyse** entsprechende Vorarbeiten geleistet und bereits eine Dokumentation der Unternehmensstruktur, der Geschäftsaktivitäten und kritischen Funktionen sowie der inter-

---

171 Vgl. *EBA* (2014.12), S. 185–186.
172 Vgl. *EBA* (2014.12), S. 36.
173 Vgl. *BaFin* (2014.04) auf Basis von § 47a KWG -bis 31. Dezember 2014- bzw. -seit 1. Januar 2015- § 12 SAG. MaSan = Mindestanforderungen an die Ausgestaltung von Sanierungsplänen. SAG= Sanierungs- und Abwicklungsgesetz. Vgl. *SAG* (2015).

nen und externen Vernetzung erstellt. Aber auch die übrigen Institute sollten im Rahmen ihrer Risikoinventur gemäß den MaRisk und der Festlegung von wesentlichen Geschäftsbereichen und Risiken eine gewisse Vorarbeit geleistet haben, auf der aufgebaut werden kann.

4.4. Auswirkung des SREP-Kapitalbewertungsprozesses auf die Banksteuerung

Die zentrale Zielsetzung der SREP-Leitlinien ist es, die für die regulatorische Risikotragfähigkeit (Säule 1) bereits vorhandenen Möglichkeiten des meldewesenbasierten aufsichtlichen Benchmarkings auf die mit einer höheren Aussagekraft verbundenen Sichtweise der ökonomischen Risikotragfähigkeit (ICAAP, Säule 2) zu übertragen. 350

Der im Rahmen des SREP durch die Aufsichtsbehörden durchzuführende SREP-Kapitalbewertungsprozess setzt diese Anforderungen um, verwendet eine einheitliche (normierte) Datenbasis aus dem Meldewesen (FINREP bzw. FinaRisikoV) und berechtigt nach den Vorgaben der SREP-Leitlinien zur Anordnung bzw. Begründung zusätzlichen aufsichtlicher Kapitalanforderungen (sog. Total SREP Capital Requirement – TSCR). 351

Die nachfolgende Abbildung B – 7 stellt die Schritte des SREP-Kapitalbewertungsprozesses kurz dar. Daraufhin werden ausgewählte Prozessschritte näher erläutert. 352

REGULATORISCHE RAHMENBEDINGUNGEN

SREP-Kapitalbewertungsprozess

1. Bestimmung zusätzlicher Eigenmittelanforderungen
2. Abgleich mit zusätzlichen Kapitalpuffern (ab 2016) und weiteren makroprudenziellen Anforderungen
3. Bestimmung und Bekanntgabe der gesamten SREP-Kapitalanforderungen (TSCR) und der Gesamtkapitalanforderung (OCR)
4. Bewertung des Risikos übermäßiger Verschuldung (Leverage Ratio, auch zur Peer Group)
   - Evaluation der Auswirkungen aktueller oder erwarteter Verluste
   - Berücksichtigung verschiedener Auswirkungen potentieller Stressereignisse
   - Berücksichtigung institutsindividueller Besonderheiten mit Auswirkungen auf die Leverage Ratio
5. Bewertung der Erfüllung von OCR und TSCR im Konjunkturverlauf
   - Auswirkungen von Basis- bzw. adversen Szenarien auf die verfügbaren Eigenmittel
   - Angemessenheit der Abdeckung der Kapitalanforderungen bzw. weiterer Zielkennziffern
6. Zusammenfassung bzw. Bestimmung des Score für die Kapitalausstattung

Abbildung B – 7:   *Vorgehensweise/Aufbau SREP – Kapitalbewertungsprozess*[174]

4.4.1. Bestimmung zusätzlicher Eigenmittelanforderungen

353   Innerhalb des SREP-Kapitalbewertungsprozesses erfolgt in einem ersten Schritt die Einschätzung, ob die im Institut vorhandene Kapitalausstattung bzw. das für den ICAAP verwendbare Risikodeckungspotenzial das vorhandene Gesamtrisikoprofil solide abdeckt. Grundlage für den SREP-Kapitalbewertungsprozess sind die aus dem Meldewesen generierten Schlüsselindikatoren und das Risikoverständnis der Aufsicht aus der Geschäftsmodellanalyse, der Beurteilung der Angemessenheit der Vorkehrungen zur internen Unternehmensführung einschließlich der Ausgestaltung des IKS und der Bewertung der Kapitalrisiken. Zusätzliche Eigenmittelanforderungen ergeben sich für ein Institut dann, wenn aus der (subjektiven) Sicht der Aufsichtsbehörden innerhalb der internen Risikotragfähigkeit potenziell vorhandene unerwartete Verluste nicht angemessen berücksichtigt sind.

354   Zur Bestimmung dieser nicht abgedeckten unerwarteten Verluste kann sowohl das individuelle Gesamtrisikoprofil (FinaRisikoV, ICAAP) als auch das Ergebnis aus einem Peer Group-Vergleich (Benchmarking) herangezogen werden. Entsprechend empfiehlt es sich, die in den SREP-Leitlinien vorhandenen Beschreibungen zu möglichen unerwarteten Verlusten außerhalb der Kapitalrisiken (z. B. Vertriebsrisiko, Strategisches Risiko, Reputationsrisiko etc.) bzw. der eingesetzten Verfahren zur Risikomessung (z. B. für die Ermittlung von

---

[174] Eigene Darstellung in Anlehnung an *EBA* (2014.12), S. 124 ff.

IRRBB) zur Einschätzung potenzieller unerwarteter Verluste zu berücksichtigen.

Unerwartete Verluste können sich in diesem Zusammenhang auch dadurch ergeben, dass im Rahmen der regulatorischen Kapitalbedarfsermittlung ein identifizierter erwarteter Verlust (z. B. EWB-Bildung, Forbearance) über einen Zeitraum von zwölf Monaten ermittelt wird, der mit dem internen Risikokapitalbedarf nicht abstimmbar ist.[175]

Auch zur Abdeckung von identifizierten Modellmängeln in Folge nicht sachgerechter Risikomessmethoden können sich aufsichtliche Maßnahmen ergeben, wenn die Gefahr besteht, dass das vorhandene Risikopotenzial aufgrund vorhandener Modellschwächen (Modellrisiko) systematisch unterschätzt wird.[176]

Erkannte Defizite z. B. aus Aufsichtsgesprächen, aus internen und externen (Sonder-)Prüfungsberichten) in der internen Governance, Mängel im Hinblick auf interne Kontrollen und nicht sachgerechte Regelungen im Risikomanagement können ebenfalls zur Anordnung zusätzlicher Eigenmittelanforderungen führen.

Abbildung B – 8 visualisiert die Bestimmungen zur zusätzlichen Eigenmittelunterlegung zur Deckung unerwarteter Verluste.

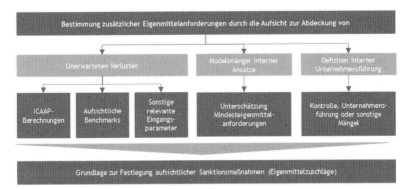

Abbildung B – 8: *Bestimmung zusätzlicher Eigenmittel zur Deckung unerwarteter Verluste*[177]

---

175 Vgl. *EBA* (2014.12), S. 125.
176 Vgl. *CRR* (2013), Art. 101 »Überprüfung interner Ansätze«.
177 Eigene Darstellung in Anlehnung an *EBA* (2014.12), S. 125 ff.

REGULATORISCHE RAHMENBEDINGUNGEN

359 Nach der o. g. Bestimmung zusätzlicher Eigenmittelanforderungen hat die Aufsicht zur Vermeidung einer Doppelanrechnung abzugleichen, ob das im Rahmen des SREP-Kapitalbewertungsprozesses identifizierte Risiko nicht bereits durch bestehende Kapitalpufferanforderungen und/oder zusätzliche makroprudenziellen Anforderungen abgedeckt ist.

4.4.2. Bestimmung der SREP-Kapitalanforderung (TSCR) und der Gesamtkapitalanforderung (OCR)

360 Die SREP-Kapitalanforderung (Total SREP Capital Requirement – TSCR) ergibt sich aus der Summe der Eigenmittelanforderungen gemäß Art. 92 der CRR sowie der zusätzlichen Eigenmittelanforderungen, die gemäß den SREP-Leitlinien ermittelt werden. Hierin enthalten sind auch alle festgesetzten zusätzlichen Eigenmittel, die zur Deckung wesentlicher Inter-Risikokonzentrationen als notwendig erachtet werden.

361 Zusammen mit den seit 2016 anwendbaren Kapitalpufferanforderungen und weiteren makroprudenziellen Anforderungen ergibt sich die Gesamtkapitalanforderung (Overall Capital Requirement – OCR).

362 Für die Abdeckung der nachfolgend genannten Risiken ist eine Zusammensetzung von zusätzlich erforderlichen Eigenmitteln aus hartem Kernkapital (CET1) von mindestens 56 % und Kernkapital (T1) von mindestens 75 % vorgegeben:

- Komponenten von Kredit-, Markt- und operationellen Risiken (die nicht in der CRR erfasst sind);[178]
- Kreditkonzentrationsrisiko und IRRBB;
- Risiko aus Modellschwächen, die wahrscheinlich zu einer Unterschätzung der angemessenen Höhe von Eigenmitteln führen, wenn zusätzliche Eigenmittelanforderungen zur Deckung dieses Risikos verwendet werden.

363 Die Anforderungen zusätzlicher Eigenmittelanforderungen aller anderen Risikoarten liegen im Ermessen der zuständigen Behörden.

4.4.3. Analyse des Risikos aus übermäßiger Verschuldung (»Excessive Leverage«)

364 Nach den Vorgaben der SREP-Leitlinien ist auch das Risiko für die Eigenmittelausstattung des Instituts, das aus einer übermäßigen Verschuldung (Exces-

---

[178] Vgl. *CRR* (2013), Teil 3, Titel II bis VI.

sive Leverage) erwächst, zu bewerten. Dieser Schritt ist insofern völlig neu, als die Leverage Ratio eine risikounabhängige Kennzahl darstellt, die bisher weder in der regulatorischen noch in der internen Risikotragfähigkeit (ICAAP) erfasst wurde. Gleichzeitig ist diese Leverage Ratio für die Aufsichtsbehörden im Meldewesen verfügbar und aufgrund der Vorgaben gemäß CRR normiert, so dass ein aufsichtliches Benchmarking erleichtert wird.

Hierbei sind die folgenden Aspekte zu analysieren: 365

- aktuelle Höhe der Verschuldungsquote im Vergleich zu anderen Instituten der Peer-Group und ggf. Abweichung der Quote vom regulatorischen Mindestwert,

- Veränderung der Verschuldungsquote des Instituts, einschließlich der vorhersehbaren Auswirkung aktueller und künftiger erwarteter Verluste auf die Verschuldungsquote. Die zuständigen Behörden sollten auch die potenzielle Auswirkung des in der Verschuldungsquote berücksichtigten aktuellen und vorhersehbaren Anstiegs der Risikopositionen auf die Verschuldungsquote betrachten,

- Maß, in dem das Risiko einer übermäßigen Verschuldung aus unterschiedlichen Stressereignissen erwächst,

- ob sich für bestimmte Institute das Risiko einer übermäßigen Verschuldung ergeben kann, die in der Verschuldungsquote nicht angemessen berücksichtigt sind.

4.4.4. Erfüllung der Kapitalanforderungen TSCR und OCR im Konjunkturverlauf

Im Rahmen des SREP ist auch zu bewerten, ob die von einem Institut vorgehaltenen Eigenmittel hinsichtlich Höhe und Zusammensetzung angemessen sind, um die Volatilität während des Konjunkturzyklus zu decken oder ob Maßnahmen zur Behebung potenzieller Defizite erforderlich sind. 366

Hierzu wird die Aufsicht definierte institutseigene und/oder aufsichtliche Stresstests verwenden, um zu untersuchen, inwieweit sich Stressszenarien zum Konjunkturverlauf) auf die verfügbaren Eigenmittel auswirken und ob die Eigenmittel ausreichend sind, um die regulatorischen und internen Kapitalanforderungen oder andere von den zuständigen Behörden für systemweite Stresstests festgesetzten maßgeblichen Zielquoten (z. B. Zinsrisikokoeffizient, Auslastungsgrad Risikodeckungspotenzial FinaRisikoV etc.) zu erfüllen. Die Auswirkung von Stresstests auf die Verschuldungsquote des Instituts ist ebenfalls zu bewerten. 367

368 In der Gesamtschau besteht dann abschließend die Berechtigung der Aufsichtsbehörden zusätzliche Eigenmittelanforderungen (quantitative Kapitalmaßnahmen) anzuordnen, wenn sie im Rahmen ihrer Einschätzung zum **»SREP-Kapitalbewertungsprozess«** (TSCR) zum Ergebnis gelangen, dass die vorhandene (interne und regulatorische) Kapitalausstattung nicht ausreicht, um den internen und regulatorischen Kapitalbedarf solide abzudecken.

369 Entsprechend sollten die Institute diese erweiterte bzw. integrierte bankaufsichtliche Perspektive bewusst in der Ausgestaltung ihres zukunftsorientierten **Kapitalplanungsprozess** sowie in der **Weiterentwicklung ihrer Gesamtbanksteuerung** berücksichtigen.

4.4.5. Anwendung aufsichtlicher Sanktionsmaßnahmen

370 Nach § 10 Abs. 3 Satz 2 Nr. 2 KWG sind aufsichtliche Maßnahmen aus dem ICAAP bisher nur dann möglich, wenn die Risikotragfähigkeit des Instituts nicht gewährleistet ist.

371 Zukünftig können **zusätzliche Kapitalmaßnahmen** sowohl mit den Ergebnissen der SREP-Kapitalbewertung als auch mit der Bewertung von bei anderen SREP-Elementen festgestellten Anfälligkeiten und Mängeln begründet werden.[179] Beispielhaft sei hier auf die folgenden Vorschriften verwiesen:

- Art. 104 Abs. 1 h) CRD IV – Einsatz von Nettogewinnen zur Stärkung der Eigenmittel.

- Art. 104 Abs. 1 i) CRD IV – Einschränkung bzw. Versagung von Ausschüttungen oder Zinszahlungen eines Instituts an Anteilseigner, Gesellschafter oder Inhaber von Instrumenten des zusätzlichen Kernkapitals, sofern die Nichtzahlung nicht ein Ausfallereignis für das Institut darstellt.

- Art. 104 Abs. 1 d) CRD IV – Festlegung einer bestimmten Behandlung von Aktiva.

372 Auf der Grundlage dieser Erwägungen wird die **Überlebensfähigkeit** eines Instituts bestimmt. Entsprechend sollten die Institute analysieren, ob die Angemessenheit und die Transparenz ihrer Eigenkapitalressourcen, ihre Governance und die interne Kontrollen und/oder das Geschäftsmodells oder der Geschäftsstrategie gewährleistet ist bzw. wie weit das Institut von dem Punkt entfernt ist, die Angemessenheit und Transparenz der Aufsicht widerspruchsfrei darlegen zu können.

---

179 Vgl. *CRR* (2013), Art. 104 »Anordnung von Maßnahmen«.

5. Fazit und kritische Würdigung

5.1. Zusammenfassung

Der zentrale Hintergedanke für die Einführung des aufsichtlichen Überprüfungs- und Bewertungsprozesses (SREP) ist die Schaffung einer einheitlichen und damit auch für ein Benchmarking zwischen Instituten einer Peer Group verwendbaren bankaufsichtlichen Überprüfungsmethodik.[180] Diese neue Überprüfungsmethodik schränkt die Methodenfreiheit der individuellen Risikotragfähigkeitskonzeption nicht ein.

373

Der verbesserte Erkenntnisstand im Rahmen des Einheitlichen Aufsichtsmechanismus »Single Supervisory Mechanism« mit einem einheitlichen Regelwerk »Single Rulebook« kann jedoch von der Aufsicht mit den neuen Befugnissen aus dem SREP genutzt werden, um aus einem ursprünglich ausschließlich für interne Zwecke geschaffenen Risikotragfähigkeitskonzept ein Instrument zu schaffen, welches die Aufsicht mit Hilfe von Zeitreihenanalysen und Peer Group-Vergleichen auch extern einsetzt. Hier liegt der wesentliche Unterschied zur Vergangenheit.

374

5.2. Weiterentwicklungsbedarf der Steuerungsinstrumente

Der erweiterte kennzahlenbasierte bankaufsichtliche Überprüfungsprozess wird durch die Modernisierung des Meldewesens in Verbindung mit den Anforderungen an die Risikodatenaggregation (BCBS 239)[181] gestützt. Die Anforderungen hierzu verdeutlicht Abbildung B – 9.

375

---

180 Vgl. *EBA* (2014.12) sowie die Ausführungen oben.
181 Vgl. *Baseler Ausschuss für Bankenaufsicht* (2013.01).

REGULATORISCHE RAHMENBEDINGUNGEN

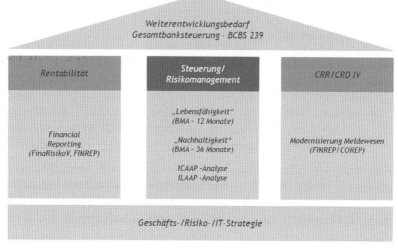

Abbildung B – 9: Modernisierung des Meldewesens/Weiterentwicklungsbedarf Gesamtbanksteuerung[182]

376 Der im SREP durch die Aufsichtsbehörden durchzuführende Kapitalbewertungsprozess erweitert den bankaufsichtlichen Überprüfungsprozess um eine qualitative Analyse/Einschätzung der vorhandenen Kapitalausstattung und eröffnet den Aufsichtsbehörden neue Befugnisse, wie z. B. die Anordnung aufsichtlicher Maßnahmen (Quantitative Kapitalmaßnahmen), wenn das Gesamtrisikoprofil aller im Rahmen der Risikoinventur bzw. aus Peer Group-Analysen als wesentlich eingestuften Kapitalrisiken des Instituts nicht durch eine ausreichende Eigenkapitalausstattung (regulatorisch bzw. intern) abgedeckt ist.

5.3. Empfehlungen für die Institute

377 In diesem Sinne erweitert der SREP-Kapitalbewertungsprozess (TSCR) den bisher im Rahmen der Methodenfreiheit der Säule 2 als Risikotragfähigkeit (ICAAP) verwendbaren »einfachen Säule 1+-Ansatz« zu einem aufsichtlichen Kapitalbedarfsplanungsansatz.

378 Instituten ist zunächst einmal anzuraten, die bisher vorwiegend intern genutzte Risikotragfähigkeitskonzeption (ICAAP) in die Organisation und das Regelwerk eines Institutes so schlüssig und transparent zu implementieren, dass Widersprüche zu anderen Information weitestgehend ausgeschlossen werden

---

182 Vgl. *Blömer* (2015), S. 30.

können. Dies wird nur gelingen, wenn Institute den kompletten aufsichtlichen SREP-Kapitalbewertungsprozess in ihrem individuellen Kapitalplanungsprozess (AT 4.1 Tz. 9) nachbilden. Darüber hinaus sollten sie ihre Geschäfts- und Risikostrategie, die individuelle Risikotragfähigkeitskonzeption (ICAAP), die Prozesse im Risikomanagement sowie die Anforderungen der regulatorischen Berichterstattung (Meldewesen) in einem integrativen Gesamtbanksteuerungsansatz angemessen berücksichtigen.

Die Institute sollten darüber hinaus zunehmend sicherstellen, die in den SREP-Leitlinien dargestellten Kennzahlen bzw. von der Aufsicht zusätzlich regelmäßig angeforderten Informationen in die eigenen Steuerungsprozesse aufzunehmen. 379

III. Meldung der Risikotragfähigkeit nach FinaRisikoV[183]

1. Historischer Abriss – Die Modernisierung des bankaufsichtlichen Meldewesens

380 Die bankaufsichtlichen Strukturen und Anforderungen wurden im Zuge der weltweiten Finanzkrise grundlegend reformiert. Die Krise – die ihren Höhepunkt mit der Insolvenz von Lehman Brothers im September 2008 erfuhr – deckte nicht nur Verfehlungen innerhalb des Finanzsektors auf, sondern offenbarte auch Mängel in der Ausgestaltung und der Durchführung der Aufsicht über Kreditinstitute. So wurde unter anderem deutlich, dass das in Deutschland installierte Meldewesenregime nicht in der Lage war, die Informationsbedürfnisse der Aufsichtsbehörden hinreichend abzudecken.[184] Als Konsequenz dieser Erkenntnis wurde die Schaffung eines deutlich umfangreicheren und zweckmäßigeren Meldewesens forciert.

381 Die Deutsche Bundesbank und die BaFin gründeten zu diesem Zweck die sogenannte »AG Meldewesen«, welche in der Folge ein Konzept zur Modernisierung des bankaufsichtlichen Meldewesens erarbeitete. Dieses wurde am 01. März 2011 veröffentlicht und zur Konsultation freigegeben. Das Konzept ist modular aufgebaut und beinhaltete in der Entwurfsversion die folgenden vier Themengebiete:

- Anpassungen bei der unterjährigen Versorgung mit Finanzdaten (Basismeldewesen nach HGB und FINREP),
- Anpassungen im Millionenkreditmeldewesen nach § 14 KWG,
- Umsetzung des europäischen Rahmenwerks zum Solvenzmeldewesen COREP sowie
- Implementierung eines einheitlichen Risikotragfähigkeitsmeldewesens.[185]

382 Nach Ablauf der Konsultationen und Diskussionen im Fachgremium Meldewesen sowie der teilweisen Überarbeitung des Konzeptes mussten die neuen Anforderungen sukzessive durch die Institute umgesetzt werden. Umsetzungsmaßnahmen die deutliche Auswirkungen auf Organisation, Prozesse

---

[183] Autor: **Nick Wermuth**. Die Ausführungen geben ausschließlich die persönliche Auffassung des Autors wieder. FinaRisikoV = Finanz- und Risikotragfähigkeitsinformationenverordnung.
[184] Vgl. unter anderem *BaFin* (2012.04), S. 1.
[185] Vgl. *BaFin* (2012.04), S. 1 f.

und Systeme der betroffenen Institute implizierten und implizieren. Insbesondere das in Modul D umrissene Risikotragfähigkeitsmeldewesen stellte mit der im Zeitverlauf zunehmenden Konkretisierung die Institute vor zahlreiche Herausforderungen. Herausforderungen die aufgrund etwaiger Unsicherheiten bei der Risikotragfähigkeitskonzeption sowie aufgrund zahlreicher quantitativer und qualitativer Meldeinhalte auch nach der gesetzlichen Verankerung und den ersten Meldeerfordernissen bestehen können.

Die nachfolgenden Kapitel sollen mit Hilfe eines umfassenden Überblicks über die Meldungen der Risikotragfähigkeitsinformationen gemäß §§ 10, 11 FinaRisikoV der erfolgreichen Bewältigung dieser Herausforderungen dienen. 383

2. Gesetzliche Grundlagen

Die Pflicht zur Meldung von Informationen zur Risikotragfähigkeit sowie zu den Verfahren zur Ermittlung der Risikotragfähigkeit wurde mit der Veröffentlichung des CRD IV-Umsetzungsgesetzes[186] vom 28. August 2013 gesetzlich verankert. In § 25 KWG ist seitdem festgelegt, dass ein Kreditinstitut »*zu einem von der Bundesanstalt festgelegten Stichtag der Deutschen Bundesbank Informationen zu seiner Risikotragfähigkeit nach § 25a Absatz 1 Satz 3 und zu den Verfahren nach § 25a Absatz 1 Satz 3 Nummer 2 (Risikotragfähigkeitsinformationen) einzureichen*[187]« hat. Ferner beinhaltet der § 25 KWG eine Ermächtigung, wonach die BaFin im Benehmen mit der Deutschen Bundesbank eine Rechtsverordnung erlassen kann, die nähere Bestimmungen zu den Meldungen von Risikotragfähigkeitsinformationen regelt.[188] Mit der Veröffentlichung der FinaRisikoV[189] – Verordnung zur Änderung der Finanzinformationenverordnung und der Verordnung zur Übertragung von Befugnissen zum Erlass von Rechtsverordnungen auf die Bundesanstalt für Finanzdienstleistungsaufsicht vom 19. Dezember 2014 hat die BaFin von der Verordnungsermächtigung Gebrauch gemacht. Details sind seither in der am 20. Dezember 2014 in Kraft getretenen **FinaRisikoV**, welche die bis dato gültige FinaV[190] ersetzte, geregelt. Darüber hinaus hat die BaFin im Februar 2015 eine Allgemeinverfügung zur Einreichung von Informationen zur Risikotragfähigkeit[191] veröffentlicht. Diese regelt die Festlegung des Stichtags für die Einreichung von Informationen zur Risikotragfähigkeit gemäß § 25 Abs. 1 S. 2 und Abs. 2 S. 2 KWG. Mit der Veröffentlichung des Merkblatts für 384

---

186 Vgl. *CRD IV Umsetzungsgesetz* (2013), S. 3395 ff.
187 § 25 Abs. 1 S. 2 *KWG*.
188 § 25 Abs. 3 *KWG*.
189 Vgl. *FinaRisikoV* (2014), abgebildet in **Anhang 5**.
190 Verordnung zur Einreichung von Finanzinformationen nach dem Kreditwesengesetz.
191 Vgl. hierzu *BaFin* (2015.02).

REGULATORISCHE RAHMENBEDINGUNGEN

die Meldungen gemäß §§ 10, 11 FinaRisikoV und anderen Informationsblättern durch die Deutsche Bundesbank bestehen überdies weitere Regularien und Hinweise, die bei der Befüllung und Abgabe der Meldebögen zu beachten sind. Diese stehen ebenso wie die Meldevordrucke auf der Internetseite der Deutschen Bundesbank als Download zur Verfügung.[192]

3. Wesentliche Informationen im Überblick

3.1. Meldepflichtige Unternehmen

385   Als meldepflichtige Unternehmen gelten vorbehaltlich der in der FinaRisikoV geregelten Ausnahmen alle Kreditinstitute im Sinne des § 1 Abs. 1 KWG sowie alle übergeordneten Unternehmen einer Gruppe im Sinne des § 10a KWG, zu der mindestens ein Kreditinstitut mit Sitz im Inland gehört. Die entsprechenden Ausnahmen sind in den §§ 10 Abs. 2 und 3 sowie 11 Abs. 2 FinaRisikoV geregelt. Demnach sind Kreditinstitute sowie Wertpapierhandelsbanken mit Sitz in einem anderen Staat des Europäischen Wirtschaftsraums oder einem Drittstaat, welche im Sinne des § 53b und des § 53c Nr. 2 KWG über eine Zweigniederlassung oder im Wege des grenzüberschreitenden Dienstleistungsverkehrs Bankgeschäfte in Deutschland betreiben, von der Meldepflicht befreit.

386   Ferner sind Institute eines institutsbezogenen Sicherungssystems sowie gruppenangehörige Institute, die gemäß § 2a Abs. 2 oder Abs. 5 KWG im Bereich des Risikomanagements von den Anforderungen an eine ordnungsgemäße Geschäftsorganisation im Sinne des § 25a Abs. 1 KWG freigestellt sind, von der Meldepflicht ausgenommen.

3.2. Meldefrequenz, -stichtag und Abgabefrist

387   Grundsätzlich besteht für Kreditinstitute und übergeordnete Unternehmen einer Gruppe gemäß § 25 Abs. 1 S. 2 sowie Abs. 2 S. 2 KWG die Verpflichtung, Risikotragfähigkeitsinformationen **jährlich einzureichen**. Entsprechend der von der BaFin veröffentlichten Allgemeinverfügung zur Einreichung von Informationen zur Risikotragfähigkeit ist der 31. Dezember eines jeden Jahres der entsprechende Meldestichtag. Der erste Meldestichtag war der 31. Dezember 2015.

---

192   Vgl. hierzu *Deutsche Bundesbank* (2016).

Anders als bei dem eben beschriebenen jährlichen Meldeturnus gilt für Institute und übergeordnete Unternehmen einer Gruppe die Verpflichtung einer **halbjährlichen Einreichung**, sofern diese Institute und Unternehmen der erhöhten Meldefrequenz unterliegen. Die Meldestichtage sind sodann der 30.6. und der 31. Dezember eines jeden Jahres. Der erste Meldestichtag war der 30. Juni 2015. Ein Kreditinstitut unterliegt gemäß § 12 Abs. 1 FinaRisikoV einer erhöhten Meldefrequenz, sofern eine der folgenden Bedingungen erfüllt ist: 388

- Durchschnittliche Bilanzsumme der letzten drei abgeschlossenen Geschäftsjahre ≥ 30 Milliarden Euro,
- Einstufung als potentiell systemgefährdend im Sinne des § 20 Abs. 1 S. 2 Nr. 2 und S. 3 in Verbindung mit § 67 Abs. 2 SAG[193] beziehungsweise
- Finanzhandelsinstitut im Sinne des § 25f Abs. 1 KWG.

Die Einstufung eines Instituts als **potenziell systemgefährdend** trifft die BaFin im Einvernehmen mit der Deutschen Bundesbank unter Berücksichtigung der Größe, der Komplexität sowie der Vernetztheit der Geschäftsaktivitäten. Hinreichend klar abgrenzbare Kriterien, nach denen die potenzielle Systemgefährdung eines Instituts festzustellen ist, existieren nicht. 389

Ein übergeordnetes Unternehmen einer Gruppe unterliegt gemäß § 12 Abs. 2 FinaRisikoV einer erhöhten Meldefrequenz, sofern eine der folgenden Bedingungen erfüllt ist: 390

- Durchschnittliche Bilanzsumme der Gruppe der letzten drei abgeschlossenen Geschäftsjahre ≥ 50 Milliarden Euro beziehungsweise
- mindestens ein Institut, welches einer erhöhten Meldefrequenz unterliegt, ist der Gruppe zugehörig.

Unabhängig von den eben genannten Kriterien kann die BaFin gemäß § 12 Abs. 3 FinaRisikoV einzelfallbezogen eine erhöhte Meldefrequenz für ein Kreditinstitut oder ein übergeordnetes Unternehmen einer Gruppe anordnen, soweit dies zur Erfüllung ihrer Aufgaben erforderlich ist. 391

Die **Abgabefrist** beträgt gemäß § 9 Abs. 2 FinaRisikoV **sieben Wochen**. Die initiale Meldung für den Stichtag 30. Juni 2015 wurde für Institute und Grup- 392

---

193 Gesetz zur Sanierung und Abwicklung von Instituten und Finanzgruppen.

pen mit einer erhöhten Meldefrequenz einmalig bis zum 30. November 2015 verlängert.

3.3. Meldeverfahren

393 Die Meldungen der Risikotragfähigkeitsinformationen sind der Aufsicht in Dateiform auf der Basis des Meldeformats XBRL[194] elektronisch zu übermitteln. Die Veröffentlichung der **XBRL-Taxonomie** für die Meldung der Risikotragfähigkeitsinformationen »RTF-Taxonomie« erfolgte am 27. Mai 2015 auf der Internetseite der Deutschen Bundesbank.[195]

394 Das Einreicheformat XBRL bietet als nicht-proprietärer und offener Standard für den Austausch von Finanz- und Meldeweseninformationen zahlreiche Vorteile. So fungiert XBRL auch als Standard für zahlreiche weitere bankaufsichtlichen Meldungen auf nationaler und internationaler Ebene. Darüber hinaus bietet XBRL die Möglichkeit einer einfachen Datenvalidierung, wodurch die Qualität der Daten verbessert werden kann.

3.4. Meldeinhalt

395 Ein Überblick über die zu meldenden Inhalte liefert § 8 Abs. 1 FinaRisikoV. Demnach sind Angaben zur Konzeption der Risikotragfähigkeitssteuerung, zum Risikodeckungspotential, zu den Risiken sowie zu den dazugehörigen Ermittlungs-, Steuerungs- und Überwachungsverfahren zu melden. Die entsprechenden Meldebögen sind als Anlagen 14 bis 24 Bestandteil der FinaRisikoV. Ein detaillierter Überblick über die Meldevordrucke sowie Hinweise für die Befüllung der selbigen können den nachfolgenden Kapiteln entnommen werden.

4. Meldebögen – Inhalte und Befüllungshinweise

4.1. Strukturierung der Meldebögen

396 Abbildung B – 10 liefert einen Überblick über die unterschiedlichen Meldebögen samt Erläuterungen[196]:

---

[194] EXtensible Business Reporting Language.
[195] Vgl. *Deutsche Bundesbank* (2015c).
[196] Die FinaRisikoV und die entsprechenden Anlagen finden sich in **Anhang 5**.

DBL
- Inhalt: grundlegende Informationen zum Kreditinstitut bzw. zur Gruppe
- Einreichung: zu jedem Stichtag einzureichen

GRP
- Inhalt: Informationen zur Situation von Institutsgruppen, Finanzholdinggruppen und gemischten Finanzholdinggruppen
- Einreichung: ausschließlich bei Meldungen auf zusammengefasster Basis

STA
- Inhalt: Ergänzung des Vordrucks GRP zur Erhebung der Stammdaten der im Vordruck GRP erfassten Unternehmen
- Einreichung: für jedes Unternehmen, welches nicht bekannt ist oder nicht eindeutig identifiziert werden kann

RTFK
- Inhalt: grundlegende Informationen zum Risikotragfähigkeitskonzept
- Einreichung: zu jedem Stichtag einzureichen

STKK
- Inhalt: Informationen zur Konzeption eines jeden Steuerungskreises
- Einreichung: für jeden Steuerungskreis bzw. für jedes ergänzende Verfahren (sofern zum Meldestichtag relevant)

RDP-R
- Inhalt: Informationen zur Ableitung des Risikodeckungspotenzials
- Einreichung: für jeden Steuerungskreis bzw. für jedes ergänzende Verfahren (sofern zum Meldestichtag relevant) einzureichen, bei dem das RDP ausgehend von den regulatorischen Eigenmitteln abgeleitet wird

RDP-BI
- Inhalt: Informationen zur Ableitung des Risikodeckungspotenzials
- Einreichung: für jeden Steuerungskreis bzw. für jedes ergänzende Verfahren (sofern zum Meldestichtag relevant) einzureichen, bei dem das RDP ausgehend von einem IFRS-Jahres- oder -Zwischenabschluss abgeleitet wird

RDP-BH
- Inhalt: Informationen zur Ableitung des Risikodeckungspotenzials
- Einreichung: für jeden Steuerungskreis bzw. für jedes ergänzende Verfahren (sofern zum Meldestichtag relevant) einzureichen, bei dem das RDP ausgehend von einem HGB-Jahres- oder -Zwischenabschluss abgeleitet wird

RDP-BW
- Inhalt: Informationen zur Ableitung des Risikodeckungspotenzials
- Einreichung: für jeden Steuerungskreis bzw. für jedes ergänzende Verfahren (sofern zum Meldestichtag relevant) einzureichen, bei dem das RDP barwertig abgeleitet wird

RSK
- Inhalt: Informationen zur Ermittlung der Risiken und der entsprechenden Limite
- Einreichung: für jeden Steuerungskreis bzw. für jedes ergänzende Verfahren (sofern zum Meldestichtag relevant)

STG
- Inhalt: Informationen zu Steuerungsmaßnahmen
- Einreichung: zu jedem Stichtag einzureichen

Abbildung B – 10:   Übersicht der Meldevordrucke gemäß FinaRisikoV[197]

---

197   Eigene Darstellung in Anlehnung an *Deutsche Bundesbank* (2015a), S. 3 f.

397 Aus Abbildung B – 10 wird bereits ersichtlich, dass nicht sämtliche Vordrucke zu jedem Stichtag eingereicht werden müssen. Gleichzeitig besteht die Möglichkeit, dass einzelne Vordrucke mehrfach eingereicht werden müssen. So sind die Meldevordrucke GRP und STA nur für Institutsgruppen relevant, wohingegen die Meldevordrucke STKK, RDP-R, RDP-BI, RDP-BH, RDP-BW sowie RSK für jeden Steuerungskreis beziehungsweise für jedes ergänzende Verfahren[198] einzureichen sind. Das Zusammenspiel der einzelnen Meldevordrucke wird in Abbildung B – 11 verbildlicht.

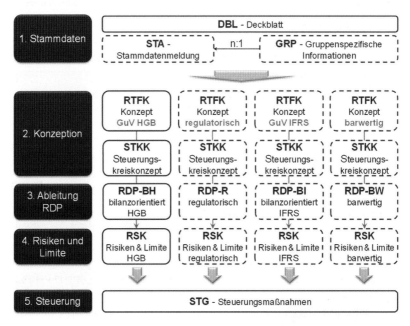

Abbildung B – 11:   Systematisierung der Meldevordrucke[199]

398 Für die Abgrenzung der Begriffe **Steuerungskreis** und **ergänzendes Verfahren** verweist die Aufsicht im Rahmen des Merkblatts für die Meldungen gemäß §§ 10, 11 FinaRisikoV auf den BaFin-Leitfaden »Aufsichtliche Beurteilung bankinterner Risikotragfähigkeitskonzepte« vom 07. Dezember 2011.[200]

---

[198] Ergänzende Verfahren im Sinne der FinaRisikoV sind im Rahmen des RTF-Reportings wie ein Steuerungskreis zu behandeln und anzuzeigen.
[199] In Anlehnung an *Reuse* (2015.02), S. 44.
[200] Vgl. hierzu *BaFin* (2011.12).

Gemäß Tz. 7 des BaFin-Leitfadens wird als Steuerungskreis mithin »*jede Gesamtheit zusammenhängender, steuerungsrelevanter Verfahren verstanden, die darauf abzielen, dass die auf Gesamtinstituts- bzw. Gruppenebene aggregierten Risiken durch das RDP laufend abgedeckt sind.*[201]« Die kumulative Erfüllung der folgenden Kriterien begründet mithin das Vorliegen eines Steuerungskreises im Sinne der FinaRisikoV:[202]

- Systematische **Gegenüberstellung von Risiken und Risikodeckungspotenzial**
- **Aggregierte Betrachtung** → Einbezug aller als wesentlich erachteten Risikoarten
- **Gesamtebene** → Ermittlung der Risiko- und RDP-Beträge auf Gesamtinstituts bzw. Gruppenebene
- **Steuerungsrelevanz** → faktische Berücksichtigung des RTF-Ansatzes zum Zwecke der Risikosteuerung (umfasst die entsprechende Limitierung der Risiken, ein angemessenes Reporting sowie die Berücksichtigung bei Geschäftsabschlüssen und bei strategischen Entscheidungen)
- **Dauerhaftigkeit** → regelmäßige Berechnung in einem angemessenem Turnus

Für die Beurteilung der Steuerrelevanz ist die tatsächliche Steuerungswirkung des RTF-Ansatzes am Meldestichtag nicht maßgeblich, vielmehr muss die Steuerungswirkung konzeptionell angelegt sein.[203] Die Unterscheidung zwischen der konzeptionellen und der tatsächlichen Steuerungswirkung wird in der Praxis vor allem in Fällen relevant, in denen Institute mehrere Steuerungsansätze (zum Beispiel Going-Concern-Ansätze mit Gone-Concern-Ansätzen) kombinieren. In diesen Fällen ist es möglich, dass einer der beiden potenziellen Steuerungskreise die Geschäftsaktivitäten bereits einschränkt, ohne dass der andere Steuerungsansatz bereits eine limitierende Wirkung entfaltet. Nichtsdestotrotz ist für beide Ansätze eine Meldung erforderlich, sofern auch der zweite Steuerungskreis zukünftig (zumindest theoretisch) limitierend wirken kann.

Für die Einstufung eines Steuerungsansatzes als ergänzendes Verfahren im Sinne der FinaRisikoV existieren derweil keine derartigen eindeutigen Abgrenzungskriterien. Bei der Analyse der Tz. 18 des oben genannten BaFin-

---

201 *BaFin* (2011.12), S. 2.
202 Vgl. *Deutsche Bundesbank* (2015a), S. 13 f.
203 Vgl. *Deutsche Bundesbank* (2015a), S. 14.

Leitfadens wird jedoch deutlich, dass ergänzende Verfahren eingesetzt werden sollten, um den Grenzen der implementierten Steuerungskreise zu begegnen. *»So erwartet die Aufsicht bei Instituten, die ihre Risikotragfähigkeit anhand eines Going-Concern-Ansatzes mit wertorientierter RDP-Ableitung oder eines Liquidationsansatzes steuern, dass zumindest ergänzende Verfahren vorhanden sind, die auf die Einhaltung der aufsichtlichen Mindestkapitalanforderungen bei schlagend werdenden Risiken abzielen.*[204]*«* Es wird mithin deutlich, dass die oben genannten Kriterien auch für die Bewertung von ergänzenden Verfahren herangezogen werden können. Demgegenüber sind Ansätze die bei der Risikoermittlung lediglich erwartete Verluste berücksichtigen oder rein informatorischen Charakter haben nicht als Steuerungskreis im Sinne der FinaRisikoV zu klassifizieren.[205]

402 Für eine Vielzahl von Meldefeldern sind in den Meldeformularen bereits konkrete **Auswahlmöglichkeiten** vorgegeben, was vor allem der automatisierten Auswertung der Meldebögen dienen soll. Die Vorgabe von konkreten Auswahlmöglichkeiten ist dabei nicht dergestalt zu verstehen, dass die Methodenfreiheit bei der RTF-Überprüfung zugunsten der Standardisierung im RTF-Meldewesen aufgegeben wird. Die Aufsicht verweist in diesem Punkt darauf, dass die Auswahlmöglichkeiten sowie die Ausgestaltung der Meldeformulare keinerlei Rückschlüsse in Bezug auf die aufsichtliche Bewertung zulassen.[206] Sofern die vorgegebenen Standardantworten nicht zu der internen RTF-Konzeption passen, so ist das Meldefeld durch die Wahl der Option »Sonstiges« beziehungsweise durch eine **Freitexteingabe** zu befüllen. Darüber hinaus werden auch Erläuterungen im dafür vorgesehenen Kommentarfeld ermöglicht. Die Aufsicht verweist bei der Benutzung von Freitextfeldern lediglich darauf, dass die Antworten so knapp und präzise wie möglich zu halten sind. Auf die Verwendung von Abkürzungen soll indes verzichtet werden.[207]

403 Neben der Vorgabe von Auswahlmöglichkeiten und Freitextfeldern ist innerhalb der Meldebögen auch zwischen **Pflichtfeldern, bedingten Pflichtfeldern** und **optionale Feldern** zu unterscheiden. In Abgrenzung zu den optionalen Feldern, welche nur zu befüllen sind, sofern das Institut dies als sinnvoll erachtet, sind Pflichtfelder bei der Abgabe der entsprechenden Meldevordrucke immer zu befüllen. Die bedingten Pflichtfelder können wiederum in bedingte Pflichtfelder der Kategorie »Relevanz«, welche zu befüllen sind, wenn der abgefragte Sachverhalt für das Institut von Relevanz ist und bedingte

---

204 BaFin (2011.12), S. 4.
205 Vgl. *Deutsche Bundesbank* (2015a), S. 14.
206 Vgl. *Deutsche Bundesbank* (2015a), S. 2.
207 Vgl. *Deutsche Bundesbank* (2015a), S. 2.

Pflichtfelder der Kategorie »Bezugsfeld«, welche zu befüllen sind, wenn ein entsprechendes Bezugsfeld bereits befüllt ist, unterschieden werden.

4.2. Detailanalyse der Meldebögen

Im Folgenden werden zu den einzelnen Vordrucken vertiefende Informationen zu deren Inhalt sowie Hinweise für die Befüllung der Meldefelder dargestellt. In diesem Zusammenhang ist gleichwohl darauf hinzuweisen, dass der konkrete Umfang der Meldung und die inhaltliche Befüllung der Meldevordrucke von der institutsspezifischen Ausgestaltung der jeweiligen Methoden und Verfahren der RTF-Überprüfung gemäß § 25a Abs. 1 KWG abhängig ist.

Die Navigation innerhalb der Meldevordrucke erfolgt mit Hilfe der Identifikationsnummer, welche sich aus der entsprechenden Zeilen- und Spaltenposition ergibt. Darüber hinaus werden einzelne Fragen und Felder unter bestimmten Gliederungsnummern zusammengefasst und geordnet, dies soll die Navigation innerhalb der Meldevordrucke zusätzlich erleichtern.

Der **Meldevordruck DBL** betrifft grundlegende Informationen zum Institut beziehungsweise zur Gruppe, ist stets einzureichen und sollte die Institute bei der Befüllung vor keine Probleme stellen. Im Meldefeld Z030S010 »Berichtsumfang« ist eine Auswahl zwischen »Einzelinstitut« und »Zusammengefasste Meldung« zu treffen. Letztere Möglichkeit ist von allen übergeordneten Unternehmen einer Institutsgruppe, einer Finanzholdinggruppe beziehungsweise einer gemischten Finanzholdinggruppe im Sinne des § 10a KWG auszuwählen. Diese haben in der Folge ebenso den **Meldevordruck GRP** zu befüllen und Informationen zum Anwendungsbereich beziehungsweise zum Umfang des RTF-Konzepts der Gruppe abzugeben. Es ist mithin anzugeben, welche Unternehmen im Sinne des § 10a KWG in die Risikotragfähigkeitsüberprüfung einbezogen beziehungsweise nicht einbezogen werden. Unternehmen gelten als einbezogen, wenn die entsprechenden Risikodeckungspotenziale und Risiken im Rahmen der RTF-Überprüfung konsolidiert werden.[208] Fondsanteile, Zweckgesellschaften sowie Unternehmen, die als Beteiligungsrisiko in den RTF-Berechnungen berücksichtigt werden, gelten indes in der Regel nicht als in das RTF-Konzept einbezogen.[209]

Der **Meldevordruck STA** stellt eine Ergänzung des Vordrucks GRP dar und dient der Erhebung der Stammdaten von den im Vordruck GRP erfassten Unternehmen. Im Ergebnis ist der Meldevordruck analog zu den Ausführun-

---

208 Vgl. *Deutsche Bundesbank* (2015a), S. 7.
209 Vgl. *Deutsche Bundesbank* (2015a), S. 7.

gen zu den vorherigen Ausführungen nur für Institutsgruppen, Finanzholdinggruppen und gemischte Finanzholdinggruppen im Sinne des § 10a KWG relevant. Ein etwaiger erhöhter Erfassungsaufwand bei der Initialmeldung sollte bei den Folgemeldungen gemindert werden, da lediglich Unternehmen zu erfassen sind, deren Stammdaten sich geändert haben beziehungsweise deren Stammdaten nicht über die Stammdatensuche im Extranet der Deutschen Bundesbank identifizierbar sind.

408 Hinsichtlich der Besonderheiten der **Meldevordrucke RTFK** sowie **STKK** wird auf die hiesigen Ausführungen hinsichtlich der Unterscheidung von Steuerungskreisen, ergänzenden Verfahren und sonstigen RTF-Ansätzen verwiesen. Während im Meldevordruck RTFK grundlegende Information zu der RTF-Konzeption erfasst werden sollen, müssen im Vordruck STKK die im Einsatz befindlichen Steuerungskreisen beziehungsweise ergänzenden Verfahren genauer erläutert werden. Der Vordruck umfasst Angaben zum verwendeten Verfahren (Fortführungsansatz/Going-Concern-Ansatz beziehungsweise Liquidationsansatz/Gone-Concern-Ansatz), zum Betrachtungshorizont, zur Zielsetzung und Motivation des Steuerungskreises sowie zur Ableitung des Risikodeckungspotenzials (regulatorisch, bilanziell – IFRS, bilanziell – HGB), barwertig).

409 Zu dem letztgenannten Punkt – die Ableitung der Risikodeckungspotenziale – sind im Rahmen der **RDP-Vordrucke** weiterführende Angaben zu machen. Grundsätzlich wird in allen Vordrucken zur Zusammensetzung des Risikodeckungspotenzials die Angabe eines »**Stichtagswertes**«, eines »**angepassten Wertes**« sowie des »**im RDP berücksichtigten Wertes**« erhoben. Des Weiteren ist zu jeder Position anzugeben, ob seit dem letzten Meldestichtag methodische Änderungen vorgenommen wurden. Hierbei sind nur derlei Änderungen anzugeben, die gemäß AT 4.1 Tz. 8 MaRisk der Genehmigung durch die Geschäftsleitung bedürfen.[210]

410 Im Zuge von Probemeldungen wurde seitens der Aufsicht festgestellt, dass die Befüllung der RDP-Bögen – insbesondere die Befüllung des Meldevordrucks RDP-R – mit einigen Schwierigkeiten für die Institute verbunden ist. Aufgrund der Befüllungsschwierigkeiten sollen im Fortgang der Ausführungen einzelne Sachverhalte in den Meldebögen abgebildet und erläutert werden. Wie wäre sodann der folgende Sachverhalt in dem RDP-BI-Meldevordruck abzubilden?

---

210 Vgl. *Deutsche Bundesbank* (2015a), S. 25.

Beispiel:

Das Institut rechnet zum Meldestichtag mit einem Planergebnis in Höhe von 300 GE für den Betrachtungszeitraum, hiervon sind zum Meldestichtag bereits 75 GE effektiv aufgelaufen, welche auch im RDP berücksichtigt werden sollen. Das verbleibende Planergebnis beträgt mithin 225 GE, hiervon wiederum sollen aus Vorsichtsgründen 175 GE im RDP berücksichtigt werden. Der zu erzielende Mindestgewinn für den Betrachtungszeitraum beträgt 200 GE, hiervon entfallen 50 GE auf den bereits abgelaufenen Zeitraum und 150 GE auf den verbleibenden Betrachtungszeitraum. Das RDP soll vollständig um den eingeplanten Mindestgewinn vermindert werden. Darüber hinaus bestehen stille Reserven in den im Bestand befindlichen Renditeimmobilien in Höhe von 200 GE. Aus Vorsichtsgründen berücksichtigt das Institut im Rahmen der RDP-Ableitung lediglich 50 % der stillen Reserven.

Der Meldebogen ist in dem hier beschriebenen Beispiel wie folgt zu befüllen:

Bestandteil des Risikodeckungspotenzials	Stichtagswert	Angepasster Wert	Im RDP berücksichtigter Wert
Planergebnis (+/−) ☐ vor Bewertung ■ vor Steuern ■ nach Bewertung ☐ nach Steuern		225	175
Mindestgewinn/ Geplante Ausschüttung	−50	−200	−200
Aufgelaufene Gewinne und Verluste zum Meldestichtag	75		75
Stille Reserven ☐ mit Berücksichtigung steuerlicher Effekte ■ ohne Berücksichtigung steuerlicher Effekte	200		100

Abbildung B – 12:   Praxisbeispiel – Meldevordruck RDP-BI[211]

---

211   Eigene Darstellung in Anlehnung an *Deutsche Bundesbank* (2015b), S. 3 ff.

REGULATORISCHE RAHMENBEDINGUNGEN

413 Aufgrund der hier vorgenommen Eintragungen wird deutlich, wie sich die drei angesprochenen Wertspalten unterscheiden. In der Spalte »Stichtagswert« sind demnach die Werte einzutragen, die zum Stichtag der Meldung vorliegen. Plangrößen sowie konzeptionelle Vorgaben bleiben unberücksichtigt.[212] In Abgrenzung hierzu sind in der Spalte »angepasster Wert« diejenigen Werte zu erfassen, die beurteilt am Meldestichtag unter Berücksichtigung der internen Planung innerhalb des Betrachtungszeitraums voraussichtlich vorhanden sein werden. Diese Unterscheidung führt im Praxisbeispiel dazu, dass die zum Meldestichtag aufgelaufenen Gewinne in Höhe von 75 GE in der Spalte »Stichtagswert« und die erwarteten Planergebnisse in Höhe von 225 GE in der Spalte »angepasster Wert« einzutragen sind. In der Spalte »im RDP berücksichtigt« sind diejenigen Werte anzugeben, die zur Risikoabdeckung als RDP ansetzt.[213]

414 Für weitere Beispiele zu der Befüllung von Meldevordrucken zur Ableitung der Risikodeckungspotenziale wird an dieser Stelle auf die von der Aufsicht zur Verfügung gestellten Informationsmaterialien verwiesen[214]. Diese Darstellungen helfen den Instituten die ersten Meldungen – welche für jährlich meldende Institute bis zum 18.02.2016 abzugeben waren – adäquat umzusetzen.

415 Der **Meldevordruck RSK** betrifft die Ermittlung der Risiken und der entsprechenden Limite. Auch dieser Meldevordruck ist selbstverständlicherweise für jeden Steuerungskreis beziehungsweise für jedes ergänzende Verfahren zu befüllen. Die Befüllung der Felder innerhalb des Gliederungspunktes »in der RTF-Betrachtung quantifizierte wesentliche Risiken« sollte sich am institutsinternen Risikolimitsystem ausrichten. Es ist grundsätzlich für alle Risikoarten ein Limit einzutragen. Eine Ausnahme ist denkbar, wenn Risikoarten zum Beispiel über einen Pauschalwert in der Risikotragfähigkeitsberechnung berücksichtigt werden. Der Gliederungspunkt »nicht in der Risikobetrachtung berücksichtigte Risiken« stellt auf Risiken ab, die bereits bei der RDP-Ableitung mindernd berücksichtigt werden. Darüber hinaus sind unter anderem Angaben zur Herleitung des Gesamtlimits, zum Umgang mit RDP-/Limitüberschreitungen sowie zum Kreditportfoliomodell zu machen.

416 Erste Praxiserfahrungen zeigen, dass dieser Meldebogen den höchsten Umsetzungsaufwand mit sich bringt, da die Kombination der Stufen zur Ermittlung des Risikomessverfahrens aufgrund der Taxonomie die meisten Validie-

---

212 Vgl. *Deutsche Bundesbank* (2015a), S. 22 f.
213 Vgl. *Deutsche Bundesbank* (2015a), S. 24 f.
214 Vgl. *Deutsche Bundesbank* (2015b).

rungsfehler produziert[215]. Die Institute sollten hierfür ausreichend Zeit einplanen.

Der **Meldevordruck STG** betrifft Steuerungsmaßnahmen und ist stets einzureichen. Er umfasst unter anderem Angaben zur Frequenz der Berichterstattung, zu Beschlüssen auf Grundlage der RTF-Überprüfung sowie zur Kapitalplanung.

Zusammenfassend lässt sich festhalten, dass der Informationsgewinn für die Aufsicht infolge der Etablierung des ICAAP-Reportings aufgrund der Vielschichtigkeit und des Umfangs der erhobenen Daten deutlich erkennbar wird. Gleichwohl sollte sich der Bearbeitungsaufwand für die Institute in Grenzen halten, beziehen sich die Meldungen doch vornehmlich auf bereits etablierte Prozesse und Methoden sowie »stabile« Angaben im Rahmen der RTF-Überprüfung. Dessen ungeachtet kann es sich für einen reibungsloseren Meldeprozess anbieten, die institutsspezifischen Bezeichnungen im Rahmen der RTF-Überprüfung an die in den Meldevordrucken sowie in den Informationsmaterialien vorzufindende **bankaufsichtliche Nomenklatur** anzupassen.

5. Impulse für die Praxis

5.1. Überprüfung des eigenen RTF-Konzeptes

Eine effiziente und sachgerechte Bearbeitung und Abgabe der Risikotragfähigkeitsmeldungen gemäß §§ 10, 11 FinaRisikoV geht einher mit einer kritischen Überprüfung der eigenen RTF-Konzeption in Bezug auf Aktualität, Vollständigkeit und Konsistenz. Da der Aufwand für die Datenerhebung und Befüllung der Meldevordrucke eng verbunden ist mit der Komplexität und Vielschichtigkeit des Geschäftsmodells, aber auch mit der generellen RTF-Konzeption, kann die verpflichtende Meldung von Risikotragfähigkeitsinformationen als Anlass genommen werden, um historisch gewachsene »Nebenberechnungen« ohne Steuerungswirkung kritisch zu hinterfragen und gegebenenfalls auslaufen zu lassen beziehungsweise zu reduzieren.

5.2. Zuständigkeiten

In einem nächsten Schritt sollte das überarbeitete institutsindividuelle RTF-Konzept mit den unterschiedlichen Meldebögen abgeglichen werden, um so die Relevanz der einzelnen Meldevordrucke bestimmen zu können. Die Er-

---

215 Vgl. *Reuse* (2016.03), S. 19–20.

REGULATORISCHE RAHMENBEDINGUNGEN

gebnisse des Abgleichs sowie die Verantwortlichkeiten innerhalb des Meldeprozesses sollten durch die Institute in der schriftlich fixierten Ordnung dokumentiert werden. Bei der Festlegung der Verantwortlichkeiten sollte zudem zwischen der fachlichen Verantwortung und der Meldeverantwortung unterschieden werden.

421 Die Verantwortlichkeiten in Abhängigkeit der verschiedenen Meldevordrucke können sodann – wie in Abbildung B – 14 dargestellt – dokumentiert werden:

Vordruck	Inhalt	Relevanz	Fachliche Verantwortung	Melde-verantwortung
DBL	Inhalt: grundlegende Informationen zum Kreditinstitut bzw. zur Gruppe	X	OE Rewe	OE Rewe
GRP	Inhalt: Informationen zur Situation von Institutsgruppen, Finanzholdinggruppen und gemischten Finanzholdinggruppen			
STA	Inhalt: Ergänzung des Vordrucks GRP zur Erhebung der Stammdaten der im Vordruck GRP erfassten Unternehmen			
RTFK	Inhalt: grundlegende Informationen zum Risikotragfähigkeitskonzept	X	OE Risiko-controlling	OE Rewe
STKK	Inhalt: Informationen zur Konzeption eines jeden Steuerungskreises	X	OE Risiko-controlling	OE Rewe
...	...	...	...	...

Abbildung B – 13: Zuständigkeiten im Meldeprozess[216]

422 Mit der Festlegung der Verantwortlichkeiten sollten auch die Meldevordrucke im Detail analysiert werden. Können alle relevanten Felder befüllt werden? Können alle benötigten Daten rechtzeitig erhoben und bereitgestellt werden? Sind die Daten manuell nachzubearbeiten? Das Ergebnis dieser Analyse sollte abermals dokumentiert werden. Abbildung B – 15 zeigt anhand des Meldevordrucks RDP-BH wie dies ausgestaltet werden könnte:

---

216 Eigene Darstellung.

RDP-BH	Relevanz	Fachbereich	Datenquelle	Lieferung bis
1.1 Risikodeckungspotenzial aus Eigenkapital				
Bilanzielles Eigenkapital	X	OE Rewe	Bilanz	T(0) – 5 Arbeitstage
1.2 Nachrichtliche Posten				
Anteile im Fremdbesitz				
...	...	...	...	...
Drohverlustrückstellung wg. verlustfreier Bewertung des Zinsbuchs				
1.3 Weitere Posten				
Fonds für allgemeine Bankrisiken	X	OE Rewe	Bilanz	T(0) – 5 Arbeitstage
Verbindlichkeiten mit laufender Verlustteilnahme				
...	...	...	...	...
Planergebnis (+/–)	X	OE Banksteuerung	Prognose	T(0) – 5 Arbeitstage
...	...	...	...	...

Abbildung B – 14: Prozess der Datenerhebung am Beispiel des Meldevordrucks RDP-BH[217]

5.3. Datenqualität und Vieraugenprinzip

Neben der Festlegung der Zuständigkeiten im Erstellungs- und Übermittlungsprozess sollte auch erörtert werden, durch welche Maßnahmen die Qualität der Meldung sichergestellt werden kann. Im Rahmen von bankgeschäftlichen Prüfungen ist regelmäßig festzustellen, dass einzelne Institute die Aufgabe der Qualitätssicherung bei der Aufsicht verorten. Zur Vermeidung dieses misslichen Umstands sollten sich die Institute frühzeitig damit auseinandersetzen, inwieweit die Meldequalität institutsintern sichergestellt werden kann. Relevanz erhalten diese Überlegungen nicht zuletzt aufgrund des Um-

---

217 Eigene Darstellung.

stands, dass der Upload von Meldungen im Extranet der Deutschen Bundesbank bei dem Verstoß gegen **Validierungsregeln** nicht möglich ist. Es sollte mithin geklärt werden, inwieweit ein **4-Augen-Prinzip** eingerichtet werden muss oder ob eine **kompetenzgerechte Freigabe der Meldung** notwendig ist.

424 Obgleich der Implementierungs- und Arbeitsaufwand bei den ersten Meldungen wohl am größten ist, ist nicht zu vernachlässigen, dass Änderungen in der RTF-Konzeption Veränderungen im Meldeprozess bedingen können. In der Folge sollten die hier vorgestellten Arbeitsschritte nicht als einmalige Aufgabe betrachtet werden.

6. Fazit und Ausblick

425 Mit dem etablierten RTF-Reporting begegnet die deutsche Bankenaufsicht dem während der zurückliegenden Finanzkrise offenkundig gewordenen Informationsdefizit bei der Beaufsichtigung der Institute. Das eingerichtete Meldeverfahren ermöglicht eine regelmäßige und strukturierte Erhebung von Informationen zu den in den Instituten installierten RTF-Konzepten sowie zu der Höhe und der Entwicklung der institutsspezifischen wesentlichen Risiken und Risikodeckungspotenziale.[218]

426 Die in der Praxis geteilte Befürchtung, dass die neuen Meldeanforderungen die Methodenfreiheit aufgrund von möglichen Quervergleichen zunehmend einschränken könnten, kann nicht geteilt werden. So verweist die Aufsicht unter anderem auf den Umstand, dass »*mit dem Meldebogen nur ein Teil der für die RTF relevanten Informationen erhoben wird. Eine wertende Aussage ohne vertiefende Auseinandersetzung mit den Meldungen und der Hinzunahme weiterer Erkenntnisse unter Beachtung der nach Säule 2 bzw. den MaRisk bestehenden Methodenfreiheit sowie dem prinzipien- und qualitativ orientierten Charakter der diesbezüglich bestehenden Anforderungen ist daher nur eingeschränkt möglich. Folglich wird die Aufsicht alleine auf Basis dieser Meldung keine abschließende Beurteilung der Methoden und Verfahren vornehmen oder aufsichtliche Maßnahmen ableiten.*[219]« Die zusätzlichen Informationen können in diesem Kontext als Hilfsmittel für die Bankenaufsicht bei der laufenden Beaufsichtigung der Institute verstanden werden.

427 Vor diesem Hintergrund und der Tatsache, dass sich die Meldungen vornehmlich auf bereits etablierte Prozesse und Methoden sowie »stabile« Angaben im Rahmen der RTF-Überprüfung beziehen, kann der entstandene Im-

---

218 Vgl. *Deutsche Bundesbank* (2015a), S. 1.
219 *Deutsche Bundesbank* (2015a), S. 1.

plementierungs- und Bearbeitungsaufwand insgesamt als gering eingeschätzt werden. Als Herausforderung kann vielmehr die Etablierung konsistenter und adäquater Verfahren und Methoden zur Überprüfung und Sicherstellung der Risikotragfähigkeit verstanden werden.

IV. Ausblick auf die zukünftig zu erwartenden Regelungen durch die Aufsicht[220]

428 Die vorangegangenen Kapitel haben eindrucksvoll verdeutlicht, dass die Regulierung deutscher Banken zunehmend durch die europäische Aufsicht bestimmt wird. Folgende weitere Verschärfungen sind zu erwarten:

1. SREP für LSI[221]

429 Im Rahmen der Umsetzung des SREP für LSI werden schon im 2. Quartal die ersten 370 Institute von der Aufsicht angeschrieben, um deren institutsindividuelle SREP-Kapitalanforderung festzulegen, welche schon ab 2016 gelten könnte[222]. Dieser Effekt wird sich über 3 Jahre hinweg auf alle Institute erstrecken. Standardeigenkapitalquoten werden folglich eher die Ausnahme als die Regel sein.

2. Eigenkapitalunterlegung von Zinsänderungsrisiken

430 Im Fachgremium »Zinsänderungsrisiko im Anlagebuch (IRRBB)« wurde aktiv die Eigenkapitalunterlegung des barwertigen Zinsänderungsrisikos diskutiert[223]. Es wurde am 28.01.2016 im veröffentlichten Protokoll festgehalten, *»dass für der direkten Aufsicht der BaFin unterstehende Institute in diesem Jahr gemäß den Anforderungen von § 10 Abs. 3 Nr. 1 KWG Kapitalzuschläge für Zinsänderungsrisiken verhängt werden sollen«*[224]. Unabhängig vom SREP soll mit der Veröffentlichung dieser Allgemeinverfügung noch im zweiten Halbjahr 2016 sichergestellt werden, dass das Zinsänderungsrisiko der Institute mit Eigenkapital unterlegt wird[225].

431 Im Kontext der MaRisk 6.0-E erfährt dies eine besondere Brisanz, da Zinsrisiken hier nun trotz bestehender Meldepflicht sowohl im periodischen als auch im barwertigen Steuerungskreis betrachtet werden müssen[226]. *»Dies führt dazu, dass das Eigenkapital im Extremfall dreimal gebunden wird: periodisch (Säule II), barwertig (Säule II) und auch noch im Rahmen der geplanten Unterlegung nach Säule I.*

---

220 Autor: **Svend Reuse**. Die Ausführungen geben die persönliche Auffassung des Autors wieder.
221 Less Significant Institutions.
222 Vgl. *Wieck* (2016), S. 17.
223 Vgl. *Fachgremium Zinsänderungsrisiko im Anlagebuch* (2016), S. 1.
224 *Fachgremium Zinsänderungsrisiko im Anlagebuch* (2016), S. 1.
225 Vgl. *Hanenberg* (2016), S. 3.
226 Vgl. *BaFin* (2016.02b), BTR 2.3, Tz. 6, diskutiert in *Reuse* (2016.02b), S. 5.

Es wird deutlich, dass die Aufsicht das Eingehen von Zinsänderungsrisiken zumindest erschweren möchte[227].«

3. Going-Concern in Diskussion

In diesem Kontext – auch vor dem Hintergrund der standardisierten FinaRisikoV-Meldungen – stellt sich die Frage, wie lange Going-Concern Ansätze noch praktikabel sind[228]. Bei konsequenter Verfolgung des Säule 1+ Ansatzes haben Säule II Ansätze mittelfristig ausgedient und werden durch Gone-Concern Ansätze ersetzt werden[229].

432

Da die europäische Bankenaufsicht die deutschen Besonderheiten wie Going-Concern oder die vergleichsweise hohe Fristentransformation nicht oder nur kaum kennt, stehen diese Aspekte im besonderen Fokus. Die Institute müssen aus Sicht des Herausgebers hier mit Verschärfungen bis hin zur Einschränkung des Geschäftsmodells rechnen – was vor dem Hintergrund der Niedrigzinsen und des SREP-Papiers in Bezug auf die Geschäftsmodellanalyse[230] doppelt gefährlich ist.

433

---

227 *Reuse* (2016.02b), S. 5.
228 Auch diskutiert in *Hanenberg* (2016), S. 6.
229 Vgl. *Reuse* (2016.03), S. 20.
230 Vgl. *EBA* (2014.12), S. 27 ff.

C.
Zusammenhang von Strategiekonzepten und Risikotragfähigkeit

C. Zusammenhang von Strategiekonzepten und Risikotragfähigkeit

I. Definition eines konsistenten Strategiesystems[231]

Unter Strategien werden in der Wirtschaft die meist langfristig geplanten Verhaltensweisen zur Erreichung der Unternehmensziele verstanden. Eine Unternehmensstrategie soll somit aufzeigen, auf welche Art und Weise ein mittel- oder langfristiges unternehmerisches Ziel erreicht werden soll. Eine homogene Auslegung des Begriffes »Strategie« ist in der wissenschaftlichen Literatur jedoch nicht zu finden.[232]

434

Von einem Strategiesystem kann gesprochen werden, wenn folgende Voraussetzungen vorliegen:

435

- Strategien bestimmen die Aktivitätsfelder oder eines Unternehmens.
- Strategien sind konkurrenzbezogen, d. h. sie bestimmen das Handlungsprogramm gegenüber dem Mitwettbewerbern (z. B. in Form von Imitation, Kooperation, Dominanz oder Abgrenzung).
- Strategien beziehen sich auf Situationen und Entwicklungen in der Umwelt und somit auf Chancen und Risiken. Sie begegnen diesen externen Veränderungen resp. versuchen diese nehmen Bezug auf die Ressourcen des Unternehmens und damit dessen auf die Stärken und Schwächen in ihrer relativen Position zur Konkurrenz.
- Strategien spiegeln die zentralen Einstellungen, Wünsche und Wertvorstellungen der Entscheidungsträger wider.
- Strategien sind ganzheitlich und nicht nur auf einzelne Funktionsbereiche ausgerichtet.
- Strategien haben eine hohe Bedeutung für die Vermögens- und Ertragslage eines Unternehmens und weit reichende Folgen mit Blick auf die die Bindung von Ressourcen. Es handelt sich um Entscheidungen mit großer Tragweite.
- Strategien sind zukunftsorientiert. Sie basieren auf Erwartungen über die Entwicklung eigener Kompetenzen und Umweltzustände.
- Strategien können, müssen aber nicht, Ergebnis eines systematischen Planungsprozesses sein.

---

231 Autor Kapitel C.I.-C.IV.: **Matthias Haug**. Die Ausführungen geben die persönliche Auffassung des Autors wieder.
232 Vgl. *Huber* (2006), S. 38 ff.

STRATEGIEKONZEPTE UND RISIKOTRAGFÄHIGKEIT

- Strategien erfordern für ihre erfolgreiche Umsetzung die Formulierung von Maßnahmenplänen für die jeweiligen Funktionsbereiche.
- aktiv im eigenen Sinne zu beeinflussen.
- Strategien Strategie darf nicht als Ergebnis, sondern muss als Prozess verstanden werden.[233]

436 Werden diese allgemein gültigen Aussagen auf die Finanzdienstleistungsbranche übertragen, wird spätestens seit Ausbruch der Finanzkrise im Jahre 2008 klar, dass ein konsistentes, d. h. durchgängiges und auf das jeweilige Kreditinstitut abgestimmtes Strategiesystem dringend erforderlich ist. Vor diesem Hintergrund haben viele Banken auch ihre Geschäftsmodelle dem veränderten Umfeld angepasst. Die Gründe hierfür liegen zum einerseits in sich erheblich gewandelten Bankenlandschaft sowie auf der anderen Seite in deutlich verschärften aufsichtsrechtlichen Vorschriften.

437 Die Mindestanforderungen an das Risikomanagement (MaRisk) fordern von der Geschäftsleitung eines Kreditinstitutes die Festlegung einer nachhaltigen Geschäftsstrategie und einer dazu konsistenten Risikostrategie. Die Geschäftsleitung hat für die Umsetzung der Strategie verantwortlich.[234] Die Bankenaufsicht wird sich in Zukunft noch stärker mit dem Thema Strategie befassen, da der geschäftsstrategischen Ausrichtung der Banken eine hohe Bedeutung eingeräumt wird.[235] Daneben sieht die BaFin noch erheblichen Optimierungsbedarf im eigentlichen Strategieprozess und im jenem Rahmen innerhalb dessen Kreditinstitute ihre Strategien entwickeln, anpassen umsetzen und beurteilen.[236]

438 Somit bilden die Geschäftsstrategie und die Risikostrategie neben den anderen strategischen Planungen einer Bank für das strategische Management des Instituts durch seine Vorstände. Die operativen Planungen der Bank und alle Managemententscheidungen müssen grundsätzlich konform zur beschlossenen Strategie sein.

---

233 Vgl. *Schwenker* (2011), S. 84.
234 Vgl. *BaFin* (2012.12b), AT 4.2.
235 Vgl. *BaFin* (2010.05), S. 102 ff.
236 Vgl. *BaFin* (2010.07).

II. Ausgestaltung einer Risikostrategie

1. Verankerung der Risikostrategie in bankaufsichtlichen Vorschriften

Als eine der Konsequenzen aus der Finanzmarktkrise ist das Thema Nachhaltigkeit im Sinne einer langfristigen und zielgerichteten Banksteuerung in den Fokus der nationalen Bankenaufsicht gerückt. Aber nicht nur auf nationaler Ebene, sondern auch im Rahmen der noch zu schaffenden europäischen Bankenaufsicht werden die Themen der Nachhaltigkeit von Geschäftsmodelle und hieraus resultierende Geschäftsstrategien von Banken eine zentrale Rolle spielen.[237]

439

Bei Untersuchung der bankaufsichtsrechtlichen Vorgaben und Vorschriften für den Bereich der Geschäfts- und Risikostrategie fällt auf, dass Regelungen in diesem Bereich den Instituten einen relativ großen Gestaltungsspielraum zugestehen. Dies ist mit dem Ziel der Bankenaufsicht, nämlich der Stabilität des Finanzsystems, zu begründen. Hierbei spielt die Solvenz der Banken eine entscheidende Rolle, so dass aufsichtsrechtliche Vorgaben stets am Risikotragfähigkeitskalkül ansetzen.[238]

440

Banken hingegen verfolgen auch Ergebnisziele. Daher wird aus betriebswirtschaftlichen Gründen die ökonomisch sinnvollste Kapitalausstattung angestrebt, um das angestrebte Wertsteigerungsziel zu erreichen. Aus diesem Grunde muss die moderne Banksteuerung sowohl die betriebswirtschaftliche Perspektive (interne Steuerung) als auch die aufsichtsrechtliche Sichtweise (externe Steuerung) integrieren. Während die Angemessenheit der Eigenmittel (Säule 1) konkret durch externe Vorgaben definiert ist, haben die Institute in der internen Steuerung mehr Gestaltungsspielräume.[239] So wird die Risikotragfähigkeitsanalyse im ICAAP (Säule 2) anhand eigener Modelle vorgenommen und stützt sich hierbei auf ein anderes Kapitalkonzept: das ökonomische Kapital. Es stellt die Messgröße zur Bestimmung der notwendigen Risikodeckungsmasse aus interner Steuerungsperspektive dar.

441

Bei genauer Betrachtung der Verlautbarungen des Baseler Ausschusses zur Säule 2 (bankaufsichtlicher Überwachungsprozess) fällt auf, dass zwei zentrale Anforderungen an Banken gestellt werden:

442

---

237 Vgl. *Baseler Ausschuss für Bankenaufsicht* (2012.09), S. 33 ff.
238 Vgl. *Schierenbeck* (2003), S. 51.
239 Vgl. *BaFin* (2012.12b), AT 1, Tz. 2 sowie § 25a, Abs. 2 KWG.

STRATEGIEKONZEPTE UND RISIKOTRAGFÄHIGKEIT

- Banken müssen sie über ein Verfahren verfügen, mit dem sie beurteilen können, ob ihre Eigenkapitalausstattung in einem angemessenen Verhältnis zu ihrem Risikoprofil ist. Ferner müssen sie über eine Strategie für den Erhalt ihres Eigenkapitalniveaus verfügen. Diese Strategie wird als Internal Capital Adequacy Assessment Process (ICAAP) bzw. Internes Kapitaladäquanzverfahren bezeichnet.

- Daneben wird die Aufsicht die Anforderung gestellt, alle Banken einem Evaluierungsprozess zu unterziehen. Auf Basis dieses Prozesses können gegebenenfalls Aufsichtsmaßnahmen erforderlich werden.

443   Das interne Kapitaladäquanzverfahren umfasst alle Verfahren und Maßnahmen einer Bank, die folgende Punkte sicherstellen:

- Angemessene Identifizierung und Messung der Risiken.

- Angemessene Ausstattung mit internem Kapital im Verhältnis zum Risikoprofil.

- Anwendung und Weiterentwicklung geeigneter Risikomanagementsysteme.[240]

444   Damit soll die zweite Säule sicherstellen, dass alle wesentlichen Risiken, die eine Bank eingeht, berücksichtigt werden. Dies betrifft auch Risiken, die in der ersten Säule nicht erfasst werden (z. B. Zinsänderungsrisiken im Anlagebuch).

445   Die Notwendigkeit der Erstellung einer Risikostrategie durch Banken ist in der Rahmenvereinbarung des Baseler Ausschusses aus dem Jahre 2004 (sog. Basel II) jedoch nicht direkt zu finden. Vielmehr ist folgender sehr pauschal formulierter Grundsatz zu Strategiesystemen von Banken zu finden: *»Banken sollten über ein Verfahren zur Beurteilung ihrer angemessenen Eigenkapitalausstattung im Verhältnis zu ihrem Risikoprofil sowie über eine Strategie für den Erhalt ihres Eigenkapitalniveaus verfügen.«*[241] Vielmehr ergibt sich die Erfordernis zur Formulierung einer Risikostrategie aus den Anforderungen an das Risikomanagement, da hier explizit CRM[242]-Strategien und Strategien zur Vermeidung von Risikokonzentrationen gefordert werden.[243]

446   Selbst die Neufassung der vorgenannten Rahmenvereinbarung durch den Baseler Ausschuss für Bankenaufsicht nach der Finanzmarktkrise im Dezember 2010 (sog. Basel-III-Papier) sowie deren Überarbeitung im Juni 2011 hat keine geänderten Anforderungen an den ICAAP und somit an bankbetriebliche Strategiesysteme mit sich gebracht. Vielmehr beziehen sich die Änderun-

---

240 Vgl. *Baseler Ausschuss für Bankenaufsicht* (2004.06), S. 182 ff.
241 Vgl. *Baseler Ausschuss für Bankenaufsicht* (2004.06), S. 181.
242 Customer Relationship Management.
243 Vgl. *Baseler Ausschuss für Bankenaufsicht* (2004.06), S. 191 ff.

gen im Basel-III-Papier auf die Eigenkapitalausstattung von Instituten, die Einführung eines Liquiditätsstandards (LCR[244], NSFR[245]) sowie eine Höchstverschuldungsquote (Leverage Ratio).[246]

Eine juristische Einordnung der Verlautbarungen des Baseler Ausschusses kommt nach Prüfung des Regelwerkes zu dem Ergebnis, dass diese rechtlich in keinster Weise bindend sind. Vielmehr handelt sich nur um die Formulierung von Richtlinien und Empfehlungen. Die Empfehlungen werden aber in der Regel in nationales Recht in passender Form übernommen. Dies kann auf europäischer Ebene durch entsprechende EU-Verordnung oder -Richtlinie oder ein entsprechendes nationales Umsetzungsgesetz erfolgen.[247] Dies zeigt Abbildung C – 1.

447

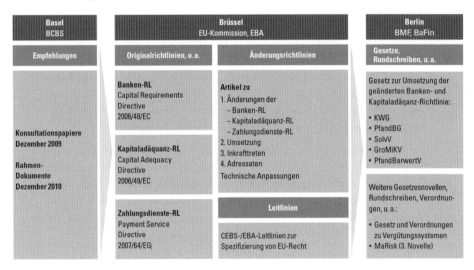

Abbildung C – 1: *Umsetzung bankaufsichtlicher Regelungen in der EU*[248]

Während ein wesentliches Ziel der bisherigen Basel-Initiativen die Stärkung der Widerstandsfähigkeit der einzelnen Kreditinstitute und des gesamten Bankensektors durch eine Verminderung von Risiken durch ein verbessertes Management einer im Gesamtsystem einer Bank vorhandenen Risiken ist, adressieren die jüngsten MaRisk-Novellen die Themen »Strategie« und »Risikostra-

448

---

244 Liquidity Coverage Ratio.
245 Net Stable Funding Ratio.
246 Vgl. *Baseler Ausschuss für Bankenaufsicht* (2011.06), S. 3 ff.
247 Vgl. *KMPG* (2011), S. 6 f.
248 Quelle: *KPMG* (2011), S. 6.

tegie« stärker als dies in der jüngeren Vergangenheit der Fall war.[249] So schreiben die MaRisk die Implementierung eines dezidierten Strategieprozesses vor, der sowohl die Ziele einer Bank als auch die hieraus abgeleiteten Maßnahmen zur Erreichung der strategischen Ziele darstellt. Daneben hat dieser Strategieprozess alle relevanten internen und externen Faktoren zu berücksichtigen. Letztendlich führt dieser Strategieprozess in den einzelnen Instituten dazu, die eigenen Geschäftsmodelle mit Hinblick auf deren Nachhaltigkeit kritisch zu überprüfen und sich konsequent auf veränderte Rahmenbedingungen einzustellen.[250]

449 Werden die MaRisk aus juristischer Sicht beurteilt, so ist festzustellen dass diese »lediglich« Verwaltungsanweisungen der Bankenaufsicht, die mit einem Rundschreiben der BaFin jeweils veröffentlicht werden, darstellen.[251] Die Rechtsgrundlage für dieses Rundschreiben findet sich im §25a KWG. Die erstmalige Veröffentlichung erfolgte mit Rundschreiben 18/2005 vom 20.12.2005 und zuletzt am 14.12.2012 durch das Rundschreiben 10/2012 (BA[252]). Dennoch ist die Bedeutung der MaRisk für den bankbetrieblichen Alltag immens hoch, da diese die Vorschriften des § 25a KWG konkretisieren und den bankaufsichtlichen Überprüfungsprozess gemäß Baseler beziehungsweise europäischen Regelungstexten in deutsches Recht umsetzen.

450 Die prinzipienbasierten MaRisk orientieren sich insbesondere am sog. »Proportionalitätsgrundsatz«. Mit diesem Grundsatz eröffnet die Aufsicht eröffnet den Instituten damit Spielräume für die konkrete Umsetzung – in Abhängigkeit von Institutsgröße, Geschäftsmodell und dem damit jeweils einhergehenden Risikogehalt der Geschäftstätigkeit. Im Gegenzug erwartet die Aufsicht, dass diese Spielräume von den Instituten sachgerecht ausgestaltet werden.[253]

2. Von der Mission, über die Strategie zum Risikomanagement

451 Wie eingangs ausgeführt, hat die Finanzkrise gezeigt, dass eine Vielzahl von in der Vergangenheit erfolgreicher Ansätze zur Banksteuerung nicht mehr funktionieren oder diese von Dritten als nicht mehr angemessen betrachtet werden. Dies betrifft sowohl die Informationsgewinnung und -verarbeitung als auch die Managementansätze. Auf Erfahrung basierendes, d. h. intuitives Management alleine reicht nicht mehr aus, um die die zwischenzeitlich not-

---

249 Vgl. *Köhne/Sattler* (2011), S. 62.
250 Vgl. *Weimer* (2012), S. 52.
251 Vgl. *Ullrich* (2012), S. 6.
252 Bankenaufsicht.
253 Vgl. *KMPG* (2011), S. 20.

wendigen komplexen Szenarien aufzustellen und entsprechende Schlüsse daraus zu ziehen. Ferner wird die Verantwortung zunehmend bei der gesamten Geschäftsleitung und nicht mehr ausschließlich bei den dezidiert für das Risikomanagement zuständigen Personen gesehen. Dies macht eine Beteiligung der gesamten Geschäftsleitung an wesentlichen Stellen des Strategieprozesses zwingend erforderlich.

Um die Komplexität der bestehenden Risiken abzudecken, hat sich gezeigt, dass das Zusammenführen von Informationen aus allen Teilen einer Organisation ebenso unerlässlich ist wie das Zurückspielen und Aggregieren dieser Informationen aus den heutigen Silos der einzelnen Risikoarten heraus in die gesamte Bank. Somit ergibt sich konsequenter Weise ein ganzheitlicher Prozess zur Strategieentwicklung.[254]

452

Bei Analyse der einschlägigen Literatur zum Thema systemischer, d. h. ganzheitlicher, Strategieentwicklung fällt auf, dass die Autoren überwiegend nachfolgend dargestelltes Vorgehen im Bereich der Entwicklung und Umsetzung von Strategien empfehlen:

453

1. Basis für jede Art von Strategie bildet die Vision eines Unternehmens. Die Vision bildet einen gemeinsam entwickelten Orientierungsrahmen und eine wünschenswerte, mögliche Zukunftsvorstellung des Unternehmens ab. Eine Vision soll Energien und Emotionen freisetzen und hierdurch sinn- und konsensbildend wirken.[255]

2. Aufbauend auf der Vision wird das Geschäftsmodell eines Unternehmens abgeleitet. Das Geschäftsmodell beschreibt die Schlüsselfaktoren für den Unternehmenserfolg. Es erklärt ferner die Grundhaltung zu Themen wie Wachstum, Risiko und Ethik. Oftmals wird auch die Fragestellung in welchen Märkten Wettbewerbsstellungen aufgebaut werden behandelt. Anders gesagt bildet ein Geschäftsmodell ein Geschäftsmodell in stark vereinfachter und aggregierter Form ab, welche Ressourcen in die Unternehmung fließen und wie diese durch den innerbetrieblichen Leistungserstellungsprozess in vermarktungsfähige Informationen, Produkte oder Dienstleistungen transformiert werden.[256]

3. Erst einem dritten Schritt wird schließlich die Geschäftsstrategie eines Unternehmens definiert. Die Aufgabe der Geschäftsstrategie ist die Beantwortung der Fragestellung, was getan werden muss, um die in den einzelnen Geschäftsfeldern angestrebte Wettbewerbsposition aufzubauen bzw. zu halten ist. Die Ableitung einer Geschäftsstrategie er-

---

254 Vgl. *Köhne/Sattler* (2011), S. 63.
255 Vgl. *Ellebracht/Lenz/Osterhold* (2004), S. 174.
256 Vgl. *Wirtz* (2010), S 119.

folgt nach einer Analyse der Ausgangssituation in Form einer Umfeldanalyse sowie einer Unternehmensanalyse (Visionen, Ziele, Märkte, Produkte & Dienstleistungen, Wettbewerb, Potentiale, Alleinstellungsmerkmale). Die hierzu oftmals verwendeten Instrumente sind SWOT[257]- sowie Stärken-Schwächen-Analysen.

4. In weiteren Schritten werden Funktions- und ggf. Abteilungsstrategien definiert, um die Geschäftsstrategie optimal zu unterstützen. In diesem Zusammenhang wird in aller Regel geklärt, welche organisatorischen Strukturen (z. B. Prozessorientierung) erforderlich sind, um die in der Geschäftsstrategie definierten Ziele zu erreichen.[258]

454 Die MaRisk adressieren seit ihrer Überarbeitung im Jahre 2011 die Themen »Strategie« und »Risikostrategie« – wie oben ausgeführt – stärker als dies in der Vergangenheit der Fall war. Im Detail schreiben die MaRisk einen dezidierten Strategieprozess vor, der sowohl die Ziele einer Bank als auch die geplanten Maßnahmen zu deren Erreichung darstellt. Dies hat unter Berücksichtigung aller relevanten internen und externen Faktoren zu erfolgen.[259]

455 Überträgt man das allgemeine Vorgehen zur Entwicklung und Umsetzung von Strategien und die Vorgaben seitens der Bankenaufsicht auf die Strategieentwicklung in Banken, so lässt der in der nachfolgenden Abbildung C – 2 dargestellte bankbetriebliche Strategieprozess ableiten:

---

257 Strengths, Weaknesses, Opportunities and Threats.
258 Vgl. *Ellebracht/Lenz/Osterhold* (2004), S. 175.
259 Vgl. *BaFin* (2012.12b), AT 4.2, Tz. 2.

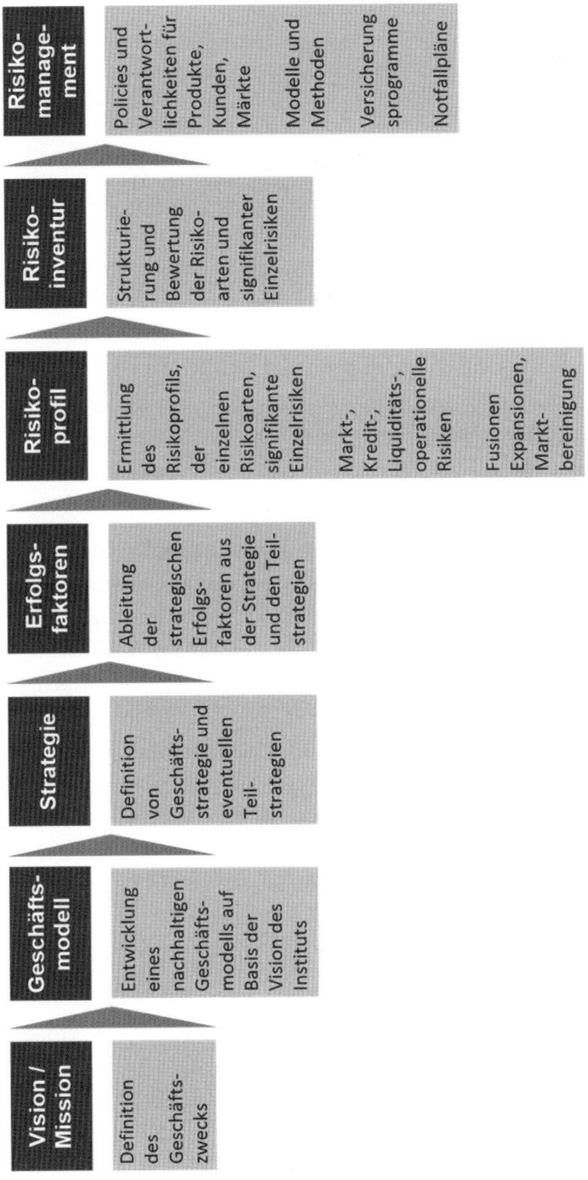

Vision / Mission	Geschäfts-modell	Strategie	Erfolgs-faktoren	Risiko-profil	Risiko-inventur	Risiko-management
Definition des Geschäfts-zwecks	Entwicklung eines nachhaltigen Geschäfts-modells auf Basis der Vision des Instituts	Definition von Geschäfts-strategie und eventuellen Teil-strategien	Ableitung der strategischen Erfolgs-faktoren aus der Strategie und den Teil-strategien	Ermittlung des Risikoprofils, der einzelnen Risikoarten, signifikante Einzelrisiken Markt-, Kredit-, Liquiditäts-, operationelle Risiken Fusionen Expansionen, Markt-bereinigung	Strukturie-rung und Bewertung der Risiko-arten und signifikanter Einzelrisiken	Policies und Verantwort-lichkeiten für Produkte, Kunden, Märkte Modelle und Methoden Versicherung sprogramme Notfallpläne

Abbildung C – 2:   *Bankbetrieblicher Strategieprozess*[260]

---

260   Quelle: *Köhne/Sattler* (2011), S. 63.

456 Eine weitere Konsequenz der Finanzkrise ist die Erkenntnis, dass bestimmte bankbetriebliche Geschäftsmodelle ganz oder in Teilen nicht mehr einträglich betrieben werden können. Dies stellt manche Institute vor die Herausforderung bestehende Geschäftsstrategien an sich geänderte Rahmenbedingungen anzupassen oder gar die Notwendigkeit das Geschäftsmodell und die hiermit verbundene Geschäftsstrategie diese komplett neu zu entwickeln.[261]

457 Für das Management der bankbetrieblichen Risiken ist dies aus einem elementaren Grund von hoher Bedeutung. Nur eine klare Geschäftsstrategie ermöglicht eine klare und nachvollziehbare Identifikation der wesentlichen Risiken. Daneben können nur bekannte Risiken auf Basis der vorhandenen Risikotragfähigkeit eines Instituts bewusst gemanagt werden. Ist eine Geschäftsstrategie hingegen unklar oder gar nicht nachvollziehbar, so sind es meist auch ihre inhärenten Risiken. Bleibt diese Art von Risiken unklar, kann selten eine erfolgsversprechende Risikostrategie abgeleitet werden. Somit fällt auch das Management der Risiken entsprechend schwer.

458 Aus Sicht eines Prüfers steht nicht das Hinterfragen der Geschäftsstrategie in Vordergrund. Im Fokus der MaRisk steht alleine der Strategieprozess, von dem verlangt wird, dass er sämtliche für den Geschäftserfolg einer Bank relevanten Aspekte vorausschauend erkennt, um daraus die Risikostrategie und hiermit verbundene Maßnahmen zu deren Umsetzung abzuleiten. Diese Umsetzungsmaßnahmen müssen im Nachgang auch auf ihren Erfolg hin überprüfbar sein. Anders formuliert muss die Geschäftsstrategie das Kriterium der Controllingfähigkeit erfüllen.[262] Daneben stellen die regulatorischen Vorschriften auch vergleichbare Anforderungen an die Dokumentation des Prozess. Diese ist von erheblicher Bedeutung, sie den Prozess, seine Ergebnisse und die Wirksamkeit darauf basierende Maßnahmen für Dritte nachvollziehbar macht.

459 Das oben beschriebe und schrittweise Vorgehen im Rahmen des Strategieprozesses stellt sicher, dass die Geschäftsstrategie, durch Gesamtrisikostrategie und hieraus abgeleitete Teilrisikostrategien (z. B. Kreditrisikostrategie, Eigenanlagenstrategie) bis hin zu den einzelnen Risikoarten hinreichend operationalisiert wird. Am Ende des Prozesses werden auf schließlich Segmentebene zwecks Operationalisierung des Risikoappetits eines Instituts entsprechende Expected Loss Limite sowie Marktrisikolimite definiert. Dies zeigt Abbildung C – 3.

---

261 Vgl. *Weimer* (2012), S. 54.
262 Vgl. *BaFin* (2012.12b), AT 4.2, Tz. 4.

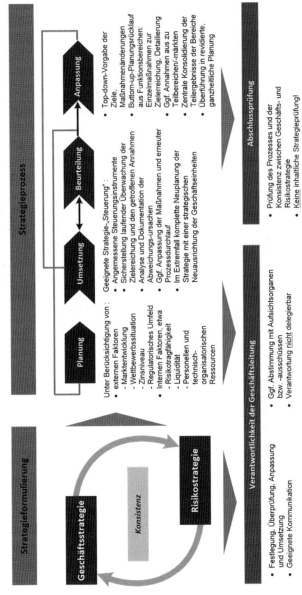

Abbildung C – 3: Beispiel eines MaRisk-konformen Strategieprozesses[263]

---

263 Quelle: *Glaser* (2012b), S. 134.

460 Der Strategieprozess und die hiermit verbundene Dokumentation sind aus Sicht des Risikomanagements weniger komplex als häufig vermutet. Die aus Sicht der MaRisk notwendigen Elemente lassen sich in aller Regel ohne größere Probleme in die existierenden Strategieprozesse der jeweiligen Institute einbinden. Wesentlich für jede Entwicklung oder Anpassung einer Strategie ist das übergeordnete Ziel, das Geschäftsmodell resp. der Geschäftszweck. Je konkreter diese gefasst sind, desto leichter fällt die Entwicklung der zur Erreichung notwendigen Strategie oder Teilstrategien. Aus diesem Grunde setzt jede Strategieentwicklung oder Neuausrichtung bei der Formulierung oder Überprüfung einer Mission resp. eines Geschäftsmodells.[264]

3. Das Geschäftsmodell als Basis der Strategieentwicklung

461 Das Geschäftsmodell (»business modell«) eines Unternehmens beschreibt die logische Funktionsweise desselben und auf welche Art und Weise Gewinne erwirtschaftet werden. Somit soll die Beschreibung von Geschäftsmodellen helfen die Schlüsselfaktoren des Unternehmenserfolges oder Misserfolges zu verstehen, analysieren und kommunizieren. Es existiert jedoch weder in der Wissenschaft noch in der Praxis eine allgemeine akzeptierte Definition für diesen Begriff.[265]

462 Für Banken besteht die Herausforderung ihre Geschäftsmodelle auf den Prüfstand zu stellen und diese unter dem Aspekt der Nachhaltigkeit zu überprüfen. Die Notwendigkeit zur Überprüfung der Geschäftsmodelle resultiert zum einen aus der Finanzkrise und den hierdurch veränderten Rahmenbedingungen. Zu anderen können regulatorische Reformvorhaben deutliche Auswirkungen auf die Geschäftsmodelle von Banken haben. So fordert die Liikanen-Gruppe eine Trennung von Handelsaktivitäten und klassischen Einlagen- und Kreditgeschäft.[266] Auch der Baseler Ausschuss drängt in seinen jüngsten Vorschlägen auf Überarbeitung der Handelsbuchkriterien und des Verbriefungsregelwerks[267]. Auch ist weiterhin offen, wie die Liquiditätsanforderungen für die kurz- und langfristige Refinanzierung (LCR, NSFR) ausgestaltet sein werden. Gerade diese beiden Kennzahlen haben erhebliche Auswirkungen auf die Geschäftsmodelle von Banken, da sie unmittelbar in die Struktur das Passiva eines Instituts eingreifen. Daneben sind mit diesen Regelungen unerwünschte Nebeneffekte und widersprüchliche Anreize verbunden.

---

264 Vgl. *Köhne/Sattler* (2011), S. 64.
265 Vgl. *Romeike/Hager* (2009), S. 375.
266 Vgl. *EU-Kommission* (2012.10), S. 99 ff.
267 Vgl. *Baseler Ausschuss für Bankenaufsicht* (2012.12).

Institute, die Wertpapierdienstleistungen anbieten, aber auch klassische Einlagenkreditinstitute müssen sich bei der Analyse ihrer Geschäftsmodelle verstärkt mit dem Thema Verbraucher-/Anlegerschutz sowie den damit verbundenen Kosten bzw. Implikationen auf derzeitige Ertragsquellen auseinandersetzen. So sieht die MiFID[268] II u. a. vor, dass sog. »Zuwendungen« und somit auch Bestandsprovisionen, aber auch andere monetäre Beratungsprovisionen offengelegt werden müssen. Institute werden damit faktisch gezwungen, ihre Produktpalette bzw. ihre Vertriebswege neu zu überdenken.[269] 463

Den obigen Ausführungen ist zu entnehmen, dass Geschäftsleitungen und Aufsichtsorgane mit einem deutlich strengeren regulatorischen Umfeld konfrontiert sind. Dies hat Einfluss auf die Größe, das Wachstum und die zukünftigen Geschäftsmodelle von Banken haben. 464

Zwischen regulatorischem Umfeld und der Geschäftsstrategie eines Instituts besteht ein direkter Zusammenhang, da eine solide Risikosteuerung Hand in Hand mit einer erfolgreichen Geschäftsstrategie und ggf. die Anpassung des einen oder anderen geht. Dies setzt natürlich noch mehr als bislang ein tiefes Verständnis der jeweiligen Geschäftsbereiche und -modelle voraus. Veränderungen im Rahmen eines Geschäftsmodells haben unweigerlich Auswirkungen auf das Gesamtrisikoprofil einer Bank und können bisher in diesem Ausmaß nicht vorhandene Risiken auslösen. Regelmäßige Reviews der Geschäftsmodelle sowie der Geschäftsstrategie auf die daraus erwachsenden Risiken sollten im Vordergrund des Strategieprozesses stehen. 465

4. Ausgestaltung der Geschäfts- und Risikostrategie

Im Sinne einer langfristigen und zielgerichteten Banksteuerung werden langfristige Ziele und Wege zur Erreichung derselben – wie oben bereits ausgeführt – in Strategien verankert. Kernstück ist hierbei die Geschäftsstrategie, welche sich in den meisten Instituten nach Geschäftsfeldern gliedert. Es bietet sich in diesem Zusammenhang auch an, die Strategie an den im Geschäftsmodell eines jeden Hauses definierten Geschäftsfeldern auszurichten, da durch dieses Vorgehen ein durchgängiger Strategieprozesses gewährleistet ist. Diese Konsistenz des Strategieprozesses, d. h. die Ableitung von Strategien aus einer Vision oder einem Unternehmensleitbild ist aus den MaRisk klar abzuleiten.[270] Dies zeigt Abbildung C – 4. 466

---

268 Markets in Financial Instruments Directive.
269 Vgl. *Thelen-Pischke/Sawahn* (2012), S. 66.
270 Vgl. *Hannemann/Schneider* (2011), S. 202 ff.

STRATEGIEKONZEPTE UND RISIKOTRAGFÄHIGKEIT

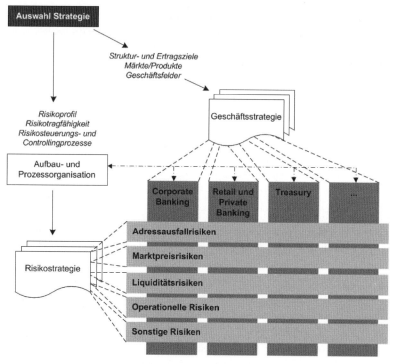

Abbildung C – 4:   *Zusammenhang zwischen Geschäfts- und Risikostrategie*[271]

467 Daneben legen die MaRisk auch ganz klar die Verantwortlichkeit für die Erstellung und den Inhalt der Geschäftsstrategie in die Hand der Geschäftsleitung des jeweiligen Instituts. Daneben hat sich aber auch das Aufsichtsorgan im Rahmen mit seiner Überwachungsverpflichtungen intensiv mit der strategischen Ausrichtung des Instituts und dessen Weiterentwicklung zu befassen.[272]

468 Bezüglich Mindestinhalte einer Geschäfts- und Risikostrategie sowie Festlegung der einzelnen Zieldimensionen lassen sich in den relevanten aufsichtsrechtlichen Regelungen jedoch keine präzisen Vorgaben finden. Dennoch fordern die MaRisk, dass eine Geschäftsstrategie alle für ein Institut wesentlichen Geschäftsfelder sowie alle hiermit verbundenen Risiken berücksichtigt.[273] Diese Anforderung ergibt sich aus der Tatsache, dass das Strategiesystem eines Instituts konsistent sein muss. Da meisten Geschäftsaktivitäten mit dem

---

271 In Anlehnung an *Treasuryworld* (o. J.).
272 Vgl. *BaFin* (2012.12b), AT 4.2, Tz. 5.
273 Vgl. *Hannemann/Schneider* (2011), S. 181 f.

Eingehen von Risiken verbunden sind, sind auch für den Umgang mit diesen entsprechende strategische Ausrichtungen von Nöten.

In der bankbetrieblichen Praxis haben sich folgende Zieldimensionen in den für ein Institut relevanten Geschäftsaktivitäten resp. -feldern herausgebildet:

- Wachstum (Marktanteile, Neugeschäft)
- Effizienz (Budgets, Kostenquoten)
- Risiko (Volumina, Konzentrationen) und
- Profitabilität (Ergebnis).[274]

Während die Festlegung geschäftsstrategischer Aussagen – wie an anderer Stelle bereits ausgeführt – allein im Ermessen der Geschäftsleitung eines Instituts liegt und somit hohen Freiheitsgraden unterliegt, besitzt die Risikostrategie auch aufsichtsrechtliche Relevanz. Zur Gewährleistung eines angemessenen Risikomanagements ist sie auch Prüfungsgegenstand. Durch das Institut ist in diesem Zusammenhang auf eine schlüssige Verzahnung zur Geschäftsstrategie zu achten. Das bedeutet, dass Aussagen der Risikostrategie konsistent zur Geschäftsstrategie sein sollten. Beispielsweise würde die Ausweitung von Geschäftsaktivitäten auch für die Risikostrategie von Bedeutung sein, wenn mit diesen Geschäften relevante Risiken einhergehen. Hierauf geht Abbildung C – 5 näher ein.

Abbildung C – 5:   *Konsistenz zwischen Geschäfts- und Risikostrategie*[275]

---

274 Vgl. *Erbsen* (2011), S. 508.
275 Eigene Darstellung.

471 Doch während eine Geschäftsstrategie den Anspruch hat strategische, d. h. mittel- bis langfristige Entwicklungswege aufzuzeigen, ist die Risikostrategie eines Instituts auf Jahressicht fokussiert und wird häufig mit der operativen Geschäftsplanung erstellt.[276] Gegenstand der Risikostrategie ist u. a.:

- die zukünftige Entwicklung der Risikoposition, also eingegangene Risiken vor dem Hintergrund von Risikotragfähigkeit und Risikobereitschaft,

- die Ausgestaltung der Risikosteuerungs- und Controllingprozesse, insbesondere für die wesentlichen Risiken,

- die Auswahl von geeigneten Steuerungsinstrumenten und die Bereitstellung von Ressourcen,

- die Fixierung von Grundsätzen zur Aufbau- und Ablauforganisation in den risikorelevanten Bereichen.[277]

472 Abbildung C – 6 verschafft einen Überblick über alle für ein Institut i. d. R. als »wesentlich« zu bezeichnenden Risiken, die von der Risikostrategie erfasst werden müssen.

Abbildung C – 6: Übersicht der wesentlichen Risiken eines Instituts[278]

---

276 Vgl. *Hannemann/Schneider* (2011), S. 194
277 Vgl. *Hannemann/Schneider* (2011), S. 194 f.
278 In Anlehnung an *Treasuryworld* (o. J.).

Aufgrund der Tatsache, dass die Risikostrategie einer Bank auch zugleich der unmittelbare Ausdruck der Risikotoleranz und somit der Risikobereitschaft eines Instituts ist, muss diese auch für alle wesentlichen Risiken festgelegt werden.[279] Dies erfolgt in aller Regel durch die Festlegung einer entsprechenden Risikodeckungsmasse im Rahmen des Risikotragfähigkeitskonzeptes. Auf diese Weise dokumentiert die Geschäftsleitung ihre Risikobereitschaft.

Daneben muss eine Risikostrategie auch sog. Risikokonzentrationen berücksichtigen. Hierbei dürfen Institute dürfen sich nicht nur auf solche Risikokonzentrationen beschränken, die innerhalb einer Risikoart auftreten, sondern darüber hinaus analysieren müssen, ob bestimmte Risikofaktoren risikoartenübergreifend wirken. Ebenso muss geprüft werden, inwieweit Risikofaktoren verschiedener Risikoarten gegenseitige Abhängigkeiten aufweisen, die letztlich zu Risikokonzentrationen führen. Mögliche Risikokonzentrationen müssen angemessen in den Risikosteuerungs- und -controllingprozessen abgebildet werden. Dabei ist es sekundär, ob Risikokonzentrationen eigenständig analysiert und gesteuert werden oder als impliziter Bestandteil »originärer« Risiken, solange sie in den einzelnen Prozessschritten der Identifizierung, Beurteilung, Steuerung und Überwachung angemessen berücksichtigt werden.[280]

Mit Blick auf die Ertragssituation des Instituts müssen auch sog. Ertragskonzentrationen im Rahmen der Risikostrategie angemessen berücksichtigt werden, denn die Finanzmarktkrise hat unter anderem deutlich gemacht, dass manche Banken, die stark abhängig von bestimmten Ertragsquellen sind, tendenziell anfälliger gegenüber (Markt-) Veränderungen sind. Der Schwerpunkt der Neuregelungen liegt bei Adressen- und Sektorkonzentrationen und bei regionalen Konzentrationen im Kreditgeschäft. Derartige Risikokonzentrationen sind mit Hilfe geeigneter Verfahren zu steuern und zu überwachen.[281] Dabei können Banken beispielsweise auf »harte« Limite wie etwa Branchenlimite, aber auch auf so genannte »Ampelsysteme« oder sonstige Vorkehrungen zurückgreifen.

Da die BaFin im Rundschreiben zur Überarbeitung der MaRisk vom Juli 2010 festgestellte Mängel in Strategieentwicklungsprozessen von Banken explizit aufgreift[282], ist davon auszugehen, dass diese in Zukunft auch im Fokus bankaufsichtlicher Prüfungen stehen werden.

---

279   Vgl. *BaFin* (2012.12b), AT 4.2, Tz. 2.
280   Vgl. *Hannemann/Schneider* (2011), S. 196 f.
281   Vgl. *BaFin* (2012.12b), AT 4.2, Tz. 2.
282   Vgl. *BaFin* (2010.07).

STRATEGIEKONZEPTE UND RISIKOTRAGFÄHIGKEIT

5. Kapitalplanungsprozess

477 Eine systematische und effiziente Kapitalallokation gewinnt in jüngster Zeit sowohl aus interner betriebswirtschaftlich-strategischer Sicht als auch mit Blick auf die Erfüllung regulatorischer Anforderungen eine zentrale Bedeutung im Risiko- und Bilanzstrukturmanagement von Banken. In einem Wettbewerbsumfeld, das durch niedrige Ertragsmargen, flache Zinsstrukturkurven und weiterhin angespannte Risikosituationen an den Finanz- und Kreditmärkten gekennzeichnet ist, wird der Risiko-/Ertrags-effiziente Einsatz der Kapitalressourcen zu einem entscheidenden Wettbewerbsfaktor.

478 Im diesem Zusammenhang muss jedes Institut im Rahmen des Kapitalmanagements zwei wesentliche Kapitalressourcen berücksichtigen: Einerseits das regulatorische Eigenkapital nach § 10 KWG zur Erfüllung der aufsichtsrechtlichen Kapitalanforderungen (SolvV). Auf der anderen Seite ist für das verfügbare ökonomische Eigenkapital eine Risk-/Return-effiziente Nutzung desselben sicherzustellen. Somit ergibt sich in Abbildung C – 7 folgende Optimierungsaufgabe für das Kapitalmanagement einer Bank:

Maximierung des Gesamtbankergebnisses
unter strikter Beachtung der folgenden Nebenbedingungen
1. nach internen Verfahren gemessenes Risiko ≤ ökonomisches Kapital
2. nach aufsichtsrechtlichen Verfahren gemessenes Risiko ≤ regulatorisches Kapital
3. ggf. weitere institutsspezifische Nebenbedingungen (Anlagevorschriften, Risikostrategie)
4. Exposure-Begrenzungen für einzelne Assets.

Abbildung C – 7:   *Optimierungsaufgabe für das Kapitalmanagement einer Bank*[283]

479 Während die betriebswirtschaftlich-strategische Notwendigkeit eines Prozesses zur Kapitalplanung durch die Anwendung von Risk-/Return-orientierten Verfahren für die Kapitalallokation sich in der bankbetrieblichen Praxis durchgesetzt hat, ist die Forderung der Bankenaufsicht nach einem Kapitalplanungsprozess neu.

480 Im Zuge der letzten MaRisk-Novelle wurde die die Forderung nach einem Kapitalplanungsprozess, der das bisherige Risikotragfähigkeitskonzept um eine mehrjährige Betrachtungsperiode ergänzen soll, in den Katalog der bank-

---

[283] Eigene Darstellung.

aufsichtlichen Vorschriften aufgenommen.[284] Dieser sich über mehrere Perioden hin erstreckende Kapitalplanungsprozess soll die rollierende, meist einjährige Risikotragfähigkeitsrechnung um eine weiter in die Zukunft gerichtete Komponente ergänzen. Auf diese Weise soll ein möglicher Kapitalbedarf bereits frühzeitig identifiziert werden, um gegebenenfalls rechtzeitig Steuerungsmaßnahmen einleiten zu können. Der Planungsprozess soll insbesondere offen sein für unerwartete, auch krisenhafte Veränderungen. Ein derartiger, zumindest bei Teilen der Kreditwirtschaft ohnehin bereits aufgesetzter Kapitalplanungsprozess soll neben einem beispielsweise vorhersehbaren Auslaufen einzelner Kapitalbestandteile vor allem Einflüsse des wirtschaftlichen Umfelds auf den zukünftigen Kapitalbedarf berücksichtigen – genauso wie Veränderungen bei eigenen strategischen Zielen oder Geschäftstätigkeiten.[285] Ein solcher Prozess ist nicht nur international üblich, sondern wird auch von großen Teilen der deutschen Kreditwirtschaft heute schon aufgesetzt.

Die nachfolgende Abbildung C – 8 zeigt die wesentlichen Anforderungen an den Kapitalplanungsprozess auf.   481

Kapitalplanungsprozess (AT 4.1 Tz. 9)

- Risikotragfähigkeitskonzept soll stärker zukunftsgerichtet **ergänzt** werden
- Kapitalunterlegung soll auf mehrere Jahre hinaus sichergestellt sein
- Unter Beachtung der regulatorischen Eigenmittelausstattung
- Identifikation eines künftigen Kapitalbedarfs infolge
  - von Veränderungen der eigenen Geschäftstätigkeit
  - der Veränderung von strategischen Zielen
  - der Veränderung des wirtschaftlichen Umfelds des Instituts
  - des Ausscheidens von Kapitalbestandteilen in den nächsten Jahren.
- Möglichen adversen Entwicklungen, die von den Erwartungen abweichen, ist bei der Planung angemessen Rechnung zu tragen.

Abbildung C – 8:   Anforderungen an den Kapitalplanungsprozess nach AT 4.1 Tz. 9 MaRisk[286]

---

284   Vgl. *BaFin* (2012.12b), AT 4.1, Tz. 9.
285   Vgl. *PWC* (2012.12), S. 1.
286   Eigene Darstellung.

482 Dabei ist es wichtig zu betonen, dass mit dem Kapitalplanungsprozess nicht ein Risikotragfähigkeitskonzept im bisher bekannten Sinne (üblicherweise einjähriger Risikobetrachtungshorizont) gemeint ist, das nun auf mehrere Jahre auszuweiten wäre, um eine Kapitalunterlegung auf mehrere Jahre hinaus sicherzustellen. Vielmehr behandelt die Textziffer Aspekte, wie sie bisher schon in der »alten« Tz. 3 enthalten waren: wie wirken sich Veränderungen der eigenen Geschäftstätigkeit oder der strategischen Ziele sowie Veränderungen des wirtschaftlichen Umfelds auf die Kapitalausstattung des Instituts aus? Welche Kapitalbestandteile laufen in den nächsten Jahren aus und wie können diese Bestandteile ersetzt werden? Abbildung C – 9 verdeutlicht dieses Wechselspiel.

Kapitalbedarf ermitteln	Struktur und Kosten festlegen	Kapitalmaßnahmen decken Bedarf	Kapital effizient einsetzen	Steuerungsinhalte überwachen und kommunizieren
• aufsichtliche, ökonomische und auf Rating bezogene Sichtweisen, bilanz- oder wertorientiert • quantifizierbare Risiken mit Risikotragfähigkeit abgleichen • Auswirkungen von Veränderungen der Geschäftstätigkeit, der strategischen Ziele sowie des wirtschaftl. Umfelds abschätzen • mehrjährige Entwicklung betrachten • Auswirkungen von Maßnahmen zum Risikomanagement einbeziehen • ...	• gesetzliche Mindest- und Höchstgrenzen beachten • Kapitalvorgaben in Basel III berücksichtigen • Eigenmittel nach Qualitätsklassen und hinsichtlich Leverage Ratio strukturieren • Verzinsungsansprüche der Kapitalgeber (Kapitalkosten) für die Struktur ermitteln und bewerten • angestrebte Struktur und erwartete Kosten festlegen • ...	• konkrete Maßnahmen zur Kapitalbeschaffung durchführen • Zeitliche und mengenmäßige Planung du Struktur umsetzen • Marktopportunitäten in Treasury und vorhandene Wettbewerbsposition im Vertrieb nutzen • Geplante und realistische Kapitalkosten abgleichen • ...	• Allokation des betriebsnotwendigen Kapitals • Aufsichtliche und ökonomische Kapitalmodelle berücksichtigen • Diversifikationsvorteile nutzen • Zielrendite realisieren • Wertorientierte Optimierung der Geschäftsstruktur • ...	• Umsetzung der Entscheidungen zu ermitteltem Kapitalbedarf, verabschiedeter Struktur und Kapitalkosten, festgelegter Kapitalmaßnahmen und vorgesehenem Kapitaleinsatz dokumentieren, überwachen und kommunizieren • Organisatorische Effizienz der beteiligten Einheiten und des Prozesses sicherstellen • Ggf. weitere Maßnahmen zur Prozessoptimierung einleiten • ...

Abbildung C – 9: Phasen des Kapitalplanungsprozesses[287]

---

287 Quelle: *Meybom* (2012).

6. Anforderungen des SREP an den Strategieprozess[288]

483 Die EBA verfolgt mit der Supervisory Review Process (SREP-Leitlinie) einen holistischen Ansatz. Dieser Überwachungsprozess läuft auf eine ganzheitliche Bewertung eines Instituts hinaus und endet in einer abgestuften Bonitätseinordnung. Die Score-Werte bewegen sich zwischen 1 (kein erkennbares Risiko) und 4 (hohes Risiko). Für den SREP-Gesamt-Score existiert zusätzlich die Kategorie F (»failing or likely to fail« gemäß Art. 32 BRRD).

484 Neben dem ganzheitlichen Ansatz ist besonders hervorzuheben, dass die Aufseher zu einer eigenen quantitativen Einschätzung der Kapital- und Liquiditätsrisiken einer Bank kommen wollen; ein Vorgehen, dass im Ansatz der Bankenaufsicht durch BaFin und Bundesbank bislang nicht vorgesehen ist.

485 Die Analyse des Geschäftsmodells bildet in diesem Zusammenhang eine wesentliche Grundlage für den gesamten Prüfungsprozess im Rahmen des SREP. In diesem Zusammenhang will die Aufsicht detaillierte Analysen der unterschiedlichsten Komponenten des Geschäftsmodells durchführen und dabei sowohl interne als auch externe Faktoren mit einbeziehen. Sie zielt primär auf die Beurteilung der Trag- und Überlebensfähigkeit des gegenwärtigen Geschäftsmodells sowie der Nachhaltigkeit der strategischen Planung des einzelnen Instituts ab.

486 Durch die Geschäftsmodellanalyse stellt – wie oben ausgeführt – auf die Geschäfts- und strategischen Risiken eines Instituts ab. Hierbei sollen auch der Strategie- und Finanzplanungsprozess bewertet und mögliche Schwachstellen hierin ausgelotet werden. Die Aufsicht wird in diesem Zusammenhang insbesondere den Fokus auf die aktive Steuerung der Schlüsselindikatoren legen sowie der Eignung des Strategieprozesses Ableitung von strategischen Risiken kritisch analysieren. Hierbei dürfte die Bankenaufsicht insbesondere kritisch prüfen, ob Kennzahlen aus der Gesamtbanksteuerung auch die notwendigen Steuerungs- und Limitimpulse geben und diese wiederum im Strategieprozess aufgegriffen werden, um strategische Risiken auch gezielt zu steuern.

487 Daneben dürfte die Bankenaufsicht vermehrt darauf achten, ob die für die Vertriebs- und Produktionsbank entwickelten Teilstrategien auf Basis der implementierten Systeme zur Kundengeschäftssteuerung auch nachhaltig sind. Hierbei dürften insbesondere die Integration von internen und externen Einflussfaktoren sowie die realistische Herleitung der für die jeweiligen Teilstrategien aufgestellten Prämissen in den Fokus der Aufseher rücken. Das Treasury-

---

288 Vgl. auch Kapitel B.II.

Ergebnis mit allen seinen Komponenten – insbesondere dem Strukturbeitrag aus dem Zinsergebnis – ist aus Sicht der Bankenaufsicht als nicht nachhaltig anzusehen, so dass ein nachhaltiges Geschäftsmodell einer Bank die Personal- und Sachkosten alleine aus den Konditionsbeiträgen im Aktiv- und Passivgeschäft sowie dem Provisionsergebnis heraus erwirtschaften muss.

III. Ableitung eines Risikotragfähigkeit-Konzeptes aus der Strategie

1. Die Risikotragfähigkeit im Mittelpunkt der Strategieentwicklung

Durch das Rahmenwerk von Basel II wurde die Bankenaufsicht auf mehr als die bereits existierende quantitative Säule gestellt. Die Finanzkrise hat dazu geführt, dass die qualitative Säule seitens der deutschen Bankenaufsicht eine noch stärkere Betonung erfahren hat. Dies wird kommt durch u. a. durch die Vorschriften des §25a KWG sowie die entsprechenden Ausführungen in den MaRisk unterstrichen. So ist Ordnungsmäßigkeit der Geschäftsführung einer Bank nur dann gegeben, wenn Strategien festgelegt sind.[289] Weiterführende Anforderungen an das bankbetriebliche Strategiesystem sind in entsprechenden Rundschreiben der Bankenaufsicht (hier: MaRisk) geregelt. Daneben stellt die BaFin auf klare Anforderungen an die Risikotragfähigkeit der einzelnen Institute auf.[290]

488

Ein zentrales Element der qualitativen Säule der Bankenaufsicht ist die Risikotragfähigkeit der einzelnen Banken. Die Risikotragfähigkeit eines Kreditinstitutes ergibt sich daraus, dass die wesentlichen Risiken des Instituts durch die vorhandene Risikodeckungsmasse, gegebenenfalls unter Berücksichtigung von Korrelationseffekten, laufend abgedeckt sind. Somit hat die Risikotragfähigkeit eines Instituts zwei Funktionen: Maßstab für die Risikotoleranz einer Bank sowie Festlegung eines klaren Handlungsrahmens für die Risiken eines Instituts.

489

Hierdurch wird auch die enge Verzahnung von Strategieentwicklung von Risikotragfähigkeit deutlich: Aus der Vision einer Bank, der hierauf aufbauenden Geschäftsstrategie und den entsprechenden Erfolgsfaktoren lässt sich dann das Risikouniversum ableiten, in dem das Kreditinstitut sich befindet.

490

---

289 Vgl. §25a, Abs. 1, Nr. 1 *KWG*.
290 Vgl. *BaFin* (2012.12b), AT 4.1.

Dieses Risikouniversum gliedert sich wiederum in die einzugehenden Risikoarten und auch Einzelrisiken.

2. Zusammenhang zwischen Geschäftsstrategie und Risikotragfähigkeit

491 Betrachtet man den im vorherigen Abschnitt vorgestellten Strategieprozess, so ist zuerst ist die Frage nach dem Geschäftszweck der Bank (z. B. international tätige Geschäfts- und Investmentbank, beste Privatkundenbank, national tätige Mittelstandsbank, Regionalbank, etc.) zu beantworten. Auf Basis dieses Geschäftsmodells wird die Strategie des Instituts entwickelt und die erforderlichen Umsetzungsmaßnahmen abgeleitet. Stark vereinfacht sind zwei Grundstrategien möglich: Preis- oder Qualitätsführerschaft. Mögliche Varianten dieser Grundstrategien sind Onlinevertrieb versus stationärer Vertrieb, Regionalisierung oder Internationalisierung, organisches Wachstum versus Zukauf oder Schrumpfung und Refokussierung auf Kernmärkte. Neben der Vision wird die Geschäftsstrategie einer Bank aber auch maßgeblich durch deren strategische Erfolgsfaktoren (= Kernkompetenzen) beeinflusst.

492 Die strategischen Erfolgsfaktoren bestimmen wiederum das Risikouniversum, dem das Kreditinstitut ausgesetzt ist. So erfordert eine Strategie der Preisführerschaft hoch effiziente integrierte Prozesse über alle Stufen der Wertschöpfungskette, da sonst nicht nachhaltig Ertrag erwirtschaftet werden kann. Das Outsourcing von bestimmten Geschäftsprozessen macht ein angemessenes Controlling unverzichtbar. Ein international orientiertes Investmentbanking ist stark personengetrieben, erfordert hohes Know-how und unterliegt in starken Ertragsschwankungen. Eine regionale Ausrichtung andererseits setzt hohe lokale Kenntnisse sowie eine entsprechende Verwurzelung voraus, erscheint insgesamt überschaubar, ist aber mit der wirtschaftlichen Prosperität einer Region in erheblichem Maße verbunden.

493 Die sich hieran anschließende Strukturierung und Bewertung des Risikouniversums (= Risikoprofil) führt zunächst zur erforderlichen Risikoinventur. Komplettiert wird der Prozess, wenn entsprechende Maßnahmen zum Management der einzelnen Risiken abgeleitet worden sind. Im Blickpunkt stehen insbesondere Markt-, Kredit- und Operationelle Risiken sowie Liquiditätsrisiken. Für Risiken, die sich aus der Umsetzung einer Expansionsstrategie, der Integration ganzer Geschäftsbereiche oder dem Rückzug aus bestimmten Produkten oder Märkten ergeben, sind entsprechend andere Maßnahmen festzulegen und zu überwachen.

Weist die Geschäftsstrategie eines Instituts ein hohes Maß an Komplexität auf, so sind auch entsprechende Teilrisikostrategien zu entwickeln.[291] Dabei ergeben sich Art und Umfang der banktypischen Risiken aus dem jeweiligen Geschäftsmodell. So wird beispielsweise eine Hypothekenbank aufgrund der Kapitalmarktabhängigkeit ihrer Refinanzierung ein erheblich höheres Liquiditätsrisiko haben als eine stark einlagenlastige Regionalbank.

494

Eine international ausgerichtete Investmentbank wird komplexe Produkte emittieren und handeln, die sowohl bei Markt- als auch bei Kreditrisiken entsprechend aufwendige Modelle zur Risikoberechnung erforderlich macht.

495

Eine Preisführerschaft im Retailkreditgeschäft erfordert in hohem Maße standardisierte Prozesse und eine entsprechend große Kundenbasis, um gewünschten Skaleneffekte und somit ein hohes Maß an Effizienz in der Produktion zu erreichen. Allerdings müssen die entsprechenden Bewertungsalgorithmen im Ratingsystem hinreichend präzise sein, um hohe Kreditrisiken durch zu niedrige Bonitätsanforderungen oder ein zu geringes Volumen durch eine restriktive Kreditvergabe zu vermeiden.

496

Eine national ausgerichtete Mittelstandsbank wird bei hinreichender Diversifikation des Kreditportfolios über Regionen und Branchen hinweg kein übermäßig hohes Adressausfallrisiko aufweisen müssen. Auch erfordert dieses Geschäft seltener das Eingehen besonderer Marktrisiken. Allerdings wird dadurch das Ertragspotential des Instituts limitiert.

497

Die Funktionen der Risikoinventur sind die Identifikation und Bewertung aller aus der Geschäftstätigkeit eines Instituts resultierenden Risiken. Die Zielsetzung ist hierbei das Risikomanagementsystem möglichst angemessen auf Umfang und Charakter der Risiken zuschneiden zu können. Für die identifizierten Risiken werden bestehende Verlustpotenziale und Eintrittswahrscheinlichkeiten abgeschätzt. Oftmals wird in diesem Zusammenhang auch die Beherrschbarkeit – die Möglichkeit der gezielten Einflussnahme – als Parameter einbezogen.

498

Aktuell zeigt sich der Bedarf, qualitative Aspekte noch stärker in der Risikoinventur zu berücksichtigen. Dies betrifft insbesondere das systematische Aufzeigen von Ursache-Wirkungs-Zusammenhängen für die vorhandenen Risiken. Vorteil ist, dass sowohl Risikostrategie als auch Risikomanagementsystem noch zielgerichteter und schlüssiger auf die sehr unterschiedlichen Charaktere verschiedener Risiken abgestellt werden können.

499

---

291   Vgl. *BaFin* (2012.12b), AT 4.2, Tz. 2.

STRATEGIEKONZEPTE UND RISIKOTRAGFÄHIGKEIT

500 Die Risikoinventur ist wiederum die Basis für die Berechnung der Risikotragfähigkeit selbst, da erst auf Basis des Risikoprofils und der Identifikation der wesentlichen Risiken einer Bank diese entsprechend sichtbar gemacht und anschließend bewertet werden können. Im Rahmen der Risikotragfähigkeitsberechnung werden die nunmehr quantifizierten Risiken der vorhandenen Deckungsmasse gegenüber gestellt. Daneben muss auch eine Limitierung dieser Risiken vorgenommen werden, um einen klaren Handlungsrahmen für das Management einer Bank vorzugeben.

3. Risikotragfähigkeitskonzepte in der Banksteuerung

501 Die Aufgabe der Risikotragfähigkeitsrechnung ist es sicherzustellen, dass alle wesentlichen Risiken einer Bank durch das zur Verfügung stehende Risikodeckungspotenzial abgedeckt sind. Somit ist sie ein zentrales Element für die interne Steuerung und aufsichtsrechtliche Prüfung und schafft den Rahmen für die Geschäftstätigkeit einer Bank, auch im Bereich der Treasury. Für die Ermittlung der Risikotragfähigkeit sind folgende Größen entscheidend:

- Das Risikodeckungspotenzial, d. h. das maximal verfügbare Kapital zur Risikoabsicherung.

- Die Risikodeckungsmasse, das bedeutet das eingesetzte Kapital zur Risikoabsicherung, abhängig von Risikoneigung und Risikodeckungspotenzial einer Bank[292].

3.1. Bilanzorientierte Risikotragfähigkeit

502 Die bilanzielle Risikotragfähigkeitsrechnung ist ein zentrales Instrument zur Sicherung des Eigenkapitals und somit des Bankbetriebs. Das bilanzielle Eigenkapital ist hierfür die wichtigste Ressource: Wird es aufgezehrt, ist die Bank insolvent. Verliert eine Bank 50 % der Eigenmittel in einem Jahr und 10 % in einem der drei folgenden Jahre, kann die BaFin dem Institut die Banklizenz entziehen.[293]

503 Wesentlicher Bestandteil des bilanziellen Eigenkapitals ist das Kernkapital. Auf Basis des Kernkapitals und der Risikoaktiva wird die Kernkapitalquote ermittelt, die wiederum eine wesentliche Größe für die Beurteilung einer Bankbilanz darstellt.[294] Durch die Bestimmung der Risikodeckungsmassen, die

---

292 Vgl. *Schierenbeck/Lister/Kirmße* (2008), S. 33 ff.
293 Vgl. § 35 Abs. 2 Tz. 4 *KWG*.
294 Eine Quote von mindestens 7 % gilt als Indikator für eine gesunde Bankbilanz. Bei einer Quote von unter 5 % schreitet i. d. R. die BaFin ein.

Limitierung der Geschäftsrisiken und die strategische Risikopolitik kann eine Bank steuern, wie viel Kernkapital aufgebraucht wird, wenn bestimmte Risiken schlagend werden.

Das bilanzielle Risikodeckungspotenzial beruht grundsätzlich auf den jeweils angewandten Bilanzierungsregeln. In Deutschland sind diese Regelwerke für den Jahresabschluss eines Instituts das HGB sowie die internationalen Bilanzierungsregeln (IFRS).[295]

504

Das Risikodeckungspotenzial wird in folgende Bestandteile aufgegliedert: das bilanzielle Eigenkapital, die stillen Reserven, das Ergänzungs-/Nachrangkapital und das Planergebnis.[296] Die Bestimmung der einzelnen Bestandteile wird in Abbildung C – 10 dargestellt.

505

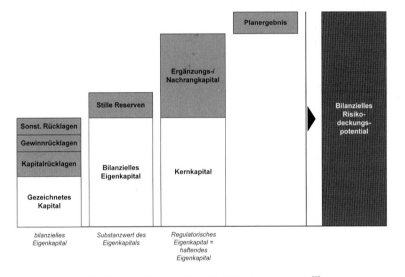

Abbildung C – 10:   *Bilanzielles Risikodeckungspotenzial*[297]

Die vier in Abbildung C – 10 angegebenen Bestandteile bilden das Risikodeckungspotenzial und somit Mittel, die im Verlustfall maximal zur Abdeckung von Risiken verfügbar sind. Hieraus wird in einem nächsten Schritt in der Banksteuerung die Risikodeckungsmasse, also jene Masse, die tatsächlich zur Risikoabdeckung eingesetzt werden soll, abgeleitet. Somit bestimmt jedes Institut seine Risikoneigung und begrenzt potentielle Verluste. Grundsätzlich

506

---

295   Vgl. *Herrmann/Rempel-Oberem* (2010), S. 104.
296   Vgl. *Rolfes* (2008), S. 53 f.
297   In Anlehnung an *Herrmann/Rempel-Oberem* (2010), S. 105.

gilt: Je größer der Anteil der Risikodeckungsmasse am Risikodeckungspotenzial, desto risikofreudiger ist die Strategie der Bank.[298] Die zentrale Frage ist nun, wie hoch diese Mittel bestimmt werden sollen.

507 Für den Extremfall, dass alle Risiken schlagend geworden sind, ist dabei Folgendes entscheidend: Soll der Bankbetrieb in diesem Fall fortgeführt (Going-Concern-Ansatz) oder soll die Bank abgewickelt werden? Im Allgemeinen wird der Going-Concern-Ansatz gewählt und somit auch für die Definition der bilanziellen Risikodeckungsmassen verwendet. Das Niveau wird i. d. R. über ein Ziel- bzw. Mindestrating definiert. Dies bedeutet, dass nach selbst dem Schlagendwerden der Risiken in Höhe der Risikodeckungsmasse eine bestimmte Ratingnote gewährleistet sein soll. Für Ratingagenturen gibt es dabei eine Reihe von Kriterien. Bei der bilanziellen Risikotragfähigkeit zählt oftmals die Kapitalausstattung, d. h. die Kernkapitalquote, eines Instituts: Um eine bestimmte Ratingnote zu erhalten bzw. zu behalten, muss die Kapitalausstattung in einem festgelegten Ausmaß über den definierten Mindestanforderungen liegen. Der Vergleich des Mindestkapitals mit dem vorhandenen Kapital ergibt das freie Kapital der Bank. Die Risikodeckungsmasse leitet sich dann aus dem freien Kapital zuzüglich der liquidierbaren stillen Reserven und dem Planergebnis ab.[299]

508 Neben der Mindestkapitalanforderung kann noch ein Mindestergebnis definiert werden, das ebenfalls bei der Ermittlung der Risikodeckungsmasse berücksichtigt werden muss. Hierdurch wird im Rahmen der Steuerung und Limitierung in der bilanziellen Risikotragfähigkeit sichergestellt, dass ein bestimmter Ergebnisbeitrag erzielt wird. Ob ein Mindestergebnis angesetzt wird, ist davon abhängig, welches Konfidenzniveau zur Risikomessung verwendet wird. Im Going-Concern-Ansatz ist unbedingt ein Mindestergebnis für den Fall, dass alle Risiken schlagend werden, festzusetzen.[300] Diese Differenzierung verdeutlicht Abbildung C – 11.

---

298 Vgl. *Rolfes* (2008), S. 54 f.
299 Vgl. *Herrmann/Rempel-Oberem* (2010), S. 114 ff.
300 Vgl. *Herrmann/Rempel-Oberem* (2010), S. 115.

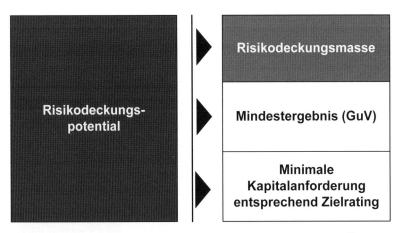

Abbildung C – 11: Aufgliederung des periodischen Risikodeckungspotenzials[301]

3.2. Wertorientierte Risikotragfähigkeit

Während bei der bilanziellen Risikotragfähigkeit die kurzfristige Existenzsicherung im Mittelpunkt steht, ist der Fokus der barwertigen Risikotragfähigkeit vor allem auf eine langfristige Existenzsicherung gerichtet.[302]

Das barwertige Risikodeckungspotenzial beruht auf dem Unternehmenswert und dessen Veränderung im Zeitablauf. Nach dem klassischen Substanzverfahren besteht der Unternehmenswert aus den Vermögensgegenständen und Forderungen abzüglich der Verbindlichkeiten. Die Summe aller Markt- bzw. Barwerte ergibt das Reinvermögen des Unternehmens, das auch als Marktwert des Eigenkapitals interpretiert werden kann. Werden die Risiken für den Zeitraum eines Jahres gemessen, so sollte neben dem Reinvermögen zu Periodenbeginn (= Substanz) der erwartete Vermögenszuwachs (= Performance) berücksichtigt werden.[303]

Bei der Ermittlung des barwertigen Reinvermögens fließen das bilanzielle Eigenkapital und stille Reserven implizit ein. Eine explizite Berücksichtigung von bilanziellem Eigenkapital, Drohverlust- und Steuerrückstellungen oder Beitragsübergängen muss deshalb nicht erfolgen. Ist das Reinvermögen größer als das bilanzielle Eigenkapital, verfügt die Bank über stille Reserven. Im umgekehrten Falle hat die Bank stille Lasten in ihren Büchern.[304]

---

301 In Anlehnung an *Herrmann/Rempel-Oberem* (2010), S. 116.
302 Vgl. *Schierenbeck/Lister/Kirmße* (2008), S. 33.
303 Vgl. *Spremann* (2002), S. 49 ff.
304 Vgl. *Spremann* (2002), S. 51.

512 Abbildung C – 12 visualisiert die Bestandteile der barwertigen Risikotragfähigkeit.

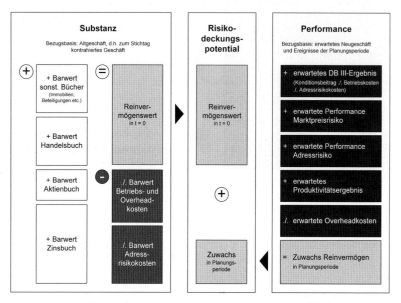

Abbildung C – 12:   *Barwertiges Risikodeckungspotenzial*[305]

513 Wie oben dargestellt, setzt sich das barwertige Risikodeckungspotenzial aus Substanz und Performance zusammen. Die Substanz besteht aus den Barwerten der verschiedenen Bücher (Zins-, Aktien-, Fonds-, Handelsbuch und sonstige Bücher) abzüglich der barwertigen Adressrisikokosten sowie der barwertigen Betriebs- und Overheadkosten. Die Performance ergibt sich aus der Summe der erwarteten Erlöse aus dem Neugeschäft, der Performance aus Marktpreis- und Adressrisiko sowie dem Produktivitätsergebnis abzüglich der erwarteten Overheadkosten.[306]

514 Die Summe der vorgenannten Substanz- und Ergebniswerte ergibt das barwertige Deckungspotential des Instituts, aus dem nun die Risikodeckungsmasse abzuleiten ist. Die Entscheidung, welche Risikodeckungsmasse der eigenen Risikoneigung entspricht, kann wie folgt unterstützt werden: In einem ersten Schritt werden die angestrebte Mindestkernkapitalquote und die Mindest-

---

305   In Anlehnung an *Herrmann/Rempel-Oberem* (2010), S. 118.
306   Vgl. *Herrmann/Rempel-Oberem* (2010), S. 117.

solvabilität, die bei einem Stressszenario[307] nicht unterschritten werden soll, festgelegt. Grundsätzlich ist aus Gründen der Vorsicht mehr Kernkapital vorzuhalten, wenn eine Bank die Erfüllung der Mindestkapitalanforderung nicht täglich berechnen will. Aus diesen Quoten können die Mindesthöhe des Kernkapitals und das freie Kernkapital ermittelt werden.[308] Die Festlegung des Zielratings und des hieraus resultierenden Kapitalbedarfs erfolgt analog zur Ermittlung der GuV-/bilanzorientierten Risikotragfähigkeit. Dies zeigt Abbildung C – 13.

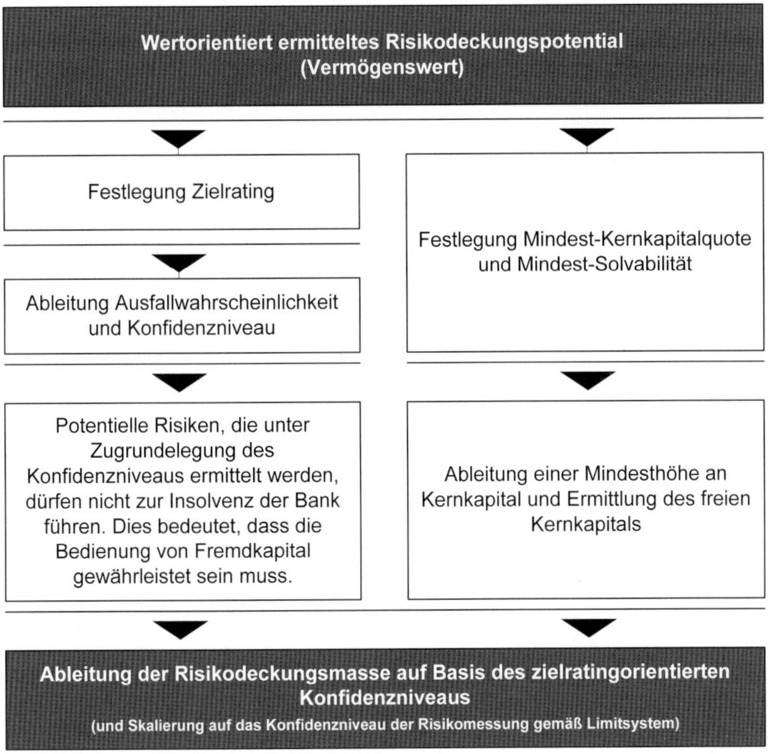

Wertorientiert ermitteltes Risikodeckungspotential (Vermögenswert)

▼ ▼

Festlegung Zielrating

▼

Ableitung Ausfallwahrscheinlichkeit und Konfidenzniveau

Festlegung Mindest-Kernkapitalquote und Mindest-Solvabilität

▼ ▼

Potentielle Risiken, die unter Zugrundelegung des Konfidenzniveaus ermittelt werden, dürfen nicht zur Insolvenz der Bank führen. Dies bedeutet, dass die Bedienung von Fremdkapital gewährleistet sein muss.	Ableitung einer Mindesthöhe an Kernkapital und Ermittlung des freien Kernkapitals

▼ ▼

Ableitung der Risikodeckungsmasse auf Basis des zielratingorientierten Konfidenzniveaus
(und Skalierung auf das Konfidenzniveau der Risikomessung gemäß Limitsystem)

Abbildung C – 13: *Ableitung der Deckungsmasse in der wertorientierten Risikotragfähigkeit*[309]

---

307 Die Begriffe Stressszenario und Crashszenario werden oftmals synonym verwendet.
308 Vgl. *Herrmann/Rempel-Oberem* (2010), S. 123.
309 In Anlehnung an *Herrmann/Rempel-Oberem* (2010), S. 123.

515 Der Nachteil der barwertigen Risikotragfähigkeit ist, dass bei periodischer Betrachtung parallel nicht immer ein positives GuV-Ergebnis gewährleistet ist. Aus barwertiger Sicht ist es nämlich unerheblich, ob Zahlungsströme oder Vermögenswerte in der aktuellen Periode anfallen oder erst in Folgeperioden; für den handelsrechtlichen Jahresabschluss ist dies jedoch entscheidend. Somit gewährleistet die barwertige Risikotragfähigkeitsrechnung, dass Risiken auf Sicht der Totalperiode tragbar sind, kann aber nicht sicherstellen, dass schlagend gewordene Risiken am Ende der Planungsperiode auch »bezahlt« werden können.[310]

4. Anforderungen an Risikotragfähigkeitskonzepte

516 Die Bankenaufsicht hat mit der der Vorlage des Leitfadens zur Risikotragfähigkeit vom 07.12.2011 die Beurteilungsmaßstäbe für interne Risikotragfähigkeitskonzepte bekanntgegeben. Dabei orientiert sich die Aufsicht unter Berücksichtigung des Proportionalitätsprinzips an den Geboten der Vollständigkeit der Risikoabbildung, der Konsistenz der Verfahren sowie dem Vorsichtsprinzip.[311] Die Bankenaufsicht vertritt in diesem Zusammenhang die Meinung, dass die im ICAAP zugrunde gelegte Methodenfreiheit bei der institutsindividuellen Einschätzung der Kapital- und Risikosituation dort ihre Grenzen hat, wo Verfahren willkürlich und inkonsistent angewendet werden und aus diesem Grund ein angemessen und wirkungsvolles Risikomanagement unmöglich wird. Der Leitfaden stellt somit die Verwaltungspraxis der Aufsicht dar, ohne jedoch bestimmte Ansätze vorzugeben oder einen Anspruch auf Vollständigkeit zu erheben.

517 In der bankbetrieblichen Praxis haben zwei Grundansätze zur Ermittlung und Sicherstellung der Risikotragfähigkeit herausgebildet: Der Going-Concern-Ansatz (= Fortführungsansatz) und der Gone-Concern-Ansatz (= Liquidationsansatz). Im Grundsatz haben Institute die Verpflichtung beide Ansätze anzuwenden, so dass RTF-Konzepte sowohl eine Institutsfortführung als auch den Schutz der Gläubiger vor ökonomischen Verlusten sicherzustellen haben.[312] Bei Kreditinstituten, die einen Going-Concern-Ansatz verfolgen, kann dieser Ansatz als einziger hingegen ausreichend sein. Allerdings muss das jeweilige Institut gewährleisten, dass das für die Einhaltung der Mindest-

---

310 Vgl. Herrmann/Rempel-Oberem (2010), S. 116 f.
311 Vgl. Deutsche Bundesbank (2013a), S. 31.
312 Vgl. BaFin (2012.12b), AT 4.1, Tz. 8.

Kapitalanforderungen vorgesehene Kapital auch in voller Höhe für die Befriedigung der Ansprüche von Gläubigern zur Verfügung steht.[313]

Daneben kann das Risikodeckungspotenzial im Falle von Going-Concern-Ansätzen lediglich bilanzorientiert und bei Gone-Concern-Ansätzen nur wertorientiert abgeleitet werden, da dieses Vorgehen methodisch konsistent ist. In beiden Fällen ist die Festlegung des Risikodeckungspotenzials unmittelbar mit dem RTF-Grundansatz kompatibel.[314] 518

Bei der Messung und Steuerung der wesentlichen Risiken eines Instituts (Adress-, Liquiditäts- und Marktpreisrisiken sowie operationelle Risiken) legt die Bankenaufsicht zunehmend Wert darauf, dass eher schwer quantifizierbare Risiken wie strategische Risiken, Geschäftsrisiken (= Vertriebsrisiko) und Reputationsrisiken im Rahmen der Risikoinventur zu berücksichtigen und entsprechend zu messen sind. Somit ist jedes Institut gefordert eigenständig eine umfassende und eindeutige Identifizierung seiner Risiken durchzuführen. Nur durch dieses Vorgehen ist eine Übereinstimmung zwischen dem Risikoprofil eines Instituts sowie der internen Steuerungsphilosophie möglich. 519

Während die Komplexität der eingesetzten Kreditportfoliomodelle von der Größe des Instituts und der Struktur des institutsspezifischen Kreditportfolios bestimmt wird, müssen selbst kleine und mittlere Institute Credit-Spread- und Migrationsrisiken in der Lage sein mit den von ihnen eingesetzten Systemen zur Adressrisikosteuerung bestimmen und quantifizieren können.[315] 520

Mit Blick auf die Messung von Marktpreisrisiken unterstellt die Bankenaufsicht zwischenzeitlich, dass sich die Institute vor dem Erwerb oder der Emission von komplexen Produkten Gedanken über deren Abbildung in den jeweiligen Risikosteuerungs- und -controllingprozessen machen. Bei Fondsanteilen wird das Durchschauprinzip auf die Einzelpositionen explizit gefordert.[316] Beim Management der Zinsänderungsrisiken im Anlagebuch wird empfohlen über den Basel-II-Zinsschock (± 200 bp[317]) hinaus weitere Szenarien zu berechnen. Hierbei dürften Szenarien, die sich ausschließlich auf eine Parallelverschiebung der Zinsstrukturkurve begrenzen, nicht ausreichend sein. 521

---

313 Vgl. *Deutsche Bundesbank* (2013.03), S. 35.
314 Vgl. *BaFin* (2011.12), S. 4.
315 Vgl. *Deutsche Bundesbank* (2013.03), S. 36.
316 Vgl. *Deutsche Bundesbank* (2013.03), S. 38.
317 Basispunkte.

522　Sofern Institute bei Aggregation der Einzelrisiken zum Gesamtbankrisiko zwischen den einzelnen Risikoarten risikomindernde Diversifikationseffekte geltend machen, müssen diese auch empirisch nachwiesen werden. Dies wiederum bedeutet, dass die den Diversifikationseffekten zugrunde liegenden Prämissen anhand von repräsentativen Daten (= lange Zeitreihen) ermittelt und so konservativ geschätzt werden, dass sie auch Phasen des konjunkturellen Abschwungs sowie ungünstige Marktverhältnisse realistisch abbilden können.[318]

523　Bei einer periodenorientierten Ermittlung des Risikodeckungspotenzials können im Going-Concern-Ansatz Plangewinne angesetzt werden, wenn die konservativ ermittelt und potentielle Ergebnisschwankungen durch entsprechende Abschläge berücksichtigt wurden. Stille Lasten sind nur dann nicht anzusetzen, sofern der Durchhaltewille und die Durchhaltefähigkeit sowie die angenommene Wertaufholung unzweifelhaft gegeben sind.[319]

5. Die Rolle der Risikotaxonomie in der Risikotragfähigkeit

524　Der SREP wird für die Bewertung der Kapitalrisiken und die Angemessenheit der Kapitalausstattung auch sämtliche materielle Risiken berücksichtigen. Die Erfassung orientiert sich an der allgemeinen Risiko-Taxonomie (Kredit- und Kontrahentenrisiko, Marktrisiko, operationelle Risiken, Zinsänderungsrisiken im Anlagebuch, etc.).

525　Darüber hinaus kann die Bankenaufsicht auch weitere Risiken, die nicht in den vorgenannten Kategorien erfasst sind, aber beispielsweise im Rahmen des ICAAP identifiziert wurden, als materiell einordnen. Neben den ermittelten inhärenten Risiken fließen auch die Überlegungen zu dem angemessenen Risikomanagement und den Kontrollen der Risiken in die Bewertung (Score) mit ein. Das gleiche Verfahren findet auch für die Beurteilung der Marktrisiken und der Operationellen Risiken Anwendung. Wichtig ist in dem Zusammenhang, dass beim operationellen Risiko zukünftig explizit auf weitere Risikokategorien eingegangen wird. Hierzu zählen insbesondere: Wohlverhaltensrisiken (conduct risk), System-/IT-Risiken und Modellrisiken sowie Reputationsrisiken.

526　Unter Verhaltensrisiken werden grundsätzlich Gefährdungen der Ertrags- oder Vermögenslage eines Instituts durch unangemessenes oder bewusstes Fehlverhalten bei der Erbringung von Finanzdienstleistungen verstanden.

318　Vgl. *BaFin* (2011.12), S. 12.
319　Vgl. *Deutsche Bundesbank* (2013.03), S. 42.

Diese Verhaltensrisiken sind auch im Zusammenhang mit Rechtsrisiken zu sehen, die bereits heute per Definition Teil von OpRisk[320] sind. Die EBA-Guideline spezifiziert Ausprägungen von Conduct Risk im Kundengeschäft wie z. B. Verkaufspraktiken von Produkten, Interessenskonflikte und Anreizverfahren in Vertriebskanälen sowie Marktmanipulationen. Als mögliche Indikatoren für dieses Risiko werden neben Sanktionen und Strafzahlungen auch Kundenbeschwerden genannt.

Im Kontext von OpRisk ist erstmalig auch eine Bewertung der Reputationsrisiken vorgesehen. Diese soll sowohl auf RepRisk[321] als eigenständige Risikoart (anhand aufgeführter qualitativer Indikatoren wie Medienkampagnen und Kundenbeschwerden) als auch im Zusammenhang mit anderen Risikoarten wie z. B. OpRisk – sowohl als Ursache als auch als Folge – abzielen.

Auch soll die Bankenaufsicht zukünftig auch Risiken aus der fehlerhaften Anwendung von Modellen, die z. B. für Zwecke der Produktkalkulation, Bewertung von Finanzinstrumenten oder Risikoquantifizierung eingesetzt werden, beurteilen. In diesem Zusammenhang ist davon auszugehen, dass wohl die Kontrollhandlungen innerhalb des Instituts wie z. B. Validierungen, Back-Testings und Kalibrierungen von Marktparametern sowie Vorsichtsmaßnahmen durch die Aufseher bewertet werden.[322]

6. Strategische Implikationen eines Risikotragfähigkeitskonzepts

Werden die im vorherigen Abschnitt besprochenen bankbetrieblichen Strategieprozesse betrachtet, so fällt auf, dass das Risikotragfähigkeitskonzept das Bindeglied zwischen dem strategischen Management eines Instituts sowie dessen Risikomanagement darstellt.

Die engere Verknüpfung von strategischem Management und Risikomanagement ist bereits einer der zentralen Bestandteile des Basel-II-Regelwerkes. Relativ neu ist die Forderung, dass das Management die Strategie eines Instituts regelmäßig zu überprüfen hat und das Risikomanagement auf die Geschäftsstrategie hin ausgerichtet ist.[323]

Zentrale Aufgabe des strategischen Managements eines Instituts ist es, die Voraussetzungen für nachhaltige Erfolgsmöglichkeiten zu schaffen und langfristig zu erhalten. Hierbei muss das Institut – wie oben bereits ausgeführt –

---

320 Operationelles Risiko.
321 Reputationsrisiko.
322 Vgl. *KPMG* (2014.07), S. 3 ff.
323 Vgl. *Johanning* (2009), S. 2.

festlegen, auf welchen Märkten, in welchen Geschäftsfeldern und welchen Wertschöpfungsaktivitäten es langfristig tätig sein will.

532 Aus Sicht des strategischen Managements hat das Risikomanagement die wichtige Funktion Risiken zu unterscheiden, die sich aus den Institutsstärken resp. Kernkompetenzen ergeben und in solche Risiken, die sich aus der Ausführung von Geschäften auftreten. Diese strategischen Risiken werden vom Institut bewusst getragen, um eine Rendite zu erzielen. Operationelle Risiken werden entweder abgesichert oder gemieden. Die Risikomessung im Rahmen des Risikomanagements hat die Aufgabe möglichst alle Risiken mit einem einheitlichen Risikomaß (z. B. Value at Risk) zu messen und hierbei auch zur Zielsetzung des Instituts passende Risikomaße zu verwenden. Daneben erscheint es sinnvoll Risiken nicht nur als €-Einheiten, sondern auch auf der Ausführungsebene zu ermitteln.

533 Auch besteht ein enger Zusammenhang zwischen der Risikosteuerung und der Risikotragfähigkeit, da eine Bank im Rahmen ihrer Risikotragfähigkeit zu entscheiden hat, wie viele Risiken sie insgesamt und in welchen ihrer strategischen Geschäftsbereiche sie diese Risiken tragen kann und will. Somit legt ein Institut im Rahmen des Risikocontrollings auch das Verfahren zur Allokation von Risikokapital fest. Für strategische Risiken bedeutet dies eine Festlegung entsprechender Risikolimite für die einzelnen Geschäftsbereiche. Operationelle Risiken werden in aller Regel hingegen entsprechend budgetiert.[324]

7. Kreislaufmodell der Strategieentwicklung

534 Bei Betrachtung des bankbetrieblichen Strategieprozesses samt Kapitalbedarfsplanung sowie Risikotragfähigkeitskonzept fällt auf, das im überwiegenden Teil der einzelnen Prozesse die Planung mit bestimmten Prämissen und Szenarien einschließlich adverser Entwicklungen im Vordergrund steht. Eine konkrete Messung der Risiken hingegen findet im Prozess zur Gewährleistung der Risikotragfähigkeit statt. Auf den Zusammenhang zwischen Risikotragfähigkeit und Kapitalplanung geht Abbildung C – 14 ein.

---

324 Vgl. *Johanning* (2009), S. 10.

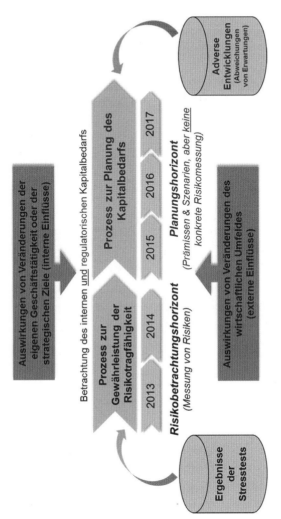

Abbildung C – 14:   Zusammenhang zwischen Risikotragfähigkeit und Kapitalplanung[325]

Fasst man die Erkenntnisse aus den Ausführungen zur Strategieentwicklung, zur Risikotragfähigkeit und zur Kapitalbedarfsplanung sowie die aufsichtsrechtlichen Anforderungen an das Risikomanagement in Banken zusammen, so lässt sich das nachfolgend in Abbildung C – 15 dargestellte Kreislaufmodell ableiten.

---

325   Eigene Darstellung.

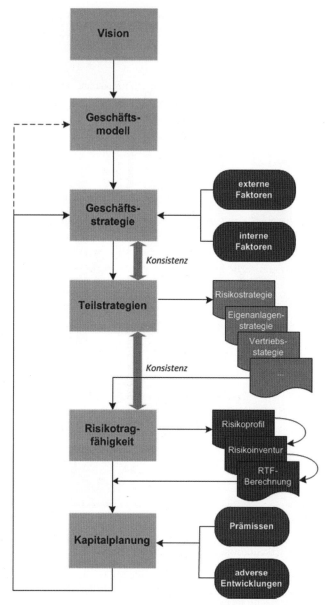

Abbildung C – 15: Kreislaufmodell der Strategieentwicklung[326]

---

326 Eigene Darstellung in Anlehnung an *Benölken/Blütchen/Hintermeier* (2011), S. 24.

Die Ableitung der Strategie für ein Institut nach diesem Modell hat den Vorteil, dass den Aspekten der nachhaltigen Unternehmensführung sowie des strategischen Risikomanagement Rechnung getragen wird. Außerdem wird durch diesen ganzheitlichen Prozess sichergestellt, dass die aufsichtsrechtlich geforderte Konsistenz zwischen der Geschäftsstrategie eines Instituts den entsprechenden Teilstrategien sowie dem Risikotragfähigkeitskonzept gegeben ist. Ebenso werden durch das oben dargestellte Vorgehen die zur Messung von Risiken im Rahmen der Risikotragfähigkeitsberechnung erforderlichen und teilweise sehr komplexen Risikomodelle in eine ganzheitliche Betrachtungsweise eingebunden und ermöglichen auf diese Art und Weise das Erkennen möglicher inhärenter Risiken. 536

IV. Praxistipps für die Umsetzung und mögliche Fallstricke

In diesem Abschnitt soll der Fokus auf die Umsetzung der in den MaRisk formulierten Anforderungen an die Strategie eines Instituts sowie den Kapitalplanungsprozess geworfen werden. Es werden auch Tipps und Hinweise für die Umsetzung der aufsichtsrechtlichen Anforderungen im bankbetrieblichen Alltag gegeben. 537

1. Strategie und Strategieprozess

Der geschilderte Strategieprozess wird in seiner Gänze nur in größeren Zeiträumen durchlaufen werden oder wenn außergewöhnliche Ereignisse eine grundlegende Neuorientierung erfordern. Dessen ungeachtet muss es im Interesse der Geschäftsführung eines Instituts liegen, den Status quo zumindest jährlich zu überprüfen und die Ausrichtung zu bestätigen oder anzupassen.[327] 538

Daneben fordern die MaRisk dass »... *die in den Strategien niedergelegten Ziele so zu formulieren sind, dass eine sinnvolle Überprüfung der Zielerreichung möglich ist. Die Ursachen für etwaige Abweichungen sind zu analysieren*[328]«. Dies setzt voraus, dass strategische Ziele controllingfähig sind. Diese Controllingfähigkeit ist gegeben, wenn folgende Voraussetzungen gegeben sind: 539

- die auf Basis einer SWOT-Analyse identifizierten Chancen wurden in ein Produktbestands- und Ertragsszenario eingearbeitet;

---

327 Vgl. *BaFin* (2012.12b), AT 4.2, Tz. 1.
328 Vgl. *BaFin* (2012.12b), AT 4.2, Tz. 4.

- die auf Basis der Stärken-Schwächen-Analyse erkannten Fähigkeiten fließen in einen chancen-orientierten Personal- und Verwaltungsaufwand ein;
- das Ist-Portfolio wurde auf Basis eines realistischen Zukunftsszenario erstellt;
- das Anspruchsniveau hat eine gute Bodenhaftung, da Ziele realistisch sein müssen und auf Chancen und Fähigkeiten basieren;
- strategische Lücken sind identifiziert und wurden analog zu den Chancen in die Status-Quo-Prognose sowie die Definition des Anspruchsniveaus integriert.[329]

540 Daneben ist für die Controlling-Fähigkeit eines Institutes unabdingbar, dass es **keine** Bereiche gibt, die vom Controlling ausgeschlossen sind und eine entsprechende Fehlerkultur implementiert wurde.

541 Hinsichtlich der möglichen Inhalte von strategischen Zielen besteht ein breites Spektrum:

- Die Festlegung relativ globaler Finanzziele wie Eigenkapitalrentabilität (RoE) oder Aufwandsrentabilitäten (CIR[330]) erscheint wenig hilfreich. Diese Ziele hängen von erwarteten Nettoerträgen ab und lassen sich nicht wie mit einer Wünschelrute verfolgen.
- Eine Brücke lässt sich über den Deckungsbeitrag bauen, da CIR-Ziele mit einem Deckungsbeitragsunterbau steuerbar und somit für das operative Management fassbar sind.
- Neben rein finanzwirtschaftlichen Zielen verbleiben auch andere Zielgrößen wie Potentialausschöpfung (z. B. Cross-Selling, Produktnutzung), Marktanteile (z. B. Kundengruppen, Regionen) sowie Wachstums- und Kostenziele.

542 Für die Entwicklung einer Strategie sollten nur solche Ziele verwendet werden deren Prämissen allgemein zur Verfügung stehen und sind klar quantifizierbar sind. Für jedes strategisches Handlungsfeld sollte tendenziell eine überschaubare Anzahl von Zielen definiert werden. Die Zielerreichung muss anhand von Kennzahlen messbar sein, da die Erreichung der strategischen Ziele im Rahmen einer Zielabweichungsanalyse regelmäßig zu untersuchen ist. Die bankaufsichtlichen Vorschriften fordern weiterhin, dass die relevanten Prämissen, die für die Umsetzung einer Strategie von Bedeutung sind, regelmäßig und anlassbezogen einer Überprüfung zu unterziehen sind. Daneben sind

---

[329] Vgl. *Benölken/Blütchen/Hintermeier* (2009), S 105 ff.
[330] Cost Income Ratio.

festgestellte Abweichungen in der Erreichung der strategischen Ziele zu analysieren (⇨ Zielabweichungsanalyse).

Die nachfolgende Abbildung C – 16 stellt geeignete Vorannahmen für die Ableitung externe und interne Einflüsse im Rahmen der Strategieentwicklung dar.

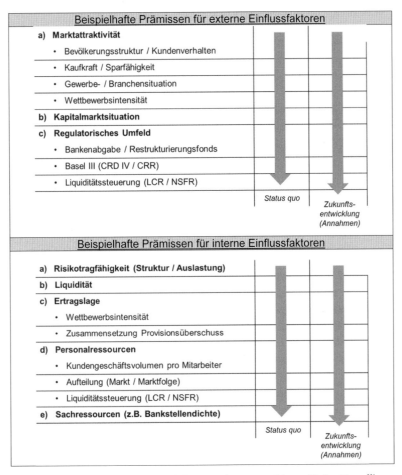

Abbildung C – 16: Beispielhafte Prämissen für externe und interne Einflussfaktoren[331]

---

331 Eigene Darstellung.

544 Hierbei erscheint die Vorgehensweise in Form eines Workshops sinnvoll, da sichergestellt wird, dass ein Input aus allen relevanten Bereichen des Instituts erfolgt. Zum anderen können die erwarteten Auswirkungen auf das gesamte Institut erheblich besser bestimmt werden, wenn wiederum die Verantwortlichen aller Bereiche gemeinsam eine aggregierte Sicht entwickeln können.

2. Kapitalplanungsprozess

545 Der Kapitalplanungsprozess ist eine Ergänzung des Risikotragfähigkeitskonzeptes, um auch die zukünftige Fähigkeit, die eigenen Risiken tragen zu können, angemessen zu überwachen und zu planen. Bei der Kapitalplanung geht es darum, etwaigen Kapitalbedarf, der sich über den Risikobetrachtungshorizont hinaus ergeben könnte, rechtzeitig zu identifizieren und erforderlichenfalls frühzeitig geeignete Maßnahmen einzustellen.

546 Mit der neuen Tz. 9 im AT 4.1 wird erstmalig ein Kapitalplanungsprozess eingefordert, der das Risikotragfähigkeitskonzept um eine stärker zukunftsgerichtete Komponente ergänzen soll. Ein solcher Prozess ist nicht nur international üblich, sondern wird auch von großen Teilen der deutschen Kreditwirtschaft heute schon aufgesetzt. Dabei ist es wichtig zu betonen, dass damit nicht ein Risikotragfähigkeitskonzept im bisher bekannten Sinne (üblicherweise einjähriger Risikobetrachtungshorizont) gemeint ist, das nun auf mehrere Jahre auszuweiten wäre, um eine Kapitalunterlegung auf mehrere Jahre hinaus sicherzustellen. Dies verdeutlicht Abbildung C – 17.

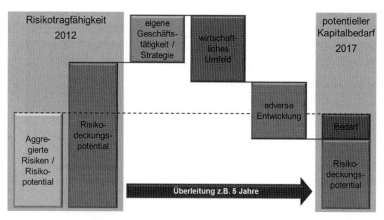

Abbildung C – 17: *Kapitalplanungsprozess nach MaRisk*[332]

---
332 Eigene Darstellung in Anlehnung an *Hartmann* (2012), S. 8.

Der Kapitalplanungsprozess sollte so ausgelegt sein, dass er sowohl den internen als auch auf den externen Kapitalbedarf eines Instituts berücksichtigt.

Verbindet man die aufsichtlichen Anforderungen gem. den MaRisk an die Strategie eines Institutes (AT 4.2) sowie die Kapitalplanung (AT 4.1) und verbindet diese mit den Rahmenbedingungen für eine strategische Unternehmenssteuerung, so kommt man zu folgendem Ergebnis:

- Eine Unternehmens- resp. Geschäftsstrategie umfasst einen Zeitraum von rund fünf Jahren. Dies entspricht auch dem Planungshorizont einer Risikotragfähigkeitsberechnung einschließlich dem geforderten »mehrjährigen Zeitraum über den Risikobetrachtungshorizont des Risikotragfähigkeitskonzepts hinweg«.[333]

- Zwischen Geschäfts- und Risikostrategie sowie dem Risikotragfähigkeitskonzept dürfen *keine* Widersprüche bestehen.

Um die Anzahl der Steuerungskreise sowie der hiermit verbundenen Prozesse überschaubar zu halten, sollten der Strategie- und der Kapitalplanungsprozess in einen einheitlichen Prozess zur strategischen Unternehmensplanung und -steuerung integriert werden. Idealerweise umfasst dieser Prozess einen Zeitraum von fünf Jahren.

3. Die Risikotragfähigkeit im Licht der Niedrigzinsumfrage der Deutschen Bundesbank

Nach einer aktuellen Einschätzung der Deutschen Bundesbank wird die Niedrigzinsphase die Banken noch eine »extended period of time«, um eine EZB-Formulierung zu verwenden, begleiten.

Vor diesem Hintergrund müssen Banken und Sparkassen sich fragen, wie sie die Herausforderung niedriger Zinsen meistern können und wollen. Die Bankenaufsicht drängt daher die Institute die Zinssituation realistisch einzuschätzen und sich auf sinkende Zinsüberschüsse einzustellen.

Die Bankenaufsicht beäugt aus diesem Grunde die Geschäftsstrategien von Instituten kritisch. Hintergrund der Analyse von Geschäftsstrategien von Banken ist die Tatsache, dass einige Institute ihre Geschäftsstrategie auf relativ schnell steigende Zinsen aufgelegt haben. Dies führt wird in den Augen der Bankenaufsicht dazu führen, dass Banken mit einer komfortablen Kapitalausstattung und einer guten Risikotragfähigkeit auf Dauer von der Substanz leben könnten.

---

333 Vgl. *BaFin* (2012.12b), AT 4.1, Tz. 9.

STRATEGIEKONZEPTE UND RISIKOTRAGFÄHIGKEIT

553 Im Rahmen der im 2. Quartal 2015 durchgeführten Umfrage der Bundesbank zur Ertragslage und Widerstandsfähigkeit der deutschen Banken wurde auch der Verzehr von § 340f HGB-Reserven (stille Rücklagen) zum Zwecke des Ausgleichs temporärer operativer Verluste abgefragt. Die Tatsache, dass dieser Punkt explizit abgefragt wurde, lässt den Rückschluss zu, dass die Bankenaufsicht ernste Bedenken hat einzelne Banken könnten zur Überbrückung der Niedrigzinsphase und den hiermit verbundenen Ertragsrückgängen ihre Rücklagen angreifen und somit letztendlich auch die Risikotragfähigkeit der jeweiligen Institute schwächen. Es ist davon auszugehen, dass die Bankenaufsicht bei Instituten, welche über insbesondere in den Jahren 2017 bis 2019 über Zeitraum von mehr als einem Jahr hinweg stille Rücklagen auflösen müssen, um ein positives Ergebnis darstellen zu können, die Geschäftsstrategie sowie das Geschäftsmodell unter die Lupe nehmen wird und davon betroffene Institute auffordert notwendige Maßnahmen zur Verbesserung der Ertragslage einzuleiten.

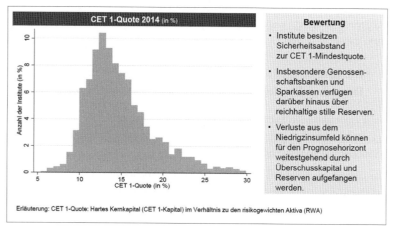

Abbildung C – 18: Kapitalpuffer und stille Reserven[334]

554 Daneben wird die Bankenaufsicht mit Argusaugen die Risikopolitik der einzelnen Institute beobachten. Die Bundesbank befürchtet, dass Banken bei einem schrumpfenden Zinsergebnis ihren Risikoappetit ausweiten und sich somit auch die Risiken in Anlagen ausweiten.[335] So hakt die Bundesbank aktuell im Rahmen der turnusmäßigen bankaufsichtlichen Gespräche bei Kreditin-

---

334 Entnommen aus *Dombret/Röseler* (2015), S. 5. CET 1 = Core Equity Tier 1.
335 Vgl. *Dombret/Röseler* (2015), S. 1 ff.

stituten, die ein überdurchschnittliches Wachstum im Bereich des Kundenkreditgeschäftes aufweisen nach, ob das jeweilige Institut seine Risikopolitik bspw. durch eine Lockerung der Kreditvergaberichtlinien, geändert hat.

Auch kritisiert die Bundesbank, dass die Banken im Rahmen der genannten Umfrage gleichbleibende positive Wirtschaftsbedingungen und somit ein sehr niedriges Risikoergebnis unterstellt haben. So dürfte davon auszugehen sein, dass die Bankenaufsicht von einzelnen Instituten verlangen wird die stillen Rücklagen (i. W. § 340f-Reserven) in echte Gewinnthesaurierung und nicht benötigte Risikoprämien aufgrund einer günstigen Risikoentwicklung aufzuspalten. Somit würde innerhalb der stillen Reserven ein »Risikoprämientopf« entstehen sein, der auch nur für schlagend gewordene Risiken verwendet werden darf. Diese Risikoprämien müssten folglich dann auch im Rahmen der Jahresabschlusserstellung »zwangsweise« dem Risikoprämientopf und somit den stillen Reserven zugeführt werden. 555

Der Autor kommt zu dieser Einschätzung da die Bankenaufsicht das Treasury-Ergebnis zunehmend als nicht nachhaltig betrachtet und die Haltung einnimmt, dass im Rahmen des Risikomanagements verdiente Risikoprämien auch nur zweckgebunden eingesetzt werden dürfen, um die Risikotragfähigkeit der Institute nachhaltig sicherzustellen. 556

V. Berücksichtigung von Kapitalplanungsprozess und Basel III im Risikotragfähigkeitskonzept[336]

1. Einleitende Worte zur Kapitalplanung nach MaRisk

557 Mit Novellierung der MaRisk (BA) im Dezember 2012 wurde die verstärkte Bedeutung der zukunftsorientierten Planung des ökonomischen und aufsichtsrechtlichen Kapitals durch die Einführung eines Kapitalplanungsprozesses unterstrichen[337]. Ziel des Kapitalplanungsprozesses ist die Sicherstellung eines jederzeit nachhaltigen bzw. kapitalunterlegten Geschäftsmodells der Kreditinstitute[338]. In Anlehnung an die Risikotragfähigkeit sollen somit die Risikodeckungsmassen und das Risikopotential in einem verlängerten Horizont betrachtet werden.

558 Die methodische und prozessuale Vorgehensweise hat sich in den letzten Jahren verfestigt und entspricht einer soliden und konsistenten Ergänzung der Risikotragfähigkeit. Nichtsdestotrotz zeigen insbesondere die vollumfängliche Einbindung in die Gesamtbanksteuerung wie auch die Entwicklung und Umsetzung adverser Szenarien Verbesserungspotenzial.

559 Der vorliegende Beitrag gibt einen grundlegenden Überblick über die formalen direkten wie auch indirekten Anforderungen an den Kapitalplanungsprozess. Im Anschluss werden modellbestimmende Annahmen und Kenngrößen, insbesondere neuere regulatorische Kenngrößen wie beispielsweise die Leverage Ratio oder LCR, in den Kapitalplanungsprozess eingeordnet.

560 Im darauffolgenden Praxisbeispiel wird ein realistisches Ausgangsbild gezeichnet und darauf aufbauend die qualitative Strategie in den quantitativen Kapitalplanungsprozess übersetzt. Besonders hervorzuheben ist die anschließende Fokussierung zweier adverser Szenarien.

561 Im Fazit ist ein Selbstcheck, der zu einer Selbstüberprüfung und Weiterentwicklung anregen soll, angefügt. Zudem wird ein Ausblick auf die zukünftig möglichen Determinanten und Weiterentwicklungen gegeben.

---

336 Autor: **Noel Boka**. Die Ausführungen geben die persönliche Auffassung des Autors wieder. Das angeführte Beispiel entstammt aus der Zusammenführung von Bilanz- und Offenlegungsberichten drei verschiedener Banken.
337 Vgl. *Wimmer/Schirsch* (2013a), S. 52. Die MaRisk 6.0-E offerieren hier keine Neuerungen, nur die Textziffer hat sich verändert. vgl. *BaFin* (2016.02b), AT 4.1 Tz. 11, umfassend diskutiert in *Reuse* (2016.02b).
338 Vgl. hierzu auch die aktuellen Anforderungen der EBA im Rahmen des SREP, vgl. *EBA* (2014.12), S. 27–38.

2. Kapitalplanung im regulatorischen Kontext

2.1. Kapitalplanung im Risikotragfähigkeitskonzept

Die MaRisk AT 4.1 Tz. 9[339] geben vor, dass *»jedes Institut [...] über einen Prozess zur Planung des zukünftigen Kapitalbedarfs verfügen*[340]*«* muss. Es wird konkretisiert, dass der Kapitalplanungsprozess mit dem Ziel geschaffen wurde, einen internen oder regulatorischen Kapitalbedarf über den bisherigen Risikobetrachtungszeitraum hinaus zu identifizieren um erforderliche Maßnahmen frühzeitig ableiten zu können.[341] Der Planungshorizont *»muss einen angemessen langen, mehrjährigen Zeitraum umfassen*[342]*«*. Die Erläuterung zu den MaRisk formuliert ausdrücklich, dass der Kapitalplanungsprozess das Konzept der Risikotragfähigkeit ergänzt. Demzufolge ist dem Kapitalplanungsprozess nicht in derselben Tiefe nachzukommen, wie es aufsichtlich von der Risikotragfähigkeitsbetrachtung gefordert wird. Während die Risikotragfähigkeit typischerweise nur eine Folgejahresbetrachtung einschließt, stellt der Kapitalplanungsprozess eine deutlich zukunftsbezogenere Planungskomponente dar.[343]

562

Die bloße Verlängerung des Betrachtungshorizontes der Risikotragfähigkeit ist ausdrücklich keine Alternative. Verbunden mit der Annahme, dass die Betrachtung künftiger Risiken nicht im gleichen Umfang wie die der Risikotragfähigkeit erfolgen kann, erlaubt die Aufsicht die Verwendung von plausiblen positiven wie negativen Entwicklungsraten[344].

563

Ausgehend von der Risikotragfähigkeit motiviert der Kapitalplanungsprozess die Institute das verlustabsorbierende Eigenkapital zukunftsgerichtet zu analysieren. Hierbei stellt der Kapitalplanungsprozess unmittelbar auf »wesentliche« Eigenkapital- und Risikopositionen ab. Mittelbar sind insbesondere die Geschäfts- und Risikostrategie sowie Anforderungen aus dem Basel III-Rahmenwerk, wie z. B. die Liquidity Coverage Ratio (LCR), die Leverage Ratio (LR) oder der Zinsrisikokoeffizient in die Überlegungen miteinzubeziehen. In Abgrenzung zur Risikotragfähigkeit ist somit ein größerer Umfang hinsichtlich der Determinanten festzustellen. Demgegenüber stehen wesentliche Erleichterungen hinsichtlich der Entwicklungsraten der eingebrachten Positionen.

564

---

339 Vgl. *BaFin* (2012.12b), AT 4.1, Tz. 9.
340 *BaFin* (2012.12b), AT 4.1, Tz. 9.
341 Vgl. *BaFin* (2012.12c).
342 *BaFin* (2012.12b), AT 4.1, Tz. 9.
343 Vgl. *BaFin* (2012.12b) i. V. m. BaFin (2012.12c) unter Bezugnahme auf AT 4.1, Tz. 9.
344 Vgl. *Hofer* (2013).

STRATEGIEKONZEPTE UND RISIKOTRAGFÄHIGKEIT

565 Der Kapitalplanungsprozess hat in den mehrdimensionalen Anspruch nicht nur die Kapitalanforderungen, sondern ebenso die Risikotragfähigkeit, die Geschäfts- und Risikostrategie, und weitere regulatorische Nebenbedingungen miteinzubeziehen. Er ist damit nicht als einfacher Planungs-, sondern vielmehr als Steuerungsprozess zu interpretieren.[345]

566 Im Detail wird in den Erläuterungen zu den MaRisk konkretisiert, dass der Kapitalplanungsprozess sowohl den internen als auch regulatorischen Kapitalbegriff berücksichtigen muss. Damit sind auf regulatorischer Ebene die Anforderungen an die Eigenmittelausstattung nach § 10 KWG in Verbindung mit der CRR in der Planung zu berücksichtigen[346]. Der interne Kapitalbegriff ist an das Risikotragfähigkeits-Kalkül bzw. den ICAAP anzulehnen[347].

567 Beginnend mit der ökonomischen Kapitalplanung ist in einem ersten Schritt ein Rückgriff auf die Risikotragfähigkeit vorzunehmen. Ausgehend vom aggregierten Risikopotential erscheint die pragmatische Übernahme der Risikowerte sinnvoll[348]. Es ist zu beachten, dass auf der einen Seite die bloße Übernahme der Risikowerte nicht in einer bloßen zeitlichen Erweiterung der Risikotragfähigkeit enden darf. Auf der anderen Seite kann eine Neuermittlung und damit die Abkehr der innerhalb der RTF verwendeten Werte Fragen hinsichtlich der aufsichtlich gewünschten Konsistenz der Annahmen, Methoden und Prozesse aufwerfen. Zwar führt die Verlängerung des Betrachtungshorizontes keinesfalls zu einem Nachkommen des geforderten Planungsprozesses, doch eine Bezugnahme auf die Annahmen der Risikotragfähigkeit ist obligatorisch. Hierbei kann die Einbringung einer materiellen Güte der Risikowerte einschließlich der Bildung von Sammelposten diesem Umstand gerecht werden. Die Mehrjahresbetrachtung kann durch die Annahme von Entwicklungsraten erfolgen. Eine intensive Diskussion und eine sorgsame Abwägung der Entwicklungsraten muss aktiver Bestandteil des Steuerungsprozesses sein.

568 Die Risikodeckungsmassen können simultan zum Risikopotential mit Entwicklungsraten versehen und in die Kapitalplanung eingebracht werden. Im Rahmen eines effizienten Kapitalmanagements bedeutet dies, dass ein optimiertes Verhältnis von Kapitalbedarf und Kapitalausstattung zu erreichen ist,

---

345 Vgl. *Wimmer/Schirsch* (2013c), S. 146 i. V. m. *Meybom* (2012), S. 2 ff.
346 Vgl. *Haug* (2013), S. 110, § 10 KWG in der Version vom 12.06.2015 verweist explizit auf die Eigenmittelanforderungen der CRR (2013).
347 Internal Capital Adequacy Assessement Process als Konkretisierung der sog. Säule 2 der CRR (2013).
348 Vgl. *Wimmer/Schirsch* (2013b), S. 202.

welches im Rahmen des Risiko-Chancen-Kalküls und unter Beachtung regulatorischer Restriktionen abzustimmen ist[349].

Bezugnehmend auf das Anschreiben zu den MaRisk sollten die folgenden drei Fragestellungen durch den Kapitalplanungsprozess obligatorisch beantwortet werden:[350]

1. Wie wirken sich Veränderungen der eigenen Geschäftstätigkeit oder der strategischen Ziele sowie Veränderungen des wirtschaftlichen Umfeldes auf die Kapitalausstattung des Instituts aus?
2. Welche Kapitalbestandteile laufen in den nächsten Jahren aus und wie können diese Bestandteile ersetzt werden?
3. Wie wirkt sich die geplante Kapitalausstattung auf das künftige Risikodeckungspotenzial aus?

2.2. Zeitlicher Horizont

Zeitlich ist der Kapitalplanungsprozess als mittelfristiges Steuerungsinstrument anzusehen, welches eng mit der Geschäfts- und Risikostrategie verbunden ist. Diese umfasst einen Zeitraum von ca. fünf Jahren und es erscheint zielführend, diesen Horizont innerhalb der Kapitalplanung zu übernehmen.[351] Als eine weitere Planungsdimension sind die regulatorischen Eigenkapitalanforderungen nach Basel III einzubeziehen. Diese erfordern eine bis 2019 ansteigende Eigenkapitalquote in Höhe von bis zu 13 % der RWA. Somit ist es zwingend erforderlich, die Eigenkapitalplanung auf die Erreichung dieser Quote zeitlich wie auch materiell auszurichten. Hinzu kommt, dass sich wesentliche Effekte auf die Zinsspanne erst im Laufe der Zeit niederschlagen. Je länger die vergebenen Zinsbindungen sind, desto später sinkt die Zinsspanne. Institute sind gut beraten, dies zumindest im Rahmen einer ergänzenden Planung einzubeziehen.

Als Zeitpunkt der Kapitalplanung ist die Jahresplanung bzw. Limitierung vorzuschlagen. Abweichend von der jährlichen Durchführung ist die Kapitalplanung immer dann durchzuführen, wenn wesentliche Änderungen aus externer oder interner Perspektive eine Neuauflage des Kapitalplanungsprozesses notwendig machen.[352]

---

349 Vgl. *Kramer* (2014), S. 107.
350 Vgl. *BaFin* (2012.12a), S. 2 f.
351 Vgl. *Haug* (2013).
352 Vgl. *Wimmer/Schirsch* (2013b), S. 202 i. V. m. *Kramer* (2014), S. 107.

572 Zusammenfassend sind die zeitlichen Erfordernisse dahingehend einzuordnen, dass die Kapitalplanung die Reichweite der Geschäfts- und Risikostrategie, also mindestens fünf Jahre, umfasst. Regulatorische Anforderungen wie beispielsweise Kapitalquoten sollten zu einer Verlängerung des Planungshorizontes führen.

2.3. Prozessuale Zuständigkeiten in Aufbau- und Ablauforganisation

573 Ein erfolgreicher Kapitalplanungsprozess ist zu keinem Zeitpunkt alleiniger Ausdruck einer funktionierenden Softwareanwendung. Dies ist darin zu begründen, dass der Kapitalplanungsprozess vielschichtige strategische Entscheidungen und Planungen der Gesamtbank adaptiert und in einen quantitativen Zusammenhang überführt. Zunehmend zeigt sich eine mehrdimensionale Wechselwirkung zwischen verschiedenen Fachbereichen, der Geschäfts- und Risikostrategie und der Risikotragfähigkeit innerhalb des Kapitalplanungsprozesses.

574 Es ist daher die Empfehlung auszusprechen, den Kapitalplanungsprozess als regemäßigen institutionalisierten Prozess in Form eines Gremiums o. ä. durchzuführen. Hierdurch können die unterschiedlichen Prozesse, Methoden und Annahmen voneinander profitieren und der Prozess kann sich ganzheitlich in die Gesamtbanksteuerung einfügen. Als positiver Nebeneffekt kann die Überprüfung der Annahmen hinsichtlich ihrer Widerspruchsfreiheit sowie die Umsetzbarkeit der Planwerte interpretiert werden[353].

575 Als Widersprüchlich ist beispielsweise die Fokussierung des Kreditwachstums als festgelegtes Ziel der Geschäfts- und Risikostrategie zu nennen, welche allerdings in Form von stagnierenden Kreditvolumina (ausgedrückt durch die regulatorischen RWA[354]) im Kapitalplanungsprozess berücksichtigt wird.

576 Der Kapitalplanungsprozess beginnt typischerweise mit der Festlegung der Strategie und Ziele des kommenden Geschäftsjahres durch die Unternehmensleitung und der damit verbundenen Einleitung des Planungsprozesses. Verbunden mit der Einleitung des Kapitalplanungsprozesses wird seitens der Unternehmensleitung der weitere Planungsrahmen vorgegeben. Aus diesem Planungsrahmen sind das Eigenkapital und quantifizierbare Planzahlen, wie beispielsweise das innerhalb der Marktfolge und des Vertriebs abgestimmte Kreditwachstum, festzulegen. In der Zusammenfassung lässt sich die vorläufi-

---

353 Vgl. Baseler Ausschuss für Bankenaufsicht (2014), S. 3 ff.
354 Risikogewichtete Aktiva im Sinne der regulatorischen Eigenmittelplanung in Kapitel C.V.3.

ge Kapitalplanung ableiten.[355] Aufbauend empfiehlt sich die Planung auf Konsistenz und Widerspruchsfreiheit zu prüfen sowie die Kapitalplanung mittels eines Trial-and-Error Ansatzes zu verfestigen. Das finale Kapitalkonzept ist als Grundplanung (oftmals »Real Case« genannt) in adverse Szenarien überzuleiten[356].

Die Grundkapitalplanung sowie die adversen Szenarien sind abschließend in ein regelmäßiges Monitoring und Reporting zu integrieren[357]. Unter Hinzunahme der aufbauorganisatorischen Zuständigkeiten entsteht ein aufsichtlich gewünschter institutionalisierter Planungsprozess, der adverse Entwicklungen einschließlich entstehender Diskrepanzen und Kapitalunterdeckungen identifizieren, überwachen und reporten kann.[358] Abbildung C – 19 verdeutlicht diese Zusammenhänge.

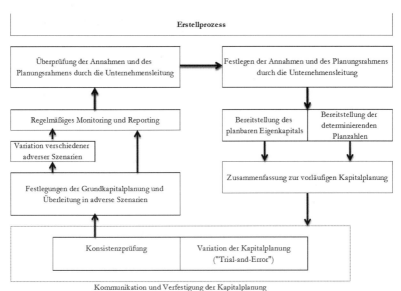

Abbildung C – 19: *Prozessuale Einbindung der Kapitalplanung*[359]

---

355 *Meybom* (2012), S. 2 ff. unterteilt diesen Schritt in die Bestimmung des Kapitalbedarfs, Festlegung von Kosten und Strukturen sowie Planung und Umsetzung der Kapitaldeckung.
356 Die Problematik adverser Szenarien wird in Kapitel C.V.3 detailliert beleuchtet.
357 Vgl. *Meybom* (2012), S. 2 ff.
358 Vgl. Baseler Ausschuss für Bankenaufsicht (2014), S. 3 ff.
359 Eigene Darstellung.

578 Aufbauorganisatorisch ist die Zuständigkeit zur abschließenden Kapitalplanung der Unternehmensleitung zuzuordnen. Davon losgelöst ist die Erstellung und Verfestigung durch die für Planung und Steuerung zuständigen Abteilungen und Personen durchzuführen. Ferner sind die fachlich verantwortlichen Leiter zur Planung der Kennzahlen und Einflussgrößen zu befragen bzw. in die Planung miteinzubeziehen. Eine Gremienarbeit kann in diesem Zusammenhang die Kommunikation positiv beeinflussen. Damit verbunden ist jedoch nicht die Ignoranz der Top-Down Entscheidungsprozesse, sondern vielmehr die Einbindung verschiedenster Gremien in Expertenfunktion. Somit ist eine Zunahme der Planungsperspektiven zu erwarten, sodass die Qualität der Entwicklungsraten steigt sowie der (regulatorische) Kennzahlenhorizont vergrößert werden kann.[360]

3. Determinanten der Kapitalplanung

579 Im Wesentlichen sind die Vorgaben zum Umfang der Kapitalplanung innerhalb der MaRisk sowie des regulatorische Eigenkapitalbegriffs nach der CRR zusammenzufassen. Ebenso sind Kennzahlen des Liquiditäts- und Kreditmeldewesen potenziell zu berücksichtigen.

3.1. Allgemeine Determinanten der MaRisk

580 Während das Risikotragfähigkeitskonzept die wesentlichen Risiken innerhalb des Risikobetrachtungshorizontes (i. d. R. 1 Jahr) messen und steuern soll, fokussiert der Kapitalplanungsprozess die laufend angemessene Kapitalausstattung über den Risikobetrachtungshorizont hinaus. Gleichzeitig bedeutet die herausgestellte Trennschärfe zwischen dem Kapitalplanungsprozess und der Risikotragfähigkeit keinesfalls eine absolut separate Betrachtung, da beide Konzepte unmittelbar im Zusammenhang stehen.[361]

581 In einem ersten Schritt ist auf den Going-Concern- und den Gone-Concern-Ansatz zu verweisen. Die Anforderungen an die Risikotragfähigkeit lassen explizit sowohl die Going-Concern- (Fortführungsaspekte) als auch die Gone-Concern-Betrachtung (Gläubigerschutzaspekte) zu.[362] Die aufsichtliche Betonung der Zukunftsorientierung bzw. die geforderte Ableitung von Gegensteuerungsmaßnahmen gegenüber etwaigen Kapitallücken impliziert, dass der

---

360 Vgl. Baseler Ausschuss für Bankenaufsicht (2014), S. 3 ff.
361 Vgl. Bundesbank (2013.03), S. 34 i. V. m. *Becker/Dettling/Winkler* (2014), S. 281 ff.
362 Vgl. umfassend Kapitel A.III.2.

Going-Concern zu wählen ist.³⁶³ Eine weitere Methodenkomponente ist der gewählte, periodische oder barwertige Steuerungsansatz. Zur Abbildung der Kapitalquoten ist der periodische Steuerungsansatz zu fokussieren.

Die Definition des internen Kapitalbegriffs sollte aus der RTF übernommen und in die Kapitalplanung übertragen werden. Die Zusammensetzung des internen Kapitalbegriffs erfolgt bankindividuell und kann beispielsweise unter einem anderen Konfidenzniveau, oder anderen Absorptionsannahmen erfolgen. *»Zum Beispiel sehen einige Banken auch einen bankindividuell definierten Prozentsatz der nachhaltigen Plangewinne des Risikohorizontes als risikodeckend an³⁶⁴«.*   582

Ferner sind mindestens die wesentlichen Risiken nach MaRisk AT 2.2 in die Planung miteinzubeziehen und mit Annahmen der jeweiligen Entwicklung zu hinterlegen. Es empfiehlt sich die in der RTF-Rechnung verwendeten Risiken auf den Kapitalplanungsprozess zu übertragen und darüber hinaus – mit Hilfe von Entwicklungsannahmen – auf dessen Risikohorizont zu erweitern.³⁶⁵ Zudem ist ein Rückgriff auf die Mehrjahresplanung, in welcher Kosten und Erträge ebenfalls geplant und erfasst werden, angeraten. Exogene Einflüsse, wie das Makroumfeld und das Kunden-/Marktverhalten sowie endogene Einflüsse wie Ziele und Wachstumserwartungen sind ebenso in die Kapitalplanung einzubringen.³⁶⁶   583

Insgesamt ist die geschäftsmodellbezogene Kapitalplanung insbesondere unter Berücksichtigung der Geschäfts- und Risikostrategie sicherzustellen. Dies ist darin zu begründen, dass diese die angestrebten Entwicklungen und Ziele definiert und damit die Zielvorgabe zur Kapitalplanung ergibt.   584

Hinsichtlich des Proportionalitätsprinzips der MaRisk ist der Umfang der Kapitalplanung anhand der regulatorischen Eigenmittelausstattung des individuellen Instituts auszurichten. Je schwächer die Eigenkapitalausstattung des jeweiligen Instituts ist, desto vielseitiger und umfangreicher müssen die adversen Szenarien gewählt werden, um eine nachhaltige Eigenkapitalausstattung zu gewährleisten.³⁶⁷   585

---

363 Die folgenden Ausführungen lehnen sich an die Annahmen der Going-Concern-Betrachtung an. Es sei an dieser Stelle auf verschiedene Ansichten in der Literatur hingewiesen. Typischerweise erfolgt eine periodische Going-Concern Betrachtung; vgl. auch: *Deutsche Bundesbank* (2013.03), S. 35. Ob sich dies im Rahmen des SREP Prozesses aufrecht halten lässt, ist durchaus fraglich, vgl. *Reuse* (2016.03), S. 20.
364 Deutsche Bundesbank (2007.12), S. 61.
365 Vgl. *BaFin* (2013.03), S. 43 f., i. V. m. *BaFin* (2012.12c), AT. 4.1, Tz. 8 f.
366 Vgl. *Reuse* (2012.09), S. 4 ff.
367 Vgl. *Kallenbrunnen* (2015), S. 120.

3.2. Einfluss der Eigenkapitalanforderungen

586 Die Eigenmittelanforderungen nach Basel III sind neben dem internen Kapitalbegriff der wichtigste Treiber des Kapitalplanungsprozesses.

587 Nach Teil 2, Titel 1. Kapitel 1, Artikel 25 der CRR besteht das Kernkapital eines Institutes aus der Summe des harten Kernkapitals und des zusätzlichen bzw. weichen Kernkapitals. Als hartes Kernkapital sind vor allem Kapitalinstrumente des bilanziell gezeichneten Kapitals (Nennwert bzw. rechnerischer Nennwert der Stammaktien oder der Genossenschaftseinlage) bzw. ebenso das Trägerkapital einzuordnen. Unter Agio ausgezahlte Unternehmensanteile sind ebenso dem harten Kernkapital hinzuzurechnen. Hinzu kommen neben den § 340g HGB Reserven die einbehaltene Gewinne und die sonstigen Rücklagen. Es ist zu postulieren, dass die aufgeführten Positionen – mit Ausnahme des Nennwertes bzw. rechnerischen Nennwertes der Unternehmensanteile – nur in dem Fall den Instituten zur Anrechnung zur Verfügung stehen, wenn diese unmittelbar und uneingeschränkt zur Verlustabsorption genutzt werden können. Das harte Kernkapital steigt im Rahmen von Basel III auf 4,5 % bis 2019 an[368]. Die nach Basel II geforderte Quote des harten Kernkapitals betrug noch 2,0 % der RWA.

588 Die Anforderungen an die Qualität des zusätzlichen Kernkapitals ergeben sich aus den Kapiteln 51 ff. der CRR. Wesentliche Kerncharakteristika sind nach Artikel 52 der CRR u. a.:[369]

- Vollständig eingezahlter Gegenwert.
- Keine Haltung des Kapitalinstruments durch das Institut selbst oder verbundene Unternehmen.
- Keine direkte oder indirekte Finanzierung des Instruments.
- Gegenüber dem Kernkapital nachrangige Eigenschaften.
- Keine Besicherung durch das Institut selbst oder verbundene Unternehmen.
- Unbefristete Laufzeit.
- Keine Verpflichtung zur Zins- oder Dividendenausschüttung.

589 Potentiell kommen insbesondere sog. Coco-Bonds (Contingent Convertible Bonds) als zusätzliches Kernkapital infrage. Die Summe des Kernkapitals

---

[368] Vgl. CRR (2013), Teil 2, Titel 1. Kapitel 1, Artikel 25 ff. Die weiteren einschränkenden Bedingungen und Anforderungen sollen nicht weiter Thema dieses Kapitels sein. Es kann auf die anverwandten Artikel der CRR (2013) verwiesen werden.

[369] Vgl. CRR (2013), Teil 2, Titel 1. Kapitel 1, Artikel 51 ff.

beträgt nach Artikel 92 der CRR 6,0 %, sodass sich in der Differenz eine Quote des zusätzlichen Kernkapitals in Höhe von 1,5 % ergibt. Mit einer geforderten Gesamtkapitalquote i. H. v. 8,0 % ergibt sich die Anforderung an eine Quote i. H. v. 2,0 % Ergänzungskapital.

Das Ergänzungskapital ist nach den Artikeln Nr. 62 bis 71 derselben Verordnung zu definieren. Mit Ausnahme der Nachrangigkeit gegenüber dem Kernkapital sind die vorgestellten qualitativen Vorschriften des zusätzlichen Kernkapitsl ebenso auf die Merkmale des Ergänzungskapitals zu übertragen. Die Unterscheidung zum zusätzlichen Kernkapital (additional tier one) erfolgt dahingehend, dass das zusätzliche Kernkapital jederzeit in hartes Kernkapital (core tier one) umgewandelt werden kann. Ferner ist das Ergänzungskapital nicht als unbefristet einzustufen, da eine Laufzeit von mindestens fünf Jahren ausreichend ist. Das zusätzliche Kernkapital muss hingegen bis zur Kündbarkeit (ausschließlich durch den Emittenten) mindestens fünf Jahre ausgegeben und eingezahlt sein. Das Ergänzungskapital umfasst damit unter anderem Genussrechtkapital sowie Pauschalwertberichtigungen (KSA) bzw. Wertberichtigungsüberschüsse (IRBA-Ansatz).[370]

590

Zusätzlich zum harten Kernkapital ist die schrittweise Einführung des Kapitalerhaltungspuffers vorgesehen. Dieser ist ab 2016 schrittweise bis 2019 auf 2,5 % der RWA[371] anzuheben und ergänzt das harte Kernkapital. Die Vorhaltung dieses zusätzlichen Kernkapitals erfolgt unter der Annahme, dass bei Inspruchnahme des vorzuhaltenden Eigenkapitals aufgrund schlagend werdender Risiken nicht unmittelbar das core tier one abgegriffen werden soll. Vielmehr dient der Kapitalerhaltungspuffer als anfänglicher Verlustabsorptionspuffer, der anschließend durch regulatorisch vorgeschriebene Ausschüttungssperren wiederaufgefüllt werden muss.[372]

591

Zuletzt ist der antizyklische Kapitalpuffer anzuführen. Dieser beläuft sich auf 0 bis 2,5 % und wird nach nationalen Kreditvergabeanalysen angeordnet.[373] Zusätzlich sind für bestimmte Institutsgruppen zusätzliche Kapitalquoten durch die Aufsicht anordbar.[374] Ziel des antizyklischen Kapitalpuffers ist die

592

---

370 Vgl. *Noack/Cremers/Mala* (2014), S. 46 ff. i. V. m. *Wimmer/Schirsch* (2013c), S. 143 i. V. m. CRR (2013), Teil 2, Titel 1. Kapitel 1, Artikel 71 ff. KSA = Kreditrisikostandardansatz. IRB/IRBA = Auf internen Ratings basierender Ansatz.
371 Risikogewichtete Aktiva.
372 Vgl. *Noack/Cremers/Mala* (2014), S. 46 ff. i. V. m. *Wimmer/Schirsch* (2013c), S. 143 i. V. m. CRD IV (2013), Tz. 129.
373 Vgl. *Noack/Cremers/Mala* (2014), S. 46 ff. i. V. m. *Wimmer/Schirsch* (2013c), S. 143 i. V. m. CRD IV (2013), Tz. 129.
374 Beispielsweise ist hier der Puffer für systemrelevante Banken anzuführen.

STRATEGIEKONZEPTE UND RISIKOTRAGFÄHIGKEIT

Eindämmung übermäßig expansiven Kreditwachstums und die damit anverwandte Vermeidung etwaiger Kreditblasen[375].

Abbildung C – 20 verdeutlicht die Kapitalanforderungen nach Basel III.

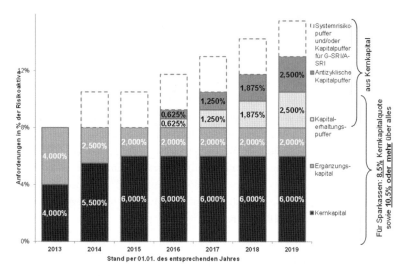

Abbildung C – 20:   Zusammensetzung der Kapitalanforderungen[376]

3.3. Berücksichtigung weiterer Basel III Kennziffern

Neben den regulatorischen Eigenmittelanforderungen, als Kernaspekt der Kapitalplanung, sind ebenso die Leverage Ratio, die Liquidity Coverage Ratio (LCR), die Net Stable Funding Ratio (NSFR) oder auch der Basel II-Zinsrisikokoeffizient zu berücksichtigen. Abbildung C – 21 verdeutlicht die Einflussgrößen des Kapitalplanungsprozesses.

---

375 Vgl. Deutsche Bundesbank (2011a), S. 25 ff.
376 Eigene Darstellung in Anlehnung an in Anlehnung an Deutsche Bundesbank (2013.06), S. 62.

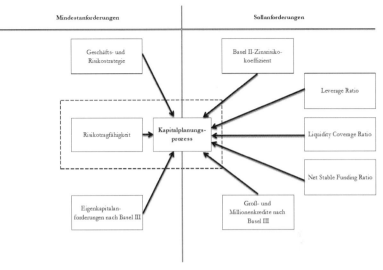

Abbildung C – 21: Einflussgrößen des Kapitalplanungsprozesses[377]

3.3.1 Leverage Ratio

Die Leverage Ratio ist als ergänzende aufsichtliche Kennziffer abzubilden und betrachtet keine risikoadjustierten bzw. gewichteten Risikopositionen sondern bildet ungekürzte bilanzielle und außerbilanzielle Verpflichtungen ab. In der Gegenüberstellung von Risiko- bzw. Verpflichtungspositionen muss der Anteil des harten Kernkapitals mind. 3,0 % betragen. Erstmalig mit dem Geschäftsjahresabschluss 2015 muss die Leverage Ratio offengelegt werden.[378]

3.3.2 Liquidity Coverage Ratio

Die Liquidity Coverage Ratio (LCR) fokussiert die kurzfristige Zahlungsmittelausstattung der Institute. Ziel ist es, dass innerhalb eines Stressszenarios von 30 Tagen der Saldo der Cash-In- bzw. Outflows in jeder Situation durch vorhandene Zahlungsmittel abgedeckt werden kann. Die Deckung muss durch unbelastete, hochliquide Aktiva erfolgen. Die Anrechnung erfolgt unter Berücksichtigung verschiedener, in Abhängigkeit von Rating, Land, und Marktsegment bzw. Assetklasse abzuziehender Haircuts.

---

377 Eigene Darstellung.
378 Vgl. *Noack/Cremers/Mala* (2014), S. 46 ff. i. V. m. *Wimmer/Schirsch* (2013c), i. V. m. Deutsche Bundesbank (2011a), S. 25 ff.

597 Es entsteht in der Kapitalplanung ein Zielkonflikt zwischen anzustrebender Mindestverzinsung im Sinne eines Kapitalerhalts bzw. einer Ergebnisbeisteuerung sowie der LCR-Anrechnungsfähigkeit der Aktiva. Die bisherige Interaktion von Risiko-Chancen-Kalkül und Eigenkapitalanforderungen in der jeweiligen Abwägung aus Risiko- und Rendite wird durch die zusätzliche Abwägung der Liquidierbarkeit im liquiditätsbedingten Stress erweitert.[379] In diesem Zusammenhang ist weniger eine exakte Kapitalstruktur- bzw. Investitionsplanung vorzunehmen. Umso stärker ist jedoch eine Harmonisierung der Planung zwischen Risiko, Rendite und Liquiditätsanforderungen anzustreben. Beispielsweise ist die Planung dahingehend anzupassen, dass aufgrund einer verbesserten Assetliquidität eine verminderte Renditeleistung der Wertpapiere des Eigengeschäfts erwartet werden kann.

3.4. Besondere Anforderungen an adverse Entwicklungen

598 Die MaRisk postulieren in Satz vier des AT 4.1 Tz. 9, dass adversen Entwicklungen in der Planung angemessen Rechnung zu tragen sind. Im Anschreiben an die Institute zu den MaRisk wird konkretisiert, dass die Institute »*Überlegungen anzustellen haben, welche Auswirkungen auf die Kapitalausstattung und den Kapitalbedarf ausgehen, sollten die erwartete Entwicklung des Institutes und die zugrundeliegenden Annahmen ein positives Bild zeichnen*[380].« Damit ist keinesfalls lediglich das Auslaufen einzelner Kapitalbestandteile zu interpretieren, sondern vielmehr sind exogene und endogene Geschäftseinflüsse/-ziele einzubeziehen. Die Planung unter der Annahme von adversen Entwicklungen unterliegt ausdrücklich nicht den Anforderungen nach AT 4.3.3 zur zwingenden Durchführung von Stresstests.[381] Es erscheint empfehlenswert, verschiedene adverse Entwicklungsraten sowie auch Einmaleffekte uni- wie auch multivariat zu gestalten.

599 Wesentliche Planungsgrößen sind hierbei auf der Ertragsseite eines Kreditinstituts: adverse Margenentwicklungen im Zinsbuch, sowie eine Reduktion des geplanten Provisionsüberschusses. Auf der Aufwandsseite ist eine adverse, also kostensteigernde, Planung im Abschreibungsbedarf, Sach- oder Personalaufwand denkbar. Es ist in beiden Planungsvariablen sowohl eine Reduktion aus Preis- als auch aus Mengengesichtspunkten in der Praxis umsetzbar. Makroökonomische Einflussvariablen im Sinne einer adversen Entwicklung sind beispielsweise die Zinskurve (inverse, verflachende oder versteilende Zinsstruktur), Credit Spreads oder Kreditausfälle aus Portfolioeffekten.

---

379 Vgl. Deutsche Bundesbank (2011a), S. 25 ff. i. V. m. Europäische Kommission (2014.10).
380 *BaFin* (2012.12a), S. 3.
381 Vgl. *BaFin* (2012.12a), o.S. i. V. m. *Wimmer/Schirsch* (2013b), S. 202.

Die Gestaltung der Szenarien folgt der Methodenfreiheit. Sämtliche aufgezeigten adversen Szenarien sollten jedoch einen historischen oder hypothetischen Bezug zur Geschäftstätigkeit aufweisen. Die Annahme einer Korrelation von 1, also additiv eintretende Risiken, stellt in diesem Zusammenhang die konservativste Form der Risikomessung dar[382]. Die zusammengestellten Szenarien sind in eine inhaltliche Bewertung einschließlich Durchführung und erneuter Bewertung gemäß des institutionalisierten Prozesses zu überführen.

4. Ganzheitliche Szenariobetrachtung

4.1. Ermittlung des Grundprozesses

In einem ersten Schritt ist der Startkorridor des Kreditinstitutes zu identifizieren. Zunächst ist in einer Bestandaufnahme die aktuelle ökonomische bzw. regulatorische Eigenkapitalstruktur mit der Jahreseckwertplanung zusammenzubringen. Damit einhergehend sind die bilanziell zur Verlustabsorption geeigneten Mittel weitreichender definiert als die regulatorische Eigenmittel. Es ergibt sich die in Abbildung C – 22 beispielhaft dargestellte regulatorische bzw. ökonomische Eigenkapitalzusammensetzung.

Typischerweise ergibt sich die regulatorische Basis aus den Bilanzpositionen nachrangige Verbindlichkeiten, Fonds für allgemeine Bankrisiken und dem bilanziellen Eigenkapitalposten, welche gemäß den vorgestellten Kriterien auf die einzelnen regulatorischen Eigenkapitalbestandteile transformiert werden. Auf Grandfathering-Regelungen wird an dieser Stelle verzichtet. Diese Kürzung ist bei der ökonomischen Betrachtungsweise nicht zwingend erforderlich.

---

382 Vgl. Baseler Ausschuss für Bankenaufsicht (2014), S. 4. Im Detail diskutiert in Kapitel D.VIII.

STRATEGIEKONZEPTE UND RISIKOTRAGFÄHIGKEIT

	in TEUR		in TEUR
1. Barreserve	21.593,00	1. Verbindlichkeiten gegenüber Kreditinstituten	630.407,00
a) Kassenbestand	13.772,00	a) täglich fällig	9.215,00
b) Guthaben bei Zentralnotenbanken	7.821,00	b) mit vereinbarter Laufzeit oder Kündigungsfrist	621.192,00
3. Forderungen an Kreditinstitute	176.662,00	2. Verbindlichkeiten gegenüber Kunden	1.312.275,00
a) täglich fällig	54.157,00	a) Spareinlagen	311.810,00
b) andere Forderungen	122.505,00	aa) mit vereinbarter Kündigungsfrist von drei	288.246,00
4. Forderungen an Kunden	1.233.503,00	ab) mit vereinbarter Kündigungsfrist > 3 Monate	23.564,00
darunter: durch Grundpfandrechte gesichert	496.135,00	b) andere Verbindlichkeiten	1.000.465,00
5. Schuldverschreibungen und andere festv. Wertp.	457.794,00	ba) täglich fällig	595.023,00
b) Anleihen und Schuldverschreibungen	457.397,00	bb) mit vereinbarter Laufzeit oder Kündigungsfrist	405.442,00
ba) von öffentlichen Emittenten	25.315,00	3. Verbriefte Verbindlichkeiten	22.325,00
bb) von anderen Emittenten	432.082,00	5. Sonstige Verbindlichkeiten	2.720,00
c) eigene Schuldverschreibungen	397,00	7. Rückstellungen	12.670,00
6. Aktien und andere nicht festverzinsliche Wertpapiere	151.458,00	a) Rückstellungen für Pensionen und ähnliche	6.980,00
7. Beteiligungen	60.915,00	c) andere Rückstellungen	5.690,00
8. Anteile an verbundenen Unternehmen	80,00	9. Nachrangige Verbindlichkeiten	45.117,00
9. Treuhandvermögen	294,00	11. Fonds für allgemeine Bankrisiken	43.750,00
11. Immaterielle Anlagewerte	53,00	12. Eigenkapital	106.306,00
12. Sachanlagen	26.556,00	a) gezeichnetes Kapital	26.822,00
14. Sonstige Vermögensgegenstände	46.662,00	b) Kapitalrücklage	2.791,00
		c) Gewinnrücklagen	73.446,00
		d) Bilanzgewinn/Bilanzverlust	3.247,00
Summe der Aktiva	**2.175.870,00**	**Summe der Passiva**	**2.175.870,00**

Überführung der Bilanzpositionen in die regulatorische bzw. ökonomische Sichtweise

Regulatorische Sichtweise		Ökonomische Sichtweise	
Fonds für allgemeine Bankrisiken	43.750,00	Fonds für allgemeine Bankrisiken	43.750,00
Eigenkapital	103.059,00	Eigenkapital	103.059,00
gezeichnetes Kapital	26.822,00	gezeichnetes Kapital	26.822,00
Kapitalrücklage	2.791,00	Kapitalrücklage	2.791,00
Gewinnrücklagen	73.446,00	Gewinnrücklagen	73.446,00
Core Tier one vor Korrekturposten	**146.809,00**		
Korrekturposten	-15.168,50		
Gekündigte Geschäftsguthaben	-464,00		
Kreditrisikoanpassungen	14.568,00		
sonstige Abzugspositionen	-20.086,00		
Bilanzielle Zuführung	-9.186,50		
Core Tier one	**131.640,50**		
Nachrangige Verbindlichkeiten	45.117,00	Nachrangige Verbindlichkeiten	45.117,00
Nicht-CRR-konformes Ergänzungskapital	-8.874,50	Pauschalwertberichtigungen	12.335,03
		Rückstellungen	5.690,00
Ergänzungskapital	**36.242,50**	Bilanzgewinn	3.247,00
		immaterielle Anlagewerte	53,00
Core Tier one	**131.640,50**		
Ergänzungskapital	**36.242,50**		
regualtorisches Eigenkapital	**167.883,00**	**ökonomisches Eigenkapital**	**213.251,03**

Abbildung C – 22: Überleitung der Eigenkapitalgrößen[383]

603 Der regulatorische Kapitalbedarf ergibt sich aus der Addition aller mit Eigenkapital zu unterlegenden Risiken gemäß CRR & CRD IV. Die zur der Eigenmittelunterlegung vorgesehenen Risiken sind im Kapitalplanungsprozess zwingend abzubilden. Zu diesen Risiken gehören: Kreditrisiken und Kontrahentenrisiken, operationelle Risiken sowie Marktpreisrisiken.[384] Die so ermittelten Beträge ergeben den Gesamtforderungsbetrag. Die ökonomische Kapitalplanung kann unter gleichen Aspekten erfolgen, sollte jedoch beispielsweise um Zinsänderungsrisiken erweitert werden. Ferner ergeben sich durch die

---

383 Eigene Darstellung.
384 Vgl. *Noack/Cremers/Mala* (2014), S. 46 ff. Die Marktpreisrisiken umfassen Rohstoff- und Währungsrisiken sowie Aktienkurs- und Zinsänderungsrisiken des Handelsbuchs.

CRR & CRD IV fest definierte Vorgaben zur Berechnung der Gesamtforderungspositionen (v. a. KSA und BIA/STA).[385] Abbildung C – 23 verdeutlicht diese Zusammenhänge.

	in TEUR
1. Barreserve	**21.593,00**
a) Kassenbestand	13.772,00
b) Guthaben bei Zentralnotenbanken	7.821,00
3. Forderungen an Kreditinstitute	**176.662,00**
a) täglich fällig	54.157,00
b) andere Forderungen	122.505,00
4. Forderungen an Kunden	**1.233.503,00**
darunter: durch Grundpfandrechte gesichert	496.135,00
5. Schuldverschreibungen und andere festv. Wertp.	**457.794,00**
b) Anleihen und Schuldverschreibungen	457.397,00
ba) von öffentlichen Emittenten	25.315,00
bb) von anderen Emittenten	432.082,00
c) eigene Schuldverschreibungen	397,00
6. Aktien und andere nicht festverzinsliche Wertpapiere	**151.458,00**
7. Beteiligungen	**60.915,00**
8. Anteile an verbundenen Unternehmen	**80,00**
9. Treuhandvermögen	**294,00**
11. Immaterielle Anlagewerte	**53,00**
12. Sachanlagen	**26.556,00**
14. Sonstige Vermögensgegenstände	**46.662,00**
Summe der Aktiva	**2.175.570,00**

	in TEUR
1. Verbindlichkeiten gegenüber Kreditinstituten	**630.407,00**
a) täglich fällig	9.215,00
b) mit vereinbarter Laufzeit oder Kündigungsfrist	621.192,00
2. Verbindlichkeiten gegenüber Kunden	**1.312.275,00**
a) Spareinlagen	311.810,00
aa) mit vereinbarter Kündigungsfrist von drei	288.246,00
ab) mit vereinbarter Kündigungsfrist > 3 Monate	23.564,00
b) andere Verbindlichkeiten	1.000.465,00
ba) täglich fällig	595.023,00
bb) mit vereinbarter Laufzeit oder Kündigungsfrist	405.442,00
3. Verbriefte Verbindlichkeiten	**22.325,00**
5. Sonstige Verbindlichkeiten	**2.720,00**
6. Rückstellungen	**12.670,00**
a) Rückstellungen für Pensionen und ähnliche	6.980,00
c) andere Rückstellungen	5.690,00
9. Nachrangige Verbindlichkeiten	**45.117,00**
11. Fonds für allgemeine Bankrisiken	**43.750,00**
12. Eigenkapital	**106.306,00**
a) gezeichnetes Kapital	26.822,00
b) Kapitalrücklage	2.791,00
c) Gewinnrücklagen	73.446,00
d) Bilanzgewinn/Bilanzverlust	3.247,00
Summe der Passiva	**2.175.570,00**

Überführung der Bilanzpositionen in die regulatorische bzw. ökonomische Sichtweise

Regulatorische Sichtweise		Ökonomische Sichtweise	
Kreditrisiken gemäß KSA	**108.579,50**	**Kreditrisiken gemäß interner VaR-Risikomessung**	**96.635,76**
Zentralstaaten	142,00	Zentralstaaten	126,38
Regionale oder lokale Gebietskörperschaften	1,00	Regionale oder lokale Gebietskörperschaften	0,89
Öffentliche Stellen	51,50	Öffentliche Stellen	45,84
Institute	5.457,00	Institute	4.856,73
Unternehmen	51.495,00	Unternehmen	45.830,55
Mengengeschäft	29.760,00	Mengengeschäft	26.486,40
Ausgefallene Positionen	2.850,00	Ausgefallene Positionen	2.536,50
Organismen für gemeinsame Anlagen	7.781,00	Organismen für gemeinsame Anlagen	6.925,09
Gedeckte Schuldverschreibungen	380,00	Gedeckte Schuldverschreibungen	338,20
Beteiligungen	8.243,50	Beteiligungen	7.336,72
Sonstige Positionen	2.418,50	Sonstige Positionen	2.152,47
Marktpreisrisiken ohne zinsinduzierte Risiken des Anlagebuchs	**0,00**	**Marktpreisrisiken ohne zinsinduzierten Risiken des Anlagebuchs (Beispielsweise Aktienkursrisiko)**	**30.291,60**
Operationelle Risiken (beispielsweise BIA)	**7.151,00**	**Operationelle Risiken (beispielsweise opVaR)**	**9.087,48**
		Zinsänderungsrisiken	**64.745,96**
Core Tier one	**131.640,50**		
Ergänzungskapital	**36.242,50**		
regulatorisches Eigenkapital	**167.883,00**	**ökonomisches Eigenkapital**	**213.251,03**
Eigenmittelanforderungen	**115.730,50**	**Menge aller Risiken**	**200.760,79**
Gesamtförderungsbetrag (aus Bilanz)	2.080.412,00		
Gesamtkapitalquote	**8,07%**		
Hartes Kernkapital (Core Tier one)	**6,33%**		
Kernkapitalquote	**6,33%**		

Abbildung C – 23:   *Ermittlung der Risikopositionen*[386]

---

385   Mit Ausnahme des AMA- im operationellen Risiko bzw. den IRBA-Ansatz im Kreditrisiko.
386   Eigene Darstellung.

604 Daraus hervorgehend ist in der Folge die geplante Geschäftsentwicklung einzubringen. Eine solide Basis ergibt sich durch die Mehrjahresplanung, die die Geschäfts und Risikostrategie bereits in weiten Teilen quantitativ erfasst und umgesetzt hat.

605 Um das Beispiel fortzuführen, ist nun eine allgemeine Skizzierung vorzunehmen und in eine Mehrjahreskapitalplanung überzuleiten. Beispielhaft sollen folgende Bestandteile in der Kapitalplanung berücksichtigt werden:[387]

- Die Geschäftsstrategie sieht vor, das Privatkreditgeschäft weiter zu forcieren. Während für das Folgejahr 2016 eine konkrete Zielerwartung definiert wurde, wurde in den darauffolgenden Jahren eine Wachstumsrate von 2 % angenommen.

- Aufgrund des stagnierenden Einlagengeschäfts werden die Verbindlichkeiten gegenüber Kreditinstituten erhöht.

- Das Eigengeschäft wird in den in den Bereichen A05 und A06 aufgrund der nachhaltigen Liquiditätsquoten umgeschichtet.

- Die Bilanzposition Passiva 01 ergibt sich aus dem Refinanzierungsbedarf anderer Geschäfte und wird als Konsequenz geplant.

- Dem Fonds für allgemeine Bankrisiken werden jährlich ca. 7 Mio. Euro zugeführt, um nachhaltig die Kapitalquoten nach Basel III zu erfüllen.

- Die Kosten sollen gemäß Geschäfts- und Risikostrategie reduziert werden. Es wird jedoch ein Kostenanstieg im Sinne der Inflationsprognosen erwartet. Die ansteigenden regulatorischen Anforderungen bedingen jedoch einen Anstieg der Personalkosten ab dem Jahr 2018. Im Gegenzug wird eine Filiale geschlossen, sodass sich die Kosten amortisieren. Aus der Filialverkauf und der Veräußerung von Anlagegütern ergeht im Jahr 2018 einen Ertrag aus Buchwertdifferenz i. H. v. 50 TEUR.

606 Die Abbildung C – 24 und C – 25 führen diese Aspekte zusammen.

---

[387] Die vorgestellten Planungseinflüsse stehen beispielhaft für eine Vielzahl weiterer Aspekte und den damit verbundenen Konsequenzen. Zudem sind die Planannahmen umfangreicher zu begründen und die Grundstruktur ist detaillierter zu erweitern.

	2016	2017	2018	2019	2020
	in TEUR	in TEUR	in TEUR	in TEUR	in TEUR
1. Barreserve	21.650,66	21.564,58	21.635,88	21.703,05	21.784,77
a) Kassenbestand	13.772,00	13.772,00	13.772,00	13.772,00	13.773,00
b) Guthaben bei Zentralnotenbanken	7.878,66	7.792,58	7.863,88	7.931,05	8.011,77
3. Forderungen an Kreditinstitute	176.613,00	176.564,02	176.515,05	176.466,11	176.418,19
a) täglich fällig	54.157,00	54.157,00	54.157,00	54.157,00	54.158,00
b) andere Forderungen	122.456,00	122.407,02	122.358,05	122.309,11	122.260,19
4. Forderungen an Kunden	1.264.340,58	1.295.949,09	1.328.347,82	1.361.556,51	1.395.595,42
5. Schuldverschreibungen und andere festv. Wertp.	442.799,00	427.804,00	427.809,00	427.814,00	427.819,00
b) Anleihen und Schuldverschreibungen	442.397,00	427.397,00	427.397,00	427.397,00	427.397,00
ba) von öffentlichen Emittenten	40.315,00	55.315,00	70.315,00	85.315,00	100.315,00
bb) von anderen Emittenten	402.082,00	372.082,00	357.082,00	342.082,00	327.082,00
c) eigene Schuldverschreibungen	402,00	407,00	412,00	417,00	422,00
6. Aktien und andere nicht festverzinsliche Wertpapiere	145.458,00	135.458,00	125.458,00	115.458,00	105.458,00
7. Beteiligungen	60.915,00	60.915,00	60.915,00	60.915,00	60.915,00
8. Anteile an verbundenen Unternehmen	80,00	80,00	80,00	80,00	80,00
9. Treuhandvermögen	294,00	294,00	294,00	294,00	294,00
11. Immaterielle Anlagewerte	50,35	47,70	45,05	42,40	39,75
12. Sachanlagen	26.556,00	26.556,00	26.556,00	26.556,00	26.556,00
14. Sonstige Vermögensgegenstände	46.662,00	46.662,00	46.662,00	46.662,00	46.662,00
Summe der Aktiva	2.185.418,58	2.191.894,38	2.214.317,80	2.237.547,07	2.261.622,14
1. Verbindlichkeiten gegenüber Kreditinstituten	612.315,28	606.641,62	612.583,92	618.180,88	624.908,20
a) täglich fällig	9.215,00	9.215,00	9.215,00	9.215,00	9.215,00
b) mit vereinbarter Laufzeit oder Kündigungsfrist	603.100,28	597.426,62	603.368,92	608.965,88	615.693,20
2. Verbindlichkeiten gegenüber Kunden	1.317.508,52	1.323.133,06	1.329.149,56	1.335.359,17	1.342.363,23
a) Spareinlagen	305.102,52	298.548,04	292.142,75	285.882,93	279.765,00
aa) mit vereinbarter Kündigungsfrist von drei Monaten	282.481,08	276.831,46	271.294,83	265.868,93	260.551,55
ab) mit vereinbarter Kündigungsfrist > 3 Monaten	22.621,44	21.716,58	20.847,92	20.014,00	19.213,44
b) andere Verbindlichkeiten	1.012.406,00	1.024.585,02	1.037.006,81	1.049.676,23	1.062.598,23
ba) täglich fällig	606.923,46	619.061,93	631.443,17	644.072,03	656.953,47
bb) mit vereinbarter Laufzeit oder Kündigungsfrist	405.482,54	405.523,09	405.563,64	405.604,20	405.644,76
3. Verbriefte Verbindlichkeiten	22.325,00	22.325,00	22.325,00	22.325,00	22.325,00
5. Sonstige Verbindlichkeiten	2.720,00	2.720,00	2.720,00	2.720,00	2.721,00
7. Rückstellungen	12.854,66	13.044,47	13.239,58	13.253,62	13.268,70
a) Rückstellungen für Pensionen und ähnliche	6.993,96	7.007,95	7.021,96	7.036,01	7.050,08
c) andere Rückstellungen	5.860,70	6.036,52	6.217,62	6.217,62	6.218,62
9. Nachrangige Verbindlichkeiten	45.162,12	45.207,28	45.252,49	45.297,74	45.343,04
11. Fonds für allgemeine Bankrisiken	53.000,00	60.000,00	67.000,00	74.000,00	81.000,00
12. Eigenkapital	119.533,10	118.822,95	122.047,25	126.210,65	129.692,98
a) gezeichnetes Kapital	36.822,00	36.822,00	36.822,00	36.822,00	36.822,00
b) Kapitalrücklage	2.791,00	2.791,00	2.791,00	2.791,00	2.791,00
c) Gewinnrücklagen	76.046,00	78.746,00	81.546,00	84.446,00	87.446,00
d) Bilanzgewinn/Bilanzverlust	3.874,00	463,95	888,25	2.151,65	2.633,98
Summe der Passiva	2.185.418,58	2.191.894,38	2.214.317,80	2.237.547,07	2.261.622,14
1. Zinserträge aus	58.157,22	59.089,95	60.353,50	61.648,64	62.976,16
a) Kredit- und Geldmarktgeschäften	49.309,28	50.542,01	51.805,56	53.100,70	54.428,22
b) festverzinslichen Wertpapieren	8.847,94	8.547,94	8.547,94	8.547,94	8.547,94
2. Zinsaufwendungen	30.000,46	30.000,40	30.180,46	30.361,24	30.544,91
3. Laufende Erträge aus	3.109,87	2.959,87	2.809,87	2.659,87	2.510,87
a) Aktien	2.181,87	2.031,87	1.881,87	1.731,87	1.581,87
b) Beteiligungen	928,00	928,00	928,00	928,00	929,00
5. Provisionserträge	15.180,41	15.317,03	15.393,61	15.470,58	15.547,93
6. Provisionsaufwendungen	1.601,47	1.553,43	1.506,82	1.461,62	1.417,77
8. Sonstige betriebliche Erträge	1.148,00	1.148,00	1.148,00	1.148,00	1.148,00
10. Allgemeine Verwaltungsaufwendungen	28.876,85	29.274,66	28.477,03	28.764,04	29.055,38
a) Personalaufwand	18.648,29	18.741,53	18.835,24	18.929,41	19.024,06
aa) Löhne und Gehälter	15.210,68	15.286,73	15.363,16	15.439,93	15.517,18
ab) Soziale Abgaben	3.437,61	3.454,80	3.472,07	3.489,43	3.506,88
b) andere Verwaltungsaufwendungen	10.228,56	10.433,13	9.641,79	9.834,63	10.031,32
11. Abschreibungen auf immaterielle Anlagewerte	2,65	2,65	2,65	2,65	2,65
12. Sonstige betriebliche Aufwendungen	1.614,00	1.614,00	1.614,00	1.614,00	1.614,00
13. Abschreibungen auf Forderungen	1.884,00	1.846,32	1.809,39	1.773,21	1.737,74
16. Erträge aus Zuschreibungen	119,00	120,19	121,39	122,61	123,83
19. Ergebnis der normalen Geschäftstätigkeit	13.735,07	14.443,58	16.236,02	17.072,94	17.915,35
22. Außerordentliches Ergebnis	0,00	0,00	50,00	0,00	0,00
23. Steuern vom Einkommen und vom Ertrag	3.571,12	3.755,33	4.234,34	4.438,97	4.657,99
24a Einstellung in den Fonds für allg. Bankrisiken	7.000,00	7.000,00	7.000,00	7.000,00	7.000,00
25. Jahresüberschuss/Jahresfehlbetrag	3.163,95	3.688,25	5.051,65	5.633,98	6.257,36
32. Einstellungen in Gewinnrücklagen	2.700,00	2.800,00	2.900,00	3.000,00	3.100,00
34. Bilanzgewinn/Bilanzverlust	463,95	888,25	2.151,65	2.633,98	3.157,36

Abbildung C – 24: *Bilanzielle Kapitalplanung*[388]

---

388 Eigene Darstellung.

STRATEGIEKONZEPTE UND RISIKOTRAGFÄHIGKEIT

	2016	2017	2018	2019	2020
Fonds für allgemeine Bankrisiken	53.000,00	60.000,00	67.000,00	74.000,00	81.000,00
Eigenkapital	115.659,00	118.359,00	121.159,00	124.059,00	127.059,00
gezeichnetes Kapital	36.822,00	36.822,00	36.822,00	36.822,00	36.822,00
Kapitalrücklage	2.791,00	2.791,00	2.791,00	2.791,00	2.791,00
Gewinnrücklagen	76.046,00	78.746,00	81.546,00	84.446,00	87.446,00
Core Tier one vor Korrekturposten	168.659,00	178.359,00	188.159,00	198.059,00	208.059,00
Korrekturposten	-15.168,50	-15.168,50	-15.168,50	-15.168,50	-15.168,50
Gekündigte Geschäftsguthaben	-464,00	-464,00	-464,00	-464,00	-464,00
Kreditrisikoanpassungen	14.568,00	14.568,00	14.568,00	14.568,00	14.568,00
sonstige Abzugspositionen	-20.086,00	-20.086,00	-20.086,00	-20.086,00	-20.086,00
Bilanzielle Zuführung	-9.186,50	-9.186,50	-9.186,50	-9.186,50	-9.186,50
Core Tier one	**153.490,50**	**163.190,50**	**172.990,50**	**182.890,50**	**192.890,50**
Nachrangige Verbindlichkeiten	45.162,12	45.207,28	45.252,49	45.297,74	45.343,04
Nicht-CRR-konformes Ergänzungskapital	-8.873,50	-8.872,50	-8.871,50	-8.870,50	-8.869,50
Ergänzungskapital	**36.288,62**	**36.334,78**	**36.380,99**	**36.427,24**	**36.473,54**
Core Tier one	**153.490,50**	**163.190,50**	**172.990,50**	**182.890,50**	**192.890,50**
Ergänzungskapital	**36.288,62**	**36.334,78**	**36.380,99**	**36.427,24**	**36.473,54**
regulatorisches Eigenkapital	**189.779,12**	**199.525,28**	**209.371,49**	**219.317,74**	**229.364,04**
Kreditpositionen (mittlerer Haircut 15%)	1.776.674,74	1.782.254,59	1.801.256,14	1.820.946,18	1.841.342,77
Marktpreisrisiken ohne zinsinduzierte Risiken des Anlagebuchs	0,00	0,00	0,00	0,00	0,00
Operationelle Risiken (beispielsweise BIA)	6.899,03	7.044,15	7.202,66	7.365,64	7.530,04
Gesamtforderungsbetrag	**1.783.573,77**	**1.789.298,74**	**1.808.458,79**	**1.828.311,81**	**1.848.872,81**
Gesamtkapitalquote	**10,64%**	**11,15%**	**11,58%**	**12,00%**	**12,41%**
Hartes Kernkapital (Core Tier one)	**8,61%**	**9,12%**	**9,57%**	**10,00%**	**10,43%**
Kernkapitalquote	**8,61%**	**9,12%**	**9,57%**	**10,00%**	**10,43%**
LCR (80% HQLA Anteil an A05 bzw. gewichteter Outflow-Anteil 10%)	268,87%	258,66%	257,49%	256,26%	254,96%
Leverage Ratio (auf Basis Bilanzsumme)	**8,68%**	**9,10%**	**9,46%**	**9,80%**	**10,14%**

Überführung der Bilanzpositionen in die ökonomische Sichtweise

Eigenkapital	115.659,00	118.359,00	121.159,00	124.059,00	127.059,00
gezeichnetes Kapital	36.822,00	36.822,00	36.822,00	36.822,00	36.822,00
Kapitalrücklage	2.791,00	2.791,00	2.791,00	2.791,00	2.791,00
Gewinnrücklagen	76.046,00	78.746,00	81.546,00	84.446,00	87.446,00
Fonds für allgemeine Bankrisiken	53.000,00	60.000,00	67.000,00	74.000,00	81.000,00
Nachrangige Verbindlichkeiten	45.162,12	45.207,28	45.252,49	45.297,74	45.343,04
Pauschalwertberichtigungen	12.643,41	12.959,49	13.283,48	13.615,57	13.955,95
Rückstellungen	5.860,70	6.036,52	6.217,62	6.217,62	6.218,62
Bilanzgewinn	3.874,00	463,95	888,25	2.151,65	2.633,98
immaterielle Anlagewerte	50,35	47,70	45,05	42,40	39,75
ökonomisches Eigenkapital	**236.249,57**	**243.073,94**	**253.845,88**	**265.383,97**	**276.250,34**
Kreditrisiken gemäß interner VaR-Risikomessung	79.950,36	80.201,46	81.056,53	81.942,58	82.860,42
Marktpreisrisiken ohne zinsindizierten Risken des Anlagebuchs	29.091,60	27.091,60	25.091,60	23.091,60	21.091,60
Operationelle Risiken (beispielsweise opVaR)	9.154,28	9.155,28	9.156,28	9.157,28	9.158,28
Zinsänderungsrisiken	53.566,74	53.734,98	54.307,87	54.901,53	55.516,48
ökonomisches Eigenkapital	**236.249,57**	**243.073,94**	**253.845,88**	**265.383,97**	**276.250,34**
Menge aller Risiken	**171.762,99**	**170.183,31**	**169.612,28**	**169.092,99**	**168.626,79**

Abbildung C – 25:   *Regulatorische Schlussfolgerung*[389]

607   Die Grundplanung erfüllt damit in ihrer Struktur die regulatorischen Anforderungen zu jedem Zeitpunkt. Allerdings zeigt der Kapitalplanungsprozess einen Handlungsbedarf in Bezug auf den antizyklischen Kapitalpuffer. Zudem erscheint es sinnvoll, in einem regelmäßigen Reportingturnus bestimmte Limite und Meldegrenzen einzuführen. Diese können unter Governance-Gesichtspunkten die Angemessenheit des Kapitalplanungsprozesses verstärken.[390]

---

389   Eigene Darstellung.
390   Vgl. Baseler Ausschuss für Bankenaufsicht (2014), S. 5.

4.2. Adverse Szenarien

Die Auswahl der adversen Szenarien ist vielfältig und den Möglichkeiten und Variationen sind multi- wie univariat keine Grenzen gesetzt. In der Folge können die beiden entwickelten Szenarien in ihrer Berechnung lediglich Anregungen zur Vertiefung und Weiterentwicklung bieten. Mögliche adverse Szenarien können sein:

- Eine angespannte Ertragslage – ausgehend von sinkenden Provisionserträgen.

- Ausbleibendes Kreditwachstum, da die eingehenden Sondertilgungen und die Neuabschlüsse bilanzneutral wirken.

- Es entstehen hohe Kreditausfälle. Beispielsweise kann die adverse Gestaltung durch auftretende Klumpenrisiken, Ausfall des größten Kreditnehmers, oder eine allgemeine Erhöhung der PDs erfolgen.

- Adverse Entwicklung der angenommenen Risikokorrelationen hin zu einer Korrelation von 1.

- Adverse Entwicklung im Sinne einer zusätzlichen Eigenkapitalanforderung aufgrund außerordentlichen Kreditwachstums.

- Einbruch der Börsenentwicklung und dahingehend Wegfall der Erträge aus Aktiva 06.

- Anstieg der Zinsaufwendungen aufgrund einer ansteigenden Zinskurve und den negativen Effekten der Fristentransformation.

- Einbruch der Sicherheitenwerte besicherter Kredite und der damit zusammenhängenden Credit Value at Risk Risikowerte bzw. der Realkreditprivilegierung.

- Massiver Einlagenabzug[391].

4.2.1 Adverses Szenario: Einbringung des Basel-II Zinsschocks

Im Juni 2015 wurde seitens des Baseler Ausschusses die Konsultation »Consultative Document – Interest rate risk in the banking book« veröffentlicht, in welcher zwischen der Säule 1 bzw. Säule 2 zur Berücksichtigung von Zinsänderungsrisiken im Bankbuch differenziert wird. Eine nennenswerte Überlegung ist in diesem Zusammenhang die Anrechnung des Basel-II Zinsschocks, also der Parallelverschiebung der Zinskurve um 200 Basispunkte in Säule 1.[392] Dies führt zwangsläufig zu einer Erhöhung der risikogewichteten Aktiva um den Barwertverlust und der damit einhergehenden Minderung der Eigenkapi-

---

391 Insbesondere als Stressszenario im LCR-optimierten Kapitalplanungsprozess.
392 Vgl. *BCBS* (2015.06a), S. 2 ff.

STRATEGIEKONZEPTE UND RISIKOTRAGFÄHIGKEIT

talquoten. Die mögliche Anforderung stellt in diesem Zusammenhang ein adverses Szenario dar. Aufgrund der institutsindividuellen Zinsstruktur kann die Berücksichtigung in den Eigenmitteln nur pauschal mittels eines willkürlich gewählten Wertes erfolgen.

	2016	2017	2018	2019	2020
Kreditpositionen (mittlerer Haircut 15%)	1.776.674,74	1.782.254,59	1.801.256,14	1.820.946,18	1.841.342,77
Marktpreisrisiken inkl. zinsinduzierte Risiken des Anlagebuchs	0,00	0,00	0,00	37.819,08	37.819,08
Operationelle Risiken (beispielsweise BIA)	6.899,03	7.044,15	7.202,66	7.365,64	7.530,04
Gesamtforderungsbetrag	1.783.573,77	1.789.298,74	1.808.458,79	1.866.130,89	1.886.691,89
Gesamtkapitalquote	10,64%	11,15%	11,58%	11,75%	12,16%
Hartes Kernkapital (Core Tier one)	8,61%	9,12%	9,57%	9,80%	10,22%
Kernkapitalquote	8,61%	9,12%	9,57%	9,80%	10,22%
LCR (80% HQLA Anteil an A05 bzw. gewichteter Outflow-Anteil	268,87%	258,66%	257,49%	256,26%	254,96%
Leverage Ratio (auf Basis Bilanzsumme)	8,68%	9,10%	9,46%	9,80%	10,14%

Abbildung C – 26: Berücksichtigung des Zinsschocks nach Basel^{III}[393]

Unter der Annahme, dass die Berücksichtigung des Zinsschocks im Jahr 2019 eintritt, zeichnet diese univariate adverse Entwicklung ab 2019 ein entsprechend schlechteres Bild der regulatorischen Eigenmittel.

4.2.2 Adverses Szenario: Stagnierendes Kreditwachstum und erhöhte Ausfallraten

Ein multivariates Szenario besteht beispielsweise in der Kombination ansteigender Ausfallraten (PDs), und einem in diesem Zusammenhang stagnierendem Kreditwachstum. Insgesamt ist somit die ökonomische Kapitalplanung durch einen ansteigenden Credit Value at Risk sowie einem Anstieg der Abschreibungen gekennzeichnet. Die bilanziellen Veränderungen wurden in Abbildung C – 27 und C – 28 mit einem Rahmen gekennzeichnet.

---

[393] Eigene Darstellung.

	2016	2017	2018	2019	2020
	in TEUR	in TEUR	in TEUR	in TEUR	in TEUR
1. Barreserve	21.306,08	20.877,57	20.619,25	20.348,64	20.083,96
a) Kassenbestand	13.772,00	13.772,00	13.772,00	13.772,00	13.773,00
b) Guthaben bei Zentralnotenbanken	7.534,08	7.105,57	6.847,25	6.576,64	6.310,96
3. Forderungen an Kreditinstitute	176.613,00	176.564,02	176.515,05	176.466,11	176.418,19
a) täglich fällig	54.157,00	54.157,00	54.157,00	54.157,00	54.158,00
b) andere Forderungen	122.456,00	122.407,02	122.358,05	122.309,11	122.260,19
4. Forderungen an Kunden	1.235.970,01	1.238.441,95	1.240.918,83	1.243.400,67	1.245.887,47
5. Schuldverschreibungen und andere festv. Wertp.	442.799,00	427.804,00	427.809,00	427.814,00	427.819,00
b) Anleihen und Schuldverschreibungen	442.397,00	427.397,00	427.397,00	427.397,00	427.397,00
ba) von öffentlichen Emittenten	40.315,00	55.315,00	70.315,00	85.315,00	100.315,00
bb) von anderen Emittenten	402.082,00	372.082,00	357.082,00	342.082,00	327.082,00
c) eigene Schuldverschreibungen	402,00	407,00	412,00	417,00	422,00
6. Aktien und andere nicht festverzinsliche Wertpapiere	145.458,00	135.458,00	125.458,00	115.458,00	105.458,00
7. Beteiligungen	60.915,00	60.915,00	60.915,00	60.915,00	60.915,00
8. Anteile an verbundenen Unternehmen	80,00	80,00	80,00	80,00	80,00
9. Treuhandvermögen	294,00	294,00	294,00	294,00	294,00
11. Immaterielle Anlagewerte	50,35	47,70	45,05	42,40	39,75
12. Sachanlagen	26.556,00	26.556,00	26.556,00	26.556,00	26.556,00
14. Sonstige Vermögensgegenstände	46.662,00	46.662,00	46.662,00	46.662,00	46.662,00
Summe der Aktiva	2.156.703,43	2.153.700,24	2.125.872,18	2.118.036,81	2.110.213,36
1. Verbindlichkeiten gegenüber Kreditinstituten	583.600,13	549.391,51	527.864,15	505.313,22	483.173,42
a) täglich fällig	9.215,00	9.215,00	9.215,00	9.215,00	9.215,00
b) mit vereinbarter Laufzeit oder Kündigungsfrist	574.385,13	540.176,51	518.649,65	496.098,22	473.958,42
2. Verbindlichkeiten gegenüber Kunden	1.317.508,52	1.323.133,06	1.329.149,56	1.335.559,17	1.342.363,23
a) Spareinlagen	305.102,52	298.548,04	292.142,75	285.882,93	279.765,00
aa) mit vereinbarter Kündigungsfrist von drei Monaten	282.481,08	276.831,46	271.294,83	265.868,93	260.551,55
ab) mit vereinbarter Kündigungsfrist > 3 Monaten	22.621,44	21.716,58	20.847,92	20.014,00	19.213,44
b) andere Verbindlichkeiten	1.012.406,00	1.024.585,02	1.037.006,81	1.049.676,23	1.062.598,23
ba) täglich fällig	606.923,46	619.061,93	631.443,17	644.072,03	656.953,47
bb) mit vereinbarter Laufzeit oder Kündigungsfrist	405.482,54	405.523,09	405.563,64	405.604,20	405.644,76
3. Verbriefte Verbindlichkeiten	22.325,00	22.325,00	22.325,00	22.325,00	22.325,00
5. Sonstige Verbindlichkeiten	2.720,00	2.720,00	2.720,00	2.720,00	2.721,00
7. Rückstellungen	12.854,66	13.044,47	13.239,58	13.253,62	13.268,70
a) Rückstellungen für Pensionen und ähnliche Verpflichtungen	6.993,96	7.007,95	7.021,96	7.036,01	7.050,08
c) andere Rückstellungen	5.860,70	6.036,52	6.217,62	6.217,62	6.218,62
9. Nachrangige Verbindlichkeiten	45.162,12	45.207,28	45.252,49	45.297,74	45.343,04
11. Fonds für allgemeine Bankrisiken	53.000,00	58.000,00	63.000,00	68.000,00	73.000,00
12. Eigenkapital	119.533,00	119.878,91	122.320,91	125.568,06	128.018,98
a) gezeichnetes Kapital	36.822,00	36.822,00	36.822,00	36.822,00	36.822,00
b) Kapitalrücklage	2.791,00	2.791,00	2.791,00	2.791,00	2.791,00
c) Gewinnrücklagen	76.046,00	78.746,00	81.446,00	84.146,00	86.846,00
d) Bilanzgewinn/Bilanzverlust	3.874,00	1.519,91	1.261,91	1.809,06	1.559,98
Summe der Passiva	2.156.703,43	2.153.700,24	2.125.872,18	2.118.036,81	2.110.213,36
1. Zinserträge aus	57.050,77	56.847,18	56.943,77	57.040,57	57.137,55
a) Kredit- und Geldmarktgeschäften	48.202,83	48.299,24	48.395,83	48.492,63	48.589,61
b) festverzinslichen Wertpapieren	8.847,94	8.547,94	8.547,94	8.547,94	8.547,94
2. Zinsaufwendungen	29.569,74	29.141,65	28.909,68	28.668,23	28.438,89
3. Laufende Erträge aus	3.109,87	2.959,87	2.809,87	2.659,87	2.510,87
a) Aktien	2.181,87	2.031,87	1.881,87	1.731,87	1.581,87
b) Beteiligungen	928,00	928,00	928,00	928,00	929,00
5. Provisionserträge	15.180,41	15.317,03	15.393,61	15.470,58	15.547,93
6. Provisionsaufwendungen	1.601,47	1.553,43	1.506,82	1.461,62	1.417,77
7. Nettoertrag oder Nettoaufwand des Handelsbestands	0,00	0,00	0,00	0,00	0,00
8. Sonstige betriebliche Erträge	1.148,00	1.148,00	1.148,00	1.148,00	1.148,00
9. weggefallen	0,00	0,00	0,00	0,00	1,00
10. Allgemeine Verwaltungsaufwendungen	28.876,85	29.174,66	28.477,03	28.764,04	29.055,38
a) Personalaufwand	18.648,29	18.741,53	18.835,24	18.929,41	19.024,06
aa) Löhne und Gehälter	15.210,68	15.286,73	15.363,16	15.439,98	15.517,18
ab) Soziale Abgaben	3.437,61	3.454,80	3.472,07	3.489,43	3.506,88
b) andere Verwaltungsaufwendungen	10.228,56	10.433,13	9.641,79	9.834,63	10.031,32
11. Abschreibungen auf immaterielle Anlagewerte	2,65	2,65	2,65	2,65	2,65
12. Sonstige betriebliche Aufwendungen	1.614,00	1.614,00	1.614,00	1.614,00	1.614,00
13. Abschreibungen auf Forderungen	2.484,00	2.784,00	3.084,00	3.384,00	3.684,00
14. Erträge aus Zuschreibungen zu Forderungen	0,00	0,00	0,00	0,00	0,00
15. Abschreibungen und Wertberichtigungen auf Beteiligungen,A	0,00	0,00	0,00	0,00	0,00
16. Erträge aus Zuschreibungen	119,00	109,00	99,00	89,00	79,00
17. Aufwendungen aus Verlustübernahme	0,00	0,00	0,00	0,00	0,00
18. weggefallen	0,00	0,00	0,00	0,00	0,00
19. Ergebnis der normalen Geschäftstätigkeit	12.459,34	12.110,69	12.600,05	12.513,48	12.211,67
20. Außerordentliche Erträge	0,00	0,00	50,00	0,00	0,00
21. Außerordentliche Aufwendungen	0,00	0,00	0,00	0,00	0,00
22. Außerordentliches Ergebnis	0,00	0,00	50,00	0,00	0,00
23. Steuern vom Einkommen und vom Ertrag	3.239,43	3.148,78	3.341,02	3.253,50	3.175,03
24. Sonstige Steuern	0,00	0,00	0,00	0,00	0,00
24a Einstellung in den Fonds für allg. Bankrisiken	5.000,00	5.000,00	5.000,00	5.000,00	5.000,00
25. Jahresüberschuss/Jahresfehlbetrag	4.219,91	3.961,91	4.309,04	4.259,98	4.036,63
26. Gewinnvortrag/Verlustvortrag aus dem Vorjahr	0,00	0,00	0,00	0,00	0,00
30. Entnahmen aus Gewinnrücklagen	0,00	0,00	0,00	0,00	0,00
32. Einstellungen in Gewinnrücklagen	2.700,00	2.700,00	2.700,00	2.700,00	2.700,00
34. Bilanzgewinn/Bilanzverlust	1.519,91	1.261,91	1.809,06	1.559,98	1.336,63

Abbildung C – 27:   *Veränderte Bilanzstruktur im adversen Szenario*[394]

[394] Eigene Darstellung.

STRATEGIEKONZEPTE UND RISIKOTRAGFÄHIGKEIT

	2016	2017	2018	2019	2020
Fonds für allgemeine Bankrisiken	53.000,00	58.000,00	63.000,00	68.000,00	73.000,00
Eigenkapital	115.659,00	118.359,00	121.059,00	123.759,00	126.459,00
gezeichnetes Kapital	36.822,00	36.822,00	36.822,00	36.822,00	36.822,00
Kapitalrücklage	2.791,00	2.791,00	2.791,00	2.791,00	2.791,00
Gewinnrücklagen	76.046,00	78.746,00	81.446,00	84.146,00	86.846,00
Core Tier one vor Korrekturposten	168.659,00	176.359,00	184.059,00	191.759,00	199.459,00
Korrekturposten	-15.168,50	-15.168,50	-15.168,50	-15.168,50	-15.168,50
Gekündigte Geschäftsguthaben	-464,00	-464,00	-464,00	-464,00	-464,00
Kreditrisikoanpassungen	14.568,00	14.568,00	14.568,00	14.568,00	14.568,00
sonstige Abzugspositionen	-20.086,00	-20.086,00	-20.086,00	-20.086,00	-20.086,00
Bilanzielle Zuführung	-9.186,50	-9.186,50	-9.186,50	-9.186,50	-9.186,50
Core Tier one	**153.490,50**	**161.190,50**	**168.890,50**	**176.590,50**	**184.290,50**
Nachrangige Verbindlichkeiten	45.162,12	45.207,28	45.252,49	45.297,74	45.343,04
Nicht-CRR-konformes Ergänzungskapital	-8.873,50	-8.872,50	-8.871,50	-8.870,50	-8.869,50
Ergänzungskapital	**36.288,62**	**36.334,78**	**36.380,99**	**36.427,24**	**36.473,54**
Core Tier one	**153.490,50**	**161.190,50**	**168.890,50**	**176.590,50**	**184.290,50**
Ergänzungskapital	**36.288,62**	**36.334,78**	**36.380,99**	**36.427,24**	**36.473,54**
regulatorisches Eigenkapital	**189.779,12**	**197.525,28**	**205.271,49**	**213.017,74**	**220.764,04**
Kreditpositionen (mittlerer Haircut 5%)	1.958.743,25	1.937.299,81	1.930.111,09	1.922.927,09	1.915.748,77
Marktpreisrisiken ohne zinsinduzierte Risiken des Anlagebuchs	0,00	0,00	0,00	0,00	0,00
Operationelle Risiken (beispielsweise BIA)	6.797,68	6.836,55	6.881,81	6.928,38	6.973,16
Gesamtforderungsbetrag	**1.965.540,93**	**1.944.136,36**	**1.936.992,90**	**1.929.855,46**	**1.922.721,93**
Gesamtkapitalquote	**9,66%**	**10,16%**	**10,60%**	**11,04%**	**11,48%**
Hartes Kernkapital (Core Tier one)	**7,81%**	**8,29%**	**8,72%**	**9,15%**	**9,58%**
Kernkapitalquote	**7,81%**	**8,29%**	**8,72%**	**9,15%**	**9,58%**
LCR (80% HQLA Anteil an A05 bzw. gewichteter Outflow-Anteil 10% an P05)	268,87%	258,66%	257,49%	256,26%	254,96%
Leverage Ratio (auf Basis Bilanzsumme)	8,80%	9,26%	9,66%	10,06%	10,46%

Überführung der Bilanzpositionen in die ökonomische Sichtweise

Eigenkapital	115.659,00	118.359,00	121.059,00	123.759,00	126.459,00
gezeichnetes Kapital	36.822,00	36.822,00	36.822,00	36.822,00	36.822,00
Kapitalrücklage	2.791,00	2.791,00	2.791,00	2.791,00	2.791,00
Gewinnrücklagen	76.046,00	78.746,00	81.446,00	84.146,00	86.846,00
Fonds für allgemeine Bankrisiken	53.000,00	58.000,00	63.000,00	68.000,00	73.000,00
Nachrangige Verbindlichkeiten	45.162,12	45.207,28	45.252,49	45.297,74	45.343,04
Pauschalwertberichtigungen	12.359,70	12.384,42	12.409,19	12.434,01	12.458,87
Rückstellungen	5.860,70	6.036,52	6.217,62	6.217,62	6.218,62
Bilanzgewinn	3.874,00	1.519,91	1.261,91	1.809,06	1.559,98
immaterielle Anlagewerte	50,35	47,70	45,05	42,40	39,75
ökonomisches Eigenkapital	**235.965,87**	**241.554,83**	**249.245,25**	**257.559,82**	**265.079,25**
Kreditrisiken gemäß interner VaR-Risikomessung	80.308,47	79.429,29	79.134,55	78.840,01	78.545,70
Marktpreisrisiken ohne zinsinduzierten Risiken des Anlagebuchs	29.091,60	29.091,60	29.091,60	29.091,60	29.091,60
Operationelle Risiken (beispielsweise opVaR)	9.154,28	9.155,28	9.156,28	9.157,28	9.158,28
Zinsänderungsrisiken	53.806,68	53.217,63	53.020,15	52.822,81	52.625,62
ökonomisches Eigenkapital	**235.965,87**	**241.554,83**	**249.245,25**	**257.559,82**	**265.079,25**
Menge aller Risiken	**172.361,03**	**170.893,80**	**170.402,59**	**169.911,70**	**169.421,20**

Abbildung C – 28:   Regulatorische Bilanzstruktur im adversen Szenario[395]

4.3. Maßnahmenableitung

612 In der Gegenüberstellung der Kapitalausstattung und der beiden adversen Szenarien ergibt sich eine gesicherte Kapitalausstattung. Die vorgestellten Szenarien reichen in ihrer jeweiligen Schwere nicht aus, um die Kapitalausstat-

---

395   Eigene Darstellung.

tung des Instituts derart zu stressen, dass die regulatorische Kapitalausstattung gefährdet wäre. Allerdings ist der antizyklische Kapitalpuffer nicht zu jedem Zeitpunkt durch Eigenkapital abgedeckt, sodass ein Handlungsbedarf abgeleitet werden kann. Die damit verbundenen Monitoring- und Meldeverfahren zu der Maßnahmenableitung und -umsetzung sind durch die Geschäftsleitung im Sinne einer soliden Praxis sicherzustellen.[396] Abbildung C – 29 zeigt die Gegenüberstellung der Kapitalplanungskennziffern in den entsprechenden Szenarien.

Hartes Kernkapital (Core Tier one)	2016	2017	2018	2019	2020
Grundplanung	8,61%	9,12%	9,57%	10,00%	10,43%
adverses Szenario: Basel Zinsschock	8,61%	9,12%	9,57%	9,80%	10,22%
adverses Szenario: Kreditgeschäft	7,81%	8,29%	8,72%	9,15%	9,58%
Gesamtkapitalquote					
Grundplanung	10,64%	11,15%	11,58%	12,00%	12,41%
adverses Szenario: Basel Zinsschock	10,64%	11,15%	11,58%	11,75%	12,16%
adverses Szenario: Kreditgeschäft	9,66%	10,16%	10,60%	11,04%	11,48%

Abbildung C – 29:   Gegenüberstellung der Kapitalplanungskennziffern[397]

Zur Vermeidung eines Engpasses des regulatorischen Eigenkapitals empfiehlt sich in der Folge beispielsweise die Ableitung folgender Maßnahmen:[398]

- Kürzung/Einstellung von Dividendenzahlungen auf Stammkapital[399].
- Kapitalerhöhungen.
- Abbau von Kapitalmarktbeständen.
- Auflösung von Geschäftsbereichen.
- Reduzierung der Kreditvergabe.

Neben der Maßnahmenableitung sollte durch die Geschäftsleitung eine Analyse eines möglichen Störungspotentials beleuchtet werden. Hierdurch können die einzuleitenden bzw. eingeleiteten Maßnahmen »validiert« werden und die eigenen Annahmen und Maßnahmen werden auf Umsetzbarkeit und Durchschlagskraft geprüft.[400] Eine derartige institutionalisierte Überprüfung der eigenen, subjektiven Einschätzung kann die Qualität des Kapitalplanungsprozesses positiv beeinflussen.

---

396   Vgl. *Baseler Ausschuss für Bankenaufsicht* (2014), S. 7 ff.
397   Eigene Darstellung.
398   Vgl. *Baseler Ausschuss für Bankenaufsicht* (2014), S. 7 ff.
399   Genossenschaften und Sparkassen können dies durch einen Ausschüttungsstopp an die Mitglieder bzw. den Gewährträger – deren Zustimmung vorausgesetzt – nachempfinden.
400   Vgl. *Baseler Ausschuss für Bankenaufsicht* (2014), S. 7 ff.

STRATEGIEKONZEPTE UND RISIKOTRAGFÄHIGKEIT

5. Fazit und Ausblick

5.1. Selbstcheck Kapitalplanung

615 Ein guter Kapitalplanungsprozess hängt im Wesentlichen mit der Breite und Tiefe der getroffenen Annahmen bzw. dem Umfang zusammen. Der Umfang wird gemäß des Proportionalitätsgedankens der MaRisk im Wesentlichen durch Art und Umfang der Geschäftstätigkeit, der Geschäfts- wie auch Risikostrategie sowie der aktuelle Risikosituation getrieben. Somit können die vorliegenden Aussagen in einer Selbstprüfung als Anregung zu einem umfassenden Kapitalplanungsprozess interpretiert werden. Sie dienen damit als Orientierung in der Selbstüberprüfung und sind weder abschließend noch verbindlich.

Gestaltungsfragen im Risikohandbuch	
Der Kapitalplanungsprozess wird im Risikohandbuch gewürdigt und die Bedeutung für das Institut herausgearbeitet.	
Es besteht ein formeller Planungsprozess, der neben der Verantwortlichkeit ebenso einen mehrfachen Funktionsdurchlauf erfährt.	
Der Kapitalplanungsprozess wird auf Grundlage der Vorgaben des Risikohandbuchs bzw. der Arbeitsanweisungen in einem festgelegten Turnus neu durchlaufen.	
Die Kapitalplanung wird als mindestens fünfjähriger bzw. auf den Regulationshorizont bezogener Planungsprozess betrachtet.	
Der Kapitalplanungsprozess unterliegt, zu den weiteren Planungs- und Risikomethoden konsistenten, adhoc-Anforderungen.	
Die adhoc-Vorgaben entsprechen dabei keinen unerreichbaren Schwellwerten, sondern implizieren frühzeitigen Handlungsbedarf.	
Gestaltungsfragen aus der Gesamtbankstrategie	
Die Ziele und Strategien der Gesamtbank werden in der Kapitalplanung vollständig berücksichtigt.	
Der Kapitalplanungsprozess entspricht demselben Betrachtungshorizont wie die Strategie bzw. die erwartete Geschäftsentwicklung.	
Die Gewinnthesaurierungsannahmen entsprechen der festgelegten Ausschüttungspolitik und harmonieren mit der Gesamtstrategie.	
Die für die Bank steuerungsrelevanten Größen wurden einbezogen.	

Die wesentlichen regulatorischen Kennzahlen und Meldegrößen werden gewürdigt.	
Gestaltungsfragen der Berechnungsmethodik	
Es wurden alle wesentlichen Risiken erfasst und umfassend gewürdigt.	
Es wurden verschiedene Inter- wie auch Intrarisikokonzentrationen mindestens qualitativ beleuchtet.	
Es wurden verschiedene adverse uni- und multivariate adverse Szenarien betrachtet.	
Die Sensitivität der Gesamt- wie auch Teilergebnisse wurde geprüft und die Stabilität des Ergebnisses gezeigt.	
Ergebnis-instabile bzw. kritische Planungspfade wurden durch adverse Szenarien bzw. Sensitivitäten gewürdigt.	
Das Bewertungsmodell ist konsistent zu weiteren verwendeten Modellen und Methoden. Ferner ist es zur Art und Größe des Instituts angemessen.	
Gestaltungsfragen des Formalprozesses	
Die Ergebnisse der adversen Szenarien werden im Planungsgremium ausreichend berücksichtigt.	
Der Gesamtprozess an sich, wie auch Einzelheiten des praktizierten Prozesses, werden ausreichend dokumentiert.	
Der Formalprozess umfasst einen Handbestand an Sofort-Maßnahmen im Sinne eines Maßnahmenkatalogs.	
DerPlanungsprozess berücksichtigt neben der institutionalisierten Maßnahmenumsetzung einen Reviewprozess, der die Wirksamkeit der ergriffenen Maßnahmen berücksichtigt.	

Tabelle C – 1: Checkliste Umsetzung Kapitalplanungsprozess[401]

5.2. Ausblick auf die Zukunft

In der Praxis hat sich, seit der Einführung des Kapitalplanungsprozesses nach den MaRisk (erstmalig mit der Novelle 2012), ein solides und bewährtes Vorgehen durchgesetzt. Typischerweise besteht insbesondere in der prozessualen Ausgestaltung wie auch in der Gestaltung und konsequenten Umsetzung ad-

---

[401] Eigene Darstellung.

STRATEGIEKONZEPTE UND RISIKOTRAGFÄHIGKEIT

verser Szenarien Entwicklungspotential. Insbesondere der gelebte institutionalisierte Prozess wie auch die Gestaltung adverser Szenarien bringt eine solide Kapitalplanung mit sich.

617 Die gezielte Prozessgestaltung lässt in der Konsequenz die Bildung von Synergien der Risikotragfähigkeit als Monitoringinstrument der Risikosituation wie auch das Bilanzstrukturmanagement im Sinne der Maßnahmenüberwachung zu.

618 In der derzeitigen Niedrigzinsphase kann der Kapitalplanungsprozess, neben der Mehrjahresplanung, eine sinnvolle Ergänzung zum Bilanzstrukturmanagement sein, da frühzeitig die Wirkungsweisen der Niedrigzinsphase sichtbar werden und ein Mehrwert für die Gestaltung der Bilanzstruktur gewonnen werden kann. Vor dem Hintergrund differenzierter Kostenstrukturen verschiedener Kapitalbestandteile kann hierüber eine kostenoptimierte Kapitalbetrachtung – simultan zum Bilanzstrukturmanagement – erreicht werden.

619 Es bleibt abzuwarten, wie die weiteren Vorschriften der Bankenregulierung greifen – es ist jedoch als sicher anzunehmen, dass mit der Zunahme der Vorschriften der Umfang des Kapitalplanungsprozesses zunimmt. Der SREP[402] wird hier auch für die weniger signifikanten Institute schnell zu Handlungsdruck führen. Ein solider institutionalisierter Prozess und eine flexibel erweiterbare Berechnungsgrundlage sind dabei essentiell.

---

[402] Vgl. Kapitel B.II.

VI. Umsetzungsherausforderungen in der Praxis – Integriertes Engpassmanagement zur Sicherstellung von Kapitaladäquanz und -effizienz[403]

1. Bedeutung des Risikotragfähigkeitskalküls für die Banksteuerung

Die Bedeutung des Risikotragfähigkeitskalküls für die Steuerung der Gesamtbank hat sich in den letzten Jahrzehnten dramatisch gewandelt. Dabei sind zunächst zwei Perspektiven auf den Risikobegriff zu unterscheiden: Aus einer klassischen Shareholder-Perspektive stellt das Risiko eine zentrale Dimension der Zielfunktion eines Unternehmens (neben Profitabilität und Wachstum) dar und ist gemäß der Risikoneigung der Eigentümer durch das Management auszugestalten. Hingegen ist die Gegenüberstellung von eingegangenen/geplanten Risiken und vorhandenem Kapital als Engpassfaktor stark regulatorisch geprägt und hat vor allem das Ziel der Systemstabilität im Blick. Im nachfolgenden Kapitel soll hierzu ein kurzer Rückblick gegeben werden, um anschließend die aktuellen Herausforderungen und Entwicklungen hin zu einem integrierten Engpassmanagement besser einordnen und bewerten zu können.

620

1.1. Von den »Steuerungssilos« zur integrierten Banksteuerung

Die Banksteuerung stand historisch immer zwischen den Polen Profitabilität und Wachstum auf der einen Seite und Risiko auf der anderen Seite. Die Betrachtung des Risikos entstammt ursprünglich der Marktfolge und damit dem klassischen Feld der Unternehmensanalyse und Kreditbeurteilung. Die Messung der Profitabilität wurde in den Banken aus Sicht der Kosten- und Leistungsrechnung entwickelt. In der »alten« Welt der Banken in den 80er und 90er Jahren gab es keine integrierte Profitabilitäts- und Risikosteuerung. Das Risikotragfähigkeitskalkül (RTF-Kalkül) heutiger Prägung war praktisch nicht existent.[404]

621

Folglich gab es in den meisten Banken zu Beginn der 2000er Jahre eine Banksteuerung, die in fachliche »Silos« untergliedert war. Durch eine Vielzahl

622

---

403 Autoren: **Volker Abel/Roland Wolff**. Die Ausführungen geben die persönliche Auffassung der Autoren wieder. Die Autoren danken **Simon Grimm** für seine Unterstützung.
404 Vgl. *Rolfes/Schierenbeck/Schüller* (1998) zur Notwendigkeit einer integrierten Risiko-Ertrags-Steuerung in den 90er-Jahren.

STRATEGIEKONZEPTE UND RISIKOTRAGFÄHIGKEIT

neuer, innovativer Produkte[405] sowie infolge der Weiterentwicklung der Accounting-Standards entstanden immer größere, voneinander abgeschottete Steuerungsbereiche.

623 Mit Einführung von Basel II sollte unter der Säule 1 eine verbesserte Abbildung der Risiken im Rahmen der regulatorischen Eigenkapitalunterlegung erreicht werden. Zugleich wurde unter Säule 2 mit der Risikotragfähigkeitsrechnung als zentrales Element des Internal Capital Adequacy Assessment Process (ICAAP) ein neues, internes Verfahren unter regulatorischer Prüfung (SREP) eingeführt, das nicht nur verbleibende Schwächen der Säule 1 erfassen sollte (wie z. B. die Vernachlässigung von Klumpenrisiken im Kreditgeschäft oder von Zinsänderungsrisiken im Anlagebuch), sondern zugleich die Quantifizierung von Risiken in der Banksteuerung verankern sollte. Nach Auffassung der Regulatoren sollte die Umsetzung des ICAAP und der MaRisk[406] in Deutschland eine bankindividuelle, risikogerechte Steuerung *aller* Risiken ermöglichen. Die RTF-Verfahren sollten den Banken in der Praxis auch dazu dienen, das Risiko im Rahmen der Geschäftskalkulation durch eine risikogerechte Bepreisung der Komponenten Risiko- und Eigenkapitalkosten korrekt im Controlling abzubilden. So sollte eine Brücke zwischen den Steuerungsbereichen Controlling und Risikomanagement aufgebaut werden.

624 Mit Basel II wurden auch erstmals differenzierte Risikomessmethoden in Verbindung mit weitreichender Methodenfreiheit bzw. -wahlrechten eingeführt: Risikosensitive Verfahren wie die durch Basel II ermöglichten F-IRB oder A-IRB Ansätze[407] oder die im Rahmen der RTF-Messung eingeführten CVaR/ES[408]-Modelle sollten die Eigenkapitalunterlegung der Banken gegenüber den Standardverfahren begünstigen. Die Aufsicht hatte somit ein Incentive zur methodischen Weiterentwicklung der Risikomessung gesetzt. Allerdings lag dadurch der Fokus der meisten RTF-Einführungsprojekte auf der Optimierung der Risikomessung zur Freisetzung von Eigenkapital bzw. zur Verschaffung von Wettbewerbsvorteilen und nicht auf einer verbesserten Erklärung und Integration der Risiken in die Gesamtbanksteuerung.

625 In der Folge wurden die Risikomessmethoden und RTF-Verfahren in den meisten Banken auf das vorhandene Eigenkapital kalibriert; Stressszenarien oder gar Worst-Case Betrachtungen standen noch am Anfang und hatten

---

405 Kreditderivate, strukturierte Kreditinvestments sowie Eigenemissionen und Zertifikate mit jeweils zahllosen Subvarianten zählten zu den wichtigsten Produkten, mit denen die Steuerungsbereiche zu jener Zeit konfrontiert wurden.
406 Vgl. *BaFin* (2005.12).
407 A-IRB = Advanced IRB Approach. F-IRB = Foundation IRB Approach.
408 Credit Value at Risk- bzw. Expected Shortfall-Modelle.

kaum Praxisrelevanz. Ferner wurden oftmals nur die Bereiche weiterentwickelt, in denen eine Kapitalersparnis möglich war. Durch diese Anreizsystematik kam es in der Folge dazu, dass einige Risiken (1) nicht identifiziert (z. B. Liquiditätsrisiken), (2) zwar identifiziert, aber nicht adäquat gemessen (z. B. Modellrisiken), (3) zwar gemessen, aber aufgrund von Modellgläubigkeit unterschätzt (z. B. Verbriefungsrisiken) oder (4) zwar adäquat gemessen, aber mangels Management-Akzeptanz nicht wirksam limitiert/gesteuert wurden (z. B. Investitionen in Staatsanleihen).

Mit der Finanzmarktkrise der Jahre 2008 ff. sahen sich die RTF-Verfahren einer ersten, flächendeckenden Bewährungsprobe ausgesetzt – und konnten aufgrund der o. g. »blinden Flecken« keine hinreichende Steuerungsrelevanz entfalten und nicht vor z. T. existenziellen Verlusten schützen. 626

1.2. Banksteuerung in Zeiten von SSM und EZB-Aufsicht

Auf Basis der in den letzten Jahren gemachten Erfahrungen betrachten viele Bankvorstände sowie Aufsichtsbehörden die auf komplexen Risikomodellen basierenden RTF-Verfahren sehr kritisch und haben ein »gesundes« Misstrauen gegenüber den vermeintlich sophistizierten Risikomodellen entwickelt. Das RTF-Kalkül wird in vielen Banken – außerhalb des Risikobereichs – nicht als zentrales Management-Tool sondern als »lästige Pflichtübung« mit geringer Akzeptanz und hohem Abstraktionsgrad angesehen. Entsprechend ist die Einbindung in die Managementprozesse und damit korrespondierend die Steuerungsrelevanz in der Praxis weithin gering. Der Management-Dialog wird hingegen zunehmend durch »einfache« regulatorische Wahrheiten (z. B. in Form von Core-Tier-1-Kennziffern oder den Ergebnissen des EBA-Stresstest) bestimmt. 627

Mit Einführung des Single Supervisory Mechanism (SSM) setzt die EZB in Sachen RTF neue Akzente und treibt die europäische Harmonisierung deutlich voran. Grundlage hierfür bilden die neuen SREP-Guidelines der EBA[409], die seit dem 01.01.2016 Anwendung finden. 628

In Bezug auf das RTF-Kalkül zeichnen sich dabei neue Entwicklungen ab: Von der Grundausrichtung her geht die europäische Aufsicht deutlich quantitativer und schematischer vor als es die Banken von ihren nationalen Aufsichten gewohnt waren, die der qualitativen Einschätzung der Risiken i. d. R. breiten Raum boten und sehr unterschiedliche RTF-Ansätze in Europa zuließen. Aus Sicht der europäischen Aufsicht stellt die RTF-Konzeption eine Erweite- 629

---

[409] Vgl. *EBA* (2014.12).

rung der regulatorischen Perspektive um ökonomische Aspekte dar – entsprechend wird von Seiten der Aufsicht eine höhere Vergleichbarkeit zwischen den Instituten und eine engere Verzahnung von Säule 1 und 2 gefordert.

630 Darüber hinaus wird das RTF-Kalkül in den SREP-Guidelines inhaltlich ergänzt, u. a. um eine Geschäftsmodellanalyse. Damit nimmt die Aufsicht verstärkt auch die nachhaltige Profitabilität der Institute in den Fokus ihrer Prüfungen. Bei aller Kritik an diesem sehr weiten, aufsichtsrechtlichen Prüfungsfokus wird diese Entwicklung letztlich zu einer verbesserten Integration der RTF in die risiko-/renditeorientierte Gesamtbanksteuerung führen und ist in dieser Hinsicht durchaus zu begrüßen.

2. Aktuelle Herausforderungen im Kapitalmanagement und in der Umsetzung der RTF

631 Im Folgenden sollen aktuelle Herausforderungen und Umsetzungsschwerpunkte anhand konkreter Beispiele illustriert werden. Hierbei soll zwischen Aktivitäten, die primär regulatorisch getrieben sind und der Aufrechterhaltung von Kapitaladäquanz und Compliance dienen, und Initiativen, die eine optimierte Bewirtschaftung der Engpassressource Kapital (im Sinne wertorientierter Kapitaleffizienz) zum Ziel haben, unterschieden werden.

2.1. Regulatorische Kapitaladäquanz

632 In diesem Abschnitt soll auf die aktuellen Herausforderungen in Bezug auf die regulatorisch vorgegebene Kapitaladäquanz eingegangen werden. Hierbei sind zunächst die in der Capital Requirements Regulation (CRR) definierten Säule-1-Vorgaben zu nennen. Darüber hinaus sind die neuen MREL[410]- bzw. TLAC[411]-Kapitalanforderungen ebenfalls zu den regulatorischen Kapitaladäquanzbegriffen zu zählen und im Rahmen der Engpasssteuerung zu berücksichtigen. Auch die Verschuldungsquote (Leverage Ratio) sollte als möglicher Engpassfaktor Berücksichtigung finden, auch wenn sich diese Kennziffer zurzeit noch in der Beobachtungsphase befindet und ihre Einführung als verbindliche Mindestanforderungen erst für 2018 geplant ist. Zahlreiche Vorgaben zur regulatorischen Kapitaladäquanz befinden sich immer noch in ei-

---

[410] Minimum Requirement for Eligible Liabilities (MREL) – Mindestanforderungen an Eigenmittel und berücksichtigungsfähigen Verbindlichkeiten, die Banken gemäß der Bank Recovery and Resolution Directive (BRRD) vorhalten müssen.
[411] Total Loss Absorbing Capacity (TLAC) – Zusätzliche Mindestanforderungen an G-SIBs als mögliche Maßnahme zur Lösung des »Too big to fail«-Problems. G-SIB = Global Systemically Important Banks.

nem Überarbeitungsstadium, insbesondere die sich abzeichnenden Basel IV-Regelungen. Hierunter werden u. a. ein überarbeiteter Kreditrisikostandardansatz, ein neues IRBA-Framework, ein überarbeitetes Marktrisikoregelwerk (sog. »Fundamental Review of the Trading Book«), die Behandlung von Zinsänderungsrisiken im Anlagebuch (sog. »IRRBB«) sowie ein überarbeiteter Standardansatz und die geplante Abschaffung fortgeschrittener Messansätze für operationelle Risiken verstanden.

Daneben sind zur Sicherstellung der regulatorischen Kapitaladäquanz die Vorgaben der Säule 2 zu beachten, die im Rahmen der RTF durch den ICAAP festgelegt werden. In diesem Bereich wurden in den letzten Jahren zwar methodisch große Fortschritte in Bezug auf Risikomessung und -abdeckung gemacht, die auch von den Bankenaufsehern anerkannt werden, dennoch gibt es weiterhin Verbesserungsbedarf, wie Abbildung C – 30 zeigt. In aufsichtlichen Prüfungen bemängelt wurden zum Beispiel Defizite bzgl. der Anrechnung von Risikodeckungsmassen, der Konsistenz von RTF mit Strategie/Planung, der Vollständigkeit der Risikoabdeckung und des Limitsystems. Darüber hinaus beleuchten die Prüfungsfeststellungen auch Schwachstellen in konkreten Risikoquantifizierungsfeldern, z. B. bei Adressrisiken (z. B. Migrations- und Credit-Spreadrisiken für Wertpapiere, Umgang mit Diversifikationseffekten). Zudem ist in den letzten Jahren eine Zunahme von Feststellung hinsichtlich der Qualität von Dokumentation und Richtlinien festzustellen.

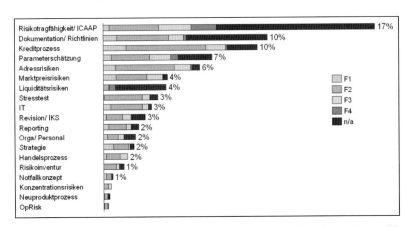

Abbildung C – 30: Prozentualer Anteil der Prüfungsfeststellungen nach Klassifizierungskategorie[412]

---

412 Quelle: *zeb/-Feststellungsdatenbank*, Stand: 12/2015.

634 Neben diesen »klassischen« Themen der Säule 2 haben Banken damit begonnen sich auf die zusätzlichen Herausforderungen aus dem neuen europäischen Prüfungskatalog – den SREP-Guidelines der EBA – vorzubereiten, der u. a. einheitliche Verfahren zur Kategorisierung von Instituten, ein vierteljährliches Monitoring von Schlüsselindikatoren zur Früherkennung von Risiken sowie eine Gesamtbewertung auf Basis eines Scoring-Modells vorsieht. Grundlage für diese Gesamtbewertung ist eine Analyse der Nachhaltigkeit und Tragfähigkeit des Geschäftsmodells, eine Bewertung der internen Governance und Kontrolle (IKS) sowie die Beurteilung von ICAAP (Kapitalrisikotragfähigkeit) und ILAAP (Liquiditätsrisikotragfähigkeit). Die SREP-Guidelines sehen die Ermittlung von zusätzlichen, individuellen Kapitalvorgaben vor, die im Zuge des SREP von der Aufsicht festgelegt werden, um nicht hinreichend berücksichtigte Risiken, Modellrisiken und unzureichende Steuerungsverfahren abzudecken. Gerade diese Verknüpfung von aufsichtlicher Prüfung und individuellen Kapitalanforderungen führt in einigen Instituten bereits zu einem grundsätzlichen Überdenken der etablierten RTF-Konzepte mit dem Ziel, eine engere Verzahnung der unterschiedlichen Regelkreise zu erreichen.

635 Ein weiteres, wichtiges Thema im Rahmen des ICAAP ist die Mehrjahresplanung der RTF, d. h. der Risikodeckungsmassen und Risiken, der auch im Kontext der EBA-Stresstests eine große Bedeutung zukommt. Die Kapitalplanung soll eine zukunftsorientierte Betrachtungsweise von Risiken fördern und steht im Einklang mit dem Interesse der Aufsicht, die Geschäftsmodelle der Banken gesamthaft nachvollziehen zu können.

636 Zusammenfassend ist also ein breiter Fächer an regulatorischen Kapitaladäquanzanforderungen zu beachten, aus denen sich Engpassfaktoren ableiten lassen und die z. B. in die Mehrjahresplanung und das Stresstesting einzubeziehen sind. Abbildung C – 31 gibt einen Überblick.

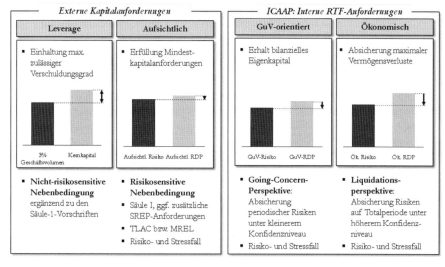

Abbildung C – 31: Relevante Risiko- und Kapitalsteuerungskreise[413]

2.2. Wertorientierte Kapitaleffizienz

Aus Eigentümer-Sicht stellt die Sicherstellung der Kapitaladäquanz letztlich nur eine Nebenbedingung dar. Vielmehr interessiert die Eigentümer, ob ihr zur Verfügung gestelltes Kapital auch so eingesetzt wird, dass maximaler Wert generiert wird bzw. zumindest die Kapitalkosten verdient werden.

Vergleicht man die Wertgenerierung der Bankindustrie in der letzten Dekade mit anderen Industrien, zeigt sich eine sehr schwache Performance – hier für börsennotierte Banken gemessen am Total Shareholder Return (TSR) – bei gleichzeitig hoher Volatilität. Dies verdeutlicht Abbildung C – 32.

---

413 Eigene Darstellung.

STRATEGIEKONZEPTE UND RISIKOTRAGFÄHIGKEIT

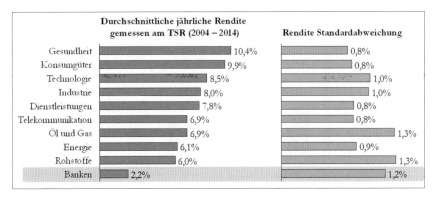

Abbildung C – 32: Langfristige TSR Performance und Standardabweichung nach Branchen weltweit (2004–2014)[414]

639 Damit stellt sich der Bankensektor dem Kapitalgeber als wenig interessantes Investment dar – und das in Zeiten, in denen Kreditinstitute weiterhin hohen Kapitalbedarf haben. Die schwache Ertragskraft der Banken wird von der EZB derzeit als das Risiko mit der größten Bedeutung für Banken in der Eurozone angesehen.[415] Neben dem anhaltenden Niedrigzinsniveau und den hohen (regulatorischen und aufsichtlichen) Kosten macht den Banken die zunehmende Konkurrenz der FinTechs zu schaffen. Vor diesem Hintergrund ist eine effiziente Kapitalbewirtschaftung und -steuerung zur Unterstützung der Wertgenerierung für Banken von besonderer Bedeutung.

640 Den Ausgangspunkt für die wertorientierte Auseinandersetzung mit dem Thema Kapitalsteuerung stellt die Frage nach der knappen und damit zu steuernden Ressource dar. Hierzu ist zunächst der Kapitalbedarf in allen relevanten Steuerungskreisen für sämtliche Steuerungsportfolios (z. B. Geschäftsbereiche, Legaleinheiten) zu ermitteln und mit dem verfügbaren Kapital abzugleichen. Diese Fragestellung bereitet vielen Instituten aufgrund unterschiedlich definierter Teilportfolios und heterogener Datenbestände große Mühe.

641 Von zentraler Bedeutung für die Verbesserung der Kapitaleffizienz sind Kapitalallokationsverfahren, deren Aufgabe es ist, das zu allokierende Kapital zu definieren, nach einem Allokationsprinzip zu verteilen und darauf aufbauend Verzinsungsansprüche abzuleiten. Um im aktuellen Marktumfeld agieren zu

---

414 Vgl. zeb market flash (2016.01). Alle TSR-Werte basieren auf dem globalen Industrieindex von Thomson Reuters Datastream (gewichtet nach Marktkapitalisierung). Der TSR beinhaltet alle Kapitalgewinne und Geldflüsse in einer Periode. Das Risiko wurde als Renditevolatilität auf täglicher Basis gemessen.
415 Vgl. Börsen-Zeitung (2015.09.15).

können und Fehlsteuerungsimpulse zu vermeiden, haben viele Institute in letzter Zeit ihr Allokationsverfahren umgestellt oder zumindest adjustiert – mit i. d. R. massiven Auswirkungen auf die damit korrespondierenden Profitabilitätskennziffern. Neben den klassischen, fixen Allokationsverfahren (basierend auf rein ökonomischen oder regulatorischen Kapitalbegriffen), die zunehmend engpassorientiert auf regulatorische Größen umgestellt werden, sind vermehrt Hybrid-/Mischformen zu beobachten, bei denen z. B. über Skalierungs- oder Gewichtungsfaktoren versucht wird, die verschiedenen Kapitalbegriffe gleichzeitig zu beachten.[416] Letztlich zeigen alle diese Verfahren jedoch methodische Schwächen oder sind schwer verständlich und damit hochgradig intransparent, so dass sich bislang noch keine Methode als Marktstandard etablieren konnte. Wie der Überblick in Abbildung C – 33 zeigt, ist festzustellen, dass bei den in der Praxis angewendeten Kapitaldefinitionen und Allokationsmethoden zunehmend regulatorisch motivierte Verfahren im Fokus stehen, die Anwendung von rein ökonomischen Ansätzen nimmt hingegen ab.

Abbildung C – 33: Ergebnisse Analyse Kapitalallokation[417]

---

416 Vgl. *Mrusek* (2012), S. 111 ff.
417 Eigene Darstellung.

STRATEGIEKONZEPTE UND RISIKOTRAGFÄHIGKEIT

642 Zusammenfassend kann festgestellt werden, dass im Bereich der wertorientierten Kapitaleffizienz viele Institute aktuell auf der Suche nach angemessenen Ansätzen sind, um durch das »New Normal« mit multiplen Kapitalbegriffen und sich dynamisch ändernden Engpässen in Zukunft zielgerichtet navigieren zu können.

2.3. Zwischenfazit

643 Wie die vorherigen Kapitel gezeigt haben, sind in vielen Banken aktuell Aktivitäten im Bereich RTF zu beobachten. Dabei ist ein klarer Fokus auf regulatorische Fragestellungen festzustellen und aufgrund der Vielzahl an neuen oder konkretisierten aufsichtlichen Anforderungen auch verständlich. Dennoch ist diese Sicht für die dringend erforderlichen strategischen Weichenstellungen in vielen Häusern nicht hinreichend und der alleinige Fokus auf das regulatorische Kapital kann zu Fehlsteuerungen führen.

644 Vor diesem Hintergrund ist es erforderlich, dass Kapitalmanagement zunehmend als eine fortwährende Aufgabe angesehen wird, die nach Abarbeitung der aktuell bekannten, regulatorischen Vorschriften nicht »erledigt« sein wird, sondern eine komplexe, mehrdimensionale Herausforderung bleibt. Dabei sind regulatorische Compliance und das Management der Kapitaleffizienz kontinuierlich weiterzuentwickeln. Ein integriertes Engpassmanagement, das Kapitaladäquanz und -effizienz miteinander verzahnt, soll im nachfolgenden Kapitel als mögliche Lösung skizziert werden.

3. Integriertes Engpassmanagement im Rahmen der Gesamtbanksteuerung

645 Die unter Kapitel C.VI.1 beschriebene traditionelle Banksteuerung, die hauptsächlich auf Profitabilität fokussierte, ist heute aufgrund der Vielzahl an regulatorischen und ökonomischen Engpässen und daraus resultierenden z. T. widersprüchlichen Steuerungsimpulsen, nicht mehr ausreichend. Ausgehend vom RTF-Kalkül wird zunehmend ein integriertes Engpassmanagement erforderlich, das regulatorische Kapitaladäquanz und wertorientierte Kapitaleffizienz miteinander verbindet und damit auch der zunehmend strategischeren Ausrichtung der Aufsicht gerecht wird. Diese Grundidee soll im Folgenden skizziert werden.

646 Die wesentlichen Elemente hierbei sind

    (i)   eine werttreiberbasierte Gesamtbankplanung,

(ii) eine engpassorientierte Kapitalallokation,
(iii) ein szenariobasiertes Risikomanagementsystem sowie
(iv) ein holistisches Analyse- und Reportingframework.

3.1. Werttreiberbasierte Gesamtbankplanung

Die Planung als Bindeglied zwischen der Geschäfts- und Risikostrategie sowie dem regelmäßigen Performance-Management operationalisiert die Strategie und wendet sie auf die Geschäftsbereiche an. In den MaRisk wird von Banken die Existenz eines institutionalisierten Strategieprozesses gefordert, der die Entwicklung einer zielorientierten Planung ermöglicht und die Umsetzung begleitet, analysiert und evaluiert.[418] Im Rahmen der Strategieentwicklung muss die mehrperiodische RTF berücksichtigt und im Rahmen einer Risikostrategie auf Geschäftsbereiche und Risikofaktoren herunter gebrochen, d. h. limitiert werden.[419] Die Bankenaufsicht hat den Anspruch, sehr genau verstehen zu wollen, wie die Zusammenhänge zwischen Planung und Strategie abgebildet werden, ob die Planung nachvollziehbar und plausibel ist und ob das Geschäftsmodell strategisch und planerisch nachhaltig tragfähig ist. 647

Das Erstellen einer derartig gesamtbankbezogenen, integrierten Planung erweist sich jedoch für viele Institute sowohl inhaltlich als auch prozessual als eine sehr komplexe, bereichsübergreifende Herausforderung. Im Ergebnis sind in vielen Banken fragmentierte Teilpläne und eine unzureichende Integration der Kapital-, Risiko- und Ergebnisplanung zu beobachten. Dies zeigt sich in den häufigen Anmerkungen der Aufsicht in den letzten Jahren. 648

Um bestehende Engpässe identifizieren und Trade-Off-Entscheidungen treffen zu können, ist die Einbindung des RTF-Kalküls im Planungsprozess von zentraler Bedeutung. Die Berücksichtigung bereichsübergreifender Interdependenzen und die konsistente Ableitung der verschiedenen Ausprägungen aufgrund von potentiellen Zielkonflikten sind dabei sehr komplex. Bspw. kann die Entscheidung, überschüssige Kundeneinlagen zur Ausgabe von Retailkrediten einzusetzen, zu einer höheren Rentabilität führen, sich jedoch gleichzeitig negativ auf die Kapitalsolvabilitäts- und Liquiditätskennzahlen auswirken. Umgekehrt würde die Anlage der überschüssigen Mittel in Bundesanleihen einerseits die kurzfristigen Kapital- und Liquiditätskennzahlen stabil halten, andererseits aber die Profitabilität belasten, was sich langfristig 649

---

418 Vgl. *BaFin* (2012.12b), AT 4.1.
419 Zu beachten sind hierbei u. a. auch die gestiegenen Anforderungen im Bereich der GuV-RTF nach einer periodenübergreifenden Perspektive.

STRATEGIEKONZEPTE UND RISIKOTRAGFÄHIGKEIT

wiederum negativ auf die gleichen Kennzahlen auswirken würde. Weitere Trade-Off-Entscheidungen sind z. B. bei Investitions-Cases zu treffen, die typischerweise eine dynamische Mehrjahresbetrachtung erfordern.

650 Zur Identifikation der operativen Planungsgrößen auf Geschäftsfeldebene hat sich in vielen Finanzinstituten die Werttreiberlogik bewährt. Unter Berücksichtigung der internen Vorgaben, makroökonomischen Faktoren und regulatorischen Rahmenbedingungen, ermöglichen Werttreiberbäume die direkte Verknüpfung zwischen den Ziel-KPI[420] und den operativen, planbaren Werttreibern. Dabei muss differenziert werden zwischen externen Treibern, die vom Management nicht beeinflusst werden können und letztlich Planungsprämissen darstellen, und internen Werttreibern, welche die relevanten Stellhebel der Planung sind. Die Transparenz und das Verständnis der Ursache-Wirkungs-Zusammenhänge zwischen den KPI und Werttreibern ist eine wichtige Voraussetzung, um eine integrierte Planung ökonomischer und GuV-orientierter Größen angemessen aufstellen zu können. Die dafür notwendigen Modellierungen müssen den gesamten Planungszeitraum umfassen und dabei auch Teilpläne (inkl. Kapitalbedarfsplanung) sowie das RTF-Kalkül integrieren. Diese Aspekte fasst Abbildung C – 34 zusammen.

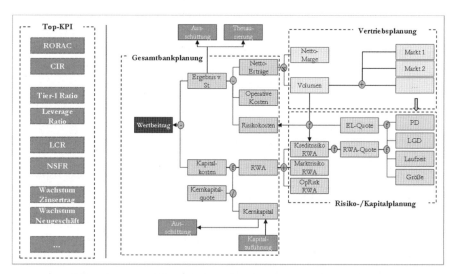

Abbildung C – 34: Illustrativer Werttreiberbaum zur Planung – hier regulatorischer Steuerungskreis[421]

---

420 Key Performance Indicator.
421 Eigene Darstellung.

Für die operative Planung lassen sich aus den Werttreibersystematiken konkrete Planungsgrößen ableiten und auf dieser Basis dann Abweichungen nachhalten. Dabei ist klar festzulegen, welche Größen zentral vorgegeben und welche von den Marktbereichen geplant werden, d. h. es ist im Trade-off zwischen Konkretisierungsgrad und Planungsaufwand die »richtige Flughöhe/Granularität« auszuwählen. Der Detaillierungsgrad heutiger Planungsprozesse spiegelt hingegen oftmals nicht die Bedeutung des Planungsgegenstandes wider. Ein pragmatischer Ansatz, welcher die Planungsgranularität auf das Wesentliche reduziert und die Komplexität steuerbar hält, ist ein kritischer Erfolgsfaktor.

Um die bereichsübergreifenden Interdependenzen auch technisch abbilden zu können und die Verknüpfung zwischen Gesamtbank- und Geschäftsfeldzielen zu ermöglichen, bedarf es integrierter Simulationsmodelle. Oftmals werden in Banken allerdings unterschiedliche Planungstools für die einzelnen Planungsdimensionen verwandt, so dass eine Integration erschwert wird.

Aus Prozess-/Governance-Perspektive setzen die hohe Komplexität und der bereichsübergreifende Charakter einer integrierten Planung ein effektives Zusammenspiel verschiedener Markt- und Fachbereiche voraus. Fachlich sind Aspekte aus den Bereichen Controlling (klassische Banksteuerung), Regulatory (Kapitaladäquanz nach Säule 1) und Risikocontrolling (RTF) zusammenzuführen. Entsprechend erfordert der hohe Abstimmungsbedarf in Planungsprozessen eine starke und entscheidungsorientierte Governance-Struktur. Die Rollen und Verantwortlichkeiten müssen in den einzelnen Prozessschritten klar definiert werden. Zudem haben sich bereichsübergreifende Entscheidungsgremien, die mit entsprechenden Kompetenzen ausgestattet sind, bewährt. Derartige Gremien schaffen den notwendigen Interessensausgleich zwischen den Bereichen und erleichtern den Abstimmungs- bzw. Entscheidungsprozess über die Verantwortungsbereiche hinweg.[422]

3.2. Engpassorientierte Kapitalallokation

Die Kapitalallokationssystematik spielt eine zentrale Rolle im Rahmen des Engpassmanagements. Im Steuerungskreislauf ist hierbei zwischen der Ex-ante- und Ex-post-Kapitalallokation zu unterscheiden. Die Ex-ante-Allokation dient der Risikolimitierung und wird sowohl für strategische als auch operative Planungszwecke durchgeführt. Das Ziel der Ex-post-Allokation besteht in der Performancemessung und Kapitaleffizienzevaluation der einzelnen Geschäfts-

---

[422] Für weitere Ausführungen zum Thema vgl. Kapitel C.VI.3.4.

STRATEGIEKONZEPTE UND RISIKOTRAGFÄHIGKEIT

felder.[423] In der Praxis wird oftmals nicht explizit zwischen Ex-ante- und Ex-post-Allokation unterschieden, sondern einmalig eine Allokation durchgeführt und diese im Laufe des Jahres nicht weiter angepasst.

655 Bei den meisten Finanzinstituten dominieren Allokationskalküle, die sich hauptsächlich an der Gesamtbanklimitierung orientieren und eine rein risikobezogene Top-down-Dekomposition vornehmen. Dabei werden die in der RTF ermittelten Risikodeckungsmassen (ex-ante) auf die Geschäftsbereiche alloziert. Kapitalüberschüsse oder Defizite werden dann oftmals in einem iterativen Prozess auf Basis periodischer Performancegrößen (wie z. B. RoE) als Allokationskriterium ausgeglichen. Die zentrale Schwäche dieses Verfahrens besteht in der primär an der Kapitaladäquanz ausgerichteten Vorgehensweise (ausgehend von den aktuellen bzw. geplanten Risiken) sowie der ausschließlichen Betrachtung der periodischen Planungsergebnisse der Geschäftsfelder. Streng wertorientierte Verfahren hingegen basieren auf unternehmenswertorientierten Allokationsmethoden, die zukünftige Zahlungsströme der Geschäftsfelder und damit Kapitaleffizienz in den Mittelpunkt der Betrachtung stellen.[424] Kapitaladäquanz (z. B. im Sinne Limiteinhaltung) wird dabei nur als Nebenbedingung betrachtet. Derartige Allokationskalküle stellen barwertige Bewertungsgrößen der Geschäftsfelder (bspw. basierend auf DCF[425]-Bewertungsverfahren) dem ebenfalls barwertigen Kapitalbedarf gegenüber. Diese Ideen visualisiert Abbildung C – 35.

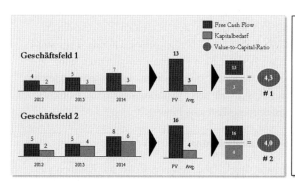

Abbildung C – 35:   *Grundidee wertorientierter Kapitalallokationskonzepte*[426]

---

423   Vgl. *Mrusek* (2012), S. 136 f.
424   Vgl. *Mrusek* (2012), S. 190 ff.
425   Discounted Cash Flow.
426   Eigene Darstellung.

In der Ex-post-Betrachtung dient die Kapitalallokation der Steuerung des Geschäftsfeldportfolios anhand von risikoadjustierten Performancegrößen. Wie in Abbildung C – 36 illustrativ dargestellt, lassen sich durch Umrechnung aus einem vordefinierten Mindest-RoE ein Ziel-RORAC und -ROREC[427] als Hurdle Rates ableiten.[428] Die einzelnen Geschäftsfelder können dementsprechend unter Berücksichtigung beider Kapitaldimensionen bewertet werden. Die Integration dieser Kennzahlen in das laufende Management-Reporting ermöglicht die flexible Ableitung von Steuerungsimpulsen für die unterjährige Re-Allokation des vorhandenen Kapitals.

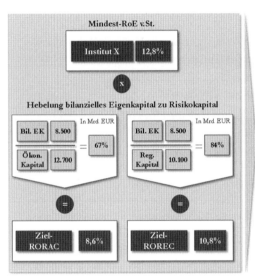
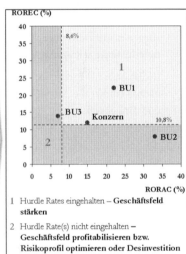

Abbildung C – 36:   Hurdle Rates zur Performancemessung und Steuerung des Geschäftsportfolios[429]

3.3. Szenariobasiertes Risikomanagement

Ein wichtiges Element bei der Umsetzung eines Engpassmanagements ist das Szenario-basierte Risikomanagement. Dieses ist dabei nicht nur als Mittel zur Erfüllung von regulatorischen Stresstest-Anforderungen aufzufassen, sondern als integraler Bestandteil einer zukunftsorientierten Gesamtbanksteuerung, verankert in Prozessen, System und Daten. Aktuell erfüllen Stresstests bei

---

427   RORAC = Return on Risk-Adjusted Capital; ROREC = Return on Regulatory Capital.
428   Im Beispiel wird der Einfachheit halber eine konzernweit einheitliche Hurdle Rate für alle Geschäftsfelder unterstellt. Zur Diskussion von Geschäftsfeld-spezifischen Hurdle Rates vgl. z. B. *zeb value compass* (2012).
429   Eigene Darstellung.

STRATEGIEKONZEPTE UND RISIKOTRAGFÄHIGKEIT

vielen Banken in erster Linie regulatorische Anforderungen und werden häufig mit großem manuellem Aufwand durchgeführt. Aber gerade die aktuellen, sich schnell wechselnden Marktentwicklungen erfordern den Einsatz von flexibel einsetzbaren, zukunftsorientieren Instrumenten, um kurzfristig entscheidungsrelevante Informationen generieren zu können.

658 Die Erfüllung von regulatorischen Vorgaben ist die Mindestanforderung an das Szenario-basierte Risikomanagement. Diese wird umso bedeutender, als dass ein klarer aufsichtlicher Trend zu beobachten ist, Stresstesting zu einem zentralen Element der Aufsicht zu entwickeln. Zum einen sind hier die Ausweitung der regulatorischen Anforderungen für Säule 1-Stresstests zu nennen (Abbildung schwerer Rezession, neue Risikofaktoren), zum anderen die gestiegenen Anforderungen an ICAAP-Stresstests sowie die für EZB beaufsichtigte Institute relevanten Vorgaben der EBA-Stresstests.

659 Risikoarten-übergreifende und integrierte Szenariorechnungen bieten zunächst einmal die Möglichkeit für eine ex-ante Beurteilung von Werttreibern und Engpassfaktoren, die als Grundlage für eine effiziente Kapitalallokation verwendet werden können. Ist zum Beispiel aus den Ergebnissen der Szenario-Rechnung erkennbar, dass in einem bestimmten Segment die Rendite-Erwartungen nicht erfüllbar sind, sollte man im Sinne der gewünschten Kapitaleffizienz die Allokation von Kapital in dieses Segment auf den Prüfstand stellen. Flexible »Was wäre wenn«- Analysen erlauben es darüber hinaus im Planungsprozess entscheidungsrelevante Einschätzungen zu generieren und die Planungsprämissen zu schärfen. Ein zentraler Erfolgsfaktor ist die Ableitung der Szenarien, die – oftmals abgeleitet aus makroökonomischen Masterszenarien – dem Geschäftsmodell und der Strategie des jeweiligen Instituts entsprechen müssen und ihre Überleitung auf die relevanten Parameter zur Quantifizierung der Werttreiber und Engpassfaktoren.

660 Bei der Umsetzung eines Szenario-basiertes Risikomanagements sind neben fachlichen Herausforderungen (Generierung angemessener Szenarien, Überführung in Ausgangsparameter für die Rechenmodelle etc.) insbesondere auch technische Herausforderungen zu beachten. Aus den obigen Ausführungen wird klar, dass die Flexibilität und schnelle Verfügbarkeit der berechneten Ergebnisse zentrale Erfolgsfaktoren sind.

3.4. Holistisches Analyse- und Reportingframework

Im Sinne eines integrierten Engpassmanagements sollte die RTF-Rechnung nicht – wie heute in der Praxis oft zu beobachten – isoliert analysiert, berichtet und diskutiert werden, sondern konsistent in die Gesamtbanksteuerung integriert sein. Um die zahlreichen Interdependenzen berücksichtigen zu können, die sich zwischen den ökonomischen Risiko-Rendite-Zielen, regulatorischen Anforderungen und RTF ergeben, müssen hierfür themenübergreifende, integrierte Management Reporting-Strukturen aufgesetzt werden. Nur so lassen sich die Ursachen für bestimmte Geschäftsentwicklungen zielgerichtet identifizieren und beispielsweise der Rückgang des Trading-Ergebnisses auf schlechte Trading-Performance und/oder die Reduktion des VaR-Limits zurückführen. 661

An ein State-of-the-Art Management Reporting werden heutzutage hohe Anforderungen gestellt: Alle entscheidungsrelevanten Informationen sollten umfassend, inhaltlich korrekt, zeitnah produziert, adressatengerecht aufbereitet und mit analytischen Kommentaren versehen an das Management berichtet werden. Dabei werden auf höchster Ebene im Top-Management-Reporting die Top-KPIs in aggregierter Form abgebildet, bspw. in Form eines Management-Cockpits. Das Cockpit vermittelt dabei einen ersten Überblick und schafft die notwendige Grundlage, um den Handlungsbedarf identifizieren und priorisieren zu können. Alle weiteren, nachgelagerten Reports müssen zwingend anschlussfähig zum Top-Management-Reporting sein. 662

Von zentraler Bedeutung für die Aussagekraft des Reportings sind Breite und Tiefe der durchgeführten Analysen. Klassische Analysen im Rahmen der RTF-Rechnung beschränken sich heute primär auf die Absicherung der Datenqualität und Überprüfung der Methodik – echte Steuerungsimpulse werden daraus hingegen nur selten abgeleitet. Die Analysefähigkeit im Rahmen eines integrierten Engpassmanagements muss sich auf verschiedene Dimensionen beziehen: Die Analyse hat die Aufgabe, die Geschäftsentwicklung zu erklären, die Risikosituation in den Zahlen zu spiegeln, in einen gemeinsamen Kontext zu stellen (quantitative und argumentative Überleitbarkeit) und potentielle Handlungsmöglichkeiten aufzuzeigen. Über Simulations- und Detailanalysen lässt sich die bisweilen relativ abstrakte RTF-Berichterstattung mit der operativen Geschäftssteuerung verbinden und Risikoeffekte wie auch die Geschäftsentwicklung lassen sich transparent machen. Angemessene RTF-Analysen sollten immer Soll-/Ist-Vergleiche, historische (Trend-) 663

Analysen sowie externe Peervergleiche (soweit möglich) beinhalten und die Verbindung zur Kapitaleffizienz herstellen.

664 Anhand von Tool-unterstützten Simulationsrechnungen lässt sich das RTF-Kalkül in konsistente, in sich geschlossene Modellierungen von GuV-, Bilanz- und Cash Flow-Größen integrieren. Quantitative Simulationsrechnungen machen die unterschiedlichen Auswirkungen auf Performance und Risiko transparent und zeigen die Effekte strategischer Alternativen auf. Dabei ist zu beachten, dass komplexitätsmindernde Aggregationsniveaus und Datensätze herangezogen werden. Pragmatische »80:20«-Ansätze sind gefordert, welche den ganzheitlichen Simulationsanspruch erfüllen und gleichzeitig die Modellierungskomplexität gering halten – letztlich geht es nicht um die Erklärung der Modellkomplexität sondern die Erklärung der Geschäftsentwicklung und des Einflusses bestimmter Risiken. Die Aufnahme der Ergebnisse in das laufende Management-Reporting schafft eine fundierte Entscheidungsgrundlage und trägt dazu bei, dass die RTF-Rechnung beim Senior Management stärker verankert wird.

4. Zusammenfassung der Ergebnisse und Ausblick

665 Für die meisten Banken stellt Kapital die zentrale Engpassressource dar. Folglich stehen mehrperiodische RTF-Rechnungen und zukunftsgerichtete Kapitalplanungsprozesse zur Sicherstellung der regulatorischen und internen Kapitalausstattung zunehmend im Fokus der Aufsicht. Dabei ist eine enge Verzahnung zur mittelfristigen Geschäftsplanung und zu grundsätzlichen strategischen Überlegungen erforderlich, bei denen die Eigentümerinteressen nach einer angemessenen Verzinsung des Kapitals und damit nach einer Mindest-Profitabilität im Mittelpunkt stehen.[430] Entsprechend gewinnt eine integrierte Sicherstellung von regulatorischer Kapitaladäquanz einerseits und wertorientierter Kapitaleffizienz andererseits zunehmend an Bedeutung.

666 Auf dem Weg zu einem integrierten, engpassorientierten Kapitalmanagement können institutsindividuell unterschiedliche Schwerpunkte gesetzt und einzelne Elemente (wie z. B. Planung, Kapitalallokation, Stresstesting) entsprechend priorisiert werden. Dabei sollten jedoch alle Institute gleichermaßen die folgenden Erfolgsfaktoren beachten:

- *Transparenz*. Vorstände und Entscheider müssen sich laufend mit den verschiedenen regulatorischen und ökonomischen Kapitalanforderungen auseinandersetzen und sich Transparenz über Engpässe und Steue-

---

430 Vgl. *zeb European Banking Study* (2015).

rungsmöglichkeiten verschaffen. Dabei ist zu beachten, dass sowohl das Übersehen von Engpässen als auch das Nichtkennen von vorteilhaften Kapitalallokationsopportunitäten zu schwerwiegenden Fehlentscheidungen führen kann. Ein holistisches Verständnis der zentralen Werttreiber für Gesamtbank und Geschäftsfelder stellt hierbei eine wesentliche Voraussetzung dar.

- *Komplexitätsreduktion.* Angesichts der Vielzahl an Vorschriften und Steuerungskreisen besteht die Gefahr, den Blick für das Wesentliche zu verlieren. Die Kunst besteht darin, die Komplexität soweit zu reduzieren, dass die wirklich relevanten Trade-off-Entscheidungen und geschäfts-/risiko-politischen Handlungsoptionen transparent werden. Bei einer weit in die Zukunft reichenden Kapitalplanung sollte eine robuste Abschätzung des Kapitalbedarfs mit Augenmaß erfolgen und keine Scheingenauigkeit angestrebt werden. Darüber hinaus empfiehlt sich zwischen den Steuerkreisen eine möglichst homogene bzw. überleitbare Definition der Daten, Methoden & Verfahren – im Zweifel auch durch Verzicht auf bestehende Wahlrechte und Optimierungsmöglichkeiten.

- *Steuerungsrelevanz.* Das RTF-Kalkül stellt im Rahmen eines integrierten Engpassmanagements keine lästige Pflichtübung sondern ein zentrales Management-Tool dar. Durch sukzessiven Ausbau zu einem wertorientierten Risiko-Chancen-Kalkül (z. B. über integrierte Analyse- & Reportingstrukturen) kann die Steuerungsrelevanz erhöht und eine stärkere Einbeziehung in die Entscheidungsprozesse erlangt werden. Gleichzeitig müssen Rollen und Verantwortlichkeiten durchgängig über alle Gesamtbanksteuerungsprozesse hinweg klar definiert sein; bereichsübergreifende Arbeitsteams, Entscheidungsgremien und Ressourcenallokationen fördern dieses Selbstverständnis.

Ein integriertes, engpassorientiertes Kapitalmanagement beginnt bei der Ausgestaltung der Planung über alle geforderten Kapitalbegriffe, geht über die Ausgestaltung der Methodik und eines integrierten Reporting bis hin zu Fragestellungen der Organisation und der architektonischen Aufstellung. Engpässe und die Möglichkeiten zur Kapitalbewirtschaftung verändern sich im Zeitverlauf und erfordern von den Instituten eine laufende Weiterentwicklung/Überprüfung der Verfahren. Ein ganzheitliches Engpassmanagement kann vor diesem Hintergrund einen echten Wettbewerbsvorteil darstellen.

VII. Fazit und Ausblick[431]

668 Die Verlautbarungen der Bankenaufsicht zu den Themenbereichen Strategie und Risikotragfähigkeitskonzepte sind zweigeteilt: Während die Bundesbank im Monatsbericht vom März 2013 die Fortschritte der Institute bei Methoden und Prozessen im Rahmen der Risikotragfähigkeitskonzepte hervorhebt[432], sieht die BaFin erheblichen Optimierungsbedarf hinsichtlich des Strategieprozesses.[433]

669 Insgesamt räumt die Aufsicht der geschäftsstrategischen Ausrichtung der Institute ein einen hohen Stellenwert ein, da »über ihre strategische Ausrichtung die Institute deutlich machen, wie sie unter den Bedingungen ihrer makroökonomischen Umwelt und begrenzter interner Ressourcen (finanziell, personell oder technisch-organisatorisch) gedenken, auskömmliche Erträge zu erwirtschaften, die ihre Lebensfähigkeit nachhaltig sicherstellen.«[434]

670 Während aktuell beim Going-Concern-Ansatz noch die Beschränkung auf einen Steuerungskreis zulässig ist, wird davon auszugehen sein, dass die BaFin in Zukunft die Methodenfreiheit im Rahmen der Risikotragfähigkeitskonzepte einschränken wird und die Berechnung der Risikotragfähigkeit sowohl bilanzorientiert als auch barwertig fordern wird.

671 Auch ein Blick auf das ehrgeizige Arbeitsprogramm der EBA und die Anzahl der angekündigten Papiere (Standards) sind ein klares Indiz dafür, dass die aufsichtsrechtlichen Anforderungen an das Risikomanagement und somit die Risikotragfähigkeit der Institute steigen werden.

672 Die Kreditwirtschaft steht in diesem Zusammenhang vor der Herausforderung unter betriebswirtschaftlichen Aspekten sowie aus der Sicht des Risikomanagements sinnvolle Steuerungsinstrumente und -prozesse zu implementieren und diese dabei so auszugestalten, dass sie mit den Anforderungen der Bankenaufsicht kompatibel sind. Hierbei laufen insbesondere kleinere und mittlere Institute in Gefahr, dass immer höher werdende Anforderungen im Bereich der Bankenregulation nicht mehr vollständig erfüllt werden können, da die hierfür erforderlichen Ressourcen nicht vorhanden sind.

---

431 Autor: **Matthias Haug**. Die Ausführungen geben die persönliche Auffassung des Autors wieder.
432 Vgl. *Deutsche Bundesbank* (2013.03), S. 44.
433 Vgl. *BaFin* (2010.07).
434 *BaFin* (2010.05), S. 14.

D.
Ganzheitliche Risikoinventur unter Berücksichtigung von Konzentration und Diversifikation

D. Ganzheitliche Risikoinventur unter Berücksichtigung von Konzentration und Diversifikation

I. Definition Risikoinventur[435]

1. Allgemeine Begriffserläuterung und Abgrenzung

Vielfach werden der Begriff der Risikoinventur und der damit verbundene bankinterne Prozess mit der aus Handelsunternehmen bekannten Inventarisierung in Beziehung gesetzt. Jedoch unterscheiden sich diese beiden Inventurarten bereits in einem entscheidenden Punkt. Bei der Risikoinventur wird im Schwerpunkt die Frage gestellt, welchen potentiellen Gefahren das betrachtete Geschäftsmodell ausgesetzt ist und welche davon einen wesentlichen Einfluss auf die Überlebensfähigkeit der Bank haben könnten. Dieser Schwerpunkt ist nicht mit der klassischen Inventur vergleichbar, bei deren Durchführung die vorhandenen Vermögensgegenstände gemäß des Handelsrechtes einer körperlichen Bestandsaufnahme unterzogen werden.

673

2. Aufsichtliche Definition und Historie

Gemäß der aktuell gültigen Fassung der MaRisk vom 14.12.2012 wird den Kreditinstituten nach AT 2.2 Tz. 1 und 2 die Pflicht auferlegt, sich regelmäßig mittels Durchführung einer ganzheitlichen Risikoinventur ein Bild über das **institutsindividuelle Risikoprofil** zu verschaffen. Hierbei soll das Ziel verfolgt werden, nebst Identifikation und Katalogisieren aller mit dem Geschäftsmodell verbundenen nennenswerten Risiken, diejenigen Risiken mittels einer strukturierten Analyse und Bewertung zu extrahieren, die potentiell eine Fortführung des Geschäftsbetriebes gefährden könnten.[436]

674

Für diese als wesentlich klassifizierten Risiken bestehen im laufenden Risikomanagementprozess insbesondere in Bezug auf die Integration in das institutseigene Risikotragfähigkeitsmodell höhere Anforderungen als an die nicht wesentlichen bzw. sonstigen Risiken. Darüber hinaus sind Wechselwirkungen bzw. Konzentrationen innerhalb einer Risikoart (»intra«) bzw. zwischen ver-

675

---

435 Kapitel D.I – V: Autor: **Björn Gereke**. Die Ausführungen geben die persönliche Auffassung des Autors wieder.
436 Vgl. *BaFin* (2012.12c), S. 5 ff.

schiedenen Risikoarten (»inter«) zu beachten und im Rahmen der Wesentlichkeitsprüfungen zu würdigen.[437]

676 Die Ergebnisse einer Risikoinventur dienen im ersten Schritt einer bewussten **Sensibilisierung** aller Steuerungsverantwortlichen über die möglichen Gefahrenquellen innerhalb des Geschäftsmodells und zur Schaffung eines Risikobewusstseins innerhalb der Unternehmenskultur. Vor dem Hintergrund der über die Jahre weiterentwickelten MaRisk scheint auch für die Aufsicht dieser Aspekt im Vordergrund zu stehen. Beginnend mit dem Verweis auf ein Gesamtrisikoprofil aus dem Jahr 2005 wurden mit den Rundschreiben aus den Jahren 2009 sowie 2010 die damit verbundenen Anforderungen umfangreicher ausformuliert[438]. Hierzu zählt zum Beispiel die grundsätzliche Festlegung bestimmter Risikoarten als wesentlich oder die Einführung des Begriffs der Risikoinventur als Verweis auf einen strukturierten Prozess.[439] Im aktuellsten Konsultationsentwurf vom 18.02.2016 wird dieser Fokus durch die Aufnahme des Begriffs »Risikokultur« ein weiteres Mal verstärkt.[440]

677 Im zweiten Schritt lassen sich auf dieser Basis gezielt **Systeme zur Risikomessung und Steuerung implementieren**, mittels derer die Unternehmensführung sich laufend über Höhe und Entwicklung der potentiellen Risiken unter Beachtung der vorhandenen Risikodeckungsmasse informieren kann.

II. Strukturierung von Risikoarten

1. Identifikation relevanter Risikoarten

678 Zu Beginn einer jeden Risikoinventur steht die Frage nach den zu untersuchenden Risiken, die sich im klassischen Bankgeschäft in der Regel in verschiedene Arten trennen lassen. Ein wesentliches Unterscheidungsmerkmal besteht in dem risikoauslösenden Ereignis, welches sich zum Beispiel aus der Veränderung einer Kreditnehmerbonität (adressatenbezogen) oder eines Marktpreises ergeben kann. Die Zielsetzung dieser Differenzierung liegt darin, eine möglichst isolierte sowie transparente Messung der einzelnen risikoauslösenden Faktoren und auf diese Weise eine gezielte Steuerung derselbigen zu gewährleisten.[441]

---

437 Vgl. *DSGV* (2015), S. 207 ff.; *BaFin* (2012.12c), S. 5 ff.
438 Vgl. u. a. *Bisterfeld* (2013), S. 192.
439 Vgl. *Janßen/Riediger* (2015), S. 13.
440 Vgl. *BaFin* (2016.02b), S. 9, diskutiert in *Reuse* (2016.02b), S. 1 ff.
441 Vgl. *Schierenbeck* (1999), S. 4 ff.

Folgende Aufzählung soll einen ersten Überblick zu den verschiedenen potentiellen Risikoarten geben, wobei die Liste keinen Anspruch auf Vollständigkeit erhebt und oftmals auch anders durchgeführt werden kann[442].

- Adressrisiken
  - Ausfallrisiko
  - Migrationsrisiko
  - Länderrisiko (im Sinne gestörter Devisenzahlungsströme, etc.)
- Marktpreisrisiken
  - Zinsänderungsrisiko
  - Kurswertrisiko (Aktien, Fonds, Renten, etc.)
  - Fremdwährungsrisiko
- Liquiditätsrisiko
- Operationelles Risiko
- Sonstige Risiken
  - Beteiligungsrisiko
  - Reputationsrisiko
  - Strategische Risiken
  - Vertriebs-/Absatzrisiko[443]

Um die Vollständigkeit einer Risikoinventur sicherzustellen, müssen im Vorfeld dementsprechend alle **mit dem Geschäftsmodell** und den sich daraus ergebenden wesentlichen Geschäftsprozessen **verbundenen Risiken** identifiziert werden. Hierzu zählen laut den Erläuterungen zu den MaRisk auch Risiken aus außerbilanziellen Gesellschaftskonstruktionen (»Beteiligungsrisiko«)[444]. Dieser Vorgang knüpft an die Aufstellung der Geschäftsstrategie an und bildet zusammen mit den Ergebnissen aus der Risikoinventur die Basis für die Erstellung der Risikostrategie.

In diesem Zusammenhang gilt es zu berücksichtigen, dass die vorhandenen **Risiken in ihrer Bruttoform** betrachtet werden. Das heißt, dass bestehende bzw. potentiell mögliche aktive wie auch passive Risikosteuerungsmaßnahmen an dieser Stelle noch keine Beachtung finden dürfen. Des Weiteren ist im Rahmen der Risikoidentifikation auch noch keine quantitative Bewertung vorzunehmen, da die Frage nach der Wesentlichkeit originärer Bestandteil der Risikoinventur selbst ist.[445]

---

442   Vgl. exemplarisch *DSGV* (2014), S. 204 ff.
443   Vgl. *Schierenbeck* (1999), S. 4 ff.
444   Vgl. *BaFin* (2012.12c), S. 5 ff.
445   Vgl. *Janßen/Riediger* (2015), S. 58 ff.

2. Aufsichtliche Vorgaben

682 Neben der eben grob skizzierten Vorgehensweise wurde aber auch wie bereits erwähnt der Wortlaut in den aufsichtlichen Anforderungen über die Jahre hinweg weiter konkretisiert. So lassen sich den MaRisk im AT 2.2 Tz. 1, wie das folgende Zitat zeigt, insbesondere auch für die Frage der zu betrachtenden **Risikoarten** bereits konkrete und **verbindliche Vorgaben** entnehmen.

»Grundsätzlich sind zumindest die folgenden Risiken als wesentlich einzustufen:
  a) Adressenausfallrisiken (einschließlich Länderrisiken),
  b) Marktpreisrisiken,
  c) Liquiditätsrisiken und
  d) operationelle Risiken.[446]*«*

683 Darüber hinaus sind, wie bereits unter dem vorherigen Gliederungspunkt ausgeführt, auch Risiken aus außerbilanziellen Gesellschaftskonstruktionen zwingend zu betrachten. Die alleinige Nennung der oben aufgelisteten Risiken durch die Aufsicht führt zwar noch nicht automatisch bei einem Institut zur der Einstufung als wesentliche Risiken, jedoch lässt sich hieraus eine **umgekehrte Beweislast** interpretieren. Das bedeutet, nicht die Wesentlichkeit sondern deren Unwesentlichkeit ist Gegenstand der Untersuchungen im Rahmen der Risikoinventur. Die grundsätzliche prozessuale Vorgehensweise ändert sich durch diese Tatsache nicht in bedeutender Weise, da die Analyseschritte sich letztendlich entsprechen. Jedoch ist jedes Institut gefordert, eine vermutete Unwesentlichkeit mittels Analysen und belegbaren Argumentationsketten zu beweisen.[447]

684 Neben diesen Punkten ist auch ein prozessualer Hinweis in den aufsichtlichen Anforderungen zu beachten, der sich auf die **Einbindung aller Organisationseinheiten** bezieht[448]. Hier könnten theoretisch je nach Ausgestaltung des Geschäftsmodells weitere nicht banktypische Risikoarten eine Rolle spielen, deren Existenz über die dargestellte Untersuchung der relevanten Geschäftsprozesse festgestellt werden sollte. Ansonsten besteht die Gefahr einer unvollständigen Risikoinventur, die im Rahmen von Prüfungshandlungen zu aufsichtlichen Feststellungen führen kann.[449]

---

446 *BaFin* (2012.12c), S. 5.
447 In Anlehnung an *BaFin* (2012.12c), S. 5.
448 Vgl. *BaFin* (2012.12c), S. 5 ff.
449 In Anlehnung an *BaFin* (2012.12c), S. 5 ff.

III. Anforderungen der MaRisk an die Ausgestaltung des Inventurprozesses

1. Wortlaut des AT 2.2 der aktuell gültigen MaRisk-Fassung

In der Tabelle D – 1 ist ein Ausschnitt aus dem aktuellen Wortlaut des AT 2.2 nebst Hervorhebungen der für die Prozessausgestaltung relevanten Hinweise abgebildet.

AT 2.2 Risiken	
(1) [...] Zur Beurteilung der Wesentlichkeit hat sich die Geschäftsleitung **regelmäßig und anlassbezogen** im Rahmen einer Risikoinventur einen Überblick über die Risiken des Instituts zu verschaffen (Gesamtrisikoprofil). Die Risiken sind auf der **Ebene des gesamten Instituts** zu erfassen, unabhängig davon, in welcher Organisationseinheit die Risiken verursacht wurden. [...]	*Risikokonzentrationen* Neben solchen Risikopositionen gegenüber Einzeladressen, die allein aufgrund ihrer Größe eine **Risikokonzentration** darstellen, können Risikokonzentrationen sowohl durch den Gleichlauf von Risikopositionen innerhalb einer Risikoart [...] als auch durch den Gleichlauf von Risikopositionen über verschiedene Risikoarten hinweg [...] entstehen.
(2) Das Institut hat im Rahmen der Risikoinventur zu prüfen, **welche Risiken die Vermögenslage** (inklusive Kapitalausstattung), **die Ertragslage oder die Liquiditätslage wesentlich beeinträchtigen** können. Die Risikoinventur darf sich dabei **nicht ausschließlich an** den Auswirkungen in der **Rechnungslegung** sowie an formalrechtlichen Ausgestaltungen **orientieren**.	*Ganzheitliche Risikoinventur* Bei der Risikoinventur sind auch **Risiken aus außerbilanziellen Gesellschaftskonstruktionen** zu betrachten [...]. Abhängig vom konkreten Gesamtrisikoprofil des Instituts sind gegebenenfalls auch sonstige Risiken, wie etwa Reputationsrisiken, als wesentlich einzustufen.

Tabelle D – 1: Auszug aus dem AT 2.2 der MaRisk vom 14.12.2012[450]

---

450 Eigene Darstellung in Anlehnung an *BaFin* (2012.12c), S. 5 ff.

2. Auslegung der aufsichtlichen Anforderungen

686 Im Verhältnis zur möglichen Komplexität einer Risikoinventur halten sich die aufsichtlichen Vorgaben zumindest hinsichtlich ihres Detailgrades weiterhin noch in einem überschaubaren Rahmen. Aus den praktischen Erfahrungen heraus lassen sich die einzelnen Hinweise zur Ausgestaltung des Inventurprozesses jedoch grundsätzlich mit hinreichender Sicherheit auslegen.

687 Beginnend mit dem **Erstellungsrhythmus** ist davon auszugehen, dass die Risikoinventur **mindestens jährlich** zu erfolgen hat. In der betrieblichen Praxis hat sich gezeigt, dass die Durchführung während oder im Anschluss an die Businessplanung als geeigneter Ausführungszeitpunkt angesehen werden kann. Daneben steht die Verpflichtung, auch anlassbezogen zum Beispiel aufgrund des Eintritts in ein neues Geschäftsfeld eine Risikoinventur vorzunehmen.[451] Typischerweise ergeben sich solche Impulse regelmäßig im Rahmen von sogenannten Neue-Märkte/Neue-Produkte-Prozessen, da sich hieraus je nach Vorhaben zusätzliche Einflüsse auf das Risikoprofil der Bank ergeben können. Diesen mit der Risikoinventur eng verbundenen Sachverhalt regeln die MaRisk im AT 8.1.[452]

688 Hinsichtlich der Auswertungsdimension ist auf die Ebene des gesamten Instituts abzustellen, das heißt, wie bereits oben erläutert, dass **alle Organisationseinheiten einschließlich außerbilanzieller Gesellschaftsstrukturen** in den Analyseprozess einzubeziehen sind. Mit dieser Bestimmung will die Aufsicht vermeiden, dass risikobehaftete Geschäfte durch Auslagerung in eine andere Gesellschaft nicht mehr durch die institutseigene Risikoinventur erfasst und bewertet werden. Dieser Aspekt würde insbesondere dann eine relevante Bedeutung entfalten, wenn durch diesen Vorgang die Einstufung einer weiteren Risikoart als wesentlich umgangen werden soll.[453]

689 In Bezug auf die inhaltliche Vorgehensweise wird in Anlehnung an die klassische Bilanzsicht vorgeschrieben, dass die **Analyse** potentieller Risikoauswirkungen aus drei Betrachtungswinkeln zu erfolgen hat. Mit der **Vermögenslage** werden die Vermögensgegenstände der Bestandsbilanz und deren möglicher Wertverlust in den Fokus gerückt. Explizit eingeschlossen von dieser Formulierung ist die Veränderung der vorhandenen Eigenkapitalausstattung.[454] Die zweite Dimension bezieht sich auf die **Ertragslage** also das Er-

---

451 Vgl. *BaFin* (2012.12c), S. 5 ff.
452 Vgl. *Wermuth* (2015), S. 69.
453 Vgl. *BaFin* (2012.12c), S. 5 ff.
454 Vgl. *BaFin* (2012.12c), S. 5 ff.

gebnis aus der laufenden Geschäftstätigkeit. Hier ergibt sich die Verknüpfung zur handelsrechtlichen Gewinn- und Verlustrechnung. Als letzte Dimension sollen die Auswirkungen auf die **Liquiditätssituation** untersucht werden, um das Gefahrenpotential einer Zahlungsunfähigkeit einschätzen zu können. Unabhängig dieser Darstellung soll die inhaltliche Auseinandersetzung sich jedoch nicht allein auf die Kennzahlen und Ergebnisgrößen in der Rechnungslegung beschränken. Auch sind zum Beispiel die Entwicklungen von stillen Lasten aus dem Anlagevermögen nach gleichem Schema in der Bewertung zu berücksichtigen.[455] Im Prozessschritt der Wesentlichkeitseinstufung ist darüber hinaus zu beachten, dass die Wesentlichkeit nicht allein dadurch verneint wird, weil der für die Risikoart relevante Risikotreiber hinsichtlich seiner Ausprägung zum Beispiel durch Aufteilung auf einzelne Bilanzpositionen künstlich klein gehalten wird. Hieraus leitet sich der Grundsatz ab, dass für alle identifizierten Risiken die Bewertungsfrage unabhängig ihres Entstehungsortes (Portfolien, Organisationseinheiten oder Gesellschaften, etc.) zu beantworten ist.[456]

Darüber hinaus sehen die aufsichtlichen Anforderungen für die Durchführung eines Risikoinventurprozesses vor, dass der Analysevorgang die Identifikation von **Risikokonzentrationen** beinhaltet. Für diesen Themenkomplex wird explizit eine Unterscheidung zwischen Intra- und Inter-Risikokonzentrationen vorgenommen.[457] So ist die Betrachtung eines Gleichlaufs von Risikopositionen innerhalb einer Risikoart (»intra«) insbesondere bei der sich anschließenden Frage nach einer geeigneten Risikomessmethode entscheidend. Der Gleichlauf über verschiedene Risikoarten (»inter«) hingegen kann wichtige Erkenntnisse bei der Wesentlichkeitseinstufung liefern, da eine bis dahin unwesentliche Risikoart durch die bestehende Verknüpfung unter Umständen eine neue Einstufung erfahren muss.[458]

Hinsichtlich des Umgangs mit **sonstigen Risiken**, solchen Risiken die vom Institut nicht als wesentlich angesehen werden, wird seitens der Aufsicht auf die Einrichtung angemessener Vorkehrungen verwiesen.[459] An dieser Stelle gibt es unterschiedliche Auffassungen in Bezug auf die konkrete Auslegung. Mit Sicherheit sind hierunter Maßnahmen zum Beispiel zur Risikominimierung oder -übertragung zu subsumieren. Jedoch stellt sich auch die Frage, ob die nicht wesentlichen Risiken zusätzlich mit einem pauschalen Abzugsposten

---

455 Vgl. *BaFin* (2012.12c), S. 5 ff.
456 Vgl. *Wermuth* (2015), S. 77.
457 Vgl. *BaFin* (2012.12c), S. 5 ff.
458 Vgl. *Wermuth* (2015), S. 94 ff.
459 Vgl. *BaFin* (2012.12c), S. 5 ff.

Eingang in die Risikotragfähigkeit finden müssen. Zu diesem Sachverhalt lassen sich auch gegenteilige Meinungen recherchieren, wie zum Beispiel die Aussage, dass es regelmäßig nicht nachvollziehbar erscheint, wenn für sonstige Risiken ein Ansatz in der Risikotragfähigkeitsberechnung erfolgt. Diese Vorgehensweise könnte unter Umständen im Rahmen einer aufsichtlichen Prüfung sogar aufgrund der damit verbundenen Inkonsistenz zu Beanstandungen führen.[460] Hierzu sei ergänzt, dass es aber auch Argumente wie zum Beispiel die Beachtung des kaufmännischen Vorsichtsprinzips für einen solchen Ansatz, insbesondere im Zusammenhang mit der Betrachtung von Stress-Szenarien, gibt.

IV. Aufbau eines modernen Inventurprozesses

1. Grundprinzipien einer Risikoinventur

692 Um neben der rein formalen Erfüllung aufsichtlicher Anforderungen auch einen praktischen Nutzen für das Unternehmen zu generieren, ist es notwendig, dass die Risikoinventur von ihrem Stellenwert her als elementarer Bestandteil des unternehmensweiten Managementprozesses verstanden wird. Vor diesem Hintergrund bietet sich die bereits erwähnte **Einbettung in einen regelmäßig wiederkehrenden Planungszyklus** an. Als Inputgeber sollte die bereits verfasste bzw. aktualisierte Geschäftsstrategie dienen, um die sich hieraus ergebenden Geschäftsprozesse inklusive inhärenter Risiken vollständig identifizieren und analysieren zu können. Die auf diese Weise gewonnenen Erkenntnisse bilden im Anschluss das Gerüst für die Risikostrategie und die daraus wiederum abzuleitenden operativen Risikomessverfahren und Steuerungssysteme.

693 Unabhängig von der Verpflichtung, anlassbezogen eine zumindest sektorale Risikoinventur durchzuführen, erscheint in diesem Zusammenhang ein **jährlicher Rhythmus** zur Aktualisierung sachgerecht. Auch wenn sich vermeintlich keine Änderungen in der Geschäftsstrategie und den damit verbundenen Geschäftsprozessen ergeben haben, so entbindet diese Tatsache das Institut nicht von seiner Verpflichtung. Bereits die eingetretene Geschäftsentwicklung im Jahresverlauf kann zu einer veränderten Ausgangssituation geführt haben. In diesem Sachzusammenhang ist insbesondere auf die Durchführung von Analysen denkbarer Risikokonzentrationen zu verweisen.

---

460 Vgl. *Wermuth* (2015), S. 76.

Alle Beteiligten sind gehalten, sich für den Analyseprozess **von** bisher **bekannten** Strukturen und **Einschätzungen zu lösen**. Hierdurch soll sichergestellt werden, dass die aktuelle Risikolandschaft möglichst vollständig erfasst wird. Durch veränderte Rahmen- und Umfeldbedingungen sind gegebenenfalls in der Vergangenheit getroffene Aussagen und darauf basierende Einstufungen nicht mehr zeitgemäß. Als ein greifbares Beispiel soll an dieser Stelle auf IT-Risiken verwiesen werden, die vor dem Hintergrund der heutigen Vernetzungen und der zunehmenden Cyberattacken nicht mehr mit früheren Einschätzungen und Risikobewertungen übereinstimmen können. 694

Im Vordergrund sollte abgeleitet von der **kaufmännischen Sorgfaltspflicht** für das Institut das Interesse stehen, alle relevanten Risiken zu kennen, deren Eintritte die wirtschaftliche Überlebensfähigkeit des Unternehmens gefährden können. Damit wiederholen und betonen die aufsichtlichen Vorgaben zur Durchführung einer Risikoinventur lediglich die bereits in der Vergangenheit manifestierte Notwendigkeit, möglichst alle (Chancen und) Risiken für eine stabile Unternehmensfortführung identifiziert und somit steuerbar gemacht zu haben. 695

2. Technisch-organisatorische Rahmenbedingungen

Für eine sachgerechte Durchführung einer Risikoinventur bedarf es der Erfüllung einiger Voraussetzungen. So ist neben der Festlegung eines geeigneten Ausführungszeitpunktes sicherzustellen, dass für den Inventurprozess auch die notwendigen **personellen Ressourcen** zur Verfügung stehen. Diese Voraussetzung versteht sich in quantitativer wie auch in qualitativer Form. 696

Sicherlich entsteht insbesondere bei der erstmaligen Untersuchung einer Risikoart ein erhöhter zeitlicher Aufwand, aber auch die regelmäßige Überprüfung und Aktualisierung der Risikoinventur sollte zur Erzielung effizienter Ergebnisse mit dem dafür benötigtem Zeitkontingent ausgestattet sein. Da neben der Risikoinventur in der Regel die laufenden operativen Aufgaben weiter zu erledigen und durchzuführende Analysen häufig auch auf technische Unterstützung angewiesen sind, wird **im Durchschnitt** ein Zeitraum zwischen **vier bis acht Wochen** einzuplanen sein. In diesem Zeitraum müssen neben den Analysen und Bewertungen als Kern einer jeden Risikoinventur auch die Dokumentation sowie die Ergebnisvorstellung in den verantwortlichen Gremien berücksichtigt werden. 697

Der Verweis auf die Qualifikation der für die Durchführung der Risikoinventur verantwortlichen Mitarbeiter zielt in erster Linie auf die Frage ab, welche 698

Organisationseinheiten direkt in diesen Prozess involviert werden müssen. Hierzu gibt es unterschiedliche Vorgehensmodelle. Bei der ersten in der Praxis weit verbreiteten Variante erfolgt die Ausarbeitung im überwiegenden Teil durch Mitarbeiter des Fachbereichs Controlling. Insbesondere die Risikocontroller sind aufgrund ihrer Fachspezialisierung und täglichen Auseinandersetzung mit risikospezifischen Entwicklungen sowie Fragestellungen die Hauptakteure im Rahmen des Inventurprozesses. Der Vorteil liegt in den vertieften Kenntnissen zu den einzelnen Risikothemen sowie deren Messmethoden. Nachteilig können sich in dieser Konstellation die Wissenslücken auswirken, die zum Beispiel aus nicht vollständig bekannten Geschäftsvorgängen und den damit verbundenen noch nicht identifizierten Risiken resultieren.

699 Eine zweite Variante sieht die umfangreichere Einbindung weiterer Mitarbeiter aus anderen Organisationseinheiten vor, die, analog der bereits bekannten Vorgehensweise im Zuge der Identifikation von operationellen Risiken im sogenannten Self-Assessment, organisationsbezogen die Prozesse hinsichtlich potentieller Risiken durchleuchten und in Zusammenarbeit mit der koordinierenden Stelle (i. d. R. Fachbereich Controlling) eine Art Risikolandkarte erstellen. Mit diesem Vorgehensmodell ist ein deutlich höherer zeitlicher wie auch personeller Aufwand verbunden. Eine optimale Lösung könnte daher in einer partiellen Verknüpfung dieser beiden Vorgänge liegen.

700 Neben den personellen Rahmenbedingungen sollte aber auch die **technische Ausstattung** überprüft werden, um eine adäquate Unterstützung bei den durchzuführenden Analysen leisten zu können. Regelmäßig sind bestimmte Fragestellungen und Szenariobetrachtungen mit komplexeren Modellberechnungen sowie der Analyse umfangreicher Datenbänke verbunden. Um für diese Auswertungsvorgänge nicht unnötig Zeit zu blockieren, lohnt sich eine Optimierung der dahinterliegenden Hard- und Software.

3. Durchführungsstandards und Prozessregeln

701 Wie in den vorherigen Abschnitten in Teilen bereits erwähnt, handelt es sich bei der Risikoinventur um einen ganzheitlichen und strukturierten Prozess zur Identifikation der mit dem Geschäftsmodell verbundenen potentiellen Risiken. Um diese Risikoarten transparent zu machen, sind in einem ersten Schritt alle sogenannten **Kernprozesse** (auch häufig als wesentliche Geschäftsprozesse bezeichnet) **und Unterstützungsprozesse der jeweiligen Geschäftsfelder** auf potentielle Risiken hin zu untersuchen. An dieser Stelle gilt es zu

beachten, dass im Zuge der Bestandsaufnahme noch keine Bewertung der Risiken und damit im Zweifel bereits eine Vorselektion vorgenommen wird[461].

Die Zielsetzung dieses ersten Schrittes ist eine vollständige Übersicht aller potentiell risikorelevanten Facetten der betrachteten Prozesse. Hierzu kann auf verschiedene strukturierte Methoden zurückgegriffen werden, um eine möglichst vollständige Erhebung zu gewährleisten. Die folgende Auflistung zeigt exemplarisch einige der Methoden auf:

- SWOT (Strengths-Weaknesses-Opportunities-Threats)-Analyse,
- Fragenkatalog,
- Interview,
- Self Assessment[462].

Auf Basis dieser institutsweit durchzuführenden Analysen ist ein **Risikokatalog** zu erstellen, der im zweiten Schritt als Arbeitspapier für die Detailanalysen dienen soll.

In diesem Prozessschritt sind die jeweiligen identifizierten **Risikoarten** erst einmal isoliert zu betrachten und hinsichtlich ihrer Wesentlichkeit zu **beurteilen**. Um die Frage zu beantworten, ab wann eine Risikoart einen wesentlichen Charakter für das Institut besitzt, sind die relevanten und prägenden **Risikofaktoren** bzw. -treiber zu **ermitteln und** hinsichtlich ihrer jeweiligen Risikowirkung in zum Beispiel »bedeutend« sowie »unbedeutend« zu **klassifizieren**. Hierbei kann die **Festlegung von Schwellwerten** wie zum Beispiel eines relativen Anteils an der Bilanzsumme oder dem Betriebsergebnis, der Grad einer Limitauslastung oder ähnliche für die Unternehmenssteuerung relevante Größen helfen. Es bietet sich an, einen durchschnittlichen Wert der letzten Jahre anzusetzen, um punktuelle Ausreißer zu eliminieren. Die Höhe des Schwellenwertes ist von der Risikotoleranz der verantwortlichen Entscheidungsträger eines jeden Instituts abhängig. Dabei muss die Überschreitung eines Schwellenwertes durch einen Risikofaktor nicht gleich zwingend die Einstufung als wesentlich nach sich ziehen.

Auch bei diesem Analyseschritt kann unterstützend und zur Schaffung einer transparenten Übersicht auf den Instrumentenkasten der Methodentheorie zum Beispiel durch die **Nutzung einer Matrix** oder eines Multifaktormodells zurückgegriffen werden. Bei dieser Vorgehensweise werden den einzelnen Risikofaktoren in der Regel potentielle Schadensausprägungen meist in finan-

---

461 Vgl. *Janßen/Riediger* (2015), S. 12.
462 Vgl. *Neumann* (2015), S. 114.

zieller Hinsicht sowie die damit in Beziehung stehenden Eintrittswahrscheinlichkeiten zugeordnet.[463] Bei den Multifaktormodellen wird darüber hinaus häufig noch die Frage der Beherrschbarkeit gestellt[464]. Das Resultat ist eine zwei- bzw. mehrdimensionale Matrix, bei der sich die Wesentlichkeitseinstufung eines Risikofaktors aus der Clusterzugehörigkeit ableiten lässt.

706 Für die finale Bewertung einer Risikoart sollte neben den vorliegenden quantifizierten Ergebnissen zusätzlich eine Überprüfung in qualitativer Form durch einen Fachspezialisten erfolgen. Ebenfalls sollte bei Bezugnahme auf Simulationsergebnisse aus (komplexeren) Modellberechnungen beachtet werden, dass diese nicht allein als Grundlage für eine **Wesentlichkeitsbeurteilung** Verwendung finden sollten. Neben den mit einem Modell häufig einhergehenden Schwächen wird eine unreflektierte Übernahme dieser Ergebnisse einer aufsichtlich geforderten ganzheitlichen Betrachtung grundsätzlich nicht gerecht.[465]

707 Die als wesentlich gekennzeichneten Risikoarten müssen zudem auf potentielle **Risikokonzentrationen** hin untersucht werden. Zum einen sind die in der Risikoart selbst enthaltenen (Intra-)Risikokonzentrationen zu identifizieren und einzuwerten. Darüber hinaus sind mögliche Wechselwirkungen mit anderen wesentlichen Risikoarten zu beleuchten, um gegebenenfalls bestehende Inter-Risikokonzentrationen messbar und einschätzbar zu machen. Sofern auch relevante Korrelationen zu anderen bislang nicht als wesentlich eingestuften Risikoarten erkennbar sind bzw. vermutet werden, sind auch diese Konstellationen in die Untersuchung einzubeziehen.[466]

708 Die einzelnen Prozessschritte der Risikoinventur sowie die jeweiligen Ergebnisse sollten in einer strukturierten **Dokumentation** beschrieben und erläutert werden. Die Abschnitte sind chronologisch aufzubauen und weisen sinnvollerweise aufgrund des unterschiedlichen Dokumentationsumfangs zwischen wesentlichen und unwesentlichen Risiken eine getrennte Darstellung auf. Zur Vervollständigung der Dokumentation sollte bei den wesentlichen Risiken bereits auf installierte bzw. zukünftige Frühwarnindikatoren eingegangen werden.

709 Am Ende dieser Analyseschritte steht das **Gesamtrisikoprofil** mit einer Unterteilung auf der obersten Ebene zwischen wesentlichen und unwesentlichen (sonstigen) Risiken. Dieses Profil samt der dahinterliegenden Dokumentation

---

463 Vgl. *Janßen/Riediger* (2015), S. 26 ff.
464 Vgl. *Wermuth* (2015), S. 95.
465 Vgl. *Wermuth* (2015), S. 97 ff. Zum Umgang mit Modellrisiken vgl. Kapitel D.VI.
466 In Anlehnung an *BaFin* (2012.12c), S. 5 ff.

muss anschließend in den dafür vorgesehenen Gremien vorgestellt und erläutert werden. Die finale Freigabe erfolgt im letzten Schritt durch den Gesamtvorstand.

Abbildung D – 1 soll einen ersten groben Überblick zur möglichen **Einbettung in das Risikotragfähigkeitskonzept** geben, wobei der Umgang mit den als nicht wesentlich eingestuften Risikoarten, wie bereits in einem früheren Abschnitt erläutert, differenzierter diskutiert werden kann. 710

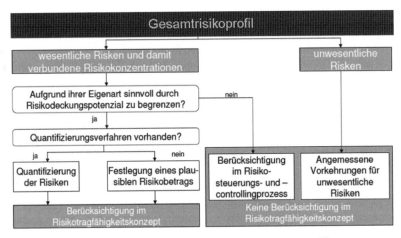

Abbildung D – 1:   *Überblick über die Risiken des Instituts*[467]

In Anlehnung an die in Abbildung 1 aufgezeigten Entscheidungszweige lassen sich im Kern folgende Schlussfolgerungen und **Handlungsnotwendigkeiten für** die zukünftige Behandlung **wesentlicher Risiken** in einer grob skizzierten Weise zusammenfassen: 711

- Aufnahme in die Risikostrategie,
- Berücksichtigung in der Risikotragfähigkeitsberechnung,
- Durchführung von Szenariobetrachtungen inklusive Stresstests,
- regelmäßige und dokumentierte Risikoberichterstattung,
- Implementierung einer zielgerichteten Risikosteuerung.[468]

---

[467] Erweiterte Darstellung in Anlehnung an *Rauthe* (2011), S. 290.
[468] Vgl. *Neumann* (2015), S. 118.

712 Die in der obigen Abbildung getätigte Aussage, dass die unwesentlichen Risiken keine Berücksichtigung im Risikotragfähigkeitskonzept finden müssen, ist eine mögliche Sicht. Sie korrespondiert mit den Ausführungen in Kapitel D.III.2, die in einem Ansatz eine Inkonsistenz sehen. Es kann jedoch auch die Meinung vertreten werden, dass analog zur Vorgehensweise bei wesentlichen jedoch nicht quantifizierbaren Risiken der Ansatz eines pauschalen Abzugspostens in der Risikotragfähigkeitsrechnung gerechtfertigt erscheint. Die Berücksichtigung ist nicht als künstliches Herunterrechnen der Risikodeckungsmasse zu verstehen, sondern folgt dem Vorsichtsprinzip einer kaufmännischen Sorgfaltspflicht. Das Vorhalten solcher Risikopuffer ist auch vor dem Hintergrund sinnvoll, dass unwesentliche Risiken zwar die Überlebensfähigkeit eines Institutes nicht gefährden können, dennoch aber schlagend werdende sonstige Risiken einen Einfluss auf die Entwicklung der Risikodeckung haben können.

V. Praktische Umsetzungsimpulse bei der Ausgestaltung der Risikoinventur

713 Der folgende Abschnitt soll basierend auf diesen Ausführungen am Beispiel einer klassischen nach dem Handelsgesetzbuch bilanzierenden Universalbank mittlerer Größe mögliche Ansätze im Umgang mit wesentlichen und unwesentlichen Risiken im Rahmen eines Risikoinventurprozesses beschreiben. Die Ausführungen haben nicht den Anspruch auf Vollständigkeit, da dies vor dem Hintergrund der individuellen Gegebenheiten eines jeden Institutes auch nicht realistisch wäre.

1. Umgang mit wesentlichen Risiken

1.1. Analyse und Bewertung von Adressrisiken

714 Sofern zu den Tätigkeiten eines Instituts die Vergabe von Krediten im Kundengeschäft sowie der Erwerb von Wertpapierpositionen zählen, so gehört das Adressrisiko per Definition zum Risikokatalog und wird grundsätzlich als ein wesentliches Risiko angesehen. Dem Institut obliegt es dann im Rahmen der Risikoinventur aufzuzeigen, dass die adressrisikobehafteten Positionen keine Wesentlichkeit im Risikosinne begründen.[469]

---

[469] Vgl. *BaFin* (2012.12c), S. 5 ff.

Bei der Aufstellung des Risikokatalogs werden sich in der Regel folgende 715
Unterarten des Adressrisikos identifizieren lassen, die je nach Geschäftsart
und -umfang im jeweiligen Institut als relevante Risikoart festgestellt werden.
In diesem Sachzusammenhang sei erwähnt, dass die strukturelle Darstellung
auch stellvertretend für die anderen in den nächsten Teilabschnitten beschriebenen Risikoarten nicht die einzig mögliche Variante anzeigt.

Arten von Adressausfallrisiken	Kundengeschäft	Eigengeschäft
Kreditausfallrisiko Beschreibt das Risiko, dass ein Kreditnehmer bzw. Emittent den Zins- und Tilgungsverpflichtungen nicht im vertraglichen Sinne nachkommen kann.	vorhanden	vorhanden
Migrationsrisiko Bezeichnet das Risiko von Wertverlusten aufgrund von Ratingmigrationen.	vorhanden	vorhanden
Spreadrisiko Ist das Risiko von Verlusten infolge von Spreadschwankungen unabhängig von deren Herkunft (Adressenbezogen/Marktliquiditätsbezogen).	nicht vorhanden	vorhanden
Kontrahentenrisiko Ist das Risiko, dass bei der Abwicklung von Geschäften (z. B. Kauf eines Wertpapiers) einer der Kontrahenten den vertraglichen Verpflichtungen zur Erfüllung des Geschäftes nicht nachkommt.	nicht vorhanden	vorhanden
Länderrisiko Das Risiko, das nicht durch den Vertragspartner selbst, sondern aufgrund seines Sitzes im Ausland besteht. Folglich kann es aufgrund krisenhafter politischer oder ökonomischer Entwicklungen in diesem Land zu Transferproblemen und somit zu zusätzlichen Adressenausfallrisiken kommen, die sich ebenfalls im Kreditrisiko niederschlagen.	vorhanden	vorhanden

Tabelle D – 2: Komponenten des Adressrisikos[470]

---

470 In Anlehnung an *Schierenbeck* (1999), S. 227 ff.

GANZHEITLICHE RISIKOINVENTUR

716 Im nächsten Schritt ist die Frage nach den relevanten Risikotreibern/-faktoren zu beantworten. Hierfür bietet es sich an, sich die »Formel« der Risikoentstehung vor Augen zu führen. Folgende Gleichung soll diesen Vorgang grob skizzieren:

(Kreditvolumen − Sicherheitenwert) × Ausfallwahrscheinlichkeit = erwarteter Verlust[471]

717 Anhand der einzelnen **Risikofaktoren** lassen sich anschließend diverse Analysen wie zum Beispiel hinsichtlich des Verhältnisses des Kreditgeschäftes zum gesamten Geschäftsumfang oder einzelner Größenklassen innerhalb des Kreditgeschäfts durchführen. Mittels dieser Betrachtungsweise lässt sich zum Beispiel die Relevanz für das Geschäftsmodell oder die Abhängigkeit von einzelnen Kreditengagements überprüfen. Letzteres ist insbesondere entscheidend, wenn es um die Frage nach bestehenden Risikokonzentrationen geht.

718 Tabelle D – 3 soll in Auszügen eine Anregung liefern, welche Fragestellungen sich aus der oben angeführten »Formel« ableiten lassen und somit bei der Bewertung sowie der daraus eventuell resultierenden Wesentlichkeitseinstufung der betrachteten Risikoart unterstützen können.

---

[471] Vgl. *Schierenbeck* (1999), S. 227 ff.

Risikobeeinflussende Faktoren	Potentielle Fragestellungen
Kreditvolumen	Wie hoch ist der Anteil am Geschäftsumfang?
	Wie hoch ist das durchschnittliche Engagementvolumen?
	Wie hoch fällt die Streuung um diesen Durchschnitt aus?
	Wie sieht die Verteilung auf Berufsgruppen aus?
	Wie sieht die Verteilung nach Branchen aus?
	Wie sieht die regionale Verteilung aus?
Sicherheitenwert	Wie hoch ist die durchschnittliche Besicherungsquote?
	Wie sieht die Verteilung auf die verschiedenen Arten aus?
	Wie erfolgt die Wertermittlung der Sicherheiten?
	Welchen Schwankungen unterliegen die Sicherheitenwerte?
Ausfallwahrscheinlichkeit	Wo liegt die durchschnittliche Kreditlaufzeit?
	Wie sieht die Verteilung nach Ratingverfahren aus?
	Wie sieht die Ratingverteilung auf Engagementebene aus?
	Wie hoch ist der Anteil schlechter Ratings/Bonitäten?
	Wo liegt die durchschnittliche Ausfallwahrscheinlichkeit?
	Wie stark schwanken die Ausfallwahrscheinlichkeiten?

Tabelle D – 3: Fragenkatalog für Risikotreiber im Adressrisiko[472]

Aus einem solchen **Fragenkatalog** können in einem **weiteren Schritt Kennzahlen zur Quantifizierung** bestimmt werden, um unter Berücksichtigung weiterer auch qualitativer Aspekte eine abschließende Bewertung vornehmen zu können. Zur besseren Einordnung sind die Kennzahlenvorschläge in eine dreigliedrige Struktur unterteilt.

a) Anteil am **Geschäftsumfang:**

– Anteil des Risikovolumens an der Bilanzsumme
– Anteil des Blankovolumens am Kreditvolumen
– Anteil der Erträge am Betriebsergebnis vor Bewertung
– Anteil des gewerblichen Kreditgeschäfts am Kreditvolumen
– Anteil des Kreditvolumens außerhalb des Geschäftsgebiets
– Anteil des Depot-A-Bestandes an der Bilanzsumme
– Anteil gedeckter Wertpapiere am gesamten Depot-A-Bestand
– Anteil des durchschnittlichen Kurswertes je Emittent im Depot-A am Betriebsergebnis vor Bewertung
– ...

---

472 Eigene Darstellung.

GANZHEITLICHE RISIKOINVENTUR

b) Anteil am **Risiko:**

- Anteil des erwarteten Verlusts am Betriebsergebnis vor Bewertung
- Anteil des unerwarteten Verlusts am Betriebsergebnis vor Bewertung
- Anteil des unerwarteten Verlusts an der verfügbaren Risikodeckungsmasse
- Streuungsmaß um die durchschnittliche Ausfallwahrscheinlichkeit
- Kundenanzahl mit einer Ausfallwahrscheinlichkeit größer x
- Anteil des Depot-A außerhalb des Investmentgrade am Gesamtbestand
- Anteil nachrangiger Anleihen am Gesamtbestand
- ...

c) **Risikokonzentrationen:**

- Anteil der größten Sicherheitenart am gesamten Sicherheitenwert
- Anteil der 25 höchsten Blankoanteile am gesamten Blankovolumen
- Anteil der 25 größten Engagements nach dem unerwarteten Verlust am unerwarteten Verlust
- Anteil des größten Emittenten im Depot-A am Gesamtbestand
- Indexwert zur Bestimmung der Granularität (z. B. Herfindahl-Index)
- Anteil der größten Branche am Blankovolumen
- Höchster unerwarteter Verlust einer Branche am gesamten unerwarteten Verlust
- Anteil des Expected Shortfall des Depot-A am Betriebsergebnis vor Bewertung
- ...

720   Abhängig vom institutsindividuellen Bewertungsschema würde eine bestimmte Anzahl an als bedeutend klassifizierten Risikofaktoren aus der obigen Beispielliste die Wesentlichkeit des hier betrachteten Adressrisikos bestätigen.

1.2. Analyse und Bewertung von Marktpreisrisiken

721   Zu den Kernaufgaben eines Kreditinstitutes wird in aller Regel die Vermittlung von Geldern zwischen Anlegern und Kreditnehmern gehören. Aus dieser Funktion heraus können zum Beispiel aus Fristen- und Währungsinkongruenzen sogenannte Marktpreisrisiken entstehen. Auch bei der Anlage überschüssiger Mittel in Eigengeschäften lassen sich je nach Charakter des Anlageuniversums durch Marktzinsveränderungen auch potentielle Wertveränderungen bei den jeweiligen Vermögenspositionen messen, die sofern sie negativ ausfallen, als Risiko auszuweisen sind.

In Tabelle D – 4 werden mögliche Ausprägungen des Marktpreisrisikos dargestellt und kurz erläutert. Im Anschluss soll auf dieser Basis wieder exemplarisch ein Fragenkatalog entwickelt und auszugsweise vorgestellt werden.

Arten von Marktpreisrisiken		Gesamtbank
Zinsänderungsrisiko		vorhanden
Kurswertrisiko Das Risiko bei kurstragenden Positionen, das in einer aus Kurswertveränderungen resultierenden negativen Beeinflussung des geplanten bzw. erwarteten Erfolgs besteht.	Anleihen	vorhanden
	Aktien	vorhanden
	Fonds	vorhanden
	Fremdwährung	vorhanden
	Derivate	vorhanden

Tabelle D – 4: Komponenten des Marktpreisrisikos[473]

Die Risikotreiber sind die zugrundeliegenden preisbildenden Faktoren und die daraus resultierenden Marktpreisschwankungen. Im klassischen Bankgeschäft bildet insbesondere die Veränderung des Marktzinsniveaus einen der größten risikotreibenden Faktoren. Im Sektor der Sparkassen und Genossenschaftsbanken ist ein häufig zu beobachtender Aktivüberhang aus dem Kundenkreditgeschäft in der Regel auch mit einer gegenüber der Passivseite längeren Duration auf der Aktivseite verbunden. Diese durch Fristentransformation entstandene Inkongruenz führt abhängig von der Depot-A-Struktur und möglichen derivativen Absicherungsgeschäften zu einer höheren Anfälligkeit bei Veränderung der relevanten Zinsstrukturkurve[474]. Die folgende Tabelle soll analog der Vorgehensweise beim Adressrisiko eine Anregung zu möglichen Fragestellungen liefern, um zielgerichteter der Frage hinsichtlich der vorhandenen Risikofaktoren nachgehen zu können. Im Anschluss wird auf dieser Basis in Tabelle D – 5 ein kurzer Überblick zur Ableitung möglicher Kennzahlen gegeben, mittels derer eine quantitative Bewertung und Wesentlichkeitseinstufung durchgeführt werden kann.

---

473 In Anlehnung an *Schierenbeck* (1999), S. 5 ff.
474 Zur aktuellen Diskussion der Fristentransformation vgl. umfassend *Reuse* (2016.02a), S. 138 ff.

GANZHEITLICHE RISIKOINVENTUR

Risikobeeinflussende Faktoren	Potentielle Fragestellungen
Veränderung des Marktzinsniveaus	Wie hoch ist der Anteil zinstragender Geschäfte?
	Wie hoch ist der variabel verzinsliche Anteil?
	Wie hoch ist der Einfluss von Ablaufdefinitionsprofilen?
	Wie groß ist der Durationsunterschied zwischen der Aktiv- und Passivseite?
	Wie hoch ist der Anteil von Geschäften mit (impliziten) Optionsbestandteilen?
	Wie groß ist das Derivatebuch?
	Welchen Einfluss übt der Wettbewerb aus?
Veränderung von Marktpreisen	Wie hoch ist der Anteil einzelner Assetklassen?
	Wie hoch ist die Streuung der Einzelinvestments in den jeweiligen Assetklassen?
	Wie hoch ist der Anteil des Handelsbuches?
	Wie hoch ist die Reaktionszeit für eine Glattstellung bzw. Absicherung?
	Wie hoch ist die Inkongruenz im Fremdwährungsbestand?
	Wie hoch ist der Anteil (mehrfach-)strukturierter Wertpapiere?

Tabelle D – 5: Fragenkatalog für Risikotreiber im Marktpreisrisiko[475]

a) Anteil am **Geschäftsumfang:**

– Anteil des zinstragenden Geschäfts an der Bilanzsumme
– Anteil des variabel verzinslichen Geschäfts an der Bilanzsumme
– Anteil des Depot-A-Bestandes an der Bilanzsumme
– Anteil des Handelsbuchs an der Bilanzsumme
– Anteil einzelner Assetklassen am Depot-A-Bestand
– Anteil strukturierter Wertpapiere am Depot-A-Bestand
– ...

b) Anteil am **Risiko:**

– Anteil der Geschäfte mit impliziten Optionen am Gesamtbestand
– Anteil der Geschäfte mit Ablaufdefinitionsprofilen länger 1 Jahr am Gesamtbestand
– Höhe des (aktivischen) Durationsüberhangs
– Höhe des Basel-II-Koeffizienten

---

[475] Eigene Darstellung.

- Anteil des Zinsergebnisrisikos im Standard- und Stress-Szenario am Betriebsergebnis vor Bewertung
- Anteil des Kurswertrisikos im Standard- und Stress-Szenario am Betriebsergebnis vor Bewertung
- Höhe der Absicherungswirkung aus Derivaten
- ...

c) **Risikokonzentrationen:**
- Anteil der täglichen fälligen Gelder an der Bilanzsumme
- Anteil der Produktgruppe mit dem längsten Ablaufdefinitionsprofil
- Anteil der größten Assetklasse am Depot-A-Bestand
- Anteil der risikoreichsten Assetklasse am Gesamtrisiko
- ...

Aufgrund der vielfältigen insbesondere optionalen Ausgestaltungmöglichkeiten von zinstragenden Produkten sollte bei der Risikosimulation zwingend auf die Verwendung verschiedener Zinsszenarien geachtet werden. Die Zinssensitivität kann abhängig von der Art der Kurvenveränderung unterschiedlich ausgeprägt sein. Daher sollten neben reinen VaR-Ansätzen und Parallelverschiebungen auch Drehungen der Zinsstrukturkurve analysiert werden.

1.3. Analyse und Bewertung von Liquiditätsrisiken

Spätestens seit der Finanzkrise steht das Liquiditätsrisiko stark im Fokus der aufsichtlichen Tätigkeiten. Darüber hinaus ist das Liquiditätsrisiko grundsätzlich per Definition als wesentliches Risiko deklariert. Davon abgeleitet tritt auch hier die umgekehrte Beweislast in Kraft. Dementsprechend ist darzulegen, warum das Liquiditätsrisiko nicht als wesentlich anzusehen ist. Die Argumentationsführung dürfte sich spätestens bei enger Betrachtung schwierig gestalten, da es sich bei Zahlungsunfähigkeit als Extremereignis bekanntermaßen um einen Insolvenzgrund handelt.

GANZHEITLICHE RISIKOINVENTUR

Arten von Liquiditätsrisiken	Gesamtbank
Abrufrisiko Ergibt sich aus unerwarteten Inanspruchnahmen von Kreditzusagen oder dem unerwarteten Abruf von Einlagen.	vorhanden
Terminrisiko Ist durch nicht fristgerechte Zins- oder Tilgungszahlungen von Gegenparteien im Aktiv- oder Passivgeschäft gekennzeichnet (z. B. Markthemmnisse oder unplanmäßige Verlängerungen der Kapitalbindungsdauer von Aktivgeschäften).	vorhanden
Refinanzierungsrisiko Resultiert im Wesentlichen aus Fristeninkongruenzen. Es bezeichnet die Gefahr, dass erforderliche Anschlussfinanzierungen nicht bzw. nur mit einem erhöhten Refinanzierungsaufwand durchgeführt werden können.	vorhanden
Marktliquiditätsrisiko Beschreibt die Gefahr, dass mangels ausreichender Marktliquidität die kurzfristige Verwertung von Aktiva erschwert bzw. nur unter Hinnahme erhöhter Verluste ermöglicht ist.	vorhanden

Tabelle D – 6: Komponenten des Liquiditätsrisikos[476]

727 Insbesondere die zwei zuletzt genannten Liquiditätsrisikoarten waren für einige Kreditinstitute auf dem Höhepunkt der Finanzkrise 2008 und die Zeit danach sehr präsent. Seit diesem Zeitpunkt haben sich – verstärkt durch die Notwendigkeit staatlicher Eingriffe – die aufsichtlichen Anstrengungen rund um die Liquiditätsrisiken deutlich erhöht. Dabei spielt im Wesentlichen die Frage nach der regelmäßig genutzten Refinanzierungsquelle eine entscheidende Rolle. Handelt es sich hierbei um stabile Einlagen einer klassischen Universalbank mit ausgeprägtem Kundengeschäft oder erfolgt die Refinanzierung letztendlich überwiegend aus dem Kapitalmarkt? Wie groß ist die Abhängigkeit von einzelnen Adressen? Daneben kann zum Beispiel als Folge einer solchen Krise bedingt durch Reputationsverlust auch ein umfangreicher und schneller Abzug von Kundengeldern zu einem Liquiditätsengpass führen.

---

[476] In Anlehnung an *Schierenbeck* (1999), S. 7.

Folgender Katalog zeigt weitere Fragestellungen im Rahmen einer Risikoinventur auf. Anschließend wird auf Kennzahlenvorschläge eingegangen.

Risikobeeinflussende Faktoren	Potentielle Fragestellungen
Liquide Mittel	Wie hoch sind die sofort verfügbaren liquiden Mittel?
	Wie hoch sind die aktuell freien Kreditfazilitäten?
	Wie hoch ist das potentielle Tendervolumen?
	Wie schnell lassen sich hochliquide Wertpapiere verkaufen bzw. verpfänden?
Abhängigkeiten	Von wie vielen Einlegern hängt die Refinanzierungsseite des Instituts ab?
	In welchem Umfang kann der Geldhandel mit institutionellen Kunden ausgeweitet werden?
	Wo liegen die durchschnittlichen Kapitalaufzeiten auf der Aktiv- wie auch Passivseite?
Kundenverhalten	Besteht eine breite Kundengeschäftsbasis?
	Wie stabil sind die bestehenden Kundenbeziehungen?
	Wie sieht die Produktstruktur insbesondere im Hinblick auf optionale Kündigungsmöglichkeiten aus?
	Wie hoch ist das Volumen der offenen Zusagen?

Tabelle D – 7: Fragenkatalog für Risikotreiber im Liquiditätsrisiko[477]

a) Anteil am **Geschäftsumfang**:
- Anteil der kurzfristig verfügbaren liquiden Mittel am Fremdkapital
- Anteil der mittelfristig verfügbaren liquiden Mittel am Fremdkapital
- Anteil der freien unwiderruflichen Kreditlinien am Fremdkapital
- Anteil der notenbankfähigen Wertpapiere am Fremdkapital
- Anteil der kapitalmarktabhängigen Refinanzierung am Fremdkapital
- Anteil der mit optionalen Bestandteilen (z. B. Kündigungsrecht) und anderen Strukturelementen behafteten Produkte am Fremdkapital
- ...

b) Anteil am **Risiko**:
- Höhe der Liquiditätskennzahl (nach LiqV[478])
- Höhe der LCR-Kennziffer

---

477 Eigene Darstellung.
478 Liquiditätsverordnung.

- Laufzeitinkongruenz zwischen den Kapitalbindungen auf der Aktiv und Passivseite
- Anteil des simulierten Mehraufwands aufgrund gestiegener Refinanzierungskosten im Engpassfall zum Betriebsergebnis vor Bewertung
- ...

c) **Risikokonzentrationen:**

- Anteil der täglich fälligen Gelder am Fremdkapital
- Anteil der bilanziellen Einlagen der 25 größten Kundenverbünde an den kurzfristig verfügbaren liquiden Mitteln
- Anteil der bilanziellen Kundeneinlagen von juristischen Personen an den kurzfristig verfügbaren liquiden Mitteln
- Anteil der offenen Zusagen an den mittelfristig verfügbaren liquiden Mitteln
- ...

730 Trotz der Tatsache, dass auch in jüngster Vergangenheit die Notenbanken nahezu unbegrenzt Gelder zur Verfügung stellen, sollte sich kein Kreditinstitut davon entbunden sehen, sich mit den eigenen potentiellen Liquiditätsrisiken auseinanderzusetzen.

1.4. Analyse und Bewertung von operationellen Risiken

731 Bei der letzten der von der Aufsicht grundsätzlich als wesentlich gekennzeichneten Risikoart handelt es sich um die operationellen Risiken. Hierunter wird die Gefahr von Verlusten verstanden, die in Folge der Unangemessenheit oder des Versagens von internen Verfahren, Menschen und Systemen oder in Folge extremer Ereignisse eintreten.[479]

732 Entgegen der Vorgehensweise in den vorherigen Abschnitten lassen sich für die operationellen Risiken **keine klassischen Unterarten** formulieren. Vor diesem Hintergrund enthält die folgende Aufzählung die aufsichtlich definierten **Risikokategorien** auf oberster Ebene.

1. Interner Betrug,
2. Externer Betrug,
3. Beschäftigung/Arbeitsplatzsicherheit,
4. Sach-/Personenschäden,
5. Geschäftsunterbrechungen und Ausfälle,
6. Kunden/Produkte/Gepflogenheiten,

---

[479] Vgl. *Schäl* (2003), S. 3 ff.

7. Abwicklung, Vertrieb und Prozessmanagement.[480]

Operationelle Risiken lassen sich nicht vollständig vermeiden und versichern. Mit der täglichen Arbeit werden immer Fehler und Unaufmerksamkeiten verbunden sein, aus denen im schlimmsten Fall auch ein realer Schaden für das Institut erwächst. Neben den inhärenten IT-Risiken sind in letzter Zeit insbesondere bei den Großbanken hohe Rückstellungsbedarfe aus Rechtsrisiken ersichtlich. Diese können je nach Art und Umfang spätestens in Kombination mit einem daraus hervorgehenden Reputationsschaden möglicherweise auch zu einer Gefährdung der Unternehmensexistenz führen.

Daher sollte auch dieser Risikoart die notwendige Aufmerksamkeit zu Teil werden, um möglichst im Vorfeld frühzeitig Gegensteuerungsmaßnahmen einzuleiten.

Risikobeeinflussende Faktoren	Potentielle Fragestellungen
Wahrscheinlichkeit und Schadenshöhe von potentiellen Verlustereignissen	Gibt es Ereignisse mit potentiell hohen Schadenssummen und hoher Eintrittswahrscheinlichkeit? Wie sieht die Entwicklung der realen Schadensfälle der letzten drei Jahre aus? Sind bereits mögliche Schadensereignisse im Rahmen der normalen Aufwandsplanung berücksichtigt worden?
Qualitätsmanagement	Bestehen für alle Kernprozesse Arbeitsablaufbeschreibungen sowie Vertretungsregelungen? Sind alle relevanten Arbeitsabläufe mit einem angemessenen internen Kontrollsystem ausgestattet? Wie sieht die Entwicklung der Kundenbeschwerden aus? Welche schwerwiegenden Feststellungen seitens der internen Revision liegen vor?
Abhängigkeiten	Welche wesentlichen Auslagerungen zur Durchführung bzw. Unterstützung der Geschäftstätigkeiten bestehen? In welcher Zeitspanne können ausgelagerte Tätigkeiten bei Ausfall des bisherigen Vertragspartners durch einen neuen Drittanbieter übernommen werden? Welche zusätzlichen Kosten entstehen durch den Wechsel auf einen anderen Drittanbieter?

Tabelle D – 8: Fragenkatalog für Risikotreiber im operationellen Risiko[481]

---

480 Vgl. *Schäl* (2003), S. 3 ff.
481 Eigene Darstellung.

735 a) Anteil am **Geschäftsumfang:**
- Veränderung der Schadensfälle (Anzahl) gegenüber dem Vorjahr
- Veränderung der Kundenbeschwerden (Anzahl) gegenüber dem Vorjahr
- Anzahl der relevanten Feststellungen seitens der internen Revision
- Anteil der Versicherungssumme sowie der Beiträge am Betriebsergebnis vor Bewertung
- Anzahl der durchgeführten Neue-Produkte-Prozesse
- ...

b) Anteil am **Risiko:**
- Anteil des erwarteten Verlusts am Betriebsergebnis vor Bewertung
- Anteil des unerwarteten Verlusts am Betriebsergebnis vor Bewertung
- Anteil des eingetretenen Verlusts am Betriebsergebnis vor Bewertung
- Anteil der Risikokategorie mit der höchsten potentiellen Schadenssumme an der simulierten Gesamtsumme aus operationellen Risiken
- ...

c) **Risikokonzentrationen:**
- Anteil des laufenden Aufwands für ausgelagerte Leistungen am gesamten Verwaltungsaufwand
- Anzahl der wesentlichen Auslagerungen
- Höhe der Zeitspanne für den Wechsel eines Drittanbieters einer wesentlichen Auslagerung
- Anteil der potentiellen Schadenssummen aus Extremereignissen (ohne Berücksichtigung von Versicherungen) am Betriebsergebnis vor Bewertung
- ...

736 Insgesamt zeigt sich, dass operationelle Risiken vielfältiger Natur sind und daher einer detaillierteren Analyse unterzogen werden sollten. In vielen Fällen geschieht dies bereits bewusst oder unbewusst im laufenden Betrieb. Hier mangelt es in der Regel nur an einer strukturierten Dokumentation. Im Ergebnis kann jedoch festgehalten werden, dass schlagend werdende operationelle Risiken sehr wohl eine Unternehmensfortführung unter gewissen Konstellationen gefährden können.

2. Analyse von Interrisikokonzentrationen

737 Sofern wie in diesem Beispiel einer Universalbank die klassischen wesentlichen Risiken bestätigt sind, stellt sich die Frage nach potentiellen Interrisikokonzentrationen.

Hierzu sollten im ersten Schritt alle als wesentlich identifizierten Risikoarten jeweils untereinander auf gleichlaufende Positionen hin untersucht werden. So kann zum Beispiel der Ausfall des größten Emittenten im Depot-A neben einem wesentlichen Adressausfallrisiko aus Eigengeschäften auch durch den Wegfall eines sehr hohen Zinsertrags die Ebene des Zinsänderungsrisikos (Marktpreisrisiko) in relevanter Weise berühren. Sofern es sich bei dem ausgefallenen Emittenten zusätzlich um einen wichtigen Arbeitgeber innerhalb des eigenen Marktgebietes handelt, so wird dieses Ereignis regelmäßig auch spürbare Auswirkungen auf das Adressrisiko im Kundenkreditgeschäft entfalten.

Wie an diesem Beispiel illustriert, lassen sich weitere Kausalketten bilden und auf ihre Relevanz und Auswirkung hin bewerten. Gegebenenfalls sollten auch Verbindungen zu den als unwesentlich eingestuften Risiken geprüft werden.

3. Umgang mit nicht wesentlichen Risiken

Zu den in der Regel als nicht wesentlich gekennzeichneten Risiken gehören häufig folgende Risikoarten:

- Beteiligungsrisiko,
- Kostenrisiko,
- Reputationsrisiko,
- Risiko aus Ertragskonzentrationen,
- Sachwertrisiko,
- Strategisches Risiko,
- Vertriebsrisiko.[482]

An dieser Stelle sind die IT-Risiken nicht separat erwähnt, da diese bereits den operationellen Risiken zugeordnet sind.

Von den aufgeführten Risikoarten sind insbesondere das Vertriebs- sowie Beteiligungsrisiko regelmäßig Gegenstand von tiefergehenden Analysen, da eine Einstufung als wesentlich häufig mit einer höheren Wahrscheinlichkeit versehen ist, als bei den anderen sonstigen Risiken.

Für das Vertriebsrisiko sowie insbesondere für das Risiko aus Ertragskonzentrationen gilt, dass die Konstellation einer Universalbank grundsätzlich hilfreich erscheint, um diesen Risiken wirksam entgegen zu wirken. Die Beteiligungsrisiken rücken aktuell vor dem Hintergrund des Niedrigzinsumfeldes

---

[482] Vgl. *Neumann* (2015), S. 109 ff.

immer mehr in den Fokus, da einige Kreditinstitute als Substitut zu den nahe Nullprozent rentierenden Eigenanlagen in den Aufbau eines Immobilienportfolios eingestiegen sind. Sofern diese Aktivitäten außerhalb der eigenen Bilanz über Gesellschaftsstrukturen abgebildet werden, kommt der Bewertung spätestens eine hohe Bedeutung zu.

VI. Umgang mit Modellrisiken/-schwächen/-fehlern[483]

1. Ausgestaltung des jährlichen Validierungsprozesses

Die Mindestanforderungen an das Risikomanagement (MaRisk) gestehen Banken bei der Ermittlung der Risikotragfähigkeit weitgehende Methodenfreiheit zu.[484] Sowohl im Rahmen der Konzeption der Risikotragfähigkeit als auch zur Risikoquantifizierung setzen Institute Modelle ein. Modelle geben dabei grundsätzlich ein vereinfachtes Abbild der Realität wieder.[485] Aufgrund dieser Abstraktion können Modellrisiken entstehen. Zusätzlich zu Modellrisiken kann es zu Fehlern in den Daten, in den Prozessen oder der Ergebnisinterpretation kommen. Daher fordert die Aufsicht vom Fachbereich, Modellrisiken und Modellfehler in einem jährlichen Validierungsprozess kritisch zu hinterfragen, zu analysieren und zu bewerten. Dies kann in Teilen mit mathematischen Verfahren erfolgen. Im Fokus der vierten MaRisk-Novelle steht jedoch die qualitative Auseinandersetzung mit den angewendeten Verfahren und Methoden im Kontext der geschäfts- und risikostrategischen Ausrichtung eines Instituts.[486] Abbildung D – 2 visualisiert Modellrisiken und Modellfehler.

744

---

483   Autor: **Nicole Handschuher**. Die Ausführungen geben die persönliche Auffassung der Autorin wieder. Vgl. auch übergreifend *Handschuher* (2013), S. 199–242.

484   Die Rahmenbedingung zur Ausgestaltung von Risikotragfähigkeitskonzepten werden von der Aufsicht definiert in *BaFin* (2011.12) und *BaFin* (2012.12b), AT 4.1. Weitere Erläuterungen finden sich in *Deutsche Bundesbank* (2013.03), S. 31–39.

485   Vgl. hierzu *Reuse* (2012.01), S. 34–39.

486   Siehe hierzu *BaFin* (2012.12c), AT 4.1, Tz. 8 Erl.: »*Da jegliche Methoden und Verfahren zur Risikoquantifizierung die Realität nicht vollständig abzubilden vermögen, ist dem Umstand, dass die Risikowerte Ungenauigkeiten […] aufweisen oder das Risiko unterschätzen könnten, bei der Beurteilung der Risikotragfähigkeit hinreichend Rechnung zu tragen.*«

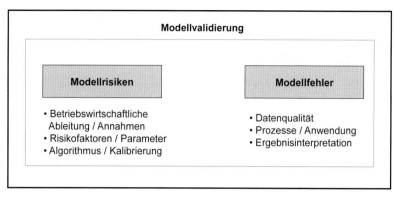

Abbildung D – 2: Modellrisiken und Modellfehler[487]

745 Um einen systematischen Validierungsprozess sicherzustellen, sollte vor Beginn der Validierung ein institutsspezifisches Validierungskonzept erstellt werden. Das Konzept sollte idealerweise mittelfristig Gültigkeit behalten. Das Validierungskonzept definiert:

- den Umfang der Validierungstätigkeiten (Welche Modelle sind zu validieren? Gibt es weitere Validierungskonzepte für einzelne Modelle?).
- die Verantwortlichkeiten (Wer führt die Validierung durch? Was ist Aufgabe von Poolprojekten, was ist Aufgabe der Institute?).
- die Frequenz (In welcher Frequenz wird die Validierung durchgeführt? Welche Gründe ziehen eine anlassbezogene Validierung nach sich? Wird die Validierung in jedem Jahr mit gleicher Intensität durchgeführt?).
- die Methoden (Welche Methoden werden angewendet? Welche Schwächen weisen die Methoden auf? Wie ist die qualitative Auseinandersetzung mit den Modellergebnissen auszugestalten?).
- die Validitätskriterien (Bis zu welchen Schwellwerten gilt das Modell als valide? Welche Maßnahmen sind bei Überschreiten der Schwellwerte erforderlich?).
- sowie die Form der Dokumentation und den Genehmigungsprozess.

746 Hinsichtlich des Modells sind das Modelldesign einschließlich der getroffenen Annahmen, die relevanten Parameter und Risikofaktoren sowie der Algorithmus bzw. die Kalibrierung zu überprüfen. Zudem sind verwendete Prozesse, die Datenqualität und die technische Implementierung sowie das Reporting

---

[487] Eigene Darstellung.

und die Interpretation der Ergebnisse kritisch zu hinterfragen.[488] Die Erkenntnisse sind in einer Validierungsdokumentation zusammenzufassen und von der Geschäftsleitung nach AT 4.1 Tz. 8 MaRisk genehmigen zu lassen.

2. Grundsätzliche Ansätze zur Validierung von Risikomodellen

Zur Überprüfung von Modellrisiken und Modellfehlern stehen eine Reihe von etablierten, vor allem statistischen Verfahren zur Verfügung. Eine qualitative Auseinandersetzung insbesondere mit den Schwächen der Verfahren ist grundsätzlich zwingender und wichtigster Bestandteil einer Validierung.

Seit den Anfängen der Marktpreisrisikomodellierung in den 90er Jahren ist das Backtesting, also der Vergleich prognostizierter Werte mit den im eigenen Institut tatsächlich realisierten Werten, eine aussagekräftige Methode. Voraussetzung für ein valides Backtesting ist, dass eine ausreichende Anzahl an Ergebnissen vorliegt. Die Validierungsergebnisse können mittels gängiger Maße wie beispielsweise der Anzahl Ausreißer interpretiert und verglichen werden. Eine alternative Methode ist das Benchmarking. Diese Methode wird angewendet, wenn die Anzahl der eigenen (Verlust-)Daten für eine sinnvolle Betrachtung nicht ausreicht. Hierbei werden die prognostizierten Werte externen Daten unterschiedlichster Art gegenübergestellt. Allerdings ist grundsätzlich kritisch zu hinterfragen, ob die externen Daten hinreichende Konsistenz zu den Prognosewerten aufweisen bzw. welche Aussagekraft sie für die Validierung der eigenen Risikowerte haben. Auf Unterschiede, die ggf. bewusst akzeptiert werden können, sollte explizit verwiesen werden. Relativ einfach können darüber hinaus Verfahren der deskriptiven Statistik herangezogen werden. Dazu werden Ergebnisse strukturiert aufbereitet und mittels statistischen Maße (Mittelwert, Varianz etc.) veranschaulicht oder in Relation gesetzt.

Eine weitere Möglichkeit der Validierung beschreibt die Bundesbank in der Veröffentlichung zur aufsichtlichen Beurteilung bankinterner Risikotragfähigkeitskonzepte. Hier wird vorgeschlagen, die im Risikotragfähigkeitskonzept eingesetzten Methoden durch Stresstests zu überprüfen. Mögliche Stresstests können sowohl Sensitivitäts- als auch Szenarioanalysen[489] sein. Auch Expertenschätzungen können zur Überprüfung von Modellen eingesetzt werden. Wichtigstes Element der Validierung ist jedoch bei allen Methoden und Verfahren die qualitative Auseinandersetzung mit dem Modell, den Annahmen,

---

488 Vgl. *BCBS* (2005.05).
489 Vgl. hierzu auch die Ausführungen in Kapital G.

Konzepten und Ergebnissen im Kontext der strategischen Ausrichtung eines Instituts.

3. Modellrisiken in der Praxis

3.1. Validierung des Risikotragfähigkeitskonzepts

750 Die Aufsicht unterscheidet grundsätzlich einen Going-Concern- und einen Liquidationsansatz sowie einen bilanzorientierten und einen wertorientierten Ansatz. Die Festlegung der im Institut implementierten Risikotragfähigkeitsansätze hat langfristigen Charakter. Dennoch sollte in der jährlichen Validierung die Konsistenz von Geschäftsstrategie, Risikostrategie, Risikotragfähigkeit inklusive Kapitalplanung und Stresstests, überprüft, erläutert und mit jeder geänderten strategischen Ausrichtung neu diskutiert werden. Dies zeigt Abbildung D – 3.

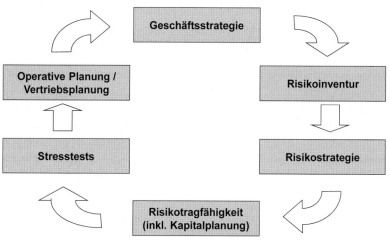

Abbildung D – 3: Jährlicher Validierungsprozess[490]

751 In diesem Zusammenhang sollte zuerst argumentiert werden, dass die grundsätzliche **Modellfestlegung**, also bilanzorientierter Going-Concern-Ansatz und ggf. wertorientierte Liquidationsansatz, im Hinblick auf die geschäftsstrategische Ausrichtung nach wie vor angemessen ist. Wird auf die Darstellung eines Liquidationsansatzes verzichtet, sollte aufgezeigt werden, dass das zur Sicherstellung der Mindestkapitalquote vorgesehene Kapital im Bedarfsfall

---

490 Eigene Darstellung.

auch für Gläubigeransprüche zur Verfügung stehen würde, sich also keine umfangreichen stillen Lasten in der Bilanz verbergen. Ebenso sollte die Definition der **Risikodeckungsmassen** kritisch hinterfragt werden. Bei einer bilanzorientierten Ableitung der Risikodeckungsmassen in einem Going-Concern-Ansatz führen ggf. (avisierte) aufsichtsrechtliche Änderungen, wie die sukzessive Erhöhung der Mindestkapitalquoten oder die begrenzte Anrechenbarkeit von Vorsorgereserven, zu Anpassungsbedarf.

Auch auf Implikationen aus der Geschäftsstrategie ist zu achten. Plant das Institut beispielsweise eine Ausweitung in volatilen Produktfeldern, so könnten die Erträge stärker als in der Vergangenheit schwanken und zusätzliche Sicherheitsabschläge auf das Planergebnis werden erforderlich. Aufwendiger ist die Validierung bei einer wertorientierten Bestimmung der Risikodeckungsmassen, da hier eine Vielzahl von Annahmen, z. B. hinsichtlich der Gewinn –, der Kosten- oder der Risikoentwicklung für den Zeitraum bis zur vollständigen Liquidation zu treffen sind. Diese Annahmen sind soweit möglich auf Basis eigener, historischer Daten oder mindestens mittels qualitativer Ausführungen zu reflektieren. Diese Zusammenhänge zeigt Abbildung D – 4 schematisch auf.

Jährliche Validierung	
Validierung Risikotragfähigkeitskonzept	**Validierung Risikoquantifizierungsmethoden**
• Konsistenz Strategie etc. • Konsistenz aufsichtsrechtliche Entwicklungen • Kritische Würdigung	• Statistische Verfahren • Qualitative Verfahren • Kritische Würdigung
Validierung Stresstests	**Validierung regulatorische und interne Kapitalplanung**

Abbildung D – 4:   *Validierung Risikotragfähigkeitsmodelle*[491]

---

491 Eigene Darstellung.

753 Die Ermittlung der Risikowerte erfolgt in der Regel modellbasiert, häufig unter Verwendung eines (abgewandelten) Value-at-Risk-Ansatzes. Typischerweise werden in Instituten Modelle für Adressrisiken, Marktpreisrisiken, Liquiditätsrisiken, operationelle Risiken und ggf. weitere Risiken eingesetzt. Jede Messmethodik ist hierbei einzeln einer Validierung zu unterziehen. Bei komplexen Methoden zur Risikoquantifizierung empfiehlt sich, für jedes Modell ein eigenes Validierungskonzept vorzuhalten. Über alle Risikoarten hinweg sind identische Risikoparameter zu verwenden sind. Die Aufsicht schreibt grundsätzlich einen einjährigen Risikobetrachtungszeitraum vor. Wird für Marktpreisrisiken ein kürzeres Intervall angestrebt, so ist dies gut zu begründen und im Rahmen der Validierung regelmäßig zu hinterfragen. Darüber hinaus sollten grundsätzlich einheitliche Konfidenzniveaus verwendet werden. Die gewählten Konfidenzniveaus sind in der Validierung regelmäßig zu hinterfragen und in Abhängigkeit von den Validierungsergebnissen ggf. anzupassen. Niedrigere Konfidenzniveaus können hierbei ggf. im Sinne eines »Frühwarnsystems« eingesetzt werden. Die Aggregation der Risiken kann durch eine einfache Addition oder korreliert und Beachtung von Diversifikationseffekten erfolgen[492]. Die Berücksichtigung von Diversifikationseffekten wird tendenziell aufwändiger[493], da die Aufsicht die Anforderungen an die Datenhistorie mit der dritten MaRisk-Novelle deutlich erhöht hat. So muss das Institut aus eigenen Zeitreihen die Höhe der angesetzten Korrelationen nachweisen können. Dieser Nachweis ist im Rahmen der jährlichen Validierung regelmäßig zu aktualisieren.

754 Mit der vierten MaRisk-Novelle wird in AT 4.1 Tz. 9 die Kapitalplanung als Bestandteil der Risikotragfähigkeit eingeführt. Geschäftsstrategie und Risikotragfähigkeit werden damit noch enger verzahnt. In der Kapitalplanung sind für einen mittelfristigen Planungshorizont sowohl die regulatorischen Kapitalbestandteile analog Säule I/CRR als auch die internen Kapitalbestandteile gemäß ICAAP darzustellen.[494] Hierbei sind auch die nach Basel III sukzessive steigenden Mindestkapitalquoten zu berücksichtigen. Darüber hinaus sind in Konsistenz zur Geschäfts- und Risikostrategie geeignete Prämissen zum Verlauf der Entwicklung der Risikoaktiva nach CRR sowie der Risikowerte im ICAAP zu treffen. Verfolgt das Institut beispielsweise eine Wachstumsstrategie, die ggf. auch Investments in risikoreichere Märkte zulässt, so ist von einem überproportionalen Wachstum der Risikoaktiva bzw. der Risiken auszu-

---

492 Vgl. hierzu auch Kapitel D.VIII.
493 Vgl. *Hahneiser/Schulte-Mattler* (2010).
494 Vgl. hierzu *Kramer/Held* (2013), S. 81.

gehen, womit auch der Kapitalbedarf überproportional steigt. Die Planwerte können beispielsweise in tabellarischen Übersichten dargestellt werden. In einem letzten Schritt sind die Stresstests zu überprüfen und ggf. anzupassen.

3.2. Validierung von Adressrisiken

Adressrisiken lassen sich unterteilen in Adressrisiken aus dem Kreditgeschäft, Adressrisiken aus Handelsgeschäften sowie Beteiligungsrisiken. Zur Quantifizierung von Risiken aus dem Kredit- und Handelsgeschäft werden in der Regel **Kreditrisikomodelle** unterschiedlicher Komplexität eingesetzt. Als Parameter gehen vor allem das EaD^{495} inklusive der Kreditkonversionsfaktoren (CCF^{496}), Ausfallwahrscheinlichkeiten (PD^{497}) und Verlustquoten (LGD^{498}) in die Modelle ein, zum Teil ergänzt um Korrelationsannahmen. Ausfallwahrscheinlichkeiten und Verlustquoten werden über Ratingsysteme ermittelt. Während sich für Ratingsysteme weitgehend standardisierte Validierungsverfahren herausgebildet haben^{499}, gestaltet sich die Überprüfung des Kreditrisikomodells selbst aufgrund der nur in geringer Anzahl vorhandenen Verlustwerte schwierig.

Die statistische Validierung von Ratingsystemen (PD, LGD, CCF) wird zumeist in Poolprojekten durchgeführt. Hierbei werden u. a. deskriptive Analysen, Backtesting und Benchmarking angewendet. Nach aufsichtlichen Vorgaben sind Ergebnisse zu Kalibrierung, Trennschärfe und Stabilität erforderlich. Zusätzlich zu einer übergreifenden Validierung sind institutsindividuell u. a. die Eignung eines Ratingsystems für das Institut, die Kredit- und Ratingprozesse bzw. die Anwendung der Ratingergebnisse zu hinterfragen. Mögliche Indikatoren für die Validität des Ratingprozesses sind beispielsweise Umfang veralteter Ratings oder eine auffällig hohe Anzahl von Überschreibungen.

Abbildung D – 5 visualisiert wesentliche Eckdaten der Validierung von Adressrisikomodellen.

---

495 Exposure at Default.
496 Credit Conversion Factor.
497 Probability of Default.
498 Loss Given Default.
499 Vgl. hierzu umfassend *OenB* (2004).

Kreditrisikomodelle			
PD	**LGD**	**EaD**	**Korrelationen**
• Modelldesign • Statistische Validierung • Prozesse • Anwendung • Ergebnisse	• Modelldesign • Statistische Validierung • Prozesse • Anwendung • Ergebnisse	• Modelldesign • Statistische Validierung • Prozesse • Anwendung • Ergebnisse	• Statistische Validierung • Qualitative Validierung
Validierung Modell			

Abbildung D – 5: Validierung von Kreditrisikomodellen[500]

758 Zur Validierung des Kreditrisikomodells kann der Prognosewert mit der eigenen Verlusthistorie verglichen werden. Eine weitere sinnvolle Validierungsmethode ist die Durchführung von Stresstests oder Szenarioanalysen. Eine Möglichkeit ist, die Ausfallwahrscheinlichkeiten z. B. pro Branche bei gleichzeitiger Erhöhung der Verlustquoten auf Basis von Expertenschätzungen systematisch zu verschlechtern. Auf verwendete Korrelationsannahmen ist ggf. ebenfalls einzugehen, auch wenn sich die Datenbeschaffung hierbei schwierig gestalten kann.

759 Zur Quantifizierung von **Beteiligungen** haben sich noch keine marktweit gängigen Modelle herausgebildet. Die Abbildung kann über Börsenwertmodelle/Stellvertreter-Modelle, den modifizierten Merton-Ansatz (PD-LGD-Ansatz) oder Monte-Carlo-Simulationen erfolgen.[501] Zur Validierung können beispielsweise die Ergebnisse unterschiedlicher Risikomessmethoden verglichen werden. Im Marktwert-Modell erfolgt die Abbildung von Beteiligungsrisiken über historische Simulation eines vergleichbaren, marktgängigen Index. Zur Validierung könnte eine Gegenrechnung mit dem modifizierten Merton-Ansatz durchgeführt werden. Sinnvoll ist ein Abgleich mit den tatsächlich im Institut beobachteten Wertentwicklungen der Beteiligungen. Schließlich können unterschiedliche Stresses auf Basis von Expertenprognosen zu einzelnen Beteiligungen herangezogen werden. Auf Basis der Ergebnisse ist eine qualitative Einschätzung der verwendeten Methodik vorzunehmen.

---

500 Eigene Darstellung.
501 Vgl. *Farne/Klingeler/Koll* (2009).

3.3. Validierung von Marktpreisrisiken

Am weitesten fortgeschritten sind die Methoden zur Quantifizierung und Validierung von Marktpreisrisiken. Unter Marktpreisrisiken werden im wesentlichen Zinsänderungsrisiken, Aktienkursrisiken, Währungsrisiken und Rohwarenrisiken sowie auch Credit-Spread-Risiken und Optionsrisiken subsummiert. Zur Berechnung wird standardmäßig der Value-at-Risk-Ansatz auf Basis der historischen Simulation, des Varianz-Kovarianz-Ansatzes oder der Monte-Carlo-Simulation eingesetzt.

760

Ein Backtesting ist in der Regel einfach umzusetzen. Hier gibt es seit den 1990er Jahren bereits etablierte aufsichtsrechtliche Verfahren, die bis heute angewendet werden. Das Backtesting ist mit den gleichen Parametern durchzuführen, mit denen auch die Prognose vorgenommen wird. Übersteigt der tatsächliche Wertverlust den prognostizierten Verlust, so wird von »Ausreißern« gesprochen. Anhand von vom Institut definierten Vorgaben kann die Zahl der zulässigen Ausreißer a priori definiert werden. Übersteigt die Anzahl der Ausreißer den vorgegebenen Maximalwert, so kann dies ein Indiz für die Notwendigkeit weiterer Analysen bzw. für methodischen Anpassungsbedarf sein. Mögliche Validierungsansätze wurden von der Bundesbank in einer Veröffentlichung zusammengefasst. Diese Validierungsvorgaben gelten verbindlich für Institute, die mit Hilfe eines von der Aufsicht zugelassenen Modells ihre Eigenkapitalanforderungen ermitteln. Die Publikation[502] liefert jedoch auch für Nicht-Modellbanken eine übersichtliche Hilfestellung bei der Auswahl geeigneter Validierungsmethoden.

761

Genannt werden hierbei:

762

- Deskriptive Portfolioanalysen.
- Abgleich der Bestände mit der Handelsstrategie.
- Analyse der Marktbedingungen.
- Analyse des Prozesses zur Ermittlung von Ergebnis und Prognosewert.
- Analyse der Datenqualität zur Ermittlung von Ergebnis und Prognosewert.
- Szenarioanalysen und Sensitivitätsbetrachtungen.

---

502 Vgl. *Deutsche Bundesbank/BaFin* (2012).

763 Darüber hinaus sind in der Validierung die zur Risikoermittlung verwendeten Zeitreihen zu überprüfen. Die Zeitreihen haben hinreichend volatile Phasen zu umfassen. Aufgrund der in der Regel guten Datenlage kann hinsichtlich der Marktpreisrisiken die qualitative Analyse in der Regel relativ kurz ausfallen.

3.4. Validierung von Liquiditätsrisiken

764 Liquiditätsrisiken werden regelmäßig in die Risikotragfähigkeitsbetrachtung mit einbezogen. Mit der Finanzmarktkrise sind Liquiditätsrisiken zusätzlich in den Fokus der Institute geraten. Die Quantifizierung kann über Liquiditätsablaufbilanzen und Stresstests erfolgen.[503] Zur Generierung von Liquiditätsablaufbilanzen können produktspezifische Ablauffiktionen festgelegt werden. Diese Ablauffiktionen können aus den eigenen Bestandsentwicklungen abgeleitet werden. Im Rahmen der Validierung sind die Ablauffiktionen regelmäßig zu überprüfen. Mit Hilfe der Liquiditätsablaufbilanzen können mögliche Liquiditätsunterdeckungen ermittelt werden. Die hieraus entstehenden Refinanzierungskosten können als Risikowerte in die Risikotragfähigkeit eingestellt werden. Dabei ist zu beachten, dass sich die Refinanzierungskosten während einer Liquiditätskrise deutlich verteuern könnten. Auch hierfür sind Annahmen zu treffen, die ebenfalls in der Validierung zu überprüfen sind. Ein Backtesting im klassischen Sinn ist kaum möglich. Zur Validierung können Stresstests eingesetzt werden. Möglich ist zum Beispiel die Durchführung von alternativen Berechnungen auf Basis von durch Experten geschätzten Ablauffiktionen. Anhand der Ergebnisse ist zu bewerten, ob die Methoden zur Abbildung von Liquiditätsrisiken weiterhin angemessen sind.

765 Mit der neuen SREP-Richtlinie sollen Institute neben dem kapitalbezogenen ICAAP-Steuerungskreis auch einen liquiditätsbezogenen ILAAP-Steuerungskreis in der Säule 2 implementieren. Natürlich sind auch die Elemente des ILAAP Steuerungskreises, die Ableitung der Liquiditätsdeckungsmassen sowie die Quantifizierung der Liquiditätsrisiken in der Validierung zu betrachten. Die Konsistenz der Abbildung von Liquiditätsrisiken in ICAAP und ILAAP, zum Beispiel durch Verwendung einheitlicher Ablauffiktionen, ist durch das Institut sicherzustellen. Auch das mit der MaRisk-Novelle 2012 eingeführte Liquiditätstransferpreissystem bzw. ggf. die vereinfachte Form eines Liquiditätsverrechnungsmodells ist mindestens jährlich durch den Fachbereich zu überprüfen.

---

503 Vgl. hierzu übergreifend *Wanka* (2012).

3.5. Validierung von operationellen und sonstigen Risiken

Die Ermittlung der operationellen Risiken in der Risikotragfähigkeit kann mittels pauschaler Verfahren oder eines aufwendigeren Advanced-Measurement-Approach (AMA) erfolgen.[504] Der AMA-Ansatz darf, nach Zulassung durch die Aufsicht, auch für die Eigenkapitalunterlegung verwendet werden. In diesem Fall sieht die Solvabilitätsverordnung konkrete quantitative und qualitative Validierungsanforderungen vor. Ein valides Backtesting ist aufgrund der geringen Anzahl an Verlustdaten kaum möglich. Bei Poolprojekten, die zum Beispiel im DSGV durchgeführt werden, ist ein Benchmarking mit vergleichbaren Instituten eine Alternative. Zum Teil bieten auch externe Anbieter Verlustsammlungen zu operationellen Risiken an. Hier ist jedoch kritisch zu analysieren, ob die Schadensfälle nach dem Institut vergleichbaren Kriterien erfasst und ausgewertet werden. Darüber hinaus sind ggf. deskriptive Aussagen hilfreich. Auf Basis institutsindividueller Daten bzw. im Vergleich zu gepoolten Daten kann beispielsweise die Entwicklung der Schadensfälle nach Anzahl, nach Brutto- und Nettoschäden oder nach unterschiedlichen Kategorien operationeller Risiken ausgewertet werden. Lassen sich hier strukturelle Veränderungen erkennen, so kann Weiterentwicklungsbedarf bestehen. Szenarioanalysen sind sinnvolle Ergänzungen.

Werden in der Risikoinventur weitere wesentliche Risiken identifiziert, so sind auch diese im Risikotragfähigkeitskonzept abzubilden. Denkbar sind hierbei beispielsweise Geschäftsrisiken, Vertriebsrisiken oder Reputationsrisiken. Einheitliche Messmethoden haben sich für diese Risikoarten bisher noch nicht herausgebildet. Neben Expertenschätzungen sind Szenarioanalysen die häufigsten »Quantifizierungsmethoden«. Vertriebsrisiken können ggf. über historisch beobachtete Planabweichungen berechnet werden. Eine Validierung mit Hilfe etablierter statistischer Verfahren ist hier schwierig umzusetzen. Umso mehr bedarf es einer zumindest jährlichen Auseinandersetzung mit den Annahmen, die die Basis für die Expertenschätzungen oder Szenarioanalysen bilden. Wird zum Beispiel in der Geschäftsstrategie ein erheblicher Anstieg der Konkurrenzsituation im Geschäftsgebiet konstatiert, so kann eine Abschätzung des Vertriebsrisikos direkt aus den bisher beobachteten Planabweichungen kaum mehr erfolgen. Hier sollte zumindest mit Sicherheitsabschlägen gearbeitet und argumentiert werden.

---

504 Vgl. hierzu übergreifend *Utz* (2011).

4. Fazit und Zusammenfassung der wesentlichen Erkenntnisse

768 Zusammenfassend lässt sich sagen, dass sich bisher sowohl für Marktpreisrisikomodelle als auch für die den Kreditrisikomodellen zugrunde liegenden Ratingsysteme einheitliche und standardisierte Validierungsverfahren herausgebildet haben. Bei der Validierung der meisten Risikoarten wird der Schwerpunkt jedoch auf einer qualitativen Auseinandersetzung, ggf. unter Einbeziehung von institutsindividuellen Verlustwerten, Expertenschätzungen und Stresstests liegen. Bedeutender als die mathematische Überprüfung sind in jedem Fall die kritische Auseinandersetzung mit den Risiken mit »gesundem Menschenverstand« sowie die übergreifende Betrachtung von Strategie, Risikotragfähigkeit und Kapitalplanung.

769 Zugleich kann die Validierung dem verantwortlichen Fachbereich dazu dienen, kritisch zu hinterfragen, ob er das eingesetzte Modell auch wirklich in der Tiefe versteht. Oftmals gilt gerade bei komplexen Modellen, dass »weniger oft mehr« sein kann – und dass »weniger« an Komplexität besser durch ein »mehr« an kritischer Reflektion ersetzt werden kann.[505]

---

[505] Vgl. hierzu *Reuse* (2012.01), S. 34–39.

VII. Umgang mit Konzentrationsrisiken[506]

1. Vorüberlegungen zu Risikokonzentrationen

Risikokonzentrationen werden häufig als Ursache beschrieben,[507] die eine **Schieflage** eines Kreditinstituts auslösen können. Dies ist nachvollziehbar, da ein Risikoereignis, welches zu Verlusten in einem sehr ausgeprägten Segment einer Bank führt, hohe Schäden verursacht, die durch andere Bereiche oft nicht (kurzfristig) ausgeglichen werden können. Entsprechend kommt der Untersuchung solcher Risikokonzentrationen in der Risikotragfähigkeit eine hohe Bedeutung zu.

Die Begriffe **Risikokonzentration** und **Konzentrationsrisiko** werden in der aufsichtlichen Literatur nahezu synonym verwendet, wortsemantische Unterschiede sind nicht eindeutig erkennbar.[508] Während der Begriff »Konzentrationsrisiko« eher das potenzielle Risiko aus einer Konzentration benennt, steht bei der »Risikokonzentration« die Ansammlung von Risiken im Vordergrund. Aus Sicht der Risikoinventur sind diese Unterschiede auch wenig bedeutend, da in der Risikoinventur zunächst **Konzentrationen** in den **Vermögens- und Ertragspositionen** festzustellen sind. Deren Wesentlichkeit im Sinne eines Risikos ist erst in einem zweiten Schritt zu bestimmen.

Der vorliegende Beitrag zeigt Vorgehensweisen zum Umgang mit Risikokonzentrationen in der Risikoinventur auf. Zu diesem Zweck werden im folgenden Abschnitt 2 zunächst die aufsichtlichen Vorgaben aufgezeigt. Darauf aufbauend werden in Abschnitt 3 Strategien zur Identifikation von Risikokonzentrationen erörtert und Methoden zur quantitativen und qualitativen Analyse skizziert. Der Abschnitt schließt mit einer Diskussion zur Implementierung von Risikokonzentrationen in den der Risikoinventur nachgelagerten Prozessen der Risikotragfähigkeitsrechnung, der Limitierung und dem Stresstest. Wesentliche Themen werden im abschließenden Fazit zusammengefasst.

2. Aufsichtsrechtliche Vorgaben

Zum Konzentrationsrisiko gibt es viele Vorgaben durch die Aufsichtsgremien der **Bank für den Internationalen Zahlungsverkehr** in Basel (BIZ), der

---

506 Autor: **Dirk Heithecker**. Die Ausführungen geben die persönliche Auffassung des Autors wieder.
507 Vgl. etwa *CEBS* (2010.09).
508 Eine gute Unterscheidung liefert hingegen *Teitge* (2016). In dem vorliegenden Beitrag werden die Begriffe eher synonym genutzt.

europäischen **Bankenaufsicht** in London (EBA, engl., European Banking Authority) gemeinsam mit den die gesetzlichen Regelung erlassenden **Europäischen Union** und der **deutschen Aufsicht**, vertreten durch die Deutsche Bundesbank und BaFin (Bundesanstalt für Finanzdienstleistungsaufsicht). In Tabelle D – 9 ist die Anzahl der Textstellen zum Konzentrationsrisiko in den wesentlichen aufsichtsrechtlichen Regelwerken genannt. Der Regelumfang ist demnach schon in den grundlegenden Rahmenvorgaben sehr hoch, die Anzahl der Beiträge im Umfeld dieser Regelungen ist noch umfangreicher.[509]

Regelwerk	Umfang
Basel-II-Rahmenwerk	54 Textstellen
CRR	47 Textstellen
SREP-Leitlinie (EBA/GL/2014/13)	82 Textstellen
CEBS-Leitlinie (GL31)	282 Textstellen, 27 Seiten
MaRisk	33 Textstellen

Tabelle D – 9: Anzahl der Textstellen zum Thema Konzentration(srisiko)[510]

774 Bezogen speziell auf die Thematik der Risikotragfähigkeitsanalyse im Zusammenhang mit den MaRisk sind vor allem die in der Tabelle genannten Regelungen vorrangig von Bedeutung. Diese werden in den nachfolgenden Abschnitten erörtert.

2.1. Grundsätzliche Vorgaben in Aufsichtspapieren

775 Die Entwicklungsphase zum Konzentrationsrisiko durch den **Baseler Ausschuss** für Bankenaufsicht erstreckte sich von 1999 und 2008,[511] größere Anpassungen der weltweiten, empfehlenden Vorgaben gab es seitdem nicht mehr.[512] Die Eigenkapitalrichtlinien nach Basel II legen 2005 erstmalig und

---

509 Vgl. etwa die Arbeitspapiere des *Baseler Ausschusses* (BCBS Working Papers, http://www.bis.org/list/bcbs_wp/index.htm) oder der *Deutschen Bundesbank* (Deutsche Bundesbank Discussion Paper, https://www.bundesbank.de/Navigation/DE/Bundesbank/Forschung/Diskussionspapiere/diskussionspapiere.html). Eine Auswertung dieser Literatur ist hier gezielt vor dem Hintergrund bestimmter thematischer Ausrichtungen (z. B. Konzentrationen in Verbindung mit Stresstests) möglich.
510 Eigene Darstellung nach *BCBS* (2005), *CEBS* (2010), *CRR* (2013), *EBA* (2014.12), *BaFin* (2012.12a).
511 Vgl. vor allem *BCBS* (1999); *BCBS* (2005a); *BCBS* (2006); *BCBS* (2008).
512 Jüngste Vorgaben in Zusammenhang mit sehr großen Engagements, vgl. *BCBS* (2014), sind eher dem Umgang mit Groß- und Millionenkrediten zuzuordnen, der sich thematisch vom eigentlichen Themenfeld des Konzentrationsrisikos abgrenzt.

endgültig fest, dass Konzentrationsrisiken im Zusammenhang mit der Säule II zu untersuchen sind. Insbesondere bei nicht ausreichender Abdeckung der Risiken durch die Eigenkapitalanforderung in Säule I sind **Kapital-Add-ons** denkbar, die durch die Aufsichtsbehörde festgelegt werden können.[513] In einem weiteren Studienpapier wird der Bedarf einer zusätzlichen Kapitalanforderung aus Säule II insbesondere vor dem Hintergrund der recht einschränkenden Annahmen des Baseler IRB-Modells (engl., Internal Ratings Based) im Kreditrisiko noch genauer ausgeführt.[514]

Der Fokus der Konzentrationsrisiken liegt im Basel-II-Rahmenwerk auf **Konzentrationen im Kreditrisiko**, welche auch heute noch eine hohe Relevanz haben.[515] Vor allem gilt dies bei in Deutschland ansässigen Banken, da aufgrund des Geschäftsmodells der Anteil der Forderungen und Kredite an Kunden sehr hoch ist. Das Thema wird aber auch bei Marktpreisrisiken als wichtig eingestuft,[516] in einem späteren Arbeitspapier werden Liquiditätsrisiken, operationelle Risiken und versicherungstechnische Risiken in die Betrachtung eingeschlossen.[517]

Der Baseler Ausschuss kommt zu dem Schluss, dass Konzentrationsrisiken durch geeignete Risikomaße, Erweiterungen in Value-at-Risk-(VaR-)Modellen oder Stresstests **erhoben und gemessen** werden können. Diese Quantifizierung kann zur Steuerung in Limitsystemen, in der internen Kapitalallokation oder auch in Preismodellen eingesetzt werden.[518]

Die der EBA vorlaufende europäische aufsichtliche Vereinigung CEBS (engl., Committee of European Banking Supervisors) konkretisiert die Vorgaben des Baseler Ausschusses für Kreditinstitute und Bankprüfer. Diese Vorgaben bilden die Grundlage für die aktuellen Anforderungen der europäischen Bankenaufsicht, die in der Leitlinie zum SREP (engl., Supervisory Review and Evaluation Process) niedergeschrieben sind.[519] Auch hier wird der Grundsatz übernommen, dass aus nennenswerten Risikokonzentrationen Eigenkapitalanforderungen resultieren, die über die Anforderungen der Säule I hinausge-

---

513 Vgl. *BCBS* (2005), Tz. 115, wenngleich sich diese auf Kreditrisikominderungstechniken bezieht. Unter Säule II ist dieser Aspekt dann allgemeiner in *BCBS* (2005a), Tz. 724 zu finden.
514 Vgl. *BCBS* (2006), Abschnitt 1, 2 und 4.
515 Vgl. *BCBS* (2005), Tz. 719.
516 Vgl. *BCBS* (2005), Tz. 738(ii).
517 Vgl. *BCBS* (2008), S. 6 ff.
518 Vgl. hierzu insbesondere *BCBS* (2008), S. 3 f.
519 Vgl. *CEBS* (2010) und *EBA* (2014.12). Das SREP-Papier definiert dabei im eigentlichen Sinn nur Prüfungsvorgaben für die europäischen (nationalen und internationalen) Aufsichtsbehörden, sind also nur mittelbar für Kreditinstitute umzusetzen.

hen.[520] Die für die Risikosteuerung bedeutenden Leitlinien sind in der Tabelle D – 10 zusammengefasst.

	Ansatz im Risikomanagement (Leitlinie 1 und 2)
Allgemeine Hinweise	Die Risikosteuerung und das Risikomanagement sollen Konzentrationsrisiken speziell adressieren.
	Zur Einbeziehung aller Aspekte des Konzentrationsrisikos ist ein integraler Ansatz zu wählen, der die Einbeziehung aller Kategorien des Konzentrationsrisikos sicherstellt.
	Konzeption und schriftlich fixierte Ordnung (Leitlinie 3 und 4)
	Für die Erkennung und Messung von Risikokonzentrationen ist ein Regelwerk zu erstellen.
	Die Messung soll Intra- und Inter-Risikokonzentrationen sowie die Wechselwirkungen zwischen Forderungen erfassen.
	Konzentrationsrisiken in der MaRisk-Steuerung (Leitlinie 5 und 6)
	Die Risikosteuerung soll in der Lage sein, Konzentrationsrisiken zu kontrollieren, zu überwachen und reduzieren zu können. Es ist ein Limitsystem für Risikokonzentrationen (etwa durch interne Grenzen, Schwellenwerte) zu implementieren.
	Das Konzentrationsrisiko ist in der Risikotragfähigkeit und bei Kapitalplanungen adäquat zu berücksichtigen. Wenn relevant, ist die Höhe des notwendigen Kapitals zur Abdeckung von Risikokonzentrationen zu evaluieren.
Risikoartenspezifische Hinweise	**Kreditrisiko (Leitlinie 7 und 8)**
	Das Gesamtkreditrisiko sollte systematisch unter Beachtung der Segmentierung nach Kunden, Produkt, Branche oder Gebiet ermittelt werden.
	Modelle und Indikatoren zur Messung der Konzentrationsrisiken sollten wechselseitigen Abhängigkeiten der Kreditnehmer und Sicherheiten berücksichtigen.
	Marktpreisrisiko (Leitlinie 9)
	Effekte verschiedener Liquiditätshorizonte (Haltedauern) sind in die Quantifizierung einzubeziehen.
	Operationelles Risiko (Leitlinie 10 und 11)
	Risikokonzentrationen im Umfeld des operationellen Risikos sind im Zusammenhang mit den eigenen geschäftlichen Aktivitäten zu sehen.
	Zur Bewertung von Risikokonzentrationen sind geeignete Methoden zu entwickeln.
	Liquiditätsrisiko (Leitlinie 12 und 15)
	Zum Verständnis der Risikokonzentrationen bei Liquiditätsrisiken sind umfangreiche Voranalysen zur Aufnahme der Struktur ihrer Finanzierungen und Vermögenswerte (etwa Kundenfinanzierungen und -Einlagen, Wertpapiere) sowie deren Einflussfaktoren und Risikotreiber vorzunehmen. Die Voranalysen sollten geografische Besonderheiten und außerbilanzielle Positionen berücksichtigen.
	Zur Erkennung von Anfälligkeiten ist eine laufende aktive Überwachung und Analyse der wichtigen Faktoren vor dem Hintergrund möglicher großer Mittelabflüsse sowie der Beschränkung des Zugangs zu Finanzierungsquellen notwendig.
	Zur Steuerung der Konzentrationen sollten quantitative Indikatoren eingesetzt werden.
	Risikokonzentrationen sind bei der Erstellung von Liquiditätsnotfallplänen zu beachten.

Tabelle D – 10: Geltende Leitlinien der CEBS / EBA für Kreditinstitute zum Umgang mit Konzentrationsrisiken[521]

---

520 Vgl. *CEBS* (2010), Tz. 4.
521 Eigene Darstellung nach *CEBS* (2010).

Demnach ist die Thematik als ein bedeutendes Thema im Risikomanagement zu verankern, zudem sind **Verfahren zum Erkennen und zur Messung** von Risikokonzentrationen aufzusetzen.[522] Darüber hinaus ist das Risiko adäquat im Kapitaladäquanzverfahren und in der Kapitalplanung zu berücksichtigen. Damit sind Risikokonzentrationen auch ein elementarer Bestandteil der Risikotragfähigkeitsrechnung.

779

In den europäischen gesetzlichen Vorgaben wird die Thematik des Konzentrationsrisikos weniger häufig, in seiner Bedeutung jedoch erheblich hervorgehoben. In der **Richtlinie zur Bankenregulierung** (CRD IV, engl. Capital Requirements Directive IV) wird in der Begründung explizit erwähnt, dass Institute zur Steuerung des Konzentrationsrisikos Richtlinien und Verfahren umsetzen sollen. Gleichsam wird deutlich, dass das Europäische Parlament und die EU-Kommission für die Finanzmärkte noch Entwicklungspotenzial im Umgang mit dem Konzentrationsrisiko sehen.[523] Definitorisch bezieht sich in der CRD IV das Konzentrationsrisiko selbst auf das Kreditrisiko und Liquiditätsrisiko, eine umfassende Abdeckung über alle risikorelevanten Bereiche ergibt sich hier nicht.[524]

780

In der **CRR** (engl., Capital Requirements Regulation), die seit 2014 die Eigenkapitalunterlegung nach Säule I für Kreditinstitute definiert, sind keine expliziten Kapitalvorgaben für Konzentrationsrisiken zu finden. Dies ist folgerichtig, da in den Vorgaben der CEBS-Leitlinien Konzentrationsrisiken in Säule I nicht (ausreichend) in die Risikorechnung eingehen.

781

Konkret erfolgen in der CRR eher Hinweise auf Konzentrationen im Zusammenhang mit dem Kreditrisiko in Bezug auf die **Qualität von Ratingsystemen** oder das **Management von Sicherheiten**,[525] zudem auch bei der Berechnung der Eigenkapitalunterlegung für Wertpapiere aus Verbriefungspositionen und Handelspositionen einschließlich der im Treasury-Geschäft eingegangenen Gegenparteiausfallrisiken.[526] Schließlich sind nach der CRR Informationen zu Risikokonzentrationen vor allem bei Sicherheiten offenzulegen. Allerdings bestehen durch die Systematik der **Offenlegungsanforderungen** auch weitere Berichtspflichten bezüglich der Risikokonzentrationen,

782

---

522 Auf Problematiken bei der Berücksichtigung von Konzentrationsrisiken in der Risikoinventur weisen *Fiebig/Heithecker* (2015), S. 224 f. hin.
523 Vgl. *CRD IV* (2013), Begründung (84), vgl. auch Art. 98 (1) b).
524 Vgl. *CRD IV* (2013), Art. 81 und Art. 86 (3).
525 Vgl. *CRR* (2013), Art. 170, 185, 207, 209, 213.
526 Vgl. beispielsweise *CRR* (2013), Art. 251, 289 und 368 ff.

etwa durch die geforderte Segmentierung des Kreditportfolios nach Regionen oder Wirtschaftszweigen.[527]

783 Bei der Evaluation der durch die CEBS-Leitlinien zusätzlichen, über Säule I hinausgehenden Eigenmittelanforderungen aufgrund von Konzentrationsrisiken (wie oben beschrieben) sollte ein Institut prüfen, inwieweit die Umsetzung der Vorgaben der CRR schon **Abschläge** aufgrund einer Konzentrationsproblematik abbildet. Im Umfeld des wichtigen Kreditrisikos können diese Konzentrationen auf Ebene der Scoring- und Ratingmodelle und vor allem bei Sicherheiten sein.

Basel II	CEBS (EBA)	CRR
Anforderungen an die Quantifizierung von Risikokonzentrationen		
• Konzentrationsrisiken können im Rahmen von Value-at-Risk-Modellen gemessen werden. • Es sind einfache Messverfahren für Konzentrationsrisiken einsetzbar. • Die Quantifizierung von Risikokonzentrationen dient dem Einsatz von Limitsystemen, internen Kapitalallokationsmodellen und Modellen zur Bepreisung von Krediten.	• Konzentrationsrisiken werden nicht durch die Eigenkapitalunterlegung in Säule I abgedeckt, sondern sind speziell in Säule II zu quantifizieren. • Institute müssen über ein Rahmenwerk zur Messung von Risikokonzentrationen verfügen. • Risikokonzentrationen sind in der Kapitalplanung zu berücksichtigen.	• Konzentrationen sind bei der Umsetzung der internen Modelle für Kreditrisiken, Gegenparteiausfallrisiken und Marktpreisrisiken zu berücksichtigen. • Kreditrisiko: Den Konzentrationsrisiken bei Schuldner einer Ratingstufe und bei Sicherheiten ist Rechnung zu tragen. • Stresstests sind bei Gegenparteiausfallrisiko und Marktpreisrisiko von besonderer Bedeutung.

Tabelle D – 11: Bedeutende Vorgaben zum Umgang mit Konzentrationsrisiken[528]

784 Wichtige Punkte der drei Regelungssegmente sind in Tabelle D – 11 zusammengefasst. Für die aufsichtliche Abbildung in Säule II sind vor allem die Vorgaben der MaRisk und der SREP von Relevanz, die im folgenden Abschnitt erläutert werden.

---

527 Vgl. vor allem *CRR* (2013), Art. 453 und 442. Einen Überblick über die Offenlegungsanforderungen der Positionen des Kreditrisikos liefern ganzheitlich *Busch/Dahms-Singelmann/Heithecker/Wendt* (2016).

528 Eigene Darstellung nach *BCBS* (2006), *BCBS* (2008), *CEBS* (2010), *CRR* (2013). Vgl. auch *Heithecker* (2012), S. 104 ff.

2.2. Neue Vorgaben der Säule II nach SREP und MaRisk

Die **Leitlinie für den SREP** bildet die Grundlage für den aufsichtlichen Überprüfungsprozess, wie er durch die EBA von allen europäischen Aufsichtsinstitutionen gefordert wird. Die Vorgaben bilden demnach das Fundament der Evaluation der Umsetzungen in Säule II.[529] Wenngleich zu erwarten ist, dass die nationalen Aufsichtsbehörden durchaus unterschiedliche Prüfungsmaßstäbe ansetzen werden und die Unterlage sich zudem an die Aufseher und nicht direkt an die Kreditinstitute wendet, so sollten grundsätzlich die Anforderungen durch die Kreditinstitute – idealerweise in Abstimmung mit den Aufsichtsbehörden – umgesetzt werden.

In den SREP werden die drei in der Literatur üblichen **Konzentrationsarten** unterschieden,[530] jedoch aus unterschiedlichen, in dieser Sichtweise eher neu definierten Perspektiven. Eine Übersicht über die in SREP vorgesehenen Kategorisierungen ist in Abbildung D – 6 dargestellt. Demnach wird zunächst zwischen einer **Adressenkonzentration** und einer **Sektorkonzentration** unterschieden.

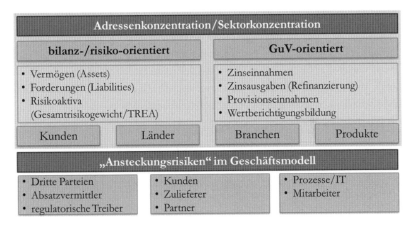

Abbildung D – 6:   *Risikokonzentrationen unter Beachtung des SREP*[531]

---

529 Vgl. *Wimmer* (2015), S. 17 ff.
530 Zu den Konzentrationsarten vgl. auch *Deutsche Bundesbank* (2006.06).
531 Eigene Darstellung.

787 Adressenkonzentrationen treten bei wertmäßig **großen Geschäften** mit einzelne Kunden oder Partner auf, beispielsweise bei Krediten gegenüber einem Kreditnehmer, die einen wesentlichen Teil des Kreditportfolios ausmachen (beispielsweise ab 2 % bis 5 % der gesamten Kreditsumme).

788 Sektorkonzentrationen resultieren aus vielen einzelnen, in der Summe wertmäßig umfassenden Geschäften mit Kunden oder Partnern, deren Wertentwicklung erheblich von **ähnlichen Risikotreibern** abhängt. Beispielsweise sind dies Kreditnehmer einer Branche. Die Abgrenzung einer Sektorkonzentration scheint dabei erheblich schwieriger zu sein als eine Konzentration auf einzelne Adressen. Beispielsweise ist nicht ohne Weiteres klar, ob die Zugehörigkeit von Kreditnehmern zu einem Land bereits eine Konzentration begründet. Insbesondere bei größeren Flächenländern wie Deutschland, Frankreich oder Spanien, vor allem aber in Ländern wie den USA, Brasilien, China oder Russland ist dies fragwürdig.[532]

789 Im Rahmen der Sektorkonzentration wird im SREP vor allem zwischen Kunden (wie den genannten Kreditnehmern und Geschäftspartnern), Ländern (bzw. geografischen Regionen), Branchen (oder auch »Industrien«[533]) und Produkten unterschieden. Die Differenzierung des **Sektorrisikos** nach Produkten ist hier als neuartig einzustufen, wenngleich auch schon in den MaRisk gefordert[534]. Die von einer **Produktkonzentration** ausgehenden Risiken sind zwar nachvollziehbar – beispielsweise könnten einzelne Produkte am Markt nicht mehr angenommen werden – wissenschaftlich ist dieses Thema im Umfeld von Banken jedoch bisher nicht tief greifend erforscht.

790 Das Besondere an der Darstellung im SREP ist die Ausweitung der wertmäßigen Betrachtung möglicher Konzentrationen. Diese kann in eine bilanz- oder risikoorientierte und eine GuV-(Gewinn- und Verlustrechnung)orientierte Betrachtungsweise aufgeteilt werden. Bei der **bilanz- oder risikoorientierten Perspektive** werden Volumengrößen wie die bilanzielle Höhe der Forderung und deren Risikogewicht oder Bemessungsgrundlage im jeweiligen Kreditrisikoansatz nach Säule I zur Beurteilung einer Konzentration bezüglich einer Dimension des Konzentrationsrisikos herangezogen. Eine Konzentration liegt somit beispielsweise dann vor, wenn das (bilanzielle) Kreditvolumen einer Branche einen beherrschenden Anteil am Gesamtportfolio einnimmt. Bei einer **GuV-orientierten Sichtweise** werden hingegen Ertrags- und Aufwandspositionen in die Evaluation einbezogen. So liegt eine Produktkonzent-

---

532 Vgl. dazu auch die Ausführungen in Abschnitt 3.1.
533 Dies leitet sich aus dem englischen »Industry Sector Risk« ab.
534 Vgl. *BaFin* (2016.02b), BTR 1, Tz. 1.

ration etwa dann vor, wenn ein Produkt einen besonders großen Anteil an den gesamten Provisionseinnahmen ausmacht. Auch für das Kreditrisiko kann eine GuV-Perspektive eingenommen werden. Ist die regelmäßige Zuführung zu Wertberichtigungen durch Kredite einer Branche vergleichsweise hoch, so wäre auch dies als Indiz für ein Konzentrationsrisiko zu werten.

Eine weitere, wenn auch nur im Zusammenhang mit der durch die Aufsicht geforderten Geschäftsmodellanalyse genannte, Art des Konzentrationsrisikos sind **Ansteckungsrisiken**. Ansteckungsrisiken werden nicht in Form von Risikotreibern sichtbar, die eine Gruppe gleichermaßen beeinflussen, sie sind eher als Ereignisrisiken zu definieren. Konkret verbirgt sich dahinter die Idee, dass ein Ereignis das Kreditinstitut erheblich negativ beeinflussen kann. Dies kann beispielsweise die Insolvenz oder der massive Ertragseinbruch bei einem **großen regionalen Unternehmen** und Arbeitgeber sein, der gleichsam zu schlagend werdenden Risiken im Firmenkundenportfolio führt, etwa direkt durch Abschreibungen auf Kreditforderungen dieses Unternehmens und indirekt durch Bonitätsverschlechterungen abhängiger Zulieferer und Handwerksbetriebe, im Verbraucherkreditgeschäft, beispielsweise durch sinkende Einkommen oder gar Arbeitsplatzverlust der Arbeitnehmer dieses Betriebs, und im Liquiditätsrisiko, wenn das Unternehmen höhere kurzfristige Einlagen als Barreserve hinterlegt hat. Solche Ansteckungsrisiken können sich aber auch in Form eines Wegfalls eines bedeutenden Vertriebspartners in der Region im dann schlagend werdenden Ertragsrisiko zeigen.[535]

791

Neben dieser Klassifizierung der Risikokonzentrationen wird innerhalb des SREP eine Reihe weiterer Umsetzungswünsche formuliert, die durch die Bankenaufsicht zu prüfen sind. Diese Vorgaben betreffen die Geschäftsmodellanalyse, die Regelungs- und Managementprozesse als Teil der Compliance sowie die Risikoarten Kreditrisiko, Markt(preis)risiko, Zinsänderungsrisiko im Bankbuch und Liquiditätsrisiko. Die Regelungen sind in Tabelle D – 12 zusammengefasst.

792

---

[535] Zum Ertragsrisiko vgl. die Ausführungen in Abschnitt F.V.

Geschäftsmodellanalyse

- Konzentrationen in der GuV-Rechnung und in der Bilanz in Bezug auf Kunden, Sektoren und geografische Regionen (Tz. 68).
- Bei wesentlichen Anfälligkeiten und in der Einstufung sind übermäßige Konzentrationen und Ertragskonzentrationen zu bewerten (Tz. 78 und 80).

Compliance

- Die Möglichkeit der Erleichterung der Regelungen und Prozesse ohne interne Governance gilt nicht für Geschäftsfelder, die eine Risikokonzentration darstellen (Tz. 102).
- Richtlinien und Verfahren, mit denen Risiken und entsprechende Risikokonzentrationen identifiziert, gemessen, überwacht, gemindert und gemeldet werden können (Tz. 104).

Kreditrisiko

- Das Kreditkonzentrationsrisiko ist eine Unterkategorie des Kreditrisikos (Tz. 144).
- Die Höhe des Kreditkonzentrationsrisikos, dem das Institut ausgesetzt ist, ist einzuschätzen (Tz. 145).
- Das Kreditrisiko wird in die folgenden Dimensionen geteilt (Tz. 145):
  - Konzentration von Risikopositionen auf eine kleine Gruppe von Kreditnehmern,
  - auf eine Gruppe von Kreditnehmern mit ähnlichem Ausfallverhalten oder
  - auf Kapitalanlagen mit hoher Korrelation (Tz. 145).
- Kategorien des Kreditkonzentrationsrisikos (Tz. 146):
  - Konzentrationen auf einzelne Adressen (einschließlich eines Kunden oder einer Gruppe verbundener Kunden, die als Großkreditrisiken definiert sind), insbesondere im Portfolio ordnungsgemäß bedienter Kredite (Tz. 167),
  - sektorale Konzentrationen,
  - geografische Konzentrationen, insbesondere auf Länder (Tz. 154) und Währungen (Tz. 159),
  - Produktkonzentrationen, insbesondere Spezialfinanzierungen (Tz. 161),
  - Konzentrationen auf eine bestimmte Art von Sicherheiten und Garantien (Tz. 174),
- Das Kreditkonzentrationsrisiko ist unter Stressbedingungen zu untersuchen (Tz. 148, 178).
- Effekte der Konsolidierung auf das Konzentrationsrisiko sind zu untersuchen (Tz. 149).
- Schwerpunkt sind dabei Konzentrationen aufgrund gemeinsamer Risikotreiber, die zu untersuchen sind (Tz. 147, 150).
- Messgrößen und Indikatoren wie HHI und GINI sowie komplexere Methoden können verwendet werden (Tz. 151), denkbar sind auch marginale Beiträge für Risiken (Tz. 332).
- In der Kreditrisikostrategie, in der Überwachung und im Frühwarnsystem sind Konzentrationstoleranzen zu berücksichtigen (Tz. 180, 190).
- Angemessene Daten, Informationssysteme und die analytischen Methoden (Tz. 184, 186) zur Auswertung von Kreditkonzentrationen müssen vorliegen, die Aufschlüsselung der Positionen z. B. nach Sektoren muss geeignet sein (Tz. 332).

Marktpreisrisiko
• Das Marktkonzentrationsrisiko ist auf Basis von Risikopositionen, einzelnen Risikofaktoren und korrelierten Risikofaktoren zu bewerten (Tz. 201, 215), insbesondere Konzentrationen auf komplexe Produkte, illiquide und nicht marktgängige Produkte (Tz. 216). • Angemessene Risikomesssysteme (Tz. 224) müssen vorliegen. • Kreditkonzentrationsrisiken können durch aufsichtliche Maßnahmen direkt beeinflusst werden (Tz. 480).
Zinsänderungsrisiko (IRRBB)
• Explizit zu untersuchen ist das Konzentrationsrisiko im Anleiheportfolio und in den Einlagekonten (Tz. 297). • Angemessene Risikomesssysteme müssen vorliegen (Tz. 312).
Liquiditäts- und Finanzierungsrisiken
• Risikokonzentrationen und Inter-Risikokonzentrationen sind in der TSCR und LCR zu berücksichtigen (Tz. 347, 358, 385). • Konzentrationen sind im Liquiditätspuffer bei den liquiden Aktiva und im Rahmen der Bewertung der Finanzierungsquellen zu berücksichtigen (Tz. 389, 394). • Konzentrationen auf Finanzierungsquellen resultieren beispielsweise aus Klumpen hinsichtlich der verwendeten Finanzierungsinstrumente, der genutzten spezifischen Finanzierungsmärkte oder aus einzelnen oder verbundenen Gegenparteien (Tz. 396). • Strukturelle Finanzierungsschwächen treten bei Konzentrationen auf bestimmte Instrumente und bestimmte Währungen auf (Tz. 407). • Konzentrationsrisiken können durch aufsichtliche Maßnahmen direkt beeinflusst werden (Tz. 494). • Gruppeninterne Positionen und daraus resultierende Konzentrationen bei der Finanzierung sind zu berücksichtigen (Tz. 511).

Tabelle D – 12: Vorgaben des SREP zu Konzentrationsrisiken nach Themengebieten[536]

In der **Geschäftsmodellanalyse** werden entsprechend vor allem Konzentrationen mit **Wirkung auf die Ertragslage** und die GuV untersucht. Vor allem hier wird der bilanz- und risikoorientierten Sichtweise die GuV-Perspektive des Konzentrationsrisikos gegenübergestellt.

Die Regelungen für **Compliance** fordern – wie schon die CEBS-Leitlinie – eigene Risikomanagementprozesse für den Umgang mit Risikokonzentrationen. Dies schließt neben der Identifikation und Steuerung vor allem auch die Messung von Konzentrationsrisiken ein, die im Rahmen der Risikotragfähigkeitsrechnung eingesetzt werden kann. Wenngleich der Hinweis auf geeignete Daten, Informationssysteme und Risikoverfahren erst bei den Vorgaben zu Konzentrationsrisiken der einzelnen Risikoarten erfolgt, so betrifft dies die Fundamente geeigneter Risikosteuerungsprozesse und kann als Anforderung an die (technische) Compliance gesehen werden.

---

536 Eigene Darstellung in Anlehnung an EBA (2014.12).

795 Die Anforderungen an die **Risikoarten** sind vor allem für das Kreditrisiko umfangreich. Bemerkenswert dabei ist, dass das Risiko aus **Kreditkonzentrationen** als eine eigene Unterkategorie des Kreditrisikos angesehen wird – und insofern keine eigene Risikoart darstellt. Explizit wird auch das Risiko durch Großkrediten in die Vorgaben aufgenommen. **Großkredite** ergeben sich häufig aus der Vergabe von Darlehen an eine Gruppe von Kreditnehmern, die gemeinsam als eine Kreditnehmereinheit zu betrachten sind.[537] Hierbei handelt es sich somit nicht in jedem Fall um eine Adressenkonzentration im eigentlichen Sinn, da hier oftmals unterschiedliche Kreditnehmer zusammengefasst sind. So können Firmenkonglomerate branchen- und länderübergreifend aus vielen einzelnen Unternehmen bestehen. Allerdings besteht schon ein besonderer Verbund, dem auch in der Risikosteuerung besonders Rechnung zu tragen ist. Ansonsten werden die schon genannten Kategorien des Konzentrationsrisikos wie Branche, Land und Währung (oder Währungsraum) aufgenommen. Auch wird eine Messung des Konzentrationsrisikos gefordert.

796 Die Gefahr der Konzentrationen bei **Marktpreisrisiken** geht gemäß den Vorgaben des SREP auf gleiche oder stark korrelierte Risikotreiber zurück. Problematisch wird hier vor allem eine Konzentration auch auf Produkte oder Vermögenswerte gesehen, deren Finanzarchitektur als komplex bewertet wird oder die wenig marktgängig sind. Die Vorgaben im **Zinsänderungsrisiko im Bankbuch** sind noch moderat und betreffen im Kundengeschäft vor allem nur die Einlagen. Es sei hinzugefügt, dass Konzentrationen auf Forderungen ohnehin schon bei den Kreditrisiken Beachtung finden.

797 Bei den Liquiditätsrisiken wird auf mögliche zu berücksichtigende Abhängigkeiten von den **Kennzahlen TSCR und LCR** hingewiesen.[538] Darüber hinaus werden insbesondere Konzentrationen auf Finanzierungsinstrumente, Finanzierungsmärkte oder einzelne Finanzierungspartner als relevant betrachtet. Finanzierungsinstrumente sind beispielsweise Spareinlagen oder ungedeckte Anleihen. Bei einer eher grundsätzlichen Kategorisierung sind hier gegebenenfalls nur wenige Instrumente unterscheidbar, etwa Kundeneinlagen, gedeckte Schuldverschreibungen wie Pfandbriefe und (True-Sale-)Verbriefungen, ungedeckte Schuldverschreibungen und Bankkredite. **Finanzierungsmärkte** sind beispielsweise hinsichtlich der Kunden (Privatkunden, Firmenkunden, institutionelle Anleger), des Absatzkanals (Filiale, Börse oder Over-the-Counter) oder auch nach Ländern zu differenzieren. Einzelne Finanzierungspartner können (Haus-)Banken oder auch kommunale Geldgeber sein. Insbe-

---

537 Vgl. dazu *Opher* (2015).
538 Vgl. zu diesen Kennzahlen auch *Zeranski* (2015).

sondere im **Derivate-Geschäft** zum Matching von Laufzeit- und Währungsinkongruenzen treten hier schnell Konzentrationen etwa zum Spitzeninstitut bei Verbünden auf.

Für die sachgerechte Umsetzung der Säule II ist in Deutschland die **MaRisk** die maßgebliche Verwaltungsvorschrift, deren Überarbeitung im Rahmen der Novelle 2016 bis zum 07.04.2016 zur Konsultation steht.[539] Änderungen bezüglich der Behandlung von Risikokonzentrationen gab es bisher nicht. Bemerkenswert ist allerdings, dass durch die Strukturänderung der MaRisk alle Vorgaben zur Berichterstattung nun »weiter hinten« in BT 3.2 zusammengezogen wurden. Materielle Änderungen bezüglich der **Berichtspflicht** hat dies nicht zur Folge. Somit dürfte die deutsche Bankenaufsicht davon ausgehen, dass mit der MaRisk-Novelle aus 2012 bereits die in den SREP genannten Punkte ausreichend adressiert sind.[540]

798

Dies ist nachvollziehbar, da die Vorgaben der MaRisk sich grundsätzlich mit den Anforderungen des SREP decken. Die Maßgaben der MaRisk werden in Tabelle D – 13 verdeutlicht. Demnach alloziert die deutsche Aufsicht die Konzentrationsrisiken als den eigentlichen Risikoarten zugehörig, weist aber auch auf mögliche risikoartenübergreifende Konzentration hin. Somit reicht eine ausschließliche Analyse der Konzentrationen in den Risikoarten nicht aus. Als besonderes Risiko aus Konzentrationen nennen die deutschen Aufseher übermäßige Bündelungen von Verantwortung bei Geschäftsleitern und Auslagerungstatbestände. Beide Themen werden üblicherweise jedoch in Risikotragfähigkeitsberechnungen nicht integriert.

799

---

539 Vgl. *BaFin* (2016.02a) und *BaFin* (2016.02b).
540 Vgl. *BaFin* (2012.12b). Im Anschreiben zum Konsultationsentwurf der Novelle 2016 weist die BaFin explizit darauf hin, dass die Themen der SREP-Leitlinien in dem neuen Entwurf umgesetzt wurden. Vgl. *BaFin* (2016.02a), S. 1, diskutiert in *Reuse* (2016.02b), S. 1 ff.

GANZHEITLICHE RISIKOINVENTUR

Generelle Vorgaben – Inventur/Definition
• Risikokonzentrationen sind in Verbindung mit wesentlichen Risiken zu analysieren (AT 2.2 Tz. 1). • Konzentrationen auf einzelne Adressen sind zu bewerten (AT 2.2 Tz. 1). • Der Gleichlauf von Risiken innerhalb einer Risikoart (»Intra-Risikokonzentration«) und über verschiedene Risikoarten hinweg (»Inter-Risikokonzentration«) ist zu berücksichtigen (AT 2.2 Tz. 1). • Risiken aus Konzentrationen resultieren auch aus der Konzentration von Verantwortlichkeiten auf einzelne Geschäftsleiter (At 4.4.1 Tz.1) und aus Auslagerungen (AT 9 Tz. 2)
Generelle Vorgaben – Risikomanagement-Regelkreis
• Bei der Identifizierung, Beurteilung, Steuerung sowie der Überwachung und Kommunikation sind Risikokonzentrationen zu beachten (AT 4.3.2 Tz. 1). • Risikokonzentrationen sollten qualitativ und quantitativ beurteilt werden (AT 4.3.2 Tz. 1). • Risikotragfähigkeit und Risikostrategie sind unter Berücksichtigung aller Risikoarten einschließlich der Risikokonzentrationen zu beurteilen (AT 4.1 Tz. 1 und AT 4.2 Tz. 2). Intragruppenforderungen sind angemessen abzubilden. (AT 4.5 Tz. 3). • Risikokonzentrationen sind in die Berichterstattung aufzunehmen (BT 3.2 Tz. 2) • Risiken sind einschließlich der Risikokonzentrationen zu begrenzen (AT 4.3.2 Tz. 1).
Generelle Vorgaben – Stresstests
• In Stresstests ist auf Risikokonzentrationen besonders einzugehen (AT 4.3.3 Tz. 1), über deren Auswirkung ist zu berichten (BTR 3.1 Tz. 2). • In Stressphasen müssen zeitnah Daten zu Konzentrationen bei Marktpreisrisiken verfügbar sein (AT 434 Tz. 5).
Risikospezifische Vorgaben – Kreditrisiko
• Im Fokus stehen Konzentrationen auf Kreditnehmer nach Produkten oder Underlying, nach Branchen, Größen- und Risikoklassen, Sicherheiten und Ländern und anderen hochkorrelierten Risiken (BTR 1 Tz. 1). • Risikokonzentrationen sind zu identifizieren, qualitativ sowie quantitativ zu bewerten und zu überwachen sowie zu steuern (BTR 1 Tz. 6). • Risikokonzentrationen sind insbesondere nach Branchen, Ländern, Risikoklassen und Größenklassen in die Berichterstattung aufzunehmen (BTR 3.2 Tz. 3). • Adressen- und Sektor-Konzentrationsrisiken für Adressenausfallrisiken benötigen Prozesse für deren mögliche Begrenzung (BTR 1 Tz. 1).
Risikospezifische Vorgaben – Marktpreisrisiko
• Ein Limitsystem für Marktpreisrisiken muss Risikokonzentrationen berücksichtigen (BTR 2.1 Tz. 1).
Risikospezifische Vorgaben – Liquiditätsrisiko
• Die Refinanzierungsquellen und Liquiditätsreserven sind ausreichend zu diversifizieren, Risikokonzentrationen sind zu überwachen und zu begrenzen (BTR 3.1 Tz. 1).
Risikospezifische Vorgaben – Ertragsrisiken
• Ertragskonzentrationen sind zu analysieren (AT 4.1 Tz. 2).

Tabelle D – 13: Vorgaben der MaRisk 6.0-E zu Konzentrationsrisiken nach Themengebieten[541]

---

541 Eigene Darstellung in Anlehnung an *BaFin* (2016.02b).

Neben der Auflage, dass Risikokonzentrationen im Risikomanagementregelkreis zu berücksichtigen sind, wird explizit darauf hingewiesen, dass eine **qualitative und quantitative Bewertung** von Risikokonzentrationen vorgenommen werden soll und diese in der Risikotragfähigkeit abzubilden ist. Weitere herausragende Anforderungen sind die regelmäßige **Berichterstattung** und die **Limitierung** von Konzentrationsrisiken. Zudem sind diese im Rahmen von Szenarioanalysen und Stresstests zu analysieren. Die Vorgaben für einzelne Risikoarten sind mit Ausnahme derer zum Adressenausfallrisiko wenig umfangreich, auch im Vergleich zu den Vorgaben des SREP.

800

3. Risikokonzentrationen in der Risikotragfähigkeitsanalyse

Sollen die drei wichtigen Themenbereiche »Bewertung – Berichterstattung – Limitierung« im Risikomanagement und auch in der Risikotragfähigkeit umgesetzt werden, so ist zunächst einmal zu definieren, in welcher Form Konzentrationsrisiken auftreten und wie diese in den drei genannten Bereichen behandelt werden sollen.

801

3.1. Identifikation und Abbildung von Risikokonzentrationen

Risikokonzentrationen in Kreditinstituten können prinzipiell aus zwei Ursachen resultieren: Zum einen können diese durch das **Geschäftsmodell** unmittelbar induziert werden oder sie treten »**per Zufall**« in den Portfolios und Geschäftsprozessen des Kreditinstitutes auf. Lassen sich die Risikokonzentrationen auf das Geschäftsmodell zurückführen, so sind diese eher einfach zu identifizieren. Zudem hat das Kreditinstitut in der Regel seine Prozesse und Steuerungsmaßnahmen bereits darauf ausgelegt.[542] Im Rahmen der Risikoinventur ist dann nur strukturiert zu prüfen, in welcher Weise das Geschäftsmodell Risikokonzentrationen hervorruft.

802

So liegt bei einer lokal agierenden Sparkasse per se schon eine Konzentration auf Kunden der Region vor. Eine **regionale Diversifizierung** kann in diesem Fall nur innerhalb des Geschäftsgebietes erreicht werden, solange eine explizite Diversifizierung durch Ankauf von Vermögenswerten außerhalb des Geschäftsgebiets nicht vorgesehen ist.[543] Darüber hinaus kann im Privatkundengeschäft eine Konzentration auf **Immobilienfinanzierungen** als Produkt (und damit auf Immobilien als Sicherheit) sowie gegebenenfalls auf Arbeitnehmer einer **Branche** eine Risikokonzentration darstellen.

803

---

542 Die Konzentration ist dabei ein strategisch eingegangenes Wagnis, vgl. auch *Teitge* (2016).
543 Naheliegend wäre bei Letzterem die Teilnahme an der Syndizierung von Krediten.

804 Eine ähnliche Branchenkonzentration kann zusätzlich durch das **regionale Firmenkundengeschäft** auftreten. Aus beiden Umständen ergibt sich schon eine Abhängigkeit zwischen zwei Ausprägungen einer Konzentration: (1) Branche der Arbeitnehmer im Verbraucherkreditgeschäft und (2) Branche der Firmenkunden. Ferner kann durch einige größere Firmen vor Ort ein **Klumpenrisiko** auf einzelne Adressen im Firmenkundenkreditportfolio und ein **Ansteckungsrisiko** durch die Vielzahl von beschäftigten Arbeitnehmern bei diesem Betrieb bestehen.

805 Ähnlich lassen sich auch für andere Geschäftsmodelle, etwa international agierende **Spezialfinanzierer**, Konzentrationsprofile erstellen. Die sich daraus ergebenden Konzentrationsrisiken können als »gewollt« bezeichnet werden, zumindest sind diese als Teil des Geschäftsmodells »geduldet«. Bei einer angemessenen Risikokultur mit einem in den Köpfen der Mitarbeiter verankerten Risikobewusstsein, welches die täglichen Arbeitsweisen beeinflusst,[544] werden langfristig geschäftsmodell-immanente Risikokonzentrationen nicht unentdeckt bleiben.

806 Zufällig eingegangene oder neu auftretende Risikokonzentrationen sind hingegen schwer zu identifizieren. Prinzipiell können diese nur durch aufmerksame, weltoffene und am Tagesgeschehen aktiv teilnehmende Mitarbeiter aufgespürt werden, die Impulse und Informationen aus einem heterogenen Umfeld und einem breiten Informationsangebot aufnehmen. Dies betrifft das Lesen von Fachzeitschriften, die Teilnahme am Tagesgeschehen, die Vernetzung auf Fachtagungen sowie proaktive Gespräche mit der Aufsicht. Zudem ist eine **offene Risikokultur** gefordert, damit bei Bedenken einzelner Mitarbeiter bezüglich neuer Risikokonzentrationen diesen auch die Ressourcen und die managementseitige Unterstützung für die Klärung der daraus resultierenden Fragestellungen zugestanden wird.[545] Stresstests und Szenarioanalysen können darüber hinaus in einem solchen Umfeld helfen, zufällige Risikokonzentrationen zu erkennen.

807 Beispielsweise können solche »zufälligen« Risikokonzentrationen in Form von **Ertragskonzentrationen** aus langlaufenden, hochverzinslichen (Bau-)Sparverträgen ohne Kündigungsrecht durch die Bank entstehen. Gehören solche Verträge in Zeiten »normaler« Zinsstrukturen zum üblichen (Re-)Finanzierungsmix auf der Passivseite eines Instituts, so stellen diese Verträge aktuell

---

544 Vgl. dazu *BaFin* (2016.02a), S. 3.
545 Als noch schwieriger einzuschätzen ist der interne Umgang mit schon lange bestehenden, aber erst spät erkannten Konzentrationen.

ein hohes Risiko für die Ertragslage dar.[546] Ob solche Verträge tatsächlich nicht kündbar sind, hängt dabei von vielen Ausgestaltungsmerkmalen und unbeantwortete Fragen durch die Rechtsprechung ab.[547] Entsprechend dürfte es in einem Institut zunächst schwierig sein, das Ertragsrisiko durch viele solcher Verträge als Klumpen zu erkennen – und auch den Zeitpunkt festzustellen, ab dem diese Verträge als »Risiko« einzustufen waren.[548]

Nach der Identifizierung der Risikokonzentrationen ist zu klären, in welchen **Risikoarten** der Risikotragfähigkeitsrechnung die Risikokonzentrationen alloziert sind. Zunächst ist davon auszugehen, dass diese Risikokonzentrationen in die **Standard-Risikoarten** des Kreditinstitutes einbezogen sind. Hier sind zwei Möglichkeiten der Einbeziehung zu unterscheiden. 808

Eine **Intra-Risikokonzentration** liegt vor, wenn ein bestimmtes Ereignis einen vergleichsweise erheblichen Anstieg des Verlustpotenzials innerhalb einer Risikoart zur Konsequenz hat.[549] Beispielhaft sei ein möglicher Anstieg der Ausfälle im Verbraucherkreditgeschäft genannt, wenn sich aufgrund fehlender staatlicher Finanzmittel, anhaltender Wirtschaftsflaute und einer gegebenenfalls noch immer drohenden Währungsreform die Bonität der Kreditnehmer in Griechenland weiter verschlechtert. Die Konzentration liegt hier in Form von Kreditnehmern in Griechenland vor. 809

Die Gefahr, die von Intra-Risikokonzentrationen ausgeht, wird durch ein gemeinsames Schlagendwerden von Risiken sichtbar, die in dieser Höhe im Rahmen der üblichen Quantifizierungsmethoden durch Risikomodelle oder Szenarioanalysen oder aus der Erfahrung der Vergangenheit **nicht prognostiziert** oder erwartet wurden. Der Umgang mit den Risiken in der Risikoart geht dann von homogenen, diversifizierten Risikoträgern aus, die realiter aber nicht vorliegen. Im genannten Griechenland-Beispiel könnte ein europaweit agierendes Kreditinstitut beispielsweise das Kredit(ausfall)risiko aus Verbraucherkreditgeschäften als homogen betrachten, obwohl für Kredite gegenüber Kunden in Griechenland eine sehr hohe, individuelle Ausfalldynamik vorliegt. Als ein weiteres Beispiel können Intra-Gruppenforderungen genannt werden, 810

---

546 Vgl. *Siedenbiedel* (2015).
547 Vgl. *Schön* (2016).
548 Je nach Herangehensweise der Abbildung solcher Verträge in der Planung kann durch die Kündbarkeit auch eine Ertragschance entstehen.
549 Vgl. hierzu und im Folgenden auch *Fiebig/Heithecker* (2015), S. 201 und 224 f. sowie BaFin (2016.02b), AT 2.2, Tz. 1.

die innerhalb des Kreditrisikos eigenen, verbundspezifischen Risikotreibern unterliegen können.[550]

811 Die bestehende Möglichkeit, nur das Konzentrationsrisiko eigenständig zu evaluieren – etwa das durch große Kredite verursachte zusätzliche Kreditrisiko im Vergleich zu wertberichtigungsseitig gleich-riskanten, aber diversifizierten kleinen Krediten – und damit das Konzentrationsrisiko als eigene Risikoart zu betrachten, würde einer Intra-Risikokonzentration entsprechen, die nur als einzelne Komponente des Gesamtrisikos ausgewiesen wird.

812 Der zweite Fall ist die **Inter-Risikokonzentration**, bei der ein Kreditinstitut der Gefahr des Anstiegs von Risiken in mehreren Risikoarten nach nur einem singulären Ereignis ausgesetzt ist. Als Beispiel wurde schon die Verschlechterung der Auftrags- und Ertragslage in einer beherrschenden Industriebranche einer Region genannt, die neben dem Anstieg des Ausfallrisikos bei Krediten im Firmenkundengeschäft und Privatkundengeschäft auch einen Rückgang des Wertpapier- und Spargeschäftes zur Folge haben kann. Der gemeinsame Risikotreiber würde dann sowohl das Kreditrisiko, sogar in zwei unterschiedlichen Teilportfolios und Kategorien, als auch das Ertragsrisiko, also die Provisions- und Zinseinnahmen, negativ beeinflussen.

813 Die Gefahr von Inter-Risikokonzentrationen geht aus der gemeinsamen Abhängigkeit der Risikoarten hervor, die in den Berechnungsmethoden der Risikomodelle und anderen Risikoanalysen gegebenenfalls nicht abgebildet wird. Hohe, auf Ebene der Risikotragfähigkeit schlagend werdende Risiken in mehreren Risikoarten aufgrund unerwarteter risiko-relevanter Entwicklungen werden dann gegebenenfalls nicht ausreichend mit einer Risikodeckungsmasse unterlegt.

814 Es gibt noch eine weitere, neben den Inter- und Intra-Risikokonzentrationen existierende dritte Methode, Risikokonzentrationen in der Risikotragfähigkeit abzubilden. Diese besteht in der Möglichkeit, **eigene Risikoarten** oder Risikokategorien für Konzentrationen zu bilden. Dabei ist insbesondere zu empfehlen, das komplette Risiko aus einer Konzentration eigenständig gesamthaft als Risiko zu betrachten.

815 Eigene Risikoarten als Risikokonzentrationen sind häufig alle **institutsspezifischen Risikoarten**, die nicht Standardrisikoarten sind.[551] In einem Leasingunternehmen können beispielsweise **Restwertrisiken** als eigenständige Risikoart behandelt werden. Restwertrisiken entstehen aus dem (Markt-)Preis-

---

550 Vgl. *BaFin* (2016.02b), AT 4.5, Tz. 3.
551 Vgl. dazu Kapitel F.V.1.

risiko, welches am Ende der Laufzeit eines (Operative-)Lease-Vertrags durch eine mögliche Preisabweichung zwischen dem vertraglich vereinbarten und der Kalkulation zugrunde liegenden Wert und dem tatsächlichen Marktwert des Fahrzeugs besteht.[552] In Säule I der Eigenkapitalunterlegung nach CRR werden diese Risiken im Rahmen der Eigenkapitalunterlegung von Kreditrisiken abgebildet, da diese durch den Leasingvertrag begründet werden und dieser Vertrag zunächst ein Ausfallrisiko trägt.[553]

Ein weiteres Beispiel können **Ertragsrisiken** sein, wenn aufgrund der Abhängigkeitsstruktur der Absatzmärkte des Kreditinstituts höhere Ertragsvolatilitäten möglich sind und diese somit eine bedeutende Auswirkung auf die unterjährige Ertragslage des Instituts haben können. Durch die explizite Abbildung solcher Ertragsrisiken in der Risikotragfähigkeit können solche Risikokonzentrationen, hier etwa in Form von Ansteckungsrisiken, adäquat adressiert werden.[554]

816

Auch Ausfallrisiken aus **Intragruppenforderungen** können als eigene Risikokategorie unterhalb des Adressenausfallrisikos betrachtet und somit eigenständig behandelt werden.[555] Der Vorteil solcher individuellen Abbildungen der Risikokonzentrationen ist, dass zum einen die Risiken problemkonform quantifiziert werden und durch nicht berücksichtigte Konzentrationen häufig resultierende Fehlspezifikationen der Messverfahren nicht auftreten.[556] Zum anderen haben einzelne Risikoarten oder -kategorien häufig einen eigenen, adäquaten Datenhaushalt, werden eigenständig berichtet und gegebenenfalls auch limitiert. Durch diese Darstellung von durch Risikoarten »eigenständig« abgebildeten Konzentrationsrisiken in den Risikoprozessen eines Kreditinstituts werden viele Voraussetzungen, die für die sachgerechte Steuerung von Konzentrationsrisiken notwendig sind, schon immanent erfüllt.

817

Nach Identifikation und Klärung der Darstellung der Konzentrationsrisiken in den Risikoarten erfolgt nun deren Analyse, für die im folgenden Abschnitt Instrumente erörtert werden.

818

---

552 Vgl. *Glaser* (2013), *Burghof/Nau/Trede* (2012), und allgemein *Glaser* (2012a).
553 Vgl. *Glaser* (2013), und *CRR* (2013), Art. 134 (7) und Art. 147 (9).
554 Vgl. *Riediger* (2013), S. 264. Es gibt noch weitere Gründe dafür, Ertragsrisiken in der Risikotragfähigkeitsanalyse zu berücksichtigen, vgl. Kapitel F.V.2.
555 Eine umfassende Darstellung von Risikokategorien unterhalb des Adressenausfallrisikos ist bei *Busch/Dahms-Singelmann/Heithecker/Wendt* (2016), S. 131 f. zu finden.
556 Hierbei handelt es sich um Modellrisiken, vgl. *Heithecker* (2015), S. 42 ff.

3.2. Bewertung von Risikokonzentrationen

819 Bei der Bewertung von Risikokonzentrationen wird üblicherweise zwischen qualitativen und quantitativen Analysemethoden unterschieden.[557] Zu den **qualitativen Analysemethoden** gehören – trotz einer quantitativen Grundlage – im Wesentlichen deskriptive Statistiken, die um eine Abschätzung der Ursache der Konzentration und der möglichen Wirkung der daraus resultierenden Risiken ergänzt werden können. **Quantitative Analysemethoden** erfolgen zumeist kennzahlenbasiert. Die Kennzahlen können auf üblichen Maßzahlen der deskriptiven Statistik zur Konzentrationsmessung basieren oder anhand portfolio- und modelltheoretischer Überlegungen entwickelt werden.

3.2.1. Qualitative Analyse am Beispiel von Ertragskonzentrationen

820 Für die jeweilige Risikoart ist es im Rahmen einer qualitativen und **deskriptiven Analyse** sinnvoll, dass für eine Segmentierung zunächst recht große Segmente betrachtet werden.[558] In einem weiteren Schritt können dann detailliertere Ausschnitte betrachtet werden. Diese Detaillierungen können einzelne Positionen betreffen oder das gesamte Segment nach anderen Inhalten unterteilen. Durch diese »top-down«-Vorgehensweise verliert man am Anfang der Analyse nicht gleich den Überblick.

821 In den Abbildungen D – 7 und D – 8 wird eine solche Vorgehensweise beispielhaft für die Analyse der **Ertragszusammensetzung** vor dem Hintergrund der Untersuchung von Ertragsrisiken dargestellt. Die Ergebnisse werden unter dem Blickwinkel der durchzuführenden Risikoinventur ausgewertet, auch in Bezug auf andere Risikoarten. Diese Erörterung gewährleistet vor allem die in den SREP-Leitlinien vorgesehene ganzheitliche Betrachtung von Ertrag und Risiko innerhalb eines Kreditinstituts etwa im Rahmen der Geschäftsmodellanalyse. Mögliche Ergebnisse sind beispielhaft in Tabelle D – 14 zusammengefasst.

---

557 Vgl. *Füser* (2009).
558 Die Ausführungen in den folgenden Absätzen zu Ertragskonzentrationen sind *Martin* (2013) entnommen, vgl. auch *Batz/Martin/Seel/Zydowitz* (2011). Eine umfassende Diskussion zu Ertragsquellen in Banken unter Berücksichtigung der aktuellen Entwicklungen bieten neben *Martin* (2013) auch *Bielmeier/Stappel* (2016), *Kühlwein* (2016) und *Deutsche Bundesbank* (2015.09).

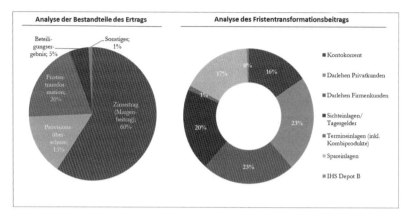

Abbildung D – 7: Deskriptive Statistiken der Bestandteile der Gesamterträge nach Einkunftsarten und des Fristentransformationsbeitrags nach Produkten[559]

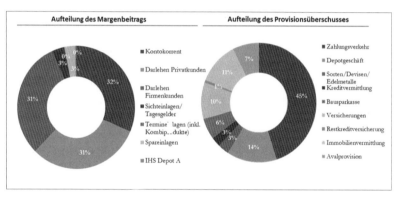

Abbildung D – 8: Deskriptive Statistiken des Margenbeitrags und Provisionsüberschusses nach Produkten[560]

Demnach können in einem ersten Schritt die Erträge nach den klassischen Bestandteilen Konditionsbeitrag (Marge), Strukturbeitrag (Fristentransformationsbeitrag), Provisionserträge und sonstige Erträge untersucht werden.[561] Neben der aktuellen Bestandsaufnahme sind auch die Aufteilungen der Vorjahre gemäß der Ertragsprognose von Interesse.

In einem nächsten Schritt können die bedeutenden Ertragstreiber weiter untersucht werden, im vorliegenden Beispiel nach Abbildung D – 7 sind dies die

---

559 Eigene Darstellung in Anlehnung an *Martin* (2013).
560 Eigene Darstellung in Anlehnung an *Martin* (2013).
561 Diese Aufteilung ist auch in den MaRisk relevant, vgl. *BaFin* (2016.02b), AT 4.2, Tz. 2.

Zinserträge unterteilt nach dem **Konditionsbeitrag** (»Marge«) und dem **Strukturbeitrag** (»Fristentransformationsergebnis«). Nach den Empfehlungen aus den MaRisk und den SREP sind hier Kunden, Regionen und Produkte als Unterteilung in Erwägung zu ziehen, andere Kategorisierungen resultierend aus dem Geschäftsmodell des Kreditinstituts sind aber möglich. Häufig liegt bei einer Betrachtung von Produkten auch eine Aufteilung nach Kundengruppen vor, da Produkte kundengruppenspezifisch ausgestaltet werden – im vorliegenden Beispiel liegt dies etwa bei den Produktgruppen Darlehen an Privatkunden und an Firmenkunden vor.

824 In diesem Zusammenhang empfiehlt es sich, auch den **Strukturbeitrag** hinsichtlich der Produkte aufzuteilen. Die Zuordnung ist zu einem gewissen Grad willkürlich: Ein positiver Fristentransformationsbeitrag wird erwirtschaftet, wenn bei einer normalen (oder steilen) Zinsstrukturkurve langfristige Forderungen (etwa bei Kundenkrediten) durch kurzfristige Verbindlichkeiten refinanziert werden. Damit keine unbeherrschbaren Liquiditätsrisiken entstehen, müssen diese kurzfristigen Verbindlichkeiten stabil durch Neugeschäft oder Prolongationen bestehen. Entsprechend muss sich ein Kreditinstitut unter Steuerungsgesichtspunkten entscheiden – wenn der Strukturbeitrag auf Produktebene ausgewiesen werden soll –, ob der Fristentransformationsgewinn ursächlich durch die Fähigkeit des Instituts zum Vertrieb von langlaufenden Forderungen (z. B. Kredite mittlerer Laufzeit) oder durch kurzfristige Verbindlichkeiten getrieben wird. Auf Basis dieser Entscheidung kann der Ertrag dann den Produkten zugeschlüsselt werden.

825 Neben den Positionen der Zinserträge können auch die Provisionserträge als zweiter wichtiger Bestandteil der Einnahmen von Kreditinstituten auf Produktebene analysiert werden. Dies ist beispielhaft in Abbildung D – 8 dargestellt.

826 Eine Erweiterung der Analyse kann erfolgen, indem die Erträge unter Berücksichtigung weiterer Dimensionen wie

- der Region bei in der Fläche agierenden Instituten,
- den Organisationseinheiten wie Geschäftseinheiten und Zweigstellen,
- den Kundensegmenten wie Alter, Einkommen, Geschäftsvolumen, etc.

untersucht werden.

827 Limitierend dabei ist, dass natürlich nur Dimensionen analysiert werden können, die innerhalb der Daten auch auswertbar sind. Sollten Unterteilungen als möglicherweise relevant erachtet werden, aber durch die **aktuelle Daten-**

struktur nicht darstellbar sein, so sind diese Daten nachträglich – aus Kostengründen ggf. zunächst nur für ein Pilotsegment – zu erheben. Der grundsätzliche Verzicht auf solche Nacherhebungen ist vor dem Hintergrund der Notwendigkeit einer ganzheitlichen und kritischen Untersuchung von Konzentrationsrisiken nicht empfehlenswert.[562]

Im Rahmen einer Analyse der Ertragszusammensetzung kann auch die Verbindung zu weiteren Risiken der Risikoinventur hergestellt werden. Risikoarten, die mit bedeutenden Segmenten der Ertragsgenerierung zusammenhängen, sollten als wesentlich eingestuft werden oder zumindest hinsichtlich der Wesentlichkeit genau überprüft werden,[563] wie dies auch im Beispiel in Tabelle D – 14 diskutiert wird.

828

---

562 Gerade solche zusätzlichen Erhebungen dienen dem Aufspüren »zufälliger« Konzentrationen, vgl. dazu die Ausführungen im vorherigen Abschnitt.
563 Bei eher kleinen, spezifischen Risiken lassen sich diese ggf. über das Ertragsrisiko abbilden. Vgl. dazu die Ausführungen in Kapitel F.V.1.

GANZHEITLICHE RISIKOINVENTUR

Kurz-Analyse der Ertragszusammensetzung

- 80 % der Erträge kommen aus dem Zinsgeschäft, 60 % davon kommen aus den Margen gegenüber den Kunden (Konditionsbeitrag). Es ist ein Rückgang zum Vorjahr zu verzeichnen (nicht dargestellt), der auf das niedrigere Zinsniveau zurückzuführen ist.
- Die Fristentransformation erwirtschaftet ¼ der Zinserträge, die zentral an der marktseitig vorgegebenen Zinsstruktur hängt. Der Rückgang in den letzten Jahren war hier bedeutend (nicht dargestellt). Das hier bestehende Zinsänderungsrisiko ist im Marktpreisrisiko des Anlagebuches näher zu analysieren [zu analysieren im Zinsänderungsrisiko], insbesondere auch vor dem Hintergrund wieder steigender Zinsen, da die Überschüsse der Fristentransformation überwiegend auf Darlehen mittelfristiger Laufzeit zurückzuführen sind.
- 62 % des Konditionsbeitrags und 95 % des Fristentransformationsbeitrags werden auf ausfallrisikobehafteten Kunden(kredit)geschäften erwirtschaftet, welche sich auf drei Produktgruppen diversifiziert verteilen. Hier besteht ein Volumen-, Margen- und Zinsrisiko [zu analysieren im Ertragsrisiko], vor allem vor dem Hintergrund steigenden Wettbewerbsdrucks. Zusätzlich ist das Adressenausfallrisiko zu beachten [zu analysieren im Kunden-Kreditrisiko].
- Der Zinsüberschuss enthält auch Bestandteile aus Anlagen von Emittenten (Depot A), die Anlagen unterliegen einem Ausfallrisiko [zu analysieren im Emittentenrisiko] und einem Bewertungsrisiko [zu analysieren im Migrations- und Spreadrisiko].
- Wichtige Produkte des Zinsüberschusses werden durch Kundeneinlagen oder institutionelle Mittel (Zentralbank) kurzfristig refinanziert. Wenngleich hier aktuell kaum ein Fristentransformations- oder Margenbeitrag erzielt wird, sind diese Einlagen wichtig für die Abwicklung der Kreditprodukte höherer Margen. Es besteht ein Abrufrisiko dieser Mittel [zu analysieren im Liquiditätsrisiko].
- Der überwiegende Teil des Provisionsgeschäfts resultiert aus dem Zahlungsverkehr. Hier ist eine hohe Wettbewerbsdynamik erkennbar, mit neuen Wettbewerbern und eigenen neuen Produkten. Hier liegen hohe Vertriebsrisiken und -chancen vor [zu analysieren im Ertragsrisiko].
- Ferner kommen 30 % der Provisionserträge aus dem Depotgeschäft, dem Bauspargeschäft und der Versicherungsvermittlung. Hier sind bei vielen Banken in jüngster Zeit vermehrt Haftungsfälle vor Gericht oder Reputationsschäden entstanden. Dieses Risiko ist zumindest qualitativ zu überwachen [zu analysieren im operationellen Risiko als Rechtsrisiko und Reputationsrisiko]. Aufgrund der guten Unternehmenskultur (vgl. Mitarbeiterbefragung, nicht dargestellt) und überarbeiteten Compliance-Prozessen sind Schäden aufgrund von Fehlverhalten einzelner Mitarbeiter eher auszuschließen [bereits analysiert im Verhaltensrisiko, nicht dargestellt].
- Die Performance aller aufgeführten Ertragsquellen resultiert aus funktionsfähigen, klar definierten Prozessen, einer leistungsfähigen IT sowie gut ausgebildeten und motivierten Mitarbeitern. Wird dieses Umfeld gestört, ist mit geringeren Erträgen und höheren Schadensfällen zu rechnen. Mögliche Risiken und Drohpotenziale sind zu evaluieren [zu analysieren im operationellen Risiko].

Abschließende Bewertung

Offensichtlich liegt bei der Ertragszusammensetzung eine Konzentration auf den Strukturbeitrag vor, der jedoch über mehrere Kundengruppen und Produktgruppen erwirtschaftet wird. Hier liegt also eine (leichte) Diversifikation vor. Innerhalb der genannten Gruppen sind einige Kunden im Firmenkundenbereich und Kundenuntergruppen im Verbrauchergeschäft sowie einzelne Produkte von Bedeutung (ohne Darstellung), eine existenzgefährdende Entwicklung ist hier jedoch kaum zu erwarten. Im Rahmen der Umsetzung der Geschäftsstrategie sind die Produktentwicklung in diesem Segment und die weitere Entwicklung der nachhaltigen Kundenorientierung für das Ertragsrisiko von hoher Wichtigkeit.

Tabelle D – 14: Beispielhaftes Analyseergebnis aus der deskriptiven Statistik der Ertragszusammensetzung[564]

---

564 Eigene Darstellung nach Anregungen von *Martin* (2013).

Wird eine solche, zum Aufspüren von Ertragskonzentrationen vorgenommene, Analyse auf andere Risikoarten übertragen, so stellt sich vor allem die Frage, welches Merkmal ausgewertet wird. Im Zusammenhang mit den gezeigten Ertragspositionen sind dies üblicherweise die GuV-seitig verbuchten Einnahmen. Bei anderen Risikoarten ist die Definition eines geeigneten Merkmals häufig weniger eindeutig. Beispielsweise können beim Kreditrisiko die aktuellen Kreditbeträge für Kundenforderungen genutzt werden. Der Umfang der Berücksichtigung offener Limite wäre dann zu diskutieren. Denkbar wäre aber auch die Nutzung des Risikoaktivums[565] oder der risikobasierten Aktiva nach der Definition der CRR. Auch risikobasierte Maße wie der Beitrag zum erwarteten Verlust (EL-Beitrag) oder unerwarteten Verlust (UL-Beitrag) wären nutzbar.[566] Im Zweifel sollten mehrere Größen für die Auswertungen definiert werden. Bei abweichenden Aussagen hinsichtlich der Konzentrationen ist dann eine genauere Analyse der Gründe gefordert.

Die deskriptiven Auswertungen können nun in einem nächsten Schritt um geeignete statistische Kennzahlen erweitert werden. Diese sind Teil der im folgenden Abschnitt beschriebenen quantitativen Analyse.

3.2.2. Quantitative Analyse

Im Rahmen der quantitativen Analyse werden klassische statistische oder portfoliotheoretisch abgeleitete Kennzahlen ausgewertet.

Klassische **statistische Kennzahlen** haben den Vorteil, dass sie relativ einfach ohne einen größeren Datenaufwand als die ohnehin für die deskriptiven Analysen notwendigen Daten berechnet werden können. Zudem werden die Informationen auf eine Kennzahl verdichtet, d. h. die Information hinsichtlich einer Konzentration kann wesentlich komprimierter als etwa durch Grafiken kommuniziert werden. Dies kann die Transparenz in der Kommunikation erhöhen, insbesondere wenn zeitliche Entwicklungen verdeutlicht werden sollen. Der Nachteil ist, dass durch die komprimierte Darstellung in einer Kennzahl Informationen, in diesem Fall über die konkrete Verteilung, verloren gehen.

Für die Messung von Konzentrationen können relative und absolute Risikomaße genutzt werden.[567] Eine sehr bekannte Kennzahl der **relativen Risikomaße** ist der GINI-Koeffizient, der auf Basis der Lorenz-Kurve bestimmt

---

565 Dies wird auch als Gesamtforderungsbetrag oder TREA (engl. Total Risk Exposure Amount) bezeichnet.
566 Eine Auflistung befindet sich auch bei *Fiebig/Heithecker* (2015), S. 212.567 Vgl. dazu auch *Füser* (2009) und für die folgende Darstellung insbesondere *Heithecker* (2012).
567 Vgl. dazu auch *Füser* (2009) und für die folgende Darstellung insbesondere *Heithecker* (2012).

wird.⁵⁶⁸ Bei relativen Risikomaßen ist lediglich die Verteilung der Größen innerhalb einer Gruppe von Bedeutung. Für das Konzentrationsrisiko ist somit ausschließlich von Bedeutung, ob ein kleiner Anteil der Werte ein verhältnismäßig großes Volumen innerhalb des Gesamtwertes einnimmt (»Disparität«). Eine Ausweitung der Anzahl der Positionen wirkt nicht unbedingt konzentrationsreduzierend. Wird im Kreditportfolio beispielsweise die Anzahl der Kunden erhöht, so hat dies nicht unbedingt zu Folge, dass der GINI-Koeffizient dies honoriert. Gleiches gilt, wenn im Rahmen der Ertragskonzentrationsmessung aufgrund einer Produktoffensive die erwirtschafteten Zinserträge über eine größere Bandbreite an Produkten erzielt werden. Oftmals ist es sogar so, dass durch Hinzunahme neuer Produkte (mit anfänglich sehr geringen Erträgen) das Konzentrationsmaß sogar ansteigt – selbst wenn sich die restliche Zusammensetzung der Erträge nach Produkten nicht ändert. Relative Konzentrationsmaße wie der GINI-Koeffizient sollten aus diesem Grund in der bankbetrieblichen Risikomessung eher nicht eingesetzt werden.

834 Sinnvoller sind hingegen absolute Konzentrationsmaße. Diese messen Konzentrationen, die durch »Ausscheiden« von Positionen entstehen. Folglich ist das Konzentrationsrisiko groß, wenn die Zahl der Positionen – im oben genannten Beispiel Forderungen oder Produkte – klein ist (Quantität). Zudem werden Effekte der relativen Konzentrationsmessung abgebildet, wodurch ebenfalls ein hoher Wert für die Konzentration entsteht, wenn eine kleine Anzahl an Positionen ein verhältnismäßig großes Volumen vereint (Disparität). In Tabelle D – 15 sind vier absolute Risikomaße dargestellt.

835 Die im Bankenumfeld sehr verbreitete Kennzahl ist der **HHI (Herfindahl-Hirschman-Index)**,⁵⁶⁹ der sich aus der Summe der quadratischen Gewichte der Positionen am Gesamtvolumen ergibt. Diese Kennzahl weist einen Wert näher an 1 auf, wenn eine hohe Konzentration besteht, sie kann auf nahe 0 sinken, wenn die Positionen als komplett diversifiziert gelten. Schöner interpretierbar als der HHI ist sein Kehrwert, der als **effektive Anzahl** unter Beachtung der Konzentration (n_{eff}) bezeichnet werden kann.⁵⁷⁰ Dieser Wert gibt einen Eindruck davon, auf wie viele Positionen sich ein Gesamtvolumen unter Beachtung der Konzentration tatsächlich verteilt. Wird diese effektive Anzahl mit der tatsächlichen Anzahl der Positionen verglichen, so ergibt sich eine eindrucksvolle Maßzahl, wie stark die Konzentration ist.

---

568 Vgl. *Schira* (2012), S. 67 ff. Der Koeffizient wird auch durch die Aufsicht vorgeschlagen, vgl. *EBA* (2014.12), Tz. 151.
569 Vgl. *Schira* (2012), S. 65 ff. Auch diese Kennzahl wird von der Aufsicht vorgeschlagen, vgl. *EBA* (2014.12), Tz. 151.
570 Vgl. *Gordy* (2003) oder auch *Heithecker* (2012).

Für die beispielhaften Darstellungen der Ertragstreiber nach Anzahl der Produktgruppen in den Abbildungen D – 7 und D – 8 ist diese Kennzahl jeweils berechnet worden, die Ergebnisse sind in Tabelle D – 16 aufgelistet. Demnach wird der Fristentransformationsbeitrag konzentrationsgewichtet eher aus drei Produktgruppen generiert, obwohl in die Auswertung sieben Produktgruppen eingegangen sind. Das Resultat der drei Produktgruppen passt auch zur intuitiven Auswertung der Grafik in Abbildung D – 7 Demnach sind die zugewiesenen Erträge auf die Produktgruppen Kontokorrentkredite sowie Darlehen an Privatkunden und an Firmenkunden verteilt.

836

Absolute Konzentrationsmaße, exposurebasiert gemessen	
Herfindahl-Hirschman-Index **Effektive Forderungsanzahl**	**(normierter)** **quadratischer Variationskoeffizient**
$HHI_E = \underset{i=1}{\overset{I}{SUMME}}(w_i^2)$ $n_{eff} = 1/HHI_E$	$VK_{EAD} = n \cdot STABW.N(w_i)$ $NVK_{EAD} = n \cdot VAR.P(w_i)$
w_i	»Forderung-Gewicht« der Forderung der Höhe E_i des Kreditnehmers i $\left(= E_i / \underset{i=1}{\overset{I}{SUMME}}(E_i)\right)$
STD(•) VAR(•)	Operator für die Standardabweichung Operator für die Varianz
Exponentialindex	**Rosenblut-Index**
$EXI_{EAD} = EXP\left(\underset{i=1}{\overset{I}{SUMME}}(w_i \cdot LN(w_i))\right)$	$RoB_{EAD} = \dfrac{1}{\left(2 \cdot \underset{i=1}{\overset{I}{SUMME}}(i \cdot w_{<i>})\right) - 1}$
exp(•) ln(•) $w_{<i>}$	Exponentialfunktion eines Ausdrucks natürlicher Logarithmus eines Ausdrucks Exposuregewicht, sortiert nach der Rangfolge der Gewichte, d. h. $w_{<1>} \geq w_{<2>} \geq ... \geq w_{<I>}$

Tabelle D – 15: Mathematische Definition von Maßzahlen der absoluten Konzentrationsrisikomessung unter Nutzung der Excel-Nomenklatur für die mathematischen Funktionen[571]

	Anzahl	Effektive Anzahl
Fristentransformationsbeitrag	7	3,4
Margenbeitrag	7	5,0
Provisionsüberschuss	9	3,9

Tabelle D – 16: Anzahl und effektive Anzahl der Produktgruppen der im Beispiel aufgeführten Ertragsquellen[572]

---

571 Eigene Darstellung nach *Heithecker* (2012) und *Füser* (2009).
572 Eigene Darstellung nach *Heithecker* (2012) und *Füser* (2009).

837 Der Margenbeitrag ist hingegen stärker diversifiziert und konzentrationsgewichtet und wird auf etwa fünf Produktgruppen verteilt erzielt, diese sind neben den genannten drei Gruppen auch die Sichteinlagen und Spareinlagen.[573] Der Provisionsüberschuss würde gemäß der Auswertung auf neun Produktgruppen verteilt, unter Beachtung der Konzentration ist jedoch materiell nur von vier Gruppen auszugehen. Der hohe Anteil der Einnahmen aus dem Zahlungsverkehr wird hier noch effektiv durch die Einnahmen der anderen Produktgruppen diversifiziert.

838 Der HHI hat ein paar weitere Vorteile, die sich aus der Zusammensetzung der Kennzahl begründen. So kann diese Kennzahl auf unterschiedlichen Ebenen der betrachteten Dimensionen jeweils einzeln bestimmt werden. Der HHI des Gesamtportfolios ergibt sich dann aus der Multiplikation und Summe der einzelnen HHI-Bestandteile der unterschiedlichen Ebenen. So lässt sich sinnvoll ein **HHI-Baum** erstellen, der mögliche Konzentrationen aufdecken kann.

839 Beispielsweise lässt sich die Konzentration des Kreditgeschäftes des Filialbereichs in so einem Baum visualisieren, wie dies in Abbildung D – 9 erfolgt ist.

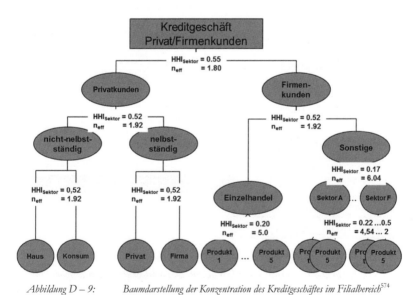

Abbildung D – 9: Baumdarstellung der Konzentration des Kreditgeschäftes im Filialbereich[574]

---

573 In der aktuellen Situation sind dort jedoch noch kaum Margenerträge zu erwarten.
574 Eigene Darstellung.

Zunächst wird das Portfolio in die Bereiche Privatkunden und (kleine) Firmenkunden unterteilt. Für diese Unterteilung lassen sich ein HHI als Konzentrationsmaß und sein Kehrwert, die effektive Anzahl, bestimmen. Der Bereich Privatkunden kann nun wiederum in die Kredite an selbstständige und nicht-selbstständige Kreditnehmer aufgegliedert werden. Schließlich werden diese beiden Untergruppen wieder differenziert betrachtet, etwa nach Produkten. Auf jeder Ebene können ein HHI und die effektive Anzahl bestimmt werden.

Auch die Kredite an (kleine) Firmenkunden werden gemäß dieser Methode zunächst nach Branchen untergliedert, wobei hier explizit eine stark vertretene Branche (hier: Einzelhandel) in einem Ast des Baumes aufgeführt wird. Auch hier wird final eine Unterteilung nach Produkten vorgenommen. Auf jeder Ebene können nun die HHIs bestimmt werden.

Der HHI für die insgesamt gebildeten Sektoren bezogen auf das Gesamtportfolio ergibt sich gerade aus der Summe der multiplikativ verknüpften quadratischen Gewichte. Somit sind alle Bestandteile des Portfolio-HHI in dem Baum bereits visualisiert. Über längere Zeiträume hinweg kann die Zusammensetzung des Portfolios anhand des »Baums« untersucht werden. Vor allem bei einer Veränderung der Konzentration kann so schnell die Ursache erkannt werden, beispielsweise ein Shift

- zu einem Kreditprodukt im Segment der Kredite an nicht-selbstständige Privatkunden oder
- des relativen Kreditvolumens von nicht Selbstständigen zu selbstständigen Privatkunden.

Der weitere Vorteil des HHI ist, dass sowohl bei der Messung von Adressenkonzentrationen als auch bei der Messung von Sektorkonzentrationen viele Analysen zeigen, dass sich Abweichungen zwischen dem Risiko eines diversifizierten Portfolios und dem Risiko eines Portfolios mit einer der genannten Konzentrationen durch den HHI gut erklären lassen.[575] Der HHI ist somit auch ein **portfoliotheoretisch** fundiert anzuwendendes Maß zur Messung von Risikokonzentrationen.

Dies führt zu der sogenannten **modellbasierten Risikomessung** von Risikokonzentrationen. Konkret wird hier die Auswirkung von Klumpenrisiken auf Basis von Portfoliomodellen gemessen, im Kreditrisiko sind dies die sogenannten Kreditportfoliomodelle wie CreditMetrics, CreditRisk+ oder Credit-

---

575 Vgl. *Gordy* (2003) oder *Pykhtin* (2004). Eine umfangreiche Zusammenfassung dieser Ansätze liefert auch *Hibbeln* (2010).

GANZHEITLICHE RISIKOINVENTUR

845 PortfolioView.[576] Das genutzte Modell muss dabei sensitiv gegenüber der Anzahl der gebildeten Segmente sein, d. h. die Zahl der betrachteten Segmente muss die Risikomessung des Modells beeinflussen.

Das der modellbasierten Messung zugrunde liegende Prinzip ist anhand der Kreditrisikomessung in Abbildung D – 10 dargestellt.

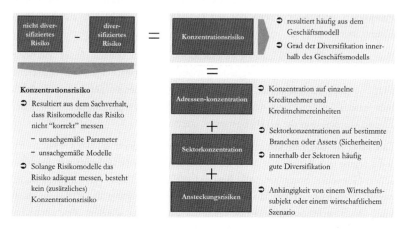

Abbildung D – 10: Modellbasierte Messung von Risikokonzentrationen[577]

846 Demnach werden zwei Risikowerte aus zwei Modellparametrisierungen gegenübergestellt. Die erste Modellparametrisierung erfolgt im Rahmen des genutzten Modells. Konzentrationen wie Klumpen auf bestimmte Sektoren oder auf einzelne große Adressen werden hier »**korrekt**« **abgebildet**.[578] Dieses Modell liefert den Risikowert eines »nicht diversifizierten« Risikos. In der zweiten Modellparametrisierung werden die Konzentrationen nicht dargestellt, d. h., es wird von einem komplett diversifizierten Portfolio ausgegangen. Der nun berechnete Risikowert ermittelt das »diversifizierte Risiko«. Die Differenz aus beiden Werten ist das auf die Konzentrationen zurückzuführende zusätzliche Risiko. Dieses kann bei Betrachtung einzelner Risiken in ein Adressenausfallrisiko, in ein Sektorkonzentrationsrisiko und in ein Ansteckungsrisiko aufgeteilt werden.

---

576 CPV. Einen Überblick liefert *Hull* (2011), S. 375 ff.
577 Eigene Darstellung.
578 Der Terminus »korrekt« bezieht sich dabei immer nur auf die gewählte Umsetzung des Kreditrisikomodells, er bezieht sich nicht auf den Sachverhalt, ob das Modell die beobachteten realen Abhängigkeiten »richtig« wiedergibt.

In den im Rahmen der Risikotragfähigkeitsrechnung eingesetzten Kreditportfoliomodellen sind beide Größen – das »diversifizierte Risiko« und das »nichtdiversifizierte Risiko« – nicht ohne Weiteres verfügbar. Beispielsweise werden in den Modellen häufig vereinfachende Annahmen getroffen, um die Berechnungen handhabbar zu gestalten.[579] In diesem Fall liegt das »nichtdiversifizierte Risiko« als Wert zunächst nicht nachweisbar vor. Wird in den internen Modellen hingegen das »nicht-diversifizierte Risiko« zumindest in Teilen abgebildet oder konservativ abgeschätzt, so ist ein Risikowert ohne das Konzentrationsrisiko häufig nicht oder nur unter großem Ressourcenaufwand bestimmbar. Dem »korrekten« oder zumindest für die Steuerung ausreichenden Modell müsste bewusst ein »falsches« Modell gegenübergestellt werden. Liegt dieses nicht vor, so kann das »diversifizierte Risiko« nicht bestimmt werden.

Vor dem Hintergrund dieser Problematik können die Aufschläge für das Konzentrationsrisiko oft nur auf Basis von **allgemein definierten Standard-Modellen** ermittelt werden. Diese Aufschläge stehen dann zwar nicht mehr im unmittelbaren Zusammenhang mit dem eigenen internen Modell, bilden jedoch portfoliotheoretische Zusammenhänge sachgerechter ab als die bisher genannten Konzentrationsmaße. Ein Beispiel für ein solches Maß ist der Granularitätsaufschlag für Adressenkonzentrationen, der auf Basis der Modelle CreditRisk+ und dem IRB-Modell von Basel II entwickelt wurde. Dieses Maß wird durch die schwedische Aufsicht zur Berechnung von Kapitalaufschlägen in Säule I für Adressenkonzentrationen[580] genutzt und ist in Tabelle D – 17 dargestellt. Es ist ein prozentualer Aufschlag, der die Eigenkapitalunterlegungspflicht gemäß der CRR erhöht.[581]

---

579 Häufig wird beispielsweise in der Modellierung eine Zusammenfassung von mehreren Krediten in ((»in ein« oder »ins«)) »Risk Bucket« vorgenommen, wodurch ggf. Adressenkonzentrationen unterschätzt werden.
580 Vgl. *Finansinspektionen* (2015).
581 Konkret heißt dies, dass bei einer Unterlegungspflicht der Kredite eines Kreditnehmers gemäß der Vorgabe der CRR von 4 % und bei einem Aufschlag von RWA – Add – On$_i$ = 10 % die finale Unterlegungspflicht bei 4 %·x (1+10 %) = 4,4 % liegt.

GANZHEITLICHE RISIKOINVENTUR

Prozentuales Risiko(RWA)-Add-on		
$RWA - Add - On_i = \dfrac{1}{2K^2} \cdot w_i^2 \cdot (0{,}25 + 0{,}75 \cdot LGD_i) \cdot (4{,}83 \cdot (K_i + R_i) - K_i)$		
$RWA - Add - On_i$	Prozentuales Add-on pro Kreditnehmer	
K	$= \dfrac{\sum UL_i}{\sum EAD_i}$,	Anteil des Portfolio-Unexpected-Loss am Gesamtportfoliovolumen (gemessen durch den EAD)
w_i	$= \dfrac{EAD_i}{\sum EAD_i}$,	Anteil des Volumens des betrachteten Kreditnehmers bezogen auf das Gesamtportfoliovolumen (gemessen jeweils durch den EAD)
LGD_i	durchschnittliche Verlustquote bei Ausfall (LGD) des betrachteten Kreditnehmers	
K_i	$= \dfrac{UL_i}{EAD_i}$,	Anteil des Unexpected-Loss-Beitrags des Kreditnehmers i an seinem Volumen (gemessen jeweils durch den EAD)
R_i	$= \dfrac{EL_i}{EAD_i}$,	Anteil des Expected-Loss-Beitrags des Kreditnehmers i an seinem Volumen (gemessen jeweils durch den EAD)

Tabelle D – 17: Kreditnehmer-individueller Granularitätsaufschlag für Adressenkonzentrationen[582]

849 Zunächst wird deutlich, dass der Zuschlag von dem quadrierten Gewicht w_i^2 der Forderungen des Kreditnehmers abhängt. Dieser Faktor ist auch wesentlich bei der Berechnung des HHI. Ferner nimmt die Komplexität der Risikomessung bei Nutzung solcher modellbasierter Maße zu. Für die Berechnung der Vorschrift in Tabelle D – 17 sind neben der Kredithöhe (Volumen) auch die Ausfallwahrscheinlichkeit und Verlustquote bei Ausfall notwendig, zudem sind der erwartete und unerwartete Verlust zu ermitteln.[583] Diese Informationen sind auf Kreditnehmerebene zu aggregieren, um die Berechnungsvorschrift anwenden zu können. Allerdings ist dies auch bei den modellfreien quantitativen Maßen wie dem HHI notwendig. Der Aufwand ist demnach nicht übermäßig höher.

850 Deutlich wird auch, dass die Konzentrationsmessung auf Ebene der **Kreditnehmer** gilt, nicht jedoch Kreditnehmereinheiten berücksichtigen kann. Über **Kreditnehmereinheiten** hinweg sind in der Regel unterschiedliche Bonitätseinschätzungen und Ausfallwahrscheinlichkeiten beobachtbar, nur in Einzelfällen kann beim Vorliegen einer harten Verflechtung von einer identischen Ausfallwahrscheinlichkeit mehrerer Kreditnehmer einer Kreditnehmereinheit ausgegangen werden. Bei weniger harten Verflechtungen würden die Kreditnehmer hingegen einzeln in die Berechnung eingehen und nicht als Klumpen berücksichtigt.

---

[582] Eigene Darstellung nach *Finanzinspektionen* (2015) und *Gordy/Lütkebohmert* (2013).
[583] Zur formalen Berechnung dieser Werte im IRB-Ansatz vgl. beispielsweise *BCBS* (2005.07); *Heithecker* (2007), S. 35 ff. oder *Hartmann-Wendels/Weber/Pfingsten* (2010), S. 601 ff.

Solche Anpassungsfaktoren auf Basis einer standardisierten Umsetzung von Kreditrisikomodellen sind auch für die Messung von **Sektorkonzentrationen** innerhalb grundsätzlich diversifizierter Portfolios entwickelt worden,[584] die Berechnung ist jedoch weniger generell, sondern ist den konkreten Portfoliobegebenheiten anzupassen. Einfache Aufschlagsfaktoren auf Basis einer Analyse standardisierter, ländertypischer **Benchmark-Portfolios** für Sektorkonzentrationen bieten die Aufseher in Schweden und Großbritannien an.[585] Die Aufschläge sind dort im Rahmen der Kapitalanforderung nach Säule I zu ermitteln.

851

Die Nutzung solcher entwickelter Maße zur Evaluation von Konzentrationsrisiken in der Risikoinventur muss abgewägt werden. Grundsätzlich dürfte vor allem auf der Ebene von **Sektoren** wie Branchen, Länder und Produkte eine Nutzung von quantitativen Maßen wie dem HHI ausreichen. Sollte hier eine größere Konzentration ersichtlich werden, so ist es überlegenswert, diese konzentrierten Sektoren in der Inventur und in den weiteren Prozessen ggf. individuell zu betrachten. Dies kann eine eigene Risikoart oder Risikokategorie sein, aber auch innerhalb einer Risikoart können Lösungen geschaffen werden, um einen Sektor separat zu analysieren.

852

Adressenkonzentrationen können davon losgelöst auf der Gesamtportfolioebene einzelner Risikoarten analysiert werden, da die Diversifikationseffekte hinsichtlich der Zahl der Kreditnehmer grundsätzlich über alle Sektoren hinweg wirken.[586] Der Umgang mit Konzentrationen in der Risikoinventur ist demzufolge auch vor dem Hintergrund der Implementierung der Risiken in der Risikotragfähigkeit und in der Limitierung zu beurteilen. Dies erfolgt im folgenden Abschnitt.

853

3.3. Abbildung in der Risikotragfähigkeit und in der Limitierung

Der Umgang mit den unterschiedlichen Arten von Risikokonzentrationen in der Risikoinventur sollte auch vor dem Hintergrund der weiteren Steuerungsprozesse festgelegt werden. In Abbildung D – 11 sind wesentliche Themen, die auf die Ergebnisse der Risikoinventur aufbauen, dargestellt. Diese Themen sind der Umgang mit solchen Risiken in der Risikotragfähigkeitsrechnung und in Säule I, in der Limitierung und in Stresstests.

854

---

584 Vgl. *Düllmann/Masschelein* (2007), einen Überblick liefert *Hibbeln* (2010).
585 Vgl. *Finansinspektionen* (2015) und *Bank of England* (2015).
586 Dieses Resultat zeigt schön *Pykhtin* (2004).

GANZHEITLICHE RISIKOINVENTUR

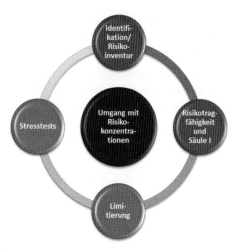

Abbildung D – 11:   *Maßnahmenzirkel zu Risikokonzentrationen*[587]

855 In der **Risikotragfähigkeitsrechnung** ist zunächst zu überlegen, ob die Risikokonzentrationen als eigenes Risiko an sich ausgewiesen werden sollen, ob diese innerhalb der Risikoarten quantifiziert oder ob sogar eigene Risikoarten oder Risikokategorien mit dem Ziel der Abdeckung bestimmter Konzentrationen eingeführt werden sollen.

856 Alle drei Vorgehensweisen sind aus der internen Perspektive der Kapitalanforderung in Säule II gleich zu bewerten, lediglich im Ausweis in den Berichten scheint die Nutzung einer eigenen Risikoart oder Risikokategorie für bestimmte Konzentrationen besonders sinnvoll. Diese erlangen dadurch eine besondere Aufmerksamkeit. Beispiele dafür können Intergruppenforderungen, Mietforderungen, die individuell oder als Teil des Kreditrisikos einzeln ausgewiesen werden können, oder Ertragsrisiken sein.

857 Bedeutung erlangt die Zuordnung jedoch im Rahmen der durch die europäische Aufsicht neu definierten sogenannten »**Säule I plus**«, die Teil eines ohnehin anderen Verständnisses der Kapitalanforderung ist[588] und deren Systematik in Abbildung D – 12 dargestellt ist. Nach dem bisherigen Agieren der europäischen Aufsicht muss ein Kreditinstitut lediglich die Eigenkapitalanforderung nach Säule I aufbauend auf der CRR zuzüglich eines Puffers für den Stresstest erfüllen. Aus der Säule II bzw. der Risikotragfähigkeitsrechnung resultieren zunächst keine weiteren Kapitalbedarfe.

---

587 Eigene Darstellung.
588 In Grundzügen werden die nachfolgenden Inhalte durch *Wiesemann* (2015) bestätigt.

In einem nächsten Schritt werden jedoch die Säule-II-Risiken mit den Risiken gemäß Säule I verglichen. Dieser **Vergleich** erfolgt auf Ebene der Risikoarten. Zu diesem Zweck sollten Risiken in den Modellen der Säule II auf einem vergleichbaren Konfidenzniveau wie in Säule I bemessen werden, beispielsweise 99,9 % für Kreditrisiken. Sind nun die Kapitalanforderungen einer Risikoart durch die Umsetzung der Anforderungen der CRR in Säule I geringer als das quantifizierte Risiko gemäß der Risikotragfähigkeitsanalyse in Säule II, so sind in Säule I Kapitalaufschläge notwendig, d. h. die Anforderungen in Säule I fallen dann höher aus.

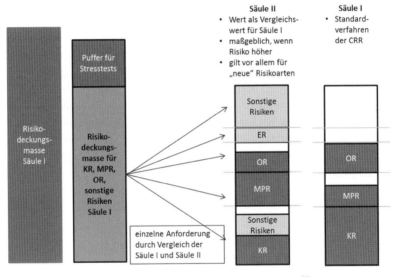

Abbildung D – 12:   *Prinzip der (neuen) Säule I plus*[589]

Konzentrationsrisiken werden prinzipiell in keiner Weise in Säule I abgedeckt, dies zeigt auch die Analyse der aufsichtlichen Papiere in Abschnitt 2 dieses Kapitels. Für Risikokonzentrationen ist demnach per se ein Kapitalaufschlag in Säule I vorzusehen. Werden also Konzentrationsrisiken als **eigene Risikoart** in der Risikoinventur und dann folgerichtig auch in der Risikotragfähigkeitsrechnung aufgenommen, so erleichtert dies einerseits die Transparenz hinsichtlich der Diskussion mit der Aufsicht um Kapitalaufschläge für Konzentrationsrisiken. Andererseits sind zusätzliche Risiken aus Konzentrationen

---

[589] Eigene Darstellung. KR = Kreditrisiko. MPR = Marktpreisrisiko. OR = Operationelles Risiko. ER = Ertragsrisiko.

nicht unbedingt separierbar, die internen Modelle der Kreditinstitute berücksichtigen diese Risiken meistens adäquat – ohne diese explizit auszuweisen.[590] Einfacher scheint es, wenn die Risikoarten inklusive der Konzentrationsrisiken in Säule II bewertet und dem Risiko aus Säule I gegenübergestellt werden.

860 Zudem können Risiken zwischen Risiken in Säule I und Säule II **unterschiedlichen Risikoarten** zugewiesen werden. Dies kann insbesondere Risikoarten betreffen, die aufgrund von Risikokonzentrationen in Säule II institutsspezifisch geschaffen wurden.[591] Die für das eigene Kreditinstitut sachgerechte Vorgehensweise sollte im direkten Gespräch mit den aufsichtlichen Auditoren geklärt werden. Das Ergebnis sollte den Umgang in der Risikotragfähigkeit und der Risikoinventur beeinflussen.

861 Auch im Rahmen der **Limitierung** ist zu entscheiden, auf welche Weise Risikokonzentrationen integriert werden.[592] Denn die Vorgaben im deutschen und europäischen Aufsichtsrecht fordern explizit, dass Konzentrationsrisiken zu limitieren sind.[593] Sinnvoll dürfte hier die Variante sein, identifizierte **Sektorkonzentrationen** unmittelbar über das gewählte Segment zu limitieren. Wird im Kreditrisikobereich etwa die regionale Aufteilung des Kreditportfolios als Konzentration eingeschätzt, so kann das Kreditrisiko mit Limitierungen auf Regionsebene versehen werden. Auch eine unmittelbare Limitierung von Branchen kann im Kreditrisiko erfolgen. Werden auf Grundlage von Risikokonzentrationen **institutspezielle Risikoarten** in Säule II eingeführt, so unterliegen diese ohnehin einer eigenen Limitierung, solange diese Risikoarten sinnvoll zu limitieren sind.[594]

862 Die Limitierung von **Adressenkonzentrationen** muss hingegen differenziert betrachtet werden. So bestehen für Kredite an große Adressen bereits durch die Großkreditvorgaben Volumengrenzen,[595] die einer Limitierung gleichkommen. Hier ist zu prüfen, ob zusätzliche Limitierungen notwendig sind, um eine Klumpenbildung auf einzelne Adressen zu unterbinden. Eine Limitierung kann hier auch einer Diversifizierung entgegenstehen, wenn die Beschränkung

---

590 Die Diskussion dieses Umstands geht auf dieselben Gründe zurück wie die Problematik einer sachgerechten Messung von Risikokonzentrationen mit modellbasierten Kennzahlen, vgl. Abschnitt 3.2.2 dieses Kapitels.
591 Beispielsweise ist das Restwertrisiko von Leasingverträgen teilweise im Kreditrisiko von Säule I der CRR inkludiert, wie bereits in Abschnitt 3.1 erläutert.
592 Grundsätzlich zur Limitierung in den Risikoarten vgl. die Ausführungen in Teil F. Vgl. zudem *Zeranski* (2014), S. 367 ff.
593 Vgl. dazu auch die Ausführungen in Abschnitt 2 dieses Beitrags.
594 Eine Limitierung etwa des Ertragsrisikos scheint nicht sinnvoll, vgl. dazu auch die Ausführungen in Abschnitt F.V.5.
595 Vgl. *Dörflinger/Müller* (2011).

dazu führt, dass zu bestehenden Großengagements keine weiteren, neuen und damit diversifizierend wirkenden Volumina anderer (großer) Kunden hinzugefügt werden können.

Das dritte Risikomanagementinstrument, der **Stresstest**, hat keine unmittelbare Wirkung auf die Risikoinventur. Hier ist nur eine Rückkopplung vorzusehen: Risikokonzentrationen sollten auf der einen Seite in den relevanten Stresstestszenarien berücksichtigt werden. Auf der anderen Seite können aus Szenarioanalysen Erkenntnisse für bisher nicht betrachtete Risikokonzentrationen erlangt werden.[596]

4. Schlussbemerkung

Gemäß den Vorgaben des SREP für die Bankenaufseher in Europa sind **Risikokonzentrationen** ein wesentliches Thema, welches in vielen Prüfungsfeldern Relevanz besitzt. Die bisherigen bereits in den vergangenen Jahren mit der deutschen Aufsicht diskutierten Managementansätze, Quantifizierungsmethoden und Implementierungen in die Risikotragfähigkeit sollten deshalb nochmals überprüft werden. Insbesondere die von der EBA nun geforderte Geschäftsmodellanalyse ermöglicht es, Konzentrationen verstärkt unter strategischen Gesichtspunkten zu analysieren und den Einfluss einer solchen Konzentrationsstrategie auf den Erfolg eines Kreditinstituts herauszustellen.

Unter diesen Aspekten werden viele institutsspezifische Ausprägungen in der Risikotragfähigkeit auf eine **spezialisierte Geschäftsausrichtung** zurückzuführen sein. Risikokonzentrationen können sich unter diesem Gesichtspunkt dann in Form **eigener Risikoarten** oder Risikokategorien zeigen oder sind Teil der Standardrisikoarten. In der Risikoinventur sollten diese Risikokonzentrationen sichtbar gemacht werden, damit die adäquate Abbildung in der Risikotragfähigkeit in der bestehenden Quantifizierung geprüft werden kann. Neben deskriptiven Analysen kann der **HHI als Kennzahl** zur Konzentrationsmessung auf Adressen- und Sektorebene portfoliotheoretisch fundiert genutzt werden.

Auf Grundlage der schon lange bestehenden Vorgaben des Baseler Ausschusses, des früheren europäischen bankaufsichtlichen Gremiums CEBS und der jüngsten Vorgaben der EBA ist damit zu rechnen, dass Risikokonzentrationen auch zu **Kapitalaufschlägen in Säule I** führen. Die Analyse des Einflusses von Risikokonzentrationen auf die Risikorechnung in Säule II und deren Zu-

---

[596] Vgl. *Wagatha* (2011b). Die Idee, die Risikoinventur grundsätzlich anhand von Szenarioanalysen durchzuführen, wird bei *Fiebig/Heithecker* (2015), S. 199 ff. erörtert.

sammenhang mit den in Säule I ermittelten Kapitalanforderungen gewinnt somit an Bedeutung, damit solche Kapitalanforderungen sachgerecht erhoben werden.

VIII. Kritische Analyse risikomindernder Diversifikationseffekte[597]

1. Grundgedanke der Risikodiversifikation

Die Grundgedanken der Portfoliotheorie, die Diversifikation und die Kombination aus Risiko und Rendite, sind nicht neu. Schon 1952 formulierte Markowitz treffend: »If the two original portfolios have *equal* variance then typically the variance of the resulting (compound) portfolio will be less than the variance of either original portfolio[598].« Risikostreuung macht also Sinn – für Investoren wie für Banken, die ebenfalls Asset Allocation betreiben und versuchen, ihre Portfolien mit Schwerpunkt Zinsbuch zu optimieren[599]. So ist der Schluss naheliegend, diese Gedanken auch auf die Risikotragfähigkeitsberechnungen zu übertragen. Dieser Artikel analysiert das Thema Diversifikationseffekte aus ökonomischer und aufsichtsrechtlicher Sicht und gibt Handlungsimpulse für die Umsetzungen in der Bankpraxis.

867

2. Anforderungen der MaRisk an die Verwendung von Diversifikationen

2.1. Darstellung der Anforderungen

Im ersten Schritt gilt es, die Anforderungen der MaRisk in Bezug auf Diversifikationseffekte darzustellen. Mit der Novelle vom 15.12.2010 wurde das Thema erstmals konkret im Anschreiben[600] und den MaRisk selbst verankert[601] und mit der 4. Novelle vom 14.12.2012 verschärft[602]. Dies zeigt Tabelle D – 18:

868

---

597 Autor: **Svend Reuse**. Übernommene und ergänzte Ausführungen aus *Reuse* (2011), S. 149 ff.; *Reuse* (2011.07), S. 270 ff. Die Ausführungen geben die persönliche Auffassung des Autors wieder.
598 *Markowitz* (1952), S. 89–90.
599 Vgl. hierzu umfassend die Ausführungen in *Sievi/Wegner/Freundorfer* (2011).
600 Vgl. *BaFin* (2010.12a), S. 2.
601 Vgl. *BaFin* (2010.12c), AT 4.1, Tz. 6, 7.
602 Vgl. *BaFin* (2012.12c), AT 4.1, Tz. 6, 7. Die MaRisk 6.0-E weisen hier keine Verschärfungen auf. Vgl. *BaFin* (2016.02b), AT 4.1, diskutiert in *Reuse* (2016.02b).

GANZHEITLICHE RISIKOINVENTUR

Tz.	Wesentlicher Inhalt	Würdigung	
AT 4.1 Tz. 6	- Werden Diversifikationseffekte in der Risikotragfähigkeit berücksichtigt, so müssen diese von jedem Haus individuell auf ihre Anwendbarkeit hin überprüft werden. - Die verwendeten Zeitreihen müssen einen repräsentativen und damit langfristigen Zeitraum abdecken. Alle Konjunkturzyklen müssen hierbei Eingang finden. - Diversifikationseffekte müssen konservativ geschätzt werden, damit auch in ungünstigen Marktphasen keine Risikounterschätzung stattfindet.	Die Forderung nach stabilen Parametern im Rahmen der Asset Allocation durch die Aufsicht ist nachvollziehbar. Es muss verhindert werden, dass sich Institute durch zu starke Diversifikationseffekte zu gut rechnen.	😐
AT 4.1 Tz. 6 Erl.	- Eine unreflektierte Verwendung externer Daten zur Ermittlung der Diversifikationseffekte ist nicht erlaubt. - Eine Verwendung externer Daten setzt voraus, dass das Institut nachweisen kann, dass diese auf das Haus anwendbar sind. - Langfristige Durchschnittswerte dürfen nur dann angewendet werden, wenn sie über alle Konjunkturzyklen hinweg stabil sind. Nur bei Marktpreisrisiken muss nicht der gesamte Konjunkturzyklus abgebildet werden, wenn sichergestellt werden kann, dass die verwendeten Diversifikationswerte ausreichend konservativ sind. - Neu seit 2012: Es dürfen »keine Anhaltspunkte dafür vorliegen, dass sie in Zukunft nicht stabil bleiben werden.[603]«	Die Anforderung an die Verwendung von Diversifikationseffekten ist an hohe Voraussetzungen geknüpft. Diese Passage der MaRisk führt dazu, dass ökonomisch anerkannte Diversifikationen[604] von jedem Institut sehr aufwendig selbst hergeleitet werden müssen. In 2012 kommt eine in der Praxis durchaus brisante Formulierung hinzu: Diese neue »Beweisführung« führt ebenfalls zu deutlich mehr Aufwand in der Dokumentation[605].	☹
AT 4.1 Tz. 7	- Eine regelmäßige und auch anlassbezogene Überprüfung der Diversifikationen ist Pflicht.	Diese Regelung ist nachvollziehbar.	☺

---

603 BaFin (2012.12c), AT 4.1 Tz. 6 Erl. Die MaRisk 6.0-E formulieren in den Erläuterungen allgemeiner, vgl. BaFin (2016.02b), AT 4.1, Tz. 9.
604 Vgl. Ausführen in Kapitel D.VIII.3 und die dort angegeben Quellen.
605 Vgl. Reuse (2013.02), S. 10.

Tz.	Wesentlicher Inhalt	Würdigung	
AT 4.3.3 Tz. 1	▪ Stresstests müssen sich auch auf Diversifikationseffekte erstrecken.	Auch diese Regelung ist nachvollziehbar – und könnte bei konsequenter Anwendung des Grundsatzes der doppelten Proportionalität dazu führen, dass der AT 4.1 Tz. 6 qualitativ untermauert wird.	☺

Tabelle D – 18: Abgrenzung verschiedener Risikotragfähigkeitsbegriffe[606]

2.2. Zusammenfassende Würdigung

Es ist klar erkennbar, dass die MaRisk darauf abzielen, die Nutzung von Diversifikationen zu erschweren. Dies wird durch einen aktueller Bericht der Bundesbank aus März 2013 bestätigt: »Aktuelle Erkenntnisse aus der Praxis zeigen, dass die wenigen Institute, die Diversifikationseffekte zwischen Risikoarten geltend machen wollen, daran scheitern, den empirischen Nachweis der unterstellten Diversifikation zu führen. Die Aufsicht sieht sich daher in ihrem restriktiven Vorgehen bestätigt.[607]« Auch wenn hier auf die die Effekte zwischen den Risikoarten und nicht auf Diversifikationen innerhalb einer Risikoart (z. B. Marktpreisrisiko) eingegangen wird, so wird aus Sicht des Autors deutlich, dass die Aufsicht die Verwendung von Diversifikationen am liebsten ganz unterbinden möchte. Es werden Analysen der Bundesbank angeführt, die die Instabilität von Korrelationen gezeigt haben sollen[608].

Auffällig ist zudem, dass durchgängig der Begriff »Diversifikation«, nicht aber der der Korrelation[609] verwendet wird. Nur auf die expliziten Korrelationen zwischen Assetklassen abzustellen, greift somit zu kurz. Vielmehr müssen alle Diversifikationseffekte, auch innerhalb der Risikomodelle, berücksichtigt werden. Dies sind z. B. die implizit vorhandenen Korrelationen zwischen den Laufzeitbändern einer historischen Zinsrisikosimulation, aber auch die Korrelationen zwischen Branchen, Ratings und Produkten in einem Kreditrisikomodell. Auch die ggf. ermittelten Risikowerte eines Spezial- oder Publikumsfonds gilt es an dieser Stelle zu durchleuchten. Bei tiefergehender Analyse wird ein Institut feststellen, dass hier deutlich mehr explizite und implizite Diversifikationseffekte verwendet werden, als es auf den ersten Blick den

---

606 Eigene Darstellung in Anlehnung an *Reuse* (2011.07), S. 270 auf Basis der vorgenannten Quellen.
607 *Deutsche Bundesbank* (2013.03), S. 41.
608 Vgl. *Deutsche Bundesbank* (2013.03), S. 41. Ein Verweis auf eine offizielle Quelle findet sich hier leider nicht.
609 Vgl. hierzu *Reuse* (2011), S. 2 f. und die dort angegebene Literatur.

Anschein hat. Dies kann je nach Art und Umfang der Geschäfte zu einem hohen Umsetzungsaufwand führen.[610] In jedem Fall steigt der Dokumentationsaufwand für die Institute deutlich, was sicherlich auch zum Teil der in der Vergangenheit zu leichtsinnigen Verwendung der Diversifikation geschuldet ist.

3. Nachweis der Stabilität von Korrelationen in der Asset Allocation

3.1. Vorbemerkungen auf Basis bestehender Literatur[611]

871 Für diejenigen Institute, die den Einsatz von Korrelationen überlegen, ist es deshalb sinnvoll, sich mit der Validität und Stabilität derselben auseinanderzusetzen. Gerade dem Markowitz Modell wird vorgeworfen, in Zeiten der Krise nicht adäquat zu funktionieren, da alle Assetklassen an Wert verlieren und die Korrelationen im Zeitverlauf nicht stabil sind[612] und sich nach oben verändern[613]. Markowitz selbst äußert sich in 2009 zu der Funktionsfähigkeit in Zeiten der Krise[614] um diesen Argumenten entgegenzuwirken. So legen *Markowitz/Hebner/Brunson* dar, dass Sharpe gerade in diesen Krisenphasen den Gleichlauf der Assets annimmt: »[A]lmost all securities and asset classes will move in the same direction.[615]« Allerdings finden die Wertminderungen nicht im selben Ausmaß statt[616]. In Summe kommen *Markowitz/Hebner/ Brunson* zum Schluss, dass die Portfolio Theorie nach wie vor Gültigkeit hat und der Grundgedanke der Diversifikation nicht abgestritten werden kann: »Don't put all your eggs in on[e] basket.[617]«. Dies erscheint intuitiv logisch: Wer seit 2006/7 sein Portfolio über alle Assetklassen diversifiziert hatte, ist gut durch die Krise gekommen. Gerade die »Safe Haven« Anleihen wie Bundesanleihen haben gut performt. Zudem ist es mathematisch bewiesen, dass beim Gleichlauf der einen Assetklasse und Verlust der zweiten Assetklasse die Korrelation sinken muss, da der vorher möglicherweise vorhandene Gleichlauf unterbrochen wird. Korrelationen wirken folglich gerade in Krisenzeiten, wenn der Anleger nicht nur in einem Teilbereich des Assetklassenuniversums investiert ist.

---

610 Vgl. *Reuse* (2011.07), S. 271.
611 Übernommene und ergänzte Ausführungen aus *Reuse* (2011), S. 29 f.
612 Vgl. *Konrad* (2004), S. 102; *Mikosch* (2009.04.17), S. 22.
613 Vgl. *Markowitz/Hebner/Brunson* (2009), S. 1.
614 Vgl. *Markowitz/Hebner/Brunson* (2009), S. 1 ff.
615 *Markowitz/Hebner/Brunson* (2009), S. 3.
616 Vgl. *Markowitz/Hebner/Brunson* (2009), S. 3.
617 *Markowitz/Hebner/Brunson* (2009), S. 12. Vielmehr bestätige das Jahr 2008 die Theorie der Vorteilhaftigkeit von Diversifikation, vgl. *Kirchner* (2009.06.30), S. 19.

Nichtsdestotrotz verbleiben Zweifel ob der Stabilität der Korrelationen. So formuliert *Seifert-Granzin* schon in 1996: *»Eine unerwartete Trendumkehr, plötzliche Veränderungen am Marktgefüge, die zu gänzlich anderen Korrelationen führen [...] sind immer möglich.*[618]*«*. Je kurzfristiger der Dispositionshorizont ist, umso weniger kann von einer stabilen Asset Allocation ausgegangen werden[619]. Fest steht jedoch, dass langfristige Korrelationen dem Grundgedanken der Portfoliotheorie gerecht werden können[620]. Genau diese sollen und können Institute auch in ihrer wertorientierten Risikotragfähigkeitsbetrachtung einbeziehen – wenn eine solche Allokation auch in hektischen Marktphasen in der GuV verkraftet werden kann.

3.2. Praktischer Nachweis der Stabilität von Korrelationen in Extremsituationen

3.2.1. Stabilitätsanalyse 1996–2010[621]

Die Stabilität der Korrelationen gilt es nun auch empirisch nachzuweisen. Hierzu wird auf Analysen aus 2010 zurückgegriffen[622].

Für zehn Assetklassen wird auf Basis einer gemeinsamen Datenhistorie vom 31.01.1996 – 01.04.2010 eine Analyse vorgenommen. Abbildung D – 13 stellt die empirisch ermittelten Werte auf Basis täglicher diskreter Renditen dar.

---

618 *Seifert-Granzin* (1996), S. 36.
619 Eine Analyse der Rolle des Anlagezeithorizontes findet sich auch in *Zimmermann* (1991), S. 164 ff.
620 Vgl. u. a. *Feix/Stückler* (2010), S. 5.
621 Entnommene und erweiterte Ausführungen aus *Reuse* (2011), S. 1149–156.
622 Vgl. hierzu und im Folgenden *Reuse* (2011), S. 149–156.

GANZHEITLICHE RISIKOINVENTUR

Korrelation	RexP	DJ Euro Stoxx 50	DAX	Rohöl Brent in €	MSCI Em. Markets	LPX 50 TR	DJ UBS	MSCI World	ML Corp. exPfand	3M Geldmarkt
RexP	1,0000									
DJ Euro Stoxx 50	-0,1494	1,0000								
DAX	-0,1279	0,9135	1,0000							
Rohöl Brent in €	-0,0611	0,1387	0,1155	1,0000						
MSCI Em. Markets	-0,2026	0,4076	0,3938	0,1763	1,0000					
LPX 50 TR	-0,0341	0,1888	0,2086	0,0334	0,1041	1,0000				
DJ UBS	-0,1189	0,2669	0,2448	0,5914	0,3113	0,0407	1,0000			
MSCI World	-0,1766	0,6034	0,5980	0,1622	0,7111	0,1694	0,3614	1,0000		
ML Corp. exPfand	0,3692	-0,1937	-0,1733	-0,0456	-0,0905	0,0256	-0,1056	-0,1236	1,0000	
3M Geldmarkt	-0,0116	-0,0106	-0,0006	-0,0659	-0,0417	-0,0494	-0,0278	-0,0380	0,0102	1,0000

Abbildung D – 13: Korrelationsmatrix der ausgewählten Assetklassen 1996–2010[623]

---

623 Vgl. *Reuse* (2011), S. 149.

Zu erkennen ist, dass im langfristigen Schnitt kaum eine Korrelation existiert, welche im hohen positiven Bereich liegt. So liegen nur zwei Werte über +0,70. Negative Korrelationen haben über diesen langen Zeitraum ebenfalls kaum Bestand. Der niedrigste und damit am meisten diversifizierende Effekt ist mit −0,20 im Paar RexP[624] − MSCI[625] Emerging Markets zu finden.

Es lässt sich somit festhalten, dass Korrelationswirkungen bei einem langen Dispositionshorizont durchaus festzustellen sind: Einerseits existieren kaum hoch korrelierte Paare, andererseits sind die empirisch teilweise beobachteten, jedoch kritisch zu wertenden negativen Korrelationen[626] auf lange Sicht kaum anzutreffen.

Die Aussage, dass Korrelationen umso stabiler werden, je länger der betrachtete Zeitraum ist, ist inhärent durch die immer größere Datenmenge korrekt, führt aber aus Sicht des Autors zu dem falschen Schluss, dass eine ausreichend lange Zeitreihe zu stabilen, in einer Asset Allocation anwendbaren Korrelationen führt. Über kürzere Zeiträume können Korrelationen ggf. stark schwanken, was in einer klassischen Asset Allocation nach Markowitz nicht berücksichtigt wird. Somit müssen Korrelationen auf Basis eines kürzeren Dispositionshorizontes näher analysiert werden[627]. Hierzu wird die Entwicklung der rollierenden 21- und 250-Tages-Korrelationen detaillierter betrachtet. Am Beispiel des Paares DAX[628] und RexP wird dies verdeutlicht. Abbildung D − 14 zeigt die rollierenden 250-Tages-Korrelationen im Vergleich zur klassischen Korrelation auf Basis der gesamten Historie 31.01.1996–01.04.2010.

Zu erkennen ist, dass sowohl die klassische als auch die gleitende Korrelation am Anfang relativ volatil sind. Erst nach ca. zwei Jahren, wenn die zur Verfügung stehende Historie lang genug ist, stabilisieren sich beide Datenreihen. Während die klassische Korrelation ab ca. 1999 nur noch zwischen +0,1 und −0,15 schwankt, reagiert die rollierende Korrelation sensibler und schwankt seit 1999 zwischen −0,4 und +0,2.

---

624 Rentenindex Performanceindex.
625 Morgan Stanley Capital Index.
626 Vgl. u. a. *Sievi/Wegner/Schumacher* (2006.12), S. 696.
627 In Anlehnung an *Konrad* (2004), S. 102–105.
628 Deutscher Aktienindex.

GANZHEITLICHE RISIKOINVENTUR

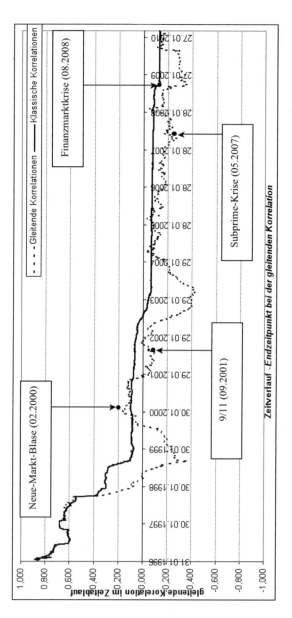

Abbildung D – 14:   *Dax und RexP – klassische und gleitende 250-Tages-Korrelation bis 2010*[629]

---

629   Vgl. *Reuse* (2011), S. 151.

Im nächsten Schritt stellt sich die Frage, ob das Verhalten von Korrelationen von historischen Krisen abhängt. Aus diesem Grund wird das Augenmerk auf folgende vier Extremsituationen der letzten zehn Jahre gelegt[630].

- **02.2000 – Neue Markt Blase:**
  Am 10.03.2000 erreichte der NEMAX[631] sein Allzeithoch und verlor bis Anfang 2001 stark an Wert.
- **09.2001 – 9/11:**
  Als am 11.09.2001 Terroristen mit zwei vollbesetzten Passagierflugzeugen in die Twin Towers der New Yorker Innenstadt flogen und diese vollständig zerstörten, sackten die Märkte weltweit ab.
- **05.2007 – Subprime Krise:**
  Der aufgeblähte derivative Markt der ABS[632] Papiere brach aufgrund der Entwicklungen am Immobilienmarkt in den USA zusammen.
- **08.2008 – Finanzmarktkrise:**
  Die Insolvenz der Investmentbank Lehman Brothers am 15.09.2008 erschüttert die Finanzmärkte.

Bezogen auf das in Abbildung D – 21 dargestellte Korrelationspaar lässt sich folgende Entwicklung festhalten: Während des Hochs der Neuen Markt Blase und während des darauf folgenden Abschwungs war die Korrelation über dem Durchschnitt und damit positiv. Erst gegen Ende 2000/Anfang 2001 sank die Korrelation recht stark ab. Dies ist gerade bei diesem Korrelationspaar logisch, da neben dem NEMAX auch andere Aktienmärkte zu diesem Zeitpunkt an Wert verloren. Dies führt bei einem Vergleich mit einem sich nach oben entwickelnden Asset wie dem RexP zu einer negativen Korrelation. Die gleitende Korrelation um den 11.09.2001 ist jedoch nicht ganz eindeutig. Es ist nur ein kleiner Sprung nach unten zu vermerken – erst im Nachgang, bis Ende 2002, ist eine Entwicklung nach unten festzustellen. Während der Subprime Krise ist ebenfalls nur ein kleiner Sprung nach unten zu verzeichnen, der durch den Zeitversatz des Rollierens sich erst ein Jahr später nach oben dreht. Während der Finanzmarktkrise sinkt die gleitende Korrelation jedoch schnell von knapp –0,2 auf knapp –0,4.

Wird diese Entwicklung systematisch dargestellt, so lassen sich Korrelationsveränderungen vor und nach einer Krise darstellen. Abbildung D – 15 visualisiert, ob sich eine Korrelation drei Monate vor bzw. nach einer Krise um mehr als +/–0,05 verändert hat. Analysiert werden sowohl die klassischen

---

630 Angegebener Stichtag jeweils einen Monat **vor** Ausbruch der Krise.
631 Neuer-Markt-Index.
632 Asset Backed Securities.

GANZHEITLICHE RISIKOINVENTUR

Korrelationen als auch die gleitenden 1-Jahres-Korrelationen und 1-Monats-Korrelationen des Paares DAX und RexP.

Korrelationsart	Neue Markt Blase				9/11			
(Toleranz: +/-0,05)	11.1999	02.2000	05.2000	Δ	05.2001	08.2001	11.2001	Δ
Klassische Korrelation	0,088	0,102	0,093	→ : →	0,071	0,066	0,069	→ : →
Gleitende 250-Tages-Korrelation	0,097	0,148	0,098	↑ : ↓	-0,075	-0,099	0,014	→ : ↑
Gleitende 21-Tages-Korrelation	0,118	0,387	0,118	↑ : ↓	0,222	-0,235	0,177	↓ : ↑

Korrelationsart	Subprime Krise				Finanzmarktkrise			
(Toleranz: +/-0,05)	02.2007	05.2007	08.2007	Δ	05.2008	08.2008	11.2008	Δ
Klassische Korrelation	-0,072	-0,075	-0,077	→ : →	-0,081	-0,083	-0,123	→ : →
Gleitende 250-Tages-Korrelation	-0,171	-0,232	-0,220	↓ : →	-0,156	-0,157	-0,302	→ : ↓
Gleitende 21-Tages-Korrelation	-0,232	0,010	-0,265	↑ : ↓	0,098	-0,178	0,159	↓ : ↑

Abbildung D – 15: DAX und RexP – Korrelationsverhalten vor und nach einer Krise[633]

Die Pfeile zeigen die Tendenz der Korrelationen im Vergleich 02.2007–05.2007 und 05.2007–08.2007 auf. Wird die Schwelle nach oben bzw. unten durchbrochen, so wird die Tendenz entsprechend gesetzt.

882   Zu erkennen ist, dass nicht zuletzt aufgrund der langen Historie die klassische Korrelation kaum auf Krisen bzw. Extremsituationen reagiert. Anders verhält es sich hingegen bei den gleitenden Korrelationen. Die Entwicklung ist hier uneindeutig, ein Zusammenhang ist nicht immer erkennbar. Allerdings zeigt sich bei den 21-Tages-Korrelationen, dass sich diese im Rahmen einer Krise sprunghaft nach oben oder auch nach unten verändern. Dies ist einleuchtend, wenn sich die Performance eines der beiden Assets sprunghaft verändert, so muss sich die Korrelation entsprechend verändern. Allerdings lässt sich hier kein eindeutiger Zusammenhang feststellen.

884   Im Folgenden wird die Analyse auf jedes der 45 Korrelationspaare der zehn Assets für alle drei Korrelationsarten ausgeweitet. Abbildung D – 16 fasst die aggregierten Tendenzen dieser Entwicklungen zusammen.

---

633   Vgl. *Reuse* (2011), S. 153. Schwelle für die Richtungsangabe: +/– 0,05.

Abbildung D – 16: Aggregiertes Korrelationsverhalten vor und nach einer Krise[634]

---

634 Vgl. *Reuse* (2011), S. 155.

885 Grau unterlegt sind die jeweils vorherrschenden Tendenzen der Korrelationsentwicklung bei der vorgegebenen Schwelle von +/−0,05 Punkten. Es ist erkennbar, dass sich die **klassische Korrelation** kaum verändert. In maximal 2 von 45 Fällen verändert sie sich über die Schwellenwerte hinaus. Die in Abbildung D − 24 dargestellte marginale Veränderung der klassischen Korrelation (+0,088 auf −0,123 = 0,211) lässt sich auch bei den anderen Assetklassen beobachten. Im Mittel verändern sich alle Korrelationen von 11.1999–11.2008 um ca. 0,108 Punkte[635]. Dies ist in der Portfoliooptimierung aus Sicht des Autors zu vernachlässigen. Diese Aussage ist von zentraler Bedeutung, widerlegt sie doch die oft getätigte Behauptung, Korrelationen seien nicht stabil und der klassische Markowitz-Ansatz würde versagen.

886 In Bezug auf die **gleitenden Korrelationen** ist die Entwicklung analog der Einzelanalyse des Paares DAX − RexP nicht eindeutig. Die Analyse der Monatskorrelationen zeigt den schwachen Trend, dass die Korrelationen, die vor der Krise gesunken sind, danach steigen und vice versa. Dies ist jedoch vor dem Hintergrund der nur 21-Stützstellen für die Korrelationsermittlung nur bedingt aussagefähig. Die Analyse der gleitenden Jahreskorrelation zeigt des Weiteren nur auf, dass sich gleitende Korrelationen vor einer Krise kaum verändern und sich danach uneindeutig verteilt in verschiedene Richtungen bewegen können. So ist im Rahmen der Finanzmarktkrise beispielsweise zu erkennen, dass von den 30 Korrelationen, die sich vorher nicht geändert hatten[636], nach der Krise 18 um mindestens 0,05 steigen[637].

3.2.2. Stabilitätsanalyse 2000–2016

887 Die beschriebenen Entwicklungen sind nun schon ca. 6 Jahre her, seitdem hat sich an den Märkten einiges getan. Folglich wird die Analyse analog der obigen Vorgehensweise erweitert, allerdings mit Fokus auf die Assetklassen Aktien, Anleihen, Corporates, Öl, Private Equity und Emerging Markets.

---

635 Mittelwert der Veränderungen der Korrelationen 11.1999–11.2008 auf Basis der klassischen Korrelationen.
636 Summation: 18 + 4 + 8 = 30.
637 Eine Analyse mit sechs oder zwölf Monaten vor bzw. nach der Krise führt zu ähnlichen Ergebnissen.

Hierzu wird auf folgende Indizes zurückgegriffen[638]:

- RexP
- DJ[639] Euro Stoxx 50
- DAX
- Emerging Markets TR[640]
- Rohöl Brent
- LPX[641] 50 TR
- BofA[642] ML[643] Corporate

Alle Indizes lauten auf EUR, so dass das Währungsrisiko an dieser Stelle ausgeschlossen ist. Als Zeitraum wurde die längste gemeinsame Datenreihe vom 29.12.2000 bis zum 29.01.2016 gewählt. Dies überschneidet sich zu den Zeiträumen aus Kapitel 3.2. Dies ist allerdings notwendig, um einerseits eine hinreichend stabile klassische Korrelation zu ermitteln und andererseits die Entwicklung der neu hinzugekommenen Indizes BofA ML Corporate und Emerging Markets TR hinreichend zu würdigen.

Abbildung D – 17 verdeutlicht den Kursverlauf der entsprechenden Indizes. Insbesondere die Entwicklung ab 2010 gilt es, entsprechend zu würdigen. Zu erkennen ist die Griechenlandkrise um 2011. Gerade Emerging Markets und Aktien verlieren hier an Wert, während Öl und RexP an Wert gewinnen. Gegen Ende 2014 gewinnen Aktien, RexP und ML Corporate verlieren an Wert. Auch der Abschwung Ende 2015/Anfang 2016 ist gut zu erkennen. Aktien und Öl verlieren deutlich an Wert, während der RexP an Wert gewinnt.

Festzuhalten ist folglich, dass zumindest in kurzfristigen Zeiträumen Aktienindizes simultan an Wert verlieren, während die rentenabhängigen Indizes an Wert gewinnen. Gut zu erkennen ist zudem die gegenläufige Entwicklung von Öl und Emerging Markets Ende 2014. Ein Gleichlauf aller Assets über längere Zeit, was einer Korrelation von 1 gleichkäme, ist also allein über die Visualisierung zu negieren.

---

638   Daten bis 03.2010: vgl. *Reuse* (2011), S. 149–156. Daten der neuen Indizes und Verlängerung der Zeitreihen der bereits vorhandenen Indizes: Vgl. *Bloomberg* (2016); *Finanzen.net* (2016). Der Autor dankt ausdrücklich Herrn **Dr. Christian Schwarz** von der **Helaba Invest** für die Zurverfügungstellung der Bloomberg-Datenreihen.
639   Dow Jones.
640   Total Return.
641   Listed Private Equity Index.
642   Bank of America.
643   Merrill Lynch.

GANZHEITLICHE RISIKOINVENTUR

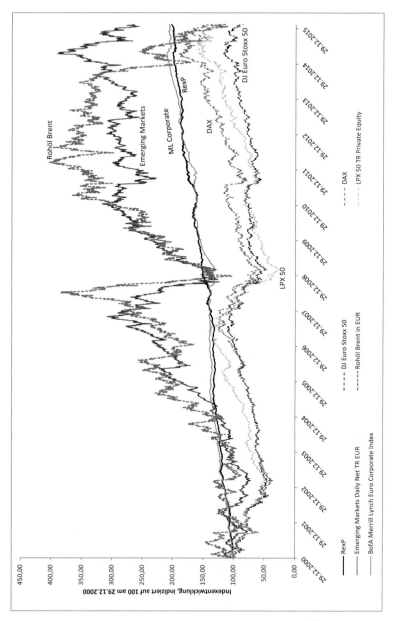

Abbildung D – 17:   *Entwicklung der Indizes bis 01.2016*[644]

---

644   Eigene Darstellung in Anlehnung an *Reuse* (2011), S. 149–156; *Bloomberg* (2016); *Finanzen.net* (2016).

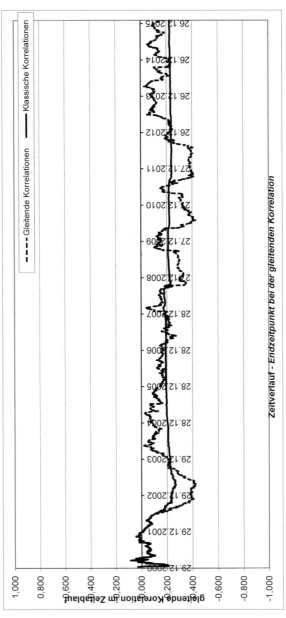

Abbildung D – 18: Dax und RexP – klassische und gleitende 250-Tages-Korrelation bis 2016[645]

---

645 Eigene Darstellung in Anlehnung an vorgenannte Quellen.

892 Im nächsten Schritt gilt es, die Korrelationswirkung analog der obigen Vorgehensweise zu analysieren. Wiederum wird dies am Wertepaar DAX – RexP auf Basis der rollierenden 250-Tages-Korrelationen im Vergleich zur klassischen Korrelation, nun allerdings mit der Historie 29.12.2000–29.01.2016 durchgeführt. Abbildung D – 18 visualisiert die Ergebnisse.

893 Im Vergleich zur obigen Analyse fällt auf, dass die klassische Korrelation aufgrund des kürzeren Zeitraums nun deutlich negativer wird und um –0,2 liegt, während diese vorher nur bei –0,1 lag. Im Verlauf seit 2010 ist die gleitende Korrelation hingegen oftmals auch längere Zeit (2010–2012) in den Bereich von –0,4 gesunken. Dies war vorher nur einmal der Fall. Gerade in dieser Zeit war die Eurokrise auf ihrem Höhepunkt. Zu erkennen ist folglich, dass die Diversifikationswirkung weiterhin vorhanden ist und die Korrelation nie auch nur annähernd an die 1 herangeht.

894 Wird diese Analyse auf alle verwendeten Assetklassen ausgeweitet, so ergibt sich folgende Korrelationsmatrix in Abbildung D – 19:

Korrelation	RexP	DJ Euro Stoxx 50	DAX	Emerging Markets TR	Rohöl Brent	LPX 50 TR	BofA ML Corporate
RexP	1,0000						
DJ Euro Stoxx 50	-0,2406	1,0000					
DAX	-0,2239	0,9366	1,0000				
Emerging Markets TR	-0,2655	0,5529	0,5435	1,0000			
Rohöl Brent	-0,0480	0,1815	0,1614	0,2693	1,0000		
LPX 50 TR	-0,0872	0,3071	0,3137	0,2658	0,1064	1,0000	
BofA ML Corporate	0,3586	-0,2808	-0,2644	-0,1055	-0,0551	-0,0161	1,0000

Abbildung D – 19:   *Korrelationsmatrix der ausgewählten Assetklassen 2000–2016*[646]

895 Zu erkennen ist, dass die normalen Korrelationen sich ähnlich verhalten wie in der bisherigen Analyse. Wird die natürlicherweise stark gleichlaufende Bewegung DAX/EuroStoxx außer Acht gelassen, so liegt die maximale Korrelation bei 0,55, alle anderen Werte sind deutlich niedriger. Die Diversifikation auf einen langen Dispositionshorizont kann folglich erneut bestätigt werden.

---

[646] Eigene Darstellung.

3.3. Grundsätzliche Anwendbarkeit von Korrelationen in der Risikotragfähigkeitsberechnung

Sowohl auf Basis theoretischer Argumentationen als auch auf Basis empirischer Herleitungen konnte gezeigt werden, dass Diversifikationen in einer strategischen und somit folgerichtig immer wertorientierten Risikotragfähigkeit durchaus angesetzt werden können. Allerdings besteht die Herausforderung in der Praxis darin, die bestehenden Assets auf allgemein gültige Assetklassen wie z. B. dem DAX zu »mappen«. So ist es aus Sicht des Autors unzulässig, ein Portfolio bestehend aus Daimler, Siemens und Allianz pauschal mit der Korrelation des DAX in die Berechnungen einfließen zu lassen. Dies gilt insbesondere für die größte Assetklasse einer klassischen Primärbank, dem Zinsbuch. Je weiter dies beispielsweise in seiner Struktur von der Benchmark, z. B. dem RexP[647] abweicht, umso unzulässiger ist es, die Korrelationen des RexP für die Risikotragfähigkeit zu verwenden.

896

4. Vorgehensweise zum Umgang mit Diversifikationen in der Risikotragfähigkeit

Auch wenn die grundsätzliche Stabilität von Assetklassen als bewiesen gelten kann, haben die Institute einige Aspekte bei der Umsetzung zu beachten.

897

4.1. Bestandsaufnahme der verwendeten Diversifikationen im Institut

Es ist unabdingbar, dass ein Institut sich in Form eines Brainstormings mit Diversifikationseffekten auseinandersetzt. Hierbei muss jedes Risikomodell, aber auch die übergreifenden Verbindungen analysiert werden. Für ein Institut, welches kaum Wechselwirkungen verwendet, kann dies gemäß dem Grundsatz der doppelten Proportionalität vergleichsweise schlank erfolgen. Hierzu kann eine Checkliste erstellt werden, die dann pro Risikomodell (!) zu beantworten ist. Eine praktische Realisierungsmöglichkeit zeigt Abbildung D – 20.[648]

898

---

647 Zur kritischen Analyse von Benchmarks im deutschen Bankbereich vgl. *Reuse* (2012a), S. 159–167.
648 Vgl. *Reuse* (2011.07), S. 271.

Dokumentation der Verwendung von Diversifikationswirkungen für das Risikomodell [...]
a) Finden Diversifikationseffekte Eingang in das Risikomodell?
b) Welcher Art sind diese? Explizit oder implizit? Linear oder exponentiell?
c) Liegen externe Daten zur Ermittlung zugrunde? Wenn ja, welche? Warum sind diese auf das Institut und dessen Struktur übertragbar? Wenn nein: woher kommen die internen Daten?
d) Was unternimmt das Haus, um die Stabilität und die Validität der Wechselwirkungen sicherzustellen?
e) Findet ein Stresstesting der Wechselwirkungen statt?
f) Sind die Parameter der Geschäftsleitung bekannt und werden sie von dieser legalisiert?
g) Werden die Wechselwirkungen ggf. einem Backtesting nach BTR S. 2 unterzogen?

Abbildung D – 20:   Checkliste zur Dokumentation der verwendeten Diversifikationseffekte[649]

899 Die vorgestellte Vorgehensweise muss ggf. noch um empirische Analysen erweitert werden, um valide Aussagen formulieren zu können. Das Ergebnis dieses Brainstormings führt neben der »Entdeckung« aller verwendeten Diversifikationen auch zu einer entsprechenden Dokumentation. Diese zeigt auch der Aufsicht gegenüber, dass sich ein Haus mit den verwendeten Parametern auseinandergesetzt hat.

900 Wird dies konsequent durchgezogen, so kann festgestellt werden, dass es deutlich mehr Diversifikationen in der Risikosteuerung einer Bank gibt, als es auf den ersten Blick den Anschein hat. Tabelle D – 19 zeigt auf, welche Diversifikationen in einer typischen Primärbank, selbst bei Addition aller gemessenen Risiken, auftauchen können.

---

649 Vgl. *Reuse* (2011.07), S. 271.

Zweck	Risikomodell (Beispiel)	Vorhandene Diversifikationen	Praxistipps
Asset Allocation	Korrelationsansatz nach Markowitz	Explizite Korrelationen zwischen den Assetklassen	Nachweis der Stabilität der Diversifikationseffekte[650]. Jährliche Überprüfung der Dokumentation
Depot A	Varianz/Kovarianz	Ggf. explizit vorgegebene Korrelationen zwischen Assetklassen.	Nutzung kritisch zu sehen, kurzfristig, z. B. auf 10T o. ä. sind diese Korrelationen nicht zwingend stabil
Zinsrisiko	Historische Simulation	Implizit vorhandene Korrelationen zwischen den Laufzeitbändern. Ggf. implizite Korrelationen bei Zinsvolatilitäten.	Dokumentation der vorhandenen Diversifikationseffekte. Nachweis der Stabilität über Stresstests, z. B. Zinsschock o. ä.
Kreditrisiko	Monte-Carlo-Simulation	Korrelationen zwischen Branchen. Korrelationen in Makroszenarien. Unkorreliertheit beim Ziehen von Zahlen in Mikrosimulationen.	Um diese Korrelationen kommt ein Institut bei der Verwendung von Diversifikationen nicht umhin. Wichtig sind hier Stabilitätstests: wie ändert sich der VR bei Veränderung der Korrelationen?
Liquiditätsrisiko	z. B. LaR (Liquidity at Risk)	Modellierung über Peaks over Threshold[651]. Inwieweit hängen Einzelzahlungsströme voneinander ab?	Selbst bei Unkorreliertheit sollte eine entsprechende Dokumentation vorliegen. Ggf. Abbildung über Puffer.
OpRisk	z. B. Poisson-Verteilung	Unterstellen der Unkorreliertheit von Risiken. Geschäftsfeldabhängigkeiten werden oft über Korrelationen modelliert.	OpRisk-Modelle sind noch am Anfang der Entwicklung. Stresstests sollten die Stabilität der Ergebnisse untermauern.

Tabelle D – 19: Diversifikationseffekte in der Risikosteuerung einer Bank[652]

Die MaRisk beziehen sich explizit nur auf die in der Risikotragfähigkeit verwendeten Korrelationen. Dies lässt den Umkehrschluss zu, dass die strengen Anforderungen nicht in vollem Umfang für diejenigen Korrelationen gelten,

---

650 Vgl. Kapitel D.VIII.3.
651 Vgl. *Reuse/Zeranski* (2009.10), basierend auf *Zeranski* (2006), S. 14 ff.
652 Eigene Darstellung in Anlehnung an *Reuse* (2011.11), S. 3 sowie die vorgenannten Quellen.

die nicht in die Risikotragfähigkeit eingehen. Dies sind z. B. die Korrelationen für die Gesamtbank Asset Allocation. Hier wird im Rahmen eines Portfoliomodells die optimale Portfolioausrichtung einer Bank bestimmt[653]. Solange die per Korrelationsmodell ermittelte optimale Portfoliostruktur auch in einer addierten Risikotragfähigkeit abbildbar ist, spricht aus Sicht des Autors nichts gegen deren Verwendung – wenngleich auch zu Steuerungszwecken Korrelationen verwendet werden sollten, die das Institut für langfristig stabil hält.

4.2. Stressen von Korrelationen

4.2.1. Gestresste Korrelationen 1996–2010[654]

902 Abhängig davon, ob es sich um explizite oder implizite Korrelationen handelt, bietet es sich im ersten Schritt an, alle Diversifikationen auszublenden bzw. die Korrelationen auf 1 zu setzen. Dies kann als möglicher Sensitivitätstest im Rahmen der jährlichen oder anlassbezogenen Stresstestanalyse geschehen[655] Der Vergleich dieses dann deutlich höheren Risikowertes mit dem Risikowert unter Berücksichtigung von Diversifikationen gibt dem Institut erste Implikationen, wie stark die Risikotragfähigkeit bzw. die Risikolage von den Diversifikationseffekten abhängig ist. Auch einzelne Risikoarten, z. B. das Kreditrisiko im Kreditrisikomodell CPV[656] lassen sich so auf ihre Stabilität testen.

903 Für die Risikotragfähigkeit interessanter ist jedoch die Frage der Korrelation zwischen Assetklassen. Hierzu bietet es sich an, die bereits definierten rollierenden/gleitenden Korrelationen zu verwenden. Die beste oder schlechteste gleitende Korrelation taucht nicht zwingend vor oder nach einer Krise auf. Dies zeigt auch Abbildung D – 21 am konkreten Beispiel DAX – RexP. Die am diversifizierensten wirkende gleitende Jahreskorrelation von ca. –0,4 taucht Anfang 2003 auf – ein Zeitpunkt, wo keine Krise oder Extremsituation vorlag. Das Korrelationsrisiko ist somit bei den 250-Tages-Korrelationen unabhängig vom konkreten Zeitpunkt des Eintritts einer Krise und kann dementsprechend separiert ermittelt werden.

904 Auf Basis dieser Erkenntnis kann der Korrelation-at-Risk- bzw. Korrelation-at-Chance-Ansatz entwickelt werden. Analog der historischen Simulation im Marktpreisrisiko handelt es sich hierbei um eine Korrelation, die mit einem bestimmten Konfidenzniveau nicht über- bzw. unterschritten wird. Hierbei

---

653 Vgl. hierzu u. a. *Reuse* (2011), S. 65–73 und die dort angegebene Literatur.
654 Entnommene und erweiterte Ausführungen aus *Reuse* (2011), S. 156 ff.
655 Vgl. *BaFin* (2012.12b), AT. 4.3.3, Tz. 1.
656 Credit Portfolio View.

werden die gleitenden Korrelationen der Vergangenheit gezählt und in ein Histogramm überführt. Abbildung D – 21 zeigt dies am Beispiel der rollierenden 250-Tages-Korrelationen von RexP – DAX sowie ML[657] Corporate Ex Pfand – RexP, wobei die schwarze Linie hier die Verteilung bei der Unterstellung einer Normalverteilung repräsentiert.

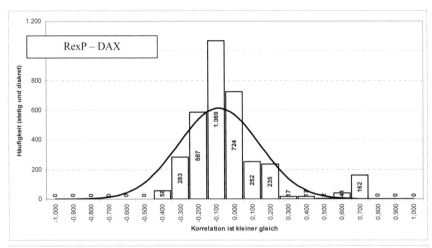

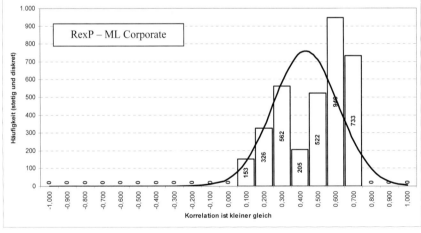

Abbildung D – 21:   *Korrelationshistogramm DAX – RexP & ML Corporate – RexP bis 2010*[658]

---

657 Merrill Lynch.
658 Vgl. *Reuse* (2011.07), S. 157.

GANZHEITLICHE RISIKOINVENTUR

905   Bei dem Paar DAX – RexP ist zu erkennen, dass die Korrelationen um einen Erwartungswert von –0,1 schwanken und sich nahezu gleichmäßig links und rechts dieses Mittelwertes verteilen. Dies impliziert eine Normalverteilung – was jedoch im zweiten Teil der Abbildung deutlicher widerlegt wird. Gerade die Korrelationspaare, die ihren Mittelwert nahe der +/–1 haben, können nicht normalverteilt sein, deshalb scheidet diese Verteilungsannahme mit den zugehörigen Tests wie Jarque-Bera oder Kolmogorov-Smirnov per se aus.[659]

906   Für beide Korrelationspaare werden in Abbildung D – 22 exemplarisch auf Basis des Quantilswertes für 1 % und 99 % die beiden relevanten Werte KaR[660] und KaC[661] berechnet. Sie zeigen die Korrelationen auf, welche mit dem angegebenen Konfidenzniveau nicht über- bzw. unterschritten worden sind.

Assets	DAX	und RexP		Assets	ML Corp. exPfand	und RexP	
Renditen	1 Tages-Rendite			Renditen	1 Tages-Rendite		
Zeitraum	31.01.1996	bis	01.04.2010	Zeitraum	31.01.1996	bis	01.04.2010
Korrelation über gesamten Zeitraum			–0,1279	Korrelation über gesamten Zeitraum			0,3692
Rollierende Korrelation:				Rollierende Korrelation:			
Basis:	250-Stichpunkte			Basis:	250-Stichpunkte		
Stabw.			0,2238	Stabw.			0,1805
Mittelwert			–0,0856	Mittelwert			0,4323
Median			–0,1385	Median			0,4848
n =			3.447	n =			3.447
Überlappende Stichprobe			ja	Überlappende Stichprobe			ja
KaR -Korrelation at Risk			0,6468	KaR -Korrelation at Risk			0,6518
KaC -Korrelation at Chance			–0,4095	KaC -Korrelation at Chance			0,0780
Konfidenzniveau			99,00%	Konfidenzniveau			99,00%

Abbildung D – 22:   *KaR und KaC für DAX – RexP & ML Corporate – RexP bis 2010[662]*

907   Selbst hier lässt sich festhalten, dass Korrelationen von nahe 1 oder –1 nicht vorzufinden sind. Während die langfristige Korrelation zwischen RexP und DAX bei –0,1279 liegt, liegt die KaR bei 0,6468 und die KaC bei –0,4095. Die Entwicklung beim Korrelationspaar ML Corporate – RexP ist ähnlich. Die Schwankung der Korrelationen ist folglich relativ hoch, was signifikante Auswirkungen auf eine Asset-Allocation haben kann.

908   Werden für alle Korrelationspaare solche Berechnungen angestellt, so ergibt sich Abbildung D – 23, welche bis 01.04.2010 die KaR- und KaC-Matrix sowie die Spreadmatrix KaC und KaR einander gegenüberstellt.

---

659   Vgl. u. a. *Jarque/Bera* (1980), S. 255 ff.; diskutiert in *Reuse* (2010.01), S. 85 ff.
660   Korrelation-at-Risk.
661   Korrelation-at-Chance.
662   Vgl. *Reuse* (2011.07), S. 158.

Korrelation at Risk	RexP	DJ Euro Stoxx 50	DAX	Rohöl Brent in €	MSCI Em. Markets	LPX 50 TR	DJ UBS	MSCI World	ML Corp. exPfand	3M Geldmarkt
RexP	1,0000									
DJ Euro Stoxx 50	0,5401	1,0000								
DAX	0,6468	0,9787	1,0000							
Rohöl Brent in €	0,0802	0,4660	0,4723	1,0000						
MSCI Em. Markets	0,1038	0,6923	0,6880	0,4670	1,0000					
LPX 50 TR	0,3655	0,6544	0,6363	0,1669	0,3627	1,0000				
DJ UBS	0,1631	0,4604	0,4475	0,7536	0,4863	0,3927	1,0000			
MSCI World	0,1499	0,8763	0,8607	0,4295	0,8700	0,3488	0,5624	1,0000		
ML Corp. exPfand	0,6518	0,1793	0,2054	0,1454	0,4940	0,2107	0,2762	0,5891	1,0000	
3M Geldmarkt	0,1544	0,1576	0,1388	0,0703	0,1289	0,1187	0,1220	0,1102	0,1937	1,0000
Korrelation at Chance	RexP	DJ Euro Stoxx 50	DAX	Rohöl Brent in €	MSCI Em. Markets	LPX 50 TR	DJ UBS	MSCI World	ML Corp. exPfand	3M Geldmarkt
RexP	1,0000									
DJ Euro Stoxx 50	-0,4566	1,0000								
DAX	-0,4095	0,7901	1,0000							
Rohöl Brent in €	-0,1895	-0,1180	-0,1701	1,0000						
MSCI Em. Markets	-0,5790	-0,0070	-0,0129	-0,0375	1,0000					
LPX 50 TR	-0,3442	-0,0349	-0,0419	-0,2524	-0,0708	1,0000				
DJ UBS	-0,3552	0,0746	0,0108	0,3502	0,0960	-0,2453	1,0000			
MSCI World	-0,4472	0,0872	0,0602	-0,1170	0,5975	-0,0755	0,1667	1,0000		
ML Corp. exPfand	0,0780	-0,6259	-0,5750	-0,2509	-0,4593	-0,2130	-0,3460	-0,5869	1,0000	
3M Geldmarkt	-0,1561	-0,1218	-0,1130	-0,1969	-0,1192	-0,1293	-0,1389	-0,1235	-0,1359	1,0000
KaR - KaC	RexP	DJ Euro Stoxx 50	DAX	Rohöl Brent in €	MSCI Em. Markets	LPX 50 TR	DJ UBS	MSCI World	ML Corp. exPfand	3M Geldmarkt
RexP	0,0000									
DJ Euro Stoxx 50	0,9967	0,0000								
DAX	1,0563	0,1886	0,0000							
Rohöl Brent in €	0,2697	0,5840	0,6424	0,0000						
MSCI Em. Markets	0,6828	0,6993	0,7009	0,5046	0,0000					
LPX 50 TR	0,7097	0,6892	0,6782	0,4193	0,4336	0,0000				
DJ UBS	0,5183	0,3858	0,4366	0,4034	0,3903	0,6381	0,0000			
MSCI World	0,5971	0,7891	0,8005	0,5465	0,2725	0,4243	0,3957	0,0000		
ML Corp. exPfand	0,5738	0,8052	0,7804	0,3963	0,9533	0,4237	0,6222	1,1760	0,0000	
3M Geldmarkt	0,3105	0,2794	0,2518	0,2672	0,2481	0,2480	0,2609	0,2337	0,3296	0,0000
Ø Spread			0,5336							

Abbildung D – 23: KaR, KaC und Spreadmatrix für ausgewählte Assetklassen bis 2010[663]

---

663 Vgl. *Reuse* (2011.07), S. 159.

GANZHEITLICHE RISIKOINVENTUR

909 Zu erkennen ist, dass alle Assetklassen im KaR über die Totalperiode positive Korrelationen aufweisen. Dies bedeutet, dass es zumindest zeitweise Phasen gab, in denen auch langfristig negative Korrelationen – z. B. DAX & RexP – zeitweise positiv waren. Allerdings sind diese auf 99 % Konfidenzniveau berechneten Korrelationen in den meisten Fällen deutlich unter 1 – Diversifikationen sind folglich auch in Extremsituationen wirksam. Hinzu kommt die Erkenntnis, dass Korrelationen immer dann belastend wirken, wenn die Marktphasen ruhig sind und vice versa.

4.2.2. Gestresste Korrelationen 2000–2016

910 Es stellt sich die Frage, ob sich diese Erkenntnisse auf Basis der Analyse bis 2016 bestätigen lassen. Hierzu wird auf Basis des Wertepaares DAX – RexP das Korrelationshistogramm aktualisiert. Abbildung D – 24 zeigt die Ergebnisse.

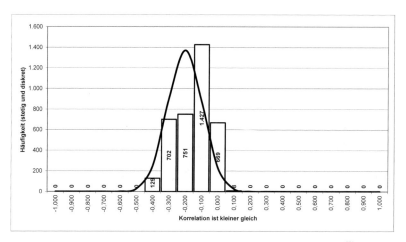

Abbildung D – 24:   Korrelationshistogramm DAX – RexP (2000–2016)[664]

911 Zu erkennen ist, dass die positiven Korrelationen nahezu nicht mehr vertreten sind. Gerade der Zeitraum 1996–2010 war von positiven gleitenden geprägt. Dies ist seitdem nicht mehr der Fall, so dass die auf Basis dieser Historie ermittelten Korrelationen die Wirkungsweise eher noch mehr bestätigen als vorher. Dies liegt primär an der Tatsache, dass die Zinsen seit einiger Zeit deutlich sinken und die Performance des RexP folglich deutlich gestiegen ist. Zinsen diversifizieren Aktien und vice versa, gerade in Krisenzeiten wird dies erneut bestätigt.

---

664 Eigene Darstellung.

Wird die Analyse auf alle Assetklassen ausgeweitet, so ergeben sich folgende KaR-, KaC- und Spreadmatrizen.

Korrelation at Risk	RexP	DJ Euro Stoxx 50	DAX	Emerging Markets TR	Rohöl Brent	LPX 50 TR	BofA ML Corporate
RexP	1,0000						
DJ Euro Stoxx 50	-0,0213	1,0000					
DAX	-0,0241	0,9786	1,0000				
Emerging Markets TR	0,0964	0,6920	0,6867	1,0000			
Rohöl Brent	0,1673	0,5036	0,5327	0,5603	1,0000		
LPX 50 TR	0,1997	0,8056	0,8242	0,8369	0,5039	1,0000	
BofA ML Corporate	0,6526	0,1553	0,1507	0,3355	0,0908	0,2125	1,0000

Korrelation at Chance	RexP	DJ Euro Stoxx 50	DAX	Emerging Markets TR	Rohöl Brent	LPX 50 TR	BofA ML Corporate
RexP	1,0000						
DJ Euro Stoxx 50	-0,4666	1,0000					
DAX	-0,4119	0,8980	1,0000				
Emerging Markets TR	-0,5774	0,2451	0,3332	1,0000			
Rohöl Brent	-0,1983	-0,1178	-0,1692	-0,0372	1,0000		
LPX 50 TR	-0,3576	-0,0339	-0,0412	-0,0645	-0,2514	1,0000	
BofA ML Corporate	0,0995	-0,6119	-0,5823	-0,4416	-0,2748	-0,2867	1,0000

KaR - KaC	RexP	DJ Euro Stoxx 50	DAX	Emerging Markets TR	Rohöl Brent	LPX 50 TR	BofA ML Corporate
RexP	0,0000						
DJ Euro Stoxx 50	0,4453	0,0000					
DAX	0,3878	0,0806	0,0000				
Emerging Markets TR	0,6738	0,4469	0,3535	0,0000			
Rohöl Brent	0,3656	0,6214	0,7019	0,5975	0,0000		
LPX 50 TR	0,5573	0,8395	0,8654	0,9014	0,7553	0,0000	
BofA ML Corporate	0,5532	0,7672	0,7330	0,7771	0,3655	0,4992	0,0000
Ø Spread			**0,5852**				

Abbildung D – 25: KaR, KaC und Spreadmatrix für ausgewählte Assetklassen bis 2016[665]

---

665 Eigene Darstellung.

913 Die KaR Werte verharren auf geringen Niveaus. Der RexP wirkt nun noch diversifizierender als in der bisherigen Analyse, die KaR liegt nahe 0 in Bezug auf Aktien und aktienähnlichen Investments. Nur beim ebenfalls partiell zinsgetriebenen ML Corporate ist ein Wert von **0,65** zu verzeichnen, was trotz eines etwas anderen Indexes den Ergebnissen der bisherigen Analyse ähnelt. Ohne die inhärenten Zinsteile wäre die Korrelation zwischen Zins und Spread sicherlich noch **geringer**.

914 Auch ansonsten sind Korrelationen von deutlich unter 1 zu verzeichnen, allein der LPX weist stärkere Abhängigkeiten zu DAX, EuroStoxx und Emerging Markets aus als vorher. Selbst der Ansatz dieser Extremkorrelationen würde das Risiko eines Portfolios deutlich reduzieren.

4.3. Anwendbarkeit in Modellen sowie der barwertigen und periodischen RTF

915 Für die Praxis der Risikotragfähigkeitsberechnung bedeutet dies, dass die Institute mit Stresskorrelationen wie oben ermittelt arbeiten können. Dies trägt dem AT 4.1 Tz. 6 Erl. Rechnung, nachdem Korrelationen nur »in dem Ausmaß berücksichtigt werden, wie sie auch in für das Institut sehr ungünstigen Marktphasen Bestand haben.[666]« Bestehende Softwarelösungen wie S-KARISMA in der S-Finanzgruppe setzen die oben beschriebenen Ideen so oder in ähnlicher Form bereits um[667] und unterstützen die Institute nicht nur in der Ausrichtung einer optimalen Portfolioallokation sondern auch beim Nachweis von stabilen Korrelationen[668].

916 Aber auch wenn nachgewiesen werden konnte, dass Diversifikationen bzw. Korrelationen vorhanden und auch stabil sind, so sollten diese differenziert nach ihrem Einsatzgebiet zum Einsatz kommen. Dies zeigt Abbildung D – 26, welche diesen Einsatz systematisiert.

---

[666] *BaFin* (2012.12c), AT 4.1, Tz. 6 Erl.
[667] Vgl. *Beck/Lesko/Wegner* (2009), S. 48 ff.; *Lesko* (2011), S. 7 ff.
[668] Zum theoretischen Unterbau vgl. umfassend *Beck/Lesko* (2011), S. 11–18.

REUSE

Ansatz von Diversifikationseffekten		
In Modellen und in der Asset Allokation	**In der barwertigen Risikotragfähigkeit**	**In der periodischen Risikotragfähigkeit**
In Modellen sind Diversifikationen oft inhärent oder explizit vorhanden. Eine Nutzung ist oftmals Voraussetzung für die Funktionsfähigkeit eines solchen Modells, so dass der Nutzer diese zwar im Hinblick auf deren Stabilität analysieren sollte, auf die Nutzung jedoch nicht verzichten sollte. Auch in der Asset Allokation sollten Diversifikationen Verwendung finden – solange die optimale Portfoliostruktur in allen Sichten der RTF tragbar ist.	Diversifikationen sind bei Unterstellung eines ausreichend langen Dispositionshorizontes vorhanden. Bei ausreichender Dokumentation und Nachweis der Durchhalteabsicht spricht aus Sicht des Autors nichts gegen die Verwendung von Korrelationen auch über Risikoarten hinweg – es sei denn, die RTF ist nur hierdurch gegeben. Problematisch dürfte allenfalls der Nachweis der Korrelationen zwischen Kundenkreditrisiko und Marktpreisrisiko sein.	Kurze Dispositionshorizonte sowie der Fokus auf den Zeitpunkt 31.12. können sehr wohl dazu führen, dass langfristig stabile Korrelationen kurzfristig zwar nicht völlig versagen, aber doch zu Lasten der Risikotragfähigkeit laufen. Hierfür müssten z.B. Jahreskorrelationen auf ihre Stabilität hin untersucht werden. Aus Sicht des Autors sollten Institute Korrelationen in der periodischen RTF nur mit äußerster Vorsicht einsetzen.

Abbildung D – 26: Systematisierter Einsatz von Diversifikationseffekten[669]

Letztlich muss der Einsatz der Diversifikationen immer adäquat dokumentiert sein und zur Risikostrategie konsistent sein. Hinzu kommt die Problematik des Modellrisikos[670]. Korrelationen und Diversifikationen führen in der Regel zu einem höheren Modellrisiko, so dass auch dieses im Rahmen von Stresstests ausreichend behandelt werden sollte. Jedes Institut muss für sich selbst entscheiden, ob der Mehraufwand in Dokumentation, Stresstesting und Berechnungen die Entlastungen in der Risikotragfähigkeit aufwiegt.

917

---

669 Eigene Darstellung.
670 Vgl. hierzu u. a. *Reuse* (2011.11), S. 1–4; *Reuse* (2012.01), S. 34–39 sowie die dort angegebenen Quellen.

5. Fazit und kritische Würdigung

918 Die oftmals ohne nähere Analysen vorgebrachte Behauptung, Diversifikationen würden in Zeiten der Krise versagen, kann durch die hier vorgebrachten Argumente und Berechnungen zurecht widerlegt werden[671]. Folglich spricht – bei adäquater Umsetzung – auch nichts gegen eine Verwendung in der Risikotragfähigkeit der Institute. Dies ist vor allem in der wertorientierten Sicht zu empfehlen, während dies in der periodischen Welt nur unter großen Einschränkungen angewendet werden sollten.

919 Allerdings ist generell ist eine kritische Bestandsaufnahme der Modelle mit den dort implizit wie explizit vorhandenen Diversifikationen vorzunehmen. Die präsentierte Checkliste sowie die Darstellung der möglicherweise vorhandenen Diversifikationseffekte können als Beispiel für die Dokumentation gelten. Auch der vorgestellte Korrelation-at-Risk kann helfen, mit gestressten Korrelationen die Stabilität derselben nachweisen zu können.

920 Die Verwendung von Diversifikationseffekten ist eine zentrale risikostrategische Vorgabe und sollte mit der Risikofreudigkeit der Geschäftsleitung korrespondieren. Solange Diversifikationen sachgerecht ermittelt und angesetzt werden, entspricht dies durchaus den MaRisk. Auch die MaRisk 6.0-E weisen hier keine Verschärfungen auf[672]. Aus Sicht des Autors sollte ein Institut seine Strategie und Risikolage jedoch überdenken, wenn die Risikotragfähigkeit nur aufgrund von stark entlastenden Diversifikationen gegeben ist. In einer solchen Situation wird die Aufsicht zu Recht nicht nur die Korrelationen als solche, sondern auch die Risikostrategie kritisch hinterfragen.

IX. Ausblick auf die zukünftige Weiterentwicklung der Risikoinventur[673]

921 Kapitel D hat gezeigt hat, dass das Thema Risikoinventur sowie Klassifizierung der Risiken nebst Be- und Entlastungseffekten in den letzten Jahren deutlich weiterentwickelt worden ist. Nichtsdestotrotz wird hier das Bestreben der Aufsicht deutlich, dass die Institute sich proaktiv mit dem Thema auseinandersetzen sollen. So soll der Prozess letztlich umgekehrt werden: nicht die bekannten Risikokategorien sollen auf ihre Wesentlichkeit hin untersucht werden, vielmehr soll von den eigenen Beständen, Bilanz- und GuV-

---

671 Vgl. *Feix/Stückler* (2010), S. 5; *Beck/Lesko/Wegner* (2009), S. 48 ff.; *Reuse* (2011), S. 149 ff.
672 Vgl. *BaFin* (2016.02b), AT 4.1.
673 Autor: **Svend Reuse**. Die Ausführungen geben die persönliche Auffassung des Autors wieder.

Positionen auf die Art und Höhe des Risikos geschlossen werden. Dies zeigt Abbildung D – 27, welche schematische und stark vereinfacht eine solche Vorgehensweise skizziert.

Legende Auswirkung auf das Institut: 5 - sehr hoch 4 - hoch 3 - mittel 2 - gering 1 - sehr gering		Beschreibung der Position						Einschätzung des Risikos							Anmerkung und Begründung
		Bilanz	GuV	Sonstige	Adressrisiko	Marktpreisrisiko	Zinsrisiko	Implizite Optionen	Liquiditätsrisiko	Operationelle Risiken	Reputationsrisiko	Outsourcungrisiko	Kostenrisiko	Ertragsrisiko	Vertriebsrisiken	Strategische Risiken	
Aktiva	Kasse	X								3	3	2		1	1		...
	Kundenkredite Geschäft	X	X		5	5	2	1	1					4	2	1	...
	Kundenkredite Privat	X	X		2	5	1	1	1					4	2	1	...
	Depot A Anleihen	X	X		2	3	2		2	1				3		1	...
	Beteiligungen	X	X		3					1	2					1	...
	Sachanlagen	X	X							2		1	2			1	...
Passiva	Sichteinlagen	X	X			2			3	1	1			3	2	2	...
	Spareinlagen	X	X			2			2	1	1			3	3	1	...
	Sparkassenbriefe	X	X			1			2	1				1	1		...
	Zuwachssparen	X	X			2	2		2	1				2		1	...
	Institutionelle Refis	X	X			2			2	1					1		...
	Eigenkapital	X								2						2	...
GuV	Swapertrag/-aufwand		X	X	1	3			2							2	...
	Giroerlöse		X						2						3	1	...
	Wertpapiererlöse		X						3		4				3	1	...
	Personalaufwand		X							2		5				3	...
	Sachaufwand		X							2		5				3	...
	Bewertungsergebnis Kredit		X		5									1	1		...
	a.o. Ergebnis		X						4			1					...
Häufigkeit					5	2	9	3	10	15	4	4	5	6	9	17	
Ø Wert					3,4	2,0	2,7	1,7	2,0	1,7	1,5	2,3	2,8	3,0	2,1	1,4	

Abbildung D – 27: *Retrograde Risikoinventur*[674]

Dieses fiktive Beispiel lässt sich wie folgt interpretieren: Neben den »klassischen« Adress- und Zinsänderungsrisiken sind gerade die Ertrags- und Kostenrisiken hier stark gewichtet werden – ein Zeichen dafür, dass in Zukunft die Betrachtung der sonstigen Risiken, primär der Ertragsrisiken[675], in den Vordergrund rücken wird. Ein solches Institut müsste sich an dieser Stelle die Frage stellen, wie es konkret mit Erträgen und Kosten umzugehen gedenkt – etwas, was aus der traditionellen, umgekehrten Analyse als Steuerungsimpuls so nicht herausgekommen wäre.

Es wird zudem ersichtlich, dass das strategische Risiko zwar nicht mit hohen Auswirkungen quantifiziert wurde, aber sehr häufig auftaucht. Gleiches gilt

---

674 Eigene Darstellung, schematische Darstellung auf Basis fiktiver, aber realitätsnaher Werte. Es sei an dieser Stelle explizit angemerkt, dass es sich hier um keine mathematisch-statistische Quantifizierung, sondern eher um eine qualitative Strukturierung einer Expertenschätzung handelt.

675 Vgl. Kapitel F.V.

für das operationelle Risiko. Die Folge wäre hier, dass diesen Themen in der Breite mehr Aufmerksamkeit, beispielsweise in der Prozessgestaltung, gewidmet werden müsste. Auch dieser Impuls wäre aus der reinen Bewertung der vier wesentlichen Risiken in dieser Form nicht entstanden.

924 Final lässt sich konstatieren, dass auch die Themen Modellrisiken[676], Diversifikationseffekte und Klumpenrisiko weiter in den Fokus der Risikosteuerung rücken werden. Die Formulierungen in dem MaRisk 6.0-E lassen hier schon Verschärfungen erkennen[677]. Aus Sicht des Herausgebers wird es immer wichtiger werden, Risiken frühzeitig zu erkennen, um qualitativ gegensteuern zu können. Risiko(früh)erkennung, mittlerweile und nicht zu Unrecht auch über die MaRisk gefordert[678], wird ein zentraler Baustein des Risikocontrollings der nahen Zukunft werden.

---

[676] Vgl. Kapitel D.VI, in Abbildung D – 27 nicht enthalten.
[677] Vgl. *BaFin* (2016.02b), AT 4.1, Tz. 8, 9, 10.
[678] Vgl. *BaFin* (2012.12b), AT 4.3.2, Tz. 2, diskutiert in *Reuse* (2013.02), S. 12.

E.

Kritische Würdigung von Risikotragfähigkeitskonzeptionen

E. Kritische Würdigung von Risikotragfähigkeitskonzeptionen

I. Steuerungsansätze zur Herleitung der Risikotragfähigkeit[679]

1. Grundlagen für die Ermittlung der Risikotragfähigkeit

1.1. Definitionen und Abgrenzungen

Trotz vielfältiger Verfahren zur Risikoeinschätzung wird ein Institut nie ausschließen können, dass übernommene Risiken in Teilen schlagend werden und zu Verlusten führen, die Eigenmittel aufzehren. Prämisse des **Risikotragfähigkeitskalküls** ist es, dass ein Institut grundsätzlich die eingegangen Risiken und daraus resultierenden Verluste aus eigener Substanz tragen kann. Risikotragfähigkeit (RTF) umschreibt somit die Fähigkeit, sämtliche aggregierte Risiken (Risikopotenzial) des Instituts durch verfügbare Risikodeckungsmassen (Risikodeckungspotenzial) jederzeit tragen zu können (siehe Abbildung E – 1).[680] In Abhängigkeit von der Risikobereitschaft eines Instituts kann eine festgelegte Verlustobergrenze (Limitierung) den Umfang der eingegangen Risikopotenziale begrenzen.

925

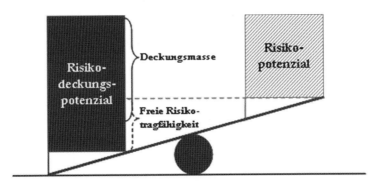

Abbildung E – 1:   *Sicherstellung der Risikotragfähigkeit durch ausreichendes Risikodeckungspotenzial*[681]

---

679   Autoren: **Christian Klomfaß** und **Markus Müller**. Die Ausführungen geben die persönliche Auffassung der Autoren wieder.
680   Vgl. *Schierenbeck/Lister/Kirmße* (2008), S. 15.
681   Eigene Darstellung in Anlehnung an *Kramer* (2012), S. 8.

926 Das **Risikodeckungspotenzial** setzt sich dabei grundsätzlich aus den Eigenmitteln des Instituts zusammen, die aus eigener Substanz heraus für die Kompensation von Verlusten zur Verfügung stehen. Stützungsleistungen Dritter, auf die bei Schieflage des Instituts zurückgegriffen werden kann, um Lasten abzuwälzen oder Gläubiger zu befriedigen, sind nicht in die Deckungsmassen einzubeziehen.[682] Zum **Risikopotenzial** müssen sämtliche Risiken aus unterschiedlichen Risikoarten zusammengefasst werden, die für das Institut wesentlich sind und zu erwarteten oder unerwarteten Verlusten führen können.

927 Die betriebswirtschaftliche Grundidee des Risikotragfähigkeitskalküls findet sich auch in den **aufsichtsrechtlichen Vorgaben des Baseler Rahmenwerks** zu den Mindestkapitalanforderungen (Säule I) und zum aufsichtlichen Überprüfungsverfahren (Säule II) wieder. Ziel der regulatorischen Risikotragfähigkeit auf Basis der standardisierten Kapitalanforderungen in Säule I ist es, eine internationale Harmonisierung der Eigenmittelanforderungen zu erreichen. Demgegenüber steht die bankinterne Sichtweise der Säule II, die institutsindividuell und umfassend auf die in einem Institut wesentlichen Risiken und auf die zu deren Deckung notwendigen Mittel fokussiert.[683]

928 Die **Anforderungen der Säule I** zur Eigenkapitalausstattung der Institute wurden auf europäischer Ebene durch das sogenannte CRD IV-Paket umgesetzt.[684] Während die zugehörige EU-Richtlinie (Capital Requirements Regulation, CRR) unmittelbar geltendes Recht darstellt, wird die EU-Verordnung (Capital Requirements Directive, CRD) national über einen modifizierten § 10 KWG und einer neuen Solvabilitätsverordnung (SolvV)[685] konkretisiert.

929 In Säule I müssen die Institute ihre Risikoaktiva laufend mit definierten Eigenmitteln und in bestimmter Höhe unterlegen. Dieser regelbasierte Ansatz zur Berechnung der erforderlichen Eigenmittelunterlegung liefert eine weitgehende Standardisierung und Vergleichbarkeit der Risikotragfähigkeit der Institute. Selbst wenn sich die Institute für bankaufsichtlich zugelassene interne Risikomessverfahren entscheiden, sind diese stark durch aufsichtliche Vorgaben bestimmt. So sind die einzubeziehenden Risikoarten, die zur Verlustabsorption angemessenen Eigenmittel und das Eigenmittelniveau aufsichtlich unmittelbar weitgehend durch die CRR geregelt. Die Anforderungen an Kapi-

---

682 Vgl. *BaFin* (2011.12), S. 4.
683 Vgl. *Deutsche Bundesbank* (2013.03), S. 32.
684 Vgl. *Deutsche Bundesbank* (2013.06), S. 57.
685 Vgl. § 2 *SolvV* (2013).

talpuffer aus der CRD IV werden dagegen national über den § 10 KWG und die SolvV vorgegeben.⁶⁸⁶

Die regulatorische Sichtweise ist im Hinblick auf eine betriebswirtschaftliche Ausrichtung eines Steuerungskreises zur Ermittlung der Risikotragfähigkeit vielmehr als regelbasierte Ergänzung zu sehen. Sie sollte daher als strenge Nebenbedingungen der bankinternen Steuerungsperspektive oder gegebenenfalls als Orientierungshilfe verstanden werden. 930

Die **zweite Säule des Baseler Rahmenwerks** soll den unterschiedlichen Kapital- und Risikosituationen der Institute stärker Rechnung tragen. Für die bankinternen Steuerungsansätze zur Deckung wesentlicher Risiken mit Kapital liefern die Mindestanforderungen an das Risikomanagement (MaRisk) eine prinzipienbasierte Regelungsgrundlage. Der prinzipienbasierte Ansatz gibt den Instituten Anleitungen für die einzelfallbezogene Umsetzung, wobei die Aufsicht eine hohe Flexibilität in der Beurteilung behält. In den institutsindividuellen Verfahren sollen die Auswirkungen auf Risiken und Tragfähigkeit auf Basis der gegenwärtigen und in Zukunft veränderter Geschäftsaktivitäten und des Marktumfelds Berücksichtigung finden.⁶⁸⁷ 931

Die MaRisk konkretisieren § 25a Abs. 1 KWG, wonach die Institute über eine ordnungsgemäße Geschäftsorganisation und insbesondere ein angemessenes sowie wirksames Risikomanagement verfügen müssen, auf dessen Basis die Risikotragfähigkeit laufend sichergestellt sein muss⁶⁸⁸. Der **Begriff der Risikotragfähigkeit** wird durch die MaRisk inhaltlich klar definiert: *»Auf der Grundlage des Gesamtrisikoprofils ist sicherzustellen, dass die wesentlichen Risiken des Instituts durch das Risikodeckungspotenzial, unter Berücksichtigung von Risikokonzentrationen, laufend abgedeckt sind.*⁶⁸⁹*«* 932

Grundsätzlich besteht bei der bankinternen Ausgestaltung und Konzeption des Risikotragfähigkeitskalküls für die Institute eine **Methodenfreiheit**.⁶⁹⁰ Auf vielfachen Wunsch der Industrie wurden durch die Aufsicht die MaRisk-Anforderungen und deren Auslegung in verschiedenen Schreiben präzisiert.⁶⁹¹ 933

---

686 Vgl. *Deutsche Bundesbank* (2013.03), S. 33; *Deutsche Bundesbank* (2013.06), S. 57.
687 Vgl. *Deutsche Bundesbank* (2013.03), S. 33.
688 Vgl. *BaFin* (2012.12b), AT 4.1, Tz. 2.
689 *BaFin* (2012.12b), AT 4.1, Tz. 1.
690 Vgl. *BaFin* (2012.12b), AT 4.1, Tz. 8.
691 Im Jahr 2010 hat die Deutsche Bundesbank die so genannte »Range of Practice« herausgegeben, in der ein Überblick der gängigen Risikotragfähigkeitskonzepte in Deutschlang gegeben wird. Ferner wurde durch das Schreiben »Aufsichtsrechtliche Beurteilung bankinterner Risikotragfähigkeitskonzepte« in 2012 eine Konkretisierung gegeben, um den Anforderungen der BaFin besser gerecht zu werden. Vgl. *Deutsche Bundesbank* (2010.11) und *BaFin* (2011.12).

Die Institute können den Anforderungen an die Angemessenheit und Wirksamkeit ihrer Risikotragfähigkeitskonzepte durch unterschiedliche bankinterne Verfahren entsprechen. Die Grenzen solcher bankinternen Steuerungsansätze werden erreicht, wenn das aufsichtsrechtlich vorgegebene Ziel der laufenden Sicherstellung der Risikotragfähigkeit nicht hinreichend gewährleistet ist.[692]

934 Im Hinblick auf die Vollständigkeit der Risikoabbildung, der Konsistenz der Verfahren und dem Vorsichtsprinzip sollte die Bewertung einzelner Detailaspekte nicht ohne Betrachtung des gesamten Konzepts erfolgen. Dabei sind neben Art, Umfang, Komplexität und Risikogehalt der Geschäftsaktivität auch das Umfeld und die Größe des Instituts (Prinzip der Proportionalität) sowie die Wesentlichkeit (Prinzip der Wesentlichkeit) zu berücksichtigen.[693] Bankinterne Ansätze zur Ermittlung der Risikotragfähigkeit liefern, insbesondere durch die Managementkomponenten der Limitierungen und dem Reporting, einen im Risikomanagement erforderlichen **Steuerungskreis**.

1.2. Steuerungsperspektiven für die Ermittlung der Risikotragfähigkeit

935 Bei der Herleitung der Risikotragfähigkeit werden den Risikopositionen bzw. Risikopotenzialen eines Instituts die anrechenbaren bzw. frei verfügbaren Deckungsmassen gegenübergestellt. Insbesondere bei **institutsindividuellen prinzipienbasierten Ansätzen** müssen die Institute aufsichtsrechtlich angemessene Steuerungskreise aus zusammenhängenden und steuerungsrelevanten Verfahren entwickeln. Diese müssen eine laufende Abdeckung der aggregierten Risiken durch Risikodeckungspotenzial gewährleisten.[694] Derartige Steuerungskreise umfassen eine Limitierung und ein Reporting.

936 Die **regelbasierte regulatorische Sichtweise** der Mindestkapitalanforderungen aus dem CRD IV-Paket stellt für sich keinen bankinternen Steuerungskreis dar, bietet aber Ansätze für Erweiterungen (z. B. Säule-I-plus-Ansätze). Grundsätzlich können auch in der regelbasierten Sichtweise Grundideen der gängigen im Folgenden dargestellten Steuerungsperspektiven gefunden werden.

937 In der Praxis haben sich zwei **Steuerungsperspektiven** für die Verfahren zur Ermittlung und Herleitung der Risikotragfähigkeit etabliert: Going-Concern-

---

692 Vgl. *BaFin* (2011.12), S. 2.
693 Vgl. *BaFin* (2011.12), S. 2. Abweichungen im Einzelfall müssen schlüssig, begründet und für Dritte nachvollziehbar sein.
694 Vgl. *BaFin* (2011.12), S. 2.

Ansätze (auch Fortführungsansätze genannt) und Gone-Concern-Ansätze (auch Liquidationsansätze genannt).[695] Bei beiden Ansätzen kann die Ableitung des Risikodeckungspotenzials sowohl GuV- und bilanzorientiert sowie wertorientiert erfolgen. Abbildung E – 2 zeigt die Bandbreite der Steuerungskreise für die Herleitung der institutsindividuellen und prinzipienbasierten Risikotragfähigkeit.[696]

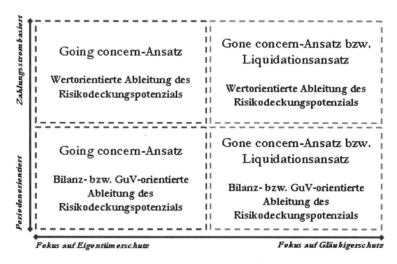

Abbildung E – 2:   *Dimensionen bankinterner Steuerungskreise für die Sicherstellung der Risikotragfähigkeit[697]*

Bei einer Bilanz- und GuV-orientierten Ableitung werden regelmäßig Plangewinne aus der externen Rechnungslegung und/oder Bilanzpositionen mit entsprechendem Eigenkapitalcharakter einer Periode angesetzt. Bei wertorientierten Ansätzen wird das Risikodeckungspotenzial grundsätzlich aus einer ökonomischen Perspektive ermittelt, losgelöst von der Abbildung in der externen Rechnungslegung und damit verbundenen Verzerrungen aus Ansatz- und Bewertungsregeln. Wertorientierte Ansätze basieren daher regelmäßig auf zahlungsstrombasierten Ansätzen. Dabei können auch Verfahren mit Bilanzgrößen, bei denen das bilanzielle Eigenkapital um Reserven und stille Lasten bereinigt wurden, eine wertorientierte Perspektive liefern.[698]

938

---

695   Vgl. *Deutsche Bundesbank* (2013.03), S. 34. Vgl. auch die Ausführungen in Kapitel B.I.3.2.1.
696   Vgl. Abbildung A – 1 »Abgrenzung verschiedener Risikotragfähigkeitsbegriffe«.
697   Eigene Darstellung in Anlehnung an *BaFin* (2011.12), S. 2 f.
698   Vgl. *BaFin* (2011.12), S. 3.

939 **Going-Concern-Ansätze** basieren auf der Annahme der Fortführung des Instituts und vornehmlich dem Schutz der Eigentümer.[699] Entsprechende Steuerungskreise sind davon geprägt, dass unter Einhaltung der Mindestkapitalanforderungen aus Säule I die Geschäftstätigkeit des Instituts fortgeführt werden kann, selbst wenn die in Säule II angesetzte Risikodeckungsmasse durch die geschätzten Verluste aufgezehrt wird. Die Säule-I-Kapitalanforderungen sind somit strikte Nebenbedingung der Ansätze: Sie können nicht in der Risikodeckungsmasse der bankinternen Risikotragfähigkeit angesetzt werden, da sie nicht zur Verlustabsorption in Säule II zur Verfügung stehen.[700] Somit können in erster Linie nur so genannte freie Eigenmittel, die nicht für die Erfüllung der Mindestkapitalanforderung benötigt werden, und Planwerte für die Ermittlung des Risikodeckungspotenzials herangezogen werden.[701]

940 Im Vergleich zum Liquidationsansatz zeichnen sich Going-Concern-Ansätze regelmäßig durch eine schwächere Parametrisierung in der Risikomessung aus. Es dürfen beispielsweise in internen Risikomodellen unter der Fortführungsprämisse niedrigere Konfidenzniveaus angesetzt werden,[702] wodurch sehr selten eintretende Verluste stärker ausgeblendet werden. Bei der Ermittlung des Risikodeckungspotenzials werden häufig externe Rechnungslegungsgrößen und bilanzielle Gestaltungsmöglichkeiten berücksichtigt. Solange ein Institut nur einen Steuerungsansatz verwendet, muss an Korrektive bzw. ergänzende Maßnahmen gedacht werden, um beispielsweise durch robuste Stresstests ein niedriges Konfidenzniveau in einem Going-Concern-Ansatz auszugleichen.[703] Stille Lasten und teilweise auch Marktpreisrisiken in Positionen des Anlagevermögens werden mit Verweis auf die Durchhalte- und Fortführungsabsicht teilweise nicht berücksichtigt.[704]

941 Bei **Gone-Concern-Ansätzen** (auch Liquidationsansatz genannt) steht der Gläubigerschutz im Vordergrund. Die Annahme einer Liquidation bzw. Zerschlagung des Instituts ist eher als theoretische Prämisse zu verstehen. Solche Ansätze dienen in erster Linie dazu, auch in Extremsituationen, d. h. bei Eintreten aller erwarteten und unerwarteten Verluste, die Institutsgläubiger aus dem verbleibenden Vermögen bei einer fiktiven Liquidation zu bedienen.[705]

---

699 Vgl. *Deutsche Bundesbank* (2013.03), S. 34.
700 Vgl. *Deutsche Bundesbank* (2013.03), S. 34.
701 Vgl. *BaFin* (2011.12), S. 3.
702 Vgl. *BaFin* (2011.12), S. 14.
703 Vgl. *BaFin* (2011.12), S. 14 f.
704 Vgl. *BaFin* (2011.12), S. 3.
705 Vgl. *Deutsche Bundesbank* (2013.03), S. 34; *BaFin* (2011.12), S. 3.

Daher zeichnen sich Liquidationsansätze durch strengere Parametrisierungen bei der Risikomessung und durch die Berücksichtigung sehr selten eintretender Verluste aus (z. B. hohes Konfidenzniveau).[706]

Liquidationsansätze beinhalten regelmäßig Positionen, bei deren Aufzehrung durch schlagend werdende Risiken eine Fortführung der Geschäftstätigkeit nicht mehr möglich ist. Es wird stärker auf ökonomische Größen und weniger auf bilanzielle oder regulatorische Anforderungen fokussiert. In einer Gone-Concern-Perspektive können die regulatorischen Eigenmittel aus Säule I teilweise oder vollständig im Risikodeckungspotenzial angesetzt werden. Eine strikte Trennung von Eigenmitteln der Säule I und der frei verfügbaren Eigenmittel in Säule II ist nicht erforderlich (teilweise auch Säule I Plus Ansätze genannt). Ferner finden sich in solchen Ansätzen auch Positionen in der Risikodeckungsmasse, die dem Institut tatsächlich nur im Insolvenzfall zum Verlustausgleich zur Verfügung stehen (z. B. nachrangige Verbindlichkeiten). 942

Die Steuerungsperspektive bei der Herleitung der Risikotragfähigkeit ist immer digital, entweder Going-Concern oder Gone-Concern. Die **Beurteilung der Ansätze** (z. B. durch Aufsicht, Wirtschaftsprüfer) wird sich regelmäßig daran orientieren, wie nahe sich der gewählte bankinterne Ansatz an der Schwelle zum anderen Ansatz bewegt. So werden beispielsweise die Maßstäbe für die Deckungsmassen in einem Going-Concern-Ansatz abgemildert, je näher sich der Ansatz bei der Risikomessung an einem Liquidationsansatz (strenge Parametrisierung) orientiert.[707] Wesentliches Abgrenzkriterium der beiden Steuerungsperspektiven ist somit die Definition des maximal zur Risikoabdeckung eingesetzten Risikodeckungspotenzials (auch Risikodeckungsmasse genannt) und die Ermittlung der Risikopositionen bzw. Risikopotenzial (d. h. erwartete und unerwartete Verluste aus den wesentlichen Risiken). 943

2. Ansätze für die Ermittlung der regulatorischen Risikotragfähigkeit

2.1. Sicherstellung der Tragfähigkeit mittels Mindestkapitalanforderungen

Die regelbasierten Anforderungen an das von Instituten vorzuhaltende Mindestkapital gemäß Säule I des Baseler Rahmenwerks und die Konkretisierung durch das europäische CRD IV-Paket sowie die nationalen Vorgaben im 944

---

[706] Vgl. *BaFin* (2011.12), S. 4. Die Aufsicht fordert, dass zumindest in einem bankinternen Steuerungskreis derartige strenge, auf seltenen Ereignissen basierende Risikomaße und Parameter für die Risikomessung bei wesentlichen Risiken verwendet werden.

[707] Vgl. *BaFin* (2011.12), S. 14.

KRITISCHE WÜRDIGUNG VON RTF-KONZEPTIONEN

KWG und der neuen SolvV liefern eine Sichtweise auf die **regulatorische Risikotragfähigkeit**. Die Aufsicht stellt über diese allgemeingültigen Mindestkapitalvorschriften sicher, dass der Schutz der Gläubiger und die Solidität sowie Funktionsfähigkeit der Institute und des gesamten Finanzsystems gewahrt sind.[708]

945 Durch die **Kapitalquoten** wird die Einhaltung der Eigenkapitalanforderungen gemessen.[709] Die Mindestkapitalanforderungen aus der CRR stellen auf die anrechenbaren Eigenmittel ab, die ins Verhältnis zu den gewichteten Risikoaktiva aus Adressenrisiken und den Anrechnungsbeträgen für Marktpreisrisiken sowie operationelle Risiken gesetzt werden. Dabei werden auch Risiken einer Anpassung der Kreditbewertung bei OTC[710]-Derivaten, Gegenparteiausfallrisiken, Fremdwährungsrisiken, Abwicklungsrisiken und Warenpositionsrisiken berücksichtigt.[711]

946 Gemäß CRD IV-Paket muss dieser bis 2015 mindestens 8,0 % betragen und wird dann durch die Einführung von Kapitalpuffern sukzessive (insgesamt um 1,25 % p. a.) ansteigen. In 2016 werden mehr als 9,25 % anrechenbare Eigenmittel erforderlich sein. Das aufsichtliche Mindestkapital nach Basel III berechnet sich beispielsweise für das Jahr 2015 entsprechend der in Abbildung E – 3 dargestellten Formel:[712]

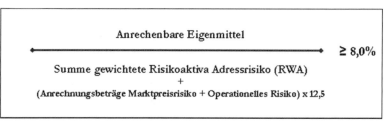

Abbildung E – 3:   *Ermittlung des aufsichtsrechtlichen Mindestkapitals in 2015 (regulatorische Risikotragfähigkeit)*[713]

---

708 Vgl. *Deutsche Bundesbank* (2002.01), S. 42.
709 Vgl. Artikel 92 CRR(2013).
710 Over the Counter.
711 Vgl. Artikel 92 CRR (2013). Nationale Gestaltungsspielräume füllt die neue SolvV vor allem für die internen Ansätze zur Ermittlung der Eigenmittelanforderungen aus (z. B. Ausführungsbestimmungen zu den Zulassungsvoraussetzungen für auf internen Ratingverfahren basierende Ansätze, Marktrisikomodelle, interne Modelle zur Berechnung von Kontrahentenrisiken und fortgeschrittene Ansätze zur Ermittlung von operationellen Risiken).
712 Vgl. *Heidorn/Rupprecht* (2009), S. 13; Artikel 92 ff. CRR (2013).
713 Vgl. *Deutsche Bundesbank* (2002.01), S. 42; *Deutsche Bundesbank* (2006.01), S. 70; *Deutsche Bundesbank* (2013.06), S. 62.

Durch die CRR wird für alle Kreditinstitute, Institutsgruppen und Finanzholding-Gruppen geregelt, in welcher Höhe anrechenbare Eigenmittel im Hinblick auf die **anrechnungspflichtigen Risikopositionen** mindestens vorhanden sein müssen. Es wird regelbasiert vorgegeben, wie die Mindesteigenmittelanforderungen für die Summe der gewichteten Risikoaktiva der Adressrisiken und die Anrechnungsbeträge für Marktpreisrisiken sowie operationelle Risiken zu ermitteln sind.

947

Gemäß CRR sind grundsätzlich zwei alternative Ansätze für die Berechnung der angemessenen Eigenmittelausstattung bei **Kreditrisiken** möglich. Der so genannte Kreditrisiko-Standardansatz (KSA) und der auf internen Ratings basierende Ansatz (Internal Rating-Based Approach, IRBA).[714] Im KSA erfolgt die Ermittlung des Adressrisikos durch die Zuordnung externer Ratings zu standardisierten bonitätsabhängigen Risikogewichten (von 0 % bis 1.250 %) in diversen Kreditnehmergruppen (z. B. Staaten, Banken).[715] Im IRBA schätzen die Institute im Basisansatz nur die Ausfallwahrscheinlichkeit (Probability of Default, PD) der Kreditnehmer selber, während sie im fortgeschrittenen Ansatz zusätzlich noch die Verlustquote bei Ausfall (Loss Given Default, LGD), die ausstehenden Forderungen bei Ausfall (Exposure at Default, EAD) und die effektive Restlaufzeit (Maturity, M) messen.[716]

948

Auch Marktpreisrisiken und operationelle Risiken sind gemäß der SolvV mit Eigenmitteln zu unterlegen. Die Institute können zur Ermittlung der Anrechnungsbeträge für **Marktpreisrisiken** in der SolvV definierte Standardmodelle oder eigene Risikomodelle verwenden.[717] Bei den **operationellen Risiken** stehen drei verschiedene Ansätze für die Ermittlung des Anrechnungsbetrags zur Verfügung: der Basisindikatoransatz, der Standardansatz und der fortgeschrittene Messansatz (Advanced Measurement Approach, AMA).[718] Im Basisindikatoransatz und Standardansatz wird der Anrechnungsbetrag für das operationelle Risiko nach einem aufsichtlich vorgeschriebenen Verfahren über Multiplikatoren ermittelt. Bei Zulassung eines AMA kann der Eigenmittelbedarf auf Basis der bankinternen Risikomesssysteme berechnet werden.

949

---

714 Vgl. Artikel 107 *CRR* (2013).
715 Vgl. *Heidorn/Rupprecht* (2009), S. 13; Artikel 114 *CRR* (2013). Zur Neutralisierung der mittels CRD IV-Paket gestiegenen Kapitalunterlegung liegt die Kapitalanforderung für kleine und mittlere Unternehmen (KMU) beispielsweise bei 76,19 %. Vgl. *Deutsche Bundesbank* (2013.06), S. 66.
716 Vgl. Artikel 151 ff. *CRR* (2013).
717 Vgl. Artikel 326 ff. *CRR* (2013).
718 Vgl. Artikel 312 ff. *CRR* (2013).

950 Neben den hier aufgezählten Risikoarten ist die deutsche Bankenaufsicht aufgefordert, weitere Risikoarten auf ihre Berücksichtigung im Rahmen von Eigenmittelanforderungen hin zu überprüfen (§ 10 Abs. 3 Satz 2 Nr. 1 KWG). Nach aktuellen Äußerungen der Aufsicht ist davon auszugehen, dass auch das Zinsänderungsrisiko im Anlagebuch kurzfristig auf Grund dieser Regelung näher betrachtet wird.[719]

951 Die **regelbasierten Verfahren** stellen grundsätzlich auf einen Risikohorizont von einem Jahr ab. Den regulatorischen Ansätzen ist gemein, dass sie in der Regel stark stichtagsbezogen sind. Bei den institutsindividuellen Verfahren spielt das gewählte Konfidenzniveau eine maßgebliche Rolle für die Bestimmung der anrechenbaren Eigenmittel. Im Hinblick auf die gemäß CRR anrechenbaren Eigenmittel müssen die Risiken so berechnet sein, dass sie auch sehr seltene Ereignisse und Verluste berücksichtigen (hohes Konfidenzniveau) und damit einer Liquidationsperspektive (Fokus auf Gläubigerschutz) gerecht werden.

952 Da die regelbasierten Ansätze zur Bemessung der Mindestkapitalanforderungen (z. B. KSA, Basisindikatoransatz) eher auf Durchschnittsbetrachtungen basieren und den individuellen Verhältnissen einzelner Institute nicht in jedem Fall gerecht werden, sollen Kreditinstitute über die Mindestkapitalanforderungen hinaus Eigenkapital (insbesondere durch Säule II) vorhalten, wenn dies ihre individuelle Risikosituation erfordert. Für die Anwendung institutsindividueller Verfahren zur Ermittlung der meldepflichtigen Risikopositionen (z. B. IRBA, eigene Risikomodelle, AMA) ist die Abnahme durch die BaFin nötig.

2.2. Ermittlung der anrechenbaren Eigenmittel für Säule I des Baseler Rahmenwerks

953 Gemäß CRR müssen Institute durch angemessene Eigenmittel ihren Verpflichtungen gegenüber den Gläubigern nachkommen. Die bankaufsichtlich anrechenbaren Eigenmittel dienen dem Ausgleich von Verlusten im laufenden Geschäftsbetrieb (Going-Concern) und der Befriedigung der Ansprüche der Gläubiger im Insolvenzfall (Gone-Concern). Darüber hinaus begrenzen sie auch die Verlustpotenziale eines Instituts.[720] Insbesondere durch die Unterteilung der Eigenmittel hinsichtlich ihrer Haftungsqualität wird die **Tragfähigkeit der Risikopositionen** durch die Eigenmittel bzw. durch das Schuldendeckungspotenzial regulatorisch in den Vordergrund gestellt.

---

719 Vgl. *Hufeld* (2016).
720 Vgl. *Deutsche Bundesbank* (2011a), S. 7.

Die aus bankaufsichtlicher Sicht anrechenbaren Eigenmittel für die Ermittlung der Gesamtkennziffer werden in der CRR geregelt. Sie bestehen aus dem harten und dem zusätzlichen Kernkapital[721] (Tier 1) sowie dem Ergänzungskapital (Tier 2). Durch das CRD IV-Paket soll eine **qualitative Stärkung der Eigenmittelunterlegung** erreicht werden. Die Anerkennungsvoraussetzungen für aufsichtsrechtliche Kapitalbestandteile wurden durch die CRR vereinheitlicht und verschärft.

954

Dem **harten Kernkapital** eines Instituts können alle Kapitalinstrumente zugerechnet werden, die vornehmlich aus eingezahlten Eigenkapitalinstrumenten und offenen Rücklagen bestehen. Das harte Kernkapital muss dabei gemäß Artikel 28 CRR über 13 Anerkennungsanforderungen erfüllen.[722] Hierzu zählt beispielsweise das Stammkapital einer Aktiengesellschaft. Ferner gehören zum harten Kernkapital die offenen Rücklagen wie einbehaltene Gewinne, das kumulierte sonstige Ergebnis, sonstige Rücklagen und der Fonds für allgemeine Bankrisiken. Bedingung ist, dass die Kapitalinstrumente dem Institut uneingeschränkt und unmittelbar zur sofortigen Deckung von Risiken oder Verlusten zur Verfügung stehen.[723]

955

Zum **zusätzlichen Kernkapital** gehören Kapitalinstrumente, die ebenfalls laufend zur Deckung von Verlusten und zur Fortführung des Geschäftsbetriebs zur Verfügung stehen.[724] Wesentliche Merkmale für zusätzliches Kernkapital sind deren Nachrangigkeit gegenüber dem Ergänzungskapital, unbefristete Verfügbarkeit sowie das vollständige Ermessen des Instituts, ob eine Kündigung oder Ausschüttung erfolgen sollen. Anreize für die Tilgung oder Rückzahlung der anrechenbaren Kapitalinstrumente dürfen nicht bestehen. Gemäß CRR muss bei Eintreten eines Auslöseereignisses der Kapitalbetrag des zusätzlichen Kernkapitals dauerhaft oder vorübergehend herabgeschrieben oder die Instrumente in hartes Kernkapital umgewandelt werden, wenn die Quote des harten Kernkapitals im Verhältnis zu den Risikopositionen unter eine Schwelle von 5,125 % sinkt.[725]

956

Als **Ergänzungskapital** können nur Kapitalinstrumente herangezogen werden, die mindestens fünf Jahre eingezahlt und im Fall einer Insolvenz nachrangig sind. Auch für Ergänzungskapital darf kein Anreiz zu einer Rückzahlung bestehen. Die Bedeutung des Ergänzungskapitals wurde somit durch das

957

---

721 Vgl. Artikel 25 ff. *CRR* (2013).
722 Vgl. *Deutsche Bundesbank* (2013.06), S. 59. Gemäß Artikel 28 *CRR* muss hartes Kernkapital beispielsweise »direkt begeben«, »eingezahlt«, »zeitlich unbefristet« etc. sein.
723 Vgl. Artikel 26 *CRR* (2013).
724 Vgl. *Deutsche Bundesbank* (2013.06), S. 59; Artikel 52 *CRR* (2013).
725 Vgl. *Deutsche Bundesbank* (2013.06), S. 59; Artikel 52 *CRR* (2013).

CRD IV-Paket deutlich reduziert und seine Funktion auf den Gläubigerschutz begrenzt.[726]

958 Durch das CRD IV-Paket erfolgte nicht nur eine qualitative sondern auch **quantitative Stärkung** der Eigenmittel durch höhere Ansprüche an das vorzuhaltende Kernkapital. So werden durch CRD IV und § 10 KWG **zusätzliche Kapitalpuffer** von den Instituten gefordert. Ergänzend zu den aus Basel III stammenden Kapitalerhaltungspuffer und dem antizyklischen Kapitalpuffer sowie für global bzw. national systemrelevante Institute basierenden Puffern wurden durch das CRD IV-Paket noch ein Kapitalpuffer für systemische Risiken eingeführt.[727] Sämtliche für die Institute relevanten Kapitalpuffer müssen mit hartem Tier 1-Kapital unterlegt werden.

959 Ab 2016 sollen zwei Kapitalerhaltungspuffer bei allen Instituten verhindern, dass das Eigenkapital der Institute in Krisenzeiten zu schnell aufgezehrt wird. Der so genannte Kapitalerhaltungspuffer soll kontinuierlich jährlich um 0,625 Prozentpunkte bis auf 2,5 % im Jahr 2019 aufgebaut werden. Bis zur Erfüllung dieser Anforderung müssen die Institute eine Mindestquote vom Gewinn nach Steuern einbehalten. Darüber hinaus wird ab 2016 ein antizyklischer Kapitalerhaltungspuffer auf nationaler Ebene eingefordert, der analog sukzessive bis 2019 auf 2,5 % anwachsen soll.[728] Mit diesem Kapitalpuffer versucht die Bankenaufsicht durch Orientierung am wirtschaftlichen Umfeld der Institute (Heißlaufen der Wirtschaft) eine Vorsorge für wirtschaftlich schlechtere Zeiten einzufordern.[729]

960 Um diese strengeren Kapitalanforderungen aus Basel III auch ohne kurzfristige Einschränkung der Kreditvergabe gewährleisten zu können, wurden für die Institute angemessene Übergangsfristen geschaffen. Die Veränderungen des haftenden Kernkapitals nach Einführung von Basel III durch das europäische Parlament am 16. April 2013 werden in Abbildung E – 4 zusammenfassend dargestellt:

---

726 Vgl. *Deutsche Bundesbank* (2013.06), S. 68; Für Details zu den zusätzlichen Kapitalpuffern siehe Artikel 131 ff. *CRD IV* (2013), umgesetzt in § 10f-e *KWG* (2016).
727 Vgl. *Deutsche Bundesbank* (2013.06), S. 68 f.; Artikel 129, 130, 135 und 140 *CRD IV* (2013).
728 Vgl. *Deutsche Bundesbank* (2013.06), S. 60; Artikel 63 *CRR* (2013).
729 Vgl. *Tente/Stein/Silbermann/Deckers* (2015).

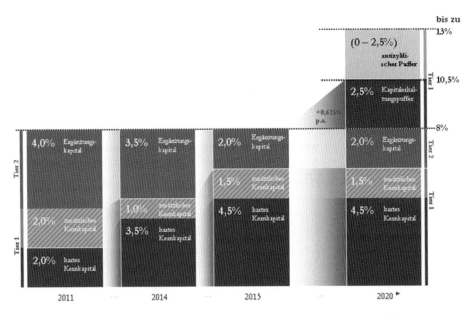

Abbildung E – 4   Quantitative Stärkung der Eigenmittelunterlegung bis 2020[730]

Durch die qualitative und quantitative Stärkung des Eigenkapitals für die Eigenmittelunterlegung nach Säule I des Baseler Rahmenwerks werden die Institute künftig mehr qualitativ hochwertiges Kapital aus Tier 1 binden müssen. Damit stehen, in Abhängigkeit vom gewählten bankinternen Steuerungsansatz, gegebenenfalls weniger freie Eigenmittel des Tier 1 für die Säule II zur Verfügung.

3. Bankinterne Konzepte zur Bestimmung des Risikodeckungspotenzials

3.1. Periodische Ansätze auf Basis von Bilanz und GuV

3.1.1. Definition und Anforderung der Aufsicht

Bei Bilanz- bzw. GuV-orientierten Ansätzen setzt sich das Risikodeckungspotenzial aus Bilanz- und GuV-Bestandteilen (bilanzorientierter Ansatz) zusammen oder aus GuV und aufsichtsrechtlichen Größen (GuV-orientierter Ansatz). Mischkonzepte sind in der Praxis stark verbreitet.

---

[730] Vgl. *Kämpfer* (2011.01), S. 7; *Deutsche Bundesbank* (2011a), S. 19.

963 Die Anforderungen des Handelsgesetzbuches und der IFRS dienen als Basis für Bilanz- bzw. GuV-orientierte Risikotragfähigkeitskonzepte. Unter anderem aus § 253 Absatz 1 HGB ergeben sich Besonderheiten, die in wertorientierten Steuerungsperspektiven nicht zu beachten sind. Zusätzlich sind insbesondere die von Kreditinstituten zu beachtenden Sondervorschriften (z. B. § 340f HGB) Grundlage oft erheblicher Bewertungsunterschiede zwischen wertorientierten und GuV-orientierten Ansätzen.

964 Die Besonderheiten von Wertansätzen nach dem deutschen Handelsgesetzbuch soll an folgendem Beispiel verdeutlicht werden: Ein Kreditinstitut kauft im Jahr 2015 ein festverzinsliches Wertpapier mit Laufzeit 10 Jahre zu einem Kupon von 5 % und einem Preis von 101 % des Nominalwertes. Die gesunkenen Marktzinsen führen per 31. Dezember 2015 zu einem Kurswert von 103 %. Die Regelungen des § 253 Abs. 1 HGB führen dazu, dass bilanziell weiterhin mit dem Kurs von 101 % bewertet wird. Zusätzlich könnte das Kreditinstitut durch die Sondervorschriften des § 340f HGB eine Rücklage gebildet haben, die anteilig auch den Bilanzwert der genannten Anleihe reduziert. In diesem Beispiel sollen dies 2 % des Nominalwertes sein. Somit ergibt sich ein bilanzieller Wert von 99 % des Nominalwertes. Der Wertunterschied zwischen bilanzieller und wertorientierter Betrachtung (103 % − 99 % = 4 %) wird bilanziell nicht sichtbar, kann jedoch im Rahmen eines GuV-orientierten Risikotragfähigkeitskonzeptes genutzt werden.

3.1.2. Stärken und Schwächen von Bilanz- bzw. GuV-orientierten RTF- Ansätzen

965 Risikotragfähigkeitsmodelle auf Basis von Bilanz- und GuV-Größen sind weiter verbreitet als entsprechende wertorientierte Ansätze.[731] Ein Grund für diese deutliche Präferenz der Institute kann darin liegen, dass die für einen GuV- Ansatz erforderlichen Größen im Rahmen der handelsrechtlichen Bewertungsvorschriften ohnehin von allen, dem Handelsgesetzbuch unterliegenden Kapitalgesellschaften, anzuwenden sind.[732] Eine erneute/separate Ermittlung aller Größen ist nicht notwendig. Zusätzlich sind Überleitungsrechnungen zu den Veröffentlichungspflichten der Jahresabschlussgrößen bzw. Bilanzgewinne und Verluste nicht erforderlich. Auch die Anforderungen der Säule I (Eigenmittelanforderungen nach CRR) bauen auf Bilanzgrößen auf und können bei der Ermittlung einer GuV-orientierten Risikotragfähigkeit im Fokus gehalten werden.

---

[731] Vgl. *Deutsche Bundesbank* (2010.11), S. 6.
[732] Vgl. § 242 *HGB*.

Als Nachteil der Betrachtung von Bilanzgrößen bzw. einer GuV- orientierten RTF gilt, dass in der Regel nur ein begrenzter Blick in die Zukunft erfolgen kann. Der Betrachtungshorizont reicht in den meisten Fällen nur bis zum nächsten Bilanzierungsstichtag. Diesem Steuerungsnachteil versucht die BaFin durch die MaRisk Anpassung aus dem Jahr 2010 (Betrachtung über den Bilanzstichtag hinaus) entgegenzuwirken.[733] Die von der BaFin erwähnten Möglichkeiten (insbesondere Lösung »rollierend 12 Monate«) entfernen sich jedoch wieder von den klassischen Anforderungen der HGB – Bilanzierung. Die möglicherweise abweichenden Bewertungsstichtage, aber auch die zahlreichen Besonderheiten der Bilanzierung (z. B. Buchwertreserven, gemilderte Bilanzierung usw.) erschweren die Berechnung von Risiken. Zusätzlich führen die speziellen Vorschriften der deutschen Bilanzierung zu Herausforderungen im internationalen Vergleich. Insbesondere ein europaweites Monitoring zur Widerstandsfähigkeit von Banken führt bei Beachtung von nationalen Besonderheiten zu Herausforderungen und erschwert die Aussagekraft.

966

3.1.3. Ermittlung des verfügbaren Deckungspotenzials

Bei der Herleitung des Risikodeckungspotenzials im GuV – bzw. bilanzorientierten Ansatz der Risikotragfähigkeit muss weiter nach Liquidationsansatz bzw. nach Going-Concern-Ansatz unterschieden werden. Wie bereits erwähnt können nicht in beiden Ansätzen alle vorhandenen Vermögenswerte angesetzt werden. Im Folgenden werden die einzelnen möglichen Komponenten des Deckungspotenzials beschrieben und deren Besonderheit bezüglich möglicher Ansätze beleuchtet.

967

Sogenannte **Planergebnisse** können in GuV-orientierten Ermittlungen grundsätzlich berücksichtigt werden, wenn sie vorsichtig ermittelt wurden.[734] Im Going-Concern-Ansatz betrifft dies neben den bereits aufgelaufenen Ergebnissen zusätzlich Ergebnisbestandteile der Zukunft. Bei zukünftig zu erwartenden Gewinnen ist weiter zu unterscheiden: Anteile aus bereits kontrahierten Geschäften können übernommen werden. Bei Ergebniskomponenten, die aus geplantem Neugeschäft resultieren, ist sicherzustellen, dass die Risiken dieses Neugeschäftes ebenfalls Berücksichtigung finden.[735] Zusätzlich ist sicherzustellen, dass, insbesondere Ergebnis verschlechternde, unterjährige Veränderungen des Plangewinnes sowie auch Planverluste bei der Ermittlung des Deckungspotenzials Berücksichtigung finden.

968

---

733 Vgl. *BaFin* (2010.07).
734 Vgl. *BaFin* (2011.12), S. 5.
735 Vgl. *BaFin* (2011.12), S. 5.

KRITISCHE WÜRDIGUNG VON RTF-KONZEPTIONEN

969 Weitere Bestandteile des Risikodeckungspotenzials können das **bilanzielle Eigenkapital und andere ähnliche Positionen** sein. Unter diese Kategorie von Deckungsmassen fallen, neben dem vorhandenen Eigenkapital, auch nachrangige Verbindlichkeiten, Genussrechtskapital und der Fonds für allgemeine Bankrisiken nach § 340g HGB. Die genannten Positionen sind sowohl in der Säule II als auch in der Säule I anrechenbar. Die besonderen Regelungen zur Bildung von Reserven nach § 340g Abs. 4 HGB führen jedoch zu einer begrenzten Nutzbarkeit dieses Postens. Die als Risikoreserve für negative Nettoerträge aus Handelsbeständen gebildeten Rücklagen dürfen nur bei Vorliegen von negativen Handelsergebnissen (zweckgebunden) verwendet werden. Eine nicht zweckgebundene Nutzung dieses Postens ist nur in Liquidationsansätzen möglich.[736] Auch nachrangige Verbindlichkeiten (inkl. Genussrechtsverbindlichkeiten) dürfen nur im Liquidationsfall angesetzt werden.

970 Eine Besonderheit von Institutsgruppen bzw. Konzernen sind die **Anteile in Fremdbesitz**. Hierbei handelt es sich um die Eigenkapitalbestandteile von Tochtergesellschaften, die nicht von der eigenen Gruppe gehalten werden (Risikomanagement auf Gruppenebene nach AT 4.5 der MaRisk). Diese Eigenkapitalbestandteile stehen natürlich nur für die Risiken der jeweiligen Tochter zur Verfügung. Eine Verwendung für Risiken eines anderen Unternehmens der Gruppe ist nicht zulässig. Die Frage, ob diese Bestandteile sowohl in einem Going-Concern-Ansatz und auch in einem Liquidationsansatz angerechnet werden dürfen, muss durch eine detaillierte Überprüfung der jeweiligen Situation beantwortet werden.

971 Eine sehr bedeutsame Position im Risikodeckungspotenzial nehmen die **stillen Reserven** ein:[737]

972 **Vorsorgereserven nach § 340f HGB** besitzen eine mit offenen Eigenkapitalposten vergleichbare Qualität.[738] Sie sind, soweit nicht anstelle von EWB oder sonstigen Rückstellungen gebildet, sowohl in der Going-Concern-Sicht wie auch im Liquidationsansatz anrechenbar. Gebundene Reserven sind wiederum nur im Liquidationsansatz zu berücksichtigen. Reserven nach § 26a (alt) KWG und versteuerte Pauschalwertberichtigungen können in gleichem Umfang wie die Reserven nach § 340f HGB angesetzt werden.

973 Mit der Einführung des BilMoG haben die **sonstigen Bewertungsreserven** an Bedeutung verloren. Die eventuell noch bestehenden Bewertungsunter-

---

[736] Vgl. *BaFin* (2011.12), S. 6.
[737] Vgl. *Deutsche Bundesbank* (2010.11), S. 6.
[738] Vgl. *BaFin* (2011.12), S. 6.

schiede aus Effekten vor Umstellung der Rechnungslegung können jedoch weiter berücksichtigt werden.[739] Beachtet werden muss jedoch, dass sich aus unterjährig auflaufenden Wertaufholungspotenzialen steuerliche Verbindlichkeiten ergeben können. In diesem Fall sind diese im Risikodeckungspotenzial zu berücksichtigen.[740]

Unter besonderen Auflagen können auch **durch Transaktionen realisierbare stille Reserven** im Risikodeckungspotenzial berücksichtigt werden. Die Besonderheit dieser Reserven ist, dass nur rechnungslegungsrelevante Buchungsvorgänge (z. B. Verkauf) zur Hebung dieser Reserven führen können. Sie bestehen auf Grund des Anschaffungskostenprinzips bzw. der Abschreibungsregelungen des Handelsgesetzbuches[741]. Bedeutende Beträge ergeben sich meist aus bereits lange gehaltenen Aktiva des Anlagevermögens. Da diese Gegenstände bestimmt sind, dauerhaft dem Geschäftsbetrieb zu dienen[742], ist eine Berücksichtigung im Risikodeckungspotenzial nur mit besonders schlüssiger Begründung möglich. Beispielsweise ist die Frage, wie sich das Institut die Fortführung des Geschäftsbetriebs vorstellt, wenn die betriebsnotwendige Immobilie (Hauptgebäude) zur Hebung stiller Reserven (Sale and lease back Konstrukte; Verkauf unter der Bedingung von langjähriger Miete) veräußert wird, zu beantworten. Weitere Voraussetzung zur Anrechnung solcher Reserven ist, dass zeitnahe und valide Bewertungsgutachten den Wertansatz der relevanten Aktiva bestätigen.[743] Darüber hinaus sind nachvollziehbare Bewertungsparameter, vorsichtige Annahmen und angemessen hohe Wertabschläge anzuwenden.[744]

974

Quasi-permanente Bewertungsunterschiede zwischen Handels- und Steuerbilanz können als **aktive latente Steuern** in der Handelsbilanz berücksichtigt werden (und haben somit bereits Eigenkapitalbestandteile erhöht).[745] Die Aktivierung (und somit Erhöhung des bilanziellen Eigenkapitals oder vorhandener Reserven) setzt zumindest mittelfristig steuerliche Ergebnisüberschüsse voraus.[746] Da diese Überschüsse in einem Going-Concern-Ansatz nachweisbar sein sollten, ist ein Ansatz in dieser Betrachtungsweise möglich. In einem

975

---

739 Vgl. *Gelhausen/Fey/Kämpfer* (2009), S. 219.
740 Vgl. *BaFin* (2011.12), S. 7.
741 Vgl. § 253 *HGB*.
742 Vgl. § 340e *HGB*.
743 Vgl. *BaFin* (2011.12), S. 7.
744 Vgl. *BaFin* (2011.12), S. 7.
745 Vgl. § 274 *HGB*.
746 Vgl. *BaFin* (2011.12), S. 7.

Liquidationsansatz ist von solchen Überschüssen nicht auszugehen, das Deckungspotenzial muss somit um latente Steuern bereinigt werden.

976 **Derivative Geschäfts- und Firmenwerte** (sogenannten **Goodwill**) entstehen, wenn Unternehmen zu einem Preis, welcher über dem bilanziellen Wert aller Eigenkapitalbestandteile liegt, erworben werden.[747] Dieses »Agio« kann aus verschiedenen Gründen bezahlt werden, ist bilanziell im übernehmenden Institut zu berücksichtigen[748] und soll in zukünftigen Jahren zu Erträgen führen. Da im Liquidationsfall nicht von nachhaltigen Erträgen in der Zukunft ausgegangen werden kann, sind etwaige aktivierte Beträge im Risikodeckungspotenzial zu bereinigen. Im Going-Concern-Ansatz kann unter der Bedingung, dass der Goodwill auf Faktoren beruht, deren Werthaltigkeit und zukünftige Bilanzierbarkeit nachweislich sichergestellt sind, auf eine Bereinigung des Deckungspotenzials verzichtet werden.[749]

977 **Eigenbonitätseffekte bei der IFRS Bilanzierung** können durch eine Verschlechterung der eigenen Bonität zu bilanziell positiven Effekten führen. Begibt ein Institut eine Verbindlichkeit zum Nominalwert und verschlechtert sich nachträglich die eigene Bonität, wäre eine Bilanzierung zu niedrigerem Wert die Folge (Analog der Bewertung eines festverzinslichen Wertpapiers bei gestiegenen Bonitätsspreads). Die so entstandenen »Erträge« sind im Deckungspotenzial herauszurechnen, soweit das Eigenkapital ungefiltert als Risikodeckungspotenzial übernommen wurde.[750]

978 **Stille Lasten** können ähnlich wie stille Reserven in unterschiedlichen Positionen vorkommen. Von besonderer Bedeutung sind die möglichen stillen Lasten aus Wertpapieren, Bewertungsmodellen und Pensionsverbindlichkeiten. Diese sehr komplexe Thematik wird an dieser Stelle nicht detailliert betrachtet. Liegen stille Lasten in einem Institut vor, sollte eine genauere Betrachtung erfolgen. Im Going-Concern-Ansatz kann auf die Bereinigung des Deckungspotenzials um stille Lasten verzichtet werden.[751] Grundsätzlich fordert die Deutsche Bundesbank, dass bei Vorliegen von stillen Lasten in erheblichem Umfang eine vollständige Berücksichtigung in einem Steuerungskreis erfolgt.[752]

---

747 Vgl. *Ellrott/Förschle/Kozikowski/Winkeljohann* (2010), S. 1812.
748 Vgl. § 309, § 301, § 255, § 255 Abs. 4 *HGB*.
749 Vgl. *BaFin* (2011.12), S. 10.
750 Vgl. *BaFin* (2011.12), S. 9.
751 Vgl. *BaFin* (2011.12), S. 8.
752 Vgl. *BaFin* (2011.12), S. 8.

Bestandteile des GuV - orientierten Deckungspotenzials		
	Ansatz möglich im:	
	Going - concern	Liquidationsansatz
+ Planergebnisse		
darunter: bereits aufgelaufene Ergebnisse	ja	ja
darunter: aus Neugeschäft stammend	ja	nein
darunter: konservative Annahmen (Altgeschäft)	ja	ja
+ Eigenkapital und ähnliche Positionen		
darunter: bilanzielle Eigenkapitalpositionen		
davon: freies Eigenkapital	ja	ja
davon: gebunden in Säule I	nein	ja
darunter: Nachrangige Verbindlichkeiten	nein	ja
darunter: Genussrechtskapital	nein	ja
darunter: Fonds für allgemeine Bankrisiken § 340g HGB		
davon: nach Absatz 4 gebildet	ja*	ja
davon: nicht nach Absatz 4 gebildet	ja	ja
+ Anteile im Fremdbesitz	ja**	ja**
+ Stille Reserven		
darunter: Reserven nach § 340f HGB		
davon: ungebundene Bestandteile	ja	ja
davon: gebunden in Säule I	nein	ja
darunter: Reserven nach § 26a (alt) KWG	ja	ja
darunter: versteuerte Pauschalwertberichtigungen	ja	ja
+ Sonstige Bewertungsreserven		
darunter: Entstanden vor Einführung BilMoG	ja	ja
darunter: Unterjährig auflaufende Bewertungsgewinne (abzgl. Steuereffekte)	ja	ja
+ Durch Transaktionen realisierbare stille Reserven		
darunter: aus Immobilien	ja	ja
darunter: aus nicht handelbaren Beteiligungen	ja	ja
darunter: aus Wertpapieren	ja	ja
darunter: aus sonstigen Vermögensgegenständen	ja	ja
- Aktiv latente Steuern	nein	ja
- Goodwill	nein**	ja
- Eigenbonitätseffekte (IFRS Institute)	ja	ja
- Stille Lasten		
darunter: aus Bewertungsmodellen	nein**	ja
darunter: aus Wertpapieren	nein**	ja
darunter: aus Pensionsverpflichtungen	nein**	ja

*) nur für Verluste des Handelsbuches ansetzbar
**) spezielle Prüfung im Einzelfall erforderlich

Abbildung E – 5:   Bestandteile des GuV – orientierten Deckungspotenzials[753]

---

[753] Eigene Darstellung in Anlehnung an *BaFin* (2011.12), S. 5 ff.

979 Nach Zusammenstellung des Risikodeckungspotenzials bleibt durch das Institut zu beantworten, ob das vollständige Deckungspotenzial als **Risikodeckungsmasse (Verlustobergrenze)** zur Verfügung gestellt werden soll. Sowohl im Going-Concern – Ansatz, als auch im Liquidationsansatz, kann durch einen Abschlag auf das vorhandene Potenzial zusätzlich eine vorsichtige Vorgehensweise dokumentiert werden. Ein solcher Abschlag kann insbesondere durch Schwankungen oder Unsicherheiten der Werte im Deckungspotenzial begründet werden. Lässt sich eine »konservative« Ermittlung bei Planergebnissen nur schwer nachweisen, muss an dieser Stelle eine zusätzliche Argumentation aufgebaut werden.

3.1.4. Besonderheiten der Risikobetrachtung in diesem Ansatz

980 Bei der Berechnung des Risikopotenzials sind die bereits erwähnten Besonderheiten der Bilanz- bzw. GuV-orientierten Ermittlung der Risikotragfähigkeit ebenfalls zu berücksichtigen. Value at Risk Konzepte, ohne die Berücksichtigung von gegebenenfalls vorhandenen Buchwertreserven, überzeichnen das Risiko in dieser Perspektive. Vorhandene stille Reserven, soweit sie nicht als Deckungspotenzial angerechnet wurden, können berücksichtigt werden. Wechselwirkungen zwischen den Ansätzen im Deckungspotenzial und der Risikoermittlung sind entsprechend zu berücksichtigen. Insbesondere ist zu beachten, dass Wertrückgänge von Vermögensgegenständen auftreten können, die nicht zu GuV- orientierten Belastungen führen (Beispiel: Verlustfreie Bewertung des Bankbuchs). Solche Effekte müssen jedoch indirekt (als stille Lasten) berücksichtigt werden.

3.2. Barwertige Ansätze

3.2.1. Definition und Anforderung der Aufsicht

981 Barwertige (auch ökonomisch oder wertorientiert genannte) Konzepte bezeichnen die Betrachtung des Vermögens der Bank, auf Basis der aus der klassischen Investitionsrechnung bekannten Kapitalwertmethode.[754] Bei dieser Methode wird der Wert eines Assets durch Diskontierung aller aus dem Instrument resultierenden zukünftigen Cash Flows abgeleitet. Wichtig ist hierbei, dass die speziellen Anforderungen der Kapital- und Zinsmärkte Berücksichtigung finden. So ist beispielsweise den Krümmungen der Zinsstrukturkurve und Geld-/Brief-Differenzen durch adäquate Annahmen Rechnung zu

---

[754] Vgl. *Riekeberg/Utz* (2011), S. 484.

tragen.[755] Da nicht alle Vermögensgegenstände über einen Cash Flow bewertet werden können (eigene Immobilien, Aktien, Fonds usw.), muss das Konzept zur Herleitung einer Risikotragfähigkeit ergänzt werden. Die nicht über einen Cash Flow bewertbaren Positionen werden in der Regel mit ihren Marktwerten berücksichtigt.

Als Differenzgröße der mit Marktwerten bewerteten Verbindlichkeiten und Vermögenspositionen wird das wertorientierte Eigenkapital (Vermögenswert) eines Instituts berechnet. 982

Derzeit wird eine wertorientierte Berechnung der Risikotragfähigkeit noch nicht von vielen Instituten vorgenommen.[756] Da die Anforderungen der MaRisk jedoch auf eine zukunftsgerichtete Gesamtbetrachtung der Risiken gerichtet sind, die durch eine ökonomische Betrachtung geleistet werden, wird sich der aufsichtsrechtliche Fokus eventuell vermehrt auf diese Betrachtung konzentrieren.[757] 983

3.2.2. Stärken und Schwächen von barwertigen Ansätzen

Eine Stärke barwertiger Konzepte ist, insbesondere im Bereich der Marktpreisrisiken, die Möglichkeit, erforderliche Wertansätze einfach zu bestimmen. Börsen- oder Marktkurse stellen im Regelfall den aktuellen Wert eines Vermögensgegenstandes dar. Risiken können sehr einfach als Schwankungen dieser Marktwerte berechnet werden. Die Berücksichtigung von Buchwerten bzw. Reserven/Lasten ist nicht erforderlich. Auf die Besonderheit von nicht liquiden Märkten, in deren Fällen die Marktpreise nicht ohne Überprüfung verwendet werden können, wird an dieser Stelle nicht tiefer eingegangen. Das Erfordernis von aktuellen Markt-/Veräußerungspreisen kann eine große Herausforderung darstellen. Vermögensgegenständen, wie Immobilien oder Sachanlagen, sind in einem periodischen Ansatz relativ leicht Bilanzwerte zuzuordnen (Anschaffungs- bzw. fortgeführte Anschaffungskosten). In wertorientierten Konzepten sind hierfür häufig zusätzliche Betrachtungen erforderlich. 984

Ein weiterer Vorteil der barwertigen Konzepte ist, dass es mit deren Hilfe möglich ist, die **Risiko- und Ergebniswirkung einzelner Geschäfte und Profitcenter leichter zu ermitteln**. In den MaRisk wird beispielsweise ein geeignetes System zur verursachungsgerechten internen Verrechnung der jeweiligen Liquiditätskosten und -nutzen gefordert.[758] Natürlich ist es auch 985

---

755 Vgl. *Riekeberg/Utz* (2011), S. 484.
756 Vgl. *Deutsche Bundesbank* (2010.11), S. 6.
757 Vgl. *Deutsche Bundesbank* (2013.03), S. 33.
758 Vgl. *BaFin* (2012.12b), BTR 3.1, Tz. 5.

möglich mit periodischen Ansätzen Kosten für die Liquidität zu ermitteln[759], wertorientierte Ansätze bieten jedoch leichter die Möglichkeit, zwischen Vertrieb und zentraler Disposition zu unterscheiden[760]. Gleichzeitig ist es somit möglich Neugeschäfte zu bewerten, eine Vertriebserfolgsrechnung durchzuführen und die abschließenden Stellen risikofrei zu stellen. In der zentralen Disposition kann anschließend ein Management des Risikos erfolgen. Dabei kann die Entscheidung getroffen werden, ob ein gewisses Maß an Risiko (Änderung des Refinanzierungsspreads) eingegangen oder das Geschäft abgesichert wird.

986 Eine barwertige Steuerung des Unternehmens **unterstützt die Geschäftsleitung im Rahmen des Strategieprozesses**, da insbesondere die Zielerreichung bei Neugeschäften einfach und transparent dargestellt werden kann. Aussagen zum Ertrag der Bank (und somit zur **Risk-/Returnsteuerung**) werden durch aktuelle Geschäfte beeinflusst. Eine Berücksichtigung von Alt-Geschäften und somit eine eventuelle Verfälschung der aktuellen Situation ist ausgeschlossen.[761]

987 Zusätzliche Stärke der Barwertkonzepte ist, dass es sich immer um die Betrachtung einer **Totalperiode** handelt. Alle abgeschlossenen Geschäfte werden mit ihrer gesamten Zukunftswirkung bewertet und betrachtet. Das durch die BaFin kritisierte Problem des nicht ausreichenden Blicks in die Zukunft kann somit nicht aufkommen.[762]

3.2.3. Ermittlung des verfügbaren Deckungspotenzials

988 Zur Ermittlung des wertorientierten Vermögens ist, wie bereits erwähnt, eine **wertorientierte Vermögensbilanz** erforderlich. Nach Vermögens- und Verbindlichkeitspositionen ergibt sich als rechnerische Restgröße das Vermögen der Bank.

989 Zu den Verbindlichkeiten eines Instituts sind auch **erwartete Verluste** zu zählen.[763] Sind diese nicht durch eine entsprechende Diskontierung berücksichtigt worden, können Sie auch direkt vom Vermögen abgezogen werden (Brutto- Nettomethode).[764]

---

759   Vgl. *Riekeberg/Utz* (2011), S. 751.
760   Vgl. *Riekeberg/Utz* (2011), S. 485.
761   Vgl. *Riekeberg/Utz* (2011), S. 484.
762   Vgl. *BaFin* (2012.12b), AT 4.1, Tz 3.
763   Vgl. *BaFin* (2011.12), S. 11.
764   Vgl. *Seuthe* (2012), S. 138.

Als Brutto- bzw. Netto-Methode werden nachfolgend zwei verschiedene Herangehensweisen für die Berücksichtigung von erwarteten Verlusten beschrieben. 990

Im Rahmen der **Bruttomethode** werden Vermögensgegenstände, die über einen Cash Flow verfügen oder abgebildet werden können, mit einem risikolosen Zinssatz diskontiert. Das Ergebnis ist, beispielsweise bei Corporate Bonds, ein Wert, der deutlich über dem Marktwert des Assets liegt. Dieser erste Schritt berücksichtigt noch nicht das Ausfallrisiko, das Spreadschwankungsrisiko, die Liquiditätsbindung usw. Diese Effekte sind in einem zweiten Schritt zu berechnen und vom Deckungspotenzial abzuziehen. Im Beispiel der Adressrisiken können Portfoliomodelle und die hieraus berechneten Standardrisikokosten als Korrekturposten herangezogen werden.[765] 991

Eine andere Vorgehensweise zur Ermittlung des »korrekten« Wertansatzes in der Vermögensbilanz wird im Folgenden als **Nettomethode** beschrieben. Bei der Nettomethode erfolgt die Diskontierung der Cash Flows nicht gegen eine risikolose Zinskurve sondern gegen eine Zinskurve, die um risikoadäquate Spreadauf-/Spreadabschläge verändert wurde. Ergebnis ist ein Nettovermögenswert, der, bei korrekter Berechnung und aktiven Märkten, dem Marktpreis des Assets entspricht. 992

Die Auswahl der Methode obliegt dem Institut.[766] Ein klares Votum für eine der beiden Methoden kann nicht ausgesprochen werden. Bei der Nettomethode sind Vorteile in der Kommunikation vorstellbar. Besonders bei nachgelagerten Optimierungsrechnungen können Entscheidungsträger mit einzelnen Portfolien wie »Corporates« oder »High Yield-Bonds« vermutlich konkreter arbeiten als mit einem Zinsbuchbarwert und einem negativem Vermögensbarwert »Spread-/Adressenrisiko«. Bei der Bruttomethode hingegen entfallen Ergänzungsrechnungen, um eine aufsichtsrechtlich geforderte Schwankung des Barwerts der Bank zu ermitteln.[767] 993

Folgend werden die gängigen Asssetklassen auf ihren **Bewertungsansatz im Rahmen der Vermögensbilanz** erläutert. 994

Eine der wesentlichen Vermögenspositionen bei Universalkreditinstituten ist die Anlage in der **Assetklasse Zinsbuch**.[768] Hierin enthalten sind alle, meist 995

---

[765] Vgl. *BaFin* (2011.12), S. 11.
[766] Vgl. *BaFin* (2011.12), S. 11.
[767] Vgl. *BaFin* (2011.11), Kapitel 4.1.
[768] Vgl. *Klomfaß/Kramer* (2012), S. 342.

im Rahmen der Zinsbuchsteuerung separat gesteuerten[769], zinstragenden Bestände. Je nach gewählter Methode sind hier Bestandteile anderer Assetklassen herauszurechnen (zum Beispiel die Zinsbuchaufnahme/Hebelklasse). Ergänzungen um weitere Positionen sind denkbar. Immobilienfonds können beispielsweise oft gehebelt werden und nehmen die hierfür notwendigen Gelder am Kapitalmarkt auf. Sind diese Geldaufnahmen in der originären Zinsbuchsteuerung noch nicht enthalten, müssen sie an dieser Stelle bereinigt werden. Auch in zukünftigen Zahlungen können zinsbuchrelevante Positionen stecken (Aufwendungen für Pensionsverpflichtungen), es ist jeweils zu überprüfen ob solche Positionen Berücksichtigung finden müssen.

996 Von der Zinsbuchanlage ist die **Zinsbuchaufnahme** zu trennen. In dieser Position sind Geldaufnahmen des Institutes, die zur Hebelung verwendet werden, zu summieren. Auch an dieser Stelle können Ergänzungen erforderlich werden. In Fonds angelegte Gelder sind regelmäßig nicht der Assetklasse zuzuordnen, in die der Fonds investiert (Beispiel Aktienrisiko).

997 **Aktien** sind mit ihrem Marktwert in der Vermögensbilanz anzusetzen. Wichtig ist, dass eine Durchschau von vorhandenen Fonds vorgenommen wird. Die in solchen Konstrukten enthaltenen Aktien sind ebenfalls dieser Assetklasse zuzuordnen.

998 Als weitere mögliche Assetklasse können alle vorhandenen **Beteiligungen** summiert werden. Bei bereits seit vielen Jahren bestehenden Beteiligungsverhältnissen wie auch bei nicht marktnotierten Beteiligungen ist die Bestimmung des beizulegenden Wertes meist schwierig. Liegen Wertgutachten nicht vor, kann versucht werden, mit Hilfe von Vergleichen mit anderen Finanzprodukten oder über eine vereinfachte Ertrags- und Substanzwertermittlung einen »Markt- oder Barwert« für die Positionen der Beteiligungen zu ermitteln.

999 Eine weitere Herausforderung kann in der Ermittlung von Marktwerten für **eigene Immobilien** liegen. Neben Liegenschaftszinsmodellen und Wertgutachten können Schätzungen mögliche Herleitungen für anzusetzende Werte sein.

1000 Für später mögliche Optimierungsrechnungen empfiehlt es sich **Immobilienfonds** und eigene Immobilien nicht gemeinsam zu betrachten. Die zuzuordnenden Risiko- und Returnparameter sind in der Regel nicht identisch. Die Marktwertermittlung von Immobilienfonds ist auf Grund der Anforderungen

---

[769] Vgl. *Klomfaß/Kramer* (2012), S. 334.

des Investmentgesetzes einfach.[770] Die Anforderungen des Investmentgesetzes erfüllen die Anforderungen im Rahmen der Vermögensbilanz.

Weitere zinstragende Assetklassen wie beispielsweise **Corporates, Emerging Market-Bonds, High-Yield – Bonds, ABS** und ähnliche müssen je nach gewähltem Verfahren (Brutto- oder Nettomethode) angesetzt werden. Die Ermittlung von Marktwerten ist auch hier relativ einfach. Bei der Bruttomethode ist jedoch der Marktwert wieder in die Anteile »Zinsbuch«, »Spread«, »Adressenausfall« usw. zu zerlegen. 1001

Multi Asset-Ansätze sollten nach Möglichkeit in Bestandteile zerlegt werden, die den üblichen Assetklassen zugeordnet werden können.[771] Wird jedoch durch ein spezielles Management die Charakteristik dieser Assets so verändert, dass eine gemeinsame Betrachtung mit der ursprünglichen Assetklasse nicht mehr sinnvoll erscheint, kann auch über eine separate Darstellung in der Vermögensbilanz nachgedacht werden.[772] 1002

Weiter zum wertorientierten Vermögen hinzu zu rechnen sind die sonstigen Vermögensgegenstände, die meist nicht aktiv gemanagt werden. Hierzu zählen **Sachmittel, Kassenbestände, Sicherheiten in Abwicklung, sonstige Aktiva**. Die sonstigen Vermögensgegenstände sind nur zuzurechnen, sofern diese nicht bereits in anderen Assetklassen enthalten sind. Die vorgenannte Aufzählung ist nicht abschließend und muss durch jedes Institut individuell überprüft werden. 1003

Eine ebenfalls zu beachtende Vermögens- oder auch Verbindlichkeitenposition ist der **Liquiditätsvermögenswert**. Für die Bewertung dieser Positionen stehen entsprechende Verfahren zur Verfügung.[773] 1004

Abzuziehen sind die **Adressenrisiken**. Je nach gewähltem Ansatz muss der Abzug an dieser Stelle nur für das Kunden- oder auch für das Eigengeschäft berechnet werden.[774] Eine mögliche Wertherleitung können die erwarteten Verluste aus einem Kreditportfoliomodell sein. Wichtig hierbei ist, dass die erwarteten Verluste (analog zu den berücksichtigten Margen) die Totalperiode der Assets berücksichtigen. Die Berücksichtigung für einen kürzeren Zeitraum ist unzulässig.[775] 1005

---

770 Vgl. § 36 *InvG*.
771 Vgl. *Riekeberg/Utz* (2011), S. 581.
772 Vgl. *Klomfaß/Kramer* (2012), S. 344.
773 Vgl. *Riekeberg/Utz* (2011), S. 751.
774 Vgl. *BaFin* (2011.12), S. 11.
775 Vgl. *BaFin* (2011.12), S. 11.

1006 **Optionsbarwerte**, als weiteres Vermögen oder weitere Verbindlichkeiten des Institutes, sind ebenfalls zu bewerten und in der Vermögensbilanz aufzunehmen. Neben impliziten Optionen sind hierunter auch optionale Bestandteile von strukturierten Produkten zu subsumieren. Die Bewertung der Optionen kann mit einem risikolosen Zins erfolgen. Abhängigkeiten zum Zinsbuch sind zu beachten.[776]

1007 Eine weitere zu quantifizierende Abzugsposition (Verbindlichkeit) in der Vermögensbilanz stellt das **Operationelle Risiko** dar. Es bestehen verschiedene Möglichkeiten einer Herleitung des beizulegenden Wertes.[777]

1008 **Rückstellungen** und **sonstige Passiva** komplettieren die Vermögensbilanz. Sie sind meist mit ihren Bilanzwerten ansetzbar. Durch Fälligkeit in der nahen Zukunft sind keine bedeutenden Effekte aus einer eventuellen Verbarwertung zu erwarten.

1009 Nach Summation aller vorgenannten Vermögensgegenstände und Verbindlichkeiten ergibt sich das »unbereinigte« **wertorientierte Eigenkapital** der Bank (Vermögenswert). Da in allen Positionen die in der Zukunft zufließenden Margen bereits berücksichtigt sind, müssen noch nicht berücksichtigte zukünftige Kosten ebenfalls in die Betrachtung aufgenommen werden.[778]

1010 Es ist ein geeignetes Verfahren zu ermitteln, mit dem die **Bestandskosten** der Zukunft ermittelt werden können um diese vom Vermögenswert abzuziehen. Auch hierbei ist zu beachten, dass eine Berücksichtigung der Totalperiode erforderlich ist. Der Ansatz von Kosten nur für einen kurzen Zeitraum ist nicht zulässig. Eine vorstellbare Herangehensweise ist, dass die anteiligen Kosten anhand der Laufzeiten der einzelnen Konten (Orientierung am Cash Flow) berücksichtigt werden. Für Positionen mit unbestimmter Laufzeit sind plausible Annahmen zu treffen.[779] Insbesondere das Kundenverhalten ist bei dieser Ermittlung maßgeblich zu berücksichtigen.[780]

1011 Bei der Ermittlung des **Barwerts eigener Verbindlichkeiten** ist, wie bereits in der GuV-orientierten Vorgehensweise, zu beachten, dass kein zu geringer Ansatz erfolgt. Effekte aus der Diskontierung wie auch aus dem Eigenbonitätseffekt sind zu eliminieren.[781]

---

776 Vgl. *Riekeberg/Utz* (2011), S. 637.
777 Vgl. *Riekeberg/Utz* (2011), S. 762 ff.
778 Vgl. *BaFin* (2011.12), S. 11.
779 Vgl. *BaFin* (2011.12), S. 11.
780 Vgl. *BaFin* (2011.12), S. 11.
781 Vgl. *BaFin* (2011.12), S. 12.

Die Berücksichtigung **erwarteter Vermögenszuwächse** ist, wie in der GuV-orientierten Betrachtung, möglich. Voraussetzungen sind, dass sie vorsichtig ermittelt wurden und eine konsistente Darstellung der Kosten und der Risikopositionen erfolgt.[782] Der Ansatz von Bestandskosten ist in diesem Fall zu erweitern. Eine Berücksichtigung dieser zukünftigen Erträge kann nur in einem Going-Concern-Ansatz erfolgen.

Methodisch konsistent ist die wertorientierte Ermittlung des Risikodeckungspotenzials für Liquidationsansätze.[783] Ohne Korrekturen wäre die Verwendung des ermittelten Vermögens für einen Going-Concern-Ansatz jedoch nicht konsistent. Ein Going-Concern-Ansatz kann nur vorliegen, wenn das **für die Säule I notwendige Kapital** nicht als Risikodeckungsmasse angesetzt wird.[784] Somit muss ein entsprechender Kapitalbedarf in einem Going-Concern-Ansatz vom Deckungspotenzial in Abzug gebracht werden.

Im Ergebnis der modifizierten wertorientierten Vermögensbilanz ergibt sich das Risikodeckungspotenzial für einen Going-Concern- oder einen Liquidationsansatz wie in Abbildung E – 6 dargestellt.

---

782 Vgl. *BaFin* (2011.12), S. 12.
783 Vgl. *Deutsche Bundesbank* (2013.03), S. 35.
784 Vgl. *Deutsche Bundesbank* (2013.03), S. 34.

KRITISCHE WÜRDIGUNG VON RTF-KONZEPTIONEN

Bestandteile des Barwert - orientierten Deckungspotenzials		
	Ansatz möglich im:	
	Going - concern	Liquidationsansatz
+ Zinsbuchbarwert	ja	ja
- Barwert der Hebelklasse (Zinsbuchaufnahme)	ja	ja
+ Aktien (zum Marktwert)		
darunter: direkt gehalten	ja	ja
darunter: aus Publikums- /Masterfonds	ja	ja
+ Immobilien		
darunter: eigene Immobilien	ja	ja
darunter davon: freies Eigenkapital	ja	ja
+ Weitere zinstragende Assetklassen		
darunter: Corporates	ja	ja
darunter: Emerging Market - Bonds	ja	ja
darunter: High Yield - Bonds	ja	ja
darunter: ABS	ja	ja
darunter: weitere	ja	ja
+ Multi - Asset Ansätze	ja	ja
+ Sonstige Vermögensgegenstände		
darunter: Sachmittel	ja	ja
darunter: Kassenbestände	ja	ja
darunter: Sicherheiten in Abwicklung	ja	ja
darunter: sonstige Aktiva	ja	ja
+/- Liquiditätsvermögenswert	ja	ja
- Adressen- / Spreadrisiko		
darunter: Adressenrisiko		
davon: Kundengeschäft	ja	ja
davon: Eigengeschäft	ja	ja
darunter: Spreadrisiko		
davon: Eigengeschäft	ja	ja
+/- Optionsbarwerte		
darunter: implizite Optionen	ja	ja
darunter: Optionen im Depot A	ja	ja
darunter: Optionsbestandteile aus strukturierten Produkten	ja	ja
- Operationelle Risiken	ja	ja
- Rückstellungen	ja	ja
- Sonstige Passiva	ja	ja
- Bestandskosten	ja	ja
+ Erwartete Vermögenszuwächse	ja	nein
- Abzug für regulatorisches Eigenkapital	ja	nein

Abbildung E – 6:   Bestandteile des barwertorientierten Deckungspotenzials[785]

---

[785] Eigene Darstellung in Anlehnung an *BaFin* (2011.12), S. 11 ff.

Für geschätzte Verluste wird ein Institut nicht das gesamte Deckungspotenzial zur Verfügung stellen. In einem Prozess zur Festlegung der Risikobereitschaft muss ermittelt werden, welcher Anteil des Deckungspotenzials als **Deckungsmasse (Verlustobergrenze)** zur Verfügung gestellt werden soll.[786] Die Entscheidung zur Festlegung der Deckungsmasse trifft die Geschäftsleitung. Die Herleitung hat konsistent zu erfolgen.[787]

1015

3.2.4. Besonderheiten der Risikobetrachtung in diesem Ansatz

Im Gegensatz zur Bilanz- und GuV-orientierten Ermittlung der Deckungsmassen und der Risiken sind im wertorientierten Ansatz keine Besonderheiten des Handelsgesetzbuches zu beachten. Das Risiko kann vergleichsweise einfach als Abweichung vom Erwartungswert oder als Abweichung vom Ausgangswert betrachtet werden.[788]

1016

Komplex sind hingegen die Berücksichtigung von Bestandskosten, der Abzug von Kapitalanforderungen der Säule I (bei Going-Concern-Ansätzen) und die Ermittlung einiger Marktwerte.[789]

1017

4. Bankinterne Ansätze zur Ermittlung des Risikopotenzials

4.1. Definition der wesentlichen Risikoarten

Als für Institute wesentliche Risiken sind durch die MaRisk bereits grundsätzlich die Adressenausfallrisiken (einschließlich Länderrisiken), Marktpreisrisiken, Liquiditätsrisiken und Operationelle Risiken als Regelbeispiele genannt. Auf Ebene des Gesamtrisikoprofils sollen die Institute im Rahmen ihrer **Risikoinventur** prüfen, welche Risiken institutsspezifisch als wesentlich anzusehen sind[790]. Weitere Risiken können Strategische Risiken, Geschäftsrisiken, Reputationsrisiken usw. sein. Gelegentlich werden solche weiteren Risiken auch als Unterkategorie eines anderen Risikos erfasst (z. B. Beteiligungen als Teil des Marktpreisrisikos).[791] Aufgrund fehlender allgemeingültiger Definitionen für die Risikoarten müssen die Institute in ihrer Risikoinventur die einzelnen Risikoarten umfassend und eindeutig identifizieren und abgren-

1018

---

786 Vgl. *Hannemann/Schneider* (2011), S. 141.
787 Vgl. *Barth* (2012), S. 203.
788 Vgl. *Riekeberg/Utz* (2011), S. 583.
789 Vgl. *Deutsche Bundesbank* (2013.03), S. 34.
790 Vgl. zum Thema Risikoinventur auch die Ausführungen in Kapitel D.I.-D.V.
791 Vgl. *Deutsche Bundesbank* (2013.03), S. 40.

1019 Eine Herausforderung für die Institute stellt die angemessene Berücksichtigung von **Credit-Spread- und Migrationsrisiken** dar.[794] Während Migrationsrisiken bei Kreditrisikopositionen dem Adressenrisiko zugerechnet werden, sind die Credit-Spread-Risiken als gesonderte Risikounterart bei der Mehrzahl der Institute dem Marktpreisrisiko zugeordnet.[795] Da der Credit Spread als Risikoaufschlag für kreditrisikobehaftete Positionen aber auch das Migrationsrisiko umfasst, sind die Credit-Spread- und Migrationsrisiken in der Risikomessung nicht überschneidungsfrei bestimmbar.[796]

zen.[792] Grundsätzlich sind dabei auch die mit den wesentlichen Risiken verbundenen Risikokonzentrationen zu berücksichtigen.[793]

1020 Die Berücksichtigung von Credit-Spread-Risiken kann beispielsweise bei Geschäften im Depot A nötig sein. So lösen Credit-Spread-basierte Verluste bei Depot A-Positionen, die dem Handelsbestand zugeordnet bzw. wie Umlaufvermögens bewertet sind, eine Wertanpassung in der Rechnungslegung (z. B. Fair Value bewertete Bestände) aus. Credit Spreads sind dann wertorientiert sowohl in der Going- als auch Gone-Concern-Perspektive zu berücksichtigen. Bei Buchkrediten kann darauf verzichtet werden, wenn keine aussagekräftigen Marktinformationen vorliegen, die eine Berechnung eines adäquaten Marktwerts erlauben.[797] Bei Depot A-Positionen im Anlagebestand kann in einem GuV- und bilanzorientierten Going-Concern-Ansatz auf die Credit-Spread-Risiken verzichtet werden, wenn die Anforderungen an die Nichtberücksichtigung von stillen Lasten erfüllt sind. In einer Gone-Concern-Perspektive sind sie, in konsequenter Analogie zur Behandlung von stillen Lasten, anzusetzen.[798]

1021 Bei Liquidationsansätzen sind regelmäßig auch die **Migrationsrisiken im Adressenrisiko** zu berücksichtigen, da sie eine ökonomische Vermögensminderung der betroffenen Positionen darstellen. Die Migrationsrisiken können dann entweder durch geeignete Kreditrisikomodelle (z. B. Credit Portfolio View) oder durch andere Verfahren wie Stresstests und Szenarioanalysen (z. B. Verschiebung der Ausfallwahrscheinlichkeiten zur Abbildung des Migrationsrisikos) ermittelt werden.[799] Sofern die Migrationsrisiken allerdings schon

---

[792] Vgl. *Deutsche Bundesbank* (2013.03), S. 36.
[793] Vgl. *BaFin* (2012.12b), AT 2.2, Tz. 1.
[794] Vgl. *Deutsche Bundesbank* (2013.03), S. 36.
[795] Vgl. *Deutsche Bundesbank* (2010.11), S. 13.
[796] Vgl. *Deutsche Bundesbank* (2013.03), S. 36.
[797] Vgl. *BaFin* (2011.12), Tz. 90, S. 13; *Müller* (2011), S. 276.
[798] Vgl. *BaFin* (2011.12), Tz. 89, S. 13.
[799] Vgl. *BaFin* (2011.12), Tz. 91, S. 13.

in den Credit-Spread-Risiken angemessen abgebildet sind, können die Institute den anzusetzenden Risikobetrag um den Überlappungseffekt bereinigen.[800]

Ähnliche Herausforderungen bei der Abgrenzung zwischen Risikoarten sind auch zwischen Zins- und Liquidität denkbar. Werden Zinsschwankungen nicht mit einer risikolosen Zinskurve vorgenommen, können in dem ermittelten Risikowert bereits Spread- oder Liquiditätsrisiken enthalten sein. Bei nicht vollständig konsistenten Ansätzen führt eine solche doppelte Berücksichtigung zu einem Mehrverbrauch von Risikodeckungsmasse.

1022

4.2. Risikoquantifizierung auf Basis des gewählten Steuerungsansatzes

Für die auf Basis des Gesamtrisikoprofils ermittelten wesentlichen Risiken eines Instituts ist eine **Risikoquantifizierung** vorzunehmen[801]. Die so ermittelten potenziellen Verluste sind laufend durch Risikodeckungspotenzial abzudecken.[802] In der Risikoinventur muss nachvollziehbar dargestellt und beurteilt werden, wie die wesentlichen Risiken in der Risikotragfähigkeit berücksichtigt werden. Wesentliche Risiken, die nicht sinnvoll durch Risikodeckungspotenzial (z. B. Zahlungsunfähigkeitsrisiko) begrenzt werden können, sind klar zu definieren und der Verzicht auf die Einbeziehung in das Risikotragfähigkeitskonzept nachvollziehbar zu begründen.[803]

1023

Die **Wahl der Methoden und Verfahren** für die Risikoquantifizierung können die Institute je nach Umfang und Komplexität ihrer Geschäftstätigkeit und der impliziten Risiken treffen. Allerdings kann bei der Anwendung einer Methode nur noch in äußerst begrenztem Umfang auf das Proportionalitätsprinzip verwiesen werden.[804] Wenn sich ein kleines Institut für einen methodisch anspruchsvollen Ansatz entscheidet, werden in der aufsichtlichen Beurteilung entsprechend hohe Ansprüche und Maßstäbe unabhängig von der Größe des Instituts gesetzt.[805]

1024

In der aufsichtlichen Beurteilung zeigt sich häufig, dass insbesondere bei kleinen und mittleren Institute die gemäß AT 4.1 Tz. 8 MaRisk geforderte kritische Analysen der Aussagekraft von Risikoquantifizierungen auf Basis

1025

---

800 Vgl. *Deutsche Bundesbank* (2013.03), S. 40.
801 Vgl. hierzu umfassend Kapitel F.
802 Vgl. *BaFin* (2012.12b), AT 4.1, Tz. 1.
803 Vgl. *BaFin* (2012.12b), AT 4.1, Tz. 4.
804 Vgl. *Deutsche Bundesbank* (2013.03), S. 36.
805 Vgl. *Deutsche Bundesbank* (2013.03), S. 36.

methodisch komplexer Verfahren schwierig ist.[806] Umso mehr sollte den Grenzen und Beschränkungen der eingesetzten Verfahren, insbesondere bei vereinfachenden Annahmen und Parameterschätzungen, ausreichend Beachtung geschenkt werden. Im Zweifel können vergleichsweise einfache und transparente Verfahren, die systematisch und konsistent zur Logik des gewählten Steuerungskreis sowie ausreichend konservativ sind, für die Ermittlung der Risikotragfähigkeit zielführend sein.[807]

1026 Die Risikopotenziale aus den wesentlichen Risikoarten eines Instituts bestehen nicht nur aus erwarteten Verlusten sondern vielmehr auch aus den unerwarteten Verlusten. Falls erwartete Verluste bereits im Risikodeckungspotenzial berücksichtigt wurden (z. B. Abzug der erwarteten Verluste für Adressenausfallrisiken auf Basis von Wertberichtigungen), kann auf deren Ansatz im Risikopotenzial verzichtet werden.[808] Für die steuerungsrelevante Beurteilung eines Risikotragfähigkeitskonzepts sind grundsätzlich Methoden und Verfahren zu wählen, die sowohl **erwartete als auch unerwartete Verluste** quantifizieren. Dabei sind je nach Steuerungsperspektive periodische (GuV- bzw. bilanzorientierte) und barwertige Ansätze möglich.

1027 Die Verfahren für die Risikoquantifizierung und daraus resultierenden **Risikomaße** reichen von methodisch fortgeschrittenen Ansätzen auf Basis statistischer Downsiderisikomaße (z. B. Value at Risk (VaR)-Modelle, Expected Shortfall-Modelle) bis hin zu eher expertenbasierten Variationen von Risikoparametern (z. B. Szenarioanalysen). Nach einer Studie der Aufsicht im Jahr 2010 nutzten beispielsweise 72,0 % der Institute, die eine Steuerungsperspektive gemäß Liquidationsansatz berücksichtigten, für die Quantifizierung von Adressenausfallrisiken VaR-Verfahren, 12,0 % Szenariobetrachtungen und 16 % der Institute einfache Multiplikatorverfahren (z. B. 1,5- bis 8-facher erwarteter Verlust).[809] Bei gänzlich fehlenden quantitativen Ansätzen kann auch auf die Festlegung eines Risikobetrags mittels pauschalen Betragsschätzungen abgestellt werden. Plausibilisierungen sind dann beispielsweise auf Basis von dokumentierten Herleitungen der Expertenschätzungen oder von Stresstests möglich.[810]

1028 Da die für die Risikoquantifizierung angewendeten Verfahren teilweise auf unterschiedlichen Risikomaßen und **Parametrisierungen** basieren, ist bei

---

806 Vgl. *Deutsche Bundesbank* (2013.03), S. 36.
807 Vgl. *BaFin* (2012.12b), AT 4.1, Tz. 8.
808 Vgl. *BaFin* (2011.12), S. 4.
809 Vgl. *Deutsche Bundesbank* (2010.11), S. 16.
810 Vgl. *Deutsche Bundesbank* (2013.03), S. 40 f.

Anwendung immer auf die Konsistenz zu den im Risikotragfähigkeitskalkül angewendeten Steuerungsperspektiven zu achten. Die Parameter sind so zu wählen, dass sie konsistent zu der Steuerungsperspektive sind. Bei einem Gone-Concern-Ansatz müssen die Risiken auf einem so hohen Konfidenzniveau bemessen sein, dass sie nur mit äußerst geringer Wahrscheinlichkeit die Risikodeckungsmasse aufzehren. Bei der praktischen Verwendung von VaR-Modellen im Liquidationsansatz finden sich regelmäßig Konfidenzniveaus zwischen 99,0 % und 99,98 %.[811]

Bei Going-Concern-Ansätzen ist die Wahl der Parameter in Abhängigkeit davon zu wählen, wie nah die Definition des Risikodeckungspotenzials an einem Liquidationsansatz ist. Je mehr Kapitalbestandteile in die Risikodeckungsmasse einbezogen werden, die an der Schwelle zum Liquidationsansatz zu sehen sind, umso strenger müssen die Parameter in der Risikoquantifizierung sein und das Risikopotenzial mit höherem Konfidenzniveau ermittelt werden.[812] Bei VaR-Ansätzen werden regelmäßig Konfidenzniveaus zwischen 95,0 % und 99,95 % in den Instituten beobachtet.[813]   1029

Die Sicherstellung der Überlebensfähigkeit des Instituts sollte in einem Risikotragfähigkeitskonzept grundsätzlich über einen angemessen langen **Risikobetrachtungshorizont** erfolgen.[814] Der Betrachtungshorizont liegt sowohl in Going- als auch Gone-Concern-Ansätzen rollierend bei mindestens einem Jahr. Der Risikohorizont von einem Jahr ist konsistent zu den aus Risikoklassifizierungs- und Ratingverfahren üblicherweise ermittelten Ausfallwahrscheinlichkeiten. In Liquidations- und Going-Concern-Ansätzen ist die rollierende Sicht auf ein Jahr gängige Praxis; in Going-Concern-Ansätzen nutzen einige Institute auch teilweise eine auf den Zeitpunkt des Jahresabschlusses abgestimmten Zeithorizont (Kalenderjahr).[815] Insbesondere bei Anknüpfung des Risikotragfähigkeitskonzepts an Jahresabschlusszahlen ist auf eine angemessene Betrachtung über den Bilanzstichtag hinaus zu achten.[816]   1030

Die Risikobetrachtungshorizonte für Marktpreisrisiken liegen in der Praxis aus ökonomischen Gründen (z. B. geringe Haltedauer einzelner Positionen, Mög-   1031

---

811 Vgl. *Deutsche Bundesbank* (2010.11), S. 16 ff. Die Wahl des Konfidenzniveaus ist häufig abhängig vom Zielrating des Instituts. Bei einer Risikomessung auf niedrigem Niveau (z. B. 99,0 %) können auch so genannten »Pufferansätze« auftreten, bei denen zusätzlich ein Teil der Risikodeckungsmasse (z. B. 50 %) als Puffer gesperrt wird.
812 Vgl. *BaFin* (2011.12), S. 14.
813 Vgl. *BaFin* (2010.11), S. 18.
814 Vgl. *Deutsche Bundesbank* (2013.03), S. 39.
815 Vgl. *Deutsche Bundesbank* (2010.11), S. 16 ff.
816 Vgl. *BaFin* (2012.12b), AT 4.1, Tz. 3.

lichkeit der Glattstellung) nicht bei einem Jahr sondern regelmäßig unter 250 Handelstagen. Grundsätzlich ist im Risikotragfähigkeitskonzept aber ein konsistenter Risikohorizont zu schaffen. Für die Marktpreisrisiken ist zu beachten, dass auch bei wechselnden Positionen und zwischenzeitlichen Glattstellungen im gesamten Risikobetrachtungshorizont nicht mehr als das allokierte Risikodeckungspotenzial aufgezehrt werden kann.[817] Bei der Messung der Marktpreisrisiken ist eine zur Steuerungsperspektive konsistente Festlegung der Haltedauer und Limitierung erforderlich.[818]

1032 Grundsätzlich ist eine Risikoquantifizierung bei Marktpreisrisiken mit Annahmen über Haltedauern unterhalb von 250 Handelstagen möglich. Diese müssen dann aber in Einklang zum ökonomischen Risikohorizont des Risikotragfähigkeitskonzept gebracht werden können, für die Annahmen zur weiteren Entwicklung der Marktpreisrisiken in der verbleibenden Zeit (z. B. bis Einjahreshorizont) nachvollziehbar getroffen werden.[819] Methodisch kann dies beispielsweise durch die Skalierung des Risikos auf einen Einjahreshorizont oder durch methodisch komplexere Simulationsrechnungen erfolgen.[820] Für die Annahme kurzer Haltedauern bei der Ermittlung von Marktpreisrisiken muss der Nachweis erbracht werden, dass die Positionen und Portfolien innerhalb der angenommen Fristen geschlossen oder liquidiert werden können (z. B. Einklang zur Strategie, Marktliquidität), diese im Einklang zu den Risikosteuerungs- sowie -controllingprozessen stehen und die Marktverwerfungen über Stresstests abgebildet werden.[821]

1033 Die von den Instituten eingesetzten Methoden und Verfahren mit einem in der Regel einjährigen Risikohorizont basieren zumindest teilweise auf beobachteten Entwicklungen aus der Vergangenheit. Falls der **Beobachtungszeitraum** und die verwendeten Datenhistorien in den einzelnen Verfahren zur Risikoquantifizierung aus Zeiten mit geordneten und ruhigen Marktverhältnissen stammen, sind in der Risikoquantifizierung auch Änderungen der Parameter mit stärkeren Auswirkungen auf das Risiko zu berücksichtigen.[822]

---

[817] Vgl. *BaFin* (2011.12), S. 13.
[818] Vgl. *BaFin* (2011.12), S. 14.
[819] Vgl. *Deutsche Bundesbank* (2013.03), S. 39.
[820] Vgl. *Deutsche Bundesbank* (2013.03), S. 39 f.
[821] Vgl. *BaFin* (2011.12), S. 14.
[822] Vgl. *BaFin* (2011.12), S. 14.

4.3. Aggregation der einzelnen Risikopotenziale zum Gesamtbankrisiko

Die Beiträge der einzelnen wesentlichen Risikoarten müssen durch **Aggregation zum Gesamtbankrisiko** bzw. Gesamtrisikopotenzial zusammengefasst werden, um diese dem Risikodeckungspotenzial gegenüber zu stellen und damit die laufende Risikotragfähigkeit sicherzustellen. Dazu müssen die wesentlichen Risikopotenziale in der Regel zu einer Risikogröße zusammengefasst werden. Die Aggregation der einzelnen Risikopotenziale wird durch die Unterschiedlichkeiten der Messmethoden begrenzt. So können auch bei gleichen Risikomaßen (z. B. VaR-Ansätze für Adressenrisiken und Marktpreisrisiken) aufgrund unterschiedlicher Parametrisierungen (z. B. Konfidenzniveau) oder zeitlicher Perspektiven (z. B. Risikobetrachtungszeitraum, Risikohorizont) die resultierenden Risikogrößen gegebenenfalls nicht ohne weiteres konsistent zusammengefasst werden.

1034

Die Institute können nicht nur innerhalb der einzelnen Risikoarten sondern auch bei Zusammenfassung zum Gesamtbankrisiko zwischen den Risikoarten **risikomindernde Diversifikationseffekte** berücksichtigen. Die Diversifikationseffekte müssen auf Annahmen basieren, die durch Analysen der institutsindividuellen Verhältnisse und repräsentativen sowie ausreichend langen Datenhistorien getroffen werden. Die Schätzung der risikomindernden Effekte muss so konservativ sein, dass sie auch in konjunkturellen Abschwungphasen und ungünstigen Marktverhältnissen ausreichend stabil sind.[823] Bisher scheitern viele Institute, die Diversifikationseffekte zwischen den Risikoarten ansetzen möchten, in der aufsichtlichen Beurteilung an dem empirischen Nachweis von ausreichend repräsentativen und langen Datenhistorien.[824]

1035

Nach einer Studie der Bundesbank im Jahr 2010 geht die Mehrzahl der Institute von einer perfekt positiven Korrelation (Korrelation von eins) zwischen den Risikoarten aus. Nur wenige setzten risikomindernde Diversifikationseffekte zwischen den Risikoarten an.[825] Annahmen für die Diversifikation reichen von Multiplikationsansätzen auf Basis von Korrelationsmatrizen bis hin zu methodisch komplexeren Ansätzen (z. B. Varianz-Kovarianz, Gauß'sche Kopula, t-Kopula).[826] Sämtliche Aggregationen zum Gesamtbankrisiko unter Berücksichtigung risikomindernder Diversifikationseffekte müssen kritisch

1036

---

[823] Vgl. *BaFin* (2012.12b), AT 4.1, Tz. 6.
[824] Vgl. *Deutsche Bundesbank* (2013.03), S. 41.
[825] Vgl. *Deutsche Bundesbank* (2010.11), S. 23.
[826] Vgl. *Spielberg/Becher* (2013.04), S. 30.

analysiert und systematisch nachvollziehbar sein.[827] Aber auch die Addition zum Gesamtbankrisiko ohne Annahme von risikomindernden Diversifikationseffekten (Korrelation von eins) sollte systematisch und konsistent hergeleitet werden, um die Repräsentativität und ausreichende Konservativität des Gesamtbankrisikopotenzials sicherzustellen.

5. Ausblick

1037 Für die nach Baseler Rahmenwerk weiter steigenden Eigenkapitalstandards nach **Säule I (regulatorische RTF)** werden die Institute künftig mehr qualitativ hochwertiges Kapital aus Tier 1 für die Eigenmittelunterlegung binden müssen. Die in Säule I gebunden Eigenmittel stehen in ihrer Summe in einem Going-Concern-Ansatz für die Deckungsmasse in Säule II nicht zur Verfügung. Damit verbleiben in Abhängigkeit vom gewählten bankinternen Steuerungsansatz gegebenenfalls quantitativ weniger freie Eigenmittel des Tier 1 für die Säule II. Die Deckungsmassen werden sich, im Gleichklang mit der Erhöhung des Eigenmittelbedarfs in der Säule I, reduzieren.[828] Die derzeit vorherrschende Niedrigzinsphase und die damit einhergehende Reduzierung zukünftiger Erträge vieler Institute führen gleichzeitig dazu, dass nicht im bisherigen Umfang neue Eigenmittel gebildet werden können.

1038 Zu erwarten ist, dass zusätzliche Annäherungen der Bilanzierung an die Marktwerte (Fair-Value-Bewertung), eine weitere Anpassung des Handelsgesetzbuches erfolgen werden. Einige dargestellte Besonderheiten der **GuV- bzw. bilanzorientierten Darstellung** von Risikotragfähigkeiten (insbesondere im HGB) könnten somit zukünftig entfallen.

1039 Neue Anforderungen an Risikotragfähigkeitskonzepte sind auch aus § 10 Abs. 3 Satz 2 Nr. 1 KWG bzw. aus SREP zu erwarten. Während § 10 KWG die Hinterlegung von Eigenkapital für zusätzliche Risikoarten (Säule I) und damit auch Auswirkungen auf die Deckungsmassen in Säule II ermöglicht, werden mit SREP Kapitalaufschläge zu erwarten sein[829].

1040 **Wertorientierte Ansätze** zur Steuerung von Instituten bieten durch ihre weitestgehende Unabhängigkeit von länderspezifischen Bilanzierungsanweisungen gewisse Vorteile in der Beurteilung der Risikotragfähigkeit. Insbesondere sogenannte »Säule I Plus« – Ansätze, die auf der CRR aufbauen, könnten immer weiter in den Fokus der Aufsicht rücken. Erste Äußerungen der Auf-

---

827 Zum Thema Diversifikationseffekte vgl. auch Kapitel D.VIII.
828 Vgl. *Deutsche Bundesbank* (2013.03), S. 10.
829 Vgl. *Wiesemann* (2015) und die Ausführungen in Kapitel B.II.

sicht weisen darauf hin, dass in SREP ein Säule I Plus Ansatz verwendet werden wird. Ob unter diesen Umständen andere Risikotragfähigkeitskonzepte für das interne Reporting bzw. Steuerung in den Instituten noch weiter führend sein wird, bleibt abzuwarten[830]. Sollten zukünftig wirklich wertorientierte Ansätze weiter an Bedeutung gewinnen, müssen Fragen zur Berücksichtigung von Bestandskosten, zukünftigen Erträgen und vor allem die Berücksichtigung des Kapitalbedarfs aus Säule I weiter präzisiert werden.

---

[830] Kritisch diskutiert in *Reuse* (2016.03), S. 20.

II. Erweiterung und kritische Analyse des barwertigen Steuerungskreises[831]

1. Einleitung – der ewige Streit zwischen Barwert- und GuV-Orientierung[832]

1041 Unter den Risikosteuerern scheinen sich immer stärker zwei Lager im Hinblick auf die Frage des richtigen Steuerungskreises herauszubilden: die Verfechter des Barwertkonzeptes stehen den Anhängern der GuV-orientierten Sichtweise gegenüber.[833]

1042 Erstere sind dabei eher wissenschaftlich geprägt, verwenden Begriffe wie »Ablauffiktion« und »Totalperiode« und kritisieren den kurzfristigen Horizont sowie die u. a. aufgrund des Imparitätsprinzips begrenzte Aussagekraft von Kennzahlen der HGB-orientierten Gewinn- und Verlustrechnung. Die zweite Gruppe bezeichnet sich dagegen selbst gerne als »Praktiker«; für sie ist nur das handfest greifbar, was sich auch im veröffentlichten und testierten Jahresabschluss wiederfindet – Barwerte sind hingegen etwas überspitzt formuliert eher »mathematische Rechenübungen« für nicht ausgelastete Controller, Berater oder Aufseher.

1043 Diese Diskussion ist nicht neu, sondern begleitet die Bankenwelt bereits seit mindestens zwei Jahrzehnten. Während dieser Zeit wurde auch in Teilen versucht, die beiden Sichtweisen zu verbinden (Stichwort: »Identität in der Totalperiode[834]«) – allerdings ist in der Literatur stets eine Bevorzugung einer der beiden Sichtweisen – und zwar meist der wertorientierten – vorzufinden.

1044 Besondere Bedeutung erlangt die Thematik aktuell aufgrund der immer weiter zunehmenden regulatorischen Anforderungen. Vor diesem Hintergrund fragen sich gerade Regionalbanken, wie sie diese Herausforderungen bei gleichzeitig steigendem Kostendruck bewältigen können, ohne die Kapazitäten in den mit aufsichtsrechtlichen Themen befassten Abteilungen deutlich auszuweiten.

1045 In der Risikotragfähigkeit wird mindestens *ein* Steuerungskreis gefordert. Werden aber in einem Institut bislang beide Steuerungskreise (periodisch und

---

831 Autoren: **Oliver Klenner** und **Andreas Tangemann**. Die Ausführungen geben die persönliche Auffassung der Autoren wieder.
832 Dieser Artikel erweitert die Erkenntnisse aus *Klenner/Tangemann* (2013), S. 220–227.
833 Diskutiert u. a. in *Reuse* (2016.02a), S. 138 ff.
834 Vgl. u. a. *Frère/Reuse* (2007), S. 130 ff. auf Basis *Bannert* (2000); *Lach/Neubert/Kirmße* (2002).

barwertig) abgebildet, stellt sich also unmittelbar die Frage nach der Notwendigkeit bzw. der Steuerungsrelevanz beider Sichtweisen.

In der Praxis führten diese Überlegungen bereits bei einigen Instituten dazu, dass ein Steuerungskreis – und hier interessanterweise der wertorientierte – abgeschaltet wurde. Barwertige Kennziffern oder Steuerungsimpulse werden in diesen Fällen zwar noch eingesetzt (z. T. vorgegeben, z. B. Zinsschock-Risiko), jedoch als Stand-alone-Betrachtungen abseits eines geschlossenen Steuerungskreises.

Dieses Vorgehen spart sicherlich Kapazitäten ein: neben den eigentlichen parallelen Risikotragfähigkeitsberechnungen können so u. a. Dokumentationen, Stresstestberechnungen und Berichte an den Vorstand bzw. die Aufsichtsorgane entfallen bzw. vereinfacht werden. Seit dem Stichtag 31.12.2015 hat zudem die Risikotragfähigkeit Einzug in das Meldewesen gehalten[835] – auch hier bedeuten zwei Steuerungskreise (nahezu) doppelten Erfassungs- und Kontroll-Aufwand. Und letztlich wird auch häufig die geringere Angriffsfläche im Rahmen von internen und externen Prüfungen als Vorteil der Streichung eines zweiten Steuerungskreises angeführt. Dies ist nicht von der Hand zu weisen: loben beispielsweise externe Prüfer in Gesprächen durchaus den Tatbestand, dass zwei komplette Steuerungskreise vorliegen, so führt dies doch im Endeffekt bei den Prüfungsergebnissen – die leider nicht »Gesamturteils-bezogen«, sondern »Einzelfeststellungs-bezogen« sind – zu mehr Hinweisen und Feststellungen.

Insofern stellen sich grundsätzliche Fragen, die in den folgenden Ausführungen beantwortet werden sollen[836]:

- Haben beide Steuerungskreise (der barwertige und der periodische) ihre Berechtigung?
- Welche Steuerungsimpulse gehen von beiden Sichtweisen aus?
- Ist eine Sichtweise der anderen überlegen bzw. lassen sich die Ergebnisse tatsächlich ineinander überführen?

---

835 Vgl. u. a. *Reuse* (2015.02), S. 41 ff.; *Reuse* (2016.03), S. 19 f. Die Erkenntnisse finden sich auch in Kapitel B.III wieder.
836 Vgl. auch *Klenner/Tangemann* (2013), S. 220 ff.; *Reuse* (2016.02a), S. 138 ff.

2. Barwert vs. GuV: Vergleich der beiden Ansätze

2.1. Erste Überlegungen zu Gemeinsamkeiten und Unterschieden

1049 Sowohl die wertorientierte als auch die GuV-orientierte Sichtweise sollen dazu dienen, die betriebswirtschaftliche Lage eines Institutes zu beleuchten. Beim Einen geht es um eine Zeit**punkt**betrachtung (wie hoch ist das aktuelle Vermögen bzw. das erwartete/simulierte Vermögen zu einem festgelegten zukünftigen Zeitpunkt?), beim Anderen um eine Zeit**raum**betrachtung[837] (wie hoch ist der erwartete/simulierte Erfolg in der laufenden bzw. einer zukünftigen Periode?). Doch intuitiv ist es schlüssig, dass die Ergebnisse sich gegenseitig bedingen, wie Abbildung E – 7 zeigt:

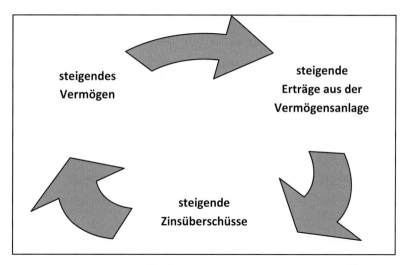

Abbildung E – 7:   *Grundzusammenhang Vermögens-/GuV-Entwicklung*[838]

1050 Der Grundzusammenhang besagt, dass ein vermögensstarkes Institut auch *tendenziell* hohe GuV-Erfolge aufweist und umgekehrt. Allerdings gilt der Zusammenhang *nicht automatisch*, sondern vornehmlich im Quervergleich zwischen Instituten und bei vergleichbarem Zinsniveau; dagegen sieht der sich *im Zeitablauf* ergebende Zusammenhang bei Marktzinsveränderungen *bezogen auf ein einzelnes Institut* deutlich anders aus, wie noch gezeigt werden soll.

---

[837] Eine Zeitraumbetrachtung ist in der barwertigen Welt ebenfalls möglich, vgl. *Reuse* (2016.02a), S. 140 ff.
[838] Eigene Darstellung.

Es gibt in der Literatur vielfach Überleitungsrechnungen[839], die sich auf den unten noch detailliert diskutierten Zusammenhang bei Zinsgeschäften fokussieren – hier wird unter dem Postulat der Identität in der Totalperiode dargelegt, dass sich die Ergebnisse aus beiden Sichtweisen ineinander überführen lassen. Dabei lautet das Credo, dass sich Veränderungen immer direkt in der barwertigen Sichtweise zeigen; diese realisieren sich dann im Zeitablauf auch sukzessive in der GuV-Sicht. Im Folgenden soll aufgezeigt werden, dass diese Darstellung nur ein Teil der Wahrheit ist, da hierbei ein entscheidender Faktor unberücksichtigt bleibt: das Neugeschäft[840]. 1051

Dennoch liefert die Darstellung ein zutreffendes Bild für die Beurteilung von **Einzel**geschäften: der Erfolg aus dem Abschluss eines Kundengeschäftes kann mit Hilfe der Barwertmethode zum Zeitpunkt des Geschäftsabschlusses fixiert werden. Der Konditionenbeitrags- oder Margenbarwert kann damit dem Vertrieb bzw. der entsprechenden Vertriebsstelle eindeutig zugeordnet werden. In der GuV wird sich der Erfolg dagegen erst nach und nach realisieren. Werden in der Vertriebserfolgsmessung Konditionenbeiträge periodisch abgegrenzt, ergibt sich somit das Problem einer nicht zeit- und (beispielsweise bei Betreuungswechseln) verursachungsgerechten Zuordnung von Erträgen und in der Folge ggf. von Fehlsteuerungsimpulsen im Hinblick auf die vermutete Rentabilität von Vertriebsstellen. 1052

Insofern kann in der Vertriebserfolgsmessung der Barwertmethode – wie in der Literatur postuliert – der Vorzug vor der periodenorientierten Sichtweise gegeben werden – auch, wenn hiermit kommunikative Herausforderungen verbunden sein mögen (der Margenbarwert wirkt mathematischer und nicht so – in Anlehnung an die periodisierten GuV-Größen – vertraut wie die laufende Marge). 1053

Lässt sich aber diese Überlegenheit der barwertigen Sichtweise auch auf die Risikotragfähigkeit insgesamt übertragen? Welcher Steuerungskreis liefert eigentlich die entscheidenden Impulse? 1054

Zur institutsindividuellen Beantwortung dieser Frage sollte in einem ersten Schritt geklärt werden, ob eine Veränderung des Vermögens oder eine Veränderung der Erträge das entscheidende Kriterium bildet – worauf kommt es dem Institut bzw. den Entscheidungsträgern an? Hierbei gilt zu bedenken, dass eine Bank anders als die Privatperson am (immer mehr zum Engpassfaktor werdenden) bilanziellen Eigenkapital gemessen wird, das letztlich auf Basis 1055

---

839 Vgl. u. a. *Frère/Reuse* (2007), S. 130 ff. auf Basis *Bannert* (2000); *Lach/Neubert/Kirmße* (2002).
840 Vgl. auch *Reuse* (2016.02a), S. 141.

der GuV-Aufstellungen gebildet wird. Insofern wird ein Institut – auch mit Blick auf den zu Recht geforderten Kapitalplanungsprozess – kaum um einen periodischen Steuerungskreis in der Risikotragfähigkeit herumkommen.

1056 Wie aber sieht es mit dem barwertigen Steuerungskreis aus? Ist dieser verzichtbar, wie es offenbar immer mehr Institute einschätzen? Oder liefert er nicht gerade – analog zur Einzelgeschäftssicht – die wirklich frühzeitigen Impulse, die erst mit großer Verzögerung in der periodischen Welt ankommen?

1057 Zur Klärung dieser Fragen wird im nächsten Abschnitt kurz auf die Unterschiede der beiden Sichtweisen bezogen auf einzelne Risikoarten bzw. -kategorien eingegangen und insbesondere die Sonderrolle des Zinsmarktes thematisiert.

2.2. Steuerung einzelner Risikoarten

1058 Üblicherweise werden folgende Risikoarten oder -kategorien als wesentlich im Sinne der MaRisk eingestuft und dementsprechend in die Risikotragfähigkeitsbetrachtungen einbezogen:

- Adressenrisiken
- Beteiligungsrisiken
- Operationelle Risiken
- Liquiditätsrisiken
- Marktpreisrisiken, darunter z. B.
    - Aktienkursrisiken
    - Spreadrisiken
    - Zinsänderungsrisiken.

1059 Im Folgenden werden für jede Risikoart Gemeinsamkeiten und Unterschiede hinsichtlich der Abbildung und Steuerung in der periodischen und der wertorientierten Sichtweise skizziert.

2.2.1. Adressenrisiken

1060 Die Abbildung erfolgt inzwischen nahezu flächendeckend mit Hilfe von Portfoliomodellen. Frühere in der periodischen Sicht eingesetzte Verfahren, die allein auf die Verteilung der historischen hausinternen Kreditbewertungsergebnisse abzielten, mussten weitgehend aufgrund des berechtigten Einwandes der unberücksichtigten aktuellen Portfoliostruktur weichen.

Somit werden nun üblicherweise sowohl periodische als auch wertorientierte Risiken mit dem grundsätzlich identischen Portfoliomodell ermittelt bzw. gesteuert. Im Detail sind viele Parametereinstellungen zu entscheiden. Dies führt dazu, dass das Modell bzw. seine Akzeptanz eher leidet als gestärkt wird. Allerdings sind in der Regel vergleichbare Ergebnisse in beiden Sichtweisen zu konstatieren.

Werden weitere ergänzende Betrachtungen wie die Migrationen aus den bereits vorhandenen Ausfällen ausgeblendet (also nur das Kernstück der Simulation des lebenden Geschäftes betrachtet), liegt der wesentliche Unterschied in den Ergebnissen der beiden Sichtweisen darin begründet, dass in der GuV-Sicht lediglich die Frage ausgefallen (bzw. wertberichtigt) entscheidend ist, während wertorientiert auch Migrationen zwischen lebenden Ratingklassen von Bedeutung sind. Insofern reagiert das wertorientierte Modell schneller auf Bonitätsveränderungen und ist der periodischen Sichtweise insofern voraus[841].

Dennoch muss gesagt werden, dass der Anteil der Wertänderung, der auf Migrationen zwischen lebenden Klassen zurückzuführen ist, von weit untergeordneter Bedeutung im Vergleich zu den Default-Migrationen ist. **Im Kern führen also beide Sichtweisen zunächst zu ähnlichen Ergebnissen** – auch, wenn das letztliche GuV-Ergebnis noch durch weitere Vorschriften bzw. Spielräume (Pauschalwertberichtigungen, EWB-Bildungsprozess) beeinflusst wird.

2.2.2. Beteiligungsrisiken

Für den Fall, dass Beteiligungsrisiken nicht innerhalb der Adressenrisiken gemessen, sondern als eigenständige Risikokategorie betrachtet und als wesentliches Risiko mit entsprechender Risikodeckungsmasse unterlegt werden, erfolgt ihre Messung häufig entweder pauschal durch Expertenschätzung des Abschreibungsrisikos oder anhand sogenannter Stellvertreter-Modelle.

Bei Ersterem ergeben sich **Unterschiede zwischen beiden Sichtweisen lediglich in der Frage nach vorhandenen Reserven**, die eine Bewertung in der GuV entsprechend abmildern oder verhindern würden. Ähnlich verhält es sich bei einem Stellvertreter-Modell, bei dem die üblicherweise nicht an einem öffentlichen Markt notierten Beteiligungen durch möglichst vergleichbare Werte bzw. Indizes am Aktienmarkt und deren Wertänderungsverteilung

---

[841] Würde die periodische Sichtweise auf mehrere GuV-Perioden mit aufeinander aufbauenden bedingten Verteilungen ausgedehnt, würde die durch in der ersten Periode eingetretene Migrationen veränderte Ausgangslage zu einem entsprechenden Effekt in den weiteren Perioden führen.

ersetzt werden. Über diesen Umweg wird das Beteiligungsrisiko dann wie ein Aktienkursrisiko gemessen, auf das unten eingegangen wird.

2.2.3. Operationelle Risiken

1066 Im Bereich der operationellen Risiken bestehen in den Instituten unterschiedlichste Modelle: von sehr pragmatischen, gerade in kleineren Häusern eingesetzten Verfahren, die eher einer Expertenschätzung ähneln, bis hin zu sehr komplexen Risikomodellen, die unterschiedlichste Verteilungsannahmen kombinieren.

1067 Wie auch immer die einzelnen Ansätze aussehen – es gibt zunächst keine inhaltlichen Gründe für nennenswerte Unterschiede der periodischen und wertorientierten Ergebnisse. Dies gilt zumindest für die klassischen Schadensfälle mit konkreten, einzelfallbezogenen Wirkungen (z. B. Falschberatung mit hieraus resultierendem Schadenersatz). Anders sieht dies bei Reputations- oder strategischen Risiken aus: hier ergibt sich häufig erst ein langfristiger und diffuser (in Abgrenzung zu einem einzelfallbezogenen) Schaden. Dieser ist in der periodischen Sichtweise zumindest mit Blick auf die aktuelle GuV kaum sichtbar, während wertorientiert entsprechende Effekte theoretisch eingepreist werden können. Dies würde allerdings eine direkt auf den Unternehmenswert bezogene Darstellung voraussetzen, da insbesondere zukünftige Neugeschäfte hiervon betroffen wären. In die aktuelle Praxis der Barwertsicht dagegen, in der lediglich die aktuell im Bestand befindlichen Geschäfte bewertet und Neugeschäfte üblicherweise ausgeblendet werden, sind solche Effekte nur schwerlich zu integrieren. Insofern ist zu vermuten, dass sich **ausgewiesene operationelle Risiken in der periodischen und der wertorientierten Sichtweise in ihrer Höhe stark ähneln.**

2.2.4. Liquiditätsrisiken

1068 Bei den Liquiditätsrisiken ist zunächst zwischen dem Zahlungsunfähigkeitsrisiko (Liquiditätsrisiken im engeren Sinne) und dem wirtschaftlichen oder Markt-Liquiditätsrisiko (Liquiditätsrisiko im weiteren Sinne) zu unterscheiden. Während ersteres üblicherweise unter Inanspruchnahme des MaRisk AT 4.1 Tz. 4 außerhalb eines klassischen Risikotragfähigkeitskonzeptes betrachtet wird, ist das zweite sehr wohl in die entsprechenden Steuerungskreise einzubeziehen: hier werden die wirtschaftlichen Auswirkungen (wertorientiert oder periodisch) betrachtet, die sich ergeben, falls sich die allgemeinen Liquiditätsspreads am Markt und/oder die institutsspezifischen Refinanzierungsspreads verändern.

Wertorientiert werden hierbei klassischerweise die Risiken *auf der Aktivseite* sichtbar: steigende Liquiditätsspreads führen dazu, dass Forderungen auf einer höheren Kurve abdiskontiert werden: entsprechend sinken die Marktwerte der Forderungen. Direkt erkennbar ist dies im Depot A: hier führt ein Anstieg der Liquiditätsaufschläge zu sinkenden Kursen; in Extremfällen wie dem Ausbruch der Finanzmarktkrise können Papiere aufgrund der fehlenden Nachfrage nur noch deutlich unterhalb ihres bisherigen Wertes veräußert werden. Der gleiche Effekt tritt wertorientiert auch bei Forderungen außerhalb des Depot A – also insbesondere im Kundenkreditgeschäft – auf. 1069

Auf der Passivseite ergibt sich ein interessanter Gegeneffekt: die Verbindlichkeiten sinken aufgrund ansteigender Liquiditätsaufschläge ebenso in ihrem Wert – d. h. hier wirkt sich der Anstieg *positiv* auf die Vermögensbilanz des Institutes aus. Fast schon paradox wird dies bei einem überproportional ansteigenden institutsindividuellen Refinanzierungsspread: je stärker der Aufschlag ansteigt – beispielsweise aufgrund einer krisenhaften betriebswirtschaftlichen Entwicklung – desto positiver wirkt sich dies auf die Vermögensbilanz aus. Dieser Effekt ist hinsichtlich des in der Literatur bestehenden Konzeptes des wertorientierten Steuerungskreises durchaus plausibel: beispielsweise könnte eine bestehende Verbindlichkeit zu einem gesunkenen Kurs zurückgekauft und so der positive Vermögenseffekt auch realisiert werden. Allerdings zeigt sich hier erstmals klar und deutlich der im weiteren Verlauf noch thematisierte **Mangel der heutigen wertorientierten Steuerung**: denn kaum ein Institut wird sich an der krisenhaften Situation mit Blick auf die Vermögensbilanz erfreuen: vielmehr wird deutlich, dass das Institut zukünftige Refinanzierungen deutlich teurer einkaufen muss. 1070

Der letztgenannte Aspekt wird in der periodischen Steuerung berücksichtigt: in der Neugeschäftssimulation *auf der Passivseite* würde der erhöhte Aufschlag zu höheren Zinsaufwendungen in der GuV führen – der Effekt würde sich aber je nach Refinanzierungssituation ggf. erst im Laufe vieler Jahre deutlich zeigen. 1071

Dafür ist es *auf der Aktivseite* in der periodischen Sicht umgekehrt: steigende Liquiditätsspreads führen – soweit sämtliche Marktteilnehmer davon betroffen sind – zu steigenden Neugeschäftszinsen und damit zu höheren Zinsüberschüssen. Eine Ausnahme auf der Aktivseite bildet das Depot A: hier wirken sich beide genannten Effekte in der GuV-Sicht aus: sinkende Kurse führen zu möglichem Abschreibungsbedarf, während höhere Neugeschäftszinsen den laufenden Ertrag aus dem Depot A erhöhen. Meist wird der erstgenannte 1072

Effekt in der aktuellen GuV-Betrachtung überwiegen, während die zweitgenannten Effekte überwiegend die Folgejahre betreffen werden – in denen dann zusätzlich positive Effekte aus der Zuschreibung der in der ersten Periode abgeschriebenen Buchwerte (pull to par) hinzukommen.

1073 **Im wirtschaftlichen oder Markt-Liquiditätsrisiko zeigen sich also im Vergleich zwischen der periodischen und der wertorientierten Sichtweise deutlich unterschiedliche, mitunter widersprüchliche Steuerungsimpulse.** Insofern stellt sich Instituten, die mit beiden Steuerungskreisen arbeiten, die Frage, welchem Impuls gefolgt werden soll. Die Diskussion dieser für unser Thema zentrale Fragestellung wird in den folgenden Kapiteln weitergeführt – an dieser Stelle nur so viel: überraschenderweise zeigt sich hier die wertorientierte Sichtweise eher als kurzsichtig[842] verglichen mit der periodischen Sichtweise[843].

2.2.5. Marktpreisrisiken

1074 Die Messung und Steuerung von Marktpreisrisiken wird im Vergleich zu den anderen Risikokategorien dadurch vereinfacht, dass öffentlich zugängliche Daten und häufig vergleichsweise lange Zeitreihen für Wertschwankungen vorliegen. Insofern kann für die Risikomodellierung auf diese Daten zurückgegriffen werden. Häufig geschieht dies durch eine historische Simulation – freilich mit der impliziten (kritisch zu hinterfragenden) Annahme, dass die Schwankungen bzw. Wertentwicklungen der Vergangenheit repräsentativ für die zukünftig möglichen sind.

2.2.5.1. Aktienkursrisiken

1075 Bei *Aktienkursrisiken* wird des Öfteren – alternativ zur reinen historischen Simulation – eine (Normal-)Verteilungsannahme in Kombination mit aus der Historie abgeleiteten Parametern verwendet. Wie auch immer die Risikomodellierung im Detail aussehen mag – es werden Kurs- bzw. Wertänderungen simuliert, d. h. zunächst einmal handelt es sich um eine wertorientierte Sichtweise. Zur Ergänzung der periodischen Sichtweise sind dann lediglich noch etwaige vorhandene Reserven sowie das – ausgehend von Beständen, die dem Umlaufvermögen zugeordnet werden – Imparitätsprinzip in der GuV (Ab-

---

842 Vgl. das exemplarisch genannte Institut in der Krise. Zum selben Schluss kommt auch *Reuse* (2016.02a), S. 141.
843 Zumindest, so lange sich die periodische Betrachtung nicht nur auf das laufende Jahr beschränkt, sondern auch die Folgejahre im Blick hat.

schreibungen bei Kursverlusten vs. nicht realisierte schwebende Gewinne bei Kursgewinnen) zu berücksichtigen.

Allerdings können die Ergebnisse der beiden Sichtweisen auch je nach Dokumentation angenähert werden, denn schwebende Gewinne bzw. vorhandene Reserven *könnten* auch in der GuV realisiert werden, so dass auch hier – trotz des Imparitätsprinzips – beispielsweise positionsübergreifende Kompensationseffekte möglich wären. Dies gilt selbstverständlich nicht für die oben angesprochenen mit einem Stellvertretermodell abgebildeten Beteiligungsrisiken aufgrund der mangelnden Fungibilität der Anteile.

Die Messung der Aktienkursrisiken erfolgt demnach üblicherweise **in beiden Sichtweisen nach dem gleichen Grundmodell**; die direkt ablesbaren Risiken in der wertorientierten Sicht werden durch Nebenbedingungen der GuV entsprechend ergänzt. Diese Nebenbedingungen bilden allerdings bei einer reinen, auf die aktuelle Periode ausgerichteten GuV-Orientierung die Gefahr, wichtige Informationen zu unterschlagen: sind beispielsweise Kursreserven auf einer Position vorhanden, mag es sein, dass sich GuV-orientiert trotz möglicherweise hoher Kursschwankungen ein (Abschreibungs-)Risiko von Null ergibt – und das, obwohl die vorher vorhandenen Reserven auch in der GuV realisierbar gewesen wären. Insofern erscheint die wertorientierte Steuerung nicht nur einfacher, sondern auch vollständiger zu sein.

2.2.5.2. Spreadrisiken

Spreadrisiken wurden in der Risikosteuerung über viele Jahre hinweg eher vernachlässigt – insbesondere in der Finanzmarktkrise wurde jedoch das hier inhärente Verlustpotenzial verdeutlicht. Gemessen wird das Spreadrisiko in der Praxis mit unterschiedlichsten Systemen, da es sich an der Grenze zwischen Marktpreis- und Adressenrisiken befindet.

Üblicherweise wird eine Spreadrisikomessung und -steuerung auf das Depot A begrenzt. Dadurch wird vernachlässigt, dass eine solche Begrenzung zumindest in der wertorientierten Sicht inhaltlich schwer nachvollziehbar ist – sehr deutlich wird dies an den Schnittstellen zwischen Eigen- und Kundengeschäft wie beispielsweise Schuldscheindarlehen oder Kundenforderungen börsennotierten Großkunden. Hier ist es schwer zu argumentieren, dass bei ansteigenden Bonitätsspreads zwar der Wert einer Schuldverschreibung im Depot A sinkt, der Wert eines Schuldscheindarlehens aber unangetastet bleibt. Lediglich GuV-orientiert ist eine Trennung aufgrund unterschiedlicher Bewertungsaspekte nachvollziehbar.

1080 Weitet man den Blick auf die Passivseite aus, stellt man auch hier entsprechendes (ebenfalls oft außer Acht gelassenes) Wertänderungspotenzial fest. Denkt man hierbei an institutsspezifische Refinanzierungsspreads, wird die große Nähe zum Markt-Liquiditätsrisiko deutlich. Auch, wenn es theoretische Abgrenzungsmöglichkeiten zwischen Liquiditäts- und Spreadrisiken gibt, sind die Effekte in der Realität nur schwer voneinander zu trennen.

1081 So sind denn auch die Effekte und Steuerungsimpulse in den beiden Sichtweisen vergleichbar mit den oben im Bereich der Markt-Liquiditätsrisiken genannten: bleibt der Blick auf das Depot A beschränkt, so ergibt sich wertorientiert ein Risiko bei ansteigenden Bonitätsspreads. Periodisch wird dies vermutlich zu Beginn ebenfalls ein Risikoszenario darstellen, da entsprechender Abschreibungsbedarf entstehen kann. Im Zeitablauf wird dies jedoch durch höhere Aufschläge und damit einen höheren laufenden Ertrag bei den Anschlussgeschäften kompensiert.

1082 Darüber hinaus würden auch die möglicherweise in der ersten Periode abgeschriebenen Papiere den Wert in den Folgejahren wieder aufholen – eine Verschiebung im Zeitablauf, die sich im Anlagevermögen mit der Argumentation einer nur *vorübergehenden Wertminderung* gar nicht erst einstellt. In diesem Fall würden sich GuV-orientiert ausschließlich, und auch bereits im laufenden Jahr, *positive* Effekte ergeben.[844]

1083 **Die Spreadrisiken sorgen also analog der Markt-Liquiditätsrisiken für mögliche Verwirrung hinsichtlich der Steuerungsimpulse aus beiden Sichtweisen** – auch, wenn der Blick oft wie beschrieben eingeschränkt auf das Depot A gerichtet wird.

2.2.5.3. Zinsänderungsrisiken

1084 *Zinsänderungsrisiken* schließlich sind das klassischerweise vorherrschende Marktpreisrisiko insbesondere kleiner und mittlerer Institute, da hier nicht nur das Eigengeschäft, sondern auch sämtliche Kundengeschäfte mit einbezogen werden. So bildet das Zinsbuch oder Bankbuch nahezu das gesamte Geschäftsvolumen der Bank ab – mit einem Schwankungspotenzial, das überdies deutlich höher ist als beispielsweise im Bereich der Marktliquiditätsrisiken.

---

844 Hinweis: Voraussetzung für die beschriebenen Aufhol-Effekte ist, dass die Kreditnehmer bzw. Emittenten nicht ausfallen – oder zumindest, dass der Spreadanstieg mit einer unveränderten Ausfallwahrscheinlichkeit einhergeht. Per Definition ist das bei den Spreadrisiken der Fall, jedoch ist diese Annahme zumindest diskutabel. Die Ausfallwahrscheinlichkeiten der Ratingverfahren basieren meist auf langen historischen Zeitreihen und deren Mittelwerten, während der Markt bei einem Spreadanstieg die Gefahr von Ausfällen z. B. aufgrund eines eingetrübten konjunkturellen Ausblickes nun offenbar höher einschätzt.

Dies lässt das Zinsänderungsrisiko auch zunehmend in den Fokus der Aufsicht rücken: neben dem bereits etablierten Zinsschock-Koeffizienten aus Basel II seien hier die verlustfreie Bewertung des Bankbuchs sowie ganz aktuell die EBA-Leitlinien zum Zinsänderungsrisiko und die momentan diskutierten Kapitalzuschläge für das Zinsänderungsrisiko genannt[845]. Alle diese Ansätze zeichnen sich durch ihre Wertorientierung aus, d. h. in allen Ansätzen spielen der *Zinsbuchbarwert* und das hiermit verbundene *barwertige Zinsänderungsrisiko* eine entscheidende Rolle. Insofern spiegeln sich auch alle Schwächen des Barwertkonzeptes in der aufsichtsrechtlichen Prüfung und Eigenmittelunterlegung wider – mit weitreichenden Folgen für die beaufsichtigten Institute. Hierauf wird noch eingegangen[846].

1085

Nach den bisherigen Ausführungen zum Markt-Liquiditätsrisiko und Spreadrisiko verwundert es nicht, dass sich auch im Bereich der Zinsänderungsrisiken z. T. widersprüchliche Steuerungsimpulse aus beiden Sichtweisen heraus ergeben[847]. Denn in der Wirkung einer Spreadveränderung ist es unerheblich, ob sich nun der Zins-Spread, der Marktliquiditäts-Spread oder der Bonitäts-Spread verändert hat.

1086

Die Widersprüchlichkeit bzw. Erklärungsnot lässt sich gut mit Blick auf die Zinsentwicklung der vergangenen Jahre beschreiben: Das Zinsniveau ist sukzessive gefallen und befindet sich inzwischen sogar in vielen Laufzeitbändern im Minusbereich. Hiermit einhergehend sind die Zinsbuchbarwerte der Banken deutlich und immer weiter nach oben geschnellt. Die Zinsspannen der Institute aber waren bereits eher auf dem Rückmarsch und werden sich bei einem weiter anhaltenden Niedrigst-Zinsniveau deutlich verschlechtern[848].

1087

Wie aber passt das zusammen, wo doch eine Identität in der Totalperiode zwischen der barwertigen und periodischen Sichtweise herrscht und die Ergebnisse ineinander überführt werden können? Diese Frage soll in dem nun folgenden Kapitel pointiert beantwortet und bildhaft erläutert werden, bevor anhand einer einfachen Beispielbank die Effekte im Zeitablauf detailliert untersucht werden. Hierdurch wird aufgezeigt, dass die aktuelle barwertige Steuerung nur die halbe Wahrheit ist und in der Folge auch die hieraus gewonnen Steuerungsimpulse nicht allein betrachtet, sondern um entsprechende Informationen ergänzt werden sollten[849].

1088

---

845 Vgl. *Fachgremium Zinsänderungsrisiko im Anlagebuch* (2016).
846 Vgl. Ausführungen in Abschnitt 4 dieses Beitrages.
847 Vgl. auch *Reuse* (2016.02a), S. 138–139.
848 Nachgewiesen in *Klenner/Tangemann* (2013), S. 220–227 und *Reuse* (2016.02a), S. 138–142.
849 Z. B. um Neugeschäfte, vgl. *Reuse* (2016.02a), S. 141.

1089 Vorab zeigt Tabelle E – 1 zusammenfassend die Gemeinsamkeiten bzw. Unterschiede der periodischen und der wertorientierten Sichtweise in der Steuerung der verschiedenen Risikoarten bzw. -kategorien.

Risikoart	Ähnliche Steuerungswirkung	Gegenläufige Steuerungswirkung
Adressenrisiken	X *(bis auf Migrationsrisiken)*	
Beteiligungsrisiken	X *(bis auf vorhandene Reserven)*	
Operationelle Risiken	X	
(Markt-)Liquiditätsrisiken		X
Aktienkursrisiken	X *(bis auf vorhandene Reserven)*	
Spreadrisiken		X *(oft beschränkt auf Depot A, hier anfänglich ähnliche Wirkung)*
Zinsänderungsrisiken		X

Tabelle E – 1: Steuerungswirkungen in beiden Sichtweisen je Risikoart[850]

2.3. Intertemporales Hedging – oder: Die kalte Sparkasse[851]

2.3.1. Grundidee

1090 Der Effekt, der für die in Tabelle E – 1 in der rechten Spalte gekennzeichnete Gegenläufigkeit verantwortlich ist, lässt sich auch einfach anhand eines Wertpapier-Kursverlaufs darstellen.

1091 Steigt der Zins (oder synonym: steigt der Spread oder die Marktliquiditätsprämie), so fällt der Kurs eines festverzinslichen Wertpapiers. Grund ist ein Opportunitätsverlust: das betrachtete Papier hat nun relativ zum Marktzinsniveau eine geringere laufende Verzinsung und würde von einem Investor nur noch zu einem niedrigeren Kurs erworben werden – nämlich zu dem, der die Rendite des Wertpapiers bis zur Fälligkeit wieder auf die Marktrendite bringt.

---

[850] Eigene Darstellung in Anlehnung an die vorangegangenen Ausführungen.
[851] Vgl. auch Ausführungen in *Klenner/Tangemann* (2013), S. 224 ff.

Also sinkt der Kurs beispielsweise von 100 auf 90 und der Verlust für den Besitzer des Wertpapiers liegt bei −10. Auf der anderen Seite ist die Rendite bezogen auf die Restlaufzeit nun gestiegen. Wird das Wertpapier bis zur Fälligkeit gehalten, erholt der Kurs sich nun sukzessive wieder und wird zur Fälligkeit bei 100 liegen.

Insofern ergeben sich durch den Marktzinsanstieg **zwei Effekte**: der Kurs sinkt zunächst und es resultiert eine kurzfristig negative Rendite. Anschließend (und kausal direkt zusammenhängend) erreicht das Wertpapier bis zur Fälligkeit eine höhere Rendite als *vor* der Marktzinsveränderung. 1092

Bezogen auf den kurzfristigen ersten Effekt besteht ein mitunter hohes Risiko; *bezogen auf die Gesamtlaufzeit des Wertpapiers* besteht allerdings ein Risiko von Null[852] – sowohl periodisch als auch barwertig. **Die Frage nach dem Risiko ist also eine Frage des Betrachtungshorizontes!** In der barwertigen Sichtweise wird allerdings üblicherweise ein kurzer Betrachtungshorizont ausgewertet: maximal ein Jahr, teilweise (Zinsschock) auch nur ein einziger Tag. In einem solch kurzen Zeitraum ist dann der erste Effekt sichtbar, der zweite allerdings nicht (oder kaum). Der beschriebene Ausgleich der Rendite im Zeitablauf, das intertemporale Hedging, bleibt unberücksichtigt. 1093

Insofern ist die bisherige barwertige Betrachtungsweise mindestens kurzsichtig; kommt aufgrund des erlittenen Kursverlustes eine Glattstellung der Position hinzu, birgt sie auch hohes Fehlsteuerungspotenzial, da so nur der erste (negative) Effekt realisiert wird, der zweite (positive) aber nicht mehr zustande kommt. 1094

2.3.2. Exkurs: Die kalte Sparkasse

Bildhaft dargestellt werden soll dies noch anhand eines kurzen Ausflugs in eine Situation jenseits der Bankenwelt: 1095

---

852 Es besteht lediglich ein »Opportunitätsrisiko«: Würde man das Wertpapier erst nach dem Zinsanstieg kaufen, könnte man den zweiten Effekt (die höhere Rendite bis zur Fälligkeit) realisieren, ohne den ersten Effekt (den Kursverlust bei Zinsanstieg) mitgemacht zu haben.

> Angenommen, Sie hätten eine Ölheizung. Da das Öl zur Neige ging, haben Sie Öl bestellt und Ihre Heizung wieder aufgefüllt. Nehmen wir an, Sie hätten Ihren 10.000-Liter-Tank komplett aufgefüllt und pro Liter Öl 0,80 € gezahlt. Dann hätten Sie also eine Rechnung über 8.000 € erhalten.
>
> Am nächsten Tag verändert sich der Ölpreis. Je nach Richtung der Veränderung könnten sich – menschlich nachvollziehbar – kurzfristig folgende Reaktionen einstellen:
>
> 1. **Der Ölpreis ist auf 0,40 € gefallen:** Sie sind im ersten Moment verärgert – es hat sich ein Opportunitätsverlust ergeben: hätten Sie noch einen Tag länger gewartet, hätten Sie deutlich günstiger einkaufen können. Dieser Opportunitätsverlust korrespondiert mit einem Vermögensverlust: Sie lagern 10.000 l Öl in Ihrem Keller, die gestern noch 8.000 € wert waren – heute sind es nur noch 4.000 €, das entspricht einem Vermögensverlust von ebenfalls 4.000 €.
>
> 2. **Der Ölpreis ist auf 1,20 € gestiegen:** Jetzt ist es anders herum – Sie sind erleichtert, dass Sie noch schnell für 8.000 € eingekauft haben, denn nun müssten Sie bereits 12.000 € für die gleiche Menge Öl bezahlen. Sie haben also einen Opportunitätsgewinn und einen Vermögenszuwachs von 4.000 € erzielt.
>
> Nun kommt aber das entscheidende: der Vermögenszuwachs von 4.000 € macht sich im laufenden Betrieb nicht bemerkbar (wie gesagt lediglich als Opportunität im Vergleich zu einer Bestellung **nach** dem Ölpreisanstieg). Auf den Punkt gebracht wird es durch die 4.000 € Vermögenszuwachs nicht wärmer.
>
> Angenommen, Sie könnten sogar den Vermögenseffekt realisieren, indem Sie Ihre Ölreserven verkaufen und 12.000 € erzielen – aber anschließend würden Sie in einem kalten Haus sitzen.

1096 Zugegebenermaßen handelt es sich hierbei um ein vereinfachtes und plakatives Beispiel. Es kann aber gut als Metapher für den Blick auf die Zinsänderungsrisiken[853] einer Bank in der periodischen und der wertorientierten Betrachtung dienen.

1097 In den vergangenen Jahren war das Zinsniveau stark rückläufig. Hiermit verbunden ergeben sich massive Vermögenszuwächse im Zinsbuch. Doch über

---

853 Weitgehend synonym Spread- und Marktliquiditätsrisiken.

diese gestiegenen Barwerte scheint sich keiner mehr zu freuen – im Gegenteil geht die Angst vor einem anhaltenden Niedrigzinsniveau um[854].

Die gestiegenen Barwerte kündigten also keineswegs steigende Zinsüberschüsse an – sondern im Gegenteil fallende[855]. Freilich – die Barwertgewinne könnten realisiert werden. Doch die Teilnahme am Zinsmarkt ist nahezu untrennbar mit dem Geschäftsmodell einer mittelgroßen Bank oder Sparkasse verbunden. Der Zinsüberschuss macht üblicherweise 80–90 % des Bruttoertrages einer Sparkasse aus. Neben den Margen (die darüber hinaus zumindest auf der Passivseite durch das extreme Niedrigzinsniveau gedrückt werden) finden sich hier auch die risikolosen oder im Sinne der Fristentransformation risikobehafteten Anlagen wieder. Werden die Barwertgewinne realisiert, stellt sich die Frage, in welche Anlageform der Zinsbuchbarwert fließen soll.

1098

Oder anders und mit Bezug auf die gezeigte Metapher gesagt: Der Vermögenszuwachs kann realisiert werden, aber die Sparkasse bleibt anschließend »kalt«.

1099

3. Zinsänderungsrisiko-Effekte anhand einer Beispielbank

3.1. Ausgangssituation

Um die praktischen Auswirkungen eines periodischen oder vermögensorientierten Ansatzes zur Bemessung der Risikotragfähigkeit von Instituten zu beurteilen, sollen die Konsequenzen nun an einem vereinfachten Zahlenbeispiel verdeutlicht werden. Abbildung E – 8 verdeutlicht dieses Beispiel.

1100

Beispielbank Jahr 1	
Forderungen 500 €	500 € Eigenkapital

Abbildung E – 8:   *Bilanz der Beispielbank im Jahr 1*[856]

Dabei sollen die Forderungen exakt zum gleitenden 10 Jahresgeld (in Jahresbändern) angelegt sein, d. h. die nächste auslaufende Festzinstranche (am 31.12.2016) datiert aus dem Jahr 2006 und ist mit einem Zinssatz von rund

1101

---

854   Auch die Aufsicht hat dieses Thema im Fokus. Vgl. *Dombret/Röseler* (2015), S. 1 ff.
855   Vgl. auch *Reuse* (2016.02a), S. 141.
856   Vgl. *Klenner/Tangemann* (2013), S. 221.

4,2 % ausgestattet. Zum gleichen Zeitpunkt werden auch die Zinsen aller weiteren Tranchen gezahlt. Fällig werdende Tranchen werden zu dem am Fälligkeitszeitpunkt gültigen 10 Jahreszins wieder angelegt. Gegebenenfalls bestehende Refinanzierungen werden zum Fälligkeitszeitpunkt zu dem dann gültigen Zinssatz verlängert. Gewinne einer Periode werden komplett zum jeweils gültigen 10 Jahressatz angelegt[857]. Die Summe aus Zins- und Kapitalrückzahlungen ergibt den Cashflow. Dieser besitzt in der Ausgangssituation folgende Form, wie Abbildung E – 9 zeigt.

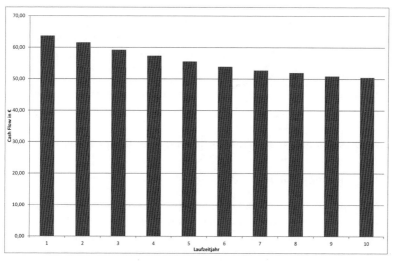

Abbildung E – 9:   *Summencashflow in der Ausgangssituation*[858]

1102   Aus diesem Summencashflow resultieren für 2016 Zinsen in Höhe von 13,70 €. Bewertet mit der Zinsstrukturkurve vom 31.12.2015 ergibt sich ein Barwert in Höhe von ca. 540,40 €[859].

1103   Zunächst ist die Frage zu beantworten, wie sich die Risikotragfähigkeit in dieser Ausgangslage periodisch und vermögensorientiert darstellt. In der vermögensorientierten Welt stehen grundsätzlich 540 € zur Risikoabdeckung zur Verfügung, in der periodischen Welt können Risiken in Höhe von rund 513,70 € durch Ertrag und Eigenkapital gedeckt werden. Welcher Teil des zur Verfügung stehenden Risikokapitals eingesetzt werden soll, ist – unter Be-

---

857   Steuern bleiben in dieser exemplarischen Betrachtung unberücksichtigt.
858   Eigene Darstellung.
859   Gegebenenfalls bestehende negative Zinssätze wurden dabei mit »Null« überschrieben.

rücksichtigung der regulatorischen Rahmenbedingungen – individuell festzulegen.

3.2. Zinsschock + 200 BP

In der Regel werden heute Risiken in der vermögensorientierten Sicht durch eine historische Simulation und periodische Risiken durch eine Szenarioanalyse ermittelt. Um hier einen Gleichlauf und damit eine vergleichende Analyse zu ermöglichen, wird einheitlich ein Zinsschock von 2 % (am folgenden Tag) als Szenario und ein Horizont bis zum 31.12.2016 unterstellt. Die Ausgangssituation stellt sich damit wie folgt dar:

Ansatz		Vermögen	Betriebsergebnis
Ausgangssituation	Wertorientiert	540,40 €	
	Periodisch		13,70 €
Risiko (Differenz) +2 %	Wertorientiert	–52,30 €	
	Periodisch		0,00 €

Tabelle E – 2: Risikotragfähigkeit und Risiko in der Ausgangssituation[860]

Während in der vermögensorientierten Sicht ein nennenswertes Risiko innerhalb einer 1-Jahresfrist ermittelt wird, zeigt sich in diesem Beispiel in der Gewinn- und Verlustrechnung kein Effekt, da am 31.12.2015 (also *vor* dem Zinsschock) die letzte Tranche verlängert wurde und der nächste Cashflow erst wieder auf den 31.12.2016 fällt. Welche Konsequenzen könnten nun aus dieser Situation folgen?

In der vermögensorientierten Sicht müsste ggf. (je nach vorhandener bzw. eingesetzter Risikotragfähigkeit) Risiko abgebaut werden, während sich in der periodischen Sicht keine Handlungsnotwendigkeit ergibt.

3.3. Erweiterung um den Zeitraumgedanken

Untersucht man nun die tatsächliche Entwicklung, die sich in der Gewinn- und Verlustrechnung der folgenden Perioden beobachten lässt, stellt sich das in Abbildung E – 10 dargestellte Bild ein.

---

860 Eigene Darstellung.

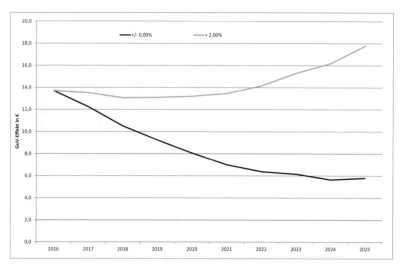

Abbildung E – 10: GuV-Effekt einer ad-hoc Zinssteigerung am Geld- und Kapitalmarkt[861]

1108 Es zeigt sich, dass ein Zinsschock im Ausgangsmodell durch die sukzessive Anlage der fällig werdenden Tranchen auf dem höheren Zinsniveau den in der Gewinn- und Verlustrechnung realisierten Ertrag *steigert*.

1109 Darüber hinaus ist festzuhalten, dass langfristig – anders als durch die derzeit übliche vermögensorientierte Betrachtungsweise suggeriert – auch kein Vermögensrisiko entsteht. Der Wert der Beispielbank nimmt weiter zu, wenn der Betrachtungshorizont erweitert wird[862].

1110 Betrachtet man statt eines 1 Jahreshorizontes z. B. einen 10 Jahreszeitraum, so stellt sich folgendes Bild ein:

---

[861] Eigene Darstellung in Anlehnung an *Klenner/Tangemann* (2013), S. 223.
[862] Cashflows wurden dabei in der vermögensorientierten Sicht mit dem jeweiligen Zinssatz bis zum Betrachtungshorizont aufgezinst. Ähnliche Erkenntnisse finden sich in *Reuse* (2016.02a), S. 140.

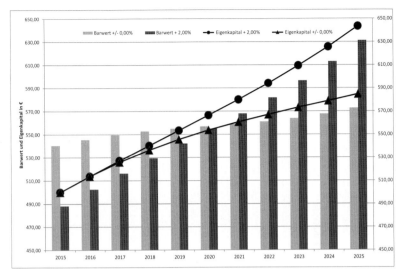

Abbildung E – 11:   EK- und Vermögenseffekt einer Ad-Hoc Zinssteigerung, Horizont 10 Jahre[863]

Abbildung E – 11 zeigt den Vermögens- bzw. Eigenkapitalverlauf, der sich über einen Zeitraum von 10 Jahren einstellt. Es wird deutlich, dass der Kurseffekt in der vermögensorientierten Sicht nach 6 Jahren durch die deutlich höhere Aufzinsung überkompensiert wird. Es zeigt sich ferner, dass auf eine längere Sicht die periodische und die vermögensorientierte Sicht zu ähnlichen, in der Richtung identischen, Ergebnissen kommen.

3.4. Auswirkung bei gehebelten Strukturen

Nun mag man einwenden, dass sich die Verläufe in einer – üblicherweise – gehebelten Struktur vollkommen anders darstellen. Zu diesem Zweck soll hier noch ein weiteres Szenario eingeführt werden: Untersucht wird eine 1,5-fach gehebelte Struktur[864], in der die Zinsen nicht parallel ansteigen.

Ursprung des zugrundeliegenden Szenarios ist eine Vergangenheitsanalyse seit 1995. Der kurzfristige Zins wird auf dieser Basis um 2,7 % Punkte innerhalb von zwei Jahren erhöht, während der langfristige Zinssatz über einen Zeitraum von 5 Jahren um 2,0 % Punkte erhöht wird. Unter Risikogesichtspunkten handelt es sich um ein maximal konservatives Szenario. Es stellt sich folgendes Ergebnis ein:

---

863   Eigene Darstellung in Anlehnung an *Klenner/Tangemann* (2013), S. 222 f. Vgl. auch *Reuse* (2016.02a), S. 140.
864   1,5 x gleitend 10 Jahre – 0,5 x gleitend 1 Monat.

KRITISCHE WÜRDIGUNG VON RTF-KONZEPTIONEN

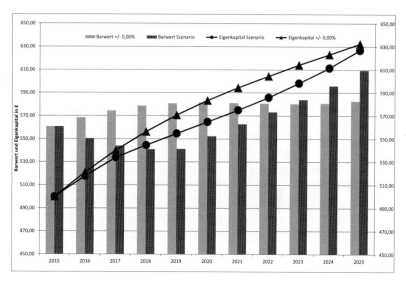

Abbildung E – 12: *EK- und Vermögenseffekt im unterstellten Worst Case Szenario (Hebel 1,5)*[865]

1114 Wie erwartet zeigt sich, dass die Kompensation in der Vermögenssicht einen längeren Zeitraum in Anspruch nimmt (8 Jahre) und auch in der periodischen Sicht die Ergebnisse deutlich hinter denen des Seitwärts-Szenarios liegen. Dies gilt es nun näher zu analysieren und in Bezug auf die Risikotragfähigkeit zu untersuchen. Hierzu sehen wir uns wieder die echten Ergebnisse in der Gewinn- und Verlustrechnung an.

1115 Abbildung E – 13 veranschaulicht die Wirkung in Bezug auf die Risikotragfähigkeit.

---

865 Eigene Darstellung in Anlehnung an *Klenner/Tangemann* (2013), S. 223 f. Vgl. auch *Reuse* (2016.02a), S. 140.

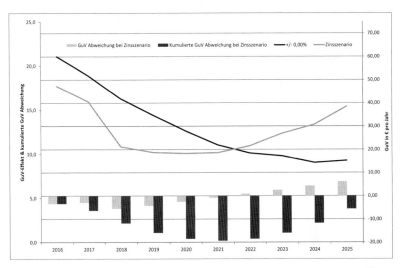

Abbildung E – 13: GuV-Effekt im Zeitablauf (im unterstellten Worst Case Szenario)[866]

Es zeigt sich, dass selbst in diesem Szenario eine differenzierte Würdigung erforderlich ist, es ist nicht per se schlimm. Die Gewinn- und Verlustrechnung ist einige Jahre schlechter als im seitwärts Szenario (6 Jahre), aber langfristig kehrt sich der Effekt wie zuvor um. Unter Risikotragfähigkeitsgesichtspunkten stellt sich für das analysierende Institut die Frage, ob der Minderertrag in jeder einzelnen Periode und der kumulierte Minderertrag getragen werden kann/soll. Ist eine ausreichende Risikotragfähigkeit gegeben, kann eine gehebelte Struktur im Rahmen einer strukturierten Asset Allocation durchaus attraktiv sein, denn schließlich steigen nicht nur die Risiken, sondern ebenfalls die erwarteten Erträge.

Ein Hebel von 1,5 führt zu höheren Erträgen, diese stehen den möglichen Verlusten im Risikofall gegenüber. Die Entscheidung, ob die im Mittel erwarteten zusätzlichen Erträge das zusätzliche Risiko rechtfertigen, muss von jedem Institut individuell getroffen werden. Abbildung E – 14 vergleicht die im unterstellten Szenario zu erwartenden Erträge bei Hebeln von 1,0 und 1,5:

---

866 Eigene Darstellung in Anlehnung an *Klenner/Tangemann* (2013), S. 224 f. Vgl. auch *Reuse* (2016.02a), S. 140–141.

KRITISCHE WÜRDIGUNG VON RTF-KONZEPTIONEN

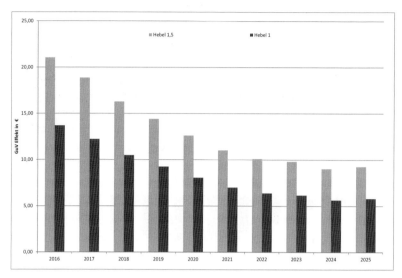

Abbildung E – 14: GuV Effekt unterschiedlicher Hebel[867]

1118 Maßgeblich hierfür ist die gegebene Risikotragfähigkeit. Aus Sicht der Autoren stellt hierbei die kumulierte Abweichung vom Erwartungswert die relevante Größe dar. Bei der Frage der zu unterstellenden Marktzinsveränderungen sollte perspektivisch auch in der GuV-Sicht die Szenarioanalyse durch eine historische Simulation ersetzt werden[868].

1119 *Hinweis:* Die hier getroffenen Aussagen können analog auf das Eingehen von Spreadrisiken übertragen werden, soweit von tatsächlichen Ausfällen abstrahiert werden kann. Hierfür spielt ein sehr granulares Portfolio – ggf. ergänzt um ein striktes Ausstiegsmanagement – eine entscheidende Rolle.

4. Zinsänderungsrisiken: Wie aktuelle Vorschriften zu Fehlsteuerungsimpulsen führen

1120 Ungeachtet der dargestellten Kurzsichtigkeit in der aktuellen Konzeption der Barwerteffekte wird das Thema des barwertigen Zinsänderungsrisikos mit der periodischen Auswirkung auch aufsichtsrechtlich aufgegriffen – sei es in Form von aktuell bereits bestehenden oder sich in der Konsultations- oder Umset-

---

[867] Eigene Darstellung in Anlehnung an *Klenner/Tangemann* (2013), S. 224. Simulation gilt unter der Annahme, dass auch in der Vergangenheit immer schon der jeweils entsprechende Hebel umgesetzt wurde.
[868] Vgl. auch *Reuse* (2012b), S. 286 ff.

zungsphase befindlichen Vorschriften und. Die Folge sind hohe Kapitalbelastungen sowie ggf. entstehende Fehlsteuerungsimpulse.

Vor diesem Hintergrund werden nun einzelne Vorschriften aufgegriffen und kritisch analysiert, wobei auch Alternativvorschläge skizziert werden, um der grundsätzlich gerechtfertigten Intention der Vorschriften – einer Begrenzung von Zinsänderungsrisiken – gerecht zu werden, ohne jedoch Fehlsteuerungsimpulse zu liefern. Kurz gesagt soll dabei eine Trennung zwischen »echten« und »scheinbaren« Zinsänderungsrisiken erfolgen.

4.1. Verlustfreie Bewertung des Bankbuchs

Eine potenzielle immer wichtiger werdende Komponente der periodischen Risikotragfähigkeit sind die Implikationen, die sich aus der verlustfreien Bewertung des Bankbuchs ergeben.[869] Aus Sicht der Verfasser hat die Bewertung des Bankbuchs perspektivisch das Potential, für viele Institute zu einem erheblichen Problem zu werden.

Das grundsätzliche Verfahren wird als bekannt vorausgesetzt. Für die Beispielbank gelte folgendes Szenario: Die Zinsen bleiben drei Jahre auf dem aktuellen Niveau konstant. Im vierten und fünften Jahr steigen die Zinsen jeweils parallel um einen Prozentpunkt an. Im Folgenden wird dargestellt, wie sich dies auf die stillen Reserven im Bankbuch auswirkt.

In der oben dargestellten Ausgangssituation ergibt sich bei einem Hebel von 1 ein Barwert in Höhe von ca. 540 €, bei einem Buchwert der Anlagen in Höhe von 500 € ergeben sich damit 40 € stille Reserven zur Deckung von Risiko- und Verwaltungskosten.

Am Ende des ersten Jahres (31.12.2016) ist der Cashflow mit der dann gültigen Zinsstrukturkurve zu bewerten (unverändert). Es ergibt sich ein leicht gestiegener Barwert in Höhe von rund 545,50 €, demgegenüber steht jedoch ein erhöhter Buchwert (Gewinn aus der ersten Periode in Höhe von rund 13,70 €)[870]. Die zur Deckung zur Verfügung stehenden stillen Reserven reduzieren sich demnach von ca. 40 € auf ca. 32 €. Diese Entwicklung vollzieht sich im folgenden Jahr weiter. Im vierten Jahr tritt schließlich die erste Zinssteigerung ein. Der Barwert sinkt deutlich auf knapp 527 €. Der Buchwert liegt bei rund 536,40 €, d. h. bereits hier liegen keine stillen Reserven mehr vor. Die Entwicklung zeigt Abbildung E – 15:

---

869 Vgl. u. a. *IDW* (2012), diskutiert u. a. in *Reuse* (2013.03), S. 14 ff.; *Reuse* (2013.04), S. 2 ff.
870 In dieser Berechnung sind keine steuerlichen Effekte berücksichtigt.

KRITISCHE WÜRDIGUNG VON RTF-KONZEPTIONEN

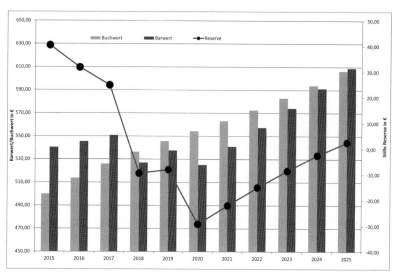

Abbildung E – 15:   *Verlustfreie Bewertung des Bankbuch in der Niedrigzinsphase*[871]

1126   Die Jahre zwischen 2018 und 2024 muss die dargestellte Beispielbank in Abhängigkeit von den weiteren Komponenten wie Risiko- und Verwaltungskosten mehr oder weniger große Drohverlustrückstellungen bilden – und das, obwohl in der GuV (Anschlussgeschäfte unterstellt) **keine** negativen Effekte entstehen. Die tatsächliche Höhe einer potentiellen Drohverlustrückstellung wird neben der Struktur des Zinsbuchs selbstverständlich auch durch die im Kundengeschäft realisierten Margen determiniert. Je größer diese sind, desto höher ist die Chance, den beschriebenen negativen Effekt – zumindest zum Teil – zu kompensieren. Margen im Kundengeschäft sind aber bekanntermaßen in den vergangenen Jahren ebenfalls deutlich rückläufig. Durch das aktuelle Verfahren wird das Institut möglicherweise Zinsrisikopositionen reduzieren und damit die Ertragslage belasten. Hierdurch ergibt sich aber erst die negative Entwicklung, die ohne diesen Anreiz nicht entstanden wäre.

1127   Wie bereits dargestellt wurde, stellen in der Niedrigzinsphase steigende Zinsen kein schlechtes Szenario dar, sondern bringen ganz im Gegenteil die Chance auf eine mittelfristige Verbesserung der Ergebnisse mit sich[872]. Es sei denn, dass das Institut aufgrund der aktuellen Bewertungslogik sein originäres Geschäftsmodell nicht weiterführen kann. Abbildung E – 16 zeigt die echte GuV Entwicklung:

---

871   Eigene Darstellung.
872   Vgl. auch *Reuse* (2016.02a), S. 140.

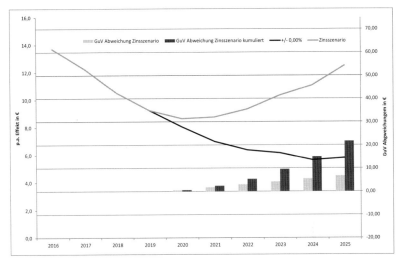

Abbildung E – 16: Verlustfreie Bewertung des Bankbuchs – Realisierte GuV Effekte bei Eintritt des Zinsszenarios[873]

Die Verfechter der aktuellen Systematik wenden nun ein, dass die Bewertung des aktuellen Bestandes im Bankbuch die relevante Grundlage ist[874]. Hierzu sind aus Sicht der Verfasser einige Rahmenbedingungen zu bedenken:

1. Solange eine ausreichende – periodische – Risikotragfähigkeit gegeben ist, steht es dem Institut vollkommen frei, Zinsänderungsrisiken auf dem aktuellen Niveau zu verlängern. Wenn das Geschäftsgebaren in der Vergangenheit dies gezeigt hat und es in der Strategie belegt ist (passive Steuerung), spricht zunächst nichts für eine gegenteilige Annahme. Hierfür spricht aus Sicht der Autoren auch, dass gerade auf die internen Modelle zur Risikosteuerung bei der Bewertung des Bankbuchs abgestellt wird.

2. Die gleiche Annahme kann auf das Kundengeschäft übertragen werden. In der Realität werden Festzinsbindungen im Kreditgeschäft mit einer sehr hohen Wahrscheinlichkeit verlängert (zumal die Kreditverträge z. T. eine Vertragslaufzeit aufweisen, die über die Zinsbindungsfrist hinausgeht). Gleiches gilt für insbesondere variabel verzinsliche Passiva (formal besteht keine Fälligkeit i.e.S.). Falls es keine anderslautenden Erkenntnisse gibt (z. B. erhöhte Verfügungs-/Kündigungsquoten) spricht nichts gegen eine laufende Verlängerung über die angenommenen Zinsabläufe hinaus. Dies würde sicherlich bei einer Be-

---

873 Eigene Darstellung.
874 Vgl. *Scharpf/Schaber* (2011), S. 743.

wertung des Institutes z. B. bei einem Übernahmeangebot berücksichtigt werden, findet in der aktuellen Vorgehensweise bei der Ermittlung des Barwertes der Bank jedoch keine Berücksichtigung.

3. Im Rahmen der verlustfreien Bewertung wird – implizit – ein Verkauf des Bankbuchs unterstellt[875]. Dies entspricht nicht der Realität, das Bankbuch ist **das zentrale Kerngeschäft** der Institute und dient – in seiner Gesamtheit – dem langfristigen Geschäftserfolg der Bank. Eine Bewertung zum so ermittelten Marktwert verkennt damit den langfristigen Bewertungshorizont, welcher der tatsächlichen Praxis der Institute entspricht. Wird ein längerer Betrachtungshorizont zugrunde gelegt, relativieren sich die anfänglichen Barwerteffekte wie geschildert im Zeitablauf deutlich.

1129 Aus Sicht der Autoren ist damit vor dem geschilderten Hintergrund die Bildung einer Drohverlustrückstellung nur sachgerecht, wenn eine nicht ausreichende periodische Risikotragfähigkeit ein Durchhalten der Positionen auf Dauer nicht gewährleistet. Falls aber ein Durchhalten gewährleistet ist, sollte der Betrachtungshorizont im Sinne einer inhaltlich vergleichbaren vorübergehenden Wertänderung ausgeweitet werden. Voraussetzung ist eine Going-Concern-Betrachtung in der periodischen Risikotragfähigkeit.

4.2. Unterlegung von Zinsänderungsrisiken mit Eigenmitteln

1130 Eine in der jüngeren Vergangenheit zunehmende Diskussion betrifft die Unterlegung von Zinsänderungsrisiken mit Eigenmitteln. Seit einiger Zeit (Prüfkriterium[876]) wurde von der Bankenaufsicht eine mittelbare Eigenmittelbindung berechnet, um Institute mit einem erhöhten Zinsänderungsrisiko zu identifizieren und einer besonderen Beobachtung zuzuführen. Mit der aktuellen Diskussion um eine harte Eigenmittelunterlegung in Säule I würde sich die Situation für die Institute in zweifacher Hinsicht verschärfen: erstens handelt es sich dann nicht mehr um einen ersten Indikator (der weitere Prüfungen nur auslöst) und zweitens führt dies wie bei Adressen- und operationellen Risiken zu einer faktischen Doppelbelegung von Eigenmitteln in Säule I und Säule II. Insbesondere das vermögensorientierte Vorgehen mit einem 200 Basispunkte over-night Zinsschock führt dabei zu einer sehr hohen Eigenmittelbelastung, die – wie die Ausführungen gezeigt haben – für die GuV der Institute nicht zwingend eine praktische Relevanz besitzen.

---

[875] Vgl. *Scharpf/Schaber* (2011), S. 745.
[876] Vgl. *Wegner/Sievi/Goebel* (2011), S. 486 ff.

Im Folgenden wird ein Verfahren dargestellt, das zum einen den berechtigten Anforderungen nach einer Begrenzung von Zinsänderungsrisiken Rechnung trägt, zum anderen aber die Effekte, die sich dann wirklich in der GuV materialisieren, einbezieht. Die obigen Ausführungen haben gezeigt, dass: 1131

1. ein plötzlicher Zinsanstieg für die Institute nicht per se schlecht ist,
2. dass die ermittelten Effekte vor allem eine Funktion des Betrachtungshorizontes sind,
3. der Umfang in dem sich die Ergebnisse aus einem plötzlichen Anstieg der Bewertungszinsen in der GuV niederschlagen, vom Umfang des eingegangenen Zinsänderungsrisikos und
4. der Eintritt von einer gegebenen oder nicht gegebenen Risikotragfähigkeit abhängt.

Um den vorgetragenen Erkenntnissen Rechnung zu tragen, wird eine **Erweiterung des Betrachtungshorizontes** bei der Eigenmittelunterlegung von Zinsänderungsrisiken vorgeschlagen. Er sollte in Kongruenz zum bereits etablierten und aufsichtlich auch geforderten mehrjährigen Planungshorizont[877] festgelegt werden. Konkret bedeutet dies, dass bei der Ermittlung des Zinsänderungsrisikos ein Horizont von 5 Jahren zugrunde gelegt werden sollte. 1132

Dies entspricht zum einen der üblicherweise langfristigen geschäftlichen Ausrichtung der Banken (in Verbindung mit dem Going-Concern-Prinzip), zum anderen wird die Kongruenz der Systeme erhöht und schließlich werden systematische Fehlsteuerungen vermieden. Daneben kann das grundsätzliche Verfahren der vermögensorientierten Risikoermittlung beibehalten werden. 1133

Bei der Umsetzung dieses Ansatzes führen die nach Eintritt des Zinsschocks gestiegenen Zinsen am Geld- und Kapitalmarktzinsen zu einer höheren Aufzinsung der Cashflows auf den Betrachtungshorizont. Damit wird das ausgewiesene Risiko deutlich geringer. Abbildung E – 17 verdeutlicht die Zusammenhänge bei einem Hebel von 1: 1134

---

[877] Vgl. u. a. *BaFin* (2012.12b), AT 4.1, Tz. 9; *Dombret/Röseler* (2015), S. 1 ff.

KRITISCHE WÜRDIGUNG VON RTF-KONZEPTIONEN

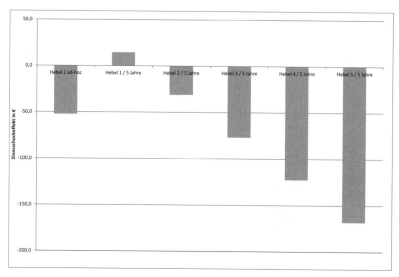

Abbildung E – 17: *Zinsschockeffekt in Bezug auf Laufzeit und Hebel*[878]

1135 Die Grafik zeigt deutlich, dass die auf diese Weise vorgenommene Risikoermittlung zu anderen Ergebnissen führt. Bezogen auf den Betrachtungshorizont von 5 Jahren liefert ein Zinsbuchhebel zwischen 2 und 3 ähnliche Ergebnisse wie ein Hebel von 1 beim aktuellen Verfahren. Würde dieses Verfahren zur Eigenmittelunterlegung angewendet, würden sich nennenswerte Entlastungen ergeben; dennoch ist eine Risikobegrenzung weiterhin gegeben (und auch sinnvoll).

1136 Aus Sicht der Autoren ist die dargestellte Methode zur Risikomessung ohne eine ergänzende Betrachtung der Gewinn- und Verlustrechnung nicht vollständig. Dies wird wie folgt hergeleitet: Der Verlängerung des Betrachtungshorizontes liegt die Prämisse zugrunde, dass es sich beim zinstragenden Geschäft um langfristiges Geschäft handelt (siehe oben), bei dem eine Durchhalteabsicht gegeben ist. Dies unterstellt, muss nun noch die Durchhaltefähigkeit bewiesen werden. Das kann aus Sicht der Autoren mit Hilfe der ohnehin anzustellenden Kapitalplanung erfolgen.

1137 Wenn das dargestellte Zinsszenario im Kapitalplanungsprozess dazu führt, dass die periodische Risikotragfähigkeit nicht mehr gegeben ist, kann die Position nicht langfristig durchgehalten werden. In diesem Fall kann die Durchhaltefähigkeit nicht dokumentiert werden, d. h. ein verlängerter Betrachtungsho-

---

878 Eigene Darstellung.

rizont scheidet (zumindest beim aktuellen Umfang des Zinsänderungsrisikos) dann aus. Die Zinsrisikoposition ist entsprechend zu reduzieren.

Das Vorgehen wird zunächst für einen Hebel von 1,5 dargestellt. Wäre ein Institut schon immer in diesem Umfang in Zinsrisikopositionen engagiert, dann ergibt sich folgendes Bild[879]:

1138

Zinsüberschuss	2016	2017	2018	2019	2020
vor Zinsschock	21,1 €	18,9 €	16,3 €	14,4 €	12,6 €
nach Zinsschock	16,1 €	15,6 €	14,8 €	14,7 €	14,8 €
Abweichung	–5,0 €	–3,3 €	–1,5 €	+0,3 €	+2,2 €
Abweichung kumuliert	–5,0 €	–8,3 €	–9,8 €	–9,5 €	–7,3 €

Tabelle E – 3: Auswirkungen auf den Kapitalplanungsprozess[880]

Es zeigt sich zunächst, dass der Zinsüberschuss vor Zinsschock in 2016 aufgrund des höheren Hebels auch höher als im Ausgangsbeispiel ist (21,10 € statt 13,70 €). Durchgehalten werden kann diese Position aber nur dann, wenn im Kapitalplanungsprozess eine Abweichung von der Planung (seitwärts) getragen werden kann, die in der Spitze bei –9,80 € liegt. Besitzt das Institut die Fähigkeit, diese –9,80 € durch freies – nicht im Kapitalplanungsprozess benötigtes – Risikokapital zu decken, spricht nichts dagegen, dass die Position durchgehalten werden kann. Die höheren Erträge ab 2019 führen dann gegenüber der Ausgangsposition zu einer sukzessiv besseren Position des Institutes. Können die –9,80 € nicht verkraftet werden, darf diese Zinsrisikoposition nicht eingegangen/beibehalten werden. Damit kann dann aber der positive Ertragszuwachs in 2020 (Zinsüberschuss 14,80 € nach Zinsschock im Vergleich zu 12,60 € vor Zinsschock) nicht realisiert werden.

1139

Maßgeblich für die Bemessung einer gegebenen Risikotragfähigkeit ist aus Sicht der Autoren der Maximalwert innerhalb der 5 Jahresperiode und nicht der Wert am Ende der 5 Jahren, denn relevant ist der Entwicklungspfad oder anders ausgedrückt: wenn man nicht jeden Teil des Weges übersteht, kommt man nicht an.

1140

---

879 Betrachtet werden hier (in Anlehnung an die Beispielbank) lediglich die Auswirkungen auf den Zinsüberschuss. Im Regelfall ergeben sich weitere Auswirkungen auf das Bewertungsergebnis aus Wertpapieren, das entsprechend zusätzlich zu berücksichtigen ist.
880 Eigene Darstellung.

KRITISCHE WÜRDIGUNG VON RTF-KONZEPTIONEN

1141 Die Abbildung E – 18 zeigt, wie sich die Zusammenhänge für unterschiedliche Hebel darstellen:

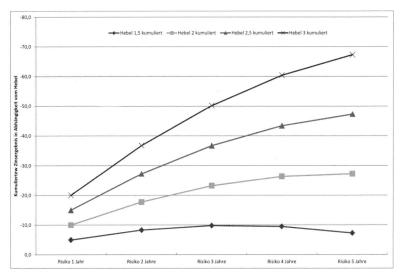

Abbildung E – 18:   *Belastungen im Kapitalplanungsprozess bei unterschiedlichen Zinsbuchhebeln*[881]

1142 Es zeigt sich in dieser Auswertung erwartungsgemäß, dass mit ansteigendem Hebel auch das reservierte Kapital deutlich ansteigt. Weist das Zinsbuch einen Hebel von 3 auf, sind rund 67 € Risikokapital zu binden. Ist dies jedoch möglich, kann das Institut von den positiven Effekten partizipieren, denn zum einen werden mit einem Zinsbuchhebel von 3 bei dauerhafter Positionierung im Mittel natürlich deutlich höhere Erträge erwirtschaftet (in 2016 im Beispiel 43,20 € statt 13,70 €) und zum anderen tritt auch hier im Zeitablauf eine positive Entwicklung im Vergleich zum Ausgangsszenario (vor Zinsschock ein). Aufgrund der relativ hohen Hebelung dauert dies jedoch statt der 4 Jahre (2015–2019) bei einem Hebel von 1,5 in diesem Fall rund 7 Jahre[882].

1143 Dies zeigt, dass die kumulierten Verluste (gegenüber dem Ausgangsszenario) bei hohen Fristentransformations-Positionen mitunter erst *nach* dem vorgeschlagenen Beobachtungszeitraum (5 Jahre) ihr Maximum erreichen. Insofern mag es in diesen – in der Praxis eher selten anzutreffenden – Fällen nicht ausreichen, die GuV-Effekte bis zum fünften Jahr darzustellen. Hier könnte mit einem pauschalierten Zuschlag gearbeitet werden. Sicher ist aber dennoch,

---

881   Eigene Darstellung.
882   In Abbildung E – 18 nicht mehr dargestellt.

dass steigende Zinsen zu dem beschriebenen Effekt führen, d. h. im Zeitablauf stellt sich bei **jedem** Zinsbuchhebel die präsentierte Vorteilhaftigkeit ein, spätestens nach 10 Jahren (bei einer Benchmark im gleitenden 10 Jahresgeld). Es verschiebt sich lediglich der Zeitpunkt, zu dem dies geschieht. Eine Simulation extremer Zinsbuchhebel (2,0 bis 15,0) zeigt für die kumulierten Verluste folgende Relationen:

Hebel	2,0	3,0	5,0	10,0	15,0
max. kumulierter Verlust	–27 €	–71 €	–172 €	–439 €	–709 €
in den ersten 5 Jahren	100 %	95 %	86 %	79 %	77 %
in den zweiten 5 Jahren	0 %	5 %	14 %	21 %	23 %

Tabelle E – 4: Auswirkungen auf den Kapitalplanungsprozess als negative Abweichung (Verlust)[883]

Es wird deutlich, dass mit einem einfachen pauschalierten Zuschlag von 25 % auf die benötigte periodische Risikotragfähigkeit bei extremen Zinsbuchhebeln auch diesem Umstand ausreichend Rechnung getragen werden könnte.

Aus Sicht der Autoren stellt das aufgezeigte Verfahren einen Ansatzpunkt dar, die geschilderten Fehlsteuerungen im Zusammenhang mit einer möglichen Eigenkapitalunterlegung von Zinsänderungsrisiken deutlich zu reduzieren und gleichzeitig ein überbordendes Eingehen von Zinsänderungsrisiken zu verhindern. Unstrittig ist, dass es – gerade im aktuellen Niedrigzinsumfeld – vermieden muss, dass Zinsänderungsrisiken als Überlebensstrategie eingegangen werden, wenn in den sonstigen Märkten keine Renditen mehr zu erwirtschaften sind[884]. Dies ist auch vor dem Hintergrund des möglichen Opportunitätsverlustes nicht anzustreben. Denn auch, wenn sich bei Zinssteigerungen auf lange Sicht (bei positiver Fristentransformation und einer nicht inversen Kurve) immer positive Abweichungen im Vergleich zu einem gleichbleibenden Zinsniveau einstellen, dauert es bis zu diesem Effekt je nach Maß der Fristentransformation mitunter viele Jahre. Die Überschüsse können während dieses Zeitraums massiv unter denjenigen liegen, die sich bei weniger gehebelten Strukturen ergeben hätten.

---

883 Eigene Darstellung.
884 Allerdings wird auch das weitere Eingehen von Zinsänderungsrisiken auf dem aktuellen Niveau immer unattraktiver: Der Spread zwischen 5 Jahresgeld und 1 Monats-Euribor liegt aktuell bei rund 0,5 % Punkte. Der Zusatzertrag ist also weitaus geringer, als er bei einer dauerhaften Positionierung gewesen wäre.

1146 Die oben dargestellte Tabelle zeigt aber, dass die kumulierten Abweichungen zum Erwartungswert im Kapitalplanungsprozess sehr schnell Dimensionen annehmen können, die auch für kapitalstarke Institute nicht durchhaltbar sind. Insofern wären überbordende Zinsrisikopositionen nicht zu erwarten; es wird weiterhin eine Begrenzung der Zinsänderungsrisiken erreicht – die sich aber jetzt an den tatsächlichen wirtschaftlichen Auswirkungen über den Zeitraum des Kapitalplanungsprozesses hinweg beziehen.

1147 Insbesondere könnte dann auch das Szenario −200 Basispunkte (je nach Positionierung des Instituts) wieder praktische Relevanz besitzen und mitunter ein größeres Risiko aufweisen als das Szenario +200 Basispunkte[885]. Auch dies ist aus Sicht der Autoren nur folgerichtig, denn ein solches Szenario belastet seit einigen Jahren die Ertragslage der Banken nachhaltig und wird dies auch in Zukunft tun.

4.3. Konsultation zur MaRisk 6.0-E[886]

1148 In der aktuell (Stand 02/2016) in Konsultation befindlichen Novelle plant die Aufsicht folgende Anpassung des BTR 2.3 Tz. 6: Bei der Bestimmung von Zinsänderungsrisiken kann auf die Auswirkungen von Zinsänderungen auf das handelsrechtliche Ergebnis des Instituts oder die Markt- beziehungsweise Barwerte der betroffenen Positionen als primär steuerungsrelevantes Verfahren abgestellt werden. Die Auswirkungen aus der jeweils anderen Steuerungsperspektive sind angemessen zu berücksichtigen. Sofern sich hieraus weitergehende Zinsänderungsrisiken im bedeutenden Umfang ergeben, ist diesen im Rahmen der Risikosteuerungs- und -controllingprozesse sowie bei der Beurteilung der Risikotragfähigkeit Rechnung zu tragen. Bei einer Bestimmung über die Auswirkungen auf das handelsrechtliche Ergebnis ist eine angemessene Betrachtung über den Bilanzstichtag hinaus erforderlich.

1149 Auch hier findet sich also das Thema Barwert vs. GuV wieder. Die MaRisk 6.0-E verschärfen (in der Konsultation) die Formulierung dahingehend, dass kein simples Wahlrecht mehr zwischen den Perspektiven besteht, sondern dass beide Perspektiven zu beleuchten und (auch in der Risikotragfähigkeit) angemessen zu berücksichtigen sind[887]. Gerade Instituten mit lediglich einem periodischen Steuerungskreis droht hier Ungemach, denn wie gezeigt worden ist, sind die barwertigen Zinsänderungsrisiken ungleich höher als die periodi-

---

885 Vgl. auch *Reuse* (2016.02a), S. 140 f.
886 Vgl. *BaFin* (2016.02a) und *BaFin* (2016.02b), kritisch diskutiert in *Reuse* (2016.02b), S. 1 ff.
887 Ebenfalls kritisch diskutiert in *Reuse* (2016.02b), S. 5.

schen. Die Frage ist dann, wie der eher allgemein formulierte MaRisk-Text in der Prüfungspraxis interpretiert wird:

- Wörtlich genommen kann der oben zitierten Formulierung zunächst einmal nur zugestimmt werden! Selbstverständlich ist es wichtig, sich der Effekte in beiden Perspektiven bewusst zu sein und diese angemessen zu berücksichtigen. Hier steht die Textziffer in einer Reihe mit vielen anderen, die – zugegebenermaßen auch aufgrund ihrer allgemeinen Formulierung – absolut nachvollziehbar und sinnvoll sind.

- Wird der Text allerdings dahingehend ausgelegt, dass die (ungleich höheren) barwertigen Risiken auch in der periodischen Risikotragfähigkeit mit Kapital unterlegt werden müssen, führt dies zum erläuterten Fehlsteuerungsimpuls: ein Szenario, das (je nach Hebelung direkt oder mit Zeitverzögerung) zu positiven GuV-Effekten führt, ist mit Risikokapital zu unterlegen.

Bezugnehmend auf die in den vorangegangenen Abschnitten dargelegten Argumente schlagen wir hier jedoch neben einer qualitativen Beurteilung eine mehrjährige GuV-Simulation vor, in der die Auswirkungen von Zinsänderungen über einen entsprechend langen Zeitraum (5 Jahre) als Abweichung vom im Kapitalplanungsprozess angenommenen GuV-Ergebnis dargestellt werden. Die kumulierten Effekte könnten dann – sofern sie höher sind als die im laufenden Jahr als Risiko ausgewiesenen – n der Risikotragfähigkeit mit Kapital unterlegt werden. Dies würde in den meisten Fällen ebenfalls zu einer – dann auch angemessenen – Mehrbelastung führen. Die Belastung wäre aber insbesondere bei komplett oder nahezu ungehebelten Instituten deutlich niedriger als bei kompletter Unterlegung des barwertigen Zinsänderungsrisikos.

5. Fazit und Ausblick

In der Fachwelt läuft die Diskussion über die richtige Sichtweise auf die Risiken einer Bank – barwertig oder GuV-orientiert? – auf Hochtouren. Dabei wird häufig verkannt, dass die Zusammenhänge komplexer und weniger eindeutig sind als vielleicht vermutet. Insbesondere unterscheiden sich die Steuerungsimpulse je nach Risikoart. So wurde gezeigt, dass sich insbesondere für Zinsänderungsrisiken – aber vergleichbar auch für Spread- und Marktliquiditätsrisiken – die Effekte nur auf der Zeitachse sinnvoll darstellen lassen.

Risiko ist eine Funktion des Betrachtungshorizontes. Diese für Risikosteuerer banale Aussage wird allerdings in der in ihrer heutigen Ausprägung kurzsichtigen barwertigen Betrachtung von Zinsänderungsrisiken verkannt. Denn Risiken steigen nicht zwingend mit einem längeren Betrachtungshorizont, sie können auch fallen: so hat eine 5-jährige Bundesanleihe ein hohes overnight-Zinsschockrisiko, auf einen 5-Jahreszeitraum besteht allerdings gar kein Zinsänderungsrisiko. Umgekehrt ist eine komplett variable Position in der heutigen Barwertsicht risikolos – auf längere Sicht ist diese Position jedoch (sowohl GuV-orientiert als auch barwertig) sehr riskant, da das Institut dann unmittelbar von Marktzinsveränderungen tangiert wird, sofern es – wie anzunehmen ist – nachhaltig am Zinsmarkt investiert bleibt.

1153 Seit langer Zeit liegt der Fokus der Zinsrisikomessung auf den *Gefahren steigender Zinsen*, da im Sinne der barwertigen Betrachtung dann ad-hoc Wertverluste eintreten. Die in den letzten Jahren *stark gesunkenen Zinsen* bzw. das anhaltende Niedrigzinsniveau müssten demnach positiv sein, da die Barwerte der Institute deutlich zugelegt haben. Hierbei werden jedoch die langfristigen, oben beschriebenen Aufhol-Effekte im Zeitablauf außer Acht gelassen, welche die anfängliche ad-hoc-Wertentwicklung langfristig überkompensieren. Und so geht aktuell die Angst vor einem weiter anhaltenden Niedrig- oder Negativzinsniveau um: die gestiegenen Barwerte haben sinkende GuV-Ergebnisse angekündigt und nicht umgekehrt. Dies zeigt sich aber erst im Zeitablauf: bei einer längerfristigen GuV-Betrachtung wie bei einer längerfristigen Barwertbetrachtung sind die Effekte sichtbar und zeigen dann wieder in die gleiche Richtung.

1154 Vor diesem Hintergrund wird für eine Überarbeitung des Barwertkonzeptes plädiert, um gegebenenfalls resultierende Fehlsteuerungsimpulse zu verhindern.

1155 Dies betrifft sowohl die internen Steuerungsinstrumente als auch die rechtlichen Vorgaben, die sich am derzeitigen Barwertkonzept orientieren: Die verlustfreie Bewertung des Bankbuchs beispielsweise zeigt momentan keine Gefahr an, obwohl die GuV-Ergebnisse der Zukunft durch die Zinsentwicklung erheblich unter Druck geraten sind. Sie kann aber ggf. genau dann zu Drohverlustrückstellungen führen, wenn sich die Aussichten wieder verbessert haben.

1156 Ähnlich verhält es sich mit den geplanten Eigenmittelunterlegungen für barwertige Zinsänderungsrisiken: auch für eine ungehebelte Struktur[888], die – wie gezeigt wurde – bei einem Zinsanstieg von 200 Basispunkten in der GuV-Sicht überhaupt keine und in der Barwertsicht nur kurzfristig negative Effekte nach sich zieht, wäre ein hoher Betrag an Eigenmitteln vorzuhalten.

---

888 1,0 x gleitend 10 Jahre.

Die Aufsicht ist an einer nachhaltigen Risikosteuerung und Geschäftsausrichtung interessiert, dies zeigen auch die Bemühungen, den in der Risikosteuerung betrachteten Zeitraum beispielsweise durch den geforderten Kapitalplanungsprozess zu erweitern. Insofern stellt die maximal kurzfristige Betrachtung eines overnight-Zinsschocks aus Sicht der Autoren kein adäquates Maß für die Eigenmittelunterlegung von Zinsänderungsrisiken dar. Dennoch ist es sinnvoll, das Maß der Zinsänderungsrisiken zu begrenzen und hierfür entsprechendes Risikokapital zu binden. Dies sollte jedoch anhand einer Ausweitung des betrachteten Risikohorizontes erfolgen – vorgeschlagen wurde hier ein Zeitraum von 5 Jahren. Nebenbedingung hierfür ist, dass die (kumulierten) eintretenden GuV-Verluste innerhalb dieses Zeitraums im Sinne eines Fortführungsansatzes für das Institut tragbar sind, was auf Basis des Kapitalplanungsprozesses überprüft werden kann. 1157

Für eine umfassende Anpassung des Risikosteuerungskonzeptes sind indes noch weitere Überlegungen anzustellen; beispielsweise sind Unterschiede bei der Betrachtung von Zinsbuch-Hebel und Gesamtbank-Hebel herauszuarbeiten. Entscheidend sind sicherlich darüber hinaus die weiteren Entwicklungen der aufsichtsrechtlichen Rahmenbedingungen – hier sind insbesondere die konkreten Umsetzungen der SREP-Guidelines zu nennen[889]. 1158

Ihre Auslegungen und die daraus abgeleiteten Anforderungen haben wesentliche Auswirkungen auf die Geschäftsmodelle der Institute. Insofern ist eine weitere Diskussion über die Zusammenhänge und Wirkungsweisen beider Sichtweisen im Zeitablauf aus Sicht der Autoren zwingend notwendig. 1159

---

[889] Vgl. Kapitel B.II.

III. Risikotragfähigkeit im Kontext der Asset Allocation[890]

1. Einleitung

1160 Bereits in Kapitel D.VIII. dieses Buches werden die Beziehung zwischen der Risikotragfähigkeitsrechnung und der Asset Allocation eines Kreditinstituts aufgezeigt und die Verknüpfung dieser beiden erst einmal unabhängig nebeneinander stehenden Betrachtungen dargestellt. Unabhängig erscheinen diese Themenbereiche zunächst, da es sich bei der Asset Allocation um einen Optimierungsprozess handelt, der das Ziel einer effizienten Portfoliostruktur verfolgt[891], um möglichst die Portfoliorendite zu steigern, während die Risikotragfähigkeitsrechnung die reine Darstellung und Limitierung der Portfoliorisiken auf Basis des vorhandenen Risikodeckungspotenzials zum Inhalt hat[892]. Unabdingbar miteinander verknüpft sind beide Ansätze, weil Ertrag und Risiko untrennbar zusammen gehören[893] und sich die Wechselwirkungen, die zwischen Anlageklassen oder zwischen Finanzinstrumenten innerhalb einer Anlageklasse bestehen und die Möglichkeit einer Portfoliooptimierung überhaupt erst eröffnen, auch im Gesamtrisikoprofil niederschlagen. Diese Wechselwirkungen führen dazu, dass das Risiko eines aus mehreren Vermögensgegenständen bestehenden Portfolios niedriger ist als die Summe der Einzelrisiken[894]. Mathematisch werden diese wechselseitigen Beziehungen mit dem statistischen Maß der Korrelation ausgedrückt[895]. Ein effizientes Portfolio wird also stets mehrere Vermögensbestandteile umfassen und mit einer Aufteilung des Anlagekapitals verbunden sein[896]. Eine solche Diversifikation führt regelmäßig zu einem besseren Chance-Risiko-Profil als die Fokussierung auf eine einzige Anlagemöglichkeit. Rendite und Risiko bedingen sich also gegenseitig und es wird deutlich, dass die Asset Allocation und die Risikotragfähigkeitsrechnung bei näherer Betrachtung sehr ähnliche Fragestellungen zum Gegenstand haben[897]: Während die Asset Allocation das Ziel einer optimalen Aufteilung des Anlagekapitals auf verschiedene Investitionsmöglichkeiten verfolgt, geht es im Rahmen der Analysen zur Risikotragfähigkeit um eine

---

890 Autor: **Marcus Wilhelm**. Die Ausführungen geben die persönliche Auffassung des Autors wieder.
891 Vgl. *Spindler* (2001), S. 148.
892 Vgl. *Hofmann* (2015), S. 207.
893 Gemeinsam mit der weiteren Dimension Liquidität ergibt sich das Magische Dreieck der Kapitalanlage, vgl. *Steiner/Bruns* (1996), S. 50.
894 Vgl. *Sievi/Wegner/Freundorfer* (2011), S. 363.
895 Vgl. *Eller/Dreesbach* (1997), S. 198.
896 Vgl. *Papenbrock* (2016), S. 1.
897 Vgl. *Oriwol/Theiler* (2014), S. 1.

geeignete und sachgerechte Aufteilung des Risikokapitals auf die im Rahmen der Risikoinventur identifizierten Risikoarten und die entsprechende Limitierung. Diese Nähe kommt auch darin zum Ausdruck, dass die in der Sparkassen-Finanzgruppe genutzte Softwareunterstützung für diese beiden Punkte in einer Anwendung gebündelt ist. Das Modul S-KARISMA zur Optimierung der Kapitalallokation und das Modul S-RTF zur Ermittlung der Risikotragfähigkeit werden als ein Softwarepaket ausgeliefert. Dabei stehen die Module nicht unabhängig nebeneinander, sondern nutzen gemeinsam in der Software programmierte Dialoge und Funktionen und greifen in Teilen auf die gleichen Daten zu, die dementsprechend nur einmal zu erfassen sind[898].

Wie bereits in Kapitel D.VIII. aufgezeigt, besteht trotz der grundsätzlich ähnlichen Fragestellung ein wesentlicher Unterschied jedoch darin, dass im Zuge einer Asset Allocation uneingeschränkt die am Kapitalmarkt beobachtbaren Korrelationen zur Anwendung kommen können, während die Bankenaufsicht der Verwendung von Korrelationen kritisch gegenüber steht und hohe Anforderungen an die Berücksichtigung von Diversifikationseffekten in der Risikotragfähigkeitsrechnung stellt[899]. Dementsprechend ist in Kapitel D.VIII. der Anspruch formuliert, dass eine auf Basis von Korrelationen ermittelte Asset Allocation auch in einer auf addierten Risiken basierenden Risikotragfähigkeitsrechnung darstellbar sein sollte[900]. In diesem Kapitel sollen diese Gedanken weiter vertieft und der Frage nachgegangen werden, ob und wie in der Praxis ein sinnvolles Zusammenspiel beider Sichtweisen möglich ist. Aufgrund der zentralen Bedeutung der Korrelationen als unabdingbare Voraussetzung für den Diversifikationseffekt[901] werden zunächst ausgewählte Aspekte hierzu vertieft, bevor die Möglichkeit einer praktischen Umsetzung unter Verwendung des Finanzinstruments Spezialfonds erörtert wird. Abschließend wird ein praktischer Ansatz zur Durchführung einer Asset Allocation vorgestellt. 1161

Dabei sind im Zusammenhang mit Begriffen wie Diversifikation, Korrelation, o. ä. stets die Wechselwirkungen zwischen verschiedenen Anlageklassen (wie beispielsweise Aktien, Renten, Immobilien, Rohstoffen, etc.) im Sinne einer strategischen Asset Allocation gemeint und nicht die innerhalb einzelner Segmente zu beobachtenden Abhängigkeiten im Sinne einer taktischen Asset Allocation. 1162

---

898 Vgl. *DSGV* (2015), S. 6 f.
899 Vgl. Kapitel D.VIII., Abschnitt 2.2.
900 Vgl. Kapitel D.VIII., Abschnitt 4.1.
901 Vgl. *Steiner/Bruns* (1996), S. 88.

1163 Denn Diversifikationseffekte lassen sich auf verschiedenen Ebenen realisieren, weshalb bei der Asset Allocation zwischen der strategischen Asset Allocation und der taktischen Asset Allocation unterschieden wird[902]: Die strategische Asset Allocation beschäftigt sich mit der Frage der grundsätzlichen Zusammenstellung und der langfristigen Ausrichtung eines Portfolios auf Basis ganzer Anlageklassen[903], während es bei der taktischen Asset Allocation um die kurzfristige Anlagepolitik innerhalb der im Rahmen der strategischen Asset Allocation definierten Anlageklassen geht: Im Rahmen der taktischen Asset Allocation soll entweder ein Mehrertrag durch das kurzfristige Ausnutzen von Chancen an den Finanzmärkten in Form von Über- oder Untergewichtungen einzelner Marktsegmente oder Titel generiert werden[904] oder durch eine Streuung des Investitionskapitals über beispielsweise Laufzeiten, Länder, Branchen, Emittenten oder ähnliche Kriterien auch auf dieser Ebene eine Diversifikation erreicht werden[905]. Mit Blick auf den Erfolg des Portfolios kommt dabei der strategischen Asset Allocation die gewichtigere Bedeutung zu, da sie den Anlageerfolg maßgeblich determiniert, während der Erfolgsbeitrag der taktischen Asset Allocation vergleichsweise gering ausfällt[906].

2. Korrelation – Ausgewählte Aspekte

2.1. Definition

1164 Korrelationen messen den statistischen Zusammenhang zwischen zwei Variablen. Im Rahmen der strategischen Asset Allocation handelt es sich dabei um zwei Anlageklassen. In Abgrenzung zur Kovarianz, einem weiteren Maß für den Zusammenhang zweier Variablen, dessen Werte jedoch beliebig hoch ausfallen können mit entsprechend geringer Aussagekraft, handelt es sich bei der Korrelation ein normiertes Maß, dessen Ausprägung Rückschlüsse auf die Qualität des Zusammenhangs erlaubt[907].

1165 Im Rahmen eines umfassenden Asset Allocation-Prozesses ist für alle Paare aus den im Rahmen der Optimierung zur Verfügung stehenden Anlageklassen die Bestimmung eines Korrelationswerts erforderlich[908]. Um später gezielt auf die problematischen Aspekte im Rahmen der praktischen Anwendung von

---

902 Vgl. *Steiner/Bruns* (1996), S. 88.
903 Vgl. *Steiner/Bruns* (1996), S. 89.
904 Vgl. *Theiler/Dersch* (2011), S. 3.
905 Vgl. *Steiner/Bruns* (1996), S. 107.
906 Vgl. *Schlienkamp* (1998), S. 333.
907 Vgl. *Steiner/Bruns* (1996), S. 68.
908 Vgl. *Sievi/Wegner/Freundorfer* (2011), S. 518.

Korrelationen eingehen zu können, ist die mathematische Darstellung der Korrelation hilfreich. Wie in Abbildung E – 19 dargestellt, ergibt sich die Korrelation rechnerisch als Quotient aus der Kovarianz der beiden betrachteten Variablen und dem Produkt der zugehörigen einzelnen Standardabweichungen. Um die Abhängigkeit von Finanzinstrumenten vergleichen zu können, bilden die jeweiligen Wertänderungen die zu analysierenden Variablen[909].

$$r_{(x,y)} = \frac{\sum_{i=1}^{n}(x_i - \bar{x}) \times (y_i - \bar{y})}{\sqrt{\sum_{i=1}^{n}\left(x_i - \bar{x}\right)^2} \times \sqrt{\sum_{i=1}^{n}\left(y_i - \bar{y}\right)^2}}$$

mit

$r_{(x,y)}$ = Korrelationskoeffizient für die Variablen x und y

x_i = Merkmalswert der Variablen x

y_i = Merkmalswert der Variablen y

$\bar{x}$ = arithmetisches Mittel der Merkmalsausprägungen von x

$\bar{y}$ = arithmetisches Mittel der Merkmalsausprägungen von y

Abbildung E – 19:   Berechnung des Korrelationskoeffizienten[910]

Die Ergebnisse für den Korrelationskoeffizienten liegen stets zwischen +1 und −1. Die Werte lassen sich wie folgt interpretieren:

Ein Korrelationskoeffizient von +1 drückt aus, dass die betrachteten Anlageklassen ein identisches Wertänderungsverhalten aufweisen. Diversifikationseffekte lassen sich in einem solchen Fall nicht realisieren.

Ein Korrelationskoeffizient von −1 dagegen bedeutet eine immer gegenläufige Wertentwicklung der betrachteten Anlageklassen. In einem solchen Fall sind die größtmöglichen Diversifikationseffekte gegeben.[911]

---

909   Vgl. *Schlienkamp* (1998), S. 319.
910   Eigene Darstellung in Anlehnung an *Eller/Dreesbach* (1997), S. 200.
911   Vgl. *Wiedemann* (2004), S. 32 f.

1169 Ausprägungen zwischen diesen beiden Extremwerten bedeuten einen weniger starken Zusammenhang und lassen sich wie in Tabelle E – 5 dargestellt klassifizieren (die Qualität des Zusammenhangs ist unabhängig vom Vorzeichen und gilt für den positiven wie negativen Wertebereich jeweils gleichermaßen). Ein Korrelationskoeffizient von 0 bedeutet, dass die betrachteten Wertänderungen unabhängig voneinander sind und kein statistischer Zusammenhang feststellbar ist.

Korrelationskoeffizient r	Interpretation
$r < 0{,}30$	Geringer Zusammenhang von zweifelhafter Bedeutung
$0{,}30 \leq r < 0{,}50$	Mäßiger Zusammenhang
$0{,}50 \leq r < 0{,}70$	Deutlicher Zusammenhang, praktisch verwertbar
$0{,}70 \leq r < 0{,}90$	Enger Zusammenhang
$r \geq 0{,}90$	Sehr enger Zusammenhang, sehr hohe Abhängigkeit der beiden Variablen

Tabelle E – 5:   *Aussagekraft der Werte des Korrelationskoeffizienten*[912]

1170 Wichtig ist dabei zu beachten, dass es sich bei einer Korrelation um ein rein deskriptives statistisches Maß handelt, das den Zusammenhang zwischen den beobachteten Instrumenten auf Basis der zugrunde liegenden Zeitreihe lediglich beschreibt. Der Rückschluss auf eine kausale Beziehung der jeweiligen Wertentwicklungen ist nicht zulässig.

2.2. Stabilität im Zeitverlauf

1171 Kapitel D.VIII. setzte sich bereits intensiv mit der Frage der Stabilität von Korrelationen im Zeitverlauf auseinander. Als Ergebnis ist dort formuliert, dass Korrelationen langfristig als stabil gelten können, auch wenn kurzfristig signifikante Schwankungen möglich sind[913]. Dieses Resultat soll nachfolgend weiter erörtert und vertieft werden. Denn die Bezeichnung von Korrelationen als stabil darf in der Tat nicht zu der Assoziation führen, dass sich die Werte der Korrelation zwischen zwei Assetklassen nicht ändern. Diese Veränderungen wirken sich jedoch entsprechend auch auf die Höhe des Diversifikations-

---

912 Eigene Darstellung in Anlehnung an *Eller/Dreesbach* (1997), S. 200.
913 Vgl. Kapitel D.VIII., Abschnitt 3.2.

effekts innerhalb eines Portfolios und damit auch auf die Wertentwicklung aus. Dabei handelt es sich bei Korrelationsschwankungen um völlig normale Entwicklungen, die nicht nur in Krisenzeiten auftreten, wie beispielsweise im Jahr 2015 zu beobachten war[914]. Man könnte sogar den Vorwurf formulieren, dass sich die Ergebnisse einer Asset Allocation nicht auf Basis einer sachgerecht ausgewählten Zeitreihe ergeben, sondern sich die Auswahl der Zeitreihe an einem gewünschten Ergebnis für die Allokation orientiert. Der Hintergrund einer solchen Aussage ist der, dass sich für den Zusammenhang zweier Variablen in einer gewissen Spannbreite mehrere, in ihrer Qualität durchaus unterschiedliche Korrelationskoeffizienten bestimmen lassen, wenn der Analyse nur der entsprechende historische Zeitraum zugrunde gelegt wird. Möglicherweise sind unter anderem in solchen Überlegungen die Bedenken der Aufsicht gegenüber der Verwendung von Korrelationen begründet.

Daneben kommt die Aufsicht auf Basis eigener Analysen zu dem Ergebnis, dass sich Korrelationen in Krisenzeiten derartig stark verändern, dass eine in normalen Zeiten definierte Korrelation nicht mehr haltbar ist. Wie in Abbildung E – 20 zu erkennen ist, haben sich die hier betrachteten Abhängigkeiten etwa ab den Jahren 2007/2008, also dem Beginn der Subprime-Krise in den USA, derart deutlich erhöht, dass sie sich fernab historischer Mittelwerte bewegen und sogar teilweise vermeintlich bewährte Schwankungskorridore nach oben verlassen haben. 1172

---

914 Vgl. *Schmitz* (2015).

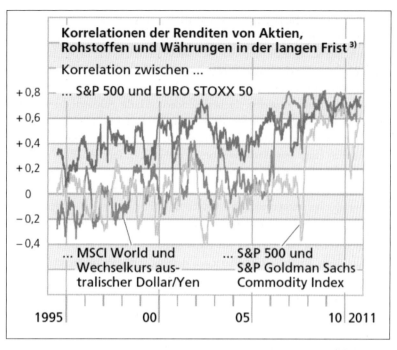

Abbildung E – 20   Darstellung verschiedener Korrelationen im Zeitverlauf[915]

1173 Es ist nicht verwunderlich, dass die Aufsicht auf Basis solcher Analysen die Stabilität von Diversifikationseffekten in Frage stellt, zumal die hier dargestellten Abhängigkeiten Werte von in der Spitze bis zu 0,8 für den Korrelationskoeffizienten erreichen und damit auf einen hohen Gleichlauf bzw. im Umkehrschluss auf geringe Diversifikationsmöglichkeiten bezüglich der zugrunde liegenden Anlageklassen hinweisen.

1174 Auch andere Studien kommen zu dem Ergebnis, dass sich Korrelationen in Krisenzeiten deutlich verändert darstellen und unabhängig von der Länge der zugrunde liegenden Zeitreihen andere Merkmale aufweisen[916]. Es bleibt jedoch fraglich, ob sich tatsächlich die Korrelationen nachhaltig verändern, oder ob sich lediglich die Realisierung eines Zufallsprozesses (hier die von Tag zu Tag unabhängige Wertentwicklung einer Assetklasse) verändert[917].

---

915 Entnommen aus: *Deutsche Bundesbank* (2011b), S. 32.
     3) Korrelationen täglicher Renditen, rollierend über ein Zeitfenster von 100 Tagen.
916 Vgl. *Rudolph* (2009), S. 47.
917 Vgl. hierzu das Beispiel eines Würfelspiels in *Sievi/Wegner/Freundorfer* (2011), S. 365 f.

Als Fazit lässt sich festhalten, dass Korrelationen grundsätzlich vorhanden sind und Diversifikation grundsätzlich funktioniert, und dass in der Praxis ein absolut vollständiger Gleichlauf von Anlageklassen nicht feststellbar ist[918]. Allerdings ist ebenso zu konstatieren, dass sich rechnerisch über einen langen Zeitraum ergebende und stabil anmutende Korrelationswerte zwar einen langfristigen Mittelwert darstellen, kurzfristig jedoch starke Abweichungen auftreten können, insbesondere in Krisenzeiten. Unter Umständen lassen sich Korrelationen damit als stabil in dem Sinn definieren, dass sie sich innerhalb eines gewissen Schwankungskorridors bewegen. Einen entsprechenden Nachweis zu führen, der aufsichtsrechtlich Akzeptanz findet, dürfte gleichwohl schwierig sein, eine mögliche und gangbare Lösung wurde jedoch auch in diesem Buch bereits vorgestellt[919]. Insofern stellt sich die Frage, wie in der Praxis mit dieser Sachlage umgegangen werden kann.

1175

2.3. Verwendung im Rahmen der Asset Allocation

Wie auch in der in Abbildung E – 20 dargestellten Formel erkennbar, ist für die Bestimmung des Korrelationskoeffizienten nicht eine von einem Startpunkt aus bemessene Wertminderung der relevante Risikobegriff, sondern vielmehr eine negative Abweichung von der mittleren zu erwartenden Wertentwicklung[920]. Diese Schwankungen um den durchschnittlichen Ertrag können sowohl mit positiven Auswirkungen als auch mit negativen Folgen auftreten und stellen damit gleichermaßen Chance und Risiko dar[921]. Das ist insofern von Bedeutung, als dass die Anwendung von Korrelationen auf das Risiko als Verlust gegenüber dem Ausgangswert zu falschen Ergebnissen führt[922]. Damit wird auch deutlich, dass der Bemessung des Wertes für die Durchschnittsperformance eine zentrale Bedeutung für die finale Bestimmung von Risiko- und Korrelationsgrößen zukommt. Der Erwartungswert für den Portfolioerfolg umfasst dabei im Sinne einer Gesamtperformance sowohl Kursveränderungen als auch laufende Zahlungen wie beispielsweise die Ausschüttung von Zinskupons oder Dividenden[923]. Allerdings ist fraglich, ob das Arbeiten mit einem einzelnen Erwartungswert eine ausreichend stabile Prämisse darstellt. So gibt es Untersuchungen, die zu dem Ergebnis kommen, dass

1176

---

918 Vgl. *Steiner/Bruns* (1996), S. 89.
919 Vgl. Kapitel D.VIII, Abschnitte 3.2 und 4.2.
920 Vgl. *Schlienkamp* (1998), S. 320.
921 Vgl. *Spindler* (2001), S. 153.
922 Vgl. *Sievi/Wegner/Freundorfer* (2011), S. 359.
923 Vgl. *Spindler* (2001), S. 152.

besonders bei langen Zeiträumen die Annahme eines konstanten Erwartungswerts nicht haltbar ist[924].

1177 Da auch die Werte des Korrelationskoeffizienten wie bereits dargestellt Schwankungen unterliegen, ist es für die Asset Allocation wichtig, an dieser Stelle mit Größen zu arbeiten, die einen im langfristigen Mittel anwendbaren Wert widerspiegeln. Sie sollten stabil in dem Sinne sein, dass sie auch bei veränderten Eingangswerten als sachgerechte Lösung für die Darstellung des Zusammenhangs zwischen zwei Assetklassen gelten können[925].

1178 Zur sachgerechten Bestimmung von Korrelationen für die Asset Allocation können zunächst historische Zeitreihen analysiert werden, um einen Eindruck über den bisher zu beobachtenden Zusammenhang der betrachteten Anlageklassen zu gewinnen. Dabei sollten allerdings ausreichend lange Zeitreihen in die Analyse einbezogen werden. Korrelationswerte aus kurzen Zeitreihen gelten als wenig brauchbar, mit zunehmend längeren Zeitreihen steigt die Stabilität der Werte[926]. Allein auf dieser Basis liegt allerdings noch kein valider Korrelationswert vor, da nicht sichergestellt ist, dass sich die Entwicklungen der Vergangenheit in der Zukunft in dieser Form wiederholen werden[927].

1179 Da die Asset Allocation jedoch ein auf die Zukunft ausgerichteter Optimierungsprozess ist, muss dies auch in der Parametrisierung der einfließenden Größen und damit auch der Korrelation zum Ausdruck kommen. Insofern ist letztlich auf Basis einer Expertenschätzung eine Prognose der künftigen Entwicklung abzugeben. Solche Schätzungen beinhalten regelmäßig die Gefahr von Fehlprognosen[928]. Dieses Schätzrisiko wird auch als größtes Problem im Rahmen einer Asset Allocation angesehen[929]. Dem kann man mit bewusst vorsichtigen Schätzungen bzw. Risikoaufschlägen oder einigen geeigneten Grundannahmen begegnen. Eine solche Grundannahme könnte beispielsweise sein, komplett auf negative Korrelationen zu verzichten. Dies erscheint insofern sinnvoll, als fraglich ist, ob negative Korrelationen dauerhaft Bestand haben können. Wenn dem so wäre, dann müssten die Marktteilnehmer eine hohe Präferenz für Anlagen in der betreffenden Assetklasse entwickeln und eine Marktreaktion hervorrufen[930]. Als Folge würde die betreffende Anlageklasse am Kapitalmarkt stark nachgefragt sein, da sich größere Diversifikati-

---

924 Vgl. *Sievi/Wegner/Freundorfer* (2011), S. 119.
925 Vgl. *Sievi/Wegner/Freundorfer* (2011), S. 354.
926 Vgl. *Sievi/Wegner/Freundorfer* (2011), S. 392.
927 Vgl. *Schlienkamp* (1998), S. 329.
928 Vgl. *Spindler* (2001), S. 167.
929 Vgl. *Steiner/Bruns* (1996), S. 131.
930 Vgl. *Sievi/Wegner/Freundorfer* (2011), S. 379.

onseffekte erzielen lassen, wenn sich möglichst gegenläufig entwickelnde Anlageklassen in das Zielportfolio aufgenommen werden[931]. Diese stärkere Nachfrage wiederum beeinflusst die Kursentwicklung und damit auch den relativen Zusammenhang zu anderen Anlageklassen, so dass davon auszugehen ist, dass der Markt dieses vorteilhafte Ungleichgewicht so lange ausnutzt, bis sich die Korrelation auf einen dauerhaft angebots- und nachfrageneutralen Wert eingependelt hat.

Weiterhin kann eine Expertenschätzung darauf abstellen, grundlegende volkswirtschaftliche Zusammenhänge zwischen Assetklassen zu erfassen[932]. Im Zusammenhang mit dem Spreadrisiko ist beispielsweise der Gedanke naheliegend, dass ein Zusammenhang zu anderen Arten des Marktpreisrisikos nicht besteht. Lediglich zu anderen Arten von Adressenrisiken wie dem Migrationsrisiko oder dem Ausfallrisiko ist ein Zusammenhang zu vermuten[933]. Als Korrelationswert für diesen Zusammenhang sollte ein mittlerer Wert angesetzt werden, da einer Ratingmigration oder einem Ausfall sehr oft ein Spreadanstieg vorausgeht, umgekehrt aber ein Spreadanstieg nicht automatisch in einer Ratingveränderung oder einem Ausfallereignis mündet. Um dem mit dieser Art der Schätzung verbundenen Modellrisiko zu begegnen, könnten die angenommenen Korrelationen regelmäßig um einen bestimmten Faktor erhöht werden[934].

2.4. Verwendung im Rahmen der Risikotragfähigkeitsrechnung[935]

Während also die Asset Allocation sowohl bei der Wertentwicklung als auch bei der Korrelation auf langfristige Durchschnittswerte abstellt, liegt der Fokus der Risikotragfähigkeitsrechnung für diese beiden Größen jeweils auf der Abbildung von nachteiligen Entwicklungen. Es soll überprüft werden, ob das Risikodeckungspotenzial ausreicht, den Eintritt des Risikofalls abzudecken. Sofern in diesem Zusammenhang risikomindernde Diversifikationseffekte berücksichtigt werden, ist ein solcher Risikofall ist aber nicht nur im Rahmen einer Silobetrachtung für jede Risikoart einzeln, sondern eben auch für die eingerechnete Diversifikation zu parametrisieren[936]. Dass dies in Abweichung zu den im Rahmen der Asset Allocation getroffenen Annahmen gesondert erforderlich ist, zeigt die bereits in Abbildung E – 20 dargestellte Schwan-

---

931 Vgl. *Spindler* (2001), S. 162.
932 Vgl. *Sievi/Wegner/Freundorfer* (2011), S. 390.
933 Vgl. *Sievi/Wegner/Freundorfer* (2011), S. 319.
934 Vgl. *Sievi/Wegner/Freundorfer* (2011), S. 394.
935 Vgl. auch Kapitel D.VIII, Abschnitte 3.2 und 4.2.
936 Vgl. *BaFin* (2012.12b), AT 4.1 Tz. 6.

kungsbreite der Korrelationskoeffizienten. Daneben hat die Aufsicht festgestellt, dass die von Kreditinstituten verwendeten Korrelationen oftmals zu positiv geschätzt wurden und die Situation bei real auftretenden Risikoszenarien nicht hinreichend widergespiegelt haben[937]. Vor diesem Hintergrund sind die strengen Anforderungen der Aufsicht an die Berücksichtigung der Portfoliodiversifikation nachvollziehbar.

1182 Mit Blick auf die von der Aufsicht aufgestellten und in Abbildung E – 8 dargestellten Analysen wird es schwierig sein, einen von der Aufsicht akzeptierten Nachweis zu erbringen, der die nachhaltige Verwendung von Korrelationskoeffizienten rechtfertigt. Gleichwohl sollte die in Abbildung E – 8 aufgezeigte Auswertung der Bundesbank nicht zu sehr verallgemeinert werden. Die sich im Rahmen einer solchen Analyse ergebenden Resultate sind zum einen natürlich abhängig vom untersuchten Assetklassenpaar, zum anderen von der Auswahl des betrachteten Zeitabschnitts[938] und drittens von der zur Korrelationsermittlung gewählten Methode.

1183 So hat beispielsweise der DSGV im Rahmen eines Projekts drei mögliche Ansätze zur Schätzung von konservativen Korrelationswerten inklusive Sicherheitsaufschlägen untersucht und als geeignete Verfahren identifiziert[939]. Dabei handelt es sich um die Methode der Rolling Windows, der eine rollierende Analyse von festen Zeitfenstern zugrunde liegt, um ein Resampling, bei dem mit Hilfe eines Zufallsverfahrens aus den tatsächlichen historischen Wertänderungen neue Entwicklungen von Risikoklassen simuliert werden[940], und um eine analytische Methode, die in der Gleichung für den Korrelationskoeffizienten eine erhöhte Kovarianz verwendet. Zwei dieser Ansätze werden den Instituten der S-Finanzgruppe im eingangs erwähnten Softwaremodul S-KARISMA zur praktischen Nutzung zur Verfügung gestellt. Insofern ist bei pauschalen Aussagen zu diesem Sachverhalt Vorsicht angebracht. Auch die in diesem Buch durchgeführte Untersuchung zu gestressten Korrelationen zeigt, dass Korrelationswerte in schwierigen Marktphasen selbst auf Basis eines Konfidenzniveaus von 99 % deutlich unter dem Wert von 1 liegen können und Diversifikation folglich funktioniert[941].

---

937 Vgl. *Deutsche Bundesbank* (2013.03), S. 41.
938 Vgl. *Sievi/Wegner/Freundorfer* (2011), S. 392.
939 Vgl. Koch (2011).
940 Im Rahmen einer solchen Simulation wird unterstellt, dass bisherigen Entwicklungen auch in anderer zeitlicher Reihenfolge und mehrfach auftreten können.
941 Vgl. Kapitel D.VIII, Abschnitt 4.2.1. Erste Ergebnisse dieser Art wurden bereits in 2010 veröffentlicht. Vgl. *Reuse* (2011), S. 143 ff.

Im Rahmen der Weiterverarbeitung der Ergebnisse ist zu beachten, dass die Verwendung hoher Korrelationswerte für eine Risikotragfähigkeitsrechnung materiell nicht zielführend ist. Bei einem unterstellten engen Zusammenhang sind die risikomindernden Effekte nur noch marginal vorhanden, so dass eine spürbare Entlastung des eingesetzten Risikodeckungspotenzials nicht mehr eintritt, wie in Tabelle E – 6 zu erkennen ist.

Portfolioanteil		Volatilität		Portfoliovolatilität	
Assetklasse 1	Assetklasse 2	Assetklasse 1	Assetklasse 2	addiert	korreliert (Korrelation 0,8)
100 %	0 %	7 %	4 %	7,00 %	7,00 %
90 %	10 %	7 %	4 %	6,70 %	6,62 %
80 %	20 %	7 %	4 %	6,40 %	6,26 %
70 %	30 %	7 %	4 %	6,10 %	5,90 %
60 %	40 %	7 %	4 %	5,80 %	5,56 %
50 %	50 %	7 %	4 %	5,50 %	5,24 %
40 %	60 %	7 %	4 %	5,20 %	4,93 %
30 %	70 %	7 %	4 %	4,90 %	4,65 %
20 %	80 %	7 %	4 %	4,60 %	4,40 %
10 %	90 %	7 %	4 %	4,30 %	4,18 %
0 %	100 %	7 %	4 %	4,00 %	4,00 %

Tabelle E – 6: Beispiel Portfoliorisiko[942]

Auch wenn für das Beispiel die Volatilitäten frei gewählt wurden, so wird die bei einer angenommenen Korrelation von 0,8 im Vergleich zur Addition der Risiken grundsätzlich nur geringe Risikoreduzierung deutlich. Auch unterschiedliche Portfoliogewichtungen der einzelnen Assets ändern nichts daran, dass das geringere Risiko sich lediglich im Nachkommabereich niederschlägt. Umfangreichere Studien zeigen, dass im Rahmen einer Portfoliooptimierung bei Korrelationen ab 0,75 die Beimischung der zweiten Assetklasse sogar ganz entfällt, da sich kein signifikant besseres Ertrags-Risiko-Verhältnis ergibt[943].

---

942 Eigene Darstellung auf Basis einer angenommenen Korrelation von 0,8.
943 Vgl. *Sievi/Wegner/Freundorfer* (2011), S. 367.

Eine Entlastung der Risikotragfähigkeit in dieser geringen Größenordnung dürfte den damit verbundenen Aufwand kaum rechtfertigen und einem Institut nur unerheblich helfen.

3. Einsatz von Spezialfonds zur Umsetzung der Asset Allocation

3.1. Zusammenhang von Asset Allocation und GuV

1186 Die bisherigen Ausführungen unterstützen die bereits in Kapitel D.VIII. formulierte Aussage, dass im Rahmen der Asset Allocation langfristig als stabil hergeleitete Korrelationen Anwendung finden können, die hieraus resultierende Portfoliostruktur aber auch bei Addition der einzelnen Risiken mit dem gegebenen Risikodeckungspotenzial tragbar sein muss[944]. Vor diesem Hintergrund ist es unverzichtbar, eine portfoliotheoretisch abgeleitete Zielstruktur, die auf Basis der Wertentwicklungen der einzelnen Anlageklassen und der zugehörigen Korrelationen ermittelt wurde, auf ihre Auswirkungen auf die GuV zu verproben und die aus einer Addition der ermittelten Risiken resultierenden Effekte für die Risikotragfähigkeit zu analysieren. Dabei sollte jedoch darauf geachtet werden, nicht nur die Zielallokation in diese Überprüfung einzubinden, sondern auch davon abweichende Verteilungen der Assetklassen. Abweichungen von der Zielallokation ergeben sich immer dann, wenn sich die einzelnen Assetklassen unterschiedlich entwickeln. Steigt beispielsweise eine Assetklasse im Wert, während eine andere lediglich stagniert, dann verschieben sich auch die Portfoliogewichtungen dieser beiden Assetklassen entsprechend. Tritt nun das Risikoszenario ein, dann entsprechen die auftretenden Risikowerte ebenfalls nicht den mit der Ursprungsallokation simulierten Risikowerten. Die Höhe der Abweichungen ist dabei determiniert durch den Zeitraum, der maximal bis zur Readjustierung der Asset Allocation vergehen kann. Um die Portfoliogewichtungen zu bestimmen, die neben der Zielallokation in die Simulationen einfließen sollten, ist es somit erforderlich, die im zwischen zwei Readjustierungen liegenden Zeitraum möglichen Schwankungen der einzelnen Assetklassen zu ermitteln und auf das Zielportfolio anzuwenden. Dabei sind sowohl die positiven wie auch die negativen Entwicklungsmöglichkeiten zu berücksichtigen. Damit ergeben sich bei einem aus zwei Assetklassen bestehenden Portfolio bereits vier zu untersuchende mögliche Entwicklungen:

---

944 Vgl. Kapitel D.VIII., Abschnitt 4.1.

- Beide Assetklassen steigen im Wert.
- Beide Assetklassen sinken im Wert
- Assetklasse 1 steigt im Wert, während Assetklasse 2 sinkt
- Assetklasse 1 sinkt im Wert, während Assetklasse 2 steigt

Von den sich daraus ergebenden neuen Portfoliogewichtungen bilden die am stärksten von der Zielallokation abweichenden Fälle den möglichen Szenariotrichter bezüglich der Portfoliostruktur, so dass diese Fälle in die Verprobung der Auswirkungen auf GuV und Risikotragfähigkeit Eingang finden sollten. Eine solche Verprobung ist insofern von Bedeutung, da die GuV sich nicht an der reinen Wertentwicklung der einzelnen Vermögengegenstände orientiert, sondern eine streng handelsrechtliche Bewertung vornimmt. Dies kann dazu führen, dass eine aus Vermögenssicht vorhandene Kompensation (Verluste der einen Assetklasse werden durch Gewinne einer anderen Assetklasse ganz oder teilweise aufgewogen) in der GuV nicht greift. Das ist dann der Fall, wenn die Verluste abschreibungswirksam sind, die Gewinne aber nicht gegengerechnet werden dürfen, weil sie schwebend sind und die betreffenden Assetpreise oberhalb der Anschaffungskosten liegen. Diese Problematik kommt auch in einer GuV-orientierten Risikotragfähigkeitsrechnung zum Tragen[945]. Im Kern liegt die Schwierigkeit also darin, dass eine Asset Allocation generell vermögensorientiert durchgeführt wird, die Risikotragfähigkeitsrechnung aber aus bilanzieller Sicht aufgestellt wird. Dies dürfte üblicherweise der Fall sein, wie sich aus einer Umfrage schließen lässt, die die Deutsche Bundesbank im Auftrag der BaFin in den Jahren 2009/2010 durchgeführt hat: Von insgesamt 150 befragten Instituten haben in der Risikotragfähigkeitsrechnung 133 Institute (88,7 %) einen rein bilanziellen Ansatz und lediglich 8 Institute (5,3 %) einen rein wertorientierten Ansatz verwendet, die verbleibenden 9 Institute (6,0 %) gaben an, beide Perspektiven zu betrachten[946]. In der besagten und bei rund 9 von 10 Instituten gegebenen Konstellation lässt sich dieses Dilemma de facto nicht auflösen.

Darüber hinaus ist zu beachten, dass die sich für die GuV ergebenden Ergebnisse auch auf den Kapitalplanungsprozess auswirken. Der Kapitalplanungsprozess ist ein Instrument, das helfen soll, potentiellen Kapitalbedarf zu erkennen, der sich nach dem Ende des Betrachtungshorizonts der Risikotragfähigkeitsrechnung ergeben könnte. Es handelt sich also um eine in die Zukunft

---

945 In einer wertorientierten Risikotragfähigkeitsrechnung müssen die Risiken zwar auch addiert betrachtet werden, allerdings erhöhen dort aus bilanzieller Sicht schwebende Gewinne das Risikodeckungspotenzial, so dass sich diese Problematik im Vergleich abgemildert darstellt.
946 Vgl. *Deutsche Bundesbank* (2010.11), S. 6.

gerichtete Analyse, die gewährleisten soll, dass die eingegangenen Risiken auch dauerhaft getragen werden können[947]. Dabei wird von Seiten der Aufsicht jedoch nicht erwartet, dass im Kapitalplanungsprozess mit einer ähnlichen Genauigkeit vorgegangen wird wie in der Risikomessung. Wenn in diesem Zusammenhang das jeweils aktuelle Risikoprofil unverändert in die Zukunft fortgeschrieben wird, dann stellt die Kapitalplanung eine vereinfachte, aber doch angenäherte Form der künftigen Risikotragfähigkeit dar[948]. Vor diesem Hintergrund wird deutlich, dass auch die Gestaltung der Asset Allocation hier relevant ist, da die Auswirkungen der Asset Allocation auf die GuV auch die Fähigkeit, Gewinne zu thesaurieren und auf diese Weise Eigenkapital zu schaffen, nachhaltig beeinflussen kann. Für eigenkapitalstarke Institute mag eine solche Analyse von nachgelagerter Bedeutung sein, dennoch sollten mögliche Veränderungen, die sich wie oben beschrieben zwischen zwei Zeitpunkten einer Reallokation einstellen können, in der Kapitalplanung berücksichtigt werden, um den aufsichtsrechtlichen Anforderungen Genüge zu tun. Dies erscheint insbesondere deshalb sinnvoll, weil nicht nur so genannte adverse Entwicklungen, sondern auch erwartete Veränderungen Eingang in den Kapitalplanungsprozess finden sollen[949].

3.2. Der Spezialfonds – ein Lösungsansatz?

1189 Wie stellt sich die Situation aber dar, wenn die Asset Allocation nicht im Direktbestand, sondern in einer Fondshülle umgesetzt wird? Die Möglichkeit hierfür besteht in Form eines so genannten Spezialfonds[950]. Bei Spezialfonds handelt es sich um Fonds, die im Gegensatz zu Publikumsfonds nicht für die breite Öffentlichkeit aufgelegt werden, sondern ausschließlich professionellen und semiprofessionellen Anlegern vorbehalten sind[951]. Damit besteht die Möglichkeit, bei der Ausgestaltung solcher Spezialfonds den speziellen Bedürfnissen institutioneller Anleger Rechnung zu tragen. Häufig liegen alle Anteilsscheine eines Spezialfonds in der Hand eines Anlegers. Somit stellt dieses Investmentvehikel ein geeignetes Instrument dar, um eine Asset Allocation individuell in der Praxis in einer Fondshülle umzusetzen. Der Vorteil im Spannungsfeld von Asset Allocation und Risikotragfähigkeitsrechnung liegt vor allem darin, dass in einem solchen Wertpapier-Sondervermögen verschiedene Finanzinstrumente gebündelt werden, wobei sich der Gesamtwert des

---

947 Vgl. *BaFin* (2012.12c), Erläuterungen zu AT 4.1 Tz. 9.
948 Vgl. *Hannemann/Schneider/Weigl* (2013), S. 249 f.
949 Vgl. *BaFin* (2012.12b), AT 4.1 Tz. 9.
950 Der juristisch korrekte Terminus lautet Spezial-AIF und ergibt sich aus *KAGB* (2015), §1 (6).
951 Vgl. *Hofmann* (2015), S. 206.

Fonds aus der Summe der Werte der einzelnen Vermögensgegenstände ergibt. Mit Blick auf die praktische Umsetzung einer Asset Allocation bedeutet dies, dass sich auf diese Weise die Wirkung der Korrelation direkt realisieren lässt. Die Kompensation gegenläufiger Wertentwicklungen verschiedener Anlagen kommt direkt im Fonds zum Tragen und spiegelt sich unmittelbar im Fondspreis wider. Die gewünschte Diversifikation lässt sich auf diese Weise GuV-wirksam darstellen.

Doch greift dieser Effekt auch in der Risikotragfähigkeitsrechnung? Seit dem Jahr 2013 drängt die Aufsicht die Institute verstärkt, für die Risiken von Fonds eine höhere Transparenz zu schaffen, die Abbildung als ein Portfoliorisiko wird nicht mehr akzeptiert[952]. Der nachvollziehbare Hintergrund für diese Forderung liegt darin, dass ein auf der Grundlage historischer Fondspreise ermitteltes Risiko nicht die aufgrund einer eventuell veränderten aktuellen Fondszusammensetzung tatsächlich vorhandenen Risiken widerspiegelt[953]. Vielmehr sind die Institute angehalten, die einzelnen Fondspositionen wie im Direktbestand befindliche Werte zu behandeln und getrennte Risikowerte zu bestimmen[954]. Die Verwendung einer einzigen, von der Fondsgesellschaft bereitgestellten Risikokennzahl wird als nicht mehr ausreichend angesehen[955]. Diese Forderung wird durch die Aufsicht in Form von entsprechenden Feststellungen im Rahmen von Sonderprüfungen nach § 44 KWG untermauert[956]. Um den aufsichtsrechtlichen Anforderungen zu entsprechen, sind jedoch verschiedene Anforderungen und Möglichkeiten bezüglich der Detaillierung der Durchschau zu beachten:

1190

Grundsätzlich fordert die Aufsicht die **Einzelpositionsdurchschau**, bei der Risikowerte auf Basis der einzelnen im Fonds befindlichen Vermögensgegenstände ermittelt werden. Insbesondere bei der Analyse der Marktpreis- und Spreadrisiken gibt es in der Regel hierzu keine Alternativen mehr.

1191

In sehr vereinzelten Fällen ist der **Fonds als ein Objekt** zu betrachten. Im Zusammenhang mit der noch jungen Liquiditätskennzahl Liquidity Coverage Ratio (LCR) beispielsweise kann ein Fonds auf Basis verschiedener Kriterien entweder in Gänze oder gar nicht als hochliquides Aktivum angerechnet werden. Eine Teilanrechnung von einzelnen, im Rahmen einer Durchschau ermittelten hochliquiden Positionen als hochliquide Aktiva ist nicht zulässig.

1192

---

952 Vgl. *Kempf* (2015).
953 Vgl. *Hofmann* (2015), S. 207.
954 Vgl. *Hofmann* (2015), S. 208.
955 Vgl. *Hofmann* (2015), S. 207.
956 Vgl. *Kempf* (2015).

Als Hybridlösung ist eine **Risikoklassendurchschau** möglich, bei der anhand von verschiedenen Dimensionen wie etwa der Laufzeit, Bonität, Währung oder Region einzelne Risikoklassen im Fonds gebildet werden, auf deren Basis dann die Risiken gemessen werden.[957]

1193 Auch wenn der Deutsche Sparkassen- und Giroverband in Gesprächen mit Bundesbank und BaFin erreichen konnte, dass die Aufsicht der Risikoklassendurchschau offen gegenüber steht und somit eine weitere Möglichkeit zur Umsetzung MaRisk-konformer Risikotragfähigkeitsberechnungen existiert, so ist doch davon auszugehen, dass dieses Vorgehen nur als vorübergehende Zwischenlösung akzeptiert wird und perspektivisch die Einzelpositionsdurchschau als finale Lösung gefordert werden wird[958].

1194 Damit ist zu konstatieren, dass auch die Umsetzung einer Asset Allocation in einer Fondshülle nicht dazu führt, dass sich die Diversifikationseffekte positiv in der Risikotragfähigkeitsrechnung niederschlagen, obwohl sie sich auf diese Weise wie dargestellt für die GuV realisieren lassen. Daraus resultieren für die Risikotragfähigkeitsbetrachtung regelmäßig Risikowerte, die tendenziell zu hoch ausgewiesen werden und damit prinzipiell zu einer Risikoüberschätzung führen. Methodisch gesehen ist ein solches Vorgehen aufgrund der aus qualitativer Sicht unvollkommenen Ergebnisse zwar kritisch zu hinterfragen, aber offensichtlich stuft die Aufsicht einen bewussten Fehler aufgrund der Nicht-Anerkennung von Diversifikationseffekten weniger schwerwiegend ein als einen eventuell unbewussten Fehler aufgrund des Modellrisikos einer aus Sicht der Aufsicht wahrscheinlich fragwürdigen Bestimmung des risikomindernden Zusammenhangs zwischen verschiedenen Assetklassen.

4. Konkrete Durchführung einer Asset Allocation

4.1. Zielsetzung

1195 Wie in Abschnitt 2.3. beschrieben, besteht im Rahmen der Asset Allocation das signifikante Problem, stabile Parameter zu schätzen. Dies betrifft insbesondere die Größen der Erwartungswerte und der Korrelationen. Der nachfolgend beschriebene Ansatz stellt ein in der Praxis verfügbares Vorgehen dar[959], diesen Punkten pragmatisch zu begegnen und eine Vermögensvertei-

---

957 Vgl. *Helaba Invest* (2015).
958 Vgl. *Kempf* (2015).
959 Nähere Informationen hierzu siehe *Oriwol/Theiler* (2014), S. 11 ff.

lung zu definieren, die zu einem sachgerechten Ergebnis führt, das eine betriebswirtschaftliche Optimierung GuV-verträglich umsetzbar macht.

4.2. Grundlegende Annahmen

Zunächst sind im Vorfeld einige Grundannahmen zu definieren, die einen wesentlichen Einfluss auf das Ergebnis des Asset-Allocation-Prozesses haben und von entsprechender Bedeutung sind: 1196

Das **Kundenkreditgeschäft** stellt für Retailinstitute (insbesondere die Sparkassen und Genossenschaftsbanken) in der Regel ein wesentliches und unverzichtbares Element des Geschäftsmodells dar. Vor diesem Hintergrund stehen die hier gebundenen Geschäftsvolumina nicht für eine Optimierung zur Verfügung: Für die genannten Institute ist weder der Abbau von Kundenkrediten eine Option, noch der Aufbau zusätzlicher Bestände in diesem Bereich ohne weiteres möglich. Vor diesem Hintergrund sollte das aktuelle Volumen der Kundenkredite als feste Größe in der Asset Allocation berücksichtigt werden, die nicht für eine Optimierung zur Verfügung steht. 1197

Ebenso verhält es sich mit den selbst genutzten **Immobilien**, die dem Geschäftsbetrieb dienen und sich genau zu diesem Zweck im Bestand befinden. Auch hier ist davon auszugehen, dass diese Immobilien nicht zur Disposition stehen und als fixer Wert in der Ziel-Allocation zu berücksichtigen sind. Bei reinen Vermietungsobjekten sollte im Vorfeld die Frage beantwortet werden, inwieweit ein Verkauf vorstellbar ist, so dass eventuelle diesbezügliche Impulse aus dem Optimierungsprozess auch tatsächlich umsetzbar sind. 1198

Ähnlich verhält es sich bei den **Beteiligungen**: Strategische oder Pflichtbeteiligungen mit entsprechender geschäftspolitischer Bedeutung, die nicht vor dem Hintergrund einer bewussten Investition (im Sinne einer Vermögensanlage) eingegangen wurden, sind ebenso als feste Größe außerhalb des möglichen Optimierungspotenzials anzusetzen. Auch hier ist davon auszugehen, dass weder ein Abbau noch ein Aufbau der Beteiligungsquoten gezielt möglich bzw. gewünscht sind. 1199

Als weitere Nebenbedingung sind **aufsichtsrechtliche Vorgaben** zu berücksichtigen. Hier sollte insbesondere die LCR im Fokus stehen. Die Regelungen der LCR sehen vor, dass ein bestimmtes, institutsindividuell zu ermittelndes Volumen an hochliquiden Aktiva vorzuhalten ist, um eventuellen Liquiditätsengpässen begegnen zu können. Als hochliquide Aktiva gelten insbesondere Wertpapiere, die bestimmte Voraussetzungen erfüllen. Vor allem Staatsanlei- 1200 hen werden hier bevorzugt behandelt[960]. Daraus ergibt sich, dass jedes Kreditinstitut einen gewissen Bestand an eben diesen Wertpapieren benötigt, um diesen aufsichtsrechtlichen Anforderungen Genüge zu tun. Das hierfür erforderliche Volumen ist im Rahmen der Asset Allocation dementsprechend als Mindestgröße für die entsprechenden Anlageklassen zu benennen. Auch wenn die LCR schrittweise bis 2018 eingeführt wird, sollte bereits heute der endgültige Zielwert vollumfänglich Eingang in den Optimierungsprozess finden. Damit wird dem Gedanken Rechnung getragen, dass es sich bei dem Zielportfolio um ein langfristig gültiges strategisches Ergebnis handeln soll, das keinen Verwerfungen aus heute bereits absehbaren Transaktionen und den damit verbundenen Kosten unterliegen soll.

1201 Diese Punkte haben zunächst keinen unmittelbaren Bezug zu den Problemstellungen bezüglich der Korrelationen oder der Risikotragfähigkeit, sind aber aufgrund ihrer nicht unwesentlichen Bedeutung hier aufgeführt. Daneben besteht ein mittelbarer Bezug zur Risikotragfähigkeit, da solche fest vorgegebenen Investitionsvolumina für einzelne Teilbereiche aufgrund der damit jeweils verbundenen Risiken auch Teile des Risikodeckungspotenzials belegen, die dann von vornherein nicht mehr für andere Anlageklassen zur Verfügung stehen. Wie sich das auf den Optimierungsprozess auswirkt, wird im weiteren Fortgang deutlich.

4.3. Festlegung der relevanten Assetklassen

1202 Im nächsten Schritt sind die Assetklassen auszuwählen, die Eingang in den Optimierungsprozess finden sollen. Häufig werden sehr viele (oder auch alle verfügbaren) Anlageklassen bei der Ermittlung der bestmöglichen Vermögensverteilung berücksichtigt, um eine breite Streuung und optimale Diversifikation zu erreichen. Zielführender ist es allerdings, von Anfang an einigen praktischen Restriktionen Rechnung zu tragen, um die Optimierung auf die institutsindividuellen Vorgaben und Möglichkeiten abzustellen. Damit kann der Prozess zielgerichtet auf die jeweiligen Bedürfnisse ausgerichtet werden. Dieses Vorgehen gewährleistet, dass unnötiger Aufwand vermieden wird und das Ergebnis nicht nur Theorie bleibt, sondern unmittelbar umsetzbar ist.

1203 Als erstes sollten die Assetklassen aussortiert werden, die nicht als Zielmarkt für eine Investition zur Verfügung stehen sollen. Dabei könnte es sich Anlagesegmente handeln, die nicht zur institutsindividuellen Risikoneigung passen, die aus geschäftspolitischen Gründen nicht gewollt sind (weil beispielsweise

---

960 Detailregelungen siehe unter *Europäische Kommission* (2014.10).

aus der Vergangenheit bereits schlechte Erfahrungen vorliegen) oder die keinen Bezug zum jeweiligen Geschäftsmodell haben. Als Beispiel können hier Investitionen in die so genannten Soft Commodities (dazu zählen insbesondere die Grundnahrungsmittel wie beispielsweise Getreide oder Fleischmärkte) angeführt werden, die für viele Primärinstitute wohl keine Anlagealternative darstellen.

In einem weiteren Schritt sollten die Anlagebereiche ausgeklammert werden, bei denen eine Investition nicht sinnvoll umsetzbar ist, weil der Markt sehr eng ist uns größere Volumina nicht zu platzieren sind. Hierunter fallen beispielsweise Corporate Bonds der besten Ratingklasse AAA. Aufgrund der Entwicklungen im Rahmen der Finanzkrise gibt es nur noch sehr wenige Unternehmen, die über ein AAA-Rating verfügen und als Anleiheemittent aktiv sind. Selbst wenn der Optimierungsprozess dieses Segment als Bestandteil eines optimal diversifizierten Portfolios ermittelt, wäre eine entsprechende praktische Umsetzung nicht realisierbar. 1204

Ähnlich verhält es sich mit Teilmärkten, die recht klein sind und nicht unbegrenzt neue Volumina aufnehmen können, wie es etwa bei Corporate Bonds der Ratingklasse AA der Fall ist. Auch hier können große Allokationsanteile nicht in eine sinnvolle Investition überführt werden. Um umsetzbare Ergebnisse zu erhalten, sollten im Rahmen der Asset Allocation für solche Anlagebereiche Höchstbeträge definiert werden, die den maximal möglichen Anteil am Zielportfolio widerspiegeln. 1205

Höchstbeträge sind generell ein Instrument, dem in der Asset Allocation eine nicht zu vernachlässigende Bedeutung zukommen sollte. Wenn etwa Anlagegrenzen auf Basis formaler Vorgaben bestehen, wie es beispielsweise aufgrund von Regelungen in Satzungen, Geschäftsanweisungen oder ähnlichen Dokumenten der Fall sein kann, dann sollte dies von vornherein bei der Asset Allocation berücksichtigt werden. Über entsprechende Vorgaben in Form von Höchstbeträgen wird gewährleistet, dass die Optimierung nicht zu Ergebnissen führt, deren Umsetzung letztendlich an formalen Hürden scheitert. Ein weiterer wesentlicher Aspekt, der sich auch in der Definition von Höchstbeträgen für einzelne Anlageklassen widerspiegeln sollte, ist die Risikoneigung eines Instituts. Nur Investitionen, mit denen man sich wohlfühlt und deren Risiken man zu tragen bereit ist, sollten als mögliche Bestandteile des Zielportfolios zugelassen werden. Anlagen, die man nicht uneingeschränkt befürwortet und nach außen (z. B. gegenüber dem Wirtschaftsprüfer, dem Auf- 1206 sichtsorgan wie Aufsichts- bzw. Verwaltungsrat oder der Bankenaufsicht) vertreten kann, sollten von Anfang an ausgeklammert werden.

1207 Weiterhin kann es aber auch sinnvoll sein, Mindestbeträge für einzelne Märkte festzulegen. Dies erscheint generell zweckmäßig, um dem entstehenden Aufwand einen adäquaten und spürbaren Mehrwert entgegen zu stellen. Häufig besteht die Gefahr, dass kleine Beimischungen mehr Arbeit und Unannehmlichkeiten nach sich ziehen als sie Nutzen stiften. Es sollte nicht passieren, dass in Anlehnung an das Pareto-Prinzip die laufende Überwachung und Bearbeitung von 20 % des Bestands 80 % der Kapazitäten binden. Dies gilt insbesondere dann, wenn als Folge eines Asset-Allocation-Prozesses neue Märkte erschlossen werden, da dann der damit verbundene Aufwand besonders hoch ausfällt. Das ist darin begründet, dass der in einem solchen Fall zwingend erforderliche Neu-Produkt-Prozess entsprechend aufwändig ist und häufig einer besonderen Aufmerksamkeit durch das Aufsichtsorgan, den Wirtschaftsprüfer und die Bankenaufsicht unterliegt. Diese Aspekte sollten in der Asset Allocation nicht vernachlässigt werden und in Form sachgerechter Mindestbeträge in den Optimierungsprozess Eingang finden.

1208 Bei Bedarf können auch weitere Faktoren in die Auswahl der zur Portfoliooptimierung zugelassenen Investitionsmöglichkeiten einbezogen werden. Beispielsweise können die Aspekte der Marktliquidität bzw. Fungibilität der nutzbaren Finanzinstrumente Eingang in die Überlegungen finden. So ist etwa bei der Investition in offene Immobilienfonds zu beachten, dass mit Inkrafttreten des Kapitalanlagegesetzbuchs (KAGB) zum 22.07.2013 neue Regelungen für die Rückgabe von Anteilen an offenen Immobilienfonds an die Fondsgesellschaft gesetzlich verankert wurden. Diese Neuerungen besagen, dass Anleger eine Haltedauer von mindestens 24 Monaten und eine Kündigungsfrist von zwölf Monaten beachten müssen, bevor Anteile an die Fondsgesellschaft zurückgegeben werden können[961]. Für die Investoren bedeutet das zwangsläufig, dass eine kurzfristige Disposition dieser Bestände nicht mehr möglich ist und damit letztendlich die Steuerungshoheit verloren geht. Für Anleger, für die es wichtig ist, später bei Bedarf eine im Rahmen einer Asset Allocation getroffene Entscheidung korrigieren zu können, fallen solche Finanzinstrumente als Anlagevehikel aus. Ohne geeignete Alternative strahlt dies auf die ganze Assetklasse aus, die dementsprechend nicht bei der Optimierung der Asset Allocation berücksichtigt werden darf. Die Anleger, die eine solche Investition zulassen, sollten sich zumindest darüber im Klaren

---

961 Geregelt in *KAGB* (2015), § 255 (3) und § 255 (4).

sein, dass die dargestellten Einschränkungen bestehen und bewusst in Kauf genommen werden.

Ebenso sollte, sofern von Interesse und relevant, die Auszahlungsstruktur einer Anlage im Vorfeld einer Asset Allocation bedacht werden. Für Anleger, die auf regelmäßig fließende, laufende Erträge Wert legen, kommt nicht jede Anlageklasse als sinnvolle Anlagemöglichkeit in Betracht. So sind Anlagen in Rohstoffe wie etwa Gold oder Öl üblicherweise nur über Finanzinstrumente möglich, die rein auf die Wertentwicklung abstellen und keine laufenden Auszahlungen vorsehen. Auch hier sollte explizit darauf geachtet werden, welche Teilmärkte im Anlageuniversum zugelassen werden. Assetklassen ohne ausreichend laufende Erträge sollten von vornherein aussortiert werden, wenn entsprechender Bedarf besteht. Auch das Argument, dass der Ertragseffekt aus einer kleinen, aus wertorientierter Sicht sinnvollen Beimischung, die keine laufenden Erträge generiert, als tragbar eingestuft wird, greift hier nicht. Zur Sinnhaftigkeit kleiner Beimischungen sei auf die obigen Ausführungen bezüglich der Mindestinvestitionsbeträge und der anzustrebenden Vorteilhaftigkeit aus Kosten-Nutzen-Gesichtspunkten verwiesen. 1209

Nachdem unter Berücksichtigung dieser potentiellen Restriktionen die Assetklassen für das Zielportfolio ausgewählt und mit eventuellen Betragsgrenzen versehen wurden, lohnt sich vor dem Start der Optimierung ein Blick auf die Risikotragfähigkeit. Möglicherweise ergeben sich hieraus weitere Volumenbeschränkungen, die bei der Optimierung beachtet werden sollten. 1210

Nach der Ermittlung des gesamten Risikodeckungspotenzials und der Definition des Gesamtrisikolimits[962], also des Betrags, der für die Abschirmung von Risiken zur Verfügung stehen soll, stellt sich die Frage, wie sich dieses Gesamtrisikolimit auf die einzelnen Risikoarten aufteilen soll, und ob sich aus dieser Verteilung Rückwirkungen auf die Asset Allocation ergeben. Im Prinzip wird hier wieder die bereits eingangs beschriebene Nähe von Asset Allocation und Risikotragfähigkeit sichtbar. Doch nun gilt es, diese Nähe mit Leben zu füllen. 1211

Das Gesamtrisikolimit ist der Betrag, den die addierten Risiken des optimierten Zielportfolios nicht übersteigen dürfen. Die Asset Allocation auf diesen Betrag abzustellen erscheint allerdings fahrlässig, da dann kein Spielraum mehr für das hinter dem der Risikomessung zugrunde gelegten Konfidenzniveau liegende Risiko oder für Modellrisiken besteht. Insofern sollte das Gesamtrisikolimit nicht von vornherein vollständig mit Risiken belegt werden, sondern ein Risikopuffer in Abzug gebracht werden. Bei einem angenomme- 1212

---

962 Für Details zur Bestimmung dieser Größen wird auf Abschnitt F in diesem Buch verwiesen.

KRITISCHE WÜRDIGUNG VON RTF-KONZEPTIONEN

nen Sicherheitsabschlag von 20 % stehen dann 80 % des Gesamtrisikolimits für die Verteilung auf die Risiken der einzelnen Assetklassen zur Verfügung. Um weitere Impulse für die Vorgaben zur Portfoliooptimierung zu erhalten, sind nun die Wirkungen aus den oben beschriebenen Grundannahmen auf die Risikotragfähigkeit zu berücksichtigen.

1213 So beinhalten etwa die als nicht disponibel festgelegten Größen Risiken, die entsprechend Risikokapital binden, das dann nicht mehr für den Asset-Allocation-Prozess zur Verfügung steht. Wie in Abschnitt 4.2. aufgezeigt könnte es sich hier um die Adressenrisiken aus dem Kundenkreditgeschäft, die Immobilienrisiken aus dem eigenen Gebäudebestand oder die Risiken der strategischen Beteiligungen handeln. Diese Risikobeträge sind ebenfalls vom noch verbliebenen Gesamtrisikolimit abzuziehen.

1214 Ebenso verhält es sich mit zwingend erforderlichen Mindestinvestitionen. Wie in Abschnitt 4.2. erläutert, bedarf es zur Erfüllung der LCR-Anforderungen eines Mindestbestands an liquiden Wertpapieren. Die hierin enthaltenen Risiken mindern ebenfalls den frei verfügbaren Teil des Gesamtrisikolimits und sind entsprechend abzuziehen.

1215 Daneben sind die Risikobeträge zu beachten, die sich aus anderen Risikoarten außerhalb der Marktpreis- und Adressenrisiken ergeben, sofern sie in der Risikotragfähigkeit Berücksichtigung finden. Hierunter fallen beispielsweise Größen aus den Bereichen des Operationellen Risikos, des Refinanzierungsrisikos, der strategischen, Rechts- oder Reputationsrisiken. Wenn hieraus resultierend Risikodeckungsmasse belegt wird, ist auch dies vom frei verfügbaren Teil des Gesamtrisikolimits in Abzug zu bringen. Möglicherweise beeinflusst das Ergebnis der Asset Allocation jedoch den aktuellen Risikowert einer dieser Risikoarten, so dass der aktuelle Ansatz nicht automatisch übernommen werden kann. In diesem Fall sollte mit einer vorsichtigen Expertenschätzung ausreichend Deckungsmasse belegt werden. Denkbar ist dieser Fall beispielsweise im Bereich des Refinanzierungsrisikos, da eine neue Asset Allocation die Struktur des künftigen Liquiditätscashflows verändern kann. Dies wirkt sich entsprechend auf die Refinanzierungsstruktur und das damit einhergehende Refinanzierungsrisiko aus. Somit ist nach Abschluss der Asset Allocation dieses Risiko neu zu analysieren und zu bewerten.

1216 Im Ergebnis ist nun der freie Teil des Gesamtrisikolimits bekannt, der unter Berücksichtigung aller nicht disponierbaren Risikoträger mit Risiken aus dem im Rahmen der Asset Allocation zu ermittelnden Zielportfolio belegt werden kann. Aus diesem Wert können sich nun weitere Restriktionen ergeben, die den zulässigen Lösungsraum einer Asset Allocation beschränken. Dazu ist es erforderlich, die mit den im Rahmen der Optimierung zur Auswahl stehenden Assetklassen verbundenen Risiken in etwa zu kennen. Folgendes Beispiel beschreibt das weitere Vorgehen: Wenn der noch freie Betrag des Gesamtrisikolimits 48 Mio. Euro beträgt und das Risiko der Assetklasse Aktien mit 40 % angenommen wird[963], dann ergibt sich hieraus zwangsläufig eine Investitionsobergrenze von 120 Mio. Euro für diese Assetklasse. Da dann aber keine weitere Anlagen mehr hinzukommen können und ein eventuell verbleibendes Anlagekapital risikolos zu disponieren ist, entspricht eine solche Struktur nicht dem Grundgedanken der Risikostreuung. Im Gegenteil: Anstelle eines diversifizierten Portfolios entsteht ein neues Klumpenrisiko. Somit ist diese Betrachtung um eine weitere Prämisse zu ergänzen. Es sind Annahmen bezüglich maximaler Portfolioanteile einzelner Assetklassen zu treffen. Wenn der Aktienanteil zum Beispiel maximal 50 % des noch verfügbaren freien Gesamtrisikolimits belegen soll, dann reduziert sich der mögliche Anlagehöchstbetrag für die Assetklasse Aktien in diesem Beispiel auf 60 Mio. Euro. Auf Basis einer derartigen Rückrechnung aus der Risikotragfähigkeitsrechnung heraus hat sich ein weiterer Höchstbetrag für eine Assetklasse ergeben, der in die Parametrisierung der Asset Allocation Eingang finden sollte. Um durchgängig plausible Anlagebeträge aus der Asset Allocation zu erhalten, sollte diese Betrachtung für alle in Frage kommenden Assetklassen vorgenommen werden. Auf diese Weise können aus Risikobetrachtungen heraus sinnvolle Impulse für die Asset Allocation gewonnen werden. In Verbindung mit dem in Abschnitt 4.3. benannten Kosten-Nutzen-Gedanken lassen sich somit Volumenkorridore definieren, die den zulässigen Lösungsraum für den Optimierungsalgorithmus vorgeben.

Diese Vorarbeiten erscheinen zwar umfangreich, sind aber überaus vorteilhaft vor dem Hintergrund, dass die Ergebnisse aufgrund der Berücksichtigung der institutsindividuellen Restriktionen eine höhere Praxisrelevanz aufweisen und eine höhere Umsetzungswahrscheinlichkeit erwarten lassen[964].

---

[963] Hintergrund dieser Annahme: Ein solcher Wert deckt ungefähr das Risiko der Dax-Entwicklung des Jahres 2002 ab, in dem der Dax zwischen dem 01.01. und 31.12. etwas über 40 % verloren hat.
[964] Vgl. *Oriwol/Theiler* (2014), S. 19.

4.4. Ermittlung des Zielportfolios

1218 Die Analyse und Optimierung selbst basiert ausschließlich auf historischen Zeitreihen der einzubeziehenden Assetklassen[965]. Für verschiedene Portfoliogewichtungen der einzelnen Portfoliobausteine wird auf dieser Grundlage die Performance über den zugrunde liegenden Zeitraum ermittelt und so die sich am besten entwickelnde Zusammensetzung erkennbar. Es handelt sich letztendlich um eine historische Simulation der Wertentwicklungen möglicher Zielportfolien über eine definierte Historie. Dieses Vorgehen hat den Vorteil, dass alle Parameter (insbesondere die Ertragserwartung, das Risiko und die Korrelation) implizit in den Zeitreihen enthalten sind und nicht explizit im Vorfeld geschätzt werden müssen[966].

1219 Als Zielgröße der Optimierung wird dabei nicht die häufig verwendete Größe des Value at Risk (VaR) verwendet. Der Grund dafür liegt darin, dass der VaR bei nicht normalverteilten Renditen, wie sie in der Praxis bei den meisten Assetklassen vorliegen, mathematische Schwächen aufweist, die einer verlässlichen Risikomessung im Wege stehen[967]. Insbesondere ist in diesem Zusammenhang die fehlende Subaddidivität des VaR zu nennen, was dazu führt, dass das tatsächliche Gesamtrisiko des Portfolios die Summe der Einzelrisiken übersteigen kann[968]. Damit ist die Gefahr verbunden, dass vorhandene Risiken mitunter nicht erkannt werden, weil die einfache Addition der einzelnen VaR-Werte keine geeignete Worst-Case-Analyse des Gesamtbankrisikos darstellt[969].

1220 Vor diesem Hintergrund besser geeignet ist der so genannte Conditional Value at Risk (CondVaR)[970]. Hierbei handelt es sich um eine Kennzahl, die das Risiko hinter dem Konfidenzniveau des VaR erfasst und damit die Restunsicherheit, die beim VaR verbleibt, greifbar macht. Während der VaR bei einem Konfidenzniveau von beispielsweise 99 % die Höhe des Verlustes ausweist, der auf Sicht der unterstellten Haltedauer mit einer Wahrscheinlichkeit von 99 % nicht überschritten wird, beantwortet der CondVaR die Frage, wie hoch der Erwartungswert des Verlusts in dem verbleibenden 1 % der schlimmsten Fälle ist[971]. Dies ist insbesondere dann von Bedeutung, wenn die Wertentwicklungen eine von der Normalverteilung abweichende Verteilungscharakteristik

---

965 Vgl. *Oriwol/Theiler* (2014), S. 13.
966 Vgl. *Theiler/Dersch* (2011), S. 10.
967 Vgl. *Oriwol/Theiler* (2014), S. 3.
968 Ein einfaches, gut nachvollziehbares Zahlenbeispiel hierzu wird in *Sievi/Wegner/Freundorfer* (2011), S. 143 f. gegeben.
969 Vgl. *Oriwol/Theiler* (2014), S. 7.
970 Vgl. *Oriwol/Theiler* (2014), S. 4.
971 Vgl. *Theiler/Dersch* (2011), S. 8.

aufweisen[972] und so genannte Fat Tails, also extreme Verluste in einer Häufigkeit beinhalten, die über dem aus der Verteilung ableitbaren Maß liegen. Rechnerisch handelt es sich dabei um das arithmetische Mittel der jenseits des entsprechenden Konfidenzniveaus liegenden Verluste – während der VaR also nur einen Punkt auf der Verteilung abgreift, verdichtet der CondVaR die schlimmsten Fälle jenseits des VaR zu einer Verlustinformation[973]. Damit ist auch die Subaddidivität gegeben[974]. Daraus ergibt sich auch, dass der CondVaR höhere Risikowerte als der VaR liefert und deshalb als konservativeres Risikomaß gelten kann[975]. Daneben wird CondVaR-optimierten Portfolios eine tendenziell bessere Wertentwicklung als VaR-optimierten Portfolios zugeschrieben[976].

Ein so ermitteltes Zielportfolio ist abschließend auf die GuV zu verproben. Das ist am einfachsten in der Form möglich, dass das ursprüngliche Ausgangportfolio und das neue Zielportfolio nebeneinander gestellt werden, um die erforderlichen Umschichtungen zu identifizieren. Dieses Deltaportfolio kann dann bezüglich seiner Auswirkungen auf Zinsspanne und Abschreibungsrisiko analysiert werden. Aus dem sich ergebenden Bestandsabbau und der damit einhergehenden Aufgabe ordentlicher Erträge und aus dem im Gegenzug zu vollziehenden Aufbau anderer Anlagen mit der Generierung der damit verbundenen ordentlichen Erträge lassen sich schnell die Unterschiede im laufenden Ertrag ermitteln. Auf die gleiche Weise können die Effekte auf das Bewertungsergebnis abgeschätzt werden: Den Risiken, die sich aufgrund des Bestandsabbaus reduzieren, stehen neue Risiken aus dem Erwerb der neuen Finanzinstrumente gegenüber. So lassen sich auf einfache Weise die GuV-Effekte bestimmen, ohne eine Vollsimulation der GuV-Entwicklung durchführen zu müssen. Gleichzeitig wird hierbei über die Verkaufskurse der einzelnen Transaktionen zum Bestandsabbau der einmalige Ergebnisbeitrag der Umschichtung als Gewinn oder Verlust ersichtlich.

1221

In ähnlicher Form ist eine Analyse der Auswirkungen auf die Risikotragfähigkeit erforderlich. Auch hier können kaum die sonst zur Risikomessung üblichen Vollsimulationen durchgeführt werden, aber eine Abschätzung analog dem oben dargestellten Vorgehen sollte qualitativ hinreichende Hinweise auf sich eventuell ergebende Engpässe ergeben.

1222

---

972 Vgl. *Sievi/Wegner/Freundorfer* (2011), S. 145.
973 Vgl. *Theiler/Dersch* (2011), S. 9.
974 Vgl. *Sievi/Wegner/Freundorfer* (2011), S. 146.
975 Vgl. *Oriwol/Theiler* (2014), S. 4.
976 Vgl. *Oriwol/Theiler* (2014), S. 8.

1223 Für den Fall, dass eine oder beide dieser Verprobungen zu dem Ergebnis führen, dass das (wertorientiert ermittelte) neue Zielportfolio in dieser Form nicht sinnvoll realisierbar ist, sind die Eingangsparameter entsprechend zu justieren und die Optimierung erneut zu durchlaufen. Im Ergebnis sollte sich so ein Zielportfolio definieren lassen, das im Rahmen der vorgegebenen Leitplanken effizient im Sinne einer Asset Allocation ist, gleichzeitig aber der Restriktionen der institutsindividuellen GuV und Risikotragfähigkeit Rechnung trägt.

5. Fazit

1224 Es bleibt dabei: An einer Risikotragfähigkeitsrechnung auf der Basis addierter Risiken dürfte derzeit kaum ein Weg vorbei führen, auch wenn eine sachgerecht durchgeführte und auf Risikostreuung angelegte Asset Allocation dazu führen sollte, dass sich die so ermittelten Risikowerte nicht in dieser Form materialisieren[977]. Die Umsetzung einer ermittelten Asset Allocation in einer Fondshülle hilft zwar dabei, die tatsächlich vorhandenen Diversifikationseffekte in die GuV zu transportieren, die Risikoüberzeichnung in der Risikotragfähigkeitsrechnung wird dabei aber von der Aufsicht nicht nur toleriert, sondern letztendlich aktiv eingefordert.

1225 Vor diesem Hintergrund ist es künftig in noch größerem Maße als bisher unerlässlich, eine geplante Ziel-Allokation vor ihrer Implementierung bezüglich ihrer Auswirkungen sowohl auf die GuV als auch auf die Risikotragfähigkeit zu verproben. Der dargestellt praktische Ansatz kann eine Möglichkeit sein, sich einer geeigneten Asset Allocation sachgerecht zu nähern.

---

977 Vgl. umfassend Kapitel D.VIII.

IV. Ausblick auf die Zukunft der RTF-Konzepte[978]

Die Ausführungen der Kapitel E.I – E.III haben eindrucksvoll gezeigt, dass im Bereich der RTF-Konzepte zur Zeit einiges im Umbruch ist[979].

Zum einen kann gezeigt werden, dass, obwohl barwertige Effekte sich immer 1:1 in der GuV wiederfinden lassen, der barwertige Ansatz alleine kann jedoch zu Fehlsteuerungsimpulsen führen[980]. Folglich ist es aus Sicht des Herausgebers angeraten, die barwertigen Ansätze um Neugeschäfte und den Zeitraumbezug zu erweitern. Gerade vor dem Hintergrund der geplanten Eigenmittelunterlegung der Zinsänderungsrisiken erfährt der barwertige Ansatz eine Art Renaissance.

Zum anderen muss jedoch konstatiert werden, dass die Methodenfreiheit und die Modellierung im Rahmen der Säule II nachlassen wird. Durch SREP und den Säule 1+ Ansatz geraten Going-Concern Verfahren immer mehr unter Druck. Es ist davon auszugehen, dass die meisten Häuser einen Going-Concern Ansatz bei einer Zielsolvabilität von 15 % oder mehr nicht mehr aufrecht erhalten können. Die Folge wird ein Umschwenken auf den Liquidationsansatz und eine deutlich stärkere Fokussierung auf Säule 1 sein.

Diese Entwicklung ist aus Sicht des Herausgebers nicht zu begrüßen. Die methodisch fortgeschrittenen Säule II Ansätze führen zu Nachhaltigkeit und einem sicheren Geschäftsmodell. Die Steuerung über Säule 1 ist zwar grundsätzlich möglich, wirft die Institute aber methodisch auf den »kleinsten gemeinsamen Nenner« in der europäischen Union zurück.

---

[978] Autor: **Svend Reuse**. Die Ausführungen geben die persönliche Auffassung des Autors wieder.
[979] Vgl. Kapitel E.I – E.III.
[980] Vgl. Kapitel E.II; *Reuse* (2016.02a), S. 138 ff.

F.
Messung, Limitierung und Einbindung von Risiken in die Risikotragfähigkeit

F. Messung, Limitierung und Einbindung von Risiken in die Risikotragfähigkeit

I. Adressausfallrisiko (inkl. Kontrahenten- und Spreadrisiko)[981]

1. Vorüberlegungen

Die Information, dass Adressenausfallrisiken für Banken und Sparkassen qua Funktion eine herausragende Bedeutung im Rahmen der Risikosteuerung haben, ist keine wirklich neue. Gleichwohl ist ein deutlich veränderter Umgang mit denselben Risiken sowohl in der Instituts- als auch der Aufsichtslandschaft wahrnehmbar.

Die Nachwirkung oder wahlweise der Fortbestand der Finanzmarktkrise sind sicher Ausfluss dieser Entwicklung, jedoch nicht deren Quelle. Vielmehr spielen hierbei verschiedene Komponenten eine Rolle. Risiko wird als solches wieder wahrgenommen und auch entsprechend bepreist. Die Tatsache, dass Länder trotz völlig unterschiedlicher Voraussetzungen nahezu als risikolos angesehen wurden – so zumindest die Lage an den Kapitalmärkten vor der Finanzkrise – ist hierfür nur eines der prominenteren Beispiele. Da die alten »Landkarten«, durch die Krise ausgelöst, nun nicht mehr die richtigen Wege aufzeigen, gilt es, diese durch neue zu ersetzen.

Wie aber kommen wir zu neuen Landkarten? Üblicherweise ist das Terrain neu zu vermessen, die Ergebnisse festzuhalten und darauf aufbauend neue Zeichnungen anzufertigen, die die Informationen sachgerecht an den Empfänger adressieren. Dabei steht und fällt der Erfolg des Vorhabens mit dem Sammeln der Geländedaten und deren Verfügbarkeit. Daher dienen im Folgenden die Verfügbarkeit relevanter Informationen bzw. Daten sowie die Abgrenzung der Geschäftsbereiche als zwei erweiterte Perspektiven auf die zu vermessende Adressenausfallrisiko-Landkarte im Rahmen des Aufsatzthemas.

---

981 Autoren: **Matthias Meier** und **Michael Wellershaus**. Die Ausführungen geben die persönliche Auffassung der Autoren wieder.

2. Definition und Strukturierung des Risikos

1233 In der Literatur finden sich verschiedene Ansätze zur Definition und Strukturierung des Adressenausfallrisikos. Daher sollte auch in der Praxis am Beginn aller Überlegungen zum Thema Messung, Limitierung und Einbindung des Adressenrisikos in die Risikotragfähigkeit die Festlegung der Begrifflichkeiten für die Nutzung im Unternehmen stehen.[982] Diese können beispielsweise in einen institutseigenen **Risikokatalog** oder in andere Dokumente aufgenommen werden. Dieser dient dann wiederum als Basis der Risikoinventur sowie als einheitliche Sprachregelung und Orientierung für interne und externe Prüfer.[983]

1234 Eine auf Basis dieses Risikokatalogs als »Suchraster« betriebene **Risikoinventur** beginnt dann mit der praxisorientieren Infragestellung, Überprüfung und Aktualisierung desselben. Damit ist sichergestellt, dass aktuelle Entwicklungen bei der Betrachtung von Risikopotenzialen nicht außer Acht gelassen werden.

1235 Die in einem Risikokatalog definierte **Begriffsbestimmung** und Strukturierung dient der Analyse der eigenen Geschäftsaktivitäten bzw. -arten und der daraus resultierenden bilanziellen sowie außerbilanziellen Risikopositionen.

1236 Die Unterteilung der adressenausfallrisikobehafteten Geschäftsaktivitäten[984] wird hier wie folgt vorgenommen:

- Kundenkreditgeschäft
- Handelsgeschäft oder synonym Eigenanlagegeschäft
- Beteiligungsgeschäft

1237 Abbildung F – 1 verbindet die prozessuale Dimension der Geschäftsaktivitäten mit der Risikoperspektive der MaRisk. Nach Auffassung der Autoren stellt das Beteiligungsgeschäft in dieser Form der Darstellung eine folgerichtige Erweiterung für den Praxisgebrauch dar, der insbesondere der Risikokommunikation gegenüber den Anspruchsgruppen dienen kann. Die beispielsweise zuletzt in der Sparkassen-Finanzgruppe vorgenommenen Abschreibungen auf Beteiligungen deuten auf die Angemessenheit dieser Darstellung hin.[985] Zudem dient diese Unterscheidung im Folgenden der Differenzierung der Messmethoden.

---

982 Vgl. *Schierenbeck/Lister/Kirmße* (2008), S. 13.
983 Zum Fehlen allgemein gültiger Definitionen vgl. *Deutsche Bundesbank* (2013.03), S. 36; zu Unterkategorien einer Risikoart vgl. *Deutsche Bundesbank* (2013.03), S. 40.
984 Für adressenausfallrisikobehaftete Geschäftsaktivitäten, hier synonym für Kreditgeschäft, vgl. *BaFin* (2012.12b), AT 2.3, Tz. 1.
985 Vgl. *Bergermann/Welp* (2013); *Sievi/Wegner/Freundorfer* (2011), S. 233.

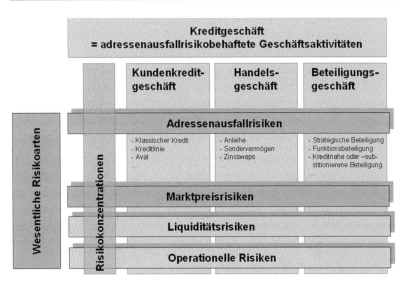

Abbildung F – 1: Geschäftsaktivitäten und Risikoarten[986]

An den Knotenpunkten von Geschäftsaktivität und Risikoausprägung[987] finden sich die hier in die Betrachtung einbezogenen **Risikopositionen**:[988]

- Kundenkreditgeschäft
  - Kredit
  - Kreditlinie
  - Avalkredit
- Handelsgeschäft
  - Anleihe bzw. Schuldverschreibung
  - Sondervermögen (wie Publikumsfonds oder Spezialfonds)
  - Zinsswap (als Beispiel für derivative Geschäfte)
- Beteiligungsgeschäft[989]
  - Strategische Beteiligungen
  - Funktionsbeteiligungen
  - Kreditnahe- oder substituierende Beteiligungen

---

986 Erweiterte Darstellung in Anlehnung an *DSGV* (2014), S. 23.
987 Vgl. Abbildung F – 1.
988 Für einen detaillierteren Kurzüberblick vgl. *Dahlitz* (2010), S. 4 f.
989 Vgl. *DSGV* (2011), S. 187.

1239 Die genannten Risikopositionen werden im Weiteren bei der Strukturierung des Adressenausfallrisikos aufgegriffen sowie später[990] vor dem Hintergrund der **Datenverfügbarkeit** diskutiert. Die Gesamtheit der Risikopositionen stellt hier das **Kreditportfolio** eines Instituts dar.[991]

1240 Als beispielhafte Basis einer praxisorientierten Strukturierung des Adressenausfallrisikos dient Abbildung F – 2. Sie differenziert Adressenausfallrisiken nach Ausprägung, Vorhersehbarkeit, Geschäftsart sowie relevanten Zusatzkomponenten.

1241 Die Differenzierung nach der Ausprägung des Risikos ist eng mit Fragen der Quantifizierung, der Beurteilung der **Wesentlichkeit** mit Blick auf die zu Grunde liegenden Risikopositionen sowie letztlich der Abbildung in der Risikotragfähigkeit in Abhängigkeit von den Perspektiven Going-Concern oder Gone-Concern[992] verbunden. Dies verdeutlicht die Wichtigkeit der Unterscheidung.[993]

---

990 Vgl. Ausführungen zur Differenzierung nach Geschäftsarten.
991 Vgl. *Eller/Heinrich/Perrot/Reif* (2010), S. 49.
992 Für die Perspektiven der Risikotragfähigkeit siehe Kapitel B.III.2 und Kapitel E.
993 Vgl. *Bartetzky* (2012), S. 41, 44.

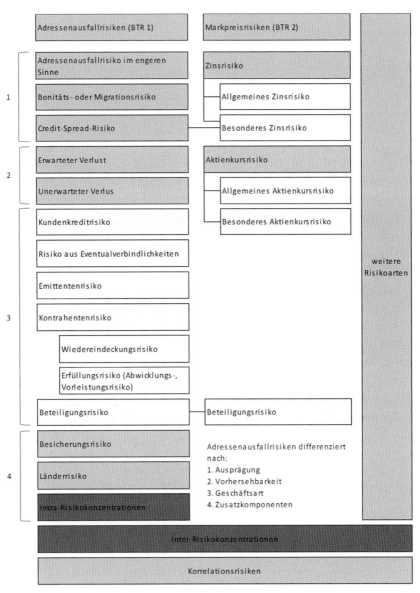

Abbildung F – 2: Strukturierung des Risikos I[994]

---

994 Modifizierte Darstellung in Anlehnung an *Bartetzky* (2012), S. 41.

MESSUNG UND LIMITIERUNG VON RISIKEN

1242 Das **Adressenausfallrisiko im engeren Sinne (default risk)** stellt hier allein auf die mögliche Zahlungsunfähigkeit (Ausfall) einer Risikoposition bzw. der dahinter stehenden Gegenpartei (Adresse) ab. Es interessiert primär die Höhe des möglichen Vermögensschadens im Ausfallzeitpunkt.[995]

1243 In den MaRisk selbst ist diesbezüglich keine Erläuterung zu finden. Die Solvabilitätsverordnung enthält folgende Definition: *»Adressenausfallrisiko ist das Risiko, dass eine natürliche oder juristische Person oder eine Personenhandelsgesellschaft, gegenüber der das Institut einen bedingten oder unbedingten Anspruch hat, nicht oder nicht fristgerecht leistet oder das Institut gegenüber einer Person oder Personenhandelsgesellschaft aufgrund der Nichtleistung eines Dritten zu leisten verpflichtet ist, sowie das finanzielle Risiko des Instituts in Bezug auf Beteiligungen.«*[996]

1244 Das **Bonitäts- bzw. Migrationsrisiko (downgrade risk)** besteht demgegenüber in der Verschlechterung der Bonität einer Adresse oder auch deren Migration in eine schlechtere Ratingklasse. Es beschreibt damit die Gefahr, dass die Wahrscheinlichkeit eines Ausfalls im Zeitablauf zunimmt.[997]

1245 Das **Credit-Spread-Risiko (credit spread risk)** beschreibt die Gefahr der Zunahme der marktüblichen Risikoübernahmeprämie im Zeitablauf. Die Bonität bzw. das Rating der Adresse bleibt dabei (zunächst[998]) unverändert. Ein Investor erwartet hier bei unveränderter Bonität einen höheren Renditezuschlag im Vergleich zu einer risikolosen Anlage.[999]

1246 Als problematisch erweist sich eine eindeutige Zurechnung, respektive **Zerlegung, des Credit-Spread-Risikos** in Adressenausfall- und Marktpreisrisikokomponenten.[1000] Die MaRisk verorten das Risiko im Bereich der Marktpreisrisiken: *»Marktbezogene Risiken, die aus der Veränderung der Bonität einer Adresse resultieren (z. B. besondere Kursrisiken beziehungsweise potenzielle Änderungen von Bonitätsspreads) oder auf die Marktliquidität zurückzuführen sind, sind im Rahmen der Risikosteuerungs- und -controlling-prozesse in angemessener Weise zu berücksichtigen.«*[1001]

---

995 Vgl. *Wiedemann* (2008), S. 139; *Schierenbeck/Lister/Kirmße* (2008), S. 6, 154; *Bartetzky* (2012), S. 41.
996 § 4 (2) S. 2 *SolvV*.
997 Vgl. *Wiedemann* (2008), S. 139; *Schierenbeck/Lister/Kirmße* (2008), S. 6, 155; *Bartetzky* (2012), S. 42.
998 Am Kapitalmarkt kann eine Erhöhung des beobachteten Credit-Spreads eine negative Veränderung des Ratings vorweg nehmen. Vgl. *Bartetzky* (2012), S. 42.
999 Vgl. *Wiedemann* (2008), S. 141; vgl. *Bartetzky* (2012), S. 42.
1000 Vgl. *Bartetzky* (2012), S. 41 ff; für einen Überblick über die Komponenten des Credit-Spreads vgl. *Cremers/Krones* (2012), S. 8 ff. Für einen Überblick zu Berechnungsverfahren vgl. auch *Pape/Schlecker* (2008), S. 658 ff.
1001 *BaFin* (2012.12c), BTR 2.1, Tz. 1 Erl.

Abbildung F – 2 visualisiert die **Abgrenzungsproblematik**. Das allgemeine Zinsrisiko beschreibt die Gefahr der Veränderung des zu Grunde liegenden risikolosen Zinses. Das besondere bzw. spezifische Zinsrisiko bezieht sich auf die möglichen Nachteile aus der Zunahme des marktüblichen Renditezuschlags für eine Risikoposition im Vergleich zum risikolosen Zins (also wie oben). Unterschieden wird letztlich anhand der Frage, welcher Teil des Credit-Spread-Risikos der Gefahr der Bonitätsveränderung und welcher Teil der Gefahr der Kapitalmarktpreisveränderung zuzurechnen ist.[1002] Nach Ansicht der Autoren ist die Abgrenzungsfrage hier eher von akademischer denn praktischer Natur, sofern es gelingt, die »Sammelgröße« Spread-Risiko adäquat zu bestimmen und in die Risikotragfähigkeit zu integrieren. Die Aufsicht fordert, dass *»für zinstragende Geschäfte im Depot A [...] grundsätzlich auch Credit-Spread-Risiken zu berücksichtigen«*[1003] sind.

1247

Eine weitere Abgrenzungsproblematik betrifft das Verhältnis von Credit-Spread-Risiko zu Migrationsrisiko. Da Credit-Spreads häufig eine Ratingmigration vorweg nehmen, entstehen schwer abzugrenzende **Überlappungseffekte**.[1004]

1248

Wenn die Leitlinie definiert wird, dass bei den wesentlichen Risiken *»in einem schlüssigen Gesamtkonzept [...] sowohl erwartete als auch unerwartete Verluste zu berücksichtigen«*[1005] sind, so geht die Differenzierung nach der **Vorhersehbarkeit** über die bisher übliche Unterscheidung in Bezug auf die Kalkulation der Komponenten des Kreditzinses hinaus. Vielmehr impliziert dies den Rückgriff auf Quantifizierungsmethoden, die Wahrscheinlichkeitsaussagen ermöglichen. Gelingt es also, ein Risiko derart zu quantifizieren, dass man im Ergebnis eine Wahrscheinlichkeitsverteilung erhält, so sind Aussagen zu dem erwarteten Verlust (50 Prozent-Quantil) als auch zu jedem anderen Quantil möglich. Der Erwartungswert kann dann bereits in Strategie, Planung und Margenkalkulation berücksichtigt werden und stellt, sofern derart geschehen, kein Risiko im Sinne der aufsichtsrechtlichen Forderung mehr da.[1006]

1249

1002   Vgl. *Bartetzky* (2012), S. 42 f. sowie S. 51 ff.
1003   *BaFin* (2011.12), Tz. 87.
1004   Vgl. *Deutsche Bundesbank* (2013.03), S. 36; vgl. *BaFin* (2011.12), Tz. 92.
1005   *BaFin* (2011.12), Tz. 21 und Tz. 93.
1006   Vgl. auch *BaFin* (2011.12), Tz. 93; *Wiedemann* (2008), S. 139.

1250 Die Differenzierung des Adressenausfallrisikos nach der **Geschäftsart** berücksichtigt Besonderheiten, die mit der Natur der jeweiligen Geschäftsaktivität im Bereich des Kundenkredit-, Handels- oder Beteiligungsgeschäfts einhergehen. Hier wird auf die spezifische Quelle des Risikos abgestellt.[1007]

1251 Die Vergabe von klassischen Kreditfinanzierungen sowie Kreditlinien oder Avalen sind Bestandteil des Kundenkreditgeschäfts. Dabei lässt sich unterscheiden, ob die konkrete Höhe der Inanspruchnahme seitens des Kunden festgeschrieben (**Kundenkreditrisiko**) oder unterhalb eines Höchstbetrags für die Zukunft ungewiss (**Risiko aus Eventualverbindlichkeiten**) ist.[1008]

1252 Der Erwerb einer verzinslichen Anleihe eines Emittenten (**Emittentenrisiko**) sowie der Austausch von zukünftigen Zahlungsströmen mittels Derivategeschäften wie beispielsweise Zinsswaps (**Kontrahentenrisiko**) werden dem Handelsgeschäft zugeordnet. Kundenkredit- und Emittentenrisiko lassen sich dabei insbesondere über die Handelbarkeit und damit die Verfügbarkeit von Marktinformationen abgrenzen.[1009] Das Kontrahentenrisiko stellt, anders als Kundenkredit- und Emittentenrisiko, weniger auf den quasi klassischen Tausch eines Finanzierungsbetrags heute gegen einen zukünftigen Zufluss von Zins- und Tilgungsleistung und das damit verbundene Ausfallrisiko ab. Vielmehr steht das Risiko der Störung der Leistungsabwicklung bei Handelsgeschäften und der spezifischen Folgen daraus im Mittelpunkt der Betrachtung.[1010] Dabei lässt es sich in das Wiedereindeckungs- und Erfüllungsrisiko zerlegen.

1253 Das **Wiedereindeckungsrisiko** besteht beispielsweise in Bezug auf ein Zinsswapgeschäft, wenn dieses im Zeitverlauf einen positiven Vermögenswert entwickelt. Fällt der Kontrahent aus, so fällt dieser Vermögenswert aus. Eine sogenannte Wiedereindeckung des Geschäfts zu unveränderten Konditionen ist nicht mehr möglich.[1011]

1254 Die Gefahr, dass bei der Abwicklung eines Handelsgeschäfts, das nicht Zug-um-Zug geschieht, der Kontrahent ausfällt, beschreibt das **Erfüllungsrisiko**, das mit einer derartigen Transaktion verbunden ist. Es wird in Abwicklungs- und Vorleistungsrisiko unterschieden.[1012]

1007 Vgl. *Bartetzky* (2012), S. 45.
1008 Vgl. *Bartetzky* (2012), S. 47.
1009 Vgl. *Bartetzky* (2012), S. 45.
1010 Vgl. *Talkenberger/Wehn* (2012), S. 2.
1011 Vgl. *Bartetzky* (2012), S. 46.
1012 Vgl. *Bartetzky* (2012), S. 46; *Schierenbeck/Lister/Kirmße* (2008), S. 155.

Das »**Abwicklungsrisiko** *ist das für ein*

- *nach Ablauf des Erfüllungszeitpunktes*
- *beiderseitig nicht erfülltes Geschäft bestehende Risiko einer Wertveränderung des Geschäftsgegenstands.*«[1013]

Das **Vorleistungsrisiko** besteht hingegen in der Gefahr, dass die Vorleistung bzw. Vorleistungsrisikoposition ausfällt. Es ist wie folgt definiert: *»Eine Vorleistungsrisikoposition ist jeder Anspruch aus einem Geschäft, [...], bei dem [das Institut]*

a) *für Wertpapiere, Fremdwährungen oder Waren bezahlt hat und diese bisher noch nicht erhalten hat, oder*

b) *Wertpapiere, Fremdwährungen oder Waren geliefert hat und für diese noch nicht bezahlt worden ist.*«[1014]

Hier wird die Verbindung zum **Operationellen Risiko** deutlich, da gerade durch eine Prozessoptimierung das Erfüllungsrisiko gemindert werden kann. Auch wird in diesem Zusammenhang die Schwierigkeit der Quantifizierung des Adressenausfallrisikos aus Erfüllungsrisiken betont.[1015]

Der Finanzmarkt ist von vielfältigen, komplexen Kontrahentenbeziehungen zwischen den Akteuren geprägt. Die Finanzmarktkrise hat insbesondere mit den Folgen der Lehmann-Pleite die herausragende Bedeutung des früher oftmals unterschätzten Kontrahentenrisikos in der Ausprägung des Wiedereindeckungsrisikos gezeigt. Als Lehre aus der Krise befindet sich diese Risikoart im prominenten Fokus der Regulierer.[1016]

Ein ähnliches **Abgrenzungsproblem** wie zwischen Adressenausfall- und Marktpreisrisiken bei Credit-Spreads des Handelsgeschäfts existiert auch bei den Risiken des **Beteiligungsgeschäfts**. Diese Geschäftsaktivität ist in den verschiedensten Ausprägungen in allen Bankengruppen vertreten. Art und Umgang sind dabei je nach Institut als ausgesprochen heterogen zu bewerten.[1017]

[1013] § 4 (2) S. 4 *SolvV*.
[1014] § 14 (1) *SolvV*.
[1015] Vgl. *Bartetzky* (2012), S. 46; *Schierenbeck/Lister/Kirmße* (2008), S. 156.
[1016] Vgl. *Bartetzky* (2012), S. 47; *Goldschmidt/Rudy* (2010), S. 1; *Talkenberger/Wehn* (2012), S. 2; *Martin/Bächstädt/Pietrzak* (2011), S. 6 ff.
[1017] Vgl. *Bartetzky* (2012), S. 48; *Sievi/Wegner/Freundorfer* (2011), S. 233.

1260 Gemäß Solvabilitätsverordnung sind Risiken aus Beteiligungspositionen (Beteiligungsrisiko) dem Adressenausfallrisiko zuzurechnen.[1018] Gleichwohl wird berechtigterweise darauf verwiesen, dass von ihnen auch Marktpreisrisiken ausgehen können.[1019]

1261 Allgemein betrachtet sind Beteiligungen *»Anteile an anderen Unternehmen, die bestimmt sind, dem eigenen Geschäftsbetrieb durch Herstellung einer dauernden Verbindung zu jenen Unternehmen zu dienen. Dabei ist es unerheblich, ob die Anteile in Wertpapieren verbrieft sind oder nicht. Als Beteiligung gelten im Zweifel Anteile an einer Kapitalgesellschaft, die insgesamt den fünften Teil des Nennkapitals dieser Gesellschaft überschreiten. Auf die Berechnung ist § 16 Abs. 2 und 4 des Aktiengesetzes entsprechend anzuwenden. Die Mitgliedschaft in einer eingetragenen Genossenschaft gilt nicht als Beteiligung [...].«*[1020] Darüber hinaus ist die Frage, wann der Einzelfall einer Aktien- oder einer Beteiligungsposition zuzurechnen ist, in Verbindung mit der konkreten Haltedauer bzw. Halteabsicht zu beantworten.[1021]

1262 Die als **Zusatzkomponenten** in Abbildung F – 2 bezeichneten Risikoausprägungen stellen Risiken dar, die die bisher geschilderten Ausprägungen und Geschäftsbereiche gewissermaßen »überlappen« und im Rahmen der Risikoquantifizierung zu einer weiteren Komplexitätssteigerung führen.

1263 Das **Besicherungsrisiko** bezeichnet die Gefahr, dass der Wert der zur Reduktion des Ausfallrisikos vereinbarten Kreditsicherheiten ganz oder teilweise verfallen kann. Durch diesen Wertverfall des Sicherungsgutes steigen der Blankoanteil der Forderung und damit der mögliche Verlustbetrag nach Eintritt des Ausfalls. Über den konkreten Sicherheitengegenstand können sich vielfältige Wechselbeziehungen zu anderen Risikokategorien und -arten ergeben. Als Beispiel sei hier das Aktienkursrisiko genannt, wenn Aktien sowohl im Eigenbestand gehalten als auch als Sicherheit im Forderungsbestand dienen. Im regulatorischen Kontext wird von Kreditrisikominderungstechniken gesprochen. Diese zählen hier nicht zum originären Adressenausfallrisiko.[1022]

1018 Vgl. §4 (2) Satz 2 *SolvV*.
1019 Vgl. *Sievi/Wegner/Freundorfer* (2011), S. 233.
1020 § 271 (1) *HGB*. Für einen Überblick über die verschiedenen Definitionen der Beteiligungsarten vgl. beispielsweise *Sievi/Wegner/Freundorfer* (2011), S. 233 ff; *DSGV* (2011), S. 186 ff. Für eine Einordnung im Rahmen einer praxisbezogenen Diskussion des Beteiligungsmanagements vgl. *Klaßen/Klingeler/Koll* (2010), S. 12 ff.
1021 Vgl. *DSGV* (2011), S. 187 auf Basis des Protokolls der dritten Sitzung des Fachgremiums MaK vom 23.11.2003. MaK = Mindestanforderungen an das Kreditgeschäft der Kreditinstitute.
1022 Vgl. *Bartetzky* (2012), S. 47 f.

Die mit dem Akt der Sicherheitenverwertung verbundenen Rechtsrisiken zählen zu einer möglichen Ausprägung des operationellen Risikos.[1023]

Bei einer Auslandsinvestition erfährt das Ausfallrisiko einer Adresse durch das **Länderrisiko** eine bedeutsame Erweiterung. Diese Bedeutung wurde durch die andauernde Staatsschuldenkrise sowie durch Beispiele wie Griechenland und Zypern in der jüngeren Vergangenheit eindrucksvoll belegt. Als mögliche Verlustursachen treten hier die politischen, wirtschaftlichen oder auch sozialen Bedingungen des betreffenden Landes hinzu. Hoheitliche Eingriffe in den Devisentransfer stellen eine mögliche Ausprägung des Risikos dar.[1024] Die MaRisk ordnen das Länderrisiko dem Adressenausfallrisiko zu und fordern explizit die Berücksichtigung in den Kreditprozessen als auch in der Risikobetrachtung und -darstellung.[1025] In dem Fall, dass ein Staat oder eine staatliche Einrichtung unmittelbar als Gegenpartei auftritt, ist das Länderrisiko, der Unterscheidung des Adressenausfallrisikos nach Geschäftsarten folgend, mit dem Kredit- oder Emittentenrisiko gleichzusetzen.[1026] Beispiel hierfür ist eine klassische Staatsanleihe.

1264

Ebenfalls wurden durch den Verlauf der Finanzmarktkrise die Risiken aus vorhandenen Konzentrationen oder im Rahmen der Risikosteuerung angenommenen Korrelationen von Risikopositionen verdeutlicht. Auch wurde klar, dass die Abbildung von Konzentrationsrisiken in der Risikosteuerung bisher unzureichend vorgenommen wurde.[1027]

1265

Die MaRisk definieren **Risikokonzentrationen** wie folgt: *»Neben solchen Risikopositionen gegenüber Einzeladressen, die allein aufgrund ihrer Größe eine Risikokonzentration darstellen, können Risikokonzentrationen sowohl durch den Gleichlauf von Risikopositionen innerhalb einer Risikoart (»Intra-Risikokonzentrationen«) als auch durch den Gleichlauf von Risikopositionen über verschiedene Risikoarten hinweg (durch gemeinsame Risikofaktoren oder durch Interaktionen verschiedener Risikofaktoren unterschiedlicher Risikoarten – »Inter-Risikokonzentrationen«) entstehen.«*[1028] In Zusammenhang mit Adressenausfallrisiken *»handelt es sich um Adressen- und Sektorkonzentrationen, regionale Konzentrationen und sonstige Konzentrationen im Kreditgeschäft, die relativ gesehen zum Risikodeckungspotenzial zu erheblichen Verlusten führen können (z. B. Konzent-*

1266

1023 Vgl. § 269 (1) Satz 2 *SolvV*.
1024 Vgl. *Bartetzky* (2012), S. 48; vgl. *Schierenbeck/Lister/Kirmße* (2008), S. 155.
1025 Vgl. *BaFin* (2012.12c), AT 2.2 Tz. 1; BTO 1.2 Tz. 3; BTO 1.2.6 Tz. 1; BTR 1 Tz. 7.
1026 Vgl. *Bartetzky* (2012), S. 48.
1027 Vgl. *Bartetzky* (2012), S. 81.
1028 *BaFin* (2012.12c), AT 2.2 Tz 1. Vgl. auch § 1 (23) *KWG*. Vgl. umfassend auch *Deutsche Bundesbank* (2006.06), S. 36; *DSGV* (2011), S. 201 ff. Für Methoden zur Erkennung von Konzentrationsrisiken vgl. *Fischer* (2010), S. 20 ff.

rationen nach Kreditnehmern, Produkten oder Underlyings strukturierter Produkte, nach Branchen, Verteilungen von Engagements auf Größen- und Risikoklassen, Sicherheiten, gegebenenfalls Ländern und sonstige hoch korrelierte Risiken).«[1029] Durch die Vielzahl der Nennungen wird die bedeutsame Stellung der Risiken, die aus diesen Konzentrationen entstehen können, betont.[1030]

1267 **Korrelationen** beschreiben den statistischen Zusammenhang zwischen zwei Merkmalen[1031]. Wenn sich z. B. das Risiko zweier Kreditnehmer abweichend voneinander entwickelt, kann dadurch ein **risikomindernder Diversifikationseffekt** auf Portfolioebene entstehen (Intra-Risikokorrelation). Auch zwischen Risikoarten können diese Zusammenhänge beobachtet werden (Inter-Risikokorrelation). Im Rahmen der Risikoquantifizierung können darum risikomindernde Diversifikationseffekte einbezogen werden. Werden diese genutzt, geht die Gefahr damit einher, dass die unterstellten Effekte gerade nicht eintreten (Korrelationsrisiko).[1032] Aufsichtlich wird diesem Risiko, gerade mit Blick auf Extremsituationen, eine große Bedeutung eingeräumt, das sich in hohen Datenanforderungen für den Einsatz zeigt.[1033] Auch in der Literatur findet eine umfassende, kontroverse Diskussion hierzu statt.[1034]

1268 Die Zusammenhänge aus den Abbildungen F – 1 und F – 2 können nun auch wie folgt mit Abbildung F – 3 visualisiert werden, um die verschiedenen beschriebenen Perspektiven und deren »Überlappung« zu verdeutlichen.

1029 *BaFin* (2012.12c), BTR 1, Tz 1.
1030 Vgl. *BaFin* (2012.12c), AT 1, Tz. 6; AT 2.2, Tz. 1; AT 4.1, Tz. 1; AT 4.2, Tz. 2; AT 4.3.2, Tz. 1, Tz. 4; AT 4.3.3, Tz. 1; BT 1, Tz. 1; BTR, Tz. 1; BTR, 1 Tz. 1, Tz. 4 Erl. ; Tz. 6, Tz. 7; BTR 2.1, Tz. 1. Vgl. auch *Voit* (2012a).
1031 Vgl. hierzu auch ausführlich die Ausführungen in Kapitel D.VIII.
1032 Vgl. *Bartetzky* (2012), S. 83; vgl. *Eller/Heinrich/Perrot/Reif* (2010), S. 31, S. 127 und S. 293.
1033 Vgl. *BaFin* (2012.12b), AT 4.1, Tz. 6 und 7, AT 4.3.3, Tz. 1.
1034 Vgl. umfassend hierzu *Reuse* (2011); *Voit* (2012a), im Detail erläutert in Kapitel D.VIII.

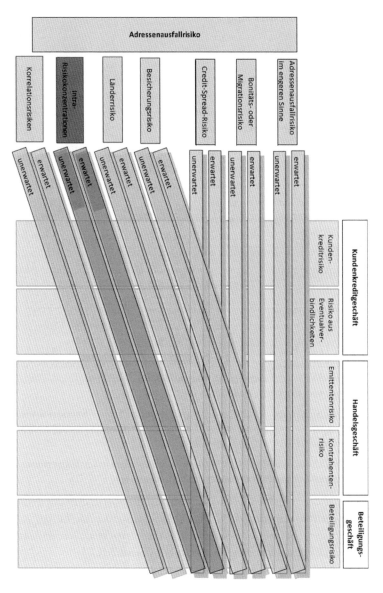

Abbildung F – 3: Strukturierung des Risikos II[1035]

1035 Eigene Darstellung als Kombination der Abbildungen F – 1 und F – 2.

3. Methoden der Messung

3.1. Vorüberlegungen

1269 Nach der Festlegung der angebracht erscheinenden Definitionen und der Strukturierung des Risikos als ersten Schritt im Rahmen einer Risikoinventur stellt sich die Frage nach der Bedeutung der identifizierten Risikopotenziale, also nach der **Wesentlichkeit**.

1270 Wird eine Risikoausprägung als wesentlich im Sinne der MaRisk erkannt, so folgt zwingend die Abbildung im Rahmen der Risikotragfähigkeit.[1036] Nach Ansicht der Autoren ist es empfehlenswert, sämtliche Unterausprägungen der möglichen Risikokategorien in die Betrachtung einzubeziehen und das **Ergebnis der Prüfung zu dokumentieren**. Hierbei sollte eine Vorabzuordnung oder Eingrenzung allein auf die Risikopotenziale des periodischen Steuerungskreises vermieden werden, um mögliche verdeckte bzw. schleichende Vermögensminderungen, die sich nicht unmittelbar in der Rechnungslegung niederschlagen, erkennen und bewerten zu können.[1037]

1271 Für die Festlegung der Wesentlichkeit stellt sich unmittelbar die Frage nach der möglichen Quantifizierung und der verfügbaren Methoden. Dabei sind in der Praxis die folgenden Methoden beobachtbar:[1038]

- Quantifizierung der Höhe des Risikopotenzials sowie einer Wahrscheinlichkeitsaussage über ein **Risikomodell** (Modellierung bzw. Annahme einer statistischen Verteilung).

- Quantifizierung der Höhe des Risikopotenzials über **Szenariobetrachtungen** – ohne unmittelbare Wahrscheinlichkeitsaussage, ggfs. in Verbindung mit Expertenschätzungen.

- Ermittlung der Höhe des Risikopotenzials allein über **Expertenschätzungen** auf Basis von Plausibilitätsüberlegungen.

1272 Die Grenze der Methodenfreiheit der MaRisk liegt dabei in dem übergeordneten Ziel der Risikotragfähigkeit.[1039] Im Folgenden werden die für das Adressenausfallrisiko relevanten Risikomodelle näher betrachtet. Szenariobetrachtungen und Expertenschätzungen werden nicht behandelt.

1036 Vgl. *BaFin* (2012.12c), AT 2.2.
1037 Zur Empfehlung eines »Parallelbetriebs« der Steuerungskreise vgl. *Volk/Wiesemann* (2012), S. 272.
1038 Vgl. auch *Deutsche Bundesbank* (2010.11), S. 16 ff.; vgl. auch *DSGV* (2014), S. 204 ff.
1039 Vgl. *BaFin* (2011.12), Tz. 3.

Es sei darauf hingewiesen, dass die Risikobedeutung bzw. Bestimmung der Wesentlichkeit nicht allein von den Faktoren der Höhe des Risikopotenzials und einer berechneten oder angenommenen Eintrittswahrscheinlichkeit abhängen muss. Auch hier steht es den Instituten frei, beispielsweise über ein Punktbewertungsverfahren weitere Faktoren wie die Verfügbarkeit von Steuerungsinstrumenten und mögliche Reaktionszeiten zu berücksichtigen. Dabei erscheint es angebracht, Rechenergebnisse, die auf Basis eines strukturierten **Punktbewertungsverfahrens** generiert werden, kritisch zu hinterfragen und eine rechnerische Unwesentlichkeit aufgrund eines Expertenvotums in eine Wesentlichkeit umzuwidmen. Das unreflektierte Übernehmen von Verfahren kann hier zu kritischen Fragen von Prüfern bezüglich der Wirksamkeit der Risikosteuerungs- und -controllingprozesse im Institut führen.

3.2. Risikomaße in der Praxis der Risikotragfähigkeit

In der Praxis finden sich die folgenden Risikomessgrößen, die, verbunden mit Wahrscheinlichkeitsaussagen, genutzt werden, Adressenausfallrisiken zu quantifizieren. Hier steht die Betrachtung der Gesamtheit der adressenausfallrisikobehafteten Geschäftsaktivitäten (Kreditportfolio) im Zentrum der Betrachtung.

Das zentrale Messkonzept stellen **Value at Risk** (VaR)-Modelle dar. Der VaR ist *»definiert als*

- *der geschätzte,*
- *maximale Wertverlust einer Einzelposition oder eines Portfolios,*
- *der innerhalb eines festgelegten Zeitraums,*
- *mit einer bestimmten Wahrscheinlichkeit*

eintreten kann«[1040] bzw. nicht überschritten wird. Statistisch ist er ein Quantil einer Wert- bzw. Verlustverteilung.[1041]

Häufig wird ein ermittelter Adressenausfall-VaR auch CVaR, also **Credit Value at Risk**, genannt. Diese Abkürzung kann insofern irreleitend sein, als dass sie auch für den **Conditional Value at Risk** verwendet wird, synonym genutzt für **Expected Shortfall (ES)**. Der ES ist definiert als der Mittelwert der Verluste jenseits des Konfidenzniveaus.[1042] Abbildung F – 4 verdeutlicht

---

1040 *Schierenbeck/Lister/Kirmße* (2008), S. 16.
1041 Für einen Überblick zur Verwendung des VaR in den Banken bzw. Methoden zur Berechnung des VaR vgl. beispielsweise *Bartetzky* (2012), S. 96 ff., oder umfassend *Schierenbeck/Lister/Kirmße* (2008), S. 16 ff. sowie S. 58 ff.
1042 Vgl. *Bartetzky* (2012), S. 102 f.

den Zusammenhang. Die Differenz von ES und erwarteten Verlust wird auch als Risikobeitrag bezeichnet.

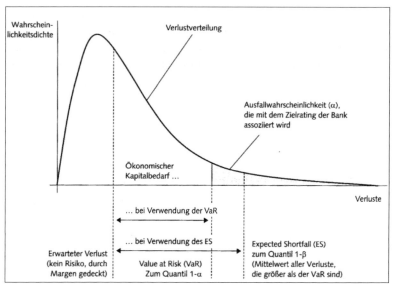

Abbildung F – 4:   VaR und ES[1043]

1277 Der ES begegnet beispielsweise der Kritik am VaR, dass die Risiken jenseits des Konfidenzniveaus völlig außer Acht gelassen werden. Gleichwohl wird in der Praxis fast ausschließlich der VaR zur Bestimmung des Risikos herangezogen.[1044] In Abhängigkeit von der Risikolage eines Instituts sowie der gewählten Risikotragfähigkeitsperspektive kann der ES die adäquatere Parameterwahl darstellen. Dies ist nach Auffassung der Autoren von den Instituten kritisch zu hinterfragen.

1278 Da **Intra-Risikokonzentrationen** je nach Quantifizierungsmethode impliziter Bestandteil der bestimmten Verlustverteilung von Adressenausfallrisiken sind, wirken sie sich unmittelbar auf die Verteilungsränder und die Risikomaße bei hohen Konfidenzniveaus aus. Eine Größe, die hierüber eine Aussage macht, ist der sogenannte **Q-Faktor**[1045]. Dieser ermittelt sich aus dem Verhältnis von VaR für ein Konfidenzniveau (unerwarteter Verlust) zum

---

1043 Quelle: *Bartetzky* (2012), S. 103.
1044 Vgl. *Deutsche Bundesbank* (2013.03), S. 37.
1045 Der Begriff Q-Faktor wird insbesondere im Kreditportfoliomodell CreditPortfolioView (CPV) des Sparkassenbereichs genutzt, vgl. hierzu *Wimmer* (2013), S. 394.

erwarteten Verlust.[1046] Damit ist der Q-Faktor im Übrigen neben der Höhe des Verzinsungsanspruchs für das eingesetzte ökonomische Risikokapital eine zentrale Bestimmungsgröße für den Credit-Spread eines zu Grunde liegenden Portfolios. Je geringer ein Portfolio diversifiziert (also je ausgeprägter die Randverteilung, damit je größer der Q-Faktor) ist, desto höher ist die marktübliche Risikoübernahmeprämie (Credit-Spread) für dieses konkrete Portfolio. Vereinfacht ausgedrückt definieren **Markt-Q** sowie der durchschnittlich am Markt durchsetzbare Verzinsungsanspruch den Markt-Credit-Spread und damit unter anderem die marktübliche Kreditmarge, die bei Geschäftsabschluss vereinnahmt werden kann.[1047]

In Ergänzung zu einer reinen Portfolio-Perspektive existieren weitere Kennzahlen, die auf den Beitrag eines einzelnen Engagements zum Portfoliorisiko abstellen und speziell zur tieferen Analyse von Intra-Risikokonzentrationen geeignet sind. Als Beispiel sei hier der **Marginale VaR (MVaR)** angeführt. In Bezug auf ein konkretes Einzelengagement sagt dieser aus, um welchen Betrag sich der Portfolio-VaR verändert, wenn dieses Einzelengagement aus der Betrachtung ausgeschlossen wird.[1048]

Die beschriebenen Risikomaße sind sowohl für den periodischen als auch den barwertigen Steuerungskreis über Portfoliomodelle bestimmbar.

3.3. Portfoliomodelle

Kreditportfoliomodelle sind bereits umfassend in der Literatur behandelt worden.[1049] Sie dienen insbesondere dazu, den möglichen unerwarteten Verlust zu bestimmen, der innerhalb eines Risikobetrachtungszeitraums entstehen kann.[1050] Neben Modellen wie CreditRisk+, CreditMetrics und CreditPortfolioView (CPV) wird r. c. p.[1051] in der jüngeren Vergangenheit als ein Beispiel für ein weniger komplexes Modell in die Diskussion mit einbezogen.[1052]

Noch zu Beginn der 1990er waren Überlegungen zu Kreditportfoliomodellen in der Praxis nicht anzutreffen.[1053] Seit Veröffentlichung der heutigen Indus-

---

1046 Vgl. *Wimmer* (2013), S. 394; *Sievi/Wegner/Freundorfer* (2011), S. 291; *Lesko/Beck/Feix* (2007).
1047 Vgl. *Wimmer* (2013), S. 393 f.; *Sievi/Wegner/Freundorfer* (2011), S. 291 ff.
1048 Vgl. *Bartetzky* (2012), S. 104.
1049 Vgl. hierzu u. a. *Wiedemann* (2008), S. 151 ff.; *Schierenbeck/Lister/Kirmße* (2008), S. 158 ff.
1050 Vgl. *Deutsche Bundesbank* (2013.03), S. 37.
1051 Ratio calculandi periculi.
1052 Vgl. hierfür *Reuse* (2012.01). Für das Modell r. c. p. vgl. *Fischer* (2012a) sowie *Fischer* (2012b) und *Fischer* (2009). Für weitere weniger komplexe Modelle vgl. beispielsweise *Dahlitz* (2010), S. 1 ff.; *Haas/Knapp/Lerner* (2008), S. 1 ff.; *Runge/Schneider/Trost* (2004), S. 1 ff.
1053 Vgl. *Wehrspohn* (2001), S. 3 ff.

triemodelle sind etwas mehr als 15 Jahre vergangen. In dieser Zeit hat sich Weiterentwicklung und Verbreitung, weniger getrieben durch den ökonomischen Mehrwert als vielmehr durch aufsichtsrechtliche Anforderungen, rasant vollzogen.

1283 Nachfolgend wird die Modelllandschaft kurz systematisiert. Dabei findet eine Verknüpfung mit der Frage nach der Eignung zur Abbildung der relevanten Geschäftsaktivitäten sowie zum Einsatz für den periodischen oder barwertigen Steuerungskreis statt. Überwiegend wird in der Literatur die Systematisierung der Modelle mit der Unterscheidung in wertorientierte (**Mark-to-Market**) und ausfallorientierte (**Default**) Modelle begonnen.[1054] Das eine betrachtet in dieser Unterscheidung die möglichen ökonomischen Wertveränderungen eines Kreditportfolios, die maßgeblich durch Ratingmigrationen bestimmt werden, das andere den möglichen Verlust, der einzig durch die Migration in den Ausfall entsteht. Allerdings wurde spätestens mit der sukzessiven Weiterentwicklung in der Praxis diese Abgrenzung durchlässig.[1055] Abbildung F – 5 bildet diesen Sachverhalt in Form der gestrichelten Pfeile ab.

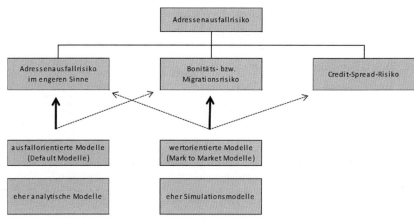

Abbildung F – 5:   *Systematisierung Portfoliomodelle I*[1056]

1054 Vgl. *Ammann/Schmid/Wegmann* (2000), S. 4; vgl. *Albrecht* (2005), S. 26 f.
1055 Vgl. *Ammann/Schmid/Wegmann* (2000), S. 4; vgl. auch für CreditRisk+ *Farne/Koll/Kurth* (2010), S. 66; vgl. für CPV auch *Haasis/Böhme* (2012).
1056 Erweiterte Darstellung in Anlehnung an *Albrecht* (2005), S. 27.

In diesem Zusammenhang wird auch angeführt, dass Mark-to-Market-Modelle eher dem barwertigen Steuerungskreis und Default-Modelle eher dem periodischen Steuerungskreis zuzuordnen sind.

1284

Diese Zuordnung stellt dabei mitunter auf die **Dauerhalteabsicht** in Bezug auf Risikopositionen, die eher im Kundenkreditgeschäft anzutreffen ist, in Abgrenzung zur **Handelsabsicht** ab. Dabei wird allerdings der Umstand vernachlässigt, dass Barwertveränderungen unter anderem aufgrund von Ratingmigrationen auch für die Rechnungslegung relevant werden können. Insofern findet hier keine eindeutige Zuordnung zu den Steuerungskreisen statt. Das zentrale Portfoliomodell der Sparkassen-Finanzgruppe umfasst beispielsweise neben dem sogenannten Barwertmodul seit 2011 auch das Periodikmodul. Damit werden beide Steuerungskreise abgedeckt.[1057]

1285

Als weiteres Unterscheidungsmerkmal kann die Art der **Ermittlung der Wahrscheinlichkeitsverteilung** genannt werden. Diese geschieht entweder über analytische Näherung oder über Simulationen.[1058] Dabei werden oftmals bei den analytischen Modellen die geringe Modellkomplexität und die hohe Performance als Vorteile angeführt. Diskutiert wurden hier insbesondere CreditRisk+ sowie in jüngster Vergangenheit r. c. p. Deren Nachteile ergeben sich aus den Vorteilen der Simulationsansätze, die über die komplexeren Modelle eine Vielzahl von Risikofaktoren in das Ergebnis einbeziehen können, worunter allerdings die Rechenperformance leidet. Hier gelten CreditMetrics sowie CreditPortfolioView (CPV) als Industriestandard.[1059]

1286

Abbildung F – 6 gibt einen Überblick über die Modelle und ihre Hauptunterscheidungsmerkmale. Ordnungskriterium für die Reihenfolge ist hier die **Modellkomplexität**.

1287

1057 Vgl. *Deutsche Sparkassenzeitung* (2011).
1058 Vgl. *Deutsche Bundesbank* (2013a), S. 37.
1059 Vgl. auch *Reuse* (2012.01), S. 34 ff.

MESSUNG UND LIMITIERUNG VON RISIKEN

	r.c.p.	CreditRisk+	CreditMetrics	CreditPortfolioView
Basisdaten				
• Initiator	• Sparkasse Chemnitz (2009)	• Credit Suisse Financial Products (1997)	• J.P.Morgan (1997)	• McKinsey&Company (1997)
• Methodische Grundlagen	• Binominalverteilung	• Etablierte Methodik der Versicherungsmathematik	• Etablierter Ansatz der Statistik/ Versicherungsmathematik	• Etablierter statistischer Ansatz
Risikoverständnis				
• Hauptfokus der Risikodefinition			• Marktwertveränderung	• Marktwertveränderung
	• Verlust aus Kreditausfall	• Verlust aus Kreditausfall		• Verlust aus Kreditausfall (seit 2010)
• Kausaler Risikofaktor	• keine Kausalität	• keine Kausalität	• Unternehmensvermögen	• Makroökonomie
• Kreditausfälle	• ja	• ja	• ja	• ja
• Bonitätsveränderungen	• nein	• nein, aber integrierbar	• ja (Credit-Spread)	• bei Bonds: Credit-Spread
Portfoliostruktur				
• Liquidität aus Portfoliopositionen	• Integration liquider und illiquider Portfolios	• v.a. illiquide Portfolios	• liquide Portfolios, da sonst kein Kurswert existent	• Integration liquider und illiquider Portfolios
• Zeithorizont der Risikoprognose	• fester Zeithorizont ein Jahr	• fester Zeithorizont / bis kreditspez. Fälligkeit	• fester Zeithorizont	• fester Zeithorizont ein Jahr
• Ausrichtung der Datenanforderung auf	• reines Ausfallrisiko	• v.a. Kreditpositionen im Bankbuch	• Anleihen mit einem externen Rating	• Konjunktursensible Kreditportfolios
• Zuordnung der Ausfallraten	• Ausfallwahrscheinlichkeiten müssen vorgegeben werden	• internes Scoring/Rating	• externes Rating	• internes/externes Scoring/Rating, Branche, Region, BIP
Implementierung				
• Software	• Excel-Tool	• kostenloses Excel-Tool	• CreditManager	• CreditPortfolioView
• Datenanforderung	• relativ gering	• relativ gering	• relativ hoch	• relativ hoch
• Rechenmethodik	• analytischer Ansatz	• analytischer Ansatz	• Monte Carlo	• Monte Carlo
• Geschwindigkeit	• sehr schnell	• sehr schnell	• sehr langsam	• sehr langsam
Umsetzung				
• Flexibilität	• einfaches, eher starres Modell	• einfache/schnelle Auswertungen & Adaptionen	• Flexibilität v.a. durch Eingangsparameter	• Modellierung und Parametrisierung sehr flexibel
• Umsetzungsaufwand	• sehr gering	• relativ gering	• mittel	• relativ hoch
• Umsetzungserfahrung	• Sparkassenbereich	• mehrere Banken	• mehrere Banken	• einige Banken, Sparkassenbereich
• Akzeptanz	• (noch) weitestgehend unbekannt	• relativ hoch	• relativ hoch	• mittlerweile (im Sparkassenbereich) *relativ hoch*, seit 2002 konsequente Weiterentwicklung

Modellkomplexität

Abbildung F – 6: Portfoliomodelle und ihre Unterscheidungsmerkmale[1060]

1060 Erweiterte Darstellung in Anlehnung an Reuse (2012.01), S. 35.

In den Anfängen der Modellentwicklung wurde eher das **Kundenkreditgeschäft** fokussiert. Daher können insbesondere Parameter eingebunden werden, die geeignet sind, dass Risikopotenzial aus Kundenkreditgeschäften umfassend abzubilden. Abbildung F – 7 zeigt eine Auswahl wesentlicher Komponenten im Vergleich.

Parameter	r.c.p.	CreditRisk+	CreditMetrics	CreditPortfolioView
Exposure	ja	ja	ja	ja
Ausfallwahrscheinlichkeit Rating- bzw. Scoringnote	ja	ja	ja	ja
Volatilität der Ausfallwahrscheinlichkeit	nein	ja	nein	ja
Migrationsmatrix	nein	nein	ja	ja
Einbringungsquote Verwertungsqueote	Implizit über Angabe des Blankoanteils	Vorgabe einer Rückzahlungsquote	ja	ja
Volatilität der Einbringungsquote	nein	nein	nein	ja
Volatilität der Verwertungsquote	nein	nein	nein	ja
Ausfallkorrelationen	nein	ja, vereinfacht durch Zuordnung von Einflussfaktoren (Hintergrundsektoren)	ja	ja
Zinsstruktur	nein	nein	ja	ja
Spreads	nein	nein	ja	ja
Volatilität der Spreads	./.	./.	nein	nein
Makroökonomische Parameter	nein	nein	nein	ja, vereinfacht über Shiftmatrix

ausfallorientierte Modelle (Default Modelle)		wertorientierte Modelle (Mark to Market Modelle)	

eher analytische Modelle		eher Simulationsmodelle	

Abbildung F – 7:   *Wesentliche Parameter von Portfoliomodellen im Vergleich*[1061]

Unterscheidungsbeispiele: Wertorientierte Modelle nutzten die Informationen aus Ratingsystemen und die zugehörigen Migrationsmatrizen, die wiedergeben, mit welcher Wahrscheinlichkeit ein Kreditnehmer in einer Ratingklasse verharrt, sich verschlechtert oder sich verbessert. Ausfallorientierten Modellen genügt die Vorgabe einer p. a. Ausfallwahrscheinlichkeit.

Ebenfalls werden Sicherheiten und teilweise auch deren Risiko berücksichtigt. Dabei reicht die Spannweite der Parameter von der Vorgabe eines Blanko-

---

[1061] Erweiterte Darstellung in Anlehnung an *Reuse* (2012.01), S. 35 ff.

anteils bis hin zu Verteilungsannahmen für Einbringungs- und Verwertungsquoten. Vor dem Hintergrund der Diskussion um Korrelationsrisiken ist gerade die Kenntnis dieser Modellannahmen bedeutsam. Während die einfachen Modelle hierzu keine Annahme treffen, berücksichtigen die komplexeren verschiedene Formen von risikomindernden Korrelationen, die vorgegeben werden müssen.[1062]

1291 Das Adressenausfallrisiko aus eher einfachen **Handelsgeschäften**, wie normalverzinslichen Wertpapieren verschiedener inländischer Emittenten (Emittentenrisiko), die mit Dauerhalteabsicht in die Bücher genommen werden, kann in den Modellen analog dem Kundenkreditgeschäft abgebildet werden.

1292 Durch die Finanzmarktkrise ist hier allerdings das **Credit-Spread-Risiko** in das Zentrum der Aufmerksamkeit gerückt. Die stark kritisierte Annahme der in der Praxis eingesetzten Modelle liegt in der Spreadkonstanz. Die simulierten Spreads werden als im Betrachtungszeitraum konstant angenommen. Dies wird als gewichtige Schwäche mit »**erheblichem Handlungsbedarf**«[1063] gewertet, da gerade die beobachteten Spreadschwankungen im Krisenverlauf mit hohen Kursverlusten einhergegangen sind.[1064] Dieses Kursverfallrisiko wurde beispielsweise in CPV nicht abgebildet, die berechneten Risikowerte blieben im Krisenverlauf nahezu unverändert. In diesem Zusammenhang wird auch der »**Missinterpretationsspielraum**«[1065] in Modelle wie CreditMetrics und CPV betont, da die modellinhärente Berechnungslogik Spreads ausdrücklich umfasst, so dass ein Anwender in Unkenntnis der genannten »tiefergehenden« Annahme eine umfassende Abbildung des Credit-Spread-Risiko vermuten könnte.[1066]

1293 Die in der Praxis üblichen Modelle sind also in der Lage, neben dem Kundenkreditgeschäft auch das Handelsgeschäft bezüglich Ausfall- und Migrationsrisiko abzubilden – allerdings ohne dabei das Credit-Spread-Risiko dem Risikogehalt entsprechend angemessen abzubilden. Vor diesem Hintergrund wurden neue Lösungen entwickelt, die die Handelsgeschäfte losgelöst vom Kundenkreditportfolio in einem eigenen Risikomodell betrachten.[1067]

1062 Vgl. *Reuse* (2012.01), S. 36.
1063 *Lesko/Beck/Feix/Stückler* (2009).
1064 Vgl. *Lesko/Beck/Feix/Stückler* (2009), S. 1 ff.; *Lesko/Beck/Feix* (2007), S. 10 ff.; *Bünte/Schnabl/Schlottmann/Seese/Vorgrimler* (2009), S. 25 ff.
1065 *Reuse* (2012.01), S. 36.
1066 Vgl. *Reuse* (2012.01), S. 36.
1067 Vgl. beispielsweise Vega von consultingpartner oder GCPV von Gillardon. Für Vega vgl. *Farne/Koll/Kurth* (2010), S. 69 ff. sowie *Koll/Kurth* (2009), S. 1 f., Das Programmbündel VR-Control, das von den Genossenschaftsbanken eingesetzt wird, erfuhr Ende 2011 eine entsprechende Erweiterung, vgl. *Frey/Kurth* (2012), S. 48 ff.; *Holzgraefe/Utzel* (2012), S. 16 ff.; *Fried/Liermann* (2011), S. 1 ff.

Wie bereits bei der Strukturierung des Adressenausfallrisikos angesprochen, steht neben den Credit-Spread-Risiken auch insbesondere das **Kontrahentenrisiko** im Fokus der Aufsicht. Hierzu kann festgehalten werden, dass die genannten Kreditportfoliomodelle dieses stark mit möglichen zukünftigen Marktpreisentwicklungen verwobene Risiko derzeit nicht adäquat berücksichtigen. Dabei orientiert sich die Diskussion derzeit eher an dem regulatorisch getriebenen Themenkomplex.[1068] Es bleibt abzuwarten, zu welchen Industriestandards diese Entwicklung in Bezug auf Kreditportfoliomodelle führen wird.

1294

Gleiches gilt für die explizite Berücksichtigung des **Länderrisikos** bei internationalen Investments. Diese Komponente wird sich allerdings implizit im Credit-Spread des jeweiligen Emittenten widerfinden – wie dies auch der Krisenverlauf gezeigt hat. In diesem Zusammenhang ist es interessant festzuhalten, dass jüngere Untersuchungen bezüglich des Nutzens von Länderratings diesen in Frage stellen und alternativ auf CDS[1069]-Preise verweisen.[1070]

1295

Mit dem **Beteiligungsgeschäft** verhält es sich ähnlich dem Kontrahentenrisiko. Aufgrund der beschriebenen Heterogenität hat sich in der Praxis noch kein Standard bezüglich einer Methodik heraus herausgebildet.[1071] Der derzeitige Stand wird mit »*der Situation gegen Ende der 90er Jahre [verglichen], als mehrere neuartige Kreditportfoliomodelle diskutiert wurden, deren nachhaltiger Einsatz aber erst in den folgenden Jahren mit wachsender Datenqualität auf die erforderliche Akzept im Bank-Management stieß*«[1072],[1073].

1296

Es ergeben sich die folgenden **Rückschlüsse auf die Eignung der Modelle** für die verschiedenen Geschäftsbereiche:

1297

Die Portfoliomodelle sind grundsätzlich geeignet, die Risikopotenziale des **Kundenkreditgeschäfts** sowohl im barwertigen als auch im periodischen Steuerungskreis abzubilden.

1298

Die Eignung für **Handelsgeschäfte** in beiden Steuerungskreisen ist eingeschränkt gegeben und dabei stark davon abhängig, welche Ausprägung der Adressenausfallrisiken betrachtet werden soll. Dies ist momentan ein intensiv

1299

1068 Vgl. Deutsche Bundesbank (2011a), S. 23; *Martin/Bächstädt/Pietrzak* (2011), S. 6 ff.; *Klingeler/Koll/Noack* (2010), S. 38 f.
1069 Credit Default Swap.
1070 Vgl. *Behn/Haselmann/Sobott/Weber/Wulf* (2013), S. 29.
1071 Vgl. *Klaßen/Klingeler/Koll* (2010), S. 26.
1072 *Klaßen/Klingeler/Koll* (2010), S. 29.
1073 Für die Diskussion um die Messung von Beteiligungsrisiken vgl. beispielsweise *Bette/Koll/Wildtraut* (2012), S. 60 ff.; *Sievi/Wegner/Freundorfer* (2011), S. 233 ff.; *Engelmann/Kamga-Wafo* (2011), S. 24 ff.; *Farne/Klingler/Koll* (2009), S. 16 ff.

bearbeitetes Entwicklungsfeld. Dabei scheint der systematische Einbezug des Credit-Spread-Risikos eine schnellere Umsetzung zu erfahren, als der des Kontrahentenrisikos.

1300   Das **Beteiligungsgeschäft** und dessen Adressenausfallrisiken finden derzeit (noch) außerhalb der genannten Modelle statt. Damit sind diese nicht für eine adäquate Abbildung geeignet.

1301   Bezüglich des **Praxiseinsatzes** der dargestellten Modelle ist festzustellen, dass sowohl im Sparkassen- als auch im Genossenschaftssektor darauf basierende Verbandslösungen entwickelt wurden. Daraus resultiert eine mittlerweile hohe Verbreitung dieser Risikoquantifizierungsmethode.[1074]

1302   Die Aufsicht verweist in Anbetracht der Verbreitung allerdings kritisch auf den Umstand, dass die modellbasierten Risikowerte teilweise mit einem **Wert von 10 % und niedriger** deutlich geringer ausfallen als die entsprechenden Werte auf Basis der Solvabilitätsverordnung. Dabei schränkt sie die Kritik derart ein, als dass nicht nur Diversifikationseffekte, also Korrelationen, für diesen risikomindernden Effekt eine Rolle spielen. Vielmehr sind auch die Effekte aus der Anwendung der internen Ratingsysteme sowie der Sicherheitenanrechnung zu erkennen. Gleichwohl wird eine kritische Auseinandersetzung mit den Modellannahmen gefordert.[1075] Dies unterstreicht auch die wachsende Bedeutung des Modellrisikos und der darauf basierenden Gefahr der Fehleinschätzung in der allgemeinen Diskussion.[1076]

1303   Abbildung F – 8 visualisiert die dargestellten Sachverhalte. Dabei müssen nach Auffassung der Autoren die hinsichtlich der Portfoliomodelle kritisch diskutierten Teilbereiche der Risikoquantifizierung (abgebildete »Blitze«) über **andere Quantifizierungsmethoden** einbezogen werden. Es können vereinfachte, eher heuristische Modelle, Stresstests oder Expertenschätzungen auf Basis von Plausibilitätsüberlegungen hierfür Anwendung finden. Auch können **Mittel der Risikosteuerung** genutzt werden, die dazu führen, dass die Risiken derart begrenzt werden, dass eine laufende Quantifizierung sowie ein Einbezug in die Risikotragfähigkeit gegebenenfalls unterbleiben kann. Als ein derzeit eher theoretisches Beispiel kann hier die Überlegung zur Abwicklung von Swapgeschäften über eine zentrale Clearingstelle dienen.

1074   Vgl. *Deutsche Bundesbank* (2010.11), S. 19. Vgl. auch *Sparkassen- und Giroverband Hessen-Thüringen* (2012), S. 31.
1075   Vgl. *Deutsche Bundesbank* (2010.11), S. 19.
1076   Vgl. *Voit* (2012a); *Reuse* (2012.01); *Fraß/Korn/Schnabl/Vorgrimler* (2010).

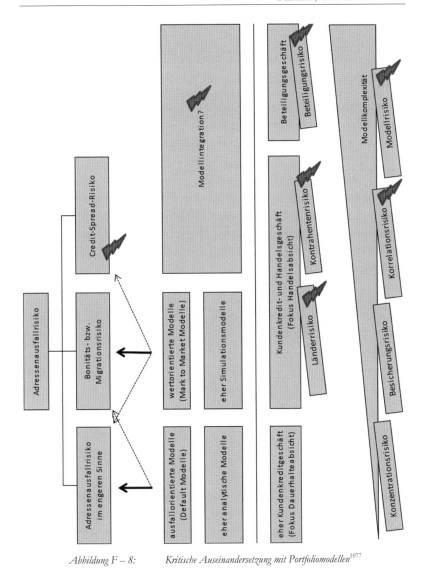

Abbildung F – 8:   Kritische Auseinandersetzung mit Portfoliomodellen[1077]

1077 Eigene Darstellung.

3.4. Praxisherausforderungen am Beispiel der Sparkasse Musterstadt oder »Die Tücke im Detail«

3.4.1. Übergreifende Annahmen

1304 Die folgenden Ausführungen dienen der Veranschaulichung von Fragestellungen, die mit dem Themenkomplex Adressenausfallrisiko und Risikotragfähigkeit einhergehen. Es erfolgt insbesondere die **Problematisierung** relevanter Fragestellungen, denen sich ein Institut mit Blick auf die Messmethoden stellen muss.

1305 Als Beispiel sei hier gedanklich die durchschnittliche und für ein Regionalkreditinstitut repräsentative **Sparkasse Musterstadt** angenommen, die über ein klassisch regional geprägtes Kundenkreditgeschäft verfügt. Ferner umfasst das Handelsgeschäft des Hauses neben einem Portfolio aus festverzinslichen Anleihen auch Sondervermögen wie Publikums- sowie Spezialfonds. Zum Zwecke der Zinsbuchsteuerung werden Zinsswaps eingesetzt. Das Beteiligungsgeschäft besteht überwiegend aus den Anteilen der Sparkasse am regionalen Sparkassenverband sowie an der Erwerbsgesellschaft der Landesbank Berlin. Ferner werden sogenannte Funktionsbeteiligungen an Unternehmen gehalten, die Dienstleistungen für das Institut erbringen.

1306 Für die Adressenausfallrisikosteuerung wird die für Sparkassen zentrale Unterstützung der Sparkassen Rating und Risikosysteme GmbH (SR) mit Sitz in Berlin in Anspruch genommen. Diese entwickelt, pflegt und betreut die Verfahren zur Risikomessung der Sparkassen-Finanzgruppe.[1078] Als zentrales Kreditportfoliomodell dient **CPV**. Für den barwertigen Steuerungskreis steht das **Barwertmodul** und seit Januar 2011 für den periodischen Steuerungskreis das **Periodikmodul** zur Verfügung.[1079]

1307 Beide Module bedienen sich einer gemeinsamen Datenversorgung über die sogenannte **Zentrale Vorverarbeitung Adressenrisiko (ZVAdr)**. Hierüber werden verarbeitbare Risikopositionen aus Kundenkredit- und Handelsgeschäft angeliefert.[1080] Insbesondere geht es hier um die Bestimmung des Adressrisiko-Exposures, also der konkreten risikobehafteten Beträge bzw. Zahlungsströme.[1081]

1078 Vgl. *Sparkassen Rating und Risikosysteme GmbH* (2012).
1079 Vgl. *Haasis/Böhme* (2012), S. 10.
1080 Vgl. *Schäfer/Runge* (2007), S. 212.
1081 Vgl. auch *Geiersbach/Günther* (2010), S. 29.

Bezüglich dieser Bestimmung ergeben sich hier vor allem Fragen hinsichtlich der konkreten Abbildung von **Handelsgeschäften**. So wurde bereits die Problematik der **zukünftigen Exposures** eines Zinsswaps in Abhängigkeit von der Marktpreisentwicklung dargelegt (Einbezug des Kontrahentenrisikos). Ferner erscheint es angebracht, **Sondervermögen** wie Publikums- oder Spezialfonds über eine **Durchschau** zu betrachten. Nur so können mögliche Branchenkonzentrationen offen gelegt werden. Daraus resultieren weitere Fragenkomplexe bezüglich der Verfügbarkeit der Daten und der konkreten Datenlieferungen durch die Kapitalanlagegesellschaften. Auch stellt sich die Frage, wie das möglicherweise autonome Handeln eines Fondsmanagements nicht zu einer unbemerkten Risikoausweitung beitragen kann.[1082] Auf der einen Seite ergibt die gemeinsame Verarbeitung von Kundenkredit- und Handelsgeschäften Sinn, um gerade **Risikokonzentrationen** übergreifend darstellen zu können. Zum Beispiel kann eine Branchenkonzentration im Dienstleistungsgewerbe durch branchengleiche Corporate Bonds noch weiter verstärkt werden. Dies wird durch die gemeinsame Verarbeitung offen gelegt. Auf der anderen Seite wurde bereits ausgeführt, dass das Credit-Spread-Risiko von Handelsgeschäften durch CPV nicht betrachtet wird. Zudem formulierte die Aufsicht eine **Weiterentwicklungsnotwendigkeit** für eine detaillierte Produktabbildung im Depot A.[1083]

1308

Alleine aus diesem Sachverhalt heraus kann eine **Vielzahl möglicher Handlungsoptionen zur Wahl der Messmethoden** für die Sparkasse Musterstadt abgeleitet werden, die auf den Risikogehalt, die Vielfalt und den Umgang der Handelsgeschäfte abstellen muss. Wird das Ausfall-, und Migrationsrisiko aus **Wertpapiergeschäften** nicht vollständig über CPV abgebildet, so sind andere Vorgehensweisen für eine adäquate Quantifizierung zu finden. Zudem sind mögliche Konzentrationsrisiken anderweitig zu bestimmen und zu würdigen.

1309

Als eine denkbare Variante kann eine konsequente Quantifizierung der Marktpreisrisikopotenziale der Wertpapiere auf Basis von Kurshistorien (**historische Simulation**) dienen, die durch Ergänzungsrechnungen um die Aspekte Ausfall-, Migrations- als auch Credit-Spread-Risiko erweitert werden. Bei dieser Art der Vorgehensweise ist der Nachweis zu führen, dass der zu Grunde liegende Beobachtungszeitraum unter Risikogesichtspunkten angemessen ist.[1084] Bei ausschließlich oder überwiegend ruhigen Marktphasen sind

1310

1082 Vgl. *Sievi/Wegner* (2013), S. 1 ff.
1083 Vgl. *Stegmann* (2012), S. 11.
1084 Vgl. *BaFin* (2012.12c), AT 4.1, Tz. 6.

auch stärkere Parameterveränderungen einzubeziehen.[1085] In Anbetracht bereits erhältlicher Programmangebote sowie der derzeit allgemein vorangetriebenen Weiterentwicklung in diesem Themenfeld wird auf eine tiefergehende Darstellung vorstellbarer Alternativen verzichtet.

1311 Gemeinhin ist eine Annahme zu beobachten, dass Handelbarkeit von Risikopositionen unmittelbar mit einer höheren **Informationsverfügbarkeit** einhergeht.[1086] Festzustellen ist allerdings, dass die Datenverfügbarkeit von Handelsgeschäfte dem entgegen, insbesondere bei der Nutzung von Fondskonstruktionen derzeit noch eine Herausforderung darstellt. Auch dies ist im Rahmen der Quantifizierung von Adressenausfallrisiken kritisch zu würdigen.

1312 Für das **Beteiligungsgeschäft** der Sparkasse Musterstadt gelten ähnliche Überlegungen wie für das Handelsgeschäft. Die jüngsten Entwicklungen der Beteiligungen und die daraus entstandenen Vermögensschäden lassen eine Nichtberücksichtigung in der Risikotragfähigkeit als unangebracht erscheinen. Mangels verfügbarer ganzheitlicher Modellansätze sind Überlegungen anzustellen, welche alternativen Methoden genutzt werden können. Allein die Überlegung, wie hoch das durchschnittliche eingetretene Risiko der letzten Jahre ist, kann hier zu ersten Erkenntnissen und Ansatzpunkten für Expertenschätzungen führen.

1313 In der Folge werden weitere notwendige Rahmenüberlegungen für die Sparkasse Musterstadt angestellt. Hier geht es insbesondere darum, die MaRisk-konformen Einsatzvoraussetzungen für die Nutzung von **CPV** in den Steuerungskreisen kurz in Zusammenhang mit der **Datenverfügbarkeit** und möglichen damit verbundenen Herausforderungen zu betrachten. Zu den **Eingangsdaten** gehören Detailinformationen zu den Risikopositionen des Portfolios, die durch die ZVAdr vorverdichtet werden.[1087] Um die resultierenden Risikowerte letztlich in der Risikotragfähigkeit nutzen zu können, sollte den Entscheidern auch ungefähr die Art der Vorverdichtung geläufig sein, damit die Kennzahlen kritisch gewürdigt werden können. Darüber hinaus stellt sich die Frage, ob die institutseigenen Parameter richtig und lückenlos erhoben werden,[1088] sowie die Frage nach der Sicherstellung der korrekten **Datenpflege**.

1085 Vgl. *BaFin* (2011.12), Tz. 100.
1086 Vgl. *Bartetzky* (2012), S 45 f.
1087 Vgl. *Schäfer/Runge* (2007), S. 212.
1088 Vgl. *Stegmann* (2012), S. 11.

CPV benötigt die **Ratinginformationen** des operativen Systems.[1089] Um im Modellkontext der Sparkassen-Finanzgruppe nutzbare Ratingnoten zu erhalten, sind die Rating-Regeln der SR[1090] einzuhalten.[1091] 1314

Weiterhin werden korrekte **Brancheninformationen** benötigt, da die Korrelationsmatrizen hierauf aufbauen. Fehleingaben in den operativen Systemen sind zu vermeiden. Darüber hinaus werden für die Ratingsysteme Migrationsmatrizen sowie Shift-Parameter für die Berücksichtigung makroökonomischer Zusammenhänge benötigt.[1092] 1315

Da für eine valide Schätzung der notwendigen Modellparameter eine **geeignete Datenhistorie** von Nöten ist, werden meistens gepoolte Matrizen der Verbände oder von externen Anbietern wie Standard & Poor's oder Moody's verwandt.[1093] Hier ist ein Repräsentativitätsnachweis zu führen.[1094] 1316

Eine weitere wesentliche Frage bezieht sich auch auf die Abbildung von **Risikoverbünden** und deren Datengüte in den operativen Systemen. Wichtig ist es, diese angemessen abzubilden sowie deren Gültigkeit und Aktualität zu überwachen, da sie das Konzentrationsrisiko des Portfolios maßgeblich beeinflussen können.[1095] 1317

Ebenfalls relevanten Einfluss haben die **Verwertungsquoten** der Sicherheiten, über die das Besicherungsrisiko abgebildet wird. Diese Quoten beantworten die Fragen, wie viel Prozent des angesetzten Sicherheitenbetrages im Mittel bei einer Verwertung realisiert wird. Ergänzend sagt die **Einbringungsquote** aus, wie viel Prozent des offenen Forderungsbetrags im Mittel nach Sicherheitenverwertung durch weitere Rückflüsse nach dieser Verwertung gedeckt wird.[1096] 1318

Neben den Überlegungen zu einer angemessenen institutsindividuellen Ermittlung valider Daten geht, ähnlich wie bei dem Einsatz von Ratingsystemen die Frage einher, über welchen Prozess und auf Basis welcher Instrumente die Daten generiert werden. Hier bietet die Leistung **Verlustdatensammlung** der SR (VDS) eine geeignete Unterstützung.[1097] 1319

1089 Vgl. *Sievi/Wegner/Freundorfer* (2011), S. 291.
1090 S-Rating und Risikosysteme.
1091 Vgl. *Stegmann* (2012), S. 11.
1092 Vgl. *Geiersbach/Prasser* (2010), S. 216; vgl. *Schäfer/Runge* (2007), S. 213.
1093 Vgl. *Geiersbach/Prasser* (2010), S. 216; vgl. *Schäfer/Runge* (2007), S. 212.
1094 Vgl. *BaFin* (2012.12b), AT 4.1, Tz. 6.
1095 Vgl. *Geiersbach/Prasser* (2010), S. 217.
1096 Vgl. *Geiersbach/Prasser* (2010), S. 216; *Schäfer/Runge* (2007), S. 213.
1097 Vgl. *Sparkassen Rating und Risikosysteme GmbH* (2012).

MESSUNG UND LIMITIERUNG VON RISIKEN

1320 Im Gesamtkontext ist die Angemessenheit der von der SR gelieferten Parameter sowie der im Modell getroffenen Annahmen für die Sparkasse Musterstadt zu hinterfragen.[1098] Genau vor diesem Hintergrund hat die SR im Dezember 2011 den »Leitfaden zum MaRisk-konformen Einsatz von CPV« veröffentlicht. Hierin sind Empfehlungen zur Modellanwendung sowie Hinweise zur **Repräsentativität** von Poolparametern enthalten, die zu beachten sind.[1099]

1321 Abschließend ist festzuhalten, dass der operative Modelleinsatz mit wirksamen **Kontrollmechanismen** bei der Generierung der Risikowerte zu belegen ist, um auch hier den MaRisk-Anforderungen zu entsprechen.[1100] Nachfolgend werden über die bisher getroffenen Überlegungen hinaus einzelne, besonders erwähnenswerte Aspekte der Steuerungskreise betrachtet.

3.4.2. Periodischer Steuerungskreis

1322 Mit dem Periodikmodul von CPV steht der Sparkasse Musterstadt ein Instrument zur Verfügung, mit dem mögliche künftige Bestandteile des handelsrechtlichen **Bewertungsergebnisses Kredit** quantifiziert werden können, wie beispielsweise

- Sofortabschreibungen,
- EWB-Neuzuführungen sowie
- EWB-Auflösungen.

1323 Damit lassen sich wesentliche Komponenten des periodischen Ergebnisses schätzen.[1101] Sollten relevante Komponenten unberücksichtigt bleiben, ist hier mit weiteren Annahmen zu arbeiten.

1324 Die Risikokennzahlen werden entsprechend der zu Grunde liegenden Ratinglogik immer auf einen **Zeithorizont** von einem Jahr berechnet. Dies stellt die Institute mit einer stichtagsbezogenen Steuerungslogik vor die Herausforderung, die Werte auf das Enddatum der Rechnungslegungsperiode zu skalieren.[1102] Da der in der Praxis zu beobachtende potenzielle EWB-Anfall eher nicht als linear bezeichnet werden kann und eine Häufung eher im dritten und vierten Quartal erfolgt, sind hier geeignete Annahmen zu finden, damit das

---

1098 Vgl. *Geiersbach/Prasser* (2010), S. 216.
1099 Vgl. *Stegmann* (2012), S. 11.
1100 Vgl. *Stegmann* (2012), S. 11.
1101 Vgl. *Haasis/Böhme* (2012), S. 10.
1102 Vgl. *Stegmann* (2012), S. 11.

Risiko zu keinem Zeitpunkt unterschätzt wird. Dieser Sachverhalt wird später beim Thema Einbindung in die Risikotragfähigkeit aufgegriffen.

Bezüglich der Nutzung von EWB-Daten des Instituts ist darauf zu achten, dass die Kalibrierung des Periodikmoduls den institutsindividuellen **EWB-Prozess** adäquat abbildet, Stichwort **EWB-Faktor**.[1103]

3.4.3. Barwertiger Steuerungskreis

Im Rahmen der Kalibrierung des Barwertmoduls von CPV hat die Sparkasse Musterstadt Bewertungsparameter festzulegen, um die Zahlungsströme der Risikopositionen risikolos und mit konstanten Spreads behaftet diskontieren zu können.

Dies umfasst **Entscheidungen für**:

- eine als risikolos geltende Zinsstrukturkurve
- den Verzinsungsanspruch auf das eingesetzte ökonomische Kapital sowie
- einen Q-Faktor, der nach Auffassung des Instituts die Marktgegebenheiten angemessen widerspiegelt.[1104]

Als **risikolose Zinsstrukturkurve** kann die Swap-Kurve genutzt werden.[1105] Für die notwendigen Geldmarktzinssätze erfolgt üblicherweise ein Rückgriff auf Euribor-Sätze, die den unbesicherten Interbankenhandel repräsentieren. Ein interessantes Diskussionsfeld ergibt sich aus der Frage, ob diese nach den Erfahrungen aus der Finanzmarktkrise annahmegemäß als risikolos angesehen werden können und welche Implikationen damit einhergehen.[1106]

Bei der Suche nach einem **institutsindividuellen Eigenkapitalverzinsungsanspruch** ist zu beachten, dass dieser nicht mit der GuV-orientierten Eigenkapitalrendite verwechselt wird. Das ökonomisch eingesetzte Kapital kann nicht dem bilanziellen Eigenkapital gleichgesetzt werden.[1107] Es wird durch den VaR des Portfolios bestimmt. Aus Verzinsungsanspruch und dem anzunehmenden Q-Faktor des Marktes[1108] errechnet sich sinngemäß der

---

1103 Vgl. *Stegmann* (2012), S. 11.
1104 Vgl. *Geiersbach/Prasser* (2010), S. 216 f.; *Schäfer/Runge* (2007), S. 213. Für allgemeine Überlegungen zur Bestimmung eines geeigneten Q-Faktors vgl. *Sievi/Wegner/Freundorfer* (2011), S. 292 ff.
1105 Vgl. *Geiersbach/Prasser* (2010), S. 217; *Schäfer/Runge* (2007), S. 213.
1106 Vgl. auch *Fecht* (2013), S. 20; *Wimmer* (2013), S. 128 ff. und *Wimmer* (2012), S. 28.
1107 Vgl. *Sievi/Wegner/Freundorfer* (2011), S. 291 f.; *Geiersbach/Prasser* (2010), S. 217.
1108 Vgl. Kapitel F.I.3.2.

Markt-Credit-Spread des Portfolios. Dieser konstante Spread[1109] dient CPV als Aufschlag auf die risikolose Zinsstrukturkurve, um eine Zahlungsstromabzinsung unter Risiko für die unbesicherten Portfolioanteile vornehmen zu können.[1110] Der Markt-Q-Faktor darf dabei auch nicht mit dem Rechenergebnis aus CPV heraus zum Portfolio-Q-Faktor verwechselt werden.[1111]

1330 Als mitunter nicht trivial ist die mögliche Diskussion um Beobachtungsmöglichkeiten dieser Marktdaten und deren abschließende Festlegung in der Sparkasse Musterstadt zu bezeichnen. Im Zweifel sind auch verschiedene Parametervariationen zu berechnen, um ein Gefühl für die rechnerischen Folgen und das damit verbundene **Modellrisiko** zu erhalten.

1331 Nicht außer Acht zu lassen ist dabei auch, dass diese Überlegungen und die damit verbundenen Entscheidungen für die Sparkasse Musterstadt im Rahmen der Parametrisierung einer **Vorkalkulation** eine Rolle spielen.[1112]

4. Einbindung in die Risikotragfähigkeit

4.1. Vorüberlegungen

1332 Im Rahmen der Strukturierung des Adressenausfallrisiko wurden die verschiedenen zu berücksichtigen Ausprägungen deutlich, deren Wesentlichkeit im Rahmen einer Risikoinventur für ein Institut zu bewerten ist. Es wurde bereits dargestellt, dass die folgenden Methoden zur Messung des Adressenausfallrisikos dieser Bewertung dienen können:

- Risikomodelle
- Szenariobetrachtungen[1113] ggfs. in Verbindung mit Expertenschätzungen
- Expertenschätzungen auf Basis von Plausibilitätsüberlegungen

1333 Es stellt sich nun die Frage, wie die einzelnen Risikoausprägungen, die ein Institut bemessen und als wesentlich erkannt hat, in die Risikotragfähigkeit einzubinden sind. Für die weiteren Überlegungen ist hierbei zunächst allgemein zu unterscheiden, ob es sich bei dem einzubindenden Wert um das Ergebnis eines **Quantifizierungsverfahrens** wie das eines Portfoliomodells oder um einen sogenannten Pufferbetrag auf Basis von Plausibilitätsüber-

---

1109 Vgl. Kapitel F.I.3.3.
1110 Vgl. *Sievi/Wegner/Freundorfer* (2011), S. 292 f.; *Geiersbach/Prasser* (2010), S. 217.
1111 Vgl. *Sievi/Wegner/Freundorfer* (2011), S. 292 f.
1112 Vgl. auch *Schierenbeck* (2003), S. 311 ff.
1113 Vgl. *BaFin* (2011.12), Tz. 105.

legungen handelt. Diese plausibilisierten Beträge können dann im Rahmen der Risikotragfähigkeit als **Risikopuffer** genutzt werden, wenn das Institut über kein geeignetes Quantifizierungsverfahren verfügt.[1114]

Produziert ein Risikomodell einen konkreten Rechenwert, der regelmäßig auf Basis neuer aktueller Daten berechnet und damit im Zeitverlauf fortgeschrieben werden kann, so führen die alternativen Vorgehensweisen mitunter zu eher statischen Beträgen, die sich im Zeitverlauf nicht oder kaum verändern. Diese Unterscheidung wird insbesondere später im Rahmen von Limitüberlegungen relevant. Ferner gilt es für die Einbindung des Adressenausfallrisikos zu unterscheiden und festzulegen, auf welche Art das Risiko konkret definiert wird. Grundsätzlich gilt **Risiko als Abweichung von einem Erwartungswert**. In Abbildung F – 4 ist dies beispielsweise der ökonomische Kapitalbedarf als Differenz zwischen Value at Risk und erwarteten Verlust.

In der Gesamtinstitutsplanung oder auch **Strategieerstellung** für die folgenden Geschäftsjahre sind dabei Annahmen und Parameter festzulegen, die die Erwartungshaltung der Geschäftsleitung im Zeitpunkt der Planung beinhalten. Diese kann über rein rechnerische Risikowerte hinausgehen. In der Folge müssen gerade Plan- bzw. Strategieabweichungen Eingang in die Risikokommunikation finden. Dabei sind insbesondere **Zielabweichungen** zu analysieren.[1115]

Wird **Risiko als Abweichung von der Planung** definiert, so wird damit ein möglicherweise im Zeitablauf veränderter Erwartungswert systematisch in den Risikobegriff einbezogen und kann so im Rahmen der Risikokommunikation genutzt werden.

Dieser praktische Wert soll an einem simplen Beispiel verdeutlicht werden: Angenommen, der erwartete Ausfall eines Kundenkreditportfolios auf Basis der Rating- bzw. Scoringstruktur der Einzelkunden beträgt drei Millionen Euro. So ist ein Planwert in Höhe von zwei Millionen Euro als Ausdruck der Erwartungshaltung der Geschäftsleitung über eine hinreichend konservativ ausgerichtete Risikostrategie in Verbindung mit deren prozessualer Umsetzung und einem sachgerecht zugeschnittenen Risikolimit argumentierbar. Bezieht sich ein Kreditinstitut dann im Verlauf des Geschäftsjahres auf das statistische Risikomaß eines Kreditportfoliomodells, so wird der Differenzbetrag in Höhe von einer Million Euro gewissermaßen als implizites Planungsrisiko ausgewiesen.

1114 Vgl. *BaFin* (2012.12b), AT 4.1, Tz. 5.
1115 Vgl. *BaFin* (2012.12b), AT 4.2, Tz. 4.

1338 In der Praxis werden die Begriffe Plan- und Erwartungswert häufig synonym verwendet. Der beschriebene Sachverhalt verdeutlicht die Notwendigkeit der Unterscheidung. Im weiteren Verlauf, insbesondere in den genutzten Beispielen, wird von Risiko als Abweichung zur Planung ausgegangen.

1339 Bei der Parametrisierung der einfließenden Risikowerte ist das angenommene **Konfidenzniveau**, also die Eintrittswahrscheinlichkeit des Risikofalls, zu betrachten. Die Aufsicht fordert, dass mindestens in einem Steuerungskreis mit strengen, auf seltene Verlustausprägungen abstellenden Risikomaßen gearbeitet wird.[1116] Ferner ist zu beachten, dass die Parameterwahl konsistent zum gewählten Steuerungskreis sowie der Perspektive der Risikotragfähigkeit zu erfolgen hat. Es gilt: Die Risikoparameter müssen umso konservativer gewählt werden, je weniger Risikodeckungspotenzial zur Verfügung steht.[1117] Institute mit Liquidations- oder Going-Concern-Ansatz wählten bei den Adressenausfallrisiken in der Vergangenheit weit überwiegend Konfidenzniveaus ab 99 %.[1118]

1340 Zudem ist festzulegen, welcher **Risikobetrachtungshorizont** der Risikotragfähigkeit zugrunde liegt. Hier gilt, dass das Risiko grundsätzlich auf Sicht eines Jahres auszuweisen ist.[1119] Rating- und Scoringsysteme treffen hier üblicherweise auch genau Aussagen auf Sicht von einem Jahr. Liegen der Bemessung des Adressenausfallrisikos andere Datenquellen zugrunde, so kann auch die Wahl einer kürzeren **Haltedauer** in Betracht gezogen werden, beispielsweise bei den Credit-Spread-Risiken von Wertpapieren. Hier muss allerdings sichergestellt sein, dass bei wechselnden Positionen oder zwischenzeitlicher Glattstellung nicht mehr Risikodeckungspotenzial als für den gesamten Risikobetrachtungszeitraum angesetzt verbraucht werden kann.[1120] Zudem darf dieser potenzielle Abbau von Risikopositionen bei der Festlegung der Haltedauer nur dann Berücksichtigung finden, wenn:

- dies nachweislich im Einklang mit Strategie, Risikosteuerungs- und controllingprozessen sowie der Portfoliostruktur im Einklang steht und
- die Effekte auf Kosten und Erträge einbezogen werden.[1121]

1116 Vgl. *BaFin* (2011.12), Tz. 17.
1117 Vgl. *BaFin* (2011.12), Tz. 102.
1118 Vgl. *Deutsche Bundesbank* (2010.11), S. 16.
1119 Vgl. *BaFin* (2011.12), Tz. 94.
1120 Vgl. *BaFin* (2011.12), Tz. 95.
1121 Vgl. *BaFin* (2011.12), Tz. 97.

Nach Ansicht der Autoren werden Institute mit ausreichend Risikodeckungspotenzial hier oftmals den eher prozesskostenschonenden Weg über die Wahl der Haltedauer von einem Jahr gehen.

Für die weiteren Ausführungen ist festzuhalten, dass die Vielzahl der möglichen Umsetzungsalternativen zur Einbindung von Adressenausfallrisiken in die Risikotragfähigkeit, die vor dem Hintergrund des konkreten Risikoprofils eines Instituts in der Praxis vorstellbar sind, hier nicht betrachtet werden können. Auch wird bezogen auf das Gezeigte kein Anspruch auf Vollständigkeit erhoben.

Es gilt grundsätzlich die völlige Gestaltungsfreiheit, die im Kern durch das übergeordnete Ziel der Sicherstellung der Risikotragfähigkeit, begrenzt wird.[1122] Zudem wird es im institutsindividuellen Sprachgebraucht im Rahmen der Risikokommunikation sowie im generellen Umgang mit Darstellung und Präsentation der Risikotragfähigkeit Leitplanken geben, die es zu beachten gilt.

Viele der nachfolgend beschriebenen und als Beispiel genutzten Abbildungen sind daher schematische Auszüge möglicher Risikotragfähigkeitsbetrachtungen, die nach Meinung der Autoren ihre Praxistauglichkeit bereits unter Beweis gestellt haben. Die eingefügten Zahlenbeispiele sollen hierbei lediglich die Methodik einer denkbaren Vorgehensweise für das Adressenausfallrisiko kurz veranschaulichen und sind daher teilweise bewusst überzeichnet.

Das Beispiel der Sparkasse Musterstadt wird hier fortgeführt, da sich Fallbeispiele besonders anbieten, um die praxisbezogenen Herausforderungen und deren Umsetzung exemplarisch zu erläutern.

4.2. Periodischer Steuerungskreis

4.2.1. Darstellungsschemata und Risikofall

Bei der Einbindung von Risiken in die periodische Risikotragfähigkeitsbetrachtung bietet sich insbesondere der Rückgriff auf die »dem Landkartenleser vertraute« Schemata, wie beispielsweise eine **Erfolgsspannenrechnung**, an. Abbildung F – 9 bildet diesen Ansatz mit Modifikationen in Tabellenform ab. Die Himmelsrichtungen auf Landkarten beschreibend, ist die Leserichtung von West nach Ost beziehungsweise von Nord nach Süd. In der ersten Spalte sind die jeweiligen Risikoarten in der Reihenfolge der Erfolgsspannenrech-

---

1122 Vgl. *BaFin* (2011.12), Tz. 3.

nung abgetragen. Spalte zwei beinhaltet die im Rahmen der GuV-Planung bestimmten Werte für das Betrachtungsjahr in der jeweiligen Risikoart. Im Folgenden wird als Lesebeispiel immer auf die Zeile »Bewertungsrisiko Kredit« verwiesen. Der Planwert der Sparkasse Musterstadt ist hier mit einer Million Euro angesetzt. Die folgende Spalte, überschrieben mit »Risikofall«, weist einen Wert in Höhe von 12 Millionen Euro aus.

1347   Der Risikofall determiniert den Wert, der in der Quantifizierung des Risikos entsprechend konservativ ermittelt wurde, zum Beispiel über das 99%ige Konfidenzniveau. Dieser Risikowert, in anderen Kreditinstituten auch als Extremfall bezeichnet, beschreibt den in der Risikotragfähigkeit auf Basis des angewendeten Modells zu berücksichtigenden Betrag. In der Praxis findet sich dieselbe Darstellungsweise neben dem Risikofall auch für die Ausprägungen Normalfall und Stressfall. In erstgenannter Darstellung wird der »Erwartungsfall« gegen die Planwerte gestellt, in letztgenannter gegen die Ergebniswerte aus Stresstests. In der letzten Spalte ist die negative Abweichung vom Planwert, hier elf Millionen Euro, als Differenzgröße zwischen Planwert und Risikofall abgetragen. Dies ist der Wert, der später auf das korrespondierende Limit angerechnet wird.[1123]

[1123] Vgl. Kapitel 4.2.

Limitauslastung Verteilung auf Risikoarten	Planwerte 2014 TEUR	Risikofall 31.12.2014 TEUR	negative Planabweichung = Limitauslastung 31.12.2014 TEUR
Zinsspannenrisiko ohne Erträge Spezialfon	30.000	25.000	5.000
ordentliche Erträge Spezialfonds	5.000	3.500	1.500
Provisionsrisiko	6.000	5.000	1.000
= Haupterträge	41.000	33.500	6.000
Personalkosten	-15.000	-16.000	1.000
Sachkosten	-7.500	-8.000	500
= Hauptkosten / Verwaltungsaufwand	-22.500	-24.000	1.500
Kern-CIR (zur Info)	54,88%	71,64%	
Bewertungsrisiko - Kredit	-1.000	-12.000	11.000
- Wertpapiere (MpR inkl. impliziter Spreads zum Berichtsstichtag)	0	-8.000	8.000
davon Abschr.Bedarf Spezialfonds		-4.000	
= Bewertungsergebnis, Risikoparameter	-1.000	-20.000	19.000
Operationelle Risiken	-100	-1.200	1.100
= Summe Limitsystem			27.600
Pufferbeträge - Wertpapiere (AdrR - Puffer)	0	0	1.000
- Beteiligungen (AdrR / MpR - Puffer)	-1.000	-3.000	2.000
- Liquiditätsrisiken (Puffer)	0	0	1.000
- sonstige Planpositionen ohne Steuern (sonstige Erträge/Aufwendungen, neutrales Ergebnis, Verbandsumlagen etc.)	-700	-700	1.000
= Summe Pufferbeträge	-1.700		5.000
Gesamt			32.600

Abbildung F – 9:   Einbindung in die periodische Risikotragfähigkeit I[1124]

Nach der grundsätzlichen Verortung stellt sich die Frage, in welchem Bezug die einzelnen Beispielwerte zu den zuvor beschriebenen Messmethoden stehen. Abbildung F – 10 dient nun der fokussierten und anschaulichen Darstellung, die ausschließlich den Bereich der Adressenausfallrisiken betrifft. Sie ist Extrakt aus Abbildung F – 9 und dient der besseren Visualisierung.

1124   Eigene Darstellung.

MESSUNG UND LIMITIERUNG VON RISIKEN

Limitauslastung Verteilung auf Risikoarten	Planwerte 2014 TEUR	Risikofall 31.12.2014 TEUR	negative Plan-abweichung = Limit-auslastung 31.12.2014 TEUR
Bewertungsrisiko - Kredit	-1.000	-12.000	11.000
- Wertpapiere (MpR inkl. impliziter Spreads zum Berichtsstichtag)	0	-8.000	8.000
davon Abschr.Bedarf Spezialfonds		-4.000	
= Bewertungsergebnis, Risikoparameter	-1.000	-20.000	19.000
Pufferbeträge - Wertpapiere (AdrR - Puffer)	0	0	1.000
- Beteiligungen (AdrR / MpR - Puffer)	-1.000	-3.000	2.000
- Liquiditätsrisiken (Puffer)	0	0	1.000
- sonstige Planpositionen ohne Steuern (sonstige Erträge/Aufwendungen, neutrales Ergebnis, Verbandsumlagen etc.)	-700	-700	1.000
= Summe Pufferbeträge	-1.700		5.000

Abbildung F – 10:   *Einbindung in die periodische Risikotragfähigkeit II*[1125]

1349 Es wird deutlich, dass alle in Kapitel F.I.2 definierten Risiken von der Sparkasse Musterstadt abgebildet, jedoch in differenzierter Weise berücksichtigt werden. So sind die »echten« Abschreibungen im Kundenkreditgeschäft sowie die der Wertpapiere inklusive einem separaten Ausweis eventueller Spezialfondsanteile im mittleren Bereich der Abbildung wiederzufinden.

1350 Ferner erfolgt eine Trennung des **Credit-Spread-Risikos** in zwei Komponenten. Zum einen ist es impliziter Bestandteil von Kurshistorien und kann über eine entsprechende Simulation auf Basis von Kurswerten im Risikofall des Bewertungsergebnisses Wertpapiere berücksichtigt werden.[1126] Zum anderen kann ein über Stresstests verprobter zusätzlicher Risikopuffer definiert werden, der beispielsweise Wertpapiere berücksichtigt, für die keine entsprechenden Kurshistorien existieren oder die aus anderen Gründen eher sachgerecht über einen Risikopuffer abgebildet werden. In diesem Zusammenhang ist auch zu beachten, dass Risiken von Positionen im Anlagebestand unberücksichtigt bleiben können, wenn ein Going-Concern-Ansatz verfolgt wird,

---

1125   Eigene Darstellung.
1126   Vgl. Kapitel F.I.3.4.1.

eine Dauerhalteabsicht besteht und eine Risikorealisation in der Rechnungslegung nicht zu erwarten ist.[1127]

An dieser Stelle sei darauf hingewiesen, dass die Nutzung von Korrelationen zwischen Zins- und Credit-Spread-Risiko durch die Aufsicht kritisch gesehen wird. Ein guter Nachweis zur Herleitung von stabilen Korrelationen ist aber ebenfalls in diesem Buch zu finden, so dass die Anwendbarkeit – bei adäquater Begründung – durchaus zulässig ist[1128].

Grundsätzlich kann die in diesem Beitrag gewählte Darstellung auch für die Summe aus Zins- und Credit-Spread-Risiko (Addition der jeweiligen Risikofälle, die aus den Zins- und Credit-Spread-Historien abgeleitet werden können) mit der Überschrift Bewertungsrisiko Wertpapiere genutzt werden. Alternativ hierzu sind Instrumente am Markt verfügbar, die gerade nicht das gleichzeitige Eintreten aller Credit-Spread-Ausweitungen aller Wertpapiere berücksichtigen, sondern – ähnlich einem Kreditportfoliomodell – einen Simulationsansatz nutzen.[1129]

Auch die Einbeziehung des Adressenausfallrisikos aus **Beteiligungen** erfolgt über einen Pufferbetrag im unteren Bereich der Skizze. In diesem Zusammenhang ist der Planwert der Beteiligungen zum eingängigen Verständnis erläuterungsbedürftig. Kapitel F.I.3.3 stellt unter anderem dar, das es für Beteiligungsrisiken noch keinen geeigneten Industriestandard gibt, der eine sachgerechte Berücksichtigung dieses umfassenden Themenkomplexes innerhalb der Adressausfallrisiken adäquat abbildet. Aus diesem Grunde findet dieser Bereich auch mit einem Risikopuffer im Sinne einer kritischen Würdigung der Sachverhalte ohne konkrete Quantifizierungsmöglichkeit Berücksichtigung in der Risikotragfähigkeit. Gleichwohl ist ein Planwert sinnvoll im Rahmen einer heuristischen Herangehensweise ermittelbar, insbesondere dann, wenn Abschreibungen in den letzten Jahren tatsächlich beobachtbar waren. Es empfiehlt sich, als Planwert eine durchschnittliche Größe der im Rahmen eines Backtestings ermittelten, tatsächlich eingetretenen Verluste aus Beteiligungen anzusetzen. Eine geeignete Historie ist dabei individuell auf Basis der vorliegenden Daten zu bestimmen, könnte aber beispielsweise fünf bis zehn Jahre umfassen. Ob aus einem längeren Zeitraum heraus näherungsweise eine Verlustverteilung bestimmbar ist, erscheint fraglich und wird von den Autoren eher kritisch gesehen.

1127 Vgl. *BaFin* (2011.12), Tz. 86.
1128 Vgl. Kapitel D.VIII sowie die Ausführungen in *Reuse* (2011), S. 149 ff.
1129 Vgl. *Hermann/Kurth* (2009). Zum Ausweis expliziter Korrelationen vgl. Kapitel D.VIII.

MESSUNG UND LIMITIERUNG VON RISIKEN

1354 Eine Beschreibung für den **Planwert** des Bewertungsergebnisses aus dem Kundenkreditgeschäft wurde bereits unter Kapitel F.I.4.1 ausgeführt. Die letzte Zeile »sonstige Planpositionen« stellt eine Residualgröße dar und wird als solche in der weiteren Betrachtung vernachlässigt. Hinsichtlich der Risikowerte ist nun Bezug auf die vorherigen Ausführungen in Kapitel F.I.3 zu nehmen.

4.2.2. Überführung von Ergebnisgrößen in die bilanzielle Welt

1355 Bei der periodischen Sichtweise ist die Kernfrage, ob die Daten aus der angewandten Messmethode GuV-relevante Ergebnisgrößen darstellen, so wie zum Beispiel beim Periodikmodul von CPV, oder ob die gelieferten Daten unter weiteren Annahmen in die bilanzielle Welt überführt werden müssen.

1356 Hierbei spielt die mögliche **unterjährige Skalierung** eines Wertes, der eine Aussage auf Sicht eines Jahres trifft, auf den Bilanzstichtag ebenso eine Rolle, wie die folgenden handelsrechtlich zu berücksichtigenden **Komponenten des Adressenausfallrisikos:**

- Direktabschreibungen
- Neubildung von Einzelwertberichtigungen
- Erhöhung von Einzelwertberichtigungen
- Reduktion von Einzelwertberichtigungen
- Auflösung von Einzelwertberichtigungen wegen Risikofortfall
- Eingänge auf abgeschriebene Forderungen
- Pauschalwertberichtigungen

1357 Innerhalb der einzelnen Arten des Adressenausfallrisikos wird deutlich, dass die Risikorealisierung von Adressrisiken zudem zu unterschiedlichen **Folgeeffekten** in unterschiedlichen Bilanz- und GuV-Positionen führt. Die Sparkasse Musterstadt hat hier für die wesentlichen Ausprägungen geeignete Annahmen festzulegen.

1358 Diese **Folgeeffekte** haben wiederum Einfluss auf die zukünftige Ertragslage des Institutes und damit auch mittelbar auf die zukünftige Risikolage. So tritt eine Ertragsminderung beispielsweise dann ein, wenn Wertpapiere zwecks Risikoreduktion verkauft werden und der geplante ordentliche Ertrag in Form des Kupons ausbleibt oder ein Kundenkredit ausfällt und die in der Plan-GuV berücksichtigten Erträge aus diesem Engagement nicht mehr zufließen. Beide exemplarisch beschriebenen Ausprägungen schlagen sich in einer gegenüber dem Plan gesunkenen Zinspanne nieder. An diesem Beispiel wird deutlich, dass mit Blick auf die Rechnungslegung der Institute entscheidend ist, welche Bilanzposition von welcher Adressrisikoposition betroffen ist.[1130] Diese **eher komplexen Wechselwirkungen** aus der Einbindung des Adressenausfallrisikos bestimmen den periodischen Steuerungskreis, der in einer Vielzahl von Instituten den Hauptsteuerungskreis darstellt.[1131]

Hier sollte jedes Institut im Rahmen einer Risikoinventur[1132] mindestens identifizieren und festlegen, welche dieser Folgeeffekte erkannt werden und wie diese in Bezug auf die Wesentlichkeit und damit einer möglichen Abbildung in der Risikotragfähigkeit bewertet werden.

4.2.3. Ultimo-Ultimo versus Rollierend – Risikobetrachtungshorizonte in der Risikotragfähigkeit

4.2.3.1. Vorüberlegungen zur Systematisierung der Umsetzungsvarianten

Nicht trivial ist die Frage nach der auf den Bilanzstichtag (Jahresultimo) gerichteten, geeigneten unterjährigen Skalierung eines Risikowertes, also beispielsweise der Skalierung des unerwarteten Verlusts aus einem Kreditportfoliomodell, der eine Aussage auf Sicht eines Jahres beinhaltet. Wie wird dieser am 31.03., 30.06. und 30.09. jeden Jahres sachgerecht auf das laufende sowie das folgende Geschäftsjahr verteilt? Oder wie wird er in einer rollierenden 12-Monatsbetrachtung konkret welchem Plan- bzw. Erwartungswert gegenübergestellt?

In einem ersten Schritt werden die verschiedenen Herangehensweisen einer Risikotragfähigkeitsbetrachtung mit Blick auf den 31.12. des laufenden Jahres und den 31.12. des Folgejahres, kurz **Ultimo-Ultimo**, betrachtet. In einem zweiten Schritt folgt die Beschäftigung mit einer rollierenden 12-Monatssicht, kurz **Rollierend**. In beiden Sichtweisen sind spezifische Fragestellungen zur zeitlichen Skalierung von HGB-Jahreswerten zu beantworten.[1133]

Nachfolgend werden auch Hinweise gegeben oder Fragen bzw. Möglichkeiten genannt, die hier nicht weiter verfolgt werden. Im Rahmen der Recherchen zu diesem Themenkomplex stellten die Autoren fest, dass keine Veröffentlichung

---

1130 Vgl. *Bartetzky* (2012), S. 41.
1131 Vgl. *Deutsche Bundesbank* (2010.11), S. 6.
1132 Vgl. Kapitel D.
1133 Vgl. hierzu auch *Wax* (2014).

MESSUNG UND LIMITIERUNG VON RISIKEN

in der angedachten Form[1134] aufgefunden werden konnte, die als Grundlage bzw. Quelle für einen Praktikerbericht dienen konnte. Die Überlegungen und Diskussionen zu diesem Aufsatzteil zeigten klar, dass noch ein weitaus größerer Umfang möglich gewesen wäre. Vielleicht mag der geneigte Leser **Überlegungen aufnehmen und fortführen.**

1363 In der Folge wird in den Erläuterungen weiterhin von der Definition des Risikos als negative Abweichung zu einer formal aufgestellten Planung ausgegangen. Die zusätzlichen Fragen, die sich aus der Definition des Risikos als negative Abweichung zu einem statistisch mathematischen Erwartungswert, der monatlich neu ermittelt wird, ergeben, werden hier außer Acht gelassen.

1364 Abbildung F – 11 systematisiert den **Betrachtungsfokus**:

Berechnung der Limitauslastung gem. Abbildung F-10	Risiko = negative Abweichung zu einem...	
	Planwert	Erwartungswert
zeitlicher Horizont der Risikotragfähigkeit / Ultimo-Ultimo	[HGB Planwert laufendes Jahr] minus [(unterjährig) skalierter Risikowert **plus** unterjährig realisiertes Risiko] ——— HGB Planwert Folgejahr minus [(überjährig) skalierter Risikowert plus ggfs. unterjährig realisiertes Risiko]	[wird hier nicht betrachtet]
12 Monate rollierend	[rollierender HGB Planwert für die nächsten 12 Monate, ggfs. als **Summe** eines zeitanteilig skalierten Planwerts für das laufende Jahr und eines zeitanteilig skalierten Planwerts des Folgejahres] minus Risikowert	[wird hier nicht betrachtet]

Abbildung F – 11:   *Betrachtungsfokus*[1135]

1134 Im Sinne von Aussagen zu einer zeitlichen Skalierung von Adressenausfallrisiken mit einjährigem Risikobetrachtungshorizont in Zusammenhang mit der Risikotragfähigkeit.
1135 Eigene Darstellung.

Bei der Abbildung ist zu beachten, dass der Risikowert hier immer mit einem Zeitbezug von einem Jahr definiert ist. Es wird deutlich, dass sowohl in einer Ultimo-Ultimo- als auch in einer rollierenden Sicht Skalierungsannahmen zu treffen sind. Zu unterscheiden ist, ob diese den Risikowert oder den Planwert betreffen. Darüber hinaus ist zu beachten, dass die mit den beiden Sichtweisen verbundene unterschiedliche Berechnung des verfügbaren Risikodeckungspotenzials hier nicht weiter betrachtet wird.

In Bezug auf die Nutzung eines Kreditrisikomodells lässt sich eine weitere Systematisierung in Hinblick auf die Herangehensweise zur Ermittlung zeitlich verschiedener Betrachtungshorizonte einführen. Hier ist zu unterscheiden, ob die Parametrisierung des genutzten Kreditrisikomodells, also die **Input-Parameter**, auf den interessierenden Zeithorizont umgerechnet werden, oder ob dies mit den **Ergebniswerten**, den **Output-Parametern**, geschieht. Stichworte für die erstgenannte Vorgehensweise, also die Umrechnung von Input-Parametern, sind **Mehrjahres-Migrationsmatrizen, Multiplikation von bzw. Wurzeln aus Migrationsmatrizen oder kumulierte Wahrscheinlichkeiten.**

Für die Umrechnung bzw. den Ansatz der Ergebniswerte sind verschiedene Vorgehensweisen denkbar und im persönlichen Praktiker-Netzwerk der Autoren diskutiert worden. Zum einen können Annahmen durchaus auf Basis von Expertenschätzungen bzw. einer plausiblen Argumentation getroffen werden. Zum anderen können auch vereinfachende Rechenschritte argumentierbar sein. Dabei ist zu beachten, dass das **Risiko zu keinem Zeitpunkt unterzeichnet** sein darf. Ergänzend ist immer auch die Frage zu beantworten und im Rahmen eines **Backtestings** zu verifizieren, ob eine Skalierung generell sachlogisch und in Folge auch schlüssig und korrekt abgebildet ist.

4.2.3.2. Skalierung des Ergebniswertes

Ein stark vereinfachtes Beispiel für die Skalierung des Ergebniswertes lässt sich wie folgt darstellen:

- Angenommen, der Risikofall (99 % Quantilswert) liege zu jedem Simulationszeitpunkt im Jahr bei 10 Mio. EUR.

- Der **Planwert** für das gesamte Kalenderjahr liegt bei 4 Mio. EUR und entspricht im Zeitpunkt der Planung dem **Erwartungswert**. Der Wert sei im Jahresablauf konstant.

- Der **unerwartete Ausfall** liegt damit im Zeitpunkt der Planung bei 6 Mio. EUR. Damit ergibt sich für den **Q-Faktor** als Verhältnis von

MESSUNG UND LIMITIERUNG VON RISIKEN

unerwartetem zu erwartetem Verlust der Wert 1,5. Aus den Annahmen folgt, dass dieser Wert auch zu jedem Simulationszeitpunkt konstant sei.

- Die **Limitauslastung** als negative Abweichung zur Planung ergibt sich daraus zu Jahresbeginn mit 6 Mio. EUR.

- Die **historische Verteilung des Bewertungsergebnisses Kredit** zu den jeweiligen Quartalsstichtagen sei mit folgenden Werten gegeben. Die Werte sagen aus, wieviel Prozent des Jahresendergebnisses zum Betrachtungszeitpunkt bereits im Mittel der Historie eingetreten waren. Sie bestätigen den Sachverhalt, dass die EWB-Bildung üblicherweise nicht linear über das Jahr verteilt anfällt, sondern mit Vorlage der Jahresberichte der Firmen ab dem dritten Quartal gehäuft auftritt.

  - 01.01. lfd. Jahr: 0 %
  - 31.03. lfd. Jahr: 5 %
  - 30.06. lfd. Jahr 20 %
  - 30.09. lfd. Jahr 60 %
  - 31.12. lfd. Jahr 100 %

  Für das zum Stichtag jeweilige Restjahr bleiben also »offen«:

  - 01.01. lfd. Jahr: 100 %
  - 31.03. lfd. Jahr: 95 %
  - 30.06. lfd. Jahr 80 %
  - 30.09. lfd. Jahr 40 %
  - 31.12. lfd. Jahr 0 %

- Die **Ist-Realisierung** des Bewertungsergebnisses Kredit sei für das laufende Jahr wie folgt angenommen. Sie weicht hier von der mittleren Realisierung der Vergangenheit ab.

  - 01.01. lfd. Jahr: 0 TEUR
  - 31.03. lfd. Jahr: 300 TEUR
  - 30.06. lfd. Jahr: 400 TEUR
  - 30.09. lfd. Jahr: 1.000 TEUR
  - 31.12. lfd. Jahr: 2.000 TEUR

1369 Auf Basis dieses Rahmens soll die Berechnungskomponente »**Restrisiko laufendes Jahr**« bestimmt werden.

1370 Hierfür sind folgende Skalierungen bzw. Verteilungen der Jahreswerte vorstellbar:

- Linearer (Zeit-)Ansatz (S1)
- Wurzel Zeit bzw. Wurzel-T Ansatz (S2)
- Historie Ansatz (S3)

- Wurzel Historie bzw. »Wurzel-H«[1136] Ansatz (S4)
- Vollständiger Ansatz zu jedem Simulationszeitpunkt (S5)

Hieraus folgen in Kombination mit dem zuvor eingeführten vereinfachenden Beispiel die folgenden vier Abbildungen F – 12 bis F – 15. Zunächst werden die **Rechenwege zur Bestimmung des Restrisikos des laufenden Jahres** sowie der Limitauslastung in der hier beschriebenen Systematik dargestellt. Hierauf aufbauend und mit identischem Aufbau erfolgt die Herleitung des **Folgejahrrisikos** und der korrespondierenden Limitauslastung.

Lesebeispiel:

Wichtig für das Verständnis ist der jeweilige Berechnungsstichtag im laufenden Jahr. Werden die Risikowerte also zum Berechnungsstichtag 30.06. ermittelt, so sagt die Darstellung zur Betrachtung des laufenden Jahres aus, wieviel Restrisiko vom 30.06. bis zum 31.12. des laufenden Jahres besteht (sechs Monate). Zum gleichen Berechnungsstichtag des laufenden Jahres sagt die Darstellung zur Betrachtung des Folgejahres aus, wieviel Restrisiko vom 01.01. bis 31.12. des Folgejahres besteht. Im Falle des Stichtags 30.06. wird das Folgejahrrisiko grundsätzlich als Differenz der Risikowerte der Zeiträume »30.06. laufendes Jahr bis 31.12. Folgejahr (also 18 Monate)« und »30.06. laufendes Jahr bis 31.12. laufendes Jahr (also 6 Monate)« verstanden.

Es ist zu beachten, dass die Formeln teils trivial anmutende Sachverhalte wiedergeben. Sie werden gleichwohl explizit dargestellt, um deutlich die Einfachheit mancher Ansätze heraus zu stellen. Andere erscheinen auf den ersten Blick vielleicht komplex. Zu allen Formen erfolgen jeweils eine Beschreibung der Grundidee sowie eine Würdigung.

Im Rahmen der Würdigung wird auf die **Limitauslastung des laufenden sowie des Folgejahres** abgestellt. Zu diesem Zweck erfolgt jeweils eine entsprechende Visualisierung.

1136 Aufgrund der rechnerischen Analogie zum Wurzel-T Ansatz wird dieser Ansatz hier »Wurzel-H« genannt.

MESSUNG UND LIMITIERUNG VON RISIKEN

			Betrachtung des laufenden Jahres			
		Einheit TEUR	Berechnungsstichtag im laufenden Jahr			
			31. Mrz	30. Jun	30. Sep	31. Dez
	A	Risikofall auf Sicht von 12 Monaten unter Berücksichtigung aller GuV-relevanten Komponenten	10.000,00	10.000,00	10.000,00	10.000,00
zeitliche Skalierung des Risikofalls auf den 31.12. des laufenden Jahres	S1	• linearer Ansatz	7.500,00	5.000,00	2.500,00	0,00
		Formel	= (A) * (9/12)	=(A) * (6/12)	=(A) * (3/12)	=(A) * (0)
	S2	• Wurzel T Ansatz	8.660,25	7.071,07	5.000,00	0,00
		Formel	= (A) * (9/12)^(1/2)	=(A) * (6/12)^(1/2)	=(A) * (3/12)^(1/2)	=(A) * 0
	S3	• Historie Ansatz gem. Darstellung im Text	9.500,00	8.000,00	4.000,00	0,00
		Formel	= (A) * (0,95)	= (A) * (0,80)	= (A) * (0,40)	=(A) * 0
	S4	• Wurzel H Ansatz	9.746,79	8.944,27	6.324,56	0,00
		Formel	= (A) * (0,95)^(1/2)	= (A) * (0,80)^(1/2)	= (A) * (0,40)^(1/2)	=(A) * 0
	S5	• vollständiger Ansatz	10.000,00	10.000,00	10.000,00	0,00
		Formel	= (A)	= (A)	= (A)	=(A)*0
	B	Ist Bewertungsergebnis zum Stichtag = realisiertes Risiko (Beispielwerte)	300,00	400,00	1.000,00	2.000,00
	C	Planwert zum 31.12. des laufenden Jahres	2.000,00	2.000,00	2.000,00	2.000,00
Limitauslastung zum 31.12. des laufenden Jahres = realisiertes Risiko plus Restrisiko minus Planwert	Ergebnis S1	• linearer Ansatz	5.800,00	3.400,00	1.500,00	0,00
		Formel	= wenn((S1)+(B)-(C)>0;(S1)+(B)-(C);0)			
	Ergebnis S2	• Wurzel T Ansatz	6.960,25	5.471,07	4.000,00	0,00
		Formel	= wenn((S2)+(B)-(C)>0;(S1)+(B)-(C);0)			
	Ergebnis S3	• Historie Ansatz gem. Darstellung im Text	7.800,00	6.400,00	3.000,00	0,00
		Formel	= wenn((S3)+(B)-(C)>0;(S1)+(B)-(C);0)			
	Ergebnis S4	• Wurzel H Ansatz	8.046,79	7.344,27	5.324,56	0,00
		Formel	= wenn((S4)+(B)-(C)>0;(S1)+(B)-(C);0)			
	Ergebnis S5	vollständiger Ansatz	8.300,00	8.400,00	9.000,00	0,00
		Formel	= wenn((S5)+(B)-(C)>0;(S1)+(B)-(C);0)			

Abbildung F – 12: Betrachtung des laufenden Jahres[1137]

1137 Eigene Darstellung.

		Einheit TEUR	Betrachtung des Folgejahres			
			Berechnungsstichtag im laufenden Jahr			
			31. Mrz	30. Jun	30. Sep	31. Dez
A		Risikofall auf Sicht von 12 Monaten unter Berücksichtigung aller GuV-relevanten Komponenten	10.000,00	10.000,00	10.000,00	10.000,00
zeitliche Skalierung des Risikofalls auf den 31.12. des laufenden Jahres	S1	• linearer Ansatz	10.000,00	10.000,00	10.000,00	10.000,00
		Formel	(/12) - (A) * (9/12)	(/12) - (A) * (6/12)	(/12) - (A) * (3/12)	= (A)
	S2	• Wurzel T Ansatz	4.568,50	5.176,38	6.180,34	10.000,00
		Formel	(A) * (9/12)^(1/2)	(A) * (6/12)^(1/2)	(A) * (3/12)^(1/2)	= (A)
	S3	• Historie Ansatz gem. Darstellung im Text	10.000,00	10.000,00	10.000,00	10.000,00
		Formel	= (A) * (1,00)	= (A) * (1,00)	= (A) * (1,00)	= (A) * (1,00)
	S4	• Wurzel H Ansatz	10.000,00	10.000,00	10.000,00	10.000,00
		Formel	= (A) * (1,00)^(1/2)	= (A) * (1,00)^(1/2)	= (A) * (1,00)^(1/2)	= (A) * (1,00)^(1/2)
	S5	• vollständiger Ansatz	10.000,00	10.000,00	10.000,00	10.000,00
		Formel	= (A)	= (A)	= (A)	= (A)
D		Ist Bewertungsergebnis zum Stichtag = realisiertes Risiko für das Folgejahr immer Null!	0,00	0,00	0,00	0,00
E		Planwert zum 31.12. des Folgejahres	2.000,00	2.000,00	2.000,00	2.000,00
Limitauslastung zum 31.12. des laufenden Jahres = realisiertes Risiko plus Restrisiko minus Planwert	Ergebnis S1	• linearer Ansatz	8.000,00	8.000,00	8.000,00	8.000,00
		Formel	= wenn((S1)+(D)-(E)>0;(S1)+(D)-(E);0)			
	Ergebnis S2	• Wurzel T Ansatz	2.568,50	3.176,38	4.180,34	8.000,00
		Formel	= wenn((S2)+(D)-(E)>0;(S1)+(D)-(E);0)			
	Ergebnis S3	• Historie Ansatz gem. Darstellung im Text	8.000,00	8.000,00	8.000,00	8.000,00
		Formel	= wenn((S3)+(D)-(E)>0;(S1)+(D)-(E);0)			
	Ergebnis S4	• Wurzel H Ansatz	8.000,00	8.000,00	8.000,00	8.000,00
		Formel	= wenn((S4)+(D)-(E)>0;(S1)+(D)-(E);0)			
	Ergebnis S5	vollständiger Ansatz	8.000,00	8.000,00	8.000,00	8.000,00
		Formel	= wenn((S5)+(D)-(E)>0;(S1)+(D)-(E);0)			

Abbildung F – 13: Betrachtung des Folgejahres[1138]

1138 Eigene Darstellung.

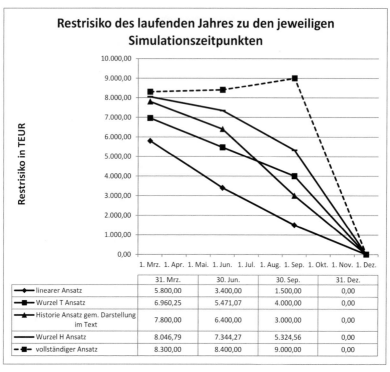

Abbildung F – 14: Restrisiko des laufenden Jahres zum jeweiligen Simulationszeitpunkt[1139]

1139 Eigene Darstellung.

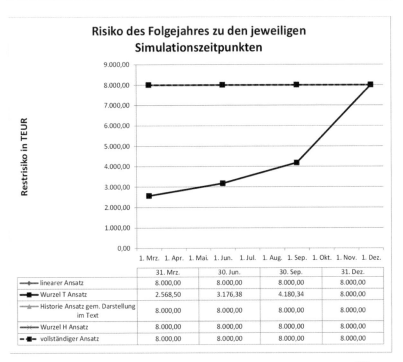

Abbildung F – 15:   Restrisiko des Folgejahres zum jeweiligen Simulationszeitpunkt[1140]

Linearer Ansatz (S1)

Die zeitlich lineare Skalierung führt im laufenden Jahr zu einer **frühzeitigen Abnahme der Limitauslastung** während das Risiko des Folgejahres unverändert bleibt. Sie führt gleichwohl zu der berechtigten Frage, ob die EWB-Bildung des Instituts auch linear geschieht. Dies ist wie auch im Beispiel beschrieben eher nicht der Fall.[1141] Anhand der Darstellung für das laufende Jahr ist ersichtlich, dass es hier im Vergleich zu anderen Vorgehensweisen auch zu einer nicht gewünschten Risikounterzeichnung kommen kann. Daher scheidet die Anwendung für Kreditrisiken nach Auffassung der Autoren aus.

Wurzel Zeit bzw. Wurzel-T Ansatz (S2)

Die in der Praxis oft bei Marktpreisrisiken genutzte Wurzel-T-Regel ist mit Blick auf die dargestellten Formeln eine mathematische Erweiterung der zeitlich linearen Skalierung. Die Verläufe der Limitauslastung für das laufende

---

1140   Eigene Darstellung.
1141   Vgl. auch Kapitel F.I.2.4.2.

und das Folgejahr zeigen Effekte, die zu einer sinnvollen Entlastung des Risikodeckungspotenzials führen können. Es stellt sich allerdings die Frage, ob hier nicht auch die Gefahr besteht, das Risiko in den Berechnungszeitpunkten zu unterzeichnen.

1377 Hierzu finden sich in der Literatur Hinweise, dass gerade aus diesen Gründen die Nutzung ausscheiden sollte, da die Wurzel-T-Regel für rechtsschiefe Verteilungen wie das Adressenausfallrisiko als ungeeignet bewertet wird.[1142] Gleichwohl kann ein Institut mit einer entsprechenden **eigenen Datenhistorie** gegebenenfalls **nachweisen**, dass es bei der Anwendung zu keinen risikounterzeichnenden Effekten kommt.

Historie Ansatz (S3)

1378 Aus der Kritik des linearen Ansatzes folgt ein Ansatz auf Basis der aus einer Historie abgeleiteten Monatsgewichtungen der bisher realisierten Bewertungsergebnisse im Zeitverlauf wie sie bereits eingeführt wurden. Hier zeigt der Verlauf der Limitauslastung im Beispiel für das laufende Jahr bereits im September eine deutliche Abnahme des Restrisikos, die hier allein deswegen diskussionswürdig erscheint, da ein **geringerer Risikoausweis als bei der kritisierten Wurzel-T-Regel** erfolgt. Zudem ist anzuführen, dass zu diesem Zeitpunkt in der Praxis die »Berichtssaison« immer noch andauert und auch Verbands- oder Wirtschaftsprüfer zu diesem Zeitpunkt ihre Aktivität entfalten, die im Ergebnis bei dem ein oder anderen Institut in der Vergangenheit zu zusätzlichen (unerwarteten) EWB-Bildungen geführt haben soll. Diese Erfahrungen zeigen, dass insbesondere im letzten Quartal eines Jahres deutliche Bewertungsmaßnahmen vorgenommen werden können, die vielleicht nicht vom Mittel der letzten Jahre erfasst werden.[1143]

1379 Zudem wird die Auffassung vertreten, dass die **vorhandenen Historien** aufgrund der **geringen Grundgesamtheit** ungeeignet sind, eine statistisch valide Aussage zu einem konkreten Konfidenzniveau bezogen auf die zeitliche Verteilung im Jahresverlauf zu treffen. Der Durschnitt der vergangenen Realisierungen sollte als Erwartungswert dem Deutungszwecke nach verstanden werden. Unterstellt man ein konstantes Verhältnis von Erwartungs- und Risikowert, so kann diese Variante vor dem Hintergrund der jeweils institutsindividuellen Historie und des korrespondierenden EWB-Prozesses argumentierbar sein. Dabei sollten Methoden- bzw. Vorgehensvergleich ähnlich dem

---

1142 Vgl. *Daniélsson/Zigrand* (2005), S. 9.
1143 Am langen Ende muss sicherlich auch über die Harmonisierung von Meldewesendaten und Controllingdaten nachgedacht werden. Vgl. u. a. *Reuse* (2014), S. 151 ff; 165 ff.

Beispiel angestellt werden, um beispielsweise würdigen zu können, dass zu bestimmten Zeitpunkten Risikowerte produziert werden, die geringer sind als die der verworfenen Vorgehensweisen.

Dass das Risiko des Folgejahres im Übrigen unverändert bleibt, ist unmittelbar einsichtig, da vor Beginn eines Jahres das angenommene Risiko immer zu 100 % anzusetzen ist.

Wurzel Historie bzw. Wurzel-H Ansatz (S4)

Ist der geneigte Leser von der vorhergehenden Variante S3 insbesondere für die Restrisiken zum Ende des laufenden Jahres irritiert und ergibt sich ein ähnliches Bild für das eigene Institut, so kann diese Weiterentwicklung der Variante genutzt werden, die mit Blick auf die dargestellten Formeln eine **Adaption der Wurzel-T-Regel** darstellt. Allerdings wird hier nicht der lineare zeitliche Zusammenhang durch die Nutzung der Quadratwurzelfunktion transformiert, sondern in ähnlicher Weise die nicht-lineare historische Verteilung der Bewertungsergebnisse zu den einzelnen Stichtagen. Hieraus ergeben sich der im Beispiel verdeutlichte Verlauf des Restrisikos sowie des Folgejahrrisikos und die korrespondierende Limitauslastung. Da diese Verläufe zu allen Simulationszeitpunkten ein höheres oder mindestens gleich hohes Risiko ausweisen, erscheint diese Variante **vergleichsweise einfach argumentierbar** und bindet weniger Kapital als die letzte und einfachste Variante S5.

Vollständiger Ansatz zu jedem Simulationszeitpunkt (S5)

Diese Variante abstrahiert von den möglichen Realisationszeitpunkten des Risikofalls und geht implizit davon aus, dass der **Risikofall** auf Sicht von 12 Monaten **auch am morgigen Tag** eintreten könnte. Hiermit kann einer möglichen und durchaus gewichtigen Kritik der zeitlichen Skalierung begegnet werden. Diese Kritik ist darin zu sehen, dass der Ergebniswert eines Kreditportfoliowerts eine Aussage auf 12 Monate trifft und gerade keine weiteren Aussagen trifft, wann der Risikofall innerhalb dieser 12 Monate eintreten kann.

Gleichwohl zeigen die Verläufe des Beispiels eine deutliche Kapitalbelastung durch die resultierende Limitauslastung, die nach Auffassung der Autoren auch nicht der üblichen Praxiswahrnehmung entspricht. Dieser vollständige Ansatz im laufenden und folgenden Jahr erscheint zudem ökonomisch nicht sinnvoll und sollte in der Konsequenz eher zur Umsetzung eines rollierenden Ansatzes der Risikotragfähigkeit als zur Umsetzung eines Ultimo-Ultimo-Ansatzes führen.

MESSUNG UND LIMITIERUNG VON RISIKEN

1384 Eine Erweiterung dieses Ansatzes stellt der Gedanke dar, dass das **unerwartete Risiko auch am morgigen Tag** eintreten könnte und damit vollständig anzusetzen ist. Das **erwartete Risiko** wäre dann auf eine der beschriebenen Arten zu **skalieren**. Dieser Gedanke sollte insbesondere dann verfolgt werden, wenn derartige **Klumpenrisiken** vorliegen, dass eine Skalierung des gesamten Quantilswertes in der beschriebenen Form unplausibel erscheint. Hier wären institutsindividuelle Überlegungen anzustellen, ob dies auch ein interessanter Weg ist bzw. ob dies bei der Wahl der Methoden zu durchdenken ist. Auf eine Darstellung wird verzichtet.

4.2.3.3. Skalierung der Input-Parameter

1385 Stellten die bisher beschriebenen Vorgehensweisen zur Verteilung eines Risikowertes über einen zeitlichen Verlauf auf die Transformation des Ergebniswerts eines GuV-Kreditrisikomodells ab, so ist – wie bereits genannt – ein Ansatz zu finden, der auf die Transformation der Input-Parameter abstellt.

1386 Ein Kreditrisikomodell nutzt eine **Migrationsmatrix**, die angibt, mit welcher Wahrscheinlichkeit ein Kreditnehmer auf Sicht eines Jahres bei seiner Ratingnote verharrt, in eine andere Ratingklasse migriert oder ausfällt. Parametrisiert man das Kreditrisikomodell nun mit einer Migrationsmatrix, die einen anderen Zeithorizont abdecken, so kann mit den Ergebniswerten unter der Annahme, dass alle anderen Modellparameter auch für den anderen Zeitraum gelten, unmittelbar für diesen Zeithorizont gearbeitet werden.

1387 Wie erhält man nun Migrationsmatrizen, die andere Zeiträume repräsentieren als ein Jahr?[1144]

1388 Zum einen können diese durch die **Beobachtung** einer statistisch tragfähigen Grundgesamtheit von Ratingentwicklungen abgeleitet werden. Dies übernimmt für die Ratingsysteme eines Regionalkreditinstituts üblicherweise der entsprechende Verbandsdienstleister. Auch Ratingagenturen veröffentlichen entsprechende Matrizen.

1389 Als **Beispiel** gibt die folgende Abbildung F – 16 die von Standard and Poor's veröffentlichte globale Ein-Jahres-Migrationsmatrix auf Basis durchschnittlicher Ein-Jahres-Migrationsraten von 1981 bis 2014 wieder.[1145]

[1144] Vgl. für die weiteren Ausführungen grundsätzlich *Martin/Reitz/Wehn* (2014), S 198; *Bietke/Henne/Reichling* (2007), S. 80–83; *Altrock/Hakenes* (2000), S. 3 ff.
[1145] Vgl. *Standard & Poor's* (2014), S. 52. Dabei erfolgte eine Bereinigung um die Migration in den Status »ohne Rating« (NR).

Ausgangs-rating	Ein-Jahres-Migrationsmatrix (Migrationswahrscheinlichkeit in %)							
	Rating nach einem Jahr							
	AAA	AA	A	BBB	BB	B	CCC/C	D
AAA	89,90	9,33	0,56	0,05	0,08	0,03	0,05	0,00
AA	0,56	90,20	8,49	0,56	0,06	0,07	0,02	0,03
A	0,02	1,92	91,81	5,64	0,37	0,15	0,02	0,07
BBB	0,00	0,12	3,82	91,12	4,00	0,60	0,14	0,21
BB	0,01	0,03	0,15	5,71	84,79	7,70	0,73	0,86
B	0,00	0,03	0,11	0,24	6,13	84,12	4,96	4,40
CCC/C	0,00	0,00	0,17	0,26	0,77	15,69	51,89	31,23
D	0,00	0,00	0,00	0,00	0,00	0,00	0,00	100,00

Abbildung F – 16:   *Ein-Jahres-Migrationsmatrix*[1146]

Aus der Datengrundgesamtheit werden auch Migrationsmatrizen für andere Zeiträume abgeleitet. Abbildung F – 17 zeigt die Drei-Jahres-Migrationsmatrix auf Basis der gleichen Daten.[1147]

Ausgangs-rating	Drei-Jahres-Migrationsmatrix (Migrationswahrscheinlichkeit in %)							
	Rating nach drei Jahren							
	AAA	AA	A	BBB	BB	B	CCC/C	D
AAA	72,24	24,19	2,63	0,36	0,21	0,09	0,12	0,15
AA	1,44	73,41	21,74	2,51	0,43	0,27	0,03	0,16
A	0,08	4,98	78,36	13,88	1,66	0,59	0,13	0,34
BBB	0,02	0,39	10,33	76,90	8,51	2,21	0,40	1,23
BB	0,01	0,08	0,77	15,29	60,48	15,73	1,75	5,88
B	0,00	0,04	0,37	1,28	15,35	57,33	6,33	19,30
CCC/C	0,00	0,00	0,22	0,96	2,51	23,72	14,91	57,68
D	0,00	0,00	0,00	0,00	0,00	0,00	0,00	100,00

Abbildung F – 17:   *Drei-Jahres-Migrationsmatrix*[1148]

Alternativ kann diese Drei-Jahres-Matrix auch **rechnerisch bestimmt** werden. Über die Nutzung von Microsoft Excel kann dies pragmatisch über die Funktion »**MMULT**« erfolgen.[1149] Wird die Ein-Jahres-Matrix mit sich selbst multipliziert, so ergibt sich die Zwei-Jahres-Matrix. Wird diese wiederum nochmal mit der Ein-Jahres-Matrix multipliziert, so ergibt sich die Drei-Jahres-Matrix.

1146 Eigene Darstellung.
1147 Vgl. *Standard and Poor's* (2014), S. 52–53. Dabei erfolgte eine Bereinigung um die Migration in den Status »ohne Rating« (NR = Not rated).
1148 Eigene Darstellung.
1149 Vgl. auch jede beliebe Internetquelle über die Nutzung einer Suchmaschine. MMULT = Matrizenmultiplikation.

MESSUNG UND LIMITIERUNG VON RISIKEN

Ausgangs-	Drei-Jahres-Migrationsmatrix - berechnet - (Migrationswahrscheinlichkeit in %)							
	Rating nach drei Jahren							
rating	AAA	AA	A	BBB	BB	B	CCC/C	D
AAA	72,79	22,74	3,54	0,41	0,23	0,13	0,09	0,06
AA	1,38	73,98	21,19	2,71	0,32	0,24	0,05	0,14
A	0,08	4,80	78,43	14,28	1,50	0,54	0,08	0,29
BBB	0,01	0,49	9,65	76,86	9,46	2,26	0,37	0,90
BB	0,03	0,12	0,98	13,39	62,79	16,94	1,92	3,84
B	0,00	0,09	0,36	1,51	13,32	62,45	7,17	15,09
CCC/C	0,00	0,02	0,34	0,68	3,26	22,51	15,45	57,74
D	0,00	0,00	0,00	0,00	0,00	0,00	0,00	100,00

Abbildung F – 18: Drei-Jahres-Migrationsmatrix – berechnet[1150]

1392 Wird die aus der Datengrundgesamtheit bestimmte Matrix mit der rechnerisch ermittelten verglichen, so zeigen sich die Abweichungen, die bei einer mathematischen Herleitung zu akzeptieren wären.

Ausgangs-	Drei-Jahres-Migrationsmatrix - Differenz "berechnet minus Ausgangsmatrix" (Migrationswahrscheinlichkeit in %)							
	Rating nach drei Jahr							
rating	AAA	AA	A	BBB	BB	B	CCC/C	D
AAA	0,55	-1,45	0,92	0,05	0,02	0,04	-0,03	-0,10
AA	-0,06	0,56	-0,55	0,20	-0,11	-0,03	0,02	-0,02
A	0,00	-0,18	0,07	0,40	-0,16	-0,05	-0,05	-0,04
BBB	-0,02	0,11	-0,68	-0,04	0,95	0,04	-0,03	-0,33
BB	0,01	0,04	0,21	-1,90	2,30	1,21	0,17	-2,04
B	0,00	0,05	-0,01	0,23	-2,03	5,13	0,84	-4,20
CCC/C	0,00	0,02	0,11	-0,28	0,75	-1,21	0,55	0,06
D	0,00	0,00	0,00	0,00	0,00	0,00	0,00	0,00

Abbildung F – 19: Drei-Jahres-Migrationsmatrix – Differenz »berechnet minus Ausgangsmatrix«[1151]

1393 Es zeigt sich hier beispielsweise, dass die Ausfallwahrscheinlichkeiten des schlechteren Ausgangsratings unterschätzt werden.

1394 **Einsatzvoraussetzung** des rechnerischen Vorgehens ist die Konstanz der Ein-Jahres-Migrationsmatrix im Zeitablauf (Zeithomogenität der Ausgangsmatrix). In der Literatur wird beispielsweise angegeben, dass die Schwankungen der wirtschaftlichen Entwicklung die Migrationsrichtung hin zu schlechteren oder besseren Ratingergebnissen beeinflussen. Auf dieser Basis wird **gefordert, möglichst empirisch** ermittelte Mehr-Jahres-Migrationsmatrizen zu nutzen.[1152] Nun kann **jedes Institut** die Veränderung der jährlich aktualisierten verfügbaren Ein-Jahres-Matrix **analysieren**. Für den Fall, dass sich diese im Zeitablauf als relativ konstant zeigt, sollten gegen die rechnerische Trans-

---

1150 Eigene Darstellung.
1151 Eigene Darstellung.
1152 Vgl. *Bietke/Reichling/Henne* (2007), S. 83.

formation des Betrachtungszeitraums eher keine möglichen Einwände von Prüfern bestehen.

Wird das Kreditrisikomodell nun mit der rechnerisch ermittelten **Zwei-Jahres-Matrix** parametrisiert und mit den Ergebnissen auf Basis der Einjahresmatrix verglichen, so lässt sich daraus das Risiko für das laufende Jahr und das Folgejahr zum Jahresbeginn ableiten.

Eine Modellrechnung auf Basis eines Kreditportfolios, das mit dem bereits eingeführten Beispiel korrespondiert, könnte eine Aufteilung wie folgt aufweisen.

Horizont Migrationsmatrix	1 Jahr	2 Jahre	2 Jahre minus 1 Jahr = Folgejahr	Folgejahr in Relation zum laufenden Jahr
Erwarteter Verlust	4.000	8.000	4.000	100%
Unerwarteter Verlust	6.000	8.000	2.000	33%
99%-Quantil	10.000	16.000	6.000	60%
99,9%-Quantil	14.000	22.000	8.000	57%

Abbildung F – 20: Beispiel Simulationsergebnisse CPV[1153]

Diese Darstellung, die jeder Praktiker für sein Institut nachstellen könnte, zeigt deutlich, dass sich beispielsweise der erwartete Verlust in den Jahren konstant zeigt während der unerwartete Verlust im Folgejahr deutlich geringer ausfällt.

Aufbauend auf dem bisher Gezeigten stellt sich nun die Frage, wie auch unterjährige Ergebnisse errechnet werden können. Nach der Multiplikation der **Migrationsmatrix** mit sich selbst führt dies zu der **Wurzelziehung**, um **unterjährige** Ergebnisse berechnen zu können. Während die Multiplikation relativ eingängig via Nutzung von Excel erreicht werden kann, ist die Wurzelziehung aus einer Migrationsmatrix ein **komplexes Unterfangen**, das mit Hilfe eines iterativen Vorgehens, also einer Näherung, erreicht werden kann.

Hierfür sind folgende Näherungen vorstellbar[1154], die erläutert werden:

1153 Eigene Darstellung.
1154 Ergebnis von Praktikerdiskussionen.

- **Wurzel** Verharrungswerte, lineare Skalierung Migrationswerte, **Erhöhung Ausfallwerte** (D) um die Differenz zur Kontrollsumme 100 (H1)
- **Wurzel** Verharrungswerte, lineare Skalierung Migrationswerte und Ausfallwerte, **Erhöhung Migrations- und Ausfallwerte** (D) um die anteilige Differenz zur Kontrollsumme 100 (H2)
- **lineare Skalierung** Verharrungs-, Migrations und Ausfallwerte (H3)

1400 Es wird die Ausgangsmatrix aufgegriffen, in der die Verharrungswahrscheinlichkeiten der Ratingnoten (Diagonale) gekennzeichnet sind.

1401 Zugleich zeigt die Kontrollsumme der Zeilen, ob auch die kumulierte Wahrscheinlichkeit von 100 % über die Migrationskonstellationen erreicht wird.

Ausgangs-rating	Ein-Jahres-Migrationsmatrix (Migrationswahrscheinlichkeit in % p.a.)							
	Rating nach einem Jahr							
	AAA	AA	A	BBB	BB	B	CCC/C	D
AAA	89,90	9,33	0,56	0,05	0,08	0,03	0,05	0,00
AA	0,56	90,20	8,49	0,56	0,06	0,07	0,02	0,03
A	0,02	1,92	91,81	5,64	0,37	0,15	0,02	0,07
BBB	0,00	0,12	3,82	91,12	4,00	0,60	0,14	0,21
BB	0,01	0,03	0,15	5,71	84,79	7,70	0,73	0,86
B	0,00	0,03	0,11	0,24	6,13	84,12	4,96	4,40
CCC/C	0,00	0,00	0,17	0,26	0,77	15,69	51,89	31,23
D	0,00	0,00	0,00	0,00	0,00	0,00	0,00	100,00

Abbildung F – 21: Ausgangsmatrix für Beispiel[1155]

Ansatz H1: Wurzel Verharrungswerte, lineare Skalierung Migrationswerte, Erhöhung Ausfallwerte (D) um die Differenz zur Kontrollsumme 100

1402 Eine einfache Heuristik wäre nun, um die jeweilige unterjährige Matrix zu erreichen, wie folgt umzusetzen. Das Beispiel zeigt eine mögliche Näherung für die Werte einer Drei-Monats- bzw. Quartals-Migrationsmatrix.

1403 Hierfür sind für die Diagonalwerte durch die vierte Wurzel ihrer selbst zu ersetzen. Die Werte ober und unterhalb der Diagonale werden linear über die Zeit skaliert, in diesem Fall also: geteilt durch 12 (Monate), multipliziert mit 3 (Monaten).

1155 Eigene Darstellung.

Es ergibt sich:

Ausgangs-rating	Rating nach drei Monaten								Kontrolle = Summe
	AAA	AA	A	BBB	BB	B	CCC/C	D	
AAA	97,37	2,33	0,14	0,01	0,02	0,01	0,01	0,00	99,90
AA	0,14	97,45	2,12	0,14	0,02	0,02	0,01	0,01	99,90
A	0,01	0,48	97,89	1,41	0,09	0,04	0,01	0,02	99,93
BBB	0,00	0,03	0,95	97,70	1,00	0,15	0,03	0,05	99,92
BB	0,00	0,01	0,04	1,43	95,96	1,93	0,18	0,22	99,76
B	0,00	0,01	0,03	0,06	1,53	95,77	1,24	1,10	99,74
CCC/C	0,00	0,00	0,04	0,07	0,19	3,92	84,87	7,81	96,90
D	0,00	0,00	0,00	0,00	0,00	0,00	0,00	100,00	100,00

Abbildung F – 22: H1 – Schritt 1[1156]

Die geringe Abweichung der Kontrollsumme zu 100 zeigt, dass mit dieser einfachen Näherung durchaus gearbeitet werden kann. Um wieder die 100 % Wahrscheinlichkeit zu erreichen, könnte z. B. entweder die Verharrungswahrscheinlichkeit oder die Ausfallwahrscheinlichkeit (D) um die Differenz der Kontrollsumme zu 100 korrigiert werden.

Damit das Risiko nicht unterzeichnet wird, wurden hier die Ausfallwahrscheinlichkeiten entsprechend erhöht:

Ausgangs-rating	Rating nach drei Monaten auf Basis Heurisitk - Erhöhung Default, um Kontrollsumme 100 zu erreichen								Kontrolle = Summe
	AAA	AA	A	BBB	BB	B	CCC/C	D	
AAA	97,37	2,33	0,14	0,01	0,02	0,01	0,01	0,10	100,00
AA	0,14	97,45	2,12	0,14	0,02	0,02	0,01	0,11	100,00
A	0,01	0,48	97,89	1,41	0,09	0,04	0,01	0,09	100,00
BBB	0,00	0,03	0,95	97,70	1,00	0,15	0,03	0,13	100,00
BB	0,00	0,01	0,04	1,43	95,96	1,93	0,18	0,46	100,00
B	0,00	0,01	0,03	0,06	1,53	95,77	1,24	1,36	100,00
CCC/C	0,00	0,00	0,04	0,07	0,19	3,92	84,87	10,91	100,00
D	0,00	0,00	0,00	0,00	0,00	0,00	0,00	100,00	100,00

Abbildung F – 23: H1 – Schritt 2[1157]

Rechnet man diese Näherungslösung zu einer Wurzelziehung aus einer Migrationsmatrix nun wieder auf den Betrachtungshorizont von einem Jahr hoch, so erhält man Abbildung F – 24.

1156 Eigene Darstellung.
1157 Eigene Darstellung.

MESSUNG UND LIMITIERUNG VON RISIKEN

Ausgangs-rating	Rating nach einem Jahr auf Basis Heuristik - 4-fache Multiplikation der 3-Monats-Matrix mit sich selbst							
	AAA	AA	A	BBB	BB	B	CCC/C	D
AAA	89,92	8,63	0,80	0,08	0,08	0,04	0,04	0,41
AA	0,52	90,28	7,92	0,70	0,08	0,07	0,02	0,43
A	0,02	1,79	91,95	5,29	0,42	0,16	0,02	0,37
BBB	0,00	0,14	3,58	91,28	3,65	0,66	0,13	0,58
BB	0,01	0,04	0,22	5,20	85,04	6,84	0,67	1,99
B	0,00	0,03	0,11	0,34	5,42	84,53	3,69	5,86
CCC/C	0,00	0,00	0,14	0,23	0,88	11,63	52,12	34,99
D	0,00	0,00	0,00	0,00	0,00	0,00	0,00	100,00

Abbildung F – 24: $H1 - Schritt\ 3$[1158]

1408   Hieraus resultieren folgende Abweichungen zur 1-Jahres-Matrix:

Ausgangs-rating	Differenz rechnerische Näherung minus Ausgangswerte							
	AAA	AA	A	BBB	BB	B	CCC/C	D
AAA	0,02	-0,70	0,24	0,03	0,00	0,00	-0,01	0,41
AA	-0,04	0,08	-0,57	0,13	0,02	0,00	0,00	0,40
A	0,00	-0,13	0,14	-0,35	0,05	0,01	0,00	0,29
BBB	0,00	0,02	-0,24	0,16	-0,35	0,06	-0,01	0,37
BB	0,00	0,00	0,07	-0,51	0,25	-0,86	-0,06	1,13
B	0,00	0,00	0,00	0,11	-0,71	0,41	-1,27	1,46
CCC/C	0,00	0,00	-0,03	-0,03	0,11	-4,06	0,23	3,77
D	0,00	0,00	0,00	0,00	0,00	0,00	0,00	0,00

Abbildung F – 25: $H1 - Schritt\ 4$[1159]

1409   Es zeigt sich hier, dass mit diesem ausgesprochen einfachen Vorgehen, die Ausfallwahrscheinlichkeit in den schlechteren Ratingklassen überschätzt wird. Dies ist auch unmittelbar einsichtig, da die Verharrung in den schlechteren Klassen immer geringer wird. Die n-te Wurzel daraus hinterlässt bei der dargestellten Methode eine immer größere Differenz in der Kontrollsumme, die dem Ausfallwert aufgeschlagen wird.

1410   In einem Institut wäre dies bei Anwendung des Verfahrens entsprechend zu würdigen. Das Risiko wird überzeichnet. Darauf aufbauend können auch weitere Näherungsschritte vorgenommen werden, die hier nicht weiter verfolgt werden.

1158   Eigene Darstellung. Rundungsdifferenzen in den Zeilensummen möglich.
1159   Eigene Darstellung.

Ansatz H2: Wurzel Verharrungswerte, lineare Skalierung Migrationswerte und Ausfallwerte, Erhöhung Migrations- und Ausfallwerte (D) um die anteilige Differenz zur Kontrollsumme 100

Dieser Ansatz stellt eine Variation von H1 dar und soll hier nicht weiter betrachtet werden.

Ansatz H3: lineare Skalierung Verharrungs-, Migrations und Ausfallwerte

Dieser Ansatz besitzt den Charme, dass von der Wurzelziehung der Matrizen Abstand genommen wird und eine **einfache lineare Skalierung der Matrizenwerte** wie folgt vorgenommen wird. Angenommen, die Verharrungswahrscheinlichkeit beträgt beispielsweise 88 %. Es migrieren also von 100 Kreditnehmern im Jahresverlauf 12 Kreditnehmer in eine andere Ratingklasse oder in den Ausfall. Hier wird angenommen, dass diese Migrationen linear im Jahresverlauf erfolgen. Daraus folgt, dass pro Quartal 3 Kreditnehmer migrieren. Die Verharrung Ende des ersten Quartals beträgt damit 97 (Drei-Monate-Risikobetrachtungshorizont), Ende des zweiten Quartals 94 (Sechs-Monate-Risikobetrachtungshorizont), Ende des dritten Quartals 91 (Neun-Monate-Risikobetrachtungshorizont) sowie Ende des Jahres 88 (Ein-Jahr-Risikobetrachtungshorizont). Die Migrations- und Ausfallwerte steigen im Gegenzug zeitanteilig linear um die jeweiligen Werte.

Ob Migrationen im Jahresverlauf linear erfolgen, kann beispielsweise durch Analyse des Ratingprozesses erfolgen: In welcher Taktung und mit welcher Anzahl erfolgt die Vergabe eines neuen Ratings bei einer bestehenden Forderung und wie verteilt sich dies im Jahresverlauf?

Anwendung: Ausgehend von der oben eingeführten Ausgangsmatrix, ergibt sich eine 3-Monats-Matrix:

MESSUNG UND LIMITIERUNG VON RISIKEN

Ausgangs-rating	Rating nach drei Monaten							
	AAA	AA	A	BBB	BB	B	CCC/C	D
AAA	97,47	2,33	0,14	0,01	0,02	0,01	0,01	0,00
AA	0,14	97,55	2,12	0,14	0,02	0,02	0,01	0,01
A	0,01	0,48	97,95	1,41	0,09	0,04	0,01	0,02
BBB	0,00	0,03	0,95	97,78	1,00	0,15	0,03	0,05
BB	0,00	0,01	0,04	1,43	96,20	1,93	0,18	0,22
B	0,00	0,01	0,03	0,06	1,53	96,03	1,24	1,10
CCC/C	0,00	0,00	0,04	0,07	0,19	3,92	87,97	7,81
D	0,00	0,00	0,00	0,00	0,00	0,00	0,00	100,00

Abbildung F – 26:   *H3 – 3-Monats-Matrix*[1160]

1415   Die 6-Monats-Matrix zeigt Abbildung F – 27.

Ausgangs-rating	Rating nach sechs Monaten							
	AAA	AA	A	BBB	BB	B	CCC/C	D
AAA	94,95	4,66	0,28	0,03	0,04	0,02	0,03	0,00
AA	0,28	95,10	4,24	0,28	0,03	0,04	0,01	0,02
A	0,01	0,96	95,90	2,82	0,18	0,07	0,01	0,04
BBB	0,00	0,06	1,91	95,56	2,00	0,30	0,07	0,11
BB	0,01	0,02	0,08	2,86	92,40	3,85	0,37	0,43
B	0,00	0,02	0,06	0,12	3,06	92,06	2,48	2,20
CCC/C	0,00	0,00	0,08	0,13	0,38	7,85	75,94	15,61
D	0,00	0,00	0,00	0,00	0,00	0,00	0,00	100,00

Abbildung F – 27:   *H3 – 6-Monats-Matrix*[1161]

1416   Die 9-Monats-Matrix zeigt Abbildung F – 28.

Ausgangs-rating	Rating nach neun Monaten							
	AAA	AA	A	BBB	BB	B	CCC/C	D
AAA	92,42	7,00	0,42	0,04	0,06	0,02	0,04	0,00
AA	0,42	92,65	6,36	0,42	0,05	0,05	0,02	0,02
A	0,02	1,44	93,86	4,23	0,28	0,11	0,02	0,06
BBB	0,00	0,09	2,86	93,34	3,00	0,45	0,10	0,16
BB	0,01	0,02	0,12	4,28	88,60	5,78	0,55	0,65
B	0,00	0,03	0,09	0,18	4,60	88,09	3,72	3,30
CCC/C	0,00	0,00	0,12	0,20	0,58	11,77	63,92	23,42
D	0,00	0,00	0,00	0,00	0,00	0,00	0,00	100,00

Abbildung F – 28:   *H3 – 9-Monats-Matrix*[1162]

1417   Alternativ könnten auch ausgehend von der 3-Monats-Matrix längere Zeiträume durch Matrizenmultiplikation berechnet werden.

[1160] Eigene Darstellung.
[1161] Eigene Darstellung.
[1162] Eigene Darstellung.

Wendet man nun eine dieser vereinfacht eingeführten drei Vorgehensweisen auf beispielsweise eine in der Praxis ermittelte **25x25-Matrix** an, so ist zunächst eine **eingehende Betrachtung** der Ausgangsmatrix erforderlich. So könnte es vorstellbar sein, dass der Ersteller Annahmen für einzelne Ratingmigrationen getroffen hat. Würde eine Ratingklasse neu eingeführt, so besäße sie im ersten Jahr der Anwendung keine Verharrung, aber vielleicht geschätzte Migrationswerte in diese Ratingklasse. Beträgt die Verharrung einer oder mehrerer Ratingklassen Null, so führen Matrizenmultiplikation oder eine Heuristik über die Wurzelziehung der Verharrungswerte **zu keinem sinnvollen Ergebnis**. Hier verbleibt die zuletzt dargestellte lineare Skalierung zur Anwendung.

1418

Wird also vollumfänglich die zeitliche Transformation der Input-Parameter genutzt, so könnte grundsätzlich mit folgenden Konstellationen eine Berechnung der Ergebniswerte vorgenommen werden.

1419

		Simulationszeitpunkt für das Restrisiko			
		01.01. des laufenden Jahres	31.03. des laufenden Jahres	30.06. des laufenden Jahres	30.09. des laufenden Jahres
Zeitlicher Horizont der Risikotragfähigkeit	31.12. des laufenden Jahr	MMX	MMX^(9/12)	MMX^(6/12)	MMX^(3/12)
	31.12. des Folgejahres	MMX^2 minus MMX	MMX^(21/12) minus MMX^(9/12)	MMX^(18/12) minus MMX^(6/12)	MMX^(15/12) minus MMX^(3/12)

Abbildung F – 29: Zeitliche Transformation der Input-Parameter – Konstellationen zur Berechnung der Ergebniswerte[1163]

Als Näherungslösung kann die **lineare Skalierung** der Migrationsmatrix für Zeiträume **unter einem Jahr** angewendet werden. Zeiträume **über einem Jahr** sind durch **Matrizenmultiplikation** zu berechnen.

1420

Wendet man H3 mittels CPV in der Praxis an, so könnte wie folgt eine Näherung erreicht werden. Hierbei sagt die Abkürzung MMX-lin3 beispielsweise aus, dass diese Matrix über die lineare Skalierung berechnet wurde.

1421

1163 Eigene Darstellung.

MESSUNG UND LIMITIERUNG VON RISIKEN

		Simulationszeitpunkt für das Restrisiko			
		01.01. des laufenden Jahres	31.03. des laufenden Jahres	30.06. des laufenden Jahres	30.09. des laufenden Jahres
	31.12. des laufenden Jahr	Simulationsergebnis aus 1-Jahres-Ausgangsmatrix (MMX)	Simulationsergebnis aus 9-Monats-Matrix P3 (MMX-lin9)	Simulationsergebnis aus 6-Monats-Matrix P3 (MMX-lin6)	Simulationsergebnis aus 3-Monats-Matrix P3 (MMX-lin3)
Zeitlicher Horizont der Risikotragfähigkeit	31.12. des Folgejahres	Simulationsergebnis aus 2-Jahresmatrix (Matrizenprodukt MMX*MMX) minus Simulationsergebnis aus 1-Jahresmatrix (MMX)	Simulationsergebnis aus Matrizenprodukt MMX-lin9 * MMX minus Simulationsergebnis aus MMX-lin9	Simulationsergebnis aus Matrizenprodukt MMX-lin6 * MMX minus Simulationsergebnis aus MMX-lin6	Simulationsergebnis aus Matrizenprodukt MMX-lin3 * MMX minus Simulationsergebnis aus MMX-lin3

Abbildung F – 30: Zeitliche Transformation der Input-Parameter – Konstellationen zur Berechnung der Ergebniswerte – Näherung[1164]

1422 Hieraus könnte sich beispielsweise das folgende Ergebnis ermitteln lassen.

		Simulationszeitpunkt für das Restrisiko				
		01.01. des laufenden Jahres	31.03. des laufenden Jahres	30.06. des laufenden Jahres	30.09. des laufenden Jahres	31.12. des laufenden Jahres
Zeitlicher Horizont der Risikotragfähigkeit	31.12. des laufenden Jahr	10.000	9.000	7.000	5.000	0
	31.12. des Folgejahres	8.000	6.000	6.000	6.000	10.000

Abbildung F – 31: Berechnungsbeispiel, Quantilswerte (Restrisiko) zum jeweiligen Simulationszeitpunkt[1165]

1423 Werden die Werte mit den Ergebnissen aus der Anwendung der dargestellten Ansätze zur Skalierung der Ergebniswerte verglichen, so kann die **rechnerische Vorteilhaftigkeit** des Ansatzes mit Rang 2 bewertet werden, vgl. hierzu nachfolgende Abbildung F – 32. Der Rang beurteilt die kumulierte Kapitalbindung.

[1164] Eigene Darstellung.
[1165] Eigene Darstellung.

		Anzahl Restmonate bis 31.12. des Folgejahres					beste rechnerische Lösung hinsichtlich Kapitalbindung - Rang-
		24	21	18	15	12	
		Simulationszeitpunkt für das Restrisiko					
		01.01. des laufenden Jahres	31.03. des laufenden Jahres	30.06. des laufenden Jahres	30.09. des laufenden Jahres	31.12. des laufenden Jahres	
Skalierung Ergebniswerte							
linearer Ansatz	31.12. des laufenden Jahr	10.000	7.500	5.000	2.500	0	3
	31.12. des Folgejahres	10.000	10.000	10.000	10.000	10.000	
	MaRisk relevante Summe*	*10.000*	*7.500*	*15.000*	*12.500*	*10.000*	
Wurzel T Ansatz	31.12. des laufenden Jahr	10.000	8.660	7.071	5.000	0	1
	31.12. des Folgejahres	10.000	4.569	5.176	6.180	10.000	
	MaRisk relevante Summe*	*10.000*	*8.660*	*12.247*	*11.180*	*10.000*	
Historie Ansatz gem. Darstellung im Text	31.12. des laufenden Jahr	10.000	9.500	8.000	4.000	0	4
	31.12. des Folgejahres	10.000	10.000	10.000	10.000	10.000	
	MaRisk relevante Summe*	*10.000*	*9.500*	*18.000*	*14.000*	*10.000*	
Wurzel H Ansatz	31.12. des laufenden Jahr	10.000	9.747	8.944	6.325	0	5
	31.12. des Folgejahres	10.000	10.000	10.000	10.000	10.000	
	MaRisk relevante Summe*	*10.000*	*9.747*	*18.944*	*16.325*	*10.000*	
vollständiger Ansatz	31.12. des laufenden Jahr	10.000	10.000	10.000	10.000	0	6
	31.12. des Folgejahres	10.000	10.000	10.000	10.000	10.000	
	MaRisk relevante Summe*	*10.000*	*10.000*	*20.000*	*20.000*	*10.000*	
Skalierung Input-Parameter							
Unterjährig: lineare Matrizen-Skalierung	31.12. des laufenden Jahr	10.000	9.000	7.000	5.000	0	2
Überjährig: Matrizen-Multiplikation	31.12. des Folgejahres	8.000	6.000	6.000	6.000	10.000	
	MaRisk relevante Summe*	*10.000*	*9.000*	*13.000*	*11.000*	*10.000*	

* gem. MaRisk Erläuterungen zu AT 4.1 Textziffer 3, Betrachtung Folgejahr ab spätestens 30.06. jeden Jahres

Abbildung F – 32:   Vergleich der Ansätze[1166]

1166   Eigene Darstellung.

1424 Dies Ergebnis ist insbesondere deswegen beachtlich, als dass hierüber nun Risikowerte argumentierbar werden, die bei einer reinen Betrachtung der Skalierung der Ergebniswerte eher verworfen werden.

1425 Es zeigt sich, dass grundsätzlich eine derartige Heuristik genutzt werden kann, um für ein Institut **hinreichend interpretierbare** Näherungswerte zu erreichen.

1426 In der Folge soll nun die rollierende Risikotragfähigkeit betrachtet werden.

4.2.3.4. Rollierende Risikotragfähigkeit bzw. Skalierung der Planwerte

1427 Vor dem Hintergrund der Diskussion um eine tragfähige Skalierung von Jahreswerten auf verschiedene Zeitpunkte war die Entwicklung hin zu einer **rollierenden Einjahresbetrachtung** – unabhängig vom Kalender- bzw. Geschäftsjahresende – nach Meinung der Autoren eine durchaus sinnvolle Maßnahme.

1428 Wie bereits dargelegt können so die Ein-Jahres-Bewertungswerte, die ein Kreditrisikomodell in der Regel als Ergebnisgröße produziert und die um weitere GuV-Komponenten sinnvoll vervollständigt werden, zu jedem Zeitpunkt voll angesetzt werden.

1429 Die Frage, die sich hier stellt, ist die, welche Planwerte gegenübergestellt werden. Als einfach zu argumentierender Ansatz sei auch hier die **zeitlich lineare Skalierung** dargestellt.

1430 So ist davon auszugehen, dass viele Institute im Rahmen einer mehrjährigen Kapitalplanung alle Komponenten der Erfolgsspannenrechnung für drei bis fünf Jahre in die Zukunft fortschreiben. Hierbei werden Planannahmen, beispielsweise für das Bewertungsergebnis Kredit, auf Jahresbasis getroffen.

1431 Für das Beispiel werden drei Fälle von Planannahmen unterschieden, die im Rahmen der linearen Verteilung zwischen laufendem Jahr und Folgejahr betrachtet werden.

- im Folgejahr ist ein höheres Bewertungsergebnis geplant (P1)
- im Folgejahr ist ein konstantes Bewertungsergebnis geplant (P2)
- im Folgejahr ist ein geringeres Bewertungsergebnis geplant (P3)

	TEUR	
laufendes Jahr	2.000	Beispielwerte für einen Planwert des aktuellen
P1 Folgejahr	3.000	Rechnungslegungsjahres sowie für verschiedene
P2 Folgejahr	2.000	Planwete des folgenden Rechnungslegungsjahrs
P3 Folgejahr	1.000	

Rollierende Risikotragfähigkeitsbetrachtung - Konstruktion eines 12-Monats-Planwertes aus der zeitliche Skalierung der Planwerte für das laufende und das folgende Rechnungslegungsjahr					
	01.01.	31.03.	30.06.	30.09.	31.12.
laufendes Jahr	100%	75%	50%	25%	0%
Folgejahr	0%	25%	50%	75%	100%

Anwendung auf die Beispielwerte					
Plan TEUR	01.01.	31.03.	30.06.	30.09.	31.12.
P1	2.000	2.250	2.500	2.750	3.000
P2	2.000	2.000	2.000	2.000	2.000
P3	2.000	1.750	1.500	1.250	1.000

Risikofall TEUR	10.000	10.000	10.000	10.000	10.000

Limitauslastung TEUR	01.01.	31.03.	30.06.	30.09.	31.12.
P1	8.000	7.750	7.500	7.250	7.000
P2	8.000	8.000	8.000	8.000	8.000
P3	8.000	8.250	8.500	8.750	9.000

Abbildung F – 33: Rollierende Planwerte[1167]

Das Beispiel zeigt, dass hier die Wahl der Planwerte für das laufende und das folgende Rechnungslegungsjahr unterjährige Auswirkungen auf die Limitauslastung haben.

Nach Ansicht der Autoren ist dies vor dem Hintergrund der bisher getroffenen Aussagen zur Definition eines Planwertes und zur strikten Anwendung der Definition des Risikos als negative Abweichung zu einer formal aufgestellten Planung tragfähig.

Eingetretene Bewertungsergebnisse werden in diesem Ansatz unmittelbar vom Risikodeckungspotenzial abgezogen. Sie liegen mit Eintritt in der Vergangenheit und werden unmittelbar verarbeitet. Das Risiko und die Limitauslastung beziehen sich allein auf die kommenden zwölf Monate. Daher wäre eine Limit-Nebenbetrachtung der eingetretenen Minderungen des Risikode-

---

1167 Eigene Darstellung.

ckungspotenzials für das laufende Kalenderjahr notwendig, um entsprechende Steuerungsimpulse zu erhalten. Es wird auf die entsprechenden Fachaufsätze bzw. mögliche Fachkonzepte der Institutsverbände verwiesen.

1435 Sicher wird sich im Zuge der Entwicklung in den Instituten sowie durch die aufsichtsrechtlichen Prüfungen schnell eine herrschende Meinung herauskristallisieren, die auf den bisherigen Praxislösungen aufsetzt.

1436 Mit Blick auf die in der Praxis vorherrschende Messgröße Value at Risk ergibt sich für die Adressrisiken aus der rollierenden Betrachtung eine zu jedem Berichtsstichtag **gut miteinander zu vergleichende Datenhistorie**.

4.2.3.5. Vergleich Ultimo-Ultimo versus Rollierend

1437 Abschließend wird versucht, die verschiedenen dargestellten Ansätze im Vergleich zu würdigen. Hierfür wird zunächst die Entwicklung des kumulierten Quantilswertes zu den einzelnen Simulationszeitpunkten anhand der bereits erläuterten Beispiele betrachtet.

	Entwicklung des Quantilswertes		Simulationszeitpunkt für das Restrisiko				
			01.01. des laufenden Jahres	31.03. des laufenden Jahres	30.06. des laufenden Jahres	30.09. des laufenden Jahres	31.12. des laufenden Jahres
		Anzahl Restmonate bis 31.12. des Folgejahres	24	21	18	15	12
Skalierung Ergebniswerte	Wurzel T Ansatz	MaRisk relevante Summe lfd. Jahr + Folgejahr	10.000	8.660	12.247	11.180	10.000
Skalierung Inputparameter	Unterjährig: lineare Matrizen-Skalierung Überjährig: Matrizen-Multiplikation	MaRisk relevante Summe lfd. Jahr + Folgejahr	10.000	9.000	13.000	11.000	10.000
keine Skalierung	Rollierende RTF	MaRisk relevanter Betrag für 12 Monate	10.000	10.000	10.000	10.000	10.000

Abbildung F – 34: Vergleich der Ansätze II[1168]

1438 Hier ist zu erkennen, dass sich im Rahmen einer Ultimo-Ultimo-Betrachtung differierende Risikobetrachtungshorizonte mit entsprechend korrespondierenden Risikowerten ergeben. Dies geht auf die Forderung der MaRisk zurück, ab spätestens 30.06. des laufenden Jahres das Folgejahr zu betrachten. Im Gegensatz hierzu ist der Risikobetrachtungshorizont Rollierend mit 12 Monaten immer konstant.

1439 Berücksichtigt man zusätzlich die **entsprechenden Planwerte**, ergibt sich ein differenziertes Bild. Für die Ultimo-Ultimo-Betrachtung können beispielsweise die folgenden Planwerte angesetzt werden. Angenommen wird hier ein

---

1168 Eigene Darstellung.

konstanter Planwert von 2.000 TEUR p. a. Sobald das Folgejahr berücksichtigt wird, erhöht sich neben dem Quantilswert auch der Planwert entsprechend.

	Simulationszeitpunkt für das Restrisiko				
	01.01. des laufenden Jahres	31.03. des laufenden Jahres	30.06. des laufenden Jahres	30.09. des laufenden Jahres	31.12. des laufenden Jahres
Anzahl Restmonate bis 31.12. des Folgejahres	24	21	18	15	12
relevanter Planwert Ultimo Ultimo	2.000,00	2.000,00	4.000,00	4.000,00	2.000,00

Abbildung F – 35:   *Planwerte Ultimo-Ultimo*[1169]

Für die rollierende Betrachtung bei der Annahme konstanter Planwerte ergibt sich das folgende Bild.

	Simulationszeitpunkt für das Restrisiko				
	01.01. des laufenden Jahres	31.03. des laufenden Jahres	30.06. des laufenden Jahres	30.09. des laufenden Jahres	31.12. des laufenden Jahres
Anzahl Restmonate bis Risikobetrachtungshorizont	12	12	12	12	12
relevanter rollierender Planwert	2.000,00	2.000,00	2.000,00	2.000,00	2.000,00

Abbildung F – 36:   *Planwerte Rollierend*[1170]

Werden die Planwerte von den jeweiligen Quantilswerten subtrahiert, so ergäbe sich die folgende Limitauslastung. Dabei werden hier eingetretene Bewertungsergebnisse vernachlässigt.

		Entwicklung der Limitauslastung		Simulationszeitpunkt für das Restrisiko				
				01.01. des laufenden Jahres	31.03. des laufenden Jahres	30.06. des laufenden Jahres	30.09. des laufenden Jahres	31.12. des laufenden Jahres
Skalierung Ergebniswerte		Wurzel T Ansatz	MaRisk relevante Summe lfd. Jahr + Folgejahr	8.000	6.660	8.247	7.180	8.000
Skalierung Input-Parameter		Unterjährig: lineare Matrizen-Skalierung Überjährig: Matrizen-Multiplikation	MaRisk relevante Summe lfd. Jahr + Folgejahr	8.000	7.000	9.000	7.000	8.000
keine Skalierung		Rollierende RTF	MaRisk relevanter Betrag für 12 Monate	8.000	8.000	8.000	8.000	8.000

Abbildung F – 37:   *Vergleich der Ansätze – Limitauslastung*[1171]

Hieraus ergibt sich unter Berücksichtigung aller vereinfachenden Annahmen eine rechnerische »kumulierte« **Vorteilhaftigkeit** der Ultimo-Ultimo-Betrachtung zu einzelnen Simulationszeitpunkten. Bewertet man die **Vorteil-**

1169 Eigene Darstellung.
1170 Eigene Darstellung.
1171 Eigene Darstellung.

haftigkeit anhand der beobachtbaren **Maximalauslastung**, so gewinnt die Rollierende Betrachtung.

1443 Gleichwohl sind neben einer rechnerischen Vorteilhaftigkeit, die jedes Institut für sich selbst zu bewerten hat, **weitere Aspekte** zu berücksichtigen. Beispielsweise ist zu bewerten, ob eine Darstellung gegenüber eines Aufsichtsgremiums einfacher kommunikativ zu gestalten ist, wenn keine Restlaufzeiteffekte eine Rolle spielen. Hier bietet die rollierende Risikotragfähigkeitsbetrachtung diverse Vorteile.[1172]

4.2.4. Abschließende Überlegungen zur zeitlichen Skalierung

Auswahlregeln

1444 Der Vollständigkeit halber sei hier erwähnt, dass auch Auswahlregeln für die Berechnung der Limitauslastung genutzt werden könnten, die den größten Risikowert aus unterschiedlichen Annahmen bestimmen, so dass eine Risikounterzeichnung vermieden werden kann.

Kombination aus der Skalierung der Input-Parameter und der Ergebniswerte daraus

1445 Neben einer einzigen Skalierung der Input-Parameter oder der Ergebniswerte ich natürlich auch die Kombination möglich. Berechnung verschiedener Zeithorizonte über die Transformation der Input-Parameter und weitere zeitliche Transformation derer Ergebniswerte. Hierauf soll nicht weiter eingegangen werden.

Skalierung Quantilswert oder erwarteter Verlust

1446 Es wurden in diesem Aufsatz vereinfachte Beispiele vorgestellt, die eine Skalierung des Quantilswerts vorsehen. Alternativ dazu kann auch argumentiert werden, dass »nur« der erwartete Ausfall skaliert wird, der unerwartete Ausfall aber zu jedem Simulationszeitpunkt voll angesetzt wird. Hintergrund dieser Argumentation sind die Größenkonzentrationen im Portfolio, die maßgeblich den unerwarteten Verlust bestimmen. Damit ist die Frage verbunden, ob der Ausfall eines großen Kreditnehmers überhaupt skalierbar ist. Die Antwort darauf hat jedes Institut vor dem Hintergrund der individuellen Gegebenheiten zu würdigen.

1172 Vgl. *Wax* (2014).

Faktor für Neugeschäft

Die Risikowerte aus der Simulation eines Kreditportfoliomodells basieren im Regelfall auf den Ist-Geschäftsdaten eines Instituts. Eine darauf basierende Aussage für den gewünschten Risikobetrachtungshorizont vernachlässigt damit das geplante Neugeschäft. Unterstellt die Geschäftsplanung des Instituts ein echtes Portfolio-Wachstum, so entsteht ein vermeintlich geringer Geschäftsanteil, für den kein Risiko simuliert wird. Nach Beobachtung der Autoren ist dies Gegenstand von Prüfungsfeststellungen der Aufsicht. Hierfür wären also geeignete Annahmen zu treffen. Ein einfacher Ansatz kann sein, das geplante Wachstum von beispielsweise 3 % als Skalierungsfaktor auf den Quantilswert berücksichtigen. Dies unterstellt, dass das Wachstum mit einem identischen Portfolio-Mix geschieht, also die Relationen im Portfolio konstant bleiben. Darauf aufbauend sind auch komplexere Lösungsansätze denkbar.

Vierteljährliche versus monatliche Berechnung

Ebenfalls sollte bei der eigenen Reflexion nicht außer Acht gelassen werden, dass eine erhöhte Risikosituation des Instituts auch zu einer monatlichen Berechnung der Risikotragfähigkeit führen könnte. Das vereinfachte Beispiel wäre in der Praxis daher besser mit der Darstellung der Monatsscheiben geeignet. Insbesondere bei dem vollständigen Ansatz des Risikowertes (S5) kann hier die Limitauslastung bis zum November jeden Jahres nochmal deutlich zunehmen.

Nebenbedingungen bei der Auswahl der Varianten

Die »**Gretchenfrage**«, die – wie im Beispiel versucht wurde, darzustellen – mit der Wahl einer individuellen Vorgehensweise verbunden sein muss, ist die, wieviel Kapital damit gebunden wird und ob die produzierten Risikowerte **ökonomisch sinnvolle Steuerungswirkung** erzielen.

Hier schein nach Auffassung der Autoren oftmals die **Praxis-Regel** zu gelten: Je einfacher die Methode, desto mehr Kapital wird gebunden. Daraus folgt in einer überspitzten Aussage, dass Einfachheit an sich oftmals nicht zu ökonomisch sinnvollen Ergebnissen führt, auch wenn sie sehr wünschenswert ist. Grundsätzlich gilt das Motto »So einfach wie möglich, so komplex wie nötig.« bei der Wahl der Annahmen bzw. modellhaften Abbildung. Dabei wird der Grad der Komplexität gerade von der Notwendigkeit bestimmt, Kapital betriebswirtschaftlich sinnvoll nutzen zu können.

4.3. Barwertiger Steuerungskreis

1451 Im Gegensatz zum periodischen Steuerungskreis fällt es in der durch kleine und mittlere Institute geprägten Sparkassen-Finanzgruppe eher schwer, Beispiele für einen vollumfänglich genutzten barwertigen Steuerungskreis zu finden, der vielleicht sogar als deklarierter Hauptsteuerungskreis dient. Für andere Bankengruppen gilt dies jedoch auch.[1173]

1452 Während die ökonomische Betrachtung einzelner Risiken, wie zum Beispiel des Zinsänderungsrisikos oder in dem vorliegenden Aufsatz die des Adressenausfallrisikos bereits Einzug gehalten und sich etabliert hat, ist dies demnach noch nicht auf den kompletten Steuerungskreis adaptierbar. Vielmehr fällt es sogar schwer, diesen in die Praxis zu überführen. Theoretische Grundlagen gibt es hierfür in hinreichendem Umfang, beispielsweise auch in Form von Leitfäden zusammengefasst. Gleichwohl ist die Methodik nicht für alle Risikoarten ganz trivial und auch noch nicht für alle in Form von anerkannten Standards manifestiert. Abbildung F – 38 zeigt eine vorstellbare Vermögens- und Risikoübersicht in der barwertigen Perspektive. Die allgemeinen Ausführungen zum periodischen Beispiel gelten hier analog. Der Wert des Bruttovermögens wird durch Addition der einzelnen Markt- bzw. Barwerte der Vermögenspositionen ermittelt. Zu den Vermögenspositionen gehören unter anderem der Wert des gesamten Zinsbuches des Kundenkredit- sowie Handelsgeschäfts, der Wert nicht zinstragender Wertpapiere oder nicht zerlegbarer Sammelpositionen sowie der Beteiligungswert.

[1173] Vgl. *Deutsche Bundesbank* (2010.11), S. 6 (Stand 2009).

Vermögens- und Risikoübersicht				Value-at-Risk in TEUR		
Substanz in TEUR	31.03.2013	31.12.2012	Veränderung gegenüber Vorquartal Δ	31.03.2013	31.12.2012	Veränderung gegenüber Vorquartal Δ
Barwert des Zinsbuches incl. Anteil Kundengeschäft incl. Anteil Eigenhandel / Termingelder incl. Schuldscheindarlehen incl. Anteil Swaps ohne Anteil Spezialfonds	0	0	0,00%	0	0	0,00%
Barwert des Aktienbuches	0	0	0,00%	0	0	0,00%
Marktwert nicht zerlegbare kombinierte Produkte:	0	0	0,00%	0	0	0,00%
Wert Beteiligungen	0	0	0,00%	0	0	0,00%
Wert der Immobilien Grundstücke und Gebäude	0	0	0,00%	0	0	0,00%
Kasse	0	0	0,00%	0	0	0,00%
Wert Sicherheiten in Abwicklung	0	0	0,00%	0	0	0,00%
Wert Sachmittel	0	0	0,00%	0	0	0,00%
= Bruttovermögen	0	0	0,00%			
Barwert der Adressrisiken - Erwartete Verluste	0	0	0,00%	0	0	0,00%
Prämie für operationelle Risiken	0	0	0,00%	0	0	0,00%
Barwert der Kosten	0	0	0,00%	0	0	0,00%
= Summe der Abzugsposten	0	0	0,00%			
Nettovermögen - gesamt	0	0	0,00%	0 0,00%	0	0,00%

Abbildung F – 38:   Einbindung in die barwertige Risikotragfähigkeit[1174]

Von dem **Bruttovermögen** sind Abzugspositionen zu bilden, um dann damit das Rein- oder auch Nettovermögen zu ermitteln. Die **Abzugspositionen** sind neben den Personal- und Sachkosten vor allem durch die zu erwarteten Ausfälle aus dem Kundenkredit- sowie Handelsgeschäft determiniert. Damit wird eine von vier denkbaren Vorgehensweisen in Bezug auf die **erwarteten Ausfälle** umgesetzt. Nach Forderung der Aufsicht sind diese bereits bei der

1453

1174   Eigene Darstellung.

Ermittlung des Risikodeckungspotenzials, also Ermittlung des Nettovermögens, zu berücksichtigen.

1454 Erstens kann dies durch die Kürzung von Zahlungsströmen bei der Bestimmung des Barwertes des Zinsbuches geschehen. Zweitens können an Stelle der direkten Kürzung hieraus auch Abzugspositionen gebildet werden. Diese dürfen dabei nicht mit den Standardrisikokosten auf Jahressicht verwechselt werden. Denn letztere können drittens nur als Abzugspositionen angesetzt werden, wenn nachgewiesen werden kann, dass sie zu Deckung der Verluste der Totalperiode angemessen sind. Viertens können auch risikoadäquate Spreadaufschläge auf die risikolosten Abzinsungssätze genutzt werden.[1175] Ein wertorientierter Steuerungskreis erfordert zudem auch grundsätzlich den Ansatz von Credit-Spread-Risiken. Eine Ausnahme gilt für Buchkredite, zu denen keine aussagekräftigen Marktinformationen über den Kreditnehmer und dessen Credit-Spread-Risiko vorliegen.[1176] Mit Blick auf Kapitel F.I.3.3 erscheint es absehbar, dass sich hieraus keine Praxishürden für eine integrierte barwertige Betrachtung mehr ergeben.

1455 In Abgrenzung zum periodenorientierten Beispiel sind hier die erwarteten Ausfälle immer auch als negativer Vermögensbestandteil zu werten, während die unerwarteten Ausfälle das Risiko darstellen. Ein den Planwerten des periodischen Steuerungskreises nachempfundener Gedanke ist hier eher untypisch oder sogar unpassend, da es dem Kern der Barwertmethode entspricht, gerade **keine Planungsannahmen** zu nutzen: Es wird zum jeweiligen Berichtsstichtag immer die Gesamtheit aller bestehenden Geschäfte über alle damit verbundene Laufzeiten (Totalperiode), komprimiert auf einen steuerungsrelevanten Risikobetrachtungshorizont beurteilt. Daraus folgt eine stringente Unterscheidung von erwarteten und unerwarteten Verlust. Als Risikowerte werden im rechten Teil von Abbildung F – 38 die jeweils zugehörigen Value-at-Risk-Werte abgetragen. Hier spielt auch der im Rahmen des periodischen Steuerungskreis bereits diskutierte und oben angesprochene Betrachtungshorizont eine wesentliche Rolle. Dabei ist der barwertige Steuerungskreis sehr gut für eine rollierende Jahresbetrachtung geeignet.[1177]

1456 Um eine in sich konsistente und damit qualitativ hochwertige Umsetzung zu gewährleisten, sind Konfidenzniveaus und Haltedauern gleichnamig zu machen. Nur auf diese Weise ist auch eine sachgerechte Gegenüberstellung von Vermögensposition und Risiko sowie der Risiken untereinander möglich.

1175 Vgl. *BaFin* (2011.12), Tz. 74 f.
1176 Vgl. *BaFin* (2011.12), Tz. 90.
1177 Vgl. *Reuse* (2012b), S. 247.

5. Limitierung

5.1. Vorüberlegungen

Als **Ziel** einer Limitierung bzw. eines Limitsystems gilt es, die Höhe eines möglichen Vermögensverlustes zu begrenzen und zu überwachen. Bei Überschreiten von Grenzwerten, sollten Handlungsimpulse generiert werden. Ein funktionsfähiges Limitsystem begrenzt damit die Gesamtbankrisiken derart, dass bei Ausführung vorab definierter Handlungen die bewusst eingegangenen Risiken nicht überschritten werden. Es sichert damit die Handlungsfähigkeit der Geschäftsleitung.[1178]

1457

Leitprinzipien bei der Gestaltung sind,

1458

- Steuerungsimpulse zu erhalten sowie
- Sorge zu tragen, dass sich keine Risikoposition außerhalb des vorab festgesetzten Rahmens bzw. Limits bewegt.[1179]

Eine grundsätzliche Systematisierung in Bezug auf Adressenausfallrisiken wird in Abbildung F – 39 wiedergegeben.

1459

Begrenzung von Adressenausfallrisiken als Aufgabe der Geschäftsleitung

Limite für kreditnehmerbezogene Risiken	Begrenzung gesamtgeschäftsbezogener Risiken
- kein Geschäft ohne Limit - Limitfestsetzung ist Kreditentscheidung -> Berücksichtigung im Kompetenzsystem! - Emittentenlimite - unverzügliche Anrechnung	- keine portfoliobezogene Limite notwendig - geeignete Maßnahmen finden - Berücksichtigung der Risikotragfähigkeit des Instituts - Steuerung und Überwachung muss ermöglicht werden

Die MaRisk fordern kein geschlossenes Limitsystem für Adressenausfallrisiken, sondern stellen differenzierte Anforderungen an kreditnehmerbezogene und gesamtgeschäftsbezogene Risiken.

Abbildung F – 39: Übersicht über die Limitierung von Adressenausfallrisiken in den MaRisk[1180]

1178 Vgl. *BaFin* (2012.12c), AT 4.2, Tz. 2, AT 4.3.2, Tz. 1; *DSGV* (2014), S. 229 ff.
1179 Vgl. *DSGV* (2014), S. 229 ff.; *Schierenbeck/Lister/Kirmße* (2008), S. 15 ff.
1180 Vgl. *DSGV* (2014), S. 284.

1460 Eng mit der Frage nach einer wirksamen Limitierung ist die Frage, was beim Überschreiten von Reaktionsschwellen zu tun ist, verbunden. Beide Facetten werden im Folgenden an den bereits oben eingeführten Praxisbeispielen diskutiert. Ergänzend ist eine grundsätzliche Betrachtung der Limitart sinnvoll. Hierzu sei an dieser Stelle ein Vergleich von Limitsystemen mit und ohne selbstverzehrende Limite kurz beleuchtet. Wiesemann[1181] führt hierzu aus, dass auch bei volatilen Risikopositionen und zwischenzeitlicher Sicherung und damit Realisierung von Risiken, nicht mehr Risikodeckungspotenzial verwendet werden darf, als in dem jeweiligen Betrachtungszeitraum für die zugrundliegenden Risiken zur Verfügung gestellt wurde. Dies sicherzustellen, ist originäre Aufgabe des Risikomanagements und insbesondere durch **selbstverzehrende Limite**, wie in Abbildung F – 40 dargestellt, möglich. Diese Form der Limitgestaltung eignet sich für alle Adressenausfallrisiken.

[1181] Vgl. an *Wiesemann* (2012), S. 22.

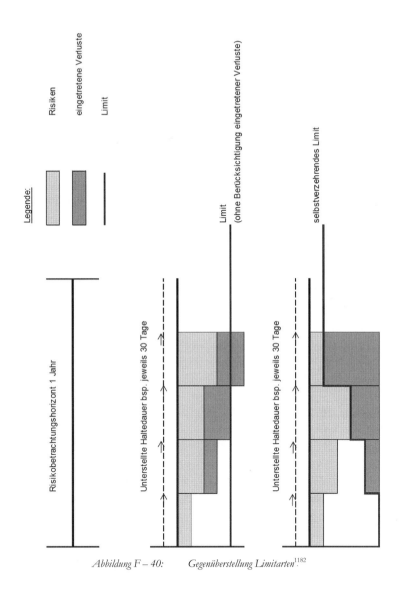

Abbildung F – 40:   Gegenüberstellung Limitarten[1182]

1182   Eigene Darstellung in Anlehnung an *Wiesemann* (2012), S. 22.

MESSUNG UND LIMITIERUNG VON RISIKEN

5.2. Periodischer Steuerungskreis

1461 Bei Abbildung F – 41 handelt es sich um die Fortsetzung des oben dargestellten Beispiels. Der oben bereits beschriebenen Systematik dieses Risikotragfähigkeitskonzeptes folgend, sind nunmehr die einzelnen Spalten bezüglich der Limite und deren Auslastung Betrachtungsgegenstand.

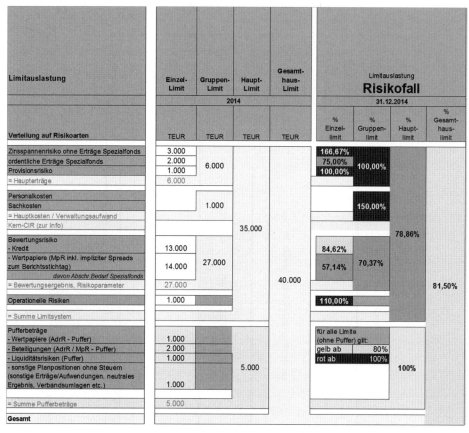

Abbildung F – 41:   *Limitsystem*[1183]

[1183] Eigene Darstellung auf Basis eines anonymisierten Beispiels der Stadtsparkasse Remscheid vor der Umstellung auf S-RTF im Jahr 2016.

Aufgrund der konzeptionellen Überlegungen hinter dieser Darstellung, wird auf die Vorgehensweise verzichtet, zur besseren Visualisierung ausschließlich auf den Part der Adressrisiken zu fokussieren. Die Gründe hierfür liegen unmittelbar in der Ausgestaltung des Limitsystems. Neben dem Einzellimit je Risiko sowie dem systemimmanent vorhandenen Gesamthauslimit, wurden in diesem Fallbeispiel zwei weitere Limitarten in Form eines Gruppenlimits und eines Hauptlimits gewählt. So erschließt sich, warum eine rein auf das Adressenausfallrisiko beschränkte Abbildung keine sachgerechte Darstellungsweise ist.

Der Aufbau des Gruppenlimits setzt sich analog zur Erfolgsspannenrechnung zusammen und besteht in dem vorliegenden Beispiel aus der Zusammenfassung der Ertragskomponenten, der Kostenpositionen sowie der Bewertungspositionen. Ergänzend kommt das Limit für operationelle Risiken hinzu. Dessen separate Darstellung ist darauf zurückzuführen, dass operationelle Risiken qua Definition in allen anderen Risikokategorien auftreten und sich somit dort widerspiegeln können. Aus den vier Bereichen ergibt sich das erste Hauptlimit, auch als Summe des Limitsystems bezeichnet. Dazu kommt die Summe der Pufferbeträge, welche das zweite Hauptlimit darstellt. Die Differenzierung der **Hauptlimite** erscheint insofern sinnvoll, als dass die vollständige Auslastung der Pufferbeträge mangels Quantifizierungsmöglichkeit automatisch zu einer erhöhten Auslastung des Gesamtbanklimits führt. Die veranschaulichenden Zahlen zu dem Sachverhalt sind den prozentualen Angaben zur Limitauslastung in der Abbildung F – 41 zu entnehmen.

Was spricht für die Wahl dieser **gestaffelten Limite** und worin liegt der Charme dieser Lösung für die Praxis? Auf der einen Seite bedient diese Darstellungsweise verschiedene Sichtweisen in einer Perspektive und ist somit für den Adressaten nicht unmittelbar selbsterklärend. Auf der anderen Seite ist jedoch die praktische Handhabung nach Ansicht der Autoren sehr effizient und umfassend. Der große Vorteil für die tägliche Praxis liegt gerade darin, dass nicht unmittelbar bei überschreiten eines Einzellimits die gesamte »Prozessmaschinerie« in Form von Ad-hoc-Berichten, Steuerungsmaßnahmen und Ähnlichem in Gang gesetzt werden muss. Vielmehr kann beispielsweise die Überschreitung eines Einzellimits problemlos akzeptiert werden, falls das Gruppenlimit eingehalten ist. Diese Vorgehensweise erscheint insofern sachgerecht, als dass die jeweiligen Gruppenlimite beispielsweise auch durch teilweise substituierende Inhalte belegt sind.

1465 Zur Verdeutlichung sei als Beispiel der Abschluss eines Konsumentendarlehens gewählt. Je nach geschäftspolitischer Ausrichtung werden diese Darlehen »auf die eigene Bilanz genommen« oder auch im Rahmen von Provisionsgeschäften vermittelt. Aus Ertragssicht ist der einzige Unterschied, lässt man das Pricing außen vor, die Position in der Gewinn und Verlustrechnung, der diese Einnahmen zugeordnet werden. Demzufolge erscheint es folgerichtig, dass der Zinsertrag aus dem Darlehen durch einen Provisionsertrag substituiert werden kann – et vice versa. Wenn die Erträge also austauschbar sind, gilt dies für das Ertragsrisiko aus dem jeweiligen Geschäft gleichermaßen.

1466 Der sich dahinter verbergende Denkansatz findet sich auch in gestaffelten Schutzsystemen für den Küstenbereich oder doppelwandigen Tankern wieder. In diesem Zusammenhang ist es wichtig, **eindeutige Reaktionsvorgaben** zu definieren. Ein Beispiel dafür kann sein, dass nicht zwei Unterlimite gleichzeitig überschritten werden dürfen. Die Tatsache, dass die Limite addiert werden und die Summe der Einzellimite das Gesamthauslimit darstellt, impliziert die Nichtberücksichtigung von Korrelationen. Die Verrechnungsmöglichkeiten stehen dem nicht entgegen. Ein wirksames Limitsystem muss nach Auffassung der Autoren immer auch so ausgerichtet sein, dass potentielle Risikosituationen auch optisch im Rahmen der Risikokommunikation eindeutig herausgestellt werden. Das vorliegende Praxisbeispiel nutzt die Möglichkeit von Reaktionsgrenzen, teilweise auch als Warnschwellen bezeichnet, in Kombination mit einer Ampelfarbensystematik. Die Gesamtbetrachtung in Abbildung F – 41 verdeutlicht den Zusammenhang zwischen den zuvor beschriebenen Bestandteilen aus Planwerten, Risikowerten, Limiten und den zugehörigen Limitauslastungen.

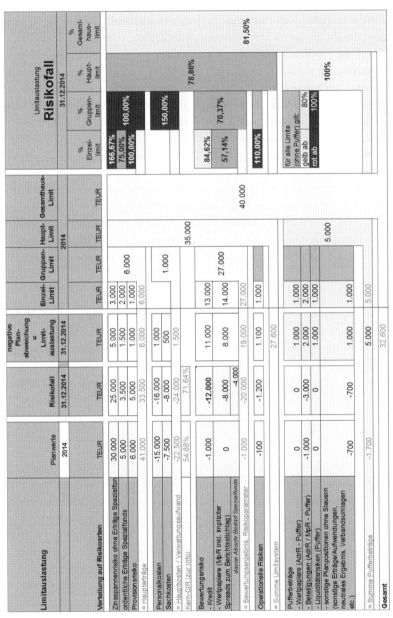

Abbildung F – 42: Risikotragfähigkeit und Limitsystem I[1184]

1184 Eigene Darstellung.

1467 Die Prozentwerte selbst sowie die in der Originaldarstellung farbliche Wiedergabe der Prozentwerte in Gestalt der Ampelfarben, signalisieren dem Adressanten die jeweilige Limitauslastung und damit mögliche Steuerungsnotwendigkeiten. Auf jeden Fall implizieren Sie, sofern nicht eine grüne Ampel ausgewiesen wird, eine kritische Prüfung und Interpretation der Werte. Mögliche Handlungen beziehungsweise notwendige Handlungsimplikationen bei gelben oder roten Limitausprägungen sind bereits im Vorfeld in den internen Arbeitspapieren, zum Beispiel in Form von Arbeitsanweisungen, Organisationsrichtlinien oder auch dem oben beschriebenen Risikohandbuch festzulegen. Außerdem ist die Brücke zur strategischen Ausrichtung und deren Konkretisierung in der Geschäfts- bzw. Risikostrategie zu schlagen. Hieraus abgeleitet sind die konkreten Maßnahmenbündel wie ad-hoc-Berichterstattung und auch entsprechende risikoreduzierende Gegensteuerungsmöglichkeiten umzusetzen. In Analogie zu dem bisher Dargestellten soll die nachfolgende Abbildung F – 43 eine weitere Option der Visualisierung für die Praxis zeigen.

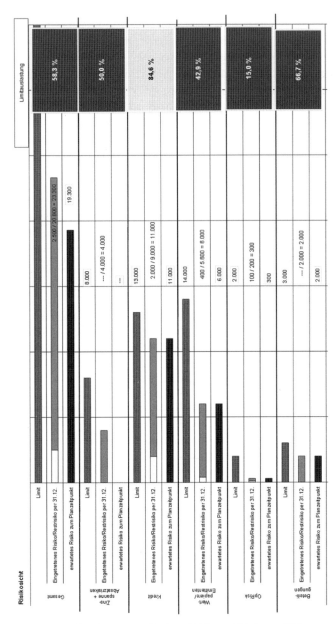

Abbildung F – 43: Risikotragfähigkeit und Limitsystem II[1185]

[1185] Modifizierte Darstellung auf Basis Praxisbeispiel Sparkasse Märkisches Sauerland.

1468 Abbildung F – 16 unterscheidet neben dem Risiko zum Jahresende und dem zugehörigen Limit auch noch in das eingetretene und das verbleibende Restrisiko. Eine Pro-rata-temporis-Betrachtung zum jeweiligen Stichtag sowie die Vorrechnung zum Jahresende werden hierbei nochmals explizit visualisiert. Im Verhältnis zur oben erläuterten Darstellung ist diese zwar nicht auf einen Blick mit allen Informationen ausgestattet, dafür mit mehr Detailtiefe versehen. Die Reaktionsgrenzen werden wie in dem vorherigen Beispiel ebenfalls anhand von Ampelfarben und dazugehörigen Auslastungen festgemacht.

1469 Eine auf das jeweilige Institut zugeschnittene Wahl der Reaktionsgrenzen ist unerlässlich.[1186] Wie genau die Festlegung dieser Warnschwellen zu erfolgen hat, ist demnach je nach Risikolage, Risikoneigung, Going-Concern bzw. Gone-Concern-Ansatz und weiteren Rahmenbedingungen zu individualisieren. Es steht in der Praxis neben der Beantwortung der zuvor dargelegten Sachverhalte die Frage im Mittelpunkt, wie früh das Institut **Steuerungsimpulse** angezeigt bekommt und welche Prozesse damit verknüpft sind. Der grundsätzliche Leitgedanke kann hier sein, dass je großzügiger ein Limit zugeschnitten ist, desto früher müssen die Warnschwellen im Sinne eines Frühwarnsystems greifen. Und das unabhängig davon, ob das Institut wirtschaftlich problemlos in der Lage ist, die limitierten Risiken bei deren Eintreten auch tatsächlich tragen zu können.

5.3. Barwertiger Steuerungskreis

1470 Die Überlegungen zum barwertigen Limitsystem setzen wiederum bei den Ausführungen in Kapitel 4.3 sowie zu Abbildung F – 38 an. Ebenfalls ist an die Einschätzung in Kapitel 3.1 zu erinnern. Es sollte eine Vorabzuordnung oder Eingrenzung möglicher Risikopotenziale allein auf den periodischen Steuerungskreis vermieden werden, um mögliche verdeckte bzw. schleichende Vermögensminderungen, die sich nicht unmittelbar in der Rechnungslegung niederschlagen, erkennen und bewerten zu können. Aus diesem Grund empfehlen Volk und Wiesemann, ein Institut in zwei parallel einzurichtenden Steuerungskreisen zu steuern.[1187] Dabei stellen Sie zum einen auf den Liquidationsansatz und zum anderen auf den Going-Concern-Ansatz ab. Gerade die wertorientierte Perspektive ist durch Ihre konzeptionelle Beschaffenheit dafür geeignet, den **Liquidationsansatz** darzustellen, während die periodenorientierte Perspektive besonders für den Going-Concern geeignet ist. Die Aufsicht

---

1186 Vgl. *BaFin* (2012.12c), AT 4.2.
1187 Vgl. *Volk/Wiesemann* (2012), S. 272.

erachtet nur diese Kombination als uneingeschränkt methodisch konsistent.[1188]

Will also dem Fallbeispiel folgend die Sparkasse Musterstadt in Ergänzung zu einem periodischen auch ein wertorientiertes Limitsystem installieren, so stellt sich die Frage, in welcher Detaillierungstiefe Unterlimite definiert werden. Prinzipiell kann jede Risikoposition in Abbildung F – 38 mit einem Limit versehen werden. Ob dies vor dem Hintergrund der Messmethode Sinn ergibt, ist eine andere Frage. Hierfür gelten identische Überlegungen wie sie bereits im Rahmen des periodischen Limitsystems dargestellt wurden. In einem ersten Schritt erscheint es daher angebracht, mit einem Gesamtinstitutslimit zu beginnen, so dass auch der ungeübte »Kartenleser« Orientierung finden und den Umgang erlernen kann.

6. Ausblick auf die weitere Entwicklung der Messung und Limitierung

Eingangs wurde festgestellt, dass die alten »Landkarten« zum Adressenausfallrisiko, durch die Krise ausgelöst, nun nicht mehr die richtigen Wege aufzeigen. Um neue Karten zu finden, wurden das fachliche Terrain vermessen und Geländedaten gesammelt. Inwieweit sich dies zukünftig weiter verändert, kann vage und mit Annahmen behaftet vorausgesagt werden. Für die Methoden der Messung wurden Themenfelder mit gewissermaßen »seismischen Aktivitäten« ausgemacht. Diese sind in Abbildung F – 8 zusammenfassend dargestellt.

Die vorstellbaren Entwicklungspfade umfassen zwei Extreme. Zum einen ist dies der Weg hin zu einem umfassenden Risikomodell, zum anderen der Pfad hin zu weniger komplexen Modellen, die gleichberechtigt nebeneinander stehen. Für den breiten Praxiseinsatz ist ein ganzheitliches Risikomodell für Adressenausfallrisiken eher nicht in naher Zukunft vorstellbar. Konzentrationsrisiken würden hier über alle relevanten Geschäftsaktivitäten betrachtet. Dies schließt beispielsweise auch Credit-Spread- und Kontrahentenrisiken adäquat mit ein. Eine weiter zunehmende Anzahl von Annahmen wäre die Folge. Wie am Beispiel von CPV dargestellt, sind diese bereits heute sehr umfangreich. Nach Ansicht der Autoren entsteht somit die Gefahr, dass die erhöhten Modellrisiken die Vorteile einer derartigen Risikointegration aufzehren.

Auf jeden Fall nimmt der »Beipackzettel für Risikomodelle«[1189] eine umfangreichere Form an. Die Herausforderung liegt hierbei in der adressatengerech-

---

1188 Vgl. *Deutsche Bundesbank* (2013.03), S. 35.
1189 *Voit* (2012b), S. 636. Vgl. auch *Reuse* (2012.01), S. 34 ff.

ten Kommunikation. Auch der Einsatz weniger komplexer Modelle nebeneinander ist denkbar. Dabei ist es fraglich, inwieweit diese die beschriebenen Mindestanforderungen an die Darstellung von Adressenausfallrisiken erfüllen.

1475 Ganz sicher liegt die Achillesferse eines jeden Modells in der Datengrundlage bzw. der Datenverfügbarkeit. Dies hat sich seit Beginn der Modelldiskussion nicht verändert. Auch ist nicht absehbar, dass sich dies in naher Zukunft verändern wird.[1190]

1476 Aufmerksamen Lesern ist bereits aufgefallen, dass bei der bisher ausgeführten Darstellung zur Limitierung eine Addition der Limite vorgenommen wird. Dies führt eher zu einer zu hohen Bindung von Risikodeckungspotenzial. Allein der Praxisanspruch, das vorhandene Kapital ökonomisch sinnvoll zu nutzen, wird zu einer Weiterentwicklung der Limitsysteme führen.[1191] Diese geht wiederum mit einer Komplexitätssteigerung einher.

1477 Die rasante Entwicklung der letzten Jahre bei den aufsichtsrechtlichen Anforderungen zur Regulierung der Finanzmärkte, nicht zuletzt durch die Finanzkrise ausgelöst und nicht unerheblich durch politische Diskussionen geprägt, wird die Kreditinstitute auch in der näheren Zukunft weiter dazu veranlassen, sich den skizzierten Entwicklungsperspektiven mit großem Augenmerk zu widmen. Gerade deswegen ist es nach Auffassung der Autoren sinnvoll, sich frühzeitig mit möglichen Szenarien kritisch und qualifiziert auseinanderzusetzen. Trotz der auch zukünftig intensiv zu führenden Diskussion über die Wahl der richtigen Methoden und Risikomodelle sollte nicht unkritisch angemerkt werden, dass in noch nie dagewesenen Extremsituationen jegliche Art der Risikomessung, so wie wir sie bisher kannten, nicht zwingend die korrekten Aussagen und Handlungsempfehlungen findet. Insofern sollte die weiter zunehmende Komplexität auch zukünftig nicht nur durch das eine oder andere Modellrisiko ersetzt werden. Vielmehr gilt auch in Zukunft, was bereits heute schon gelten sollte, dass die Interpretation der gesammelten Daten die wesentliche Herausforderung bleibt. Hierfür sind Erfahrung, Weitblick und sinnvolles Handeln der agierenden Personen im Risikomanagement, der Geschäftsführung der Unternehmen, aber auch bei Politik und Aufsicht gefordert.

1190 Vgl. auch *Deutsche Bundesbank* (2013.03), S. 37.
1191 Vgl. *Beck/Feix/Stückler* (2012), S. 345 ff.

II. Marktpreisrisiko inkl. Zinsänderungsrisiko[1192]

1. Definitionen und Strukturierung des Marktpreisrisikos

Gemäß dem Baseler Rahmenwerk umfasst der Begriff »**Marktpreisrisiken**« mögliche Verluste aus der Veränderung von Marktpreisen für bilanzielle sowie außerbilanzielle Positionen.[1193] In **Säule I** des Baseler Rahmenwerks (Mindesteigenkapitalanforderungen) werden ausschließlich Zinsänderungs- und Aktienkursrisiken im Handelsbuch sowie Währungs- und Rohstoffpreisrisiken im Bank- und Handelsbuch als unterlegungspflichtige Marktpreisrisiken erfasst. In der Betrachtung gemäß **Säule II** des Baseler Rahmenwerks (Risikotragfähigkeit) wird diese Definition hingegen auf sämtliche (wesentlichen) Marktpreisrisiken ausgedehnt, d. h. sowohl hinsichtlich der Buchzuordnung als auch hinsichtlich der Risikounterart. Zu den Marktpreisrisiken zählen insbesondere Zinsänderungs-, Aktienkurs-, Währungs-, Rohstoffpreisrisiken (inklusive der mit diesen Risikoarten verbundenen Optionsrisiken) sowie Immobilienrisiken.[1194]

1478

Das **Zinsänderungsrisiko** nimmt unter den Marktpreisrisiken eine besondere Stellung ein, da das Zinsergebnis im engeren Sinne mit einem Anteil von rund 62,7 % der operativen Erträge die Haupterfolgsquelle deutscher Kreditinstitute darstellt.[1195] Daher wird im Kapitel F.II hinsichtlich der Messverfahren vordergründig auf diese Marktpreisrisikoart eingegangen. Die Grundzüge der Zinsänderungsrisikomessung können jedoch weitgehend auf die anderen Unterarten des Marktpreisrisikos übertragen werden.

1479

Da in vielen kleineren und mittelgroßen deutschen Kreditinstituten ein **periodischer Risikotragfähigkeitsansatz** auf Basis der Rechnungslegung gemäß **HGB** Anwendung findet, wird diese Perspektive genauer erläutert.

1480

1192 Autor: **Simone Seeger**. Die Ausführungen geben die persönliche Auffassung des Autors wieder.
1193 Vgl. *Baseler Ausschuss für Bankenaufsicht* (2006.06), Ziffer 683.i).
1194 Vgl. *Eller/Heinrich/Perrot/Reif* (2010), S. 61. Credit-Spread-Risiken werden zuweilen ebenfalls den Marktpreisrisiken zugeordnet und als solche gesteuert. In diesem Handbuch werden Credit Spread-Risiken jedoch als Adressenausfallrisiken im Kapitel F.I einbezogen.
1195 Vgl. *Deutsche Bundesbank* (2015.09), S. 44.

2. Messung des Marktpreisrisikos

2.1. Grundüberlegungen zur Marktpreisrisikomessung

1481 Bei der Quantifizierung des Marktpreisrisikos ist grundsätzlich zwischen dem periodischen und dem wertorientierten Risikotragfähigkeitsansatz zu differenzieren.

1482 In der **wertorientierten Sichtweise** wird das Marktpreisrisiko als potenzieller ökonomischer Vermögensverlust quantifiziert. Die Darstellung erfolgt unabhängig von externen Rechnungslegungsvorschriften.[1196] Die Risikomessung möglicher Marktwertveränderungen erfasst den gesamten zukünftigen Planungshorizont.

1483 Die **periodische Sichtweise** orientiert sich hingegen an Jahresabschlussgrößen und betrachtet das Risiko hinsichtlich dessen periodenspezifischer Erfolgswirksamkeit.[1197] Folglich schließt die Risikomessung ausschließlich Effekte auf die Erfolgsrechnung der laufenden Periode und gegebenenfalls der Folgeperiode ein. Effekte, welche sich über das Folgejahr hinaus erstrecken, bleiben unberücksichtigt.

1484 Zur Erläuterung der Besonderheiten der Risikoquantifizierung im periodischen Ansatz ist zunächst der **Risikobegriff** zu definieren. Risiko wird hier entsprechend Tz. 21 Satz 4 der aufsichtlichen Leitlinien zur Risikotragfähigkeit als unerwarteter Verlust definiert.[1198] Dies bedeutet, dass erwartete Verluste als Teil des geplanten Ergebnisses im Risikodeckungspotenzial zu Beginn der Periode berücksichtigt werden.[1199]

1485 Dies wird in Abbildung F – 44 veranschaulicht. Treten in der unterjährigen Risikotragfähigkeitsbetrachtung höhere Verluste als die erwarteten Verluste ein bzw. werden in der Ergebnisvorschau für die Periode unterjährig höhere Verluste angesetzt als zu Beginn der Periode, wie dies in Abbildung F – 44 für den Stichtag 30.06. dargestellt wird (L_e für die erste Jahreshälfte fällt höher aus als der für diesen Zeitraum kalkulierte EL_{t_e}), ist die negative Abweichung von den geplanten Erfolgsgrößen als eingetretener unerwarteter Verlust und somit

---

[1196] Vgl. *BaFin* (2011.12), Tz. 11.
[1197] Üblicherweise liegt der periodischen Risikotragfähigkeitsrechnung eine Going-Concern-Annahme (vgl. Abbildung A – 1) zugrunde.
[1198] Vgl. *BaFin* (2011.12).
[1199] Eine alternative Möglichkeit ist die Annahme des Risikos als (erwarteter plus unerwarteter) Verlust. Zu den erwarteten Verlusten aus Marktpreisrisiken zählen z. B. Restlaufzeitverkürzungseffekte bei festverzinslichen Wertpapieren.

als eingetretenes Risiko zu behandeln. Das Risikodeckungspotenzial aus dem geplanten Ergebnis wird in diesem Fall unterjährig nicht angepasst.[1200]

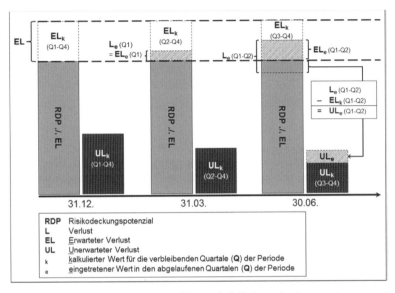

Abbildung F – 44: *Beispiel zur Risikodefinition als (kalkulierter plus eingetretener) unerwarteter Verlust in der periodischen Risikotragfähigkeit*[1201]

Das Marktpreisrisiko für die Gesamtperiode stellt in der periodischen Sichtweise folglich der bereits eingetretene unerwartete Verlust aus Marktpreisrisiken in der abgelaufenen Teilperiode zuzüglich des kalkulierten unerwarteten Verlustes aus Marktpreisrisiken für die Restperiode dar.[1202] Daher beschäftigt sich die nachfolgende Betrachtung zum einen mit der Ermittlung schlagend gewordener Marktpreisrisiken[1203] und zum anderen mit den Verfahren zur Quantifizierung zukünftiger unerwarteter Verluste[1204]. Letztere werden am Beispiel des Zinsänderungsrisikos erläutert und schließen sowohl Messverfahren der periodischen als auch der wertorientierten Sichtweise ein.

1486

1200 Alternativ können eingetretene unerwartete Verluste durch eine Anpassung des Planergebnisses im Risikodeckungspotenzial berücksichtigt werden, was eine unterjährige Anpassung bzw. Neugenehmigung der Risikotragfähigkeitslimite erforderlich macht.
1201 Eigene Darstellung eines im Sparkassensektor gängigen Risikoverständnisses. Zur Vereinfachung werden ein unterjährig konstantes Niveau des kalkulatorischen unerwarteten Verlustes sowie eine lineare Skalierung dessen unterstellt.
1202 Wie eingetretene Risiken im Rahmen der Limitierung berücksichtigt werden können, wird im Kapitel F.II.3 erläutert.
1203 **Ex post Betrachtung:** siehe Kapitel F.II.2.2.
1204 **Ex ante Betrachtung:** siehe Kapitel F.II.2.3.

1487 Da sich der ex ante Risikohorizont in der periodischen Risikotragfähigkeitsbetrachtung unterjährig auf wenige Monate verkürzt, erfordern die MaRisk gemäß AT 4.1 Tz. 3 spätestens ab der Jahresmitte eine zusätzliche **Betrachtung über den Bilanzstichtag hinaus.** Dies kann zum einen durch eine zusätzliche Darstellung der Risikotragfähigkeit im Folgejahr umgesetzt werden oder zum anderen durch eine zusätzliche oder alleinige Betrachtung eines rollierenden Ein-Jahres-Zeitraums. Hinsichtlich der Risikoquantifizierung ergeben sich je nach gewähltem Ansatz Unterschiede beim betrachteten Risikohorizont, die im Rahmen der Erläuterungen zur Limitierung in Kapitel F.II.3 erörtert werden.

2.2. Eingetretene Marktpreisrisiken

1488 Die Einbeziehung eingetretener unerwarteter Verluste in die Quantifizierung und Limitierung von Marktpreisrisiken setzt eine genaue Analyse des Einflusses der unterschiedlichen Marktpreisrisikounterarten auf die einzelnen Erfolgsgrößen in der Gewinn- und Verlustrechnung (**GuV-Rechnung**) der Kreditinstitute voraus, die zudem wertvolle Impulse für die Planung erwarteter Verluste in der unterjährigen Ergebnisvorschau liefern kann. Da kleinere und mittelgroße deutsche Kreditinstitute vorwiegend nach Handelsgesetzbuch bilanzieren, wird im Weiteren zu dieser Rechnungslegung Bezug hergestellt.

1489 In der periodischen Sichtweise kann das Marktpreisrisiko (wie auch andere Risikoarten) nach seiner Wirkungsweise in zwei Arten unterteilt werden: in Ertragsrisiken und Bewertungsrisiken. **Ertragsrisiken** aus Marktpreisschwankungen treten sowohl im Kunden- als auch im Eigengeschäft einer Bank auf und schlagen sich in der GuV-Rechnung im **Zinsüberschuss** nieder (z. B. die Abweichung von der geplanten Zinsspanne durch eine unerwartete Veränderung der Marktzinssätze oder die Abweichung von geplanten Zins- und Dividendenerträgen in Fremdwährung durch eine unerwartete Veränderung der zugrundeliegenden Wechselkurse). Als **Bewertungsrisiko** wird das Marktwertänderungsrisiko von Positionen bezeichnet, welches sich in der GuV-Rechnung als Abschreibung niederschlägt. Die Wirkungsweise von Ertrags- und Bewertungsrisiken in der GuV-Rechnung ist in Abbildung F – 45 veranschaulicht.

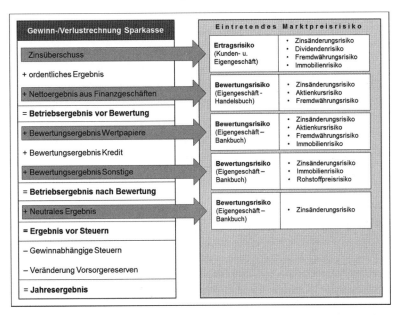

Abbildung F – 45: Wirkungsweise eintretender Marktpreisrisiken in der Erfolgsrechnung[1205]

Das Bewertungsrisiko materialisiert sich in den Erfolgsgrößen 1490

- **»Bewertungsergebnis Wertpapiere«** (z. B. Abschreibungen auf Wertpapiere der handelsrechtlichen Liquiditätsreserve nach § 253 (4) HGB oder realisierte Verluste dieser Wertpapierklasse),

- **»Bewertungsergebnis Sonstige«** (z. B. Abschreibungen auf physische Edelmetallbestände nach § 253 (3) HGB oder Zinsderivate, welche nach IDW[1206] RS[1207] BFA[1208] 3, Tz. 17 einer Einzelbewertung unterliegen) und

- **»Nettoergebnis aus Finanzgeschäften«** (Handelsergebnis nach § 340c I HGB).

Marktpreisinduzierte **schwebende Verluste aus nicht bewertungspflichti-** 1491 **gen Positionen** fließen nicht in die Betrachtung des Bewertungsrisikos ein. Hierunter fallen beispielsweise

- Verluste aus vorübergehenden Wertminderungen bei Wertpapieren des Anlagevermögens (Finanzanlagen), welche dem gemilderten Niederst-

---

1205 Eigene Darstellung in Anlehnung an die Praxis in Sparkassen.
1206 Institut der Wirtschaftsprüfer.
1207 Stellungnahmen zur Rechnungslegung.
1208 Bankenfachausschuss.

wertprinzip nach § 253 (3) HGB unterliegen und bei welchen vom Abschreibungsrecht kein Gebrauch gemacht wird,

- Verluste aus vorübergehenden Wertminderungen aus Schuldscheindarlehen, welche gemäß AT 2.3 Tz. 3 der MaRisk wie Wertpapiere behandelt werden, die dem Anlagevermögen zugeordnet sind, sofern wie im vorgenannten Punkt kein Gebrauch vom Abschreibungsrecht gemacht wird, sowie

- aus Zinsderivaten, welche zur Steuerung des Zinsänderungsrisikos im Bankbuch eingesetzt werden (IDW RS BFA 3, Tz. 16).

1492 Schwebende Verluste aus diesen Positionen fließen zwar nicht unmittelbar in die periodische Risikotragfähigkeitsrechnung ein, sind jedoch hinsichtlich der Regelungen zur Berücksichtigung **erheblicher stiller Lasten** gemäß den aufsichtlichen Risikotragfähigkeitsleitlinien regelmäßig zu überprüfen.[1209] Da für die Prüfung des Vorliegens stiller Lasten in erheblicher Größenordnung der Effekt einer Integration der betroffenen Risikopositionen in die Risikotragfähigkeitsrechnung zu quantifizieren ist, ist neben bereits bestehenden schwebenden Verlusten (ex post Betrachtung) auch eine Einschätzung des Verlustpotenzials (ex ante Betrachtung) erforderlich. Demzufolge sollten auch nicht bewertungsrelevante Wertpapiere, Schuldscheindarlehen und Zinsderivate einer internen Risikomessung hinsichtlich potenzieller Bewertungsrisiken unterzogen werden.

1493 Unabhängig davon können schwebende Verluste aus Zinsderivaten, welche zur Steuerung des Zinsänderungsrisikos im Bankbuch eingesetzt werden, im Rahmen der Regelungen zur **verlustfreien Bewertung des Zinsbuchs** gemäß IDW RS BFA 3 über zu bildende Drohverlustrückstellungen nach § 249 (1) Satz 1 HGB Eingang in die GuV-Rechnung finden.[1210]

1494 Im Falle einer vorzeitigen Schließung bzw. Veräußerung von nicht bewertungsrelevanten Positionen schlägt sich das realisierte Ergebnis, welches auf Veränderungen von Marktpreisen zurückzuführen sein kann, im **Neutralen Ergebnis** nieder. Demzufolge ist auch das Neutrale Ergebnis hinsichtlich seiner Komponenten näher zu analysieren.

1495 Eine Herausforderung in der ex post Risikoquantifizierung stellt die **Isolierung des Effekts eingetretener Marktpreisrisiken** auf die Erfolgsgrößen dar. Dies soll im Folgenden am Beispiel der Zinsänderungsrisiken verdeutlicht werden.

1209 Vgl. *BaFin* (2011.12), Tz. 49 i. V. m. Tz. 45.
1210 Vgl. *IDW* (2012).

Veränderungen des Zinsergebnisses im engeren Sinne[1211] resultieren nicht ausschließlich aus Marktpreisschwankungen, sondern auch aus anderen eingetretenen Risikoarten, z. B. aus Vertriebsrisiken oder Adressenausfallrisiken. Letztere äußern sich in Form von ausfallenden Zinserträgen bestehender Darlehen oder Wertpapierpositionen. Vertriebsrisiken zeigen sich beispielsweise in Form eines veränderten Absatzverhaltens, welches zu einer Verdrängung von Produkten mit positiven Margen durch Produkte mit geringeren Margen führt, oder einer vermehrten Ausübung von gesetzlichen Kündigungsrechten oder Sondertilgungsrechten durch Kunden. Infolgedessen sind eine granulare Betrachtung des Zinsergebnisses im engeren Sinne und dessen Risikotreiber erforderlich, um den tatsächlichen Einfluss des Zinsänderungsrisikos ex post zu quantifizieren. Hierzu ist zunächst die Aufspaltung des Zinsergebnisses gemäß der Marktzinsmethode in den Konditionsbeitrag, welcher maßgeblich durch Vertriebsrisiken beeinflusst wird, und den Strukturbeitrag erforderlich.[1212] Die relevante Erfolgsquelle, auf welche Zinsänderungsrisiken einwirken, ist der **Zinsfristentransformationsbeitrag**. Dieser ist neben weiteren Komponenten (z. B. Beitrag aus Liquiditätsfristentransformation, Bonitätsprämien aus Eigengeschäften, kalkulatorische Eigenkapitalverzinsung) im Strukturbeitrag enthalten.[1213] In der Praxis kleinerer und mittelgroßer Banken erfolgt die Ermittlung des Fristentransformationsbeitrags meist als Residualgröße. Größere Institute, welche ein Liquiditätstransferpreissystems gemäß BTR 3.1 Tz. 6 der MaRisk implementiert haben, sind in der Lage, eine direkte Ermittlung der einzelnen Erfolgsbeiträge durchzuführen.

1496

Bewertungsrisiken aus Marktzinsänderungen wirken sich, wie bereits dargestellt, je nach Positionsart und Buchzuordnung auf verschiedene Erfolgsgrößen aus. Letztere werden wiederum auch durch andere Risikoarten beeinflusst. Das Bewertungsergebnis aus verzinslichen Wertpapiergeschäften beispielsweise wird neben den Zinsänderungsrisiken auch durch Adressenausfallrisiken beeinflusst. Eine Erhöhung des Adressenausfallrisikos eines Emittenten manifestiert sich bei Schuldverschreibungen über einen Anstieg der am Markt gehandelten Risikoprämien (Credit Spreads), welcher zu einem Rückgang des Marktwertes bereits notierter Papiere führt. Daher ist eine Aufspaltung von Wertveränderungen in zinsrisiko- und adressrisiko-induzierte Effekte erforderlich.

1497

1211 D. h. ohne sonstige Ertragskomponenten wie laufende Erträge aus Aktien, sonstigen nichtfestverzinslichen Wertpapieren oder Beteiligungen.
1212 Dies wird auch in AT 4.2 Tz. 2 Satz 4 und 5 der MaRisk hinsichtlich der Identifikation von Ertragskonzentrationen verlangt.
1213 Vgl. *Schierenbeck/Lister/Kirmße* (2014), S. 245–246.

1498 In größeren Kreditinstituten erfolgt bei Schuldverschreibungen häufig eine **Separierung von Zinsänderungs- und Adressenausfallrisiken durch interne Handelsgeschäfte.** So kann z. B. bei Kauf einer festverzinslichen Schuldverschreibung das Zinsänderungsrisiko durch Abschluss eines Asset-Swaps, bei welchem ein fester Zinssatz in Höhe des Schuldverschreibungskupons gezahlt und ein variabler Zinssatz vereinnahmt wird, neutralisiert und an ein separates Zinsrisikoportfolio der Bank transferiert werden. Das Bonitätsrisiko aus der Schuldverschreibung kann somit separat überwacht und gesteuert werden.

1499 In kleineren bis mittelgroßen Banken wird eine derartige Trennung regelmäßig nicht vorgenommen, was zu einer erschwerten Aufspaltung der Risikoeffekte führt. Als **Praktikerlösung** für diesen Fall kann die Regelung getroffen werden, dass das Abschreibungspotenzial aus Schuldverschreibungen grundsätzlich dem Marktpreisrisiko zugeordnet wird, solange der jeweilige Emittent ein Rating besser als z. B. Rating-Note C aufweist. Andernfalls wird angenommen, dass negative Wertentwicklungen maßgeblich durch die mangelhafte Bonität der betreffenden Adresse bestimmt werden und folglich die periodenbezogene Abschreibung vollständig dem Adressenausfallrisiko zugeordnet wird.

1500 Die zweiseitige Betrachtung des Marktpreisrisikos aus Ertrags- und Bewertungssicht in der periodischen Risikotragfähigkeitssichtweise spielt auch für die Methodenwahl zur Quantifizierung des unerwarteten Verlustes und die Limitierung von Marktpreisrisiken eine entscheidende Rolle. Überlegungen zur Wahl der Risikomessmethode werden im folgenden Kapitel näher beleuchtet.

2.3 Quantifizierung potenzieller Marktpreisrisiken

1501 Die Verfahren zur Messung des zukünftigen Verlustpotenzials aus Marktpreisrisiken soll am Beispiel des Zinsänderungsrisikos erläutert werden.

1502 Wie in Tabelle F – 1 dargestellt wird die Quantifizierung des Zinsänderungsrisikos in einen periodischen und einen barwertigen Ansatz untergliedert.[1214] Der periodische Quantifizierungsansatz betrachtet das Zinsspannenrisiko und kommt ausschließlich in der periodischen Risikotragfähigkeitssicht zum Tragen. Die periodische Risikotragfähigkeitssicht erfordert hinsichtlich des Marktwertrisikos darüber hinaus die Methodik des barwertigen Quantifizie-

---

1214 Vgl. z. B. *Steinberg* (1999), S. 13.

rungsansatzes. In der barwertigen Risikotragfähigkeitsbetrachtung kommen ausschließlich barwertige Verfahren zum Einsatz.

	Zinsänderungsrisiko	
	Periodischer Quantifizierungsansatz	Barwertiger Quantifizierungsansatz
Periodische Risikotragfähigkeit	Zinsspannenrisiko (Ertragsrisiko)	Zinsinduziertes Marktwertrisiko bewertungsrelevanter Eigengeschäfte (Bewertungsrisiko)
Wertorientierte Risikotragfähigkeit	-	Zinsinduziertes Marktwertrisiko Gesamtzinsbuch
Ausgangsbasis der Risikomessung	• (Zinsbindungsbilanz) • Elastizitätskonzept i. V. m. Methode gleitender Durchschnitte	• Barwertkonzept
Risikomessverfahren	• Sensitivitäts-/Szenarioanalysen • (Analytische Ansätze)	• Sensitivitäts-/Szenarioanalysen • Value-at-Risk-Ansätze

Tabelle F – 1: Systematisierung der Messung von Zinsänderungsrisiken[1215]

Das **Zinsspannenrisiko** bezeichnet die Gefahr, dass sich der periodische Zinserfolg (Bruttozinsspanne) vermindert.[1216] Zinsspannenrisiken bestehen immer dann, wenn die bilanziellen und außerbilanziellen zinsbezogenen Positionen auf der Aktiv- und Passivseite einer Bank (zusammengefasst als sogenanntes Zinsbuch) unterschiedliche Fristigkeiten bzw. ein abweichendes Zinsanpassungsverhalten aufweisen. Zur Beschreibung diese Zusammenhangs haben sich in der Literatur zwei Konzepte hervorgehoben: die Zinsbindungsbilanz nach Scholz und die Weiterentwicklung daraus, das Elastizitätskonzept nach Rolfes in Verbindung mit der Methode der gleitenden Durchschnitte.[1217]

Das Konzept der **Zinsbindungsbilanz** basiert auf dem Gedanken, dass das Zinsergebnis aus Geschäften mit einer festen Zins- und Kapitalbindung durch Marktzinsveränderungen nicht beeinflusst wird. Die Ursache von Zinsänderungsrisiken wird demzufolge durch **Festzinsüberhänge/-lücken** auf der Aktiv- oder Passivseite der Zinsbindungsbilanz erklärt, genauer gesagt durch

---

1215 Eigene Darstellung in Anlehnung an nachgenannte Quellen im Kapitels F.II.2.3.
1216 Vgl. *Schierenbeck/Lister/Kirmße* (2014), S. 476.
1217 Vgl. *Schierenbeck/Lister/Kirmße* (2014), S. 505–528.

die variabel verzinslichen Positionen, welche die Festzinslücke schließen und deren Verzinsung auf mögliche Marktzinsschwankungen reagiert. Als variabel verzinsliche Positionen werden alle Instrumente bezeichnet, welche eine unbestimmte Zins- und/oder Kapitalbindung aufweisen (z. B. Sichteinlagen, Spareinlagen mit und ohne Kündigungsfrist, variabel verzinsliche Darlehen).

1505 Größte Kritikpunkte an diesem Konzept, weshalb es in der Praxis keine Relevanz für die Einschätzung des Zinsänderungsrisikos mehr besitzt, sind die Annahmen, dass

- alle Arten von variabel verzinslichen Positionen unmittelbar, proportional und homogen auf Marktzinsschwankungen reagieren (d. h. dass kein Zinsänderungsrisiko bei Aktiv-Passiv-Deckung der Bestände an variabel verzinsliche Positionen besteht) und

- keine Festzinsausläufe und Volumenveränderungen in der betrachteten Periode berücksichtigt werden (statische Betrachtung der Bestände).

1506 Die zentrale Bedeutung einer Modellierung des Zinsanpassungsverhaltens wird am stark ausgeprägten passivischen variablen Kundengeschäft der Retailbanken deutlich. Auch BTR 2.3 Tz. 7 der MaRisk fordert (hinsichtlich der Zinsänderungsrisiken im Anlagebuch) geeignete Annahmen für die Einbeziehung von Positionen mit unbestimmter Kapital- oder Zinsbindung. Eine Berücksichtigung dieser Positionen findet im **Elastizitätskonzept** nach Rolfes statt, welches eng mit der Deckungsbeitragsrechnung verknüpft ist. Hier schließt die Betrachtung neben den Inkongruenzen der Festzinspositionen auch die Unterschiede im Konditionsanpassungsverhalten mit ein.

1507 Das Kernelement des Konzeptes bildet die **Zinsanpassungselastizität**, welche definiert ist als

$$E_i = \frac{\Delta PZ_i^T}{\Delta MZ^T}$$

wobei E die Elastizität, PZ den Positionszins, MZ den Marktzins, i die Position i und T den Betrachtungszeitraum bezeichnet. Es werden die absoluten Veränderungen der Zinssätze in Relation gesetzt. Die Zinsanpassungselastizität drückt folglich aus, wie stark die Kondition einer variabel verzinslichen Position auf eine bestimmte Veränderung der Geld- und Kapitalmarktzinsen reagiert. Die Elastizität kann auf verschiedene Arten hergeleitet werden: zum einen direkt auf Basis des dargestellten Differenzenquotienten (Grundmodell) oder mittels einer Regressionsanalyse.

Die zentrale Fragestellung im Grundmodell ist die **Festlegung eines Marktzinssatzes** (Referenzzinssatzes), welcher einen höchstmöglichen Erklärungsbeitrag für das Zinsanpassungsverhalten der jeweiligen variablen Position und somit für die Schwankung des Positionszinssatzes liefert. Andernfalls weist die Zinsanpassungselastizität eine mangelhafte Aussagekraft bezüglich des tatsächlichen Zinsänderungsrisikos der Position auf. Um die Qualität eines Referenzzinssatzes zur Beschreibung des Konditionsanpassungsverhaltens einzuschätzen, werden Regressionsanalysen eingesetzt. Die **Regressionsanalyse** untersucht den statistischen Zusammenhang zwischen den beiden Variablen Positionszins und Referenzzins, um die optimale lineare Funktion zur Beschreibung des Zinsanpassungsverhaltens zu ermitteln. Auch Zinsanpassungsverzögerungen, die in der tatsächlichen Konditionsgestaltung von Banken eine hohe Relevanz besitzen, können in diese Analyse mit eingebunden werden.

In der Praxis werden für variabel verzinsliche Produkte als Referenzzins unterschiedliche Mischungen aus verschiedenen gleitenden Durchschnittszinsen verwendet, z. B. 80 % gleitender 10-Jahres-Zins und 20 % gleitender 3-Monats-Zins (sogenanntes **Mischungsverhältnis**). Der gleitende 10-Jahres-Zins wird durch eine Zerlegung des Gesamtbetrags in 120 gleiche Teilbeträge, von welchen monatlich jeweils ein Teilbetrag fällig wird. Jeder fällige Teilbetrag wird erneut auf 120 Monate angelegt.[1218]

Zur **Messung der Zinssensitivität der Bruttozinsspanne** sind im Elastizitätskonzept drei Schritte erforderlich:[1219]

1. Ermittlung der Zinsanpassungselastizitäten für sämtliche Zinsbuchpositionen;
2. Aufstellung einer **Elastizitätsbilanz** durch Zuordnung der jeweiligen Positionsvolumina zu den Zinsanpassungselastizitäten;
3. Ermittlung und Gegenüberstellung der durchschnittlichen Zinsanpassungselastizität für die Aktivpositionen sowie für die Passivpositionen und Identifikation des aktivischen oder passivischen Elastizitätsüberhangs.

Ein aktivischer **Elastizitätsüberhang** besteht dann, wenn die durchschnittliche Zinsanpassungselastizität der Aktivpositionen höher ist als die der Passivpositionen. Dies bedeutet, dass die Aktivpositionen stärker auf Referenzzinsänderungen reagieren als die Passivseite.

1218 Zum Konzept und zu den Praxisfragen hinsichtlich der Mischungsverhältnisse vgl. *Sievi* (1999) oder *Sievi/Wegner/Zühlsdorf* (2007).
1219 Vgl. *Schierenbeck/Lister/Kirmße* (2014), S. 514–528.

MESSUNG UND LIMITIERUNG VON RISIKEN

Elastizitätsüberhang	Marktzinsen steigen	Marktzinsen fallen
Aktivisch	Verbesserung BZS	Verschlechterung BZS
Passivisch	Verschlechterung BZS	Verbesserung BZS

Tabelle F – 2: Wirkung von Elastizitätsüberhängen auf die Bruttozinsspanne (BZS)[1220]

1512 Erweiterungen zum Grundkonzept schließen auch die Berücksichtigung von auslaufenden Zinsbindungen in der Periode, Ausübungen impliziter Optionen (z. B. gesetzlicher Kündigungsrechte bei Spareinlagen oder Sondertilgungsrechte bei Darlehensverträgen), geplanten Neugeschäften sowie strukturellen Veränderungen des Zinsbuchs ein (**dynamische Elastizitätsbilanz**).

1513 Die eigentliche **Quantifizierung des Zinsspannenrisikos** (d. h. des kalkulatorischen unerwarteten Verlustes) erfolgt in Retailbanken überwiegend durch **Szenario-/Sensitivitätsanalysen**.[1221] Neben der erwarteten Zinsüberschussprognose sind hierzu mehrere Zinsszenarien zu definieren, die mögliche Veränderungen der Zinsstrukturkurve abbilden (Anstieg, Rückgang, Verflachung, Versteilung, Drehung). Die Ableitung dieser Szenarien sollte keinesfalls willkürlich erfolgen, sondern auf Grundlage einer fundierten Analyse.

1514 Im Sparkassensektor werden häufig sogenannte **Grenzszenarien** des Deutschen Sparkassen- und Giroverbandes (DSGV) für die periodische und barwertige Messung des Zinsänderungsrisikos eingesetzt.[1222] Die Ableitung dieser Szenarien basiert auf einem objektiven, klar definierten statistischen Verfahren.[1223] Dieses beinhaltet die Analyse historischer Zeitreihen der (absoluten) Zinsveränderungen, welche einen ausreichend langen Betrachtungszeitraum umfassen, d. h. die Zinsentwicklung eines vollständigen Konjunkturzyklus widerspiegeln.

1220 Eigene Darstellung in Anlehnung an *Schierenbeck/Lister/Kirmße* (2014), S. 476.
1221 Vgl. z. B. die Angaben zur Risikomessung im Offenlegungsbericht zum 31.12.2014 der *Stadtsparkasse Düsseldorf* (2015); *Sparkasse Pforzheim Calw* (2015); *Frankfurter Volksbank* (2015) und *Volksbank Stuttgart* (2015).
1222 Die Grenzszenarien können als Grenzfall einer Historischen Simulation betrachtet werden, da die Szenarien ausschließlich auf Basis der extremsten Zinsveränderungen der historischen Verteilung konstruiert werden.
1223 Vgl. *Wegner/Sievi/Schumacher* (2001), S. 139–143.

Die Konstruktion der Szenarien für die Zinsstrukturkurve wird reduziert auf einzelne Stützstellen, welche statistisch geeignet sind, die Veränderungen der Kurve abzubilden (1 Monat, 3 Jahre und 10 Jahre). Die gemeinsamen historischen Zinsänderungen dieser drei Stützstellen werden daraufhin in acht Klassen eingeteilt, welche die möglichen Kombinationen von Stützstellenschwankungen ausdrücken. Der Klasse »PPP« (»P« wie plus) werden beispielsweise alle historischen Zinsänderungen zugeordnet, bei welchen alle drei Stützstellen gleichzeitig eine positive Entwicklung innerhalb der betrachteten Haltedauer aufweisen. Die Klasse »PPM« (»M« wie minus) enthält alle historischen Veränderung, bei welchen sich der 1-Monats- und der 3-Jahres-Zins erhöhten, während der 10-Jahres-Zins rückläufig war. Den so gebildeten Klassen können anhand der Anzahl der zugeordneten historischen Zinsszenarien Wahrscheinlichkeiten zugewiesen werden. 1515

Innerhalb der Klassen werden die Zinsveränderungen der einzelnen Stützstellen unabhängig voneinander nach Größe sortiert und neu zusammengefügt. Darüber hinaus wird die Zahl der Klassen dadurch erweitert, dass die positivsten bzw. negativsten neu kombinierten Zinsänderungen der bestehenden Klassen miteinander verknüpft werden. Die Szenarien in Klasse »PPM« werden mit der Klasse »PPP« zur Klasse »PP0« kombiniert, indem die negative Veränderung des 10-Jahreszinssatzes von der positiven 10-Jahresveränderung subtrahiert wird. 1516

Die Selektion der Grenzszenarien für eine bestimmte Aussagewahrscheinlichkeit erfolgt daraufhin durch eine Berechnung der Quantilswerte in den einzelnen Klassen. Die gewählten Szenarien werden entweder als sprunghaft »über Nacht« (ad hoc) eintretender Zinsschock oder als eine sukzessiv eintretende Zinsentwicklung bis zum betrachteten Periodenende berechnet. Daraufhin ist auf Basis der Elastizitätsbilanz die Zinsspanne bei Eintritt der Szenarien zu ermitteln. Das Zinsspannenrisiko wird als Rückgang der Szenario-Zinsspanne gegenüber der geplanten Zinsspanne definiert. Maßgeblich für den Risikowert ist in der Regel das Szenario mit dem höchsten Zinsspannenrückgang. 1517

Neue regulatorische Anforderungen an die Konstruktion von Zinsszenarien werden in zwei Veröffentlichungen des Baseler Ausschusses für Bankenaufsicht (BCBS) sowie der Europäischen Bankenaufsicht (EBA) definiert. 1518

Das **Konsultationspapier des BCBS zu den Zinsänderungsrisiken im Anlagebuch (IRRBB)** stellt konkrete Vorgaben zur Konstruktion von Zinsszenarien in Aussicht, welche als aufsichtliches Minimum für die Risikoquanti- 1519 fizierung herangezogen werden sollen.[1224] Insgesamt sind **sechs Szenarien** vorgesehen:

- eine positive sowie negative Parallelverschiebung der Zinsstrukturkurve,
- einen Anstieg sowie Rückgang der kurzfristigen Zinssätze und
- eine Versteilung sowie Verflachung der Zinsstrukturkurve (dargestellt über gegenläufige Schocks der lang- und kurzfristigen Zinssätze).

1520 Die Szenarien werden hierbei über **drei Elemente** spezifiziert:

- ein Maß für die aktuelle, lokale, risikolose Zinsstrukturkurve je Währung, die über die durchschnittlichen Zinssätze von neunzehn definierten Laufzeitbändern abgebildet wird,[1225]
- einen vorgegebenen, regelmäßig durch die Aufsicht zu kalibrierenden, globalen Schock-Parameter, welcher die durchschnittlich beobachtete Volatilität über alle Währungen hinweg in bestimmten Zinsszenarien widerspiegelt, sowie
- eine vorgegebene szenariospezifische Skalierungsfunktion, welche den globalen Schock-Parameter für die unterschiedlichen Laufzeitbänder adjustiert.

1521 Im Folgenden soll beispielhaft die Ableitung der Zinsszenarien nach der BCBS-Methodik veranschaulicht werden.

1522 In Tabelle F – 3 werden die Parameter, welche für die Konstruktion der Zinsszenarien verwendet werden, dargestellt. Als **Maß für die aktuelle Zinsstruktur** werden, abhängig von der Kategorie des Schocks (parallele Verschiebung, Verschiebung der kurzfristigen Zinssätze sowie Verschiebung der langfristigen Zinssätze), Durchschnitte über die mittleren Zinssätze vorgegebener Laufzeitbänder gebildet. Diese Durchschnittszinsen (bezeichnet mit $z^{\text{c}}_i(t_k)$), welche sich im dargestellten Beispiel aus der Zinsstruktur der Tabelle F – 5 ergeben, dienen als Bemessungsgrundlage für die Ermittlung der absoluten Zinsschocks. Hierzu wird der **globale Schock-Parameter** (bezeichnet mit a_j) auf die Durchschnittszinsen angewendet.

1224 Vgl. *BCBS* (2015.06a), S. 13–17.
1225 Als Bagatellgrenze zur verpflichtenden separaten Kalkulation für eine Währung ist ein Währungsvolumen von 5 % der Forderungen bzw. Verbindlichkeiten des Anlagebuchs vorgesehen.

	Schock parallel	Schock kurz	Schock lang
Relevante Laufzeitbänder zur Berücksichtigung des aktuellen Zinsniveaus	k = 3;4;6;8;11;13;16;17;18	k = 3;4;6	k = 16;17;18
Aktueller Durchschnittszins der relevanten Laufzeitbänder $z'_i(t_0)$ in %	2,0722	1,1333	3,0000
Globaler Schock-Parameter a_i	60%	85%	40%
Absoluter Schock in %-Punkten vor Skalierung [= $z'_i(t_0) \cdot a_i$]	1,2433	0,9633	1,2000
Mindest-Schock in %-Punkten	1,0000	1,0000	1,0000
Maximal-Schock in %-Punkten	4,0000	5,0000	3,0000
Skalierungsfunktion $S_i(t_k)$	1	$1 - t_k/t_K$	t_k/t_K

Tabelle F – 3: Parameter für die Ableitung von Zinsszenarien nach IRRBB[1226]

Der daraus resultierende absolute Zinsschock in Prozentpunkten unterliegt regelmäßig durch die Aufsicht zu kalibrierenden **Mindest- und Höchstvorgaben**, um unverhältnismäßig hohe oder niedrige Schocks in den unterschiedlichen Währungen zu vermeiden. Beim Schock für die kurzfristigen Zinssätze (»Schock kurz«) kommt daher im Beispiel in Tabelle F – 3 nicht der berechnete absolute Zinsschock von 0,9633 Prozentpunkten zum Tragen, sondern ein Floor von einem Prozentpunkt.

Um die absoluten Schocks auf die neunzehn Stützstellen der aktuellen Zinsstrukturkurve zu übertragen, kommt je nach Kategorie des Schocks eine festgelegte **Skalierungsfunktion** zur Anwendung. Die sechs Zinsszenarien werden gemäß der Formeln für die absoluten Schocks in Tabelle F – 4 abgeleitet, wobei der Schock auf die langfristigen Zinssätze (»Schock lang«) ausschließlich zur Konstruktion der Rotationsszenarien (Versteilung/Verflachung der Zinsstrukturkurve) dient.

1226 Eigene Darstellung in Anlehnung an die vorgenannte Quelle. k = Laufzeitband.

MESSUNG UND LIMITIERUNG VON RISIKEN

	Absoluter Schock in %-Punkten
Schock parallel	$\Delta z_{parallel}(t_k) = S_{parallel}(t_k) \cdot z'_{parallel}(t_k) \cdot a_{parallel}$
Schock kurz	$\Delta z_{kurz}(t_k) = S_{kurz}(t_k) \cdot z'_{kurz}(t_k) \cdot a_{kurz}$
Schock lang	$\Delta z_{lang}(t_k) = S_{lang}(t_k) \cdot z'_{lang}(t_k) \cdot a_{lang}$
Schock Versteilerung	$\Delta z_{steil}(t_k) = - \Delta z_{kurz}(t_1) \cdot S_{kurz}(t_k) + \Delta z_{lang}(t_{19}) \cdot S_{lang}(t_k)$
Schock Verflachung	$\Delta z_{flach}(t_k) = + \Delta z_{kurz}(t_1) \cdot S_{kurz}(t_k) - \Delta z_{lang}(t_{19}) \cdot S_{lang}(t_k)$

Tabelle F – 4: Formeln zur Berechnung der absoluten Zinsschocks für die Konstruktion der sechs Zinsszenarien gemäß IRRBB[1227]

1525 In Tabelle F – 5 sind die aus der beispielhaften Zinsstrukturkurve abgeleiteten sechs Zinsszenarien abgebildet. Für den Szenario-Zinssatz besteht eine Untergrenze von null.

Laufzeitband k	Laufzeiten-bereich	Ø-Laufzeit t_k in Y	Aktueller Ø-Zinssatz $z(t_k)$ in %	Absoluter Schock in %-Punkten					Szenario-Zinssatz in %				
				parallel	kurz	lang	Versteil-erung	Verflach-ung	parallel (+)	parallel (-)	kurz (+)	kurz (-)	Versteil-erung	Verflach-ung
1	t = O/N	0,003	0,2000	1,2433	0,9999	0,0001	-0,9996	0,9996	1,4433	0,0000	1,1999	0,0000	0,0000	1,1996
2	O/N < t ≤ 1M	0,041	0,4000	1,2433	0,9984	0,0020	-0,9963	0,9963	1,6433	0,0000	1,3984	0,0000	0,0000	1,3963
3	1M < t ≤ 3M	0,170	0,9000	1,2433	0,9932	0,0082	-0,9849	0,9849	2,1433	0,0000	1,8932	0,0000	0,0000	1,8849
4	3M < t ≤ 6M	0,375	1,1000	1,2433	0,9850	0,0180	-0,9669	0,9669	2,3433	0,0000	2,0850	0,1150	0,1331	2,0669
5	6M < t ≤ 9M	0,625	1,2000	1,2433	0,9750	0,0300	-0,9449	0,9449	2,4433	0,0000	2,1750	0,2250	0,2551	2,1449
6	9M < t ≤ 1Y	0,875	1,4000	1,2433	0,9650	0,0420	-0,9229	0,9229	2,6433	0,1567	2,3650	0,4350	0,4771	2,3229
7	1Y < t ≤ 1,5Y	1,250	1,6000	1,2433	0,9500	0,0600	-0,8899	0,8899	2,8433	0,3567	2,5500	0,6500	0,7101	2,4899
8	1,5Y < t ≤ 2Y	1,750	1,6500	1,2433	0,9300	0,0840	-0,8459	0,8459	2,8933	0,4067	2,5800	0,7200	0,8041	2,4959
9	2Y < t ≤ 3Y	2,500	1,8000	1,2433	0,9000	0,1200	-0,7799	0,7799	3,0433	0,5567	2,7000	0,9000	1,0201	2,5799
10	3Y < t ≤ 4Y	3,500	1,9000	1,2433	0,8600	0,1680	-0,6919	0,6919	3,1433	0,6567	2,7600	1,0400	1,2081	2,5919
11	4Y < t ≤ 5Y	4,500	2,2000	1,2433	0,8200	0,2160	-0,6039	0,6039	3,4433	0,9567	3,0200	1,3800	1,5961	2,8039
12	5Y < t ≤ 6Y	5,500	2,3000	1,2433	0,7800	0,2640	-0,5159	0,5159	3,5433	1,0567	3,0800	1,5200	1,7841	2,8159
13	6Y < t ≤ 7Y	6,500	2,4000	1,2433	0,7400	0,3120	-0,4279	0,4279	3,6433	1,1567	3,1400	1,6600	1,9721	2,8279
14	7Y < t ≤ 8Y	7,500	2,6000	1,2433	0,7000	0,3600	-0,3399	0,3399	3,8433	1,3567	3,3000	1,9000	2,2601	2,9399
15	8Y < t ≤ 9Y	8,500	2,8000	1,2433	0,6600	0,4080	-0,2519	0,2519	4,0433	1,5567	3,4600	2,1400	2,5481	3,0519
16	9Y < t ≤ 10Y	9,500	2,9000	1,2433	0,6200	0,4560	-0,1639	0,1639	4,1433	1,6567	3,5200	2,2800	2,7361	3,0639
17	10Y < t ≤ 15Y	12,500	3,0000	1,2433	0,5000	0,6000	0,1001	-0,1001	4,2433	1,7567	3,5000	2,5000	3,1001	2,8999
18	15Y < t ≤ 20Y	17,500	3,1000	1,2433	0,3000	0,8400	0,5400	-0,5400	4,3433	1,8567	3,4000	2,8000	3,6400	2,5600
19	20Y < t	25,000	3,2000	1,2433	0,0000	1,2000	1,2000	-1,2000	4,4433	1,9567	3,2000	3,2000	4,4000	2,0000

Tabelle F – 5: Berechnungsbeispiel zur Ableitung der sechs Zinsszenarien gemäß IRRBB[1228]

1526 Als angedachte Mindestanforderung für die Quantifizierung des Zinsspannenrisikos definiert das BCBS ausschließlich die Anwendung der parallelen Zinsszenarien. Für das barwertige Zinsänderungsrisiko sollen demgegenüber alle sechs Szenarien verpflichtend zu berechnen sein.

1227 Eigene Darstellung in Anlehnung an die vorgenannte Quelle.
1228 Eigene Darstellung in Anlehnung an die vorgenannte Quelle. Bei den aktuellen Durchschnittszinssätzen handelt es sich um fiktive Daten.

Die seit 01.01.2016 gültige **Leitlinie der EBA für das Management von Zinsänderungsrisiken aus dem Nichthandelsgeschäft** enthält ebenfalls Anforderungen an die Ausgestaltung von Zinsszenarien.[1229] Im Gegensatz zum Konsultationspapier aus Basel sieht die Leitlinie jedoch keine differenzierte Betrachtung für die Quantifizierung des periodischen und barwertigen Zinsänderungsrisikos vor. Die Zinsszenarien zur Messung des Zinsspannenrisikos haben gemäß Ziffer 18 in Verbindung mit Ziffer 26 auch nicht-parallele Zinsänderungsdynamiken abzudecken.

1527

Neben der Szenarioanalyse kann die interne Zinsspannenrisikomessung alternativ über einen analytischen Ansatz erfolgen.[1230] Derartige Risikomessverfahren nehmen nach Ansicht des Autors in der Bankenpraxis kleinerer und mittelgroßer Kreditinstitute jedoch einen geringen Stellenwert ein, sodass an dieser Stelle auf eine Erläuterung verzichtet wird.

1528

Die Grundlage für die **Messung des zinsinduzierten Marktwertrisikos** bildet das **Barwertkonzept**.[1231] Der Barwert eines festverzinslichen Wertpapiers ist die Summe der auf den Betrachtungszeitpunkt diskontierten zukünftigen Zins- und Tilgungszahlungen und wird mit folgender Formel berechnet:

1529

$$BW = \sum_{t=0}^{T} \frac{CF_t}{(1+z(0,t))^t} = \sum_{t=0}^{T} CF_t \cdot \frac{1}{(1+z(0,t))^t} = \sum_{t=0}^{T} CF_t \cdot ZBAF(0,t)$$

wobei BW den Barwert, CF_t die Zahlung (Cash-Flow) im Zeitpunkt t, z(0,t) den periodenspezifischen Diskontierungszinssatz (Nullkuponzinssatz), ZBAF(0,t) den periodenspezifischen Zerobond-Abzinsungsfaktor, t die Zahlungszeitpunkte und T den letzten Zahlungszeitpunkt (Fälligkeit) bezeichnet.

Das Zinsänderungsrisiko besteht hier in einer **Veränderung des periodenspezifischen Diskontierungszinssatzes** bzw. des entsprechenden Zerobond-Abzinsungsfaktors, die zu einer Schwankung des Barwertes führt. Die Diskontierungszinssätze resultieren aus der aktuellen Struktur der Marktzinssätze.

1530

Ein **zentrales Problem** bei der Messung des Marktwertrisikos liegt – wie auch bei der Ermittlung des Zinsspannenrisikos – in der Abbildung von zinsbezogenen Positionen, welche keine feste Zins- oder Kapitalbindung aufwei-

1531

1229 Vgl. *EBA* (2015.05).
1230 Vgl. *Schierenbeck/Lister/Kirmße* (2014), S. 524–528.
1231 Vgl. *Wiedemann* (2009), S. 55–61.

sen (variabel verzinslichen Positionen).[1232] Das Barwertkonzept erfordert eine strikte Zerlegung aller Zinsinstrumente in ihre Cash-Flows. Bei variabel verzinslichen Positionen werden die Zahlungsströme in Konsistenz zur Berechnung des Zinsspannenrisikos und zur Deckungsbeitragsrechnung aus den Mischungsverhältnissen abgeleitet.

1532 Da sich die Cash-Flows der Zinsbuchpositionen auf eine breite Anzahl von Kalendertagen streuen, was die Barwertberechnung erschwert, werden Vereinfachungsverfahren angewendet. Durch das sogenannte **Cash-Flow-Mapping** werden Cash-Flows, die zwischen zwei definierten Laufzeitpunkten (Stützstellen) der Zinsstrukturkurve anfallen, diesen Stützstellen jeweils anteilig zugewiesen.[1233] Die Barwertberechnung erfolgt auf Basis des aggregierten Cash-Flows des Gesamtzinsbuchs (sogenannter Summen-Cash-Flow).

1533 **Unterschiede in der periodischen und barwertigen Risikotragfähigkeitssichtweise** ergeben sich bei der Messung des zinsinduzierten Marktwertrisikos zum einen hinsichtlich des Umfangs der einbezogenen Positionen (bewertungsrelevante Eigengeschäfte versus Gesamtzinsbuch) sowie hinsichtlich des Anteils am Verlustpotenzial, welcher als Risiko qualifiziert wird (GuV-wirksamer Verlust versus Vermögensverlust).

1534 Der Umfang der einbezogenen Positionen beeinflusst den **Effekt von Marktzinsveränderungen**. Da bei der Risikoquantifizierung in der periodischen Risikotragfähigkeitssichtweise ausschließlich bewertungspflichtige Positionen, d. h. insbesondere bilanzielle Aktivpositionen, betrachtet werden, wirken sich ein Marktzinsanstieg meist negativ und ein Marktzinsrückgang positiv auf den Marktwert sowie die GuV-Rechnung aus. Bei der Risikoquantifizierung des Gesamtzinsbuchs (Aktiv- und Passivpositionen) in der barwertigen Risikotragfähigkeitssichtweise wirkt sich der Effekt steigender bzw. fallender Marktzinsen auf beiden Seiten der Bilanz gegenläufig aus (steigender/sinkender Marktwert des Vermögens versus steigender/sinkender Marktwert der Verbindlichkeiten). Entscheidend ist die Wirkung auf den Saldo der aktivischen und passivischen Marktwerte, den Marktwert des Eigenkapitals. Diese ist abhängig von der Marktwertreagibilität (Zinssensitivität) der Aktiva und Passiva, die sich aus der zugrundeliegenden Cash-Flow-Struktur und der jeweiligen Veränderung der Zinsstrukturkurve ergibt. Reagieren die Marktwerte der Verbindlichkeiten stärker als die der Aktiva, führt ein Zinsanstieg zu

---

1232 Vgl. *Schierenbeck/Lister/Kirmße* (2014), S. 481.
1233 Vgl. *Spellmann* (2002), S. 87–89.

einem höheren bzw. ein Zinsrückgang zu einem niedrigeren Marktwert des Eigenkapitals (vice versa).[1234]

Im Fall der periodischen Risikotragfähigkeitsbetrachtung ist die Barwertveränderung aufzuteilen in einen GuV-relevanten Effekt (handelsrechtliche Zu- und Abschreibung) und einen nicht-GuV-relevanten Effekt (Erhöhung/Minderung der stillen GuV-Reserven), was in Abbildung F – 46 anhand eines Beispiels veranschaulicht wird.

Abbildung F – 46: Beispiel zur differenzierten Betrachtung des Szenarioeffekts bei einem Wertpapier der Liquiditätsreserve in der periodischen Risikotragfähigkeitssicht[1235]

Grundsätzlich ist auf einen **Gleichlauf zwischen der Ableitung des Risikodeckungspotenzials und der Risikoquantifizierung** zu achten. Dies bedeutet, dass Ergebnisse, welche im Risikodeckungspotenzial Berücksichtigung finden, auch hinsichtlich ihrer Risiken einbezogen werden müssen. Das dargestellte Beispiel geht davon aus, dass die stillen Reserven des Zinspapiers (Differenz zwischen Anschaffungskosten und höherem aktuellen Marktwert) nicht erhöhend im Risikodeckungspotenzial einbezogen werden. Daher ist auch der Reservenrückgang aufgrund des Szenarioeffekts nicht als Risikowert anzusetzen. Werden potenzielle Zuschreibungen auf Papiere der Liquiditätsreserve als positive Planabweichungen risikoentlastend berücksichtigt, so ist

---

1234 Vgl. *Schierenbeck/Lister/Kirmße* (2014), S. 475–477.
1235 Eigene Darstellung.

auch der Verlust dieser potenziellen Zuschreibungen als Risikowert heranzuziehen. Bei isolierter Betrachtung der Zinsposition in Abbildung F – 46 würde in der periodischen Risikotragfähigkeitssicht ein Gesamtrisikowert (eingetretene Planabweichungen plus kalkulatorische unerwartete Verluste) in Höhe der Abschreibung ausgewiesen werden, sofern die positive Planabweichung und der Zuschreibungsverlust gleich hoch ausfallen.

1537 Zur Ermittlung des marktwertspezifischen Zinsänderungsrisikos werden in der Praxis verschiedene **Messverfahren** angewendet:

- Sensitivitäts-/Szenarioanalysen
- Value-at-Risk-Ansätze
  - Analytische Value-at-Risk-Ansätze
  - Simulationsverfahren

1538 **Sensitivitäts- und Szenarioanalysen,** welche auch im Fall des Zinsspannenrisikos zum Einsatz kommen, untersuchen den Effekt auf den Barwert, wenn eine gewisse Veränderung der Marktzinssätze unterstellt wird. Der Risikowert (kalkulatorischer unerwarteter Verlust) ergibt sich in diesem Fall aus der Differenz zwischen dem erwarteten Barwert und dem Barwert nach Anwendung des jeweiligen Zinsszenarios. Sofern dieses Verfahren sowohl für die Messung der Ertragsrisiken als auch für die Messung des Bewertungsrisikos eingesetzt wird, sollten einheitliche Zinsszenarien verwendet werden, um eine konsistente Risikomessung für das Zinsänderungsrisiko im Gesamten zu erzielen. Bezüglich der Ableitung von Zinsszenarien wird auf die Ausführungen hinsichtlich des Zinsspannenrisikos (DSGV-Grenzszenarien sowie neue Szenarien des BCBS) verwiesen.

1539 Für alle Kreditinstitute in Deutschland besteht – unabhängig vom gewählten Risikotragfähigkeitsansatz und Risikoquantifizierungsverfahren – eine aufsichtliche Verpflichtung zur Berechnung und Ergebnismeldung von festgelegten Szenarioanalysen hinsichtlich der Barwertveränderung zinsbezogener Positionen des Anlagebuchs (sogenannter »**Basel II-Zinsschock**«).[1236] Zu berechnen ist mindestens vierteljährlich eine Parallelverschiebung der Zinsstrukturkurve um +/− 200 Basispunkte ad hoc. Die Regelung dient der Aufsicht zur Einstufung von Instituten, welche erhöhten Zinsänderungsrisiken ausgesetzt sind, und kann im Extremfall bis zur Auferlegung zusätzlicher

---

[1236] Vgl. *BaFin* (2011.11)

Eigenmittelanforderungen (Säule I) führen.[1237] Eine Konkretisierung des Basel II-Zinsschocks ist in der 2015 veröffentlichten Leitlinie der EBA für das Management von Zinsänderungsrisiken aus dem Nichthandelsgeschäft enthalten, um eine bessere Vergleichbarkeit der Ergebnisse unterschiedlicher Banken herzustellen.[1238] Die Leitlinie enthält unter anderem einheitliche Vorgaben für die Modellierung variabel verzinslicher Produkte hinsichtlich der durchschnittlichen Laufzeit des Mischungsverhältnisses (Beschränkung auf maximal fünf Jahre).[1239]

Value-at-Risk-Ansätze (VaR-Ansätze) finden sowohl in der barwertigen als auch in der periodischen Risikotragfähigkeitsberechnung Anwendung. In der periodischen Risikotragfähigkeitsbetrachtung kommen VaR-Ansätze häufig dann zur Anwendung, wenn eine integrierte Risikosteuerung und -quantifizierung des Depot A erfolgt. In diesem Fall werden im Modell auch andere Marktpreisrisikounterarten wie beispielsweise Aktienkursrisiken und Fremdwährungsrisiken einbezogen. In der barwertigen Risikotragfähigkeitssicht erfolgt die Risikoquantifizierung mittels VaR-Ansätze üblicherweise auf Basis des Gesamtzinsbuchs ohne Einbeziehung anderer Marktpreisrisikounterarten. 1540

Das Risikomaß **Value-at-Risk (VaR)** ist definiert als der maximale Verlust, der mit einer bestimmten Aussagesicherheit (Konfidenzniveau) innerhalb einer vorgegebenen Haltedauer (in Handelstagen) nicht überschritten wird. Im Falle von zinsinduzierten Marktwertrisiken bezieht sich der Verlust auf die negative Abweichung des zukünftigen Barwertes vom aktuellen Barwert.[1240] 1541

Ein **Konfidenzniveau** von 95 % sagt aus, dass gemäß dem gewählten Modell in 5 von 100 Fällen ein Barwertverlust eintreten kann, der höher als der VaR ausfällt. Ein höheres Konfidenzniveau führt daher zu einem höheren VaR. Ein höheres Konfidenzniveau bedeutet jedoch nicht automatisch auch eine höhere Sicherheit der Risikoschätzung, da das Konfidenzniveau keine Aussage zur Prognosequalität des gewählten Risikomodells trifft. 1542

Die **Haltedauer** bezeichnet die Zeitspanne für eine mögliche Liquidation der Positionen und ist maßgeblich für die Ermittlung der Marktzins- und Barwertveränderungen. Sie wird in der Praxis üblicherweise zwischen 1–10 Tagen 1543

1237 Eine weit höhere Bedeutung für die Auferlegung zusätzlicher Eigenmittelanforderungen erhält der Basel II-Zinsschock ab 2016 durch neue Regelungen zum aufsichtlichen Überprüfungs- und Bewertungsprozess (siehe Kapitel F.II.4).
1238 Vgl. *EBA* (2015.05), Ziffern 23–25.
1239 Die Vorgaben sind seitens der EBA nicht zwingend auf die interne Risikoquantifizierung zu übertragen. In kleineren und mittelgroßen Banken erscheint eine parallele Berechnung unterschiedlicher Mischungsverhältnisse jedoch als zu aufwändig.
1240 Vgl. *Wiedemann* (2008), S. 7.

(Handelsbuch) und 250 Tagen (Anlagebuch) festgelegt. Je länger die Haltedauer ist, desto höher fällt der Risikowert aus.[1241] Kürzere Haltedauern als der Risikotragfähigkeitshorizont dürfen in der operativen Steuerung grundsätzlich verwendet werden. Für die Integration im Limitsystem sind in diesem Fall jedoch Besonderheiten zu beachten (siehe Kapitel F.II.3).

1544 Das Risikopotenzial von Barwertveränderungen wird über die wesentlichen zugrundeliegenden Bewertungsparameter (**Risikofaktoren**) modelliert. Zinsinduzierte Marktwertrisiken werden meist über die Zerobond-Abzinsungsfaktoren abgebildet, da zwischen den relativen Wertänderungen der Zerobond-Abzinsungsfaktoren und den relativen Veränderungen des Barwertes ein linearer Zusammenhang besteht. Alternativ kommen jedoch auch die Marktzinssätze (Nullkupon- oder Kuponzinssätze) als Risikofaktoren in Betracht.[1242] Wichtige Eigenschaften der Risikofaktoren bzw. ihrer Wertveränderungen, welche in der VaR-Berechnung eine tragende Rolle spielen, sind die Volatilität und die Korrelation.

1545 Die **Volatilität** beschreibt die Schwankungsintensität der Wertveränderungen der Risikofaktoren um ihren Erwartungswert und besitzt maßgeblichen Einfluss auf die Höhe des VaR. Höhere Volatilitäten implizieren eine höhere Verlustgefahr. Für die Abschätzung potenzieller negativer Wertveränderungen der Risikofaktoren ist eine Prognose der zukünftigen Volatilität erforderlich. Dies erfolgt meist auf Basis historischer Volatilitäten.

1546 Zur Schätzung der Volatilität anhand historischer Wertveränderungen werden verschiedene Maße herangezogen. Das einfachste Maß ist hier die **Standardabweichung**, welche die durchschnittliche Streuung der Wertveränderungen um ihren Mittelwert widerspiegelt. Volatilitäten weisen im Zeitablauf Schwankungen auf, welche als Volatilitätscluster bezeichnet werden. Eine reine Durchschnittsbildung historischer Wertveränderungen führt jedoch zu einem Glättungseffekt, d. h. die Standardabweichung unterschätzt die Volatilität in Zeiten hoher Volatilitäten und überschätzt diese in Phasen niedriger Volatilitäten. Daher werden alternative Volatilitätsmaße wie beispielsweise das Modell **Exponentiell gewichteter gleitender Durchschnitte (EWMA-Modell)** angewendet. Im EWMA-Modell können die historischen Wertveränderungen über einen Verzögerungsfaktor gewichtet werden, sodass jünge-

---

1241 Vgl. *Wiedemann* (2008), S. 15–16.
1242 Vgl. *Wiedemann* (2008), S. 16–17.

ren Datenwerten eine höhere Bedeutung zukommt als älteren. Dies ermöglicht eine Abbildung aktueller Trendentwicklungen.[1243]

Die zweite wichtige Eigenschaft der Risikofaktorveränderungen ist die **Korrelation**[1244]. Als Korrelation wird der Grad der Gleich- oder Gegenläufigkeit der Wertveränderungen (linearer Zusammenhang) zweier Risikofaktoren bezeichnet. Die Messzahl für die Korrelation, der Korrelationskoeffizient, liegt zwischen −1 (vollständig negative Korrelation) und +1 (vollständig positive Korrelation). Eine Korrelation von −1 sagt in der Risikomessung aus, dass das Gesamtrisiko zweier Risikofaktoren null beträgt, da sich die Risiken der beiden Faktoren gegenseitig aufheben. Im Falle einer Korrelation von 1 bestehen keinerlei Diversifikationseffekte, sodass sich das Gesamtrisiko zweier Positionen als Summe der Einzelrisiken berechnet. Ein Koeffizient von 0 drückt aus, dass kein Zusammenhang zwischen den Wertänderungen zweier Risikofaktoren besteht.[1245]

1547

Korrelationen spielen in der Risikoquantifizierungspraxis bei Marktpreisrisiken sowohl bei der isolierten Berechnung des Zinsänderungsrisikos (Korrelationen zwischen den laufzeitspezifischen Marktzinsen bzw. ZBAF) als auch bei der integrierten Berechnung des Marktpreisrisikos des Depot A (z. B. Korrelationen zwischen Zinsänderungs- und Aktienkursrisiken) eine Rolle. Auch in der barwertigen Risikotragfähigkeitssicht fließen bei der Aggregation der Einzelrisiken zum Gesamtrisiko teilweise Korrelationen ein. Gemäß AT 4.1 Tz. 6 und 7 der MaRisk werden strenge Anforderungen an die explizite Berücksichtigung von Diversifikationseffekten in der Risikotragfähigkeitsberechnung gestellt. Insbesondere müssen Kreditinstitute nachweisen können, dass sich die einbezogenen Korrelationen auch in ungünstigen Marktphasen als stabil erwiesen haben.

1548

Im Unterschied zu Szenarioanalysen werden bei VaR-Ansätzen **explizit** (bei parametrischen/analytischen VaR-Ansätzen) **oder implizit** (bei nicht-parametrischen VaR-Ansätzen/Simulationsverfahren) **Wahrscheinlichkeitsverteilungen** für potenzielle Marktzins- und Barwertveränderungen bei der Risikomessung einbezogen.

1549

Zu den **analytischen VaR-Ansätzen**, welche für Marktpreisrisiken in der Bankenpraxis häufig eingesetzt werden, gehört der **Varianz-Kovarianz-Ansatz** (auch Delta-Normal-Ansatz).[1246] Basis der VaR-Ermittlung bildet die

1550

1243 Vgl. *Wiedemann* (2008), S. 19–24.
1244 Umfassend diskutiert in *Reuse* (2011) und Kapitel D.VIII.
1245 Vgl. *Wiedemann* (2008), S. 32–35.
1246 Vgl. *Wiedemann* (2008), S. 28–32 sowie 62–66.

Annahme, dass die Veränderungen der Risikofaktoren und damit auch der Barwerte einer **Normalverteilung** unterliegen. Die charakteristischen Eigenschaften einer Normalverteilung liegen in einer hohen Wahrscheinlichkeit, dass die beobachteten Wertveränderungen um den Erwartungswert streuen, und einer geringen Wahrscheinlichkeit, dass die Wertveränderungen weit davon entfernt liegen. Darüber hinaus weisen Normalverteilungen eine symmetrische Streuung positiver und negativer Wertveränderungen um den Erwartungswert auf. Rechnerische Vorzüge der Normalverteilung liegen darin, dass ihre Dichtefunktion durch nur zwei Parameter beschrieben werden kann: den Erwartungswert (μ) und die Standardabweichung (σ).

1551 Die Dichtefunktion der Normalverteilung für die Ausprägung x einer Zufallsvariable X ist wie folgt definiert:

$$f_X(x) = \frac{1}{\sigma \cdot \sqrt{2\pi}} \cdot exp\left[-\frac{(x-\mu)^2}{2 \cdot \sigma^2}\right]$$

1552 Jede Normalverteilung kann in eine **Standardnormalverteilung** mit einem Erwartungswert von 0 und einer Standardabweichung von 1 transformiert werden. Der Erwartungswert von 0 indiziert, dass alle Wertveränderungen der Risikofaktoren (ZBAF) im Durchschnitt bei 0 liegen. Die Standardabweichung von 1 ist als die geschätzte Schwankungsintensität (Volatilität) des Wertes der Risikofaktoren innerhalb der festgelegten Haltedauer zu interpretieren. Die Besonderheit der Standardnormalverteilung liegt darin, dass der Standardabweichung von 1 oder einem Vielfachen davon (**z-Wert** der Standardnormalverteilung[1247]) eine bestimmte Eintrittswahrscheinlichkeit zugewiesen werden kann. Dies ermöglicht eine einfache Transformation der Volatilität in jedes gewünschte Konfidenzniveau. Der Standardabweichung von 1 wird eine Eintrittswahrscheinlichkeit von 84,14 % zugeordnet. Durch Multiplikation mit einem z-Wert von beispielsweise 1,645 kann diese auf ein Konfidenzniveau von 95 % umgerechnet werden.

1553 Darüber hinaus ermöglicht die Normalverteilungsannahme auch eine Transformation der Volatilität in eine andere Haltedauer (**Wurzelgesetz**). Dies erfolgt durch Multiplikation der Volatilität bzw. des VaR mit der Quadratwurzel aus dem Verhältnis der gewünschten Haltedauer in Tagen zur aktuellen Haltedauer in Tagen.

[1247] Eine Tabelle der z-Werte findet sich z. B. in *Hull* (2011), S. 597–600.

Wie in Abbildung F – 47 dargestellt lässt sich der absolute VaR für ein gegebenes Konfidenzniveau analytisch ermitteln über eine Multiplikation des aktuellen Cash-Flow-Barwertes (BW_0) mit der Standardabweichung des laufzeitentsprechenden ZBAF für die gewählte Haltedauer und dem konfidenzniveauspezifischen z-Wert. Die schraffierte Fläche unter der Dichtefunktion, welche durch den VaR für das Konfidenzniveau von 95 % nach links begrenzt wird, entspricht einer Wahrscheinlichkeit (P) von 5 %. Die Ermittlung des VaR auf Portfolioebene wird durch eine explizite Berücksichtigung von Korrelationen zwischen den Risikofaktoren modelliert.[1248]

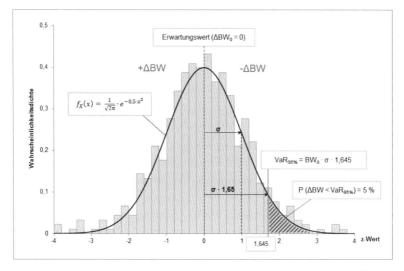

Abbildung F – 47:   *Ermittlung des Value-at-Risk im Varianz-Kovarianz-Ansatz*[1249]

Das hinter der Standardnormalverteilung dargestellte Histogramm empirischer Barwertveränderungen soll verdeutlichen, dass die Annahme einer Normalverteilung in der Praxis als grobe Schätzung der tatsächlichen Verteilung von Marktwertänderungen einzustufen ist. An diesem Modell kritisch zu betrachten ist insbesondere die Modellierung der Funktionsflanken, da extreme Marktwertschwankungen in der Realität häufiger auftreten als durch die Normalverteilung abgebildet (sogenannte »**Fat Tail**«-**Problematik**). Die Kritikalität dieser potenziellen Risikounterschätzung wächst zudem mit steigender Aussagesicherheit. Daher kommen in der Marktpreisrisikomessung alternativ

---

1248 Vgl. *Wiedemann* (2008), S. 73–82.
1249 Eigene Darstellung in Anlehnung an *Wiedemann* (2008), S. 63.

auch andere Verteilungsannahmen zur Anwendung, welche den Verteilungsrändern mehr Wahrscheinlichkeitsmasse zuordnen (z. B. Student-T-Verteilung).[1250]

1556 Die Annahme einer Normalverteilung erweist sich darüber hinaus als problematisch, wenn sich **Zinsinstrumente mit nicht-linearem Risikoprofil** (Zinsoptionen) im Portfolio befinden. Das Risikoprofil einer Zinsposition wird als nicht-linear bezeichnet, da Marktwertveränderungen der Option nicht (ausschließlich) in linearem Zusammenhang mit der Wertänderung der zugrundeliegenden Risikofaktoren stehen. In diesem Fall wird das tatsächliche Risiko des Portfolios unterschätzt. Liegen im Portfolio umfangreiche nichtlineare Risiken vor, sollte ein anderes VaR-Verfahren (z. B. eine Monte-Carlo Simulation) gewählt werden.[1251] Handelt es sich um einen geringen Umfang nicht-linearer Positionen im Portfolio, kann als **Praktikerlösung** für kleinere und mittelgroße Banken ein Zuschlag auf den parametrischen VaR erhoben werden, um diesen Risiken in der Risikotragfähigkeit Rechnung zu tragen. Dieser kann beispielsweise durch die »Delta-Plus-Methode« nach Artikel 329 (2) und (3) CRR in Verbindung mit EBA/RTS[1252]/2013/13 ermittelt werden.

1557 Wird der Varianz-Kovarianz-Ansatz für die Quantifizierung der Bewertungsrisiken in der periodischen Risikotragfähigkeitssichtweise eingesetzt, ergibt sich darüber hinaus die **Problematik der Abgrenzung GuV-relevanter Effekte** gemäß Abbildung F – 46. GuV-Wirkungen sind aufgrund der individuellen Konstellationen zwischen Markt-, Anschaffungs- und Buchwert auf Basis einzelner Wertpapiere zu ermitteln, um durch Addition den GuV-Effekt des Gesamtportfolios zu berechnen. Der parametrische VaR einzelner Positionen kann hingegen aufgrund der Berücksichtigung von Korrelationen nicht additiv zum Portfolio-VaR aggregiert werden. Als **Praktikerlösung** kann entweder der Portfolio-VaR durch die stillen Reserven des Portfolios gemindert werden, was zu einer Unterschätzung des Bewertungsrisikos führen kann, sofern tatsächlich nicht alle Einzelpositionsreserven gleichermaßen aufgezehrt werden, oder auf den Abzug stiller Reserven grundsätzlich verzichtet werden.

1558 Ein alternatives, mathematisch weniger anspruchsvolles Verfahren zur VaR-Ermittlung, welches häufig in kleineren und mittelgroßen Banken zum Einsatz kommt, stellt die **Historische Simulation** dar.[1253] Die Historische Simulation

---

1250 Vgl. *Alexander* (2011), S. 106–111.
1251 Vgl. *Alexander* (2011), S. 250–260. Zur Identifikation signifikanter nicht-linearer Risiken vgl. *Heger/Neubert* (2007), S. 6–10.
1252 Regulatory Technical Standard.
1253 Vgl. *Wiedemann* (2008), S. 37–43.

gehört zu den nicht-parametrischen Verfahren, da im Unterschied zum Varianz-Kovarianz-Ansatz keine expliziten Verteilungsannahmen für die Wertveränderungen der Risikofaktoren getroffen werden. Grundlage für die Schätzung zukünftiger Wertänderungen der Risikofaktoren bilden historisch beobachtete Wertänderungen. Korrelationen zwischen den Risikofaktoren werden implizit berücksichtigt.

Die Ermittlung des VaR erfolgt in diesem Verfahren in vier Schritten, wie Abbildung F – 48 verdeutlicht. Zunächst werden die historischen Veränderungen der Risikofaktoren ermittelt. Im dargestellten Beispiel werden die absoluten täglichen Veränderungen des 5-Jahres-Nullkuponzinssatzes $z(0;5)_t$ der vergangenen 250 Handelstage (t) errechnet. Grundsätzlich können jedoch auch relative oder logarithmische Veränderungen herangezogen werden. Mittels dieser Veränderungen werden im zweiten Schritt 250 Szenarien (s) für die zukünftige Entwicklung des aktuellen 5-Jahres-Nullkuponzinssatzes generiert, welche alle gleich wahrscheinlich sind.

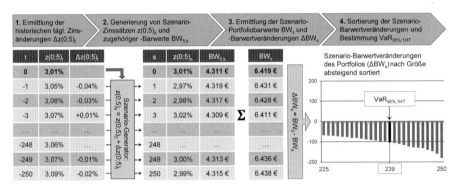

Abbildung F – 48:   *Ermittlung des VaR bei Zinsinstrumenten durch eine Historische Simulation*[1254]

Aus diesen Szenario-Zinssätzen werden daraufhin die Szenario-Barwerte des 5-Jahres-Cash-Flows (im Beispiel 5.000 €) $BW_{5;s}$ ermittelt. Diese Schritte werden für sämtliche laufzeitspezifischen Zinssätze, für welche Cash-Flows vorliegen, durchgeführt, um diese anschließend zu den Szenario-Barwerten des Gesamtportfolios BW_s zu aggregieren. Die Differenzen dieser Szenario-Barwerte zum Ausgangsbarwert des Portfolios ΔBW_s werden letztlich der Größe nach sortiert. Der VaR für ein Konfidenzniveau von 95 % ergibt sich

---

1254   Eigene Darstellung in Anlehnung an *Wiedemann* (2008), S. 37–42.

bei Betrachtung von 250 Szenarien als der zwölft-größte simulierte Barwertverlust (Wert auf Rang 239), was berechnet wird anhand folgender Formel:

$$250 \cdot (1-0{,}95) = 12{,}5$$

1561 Da keine Interpolation der diskreten Werte erfolgt und das Konfidenzniveau nicht reduziert werden darf, erfolgt grundsätzlich eine Abrundung (hier auf 12), d. h. der nächsthöhere Barwertverlust wird als VaR definiert.

1562 Der kritische Faktor in der Historischen Simulation stellt die Festlegung der **Anzahl an Szenarien** dar. Je größer die Anzahl ist, desto besser ist die Näherung des Quantils und der gewünschten Aussagesicherheit. Jedoch impliziert eine höhere Anzahl an einbezogenen historischen Faktorveränderungen auch die Frage der Repräsentativität des betrachteten Zeitraums für zukünftige Faktorveränderungen, insbesondere im Falle einer Häufung von extremen Wertschwankungen im Beobachtungszeitraum. Abhängig ist die Szenarioanzahl zum einen vom historischen Beobachtungszeitraum (verfügbare Datenhistorie) und zum anderen von der gewählten Haltedauer. Je umfassender die Datenhistorie und je kürzer die Haltedauer ist, desto mehr Szenarien können (überlappungsfrei) generiert werden. In der Sparkassenorganisation wird beispielsweise eine Datenhistorie ab 4. Januar 1988 herangezogen. Gängige Praxis besteht darin, überlappende 250-Tages-Zeiträume zu betrachten, um eine adäquate Anzahl an Szenarien aus der gegebenen Datenhistorie generieren zu können. Dies kann sich jedoch nachteilig erweisen, da sich Trends in den Risikofaktorveränderungen abzeichnen (sogenannte Autokorrelationen). Ein Vergleich von Vor- und Nachteilen unterschiedlicher Methoden liefern z. B. Wegner/Sievi.[1255]

1563 Der dritte VaR-Ansatz, welcher insbesondere in größeren Banken zum Einsatz kommt, ist die **Monte-Carlo-Simulation**. In diesem Verfahren werden die zukünftigen Wertänderungen der Risikofaktoren (meist der Marktzinssätze) über Simulationen mittels Zufallszahlen modelliert. Hierzu wird ein stochastischer Prozess definiert, welchem die potenziellen Risikofaktorwertänderungen folgen (ein sogenanntes **Zinsstrukturmodell**).

1564 Die **Dynamik von Veränderungen der Zinsstrukturkurve** wird im Wesentlichen durch drei Faktoren erklärt: die Parallelverschiebung (das Level), die Steigung und die Krümmung.[1256] Diesen drei Faktoren wurde in verschiedenen Studien ein Erklärungsgehalt für Zinskurvenveränderungen von insge-

---

1255 Vgl. *Wegner/Sievi* (2010), S. 392–397.
1256 Vgl. *Martellini/Priaulet/Fabozzi/Luo* (2005), S. 978.

samt über 90 % zugewiesen.[1257] Einfache Zinsstrukturmodelle beschränken sich auf die Modellierung des ersten Faktors, indem sie die Zinsstrukturkurve über einen einzigen Zinssatz für eine infinitesimal kleine Laufzeit, den Momentanzinssatz (Short-Rate), abbilden und daraus über gewisse Annahmen Rückschlüsse auf die Laufzeitenstruktur der Zinssätze ziehen (**Short-Rate-Modelle**). Dies impliziert die Annahme einer vollständig positiven Korrelation der Zinssätze unterschiedlicher Laufzeiten. Die Zinsstrukturkurve wird folglich als Funktion der Short-Rate beschrieben. Komplexere Modelle berücksichtigen über die zusätzliche Modellierung (mindestens) eines längerfristigen Zinssatzes und den zugrundeliegenden Korrelationen zwischen den Zinssätzen auch Steigungs- und Krümmungseffekte der Zinsstrukturkurve (**Forward-Rate-Modelle** und **Marktmodelle**). Dies ist für die Bewertung und Risikoquantifizierung insbesondere dann wichtig, wenn sich im zugrundeliegenden Portfolio ein bedeutender Anteil an Zinsinstrumenten mit komplexen Strukturen befindet, welche auf derartige Kurvendynamiken sensitiv reagieren (z. B. Spread Ladder Swaps).[1258]

Der Prozess von Änderungen eines Zinssatzes, wie er unter anderem in den Short-Rate-Modellen implementiert ist, wird durch eine Trendkomponente, welche insbesondere für längere Haltedauern relevant ist, und eine Zufallskomponente beschrieben. Als **Trendkomponente** wird häufig ein Mean-Reverting-Modell eingebunden. Dieses bildet die empirische Eigenschaft nach, dass (insbesondere kurzfristige) Zinssätze im Zeitablauf gesehen um ihren langfristigen Mittelwert schwanken und sich diesem mit einer gewissen Anpassungsgeschwindigkeit annähern. »Gestört« wird diese Entwicklung im modellierten Prozess durch Marktverwerfungen, welche über die **Zufallskomponente** dargestellt werden. Die Zufallskomponente, das »Herzstück« der Monte-Carlo-Simulation, basiert auf der Generierung von Zufallszahlen. Diese werden auf Basis eines deterministischen Algorithmus erzeugt, welcher gewährleistet, dass die Zufallszahlen voneinander unabhängig und gleichverteilt sind (»Pseudo-Zufallszahlen«). Daraufhin werden diese über eine Transformation in eine bestimmte Verteilung (meist die Normalverteilung) überführt. Aus diesem Grund wird die Monte-Carlo-Simulation auch als semiparametrischer VaR-Ansatz eingestuft.

Auf Basis des gewählten stochastischen Prozesses wird eine gewisse Anzahl an **Simulationen** (z. B. 10.000) durchgeführt. Bei jedem Simulationslauf entsteht ein unabhängiger Simulationspfad für eine mögliche Entwicklung des

---
1257 Vgl. *Fabozzi* (2003), S. 112–212.
1258 Vgl. *Biller/Mitschele/Schlottmann/Seese/Vorgrimler* (2004), S. 37–40.

jeweiligen Risikofaktorwertes innerhalb der Haltedauer, wobei die Veränderung innerhalb der Haltedauer nicht schockartig, sondern als schrittweise Veränderung für kleine Zeitabschnitte simuliert wird. Ausgehend von den erzeugten Zinsszenarien werden daraufhin die potenziellen Barwertänderungen berechnet. Der VaR lässt sich letztlich wie bei der Historischen Simulation (4. Schritt) abhängig vom gewählten Konfidenzniveau als x-größter Wertverlust ermitteln. Eine Berücksichtigung von Diversifikationseffekten auf Portfolioebene kann durch Transformation der verwendeten Zufallszahlen in korrelierte Zufallszahlen erfolgen.[1259]

1567 Die Vor- und Nachteile der drei dargestellten VaR-Ansätze werden in der Tabelle F – 6 veranschaulicht.

	Varianz-Kovarianz-Ansatz	Historische Simulation	Monte-Carlo-Simulation
Vorteile	• Geringe Rechenkapazitäten erforderlich (auch für untertägige Risikoberechnung geeignet) • Schätzung der Barwertveränderungen über Sensitivitäten möglich[1260] • Einfache Skalierung des VaR in andere Konfidenzniveaus und Haltedauern	• Keine Verteilungsannahme erforderlich • Intuitive Berechnung • Geeignet auch für nicht-lineare Instrumente	• Beliebige Anzahl unabhängiger Szenarien produzierbar • Beliebige Verteilungsannahmen/Zinsstrukturmodelle zur Modellierung zukünftiger Zinsänderungen integrierbar • Geeignet auch für nicht-lineare Instrumente
Nachteile	• Aufsichtliche Anforderungen an Korrelationsannahmen • Ungeeignet für nicht-lineare Instrumente • Statistische Kenntnisse erforderlich • Schwierige Überführung des VaR in GuV-Effekte	• Rechnerisch aufwendig (volle Neubewertung) • Hohe Anforderungen an die Datenhistorie • Einschätzung der Repräsentativität historischer Daten für zukünftige Veränderungen erforderlich • Autokorrelationen bei Periodenüberlappung	• Aufsichtliche Anforderungen an Korrelationsannahmen • Rechnerisch sehr aufwendig (volle Neubewertung und hohe Szenarienanzahl) • Stochastisch sehr anspruchsvolles Verfahren

Tabelle F – 6: Vor- und Nachteile der unterschiedlichen VaR-Ansätze[1261]

1259 Vgl. *Wiedemann* (2008), S. 43–61.
1260 Für eine Beschreibung des Verfahrens vgl. *Schierenbeck/Lister/Kirmße* (2014), S. 482–499.
1261 Eigene Darstellung in Anlehnung an vorgenannte Quellen. Vgl. auch *Reuse* (2006.07), S. 367.

Zur Sicherung der Prognosegüte der eingesetzten Verfahren sollte regelmäßig über den Abgleich der Modellergebnisse mit den im betrachteten Zeitraum tatsächlich realisierten Barwertveränderungen erfolgen (**Backtesting**). Für Marktpreisrisiken im Handelsbuch wird dies gemäß BTR 2.2 Tz. 4 der MaRisk explizit durch die Aufsicht gefordert.

Wesentlich für die praktische Nutzung von Modellen ist zudem die gemäß AT 4.1 Tz. 8 der MaRisk verlangte Auseinandersetzung mit den **Grenzen und Schwächen** der angewandten Verfahren in Bezug auf die Struktur des zugrundeliegenden Portfolios. Hierzu gehört eine Validierung der Modellannahmen und -parameter. Je komplexer und intransparenter die genutzten Modelle sind, desto intensiver sollte die quantitative sowie qualitative Validierung ausfallen. Für kleinere Banken ist hier beispielsweise die Auseinandersetzung mit der Stabilität der gewählten Parameter (z. B. Korrelation) und VaR-Ergebnisse bei abweichenden bzw. verlängerten Beobachtungszeiträume oder auch (sofern vorhanden) der Vergleich mit Modellergebnissen, die über ein alternatives Verfahren berechnet wurden, hilfreich.

Ein aufsichtlich kritisch beäugter Aspekt in der Risikomessung von Zinsänderungsrisiken und Marktpreisrisiken im Allgemeinen ist die **Integration von Investmentfonds**. Gerade kleinere und mittelgroße Banken nutzen Spezial- und Publikumsfonds als eine Art »Auslagerung« des Depot A-Managements sowie der damit verbundenen internen Abbildung von Handelsgeschäften an eine Kapitalverwaltungsgesellschaft (KVG). Darüber hinaus entstehen handelsrechtliche Bewertungsvorteile durch die Verrechnung positiver und negativer Marktwertveränderungen innerhalb des Fondsvermögens. Eingetretene Risiken aus Fonds werden demzufolge auf Ebene des Fondspreises ermittelt.

Die Quantifizierung des zukünftigen Verlustpotenzials sollte hingegen nicht auf Basis der Fondspreisentwicklung erfolgen, sondern über eine Durchschau der Einzelpositionen innerhalb des Fondsvermögens. Daher wird die Risikomessung häufig allein durch die KVG vorgenommen. Eine explizite Pflicht für die Fondsanleger zur Führung von Transparenzdepots besteht von Seiten der Aufsicht für Marktpreisrisiken derzeit (noch) nicht. Regelungen zur Durchschaupflicht betreffen bislang ausschließlich den Bereich der Adressenausfallrisiken (Großkreditregime).[1262] Gängige Praxis in kleineren und mittelgroßen Instituten ist der **Rückgriff auf externe Risikodaten der KVG**. Die Aggregation mit den eigens ermittelten Risikowerten der Direktanlagen erfolgt meist additiv. Kritisch ist dieses Vorgehen hinsichtlich der Regelungen nach

---

1262 Vgl. Art. 390 Abs. 8 *CRR* (2013) i. V. m. *EBA* (2013.12).

AT 4.1 Tz. 6 der MaRisk zu sehen, da die durch die KVG bereitgestellten Risikowerte meist unter Berücksichtigung von Diversifikationseffekten ermittelt werden. Eine Validierung der zugrundeliegenden Annahmen ist durch die investierten Kreditinstitute nur eingeschränkt möglich. Die aufsichtlich bevorzugte Darstellung von Investmentfonds in der Risikomessung ist demzufolge die **vollständige Durchschau der Einzelpositionen**, die im Idealfall tagesaktuell erfolgt, da nur so eine konsistente Quantifizierung des Gesamtrisikos der direkten und indirekten Marktpreisrisikopositionen erzielt werden kann. Dies stellt gerade für kleinere und mittelgroße Institute eine Herausforderung dar. Kapitalverwaltungsgesellschaften sowie Bankenverbände arbeiten diesbezüglich an praktikablen, aufsichtskonformen (Zwischen-)Lösungen.[1263]

3. Limitierung und Einbindung des Marktpreisrisikos

1572 Die Notwendigkeit zur Limitierung von Marktpreisrisiken ergibt sich aus § 25a KWG in Verbindung mit BTR 2.1 Tz. 1 und 2 der MaRisk. Dies spiegelt sich auch in AT 4.2 Tz. 2 der MaRisk wider, da für alle wesentlichen Risiken in der Risikostrategie Risikotoleranzen festzulegen sind. Durch die Festlegung eines **Gesamtbanklimits** (auch Global- oder Risikotragfähigkeitslimit) wird sichergestellt, dass der Anteil des Risikodeckungspotenzials, welcher durch die Geschäftsleitung zur Übernahme von Risiken allokiert wird, nicht überschritten wird. Die Ableitung des Gesamtbanklimits ist grundsätzlich abhängig von der gewählten Unternehmensfortführungsannahme (Going-Concern oder Gone-Concern/Liquidationsansatz), vom gewählten Risikotragfähigkeitsansatz (periodisch oder wertorientiert) und von der gewählten Risikodefinition (Risiko als Verlust oder Risiko als Abweichung vom erwarteten Verlust).

1573 Das Gesamtbanklimit wird in **Einzellimite** für die einzelnen Risikoarten aufgeteilt, welche meist noch in **Unterlimite** aufgegliedert werden. Die Unterlimite dienen der laufenden Steuerung und werden in der Regel einzelnen Risikoträgern, welche im Rahmen der Limite frei (unter Einhaltung der strategischen und operativen Vorgaben) über die betreffenden Risikopositionen disponieren können. Dies stellt die Durchgängigkeit der Risikotragfähigkeitsbetrachtung von der Gesamtbankperspektive bis hin zum operativen Geschäftsbetrieb sicher.

[1263] Z. B. DekaBank und Deutscher Sparkassen- und Giroverband (DSGV) im Projekt »Fonds im Risikomanagement«, vgl. *DekaBank* (2015), S. 26–27.

Im Bereich der Marktpreisrisiken kleinerer und mittelgroßer Retailbanken kann die **Limitaufteilung des Einzellimits** beispielsweise wie folgt abgebildet werden (Bspw. zur Limitierung in der periodischen Steuerung):

- Unterlimit »Bewertungsrisiken Wertpapiere« (integrierte Risikomessung bewertungsrelevanter Positionen des Depot A für Zins-, Aktienkurs- und Währungsschwankungen inkl. bewertungsrelevanter Derivate)
- Unterlimit »Zinsspannenrisiko« (Ertragsrisiken)
- Unterlimit »Bewertungsrisiken Immobilienanlagen«

Die **Festlegung der Höhe der Einzel- und Unterlimite** sollte als iterativer Prozess zwischen einem Top-Down- und einem Bottom-up-Ansatz erfolgen.[1264] Die **Top-Down-Herleitung** geht vom maximalen Risikodeckungspotenzial aus. Beim Going-Concern-Ansatz dürfen Eigenmittel, welche zur Erfüllung der Säule-I-Anforderungen notwendig sind, nicht als Teil des Gesamtbanklimits zur Verfügung gestellt werden. Aus dem ermittelten einsetzbaren Risikodeckungspotenzial (auch Verlustobergrenze) ist daraufhin gemäß der Risikoneigung der Geschäftsleitung das einzusetzende Risikodeckungspotenzial (Gesamtbanklimit) zu bestimmen. Die Aufteilung des Gesamtbanklimits auf die Einzellimite orientiert sich an den Ertrags- und Risikogesichtspunkten der Kapitalallokation.

Die **Bottom-up-Herleitung** der Einzel- und Unterlimite basiert auf den aktuellen Risikowerten. Anhand der Vorgaben der Risikostrategien sind Veränderungen der aktuellen Risikosituation durch geplante Investitionen und Portfolioumstrukturierungen zu betrachten. Eine Analyse der Risikoentwicklung des Vorjahres und möglicher Szenarien für die zukünftige Risikoentwicklung (z. B. potenzielle Veränderung von Marktpreisen oder Modellparametern wie Korrelationen; geplante Modellanpassungen) unterstützt die Abschätzung der potenziellen Risikowerte. In Abhängigkeit der Schwankungsintensität der betrachteten Risiko- und Unterrisikoarten sowie der Aktivität des Portfoliomanagements (aktiv oder passiv) ist eine ausreichende Limitreserve auf den potenziellen Risikowert einzuräumen.

Liegt das Bottom-up-Limit höher als das Top-down-Limit, ist entweder zur Erreichung des geplanten Ertrags der Anteil des eingesetzten Risikodeckungspotenzials (sofern möglich) zu erhöhen oder der Risikowert über eine Reallokation des Portfolios bzw. die Eingehung von Sicherungsgeschäften (in Verbindung mit einer Senkung des Ertragsziels) zu reduzieren.

1264 Vgl. *Hortmann/Seide* (2006), S. 312–315.

1578 Besonderes Augenmerk bei der Festlegung der Limite sollte auf die **Berücksichtigung von Puffern** gelegt werden, welche insbesondere im Bereich Marktpreisrisiken für die Abdeckung von Modellrisiken, welche zunehmend im Fokus der Aufsicht stehen, eingeräumt werden sollten. Diese können zum einen bei der Relation zwischen eingesetztem und einsetzbarem Risikodeckungspotenzial (freies Risikodeckungspotenzial) und zum anderen bei der Limitreserve berücksichtigt werden. In der Prüfungspraxis bevorzugt wird die Einräumung eines Puffers beim freien Risikodeckungspotenzial, da eine Erhöhung der Limitreserve zu einer Reduzierung der Steuerungswirkung der Limite führen kann.

1579 Die **Überwachung der festgelegten Einzel- und Unterlimite** sollte mindestens vierteljährlich im Rahmen der Risikotragfähigkeitsberechnung erfolgen. Je nach Managementintensität der betroffenen Risikopositionen ist eine höhere Überwachungsfrequenz (monatlich, wöchentlich, täglich, untertägig) anzuwenden. Hierzu sind die quantifizierten Risiken den festgelegten Limiten gegenüberzustellen (**Limitauslastung**). Abhängig von der Höhe der Limitauslastung können Ampelstufen definiert werden, welche z. B. an eine höhere Überwachungsfrequenz, an Meldepflichten gegenüber der Geschäftsleitung oder an zu ergreifende Gegensteuerungsmaßnahmen gebunden sind.

1580 Eine Herausforderung in Bezug auf die **Integration von Marktpreisrisiken im Gesamtlimitsystem** der Bank stellt die häufig vom Risikohorizont der Risikotragfähigkeit abweichende **Haltedauer** dar. Das im Rahmen der Risikotragfähigkeit festgelegte Gesamtbanklimit bezieht sich üblicherweise auf einen Risikohorizont von einem Jahr. Wird in der Marktpreisrisikomessung eine kürzere Haltedauer gewählt (z. B. 10 Tage bei Handelsbuchpositionen), ist dies entsprechend bei der Einzellimitzuweisung zu berücksichtigen. Dies wird auch in den aufsichtlichen Leitlinien zur Risikotragfähigkeit in Tz. 96 und 97 verlangt.[1265] Verschiedene Ansätze hierzu werden im Monatsbericht März 2013 der Deutschen Bundesbank erläutert.[1266] Die häufigste Methode zur Überführung kürzerer Haltedauern auf den einheitlichen Risikobetrachtungshorizont ist die Skalierung unter Annahme einer Normalverteilung der zugrundeliegenden Risiken (Wurzelgesetz). Diese kann entweder – wie im Bundesbank-Monatsbericht beschrieben – auf die Risikowerte angewendet werden (Hochskalierung; siehe Variante 2 in Abbildung F – 49) oder auf die Einzellimithöhe (Herabskalierung; siehe Variante 1 in Abbildung F – 49).[1267]

1265 Vgl. *BaFin* (2011.12).
1266 Vgl. *Deutsche Bundesbank* (2013.09), S. 39–40.
1267 Vgl. *Beeck/Johanning/Rudolph* (2002), S. 15–22.

Besonderheiten bei der Limitierung in der periodischen Sichtweise ergeben sich aus der **Berücksichtigung eingetretener Risiken**. Gemäß Tz. 95 der aufsichtlichen Leitlinien zur Risikotragfähigkeit hat die Bank im Rahmen der Limitierung sicherzustellen, dass nicht mehr Risikodeckungspotenzial durch Verluste aufgezehrt werden kann, als für den gesamten Risikobetrachtungshorizont zur Verfügung gestellt wurde.[1268] Dies bedeutet für die periodische Risikotragfähigkeit, dass sowohl kalkulierte als auch eingetretene Risiken im Limitsystem Berücksichtigung finden sollten, um das Risiko der Gesamtperiode darzustellen. Diese Anforderung ist angesichts der Umschlaghäufigkeit von Handelsbuchpositionen im Bereich der Marktpreisrisiken besonders relevant.

1581

Die Berücksichtigung eingetretener Risiken kann unterjährig zum einen auf Seiten des Risikowertes oder zum anderen auf Seiten der Limithöhe umgesetzt werden. Eingetretene Verluste/Gewinne können folglich entweder limitreduzierend/-erhöhend einbezogen werden, wie in den Varianten 1a und 2a in Abbildung F – 49 dargestellt, oder risikowerterhöhend/-reduzierend, wie in den Varianten 1b und 2b in Abbildung F – 49 veranschaulicht.

1582

In Abhängigkeit von der **Einbeziehung eingetretener Gewinne** sind zwei Varianten denkbar:[1269]

1583

- Berücksichtigung eingetretener Gewinne ausschließlich bis zur Höhe eingetretener Verluste (Verlustbegrenzungslimit)
- Berücksichtigung eingetretener Gewinne auch über den Betrag eingetretener Verluste hinaus (dynamisches Limit)

»Eingetretene Gewinne« können bei einer Risikodefinition als Abweichung vom erwarteten Verlust durch realisierte und schwebende Gewinne der abgelaufenen Teilperiode verursacht sein sowie durch Planergebnisverbesserungen für die Restperiode. Ergebnisverbesserungen sollten in diesem Fall nur dann berücksichtigt werden, wenn diese realisiert oder zumindest als realisierbar eingestuft werden können. Letzteres trifft beispielsweise auf Zuschreibungen bis zu den Anschaffungskosten bei Wertpapieren der Liquiditätsreserve zu (handelsrechtliches Wertaufholungsgebot).[1270]

1584

1268 Vgl. *BaFin* (2011.12).
1269 Vgl. *Beeck/Johanning/Rudolph* (2002), S. 15–22.
1270 Vgl. *BaFin* (2011.12), Tz. 38.

MESSUNG UND LIMITIERUNG VON RISIKEN

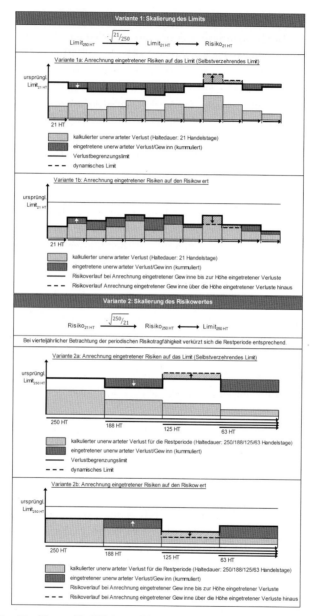

Abbildung F – 49: Möglichkeiten zur Limitierung von Marktpreisrisiken unter Anrechnung eingetretener Risiken[1271]

1271 Eigene Darstellung in Anlehnung an vorgenannte Quellen sowie an *Wiesemann* (2012), S. 22.

Eine weitere Besonderheit bei der periodischen Risikotragfähigkeitssichtweise ergibt sich aus der zusätzlich geforderten **Betrachtung über den Bilanzstichtag** hinaus. Bezüglich der **Folgejahrbetrachtung** zeichnet sich in der Bankenprüfungspraxis zunehmend die Auffassung ab, dass neben der Limitierung des laufenden Jahres ein zweiter Steuerungskreis vorliegt. Dieser ist gemäß Tz. 7 (Fußnote 1) der aufsichtlichen Leitlinien zur Risikotragfähigkeit zur Entfaltung einer Steuerungsrelevanz durch ein Limit zu unterlegen.[1272] Als Orientierungsgröße für das Gesamtbanklimit des Folgejahres kann beispielsweise das Gesamtbanklimit des laufenden Jahres herangezogen werden. Es sollte wie das Limit für das laufende Jahr einer Bottom-up- sowie einer Top-down-Prüfung unterliegen. Die Folgejahrbetrachtung stellt eine reine ex ante Risikobetrachtung für einen konstanten Risikohorizont von einem Jahr dar.

1585

Die **rollierende Risikotragfähigkeitssichtweise** wird ebenfalls meist als zusätzlicher Steuerungskreis neben der Betrachtung der laufenden Periode implementiert, da durch eine ausschließlich rollierende Darstellung jahresabschlussgrößenbezogene Informationen verloren gehen. Die rollierende Sichtweise bezieht sich wie die Folgejahrbetrachtung auf einen konstanten Risikohorizont von einem Jahr. Das Zeitfenster schiebt sich jedoch mit jedem Betrachtungsstichtag weiter in die Zukunft und weist Überschneidungen mit dem Zeitfenster des laufenden Jahres auf. Hieraus können sich unterschiedliche Steuerungsimpulse für die überschneidenden Zeiträume ergeben. Eingetretene Risiken werden in diesem Ansatz meist über eine laufende Adjustierung des Risikodeckungspotenzials abgebildet.

1586

4. Ausblick

Die Risikoquantifizierung und Einbindung von Marktpreisrisiken in die Risikotragfähigkeitsbetrachtung befindet sich derzeit stark im Wandel, zum einen bedingt durch Kapitalmarktentwicklungen, zum anderen bedingt durch regulatorische Neuregelungen.

1587

Das **anhaltende Niedrigzinsumfeld** im Euro-Währungsraum führt bei Kreditinstituten, welche in der Vergangenheit stark auf verzinsliche Assets fokussiert waren, zu einer deutlichen Margenabschmelzung und setzt infolgedessen Anreize, neue Ertragsquellen im Bereich der Eigenanlagen zu erschließen und **alternative Marktpreisrisikopositionen** einzugehen, wie z. B. Immobilienanlagen oder alternative Investments. Daraus ergeben sich neue Herausforderungen im Bereich der Marktpreisrisikomessung, was am Beispiel der Immo-

1588

1272 Vgl. *BaFin* (2011.12).

bilien-Spezial-Sondervermögen (auch Immobilien-Spezial-AIF[1273]; Immobilien-Spezialfonds) verdeutlicht werden soll. Diese Anlageform, die den offenen Immobilienfonds zugeordnet und nur einem eingeschränkten Anlegerkreis zugänglich ist, hat in den vergangenen Jahren ein starkes Marktwachstum verzeichnet. Gemäß der monatlichen Kapitalmarktstatistik der Deutschen Bundesbank hat sich das Netto-Fondsvermögen inländischer offener Immobilien-Spezialfonds von November 2010 bis Januar 2016 mehr als verdoppelt auf rund 65,9 Mrd. €.[1274] Die Risikoquantifizierung derartiger Investments stößt jedoch auf diverse Hindernisse: eine ausschließlich jährliche Bewertung der Einzelobjekte, eine ausschließlich monatliche Ermittlung des Fondspreises, nicht-deterministische Cash-Flows aus den Einzelobjekten, deren Schwankungen von einer Vielzahl an Einzelfaktoren abhängen, sowie komplexe Refinanzierungsstrukturen innerhalb der Fonds. Klassische Risikoquantifizierungsverfahren für Marktpreisrisiken stoßen hier an ihre Grenzen, da – wie bei Wertpapier-Investmentfonds – keine sinnvolle Risikomessung auf Ebene der Fondspreisschwankungen, aber auch keine simple Zerlegung in messbare Einzelinstrumente möglich ist. Etablierte Risikoklassifizierungsverfahren der Immobilienwirtschaft dienen hingegen nicht der Ermittlung eines Risikowertes im Sinne der MaRisk. Spezifische Risikomessverfahren für den Bankensektor sind daher erst noch zu entwickeln.

1589 Neue Herausforderungen für den Bankensektor ergeben sich darüber hinaus aus der grundlegenden **Reformierung der Berücksichtigung von Marktpreisrisiken in Säule I und Säule II** des Baseler Rahmenwerks.

1590 Nach einem fast dreijährigen Konsultationsverfahren (»Fundamental Review of the Trading Book«), welches durch mehrere Quantitative Auswirkungsstudien begleitet wurde, hat der Baseler Ausschuss für Bankenaufsicht im Januar 2016 das neue Regelwerk für **Eigenkapitalanforderungen für Marktpreisrisiken (FRTB**[1275]**)** veröffentlicht, das eine umfassende Überarbeitung des Standardansatzes sowie der Nutzung interner Modelle zur Berechnung der Eigenmittelanforderungen enthält, ergänzt um eine Neuregelung der Abgrenzung zwischen Handelsbuch und Anlagebuch.[1276] Bemerkenswert ist hierbei auch, dass der Value-at-Risk als Maßstab für die Eigenmittelunterlegung bei

---

[1273] AIF steht für Alternative Investmentfonds in Abgrenzung zu den Organismen für gemeinsame Anlagen in Wertpapiere (OGAW).
[1274] Quelle: Monatliche Kapitalmarktstatistik der Deutschen Bundesbank. Vgl. exemplarisch *Deutsche Bundesbank* (2016.03), S. 67.
[1275] Fundamental Review of the Trading Book.
[1276] Vgl. *BCBS* (2016.01a).

Modellbanken erstmalig durch ein anderes Risikomaß, den Expected Shortfall, abgelöst wird.

Darüber hinaus wurde durch den Baseler Ausschuss für Bankenaufsicht eine weitreichende Neuregelung der Zinsänderungsrisiken im Anlagebuch zur Diskussion gestellt. Das **Konsultationspapier zu den Zinsänderungsrisiken im Anlagebuch (IRRBB)** aus Basel (veröffentlicht im Juni 2015) ist das Ergebnis der Ausarbeitungen einer bereits seit mehreren Jahren bestehenden »Task Force«.[1277] Ein wesentliches Ziel der Neuregelung ist eine Harmonisierung der Vorschriften für Marktpreisrisikopositionen des Anlage- und Handelsbuch, um regulatorische Arbitragemöglichkeiten zu vermindern. Im Papier werden zwei alternative Verfahren zur Berücksichtigung des Zinsänderungsrisikos im Anlagebuch zur Diskussion gestellt: Eine Säule I-Variante in Gestalt eines Standardansatzes sowie eine erweiterte Säule II-Variante. Darüber hinaus wurden **neue Prinzipien für Zinsänderungsrisiken** in der Säule II-Betrachtung für Banken und Aufseher definiert (»high-level principles«), welche die 2004 veröffentlichten Prinzipien[1278] ablösen werden.

1591

Die **Säule I-Variante** sieht eine direkte Eigenmittelunterlegung auf Basis der sechs, in Kapitel F.II.2.3 dargestellten Zinsszenarien vor, die analog der übrigen Marktpreisrisikoarten durch eine Säule II-Betrachtung ergänzt wird. Entgegen der bisherigen ausschließlichen Betrachtung wertorientierter Effekte im Rahmen des Basel II-Zinsschocks schließt der neue Standardansatz sowohl Barwert- als auch Ertragsrisiken ein. Eine reine Optimierung wertorientierter Risiken mittels einer Reduzierung der Portfolioduration zu Lasten der Ertragsstabilität soll damit unterbunden werden. Zudem sollen im Falle steigender Zinssätze neben den Barwertverlusten auch die entlastenden Effekte kurzfristiger Mehrerträge einfließen. Zur kombinierten Berücksichtigung der ertrags- und wertorientierten Szenarioeffekte bei der Festlegung der Mindesteigenkapitalanforderungen stellt der Baseler Ausschuss vier verschiedene Optionen zur Diskussion. Neben einer Definition einheitlicher Laufzeitbänder, welchen sämtliche Cash-Flows zuzuordnen sind, beinhaltet der Standardansatz darüber hinaus konkrete Vorgaben zur Modellierung variabel verzinslicher Produkte sowie verhaltensorientierter Optionen.

1592

Die **erweiterte Säule II-Variante** beinhaltet erstmalig eine Genehmigungspflicht für Modelle, welche in der internen Risikotragfähigkeitsbetrachtung zur Ermittlung des Zinsänderungsrisikos eingesetzt werden. Darüber hinaus ist

1593

1277 Vgl. *BCBS* (2015.06a).
1278 Vgl. *BCBS* (2004.07).

eine verpflichtende und offenlegungspflichtige Berechnung des Standardansatzes der Säule I-Variante als aufsichtliches Minimum vorgesehen, was einer teilweisen Abkehr vom Grundsatz der Methodenfreiheit gleichkäme. Hierüber soll ein Peergruppen-Vergleich im Bankensektor ermöglicht werden. Gerade für kleinere und mittelgroße Banken wird eine gleichzeitige Berechnung des komplex ausgestalteten Standardansatzes sowie der internen Risikoquantifizierungsansätze eine enorme Herausforderung darstellen.

1594 Eine Eigenkapitalunterlegung wird künftig auch in der Säule II-Variante drohen, sofern gemäß den seit 01.01.2016 gültigen **neuen Regelungen zum aufsichtlichen Überprüfungs- und Bewertungsprozess (SREP n. F.)** erhöhte Risiken identifiziert werden, welche nach Säule I keine oder keine adäquate Berücksichtigung finden.[1279] Ein derartiger Zuschlag war auch bisher im Sonderfall möglich. Gemäß SREP neuer Fassung stellt die Auferlegung zusätzlicher Eigenmittelanforderungen jedoch den Regelfall dar, welcher an deutlich quantitativeren Kriterien bemessen ist. Im Monatsbericht Januar 2016 stellt die Deutsche Bundesbank hier insbesondere das Zinsänderungsrisiko im Anlagebuch in den Fokus der Kapitalquantifizierung nach SREP für die weniger bedeutenden Institute.[1280] Da die EBA in Kooperation mit den nationalen Aufsichtsbehörden noch an einer harmonisierten Methodik für den SREP für die weniger bedeutenden Institute arbeitet, was voraussichtlich bis 2017 andauern wird, soll für 2016 eine Übergangsregelung der deutschen Aufsicht zum Tragen kommen. Im erwähnten Bundesbank-Monatsbericht wird beispielhaft der Basel II-Zinsschock als potenzielles Kriterium aufgeführt, um ein einheitliches, vergleichbares Vorgehen sicherzustellen.

1595 In Abbildung F –50 werden die möglichen Auswirkungen aus der Kombination einer Berücksichtigung von Zinsänderungsrisiken im Anlagebuch (Säule I- und erweiterte Säule II-Variante) in Verbindung mit den neuen Eigenkapitalanforderungen für Marktpreisrisiken sowie einem potenziellen SREP-Zuschlag skizziert. Der neue Standardansatz in Säule I führt bei den in der Auswirkungsstudie des Baseler Ausschusses für Bankenaufsicht einbezogenen Kreditinstituten zu einem Median-Zuwachs von 80 % im Vergleich zu den aktuellen Eigenmittelanforderungen.[1281] Dieser enthält auch die Neuabgrenzung von Anlage- und Handelsbuch, die im Allgemeinen eine Eingruppierung von börsennotierten Aktien in der Direktanlage und in durchschaubaren In-

---

1279 Vgl. *EBA* (2014.12).
1280 Vgl. *Deutsche Bundesbank* (2016.01), S. 63.
1281 Vgl. *BCBS* (2016.01b), S. 10.

vestmentfonds als Handelsbuchpositionen vorsieht.[1282] Zusätzlich in Säule I angerechnet wird der voraussichtliche SREP-Zuschlag in unbekannter Höhe sowie gegebenenfalls Eigenkapitalanforderungen für Zinsänderungsrisiken im Anlagebuch.

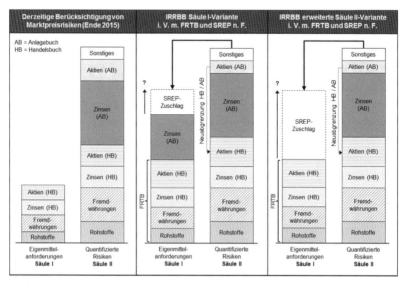

Abbildung F – 50: Mögliche Veränderungen in der Abdeckung von Marktpreisrisiken in Säule I und II[1283]

Die neuen Regelungen implizieren eine deutlich **engere Verzahnung der Säulen I und Säule II**, die auch in den unterschiedlichen Risikotragfähigkeitsperspektiven zu beachten ist. Sollte der SREP-Zuschlag, welcher in der regulatorischen Risikotragfähigkeitsperspektive für die Erfüllung der aufsichtlichen Kapitalquoten einbezogen wird, auch in der Säule II-Betrachtung hinsichtlich des einsetzbaren Risikodeckungspotenzials schlagend werden, könnten sich auch gut kapitalisierte Banken gezwungen sehen, den Going-Concern-Ansatz durch einen Liquidationsansatz zu ersetzen.[1284] Letzterer ist gemäß Tz. 102 der aufsichtlichen Leitlinien zur Risikotragfähigkeit mit einer sehr hohen Aussagesicherheit der Risikoquantifizierung (z. B. 99,9 %) zu unterlegen, was die Anforderungen an die Ausgestaltung und Qualität der

1596

1282 Vgl. *BCBS* (2016.01a), Tz. 16 (d). Gemäß Fußnote 6 sind gewisse Ausnahmen von dieser Regelung möglich.
1283 Eigene Darstellung in Anlehnung an vorgenannte Quellen.
1284 Vgl. *BaFin* (2011.12), Tz. 16.

eingesetzten Risikomessverfahren für Marktpreisrisiken noch stärker in den Vordergrund rückt und auch für kleinere und mittelgroße Kreditinstitute eine intensivere Auseinandersetzung mit der wertorientierten Risikotragfähigkeitsbetrachtung unabdingbar macht.

III. Liquiditätsrisiko[1285]

1. Einleitung

Liquiditätsrisiko begleitet Banken bereits seit vielen hundert Jahren. Die nachfolgenden Zitate eröffnen den Kontext für die Liquiditätsrisikotragfähigkeit mit einem Blick in das Schrifttum, zumal es sich beim bankbetrieblichen Liquiditätsrisiko um ein Risiko handelt, das in den letzten Jahrzehnten aus bankbetriebswirtschaftlicher und bankregulatorischer Sicht häufig als unwesentlich eingeordnet wurde und nun in einer der größten Finanzkrisen mit erhöhten Anforderungen an das Management der Liquiditätsrisikotragfähigkeit in Banken auftritt. Mit der regulatorischen Einordnung des Liquiditätsrisikos als wesentliches Risiko für Banken geht eine klare Abkehr von zentralen Annahmen des vollkommenen Kapitalmarkts und vieler Portfoliokonzepte einher, was die Anforderungen an das Know-how der Leitungs- und Schlüsselfunktionen in der Gesamtbanksteuerung erhöht, weil die Risikomodelle und die Bankkalkulation auch das Liquiditätsrisiko angemessen abdecken müssen. Am 1.1.2016 ist der aufsichtliche Überprüfungsprozess (Supervisory Review and Evualation Process, kurz: SREP) gestartet, der auch eine harmonisierte aufsichtliche Überprüfung der Liquidität (Internal Liquidity Adequacy Assessment, kurz: ILAAP) beinhaltet, in dem die Europäische Zentralbank zum Beispiel schwache italienische Banken ins Visier nimmt und sich täglich von einigen Banken deren Liquidität melden lässt, was zugleich die Rolle der EZB als zentrales Aufsichtsorgan in der EU Bankenunion unterstreicht.[1286]

1597

Die MaRisk-Konsultation vom 18.02.2016 erfolgt im Rahmen der EU Bankenunion und erweitert die aufsichtlichen Mindestanforderungen an die Institute beim Liquiditätsrisiko um Regelungen des Baseler Ausschusses für Ban-

1598

1285 Autor: **Stefan Zeranski**. Die Ausführungen geben die persönliche Auffassung des Autors wieder.
Der vorliegende Beitrag knüpft insbesondere an folgende Beiträge an: *Zeranski* (2013); *Zeranski/Gebauer* (2013), S. 356–444; *Zeranski* (2012a), S. 196–229; *Zeranski* (2012b), 2593–2630; *Zeranski* (2010a); *Zeranski* (2010b), S. 131–162; *Zeranski* (2010c), S. 163–195; *Zeranski* (2007), S. 1–15; *Zeranski/Geiersbach/Walter* (2008), S. 368–432; *Zeranski* (2005); *Akmann/Beck/Herrmann/Stückler* (2005), S. 556 ff.; *Bartetzky/Gruber/Wehn* (2008); *BCBS* (2013.01a); *BCBS* (2013.01b); *BCBS* (2010.12); *BCBS* (2008.09); *BCBS* (2009.05); *BaFin* (2011.12) sowie hierzu *Wiesemann* (2012), S. 18–22; *BaFin* (2009.08); *BaFin* (2010.12b); *BaFin* (2012.12b); *Bundesministerium der Finanzen* (2006); *EBA* (2012.11); *CEBS* (2010.10); *CEBS* (2010.08); *CEBS* (2009.12); *CEBS* (2007.08); *Deutsche Bundesbank* (2007); *Deutsche Bundesbank* (2008.09); *Deutsche Bundesbank/BaFin* (o. J.); *Deutsche Bundesbank/BaFin* (2008); *Duttweiler* (2009); *Institute of International Finance* (2007).

1286 Zur Überwachung von Banken in Italien durch die Europäische Zentralbank vgl. weiterführend z. B. *Frühauf* (2016), S. 18.

kenaufsicht (BCBS) sowie der Europäischen Bankenaufsichtsbehörde (EBA) und fordert z. B. in BTR 3.1 Tz. 8, dass Institute ihren Überlebenshorizont in Liquiditätsstresstests zu ermitteln haben.

1599 **1876 – Knies**

»Wer die in laufender Zeit fällig werdenden Zahlungen aus eigner Hand macht, ohne das zeitliche Eintreten von Einnahmen und Ausgaben vollständig reguliren zu können, muss andauernd einen »Kassen-Vorrath« und diesen in einer Größe halten, mit welcher auch der ungünstigen Verumständung begegnet werden kann.[1287]*«*

1600 **1890 – Wirth**

»Wir geben uns der eitlen Hoffnung nicht hin, daß die Lehren der Geschichte je von der Geschäftswelt so zu Herzen genommen würden, um eine Krisis zu vermeiden, und wenn wir die Maßregeln aufzufinden suchen, durch welche die Katastrophe verhütet werden könne, so geschieht es nur in der Erwartung, daß die Wirkung solcher Unglücksfälle in Zukunft wenigstens gemildert und vielleicht auch der Eine oder der Andere gewarnt werde, um sich rechtzeitig vor dem Schiffbruch in Sicherheit zu bringen.[1288]*«*

1601 **2013 – Schäuble**

»Ich will noch einmal unterstreichen und wiederholen – das gilt nämlich auch für den weiteren Weg in Richtung Bankenunion in der Europäischen Union: Es muss im Falle von Schieflagen von Banken eine klare Haftungsreihenfolge geben, zuerst die Eigentümer, dann die nachrangigen Fremdkapitalgeber, dann die Einleger unter Wahrung der gesicherten Einlagen und erst dann der Staat, in dem die Bank beheimatet ist, und am Ende notfalls auch die Staatengemeinschaft. Das ist die Haftungsreihenfolge, und an der darf auch beim Aufbau einer Bankenunion nichts geändert werden. Für Deutschland ist dies übrigens nicht neu. Das ist im deutschen Restrukturierungsgesetz enthalten. Auch für Europa ist das nicht neu; denn es ist Inhalt der Restrukturierungsrichtlinie, die die Kommission vor einem Jahr vorgelegt hat und die sich jetzt im europäischen Rechtsetzungsprozess befindet[1289]*.«*

1602 **2013 – Mußler**

»Sparen in der Bank lohnt sich nicht mehr. Nach der Leitzinssenkung [Anmerkung des Verfassers: durch die EZB auf das bis 2013 historische Zinstief von 0,5 % mit der Aussicht auf weitere Zinssenkungen im Zuge einer expansiven Geldpolitik, die nun im Bereich der Negativzinsen von minus 0,4 % angelangt ist] dürfen Sparer noch weniger Zinsen erwarten. [...] Mit nahezu risikolosen Bankeinlagen den Geldwert zu erhalten, ist nahezu unmöglich. [...] Die niedrigen Leitzinsen, die sich in der Regel in fast allen Zinssätzen

---

1287 *Knies* (1876), S. 249.
1288 *Wirth* (1890), S. 8 f.
1289 *Schäuble* (2013).

niederschlagen, sind eine Folge der Finanzkrise: Schuldnern, allen voran den Staaten, wird das Leben auf Kredit leichter gemacht [...] Sparer und einige Banken dagegen stecken dagegen in der Bredouille. So gelingt es Banken mit teurem Filialnetz kaum noch Geld zu verdienen. [...] Für Sparkassen, Volksbanken und die Postbank ist der Zinsüberschuss die wichtigste Einnahmequelle. Viele Filialbanken würden den Einlagenzins [...] gerne noch stärker senken. Aber sie stehen im Wettbewerb mit günstigeren Direktbanken und neuen ausländischen Anbietern, die mit höheren Zinsen Kunden anlocken.«[1290]

2016 – EZB zu aufsichtlichen Erwartungen an Banken im ILAAP 1603

»Der ILAAP ist in den SREP-Leitlinien der EBA als das vom Institut eingerichtete Verfahren zur Ermittlung, Messung, Steuerung und Überwachung der Liquidität nach Artikel 86 CRD IV definiert. Er umfasst somit sämtliche zur Untermauerung des Risikoappetits erforderlichen qualitativen und quantitativen Informationen, einschließlich einer Beschreibung der Systeme, Verfahren und Methoden zur Messung und Steuerung von Liquiditäts- und Finanzierungsrisiken. [...] Im Rahmen des SSM wird von den Instituten erwartet, dass sie einen verhältnismäßigen ILAAP-Ansatz implementieren, der auf die Überlebensfähigkeit des Instituts abzielt. Er soll sicherstellen, dass die Verbindlichkeiten sowohl unter normalen als auch unter Stressbedingungen erfüllt werden können. Neben der regulatorischen und/oder Rechnungslegungsperspektive berücksichtigen die Institute bei ihrer internen Betrachtung auch eine solide wirtschaftliche Perspektive. Insbesondere berücksichtigen sie sämtliche wesentlichen – direkten und sich aus Effekten zweiter Ordnung ergebenden – Liquiditäts- und Finanzierungsrisiken, und zwar sowohl aus der Makro- als auch aus idiosynkratischer Perspektive. Den Instituten wird nahegelegt, die vorliegenden Guidelines on Liquidity Buffers & Survival Periods4 sowie die in den SREP-Leitlinien der EBA aufgeführten Risikofaktoren zur Kenntnis zu nehmen, da diese die Grundlage der aufsichtlichen Bewertung bilden.«[1291]

In der EU Bankenunion, die ab 01.01.2016 im aufsichtlichen Überprüfungsprozess (Supervisory Review and Evaluation Process, SREP) die Angemessenheit des Liquiditätsrisikomanagements im Internal Liquidity Adequacy Assessment Process (ILAAP) beurteilen muss, eröffneten die obigen Zitate den Kontext für die Liquiditätsrisikotragfähigkeit zunächst mit einem Blick in das Schrifttum, zumal es sich beim bankbetrieblichen Liquiditätsrisiko um ein Risiko handelt, das in den letzten Jahrzehnten aus bankbetriebswirtschaftlicher und bankregulatorischer Sicht häufig als unwesentlich eingeordnet wurde und nun in der EU Bankenunion in einer der größten Finanzkrisen mit erhöhten Anforderungen an das Management der Liquiditätsrisikotragfähigkeit auftritt. 1604

1290 *Mußler* (2013), S. 23.
1291 *Europäische Zentralbank* (2016.01), Anhang B S. 1 f.

1605 Die Ausführungen von Karl Knies und Max Wirth wurden vor dem Hintergrund der Börsenkrise in Wien 1873 geschrieben: Nach der Gründung des Deutschen Reichs bauten Unternehmen Überkapazitäten auf; die Blase der industriellen Revolution platzte und es kam zum Börsencrash in Wien, der sich nach Berlin, London und New York mit hohem Vermögensverfall ausbreitete.[1292] Die Behandlung der Liquidität in Banken hatte damit einen frühen Ursprung im Schrifttum. Sie war jedoch in den letzten Jahrzehnten in der Bankpraxis durch die Auffassung geprägt, dass das Liquiditätsrisiko kein wesentliches Risiko für die Vermögens-, Finanz- und Ertragslage in Banken sei, was unter anderem daran lag, dass zu lange an der Leitfiktion des vollkommenen Kapitalmarkts festgehalten hatte. Im Besonderen vertrat man dabei häufig die Auffassung, wonach die Liquidität der Bonität und nicht umgekehrt folgt mit der Schlussfolgerung, dass es ausreicht, sich auf die Bonität zu konzentrieren und somit eine eigenständige Liquiditätsrisikosteuerung entbehrlich ist, weil die Märkte jederzeit für jedes Institut uneingeschränkt liquide seien. Spätestens mit der Finanzkrise und der neuen Liquiditätsregulierung ist diese Auffassung nicht mehr haltbar. Es gibt nun regulatorische Sanktionen, wenn das Liquiditätsrisiko nicht angemessen gesteuert wird. In der englischen Literatur hat sich für das betriebswirtschaftliche Verständnis des Liquiditätsrisikos in Banken die folgende Auffassung etabliert, die das Wesen des Liquiditätsrisikos umfassender beschreibt: »Liquidity risk is a consequential risk deriving from all banking activities.«

1606 Das Insolvenzrecht kennt die Insolvenztatbestände Überschuldung und drohende Zahlungsunfähigkeit sowie Zahlungsunfähigkeit seit jeher. Die Vermeidung der Illiquidität in Banken ist in der EU Bankenunion vor allem Gegenstand von Stresstests, die elementarer Bestandteil der Liquidity Coverage Ratio (LCR) als Mindestliquiditätsquote sind, wobei die LCR seit 01.10.2015 von nahezu allen Banken in der Europäischen Union einzuhalten ist und ab 01.01.2018 eine LCR-Mindestquote von 100 Prozent vorsieht.[1293] Zur Liquiditätsregulierung gehört neben der LCR auch die Net Stable Funding Ratio (NSFR), die auf eine stabile Finanzierung bis zu einem Jahr abstellt, sich noch in der Konsultationsphase befindet und daher hier nicht näher abgehandelt wird.[1294]

1292 Vgl. u. a. *Peachey* (2006).
1293 Weiterführend zur LCR vgl. z. B. *Europäische Kommission* (2014.10), S. 1–36 sowie *Zeranski* (2016), Kommentierung Artikel 411 bis 428 *CRR*.
1294 Weiterführend zur NSFR vgl. z. B. *BCBS* (2014.10): *BCBS* (2015.06b); *EBA* (2015.12c) sowie *Zeranski* (2016), Kommentierung Artikel 413, 427 *CRR*.

Im Kern obliegt dem Management bei Liquiditätsrisikostresstests die Aufgabe, die »Verlustanfälligkeit des Bankbetriebs beim Liquiditätsrisiko« institutsspezifisch herauszuarbeiten und wirksame Maßnahmen zur Gegensteuerung sowie eine vertrauensbildende Kommunikation vorzubereiten. Im Zentrum des Liquiditätsrisikomanagements steht dabei die Liquiditätsrisikotragfähigkeit als eine zentrale Voraussetzung für die jederzeitige Zahlungsbereitschaft (§ 11 KWG; nicht Zahlungsfähigkeit!) in normalen, unruhigen und extremen Geschäftsverläufen für die Unternehmensfortführung aus eigener Kraft. 1607

Die in Basel II und III gültige regulatorische »Eigenmittelunterlegungspflicht« von null Prozent für Staatsanleihen im Depot A muss nicht zwingend bedeuten, dass Staaten keinerlei Ausfall- und Liquiditätsrisiken haben.[1295] Staaten können (ganz oder teilweise) ausfallen, wie der Schuldenschnitt in Griechenland gezeigt hat. Aber auch Banken können de facto ausfallen und Einleger werden dabei künftig nicht mehr um jeden Preis vor allen Verlusten durch den Steuerzahler geschützt, wie im Jahr 2013 bei der Rekapitalisierung der Laiki Bank sowie der Bank of Cyprus in Zypern durch die Gläubigerbeteiligung (sog. bail in) deutlich wurde und vom Bundesfinanzminister Schäuble ausgeführt wurde. Spätestens damit sollte nun hoffentlich deutlich geworden sein, dass die »Liquidität nicht immer der Bonität folgen muss« und einer eigenständigen umsichtigen Steuerung bedarf, um finanzielle Schieflagen zu vermeiden und aus eigener Kraft bewältigen zu können, womit auch liquiditätsbedingte Vermögensverluste einhergehen. Es reicht nicht aus, sich nur auf die Bonität und die Ertragskraft eines Instituts zu konzentrieren. Banken müssen ihre Liquidität laufend steuern und benötigen dafür ein angemessenes Management der Liquiditätsrisikotragfähigkeit sowie adäquate neue IT-Systeme. 1608

Aufgrund der Vielfalt der Institute und der hohen Komplexität im bankbetrieblichen Treasury Management können die Ausführungen in diesem Beitrag nur allgemein ausgerichtet sein und keinen Anspruch auf Vollständigkeit erheben. Vor diesem Hintergrund behandelt der vorliegende Beitrag die Liquiditätsrisikotragfähigkeit in Banken, wobei der zweite Abschnitt zunächst die definitorischen Grundlagen zur Risikotragfähigkeit legt, die vom finanziellen Gleichgewicht und dem Liquiditätsrisiko ausgehen, um darauf aufbauend die Eigenmittel- von der Liquiditätsrisikotragfähigkeit abzugrenzen. Der dritte Abschnitt gibt einen kurzen Überblick über die regulatorischen Anforderungen an das Management der Liquiditätsrisikotragfähigkeit in Banken, der mit 1609

1295 Weiterführend zur Analyse von Basel III und der Auswirkungen der Staatsverschuldung auf die Banksteuerung vgl. *Thießen/Zeranski* (2011), S. 120–126.

den Anforderungen der Bank für Internationalen Zahlungsausgleich (BIZ) und der Europäischen Bankenaufsichtsbehörde (EBA) beginnt und im Anschluss ausgewählte Anforderungen aus der Liquidity Coverage Ratio (LCR) sowie aus den Mindestanforderungen an das Risikomanagement (MaRisk) mit Blick vorstellt. Der vierte Abschnitt skizziert wichtige Eckpunkte für das Liquiditätsrisikotragfähigkeitskonzept in Banken und stützt sich dabei unter anderem auf die Kommentierung zum Liquiditätsrisiko (MaRisk BTR 3) von *Zeranski/Gebauer*[1296] mit Blick auf die neuen MaRisk[1297] in 2016, wobei nach dem betriebswirtschaftlichen Rahmen für das Management der Liquiditätsrisikotragfähigkeit Grundüberlegungen zu einer GuV- und wertorientierten Liquiditätsrisikotragfähigkeit in Banken folgen. Der fünfte Abschnitt fasst den Beitrag mit einem Ausblick und Praxistipps zusammen.

2. Definitorische Grundlagen

2.1. Finanzielles Gleichgewicht und Liquiditätsrisiko in Banken

Banken führen eine Betrags-, Währungs-, Risiko-, Fristen-, Liquiditätstransformation zwischen Kapitalangebot und -nachfrage durch. Sie gewähren Kunden vielfältige Verfügungs- und Wahlrechte in Produkten. Dies hat zur Folge, dass die Zahlungsströme einer Universalbank weitgehend durch Kunden bestimmt sind. Aufgrund der Fremdbestimmtheit der Zahlungsströme darf sich ein Institut nicht darauf verlassen, dass ihm künftig nicht mehr Mittel als bisher abfließen. Die jederzeitige Zahlungsbereitschaft[1298] bedeutet somit, dass eine Bank jederzeit in der Lage sein muss, alle berechtigten Auszahlungserfordernisse und auch größere Nettomittelabflüsse als in der Vergangenheit zu decken. Ausgehend von der Transformationsfunktion bilden dispositive und strukturelle Liquidität neben dem Performance- und Rentabilitätsziel die Komponenten des finanziellen Gleichgewichts (siehe Abbildung F – 51). Zwischen Liquidität und Solvabilität besteht eine enge Wechselwirkung: Liquidität ist die Voraussetzung für das Erfolgsstreben einer Bank, die in ihrer Transformationsfunktion zwischen Kapitalangebot und Kapitalnachfrage einen »Geld-Geld-Mehrgeld-Prozess« durchführt; verteuert oder verkürzt sich die Liquidität einer Bank (nachhaltig), mindert dies den Erfolg einer Bank (nachhaltig).

[1296] Vgl. *Zeranski/Gebauer* (2013), S. 356–444.
[1297] Vgl. *BaFin* (2016.02b), diskutiert in *Reuse* (2016.02b), S. 1 ff.
[1298] Vgl. § 11 *KWG*.

Typisch für Universalbanken ist, dass in aller Regel ein großer Teil der Bankenaktiva in langfristigen und illiquiden Vermögensgegenständen gebunden ist, während die Verbindlichkeiten hingegen typischerweise kurzfristiger Natur sind. Zudem gewähren Institute ihren Kunden häufig vielfältige Verfügungs- und Wahlrechte (implizite Optionen) in Produkten. Dies hat insgesamt zur Folge, dass die Zahlungsströme eines Instituts weitgehend durch Kunden bestimmt sind. Aufgrund der Fremdbestimmtheit der Zahlungsströme darf sich ein Institut nicht darauf verlassen, dass ihm künftig nicht mehr Zahlungsmittel abfließen, als dies in der Vergangenheit der Fall war. Für kapitalmarktorientierte Institute kann das Risiko der Anschlussfinanzierung besonders akut werden, wenn sich institutionelle Kapitalgeber entscheiden, ihre Kapitalüberlassung nur zu deutlich erhöhten Konditionen fortzusetzen oder im Extremfall innerhalb kurzer Zeit hohe Einlagenbeträge abziehen. Die jederzeitige Zahlungsbereitschaft (§ 11 KWG) eines Instituts bedeutet somit unter Beachtung von Artikel 411 bis 428 CRR, dass das Liquiditätsrisikomanagement jederzeit in der Lage sein muss, alle berechtigten Auszahlungserfordernisse des Instituts und damit auch größere Nettozahlungsmittelabflüsse als bisher, z. B. im Stressfall, angemessen zu decken. Im Zuge des bankaufsichtlichen Überprüfungsverfahrens (SREP) wird seit 01.01.2016 die Angemessenheit der Liquiditätsausstattung im ILAAP in Wechselwirkung mit dem Geschäftsmodell (Business Model Analysis), der Eigenmittelausstattung (ICAAP) sowie der Gesamtbanksteuerung (Governance) geprüft und die Beweislast umgekehrt, so dass Institute der Aufsicht nachweisen müssen, dass sie über ausreichende Liquiditätsreserven und ein angemessenes Liquiditätsrisikomanagement verfügen, um die Liquiditätsrisikotragfähigkeit für die Nachhaltigkeit des Geschäftsmodells jederzeit sicherstellen zu können.

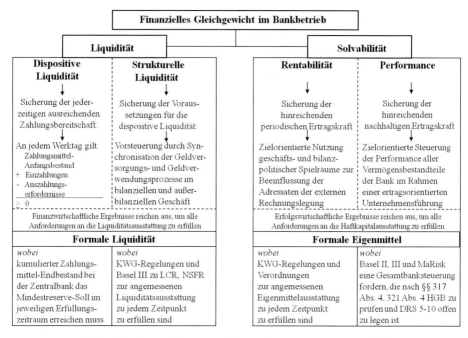

Abbildung F – 51: Komponenten des finanziellen Gleichgewichts in Banken[1299]

1612 Das **Liquiditätsrisiko in Instituten ist vielschichtig**, wie Abbildung F – 52 zeigt[1300]. Es besteht in der Gefahr von höheren Refinanzierungskosten und kann in letzter Konsequenz bis zur Zahlungsunfähigkeit führen, wenn die Nettomittelabflüsse eines Instituts nicht durch die Liquiditätsreserven und hinreichend diversifizierte Refinanzierungsquellen gedeckt werden können.

1613 Das Liquiditätsrisiko entsteht durch die zeitliche und betragliche Inkongruenz der Zahlungseingänge und -ausgänge als Nettomittelabflüsse auf der Zentralbankgeldebene und nicht durch institutsinterne Umschichtungen. Diese Zahlungsstromkongruenzen im Sinne von Nettogeldabflüssen können z. B. durch vorzeitigen Abruf der Einlagen bzw. Inanspruchnahme der Kreditlinien oder Verzögerung der Zahlungseingänge unerwartet verstärkt werden. Liquiditätskosten für die Aufnahme von Refinanzierungsmitteln zur Deckung der Nettomittelabflüsse können aufgrund eigener sinkender Bonität oder fehlender Marktliquidität bzw. auftretender Marktstörungen für Produkte und im

---

1299 Vgl. *Zeranski/Gebauer* (2013), S. 361.
1300 Weiterführend vgl. *Zeranski* (2008), S. 2755–2760 sowie die Aktualisierung in *Zeranski* (2012b), S. 2593–2630; *Zeranski* (2016).

Extremfall für Marktsegmente mit dauerhaften Marktstörungen unerwartet ansteigen.

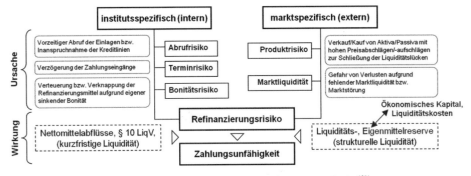

Abbildung F – 52: Komponenten des Liquiditätsrisikos in Banken[1301]

Die genannten Unterarten des **Liquiditätsrisikos** lassen sich wie folgt definieren:

- Das **Terminrisiko** beschreibt die Gefahr, dass Zahlungen nicht zu dem erwarteten Zeitpunkt eingehen. Beispiel: Bei einem Kreditnehmer kommt es zur späteren Rückzahlung des Kredits.

- Das **Abrufrisiko** bezeichnet die Gefahr, dass Kreditzusagen in unerwartet hohem Maße in Anspruch genommen werden oder dass Einlagen in unerwartet hohem Maße abgezogen werden.

- Das **Bonitätsrisiko** bezeichnet die Gefahr, dass sich aufgrund einer Bonitätsverschlechterung die Refinanzierungsmittel verteuern, verknappen oder im Extremfall vollständig ausbleiben, so dass nur noch Krisenliquiditätsreserven verfügbar sind, um die Zahlungsbereitschaft sicherzustellen.

- Das **Marktliquiditätsrisiko** ergibt sich aus Liquiditätsschwierigkeiten auf organisierten Märkten für ein oder mehrere Produkte, ein oder mehrere Marktsegmente oder den gesamten Markt. Es beschreibt beim **Produktrisiko** die Gefahr, dass Positionen nicht zum geplanten Zeitpunkt oder nur mit Wertabschlägen veräußert werden können. Ob ein Markt liquide ist, lässt sich im Wesentlichen anhand der folgenden vier Faktoren überprüfen:[1302]

1301 Vgl. *Zeranski/Gebauer* (2013), S. 363.
1302 Vgl. *EBA* (2013.02); *EBA* (2013.03); sowie weiterführend *EBA* (2013): Liquiditätspapiere Nr. 4, 8, 60, 61, 62, 63, 64, 65, 66, 67, 80, 81, 82, 83, 136, 137, 180, 255, 281.

- Marktbreite (erkennbar z. B. an der Geld-Brief-Spanne; hohe Spannen signalisieren eine geringe Marktliquidität; auf der anderen Seite signalisieren zu wenig aktive Marktteilnehmer eine kleine Marktbreite)
- Markttiefe (ein Markt gilt umso liquider, je größere Handelsvolumina ohne Beeinflussung der Marktpreise umgesetzt werden können)
- Marktelastizität (je schneller die Marktpreise nach einer größeren Transaktion wieder auf ein Gleichgewichtsniveau zurückkehren, desto liquider kann ein Markt eingestuft werden)
- Zeitbedarf für die Orderausführung (je liquider ein Markt ist, umso kürzer sind die Zeitspannen, die zwischen der Auslösung einer Transaktion und deren tatsächlicher Ausführung liegen).

1615 Da marktbasierte Refinanzierungsquellen bei Groß- und Landesbanken eine größere Rolle spielen als bei Sparkassen und Kreditgenossenschaften, beeinflusst die Liquidität der Märkte und damit das Marktliquiditätsrisiko insbesondere die Refinanzierung von Groß- und Landesbanken.[1303]

1616 Das **Refinanzierungsrisiko** besteht in der Gefahr, dass erforderliche Refinanzierungen nicht oder zu schlechteren Konditionen als erwartet abgeschlossen werden können. Ursachen hierfür können Änderungen der Bonität des Instituts bzw. Änderungen der Credit spreads oder Liquiditätsstörungen im Interbankenhandel sein.

1617 Zur **Steuerung des Liquiditätsrisikos** sind zwei Sichtweisen erforderlich, in der unterschiedliche Risikoanalysekonzepte im Liquiditätsrisikocontrolling zu verbinden sind: Eine dispositive und strukturelle Sicht auf die bankbetriebliche Liquidität. Die **kurzfristige Liquiditätsrisikosteuerung** stellt die tägliche Zahlungsbereitschaft her, indem die Nettomittelabflüsse eines Instituts jederzeit fristgerecht in voller Höhe gedeckt werden. Die **strukturelle Liquiditätsrisikosteuerung** steuert im Unterschied dazu längerfristig orientiert die Liquiditätsstrukturen so, dass unter Berücksichtigung der Kunden- und Eigengeschäftsplanung sowie der Refinanzierungsmöglichkeiten stets eine angemessene Liquiditätsreserve für die Deckung der Nettomittelabflüsse eines Instituts sichergestellt ist. Da das Liquiditätsrisiko für Banken wesentlich ist, müssen Eigenmittel berücksichtigt werden, um alle liquiditätsbedingten Reinvermögensbelastungen zu decken, die aus einem erhöhten Wettbewerb um Kundeneinlagen, z. B. zur Erfüllung der Basel III-Ratios, resultieren können. An dieser Stelle ist die Querverbindung zur FinaRisikoV zu beachten, da diese eine auf den jeweiligen Jahresabschlussstichtag aktualisierte GuV-Planung im Meldewesen vorsieht, bei der sich erhöhte Liquiditätskosten im Rückgang des

---

[1303] Vgl. *Deutsche Bundesbank* (2008.09), S. 59–74.

geplanten GuV-Jahresergebnisses niederschlagen können, was die Bank der Aufsicht im Fit & Proper-Test im Sinne der EBA Leitlinie zur Personaleignung vom 22.11.2012 erläutern können muss[1304].

Entsprechend sind zwei Steuerungsgrößen für das Controlling und Management des Liquiditätsrisikos in Banken einzuführen. Dies zeigt Abbildung F – 53.

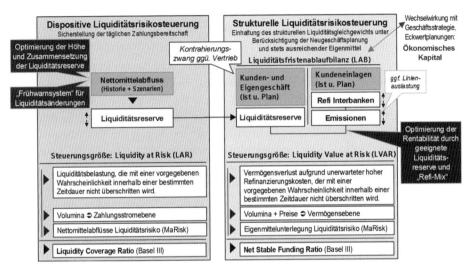

Abbildung F – 53: *Kurzfristige und strukturelle Liquiditätsrisikosteuerung in Banken*[1305]

Die Analyse der Nettozahlungsmittelabflüsse mit dem Konzept des Liquidity at Risk ermöglicht es, den Stressfall bei Zahlungsstromfluktuationen in der LCR klar zu erkennen, da im Krisenfall mehr Liquidität als im Normalfall abfließt. Zudem fordert die Aufsicht in der MaRisk-Novellierung 2016 in BTR 3.1 Tz. 1 eine angemessene Identifizierung und Steuerung der Innertagesliquiditätsrisiken, die sich analog mit dem Liquidity at Risk für normale Geschäftsverläufe analysieren lassen, um extreme Innertageszahlungsstromfluktuationen klar zu erkennen. Die Analyse der Schwankungen der Refinanzierungskosten wird bankaufsichtlich in den Monitoring Tools der Liquidity Coverage Ratio gefordert und kann mit dem Liquidity Value at Risk betriebswirtschaftlich unterstützt werden.

1304 Vgl. *EBA* (2012.11).
1305 In Anlehnung an *Rempel-Oberem/Zeranski* (2008), S. 9.

MESSUNG UND LIMITIERUNG VON RISIKEN

1620 Betrachtet man die betriebswirtschaftlichen Steuerungsgrößen in der Gesamtbanksteuerung ausgehend von der Solvabilität und der Liquidität als den zentralen Komponenten des finanziellen Gleichgewichts, werden die Schwächen des Konzepts für den Return On Risk Adjusted Capital (RORAC) im Licht der Finanzkrise deutlich, der vergangenheitsorientiert ohne Berücksichtigung von Stresstests und Liquidität eine wertorientierte Spitzenkennzahl darstellte. Als Lehre aus der Finanzkrise und der aktuellen Regulierung muss der RORAC zunächst um Stresstests aus Erfolgsrisiken ergänzt werden. Da sich der RORAC nur auf die Nettoperformance aus den Erfolgsrisiken in Relation zum eingesetzten ökonomischen Kapital bezieht, wird aus betriebswirtschaftlicher Sicht eine weitere Spitzenkennzahl für eine nachhaltige Gesamtbanksteuerung im Sinne des SREP benötigt, welche die Nettoperformance aus den Liquiditätsrisiken im Normalfall und im Stressfall jeweils in Relation zu den eingesetzten Liquiditätsreserven betrachtet, der sog. Return On Risk Adjusted Liquidity (RORAL). Die Liquiditätsrisiken im Normalfall lassen sich dabei mit dem Konzept des Liquidity at Risk analysieren, die extremen Liquiditätsabflüsse sind Gegenstand von Stresstests in der LCR.

1621 Geht es in der Gesamtbanksteuerung um einen möglichst wirtschaftlichen Einsatz der regulatorischen Eigenmittel und der regulatorischen Liquidität, eignen sich zur einperiodigen Analyse der Return On Regulatory Capital (RORC) und der Return on Regulatory Liquidity (RORL), wobei in der Bankpraxis stets sicherzustellen ist, dass die regulatorisch geforderten Eigenmittel und Liquiditätsreserven für ein nachhaltiges Geschäftsmodell im Sinne des SREP ausreichend sind.

1622 Bei den Liquiditätskosten in Banken lassen sich **direkte Liquiditätskosten** und **indirekte Kosten** als entgangene Erträge aus einer niedrig verzinslichen Liquiditätsreserve unterscheiden. Refinanzierungsaufschläge können z. B. bei institutionellen Refinanzierungen auftreten, als liquiditätsbedingter Margenverzicht bei Kundeneinlagen, als Liquidationsdisagien bei liquiditätsbedingten Verkäufen von Aktiva, als Opportunitätskosten für den Liquiditätspuffer. Fortgeschrittene Banken kalkulieren auch Liquiditätsnutzen, z. B. für stabile Einlagen, Repo-fähige Aktiva, EZB-fähige Kredite sowie länderspezifische Liquiditäts(risiko)kostenaufschläge und Liquiditäts(risiko)kosten für implizite Optionen und Kreditzusagen.

1623 Für die **Liquiditätsrisikotragfähigkeit** ist zu beachten, dass sich mit fortschreitendem Planungshorizont die Unsicherheit über künftige bankbetriebliche Zahlungsströme sowie die damit einhergehende Kapitalbindung erhöht, was in der Liquiditätsrisikoanalyse zur breiteren Streuung der künftigen Liquiditätssalden führt.

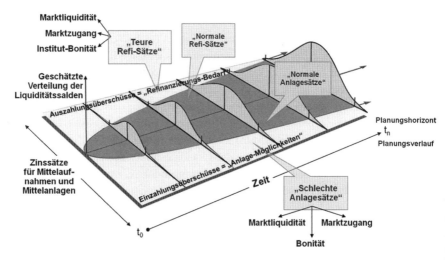

Abbildung F – 54:   *Problemstellung des kurz-, mittel- bis langfristigen Liquiditätsrisikomanagements*[1306]

Die **Planung künftiger Mittelaufnahmen und -anlagen** für die kurz-, mittel- bis langfristige Liquiditätssteuerung in Banken (siehe Abbildung F – 26) hängt bedeutend davon ab, ob diese zu akzeptablen oder zu ungünstigen Zinssätzen erfolgen können. Dabei sind die Zinssätze für Mittelaufnahmen und -anlagen eng mit den Annahmen über die Marktliquidität, den Marktzugang und die Bonität verknüpft. Sollen Mittelaufnahmen im Planungsverlauf als unbesicherte Finanzierungen erfolgen, spielt die Prognose der Institutsbonität eine besondere Rolle, um die zu zahlende Adressrisikoprämie für Mittelaufnahmen möglichst realistisch zu erfassen.

1624

2.2. Eigenmittel- und Liquiditätsrisikotragfähigkeit in Banken

Gemäß MaRisk AT 4.1 Tz. 1 sind alle als wesentlich eingestuften Risiken in das Risikotragfähigkeitskonzept einer Bank einzubeziehen, wobei die MaRisk hierunter bislang nur die »Eigenmittel- bzw. Erfolgsrisiko-Tragfähigkeit« verstehen, die jedoch mit Blick auf die Liquiditätsinsolvenztatbestände aus betriebswirtschaftlicher Sicht von der »Liquiditäts- bzw. Liquiditätsrisiko-

1625

[1306] Vgl. *Zeranski/Gebauer* (2013), S. 366.

Tragfähigkeit« zu unterscheiden ist. Die MaRisk Novellierung in 2016 bezieht demnach in MaRisk AT 4.1 Tz. 2 explizit den Schutz der Gläubiger in den Prozess zur Sicherstellung der Risikotragfähigkeit ein, den alle Institute zu einzurichten haben.

1626 Eine Nichteinbeziehung ist gemäß MaRisk AT 4.1 Tz. 4 nur möglich, wenn dies nachvollziehbar begründet wird und das jeweilige Risiko aufgrund seiner Eigenart nicht sinnvoll durch das Eigenmittelrisikodeckungspotenzial begrenzt werden kann, z. B. das Zahlungsunfähigkeitsrisiko, zumal es einen anderen Insolvenztatbestand als die Überschuldung darstellt. Basel III sieht (noch) keine explizite Eigenkapitalunterlegungspflicht in der Säule I und II für die Liquiditätsfristentransformation analog zum sog. Basel II-Zinsschock vor, was bei der Weiterentwicklung der Liquiditätsrisikoanalysen z. B. in Basel IV denkbar ist und betriebswirtschaftlich zwingend wäre, zumal weder LCR noch NSFR erhöhte Liquiditätsrisikokosten mit Eigenmitteln unterlegen lassen, um die aus dem Liquiditätsrisiko drohenden Vermögensverluste aus (zu) hohen Liquiditäts(risiko)kosten zu begrenzen. Im SREP als neues bankaufsichtliches Überprüfungsverfahren steht zu erwarten, dass alle Institute mit erhöhten Liquiditätsrisiken einen sog. SREP-Add on erhalten, was z. B. eine bankaufsichtlich erhöhte Mindestanforderung beim LCR-Liquiditätspuffer bedeuten kann, aber auch erhöhte Eigenmittelanforderungen in der Säule II für erhöhte Liquiditätskosten, um den Fortbestand des Instituts frühzeitig sicherzustellen.

1627 Mit der expliziten Nennung der Liquiditätsrisiken als mögliches Beispiel für die Nichteinbeziehung in das Eigenmittel- bzw. Erfolgsrisikotragfähigkeitskonzept tragen die MaRisk dem speziellen Charakter der Liquiditätsrisiken nur auf den ersten Blick angemessen Rechnung, da liquiditätsbedingte Reinvermögensverluste die Rentabilität sowie die Performance und somit letztlich das ökonomische Kapital einer Bank maßgeblich negativ beeinflussen können, wie die aktuelle Finanzkrise zum Beispiel beim Anstieg der Credit spreads für Großbanken und Staaten gezeigt hat.

1628 Im **SREP** können sich wie bereits oben angesprochen (zu) **hohe Liquiditäts(risiko)kosten** in der Business Modell Analysis (zu) nachteilig auf die Nachhaltigkeit des **Geschäftsmodells** auswirken, wenn diese die nachhaltige Ertragskraft wesentlich beeinträchtigen und sich zum Beispiel aufgrund eines zu hohen Konkurrenzdrucks (bis hin zur ruinösen Konkurrenz) nicht auf die Kunden in der Form erhöhter Kreditzinsen oder geringerer (und aktuell sogar negativer) Einlagenzinsen überwälzen lassen.

Bei der Frage, inwieweit das Liquiditätsrisiko sinnvoll in die Risikotragfähigkeit einer Bank einbezogen werden kann, ist daher zwischen dem Zahlungsunfähigkeitsrisiko auf der einen Seite und dem Liquiditätsfristentransformationsrisiko auf der anderen Seite zu unterscheiden, wobei letzteres in ein Liquiditäts(risiko)kostentransformationsrisiko münden kann, das entsteht, wenn Liquiditäts(risiko)kosten nicht überwälzbar sind und die GuV und/oder die Performance belasten. Entsprechend der oben vorgestellten Definition für das Liquiditätsrisiko lassen sich z. B. das Terminrisiko, Abrufrisiko, Marktliquiditätsrisiko und das Refinanzierungsrisiko dem Zahlungsunfähigkeitsrisiko zuordnen, wobei sie auch erhöhte Liquiditäts(risiko)kosten hervorrufen können.

1629

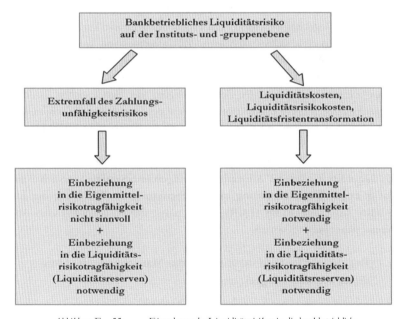

Abbildung F – 55:   *Einordnung des Liquiditätsrisikos in die bankbetriebliche Risikotragfähigkeit*[1307]

Eine Einbeziehung des Liquiditätsrisikos in die Eigenmittel-Risikotragfähigkeit kann für das Liquiditätsfristentransformationsrisiko, die Liquiditätskosten und die Liquiditätsrisikokosten erfolgen, die sich z. B. im Konzept des Liquidity Value at Risk GuV- und performance- bzw. wertorientiert analysieren lassen (Abbildung F – 55), wobei die Begriffe Liquiditätskosten, Liquidi-

1630

[1307] Weiterführend vgl. *Zeranski/Gebauer* (2013), S. 370.

tätsrisikokosten im Kapitel F.III.4 zum Rahmen des Managements der Liquiditätsrisikotragfähigkeit näher definiert werden.

1631 Aufgrund der materiell »digitalen« Natur des Liquiditätsrisikos als Zahlungsunfähigkeitsrisiko (»zahlungsfähig versus zahlungsunfähig«) kann angenommen werden, dass bei drohender Zahlungsunfähigkeit die Liquiditätslücken im Regelfall nicht durch regulatorisches und ökonomisches Eigenkapital gedeckt werden können.[1308] D. h., mit der Zahlungsunfähigkeit verliert ein Institut seine Überlebensfähigkeit, auch wenn noch Vermögenswerte oder Eigenkapitalquellen vorhanden sind. Das Eigenkapital im Sinne einer »Erfolgsrisikodeckungsmasse« ist somit im Regelfall nicht geeignet, die extreme Liquiditätsrisikoausprägung der Zahlungsunfähigkeit zu verhindern, weil der Eigenkapitalgeber in der Regel dafür nicht so hohe Eigenmittelzufuhren kurzfristig mobilisieren und jederzeit sicherstellen kann. Zusammenfassend kann für die **Liquiditätsrisikotragfähigkeit in Banken** festgehalten werden, dass sie das Management aller Liquiditätsreserven für die jederzeitige Zahlungsbereitschaft eines/r Instituts/gruppe unter Berücksichtigung der damit einhergehenden Liquiditätskosten und Liquiditätsnutzen sowie der Liquiditätsrisikokosten und Liquiditätsrisikonutzen erfordert, was in einer modernen Gesamtbanksteuerung letztlich nur mit einem leistungsfähigen, integrierten, gesamtbankweiten IT-System für alle Liquiditätsreserven im Sinne eines Refinanzierungsregisters als **Liquidity Collateral Allocation Management System** realisierbar ist, das in **enger Wechselwirkung mit der Steuerung der Erfüllung der Liquidity Coverage Ratio (LCR)** stehen muss, die im nachfolgenden Abschnitt näher behandelt wird.

3. Regulatorische Anforderungen an das Management der Liquiditätsrisikotragfähigkeit in Banken

1632 Wie bereits erwähnt, fristete das Liquiditätsrisiko in der bankbetrieblichen Regulierung lange Zeit als unwesentliches Risiko ein Schattendasein, zumal man zu lange an der prominenten These festhielt, dass die Liquidität der Bonität folgt und es somit ausreichen würde, sich auf die Bonität und Ertragskraft eines Instituts zu konzentrieren. Zudem wären früher mit der Einführung eines umfassenden Liquiditätstransferpreissystems die »Liquiditätsverbraucher« z. B. in den Handelsbucheinheiten sichtbar geworden und die Liquiditätskosten hätten sich auf die Performance und Boni ausgewirkt.

1308 Vgl. u. a. *Albert* (2010), S. 85–199 sowie hierzu insb. S. 158 f.

Ein **Rückblick auf die Lehren aus der Finanzkrise und die Regulierung** zeigt dies und macht zugleich deutlich, dass sich die Basel III-Ratios für die **Liquidity Coverage Ratio (LCR)** und **Net Stable Funding Ratio (NSFR)** primär lediglich als bilanzorientierte Liquiditätsregulierung kennzeichnen lassen, die es bereits früher in Deutschland in abgewandelter Form mit den alten Grundsätzen II und III gab, wobei LCR und NSFR nun auf Restlaufzeitenbasis ausgerichtet sind und die LCR aus der deutschen Liquiditätsverordnung Teilaspekte übernommen hatte, ohne jedoch das Liquiditätsrisiko umfassend im obigen Sinne zu regeln, da z. B. autonome Nettozahlungsmittelabflüsse und Liquiditätskosten im Meldewesen nicht explizit erfasst werden. Zudem greift die Finanzinformationenverordnung (FinaRisikoV) im Meldewesen keine Informationen zu Zahlungsstromschwankungen und der institutsspezifischen Liquiditätsrisikotragfähigkeit sowie den Abrufrisiken und Liquiditätskosten auf, so dass künftige Novellierungen in der Liquiditätsregulierung und im Meldewesen zu erwarten sind:

- Nach der Bankenkrise 1931 war es unumgänglich, die Kreditwirtschaft stärker staatlich zu regulieren. Gemäß **§ 16 KWG 1934** sollten Kreditinstitute einen bestimmten Prozentsatz ihrer Verpflichtungen in liquiden Mitteln für die Deckung der Auszahlungswünsche von Kunden vorhalten.

- Mit der Novellierung des KWG im Jahre 1961 und der Einrichtung des Bundesaufsichtsamtes für das Kreditwesen in Berlin wurde eine Aufsichtsbehörde eingerichtet, die das Liquiditätsrisiko zentral regulierte. **§ 11 KWG 1961** forderte die **jederzeitige Zahlungsbereitschaft** von Instituten, die bis heute im KWG dort verankert ist und für regulatorische Zwecke zur Sicherung der Liquidität des finanziellen Sektors interpretiert wird.

- Ausgehend von § 11 KWG 1961 veröffentlichte das Bundesaufsichtsamt **1962** im Einvernehmen mit der Deutschen Bundesbank sowie nach Anhörung der Spitzenverbände der Kreditinstitute die **Grundsätze II und III**, die 1969 und zuletzt 1973 angepasst wurden. Der Grundsatz II regelte das langfristige Geschäft der Kreditinstitute in Anlehnung an die »Goldene Bankregel«, wonach langfristige Aktiva grundsätzlich langfristig finanziert werden sollen. Dabei war in begrenztem Umfang die Transformation kurzfristiger Einlagen in langfristige Aktiva möglich. Der Grundsatz III regelte die Finanzierung mittel- bis kurzfristiger Aktivgeschäfte, die nicht ohne weiteres liquidierbar sind, und forderte für diese ebenfalls eine Fristenentsprechung; dabei war es auch möglich, mittel- bis kurzfristige Aktiva langfristig zu finanzieren.

MESSUNG UND LIMITIERUNG VON RISIKEN

- Das Bundesaufsichtsamt gab am 25.11.1998 den neuen Liquiditätsgrundsatz (**Grundsatz II, GS II**) bekannt, der **ab 1.7.2000** in Kraft trat. Die Neufassung war vor allem aus folgenden Gründen geboten: Die Grundsätze II und III galten angesichts des Wandels im Bankgeschäft als nicht mehr zeitgemäß und wurden international nicht anerkannt. Damit ging einher, dass die an ausländischen Plätzen tätigen Zweigstellen deutscher Institute einer doppelten Liquiditätsüberwachung unterworfen waren. Das Ziel des neuen Liquiditätsgrundsatzes lag auch in dessen internationaler Anerkennung, die er erfahren hat. Die neue Liquiditätsverordnung (**LiqV**) ersetzte den Grundsatz II und wurde am **20.12.2006** veröffentlicht. Bemerkenswert ist, dass mit der LiqV der alte Grundsatz II abgeschafft und somit die Möglichkeit zur Fristentransformation eröffnet wurde, die einige Banken im Übermaß nutzten und dadurch in Liquiditätsschieflage gerieten. Das neue Net Stable Funding Ratio soll »mehr« Fristenkongruenz sicherstellen.

- Basel III führt mit dem **Liquidity Coverage Ratio ab 2015** und dem **Net Stable Funding Ratio ab 2018** neue regulatorische Liquiditätskennzahlen ein, die erstmalig ab 1.10.2015 international einheitlich zur Anwendung kommen. Mit der Umsetzung der neuen Basel III-Regelungen zur Liquiditätsausstattung in nationales Recht wird die Liquiditätsregulierung in Deutschland neu auszurichten sein, was auch bedeutet, dass die Aufsicht die Fortführung und Zulassung interner Liquiditätsmodelle im Sinne von § 10 LiqV neu regeln muss.

1634 Zur konkreten Umsetzung von LCR und NSFR gibt es noch zahlreiche offene Fragen, was die Konsultationen zur NSFR sowie die Fragen und Antworten zur LCR im Single Rulebook auf der EBA-Internetseite zeigen. Betrachtet man den aktuellen Wettbewerb um stabile Einlagen und EZB-fähige Kredite im Negativzinsumfeld der EZB, dann belasten die Basel III-Liquiditätsratios die nachhaltige Ertragskraft der Geschäftsmodelle mittelständischer Banken (klassisches Hausbankenprinzip mit hohem Buchkreditanteil gegenüber Firmenkunden mit geringer Kapitalmarktrefinanzierung), da in der Niedrig- und Negativzinsphase Einlagen zu »teuer« hereingenommen und der Liquiditätspuffer (High Quality Liquid Assets) nur »billig« veranlagt werden kann, zumal die EZB weiterhin krisenbedingt in großem Umfang Anleihen kauft.[1309]

3.1. Ausgewählte BIZ- und EBA-Anforderungen an das Management der Liquiditätsrisikotragfähigkeit in Banken

1635 Die nachfolgenden Dokumente der Bankenaufsicht beinhalten Anforderungen an das Management des Liquiditätsrisikos und die Liquiditätsrisikotrag-

---

1309 Weiterführend vgl. *Zeranski* (2013), *Zeranski* (2016).

fähigkeit, wobei ebenso deutsche Regulierungstexte genannt sind, da sich diese unter Beachtung der EU Rechtssystematik in der EU Bankenunion auch auf die Umsetzung der BIZ- und EBA-Anforderungen in deutschen Instituten beziehen:

- **»Praxis des Liquiditätsrisikomanagements in ausgewählten deutschen Kreditinstituten«**, Deutsche Bundesbank/BaFin: Diese Studie gibt in anonymisierter Form einen Überblick über die Ergebnisse einer Untersuchung der Deutschen Bundesbank und der BaFin, die im Laufe des Jahres 2007 über die Praxis des Liquiditätsrisikomanagements ausgewählter deutscher Kreditinstitute durchgeführt wurde. Der weitere Verlauf der Finanzkrise nach 2007 relativiert jedoch die Eignung der dargelegten Steuerungsansätze.[1310]

- **»Zur Steuerung von Liquiditätsrisiken in Kreditinstituten«**, Monatsbericht September 2008 der Deutschen Bundesbank: Diese Veröffentlichung der Deutschen Bundesbank enthält Lehren für das Liquiditätsrisikomanagement aus der Finanzmarktkrise. Der weitere Verlauf der Finanzkrise nach 2007 relativiert jedoch die Eignung der dargelegten Steuerungsansätze.[1311]

- **»Principles for Sound Liquidity Risk Management and Supervision«**, Basel Committee on Banking Supervision, September 2008: Mit der Veröffentlichung dieser Prinzipien für ein angemessenes Liquiditätsrisikomanagement aktualisiert und erweitert der Baseler Ausschuss für Bankenaufsicht seine »Sound Practices for Managing Liquidity in Banking Organisations« aus dem Jahr 2000. Dieses Dokument bildet die wesentliche Basis für die Änderungen der MaRisk in 2009, 2010, 2012 hinsichtlich des Liquiditätsrisikomanagements.

Obwohl die Baseler Empfehlungen keine unmittelbare Rechtswirkung entfalten, liefern sie wertvolle Anregungen zur Umsetzung der MaRisk sowie bankinterner Liquiditätsrisikomodelle im Sinne der Säule II von Basel III. Der Baseler Ausschuss formulierte 2008 die »Principles for Sound Liquidity Risk Management and Supervision« als 17 Grundsätze für das Liquiditätsrisikomanagement, die der European Banking Authority als Basis für die Empfehlungen an die nationale Bankenaufsicht dienen und zugleich als Best Practice Standards zur Umsetzung eines angemessenen Liquiditätsrisikomanagements formuliert sind:

Grundsatz 1: Grundprinzip für das Liquiditätsrisikomanagement.
Jede Bank muss ein angemessenes robustes Liquiditätsrisikomanagement einrichten, das ausreichend Liquidität mit einem Liquiditätspuffer

---

1310 Weiterführend vgl. *Dietz* (2010), S. 7–81.
1311 Weiterführend vgl. *Angermüller/Zeranski* (2008), S. 506–513; *Thießen/Zeranski* (2011), S. 120–126.

qualitativ hochwertiger liquider Aktiva sicherstellt, um auch Stressfälle zu überleben, in denen unbesicherte und besicherte Finanzierungsquellen wegfallen können. Die Aufsicht soll die Angemessenheit des Liquiditätsrisikomanagements sowie die Liquiditätsposition einer Bank laufend prüfen und bei wesentlichen Mängeln sofort Maßnahmen ergreifen, um die Einlagen einer Bank zu schützen und mögliche Schäden für das Finanzsystem zu begrenzen.

Grundsatz 2 bis 4: Organisation des Liquiditätsrisikomanagements. Jede Bank soll eine angemessene Organisation für das Liquiditätsrisikomanagement einrichten. Dies bedeutet, eine Bank soll ihre Liquiditätsrisikotoleranz festlegen, die für ihre Geschäftsstrategie und Rolle im Finanzsystem angemessen ist. Es ist eine Liquiditätsrisikostrategie zu entwickeln; zudem sind Verfahren und Maßnahmen für das Liquiditätsrisikomanagement festzulegen, die im Einklang mit der Liquiditätsrisikotoleranz stehen und jederzeit die Liquidität sicherstellen. Das Management muss angemessene Informationssysteme und Reports einsetzen. Die Liquiditätsrisikoanalyse soll auf verschiedenen Ansätzen basieren und muss auch extreme Geschäftsverläufe angemessen berücksichtigen. In Stressszenarien soll regelmäßig die Stabilität der Liquiditätssituation untersucht werden. Die Risikoberechnung muss regelmäßig mit ihren Annahmen überprüft werden. Eine Bank muss Liquiditätskosten, -nutzen und Liquiditätsrisiken in der Bankkalkulation und Erfolgsmessung sowie in Neuproduktprozessen für alle wesentlichen Geschäftsaktivitäten unter Berücksichtigung außerbilanzieller Geschäfte angemessen berücksichtigen, um Anreize zur Übernahme von Liquiditätsrisiken mit dem Liquiditätsrisikopotenzial in Einklang zu bringen.

Grundsatz 5 bis 12: Messung und Überwachung des Liquiditätsrisikos. Die Liquiditätssituation einer Bank soll täglich unter Einbeziehung aller Konzerngesellschaften, Geschäftsbereiche und Währungen ermittelbar sein. Die Darstellung der Liquiditätssituation erfolgt für die künftigen Zahlungsströme in der Form eines Fristenfächers, dessen Gestalt von der Struktur des jeweiligen Instituts abhängt. Neben dem kurzfristigen Bereich sollte auch der mittel- und langfristige Bereich enthalten sein. Das Baseler Papier stellt heraus, dass der kurzfristige Bereich zur Aufrechterhaltung der Stabilität von zentraler Bedeutung ist. Ob eine Bank liquide ist, hängt wesentlich vom Verhalten der Zahlungsströme und vom Marktzugang sowie einer Diversifizierung der Refinanzierungsstrategie ab. Daher sind regelmäßig verschiedene Stressszenarien in die Notfallplanung einzubeziehen, bei denen für die jeweilige Bank angemessene markt- und institutsspezifische Stressszenarien durchzuführen sind, um die Angemessenheit des Liquiditätspuffers für Krisenfälle sicherzustellen.

Grundsatz 13: Offenlegung bedeutet regelmäßige Offenlegung, damit sich die Marktteilnehmer über die Liquiditätsposition und die Angemessenheit des Liquiditätsrisikomanagements informieren können. Gleichzeitig muss eine Bank ständig in der Lage sein, auf Gerüchte und Negativmeldungen mit Auswirkungen auf die Liquiditätsposition in der Öffentlichkeit kurzfristig zu reagieren.

Grundsatz 14 bis 17: Rolle der Aufsicht. Institute müssen den Aufsichtsbehörden zeitnah ausreichendes Material zur Beurteilung des Liquiditätsrisikos und der Notfallpläne zur Verfügung stellen können. Liquiditätsschwierigkeiten sind unverzüglich den Aufsichtsbehörden mitzuteilen. Die Aufsichtsbehörden müssen eine unabhängige Bewertung vornehmen und ein effektives System zur Messung, Überwachung und Kontrolle des Liquiditätsrisikos fordern. Dabei sollen die Aufsichtsbehörden auch international zusammenarbeiten.

- **»Guidelines on Liquidity Buffers & Survival Periods«**, Committee of European Banking Supervisors (CEBS, jetzt: European Banking Authority, EBA): Die vom CEBS im Dezember 2009 veröffentlichten Leitlinien zur Ausgestaltung von Liquiditätspuffern spiegeln sich auch in der MaRisk-Anforderung zur Einführung eines Liquiditätspuffers (BTR 3.1 Tz. 4, BTR 3.2 Tz. 1, 2, 3) wider.

- **»Guidelines on Stress Testing«**, European Banking Authority (EBA): Die von der EBA im August 2010 veröffentlichten Leitlinien für die Ausgestaltung von Liquiditätspuffern sind vor allem für die Umsetzung der MaRisk-Anforderungen an Stresstests (BTR 3.1 Tz. 8, BTR 3.2 Tz. 3) relevant.

- **»Guidelines on Liquidity Cost Benefit Allocation«**, European Banking Authority: Die von der EBA im Oktober 2010 veröffentlichten Leitlinien für die Ausgestaltung von Liquiditätspuffern sind vor allem für die Umsetzung der MaRisk beim Liquiditätstransferpreissystem (BTR 3.1 Tz. 5, 6, 7) relevant.

- **»Leitlinien zur Beurteilung der Eignung von Mitgliedern des Leitungsorgans und von Inhabern von Schlüsselfunktionen«**, European Banking Authority: Die von der EBA im November 2012 veröffentlichten Leitlinien für die Eignung des Managements und der SpezialistInnen fordert angemessene Kenntnisse und Fähigkeiten, die sich auch auf das Liquiditätsrisikomanagement beziehen. Bei mangelnder Eignung ist das Personal zu ersetzen, was vom Institut (Abschnitt 8) durchzuführen ist oder andernfalls von der Bankenaufsicht (Abschnitt 12) veranlasst wird, wobei die jeweilige Eignung anhand von Eignungskriterien des Instituts und in bankaufsichtlichen Interviews beurteilt wird.

- **»Basel III: The Liquidity Coverage Ratio and liquidity monitoring tools«**, Basel Committee on Banking Supervision (BCBS): Das BCBS schreibt im Januar 2013 den **International framework for liquidity risk measurement, standards and monitoring**, Dezember 2010, fort und aktualisiert die Leitlinien für die Ausgestaltung der Liquidity Coverage Ratio. Dieses Papier formuliert zudem zahlreiche Anforderungen an das Liquiditätsrisikomanagement, die von der Bankenaufsicht als Leitlinien für die Überprüfung des Liquiditätsrisikomanagements und deren IT-Systeme vor Ort verwendet werden können.

- **»Basel III: Principles for effective risk data aggregation and risk reporting«**, Basel Committee on Banking Supervision (BCBS): Das BCBS formulierte im Januar 2013 neue Anforderungen an die Informationssysteme für das Risikoreporting in Banken, das aus einer leistungsfähigen IT-Architektur möglichst ohne fehleranfällige manuelle Tätigkeiten und ohne selbst erstellte Softwareapplikationen (z. B. Excel-Sheets) zeitnah adressatengerecht gesamtbankbezogen angemessene Risikosteuerungsimpulse liefern soll, wobei die Anforderungen auch in eine IT-Strategie für das Risikocontrolling münden, das im Idealfall eine eigene Budget- und Personalkompetenzhoheit hat, um seine Risikoaufgaben in der Gesamtbanksteuerung angemessen wahrnehmen zu können.

3.2. Ausgewählte LCR-Anforderungen an das Management der Liquiditätsrisikotragfähigkeit in Banken

1636   Im Licht des ILAAP lassen sich LCR und NSFR mit Blick auf die Liquiditätsrisikotragfähigkeit in Banken aus Sicht der Aufsicht wie folgt kennzeichnen: Die kurzfristige LCR, die nach einer Beobachtungsphase zum 1. Oktober 2015 verbindlich wird, konkretisiert die Mindesterwartung bei der Umsetzung des in den qualitativen Liquiditätsprinzipien von 2008 in den internationalen Regulierungsrahmen eingeführten Konzepts des Liquiditätspuffers. Die Institute müssen jederzeit einen Bestand an hochliquiden Aktiva vorhalten, der es ihnen ermöglicht, auf sich selbst gestellt den über einen Zeitraum von 30 Tagen auftretenden kumulierten Nettozahlungsmittelabflüssen nachzukommen, zu denen es bei einem im Basel-III-Rahmenwerk spezifizierten schweren Stressszenario kommen könnte.

1637   Die Empfehlungen des Baseler Ausschusses für Bankenaufsicht zur LCR vom Januar 2013 lassen sich in wichtigen Punkten wie folgt zusammenfassen:

1638   *Tz. 21:* Der Stresstest ist als aufsichtliche Mindestanforderung für Banken anzusehen. Die Banken müssen zudem eigene Stresstests durchführen, um den Umfang der Liquidität zu ermitteln, die sie über das Minimum hinaus halten sollten. Dazu sollten sie ihre eigenen Szenarien konstruieren, die bei ihrer jeweiligen Geschäftstätigkeit zu Problemen führen könnten. Solche internen Stresstests sollten längere Zeithorizonte beinhalten als den in diesem Standard vorgeschriebenen. Die Banken müssen die Ergebnisse dieser zusätzlichen Stresstests der Aufsicht mitteilen.

Tz. 29: Mit diesen operationellen Anforderungen soll gewährleistet werden, dass der Bestand an HQLA[1312] so verwaltet wird, dass die Bank nachweislich in der Lage ist, diesen Bestand im Notfall unverzüglich als Mittelquelle zu nutzen, und dass er ihr jederzeit zur Verfügung steht, um Barmittel zu generieren, die ohne Einschränkung zum Schließen von Lücken zwischen Mittelzuflüssen und -abflüssen in der 30-tägigen Stressphase eingesetzt werden können. 1639

Tz. 31: Sämtliche Vermögenswerte im Bestand sollten lastenfrei sein. 1640

Tz. 32: Eine Bank sollte aus ihrem Bestand die Vermögenswerte ausklammern, bei denen sie operativ nicht in der Lage ist, sie in einer Stressphase flüssig zu machen. 1641

Tz. 33: Der Bestand der HQLA sollte unter der Kontrolle der Funktionseinheit sein, die für die Liquiditätssteuerung zuständig ist, wobei der HQLA-Erlös während der gesamten 30-tägigen Stressphase zur Verfügung steht, ohne dass dies zum direkten Konflikt mit einer erklärten Geschäfts- oder Risikomanagement-strategie führt und so eine offene Risikoposition entstünde, die interne Limits übersteigt. 1642

Tz. 34: Eine Bank darf die Marktrisiken, die mit dem Eigentum an den HQLA verbunden sind, absichern und diese Aktiva weiter dem Bestand zurechnen. 1643

Tz. 41: Wie in Grundsatz 8 der Grundsätze des Baseler Ausschusses für Bankenaufsicht für eine solide Steuerung und Überwachung des Liquiditätsrisikos festgehalten, sollte eine Bank ihre Innertages-Liquiditätspositionen und -risiken aktiv steuern, damit sie ihren Zahlungs- und Abwicklungsverpflichtungen sowohl unter normalen als auch unter angespannten Bedingungen fristgerecht nachkommen und so zum reibungslosen Funktionieren der Zahlungsverkehrs- und Abrechnungssysteme bei-tragen kann. Banken und Bankenaufsicht sollten sich bewusst sein, dass das LCR-Stressszenario den Innertagesliquiditätsbedarf nicht erfasst. 1644

[1312] High Quality Liquid Assets.

1645 *Tz. 44:* Der Bestand an HQLA sollte gut diversifiziert sein, und zwar auch inner-halb der einzelnen Vermögenswertkategorien, zumal diese auch nachträglich Schocks ausgesetzt sein können. Deshalb sollten die Banken über Richtlinien und Limits verfügen, um in den einzelnen Vermögenswertklassen Konzentrationen in Bezug auf Vermögenswert-, Emissions- und Emittententyp sowie Währungen zu vermeiden (entsprechend der Währungsverteilung der Nettomittelabflüsse).

1646 *Tz. 69:* Der Begriff gesamte Nettomittelabflüsse wird definiert als die gesamten erwarteten Abflüsse von Barmitteln abzüglich der gesamten erwarteten Mittelzuflüsse im vorgegebenen Stressszenario während der ersten 30 Kalendertage. Wo anwendbar sind in den Mittelzu- und -abflüssen die Zinsen einzuschließen, die voraus-sichtlich während des 30-Tage-Zeithorizonts eingehen bzw. bezahlt werden müssen. Die gesamten erwarteten Mittelzuflüsse werden berechnet, indem die offenen Salden verschiedener Kategorien vertraglicher Forderungen mit der Rate multipliziert werden, mit der sie voraussichtlich während des Szenarios eingehen, bis zu einer Gesamthöhe von 75 % der gesamten erwarteten Mittelabflüsse.

1647 *Tz. 72:* Banken dürfen einzelne Positionen nicht doppelt zählen: Wenn Vermögenswerte dem Bestand an HQLA (d. h. dem Zähler) zugerechnet werden, dürfen sie nicht gleichzeitig auch als Barmittelzuflüsse (im Nenner) gezählt werden.

1648 *Tz. 148:* Eine Bank sollte ihre Sicherheiten so verwalten, dass sie in der Lage ist, ihren Verpflichtungen zur Rückgabe von Sicherheiten nachzukommen, wenn die Gegenpartei beschließt, ein Reverse-Repo- oder Wertpapierleihgeschäft nicht zu erneuern. Dies gilt insbesondere für Sicherheiten, die nicht aus HQLA bestehen, da solche Mittelabflüsse im LCR-Rahmenkonzept nicht erfasst werden. Die Aufsichtsinstanz sollte die Verwaltung der Sicherheiten durch die Bank überwachen.

1649 *Tz. 186:* Banken sollten ihre eigenen Analysen von Laufzeitinkongruenzen durchführen, gestützt auf Verhaltensannahmen – und unter dem Blickwinkel der Fortführung des Geschäftsbetriebs – in Bezug auf die Mittelzu- und -abflüsse unter normalen Umständen wie auch in Stresssituationen. Diese Analysen sollten auf der Strategie- und Geschäftsplanung beruhen und mit der Aufsichtsinstanz besprochen werden. Wenn eine Bank eine erhebliche Änderung ihres Geschäftsmodells in Erwägung zieht, muss die Aufsichtsinstanz unbedingt eine Meldung der voraussichtlichen Inkongruenzen verlangen, als Teil einer Beurteilung der Folgen solcher Änderungen für die Aufsicht. Eine Änderung des Geschäftsmodells ist beispielsweise eine bedeutende Übernahme bzw. Fusion oder die Lancierung neuer Produkte, über die noch keine Verträge abgeschlossen wurden.

Tz. 201: Verfügbare lastenfreie Aktiva: Diese Messgrößen liefern den Aufsichtsinstanzen Angaben über den Umfang und die wichtigsten Merkmale, einschließlich Währung und Standort, der verfügbaren lastenfreien Aktiva einer Bank. Diese Aktiva können potenziell als Sicherheiten eingesetzt werden, um zusätzliche HQLA oder besicherte Finanzierungen an Sekundärmärkten aufzunehmen, oder sie sind noten-bankfähig und führen zu zusätzlicher Liquidität. 1650

Tz. 202: Eine Bank muss den Betrag, die Art und den Standort verfügbarer lastenfreier Aktiva melden, die als Sicherheit für die besicherte Kreditaufnahme an Sekundärmärkten mit im Voraus vereinbarten oder jeweils marktüblichen Abschlägen zu vertretbaren Kosten eingesetzt werden könnten. 1651

Tz. 203: Ebenso sollte eine Bank den Betrag, die Art und den Standort verfügbarer lastenfreier Aktiva melden, die für besicherte Finanzierungen durch die einschlägigen Zentralbanken anerkannt werden. 1652

Tz. 204: Eine Bank sollte gesondert die von Kunden hereingenommenen Sicherheiten melden, die sie liefern oder weiterverpfänden darf, sowie den Teil solcher Sicherheiten, den sie per Meldedatum tatsächlich liefert oder weiterverpfändet. 1653

Tz. 205: Eine Bank sollte nicht nur die verfügbaren Gesamtbeträge angeben, sondern diese Posten aufgegliedert nach bedeutenden Währungen melden. Eine Währung gilt als bedeutend, wenn sich der Gesamtbestand verfügbarer lastenfreier Sicherheiten in dieser Währung auf mindestens 5 % der verfügbaren lastenfreien Aktiva beläuft. 1654

Tz. 206: Darüber hinaus muss eine Bank den geschätzten Abschlag auf den Sicherungswert melden, den der Sekundärmarkt oder die Zentralbank für jeden Vermögenswert verlangen würde. 1655

Tz. 207: Nach der Meldung der einschlägigen Sicherheitsabschläge sollte die Bank in einem zweiten Schritt den erwarteten Verwertungswert der Sicherheiten melden, ferner, wo die Vermögenswerte tatsächlich gehalten werden, d. h., den Standort, und welche Geschäftsbereiche Zugang zu den Vermögenswerten haben. 1656

Der Liquiditätspuffer in der LCR stellt insbesondere sicher, dass den Instituten im Falle eines akuten Liquiditätsschocks ausreichend Zeit zur Verfügung 1657 steht, um kurzfristige Anpassungsmaßnahmen zu ergreifen. Aus dem im Regelwerk dargelegten Stressszenario leiten sich neben dem Mindestvolumen auch hohe Anforderungen an die hochliquiden Aktiva des Liquiditätspuffers ab: Zu diesen Aktiva gehören neben Barmitteln und Zentralbankguthaben nur einige wenige hochqualitative – im Regelfall marktfähige – Wertpapiere. Hier liegt der Fokus eindeutig auf Schuldtiteln öffentlicher Emittenten, insbesondere der (jeweils heimischen) Zentralregierung oder Zentralbank, die als Stufe-1-Aktiva in zahlreichen Ländern die einzig anrechenbare Wertpapierklasse darstellen dürften. Zur Abmilderung dieser auch jenseits rein bankaufsichtlicher Überlegungen ordnungspolitisch problematischen Bevorzugung öffentlicher Schuldner wird die Möglichkeit eingeräumt, auch ungedeckte (Nichtfinanz-) Unternehmensanleihen und Pfandbriefe privater Emittenten dem Liquiditätspuffer zuzuordnen. Die delegierte Verordnung (EU) 2015/61 vom 10. Oktober 2014 zur Ergänzung der Verordnung (EU) Nr. 575/2013 in Bezug auf die Liquiditätsdeckungsanforderung an Kreditinstitute (EU Amtsblatt 17.1.2015) präzisiert die LCR-Liquiditätsdeckungsanforderungen gemäß CRR bzw. der Verordnung (EU) Nr. 575/2013.

1658 Nach Artikel 10 der delegierten Verordnung (EU) 2015/61 gehören vor allem folgende Positionen zu den **Aktiva der Stufe 1 im Liquiditätspuffer der LCR**, die hier nur kurz im Überblick genannt werden sollen:

   (a) Münzen und Banknoten;

   (b) Risikopositionen gegenüber Zentralbanken;

   (c) Forderungen, die gegenüber Zentralstaaten oder Regionalregierungen, lokalen Gebietskörperschaften oder öffentlichen Stellen bestehen oder von diesen garantiert werden; für Drittländer ist die Bonitätsstufe 1 gemäß Artikel 114 Absatz 2 der Verordnung (EU) Nr. 575/2013 einer externen Ratingagentur (ECAI[1313]) erforderlich;

   (d) Forderungen, die gegenüber dem Zentralstaat oder der Zentralbank eines Drittlands bestehen, dem nicht eine Bonitätsbeurteilung der Bonitätsstufe 1 durch eine benannte ECAI gemäß Artikel 114 Absatz 2 der Verordnung (EU) Nr. 575/2013 zugewiesen ist, sofern das Kreditinstitut in diesem Fall den Vermögenswert nur zur Deckung von Nettozahlungsmittelabflüssen unter Stressbedingungen in der Währung, auf die der Vermögenswert lautet, als Aktivum der Stufe 1 ansetzen darf;

   (e) von Kreditinstituten emittierte Aktiva, die mindestens einer der beiden folgenden Anforderungen genügen: die Regierung oder lokale

---

1313 External Credit Assessment Institution.

Gebietskörperschaft ist verpflichtet, das Überleben des Instituts zu sichern; bei dem Kreditinstitut handelt es sich um ein Förderdarlehen ausreichendes Institut;

(f) gedeckter Schuldverschreibungen äußerst hoher Qualität, die allen in Artikel 10 Abs. 1 Buchstabe f aufgeführten Anforderungen entsprechen;

(g) Forderungen gegenüber den in Art. 117 Abs. 2 bzw. Art. 118 der Verordnung (EU) Nr. 575/2013 genannten multilateralen Entwicklungsbanken und internationalen Organisationen oder die von diesen garantiert werden.

Der Marktwert der gedeckten Schuldverschreibungen äußerst hoher Qualität i. S. v. Artikel 10 Abs. 1 Buchstabe f der delegierten Verordnung (EU) 2015/61 unterliegt einem Abschlag von mindestens 7 %. Artikel 10 Abs. 1 Buchstabe d der delegierten Verordnung (EU) 2015/61 regelt für Fälle, in denen der Vermögenswert nicht auf die Landeswährung des Drittlands lautet, dass das Institut den Vermögenswert als Aktivum der Stufe 1 nur bis zu dem Betrag ansetzen kann, den seine Nettozahlungsmittelabflüsse im Stressfall in der Fremdwährung erreichen, die seiner Tätigkeit in dem Land, in dem das Liquiditätsrisiko übernommen wird, entspricht. 1659

Nach Artikel 11 der delegierten Verordnung (EU) 2015/61 gehören vor allem folgende Positionen zu den **Aktiva der Stufe 2A im Liquiditätspuffer der LCR**, die hier nur kurz im Überblick dargestellt werden sollen: 1660

(a) Forderungen, die gegenüber Regionalregierungen, lokalen Gebietskörperschaften, öffentlichen Stellen in einem Mitgliedstaat bestehen oder von diesen garantiert werden, soweit Risikopositionen gegenüber den genannten Stellen ein Risikogewicht von 20 % nach Art. 115 Abs. 1, 5 und Art. 116 Abs. 1, 2, 3 der Verordnung (EU) Nr. 575/2013 zugewiesen wird;

(b) Forderungen, die gegenüber dem Zentralstaat, der Zentralbank eines Dritt-lands, einer Regionalregierung, lokalen Gebietskörperschaft, öffentlichen Stelle im Drittland bestehen oder von diesen garantiert werden, sofern den genannten Stellen ein Risikogewicht von 20 % nach Art. 114 Abs. 2 bzw. Art. 115, 116 der Verordnung (EU) Nr. 575/2013 zugewiesen wird;

(c) Risikopositionen in Form gedeckter Schuldverschreibungen äußerst hoher Qualität, die allen in Art. 11 Abs. 1 Buchstabe c der delegierten Verordnung (EU) 2015/61 aufgeführten Anforderungen entsprechen;

(d) Risikopositionen in Form gedeckter Schuldverschreibungen, die von Kredit-instituten in Drittländern ausgegeben wurden und allen in

Art. 11 Abs. 1 Buchstabe d der delegierten Verordnung (EU) 2015/61 aufgeführten Anforderungen entsprechen;

(e) Unternehmensschuldverschreibungen, die alle der in Art. 11 Abs. 1 Buchstabe f der delegierten Verordnung (EU) 2015/61 aufgeführten Anforderungen erfüllen.

1661 Der Marktwert jedes Aktivums der Stufe 2A unterliegt einem Abschlag von mindestens 15 %.

1662 Nach Artikel 12 der delegierten Verordnung (EU) 2015/61 gehören vor allem folgende Positionen zu den Aktiva der Stufe 2B im Liquiditätspuffer der LCR, die hier nur kurz im Überblick benannt werden sollen:

(a) Risikopositionen in Form forderungsbesicherter Wertpapiere, die die in Artikel 13 der delegierten Verordnung (EU) 2015/61 festgelegten Anforderungen erfüllen;

(b) Unternehmensschuldverschreibungen, die alle der in Art. 12 Abs. 1 Buchstabe b der delegierten Verordnung (EU) 2015/61 aufgeführten Anforderungen erfüllen;

(c) Aktien oder Anteile, die die in Art. 12 Abs. 1 Buchstabe c der delegierten Verordnung (EU) 2015/61 genannten Anforderungen erfüllen;

(d) Liquiditätsfazilitäten, die durch die EZB, die Zentralbank in einem Mitgliedstaat oder die Zentralbank in einem Drittland bereitgestellt werden können, so-fern die Anforderungen gemäß Artikel 14 der delegierten Verordnung (EU) 2015/61 erfüllt sind;

(e) gedeckter Schuldverschreibungen äußerst hoher Qualität, die allen in Art. 12 Abs. 1 Buchstabe e der delegierten Verordnung (EU) 2015/61 aufgeführten An-forderungen entsprechen;

(f) bestimmte Forderungen von Kreditinstituten, die laut ihrer Grün-dungsurkunde aus Gründen der Glaubenslehre keine zinsbringenden Aktiva halten dürfen, sofern diesen Aktiva von einer benannten exter-nen Ratingagentur eine Bonitätsbewertung mindestens der Bonitäts-stufe 5 gemäß Artikel 114 der Verordnung (EU) Nr. 575/2013 oder bei einer kurzfristigen Bonitätsbeurteilung die gleichwertige Bonitäts-stufe zugewiesen wurde.

1663 Der Marktwert jedes Aktivums der Stufe 2B unterliegt folgenden Mindestab-schlägen: (a) dem anwendbaren Abschlag gemäß Art. 13 Abs. 14 der delegier-ten Verordnung (EU) 2015/61 für Verbriefungen der Stufe 2B; (b) einem Abschlag in Höhe von 50 % für Unternehmensschuldverschreibungen nach Art. 12 Abs. 1 Buchstabe b der delegierten Verordnung (EU) 2015/61; (c) einem Abschlag in Höhe von 50 % für Aktien oder Anteile nach Art. 12

Abs. 1 Buchstabe c der delegierten Verordnung (EU) 2015/61; (d) einem Abschlag in Höhe von 30 % für Programme oder Emissionen gedeckter Schuldverschreibungen nach Art. 12 Abs. 1 Buchstabe e der delegierten Verordnung (EU) 2015/61; (e) einem Abschlag in Höhe von 50 % für nicht zinsbringende Aktiva nach Art. 12 Abs. 1 Buchstabe f der delegierten Verordnung (EU) 2015/61. Artikel 13 der delegierten Verordnung (EU) 2015/61 regelt die Verbriefungen der Stufe 2B im Liquiditätspuffer der LCR, die nach Art. 13 Abs. 14 der delegierten Verordnung (EU) 2015/61 mit einem Abschlag von 25 % oder 35 % anrechenbar sind.

Artikel 17 der delegierten Verordnung (EU) 2015/61 regelt die **Zusammensetzung des Liquiditätspuffers in der LCR nach Aktivastufen**. Die Kreditinstitute müssen jederzeit die nachstehenden Anforderungen an die Zusammensetzung ihres Liquiditätspuffers: Bei mindestens 60 % des Liquiditätspuffers handelt es sich um Aktiva der Stufe 1; bei mindestens 30 % des Liquiditätspuffers handelt es sich um Aktiva der Stufe 1, ausgenommen gedeckte Schuldverschreibungen äußerst hoher Qualität gemäß Artikel 10 Absatz 1 Buchstabe f; bei höchstens 15 % des Liquiditätspuffers handelt es sich um Aktiva Stufe 2B. Anhang I der delegierten Verordnung (EU) 2015/61 enthält die Formel zur Berechnung des Liquiditätspuffers in der LCR. Der Liquiditätspuffer des Kreditinstituts entspricht demnach dem Betrag der Aktiva der Stufe 1 zuzüglich des Betrags der Aktiva der Stufe 2A zuzüglich des Betrags der Aktiva Stufe 2 B abzüglich des niedrigeren Werts von der Summe aus a, b und c oder dem gemäß dieses Anhangs berechneten Betrags der überschüssigen liquiden Aktiva. Der Betrag der überschüssigen liquiden Aktiva entspricht (a) dem bereinigten Betrag nicht gedeckter Schuldverschreibungen der Aktiva Stufe 1 zuzüglich (b) des bereinigten Betrags gedeckter Schuldverschreibungen der Stufe 1 zuzüglich (c) des bereinigten Betrags der Aktiva der Stufe 2A zuzüglich (d) des bereinigten Betrags der Aktiva der Stufe 2 B abzüglich des niedrigsten Werts von (e) der Summe aus (a), (b), (c) und (d); (f) 100/30 multipliziert mit (a); (g) 100/60 multipliziert mit der Summe aus (a) und (b); (h) 100/85 multipliziert mit der Summe aus a, b und c.

Erwägungsgrund Nr. 100 der Verordnung (EU) Nr. 575/2013 legt klar, dass Institute einen diversifizierten Liquiditätspuffer benötigen, um ihren Liquiditätsbedarf bei einer kurzfristig angespannten Liquiditätslage decken zu können. Wenn Institute auf diesen Liquiditätsbestand zurückgreifen, sollten sie einen Plan zur Wiederauffüllung ihrer Bestände an liquiden Aktiva für die LCR erstellen, dessen Angemessenheit und Umsetzung durch die Aufsicht sicherzustellen ist.

MESSUNG UND LIMITIERUNG VON RISIKEN

1666 Nach Artikel 8 Abs. 1 der delegierten Verordnung (EU) 2015/61 müssen Kreditinstitute über Strategien und Beschränkungen verfügen, um sicherzustellen, dass die liquiden Aktiva, aus denen sich ihr Liquiditätspuffer zusammensetzt, jederzeit angemessen diversifiziert sind. In der Praxis müssen dazu die liquiden Aktiva im LCR-HQLA-Liquiditätspuffer gemäß der Geschäfts- und Liquiditätsrisikostrategie institutsspezifisch überwacht werden, wozu die einfachen Ansätze der Portfoliooptimierung auf der Basis des sog. Minimum-Varianz-Portfolios und des Value-at-Risk-Konzepts weniger geeignet sind, da diese Konzepte die Liquidität und die institutsspezifischen Liquiditätsvorgaben nicht umfassend explizit berücksichtigen, was die Finanzkrise klar gezeigt hat. Gemäß Artikel 8 haben die Institute im Besonderen das Ausmaß der Diversifizierung zwischen den verschiedenen HQLA-Kategorien liquider Aktiva und innerhalb derselben Kategorie liquider Aktiva unter Beachtung der Währungsverteilung sowie alle anderen einschlägigen Faktoren der Diversifizierung wie Art der Emittenten, Gegenparteien oder geografischer Standort dieser Emittenten, Gegenparteien zu berücksichtigen.

1667 In der Praxis eignen sich gerade für mittelständische Institute Spezialfonds für das Management eines Teils ihrer liquiden Aktiva (HQLA) mit der vollständigen Durchschau auf alle Einzeltitel, von denen jeder einzelne die Anforderungen der LCR an liquide Aktiva erfüllen muss, um den Spezialfonds bei den liquiden Aktiva der LCR anrechnen zu können. Die Anlagerestriktionen des Spezialfonds müssen die institutsspezifischen Geschäfts- und Liquiditätsrisikostrategie angemessen berücksichtigen. Das Institut hat sich zu überzeugen, dass die Kapitalverwaltungsgesellschaft die Anforderungen der LCR an hochliquide Aktiva erfüllt und in der Lage ist, zur Deckung der Nettozahlungsmittelabflüsse im Institut die liquiden Aktiva aus dem Spezialfonds schnell und ohne größere Verluste in Liquidität umzuwandeln. Zudem hat das Institut zu kontrollieren, dass die Kapitalverwaltungsgesellschaft die liquiden Aktiva im Spezialfonds angemessen diversifiziert, was von der Kapitalverwaltungsgesellschaft in der Fondsberichterstattung regelmäßig nachvollziehbar zu dokumentieren ist. Publikumsfonds eignen sich nicht für mittelständische Banken zur Anerkennung als liquiden Aktiva (HQLA), wenn die Kapitalverwaltungsgesellschaft die Möglichkeit hat, die Anteilsrücknahme auszusetzen, was eine schnelle Verfügbarkeit von Aktiva im Krisenfall erschweren oder sogar verhindern könnte und damit dem HQLA-Konzept einer Krisenliquiditätsreserve im Sinne der LCR widersprechen würde.

1668 Die Europäische Bankenaufsichtsbehörde (EBA) hat hochqualitative liquide Aktiva, sog. High Quality Liquid Assets (HQLA), näher definiert, was jedoch nicht in einer abschließenden Liste analog der beleihungsfähigen Wertpapierliste analog der EZB-Sicherheiten mündete, so dass die Beweislast bei den Instituten verbleibt, welche Forderungen sie als HQLA im Sinne der LCR einstufen.

Die **längerfristige Liquiditätskennziffer NSFR**, die voraussichtlich ab 1. Januar 2018 verbindlich wird, adressiert die in der Krise beobachteten, teilweise exzessiven Fristeninkongruenzen zwischen Aktivgeschäft und Refinanzierung und betrachtet dabei den Zeitraum von einem Jahr in der Vorschau. 1669

Damit im Falle längerer Stressphasen mit dem Liquiditätspuffer der LCR die Zahlungsunfähigkeit eines Institutes nicht nur hinausgezögert wird bzw. die von den Instituten getroffenen Gegenmaßnahmen mittelfristig wirksam werden können, soll gemäß der NSFR die **Fristenstruktur von Aktiv- und Passivseite** zukünftig ausgewogener sein. Demnach muss die Summe der gemäß ihrer dauerhaften Verfügbarkeit gewichteten Passiva (tatsächliche stabile Refinanzierung) die Summe der nach ihrer Liquiditätsnähe gewichteten Aktiva zzgl. des mittelfristigen Finanzierungsbedarfs aus den außerbilanziellen Positionen (erforderliche stabile Refinanzierung) übertreffen. 1670

Die **NSFR** trägt damit dem Risiko Rechnung, dass sich Nettozahlungsmittelabflüsse auf mittlere Frist über den LCR-Liquiditätspuffer hinaus kumulieren. Ziel ist es keineswegs, die volkswirtschaftlich essentielle Funktion der Fristentransformation zu beseitigen. Gleichwohl werden im Interesse der Systemstabilität die Möglichkeiten für Fristeninkongruenzen zwischen Aktiv- und Passivseite mit Inkrafttreten der Regeln deutlich eingeschränkt. Durch die abgestuften Anrechnungsfaktoren für die verschiedenen Aktiv- und Passivgeschäfte sowie die **Beschränkung auf den einjährigen Horizont** lässt die NSFR den Instituten jedoch auch weiterhin Spielraum, die Fristentransformation als Ertragsquelle zu nutzen. Insgesamt soll die NSFR allerdings das erhebliche Gefahrenpotential begrenzen, das von einer übermäßigen Nutzung von kurzfristigen bzw. hochfrequent revolvierenden und stressanfälligen Kapitalinstrumenten für die Finanzierung längerfristiger Aktivgeschäfte ausgeht. 1671

Wesentliche Elemente der NSFR (vor allem die unterjährige Abstufung der Gewichtungen für einzelne Aktiv- und Passivpositionen) sind noch offen. Nicht zuletzt deshalb ist für die NSFR eine um drei Jahre längere Übergangs- und Analysephase als bei der LCR vorgesehen, so dass die Einführung als bindender Mindeststandard – nach Überarbeitung der Vorgaben – zum 1672

1. Januar 2018 erfolgen soll. § 23 PrüfbV[1314] vom 11.06.2015 fordert vom Abschlussprüfer insbesondere die Überprüfung der folgenden Punkte in einem Institut, die in enger Wechselwirkung zu LCR und NSFR stehen: Liquiditätslage, Liquiditätssteuerung, Ermittlung der Liquiditätsabflüsse aus Privatkundeneinlagen, Abgrenzung operationeller Einlagen.[1315]

1673 Vor diesem Hintergrund lassen sich **LCR und NSFR** wie folgt vereinfacht veranschaulichen, wobei die beiden Ratios nach heutigem Stand unbesicherte Interbankengelder weder als LCR-Liquiditätspuffer noch als NSFR-stabile Refinanzierungsquelle einstufen, was letztlich bedeutet, dass es aus regulatorischer Sicht **keinerlei Anreize mehr** gibt, dass sich **Banken auf unbesicherter Basis Geld leihen**, was ein systemisches Risiko begründet und die Liquiditätsrisikotragfähigkeit eines Instituts in der Übergangsphase bis zur Einführung der neuen Ratios gefährden kann, da die Bilanzstrukturen und Geschäftsmodelle der Banken – und wenn dies nicht erfolgreich gelingt ggf. zu Lasten der Gläubiger – anzupassen sind (Abbildung F – 56):

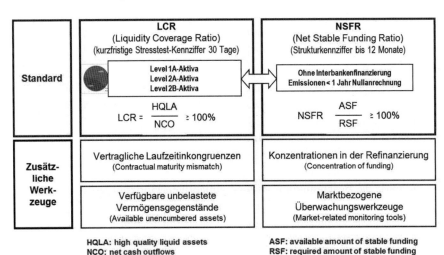

Abbildung F – 56: Liquidity Coverage Ratio und Net Stable Funding Ratio in Banken[1316]

1314 Prüfungsberichtsverordnung.
1315 Vgl. *PrüfbV* (2015).
1316 Eigene Darstellung.

3.3. Ausgewählte MaRisk-Anforderungen an das Management der Liquiditätsrisikotragfähigkeit in Banken

In der EU Bankenunion ist zu beachten, dass es nicht ausreicht, nur die nationalen Regelungen der MaRisk zu erfüllen, zumal Artikel 16 Abs. 3 der Verordnung (EU) 1093/2010 klarstellt, dass Institute alle Leitlinien und Empfehlungen der EBA erfüllen sollen, zumal die nationalen Aufsichtsbehörden nach Artikel 2 Abs. 2 Buchstabe d der Verordnung (EU) 1093/2010 Bestandteil des Europäischen Systems der Finanzaufsicht (ESFS) sind: *»Die zuständigen Behörden und Finanzinstitute unternehmen alle erforderlichen Anstrengungen, um diesen Leitlinien und Empfehlungen [Anmerkung des Verfassers: von der EBA] nachzukommen.«* 1674

Der Besondere Teil der MaRisk enthält »Allgemeine Anforderungen« (BTR 3.1) und »Anforderungen an kapitalmarktorientierte Institute« (BTR 3.2), die direkt und indirekt das Management der Liquiditätsrisikotragfähigkeit betreffen. Dies zeigt Tabelle F – 7. 1675

BTR 3 Liquiditätsrisiken, MaRisk 5.0 [14.12.2012] für die jederzeitige Zahlungsbereitschaft .	
BTR 3.1 Allgemeine Anforderungen	
1	Zahlungsverpflichtungen, Diversifikation, Liquidität im Tagesverlauf erfüllen.
2	Frühzeitige Erkennung von Liquiditätsengpässen und Wirkungen anderer Risiken.
3	Aussagekräftige Liquiditätsübersicht inkl. Aussagen über Schwankungen der Zahlungsflüsse in normalen Phasen mit laufender Überprüfung der Annahmen.
4	Deckung eines auftretenden Liquiditätsbedarfs. Liquiditätsgrad der Vermögenswerte. Zugang zu Refinanzierungsquellen, ausreichende Liquiditätsreserve.
5	Verrechnungssystem für verursachungsgerechte interne Verrechnung von Liquiditätskosten, Liquiditätsnutzen, Liquiditätsrisiken, wobei für Institute mit stabiler Refinanzierung ein einfaches Kostenverrechnungssystem genügen kann.
6	Große Institute mit komplexen Geschäftsaktivitäten müssen das Verrechnungssystem für die verursachungsgerechte interne Verrechnung von Liquiditätskosten, -nutzen, -risiken in die Ertrags- und Risikosteuerung integrieren und die Verrechnungen auf der Transaktionsebene mit geeigneten Annahmen für die unsicheren Zahlungsströme durchführen.
7	Liquiditätstransferpreissystem ist von einem vom Markt unabhängigen Bereich zu verantworten, einzurichten, weiterzuentwickeln, wobei die Liquiditätstransferpreise konsistent, transparent und gruppenweit zur Anwendung kommen.
8	Liquiditätsstresstests: institutseigene, marktweite; verschiedene Zeithorizonte.
9	Notfallplan für Liquiditätsengpässe inkl. Maßnahmen, Mindererlöse, Liquiditätsquellen, Kommunikation unter Beachtung der Ergebnisse aus Stresstests.

MESSUNG UND LIMITIERUNG VON RISIKEN

BTR 3 Liquiditätsrisiken, MaRisk 5.0 [14.12.2012] für die jederzeitige Zahlungsbereitschaft.	
10	Übertragung, Nutzbarkeit liquider Mittel, unbelasteter Vermögensgegenstände.
11	Regelmäßiger Bericht an Geschäftsleitung über Liquiditätssituation, Stresstests, wesentliche Änderungen im Notfallplan, Liquiditätsrisiken außerbilanzieller Geschäfte.
12	Wesentliche Liquiditätsrisiken in allen Fremdwährungen sind angemessen zu identifizieren, zu überwachen, zu berichten, zu steuern inkl. Liquiditätsnotfallpläne.
BTR 3.2 Zusätzliche Anforderungen an kapitalmarktorientierte Institute	
1	Der Refinanzierungsbedarf aus institutsindividuellen Stressszenarien muss über einen Zeithorizont von mindestens einem Monat mit Liquiditätsreserven überbrückbar sein.
2	Für den kurzfristigen Refinanzierungsbedarf von mindestens einer Woche: Geldmittel und zentralbankfähige hochliquide Vermögensgegenstände aus privaten Märkten; für den Refinanzierungsbedarf bis zum Ende des Zeithorizonts von mindestens einem Monat können andere Vermögensgegenstände als Liquiditätsreserve herangezogen werden.
3	Angemessene Liquiditätsstresstests mit institutseigenen und marktweiten Ursachen.
4	Länderübergreifende Nutzbarkeit, Diversifikation, Aufteilung der Liquiditätsreserven müssen Struktur und Geschäftsaktivitäten des Instituts und der Gruppe entsprechen.

Tabelle F – 7: Überblick über Anforderungen an das Liquiditätsrisikomanagement MaRisk 5.0, BTR 3[1317]

1676 Die MaRisk-Konsultation[1318] vom 18.02.2016 sieht vor allem folgende wichtige Punkte vor, die sich auf direkt und indirekt auf die Liquiditätsrisikotragfähigkeit von Banken auswirken, wie Tabelle F – 8 zeigt.

1317 Eigene Darstellung auf Basis *BaFin* (2012.12b), BTR 3.1 und 3.2.
1318 Vgl. *BaFin* (2016.02b), diskutiert in *Reuse* (2016.02b), S. 1 ff.

BTR 3 Liquiditätsrisiken, MaRisk 6.0-E [18.02.2016] für die jederzeitige Zahlungsbereitschaft (Auszug)

BTR 3.1 Allgemeine Anforderungen

1	Untertägige Liquidität, Diversifikation der Refinanzierung: Das Institut hat auch Maßnahmen zur Sicherstellung der untertägigen Liquidität zu ergreifen. Wesentliche untertägige Liquiditätsrisiken können insbesondere bei Nutzung von Echtzeit-Abwicklungs- und Zahlungsverkehrssystemen vorliegen. Es ist eine ausreichende Diversifikation der Refinanzierungsquellen und der Liquiditätsreserve zu gewährleisten. Konzentrationen sind wirksam zu überwachen und zu begrenzen.
2	Berücksichtigung von belasteten Vermögenswerten (Asset Encumbrance): Die Verfahren zur frühzeitigen Identifizierung von Liquiditätsengpässen haben auch zu gewährleisten, dass Höhe, Art, Umfang und Entwicklung der Belastung von Vermögensgegenständen zeitnah identifiziert und an die Geschäftsleitung berichtet werden. Dabei sind auch die Auswirkungen von Stressszenarien angemessen zu berücksichtigen.
3	Liquiditätsübersichten: Die Liquiditätsübersichten müssen geeignet sein, um die Liquiditätslage im kurz-, mittel- und langfristigen Bereich darzustellen. Dies hat sich in den Annahmen, die den Mittelzu- und Mittelabflüssen zugrunde liegen, und in der Untergliederung in Zeitbändern angemessen widerzuspiegeln.
4	Bemessung der Liquiditätsreserven: Die Liquiditätsreserven sind so zu bemessen, dass sowohl in normalen Marktphasen als auch in Stressphasen auftretender Liquiditätsbedarf vollständig durch die Liquiditätsreserven überbrückt werden kann.
5	Verrechnungssystem für Liquiditätskosten, -nutzen, -risiken: Es wurde in den Erläuterungen die Erleichterungsregelung für kleinere Institute gestrichen, wonach es bislang ausreichte, nur die Kosten zu verrechnen. Institute mit überwiegend kleinteiligem Kundengeschäft auf Aktiv- und Passivseite und einer stabilen Refinanzierung können den Anforderungen durch ein einfaches Verrechnungssystem gerecht werden.
6	Liquiditätstransferpreissystem: große und (Neu) komplexe Institute müssen ein Liquiditätstransferpreissystem einrichten.
8	Überlebenshorizont in Liquiditätsstresstests: Das Institut hat in Stressszenarien seinen Überlebenshorizont zu ermitteln.
12	Refinanzierungsplan: Das Institut hat einen Refinanzierungsplan aufzustellen, der die Strategien, den Risikoappetit und das Geschäftsmodell angemessen widerspiegelt. Der Planungshorizont hat einen angemessen langen, in der Regel mehrjährigen Zeitraum zu umfassen. Dabei ist zu berücksichtigen, wie sich Veränderungen der eigenen Geschäftstätigkeit oder der strategischen Ziele sowie Veränderungen des wirtschaftlichen Umfelds auf den Refinanzierungsbedarf auswirken. Möglichen adversen Entwicklungen, die von den Erwartungen abweichen, ist bei der Planung angemessen Rechnung zu tragen.

BTR 3.2 Zusätzliche Anforderungen an kapitalmarktorientierte Institute

2	Liquidierbarkeit von Liquiditätsreserven ohne signifikante Wertverluste: Vermögensgegenstände sind »ohne signifikante Wertverluste« liquidierbar, wenn sie auch in Stressphasen und unter Berücksichtigung der Höhe der Position mit hoher

MESSUNG UND LIMITIERUNG VON RISIKEN

	BTR 3 Liquiditätsrisiken, MaRisk 6.0-E [18.02.2016] für die jederzeitige Zahlungsbereitschaft (Auszug)
	Wahrscheinlichkeit eine angemessene Liquiditätswirkung erzielen. Hierzu müssen sie von hoher Bonität, leicht zu bewerten und an auch in Stressphasen ausreichend tiefen und breiten Märkten liquidierbar sein. Die Höhe der in Stressphasen zu erzielenden Liquiditätswirkung spiegelt sich dabei in den vom Institut zu berücksichtigenden Wertabschlägen (»Haircuts«) wider. Es können nur Vermögensgegenstände als Bestandteil der Liquiditätsreserve angesetzt werden, die nachweislich die Voraussetzungen für den vor-gesehenen Liquidierungsweg erfüllen. Eine lediglich voraussichtliche künftige Erfüllung der Voraussetzungen ist nicht ausreichend.
3	Keine Verlängerung von unbesicherter Refinanzierung durch institutionelle Anleger mindestens innerhalb der ersten Woche des Stressszenarios: Im Sinne dieser Anforderung gelten auch Zentralnotenbanken als institutionelle Anleger

Tabelle F – 8: Überblick über Änderungen an das Liquiditätsrisikomanagement nach MaRisk 6.0-E, BTR 3[1319]

1677 Neben diesen besonderen Anforderungen in BTR 3 der MaRisk sind die allgemeinen Anforderungen an das Management der Liquiditätsrisikotragfähigkeit zu beachten, die vor allem bei der **Liquiditätsrisikostrategie** in Wechselwirkung mit der Geschäftsstrategie besondere Anforderungen an das Management einer Bank stellen, da es die Liquiditätsrisikotoleranz formulieren soll, was letztlich nur in enger Wechselwirkung mit der **Liquiditätsrisikotragfähigkeit** des Geschäftsmodells möglich ist.

1678 In der Liquiditätsrisikostrategie ist die Risikotoleranz für das Liquiditätsrisiko festzulegen. Die **Risikotoleranz sollte konsistent zur Geschäftsstrategie** sowie zum **generellen Risikoappetit der Geschäftsleitung sein** und zur Rolle des Instituts im Finanzsystem passen. Außerdem sollte die Risikotoleranz sicherstellen, dass durch ein solides Liquiditätsrisikomanagement in »normalen Geschäftsverläufen« auch längere Stresssituationen überstanden werden können. Die Festlegung der Liquiditätsrisikotoleranz ist somit eine nicht delegierbare Aufgabe der Geschäftsleitung einer Bank.

1679 Dabei muss ein Institut abwägen zwischen einem hohen **Sicherheitsgrad der Liquiditätsreserven** und der **Reduzierung von Liquiditätskosten** sowie **Liquiditätsrisikokosten** und **entgangenen Erträgen** auf der anderen Seite: So gewährleistet ein hoher Bestand hochliquider Wertpapiere in der Liquiditätsreserve einen großen Liquiditätspuffer, da bei Bedarf schnell Mittelzuflüsse durch den Verkauf dieser Wertpapiere generiert werden können. Andererseits

---

1319 Eigene Darstellung auf Basis BaFin (2012.12b), BTR 3.1 und 3.2.

können mit weniger liquiden Wertpapieren möglicherweise höhere Zinserträge erzielt werden.

Die **Liquiditätsrisikotoleranz** sollte umsichtig, konsistent quantitativ, qualitativ festgelegt werden, wobei als strenge Nebenbedingung stets die Sicherstellung der jederzeitigen Zahlungsbereitschaft mit der **Liquiditätsrisikotragfähigkeit** zu beachten ist. Nachfolgend werden **beispielhaft** einige Möglichkeiten aufgezählt, mit denen ein Institut seiner Liquiditätsrisikotoleranz Ausdruck verleihen kann:

1680

- Vorgabe und Überwachung von Schwellenwerten für die tatsächlichen Nettomittelabflüsse einer Bank(engruppe) auf der Basis des Liquidity at Risk-Konzepts und deren Schwankungen im Liquiditätsablauffächer von 1 bis 30 Tage; die Analyse der historischen und künftigen Nettomittelabflüsse mit einem rigorosen Backtesting dient als Frühwarnsystem, um normale von unruhigen Geschäftsverläufen sowie Liquiditätskrisen unterscheiden zu können, was bei der Datenversorgung auch die Analyse der »Zahlungsstromtreiber« bzw. die Kunden- und Handelsgeschäfte mit erhöhten Nettomittelabflüsse einbezieht, um die Ursachen für Liquiditätsabflüsse erkennen und steuern zu können; systemrelevante Banken haben diese Anforderungen auch innertäglich zu erfüllen; die Analyse der Nettomittelabflüsse steht im Krisenfall in enger Wechselwirkung mit der Liquidity Coverage Ratio (LCR), die einen Bestand an hoch qualitativ liquiden Aktiva (HQLA) für den Nettomittelabfluss (NCO) stellt, wobei der LCR-NCO nur auf der Basis der Bilanz mit im Vergleich zur LiqV zum Teil niedrigeren »Abrufraten« geschätzt und erst im Krisenfall zu echten Liquiditätsabflüssen wird, die als Zentralbankgeldabflüsse die Bank verlassen und den Liquiditätspuffer belasten.

- Vorgabe und Überwachung von Mindestgrenzen für die projizierten Liquiditätsüberschüsse und -abflüsse in den Laufzeitbändern des Liquiditätsablaufprofils im Liquiditätsablauffächer (LAF) von 1 bis mindestens 12 Monate, wobei systemrelevante Banken die Liquiditätsfristentransformation über alle Laufzeiten überwachen und steuern müssen; diese Analyse steht in enger Wechselwirkung mit der Net Stable Funding Ratio (NSFR), die bis 12 Monate eine stabile Refinanzierung für die erforderliche Refinanzierung fordert und dabei bilanzorientiert pauschale Anrechnungsfaktoren zu Grunde legt.

- Festlegung von LCR- und NSFR-Schwellenwerten sowie Puffern.

- Definition der Höhe und Zusammensetzung eines Liquiditätspuffers zur Deckung der Nettomittelabflüsse in normalen Geschäftsverläufen, z. B. mit Hilfe des Liquidity at Risk-Konzepts für den Liquiditätsablauffächer 1 bis 30 Tage, sowie für Stresstests, wobei die Inanspruchnahme und der tatsächliche Verbrauch des Liquiditätspuffers aus den Geldflüssen einer Bank für Steuerungszwecke über ein IT-System angemessen transparent zu machen ist.

- Vorgabe und Überwachung von Schwellenwerten für Liquiditätskosten, Liquiditätsrisikokosten, Liquiditätsfristentransformation und somit für die Eigenmittelunterlegung des Liquiditätsrisikos, z. B. mit der Hilfe des Liquidity Value at Risk-Konzepts in normalen Geschäftsverläufen und in Stresstests.

- Vorgaben und Überwachung von Obergrenzen für unbesicherte Refinanzierungen und Einlagenkonzentrationen sowie Abrufkonzentrationen.

- Vorgabe und Überwachung der Liquiditätsfristentransformation bei der kurzfristigen Refinanzierung langfristiger, illiquider Aktiva.

- Vorgaben für eine LCR- und NSFR-konforme Gesamtbankplanung mit Puffern zur vorausschauenden Steuerung der Erfüllung dieser Basel III-Ratios.

- Vorgabe und Überwachung von Schwellenwerten sowie Limiten für das Liquiditätsrisiko in allen wesentlichen Fremdwährungen einer Bank.

1681 **Zusammenfassend** ergeben sich aus den MaRisk vor allem die nachfolgenden Aufgaben für das **Liquiditätsrisikocontrolling** mit Blick auf die **Liquiditätsrisikotragfähigkeit** einer Bank:

- Festlegung der Liquiditätsrisikostrategie und somit auch der Strategie für das Management der Liquiditätsrisikotragfähigkeit einer Bank(engruppe) im Rahmen des SREP.

- Regelmäßige und anlassbezogene Beurteilung der Liquiditätsrisiken und deren Wesentlichkeit sowie deren Auswirkungen auf die Zentralbankgeldnettomittelabflüsse, Liquiditätskosten, Liquiditätsrisikokosten, Liquiditätsrisikokonzentrationen, Liquiditätsrisikotreiber und somit in allen vorgenannten Ebenen auf die Liquiditätsrisikotragfähigkeit der Bank(engruppe).

- Berücksichtigung des Liquiditätsrisikos in der Liquiditätsrisikotragfähigkeit (im Sinne »Volumen-Perspektive«: »time to cash«, »time to liquidity wall«) und der Eigenmittelrisikotragfähigkeit (im Sinne »Preis-Perspektive«: »time to loss«, »time to equity wall«) und deren Wechselwirkungen im Rahmen des SREP.

- Frühwarnsystem für Liquiditätsengpässe bei der Liquiditätsrisikotragfähigkeit vor allem mit Blick auf die Zentralbanknettomittelabflüsse (Liquidity at Risk), den Liquiditätsablauffächer (LAF) sowie die Liquiditäts(risiko)kosten (Liquidity Value at Risk) im Rahmen des SREP.

- Regelmäßige Erstellung eines aussagekräftigen, entscheidungsorientierten Liquiditätsrisikoberichts inkl. der Impulse für die Liquiditätsrisikosteuerung, wobei das Reporting mit Blick auf den oben dargelegten Liquiditätsrisikomanagementkreislauf vor allem folgende Aspekte abdecken sollte: Zentralbanknettomittelabflüsse (Liquidity at Risk), Liquiditätsablauffächer (LAF), Liquiditäts(risiko)kosten (Liquidity Value at Risk), Liquiditätsrisikokonzentrationen, Liquiditätspuffer einer Bank(engruppe) im Rahmen des SREP.

- Regelmäßige Durchführung von Stresstests für Liquiditätsrisiken und Maßnahmenempfehlungen für die ggf. erforderliche Anpassung der Geschäftsstrategie; bei den Liquiditätsrisikostresstests lassen sich unterscheiden: Sensitivitätsanalysen, Szenarioanalysen, inverse Stresstests, die alle das Liquiditätsrisiko und die Liquiditätsrisikotragfähigkeit einer Bank(engruppe) angemessen ursache- und wirkungsbezogen erfassen sollten im Rahmen des SREP.

- Festlegung und angemessene interne Ausgestaltung von Liquiditätskrisenplänen, regelmäßige und anlassbezogene Berichterstattung an die Geschäftsleitung über Liquiditätsrisiken und die Liquiditätsrisikotragfähigkeit sowie mit einem Kommunikationsplan für Liquiditätskrisen im ILAAP.

MESSUNG UND LIMITIERUNG VON RISIKEN

4. Eckpunkte zum Liquiditätsrisikotragfähigkeitskonzept in Banken

4.1. Betriebswirtschaftlicher Rahmen für das Management der Liquiditätsrisikotragfähigkeit in Banken

Liquiditäts-risikoebene	Identifizieren	Ermitteln/ Schätzen	Steuern	Reporting/Überwachen	Organisationsrichtlinien
Dispositive Liquidität: fremdbestimmte Nettomittelabflüsse **Strukturelle Liquidität:** Refinanzierungsstruktur/-kosten bei den **Institutsliquidität** inkl. außerbilanzieller Geschäfte, ggf. unter Beachtung der Muttergesellschaft und aller Tochtergesellschaften eines Konzerns sowie des Wettbewerbs um Liquidität **Produktliquidität** inkl. von Beleihbarkeit, Collateral im Repo/ESZB **Marktliquidität** in Segmenten der Institutsliquidität, insb. Kunden/ Banken/Emissionen/Depot A/ Wettbewerber/ Zentralbank Beanspruchung, Verteilung sowie Mobilisierbarkeit der **Liquiditätsrisikotragfähigkeit (LRTF)**	Zu-/Abflüsse an Liquidität/ Zahlungsströme, inkl. deren Konzentrationen Liquiditätsablauffächer (LAF als Fristenfächer maturity ladder) Einlagen-, Depot A-, Kreditkonzentrationen in Liquiditätsstruktur unter Beachtung von Risiko-, Ertragskonzentrationen Abruf-/Zusagekonzentrationen Liquiditäts-(risiko)kosten/ -nutzen, Liquiditäts-/Bonitätsspreads, Konditionsbeiträge, Opportunitätskosten, Performance **Liquiditätsrisikotragfähigkeit** inkl. EZB-Collateral **Liquidity Collateral Allocation System** inkl. **DATENBASIS**	**Meldewesen:** a) LiqV-Standard (bis 2015) b) Basel III-Ratios LCR (ab 2015), NSFR inkl. Monitoring Tools **Frühwarnindikatoren:** a) Zahlungsströme b) Liquiditätsstruktur c) Margen, Spreads d) Performance e) Kundenvertrauen/ -zufriedenheit f) Wettbewerber g) Marktspannungen **LAF-Analysen LRTF-Analysen @Risk-Analysen:** a) Financial Mobility at Risk b) Liquidity Value at Risk c) Liquidity at Risk **Szenarien:** a) Zahlungsströme b) Bilanzpositionen c) Refinanzierung d) Spreads/Margen e) LiqV-Standard **Stresstests:** (Institut/Markt) a) Statistische Stresstests b) Historische und hypothetische Ereignisstresstests c) Inverse Stresstests	**Maßnahmen:** a) Risikovermeidung b) Risikoverminderung c) Risikoüberwälzung d) Risikoübernahme unter Beachtung der Wechselwirkungen zu allen anderen Risikoarten in Banksteuerung und Liquiditätsrisikotragfähigkeit **Entscheidungsträger:** Vorstand: Risikostrategie Anlageausschuss: strukturelle Liquidität Gelddisposition: kurzfristige Liquidität **Überwachungsträger:** Controlling, Innenrevision, Aufsichtsrat, externe Prüfer, Bankenaufsicht, Sicherungseinrichtung, sonstige **Krisenträger:** Eigentümer, Finanzverbund, Sicherungseinrichtung, Staat, Zentralbank	**Intervall:** innertäglich täglich wöchentlich monatlich quartalsweise jährlich anlassbezogen ad hoc **Inhalte:** Zahlungsströme/Struktur: () vollständig () genau Risikoanalyse: () Nettoabflussverläufe () Liquiditätsrisikotragfähigkeit inkl. »time to cash«/»time to wall« () Modell-/ Schätzgüte Disposition: () Instrumente () Kosten () Erfolg Organisation: () Aufbau, Ablauf () Flexibilität, Notfälle Know How: () Bank () Märkte Reserven: () Höhe, Preis () verfügbar () nachhaltig	Gesamtbankbezogene Liquiditätsrisikostrategie inkl. Liquiditätsrisikotragfähigkeit mit Liquiditätsrisikotoleranz sowie Steuerungs- und Beobachtungslimiten, Frühwarnindikatoren und Eskalations-/ Aggregationsstufen in Analyse, Steuerung und Reporting Regelungen und Arbeitsanweisungen für Treasury (Liquiditätsrisikosteuerung) und Liquiditätsrisikocontrolling Notfall-/Krisenpläne inkl. der Kommunikation an Kunden inkl. institutionelle Kapitalgeber, Bankenaufsicht, Ratingagenturen, Presse, Mitarbeiter, sonstige liquiditätsrelevante Stakeholder Dokumentation der Liquiditätsrisikostrategie, der LRTF sowie aller Liquiditätsrisikosteuerungsentscheidungen

Abbildung F – 57: Einordnung der LRTF in den Liquiditätsrisikomanagementkreislauf in Banken[1320]

1320 Eigene Darstellung.

Der Rahmen für das Management der Liquiditätsrisikotragfähigkeit (LRTF) lässt sich wie in Abbildung F – 57 dargestellt ohne Anspruch auf Vollständigkeit.

4.2. Grundüberlegungen zur GuV-orientierten Liquiditätsrisikotragfähigkeit in Banken

Wie bereits angesprochen müssen Institute nach § 11 KWG ihre Mittel so anlegen, dass jederzeit eine ausreichende **Zahlungsbereitschaft** gewährleistet ist[1321]. Dies bedeutet, während die Insolvenzordnung von Unternehmen die jederzeitige Zahlungsfähigkeit fordert, begründet § 11 KWG in der jederzeitigen Zahlungsbereitschaft ein erhöhtes Anspruchsniveau für die von einem Institut zu deckenden Zahlungspflichten. Demnach muss ein Institut nicht nur Gläubiger befriedigen, sondern es muss zur Wahrung des Vertrauens in die finanzielle Stabilität auch berechtigten Kreditwünschen entsprechen und Einlagen vor deren Fälligkeit auszahlen können. Institute haben somit aufgrund ihrer besonderen Stellung de facto nicht die Möglichkeit, Zahlungstermine auch nur geringfügig zu überschreiten, da andernfalls ein Vertrauensverlust möglicherweise zum Abzug liquider Mittel führt.

Das von Instituten angebotene Leistungsspektrum bewirkt, dass die **Geldflüsse** von Banken komplex und häufig ineinander verflochten sind. Institute führen eine Betrags-, Währungs-, Risiko-, Fristen-, Liquiditätstransformation zwischen Kapitalangebot und -nachfrage durch. Sie gewähren Kunden vielfältige Verfügungs- und Wahlrechte (implizite Optionen) in Produkten. Dies hat zur Folge, dass die Zahlungsströme eines Instituts weitgehend durch Kunden bestimmt sind.

Wie bereits dargelegt darf sich ein Institut aufgrund der Fremdbestimmtheit der Zahlungsströme nicht darauf verlassen, dass ihm künftig nicht mehr Mittel abfließen, als dies in der Vergangenheit der Fall war. Für kapitalmarktorientierte Institute kann das Risiko der Anschlussfinanzierung besonders akut werden, wenn sich für die Liquiditätslage bedeutende Kapitalgeber entscheiden, ihre Kapitalüberlassung nur zu deutlich erhöhten Konditionen fortzusetzen oder im Extremfall in kurzer Zeit hohe Einlagenbeträge abziehen. Die jederzeitige Zahlungsbereitschaft eines Instituts bedeutet somit, dass das Liquiditätsrisikomanagement jederzeit in der Lage sein muss, alle berechtigten Auszahlungserfordernisse des Instituts und damit auch größere Nettomittelabflüsse als bisher angemessen zu decken. Das **Liquiditätsrisiko** be-

---

[1321] Vgl. ebenso u. a. *Zeranski* (2012b), S. 2593–2630.

zeichnet die Gefahr, dass ein Institut seine Zahlungspflichten nicht erfüllt, wenn es seine Nettomittelabflüsse nicht in voller Höhe fristgerecht deckt.

1686 Die Liquidität ist zwingende **Voraussetzung für das Erfolgsstreben** und die Reputation eines Instituts. Erfolgsrisiken können auch liquiditätswirksam sein, vor allem das Marktpreis-, Ausfall- und Absatzrisiko. Das Marktpreisrisiko tritt z. B. beim Kursverfall von beleihbaren Wertpapieren liquiditätswirksam ein, weil sich der Refinanzierungsspielraum verkürzt. Das Ausfallrisiko bezieht sich auf Beteiligungen, Kredite und Eigenanlagen, aber auch auf die Bonität des Instituts selbst, die bei einer Verschlechterung zu höheren Refinanzierungskosten führen kann. Aus dem Absatzrisiko wird ein Liquiditätsrisiko, wenn Kunden ihre Einlagen abziehen, weil sie mit dem Angebot des Instituts nicht mehr zufrieden sind.

1687 Das Liquiditätsrisiko resultiert aus den täglichen **Nettozahlungsmittelabflüssen** und somit aus den Zahlungsstromfluktuationen eines Instituts. Für die Liquiditätsrisikoposition stellen die fremdbestimmten Zahlungsströme die Risikogröße dar und nicht interne Zahlungen aus Bilanzbestandsbewegungen bzw. Umschichtungen. Das Liquiditätsrisiko belastet **das ökonomische Kapital**, wenn die Deckung der Nettozahlungsmittelabflüsse zu liquiditätsbedingten Mindererlösen führt, wobei sich dabei aktivische, passivische, außerbilanzielle Liquiditätsbedarfe und Opportunitätskosten als entgangene Erträge aus dem Vorhalten einer Liquiditätsreserve für die Zahlungsbereitschaft unterscheiden lassen.

1688 Die **Liquiditätsrisikotragfähigkeit** in Banken muss demnach stets die Nettozahlungsmittelabflüsse aus dem **normalen Geschäftsbetrieb** abdecken und **zusätzlich gemäß der Liquidity Coverage Ratio (LCR) eine Liquiditätskrisenreserve für mindestens 30 Tage an hochqualitativen liquiden Aktiva (HQLA)** vorhalten, die nur auf pauschalen Vorgaben der Aufsicht beruht und ggf. nach der institutsspezifischen Überprüfung der Zahlungsstromschwankungen (inkl. der Run off-Faktoren) höher als die LCR-Mindestvorgaben vorgehalten werden muss, wobei regulatorisch bedingt kapitalmarktorientierte Institute im Stress in der ersten Woche »ohne die EZB agieren« sollen. Dies verdeutlicht Abbildung F – 58.

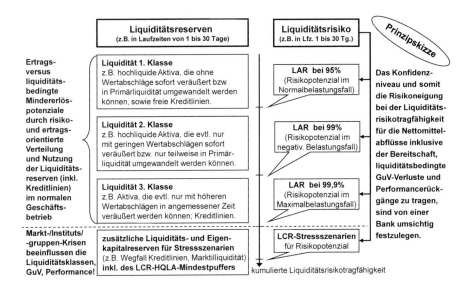

Abbildung F – 58: Prinzipdarstellung zur Diskussion der Liquiditätsreserven in der bankbetrieblichen Liquiditätsrisikotragfähigkeit für normale, unruhige und extreme Liquiditätsverläufe[1322]

Die **Liquiditätsallokation in der Liquiditätsrisikotragfähigkeit** ist elementarer Bestandteil der Kalkulation des liquiditätsmäßig-finanziellen Bereichs, die den Wertbeitrag der bankbetrieblichen Transformation ermittelt, zumal »Liquidität und Risiken« die Rohstoffe des Bankgeschäfts« sind. Für die **Umsetzung** der **MaRisk-Anforderungen** an ein **Liquiditätsverrechnungssystem** können unter Beachtung der CRR- und EBA-Regelungen folgende **Arbeitsdefinitionen für die Praxis** festgehalten werden, die **institutsspezifisch in die Bankkalkulation der Gesamtbanksteuerung** und das mehrstufige Deckungsbeitragsschema inklusive Vor- und Nachkalkulation mit einer sorgfältigen Abwägung aller Vor- und Nachteile bei der Anwendung des Gegenseiten-, Opportunitäts- und Engpasskonzepts in der Liquiditätsverrechnung für normale, unruhige und extreme Geschäftsverläufe zu integrieren sind, zumal die bisherigen Ansätze der Marktzinsmethode die Liquiditätskalkulation vernachlässigt haben:[1323]

1689

1322 In Anlehnung an *Rempel-Oberem/Zeranski* (2008), S. 10; *Zeranski* (2005), S. 95.
1323 In Anlehnung an *Zeranski/Gebauer* (2013); *Zeranski* (2016).

MESSUNG UND LIMITIERUNG VON RISIKEN

- **Liquiditätskosten** sind in der Bankkalkulation als liquiditätsbedingte Vermögensverluste definierbar, die sich direkt oder indirekt negativ auf die GuV und/oder die Performance eines Instituts auswirken können, wobei diese aus regulatorischer und betriebswirtschaftlicher Sicht unterscheidbar sind und in normalen, unruhigen sowie extremen Geschäftsverläufen auftreten.

- **Liquiditätsnutzen** sind in der Bankkalkulation als liquiditätsbedingte Vermögensvorteile definierbar, die sich direkt oder indirekt positiv auf die GuV und/oder die Performance eines Instituts auswirken können, wobei diese aus regulatorischer und betriebswirtschaftlicher Sicht unterscheidbar sind und in normalen, unruhigen sowie extremen Geschäftsverläufen auftreten.

- **Liquiditätsrisikokosten** sind in der Bankkalkulation als liquiditätsbedingte Vermögensverluste definierbar, die sich direkt oder indirekt negativ auf die Zahlungsbereitschaft und die Liquiditätsreserven eines Instituts auswirken können, wobei diese aus regulatorischer und betriebswirtschaftlicher Sicht unterscheidbar sind und in normalen, unruhigen sowie extremen Geschäftsverläufen auftreten.

- **Liquiditätsrisikonutzen** sind in der Bankkalkulation als liquiditätsbedingte Vermögensvorteile definierbar, die sich direkt oder indirekt positiv auf die Zahlungsbereitschaft und die Liquiditätsreserven eines Instituts auswirken können, wobei diese aus regulatorischer und betriebswirtschaftlicher Sicht unterscheidbar sind und in normalen, unruhigen sowie extremen Geschäftsverläufen auftreten.

1690 **Für die Umsetzung des Liquiditätsverrechnungssystems in der Bankpraxis ist folgende Sichtweise zur Gesamtbanksteuerung voranzustellen:** Grundsätzlich ist entsprechend der Vorgehensweise der Marktzinsmethode eine betriebswirtschaftliche Trennung in Zins- und Liquiditätsrisikomanagement vorzunehmen, wozu zwingend jeweils eine Trennung in Vor- und Nachkalkulation gehört, die auch auf die Liquiditätsrisikotragfähigkeit anzuwenden ist.

1691 **Einführendes Beispiel zur Passivseite**, das institutsspezifisch anzupassen ist:

1692 Legt eine Bank eine stabile Kundeneinlage, die mit einem Kundenzinssatz von 1 % hereingenommen wurde, zu 2 % auf dem für Sie relevanten Markt an, entsteht daraus ein **Liquiditätsnutzen** von 1 %. Zahlt die Bank dem Kunden dagegen 3 %, um die Liquidität zu behalten, entstehen **Liquiditätskosten** von 1 %, die dem Vertrieb als negatives Vertriebsergebnis mitunter durch einen Bonus ausgeglichen werden (müssen), um ihm Anreize zu geben, dass er die Einlage aus Liquiditätsgründen für die Gesamtbank weiterhin in der Bilanz »erhält«.

Als **Kalkulationsprinzip** wird das **Gegenseitenkonzept** der Liquiditätsverrechnung angewendet, um im sog. Going-Concern sicherzustellen, dass bereits am Einzelgeschäft auf der Passivseite liquiditätsbedingte Gewinne und Verluste erkennbar und somit steuerbar werden, d. h., vereinfacht formuliert: »Auf der Aktivseite muss mindestens der Einkaufspreis der Liquidität von der Passivseite verdient werden.«

Hat die Bank für die stabile Einlage eine Abrufwahrscheinlichkeit (»Run off-Faktor«) von 7 % bankintern ermittelt, bedeutet dies, dass sie 7 % der stabilen Einlage als betriebswirtschaftliche Liquiditätsreserve vorhalten muss, die in dieser Höhe **betriebswirtschaftliche Liquiditätsrisikokosten** verursacht, während die LCR z. B. einen Abruffaktor von 5 % vorsieht und somit den Aufbau einer regulatorischen Liquiditätsreserve fordert und damit **regulatorische Liquiditätsrisikokosten** verursacht. Stellt sich im Backtesting heraus, dass die Kundeneinlage nicht stabil ist, sind die betriebswirtschaftlichen und regulatorischen Liquiditätsrisikokosten anzupassen mit den entsprechenden Auswirkungen auf die Allokation der Liquiditätsreserven in der Liquiditätsrisikotragfähigkeit einer Bank(engruppe).

Da auch **neue Kundeneinlagen** im Stressfall abgerufen werden können, ist auch dafür die Liquiditätsreserve anzupassen, wobei für die **betriebswirtschaftlichen Liquiditätsrisikokosten** die bankintern ermittelten Run off-Faktoren und für die **regulatorischen Liquiditätsrisikokosten** die regulatorischen Run off-Faktoren maßgeblich sind, die sich i. d. R. unterscheiden werden, da die Aufsicht angesichts der Komplexität und Vielschichtigkeit des Finanzsystems nur pauschale Faktoren vorgeben kann, die daher stets institutsspezifisch zu überprüfen sind.

Einführendes Beispiel zur Aktivseite, das institutsspezifisch zu integrieren ist:

Vergibt eine Bank Kundenkredite, die im sog. EZB-Pfandkonto als Sicherheit (eligible loans) genutzt werden können, entsteht daraus ein **Liquiditätsrisikonutzen**, weil sich die Liquiditätsreserven der Bank bei Refinanzierung über die nationale Zentralbank im ESZB[1324] erhöhen und sie sich im Liquiditätskrisenfall marktunabhängig Liquidität beschaffen kann; unbenommen davon erspart sich die Bank damit im normalen Geschäftsverlauf bei Auf-

---

1324 Europäisches System der Zentralbanken.

nahmen im ESZB den institutsspezifischen Credit Spread in den Refinanzierungsaufwendungen als **Liquiditätsnutzen**.

1698 Werden neue Kundenkredite konform zur NSFR nur mit neuen Kundeneinlagen refinanziert, können aus dem Preiskampf um neue Kundeneinlagen **Liquiditätskosten** als liquiditätsbedingte Vermögensverluste entstehen, wenn die Liquidität zu teuer eingekauft wird, zumal unbesicherte Interbankeneinlagen keine stabile Refinanzierung im NSFR-Sinne darstellen und somit aus regulatorischer Sicht nicht mehr als Opportunität und Finanzierungsalternative ohne erhöhte regulatorische Liquiditätsreserveanforderungen »unbegrenzt zur Verfügung stehen«.

1699 Als **Kalkulationsprinzip** wird erneut im normalen Geschäftsbetrieb stets zunächst das Gegenseitenkonzept der Liquiditätsverrechnung angewendet, um im sog. Going-Concern sicherzustellen, dass bereits am Einzelgeschäft auf der Aktivseite liquiditätsbedingte Gewinne und Verluste erkennbar und somit steuerbar werden, d. h., stark vereinfacht formuliert: »Die Aktivseite muss den Einkaufspreis der Liquidität von der Passivseite angemessen berücksichtigen.«[1325]

1700 Nach der **Identifizierung der Liquiditätskosten, -nutzen, -risiken** sind diese bei der **Steuerung der Geschäftsaktivitäten** zu berücksichtigen. Hierzu können die Liquiditätskosten über die Bepreisung von Produkten und Dienstleistungen sowie Transaktionen an Kunden und Geschäftspartner weitergegeben werden oder die Liquiditätskosten, -nutzen und Liquiditätsrisikokosten werden zumindest im Rahmen eines internen Verrechnungssystems den betreffenden Abteilungen belastet. Auf jeden Fall sollten Institute eine möglichst große Transparenz über die Liquiditätskalkulation im Hause schaffen und die Erkenntnisse bei der Performancemessung entsprechend berücksichtigen. Nur so können Fehlanreize zur Übernahme von zu hohen Liquiditätsrisiken vermieden werden.

1701 Vor diesem Hintergrund stellt die **Liquiditätsverrechnung die Gesamtbanksteuerung** künftig vor neue Herausforderungen: Grundsätzlich müssen bei allen Produkten die Einstandssätze grundlegend überdacht werden, zumal die Geld- und Kapitalmärkte bei einer LCR- und NSFR-konformen Refinan-

---

1325 Die Fehlsteuerungsimpulse des sog. Opportunitätskonzepts, die in der Finanzkrise und in der aktuellen Niedrig- und Negativzinsphase zu Tage traten, wurden vermieden, zumal dieses sog. Gleichseitenkonzept am Einzelgeschäft nicht unmittelbar den Erfolg ermittelt, der sich in letzter Konsequenz stets aus der Gegenüberstellung von Ertrag und Aufwand ergibt. Beispiel: Es wird Kredit wird mit der Anlage in einer deutschen Bundesanleihe verglichen und dabei »in der Regel der höhere Einkaufspreis der Liquidität auf der Passivseite vergessen«.

zierung unbesicherte Geld- und Kapitalmarktrefinanzierungen (grundsätzlich) nicht mehr »favorisieren«, d. h., **die Zinssätze am Geld- und Kapitalmarkt (GKM) sind »nicht mehr ohne weiteres« als Einstandssätze anwendbar, da in den GKM-Zinssätzen die regulatorischen LCR-NSFR-Effekte angemessen zu berücksichtigen sind, was ein regelmäßiges Backtesting der LCR-Run off-Faktoren beinhaltet,** was sich wiederum auf die Liquiditätsrisikotragfähigkeit auswirkt.

Die Anforderungen an die **Höhe und Zusammensetzung der Liquiditätsrisikotragfähigkeit** werden letztlich maßgeblich durch die **Ergebnisse der Liquiditätsrisikostresstests** geprägt (siehe Abbildung F – 59), die notwendig sind, um die Angemessenheit der Liquiditätsreserven und somit der Liquiditätsrisikotragfähigkeit für den Stressfall institutsspezifisch zu überprüfen, zumal die Liquidity Coverage Ratio nur pauschale Annahmen beinhaltet, die alle institutsspezifisch laufend zu überprüfen sind:

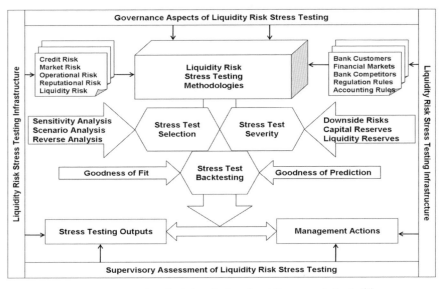

Abbildung F – 59: *Formeller Rahmen für Liquiditätsrisikostresstests in Banken*[1326]

1326 In Anlehnung an *CEBS* (2010.08), S. 4.

1703 Für die Ableitung von Liquiditätsrisikostresstests ist eine ursache- und wirkungsbezogene Analyse des Liquiditätsrisikos unverzichtbar. Andernfalls besteht die Gefahr, dass Stresstests »Ursache« (A) mit »Wirkung« (B) verwechseln und Liquiditätsrisikosteuerungsmaßnahmen im Stressfall zu kurz greifen. Im Einzelnen lassen sich bei der Diskussion von Liquiditätsrisikostresstests (LST) in Banken fünf Ebenen unterscheiden: (1) LST auf der strategisch-taktischen Bankgeschäftsebene, (2) LST auf der operativen Bankgeschäftsebene, (3) LST auf der Zahlungsstromebene der Bank, (4) LST auf der Vermögensebene der Bank, (5) LST auf der Reserve- und Mobilitätsebene, wobei (1) bis (5) auch das ökonomische Kapital (C) einer Bank für die Bewältigung von Eigenmittel- und Liquiditätsrisiken betreffen:

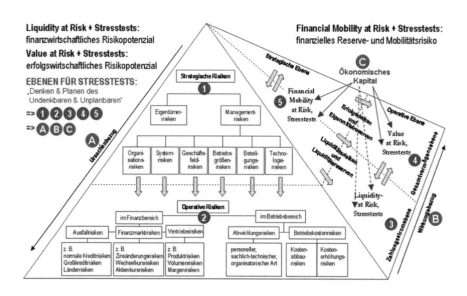

Abbildung F – 60: Materieller Rahmen für Liquiditätsrisikostresstests in Banken[1327]

1704 Die **Bankenaufseher** beschäftigen sich u. a. auch detailliert mit **Liquiditätsstresstests** und sprechen damit die vom Management zu beantwortende Frage an, wie lange der Stresszeitraum sein kann, den ein Institut in der Krise zu überstehen hat. Dies kann zum Beispiel bedeuten, dass der **institutsspezifisch abgeleitete Liquiditätsstressfall nicht angemessen** ist, wenn sich **Stressszenarien** einer Bank **im Bereich der normalen Zahlungs-**

[1327] Vgl. *Zeranski/Gebauer* (2013), S. 422.

stromschwankungen bewegen, was sich durch Prüfer leicht anhand von Liquidity at Risk-Auswertungen (Liquidity at Risk-Backtesting anhand der tatsächlichen Nettozahlungsmittelabflüsse bzw. Net Cash Outflows) und dem Vergleich mit den Liquidity Coverage Ratio-Analysen (LCR-Backtesting) erkennen lässt und deshalb von der **Aufsicht** zu Recht **höhere Liquiditätsanforderungen im Stressfall** an das einzelne Institut gestellt werden müssen. Zusammenfassend lässt sich der **formelle und materielle Rahmen für die Liquiditätsrisikotragfähigkeit in Banken** wie in Abbildung F – 61 dargestellt skizzieren:

Liquidity Risk Taking Capacity under different views		Timeframe		
View	Definition	Short-term LCR focus	Medium-term	Long-term
Business -as-Usual View	Projections according to Business Plan	Readily available funds to offset Business-as-Usual Net Funding Gap + Liquidity P&L Gap + Projected Gap Evaluation incl. Liquidity at Risk Backtesting		
Planned Stress View	Projections according to stressed business plan under Planned Scenarios	Readily available funds to offset Business-as-Usual Net Funding Gap + Planned additional funds to offset Incremental Planned Stress Net Funding Gap + Liquidity P&L Gap + Projected Gap Evaluation incl. Liquidity at Risk & LCR Backtesting		
Protracted Stress View	Readying the business for Protracted Stress scenarios, more severe and/ or longer stresses	Readily available funds to offset Business-as-Usual Net Funding Gap + Planned additional funds to offset Incremental Planned Stress Net Funding Gap + Liquidity P&L Gap + Other fund generation through Contingency Funding Plan to offset Incremental Protracted Stress Net Funding Gap + Liquidity P&L Gap + Projected Gap Evaluation incl. Liquidity at Risk & LCR-Backtesting		

Abbildung F – 61: Formeller und materieller Rahmen für die Liquiditätsrisikotragfähigkeit in Banken[1328]

Nachdem eine Bank(engruppe) diesen formellen und materiellen Rahmen für die Liquiditätsrisikotragfähigkeit institutsspezifisch in der Gesamtbanksteuerung umsichtig diskutiert und schriftlich fixiert hat, besteht der nächste Schritt in der liquiditätsorientierten Anpassung des Deckungsbeitragsschemas für die Vor- und Nachkalkulation aller Produkte (und zusätzlich in größeren Instituten für alle liquiditätsrelevanten Transaktionen) aus der Gesamtbankperspektive, was eng mit einer liquiditätsorientierten Anpassung der GuV-Limite einhergeht, um alle liquiditätsbedingten Mindererlöse und Verluste (»Liquidity

---

1328 In Anlehnung an *Zeranski/Gebauer* (2013), S. 356–444.

Profit & Loss Gap, kurz: Liquidity P & L Gap«) zu decken, die eng mit einer wertorientierten Steuerung der Liquiditätsrisikotragfähigkeit verknüpft sind, die im nun folgenden Abschnitt behandelt wird.

4.3. Grundüberlegungen zur wertorientierten Liquiditätsrisikotragfähigkeit in Banken

1706   Wird die erforderliche Verknüpfung von kurzfristigem und strukturellem Liquiditätsrisikomanagement zur Bewältigung von Liquiditätsrisikostresssituationen (Abbildung F – 62) betrachtet, besteht eine zentrale Herausforderung für das Liquiditätsrisikocontrolling darin, bei der Analyse der Net Cash Outflows und der Liquidity Cost Benefit Allocation mit Hilfe des Liquidity at Risk (LAR)- und des Liquidity Value at Risk (LVaR)-Konzepts bei den Liquiditätsrisikostresstests alle Auswirkungen anderer Risikoarten auf die Liquidität eines Instituts sowie alle Impulse von der Liquiditätsrisikosteuerung für alle anderen Risikoarten angemessen zu berücksichtigen.

1707   Gleichzeitig muss die Liquiditätsrisikoanalyse wie oben im formellen und materiellen Rahmen für die Liquiditätsrisikotragfähigkeit angesprochen bei der Überwachung der Nettomittelabflüsse sowie der liquiditätsbedingten Mindererlöse und Verluste sicherstellen, dass eine klare Trennung zwischen Normal- und Stressszenarien vorliegt, um rechtzeitig den Wechsel zwischen Normal- und Stressszenarien zu erkennen und eine angemessene Eskalation in der Liquiditätsrisikomanagementintensität zur **Aktivierung der Liquiditätsrisikotragfähigkeit** sicherzustellen.

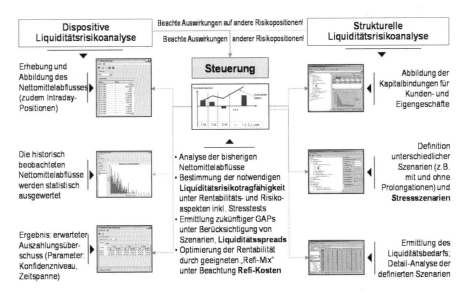

Abbildung F – 62: Zusammenspiel von dispositivem, strukturellem Liquiditätsrisikocontrolling und Liquiditätsrisikotragfähigkeit für normale und extreme Liquiditätsverläufe in Banken[1329]

Wie bereits angesprochen dürfen sich Stressszenarien nicht im Bereich der Normalszenarien bewegen, weil das Liquiditätsrisikomanagement sonst extreme Liquiditätsrisiken systematisch unterschätzt und die **Liquiditätsrisikotragfähigkeit sonst zu klein sein könnte.** Liquiditätsrisikostressszenarien aus der Liquiditätsstrukturanalyse müssen daher zunächst anhand der Nettomittelabflüsse und liquiditätsbedingten Verluste unter Berücksichtigung der Erfolgs- und Liquiditätskonzentrationen aus dem normalen Geschäftsbetrieb auf Plausibilität geprüft, d. h. u. a.

1. Stressszenarien für die Nettomittelabflüsse müssen die LAR-Werte aus einem normalen Geschäftsbetrieb eines Instituts übersteigen
2. Stressszenarien für Liquiditätskosten und -risikokosten müssen die LVaR-Werte aus einem normalen Geschäftsbetrieb eines Instituts übersteigen.

Für die Ableitung von Stressszenarien aus der Liquiditätsstruktur, die für eine wertorientierte strukturelle Liquiditätsrisikoanalyse mit Hilfe einer Liquiditätsprojektion zum Beispiel in der Liquiditätsablaufbilanz als einfache Variante des Liquiditätsablauffächers ableitbar ist, kann im ersten Schritt beispielsweise ein

---

1329 Quelle: *ifb AG/parcIT GmbH* (o. J.).

Spread-Shift für die Refinanzierungsdauer ermittelt werden, der u. a. Marktvolatilität und Downgrade-Risiko beinhaltet. Dies zeigt Abbildung F – 63:

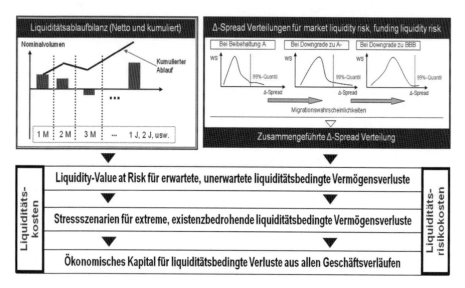

Abbildung F – 63:   *Stresstests und LVaR für die wertorientierte Analyse der Liquiditätsrisikotragfähigkeit in Banken*[1330]

1710   Mit Hilfe des projizierten Spread-Shifts wird die Verteuerung der geplanten Refinanzierung im normalen Geschäftsbetrieb geschätzt, die aktivisch und passivisch zu schlechteren Konditionen erfolgen kann. Das für den normalen Geschäftsbetrieb so ermittelte Kostenrisiko ist die Basis für den Liquidity Value at Risk (Abbildung F – 64), der um Stressszenarien für extreme liquiditätsbedingte Vermögensverluste zu ergänzen ist, die das ökonomische Kapital aus Liquiditätsgründen belasten können und somit die Liquiditätsrisikotragfähigkeit einer Bank(engruppe) betreffen.

1711   **Ereignisstressszenarien** für Liquiditätskrisen beschäftigen sich mit negativen Entwicklungen für die bankbetriebliche Liquiditätsausstattung, die zu liquiditätsbedingten Liquiditätsverlusten und Eigenmittelbelastungen führen können und sich somit negativ auf das ökonomische Kapital und die Liquiditätsrisikotragfähigkeit eines Instituts auswirken. Folgende Stressszenarien können als Basis dienen, um die »Liquiditätsverwundbarkeit« einer Bank zu

---

[1330] Vgl. *Zeranski* (2012a), S. 218.

diskutieren, wobei die Szenarien institutsspezifisch aus einem vernetzten Gesamtbankrisikoverständnis abzuleiten sind:

- vollständiger oder teilweiser Abzug von Interbankeneinlagen
- starker Abzug der Spareinlagen, z. B. Verlust an andere Geldmarktkonten
- Kursverfall der Wertpapiere im Depot A und EZB-Pfandkonto
- Liquiditätskostenerhöhung, z. B. auch als Margenrückgang aus dem »Einlagenwettbewerb«
- Rating-Verschlechterung, Gerüchte über »Bankengruppenprobleme, Finanzverbundprobleme«
- Zinsshift, z. B. +200 Bp/–200 Bp, mit Kündigungen aufgrund der starken Zinsänderung
- Emissionen sind nicht mehr bei Kunden und im Markt wie bisher platzierbar (Roll-Over-Risiko)
- hohe Neugeschäftsvolumina, ggf. verbunden mit strukturellem Wandel der Bankbilanz
- erhöhte Inanspruchnahme von Kreditlinien, Liquiditäts-, Kreditzusagen, Bürgschaften
- veränderte Zahlungsströme strukturierter Geschäfte wegen speziellen Marktlagen
- geringe Liquidität von Märkten unter angespannten Marktbedingungen
- negative Auswirkungen von Risikokonzentrationen bei Einlagen inkl. Großkunden
- negative Auswirkungen von Risikokonzentrationen bei Anlagen inkl. Depot A.

Werden die Risikotreiber für die **Liquiditätsrisikotragfähigkeit** eines Instituts in integrativen Liquiditätsrisikostresstests **wertorientiert mit Blick auf die Performance** aus der Sicht des Liquidity Value at Risk (nachfolgend in Abbildung F – 36 kurz als Liquidity VaR bezeichnet) betrachtet, sind neben Volumen- auch GuV- und Performance- sowie Konzentrationskomponenten integriert zu betrachten, um extreme Liquiditätskosten zu ermitteln und wirksame Steuerungsmaßnahmen zur Krisenbewältigung vorzubereiten.

Bei integrativen Liquiditätsrisikostresstests in einer integrierten Gesamtbanksteuerung können neben den Liquiditätsrisiken und den Liquiditätssteuerungsmaßnahmen zum Beispiel auch Adress-, Marktpreis-, Vertriebs- sowie operationelle und Reputationsrisiken analysiert und für die Liquiditätsrisikotragfähigkeit als Risikotreiber variiert werden (Abbildung F – 64):

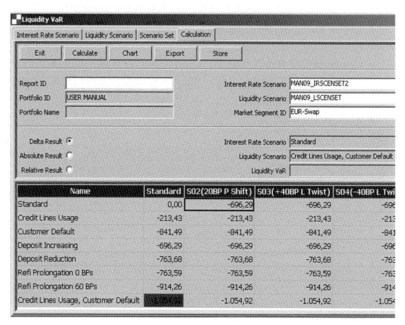

Abbildung F – 64: Auswertungsprofil zu Stresstests und LVaR für die wertorientierte Analyse der Liquiditätsrisikotragfähigkeit in Banken[1331]

1714 Bei integrativen Liquiditätsrisikostresstests in einer integrierten Gesamtbanksteuerung können neben den Liquiditätsrisiken und den Liquiditätssteuerungsmaßnahmen zum Beispiel auch Adress-, Marktpreis-, Vertriebs- sowie operationelle und Reputationsrisiken analysiert und für die Liquiditätsrisikotragfähigkeit als Risikotreiber variiert werden.

1331 Quelle: COPS GmbH (o. J.).

5. Zusammenfassung und Ausblick auf die Zukunft

»Es ist schwer, wenn erst einmal Liquiditätsschwierigkeiten eingetreten sind, Kredite zu ihrer Überbrückung zu erhalten, da dann das Vertrauen sehr oft nicht mehr ausreicht, um das Risiko für den Kreditgeber erträglich zu machen.«[1332]

Banken führen eine Betrags-, Währungs-, Risiko-, Fristen-, Liquiditätstransformation zwischen Kapitalangebot und -nachfrage durch. Sie gewähren Kunden vielfältige Verfügungs- und Wahlrechte in Produkten. Dies hat zur Folge, dass die **Zahlungsströme einer Universalbank** weitgehend durch Kunden bestimmt sind. Aufgrund der Fremdbestimmtheit der Zahlungsströme darf sich ein Institut nicht darauf verlassen, dass ihm künftig nicht mehr Mittel als bisher abfließen. Die **jederzeitige Zahlungsbereitschaft (§ 11 KWG)** bedeutet, dass eine Bank mit ihrer der Liquiditätsrisikotragfähigkeit jederzeit in der Lage sein muss, alle berechtigten Auszahlungserfordernisse und auch größere Nettomittelabflüsse als in der Vergangenheit zu decken, womit auch liquiditätsbedingte Verluste einhergehen können, die das ökonomische Kapital belasten und das Erfolgsstreben einschränken.

1715

Mit der aktuellen Finanzkrise wurde deutlich, dass die **»Liquidität nicht immer der Bonität folgen muss«** und einer eigenständigen Steuerung bedarf, um finanzielle Schieflagen möglichst zu vermeiden und ggf. aus eigener Kraft bewältigen zu können, womit liquiditätsbedingte Vermögensverluste einhergehen. Es reicht nicht mehr aus, sich nur auf die Bonität und Ertragskraft eines Instituts zu konzentrieren. Banken müssen ihre Liquidität steuern und benötigen dafür ein angemessenes **Management der Liquiditätsrisikotragfähigkeit.** Die MaRisk fordern 2016, dass Institute in Liquiditätsstresstests ihren Überlebenshorizont ermitteln, was »time to wall« bedeutet.

1716

Basel III sieht (noch) **keine explizite Eigenkapitalunterlegungspflicht** in der Säule I und II **für das Liquiditätsrisiko** analog zum sog. Basel II-Zinsschock vor, was bei der Weiterentwicklung der Liquiditätsrisikoanalysen z. B. in Basel IV denkbar ist und betriebswirtschaftlich zwingend wäre, zumal **weder LCR noch NSFR explizit liquiditätsbedingte Vermögensverluste ermitteln.**

1717

Bei der Frage, inwieweit das **Liquiditätsrisiko sinnvoll in die Risikotragfähigkeit** einbezogen werden kann, ist zwischen dem Zahlungsunfähigkeitsrisiko und dem Liquiditätsfristentransformationsrisiko zu unterscheiden, wobei letzteres in ein Erfolgsrisiko mündet, wenn Liquiditäts(risiko)kosten nicht

1718

1332 *Strobel* (1953), S. 205.

überwälzbar sind und die GuV und/oder die Performance belasten. Aufgrund der materiell »digitalen« Natur des Liquiditätsrisikos als Zahlungsunfähigkeitsrisiko kann angenommen werden, dass die Liquiditätsbedarfe bei drohender Zahlungsunfähigkeit im Regelfall nicht durch Eigenkapital gedeckt werden können.

1719 Für die **Liquiditätsrisikotragfähigkeit in Banken** kann festgehalten werden, dass sie das Management aller Liquiditätsreserven für die jederzeitige Zahlungsbereitschaft eines/r Instituts/gruppe unter Berücksichtigung der damit einhergehenden Liquiditätskosten und Liquiditätsnutzen sowie der Liquiditätsrisikokosten und Liquiditätsrisikonutzen erfordert, was in einer modernen Gesamtbanksteuerung nur mit einem leistungsfähigen, integrierten, gesamtbankweiten IT-System für alle Liquiditätsreserven im Sinne eines Refinanzierungsregisters als **Liquidity Collateral Allocation Management System (LCAM)** realisierbar ist, das in enger Wechselwirkung mit der **Steuerung der Erfüllung der Liquidity Coverage Ratio (LCR)** stehen muss, um Liquiditätskrisen selbst erfolgreich bewältigen zu können.

1720 Die **Liquiditätsrisikotragfähigkeit** in Banken muss stets die Nettomittelabflüsse aus dem **normalen Geschäftsbetrieb** abdecken und **zusätzlich gemäß der Liquidity Coverage Ratio (LCR)** eine Liquiditätskrisenreserve für 30 Tage an **hochqualitativen liquiden Aktiva (HQLA)** vorhalten, die auf pauschalen Vorgaben beruht und daher nach der institutsspezifischen Überprüfung evtl. höher als die LCR-Mindestvorgaben vorgehalten werden muss.

1721 Die **Liquiditätsallokation in der Liquiditätsrisikotragfähigkeit** ist Bestandteil der Kalkulation des liquiditätsmäßig-finanziellen Bereichs, die den Wertbeitrag der Banktransformation ermittelt, zumal »Liquidität und Risiken die Rohstoffe des Bankgeschäfts« sind. Nachdem eine Bank(engruppe) den formellen und materiellen Rahmen für die Liquiditätsrisikotragfähigkeit fixiert hat, muss das **Deckungsbeitragsschema** für die **Vor- und Nachkalkulation** aller Produkte angepasst werden, was eng mit einer liquiditätsorientierten Anpassung der **GuV-Limite** einhergeht, um alle liquiditätsbedingten Mindererlöse und Verluste zu decken. Eine wertorientierte Analyse der Liquiditätsrisikotragfähigkeit kann mit Hilfe des Liquidity Value at Risk-Konzepts auf der Basis von Liquiditätsprojektionen erfolgen.

IV. Operationelles Risiko[1333]

1. Einleitende Worte und Definition

Das operationelle Risiko ist sowohl bei der Eigenkapitalunterlegung gem. Verordnung (EU) Nr. 575/2013[1334] als auch spätestens seit der Veröffentlichung der MaRisk vom 20.10.2005[1335] ein fester Bestandteil bei der Risikoanalyse. Gemäß den MaRisk ist das operationelle Risiko den wesentlichen Risikoarten[1336] zuzurechnen und somit bei der Gegenüberstellung von Risiken und Risikodeckungspotenzial zu berücksichtigen.

Abgesehen von den aufsichtsrechtlichen Vorgaben erscheint die Beschäftigung mit dem operationellen Risiko auf der Analyseebene zielführend, weil mit der Analyse möglicher potentieller Risiken zukünftige hohe Schäden und Kosten vermieden werden können. Darüber hinaus sollten Versicherungsprämien den potentiellen und historischen Schäden gegenübergestellt und ggf. über die Notwendigkeit entschieden werden, Versicherungen zu kündigen oder neu abzuschließen. Folglich ist das operationelle Risiko, abgesehen von der Messung, auch eine Managementfrage und letztendlich eine Frage von Transparenz und Motivation eines jeden Mitarbeiters, die notwendige Initiative für das Thema mitzubringen. Nur so lässt sich die Steuerung des operationellen Risikos adäquat in die Gesamtbanksteuerung einbinden.

Operationelle Risiken können – beispielsweise in Anlehnung an die aufsichtsrechtlichen Vorgaben[1337] – definiert werden als die Gefahr von Schäden, die in Folge der Unangemessenheit oder des Versagens interner Verfahren, Mitarbeitern, der internen Infrastruktur oder in Folge externer Einflüsse eintreten. Die Anlehnung an die aufsichtsrechtliche Definition des operationellen Risikos bei der Umsetzung der Anforderungen, z. B. bei der Schadensdatensammlung, ist empfehlenswert. Dadurch wird ein möglicher zusätzlicher Aufwand vermieden der entstehen kann, wenn Informationen sowohl nach aufsichtsrechtlicher Vorgabe als auch nach individueller Definition erhoben, verarbeitet und analysiert werden.

Die Risikotragfähigkeitsrechnung kann mit unterschiedlichen Schwerpunkten umgesetzt werden:

1722

1723

1724

1725

[1333] Autoren: **Jochen Krahn** und **Viola Uphoff**. Die Ausführungen geben die persönliche Auffassung der Autoren wieder.
[1334] Vgl. Art. 315 ff. *CRR*.
[1335] Vgl. *BaFin* (2005.12).
[1336] Vgl. *BaFin* (2012.12b), AT 2.2, Tz 1.
[1337] Vgl. Art. 324 *CRR*.

- Aufsichtsrechtlich: Vorschriften über die Eigenkapitalanforderungen[1338] (Säule I)
- Periodenorientiert: Ermittlung eines erwarteten und eines unerwarteten Verlustes für die Betrachtungsperiode (Säule II)
- Barwertorientiert: Ermittlung eines erwarteten und eines Value-at-Risk (unerwarteter Verlust) für die Gesamtperiode (Säule II)

1726 Während der aufsichtsrechtliche Fokus zwingend umzusetzen ist, kann bei den beiden anderen Schwerpunkten eine Auswahl getroffen werden. Dementsprechend müssen für das operationelle Risiko die aufsichtsrechtlichen Anforderungen erfüllt werden, indem einer der in der Verordnung (EU) Nr. 575/2013 vorgegebenen Ansätze (s. folgendes Kapitel) zur Ermittlung der Eigenkapitalanforderungen umgesetzt wird. Dagegen kann für das operationelle Risiko entweder periodisch oder barwertig – je nach gewählter institutsindividueller Umsetzung – in die Risikotragfähigkeitsrechnung integriert werden.

2. Aufsichtsrechtliche Risikotragfähigkeit

1727 Im Rahmen der SolvV muss das mit Eigenkapital zu unterlegende operationelle Risiko ermittelt werden. Es stehen hier drei Verfahren zur Wahl, die in ihrem Aufwand aber auch in ihrer Risikosensitivität sehr unterschiedlich sind.

2.1. Basisindikatoransatz

1728 Der Basisindikatoransatz[1339] zur Ermittlung der Eigenkapitalanforderung ist der einfachste und am wenigsten aufwändige Ansatz. Bei dieser Methode wird die Höhe des Risikos auf Basis eines Risikoindikators und einem darauf anzuwendenden Faktor α gerechnet. Der Indikator ist nach Vorgaben der Verordnung (EU) Nr. 575/2013 aus Ertrags- und Aufwandspositionen zu ermitteln[1340]. Der anzuwendende Faktor beträgt unveränderbar 15 %. Der risikorelevante Betrag ergibt sich dann als Durchschnitt der letzten drei Jahre der jeweiligen Produkte aus Indikator und Faktor:

$$K = [\Sigma \text{ (Bruttoertrag 1...n} \times \alpha)]/n \text{ mit } n = 1, 2, 3$$

[1338] Vgl. Art. 315 ff. CRR.
[1339] Vgl. Art. 315, 316 CRR.
[1340] Vgl. Art. 316 CRR.

2.2. Standardansatz

Auch im Standardansatz wird für die Ermittlung des Risikos auf den Bruttoertrag abgestellt. Allerdings wird im Standardansatz[1341] nicht mehr die Gesamtbank betrachtet, sondern es wird eine Aufteilung auf acht Geschäftsfelder vorgenommen. Für jedes Geschäftsfeld gibt es einen eigenen Faktor β, der zwischen 12 % und 18 % liegt. Damit wird zunächst ein Teilanrechnungsbetrag für jedes Geschäftsfeld in den letzten drei Jahren berechnet. Die Teilanrechnungsbeträge werden pro Jahr summiert, der Durchschnitt dieser drei Beträge ergibt dann die Kapitalanforderung:[1342]

$$K = \{ \sum \text{Jahr}_{1-3} \max[\sum (\text{Bruttoertrag}_{1-8} \times \beta_{1-8}), 0] \} / 3$$

Die Nutzung des Standardansatzes erfordert gegenüber dem Basisindikatoransatz die Umsetzung mehrerer, qualitativer Voraussetzungen[1343]. Im Gegenzug dazu kann das ermittelte Risiko – in Abhängigkeit von der individuellen Situation – geringer ausfallen, als im Basisindikatoransatz. Die Teilanrechnungsbeträge der regulatorischen Geschäftsfelder Firmenkunden- und Privatkundengeschäft können über einen alternativen Indikator[1344] ermittelt werden. Eine Genehmigung kann bei Erfüllen mehrerer Voraussetzungen[1345], u. a. bei Betreiben des überwiegenden Anteils der Geschäfte in den beiden Geschäftsfeldern, beantragt werden.

2.3. Fortgeschrittene Ansätze

Der fortgeschrittene Ansatz ermöglicht zum Einen eine risikosensitive Ermittlung der Eigenmittelanforderung, stellt aber zum Anderen auch die höchsten qualitativen und quantitativen Umsetzungsanforderungen[1346]. Die Berechnung der Eigenmittelanforderung erfolgt auf Basis eines internen Modells mit der Genauigkeit eines Konfidenzniveaus von 99,9 %, unter der Annahme einer Haltedauer von einem Jahr. Dieses Modell muss dabei weitere Anforderungen, z. B. Einbezug sowohl von internen auch als auch externen Daten be-

---

[1341] Vgl. Art. 317–320 CRR.
[1342] Ist die Summe der Teilanrechnungsbeträge negativ, wird dieser Wert mit 0 ersetzt. Einzelne negative Teilanrechnungsbeträge können mit positiven Teilanrechnungsbeträgen verrechnet werden. Vgl. Art. 317 CRR.
[1343] Z. B. Führen einer Schadensfalldatenbank, Einrichtung einer unabhängigen OpRisk-Managementinstanz.
[1344] Dieser alternative Faktor wird durch Multiplikation des nominalen Kreditvolumens des Instituts mit dem Faktor 0,035 berechnet, Vgl. Art. 319 (1), a) CRR.
[1345] Die Voraussetzungen sind genannt in Art. 319 (2) CRR.
[1346] Vgl. Art. 321–324 CRR.

rücksichtigen[1347]. Neben den Kriterien des Standardansatzes müssen weitergehende qualitative Anforderungen erfüllt werden, z. B. eine in- und externe Überprüfung des Management- und Messsystems oder den Einbezug der Risikomessung in das Risikomanagement. Die hohen Anforderungen an die Umsetzung ermöglichen eine sensitivere Risikomessung als mit den beiden anderen Methoden, die auch eine niedrigere Kapitalanforderung ergeben könnten.

3. Methoden zur Integration operationeller Risiken in die periodische Risikotragfähigkeit

3.1. Festlegungen für die periodische Risikotragfähigkeit

1732 Für die Integration operationeller Risiken in die Risikotragfähigkeit können unterschiedliche Verfahren eingesetzt werden. Unabhängig von der Auswahl eines Verfahrens, sind vor der Ermittlung von Anrechnungsbeträgen grundsätzliche Entscheidungen zu treffen. Dies wird notwendig, um valide und akzeptable Ergebnisse zu erreichen.

1733 Im Rahmen der periodischen Risikotragfähigkeit wird eine Schätzung erwarteter und unerwarteter Verluste benötigt, die durch operationelle Risiken entstehen können. Die Besonderheit bei erwarteten Schäden aus operationellen Risiken ist dabei, dass diese oftmals bereits bei anderen Schätzern des GuV-Ergebnisses berücksichtigt werden und dadurch unter Umständen bereits Eingang in das Risikodeckungspotenzial gefunden haben. Dies geschieht dann, wenn im Betriebsergebnis vor Bewertung erwartete Aufwendungen für Schadensfälle operationellen Ursprungs enthalten sind. Eine zusätzliche Berücksichtigung im Rahmen eines gesonderten Anrechnungsbetrags für die Risikoart operationelle Risiken würde eine doppelte Belastung des Risikodeckungspotenzials bedeuten. Daher sollte zunächst geprüft werden, ob die erwarteten Verluste für Schäden aus operationellen Risiken explizit oder implizit ermittelt werden.

1734 Bei einer impliziten Ermittlung der erwarteten Verluste sind diese Beträge bereits in den einzelnen Aufwandspositionen geschätzt, zum Beispiel die erwarteten Kosten für die Behebung von Vandalismusschäden sind bereits in der Schätzung der Verwaltungsaufwendungen beinhaltet. Eine gesonderte

---

1347 Weiterhin müssen auch Geschäftsumfeldfaktoren und interne Kontrollfaktoren im Risikomodell berücksichtigt werden. Außerdem bestehen weitere quantitative Anforderungen (z. B. Länge der Datenhistorie).

Schätzung des erwarteten Verlustes ist dann zur Integration in die Risikotragfähigkeitsrechnung nicht notwendig, solange der erwartete Verlust vollständig in den Aufwandsschätzungen eingegangen ist. Eine zusätzliche, explizite Schätzung der erwarteten operationellen Risiken kann zur Abstimmung der implizit ausgewiesenen Werte verwendet werden und gegebenenfalls zu einer Korrektur führen. Bei einer expliziten Schätzung des erwarteten Verlustes wird dieser Wert gesondert ermittelt und vom Betriebsergebnis vor Bewertung abgezogen. Bei diesem Verfahren soll in den Aufwandspositionen keinerlei operationelles Risiko berücksichtigt werden. Dies ist bei der Schätzung dieser Positionen zu beachten, damit eine doppelte Berücksichtigung vermieden wird.

In vielen Kreditinstituten wird die implizite Schätzung umgesetzt. Trotzdem kann die explizite Bestimmung des unerwarteten Verlustes sinnvoll und notwendig sein. Neben der Validierung impliziter Schätzungen kommt sie für die Ermittlung eines unerwarteten Verlustes zum Zuge, wenn dazu ein expliziter Wert notwendig wird. 1735

Weitere zu beachtende Punkte für die Ermittlung von Anrechnungsbeträgen für das operationelle Risiko sind die relevante Schadenshöhe, die Inputgrößen der Schadenshöhe und Überschneidungen zum Adressenrisiko. Grundsätzlich besteht die Möglichkeit, die Schätzung der Verluste auf Basis einer Brutto- oder Nettobetrachtung durchzuführen. Bei einer Nettoberechnung werden schadensmindernde bzw. -erhöhende Zahlungen berücksichtigt, sodass der Nettowert eines Schadens dem ertragswirksamen Wert entspricht[1348]. Allerdings ist es vor dem Hintergrund eventuell begrenzter Versicherungsleistungen[1349] überlegenswert, auf den Bruttowert für die Integration in die Risikotragfähigkeitsrechnung abzustellen und einen höheren, konservativen Risikoausweis vorzunehmen. Diese Entscheidung ist gegebenenfalls auch bei einer impliziten Schätzung der erwarteten Verluste zu berücksichtigen, wenn dort ausschließlich Nettowerte geplant werden. 1736

Bei der periodenorientierten Betrachtung wird nur der kontowirksame Aufwand, der durch operationelle Risiken verursacht wird, berücksichtigt. Interne Leistungen, also Kosten und Aufwendungen, die ausschließlich intern zwischen Organisationseinheiten verbucht werden, sollten dabei nicht als Scha- 1737

1348 Nettoschaden = Bruttoschaden (inkl. aller Kosten) − Versicherungsleistungen − Sonstige Minderungen.
1349 Vgl. hierzu *BaFin* (2009.05). Partielle Versicherungsleistungen können dazu führen, dass bei großen Schadensfällen evtl. erheblicher Einfluss auf die Ertragslage entstehen kann.

densbestandteil berücksichtigt werden[1350]. Das gleiche Verfahren kann bei entgangenen Erträgen, die durch operationelle Schäden verursacht werden, angenommen werden[1351]. Ebenfalls ist darauf zu achten, dass Schadensfälle oder Schätzungen, die mit dem Adressenrisiko verbunden sind, nur dann bei der Ermittlung des erwarteten und unerwarteten Verlustes berücksichtigt werden müssen, wenn diese nicht über den Anrechnungsbetrag für das Adressenrisiko integriert sind. Ansonsten würde es zu einer unerwünschten, doppelten Anrechnung kommen[1352].

3.2. Methoden zur Bestimmung von erwarteten und unerwarteten Verlusten

1738 Der erwartete und unerwartete Verlust kann auf Basis eingetretener Schadensfälle bzw. Szenarien, welche mögliche Schadensfälle beschreiben, ermittelt werden. Voraussetzung für die Verwendung dieser Daten sowohl für die Ermittlung eines erwarteten als auch unerwarteten Verlustes ist eine ausreichende Datenbasis. Dies bedeutet, dass die Datenhistorie der Schadensfälle hinsichtlich Anzahl und Höhe eine realistische Schätzung der Verlustwerte ermöglicht[1353]. Für den Einsatz von Szenarien muss vorausgesetzt werden, dass mit Hilfe der Szenarien die operationellen Risiken vollständig und realistisch eingeschätzt worden sind[1354].

3.2.1. Schätzung aus der Schadensfalldatensammlung

1739 Sind die Voraussetzungen für die Verwendung einer Schadensfalldatensammlung gegeben, dann ermittelt sich der erwartete Verlust als Durchschnittsverlust der vergangenen Jahre auf Basis der zu berücksichtigenden Fälle[1355] der Datensammlung. Hierunter fallen alle Fälle, die im betrachteten Zeitraum abgeschlossen bzw. verlässlich geschätzt wurden. Der Abschluss eines Falles ist dann gegeben, wenn der Schadenswert feststeht, der Fall abgewickelt wurde und keine Buchung mehr zu erwarten ist. Eine verlässliche Schätzung

---

1350 Vgl. hierzu *BaFin* (2007.09).
1351 Es sei denn, die Auswirkung der entgangenen Erträge ist so stark, dass von einer nachhaltigen Verschlechterung des Betriebsergebnisses auszugehen ist.
1352 Vgl. Art. 322 (3), b) *CRR*.
1353 Es muss sichergestellt sein, dass so viele Fälle schlagend geworden sind, dass damit das realistische Verlustrisiko angemessen und stabil abgebildet werden kann. Außerdem sollte darauf geachtet werden, dass nur Zeiträume mit vollständiger Datensammlung und gleichen Erhebungskriterien berücksichtigt werden.
1354 Dies wäre z. B. dann möglich, wenn eine umfassende, institutsweite Erhebung von Szenarien durchgeführt worden ist, die sich nicht nur auf die Abbildung von Extremschäden bezieht.
1355 Zu den zu integrierenden Bestandteilen der Schadenshöhe vgl. die Ausführungen weiter oben.

liegt dann vor, wenn der Fall geprüft wurde und keine (wesentlichen) Änderungen in der Schadenshöhe zu erwarten sind. Eine Berücksichtigung dieser Fälle erhöht die Stabilität der Berechnung[1356]. Der auf dieser Basis ermittelte erwartete Verlust sollte in die Risikotragfähigkeit aufgenommen werden, wenn eine explizite Schätzung durchgeführt werden soll. Eine implizite Schätzung kann über den ermittelten Durchschnittswert validiert werden. Außerdem kann der Wert als Ausgangspunkt für die Schätzung des unerwarteten Verlustes[1357] eingesetzt werden.

Bei einer ausreichend langen Datenhistorie[1358], die auch wesentliche operationelle Risiken vollumfänglich abbildet, könnte der unerwartete Verlust über die eingetretenen Schadensfälle ermittelt werden. Dies ist in den meisten Fällen nicht gegeben, daher kann der unerwartete Verlust durch Kombination mit anderen Methoden unter Berücksichtigung des aus den eigenen Schadensfällen ermittelten erwarteten Verlustes abgeleitet werden.

3.2.2. Schätzung auf Basis von Szenarien

Wenn operationelle Risiken über Szenarien geschätzt werden, können diese für die Ermittlung des erwarteten Verlustes eingesetzt werden, wenn, wie oben erwähnt, die Szenarien die operationellen Risiken vollständig abschätzen. Für die Ermittlung eines erwarteten Verlustes aus Szenarien müssen die Eintrittswahrscheinlichkeit und ein durchschnittlicher, erwarteter Verlust für jedes Szenario realistisch eingeschätzt werden. Vor einer Berechnung sollte geprüft werden, ob die zu verwendenden Szenarien den vereinbarten Festlegungen für die Risikotragfähigkeit entsprechen. In den Szenarien sind häufig (hohe) Anteile von Opportunitätskosten und Leistungsverrechnungen enthalten. Hier muss eventuell eine Korrektur oder ein Ausschluss von Szenarien vorgenommen werden.

Wenn die Datenbasis feststeht und die Vollständigkeit als gegeben angesehen wird, dann ermittelt sich der erwartete Verlust zur Integration in die Risikotragfähigkeitsrechnung als Summe aller mit der Eintrittshäufigkeit gewichteten durchschnittlichen Verluste der Szenarien[1359]. Die Abschätzung des unerwar-

---

1356 Rückstellungen können demnach ebenfalls berücksichtigt werden, wenn diese für einen operationellen Schaden gebildet wurden und die Bedingungen der zuverlässigen Schätzung erfüllen.
1357 Z. B. mit einer anderen Methode, bspw. Indikatorverfahren, vgl. Kapitel F.IV.4.1.
1358 Da sich der unerwartete Verlust auf Jahresschadenswerte bezieht, muss die Datenhistorie entsprechend lang sein, um auch die wesentlichen, sehr seltenen Ereignisse abzubilden.
1359 Eventuelle Unter- oder Überschätzungen in einzelnen Szenarien sollten sich in der Gesamtbetrachtung ausgleichen.

teten Verlustes aus den Szenarien setzt voraus, dass in den Szenarien auch entsprechende Verlustgrößen (Extremwerte) geschätzt werden. Allerdings können diese einzelnen Verlustgrößen nicht addiert werden, da dies dem Eintritt aller Szenarien in einem Jahr entsprechen und eine extreme Risikoüberschätzung bedeuten würde. Alternativ kann mittels Expertenschätzung auf Basis der einzelnen Extremwerte ein unerwarteter Verlust geschätzt werden. Vorstellbar wäre beispielsweise die Annahme, dass einzelne große Extremwerte in einem Jahr eintreten und daraus der unerwartete Verlust als deren Summe abgeleitet wird[1360]. Es ist – genauso wie bei einer Ermittlung auf Basis von Schadensfällen – auch hier empfehlenswert, den unerwarteten Verlust mit anderen Methoden zu ermitteln und dabei den auf Basis von Szenarien berechneten erwarteten Verlust zu berücksichtigen.

1743 Eine Kombination aus Schadensfällen und Szenarien ist auch denkbar, z. B. in der Form, dass beim erwarteten Verlust auf Basis von Schadensfällen eine Aufstockung auf Basis von durchschnittlichen Verlusten und einzelnen Extremwerten aus Szenarien erfolgen könnte. Dies käme dann in Frage, wenn die Historie von Schadensfällen noch nicht umfassend bzw. lang genug ist. Die Korrektur würde dann um den Betrag erfolgen, der sich aus durchschnittlichen Verlusten der Szenarien ergibt, die Schadenssituationen beschreiben, die noch nicht schlagend geworden (und damit nicht in der Schadenshistorie auftauchen) sind. Zusätzlich können durch Expertenschätzung identifizierte Extremwerte aus den Szenarioschätzungen den durchschnittlichen Verlust ergänzen, um dem Charakter der Schätzung unerwarteter Verluste nachzukommen. Die Ermittlung eines unerwarteten Verlustes durch Kombination der beiden Methoden ist aufgrund der vorher beschriebenen Einschränkungen nicht empfehlenswert.

3.2.3. Quantifizierung operationeller Risiken

1744 Erwartete und unerwartete Verluste für die Integration in die Risikotragfähigkeit können auch mittels statistischer Quantifizierungsverfahren ermittelt werden. Diese Methoden ermitteln die Verlustgrößen für verschiedene Konfidenzniveaus mit Simulationsverfahren. Die Verfahren setzten üblicherweise auf den eigenen Schadensfalldaten auf, um Schadenshäufigkeiten zu bestimmen und integrieren für die Verlustverteilungen auch Szenarien und Datenpoolinformationen. Bei Einsatz eines solchen Verfahrens sind auch die Festlegungen hinsichtlich Schadenskomponenten und -höhen zu beachten, d. h.,

---

[1360] Es könnte angenommen werden, dass die drei bis fünf größten Szenarien eintreten und die Summe der Extremwerte bildet.

dass die in das Modell einfließenden Daten den Vorgaben entsprechen[1361]. Die Ermittlung der Verlustwerte erfolgt auf einem Risikohorizont von einem Jahr zum festgelegten Konfidenzniveau und liefert den erwarteten und den unerwarteten Verlust für den Risikofall. Wenn die erwarteten Verluste implizit geschätzt werden, dann kann mit dem Ergebnis der Quantifizierung eine Validierung erfolgen, bei expliziter Schätzung kann das Berechnungsergebnis in die Risikotragfähigkeitsberechnung aufgenommen werden.

3.3. Verfahren zur Ermittlung des unerwarteten Verlustes

3.3.1. Indikatorverfahren

Dem Indikatorverfahren liegt die Annahme zugrunde, dass der unerwartete Verlust aus operationellen Risiken gut mit einem Indikator korreliert ist und über diesen Zusammenhang gut geschätzt werden kann. Als Indikator kommen hier Aufwandspositionen in Frage, weil operationelle Schäden üblicherweise in diesen Positionen verbucht werden. Der Zusammenhang zwischen Aufwandsposition und unerwartetem Schaden muss für die Ermittlung eines Wertes für den Risikofall kalibriert werden. In der Praxis können für diese Kalibrierung beispielsweise Annahmen im Sinne einer Expertenschätzung getroffen werden. Eine solche Umsetzung wäre die Ermittlung des unerwarteten Verlustes bspw. auf Basis des Indikators 1 % des Verwaltungsaufwands[1362]. Andere Kalibrierungsverfahren für die Nutzung von Indikatoren wären, z. B. Skalierungsuntersuchungen von Datenpools[1363]. 1745

Der so ermittelte Wert wird für den Risikofall in der Risikotragfähigkeit verwendet. Dabei kann das Ergebnis des Indikatorverfahrens vor Integration in die Risikotragfähigkeit zur Vermeidung von Dopplungen um den erwarteten Verlust gekürzt werden. 1746

1361 Soll z. B. der Bruttowert gemäß voriger Empfehlung eines Schadens für die Risikotragfähigkeit berücksichtigt werden, dann muss die Datenbasis für das Quantifizierungsmodell ebenfalls aus Bruttowerten bestehen. Auch der Umgang mit Überschneidungen zum Adressenrisiko muss in der Quantifizierung berücksichtigt werden.
1362 Es wird dann angenommen, dass dieser Schätzer für den Risikofall unter Beachtung der getroffenen Festlegungen (vgl. Kapitel F.IV.3.1) relevant ist, weil erwartet wird, dass dieser Wert nicht überschritten wird zum gewählten Konfidenzniveau.
1363 In der Sparkassen Finanzgruppe liegen solche Kalibrierungsfunktionen zur Abbildung des unerwarteten Verlustes auf Basis eines Indikators vor.

3.3.2. Weitere Verfahren zur Schätzung des unerwarteten Verlustes

1747 Bei Einsatz eines Proportionalitätsfaktors q^{1364} wird angenommen, dass der unerwartete Verlust als ein Vielfaches des erwarteten Verlustes ausgedrückt werden kann: UV = EV x q. Der erwartete Verlust für die Risikotragfähigkeit muss hierbei explizit ermittelt werden, z. B. über die eigene Schadensfallhistorie, aber nicht zwingend explizit in die Risikotragfähigkeit eingehen. Dort kann eine implizite Ermittlung berücksichtigt werden. Für den Risikofall wird dann der über den Faktor q ermittelte Wert für den unerwarteten Verlust verwendet. Der Einsatz dieser Methode setzt voraus, dass der erwartete Verlust der Treiber für den unerwarteten Verlust ist und mit ausreichender Genauigkeit ermittelt wurde.

1748 In der Praxis wird der unerwartete Verlust gelegentlich auch auf Basis der Eigenkapitalanforderungen nach Basisindikatoransatz (BIA) ermittelt. Eine Voraussetzung für die Verwendung dieser Methode ist, dass der Risikofall durch die Höhe dieses Betrages gut abgebildet wird. Geht man weiterhin davon aus, dass die regulatorischen Eigenkapitalanforderungen gem. BIA dem 99,9 %-Quantil der Verluste entspricht, dann kann unter Verwendung von Verlustverteilungsannahmen oder Proportionalitätsfaktoren der unerwartete Verlust für das individuell relevante Quantil abgeleitet werden[1365].

1749 Der ermittelte Wert kann dann als unerwarteter Verlust in die Risikotragfähigkeitsrechnung aufgenommen werden. Dabei wäre bei einer expliziten Schätzung des erwarteten Verlustes eine Reduzierung um diesen Betrag vorzunehmen, bei einer impliziten Schätzung sollte eine Korrektur ebenfalls erfolgen[1366].

1364 Die Ermittlung des Faktors q kann, z. B. durch Analysen mittels einer Quantifizierungsmethodik ermittelt werden. Bei Verwendung des q-Faktors muss dann die Quantifizierungsmethodik selbst nicht eingesetzt werden, aber die Prämissen dieser Methode anerkannt werden. Bei einem Einsatz dieser Methode muss der Nachweis der Validität bzw. Repräsentativität des q-Faktors erbracht werden.

1365 *A)* Das Verhältnis unerwarteter Verlust (99,9 % Konfidenzniveau) = (Eigenmittelanforderung nach BIA (EM) vermindert um den erwarteten Verlust) ist bekannt. Es kann nun q (99,9 %) = (unerwarteter Verlust 99,9 %)/(EV) ermittelt werden. Mit EV = UV (Konfidenzniveau x %) x q kann jedes andere Quantil mit den ermittelten q-Faktoren abgeleitet werden.
B) Bei Annahme einer Normalverteilung mit Erwartungswert 0 und Standardabweichung δ kann, z. B. aus dem Konfidenzniveau 99,9 % (Eigenmittelanforderung BIA) mit Quantilswert 3,090 δ jedes andere Quantil über die Quantilswerte der Verteilungsannahme abgeleitet werden.

1366 Wenn angenommen wird, dass die Eigenmittelanforderung nach BIA auch den erwarteten Verlust beinhaltet. Ansonsten muss keine Korrektur erfolgen.

Bei einem Einsatz dieser Methoden muss auch sichergestellt sein, dass die gewählten Verteilungsannahmen das Verlustverhalten richtig beschreiben bzw. der erwartete Verlust als unmittelbarer Treiber für den unerwarteten Verlust dient. Vor einem Einsatz solcher Verfahren sollte umfassend geprüft werden, ob diese Annahmen akzeptabel sind.

3.4. Abbildung operationeller Risiken in der periodischen Risikotragfähigkeit

3.4.1. Jahresendbetrachtung mit Folgejahr

Bei dieser Variante der Risikotragfähigkeitsrechnung müssen die operationellen Risiken für das laufende und – ab Mitte des laufenden Jahres – für das Folgejahr berücksichtigt werden. Bei einer impliziten Berücksichtigung der Risiken wird das unerwartete Risiko zunächst für das betrachtete, volle Jahr ermittelt, in der Tragfähigkeitsberechnung berücksichtigt und limitiert[1367]. In den folgenden unterjährigen Berechnungszeitpunkten ist die Entwicklung der eingetretenen Verluste für das laufende Jahr zu berücksichtigen. Dies geschieht durch Erfassung und Bewertung der operationellen Schäden in der Verlustdatenbank. Solange die eingetretenen Schäden die erwarteten Verlust nicht überschreiten und keine anderen Impulse erkannt wurden, braucht das Limit nicht angepasst werden. Sobald die eingetretenen Verluste die erwarteten Verluste übersteigen, wird dieser Betrag gegen das vergebene Limit gestellt. Wenn Schwellenwerte oder andere Reaktionsgrenze (Frühwarnindikatoren) eingeführt wurden[1368], wird bei Erreichen dieser Werte ein Steuerungsimpuls ausgelöst, der zu vorher festgelegten Aktivitäten führt[1369]. In Abhängigkeit der eingetretenen Schäden besteht eventuell auch ein Anlass zur Anpassung des Limits für operationelle Risiken für das laufende Jahr[1370].

Für die Folgejahresbetrachtung muss bei impliziter Schätzung der operationellen Risiken ab Mitte des laufenden Jahres der unerwartete Verlust für das Folgejahr geschätzt werden. Bei einer unveränderten Erwartung zur Risikolage

---

1367 Der erwartete Verlust ist über Aufwandspositionen bereits im Planergebnis berücksichtigt. Damit wird das Risiko als Abweichung vom erwarteten Wert auch implizit über die Aufwandspositionen abgebildet.
1368 Solche Schwellen sind empfehlenswert für die Steuerung der Risiken, vor allem, wenn das operationelle Risiko passiv gesteuert wird.
1369 Z. B. Prüfung der Risikolage in Abhängigkeit der bislang eingetretenen Risiken, Prüfung zusätzlicher Managementmaßnahmen wie Versicherungsabschlüsse, organisatorische Maßnahmen etc.
1370 Wenn zum Beispiel neue Erkenntnisse über eine Erhöhung des Risikos aufgetreten sind (außerhalb der jährlichen, regelmäßigen Bewertung).

kann zunächst der Wert des laufenden Jahres übernommen werden und nach Durchführung der jährlichen Risikoeinschätzung bestätigt bzw. angepasst werden. Erfolgt z. B. im dritten Quartal des aktuellen Jahres diese Risikoeinschätzung, dann kann der so ermittelte unerwartete Verlust zum Ende des dritten Quartals[1371] in die Folgejahresbetrachtung aufgenommen werden und auch in der Risikotragfähigkeitsrechnung für das nächste Jahr aufgehen.

1753 Bei einer expliziten Schätzung kann analog vorgegangen werden, wenn das Risiko als Abweichung vom erwarteten Verlust gemessen wird. Es ist aber auch möglich, das operationelle Risiko als Abweichung von Null vollständig auszuweisen, wenn dies für die Tragfähigkeitsrechnung definiert wurde. In diesem Fall empfiehlt es sich ebenfalls Schwellenwerte (Frühwarnindikatoren) (in Abhängigkeit des Risikobegriffs) zu definieren, ab denen Maßnahmen geprüft werden müssten.

3.4.2. Rollierende Betrachtung

1754 Bei einer impliziten Ermittlung der erwarteten operationellen Verluste fließen diese über die Aufwandspositionen in das Planergebnis ein. Auch hier würde nur noch der unerwartete Verlust quantifiziert und in der Tragfähigkeitsrechnung berücksichtigt. Die Limitierung und Integration in die Tragfähigkeit erfolgt auf Basis der jährlichen Bewertungder operationellen Risiken bzw. bei einem unterjährigen Impuls oder bei kürzeren Bewertungszeiträumen in kürzerem Abstand.

1755 Die realisierten Verluste werden bei einer quartalsweisen oder monatlichen Berechnung der Tragfähigkeit im laufenden Ergebnis berücksichtigt und werden somit mindernd im Risikodeckungspotential berücksichtigt. Ein Steuerungsimpuls tritt dann auf, wenn das bereitgestellte Risikodeckungspotential Grenz- oder Schwellenwerte unterschreitet oder die eingetretenen operationellen Verluste Grenz- oder Schwellenwerte (Frühwarnindikatoren) überschreiten[1372]. Die Belastung kann aus der Schadensfalldatenbank entnommen werden. Es empfiehlt sich, Schwellenwerte für die laufenden Betrachtungszeiträume in der Schadensfalldatenbank zu definieren, ab denen erkannt wird, ob die Verluste noch im Rahmen der Erwartung liegen. Damit wird sichergestellt, dass unerwartete Einflüsse aus operationellen Risiken auf das De-

---

[1371] Bei quartalsmäßiger Tragfähigkeitsrechnung. Bei monatlicher Rechnung wird der Wert in die Rechnung des nächsten auf den Ermittlungszeitpunkt folgenden Monat aufgenommen.
[1372] Wenn das Risikodeckungspotential sich wegen unerwarteter Verluste mindert, dann kann dies durch verschiedene Risiken verursacht werden. Dann wäre zu prüfen, ob die operationellen Risiken dafür verantwortlich sind. Dies erfolgt durch Gegenüberstellung der erwarteten Verlüste im Betrachtungszeitraum und den eingetretenen Verlusten.

ckungspotential frühzeitig erkannt werden können. Diese Schwellenwerte sollten im Rahmen der jährlichen Risikobewertung aktualisiert werden.

Bei einer expliziten Schätzung der operationellen Risiken kann analog vorgegangen werden, wenn das Risiko als Abweichung vom erwarteten Verlust gemessen wird. Es ist aber auch möglich, das operationelle Risiko als Abweichung von Null vollständig auszuweisen, wenn dies für die Tragfähigkeitsrechnung definiert wurde. In diesem Fall empfiehlt es sich ebenfalls Schwellenwerte (Frühwarnindikatoren) (in Abhängigkeit des Risikobegriffs) zu definieren ab denen Maßnahmen geprüft werden müssten.

4. Methoden zur Integration operationeller Risiken in die wertorientierte Risikotragfähigkeit

4.1. Grundlegende Überlegungen zum Charakter der wertorientierten Risikotragfähigkeit

Die Ermittlung der wertorientierten Risikotragfähigkeit zeichnet sich dadurch aus, dass von dem Bruttovermögen einer Bank, (aller zu Marktwerten bewerteter Aktiva abzüglich zu Marktwerten bewerteter Passiva und unter Berücksichtigung der außerbilanziellen Positionen) oder durch Ableitung von theoretischen Marktwerten durch die Discounted Cash Flow-Methode)[1373] die zukünftigen geschätzten Kosten (Risikoprämien für das Adressenrisiko, Barwert der Verwaltungskosten und ggf. weitere Kosten) abgezogen werden müssen. Dieser Zusammenhang ist in Abbildung F – 65 im Überblick dargestellt. Das so ermittelte Nettovermögen wird um weitere Abzugsposten, wie Puffer bspw. für Modellrisiken und aufsichtsrechtliche Vorgaben, weiter verringert und anschließend den Risiken gegenübergestellt.

[1373] Der Vermögenswert lässt sich auch durch die Bilanzwerte zuzüglich der stillen Reserven und ggf. abzüglich stiller Lasten generieren.

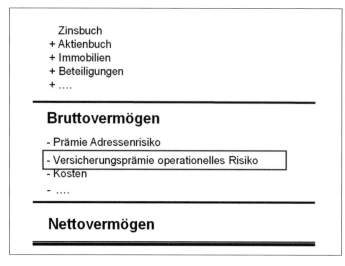

Abbildung F – 65: Vereinfachte Darstellung der Abzugsposten vom Bruttovermögen[1374]

1758 Sofern das operationelle Risiko in der wertorientierten Sicht nicht, wie häufig üblich, durch einen Puffer abgebildet werden soll, müssen die einzelnen Komponenten der Abzugspositionen und die Bildung des Vermögenswertes genauer untersucht werden.

1759 Im Vermögenswert sind alle kontrahierten Geschäfte, mit ihren zukünftigen Zahlungsströmen auf t_0 verbarwertet, berücksichtigt (z. B. Zinsbuchbarwert). Der Gesamtbankzahlungsstrom muss nun in einem weiteren Schritt um »Kosten«-Cash Flows reduziert werden. Hierzu gehören die Prämie für das Adressenrisiko und die zukünftigen Verwaltungskosten für die Totalperiode, zumindest für den Zeitraum der Laufzeit der im Gesamtbank-Cash Flow abgebildeten Geschäfte.

1760 Wurden zunächst die Abzugsposition für das Adressenrisiko betrachtet, so kann festgestellt werden, dass sich die Prämie für das Adressenrisiko durch die erwarteten Verluste, für die Credit-Cash Flows bis zum Zinsbindungsende und die Eigenkapitalverzinsung, für das gebundene Kapital (Limit für das Adressenrisiko wertorientiert), zusammensetzt. Bei Ermittlung der Abzugsposition für die zukünftig anfallenden Kosten wird häufig in Kosten für das Bestands- und Neugeschäft unterschieden, wobei die Bestandskosten vertragliche Verpflichtungen darstellen, welche in zukünftigen Perioden zu Abflüssen

---

1374 Eigene Darstellung.

und damit zu Vermögenswertminderungen führen werden. Durch diese Abflüsse werden die aktuellen Barwerte geschmälert und können somit nicht zur Abdeckung von Risiken in Anspruch genommen werden. Bei der Ermittlung der Vermögenswerte wird, wie o. a., nur auf bereits kontrahierte Geschäfte aufgesetzt und das Neugeschäft außen vor gelassen. Somit reicht es aus, die Kosten für das Bestandsgeschäft anteilig mit dem Summenzahlungsstrom zu verrechnen.[1375]

4.2. Ermittlung der erwarteten und unerwarteten Verluste in der wertorientierten Sicht

Nach den vorstehenden Erläuterungen ist eine Vergleichbarkeit der Prämie für das Adressenrisiko und des Verwaltungskostenbarwertes zum Charakter des operationellen Risikos herstellbar. Das operationelle Risiko wird in Form von Zahlungsströmen (Bezahlung von Schadensersatzforderungen, Kosten für die Reparatur eines Gebäudeschadens, etc.)[1376] in zukünftigen Perioden anfallen. Somit ist auch bei diesem Risiko von einer zukünftigen Schmälerung der Vermögenswerte auszugehen. Lediglich die Zurechnung zum bereits heute kontrahierten Geschäft fällt schwer. Als eine einfache erste Lösung sollen die erwarteten Verluste für das erste Betrachtungsjahr ermittelt werden und anschließend für die Folgejahre im Verhältnis zur Reduktion des Gesamtbankzahlungsstroms kontinuierlich abgebaut werden. Hierzu bietet sich die Betrachtung des Summenzahlungsstroms an.

1761

[1375] Ggf. können unter Annahme des Going-Concern-Ansatzes in der Risikotragfähigkeit auch andere Annahmen getroffen werden.
[1376] Auch bei der Betrachtung der wertorientierten Risikotragfähigkeit ist bei einer impliziten Betrachtung der erwarteten »Kosten« für das operationelle Risiko im Rahmen des Verwaltungskostenbarwertes eine vermutliche Doppelanrechnung zu eliminieren. Es bietet sich an, die Zahlungen für das operationelle Risiko im Verwaltungskostenbarwert abzuziehen.

MESSUNG UND LIMITIERUNG VON RISIKEN

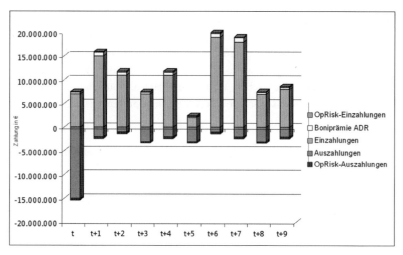

Abbildung F – 66:   *Illustrative Darstellung eines Gesamtbankzahlungsstroms mit Ein- und Auszahlungen für das Operationelle Risiko*[1377]

1762   Idealerweise sollen die Zahlungsströme für das operationelle Risiko in ihrer durchschnittlichen Höhe (erwarteter Verlust für die Totalperiode) und zusätzlich ein (unerwarteter Verlust) geschätzt werden, welcher die Grundlage für eine Limitierung bildet. Zur Ermittlung der Eigenkapitalverzinsung, welche für das Risikokapital des operationellen Risikos gerechnet wird, kann die gleiche Größe[1378] wie für das Adressenrisiko herangezogen werden. Der jährliche Verzinsungsanspruch für das Limit des operationellen Risikos wird zu dem anteiligen erwarteten Verlust für die zukünftigen Perioden zugeschlagen. Der konsolidierte Zahlungsstrom für das operationelle Risiko stellt die jeweilige voraussichtliche durchschnittliche Belastung der kontrahierten Zahlungsströme in der Zukunft dar. Dieser Zahlungsstrom kann auch als Versicherungsprämie für das operationelle Risiko interpretiert werden. Wird die jährlich anfallende Versicherungsprämie verbarwertet, ist das Ergebnis ein Versicherungsbetrag. Dieser ist wie in der Abbildung F – 65 dargestellt vom Bruttovermögen abzuziehen, weil von einer durchschnittlichen Belastung in entsprechender Höhe in den zukünftigen Perioden auszugehen ist.

1377   Eigene Darstellung.
1378   Eine einfache Ableitung der barwertigen Eigenkapitalverzinsung lässt sich üblicherweise durch die einfache Übertragung des bilanziellen Verzinsungsanspruchs der Anteilseigner auf das wertorientierte Eigenkapital, mit Hilfe einer Verhältniszahl abbilden.

Bislang wurde vorausgesetzt, dass der erwartete und der unerwartete Verlust 1763 für die Berechnungen feststehen. In einigen Instituten wird zur Ermittlung dieser Größen ein statistisches Modell zur Ermittlung des Erwartungswertes (im Sinne eines erwarteten Verlustes) und einer möglichen Abweichung von diesem Erwartungswert, als negative Abweichung vom erwarteten Verlust bezeichnet. Performanceüberlegungen sollen hierbei ausgeklammert bleiben.

Das statistische Modell setzt auf der institutsindividuellen Schadensfalldaten- 1764 sammlung, Daten aus einem Schadensfalldatenpool und ggf. eigenen Szenarioschätzungen auf und ermittelt den erwarteten und unerwarteten Verlust mit Hilfe von spezifischen Parametern und Verteilungsannahmen. Der unerwartete Verlust sollte unabhängig von der aufsichtsrechtlichen Berechnung in der (Säule I)[1379] für die Einschätzung im Rahmen der Risikotragfähigkeit einheitlich zu den anderen Risikoarten gewählt werden. Häufig wird ein einheitliches Konfidenzniveau von 99 % gewählt, welches über alle Risikoarten gleich ist. Zusätzlich sollte ein einheitlicher Risikohorizont über alle Risikoarten gewählt werden. Hierbei bietet sich ein Risikohorizont von einem Jahr an, welcher durch das Adressenrisiko determiniert wird.

Bei der Anwendung von statistischen Modellen zur Ableitung der relevanten 1765 Werte ist ebenfalls zu beachten, ob Diversifikationseffekte zu einer impliziten Berücksichtigung von Inter-Risikokonzentrationen[1380] führen. In jedem Fall ist bei der Ableitung von Korrelationen für ein Risikomodell entsprechende Sorgfalt anzuwenden und der Nachweis zu führen, dass die Korrelationen für das eigene Portfolio gelten.

1379 Konfidenzniveau im fortgeschrittenen Ansatz 99,9 %.
1380 Vgl. *BaFin* (2012.12b), AT 4.1, Tz. 1.

V. Sonstige Risiken: Ertragsrisiko zur Messung der Ertragsstabilität und Abbildung sonstiger Residualrisiken[1381]

1. Bedeutung von Ertragsrisiken und sonstigen Risiken für die RTF

1766 Spätestens mit der Bekanntgabe der zukünftigen **Geschäftsmodellanalyse** durch die Aufsichtsbehörden im Rahmen des neuen, durch das SREP-Papier gestalteten Vorgaben für die Prüfung der Säule II gewinnt die Analyse der Ertragslage und der Volatilität von Erträgen an Bedeutung.[1382] Wenngleich in den letzten Jahren die Untersuchung der Ertragssituation der Kreditinstitute durch die Bankenaufsicht aufgrund der Niedrigzinsphase zugenommen hat,[1383] standen die Erträge bisher nicht derart im Fokus der Betrachtungen.

1767 Neben der Integration von Erträgen und deren möglichen Schwankungen in der Kapitalplanung als ein wesentliches, zukunftsorientiertes Instrument der Bankensteuerung, sollten diese auch in der Risikotragfähigkeitsrechnung – neben der Kapitalplanung das zweite wichtige Steuerungsinstrument der MaRisk – einbezogen werden. **Ertragsrisiken** bilden entsprechend eine sinnvolle Ergänzung der Risiken in der Risikotragfähigkeit, um auf der einen Seite die für ein Institut wichtige Ertragslage[1384] hinsichtlich etwaiger, ggf. Existenz gefährdender Schwankungen zu untersuchen. Wird die Risikoart entsprechend umfassend aufgesetzt, so lassen sich mit dem Ertragsrisiko auch Risiken mit Auswirkungen nur kleiner Ausprägungen integriert abbilden.

1768 Finanzinstitute sind dabei ohnehin verpflichtet, ihre geschäftsmodellinhärenten Risiken innerhalb der zu publizierenden Risikoberichte offenzulegen, welches die Risikotragfähigkeitsrechnung einschließt. Dies folgt aus dem Deutschen Rechnungslegungsstandard DRS 5–10 unter Beachtung der Anforderungen des IFRS 7 und der MaRisk. Dementsprechend bilden die bereits in den vorhergehenden Kapiteln diskutierten Kredit-, Marktpreis-, Liquiditäts- und operationellen Risiken die verpflichtend auszuweisenden und zu quantifizierenden **Standard-Risikoarten**.[1385]

1381 Autoren: **Dirk Heithecker** und **Dennis Tschuschke**. Die Ausführungen geben die persönliche Auffassung der Autoren wieder.
1382 Vgl. *EBA* (2014.12), *Wimmer* (2015), *Zanthier* (2015) und *Heithecker/Tschuschke* (2016).
1383 Vgl. *Dombret* (2015a); *Dombret* (2015b).
1384 Die Ertragslage ist beispielsweise bedeutend in der Beurteilung der angemessenen Höhe der Risiken, vgl. *BaFin* (2016.02b) BT 3.2.
1385 Vgl. *BaFin* (2016.02a); BaFin (2016.02b); *DSR* (2010) und zu IFRS 7 etwa *Europäische Union* (2008), S. 417 ff.

Darüber hinaus sind in Abhängigkeit vom jeweiligen Geschäftsmodell weitere Risiken zu berücksichtigen, um das Konzerngesamtrisiko eines Instituts intern ganzheitlich steuern zu können und extern gegenüber den Stakeholdern wie Eigentümern, anderen Investorengruppen und Aufsichtsgremien adäquat auszuweisen.[1386] Ertragsrisiken komplettieren hier die Risikosicht eines Kreditinstituts.

2. Umfang und Definition von Sonstigen Risiken und Ertragsrisiken

Wird das Ertragsrisiko als eigenständige Risikoart in der RTF genutzt, so ist diese zum einen gegenüber den Standardrisikoarten abzugrenzen, zum anderen sind weitere (sonstige) Risikoarten jedoch ebenfalls auf das Konzept abzustimmen. Konkret empfiehlt es sich, die sonstigen Risikoarten in das Ertragsrisiko zu integrieren, solange eine eigenständige Risikoart nicht sachgerecht erscheint. Entsprechend wird nachfolgend zunächst die Kategorisierung sonstiger Risikoarten diskutiert, nachfolgend das Ertragsrisiko definiert.

2.1. Kategorisierung von Sonstigen Risiken

Zur Analyse der in der Risikotragfähigkeitsrechnung zu berücksichtigenden Risiken mit dem Ziel der Integration sonstiger Risikoarten unter Ertragsrisiken, kann eine Klassifizierung sämtlicher Risiken nach

- Standard-Risikoarten
- Institutsspezifische Risiken (sofern vorhanden) sowie
- sonstige Risiken ohne unmittelbare GuV-Wirksamkeit und
- sonstige Risiken mit unmittelbarer GuV-Wirksamkeit

entsprechend Abbildung F – 67 den Risikoinventurprozess maßgeblich unterstützen.

1386 Die Anforderung an das Gesamtrisikoprofil ist demnach nicht nur regulatorisch von Bedeutung, ergibt sich aber auch aus den MaRisk, vgl. *BaFin* (2012.12b; *BaFin* (2016.02b), AT 2.2, AT 4.1 und AT 4.4.1.

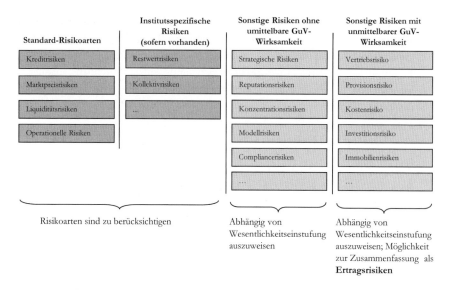

Abbildung F – 67:   Klassifizierung von Risikoarten innerhalb der Risikoinventur[1387]

1772   Während der Kategorie der Standard-Risikoarten die Kredit-, Marktpreis-, Liquiditäts- und operationellen Risiken zuzuordnen sind, bilden Restwertrisiken und Kollektivrisiken Beispiele für **institutsspezifische Risiken**, d. h. Risiken, die geschäftsmodellspezifisch, aber nicht grundsätzlich branchenspezifisch in größerem Umfang vorliegen. Hierbei beschreibt das insbesondere für automobile Finanzdienstleister und Leasingunternehmen charakteristische Restwertrisiko die Gefahr, dass der bei Vertragsabschluss kalkulierte Restwert von dem zuvor prognostizierten Marktwert bei Verwertung des Leasinggegenstands abweicht.[1388] Ein Kollektivrisiko ist hingegen ein typisches Merkmal von Instituten mit Bezug zum Bausparkollektiv. Es umfasst potenziell negative Auswirkungen, die sich aus Abweichungen zwischen der tatsächlichen und der prognostizierten Entwicklung des Bausparkollektivs ergeben.[1389]

1773   Wesentliches Charakteristikum von Risikoarten der Kategorie »**Sonstige Risiken ohne unmittelbare GuV-Wirkung**« ist ihre ganzheitliche Wirkung auf ein Finanzinstitut, die gewöhnlich schwierig mit einem konkreten Risikowert zu beschreiben ist. Beispiele hierfür sind Reputationsrisiken oder strategische Risiken und Compliance-Risiken. **Reputationsrisiken** stehen für die Gefahr

---

1387   Eigene Darstellung nach *Heithecker/Tschuschke* (2013).
1388   Vgl. dazu etwa *Volkswagen Financial Services* (2011), S. 62.
1389   Vgl. auch *BHW Bausparkasse* (2011), S. 30.

der Schädigung des Rufs eines Instituts in der Öffentlichkeit und »*(…) äußern sich primär in zurückgehender Kundenbindung und -zufriedenheit, schwierigerer Neukundengewinnung, sinkendem Umsatz und höheren Refinanzierungskosten – bis hin zu Situationen, in denen die Beschaffung neuer Mittel nicht möglich ist*«[1390]. **Strategische Risiken** resultieren im Allgemeinen aus fehlerhaften Entscheidungen der Institutsführung, beispielsweise aus einer geschäftspolitischen (Fehl-)Positionierung, die zu erhöhten künftigen Standard-Risiken wie Marktpreisrisiken oder einer mangelnden Ertragslage führen können.[1391] **Compliance-Risiken** fokussieren auf die Gefahr eines möglichen Vertrauensverlusts bei Kunden und Aktionären aufgrund der Verletzung geltender Vorschriften bzw. marktüblicher Standards und Verhaltensregeln.[1392]

Werden diese genannten Risiken auf Institutsebene schlagend, so sind in der Folge überwiegend Positionen der GuV betroffen, die an sich unmittelbar den Standard-Risikoarten oder den institutsspezifischen Risiken zuzuordnen sind. Da sich auch wegen dieses nur mittelbaren Effekts noch kein Best-Practice für eine regelmäßige, konkrete Risikomessung für die Risikotragfähigkeitsrechnung herausgebildet hat, werden Reputationsrisiken, strategische Risiken und Compliance-Risiken häufig lediglich mit einem **Pauschalrisiko** belegt oder etwa der Gruppe der nicht-quantifizierten Risiken zugeordnet. Alternativ können im Rahmen von Szenarioanalysen Auswirkungen spezieller Ereignisse dieser Risikoarten auf die Risikosituation des Kreditinstituts betrachtet werden.

Sofern **Modellrisiken** und **Konzentrationsrisiken**[1393] nicht bereits in die Bewertung der Standard-Risikoarten und der ggf. vorliegenden institutsspezifischen Risiken Eingang finden, sind diese als eigenständige Risikoarten zu betrachten und dann ebenfalls den »Sonstigen Risiken ohne unmittelbare GuV-Wirkung« zuzuweisen.

Zu der abschließenden Kategorie der »**Sonstigen Risiken mit unmittelbarer GuV-Wirkung**« zählen insbesondere **Vertriebs-, Provisions- und Kostenrisiken**. Die Möglichkeit der konkreten Bestimmung der von dem jeweiligen Risiko tangierten Ertrags- und Aufwandspositionen, die nicht bereits durch die Standard-Risikoarten bzw. die institutsspezifischen Risikoarten abgedeckt werden, bildet das Alleinstellungsmerkmal gegenüber den zuvor dargestellten

---

1390 *Kaiser* (2010), S. 17.
1391 Vgl. auch *Weber* (2009), S. 137.
1392 Vgl. etwa *Commerzbank* (2011), S. 194.
1393 Vgl. dazu auch die Ausführungen in Kapitel D.VI und D.VII sowie bei *Fiebig/Heithecker* (2015), S. 207 ff.

»Sonstigen Risiken ohne unmittelbare GuV-Wirkung«. Mit **Immobilienrisiken** und **Investitionsrisiken** lassen sich weitere dieser Kategorie zugehörige Beispiele anführen. Erstere stehen für negative Auswirkungen auf die GuV aufgrund von sinkenden Werten des unternehmenseigenen Immobilienportfolios.[1394] Das Investitionsrisiko beschreibt dagegen die Gefahr, dass Investitionen nicht die gewünschten quantitativen Ergebnisse (z. B. höhere Vertragsanzahl, geringere Kosten) induzieren, ggf. auch weil qualitative Ziele (Innovationskraft, Image) nicht erreicht wurden.

1777 Abhängig von der Wesentlichkeitseinstufung ergeben sich für die jeweiligen über die Standard-Risikoarten hinaus identifizierten Risiken nachfolgende Fragestellungen bezüglich der Abbildung in der Risikotragfähigkeit und der Offenlegung im Risikobericht:

- Erfolgt die Risikobewertung per Pauschalansatz mit vorrangig qualitativen Beschreibungen oder wird ein eigenes Risikomessverfahren entwickelt?

- Besteht die Möglichkeit des Subsummierens einzelner Sonstiger Risikoarten unter einem übergeordneten »Residual«-Risiko?

- Wird die Risikoart als Abzugsposten oder als eigenständige, limitierte Risikoart in der Risikotragfähigkeit berücksichtigt?

1778 Sofern Sonstige Risiken nicht einer eigenständigen Quantifizierungs- und Offenlegungspflicht aufgrund ihrer geschäftsmodellspezifischen Relevanz unterliegen (wie dies insbesondere bei Spezialinstituten der Fall ist)[1395] und zudem konkrete Ertrags- und Aufwandspositionen – die nicht von den etablierten Risikoarten erfasst werden – betroffen sind, ist zu erwägen, diese teilweise innerhalb der Risikotragfähigkeitsrechnung in einer eigenständigen **Sammelrisikoart** aggregiert auszuweisen.

2.2. Problemstellung von Identifikationsrisiken

1779 Neben der Aggregation kleinerer Risiken zu Ertragsrisiken als Sammelrisikoart ergibt sich häufig bei einer ausschließlichen Betrachtung der etablierten (standard- und institutsspezifischen) Risikoarten, dass oftmals **neuartige Risiken** (zunächst) nicht unmittelbar abbildbar sind.[1396] Diese neuartigen Risiken können zum einen bei vom Institut lancierten neuen Produkten zur Erweiterung des bestehenden Geschäftshorizonts auftreten. Beispielhaft seien Ausfallrisi-

---

1394 Vgl. etwa *Landesbank Baden-Württemberg* (2011), S. 107.
1395 Bei automobilen Finanzdienstleistern ist das Restwertrisiko geschäftsmodellbedingt in der Risikotragfähigkeit von hoher Bedeutung und deshalb eigenständig auszuweisen.
1396 Vgl. hierzu und nachfolgend auch *Heithecker/Tschuschke* (2013).

ken aus Mietverträgen zu nennen, die nicht die Merkmale klassischer Ausfallrisiken im Sinne eines Kreditrisikos aufweisen.

Zum anderen gestaltet sich oftmals die Betrachtung von **besonderen Risikoszenarien**, die sehr individuell aus einzelnen unternehmensinternen oder unternehmensexternen Sachverhalten entstehen, als schwierig. Diese sind nicht in jedem Fall ausreichend durch die genannten Standard-Risikoarten bzw. institutsspezifischen Risiken abgedeckt. Als Beispiel können drohende zukünftige Verluste aus der Geschäftsfortführung in derzeit durch die Staatsschuldenkrise wirtschaftlich beeinträchtigten (Euro-)Staaten genannt werden.

Die nicht mögliche Abbildung solcher neuartigen Risiken oder besonderen Risikoszenarien birgt ein **Identifikationsrisiko**. Das Risiko, dass ein Risiko dabei grundsätzlich nicht erkannt wird, ist dabei aus praktischer Sicht weniger bedeutend, da kaum steuerbar. Geradezu ärgerlich ist es jedoch, wenn benennbare Risiken aufgrund der Taxonomie der Risikoarten nicht frühzeitig in die Risikotragfähigkeit integriert werden (können).

Eine Lösungsmöglichkeit ist hier, gezielt auch GuV-Effekte in die Risikobetrachtung der Risikotragfähigkeit und Stresstest einzubeziehen, wie dies etwa beim EU-Stresstest systemrelevanter Banken seit 2010 erfolgt. Die GuV-Einbindung kann über die Risikoart Ertragsrisiko vorgenommen werden.

Somit ermöglichen es Ertragsrisiken gleich zwei ggf. offene Problemstellungen in der Risikotragfähigkeit abzubilden. Zum einen stellen Unsicherheiten über die **Ertragslage** eine eigene, individuell in der Risikotragfähigkeitsanalyse zu managende Risikoquelle dar, die nicht in jedem Fall schon unmittelbar in der Risikotragfähigkeitsrechnung berücksichtigt wird. Zum anderen sind schlagend werdende Risiken auch aus eher unbedeutenden, singulären Ereignissen häufig **ertragswirksam** und können in das Ertragsrisiko integriert werden.

Diese Vorgehensweise erweitert das bestehende Verständnis zur Risikotragfähigkeit um eine Analyse, die sich mit Treibern von Erfolgs- und Misserfolg der Ertragssituation eines Instituts auseinandersetzt.[1397]

[1397] Ein anschauliches und umfassendes Beispiel einer solchen Analyse liefern *Batz/Martin/Seel/Zydowitz* (2011).

MESSUNG UND LIMITIERUNG VON RISIKEN

2.3. Definition von Ertragsrisiken

1785 Anders als bei den Kredit-, Marktpreis- und Liquiditätsrisiken hat sich bisher allerdings keine einheitliche Definition von Ertragsrisiken in der Finanzbranche etabliert.[1398] Eine Vielzahl von Instituten subsummieren die Ertragsrisiken unter der Risikoart »**Geschäftsrisiko**«.

1786 Das Geschäftsrisiko wird in der Regel allgemein als das Risiko sämtlicher Veränderungen der generellen wirtschaftlichen Rahmenbedingungen, die mit dem Betreiben eines Geschäftes einhergehen, definiert. Folglich umfasst das Geschäftsrisiko auch Risikoarten, wie beispielsweise das strategische oder das Reputationsrisiko und ist deshalb übergeordnet zusehen. Eine Strukturierung der Definitionen ist in Abbildung F – 68 zu finden.

Abbildung F – 68:   *Klassifizierung von Risikoarten innerhalb der Risikoinventur*[1399]

1787 Entsprechend der Analyse in Abschnitt 2.1 hat das Ertragsrisiko sämtliche Positionen der GuV zu umfassen, deren zukünftige Realisationen Einfluss auf die Eigenmittel eines Finanzinstituts im Kontext der Ermittlung der Risikotragfähigkeit haben und nicht bereits den Standard-Risikoarten oder institutsspezifischen Risiken zugeordnet sind.[1400] Allgemein kann daher das Ertragsrisiko als die Gefahr von unerwarteten Verlusten aufgrund von ungünstigen

---

1398 Die folgenden Ausführungen in diesem Abschnitt gehen auf *Heithecker/Hohe/Tschuschke* (2012b) und *Heithecker/Hohe/Tschuschke* (2014) zurück.
1399 Eigene Darstellung nach *Heithecker/Hohe/Tschuschke* (2014).
1400 Für relevante Ertragstreiber vgl. auch *Aubin* (2010).

relativen Entwicklungen ausgewählter Ertrags- und Aufwandspositionen definiert werden. Es quantifiziert damit das Risiko, dass geplante Erträge und Aufwände innerhalb eines definierten Zeithorizonts nicht realisiert werden oder sogar Verluste eintreten.[1401]

Obwohl sich das Ertragsrisiko als Sammelrisikoart aller bisher nicht erfassten besonderen Risikoarten eignet, sollten bestimmte Kategorien in jedem Fall individuell adressiert werden: somit sind das Vertriebsrisiko, das Provisionsrisiko und das Kostenrisiko als Bestandteile des Ertragsrisikos zu berücksichtigen. Das **Vertriebsrisiko** ergibt sich etwa aus Schwankungen der Zinsüberschüsse aus dem Aktiv- und Passivgeschäft und wird hauptsächlich durch die Neugeschäftsvolumina und deren zugrunde liegenden Margen (Zinskonditionsbeitrag) beeinflusst.[1402] Hingegen resultiert das **Provisionsrisiko** aus planerischen Ungenauigkeiten bei Einnahmen aus Gebühren- und Provisionen.

Die Gefahr von potentiell negativen Veränderungen bei den Aufwendungen in der GuV (**Kostenrisiko**) wird im Wesentlichen durch schwankende Gemeinkosten induziert, etwa durch unerwartete Steigerungen der Personalkosten, Raumkosten oder Kosten für Projekte. Damit sind dem Ertragsrisiko ausdrücklich auch Kostenpositionen zuzuordnen, da diese ebenfalls auf die Eigenmittel eines Finanzinstituts wirken. Darüber hinaus können Erträge aus Beteiligungen und Finanzinvestitionen möglichen Schwankungen unterliegen, die das **Beteiligungsertragsrisiko** begründen.

Darüber hinaus kann es weitere institutsspezifische GuV-Positionen geben, die aufgrund ihrer Wirkung auf das Eigenkapital im Ertragsrisiko zu erfassen sind. Die Grundgesamtheit der zu analysierenden Positionen ist durch die instituts-interne Ergebnisrechnung gegeben, die sich in der Regel an die externe Rechnungslegung nach HGB oder IFRS anlehnt und in die externe GuV überführbar ist. Entsprechend gilt das Ertragsrisiko auch als **GuV-spezifisches Risiko**. Allerdings gibt es gewöhnlich über die GuV hinausgehende Positionen, die Einfluss auf die Eigenkapitalhöhe haben und möglicherweise nicht durch andere Risikoarten abgedeckt sind. Dies können z. B. Positionen der Gesamtergebnisrechnung nach IFRS sein, etwa »unrealisierte Verluste aus zur Veräußerung verfügbaren finanziellen Vermögenswerten« oder »Anpassungen aus der Währungsumrechnung«.

1401 Vgl. dazu auch die gelungene Definition des Ertragsrisikos bei *Gann/Marschall* (2012) und auch bei *Brienen/Quick* (2006) und *Axt/Daferner* (2008).
1402 Vgl. *Brienen/Quick* (2006), S. 8 und 11 ff.

1791 Um eine **Doppelanrechnung** von Risiken in der Risikotragfähigkeitsrechnung zu vermeiden, werden im Ertragsrisiko nur jene Positionen betrachtet, die nicht bereits durch andere Risikoarten mit eigenen Risikomessverfahren abgedeckt sind. Entsprechend sind beispielsweise Aufwendungen für die Risikovorsorge auf Forderungen, die im Wesentlichen dem Kreditrisiko zugeordnet werden, nicht in das Ertragsrisiko einzubeziehen. Ferner sind z. B. auch Risiken von Preisschwankungen am Kapitalmarkt und daraus resultierende Bewertungs- und Veräußerungsverluste gewöhnlich bereits im Marktpreisrisiko enthalten und auch ein Teil des Zinsüberschusses ist in Form des Fristentransformationsbeitrags häufig bereits im Zinsänderungsrisiko des Anlagebuchs abgebildet.

1792 Die konkrete Definition des Ertragsrisikos und damit auch Art und Umfang der implizit berücksichtigten Sonstigen Risiken wird demnach nur institutsspezifisch (und somit sehr ausschließlich intern) vorliegen können und durch das Geschäftsmodell und den daraus resultierenden Ertrags- und Aufwandspositionen sowie der Definition der Risikodeckungsmasse maßgeblich beeinflusst. Eine allgemeingültige Benchmark kann sich für diese Risikoart folglich nur bedingt herausbilden, wie auch die Heterogenität der Definitionen in den Risikoberichten wichtiger Finanzinstitute und -unternehmen des Geschäftsjahres 2011 in Tabelle F – 9 zeigt.

Unternehmen [Bilanzsumme] *(Quelle)*	Überblick zur Definition und Messung
Deutsche Bank [1.709 Mrd. €] *(Geschäftsbericht 2014, S. 89)*	*Allgemeines Geschäftsrisiko* • Risiko aufgrund von möglichen Veränderungen der generellen wirtschaftlichen Rahmenbedingungen wie Marktumfeld, Kundenverhalten und technischer Fortschritt. • Geschäftsrisiko setzt sich aus dem Strategischen Risiko, dem Steuerrisiko und dem Refinanzierungsrisiko zusammen, wobei nur das strategische Risiko als materiell eingestuft wurde.
Commerzbank [557 Mrd. €] *(Geschäftsbericht 2014, S. 113)*	*Geschäftsrisiko* • Potenzieller Verlust, der aus Abweichungen der tatsächlichen Erträge und Aufwendungen von den jeweiligen Planzahlen resultiert.
DZ Bank [402 Mrd. €] *(Geschäftsbericht 2014, S. 74)*	*Geschäftsrisiko* • Gefahr von Verlusten aus Ergebnisschwankungen, die bei gegebener Geschäftsstrategie aus Veränderungen von externen Rahmenbedingungen resultieren.

Unternehmen [Bilanzsumme] (Quelle)	Überblick zur Definition und Messung
HVB [300 Mrd. €] *(Geschäftsbericht 2014, S. 52)*	*Geschäftsrisiko* • Risiko definiert sich als negative, unerwartete Änderung des Geschäftsvolumens und/oder der Margen, welche nicht auf das Kredit-, Markt- oder operationelle Risiko zurückzuführen sind. • Es resultiert damit hauptsächlich aus der Planung von Erträgen und Kosten der einzelnen Geschäftsbereiche, welche von der CFO (Chief Financial Officer)-Organisation koordiniert wird.
LBBW [266 Mrd. €] *(Geschäftsbericht 2014, S. 100)*	*Geschäftsrisiko* • Risiko unerwarteter Ergebnisrückgänge und negativer Planabweichungen, die ihre Ursache nicht in anderen definierten Risikoarten haben. Es zeigt sich daher insbesondere in verringerten Provisionserträgen oder Zinskonditionsbeiträgen sowie in erhöhten Kosten. • Es kann u. a. durch Veränderungen im Kundenverhalten oder Veränderungen wirtschaftlicher Rahmenbedingungen nicht rechtlicher Natur verursacht werden. Auch verringerte Erträge aufgrund von möglichen strategischen Fehlentscheidungen können ursächlich für das Geschäftsrisiko sein.
NordLB [197 Mrd. €] *(Geschäftsbericht 2014, S. 112)*	*Geschäftsrisiko* • Risiko, dass die Deutsche Hypo in ihren Zielmärkten nicht das erwartete Neugeschäft zu den geplanten Margen generieren kann.
Helaba [179 Mrd. €] *(Geschäftsbericht 2014, S. 43)*	*Geschäftsrisiko* • Wirtschaftliches Verlustpotenzial, das auf mögliche Änderungen des Kundenverhaltens oder der Wettbewerbsbedingungen im Marktumfeld ebenso wie der allgemeinen wirtschaftlichen Bedingungen zurückgeführt werden kann.
Postbank [155 Mrd. €] *(Geschäftsbericht 2014, S. 65 f.)*	*Geschäftsrisiken* • Geschäftsrisiken umfassen Spar- und Girorisiken, Kollektivrisiken, Reputationsrisiken sowie residuale Geschäftsrisiken. • Residuale Geschäftsrisiken bezeichnen Risiken eines Ergebnisrückgangs aufgrund unerwarteter Abweichungen der Ertragszahlen und der korrespondierenden Kosten von der ursprünglichen Planung, die nicht auf andere Risiken zurückzuführen sind.
NRW.Bank [143 Mrd. €] *(Finanzbericht 2014, S. 85)*	*Geschäftsrisiko* • Gefahr, dass sich das Wirtschaftsumfeld (Markt beziehungsweise Nachfrageverhalten) oder die rechtlichen Rahmenbedingungen ändern.

MESSUNG UND LIMITIERUNG VON RISIKEN

Unternehmen [Bilanzsumme] (Quelle)	Überblick zur Definition und Messung
Deka-Bank [113 Mrd. €] (Geschäftsbericht 2014, S. 70)	*Geschäftsrisiko* • Risiko erfasst mögliche finanzielle Verluste, die durch Änderungen des Kundenverhaltens oder der Wettbewerbsbedingungen ebenso wie der allgemeinen wirtschaftlichen und rechtlichen Rahmenbedingungen hervorgerufen werden. • Wesentlich für die Deka-Gruppe sind alle Faktoren, welche die Ergebnisentwicklung aufgrund von Volumen- und Margenänderungen unerwartet negativ beeinflussen und keiner bereits genannten Risikoart zuzuordnen sind.
VW Financial Services [107 Mrd. €] (Geschäftsbericht 2014, S. 64)	*Ertragsrisiko* • Spezifisches GuV-Risiko, beschreibt die Gefahr der Abweichung von Planwerten bestimmter GuV-Positionen, die nicht bereits über die anderweitig beschriebenen Risikoarten abgedeckt werden. • Hierzu gehören die Gefahren: unerwartet niedrige Provisionen, unerwartet hoher Kosten, eines im Plan zu hoch angesetzten Ertrags aus dem Neu-/Geschäftsvolumen sowie eines unerwartet schlechten Beteiligungsergebnisses.
W & W [78 Mrd. €] (Geschäftsbericht 2014, S. 78)	*Allgemeines Geschäftsrisiko* • Gefahren aus einem veränderten rechtlichen, politischen oder gesellschaftlichen Umfeld. *Ertragsrisiko* • Potenzielle Unterschreitungen der geplanten wirtschaftlichen Erträge aus Kapitalanlagen.
Deutsche Pfandbriefbank [65 Mrd. €] (Geschäftsbericht 2014, S. 68)	*Geschäftsrisiko/Ertragsrisiko* • Risiko von Gewinneinbußen aufgrund von Veränderungen des externen Geschäftsumfelds, die die wirtschaftlichen Rahmenbedingungen der Bank beeinflussen. • Dazu gehören neben den nicht quantifizierbaren Risiken, wie etwa regulatorisches Risiko und strategisches Risiko, auch Risiken von erhöhten Refinanzierungskosten bzw. eines erhöhten Refinanzierungsbedarfs sowie Ertragsrisiken. • Dem Ertragsrisiko wird unter anderem auch dadurch Rechnung getragen, dass geplante Erträge aus Neugeschäft nicht in der Risikodeckungsmasse berücksichtigt werden.
BHW [37 Mrd. €] (Geschäftsbericht 2014, S. 33)	*Geschäftsrisiken* • Gefahr eines Ergebnisrückgangs aufgrund unerwarteter Änderung von Geschäftsvolumen und/oder Margen und der korrespondierenden Kosten. Zugerechnet werden strategische Risiken und Reputationsrisiken.

Unternehmen [Bilanzsumme] (Quelle)	Überblick zur Definition und Messung
APO Bank [35 Mrd. €] (Jahresfinanzbericht 2014, S. 67)	**Geschäftsrisiko** • Wird unterschieden in Vertriebs- und Kostenrisiko. • Vertriebsrisiko umfasst eine unerwartete Entwicklung der Vertriebsergebnisse in den Geschäftsfeldern Privatkunden, Standesorganisationen und Großkunden sowie Treasury. • Kostenrisiko ist die unerwartete Entwicklung im Verwaltungsaufwand sowie weitere Risiken einzelner Positionen in der Gewinn- und Verlustrechnung
SEB [28 Mrd. €] (Geschäftsbericht 2014, S. 38)	**Geschäftsrisiko** • Beinhaltet im weiteren Sinne das strategische und das Reputationsrisiko. • Im engeren Sinne beschreibt es die Unsicherheit, die mit dem Betreiben des Bankgeschäfts einhergeht, sowie das Risiko unerwarteter negativer Ergebnisbeiträge, die aus Veränderungen externer Rahmenbedingungen resultieren, beispielsweise Umsatzrückgänge, Margendruck oder verstärktem Wettbewerb im Allgemeinen, die nicht durch andere GuV Komponenten ausgeglichen werden können.

Tabelle F – 9: Übersicht zur Berücksichtigung von Ertragsrisiken in den Risikoberichten (2014)[1403]

3. Ertragsrisiken aus aufsichtsrechtlicher Sicht

Regelungsansätze zur Ertragskraft und Risiken aus schwankenden Erträgen sind in den MaRisk und dem SREP-Papier zu finden, beide Vorgaben beziehen sich auf Säule II der aufsichtlichen Steuerung. Im Folgenden wird zunächst auf die ersten Entwicklungen zur Regulierung von Ertragsrisiken eingegangen, im Anschluss werden die aktuellen Umsetzungen in den MaRisk und gemäß den Hinweis des SREP vorgestellt.

3.1. Ertragsrisiken unter aufsichtlicher Beobachtung

Die Bedeutung von Ertragsrisiken ist nicht nur durch das Ziel einer umfassenderen Abdeckung des methodisch quantifizierten Risikoprofils in der Risikotragfähigkeitsanalyse gegeben, auch aus aufsichtsrechtlicher Sicht wächst die Relevanz. Wie aus den jährlichen **Finanzstabilitätsberichten** der Deutschen Bundesbank hervorgeht, ist die Ertragskraft von Finanzinstituten in den letz-

---

[1403] Eigene Darstellung in Anlehnung an *Heithecker/Hohe/Tschuschke* (2012b), S. 31, Tabelle 2 auf Grundlage der Finanz- und Geschäftsberichte des Jahres 2014.

ten Jahren Gegenstand regelmäßiger Analysen der Aufseher.¹⁴⁰⁴ Grund hierfür ist die Stärkung der Kapitalbasis von Kreditinstituten als Vorsorge für drohende Verluste bei angespannten Risikosituationen am Kapitalmarkt und in der Realwirtschaft, die durch hohe und stabile Ergebnisbeiträge unterstützt wird. Erörtern die Ausführungen in den Berichten 2009 und 2012 eher die strukturelle, d. h. langfristig auf Basis des Geschäftsmodells gesicherte Ertragskraft von Finanzinstituten, so nehmen die Aufseher in den Berichten 2010 und 2011 auch Szenariobetrachtungen vor, die kurzfristige Schwankungen von Erträgen quantifizieren. Während sich die Analyse aus dem Jahr 2010 noch auf das Zins- und Provisionsergebnis beschränkt, wird die Untersuchung bereits in 2011 auf das gesamte Betriebsergebnis ausgeweitet.¹⁴⁰⁵ Diese Analyse wird dann in den Berichten ab 2013 bis zuletzt 2015 gleichbleibend wiederholt, wobei insbesondere die Niedrigzinsphase und der wachsende Wettbewerbsdruck als Hauptursache einer anhaltenden Ertragsschwäche beschrieben wird.¹⁴⁰⁶

1795 Die Bedeutung der Ertragskraft eines Finanzinstituts für die Risikobelastbarkeit ist allerdings nicht neu, sondern wurde schon 2002 durch die internationalen Finanzaufseher des **Baseler Ausschusses** erkannt,¹⁴⁰⁷ jedoch in Folge der weiteren Entwicklung der aufsichtsrechtlichen Vorgaben nicht (mehr) berücksichtigt. Beispielsweise werden in der Entstehung von 1999 (erstes Konsultationspapier) bis 2005 (finales Dokument) der unter dem Stichwort »Basel II« bekanntgewordenen Eigenkapitalvereinbarungen Risiken aus Schwankungen künftiger Erträge nicht thematisiert. Da künftige Erträge dem Risikodeckungspotenzial bzw. Eigenkapital zuzuordnen sind und dieses in »Basel II« nicht Regelungsgegenstand war, ist dies nachvollziehbar. Lediglich in der Diskussion wurde erwogen, künftige erwartete Verluste von Kreditforderungen aus der Unterlegungspflicht auszunehmen, da diesen Verlusten

---

1404 Vgl. *Deutsche Bundesbank* (2009); *Deutsche Bundesbank* (2010); *Deutsche Bundesbank* (2011c); *Deutsche Bundesbank* (2012). Einen Überblick der Aspekte dieses Abschnitts liefern auch *Heithecker/Hohe/Tschuschke* (2012a) und *Heithecker/Hohe/Tschuschke* (2012b). Vgl. dazu auch *Gann/Marschall* (2012), S. 24.
1405 Eine spezielle Analyse des Fristentransformationsergebnisses liefert zudem *Memmel* (2011) auf Basis der vorliegenden Daten der Deutschen Bundesbank. Darüber hinaus wird die Ertragslage von Banken mit dem Fokus auf die Entwicklungen in der Finanzkrise z. B. bei *Bolt/de Haan/Hoeberichts/van Oordt/Swank* (2012) untersucht.
1406 Vgl. *Deutsche Bundesbank* (2013b); *Deutsche Bundesbank* (2014); *Deutsche Bundesbank* (2015d). Jedoch werden aktuell die Auswirkung der Niedrigzinsphase auf die Ertragslage als »noch begrenzt«, die Erträge der Sparkassen und Genossenschaftsbanken sogar als »noch stabil« eingestuft wurden, vgl. *Deutsche Bundesbank* (2015d). Einen ausgewogenen Ausblick liefern *Bielmeyer/Stappel* (2016) und *Bielmeyer* (2015).
1407 Vgl. *Couto* (2002).

entsprechende Einnahmen aus den Zinsüberschüssen gegenüber stehen.[1408] Diese Auffassung wurde jedoch durch den derzeit genutzten Abgleich zwischen erwartetem Verlust und Wertberichtigungen abgelöst.

Auch in den neuen, den Eigenkapitalbegriff konkretisierenden Eigenkapitalvereinbarungen »Basel III« sind zukünftige Erträge ohne Bedeutung, da zur Risikodeckung lediglich schon vereinnahmte Eigenkapitalbestandteile – einschließlich bereits erhaltener und zurückbehaltener Erträge – genutzt werden dürfen.[1409] Dies ist zweifelsohne eine konservative Definition der Risikodeckungsmasse, da Risiken periodenbezogen schlagend werden – und in dieser Zeit weitere Erträge generiert werden können.

1796

3.2. Umsetzung in den MaRisk

Die aktuellen aufsichtsrechtlichen Vorgaben zu Ertragsrisiken gehen auf die Anforderungen zu Risikokonzentrationen durch das **Committee of European Banking Supervisors (CEBS)** und der nachfolgenden europäischen Behörde **European Banking Authority (EBA)** zurück. Eine explizite Risikoart »Ertragsrisiko« wurde beispielsweise schon 2004 durch das CEBS in einem Konsultationspapier gefordert,[1410] damals in der Endfassung jedoch gestrichen und nur als »Rumpfrisikoart« Geschäftsrisiko berücksichtigt, welche lediglich in andere Risikoarten implizit eingeht. Erst 2009 mit der Finalisierung europäischer Vorgaben zum Management von Risikokonzentrationen und deren Berücksichtigung 2010 in den Mindestanforderungen für das Risikomanagement (MaRisk) sind Risiken aus schwankenden Erträgen in den aufsichtsrechtlichen Papieren klar und deutlich verankert.

1797

Die Ausführungen in den MaRisk beziehen sich dabei nicht explizit auf die Risikoart »Ertragsrisiko« – dieser Begriff wird hier nicht genannt – sondern greift eher die Problematik von Konzentrationen von Erträgen auf (AT 4.2). Da darüber hinaus gemäß AT 2.2 in der Risikoinventur alle Risiken der Ertrags- und Vermögenslage und gemäß AT 4.2 in der Geschäftsstrategie Einflussfaktoren auf die Ertragslage zu analysieren sind, erscheint eine singuläre Betrachtung von Erträgen und deren Risiken für eine sachgerechte Umsetzung der MaRisk adäquat. Ferner wird in der Gesamtbanksteuerung eine **integrierte Ertrags- und Risikosteuerung** gemäß AT 4.3.2 gefordert. Somit empfiehlt es sich, die Ertragssituation auch in der Risikotragfähigkeitsanalyse – also dort, wo auf Institutsebene das Risikopotenzial dem Deckungspotenzial

1798

1408 Vgl. *Baseler Ausschuss für Bankenaufsicht* (2001).
1409 Vgl. *Baseler Ausschuss für Bankenaufsicht* (2010).
1410 Vgl. *CEBS* (2004).

aus ökonomischer Sicht (Säule-II-Anforderung) gegenübergestellt wird – als wesentliches Steuerungsinstrument der MaRisk zu berücksichtigen. Die Darstellung der erwarteten Erträge gegenüber dem Gesamtrisikoprofil erfüllt dabei die Forderung, die Stabilität eines Instituts auch anhand seiner Ertragskraft zu bewerten, wie dies in der Geschäftsmodellanalyse des SREP gefordert wird.[1411]

1799 Als eigenständige Risikoart gewinnt das Ertragsrisiko 2010 durch das durch die deutsche Aufsicht verabschiedete Papier zur Beurteilung bankinterner Risikotragfähigkeitskonzepte weiter an Bedeutung.[1412] Demnach ist bei **Nutzung von Plangewinnen** als Deckungspotenzial – wie häufig in der Risikotragfähigkeitsrechnung angesetzt – dieses durch einen Abschlag konservativ anzupassen. Die zuvor beschriebene Zusammenführung zu berücksichtigender Positionen im Ertragsrisiko ermöglicht die Ermittlung eines sachgerechten Abzugs, wenn zukünftige Erträge als Teil des Deckungskapitals in der Risikotragfähigkeit angerechnet werden. Aber auch ohne die Berücksichtigung solcher geplanten, erwarteten Ertragsbestandteile in der Risikodeckungsmasse ist die Quantifizierung notwendig, da Ertragsschwankungen gegebenenfalls zu unterjährigen Verlusten und somit auch unterjährig zu einer Schmälerung der Risikodeckungsmasse führen können. Dies ist in jedem Fall in der Risikotragfähigkeit abzubilden. Solche unterjährigen Verluste sind auch in der Eigenkapitalrechnung nach Säule I künftig darzustellen.

3.3. Vorgaben aus dem SREP-Papier

1800 Die neuen Vorgaben des aufsichtlichen Überprüfungsprozesses für die Säule II sehen Risiken aus Erträgen wie die MaRisk nicht als eigenständige Risikoart vor. Eine stabile Ertragskraft und mögliche Schwankungen von Erträgen sind aber in einigen Bereichen von Bedeutung. Insbesondere trifft dies im Rahmen der Geschäftsmodellanalyse und der Analyse des Zinsänderungsrisikos im Bankbuch zu. In Tabelle F – 10 sind einige Aussagen zusammengefasst, auf die nachfolgend eingegangen wird. Ferner wird aufgezeigt, wie die Risikoart Ertragsrisiko bei der Erfüllung der Vorgaben unterstützen kann.

[1411] Vgl. Abschnitt 3.3.
[1412] Vgl. *BaFin* (2011.12) oder auch *Volk/Wiesemann* (2012). Zu den bestehenden Vorgehensweisen in Kreditinstituten, die eine Grundlage dieser Vorgaben bilden, vgl. *Deutsche Bundesbank* (2010.11).

Thema	Anforderung an die Erträge
Geschäftsmodellanalyse SREP, Titel 4	• Aufschlüsselung der Ertragsströme • Untersuchung übermäßige Konzentrationen oder zu hohe Volatilität von Erträgen • Ziel eines Erwirtschaftens einer akzeptablen Rendite über Zeiträume von 12 Monaten oder 3 Jahren • Ziel sind hohe und stabile Rendite
Kredit- und Gegenparteiausfallrisikos SREP, Titel 6.2	• Analyse, inwieweit sich das unternormalen Umständen sowie unter Stressbedingungen auf das Kreditrisiko sowie Erträge und Eigenmittel auswirken • Untersuchung der Rentabilität, d. h. des Credit-Spreads im Vergleich zu Kreditverlusten
Marktrisiko SREP, Titel 6.3	• Gewicht der Nettogewinne aus Marktpositionen in Bezug auf die gesamten betrieblichen Erträge • Bewertung der Rentabilität hinsichtlich Markterträge und Nichtmarkterträge (Provisionen, Gebühren, etc.) • Analyse der historische Rentabilität, einschließlich der Gewinnvolatilität
Operationelles Risiko SREP, Titel 6.4	• Analyse, wie operationelle Risiken schlagend werden, etwa wirtschaftliche Verluste, Beinahe-Verluste, Verlust künftiger Erträge, Gewinn • Aus Reputationsrisiken kann ein Rückgang der Erträge resultieren
Zinsänderungsrisikos im Bankbuch SREP (2014), Titel 6.5	• Untersuchung der Auswirkung einer Zinsänderung auf die Erträge und den wirtschaftlichen Wert (Barwert der erwarteten Cashflows) • Analyse der Auswirkungen auf verschiedene Einnahmen- und Kostenquellen des Instituts, insbesondere auf die Nettozinserträge • Festlegung akzeptabler Volatilitäten der Erträge in den genutzten Zinsszenarien

Tabelle F – 10: Hinweise im SREP-Papier auf Ertragsrisiken gemäß SREP[1413]

In der **Geschäftsmodellanalyse** sind in einem ersten Schritt eine umfassende deskriptive Analyse der Herkunft und Zusammensetzung der Erträge vorzunehmen.[1414] In einem zweiten Schritt sind Ertragsvolatilitäten und Ertragsrisiken als mögliche Schwachstellen der künftigen Ertrags- und Geschäftsplanung zu identifizieren. Untersuchungen zu den Ertragsrisiken können beide Vorgaben unterstützen. Im Umfeld der operativen Betreuung dieser Risikoart erfolgt eine Aufschlüsselung der Erträge, um die Entwicklung in verschiedenen

---

1413 Eigene Darstellung auf Basis *EBA* (2014.12).
1414 Eine allgemeine umfassende Erörterung befindet sich bei *Heithecker/Tschuschke* (2016).

MESSUNG UND LIMITIERUNG VON RISIKEN

Segmenten zu beobachten.[1415] Häufig sind diese Aufgaben nicht im Risikocontrolling, sondern sind im Vertriebs- oder Gesamtbankcontrolling angesiedelt.

1802 Schwankungen von Erträgen und damit die **Stabilität der Ertragslage** können über die Risikoart Ertragsrisiko untersucht werden. Ohnehin erfolgen im Rahmen der Quantifizierung eine sorgfältige Analyse der historischen Plan- und Ist-Werte und deren Abweichungen für die einzelnen Risikokategorien wie Vetriebsrisiken, Provisionsrisiken oder Kostenrisiken.[1416] Darüber hinaus können die Plan-Ist-Abweichung dieser Kategorien auf einzelnen Segmenten wie Regionen oder Produkten inspiriert werden.

1803 Der für einzelne Prüfungsbereiche des SREP vergebene **Geschäftsmodell-Scorewert** beinhaltet explizit die Bewertung der Ertragslage, die von »hohe und stabile Rendite« bis zu »sehr schwach und außerordentlich instabil« reicht.[1417] In die Beurteilung fließen Risikoappetit und Finanzierungsstruktur ein.

1804 Im Rahmen der Evaluation von **Zinsänderungsrisiken im Bankbuch** – letztlich sind dies die Zinsänderungsrisiken, die die Gesamtbilanz barwertig betrachtet betreffen[1418] – sind Auswirkungen auf die Einnahmen und Ausgaben des Instituts ebenfalls zu untersuchen. Dies betrifft insbesondere die Nettozinserträge, bei genauerer Analyse sind die aktiven und passiven Zinsstrukturbeiträge und der Konditionsbeitrag oder die Zinsmarge zu erörtern.[1419] Diese Thematik hat vor dem Hintergrund der aktuellen Niedrigzinsphase, die mit sinkenden Zinserträgen schon wegen des schrumpfenden Zinsstrukturbeitrags durch eine (nominelle) Abflachung der Zinsstrukturkurve einhergeht, aktuell eine hohe Brisanz. In einigen Produktsegmenten ist jedoch auch eine sinkende Zinssensitivität der Kunden zu beobachten, die sich positiv auf die Zinsmarge auswirken kann, leider auf einem niedrigen Niveau.

1805 Auch bei den Zinsänderungsrisiken im Bankbuch gehen Ertragssensitivitäten in den **Scorewert** dieses Prüfungsbereichs des SREP ein. Die Beurteilung umfasst eine Einschätzung des inhärenten Risikos in Form von »keiner« bis einer »hohen« Zinssensitivität der Erträge.[1420]

1415 Vgl. *Batz/Martin/Seel/Zydowitz* (2011).
1416 Vgl. dazu die Darstellung in Abschnitt 4.3.
1417 Vgl. *EBA* (2014.12), S. 38 ff.
1418 Vgl. dazu auch die Aussagen des Baseler Ausschusses, *BCBS* (2015.06a).
1419 Der Zusammenhang ist bei *Klenner/Tangemann* (2013) diskutiert. Vgl. auch *Reuse* (2016.02a), S. 138 ff.
1420 Vgl. *EBA* (2014.12), S. 122 ff.

Auch in den anderen Standard-Risikoarten wie dem Kreditrisiko, dem Marktpreisrisiko und dem operationellem Risiko sind nach den SREP die Auswirkungen auf die Erträge und die Rentabilität abzuschätzen. Die Auswirkung auf das Scoring scheint jedoch nicht so bedeutend zu sein.

4. Methodik zur Messung von Ertragsrisiken

Die Quantifizierung des Ertragsrisikos erfolgt über mögliche Abweichungen oder Schwankungen zwischen den zukünftig geplanten Größen relevanter GuV-Positionen und deren tatsächlichen Realisationen.[1421] Das daraus ermittelte Risiko kann unterschiedlich in die RTF-Rechnung berücksichtigt werden. Verschiedene, hier relevante Aspekte werden im folgenden Abschnitt erörtert. Ferner werden Themen der modelltheoretischen Ermittlung des Risikos diskutiert. Ebenfalls soll auf die szenariobasierte Risikobestimmung eingegangen werden.

4.1. Abbildung von Ertragsrisiken in der RTF

Konkret kann man das **Brutto-Ertragsrisiko** aus der Abweichung zwischen dem (unsicheren) Ist-Wert $\widetilde{IST}$ und dem (festen) Plan-Wert PLAN der relevanten Ertragspositionen gemäß der institutsspezifischen Definition des Ertragsrisikos in Anlehnung an Abschnitt 2.3, wobei Kostenpositionen hier negativ eingehen, definieren. Der Bezug zu den geplanten, erwarteten Größen ergibt sich aus dem Sachverhalt, dass bereits realisierte Erträge (und Kosten) in der Regel keinen (weiteren) zukünftigen Schwankungen unterliegen – und ein Risiko hier demnach nicht vorliegt.

Die Idee, zusätzlich hohe **geplante, periodische Schwankungen** der prognostizierten Erträge – also Schwankungen der PLAN-Erträge über die Jahre – in die Risikobetrachtung aufzunehmen, erscheint vor dem Hintergrund der SREP-Anforderung zunächst überlegenswert. Geplante Schwankungen resultieren aus hohen Volatilitäten der Plan-Erträge gemäß der Ertragsplanung, nicht aus möglicherweise hohen möglichen Abweichungen der Ist-Werte zu den Planwerten. Nun sollte jedoch ein Institut in der Lage sein, auf (aus-)geplanten, periodischen Ertragsschwankungen in der Geschäftsplanung und Kapitalplanung entsprechend einzugehen. In diesem Fall erwächst aus den geplanten Volatilitäten kein Risiko oder Schwächung des Instituts. Somit ist

---

1421 Vgl. zu den folgenden Ausführungen auch *Heithecker/Hohe/Tschuschke* (2012b).

eine Abbildung von **periodischen Schwankungen** der geplanten Erträge im Ertragsrisiko nicht erforderlich.[1422]

1810 Die zukünftigen unsicheren **Plan-Ist-Abweichungen** sind nun mit einem geeigneten Risikomaß in der Analyse der Risikotragfähigkeit zu bewerten. Im Folgenden soll hier der übliche Value-at-Risk (VaR) zu einem Konfidenzniveau z genutzt werden und man erhält für das Brutto-Risiko einen so genannten **Earnings-at-Risk** in der Höhe von

$$EaR_{Brutto} = VaR_z\left(\widetilde{IST} - PLAN\right)$$

d. h. negative Abweichungen vom Plan werden hier als Risiko dargestellt. Häufig wird dies über den Value-at-Risk der negative **Abweichung** auf den Plan-Ertrags dargestellt, d. h.

$$EaR_{Brutto} = PLAN \cdot VaR_z\left(\widetilde{Abg}\right) \text{ mit } \widetilde{Abg} = \frac{\widetilde{IST}}{PLAN} - 1.$$

wobei $\widetilde{Abg}$ die prozentuale Abweichung zwischen dem Ist-Wert und dem Plan-Wert ist. Der Wert $VaR_z\left(\widetilde{Abg}\right)$ bezeichnet dabei den Value-at-Risk-Abschlag auf den Planertrag und stellt einen konservativen Korrekturposten für etwaige Schwankungen der Einnahmen und Ausgaben dar.

1811 Als Methodik der Quantifizierung dieses **Earning-at-Risk** eignet sich nun (1) ein parametrischer Ansatz wie dieser etwa in der Marktpreisrisikomessung genutzt wird, und in Abschnitt 4.2 dargestellt wird, oder (2) Szenarioanalysen, die in Abschnitt 4.3 diskutiert werden. Beide Verfahren werden heute schon bei Instituten eingesetzt, wie die Analyse in Tabelle F – 9 zeigt. Unabhängig der Quantifizierung ist jedoch zunächst zu klären, in welcher Weise das Risiko in der RTF abgebildet wird.

4.1.1. Bilanzorientierte und Barwertige Einbindung in Säule II und Säule I

1812 Zunächst wird die Betrachtung in der **Risikotragfähigkeitsrechnung** nach **Säule II** vorgenommen, die in den MaRisk verankert ist. Je nach Ansatz des

---

1422 Durch periodisch stark schwankende geplante Erträge können natürlich Probleme erwachsen, da so ein Geschäftsmodell anspruchsvoll in der Steuerung und im Management ist. Diese Herausforderungen sind aber nicht dem Ertragsrisiko zuzuordnen.

Deckungskapitals in der Risikotragfähigkeitsrechnung ist nur ein Teil dieses Ertragsrisikos relevant für die Risikoberechnung.[1423]

Bei Nutzung einer **GuV-/bilanzorientierten Risikotragfähigkeitsanalyse** im **Fortführungsansatzes** (Going-Concern-Ansatz) können zukünftige Plan-Erträge der betrachteten Periode – im Normalfall entspricht diese 12 bis 24 Monate – in die Bestimmung des Risikodeckungspotenzials eingehen.[1424] Entsprechend ist das Bruttorisiko bewertungsrelevant, soweit ein Ertragsrisiko erwartet wird und dieses als wesentlich eingestuft wird. Somit bildet das Ertragsrisiko einen Korrekturposten hinsichtlich des Risikos, dass die geplanten Erträge bei möglicherweise negativem Geschäftsverlauf geringer ausfallen.

1813

Bei Nutzung eines **Liquidationsansatzes** (Gone-Concern-Ansatz) können zunächst nur bereits unterjährig aufgelaufene Gewinnanteile im Risikodeckungspotenzial berücksichtigt werden, d. h. Plangewinne sind zunächst nicht Bestandteil der Risikodeckungsmasse. Allerdings ergeben sich auch im Liquidationsansatz Möglichkeiten, zukünftige Erträge anzurechnen, wenn diese im Interesse der Befriedigung der Gläubiger erzielbar wären oder wenn diese einen möglicherweise aktuell aufgelaufenen Verlust plausibel mindern können. In jedem Fall ist im Liquidationsansatz ein möglicher Planverlust wertmindernd anzusetzen. Für das Ertragsrisiko ist somit vereinfacht davon auszugehen, dass nur das die zukünftigen Planerträge übersteigende Risiko in der Risikotragfähigkeitsrechnung auszuweisen ist – solange Planerträge nicht wie im Fortführungsansatz angesetzt werden.

1814

Auch ohne die Berücksichtigung geplanter, erwarteter Ertragsbestandteile in der Risikodeckungsmasse sollte demnach eine Prüfung erfolgen, ob unterjährige Verluste und somit eine Verringerung der Risikodeckungsmasse bei einem hohen Konfidenzniveau, d. h. im Falle einer deutlichen Verschlechterung der Ertragslage, auftreten können.

1815

Zusammenfassend ergibt sich für das in der Risikotragfähigkeit anzusetzende Netto-Ertragsrisiko zu

1816

$$EaR_{Netto} = \begin{cases} \text{Going Concern:} & EaR_{Brutto} \\ \text{Liquidation:} & MIN(EaR_{Brutto} + PLAN; 0) \end{cases}$$

1423 Vgl. zu den folgenden Ausführungen insbesondere *BaFin* (2011.12), S. 5 und 12. Alternativ wird der Aspekt auch bei *Gann/Marschall* (2012), S. 25 diskutiert.
1424 Vgl. z. B. *Reuse/Schillings* (2011), Abbildung 2 – 1.

MESSUNG UND LIMITIERUNG VON RISIKEN

wobei der EaR_{Brutto} als negativer Wert (im Risikofall) dargestellt ist. Durch die Minimum-Funktion[1425] MIN wird erreicht, dass nur bei einem Ertragsrisiko EaR_{Brutto}, der größer als die Planerträge ist, ein Netto-Risikowert EaR_{Netto} ausgewiesen wird.

1817 Entsprechend ergibt sich bei der GuV-/bilanzorientierten Risikotragfähigkeitsanalyse der im Deckungskapital anzusetzende **Plan-Ertrag** ($PLANERTRAG_{RDP}$) bei Anwendung des Ertragsrisikos als Umsetzung des geforderten aufsichtsrechtlichen Risikoabschlages zu

$$PLANERTRAG_{RDP} = \begin{cases} \text{Going Concern:} & PLAN + EaR_{Brutto} \\ \text{Liquidation:} & EaR_{Netto} \end{cases}$$

wobei auch hier davon ausgegangen wird, dass im Liquidationsansatz zukünftige Erträge nicht anrechenbar sind. Der EaR ist in dieser Darstellung wiederum negativ definiert.

1818 In der **wertorientierten Risikotragfähigkeitsanalyse** ergeben sich grundsätzlich die gleichen formalen Sachverhalte der vorgenannten Gleichungen. So werden hier dieselben Einschränkungen hinsichtlich der Anrechenbarkeit des Planertrags im **Fortführungsansatz und Liquidationsansatz** gefordert.[1426] Demnach können die zukünftigen erwarteten oder geplanten Erträge in Form des erwarteten Vermögenszuwachses dem Risikodeckungspotenzial zugerechnet werden, wenn die Analyse unter der Maßgabe des Going-Concern-Ansatzes erfolgt. Im Liquidationsansatz kann eine Anrechnung nur erfolgen, wenn ein besonderer Grund vorliegt. Der durch die Aufsicht des Weiteren geforderte vorsichtig kalkulierte Planansatz kann auch hier durch die erwarteten Planerträge im Zeitraum der Risikotragfähigkeitsrechnung zuzüglich des (negativ definierten) Ertragsrisikos erfolgen.

1819 Allerdings ergibt sich im wertorientierten Ansatz eine ggf. abweichende Quantifizierung des Earnings-at-Risk. Beim **Substanzwertverfahren** werden zukünftige Gewinne aus geplantem Geschäft in der Regel nicht in die Betrachtung aufgenommen.[1427] Das Bestandsgeschäft ist häufig zudem schon über die barwertige Sichtweise im Substanzwert enthalten, insbesondere gilt dies für die Zahlungen im zinstragenden Geschäft. Eine darüber hinausgehende Berücksichtigung im Planertrag wäre somit nicht möglich.

1425 Hier wird die Funktionsbenennung von MSExcelTM genutzt.
1426 Vgl. hier etwa *Reuse/Schillings* (2011), Abbildung 2 – 2 oder auch *Bimmler/Mönke* (2004).
1427 Vgl. *Kirmße* (2009) und *Nemet/Ulrich* (2010).

Werden anders als in einem klassischen Substanzwertverfahren auch zukünftige Erträge über die bestehenden Geschäfte hinaus in die Bestimmung des Risikodeckungspotenzials einbezogen, so sind hier entsprechende konservative Abschläge vorzunehmen, die ebenfalls auch aus der Methodik des Ertragsrisikos abgeleitet werden können.[1428] Werden Zinseinnahmen aus geplantem Geschäft in die barwertige Betrachtung aufgenommen, so ist auch hier zu analysieren, inwieweit dies im Barwert des zinstragenden Neugeschäfts schon integriert ist.

Aus Gründen der Konservativität sollte in jedem Fall ein Wertabschlag für zukünftige geplante Zahlungen vorgesehen werden.[1429] Somit können negative Schwankungen bei den Kosten als zusätzlicher Abschlagswert einbezogen werden. Unklar ist, für wie viele Perioden Abschläge berechnet werden. Eine Berücksichtigung in allen zukünftigen Perioden, die dann barwertig summiert werden, erscheint vor dem Hintergrund eines 12- bis 24-monatigen Zeithorizonts der Risikobetrachtung überzogen.

4.1.2. Umgang in Säule I plus

Neben der Risikotragfähigkeitsrechnung sind die Risiken der bankinternen Quantifizierung nach Säule II auch in der **Säule I** zu berücksichtigen. Konkret sind nach Säule II quantifizierte Risiken, die die Werte der Eigenkapitalanforderung nach Säule I übersteigen, zusätzlich in den Eigenkapitalanforderungen nach Säule I zu berücksichtigen.[1430] Dieses Modell ist als so genannte »**Säule I plus**« bekannt geworden.

Ertragsrisiken werden in den Anforderungen der CRR nicht berücksichtigt,[1431] d. h. zunächst ist davon auszugehen, dass das komplette Ertragsrisiko als Kapitalaufschlag und somit als zusätzliche Eigenkapitalanforderung in Säule I vorzuhalten ist. Allerdings werden **Planerträge in Säule I** grundsätzlich als nicht anrechenbare Eigenkapitalbestandteile eingestuft, sodass sich im Vergleich zu den Anrechnungsmethoden der Säule II eine dem **Liquidationsansatz vergleichbare Systematik** ergibt: übersteigt der (negative) Brutto-Wert des Earnings-at-Risk die Planerträge, so ist ein Ertragsrisiko auch in Säule I bewertungsrelevant – andernfalls nicht.

1428 Geschäfte aus Prolongationen und »echtes« Neugeschäft sind hier differenziert zu betrachten.
1429 Denkbar wäre auch die Nutzung eines auf ein Downturnszenario angepassten Diskontierungszinses.
1430 Vgl. *Wiesemann* (2015).
1431 Vgl. *EBA* (2013.07) und die entsprechende EU-Verordnung unter *Europäische Union* (2014).

MESSUNG UND LIMITIERUNG VON RISIKEN

1824 Um Verwirrungen in aufsichtlichen Gesprächen bei der Umsetzung des »Säule I plus«-Ansatzes zu vermeiden, empfiehlt es sich jedoch, in der Risikotragfähigkeitsrechnung nach Säule II nur den Plan-Ertrag nach Berücksichtigung von Ertragsrisiken (PLANERTRAG$_{RDP}$) auszuweisen. Das Brutto-Ertragsrisiko sollte in der Risikotragfähigkeitsrechnung der Säule II zur Vermeidung unnötiger Aufschläge in der methodisch anders aufgesetzten Säule I **nicht** erscheinen.

4.1.3. Umsetzung rollierender oder Ultimo/Ultimo-Betrachtungen

1825 Die Betrachtung des Risikohorizonts ist für die Implementierung des Ertragsrisikos in der Risikotragfähigkeitsrechnung grundsätzlich eine Herausforderung, da die für die Berechnung des Ertragsrisikos notwendigen Planerträge üblicherweise nur periodisch auf **Ebene des Geschäftsjahres** zur Verfügung stehen. Dabei haben sowohl die rollierende Betrachtung als auch die Ultimo/Ultimo-Betrachtung Vor- und Nachteile.

1826 Zunächst bildet der **Planertrag** (PLAN), wie in der formalen Betrachtung zu Beginn des Abschnitts 4.1 dargestellt, die Basis für die Berechnung des Ertragsrisikos. Die Planwerte liegen häufig nur zum Ende der Geschäftsjahre vor, also auch für den Ultimo des laufenden und des kommenden Geschäftsjahres. Zudem werden üblicherweise zumindest für das laufende Geschäftsjahr die Planwerte unter Kenntnis der aktuellen Geschäftsentwicklung laufend angepasst. Es liegt somit für das Ultimo des aktuellen Jahres ein aktueller Plan-Wert (»Vorschauwert«) vor. Auch der Planertrag des Folgejahres wird unterjährig in der Regel mindestens einmal angepasst, sodass auch diese Schätzung das derzeitige Umfeld ausreichend wiedergibt. Für die **Ultimo/Ultimo-Betrachtung** liegend demnach verlässliche Werte für den Planertrag vor.

1827 Der **Value-at-Risk-Abschlagsfaktor** $VaR_z(\widetilde{Abg})$ wird hingegen oftmals unter der Nutzung historischer Abweichungen der Plan-Werte zu den Ist-Werten bestimmt, d. h. der Abschlagswert bezieht sich auf einen Zeithorizont von einem Jahr. Bei einem Ultimo/Ultimo-Ansatz liegt für die erste Periode häufig ein **kürzerer, unterjähriger** Betrachtungshorizont vor. Somit muss ein Abschlagsfaktor von einem kürzeren als jährlichen Horizont für die Periode bis zum ersten Ultimo vorgegeben werden. Dies kann durch eine lineare oder andere funktionelle **Approximation** erfolgen, da eine Schätzung kurzfristiger Abschlagsfaktoren zu unplausiblen und instabilen Ergebnissen führen kann.

Ein Beispiel für die Berechnung im Ultimo/Ultimo-Ansatz ist in Tabelle F – 11 zu finden.

Wird die Tragfähigkeit auf Basis einer **(12-Monats-)rollierenden Betrachtung** vorgenommen, so müssen hinsichtlich der zeitlichen Dimension keine Anpassung des **Value-at-Risk-Abschlagsfaktor** $VaR_z(\widetilde{Abg})$ vorgenommen werden. Dieser liegt aus der Quantifizierung für einen Horizont von einem Jahr aus der Schätzung schon vor.

Bestimmung Planertrag des Risikodeckungspotenzials (RDP) per 30.6.2016		
Ultimo	31.12.2016	31.12.2017
Planertrag	51,4 Mio €*	53,9 Mio €**
Ist-Ertrag	24,3 Mio €*	
Ansetzbarer Plan-Ertrag	27,1 Mio €	53,9 Mio €
VaR-Abschlagsfaktor (12-Monate)***	32,45 %	41,23 %
Relevanter Risikoabschlag****	24,34 %	41,23 %
Ansetzbarer Planertrag$_{RDP}$	20,50 Mio. €	31,68 Mio. €

* gemäß Prognose 06/2016
** Planwert nach Planungsrunde, Vorstandsbeschluss vom 12.04.2016
*** Parametrisierung gemäß Beschluss vom 17.02.2016
**** lineare unterjährige Approximation, vgl. Beschluss vom 17.02.2016

Tabelle F – 11: Berechnungsbeispiel des ansetzbaren Planertrags bei einer Ultimo/Ultimo-Betrachtung[1432]

Hingegen ist für den Zeithorizont von einem Jahr häufig kein Planwert, also der notwendige für das Ertragsrisiko genutzte Berechnungsaufsatz, vorhanden. Fällt der Zielzeitpunkt der rollierenden 12-Monats-Betrachtung nicht auf einem Ultimo, dann kann nur bei **Verfügbarkeit unterjährige Planwerte** ein entsprechender 12-Monats-Planwert für den Ertrag bestimmt werden. Unterjährige Planwerte dürften aber – wenn überhaupt – nur approximativ vorliegen. Problematisch sind dabei die Planwerte nach dem folgenden Ultimo, da eine Prognose bis Geschäftsjahresende in Form der »Vorschau« bekannt ist.

1432 Eigene Darstellung.

MESSUNG UND LIMITIERUNG VON RISIKEN

Bestimmung Planertrag des Risikodeckungspotenzials (RDP) per 30.6.2016		
Ultimo	31.12.2016	31.12.2017
Planertrag	51,4 Mio €*	53,9 Mio €**
Ist-Ertrag	24,3 Mio €*	
Ansetzbarer Plan-Ertrag	27,1 Mio €	27,0 Mio €
VaR-Abschlagsfaktor (12-Monate)***	32,45 %	
Ansetzbarer Planertrag$_{RDP}$ 30.6.2017	36,51 Mio. €	
* gemäß Prognose 06/2016		
** Planwert nach Planungsrunde, Vorstandsbeschluss vom 12.04.2016		
*** Parametrisierung gemäß Beschluss vom 17.02.2016		
**** lineare unterjährige Approximation, vgl. Beschluss vom 17.02.2016		

Tabelle F – 12: Berechnungsbeispiel des ansetzbaren Planertrags bei einer rollierenden Betrachtung[1433]

1830 Als Lösungsansatz kann ein adäquater Planwert für den folgenden (rollierenden) 12-Monats-Zeitraum ermittelt werden, indem zunächst für die laufende Ultimo-Periode die Differenz zwischen dem Ultimo-Planwert und dem aktuell erreichten Ist-Wert der Erträge bestimmt wird. Dieser Wert wird um einen zeitanteiligen Wert des Ultimo-Planwerts des folgenden Geschäftsjahres erhöht. Somit ergibt sich ein für die Ertragsrisikomessung erforderlicher Planwert für die kommenden 12 Monate. Diese Vorgehensweise verdeutlich die beispielhafte Berechnung in Tabelle F – 12.

1831 Fehlender Bestandteil der Berechnung ist nun die Bestimmung des Value-at-Risk-Abschlagsfaktor $VaR_z(\widetilde{Abg})$. In den folgenden zwei Abschnitten sollen mögliche Vorgehensweisen zur Ermittlung skizziert werden.

4.2. Parametrischer Ansatz zur Messung von Ertragsrisiken

1832 Für die Umsetzung eines parametrischen Ansatzes zur Ermittlung des Earnings-at-Risk (EaR_{Brutto}) werden in Anlehnung an einen **Varianz-Kovarianz-Ansatz** der Marktpreisrisikomessung[1434] die Plan-Ist-Abweichungen für die im Ertragsrisiko berücksichtigten Positionen der letzten Jahre benötigt. Ziel ist es, unter Anwendung geeigneter Risikomaße aus dem historischen Beobachteten einen Value-at-Risk-Abschlagsfaktor abzuleiten.

1433 Eigene Darstellung.
1434 Vgl. z. B. *Hartmann-Wendels/Weber/Pfingsten* (2010), S. 337 ff. Einen von der Herangehensweise anderen, mathematisch jedoch ähnlichen und sehr gelungenen Ansatz der Quantifizierung liefern *Gann/Marschall* (2012), S. 29 ff. Hier wird zunächst eine ökonometrische Bestimmungsgleichung für den prognostizierten Ertrag ermittelt und dieser ins Verhältnis zum Plan-Ertrag gesetzt.

Die Erhebung der Werte sollte mindestens auf Quartalsebene erfolgen, damit eine Auswertung auf unterschiedlichen Zeitintervallen möglich ist. Aufgrund des üblichen Planungshorizonts von einem Jahr, der allein schon durch die jährliche Feststellung der GuV-Ergebnisse im Jahresabschluss manifestiert wird, empfiehlt sich zunächst eine **Analyse auf Jahresbasis**. Diese kann um Analysen auf Halbjahres- oder Quartalsbasis zur Plausibilisierung der Risikowerte einer Ultimo/Ultimo-Betrachtung oder um eine Untersuchung von rollierenden Vier-Quartals-Plan-Ist-Abweichungen zur Überprüfung der Risikowerte einer rollierenden 12-Monats-Betrachtung ergänzt werden.[1435]

1833

Die Plan-Ist-Abweichungen können absolut und relativ gemessen werden. Um Positionen historisch vergleichbar auswerten zu können, sollten für die weitere Analyse relative Abweichungen genutzt werden. Es ergibt sich je Position i des Ertragsrisikos, z. B. für den Zinskonditionsbeitrag des Zinsüberschuss Passiv, folgende schon bekannte prozentuale Abweichung

1834

$$\widetilde{Abg}_{Position\,i} = \frac{IST_{Position\,i}}{PLAN_{Position\,i}} - 1.$$

Vereinfacht soll nun zunächst der Value-at-Risk der betrachteten Position i bestimmt werden. Bei einem parametrischen Ansatz ist für diese Ermittlung eine sachgerechte Verteilungsannahme der Plan-Ist-Abweichungen zu treffen. Aus theoretischer Sicht ist die **Normalverteilungsannahme** $N(\mu, \sigma^2)$ mit den Parametern μ für den Erwartungswert und σ für die Standardabweichung als adäquat anzusehen, da es sich hier um eine Fehlerschätzung handelt.

1835

Der Parameter μ sollte dabei vom Wert 0 nicht abweichen, da andernfalls eine systematische **Fehlschätzung von Plan-Zahlen** im Vergleich zu den realisierten Ist-Werten in einem Kreditinstitut unterstellt würde. Zwar kann eine solche systematische Fehlschätzung historisch aufgetreten sein, für eine zukünftige Betrachtung ist diese Annahme jedoch wenig überzeugend, da ein solch systematischer Irrtum spätestens nach einer regelmäßigen Plan-Ist-Analyse für das Ertragsrisiko abgestellt sein sollte.

1836

Allerdings ist zu erwarten, dass die (ursprünglich normalverteilten) Plan-Ist-Abweichungen durch Managemententscheidungen schon unterjährig beein-

1837

1435 Aus theoretischer Sicht ergeben sich durch diese Auswertungen keine neuen Erkenntnisse für einen EaR bei einem Zeithorizont von einem Jahr. Aus praktischer Sicht sind diese zusätzlichen Analysen aber von Bedeutung, da sie weitere Informationen über die zurückliegenden Plan-Ist-Abweichungen geben.

flusst werden:[1436] Bei schlechter Geschäftsentwicklung werden gewöhnlich Maßnahmen zur Dämpfung dieses Effekts eingeleitet. Bei gutem wirtschaftlichem Umfeld können hingegen durch das Management zusätzliche Ertragschancen genutzt werden. Es ist demnach davon auszugehen, dass sowohl die Wahrscheinlichkeit für negative Plan-Ist-Abweichungen als auch die Höhe dieser Abweichungen kleiner als die Wahrscheinlichkeit und deren absolute Höhe für positive Abweichungen ist.[1437]

\multicolumn{5}{c}{**EaR-Berechnung unter Anwendung der gespaltenen Normalverteilung**}
Jahr	**Zinsertrag Plan**	**Zinsertrag Ist**	**Plan-Ist-Abwg.**	
2004	406,01	547,11	35 %	$p_{down} = \frac{4}{11} = 36{,}36\%$
2005	541,52	620,85	15 %	
2006	452,97	668,22	48 %	
2007	714,27	649,89	−9 %	
2009	613,77	636,10	4 %	$\sigma_{down} = \sqrt{\frac{1}{4} \cdot (0{,}09^2 + 0{,}05^2 + 0{,}08^2 + 0{,}05^2)} = 0{,}60$
2010	648,49	614,13	−5 %	
2011	475,38	637,35	34 %	
2012	766,39	705,42	−8 %	$EaR_{Brutto}^{(95\%)}$
2013	922,65	1.056,30	14 %	
2014	995,76	1.099,86	10 %	$= 980 \cdot 0{,}60 \cdot NORM.S.INV\left(\frac{1 - 0{,}95}{2 \cdot 0{,}3636}\right)$
2015	1.091,03	1.037,77	−5 %	$= -91{,}22$
2016	980,00	\multicolumn{2}{l}{Planertrag$_{RDP}$ = 888,78}	

Tabelle F – 13: Berechnungsbeispiel des Ertragsrisiko bei Anwendung der bedingten unteren Varianz[1438]

1838 Derartige Effekte können in der zunächst symmetrischen Normalverteilung durch die Nutzung von unterschiedlichen Werten für mögliche negative und positive Plan-Ist-Abweichungen abgebildet werden. Die folgenden formalen Zusammenhänge sind in einem Beispiel in Tabelle F – 13 umgesetzt.

1839 Konkret werden sowohl zwei unterschiedliche Parameter σ_{up} und σ_{down} für die Standardabweichung, so genannte bedingte Standardabweichungen, als auch zwei Wahrscheinlichkeiten p_{up} und p_{down} eingeführt.

1840 Aus dem Controlling liegen »Plan-Ist-Abweichungen« aus n Jahren vor, davon n_{up} Jahre mit besseren Ist- als Planwerten und n_{down} Jahre mit schlechteren Ist- als Planwerten. Für die Standardabweichungen σ_{up} und σ_{down} und Wahrschein-

---

1436 Die folgende Überlegung ist *Heithecker/Hohe/Tschuschke* (2012b) entnommen.
1437 Andere Annahmen machen *Gann/Marschall*, die von einer Abweichung zwischen geplanten und erwarteten (prognostizierten) Erträgen ausgehen, vgl. *Gann/Marschall* (2012), S. 32. Dadurch sind die für die Risikomessung relevanten Plan-Prognose-Abweichungen wieder normalverteilt.
1438 Eigene Darstellung.

lichkeiten p_{up} und p_{down} ergibt sich unter Berücksichtigung der n bekannten Abweichungen $Abwg_{t,Position\,i}$ folgender Berechnungsausdruck

$$p_{up} = \frac{n_{up}}{n} \quad \text{und} \quad \sigma_{up} = \sqrt{\frac{1}{n_{up}} \cdot \sum \left[MAX\left(Abwg_{t,Position\,i}; 0 \right) \right]^2},$$

$$p_{down} = \frac{n_{down}}{n} \quad \text{und} \quad \sigma_{down} = \sqrt{\frac{1}{n_{down}} \cdot \sum \left[MIN\left(Abwg_{t,Position\,i}; 0 \right) \right]^2}.$$

Die bedingte obere und untere Varianz ist dabei nicht gleichzusetzen mit der unteren und oberen Semi-Varianz, die häufig in der Portfoliotheorie eingesetzt wird.[1439]

Es ergibt sich die nachfolgende Verteilungsannahme für die relativen Plan-Ist-Abweichungen

$$\widetilde{Abg}_{Position\,i} \sim \begin{cases} 2 \cdot p_{up} \cdot N\left(0, \sigma_{up}^2\right) & \text{für } \widetilde{IST}_{Position\,i} \geq PLAN_{Position\,i} \\ 2 \cdot p_{down} \cdot N\left(0, \sigma_{down}^2\right) & \text{für } \widetilde{IST}_{Position\,i} < PLAN_{Position\,i} \end{cases},$$

die als **gespaltene Normalverteilung** bezeichnet werden kann, da die Normalverteilung für positive Plan-Ist-Abweichungen unterschiedliche Parameter aufweist als für negative Plan-Ist-Abweichungen. Aus diesem parametrischen Ansatz für die Plan-Ist-Abweichungen resultiert, dass die erwartete Plan-Ist-Abweichung aufgrund der höher bewerteten Chancen retrospektiv größer als null ist. Die Bezugsgröße für zukünftige Planungen bleibt jedoch der Parameter $\mu = 0$.

Ein Beispiel für eine solche gespaltene Normalverteilung der Plan-Ist-Abweichungen ist in Abbildung F – 69 dargestellt.

1439 Zur Definition der Semi-Varianz im finanzwirtschaftlichen Risikomanagement vgl. etwa *Markowitz* (1959), S. 188 ff. oder *Hartmann-Wendels/Weber/Pfingsten* (2010), S. 340. Wie die hier bedingte Varianz definieren jedoch *DeFusco/McLeave/Pinto/Runkle* (2007), S. 110 auch die Semivarianz.

MESSUNG UND LIMITIERUNG VON RISIKEN

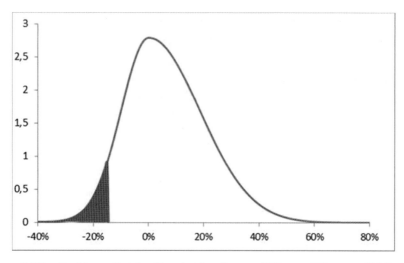

Abbildung F – 69: Gespaltene Normalverteilung für $p_{down} = 35\,\%$, $p_{up} = 65\,\%$, $\sigma_{down} = 18,6\,\%$ und $\sigma_{up} = 10\,\%$ bei einem Earnings-at-Risk von $-14,7\,\%$ bei $z = 95\,\%$[1440]

1844 Für den Earnings-at-Risk der einzelnen Position ergibt sich dann

$$EaR_{Brutto} = VaR_z \left(PLAN \cdot \widetilde{Abg}_{Position\,i} \right) = PLAN \cdot \sigma_{down} \cdot INVN\left(1 - z\big/2p_{down}\right)$$

wenn $p_{down} > 1-z$ ist und z das Konfidenzniveau der Risikotragfähigkeitsrechnung benennt.[1441] Ferner beschreibt INVN die inverse Standardnormalverteilung und σ_{down} sowie p_{down} die Schätzwerte für die untere bedingte Standardabweichung der Plan-Ist-Abweichungen bzw. für die Wahrscheinlichkeit einer negativen Fehlschätzung bei bisher beobachteten Perioden.

1845 Bei mehreren für das Ertragsrisiko als relevant identifizierte Positionen sollten die statistischen Abhängigkeiten zwischen den Plan-Ist-Abweichungen der einzelnen Positionen durch eine gemeinsame Verteilungsfunktion abgebildet werden, wie etwa durch eine multivariate Normalverteilung unter Anwendung einer **Varianz-Kovarianz-Matrix**.[1442] Die Abhängigkeiten zwischen den Positionen sind dabei inhaltlich nicht als Diversifikation zu verstehen, sondern

---

1440 Eigene Darstellung.
1441 Die Quantifizierungsgleichung steht im Einklang mit der Bewertung nach *Brienen/Quick* (2006), S. 3. Hier wird jedoch der dort verwendete »Volatilität Risikofaktor« über die Plan-Ist-Abweichungen bestimmt.
1442 Ein solcher Ansatz ist bei *Heithecker/Hohe/Tschuschke* (2014) zu finden, allerdings unter Anwendung der Semi-Varianz.

bilden sinnvolle **betriebswirtschaftliche Zusammenhänge** ab, die sich zwischen den Ertragspositionen ergeben. Durch die Hinzunahme mehrerer Positionen und/oder bei Aufsplittung bestimmter Positionen nach Geschäftsbereichen wird die mathematisch korrekte Bestimmung der Varianz-Kovarianz-Matrix bei Anwendung der unteren bedingten Varianz erheblich erschwert und erhöht zudem die Datenanforderung an die Länge der Zeitreihe. **Heuristisch** kann der Earnings-at-Risk allerdings unter Anwendung der unteren bedingten Varianzen je Einzelposition und der linearen Varianz-Kovarianz-Matrix vereinfacht bestimmt werden. In der Literatur aktuell diskutierte parametrische Ansätze der Risikomessung sind in Tabelle F – 14 zusammengefasst, die Vorgehensweise der Szenarioanalyse wird im folgenden Abschnitt erörtert.

parametrische Methode	Varianz-Kovarianz-Ansatz			Regressionsansatz
Modellierte Größe	Relative Plan-Ist-Abweichung			Ist-Wert als Regression vom Plan-Wert
Risikomaß	Varianz	Semi-Varianz	Bedingte (Downturn-)Varianz	Varianz der Residuen
zugrundegelegte Verteilung	Normalverteilung	Normalverteilung mit Semi-Varianz	Gespaltene Normalverteilung	Normalverteilung
Ableitung Earning-at-Risk	Quantil der Normalverteilung, methodisch exakt	Quantil einer fiktiven Normalverteilung, heuristisch	Quantil einer gespaltenen Normalverteilung, methodisch exakt	Quantil der Normalverteilung, methodisch exakt
Modellierung Abhängigkeiten	Kovarianz	Semi-Kovarianz	bedingte Kovarianz	SUR-Modell mit korrelierten Residuen
Hinweise in der Literatur zur Methode	*Hull* (2011), *Markowitz* (1959)	*Markowitz* (1959), *Estrada* (2006/2008), *DeFusco/McLeave/Pinto/Runkle* (2007), *Bamber/Dorfleitner/Glaab* (2005)		*Greene* (2011)
Beispiele einer Umsetzung in der Literatur	*Hull* (2011) i. V. m. Marktpreisrisiken	*Heithecker/ Hohe/Tschuschke* (2014)	Abschnitt 4.2	*Gann/Marschall* (2012)

Tabelle F – 14: Übersicht parametrische Methoden zur Bestimmung des Ertragsrisikos[1443]

1443 Eigene Darstellung.

MESSUNG UND LIMITIERUNG VON RISIKEN

1847 Das Ergebnis der mathematischen Modellierung ist in diesem Fall unbedingt auf Plausibilität zu überprüfen. Ohnehin sollten die Resultate einer modelltheoretischen Risikoquantifizierung durch eine weitere Risikoanalyse oder andere parametrische Quantifizierungen – etwa einer Szenariobetrachtung – kontrolliert werden.

4.3. Aufbau und Durchführung von Szenarioanalysen

1848 Szenarioanalysen bzw. Stresstests eignen sich grundsätzlich zur Plausibilisierung und damit zur Ergänzung der zuvor beschriebenen Quantifizierungsmethodik von Ertragsrisiken und dienen somit auch einem besseren Verständnis zur sachgerechten Einschätzung von Höhe und Herkunft von Ertragsrückgängen bei krisenhaften Entwicklungen.[1444]

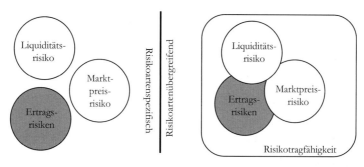

Abbildung F – 70:   *Abgrenzung risikoartenspezifische und risikoartenübergreifende Szenarioanalysen*[1445]

1849 Gemäß Abbildung F – 70 können mögliche Szenarien einerseits risikoartenspezifisch ausgestaltet werden, sodass von Wechselwirkungen zu anderen Risikoarten abstrahiert wird. Andererseits kann es gerade vor dem Hintergrund des EBA-Stresstest[1446] bzw. institutseigener Gesamtstressrechnungen von Interesse sein, die Auswirkungen im Gesamtkontext der Risikotragfähigkeit eines Finanzinstituts zu bewerten. Entsprechend sind hier die Szenarien und der damit verbundene Modellierungsansatz zur Ermittlung der Veränderung des Ertragsrisikos risikoartenübergreifend zu definieren.

1444 Vgl. *Brienen/Quick* (2006), S. 11 ff.
1445 Eigene Darstellung.
1446 Vgl. dazu etwa *ECB* (2010).

Risikoartenspezifische Stresstests, welche beispielsweise für eine Plausibilisierung der über die dargestellte Ertragsrisiko-Methodik abgeleiteten Risikowerte dienen können, sollten hierbei nicht nur auf rein hypothetischen, sondern auch auf **historischen Szenarien** basieren. Hinsichtlich der historischen Szenarien können in einem ersten Schritt die Plan-Werte der berücksichtigten Positionen mit den historisch beobachteten relativen Plan-Ist-Abweichungen multipliziert werden. Auf diese Weise können bereits mindestens zwei relevante Szenarien identifiziert werden. Der sich ergebende zweitgrößte Risikowert kann als »schlechtes« Szenario, der größte berechnete Risikowert hingegen als das »Stress«-Szenario interpretiert werden.

Für die **hypothetischen Szenarien** bietet es sich an, die jeweiligen definierten Positionen mit der jeweils über die gesamte Datenzeitreihe beobachteten zweitgrößten bzw. der größten relativen Plan-Ist-Abweichung zu verrechnen. Entsprechend wird in den hypothetischen Szenarien von vorhandenen Abhängigkeiten – in diesem Fall somit auch von möglichen Diversifikationseffekten – zwischen den GuV-Positionen abstrahiert. Dies führt im Allgemeinen zu einer Überschätzung des Risikos für Ertragsschwankungen, da auch betriebswirtschaftlich bedingte Abhängigkeiten – etwa eine Senkung von Kosten für nicht notwendige, aber sinnvolle Projekte bei einer schlechten, vorübergehenden Ertragslage in einigen Geschäftsfeldern – bei dieser Art des Szenarios aufgelöst werden.

Darüber hinaus sind weitere hypothetische Szenarioanalysen mit konkreten Schocks auf einzelne oder alle für das Ertragsrisiko relevanten Ertrags- und Aufwandspositionen denkbar, welche sowohl risikoartenspezifisch als auch risikoartenübergreifend untersucht werden können.[1447] Nachfolgende Beispielszenarien sind singulär oder in Kombination zu betrachten:

- Kontrahierter Konditionsbeitrag im Neugeschäft unterschreitet den geplanten Wert um X %.
- Geplante Neugeschäftsvolumina werden nicht oder nur teilweise erreicht.
- Bestehende Angebotspalette bzw. neu eingeführte Produkte werden vom Markt nicht bzw. nicht mehr akzeptiert.
- Aufwandspositionen steigen unerwartet um X % über die geplanten Werte, während die Ertragspositionen im Plan liegen.

[1447] Ein Vorgehensmodell für solche Szenarien liefern *Axt/Daferner* (2008).

MESSUNG UND LIMITIERUNG VON RISIKEN

- Risiken aus für sich genommenen noch unbedeutenden Risikoarten, etwa im Rahmen der Erschließung neuer Geschäftsfelder (z. B. Mietgeschäft als Alternative zum Leasing, Private Banking vor dem Hintergrund des Generationenmanagements, etc.), werden als schlagend betrachtet.

1853 Die Durchführung solcher (risikoartenspezifischen) Szenarioanalysen kann größere Aufwände generieren, da beispielsweise für ein Szenario »Neugeschäftseinbruch« annähernd die vollständige GuV zu simulieren ist, welches abhängig von der vorliegenden IT-Infrastruktur entsprechend Zeit und Ressourcen in den betroffenen Abteilungen Controlling, Rechnungswesen und Risikomanagement bindet. Wichtig ist demzufolge im Vorfeld abzustimmen, wie detailliert eine solche Szenarioanalyse ausgestaltet sein soll. In vielen Fällen können die Auswirkungen eines Szenarios auch auf einer höheren (GuV-)-Aggregationsebene und unter Berücksichtigung von vereinfachenden Annahmen ausreichend beurteilt werden.

1854 Soll die Fragestellung nach den Auswirkungen eines Neugeschäftseinbruchs hingegen in einem **risikoartenübergreifenden Stresstest** analysiert werden, müssen über die Ertragsrisiken hinaus auch sämtliche weiteren Risikoarten unter Beachtung ihrer Interdependenzen in die Berechnung einbezogen werden, um den sich ergebenden Effekt auf die Risikotragfähigkeit des Finanzinstituts adäquat bewerten zu können. Die Komplexität nimmt entsprechend weiter zu, da auch geschäftspolitische Entscheidungen abzuschätzen sind. So ist etwa die Frage zu erörtern, ob die Geschäftsführung im Fall eines deutlichen Neugeschäftseinbruchs kleinere Margen in Kauf nehmen oder vielleicht sogar das Geschäft mit Kunden schlechterer Bonitätsklassen – die bisher möglicherweise als unattraktiv galten – ausweitet, um geplante Volumina zu erreichen.

1855 Als wohl Paradebeispiel für einen risikoartenübergreifenden Stresstest kann der von der **European Banking Authority (EBA)** organisierte europaweite Stresstest bezeichnet werden. Ursprünglich im Nachgang der Finanzkrise 2007/2008 zur Wiederherstellung des verlorengegangenen Vertrauens in die Finanzmärkte von dem **Committee of European Banking Supervisors (CEBS)** im Jahre 2009 konzeptioniert, wurde im November 2015 der Draft der neuen Methodological Note für den Stresstest 2016 veröffentlicht. Analog zum EBA-Stresstest 2014 werden auch in der 2016er-Variante wieder zwei

Szenarien (»Baseline« und »Adverse«) über einen Zeithorizont von drei Jahren betrachtet.[1448]

Bemerkenswert ist, dass innerhalb des **EBA-Stresstests** zinsabhängige sowie zinsunabhängige Erträge (und Aufwände), d. h. GuV-Positionen, die nicht bereits in den klassischen Risikoarten wie Kredit- oder Marktpreisrisiken berücksichtigt werden, eine zentrale Rolle spielen. Es ergibt sich somit auch rein definitorisch eine inhaltliche Anknüpfung an das hier vorgestellte Konzept der Ertragsrisiken. Während allerdings – wie zuvor bereits innerhalb der Methodik beschrieben – in der Risikoart Ertragsrisiken die zinsabhängigen und zinsunabhängigen GuV-Positionen gemeinschaftlich betrachtet werden, unterteilt die EBA hier explizit in zwei eigenständige Risikoarten: **Net Interest Income** (bezeichnet als Cost of Funding and Interest Income innerhalb des EBA-Stresstest 2014) sowie **Non-interest-income-and-expenses**. 1856

Die Anforderungen seitens der EBA an die Institute hinsichtlich der Berechnung des Net Interest Income und des Non-interest-income-and-expenses wurden im Vergleich zu der Stresstest-Variante des Jahres 2014 erweitert, wie Tabelle F – 15 zusammenfassend verdeutlicht. 1857

Auffällig in der Weiterentwicklung der methodischen Vorgaben ist, dass die inhaltlichen Anforderungen seitens der EBA in Bezug auf beide Risikoarten merklich erweitert wurden sowie mögliche Vereinfachungen gerade bei dem Non-interest-income«-and-expenses (siehe Standardansatz) weggefallen sind. Institute sind – nicht zuletzt vor dem Hintergrund der anhaltenden Niedrigzinsphase – entsprechend aufgerufen, sich mit Nachdruck mit adversen Szenarien bzgl. ihrer Ertragsstrukturen und der Ertragspotentiale zu beschäftigen. Am Ende gilt es doch zu prüfen, ob ein Institut bzw. das verfolgte Geschäftsmodell auch unter schwierigsten Bedingungen noch überlebensfähig ist. Genau für derartige Fragestellungen eignet sich die hier vorgestellte Risikoart »Ertragsrisiken« in Verbindung mit Szenarioanalysen und Stresstests. 1858

Insofern zeigt sich, dass Szenarioanalysen ausgehend von Ertragsrisiken nicht nur eine sachgerechte Umsetzung neuer aufsichtsrechtlicher Anforderungen erleichtern, sondern auch maßgeblich zu einem verbesserten, ganzheitlichen Verständnis der Geschäfts- und Risikoprozesse eines Instituts beitragen können. Erträge, Ertragsvolatilitäten und damit auch Ertragsrisiken gelangen durch das anhaltende Niedrigzinsumfeld zusehends in das Interesse der Aufsichtsbehörden, wie nicht zuletzt der auch dieses Jahr wieder von Instituten 1859

1448 Vgl. *Moloney/Ferran/Payne* (2015), S. 175.

durchzuführende EBA-Stresstest sowie das neue SREP-Papier und die darin verortete Geschäftsmodellanalyse zeigen.

Risikoart	Definition	Methodik innerhalb EBA-Stresstest 2016	Methodik innerhalb EBA-Stresstest 2014
Net Interest Income[1449]	Sämtliche Zinserträge und Zinsaufwendungen der GuV bspw. »Held for Trading«-, »Available for Sale«-, »Fair value option«- und Hedge Accounting-Positionen	Verwendung interner Verfahren zur Ermittlung des Szenario-spezifischen Net Interest Income → Fokus auf das Re-Pricing des Gesamtportfolios; der jeweilige effektive Zinssatz ist in seine Bestandteile Referenzzinssatz und Premium zu splitten und deren Entwicklungen zu prognostizieren → Szenario-spezifischer GuV-Effekt ergibt sich aus dem Re-Pricing auslaufender Positionen, sich veränderndern Premiums und/oder Referenzzinssätze bestehender Positionen sowie der Migration von »performing«-Positionen in den Ausfall unter Beachtung: → EBA-seitig vorgegebener Vorgaben/Beschränkungen → einer EBA-seitig vorgegebenen Obergrenze für das Net Interest Income	Verwendung interner Verfahren zur Ermittlung des Szenario-spezifischen Cost of Funding and Interest Income → Prognose der Verläufe der Aktiv- und der Passivzinssätze unter Beachtung: → exogener Faktoren wie z. B. BIP, Arbeitslosenquote sowie idiosynkratischer Faktoren → Szenario-spezifischer GuV-Effekt ergibt sich in Abhängigkeit der Instituts-spezifischen Prognose der Zinssätze sowie der Zusammensetzung des Portfolios in noch bestehende, zu ersetzende und ausgefallene Positionen unter Beachtung: → EBA-seitig vorgegebener Vorgaben/Beschränkungen wie z. B. die beschränkte Möglichkeit des »Durchreichens« von Zinssatzänderungen von der Passiv- auf die Aktivseite (»asymmetrical pass through«) → einer EBA-seitig vorgegebenen Obergrenze für das Cost of Funding and Interest Income

---

1449 Vgl. hierzu auch im Detail: *EBA* (2014.04), Tz. 167–190 sowie *EBA* (2015.11), Tz. 255–308.

Risiko-art	Definition	Methodik innerhalb EBA-Stresstest 2016	Methodik innerhalb EBA-Stresstest 2014
Non-interest-income-and-expenses (Niiae)[1450]	Zins-unabhängige Aufwendungen und Erträge der GuV, die nicht bereits durch andere Risikoarten im EBA-Stresstest abgedeckt werden	Verwendung interner Methoden/Verfahren zur Prognose der Szenario-spezifischen Entwicklung des Niiae unter Beachtung: → exogener sowie Instituts-spezifischer Faktoren → spezieller Vorgaben und Beschränkungen bzgl. der Höhe einzelner GuV-Positionen seitens der EBA → EBA-seitig vorgegebener Szenario-spezifischer Obergrenzen für die Nettoposition → der Bereinigung der GuV-Positionen um Einmaleffekte	Wahlmöglichkeit für Institute: *[a] Instituts-spezifische Modelle* Liegen interne Verfahren vor, so sind diese zur Prognose der Positionen des Niiae über den Stresshorizont zu verwenden unter Beachtung : → exogener sowie Instituts-spezifischer Faktoren → spezieller Vorgaben und Beschränkungen bzgl. der Höhe einzelner GuV-Positionen seitens der EBA *[b] Standardansatz* Stehen keine internen Verfahren zur Verfügung ist das Niiae mittels Pauschalverfahren über Szenario-spezifische Durchschnitte zu ermitteln: Baseline-Szenario → Durchschnitt der Verhältnisse der zinsunabhängigen Erträge und Aufwendungen (Nettoposition) der letzten drei Jahre zur jeweiligen Bilanzsumme des Jahres plus die 2015er administrativen und anderen operationellen Kosten Adverse-Szenario → Durchschnitt der Verhältnisse der zinsunabhängigen Erträge und Aufwendungen (Nettoposition) der letzten fünf Jahre zur jeweiligen Bilanzsumme des Jahres. Anschließend wird derDurchschnittswert über die beiden schlechtesten Quoten gebildet und dazu die 2015er administrativen und anderen operationellen Kosten addiert. Unabhängig von *[a]* oder *[b]*: → Beschränkung des Szenario-spezifischen Niiae zur Bilanzsumme auf die Quote aus 2015 → Untersuchung von ggf. vorhandenen Einmaleffekten

Tabelle F – 15: Zinsabhängige und zinsunabhängige Erträge im EBA-Stresstest 2016 und 2014[1451]

1450 Vgl. hierzu auch im Detail: *EBA* (2014.04), Tz. 194–209 sowie *EBA* (2015.11), Tz. 345–374.
1451 Eigene Darstellung unter Berücksichtigung der Informationen aus *EBA* (2014.04) und *EBA* (2015.11).

5. Limitierung und Einbindung in die Risikotragfähigkeit

1860 Der unerwartete Verlust von Kreditrisiken und Marktpreisrisiken wird in der Risikotragfähigkeitsrechnung gewöhnlich mit Hilfe eines Limitsystems überwacht. Sollten festgelegte Limite verletzt werden, sind Handlungen entsprechend eines zuvor definierten Maßnahmenkatalogs zu ergreifen. Ebenso wie bei den etablierten Standard-Risikoarten ist auch bei den Ertragsrisiken über die Einrichtung eines Limitprozesses und in diesem Zusammenhang auch über (aktive) Steuerungs- und Analysemöglichkeiten zu diskutieren.

1861 Eine unmittelbare Notwendigkeit einer **Limitierung des Ertragsrisikos** in der Risikotragfähigkeit erscheint aufgrund der Definition dieser Risikoart und der berücksichtigten Ertrags- und Aufwandspositionen weniger sinnvoll, da diese grundsätzlich mit einer Geschäfts- und insbesondere Einkommensbeschränkung einhergehen würde. Ein solches Verständnis und damit die Abkehr von einer Limitierung sind insbesondere von den Vertriebs- und Markteinheiten eines Instituts erwünscht. Schließlich können bei einer guten Marktlage ggf. höhere Margen beim Kunden eingefordert werden, wodurch sich in der Folge die Ertragslage des Kreditinstituts verbessert, auch wenn damit inhärent das Ertragsrisiko steigt. Zu überlegen ist allenfalls, ob Teilkomponenten wie z. B. die Anzahl der (Neu-)Verträge oder vorhandene Konzentrationen einzelner Positionen limitiert werden könnten, um hieraus mittelfristig Steuerungsimpulse abzuleiten. Die Limitierungsmöglichkeiten hängen darüber hinaus entscheidend davon ab, ob das Ertragsrisiko lediglich global auf Gesamtinstitutsebene oder auch weiter heruntergebrochen für einzelne Bereiche des Instituts quantifiziert wird.

1862 Unabhängig von der Existenz eines Limitsystems können Ertragsrisiken durch Zusammenarbeit der Controlling- und Risikomanagement-Abteilungen umfassend analysiert und in einem gewissen Umfang auch mit einer **aktiven (Risiko-)Steuerung** begegnet werden.[1452] Die im Ertragsrisiko berücksichtigten Plan-Werte der einzelnen GuV-Positionen sind Bestandteil der institutsspezifisch gewöhnlich mindestens einmal jährlich u. a. auf Basis der Daten der Vertriebssteuerung durchgeführten (Geschäfts-)Planungsrunden. Sollten in den unterjährigen Controllingprozessen markante Abweichungen zwischen den Realisationen und den Plan-Werten dieser Positionen beobachtbar sein, werden in Konsequenz entsprechende Maßnahmen ausgehend vom Controlling einsetzen. Darüber hinaus sind weitere spezifische Auswertungen hin-

---

[1452] Vgl. hierzu und nachfolgend auch die umfassenden Ausführungen bei *Batz/Martin/Seel/Zydowitz* (2011), S. 111 ff.

sichtlich der historischen Entwicklung der einzelnen im Ertragsrisiko erfassten Positionen mit besonderem Fokus auf Risikokonzentrationen sowie Abhängigkeiten und Diversifikationseffekte basierend auf den Plan-Ist-Abweichungen zielführend. Ergebnisse derartiger Analysen können nicht nur als zusätzliche Steuerungsanreize dienen, sondern auch wertvollen Input für zukünftige (Geschäfts-)Planungsrunden leisten.

6. Fazit und weitere Entwicklungen

Das Ertragsrisiko bildet mögliche Schwankungen von Erträgen um eine durch das Management getroffene Ertragsprognose ab. Es stellt somit das Risiko der für die Bildung von Risikodeckungspotenzial bedeutenden Ertragslage eines Kreditinstituts dar und bildet den »**Lückenschluss**« zwischen den Risiken aus Standard-Risikoarten und den tatsächlich in einer GuV beobachteten und ggf. nicht antizipierten Ergebnisschwankungen, die aus diversen einzelnen »Kleinst«-Risikoarten resultieren können.

Das Ertragsrisiko hat dabei zwei Funktionen: zum einen können explizite Schwankungen bei Einnahmen aus der Vertriebstätigkeit und bei Kosten im Bereich der Leistungserstellung bei den Back-Office-Funktionalitäten mit einer Risikokennzahl unterlegt werden. Zum anderen können Auswirkungen aus vielen operativen Risiken, die jeweils für sich genommen nicht für das Gesamtrisikoprofil von Bedeutung sind, zusammengefasst beurteilt werden.

Die Bedeutung der Betrachtung des Zusammenspiels von sowohl eingegangenen wie schlagend werdenden Risiken mit Erträgen, dem GuV-Ergebnis und der Ertragsprognose nimmt dabei aufgrund der Anforderungen an die Geschäftsmodellanalyse und der angespannten Ertragssituation aufgrund der Niedrigzinsphase weiter zu. Die Einführung des Ertragsrisikos als eigene Risikoart kann hier helfen, die Zusammenhänge besser darstellen zu können.

Der Chance, die integrale Betrachtung der Risikosituation durch das Ertragsrisiko maßgeblich zu unterstützen, steht jedoch das Risiko entgegen, dass die detaillierte Auseinandersetzung mit einzelnen Risikobestandteilen, wie diese durch die Differenzierung nach Risikoarten gefördert wird, zusehends ausbleibt. Von der Nutzung des »Ertragsrisikos« als die »ultimative« Lösung für »generelle« Risiken ist somit abzuraten.

G.

Stresstests zur Ergänzung der Risikotragfähigkeit

G. Stresstests zur Ergänzung der Risikotragfähigkeit[1453]

I. Definition

Der Bank stehen als Frühwarnsystem so genannte Stresstests zur Verfügung. Stresstests haben sich als quantitatives Element des Risikomanagements in Banken etabliert. Gerade von bankaufsichtlicher Seite werden Institute aufgefordert, regelmäßig Stresstests durchzuführen, um die Angemessenheit ihrer Kapitalausstattung zu überprüfen.[1454]

1867

Stresstests bieten gegenüber statistischen Verfahren wie dem Value at Risk einen größeren Gestaltungsspielraum und erlauben somit die Identifikation bestimmter und in der Konstellation der Risikofaktoren möglicherweise neuartiger Risiken. Zudem lassen sich verschiedene Risikoarten leichter miteinander verknüpfen. Andererseits kann eine unzureichende Fundierung der Szenarien unter Umständen zu Fehleinschätzungen führen. Statistische Verfahren und Stresstests schließen sich daher nicht gegenseitig aus, sondern können sich bei der Bewertung der Risikolage eines Institutes sinnvoll ergänzen.[1455]

1868

Auf Basis von Stresstests können Banken analysieren, wie sich seltene, aber plausible Stressereignisse bzw. krisenhafte ökonomische Entwicklungen auf die Risikotragfähigkeit ihrer Institute auswirken. Anhand der Stresstestergebnisse können nicht nur Rückschlüsse darüber gezogen werden, ob die Auswirkungen der Stresssituation einer Bank vom Eigenkapital getragen werden können, sondern ob darüber hinaus versteckte Risiken bestehen.

1869

Unter dem Begriff Stresstest wird eine Reihe von Analysetechniken verstanden, die die Aufgabe haben, Risikoquellen und Schwachstellen eines Portfolios im Stressfall zu identifizieren und zu bewerten. Als Stressfall für ein Institut kann angesehen werden, wenn sich das ökonomische Umfeld gravierend zum Nachteil verändert oder andere außergewöhnliche, aber plausible Ereignisse (Schocks) eintreten. Aus verschiedenen Stresstestmethoden muss ein Institut diejenigen auswählen, die zu ihrer Geschäftsstrategie, zum Risikoprofil und zur Systematik der Risikotragfähigkeit passen.

1870

1453 Autor: **Matthias Wagatha**. Die Ausführungen geben die persönliche Auffassung des Autors wieder.
1454 Vgl. *BaFin* (2016.02b), AT 4.3.3, Tz. 1.
1455 Vgl. hier und folgend *Wagatha* (2012), S. 27 ff.

II. Verfahren und Anforderungen

1871 Im Rahmen von Stresstests müssen eine Reihe von Entscheidungen getroffen werden. Zunächst gilt es geeignete Stressszenarien auszuwählen und zu kalibrieren, deren Auswirkungen auf die Risikotragfähigkeit oder auf einzelne Risikoarten sind anschließend zu analysieren.

1872 Ausgangspunkt für die Entscheidungen ist das konkrete Analyseziel. Die Literatur unterscheidet zwei unterschiedliche Stresstestvarianten: Sensitivitäts- und Szenarioanalyse.[1456] Ersterer wird auch univariater Test genannt, da er den isolierten Einfluss einer extremen Risikofaktoränderung auf ein Portfolio untersucht. Dieses Verfahren wird hauptsächlich zur Identifikation von Hauptrisikotreibern unter Vernachlässigung von Korrelationen zwischen einzelnen Risikofaktoren und Verhaltensanpassungen von Banken auf die betrachteten Schocks herangezogen. Die Szenarioanalyse wird auch multivariater Test bezeichnet, da sie den Einfluss gleichzeitiger Veränderungen mehrerer Risikofaktoren und deren Korrelationsbeziehungen berücksichtigt. Allerdings ist hier die Voraussetzung, dass die Abhängigkeiten zwischen den verschiedenen Risikofaktoren bekannt und quantifizierbar sind. Zu bedenken ist, dass in Stresssituationen die üblichen Korrelations- und Linearitätsannahmen typischerweise nicht mehr gelten. Hinsichtlich dieser Gegebenheit stellt die Entwicklung und Kalibrierung plausibler Szenarien eine Herausforderung dar. In der Regel generieren Szenarioanalysen realitätsnähere Ergebnisse als die Kombination von Sensitivitätsanalysen, da letztere die Korrelationsbeziehungen zwischen den Risikoparameter nicht adäquat abbilden bzw. willkürlich festsetzt. Abbildung G – 1 zeigt die verschiedenen Typen von Stresstests.[1457]

[1456] Vgl. hier und folgend *Wagatha* (2012), S. 30 ff. Siehe auch *Walter* (2012a), S. 11 ff.
[1457] Zu einer detaillierteren Darstellung von hypothetischen Szenarien siehe *Monetary Authority of Singapore* (2003), S. 25.

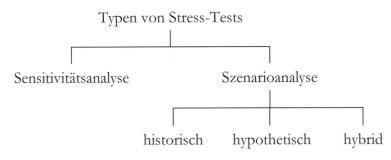

Abbildung G – 1: Typen von Stresstests[1458]

Nachdem man sich in Abhängigkeit des Analyseziels für eines der beiden Verfahren entschieden hat, lassen sich in vier Phasen Stressszenarien modellieren. Abbildung G – 2 gibt einen Überblick.

Abbildung G – 2: Phasen bei der Modellierung von Stressszenarien[1459]

Bei der Modellierung von Stressszenarien ist die Phase der Identifikation von Risikotreibern von großer Bedeutung. Wenn hier nicht die richtigen Risikotreiber ausgewählt werden, kann es aufgrund der Stresstests zu Fehleinschätzungen kommen. Zum einen können makroökonomische Indikatoren (Bruttoinlandsprodukt, Zinsen, Auftragseingänge etc.) verschiedener Länder wichtige Faktoren sein, aber auch Inputparameter aus bankinternen Risikomodel-

---

1458 Quelle: *Wagatha* (2011a), S. 1488.
1459 In Anlehnung an *Wagatha* (2012), S. 31.

len wie PD[1460], LGD[1461], EAD[1462] und Migrationsmatrizen können verwendet werden. In der nächsten Phase erfolgt die Definition der Szenarien, die sich in historische, hypothetische und hybride Szenarien gruppieren lassen. Historische Szenarien werden auf Basis von historischen Daten gebildet, die eine Krise in der Vergangenheit simulieren sollen. Ziel ist es, das Institut einer historischen Krise auszusetzen und zu untersuchen, wie sich diese Krise auf die Risikotragfähigkeit auswirkt.[1463]

1875 Hypothetische Szenarien stützen sich im Gegensatz zu historischen Szenarien nicht auf bestimmte Begebenheiten in der Vergangenheit, sondern orientieren sich an Worst-Case-Szenarien oder generell noch nicht eingetretenen Situationen. Sie werden insbesondere dann angewendet, wenn die historische Datenbasis nicht ausreicht, um alle aktuellen Risiken des zu betrachtenden Portfolios berücksichtigen zu können. Häufig lassen sich aber historische Ereignisse als Anknüpfungspunkte für hypothetische Szenarien nutzen, man spricht dann von hybriden Szenarien. Hierbei werden die historischen Marktbewegungen ausschließlich zur Kalibrierung der Risikofaktorveränderung und zur Evaluierung der allgemeinen Marktbedingungen während des Eintretens von Stressereignissen herangezogen. Letzteres Verfahren ist empfehlenswert, da es praxisnäher ist und man besser auf die individuelle Risikolage des Institutes eingehen kann.

1876 Nach Beendigung der zweiten Phase werden in einem dritten Schritt die entwickelten Szenarien in Portfolioparameter übersetzt. Beim Kreditrisiko müssen die Szenarien beispielsweise auf die Parameter Probability of Default (PD), Loss Given Default (LGD) oder Exposure at Default (EAD) transformiert werden, um einen Value at Risk im Kreditportfoliomodell berechnen zu können. Auch für alle anderen Risikoarten, die in der Risikotragfähigkeit miteinbezogen werden, müssen solche Übersetzungen durchgeführt werden. Die Ergebnisse der Stresstests sind dann im Rahmen des herkömmlichen Berichtswesens an das Management zu berichten.[1464]

1877 Der Einsatz von modellbasierten Verfahren für Stresstests erfolgt hauptsächlich bei größeren Instituten, da hierzu ein weites Spektrum an Fachwissen über statistische Modelle, Ökonomie, Finanzprodukte, Finanzmärkte, Risikoarten, Verhaltensökonomie (Behavioural Economics) usw. notwendig ist. Im

---

1460 Probability of Default.
1461 Loss Given Default.
1462 Exposure at Default.
1463 Vgl. *Wagatha* (2012), S. 31.
1464 Vgl. *Wagatha* (2012), S. 32.

Folgenden sollen aber auch Modelle zur Analyse von Stressszenarien vorgeschlagen werden, die auch in kleineren und mittelgroßen Instituten eingesetzt werden können.[1465]

Grundlegende Modelle zur Generierung von Stresstests für die Risikotragfähigkeit sind makroökonomische Modelle. Ein Stressszenario wird dabei allgemein durch ökonomisch negative Ausprägungen der zu Grunde liegenden makroökonomischen Faktoren wie das Bruttoinlandsprodukt definiert. Die Vorhersage erfolgt unter Berücksichtigung der aktuellen Wirtschaftslage sowie der empirischen Korrelationen der Faktoren. Mithilfe von Monte-Carlo-Simulationen lassen sich dann Eintrittswahrscheinlichkeiten für die Stressszenarien ableiten. Die Eintrittswahrscheinlichkeiten sollen den Entscheidungsträgern ein Gefühl für die Ungewissheit eines Stressszenarios geben. Ist das mögliche Eintreten eines Stressszenarios völlig unbekannt, wird der Entscheidungsträger dazu verleitet, dieses möglicherweise unwahrscheinliche Szenario nicht richtig zu würdigen. Durch das Vergeben von Eintrittswahrscheinlichkeiten für die einzelnen Stressereignisse, wird dem Management eine Entscheidungshilfe zur Hand gegeben, die es erlaubt, die einzelnen Stressereignisse untereinander einzuordnen und daraus adäquate Maßnahmen ableiten zu können. Für die operative Steuerung wird das Management die Szenarien bevorzugen, die in einem Managerleben, das 10 bis 25 Jahre betragen kann, auftreten können. Aus Managersicht eignen sich dagegen weniger solche Ereignisse zur operativen Steuerung eines Institutes, die nur alle 50 oder 100 Jahre auftreten können.[1466] Letztere sind aus Fremdkapitalgebersicht von Interesse, da diese weniger wahrscheinlichen Stressereignisse eine extreme Auswirkung auf das Risikodeckungspotenzial haben.[1467]

Die Notwendigkeit Stresstests in die Risikotragfähigkeitsberechnung einzubeziehen, erfolgt nicht nur aus einer zukunftsgerichteten Steuerungslogik, sondern auch aus aufsichtsrechtlichen Vorgaben. Die MaRisk AT 4.3.3 schreiben die angemessene Berücksichtigung der Stresstestergebnisse bei der Beurteilung der Risikotragfähigkeit vor.[1468] Als Stressszenario soll u. a. ein schwerer konjunktureller Abschwung zur Anwendung kommen. Hierbei folgt aber gemäß den Erläuterungen der BaFin bei Identifikation eines Handlungsbedarfs keine automatische Unterlegung mit Risikodeckungspotenzial, wenn andere Maßnahmen wie beispielsweise eine verschärfte Risikoüberwachung, Limitanpas-

---

1465 Vgl. *Wagatha* (2012), S. 55.
1466 Vgl. *Wagatha* (2012), S. 60.
1467 Vgl. *Wagatha* (2011a), S. 1470 ff.
1468 Vgl. *BaFin* (2016.02b), AT 4.3.3, Tz. 6, Satz 2.

STRESSTESTS ZUR ERGÄNZUNG DER RISIKOTRAGFÄHIGKEIT

sungen oder geschäftspolitische Korrekturen eingeleitet werden. Eine Kapitalunterlegung würde sich nur dann zwingend ergeben, wenn die Stresstests bewusst zur Berechnung des internen Kapitalbedarfs verwendet werden. Nichtsdestotrotz ist zur Beurteilung der Stresstestergebnisse ein Referenzwert bzw. Vergleichswert erforderlich. Denkbar sind das Risikodeckungspotenzial, Einhaltung bestimmter aufsichtsrechtlicher Größen wie Solvabilitätskennzahl, Limite für Risikoarten oder ein vorher definierter Zielwert. Anhand dieser Referenzwerte lässt sich bestimmen, ob im Stressfall ein Handlungsbedarf besteht oder nicht. Methodische Vorgaben werden für die Stresstests in den MaRisk nicht gemacht, d. h. die Institute sind in ihrer Wahl der Methoden frei.

1880 Stresstests haben sich nicht nur auf alle wesentlichen Risikoarten zu erstrecken, sondern müssen auch die Risikokonzentrationen und Diversifikationseffekte innerhalb und zwischen den Risikoarten einbeziehen.[1469] Gemäß den MaRisk AT 4.3.3 Tz. 1 sind Stresstests auf Gesamtinstitutsebene anzuwenden. Um diesen Vorgaben Genüge leisten zu können, bietet es sich an, die Stresstests in die bestehenden Risikotragfähigkeitsprozesse zu integrieren. Neben weiteren Anforderungen der MaRisk, wie Informationspflichten und Turnus lassen sich durch eine solche Integration auch arbeitstechnische Synergieeffekte heben. In regelmäßigen Abständen (mindestens einmal jährlich) müssen die Angemessenheit der Stresstests sowie deren zugrunde liegenden Annahmen überprüft werden.

1881 Auch die Bankenaufsichtsbehörde EBA (European Banking Authority) und die Europäische Zentralbank verwenden regelmäßig Stresstests, um die Widerstandsfähigkeit der wichtigsten Banken aus den 28 EU-Ländern gegenüber einer schweren Rezession zu untersuchen. Ziel des EBA Stresstests ist es, das Vertrauen in die Banken nach der Finanzkrise wieder herzustellen. Die Stresstestvorgaben der Aufsicht lassen sich aber auch gleichzeitig als Inspiration oder Blaupause für die Gestaltung der eigenen Stresstests verwenden. So beruhte der bisherige EBA Stresstest auf zwei Szenarien. In einem Basisszenario wird die Entwicklung der Kernkapitalquote bei normaler wirtschaftlicher Entwicklung überprüft. Ein zweites Szenario simuliert einen lang anhaltenden Abschwung, also eine schwere Rezession. In beiden Szenarien dürfen die Banken die jeweils vorgegebenen Kapitalquoten nicht unterschreiten. Kann eine Bank diese Anforderungen nicht erfüllen, hat sie zwei Wochen Zeit, der EZB einen Plan zur Schließung der Kapitallücke vorzulegen. Je nach Schwere

---

[1469] Vgl. *BaFin* (2016.02b), AT 4.3.3, Tz. 1.

der Kapitallücke, bleiben dann sechs bis neun Monate Zeit, um neues Eigenkapital aufzunehmen oder die risikogewichteten Aktiva abzubauen.[1470]

Im Rahmen des neuen »Supervisory Review and Evaluation Process« (SREP) werden die Aufsichtsbehörden nach Geschäftsmodellanalyse, Überprüfung von Governance, IKS[1471] und Kapitalrisiken sowie Beurteilung der Liquiditäts- und Refinanzierungsrisiken (SREP-Elemente) festlegen, ob ein zusätzlicher Kapitalaufschlag von einzelnen Banken eingehalten werden muss[1472]. Ausgangspunkt für die Beurteilung der Kapitalanforderung soll eine Erfüllung sämtlicher Vorgaben im Rahmen eines Konjunkturzyklus sein. Auch in Zeiten einer deutlichen wirtschaftlichen Verschlechterung sollen nicht zu einer mangelhaften Kapitalausstattung führen. Hierzu wird die Aufsicht zukunftsgerichtete Stresstests mit einem Zeithorizont zwischen zwei und fünf Jahren vorgeben, um die Kapitaladäquanz beurteilen zu können. Die Institute werden in Abhängigkeit von deren Größe, Struktur und interner Organisation sowie der Art und Komplexität ihrer Geschäftstätigkeit in vier Kategorien eingeordnet. Je nach Kategorie verändert sich die Häufigkeit, Intensität und Granularität der Beurteilung der SREP-Elemente.[1473] Bei Instituten der Kategorie 1 und 2 findet eine Beurteilung der SREP-Elemente jährlich bzw. alle 2 Jahre statt, so dass sich eine Implementierung der vorgegebenen SREP-Stresstests in die Banksteuerung empfehlen würde.

III. Beispiel Sensitivitätstests

Bei der Berechnung der Auswirkungen von Stresstests auf die Risikotragfähigkeit sollten Methoden ausgewählt werden, die kohärent mit der Risikotragfähigkeit und den gesetzlichen Rahmenbedingungen sind. Dies erfordert natürlich einen Zusammenhang der internen Stresstestparameter mit der Logik und Methodik der verwendeten Risikoparameter in der Risikotragfähigkeitsberechnung. Werden beispielsweise von einem Institut externe Ratings herangezogen, können bei der Stresstestbestimmung in Form von internen Risikoveränderungen Ratingmigrationen angewendet werden, die sich aus externen Ratings ableiten lassen.[1474] Ratingagenturen bieten in ihren zahlreichen Veröffentlichungen aktuelle Migrationsmatrizen an. Mit Stresstests kann

---

1470 Vgl. grundlegend *EBA* (2014.04).
1471 Internes Kontrollsystem.
1472 Vgl. umfassend Kapitel B.II.
1473 Vgl. grundlegend *EBA* (2014.12).
1474 Vgl. *Wagatha* (2012), S. 52 f.

STRESSTESTS ZUR ERGÄNZUNG DER RISIKOTRAGFÄHIGKEIT

auch der Einfluss von Kreditvolumensveränderungen auf die Risikotragfähigkeit dargestellt werden.

1884 Unter Sensitivitätsanalysen wird der isolierte Einfluss einer extremen Auslenkung eines bestimmten Risikofaktors verstanden. Hierbei kann der Risikofaktor zum einem nach eigenem Ermessen verändert oder zum anderen auf Basis historischer Beobachtungen ermittelt werden. Der Eintritt der Risikofaktoränderung wird als unmittelbar angenommen. Der Schweregrad des Szenarios sollte so gewählt werden, dass er negative aber plausible Ereignisse generiert, die zu erheblichen Verlusten führen.

1885 Die Festlegung eines Stresstests anhand einer historischen Beobachtung lässt sich am Beispiel von Credit Spreads veranschaulichen. Zehn Jahre nach dem Staatsbankrott drohte Argentinien im Jahr 2012 erneut die Pleite. Weil die Regierung einem US-Gerichtsurteil zufolge deutlich mehr Geld an Investoren zurückzahlen musste als geplant, sah die Rating-Agentur Fitch das Land Argentinien vor dem Zahlungsausfall. Fitch stufte Argentiniens Rating drastisch um fünf Stufen herab und gab Ende November 2012 bekannt, dass eine weitere Senkung geprüft wird. Mit der Bewertung »CC« war Argentinien nur noch zwei Stufen von der Zahlungsunfähigkeit entfernt. Die Märkte reagierten sofort, indem die Credit Spreads um mehr als das Dreifache angestiegen sind, wie Abbildung G – 3 zeigt.

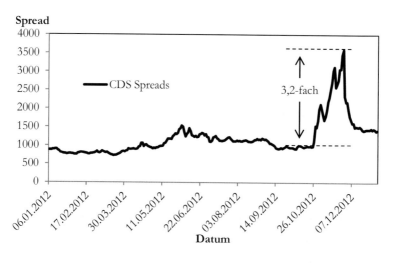

Abbildung G – 3:   *CDS Spreads für Argentinien*[1475]

1475 Eigene Darstellung. Quelle CDS-Daten: *DB Research* (2013) und *Bloomberg* (2013).

Als Stresstest »bevorstehender Ausfall« für Staatsanleihen eines bestimmten Landes könnte als Szenario eine Verdreifachung der Credit Spreads zur Bewertung der Bonds und zur Darstellung des Kreditrisikos verwendet werden.

Bei der Durchführung von Stresstests auf Portfolioebene ist immer darauf zu achten, dass die Wahl des Risikofaktors und dessen Veränderung in Bezug auf das zu betrachtende Portfolio (bzw. Assets) plausibel ist.

Alternativ zur obigen Vorgehensweise kann man auch auf standardisierte Verfahren zurückgreifen. Dies lässt sich beim Marktpreisrisiko einfach anhand der Zinsbuchsteuerung zeigen.[1476] Hier sind Zinskurven die entscheidenden Risikoparameter für die Zinsbuchsteuerung, da sie zur Ermittlung der Barwerte und Zinsspannen dienen. Denkbare Stressszenarien für Zinskurven in der barwertigen Sicht können sein:[1477]

- Zinsschock (+/−200 Basispunkte) gemäß BaFin Rundschreiben 11/2011[1478],
- Zinsschock (+130/−190 Basispunkte) gemäß BaFin Rundschreiben 07/2007,
- Standard-Zinsschock 100 Basispunkte,
- Drehung der Zinsstrukturkurve,
- Erhöhung/Verminderung der Zinskurvensteigung,
- aus der Historie abgeleitete Zinskurven/Zinskurvenänderungen,
- Kombination der obigen Analysen,
- Inversität der Zinsstrukturkurven.

Als historische Szenarien können beispielsweise die Ereignisse Terroranschlag 9/11 oder die Lehman Brother Pleite verwendet werden.

Analog zum Zinsrisiko lassen sich auch Standard-Stressszenarios für Währungsrisiken, Aktienkursrisiken, Volatilitätsrisiko, Credit-Spread-Risiko etc. entwickeln, wie die Abbildung G – 4 zeigt.

1476 Zu einer detaillierten Darstellung von Stresstests für das Marktpreisrisiko siehe *Walter* (2012b), S. 94 ff.
1477 Vgl. *Walter* (2012b), S. 95 f.
1478 Die Barwertänderungen der Stressszenarien werden im Rahmen des regulatorischen Berichtswesens ermittelt. Zudem soll überprüft werden, ob die negativen Barwertänderungen der Stressszenarien die Grenzen von 20 % des aufsichtsrechtlichen Kapitals gemäß § 10 Kreditwesengesetz überschreiten. Eine Überschreitung ist in Übereinstimmung mit dem BaFin Rundschreiben Nr. 11/2011 umgehend an die BaFin und die Bundesbank zu melden.

STRESSTESTS ZUR ERGÄNZUNG DER RISIKOTRAGFÄHIGKEIT

Stresstest-Szenarien für Marktrisiken

Risiko	Szenario	Parameter
Währungsrisiko	Szenario 1: Euro-Aufwertung	20%
Veränderung des Wechselkurses in Prozent (foreign cur vs. Euro)	Szenario 2: Euro-Abwertung	-20%
Aktienkursrisiko	Szenario	-40%
Veränderung des Aktienkurses in Prozent		
Volatilitätsrisiko	Szenario	50%
Veränderung der Volatilität		

Credit Spreads Risiko – Veränderung der Credit Spreads in Basispunkten

	AAA	AA	A	BBB	BB	B	CCC, Worse
Szenario 1	20		40	100		200	400
Szenario 2 (extrem)	45	75	150	300	750	1500	2250

Abbildung G – 4: Übersicht über mögliche standardisierte Sensitivitätsanalysen[1479]

[1479] Eigene Darstellung.

Bei Durchführung der obigen Stresstests wird der Wert des Portfolios berechnet. Ein Vergleich des aktuellen Portfoliowerts mit dem Portfoliowert im Stressfall zeigt, welcher Verlust durch das Stressszenario entsteht, sofern das Portfolio sich nicht verändert.

Auch für das Kreditrisiko lassen sich isolierte Stresstests auf das Kreditportfolio anwenden. Je nach Betrachtung der Risikomaße wie Expected Loss oder Value at Risk müssen Risikomodelle verwendet werden. Sollen Auswirkungen auf den Value at Risk oder auf den Expected Shortfall betrachtet werden, müssen die Stressszenarien mithilfe eines Kreditportfoliomodells durchgeführt werden. Lineare Risikomaße wie der Expected Loss benötigen zur Berechnung kein Kreditportfoliomodell. Beim Kreditrisiko sind die Risikofaktoren Rating bzw. PD, Recovery Rate bzw. LGD, EAD, CCF und Ratingmigrationsmatrizen zu betrachten.[1480] Bei Verwendung von Kreditportfoliomodellen müssen auch Korrelationen und Volatilitäten berücksichtigt bzw. gestresst werden.

Standardisierte Stresstests für das Kreditrisiko können beispielsweise wie folgt aussehen:

- Ratingverschlechterung aller Kunden um x Bonitätsklassen,
- Ausfall der x größten Blankovolumina,
- Ausfälle gegenüber dem letzten Jahr verdoppeln sich,
- Migration der Kreditnehmer mithilfe einer Migrationsmatrix aus einer Rezessionsphase,
- Ausfall von x % der problembehafteten Kredite,
- Wertverlust der Sicherheiten um x % oder Verschlechterung der LGDs,
- Ratingverschlechterung aller Garantiegeber um x Ratingklassen.
- Kreditnehmer im Teilportfolio mit der größten Kreditrisikokonzentration (nach Sektor und Region) werden jeweils um x Bonitätsklassen herabgestuft.
- Erhöhung der Korrelationen und Volatilitäten im Kreditportfoliomodell. Alle Korrelationen und Volatilitäten werden um einen durchschnittlichen Faktor gesteigert.

Eine Kombination einzelner obiger Events führt zu einem speziellen Stresstest, der als wenig realistisch einzustufen ist. Reale Korrelationsbeziehungen

---

[1480] Zur Ableitung von historischen Stressszenarien für einzelne Kreditrisikoparameter siehe *Wagatha* (2012), S. 41 ff.

zwischen den Events im Kreditrisiko und zwischen den Risikoparametern würden bei einer Kombination verloren gehen.

1895 Auch für das Liquiditätsrisiko lassen sich Standard-Stressszenarien aufstellen. Als Stressereignisse werden sowohl institutsspezifische (beispielsweise ein Downgrade des eigenen Ratings, operationales Risikoereignis oder ein plötzlicher, massiver Einlagenabzug (Bank Run)), als auch exogene Ereignisse in Betracht gezogen. Letztere Ereignisse umfassen negative Marktgegebenheiten bzw. Marktstörungen bis hin zu systemischen Schocks mit einem Zusammenbruch des Geld- und Repomarkts.[1481]

1896 Folgende mögliche exogene Ereignisse können in Betracht gezogen werden:[1482]

- Negative Marktentwicklungen in Form von heftigen Marktstörungen mit eingeschränkter Liquidierbarkeit von Wertpapieren sowie hohem Abzug von Kundeneinlagen und stärkere Ziehung zugesagter Kreditlinien;
- Systemischer Schock auf den Märkten, insbesondere ein Zusammenbruch des Geld- und Repomarkts,
- nationale oder globale Rezession,
- Vertrauenskrise zwischen den Banken wie nach Lehman Brother Pleite.

1897 Aus den obigen exogenen Schocks können beispielsweise folgende isolierte Stressszenarios für die Risikoparameter zu Grunde gelegt werden:[1483]

- Vollständiger oder teilweiser Abzug von Interbanken- oder Kundeneinlage,
- Wertverfall liquidierbarer Aktiva auf den Sekundärmärkten,
- Ratingherabstufung des eigenen Ratings,
- erhöhte Inanspruchnahme von Kreditlinien, Liquiditäts-, Kreditzusagen, Bürgschaften,
- Neuemission ungedeckter Bonds nicht mehr möglich (auch nachrangige Schuldverschreibungen),
- hohe Neugeschäftsvolumina, ggf. verbunden mit strukturellen Wandel der Bilanz,
- Refinanzierungsschwierigkeiten von verbundenen SPVs[1484] an die Bank,

---

1481 Vgl. *Deutsche Bundesbank/BaFin* (2008), S. 22 f.
1482 Vgl. *Deutsche Bundesbank/BaFin* (2008), S. 23.
1483 Vgl. *Deutsche Bundesbank/BaFin* (2008), S. 23 und *Zeranski* (2012a), S. 219.
1484 Special Purpose Vehicle.

- Erhöhung von EZB-Sicherheitsabschlägen,
- Stellung zusätzlicher Sicherheiten für OTC[1485] Derivate und Avale sowie
- Erhöhung der Nachschusszahlungen (Margin Calls) für Derivate.

Alle Stresstests beruhen grundsätzlich auf der Annahme geringerer bzw. späterer Zahlungsmittelzuflüsse sowie höhere bzw. frühere Zahlungsmittelabflüsse als dies unter normalen Geschäftsbedingungen zu erwarten wäre.

Trotz der Umsetzung von Basel II/III ist nach wie vor das operationelle Risiko in der Bankpraxis immer noch schwer messbar. Dies zeigt sich insbesondere bei der Implementierung von Stresstests im Rahmen des ICAAP im Vergleich zu den anderen Risikoarten.[1486]

Institute nutzen interne und externe Verlustdatensammlungen, um die Stresstesting-Anforderungen für operationelle Risiken zu erfüllen. Dabei spielen individuelle Stressszenarien eine wichtige Rolle. Diese lassen sich mithilfe folgender Faktoren ableiten:[1487]

- Höchste individuelle Schadensfälle aus der internen Verlustdatenbank,
- höchste individuelle Schadensfälle aus einem Verlustdatenkonsortium oder einer öffentlichen Verlustdatenbank,
- höchstes realistisches Schadensfallszenario, das bankintern mit Self-Assessments, Risikoinventuren oder mit ähnlichen Instrumenten erhoben wurde.

Um eine bestmögliche Transparenz zu gewährleisten, sollten die individuellen Stressszenarien ausführlich dokumentiert werden. Eine ausführliche Beschreibung des potentiellen Schadens, seine Ursachen, Auslöser und Auswirkungen sollten erfasst werden. Mittels Expertenschätzung sind Schadenseintrittswahrscheinlichkeiten und potentielle Schadenshöhe im Fall des Eintretens zu ermitteln.[1488]

Die vorgestellten Sensitivitätsanalysen bieten eine Reihe von Vorteilen wie relativ einfache Umsetzbarkeit und Durchführbarkeit. Zudem müssen keine Annahmen zu Wechselwirkungen der zu stressenden Risikofaktoren geschätzt werden und die Ergebnisse sind einfach zu interpretieren. Die Kehrseite ist, dass die separate Betrachtung der Risikofaktoren eine eingeschränkte Aussagekraft liefert, da Wechselwirkungen zwischen den einzelnen Risiken nicht

---

1485 Over the Counter.
1486 Vgl. *Buchmüller/Fuhrmann* (2012), S. 230.
1487 Vgl. *Buchmüller/Fuhrmann* (2012), S. 253.
1488 Vgl. *Buchmüller/Fuhrmann* (2012), S. 253.

berücksichtigt werden. Auch die Objektivität und die Vergleichbarkeit zwischen den einzelnen Risiken gehen verloren, was insbesondere dann problematisch sein dürfte, wenn aus den Stresstestresultaten die Kapitalallokation auf einzelne Bereiche innerhalb einer Bank abgeleitet wird.[1489] Eine Kombination von Sensitivitätsanalysen ist nicht zu empfehlen, da die Korrelationsbeziehungen zwischen den Faktoren nicht adäquat berücksichtigt bzw. willkürlich festgelegt werden.[1490]

IV. Beispiel Szenarioanalysen

1903   Im Gegensatz zu den Sensitivitätsanalysen werden bei den Szenarioanalysen mehrere Risikofaktoren gleichzeitig ausgelenkt und die Wechselwirkungen zwischen den Faktoren berücksichtigt. Allerdings ist hierfür wichtig, dass die Abhängigkeiten bekannt sind und quantifiziert werden können. Zu bedenken ist auch, dass in Stresssituationen die üblichen Korrelations- und Linearitätsannahmen typischerweise nicht mehr gelten. Somit stellt die Auswahl und die Kalibrierung plausibler Szenarien im Rahmen der Szenarioanalyse eine Hauptschwierigkeit dar. Wie Abbildung G – 1 zeigt, können historische und hypothetische Szenarien zur Anwendung kommen, die sich auch zu hybriden Szenarien kombinieren lassen.

1904   Historische Szenarien bedienen sich Stresssituationen aus der Vergangenheit wie das Platzen der Immobilienpreisblase Mitte 2007 in den USA, Lehman Brother Pleite in 2008, Finanzkrise 2007 bis 2009 und Euro-Staatsschuldenkrise 2010 bis 2013. Dabei werden die innerhalb eines bestimmten Zeitraums in der Vergangenheit beobachteten Risikofaktorenänderungen für den Stresstests verwendet und die Entwicklung des gesamten Instituts oder die Entwicklung einzelner Teilportfolien simuliert.[1491] Diese Vorgehensweise hat den Vorteil, dass die in den MaRisk[1492] geforderte Plausibilität möglicher Ereignisse vorhanden ist, da das Szenario bereits in der Vergangenheit aufgetreten ist. Die Auswahl historischer Szenarien orientiert sich auch immer an dem zu betrachteten Portfolio, da neuartige Finanzinstrumente enthalten sein können, die durch ein historisches Szenario nicht adäquat gestresst werden können.

1489 Vgl. *Wagatha* (2012), S. 41.
1490 Vgl. *Wagatha* (2011a), S. 1488.
1491 Vgl. *Wagatha* (2012), S. 31.
1492 Vgl. *BaFin* (2016.02b), AT 4.3.3, Tz. 3.

Neben den historischen Szenarien müssen gemäß den MaRisk auch hypothetische Szenarien dargestellt werden.[1493] Letztere lehnen sich im Gegensatz zu historischen Szenarien nicht an bestimmte Ereignisse in der Vergangenheit an. Deshalb lassen sie sich auch dann anwenden, wenn die historische Datenbasis für das betrachtete Portfolio nicht ausreichend zur Darstellung aller aktuellen Risiken ist. Mit hypothetischen Szenarien können Worst-Case-Szenarien oder generell noch nicht eingetretene rein fiktive Situationen dargestellt werden.[1494] Bei fiktiven Szenarien ist der Nachweis, dass es sich um ein plausibles Ereignis handelt schwer, wenn nicht ähnliche Ereignisse bereits aufgetreten sind.

1905

Verknüpft man historische Krisenereignisse wie die Finanzkrise 2007 bis 2009 mit hypothetischen Szenarien erhält man sogenannte hybride Szenarien. Dabei dienen die historischen Markbewegungen aus der Finanzkrise ausschließlich zur Kalibrierung der Risikofaktorenveränderungen und zur Evaluierung der allgemeinen Marktbedingungen während des Eintretens von Stressereignissen. Diese Herangehensweise erleichtert den Nachweis, dass es sich um ein plausibles Stressereignis handelt.[1495]

1906

Als ein hybrides Szenario lässt sich der von den MaRisk geforderten Stresstest, Analyse der Auswirkungen eines schweren konjunkturellen Abschwungs auf Gesamtinstitutsebene, modellieren.[1496] Dabei sind die strategische Ausrichtung des Instituts und sein wirtschaftliches Umfeld zu berücksichtigen.

1907

Zur Modellierung eines schweren konjunkturellen Abschwungs lassen sich zwei Stresstestansätze unterscheiden:[1497]

1908

1. Risikoparameter wie Rating, Recovery Rate etc. beim Kreditrisiko oder Zinsstrukturkurve, Währungskurs etc. beim Marktpreisrisiko werden direkt variiert und der sich ergebende Effekt auf das Portfolio bestimmt.

2. Beim zweiten Ansatz werden nicht direkt die Risikoparameter verändert, sondern auf Basis eines Mehrfaktorenmodells oder makroökonomischen Modells gezielt gemeinsame Veränderungen der Faktoren generiert. Ein Stressszenario wird dabei allgemein durch ökonomisch negative Ausprägungen der zu Grunde liegenden makroökonomischen Faktoren wie das Bruttoinlandsprodukt bestimmt. Dabei erfolgt die Vorhersage der makroökonomischen Variablen unter Berücksich-

---

1493 Vgl. *BaFin* (2016.02b), AT 4.3.3, Tz. 3.
1494 Vgl. *Wagatha* (2011b), S. 188.
1495 Vgl. *Wagatha* (2011a), S. 1489.
1496 Vgl. *BaFin* (2016.02b), AT 4.3.3, Tz. 3.
1497 Vgl. *Wagatha* (2012), S. 34 f.

tigung der aktuellen Wirtschaftslage sowie der empirischen Korrelationen der makroökonomischen Faktoren.[1498]

1909 Stresstests sollen dem Institut helfen, ein detailliertes und zukunftsweisendes Bild von seinem Risikoprofil zu erstellen. Zudem können Stresstests Informationen liefern, die es erlauben, die ökonomischen Zusammenhänge beim Auftreten großer Verluste zu begreifen. Dies bedeutet, dass Stresstests nachvollziehbare Erklärungsansätze für die Überschreitung von Verlustobergrenzen liefern können, die durch ein bestimmtes Quantil einer Verlustverteilung (Value-at-Risk) bestimmt sind. Somit bietet eine Kombination aus Stresstests und Value-at-Risk Verfahren Vorteile gegenüber einer alleinigen Verwendung des Value-at-Risk Verfahrens. Die Integration subjektiver Wahrscheinlichkeiten und die Möglichkeit, Szenarioanalysen auf Basis mathematisch-analytischer Methoden durchzuführen, erlauben es das Risikoprofil einer Bank klarer darzustellen und die Risikopositionen bei Krisen besser zu verstehen. Es ist zu beachten, dass die Eintrittswahrscheinlichkeit von betrachteten Stressereignissen unbekannt ist, wenn sie nicht aus einer Simulation mit statistischen Modellen generiert wird.[1499]

1910 Grundlegende Modelle zur Generierung von Stressszenarien für das Kreditoder Marktrisiko sind Mehr-Faktoren-Modelle oder makroökonomische Modelle. Im Fall des Kreditrisikos ist das Ziel, die Inputparameter wie PD, LGD, CCF, Korrelationen etc. für das Kreditportfoliomodell in Abhängigkeit von systematischen Hintergrundfaktoren zu modellieren und Prognoseverteilungen für die obigen Inputfaktoren zu simulieren. Dabei erfolgt die Prognose der Hintergrundfaktoren, also der makroökonomischen Variablen, unter Berücksichtigung der aktuellen Wirtschaftslage sowie deren empirischen Korrelationen.

1498 Vgl. *Wagatha* (2012), S. 55 f.
1499 Vgl. *Wagatha* (2011a), S. 1489.

Insolvenzquoten, vdp-Immobilienpreisindex (Gewerbe) und BIP

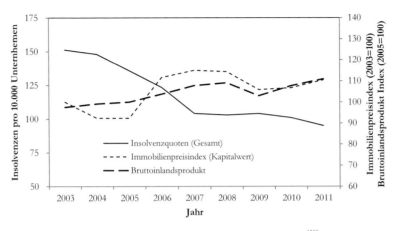

Abbildung G – 5:   *Verlauf ausgewählter Risikofaktoren*[1500]

Als makroökonomische Variablen sind beispielsweise das Bruttoinlandsprodukt (BIP), der vdp[1501]-Preisindex für Büroimmobilien (Kapitalwert) und die Insolvenzquoten der deutschen Wirtschaft vielversprechend. Die Insolvenzquoten sind ein Repräsentant für das systematische Kreditrisiko[1502] und der Immobilienpreisindex ist ein Risikofaktor für die Recovery Rate einer Sicherheit in Form einer Büroimmobilie.[1503] Getrieben werden die beiden Risikofaktoren durch Hintergrundfaktoren wie das Bruttoinlandsprodukt, das als Repräsentant für den Konjunkturzyklus gilt.

Einen ersten Eindruck erhält man durch die Betrachtung der Korrelation zwischen den Insolvenzquoten und dem Bruttoinlandsprodukt in Abbildung G – 5. Mit einem Pearson-Korrelationskoeffizient i. H. v. –0,93 ist der Gleichlauf signifikant negativ und deutet auf einen engen Zusammenhang hin.[1504] Auch der Immobilienpreisindex ist mit 0,81 hoch mit dem Bruttoinlandsprodukt als Hintergrundfaktor korreliert. Das Kreditrisiko wird maßgeblich durch die beiden Risikoparameter Ausfallwahrscheinlichkeit (PD) und Verlust bei Ausfall (LGD) bestimmt. Als Repräsentanten können die Insolvenzquoten

---

1500   Eigene Darstellung. Quelle: Statistisches Bundesamt, Verband deutscher Pfandbriefbanken (vdp) und eigene Berechnungen.
1501   Verband deutscher Pfandbriefbanken.
1502   Vgl. *Wagatha* (2004), S. 33 f.
1503   Aus der Recovery Rate (RR) lässt sich der Loss Given Default (LGD = 1 – RR) bestimmen.
1504   Vgl. hierzu auch die empirische Untersuchung von *Wagatha* (2005) und die dort angegebene Literatur.

und der Immobilienpreisindex herangezogen werden, um eine Korrelation zwischen PD und Recovery Rates empirisch bestimmen zu können. Wie zu erwarten war, ist mit einer Korrelation von –0,78 dieser Zusammenhang signifikant negativ. Dies kann als Indiz gewertet werden, dass beide Risikoparameter von den gleichen Hintergrundfaktoren beeinflusst werden.

1913 Wie die obige Analyse gezeigt hat, können makroökonomische Modelle helfen plausible Krisenszenarios abzuleiten. Der Grundgedanke beim Aufstellen eines solchen Modells ist, die Volkswirtschaft in ihren Grundzügen abzubilden, um ihre wesentlichen Fluktuationen wiedergeben zu können. Gleichzeitig sind die relevanten Hintergrundfaktoren für die Risikoparameter auszuwählen, um die Ausprägung der Risikoparameter bei der Simulation von konjunkturellen Rezessionen bestimmen zu können.[1505] Neben den drei oben genannten Faktoren lassen sich auch beispielsweise Rohölpreise, Consumer-Price-Index, ifo Geschäftsklima-Index, Auftragseingänge usw. in ein makroökonomisches System einbeziehen.[1506] Empirische Analysen zeigen, dass nahezu alle Arten von volkswirtschaftlichen Schocks (Nachfrageschocks, Angebotsschocks, wirtschaftspolitische und geldpolitische Schocks) die systematischen Kreditrisiken antreiben.[1507]

1914 Zur ökonometrischen Modellierung eignen sich insbesondere Vektorautoregressive Modelle (VAR-Modelle), welche häufig zur Modellierung von volkswirtschaftlichen Zeitreihen angewendet werden. Mit VAR-Modellen können mehrere Gleichungen simultan geschätzt werden. Dabei werden die endogenen Variablen sowohl durch ihre eigenen Vergangenheitswerte, als auch durch die Vergangenheitswerte der anderen endogenen Variablen bestimmt. Folglich lässt sich schon mit wenigen Variablen eine ausreichende Vorhersagegenauigkeit erzielen, was die Handhabbarkeit des makroökonomischen Modells erheblich vereinfacht.[1508] Mithilfe von speziellen stochastischen Verfahren (Bootstrapping-Verfahren und Monte-Carlo-Simulation) wird innerhalb des ökonometrischen Modells eine Verteilung der möglichen Zustände des systematischen Kreditrisikos in Abhängigkeit der Konjunktur simuliert.[1509]

1915 Auf Basis der makroökonomischen Prognosemodelle können für die Risikofaktoren sowohl Punktprognosen als auch per Simulation komplette Prognoseverteilungen berechnet werden. Mittels einer großen Anzahl zufällig reali-

---

1505 Vgl. *Wagatha* (2005), S. 179 f. und 216 f.
1506 Vgl. zu weiteren makroökonomischen Größen *Wagatha* (2004), S. 40 oder allgemein *Wagatha* (2005).
1507 Vgl. *Wagatha* (2004), S. 34.
1508 Vgl. grundlegend *Wagatha* (2005), S. 29 ff.
1509 Vgl. *Wagatha* (2005), S. 90 ff.

sierter Simulationsläufe wird versucht, die theoretische Insolvenzquoten-Verteilung durch ihre empirische Häufigkeitsverteilung, möglichst gut zu approximieren. Allerdings finden bei der Bestimmung eines Stressszenarios lediglich ökonomisch nachteilige Ausprägungen der Risikofaktoren aus der Insolvenzquoten-Verteilung Beachtung.

Für die Identifizierung von Stressszenarien kann ein bestimmtes Quantil wie etwa ein 95 %-Quantil aus der Prognoseverteilung der Insolvenzquoten gewählt werden. Die Eintrittswahrscheinlichkeit dieses Szenarios beträgt 5 %, es wird erwartungsgemäß im Laufe der nächsten 20 Jahre nur einmal an Heftigkeit übertroffen. Die Ausprägungen der anderen Variablen lassen sich aus dem gleichen Simulationsschritt ablesen. Die Veränderungen vom Ist-Wert zum entsprechenden Quantilswert in Periode t+1 wird zur Kalibrierung des Stressszenarios verwendet, das mit der oben beschriebenen Eintrittswahrscheinlichkeit eintreten kann.[1510]

Mit den gestressten Risikoparametern wird mithilfe der Risikomodelle das ökonomische Kapital berechnet und anschließend ein bedingtes Stressszenario, wie hoch ist die Kapitalauslastung beim Stressfall, durchgeführt. Anhand der Stresstestergebnisse lassen sich detaillierte Analysen für das Management durchführen.[1511]

V. Verknüpfung von Stresstests und RTF

Gemäß den MaRisk[1512] sind Stresstests auch bei der Beurteilung der Risikotragfähigkeit angemessen einzubinden. Besonderes Augenmerk ist dabei auf den Auswirkungen eines schweren konjunkturellen Abschwungs zu richten. Dies erfordert ein risikoartenübergreifendes Szenario[1513], das auf eine schwere Rezession basiert. Eine wirtschaftliche Rezession führt i. d. R. zu einem zusätzlichen erwarteten Verlust und reduziert somit das Risikodeckungspotenzial. Allerdings können auch einige Teile der Risikodeckungsmasse, wie bspw. stille Lasten und Reserven, durch einen wirtschaftlichen Abschwung direkt betroffen sein und die Risikodeckungsmasse verringern. Zur Quantifizierung des Stressszenarios sind folglich die Auswirkungen des wirtschaftlichen Abschwungs auf die Risikofaktoren, die das ökonomische Kapital und den durch das Szenario zusätzlich zu erwartenden Verlust der einzelnen Risikoarten

---

1510 Vgl. *Wagatha* (2012), S. 57 ff.
1511 Ein Praxisbeispiel kann bei *Wagatha* (2011b), S. 203 ff. nachgelesen werden.
1512 Vgl. *BaFin* (2016.02b), AT 4.3.3, Tz. 6.
1513 Vgl. auch *BaFin* (2016.02b), AT 4.3.3, Tz. 2.

bestimmen, sowie den direkten Einfluss auf die Risikodeckungsmasse abzuschätzen und im Rahmen der Risikotragfähigkeit zu beurteilen. Im Vordergrund steht in diesem Beitrag die Quantifizierung der Auswirkungen des Stressszenarios auf die Risikofaktoren und auf das ökonomische Kapital, wobei für alle Risikoarten ein Risikohorizont von einem Jahr zugrunde gelegt wird.

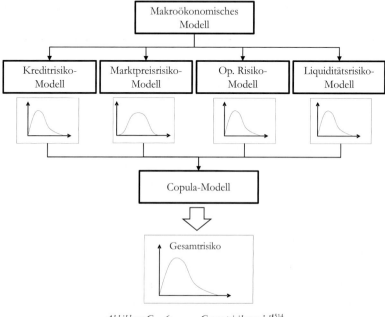

Abbildung G – 6:   Gesamtrisikomodell[514]

1919 Abbildung G – 6 gibt einen Überblick über das Gesamtrisikomodell. Ziel ist es, das Gesamtrisikoprofil eines Institutes einem Stressszenario auszusetzen, das für alle Risikoarten den gleichen Hintergrundfaktor(en), gemeint ist die Konjunktur, besitzt. Mithilfe der oben genannten makroökonomischen Modelle können in einem ersten Schritt Hintergrundfaktoren wie BIP, Auftragseingänge etc. und Repräsentanten für die Risikofaktoren wie Insolvenzquoten, Immobilienpreisindizes und Risikoparameter wie Zinsstrukturkurven, Währungskurse etc. zu einem makroökonomischen System eingebunden werden. Somit wird gewährleistet, dass alle Risikoarten-Stresstests auf dem gleichen Stressszenario basieren und somit Korrelationen zwischen den Risikofaktoren

---

1514   Eigene Darstellung.

bzw. -arten Beachtung finden. Problematisch zeigt sich nach Durchführung der Stresstestrechnungen auf Einzelrisikoartenebene im zweiten Schritt die Aggregation der Stresswerte bzw. Stressverteilungen der einzelnen Risikoarten zu einem Gesamtrisiko(verteilung) im dritten Schritt. Hierzu sind Diversifikationspotenziale zwischen den Risikoarten zu berücksichtigen, da eine einfache Addition der einzelnen Stresswerte der Risikoarten unter der Annahme einer vollständigen Korrelation nicht zweckmäßig ist, d. h. vorhandene Diversifikationseffekte nicht berücksichtigt werden und somit das Gesamtrisiko zu hoch ausgewiesen wird. Zudem lassen sich mit einer einfachen Addition keine Verteilungen adäquat aggregieren, d. h. Informationen gehen verloren und schiefe Verteilungen lassen sich nicht angemessen abbilden. In Krisenzeiten können zudem die gewöhnlichen Korrelationen keine Gültigkeit mehr besitzen, es kann sogar zu Korrelationszusammenbrüchen kommen.

Mittlerweile hat sich als State of the Art für die Aggregation von Risikoverteilungen (Kredit-, Marktpreisrisiken etc.) zu einer Gesamtrisikoverteilung eines Kreditinstituts die Modellierung mithilfe von Copula-Funktionen[1515] etabliert. Dabei sind die Modelle zur Ermittlung der Risikoverteilungen, die je Risikoart zugrunde liegen, für die Verwendung von Copula-Funktionen nicht von Bedeutung. Es lassen sich nämlich beliebig verteilte Zufallsvariablen mit beliebigen Abhängigkeitsstrukturen zu neuen gemeinsamen Verteilungsfunktionen verknüpfen. Die Annahme einer Normalverteilung für die einzelnen Risikoarten ist nicht mehr notwendig und die Abhängigkeitsstruktur zwischen den Risikoarten ist nicht mehr auf die lineare Korrelation beschränkt. Nachteilig wirkt sich bei der Verwendung von Copulas aus, dass im Allgemeinen kein analytischer Ausdruck hergeleitet werden kann und somit auf Simulationsverfahren zurückgegriffen werden muss.[1516]

1920

Die in der Praxis am meisten verbreiteten Copula-Funktionen sind die so genannte Normal- oder Gauß-Copula und die Student's t-Copula. Bei der ersteren handelt es sich um die einfachste handhabbare Copula, da eine multivariate Normalverteilung zugrunde liegt und sie einzig durch die Korrelation parametrisiert wird. Leider kann die Gauß-Copula die so genannten »Tailabhängigkeiten«, also die Tatsache, dass je nach Krisenszenario Korrelationen stark ansteigen, nicht berücksichtigen. Die Student's t-Copula kann hingegen auch die für das Stresstesting wichtigen nicht-linearen Abhängigkeiten

1921

1515 Eine Copula-Funktion beschreibt die funktionale Abhängigkeit zwischen verschiedenen Zufallsvariablen, die durch (Rand-)Verteilungen beschrieben werden. Copula-Funktionen sind formal multivariate Verteilungsfunktionen, deren Randverteilungen gleichverteilt sind. Vgl. allgemein *Nelson* (1999).
1516 Vgl. *Beck/Lesko* (2006), S. 290 f.

zwischen den Risikoarten abbilden und die Tailabhängigkeiten modellieren, die von der Höhe der Korrelation und einem Freiheitsgrad abhängt.[1517]

1922 Die Wahl der Copula beeinflusst die Risikoaggregation wesentlich, so dass die Verwendung einer weniger geeigneten Copula zu einer falschen Einschätzung des Gesamtbankrisikos führen kann.[1518] Die Wahl der Copula ist ein Modellrisiko. Zunächst ist sicher der einfachste Weg die Normal-Copula anzuwenden. Es besteht aber weiterhin Forschungsbedarf in Hinblick auf die Wahl der richtigen Copula und deren Parameter (Korrelationsmatrix, Freiheitsgrade etc.).[1519]

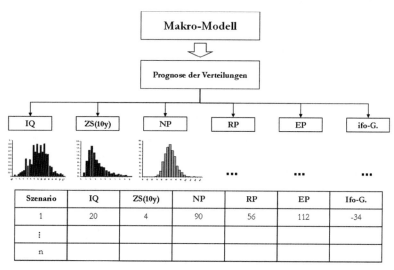

Abbildung G – 7:   Prognose der Risikoparametererteilungen[1520]

1923 Abbildung G – 7 zeigt die gemeinsame Simulation der Verteilungen der Hintergrundfaktoren und der Risikoparameter mithilfe des makroökonomischen Modells. Als Risikofaktoren für das Kreditrisiko gehen die Insolvenzquoten

---

1517 Mit Archimedischen Copulas wie Clayton-Copula, Gumbel-Copula und Frank-Copula lassen sich asymmetrische Abhängigkeitsstrukturen modellieren. Zudem haben sie eine geschlossene Form der gemeinsamen Verteilungsfunktion.
1518 Zur Auswahl der Copula existieren unterschiedliche statistische Verfahren. Für weitere Details sei auf *Cherubini/Luciano/Vecciato* (2004) verwiesen.
1519 Zu erwähnen ist, dass die Copulas im Rahmen der Kreditrisikomodellierung bereits Standard sind. So wird die Gauß-Copula zur Abhängigkeitsmodellierung beispielsweise in den Kreditportfoliomodellen Credit Metrics und CreditPortfolioView verwendet. Vgl. *Beck/Lesko* (2006), S. 290 f.
1520 Eigene Darstellung.

(IQ) und für das Marktpreisrisiko eine Zinsstrukturkurve (ZS (10y) ein. Hintergrundfaktoren im makroökonomischen Modell sind Nettoproduktion[1521] (NP), Rohölpreis (RP), Erzeugerpreis (EP) und der ifo-Geschäftsklimaindex (Ifo-G.). Anhand der n Simulationsszenarien werden die Verteilungen bestimmt und aus diesen die Stressszenarien ausgewählt. Dabei kann sich die Wahl eines Stressszenarios an einem entsprechenden Quantilswert einer Risikoparameter-Verteilung (bspw. Insolvenzquoten) oder einer Hintergrundfaktorverteilung (bspw. Nettoproduktion) orientieren. Wird z. B. das Szenario 1 als Stressfall festgelegt, hat man die entsprechenden Werte für die Hintergrundfaktoren (NP = 90, RP = 56, etc.) und die Risikofaktoren (IQ = 20, ZS(10y)= 4) vorliegen, so dass beim Stressfall die empirischen Korrelationen berücksichtigt sind. Mit der Veränderung, berechnet aus dem gewählten Stressszenario zum heutigen Wert, werden die Risikomodelle parametrisiert bzw. gestresst. Anschließend wird die Risikoverteilung je Risikoart im Stressfall berechnet.

Für eine adäquate Gesamtrisikoaggregation mit einer Copula-Funktion müssen die einzelnen Risikoartenverteilungen mit den empirischen Korrelationen aus dem makroökonomischen Modell aggregiert werden. Dabei ist die Korrelationsmatrix als Parameter für die Copula-Funktion durch ein Rangabhängigkeitsmaß (z. B. Spearman's- oder Kendall's Rangkorrelationskoeffizient) zu bestimmen.

Anhand der simulierten Szenarien der zukünftigen Ausprägungen der Risikoparameter und Hintergrundfaktoren aus dem Makro-Modell lassen sich Rangkorrelationen berechnen und als Parameter für die Copula-Funktion verwenden. Abbildung G – 8 zeigt exemplarisch diese Vorgehensweise.

1521 Der Hintergrundfaktor Nettoproduktion würde sich auch als Risikofaktor für das Geschäftsrisiko eignen, wenn das Geschäftsrisiko explizit als Risikoart in die RTF eingebunden wird.

STRESSTESTS ZUR ERGÄNZUNG DER RISIKOTRAGFÄHIGKEIT

Szenario	IQ	ZS(10y)	NP	RP	EP	Ifo-G.
1	20	4	90	56	112	-34
⋮						
n						

⇩ Bestimmung von Rangkorrelationskoeffizienten

⇩ Copula-Modell

Abbildung G – 8:   Bestimmung von Rangkorrelationen für das Copula-Modell[1522]

1926   Zur Bestimmung der Rangkorrelationskoeffizienten können alle n Szenarien verwendet werden, so dass die Korrelationen ungestresst in das Copula-Modell eingehen. Denkbar wäre aber auch, nur einen bestimmten Szenariobereich um oder oberhalb des gewählten Quantilswerts zu verwenden, um Stresskorrelationen explizit berechnen zu können. Tabelle G – 1 zeigt exemplarisch den Kendall's tau Rangkorrelationskoeffizient, berechnet anhand der drei obigen Samples.

1927   Wie die Simulationen mit dem makroökonomischen Modell zeigen, können in Krisenzeiten die gewöhnlichen Korrelationen, wie sie im ganzen Sample auftreten, ihre Gültigkeit verlieren. So treten in den beiden Stress-Samples (+/− 5 % um den Quantilswert und alle Szenarien schlechter als der Quantilswert) Korrelationszusammenbrüche auf.

1928   Als weiterer Stressfall ließe sich eine Copula wie die Clayton-Copula verwenden, die besser stärkere Abhängigkeiten zwischen extremen Ereignissen abbilden kann. Letztere Variante ist als Stressverfahren für das Modellrisiko, also die Wahl der Copula-Funktion ist nicht adäquat, zu verstehen.

1522   Eigene Darstellung.

Kendall's tau	IQ	NP	ZS(10y)	Ifo-G.	EP	RP
Sample (gesamt)						
IQ	1,000	-0,271	-0,032	-0,003	0,217	-0,159
NP		1,000	0,137	0,311	-0,444	0,253
ZS(10y)			1,000	0,292	-0,378	0,291
Ifo-G.				1,000	-0,355	0,168
EP					1,000	-0,511
RP						1,000
Sample mit +/- 5% um Quantilswert(95%)						
IQ	1,000	-0,069	0,086	0,057	-0,038	0,030
NP		1,000	0,039	0,299	-0,335	0,219
ZS(10y)			1,000	0,215	-0,341	0,247
Ifo-G.				1,000	-0,306	0,149
EP					1,000	-0,468
RP						1,000
Sample oberhalb Quantilswert(95%)						
IQ	1,000	-0,097	-0,003	0,000	0,118	-0,093
NP		1,000	0,105	0,325	-0,328	0,238
ZS(10y)			1,000	0,212	-0,340	0,248
Ifo-G.				1,000	-0,248	0,118
EP					1,000	-0,513
RP						1,000

Tabelle G – 1: Rangkorrelationen aus Simulationsergebnissen[1523]

Nach Aggregation der einzelnen Verteilungsfunktionen je Risikoart zu einer Gesamtrisikoverteilung mithilfe des Copula-Modells erhält man das ökonomische Kapital zu einem bestimmten Quantilswert der Gesamtrisikoverteilung. Der Quantilswert kann aus dem Zielrating des Kreditinstitutes auf Basis von Informationen von externen Ratingagenturen (siehe Tabelle G – 2) abgeleitet werden.

Einjährige Ausfallhäufigkeit von S&P Ratings (Financial Institutions)							
S&P Rating	AAA	AA	A	BBB	BB	B	CCC/C
Ausfallhäufigkeit	0,00%	0,03%	0,09%	0,44%	1,08%	3,54%	15,55%

Tabelle G – 2: Einjährige Ausfallhäufigkeiten von S&P Ratings[1524]

Wird als Zielrating ein »AA« gewählt, muss mit einem Konfidenzniveau von 99,97 % das ökonomische Kapital bestimmt werden. Das berechnete ökono-

---
1523 Eigene Berechnungen.
1524 Quelle: *Standard & Poor's* (2011), Tabelle 43.

STRESSTESTS ZUR ERGÄNZUNG DER RISIKOTRAGFÄHIGKEIT

mische Kapital soll mit einer Wahrscheinlichkeit von 99,97 % unerwartete Verluste innerhalb eines Jahres abdecken. Von der Aufsicht und von den Ratingagenturen wird zudem ein gewisser Puffer aufgrund nicht messbarer Risiken, Modellrisiken etc. für die Risikodeckungsmasse verlangt.

Abbildung G – 9 zeigt die Gesamtrisikoverteilung für den Normal- und den Stressfall.

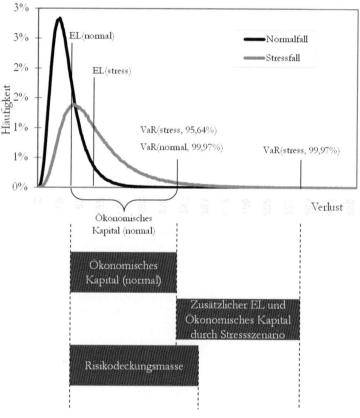

Abbildung G – 9: *Auswirkung des Stressszenarios auf die RTF*[1525]

1525 Eigene Darstellung.

Letzterer Fall bildet das makroökonomische Rezessionsszenario ab, das erwartungsgemäß nur einmal in 20 Jahren an Heftigkeit übertroffen wird. Durch das Rezessionsszenario erhöhen sich der Expected Loss (EL) und das Ökonomische Kapital deutlich. Wird im Stressfall weiterhin ein Zielrating von AA angestrebt, muss die Risikodeckungsmasse um zusätzliche Risikodeckungspotenziale erhöht werden, die die zusätzlich erwarteten und unerwarteten Verluste auffangen können. Dies wäre gemäß den MaRisk nur dann erforderlich, wenn die Stressszenarien bewusst zur Berechnung des internen Kapitals herangezogen werden. Andernfalls können andere Maßnahmen wie verschärfte Risikoüberwachung, Limitanpassungen oder Anpassungen der Geschäftspolitik ergriffen werden.[1526]

1932

Unabhängig von dem identifizierten Handlungsbedarf lassen sich mithilfe des Stressszenarios weitere Aussagen zur Risikosituation des Institutes treffen. Im bedingten Rezessionsszenario erhöhen sich der erwartete und unerwartete Verlust dermaßen, dass die Risikodeckungsmassen nicht mehr ausreichen, diese mit einer Wahrscheinlichkeit von 99,97 % aufzufangen. Findet keine Aufstockung der Risikodeckungsmassen statt, können die Deckungsmassen die drohenden Verluste im bedingten Stressfall nur noch mit einer Wahrscheinlichkeit von 95,64 % abdecken. Dies bedeutet, dass sich die Ausfallwahrscheinlichkeit des Institutes von 0,03 % im Normalfall auf 4,36 % im Stressfall erhöht hat. Folglich würde sich das Rating des Institutes im Stressfall auf die Ratingstufe »B« gemäß Tabelle G – 2 verschlechtern. Die Wahrscheinlichkeit, dass die Ratingverschlechterung eintritt und somit die Ausfallwahrscheinlichkeit des Institutes auf 4,36 % steigt, bemisst sich an der Eintrittswahrscheinlichkeit des makroökonomischen Szenarios, das durch die Auswahl des Quantilswerts festgelegt worden ist. Damit kann die Aussage getroffen werden, dass eine wirtschaftliche Rezession, die erwartungsgemäß nur einmal in 20 Jahren an Schwere übertroffen wird, zu einer Ratingherabstufung von »AA« auf »B« des Institutes führen kann. Auf diese Weise lassen sich Wahrscheinlichkeiten für jegliche Ratingveränderungen des Institutes berechnen, die aufgrund von wirtschaftlichen Rezessionen verursacht werden können.

1933

Auf Basis der simulierten Ratingverschlechterungen des Institutes können in einem nächsten Schritt die Folgen der Herabstufungen für das Institut analysiert werden. Es gilt zu überprüfen, welche Auswirkungen das schlechtere Rating auf die eigene Refinanzierung, Credit Spread eigener Schuldpapiere, Reputation etc. hat.

1934

1526 Vgl. *BaFin* (2016.02b), AT 4.3.3, Tz. 6, Erl. zu Handlungsbedarf.

1935 Die vorgestellte Methodik bzw. Vorgehensweise bietet zahlreiche Vorteile gegenüber nicht modellbasierten Stresstestmethoden. Die Bestimmung der Eintrittswahrscheinlichkeit mithilfe des makroökonomischen Modells gehört wohl zu den nennenswertesten Vorteilen, da sie es erlaubt, Stressszenarios gemäß ihrer Häufigkeit richtig einschätzen und untereinander einordnen zu können. Zudem lässt sich ein Gesamtrisiko konsistent aus den einzelnen Risikoarten mithilfe von Copula-Modellen aggregieren, um letztlich eine Ausfallwahrscheinlichkeit für das Institut im Rahmen der Risikotragfähigkeit ableiten zu können.

H.

Aufbau eines MaRisk-konformen Risikoreportings

H. Aufbau eines MaRisk-konformen Risikoreportings

I. Anforderungen der MaRisk an ein Risikoreporting[1527]

1. Einleitende Worte

Das Thema Reporting beschäftigt die Institute schon seit längerer Zeit. Schon die MaRisk 2005 forderten für die einzelnen Risikoarten eine entsprechende Berichterstattung. Mit den MaRisk 6.0-E wird das Thema Reporting neu strukturiert. Zum einen werden für große Institute die Anforderungen des BCBS 239[1528] in deutsches Recht umgesetzt, zum anderen werden die Anforderungen in einem separaten BT 3 gebündelt[1529].

1936

Neben härteren Anforderungen an die Datenqualität und an den Zeitraum zur Reporterstellung – bei großen Instituten wären dies nach BCBS 239 maximal 10 Tage[1530] – werden auch deutlich höhere Anforderungen an die Reportings selbst gestellt. So heißt es im Anschreiben zur Konsultation: »*Wichtig ist [...] zudem eine inhaltlich aussagekräftige Aufbereitung der Informationen, was ein ausgewogenes Verhältnis zwischen quantitativen und qualitativen Informationen beinhaltet.*[1531]« Der Aussagekraft von Reportings und der knappen aber vollständigen Berichterstattung kommt folglich eine besondere Bedeutung zu.

1937

2. Strukturierung der Anforderungen des BT 3 der MaRisk 6.0-E

Zur besseren Visualisierung werden die für das Risikocontrolling relevanten Passagen der MaRisk in Tabelle H – 1 zusammengefasst. Reportings anderer Organisationseinheiten – die durchaus kritisch gesehen werden können[1532] – sind nicht Gegenstand dieser Ausführungen.

1938

1527 Autor: **Svend Reuse**. Die Ausführungen geben die persönliche Auffassung des Autors wieder.
1528 Vgl. BCBS (2013.01a), diskutiert in *Reuse* (2015.06).
1529 Vgl. *BaFin* (2016.02a); *BaFin* (2016.02b), BT 3.
1530 Vgl. *Reuse* (2015.05), S. 19.
1531 *BaFin* (2016.02a), S. 3.
1532 Vgl. *BaFin* (2016.02b), BT 3.4, diskutiert in *Reuse* (2016.02b), S. 3.

AUFBAU EINES MARISK-KONFORMEN RISIKOREPORTINGS

BT	Inhalt	Würdigung	
3.1 (1)	**Berichtspflicht** Vierteljährliche Berichtspflicht an die Geschäftsleitung in nachvollziehbarer und aussagefähiger Weise. Diese muss auch Beurteilungen und zukunftsorientierte Risikoeinschätzungen enthalten. Handlungsvorschläge sind gewollt	Diese Anforderungen fokussieren die Wichtigkeit der Reportings und der qualitativen Aussagen. Neben der reinen Zahlendarstellung werden die Würdigung und due Steuerungswirkung immer wichtiger.	☺
3.1 (2)	**Stresstests** Stresstests und die Auswirkungen dieser auf das Risikodeckungspotenzial sind darzustellen. Auch Risikokonzentrationen sind explizit in das Reporting zu integrieren.	Die (nicht neuen) Ausführungen werden an diese Stelle noch einmal fokussiert dargestellt.	☺
3.1 (3)	**Ad Hoc Berichterstattung** Neben der Regelberichterstattung ist auch ein funktionierendes Ad Hoc Berichtssystem notwendig.	Diese Anforderung ist ebenfalls grundsätzlich bereits bekannt, wird aber deutlicher formuliert als vorher.	☺
3.1 (4)	**Zeitraum der Reporterstellung** Unter Einbeziehung einer Öffnungsklausel sind die Reports zeitnah zu erstellen, so dass damit gesteuert werden kann.	Nachvollziehbare Regelung, in der Praxis ggf. schwierig einzuhalten. Die Definition von zeitnah wären analog BCBS 239 zehn Tage – dies wird sich oft nicht umsetzen lassen. Auch hier ist die IT der Engpassfaktor. Es ist zu begrüßen, dass die MaRisk hier keine konkreten Vorgaben enthalten, sondern den Begriff »zeitnah« gewählt haben.	☹
3.1 (5)	**Information des Aufsichtsorgans** Vierteljährliche Information des Aufsichtsorgans durch die Geschäftsleitung. Auch hier existiert ein Ad Hoc Berichtssystem.	Keine Änderungen im Vergleich zur Vorversion, Übernahme aus AT 4.3.2.	☺
3.2 (1)	**Bericht des Risikocontrollings** Die Risikocontrollingfunktion hat vierteljährlich über alle wesentlichen Risiken – mindestens die nach AT 2.2 Tz.1 – zu berichten. Je nach Situation des Hauses kann auch ein monatliches, wöchentliches oder gar tägliches Reporting erforderlich sein. Dies gilt insbesondere für Stressphasen.	Deutliche Verschlankung der bisherigen Reportingbeschreibungen, sehr zu begrüßen.	☺

BT	Inhalt	Würdigung	
3.2 (2)	**Reportinginhalte** Das Reporting hat zu beinhalten: – *Informationen zu wesentlichen Risiken* – *Stresstestergebnisse* – *Risikokonzentrationen* – *Kapitalausstattung und -planung* – *Liquiditätskennziffern* – *Refinanzierungspositionen* – *Prognosen zu den o. g. Entwicklungen* Haben sich keine relevanten Änderungen ergeben haben, kann im Rahmen der aktuellen Berichterstattung auf Vorreports verwiesen werden.	Nicht alle Positionen wurden bisher explizit so benannt, zudem verkürzt sich der Turnus für einige Aspekte wie z. B. Kapitalplanung auf vierteljährlich. Allerdings erleichtert die Öffnungsklausel in Bezug auf den Verweis auf Vorreports die Arbeit deutlich, so dass es sich in Summe eher um Klarstellungen handelt.	☺
3.2 (3)	**Adressrisiko** Die wesentlichen Inhalte des Adressrisikoberichtes, konkretisiert um entsprechende Strukturübersichten, werden dargestellt.	Redaktionelle Überführung. Auf die in der Praxis eher sperrigen Strukturübersichten wurde leider nicht verzichtet.	☹
3.2 (4)	**Marktpreisrisiken** Reporting über Marktpreisrisiken inkl. Zinsänderungsrisiken, analog der bereits bekannten Regelungen	Redaktionelle Überführung	☺
3.2 (5)	**Liquiditätsrisiken** Auch aufgrund der deutlichen Verschärfungen im BTR 3 sind die Anforderungen an das Liquiditätsrisikoreporting gestiegen. »Große« Institute müssen sogar monatlich reporten, die untertägige Liquidität wird fokussiert.	Der ILAAP zeigt hier erste Wirkung. In Summe wirken die Regelungen zum Liquiditätsrisiko gerade für kleinere Institute eher zu umfangreich.	😐
3.2 (6)	**Operationelle Risiken** Bedeutende Schadensfälle sind mindestens vierteljährlich zu reporten und zu analysieren.	Materiell keine neuen Anforderungen, der Reportingturnus wird auf vierteljährlich verkürzt.	☺
3.2 (7)	**Sonstige wesentliche Risiken** Auch sonstige, als wesentlich eingestufte Risiken müssen neben der Begründung für die Wesentlichkeit berichtet werden.	Übersichtliche Aufnahme sonstiger Risiken.	☺

Tabelle H – 1: Analyse der Anforderungen des BT 3 der MaRisk 6.0-E[1533]

1533 Eigene Darstellung in Anlehnung an Reuse (2016.02b), S. 3.

1939 In Summe handelt es sich beim BT 3 primär um Zusammenführungen und Straffungen, aber einige Verschärfungen sind trotzdem festzuhalten. Die konkrete Adressierung des Zeitraums der Erstellung lässt den Häusern perspektivisch nur eine Möglichkeit offen: Standardisierung der Reportings auf Basis der Vorgaben des Rechenzentrums, damit ausreichend Zeit für die kritische Würdigung der Zahlen bleibt.

3. Aufbau des Kapitels

1940 Auf Basis der so beschriebenen Mindestanforderungen lassen sich Beispiele und Strukturen für ein Reporting ableiten. Im ersten Schritt beschreibt Kapitel H.II die Möglichkeiten des Reportings der Risikotragfähigkeit. Kapitel H.III dehnt dies auf alle wesentlichen Risikoarten aus und gibt plastische Beispiele für die Visualisierung. Kapitel H.IV fokussiert sich auf das Reporting von Stresstests. Kapitel H.V endet mit Ideen zur Vernetzung von Strategien und Reporting.

II. Reporting der Risikotragfähigkeit[1534]

1. Einleitung

Durch die Aufnahme von Anforderungen zur Datenarchitektur und IT-Infrastruktur in den Konsultationsentwurf der MaRisk[1535]-Novelle 2016 werden Teile der bereits im Januar 2013 vom Baseler Ausschuss für Bankenaufsicht veröffentlichten Grundsätze für die effektive Aggregation von Risikodaten und die Risikoberichterstattung für große und komplexe Kreditinstitute in deutsches Recht umgesetzt[1536]. In dem Entwurf werden die bisher enthaltenen Anforderungen an die Risikoberichterstattung zudem zusammengeführt und angepasst[1537]. 1941

Die Anforderungen an das Reporting[1538] werden allgemein weiter steigen. Neben dem fachlich richtigen Einsatz geeigneter Verfahren zum Risikomanagement gewinnt die effiziente Erstellung einer adressatengerechten Risikoberichterstattung immer mehr an Bedeutung. Daher wird in diesem Kapitel das Reporting zur Risikotragfähigkeit[1539] betrachtet. 1942

Zunächst erfolgt die Beschreibung allgemeiner und spezieller Rahmenbedingungen für die Berichterstattung zur RTF unter Berücksichtigung der MaRisk. Es werden Antworten und Einschätzungen auf die Fragen »**Warum?**« (Ziele und Nutzen), »**Wer?**« (Sender und Empfänger), »**In welcher Form?**« (Bereitstellung), »**Was?**« (Inhalte), »**Wie oft?**« (Häufigkeit) und »**Wie schnell?**« (Zeitrahmen) gegeben. 1943

Anschließend werden die vorgeschlagenen Inhalte durch verschiedene anschauliche Darstellungsbeispiele vertieft. Hierdurch werden Anregungen für den Aufbau bzw. die Überprüfung und Anpassung des eigenen Reportings zur RTF gegeben. 1944

In dem abschließenden Fazit werden die wesentlichen Erkenntnisse kurz zusammengefasst. 1945

1534 Autor: **Axel Dehnhard**. Die Ausführungen geben die persönliche Auffassung des Autors wieder.
1535 Mindestanforderungen an das Risikomanagement.
1536 Vgl. *BaFin* (2016.02a), S. 2; *BaFin* (2016.02b), AT 4.3.4.
1537 Vgl. *BaFin* (2016.02a), S. 2 f.; *BaFin* (2016.02b), BT 3, diskutiert in Kapitel H.I.
1538 Reporting, Bericht und Berichterstattung werden im Folgenden oft synonym verwendet.
1539 Im Folgenden oft mit RTF abgekürzt.

2. Rahmenbedingungen unter Berücksichtigung der MaRisk

1946 Die hohe Bedeutung der Risikotragfähigkeit als ein zentrales Element der Gesamtbanksteuerung und des Risikomanagements von Kreditinstituten wird aus § 25a KWG[1540] und den MaRisk als dessen Konkretisierung deutlich. Die RTF ist als strenge Nebenbedingung, z. B. bei der Festlegung und Anpassung der Geschäftsstrategie, stets mit zu berücksichtigen. Die einzurichtenden Risikosteuerungs- und Kontrollprozesse sowie die einzusetzenden Methoden sollen gewährleisten, dass die RTF laufend sichergestellt ist.[1541]

1947 In den nächsten Abschnitten erfolgt die Beschreibung allgemeiner und spezieller Rahmenbedingungen für die Berichterstattung zur RTF unter Berücksichtigung der MaRisk. Dabei wird auf eine Unterscheidung zwischen dem Reporting auf Gruppenebene und auf Einzelinstitutsebene verzichtet, da aus den MaRisk für das Risikomanagement auf Gruppenebene bezüglich der Berichterstattung zur RTF keine besonderen Anforderungen hervorgehen. Es wird lediglich gefordert, dass die nachgeordneten Unternehmen der Geschäftsleitung des übergeordneten Unternehmens zeitnah berichten.[1542]

2.1. Ziele und Nutzen des Reportings

1948 Das Reporting zur RTF soll die Empfänger bei der Analyse der Risikosituation des Kreditinstitutes und der Ableitung von Maßnahmen unterstützen. Sie sollen direkt erkennen können, ob sich aus der Aufstellung der Risikotragfähigkeit Steuerungsimpulse ergeben, wie z. B. die Anpassung des bereitgestellten Risikodeckungspotenzials[1543] oder die Anpassung bzw. Absicherung der eingegangenen Risiken. Um dies zu ermöglichen, muss der Bericht von den Empfängern akzeptiert und verstanden werden. Zugleich werden durch das Reporting in den MaRisk formulierte Anforderungen an die Dokumentation und die Risikoberichterstattung erfüllt.[1544]

1540 Gesetz über das Kreditwesen.
1541 Vgl. § 25a (1) KWG; BaFin (2012.12b), u. a. AT 1 Tz. 1 und 2 sowie AT 4.2 Tz. 1; BaFin (2016.02b), AT 1 Tz. 2.
1542 Vgl. BaFin (2012.12b), AT 4.5 Tz. 2, 3, 4 und 5; BaFin (2016.02b), AT 4.5 Tz. 4.
1543 Im Folgenden oft mit RDP abgekürzt.
1544 Vgl. Eller/Heinrich/Perrot/Reif (2010), S. 288 f.; BaFin (2012.12b), AT 6; BaFin (2016.02b), BT 3.1 und BT 3.2.

2.2. Sender des Reportings

Die mit dem Prozess zur Sicherstellung der RTF verbundenen Kommunikationswege und Zuständigkeiten sind eindeutig festzulegen.[1545]

Aufgrund der gemäß MaRisk für die Risikocontrolling-Funktion vorgesehenen Aufgaben und der zugeordneten Verantwortung für die Kommunikation der Risiken sollten die Berechnung der RTF und die Erstellung des Reportings durch das Risikocontrolling selbst erfolgen.[1546]

Je nach Unternehmensgröße und Ausstattung des Bereiches Risikocontrolling ist es jedoch vorstellbar, dass Teile der notwendigen Informationen bzw. Ergebnisse von anderen Unternehmensbereichen zugeliefert werden und im Bereich Risikocontrolling zusammengeführt werden.[1547]

2.3. Empfänger des Reportings

Die Geschäftsleiter eines Kreditinstitutes sind gemeinsam für alle wesentlichen Elemente des Risikomanagements verantwortlich, werden in dem Konsultationsentwurf der MaRisk-Novelle 2016 aufgefordert, sich regelmäßig über die Risikosituation berichten zu lassen und müssen eingegangene Risiken beurteilen sowie erforderliche Maßnahmen zur Begrenzung dieser Risiken treffen können[1548]. Das Reporting zur RTF unterstützt sie bei der Erfüllung dieser Aufgaben. Folglich sollten alle Geschäftsleiter Empfänger des Reportings sein.

Sofern die Berechnung der RTF und die Erstellung des Reportings jeweils außerhalb der Risikocontrolling-Funktion erfolgt und die Leitung der Risikocontrolling-Funktion nicht auf Ebene der Geschäftsleitung angesiedelt wurde, ist sie aufgrund ihrer Aufgaben ebenfalls zwingend als Empfänger zu berücksichtigen.[1549]

Weitere Empfänger sind die Mitglieder des Aufsichtsorgans des Kreditinstitutes oder die Mitglieder eines evtl. gebildeten Unterausschusses. Die Weiterleitung erfolgt durch die Geschäftsleitung im Rahmen der vierteljährlichen Information des Aufsichtsorgans über die Risikosituation und deren Beurteilung.[1550]

1545 Vgl. *BaFin* (2012.12b), AT 4.3.1 Tz. 2.
1546 Vgl. *BaFin* (2012.12b), AT 4.4.1 Tz. 1 und 2; *Kuhn* (2012), S. 151 f.; *BaFin* (2016.02b), BT 3.2 Tz. 2.
1547 Vgl. *Kuhn* (2012), S. 151 f.
1548 Vgl. *BaFin* (2012.12b), AT 3 Tz. 1; *BaFin* (2016.02b), BT 3.1 Tz. 1.
1549 Vgl. *BaFin* (2012.12b), AT 4.4.1 Tz. 2 und 3; *BaFin* (2016.02b), BT 3.2 Tz. 2.
1550 Vgl. *BaFin* (2012.12b), AT 4.3.2 Tz. 6; *BaFin* (2016.02b), BT 3.1 Tz. 5.

2.4. Bereitstellung des Reportings

1955 Die Bereitstellung der Berichterstattung zur RTF erfolgt derzeit meist in Form von institutsindividuellen, historisch gewachsenen Berichten, von vorgegebenen Berichten aus der jeweils genutzten RTF-Anwendung oder zunehmend auch von in Management-Reportingsystemen bereitgestellten standardisierten Berichten. Vor- und Nachteile dieser Möglichkeiten werden in separaten Unterabschnitten betrachtet.[1551]

1956 Die Geschäftsleitung und evtl. andere interne Empfänger erhalten durch direkte Zugriffsmöglichkeiten auf das Management-Reportingsystem oder durch interne Zusendung in Papier- bzw. Dateiform Zugang zu dem Reporting. Die Bereitstellung der Informationen für das Aufsichtsorgan kann effizient über eine gesicherte Internetplattform erfolgen, sofern die hierfür notwendige technische Infrastruktur vorhanden ist und das Aufsichtsorgan diesem Vorgehen vorher zustimmt. Anderenfalls kann den Mitgliedern durch postalische Zustellung eine zeitlich angemessene Sitzungsvorbereitung ermöglicht werden.[1552]

2.4.1. Institutsindividuelle Berichte

1957 Institutsindividuelle Berichte befriedigen die Informationsbedürfnisse der Empfänger des Reportings am ehesten, da bestehende Besonderheiten in der gewünschten Form abgebildet werden können. Die eigene Pflege der Berichte bindet jedoch, abhängig von der gewünschten Weiterentwicklung, erhebliche personelle Ressourcen und dies meist bei einzelnen spezialisierten Mitarbeitern. Zudem ist die sogenannte Revisionssicherheit in der Praxis dauerhaft nur durch weiteren Ressourceneinsatz zu gewährleisten, da sich besonders oft Herausforderungen bezüglich der Integrität der verwendeten Daten ergeben und Rechte- und Rollensysteme im Regelfall nicht etabliert sind.[1553]

1958 Aufgrund im Zeitverlauf weiter steigender Anforderungen an die Datenarchitektur, die IT-Infrastruktur und das Reporting sowie im Hinblick auf die genannten Nachteile sollte die Ablösung institutsindividueller Berichte durch Reportings aus Management-Reportingsystemen angestrebt werden.

1551 Vgl. *Stahmer* (2014), S. 253.
1552 Vgl. *Bellavite-Hövermann* (2009), S. 28.
1553 Vgl. *Stahmer* (2014), S. 253.

2.4.2. Berichte aus RTF-Anwendungen

Die Nachteile institutsindividueller Berichte lassen sich durch die Nutzung der in verfügbaren RTF-Anwendungen angebotenen Berichte mit Ausnahme der Integrität der verwendeten Daten weitestgehend ausräumen. Es erfolgt eine laufende Weiterentwicklung der Anwendungen unter Berücksichtigung aufsichtsrechtlicher Anforderungen, wodurch von einem hohen Qualitätsstandard ausgegangen werden kann und der mit der Nutzung einhergehende Verzicht auf Individualität bezüglich der Umsetzung fachlicher und methodischer Änderungen nur vorübergehend ist. Allerdings ergibt sich mit hoher Wahrscheinlichkeit ein uneinheitliches Erscheinungsbild der gesamten Risikoberichterstattung, sofern im Risikocontrolling Anwendungen unterschiedlicher Entwickler eingesetzt werden. Deren Berichtsdarstellung ist im Regelfall nicht aufeinander abgestimmt. Hierdurch wird die Informationsaufnahme und -interpretation erschwert.

2.4.3. Berichte aus Management-Reportingsystemen

Management-Reportingsysteme auf Basis einer IT-Standardanwendung bieten die Möglichkeit, das Reporting auf Grundlage automatisiert gelieferter oder vorher importierter Daten in Form von vorbereiteten Berichten in einheitlichem Erscheinungsbild revisionssicher darzustellen. Die Nutzung von angebotenen Standardanwendungen als Datenlieferanten für das jeweilige Management-Reportingsystem erleichtert dessen Einführung, da für diese entsprechende Importschnittstellen eingerichtet sind. Sofern die vorbereiteten Musterberichte die Informationsbedürfnisse der Empfänger nicht vollständig befriedigen, sind Individualisierungen und deren Übernahme in die eigene Pflege möglich. Individuelle Anpassungen reduzieren jedoch gleichzeitig die durch die Einführung eines Management-Reportingsystems realisierbaren Vorteile.[1554]

Die Einführung eines solchen Systems bzw. die Umstellung des vorhandenen Berichtswesens ist zeitintensiv und bedarf der Einbindung verschiedener Unternehmensbereiche. Zumindest die Konzeption sollte daher in Projektform erfolgen. Im Hinblick auf die stetig steigenden Anforderungen an die Aggregation von Risikodaten und die Risikoberichterstattung wird der Einsatz eines Management-Reportingsystems auf Basis einer IT-Standardanwendung empfohlen.[1555]

[1554] Vgl. *Stahmer* (2014), S. 253 und 266.
[1555] Vgl. *Stahmer* (2014), S. 254.

2.5. Inhalte des Reportings

1962 Aus den MaRisk gehen verschiedene Inhalte des Reportings hervor. Die wichtigsten Inhalte sind das sogenannte interne Kapital bzw. Risikodeckungspotenzial und die Risikodeckungsmasse[1556] sowie die Risikobeträge der in die Risikotragfähigkeit einbezogenen Risiken[1557]. Aus der Zusammenführung der Risikodeckungsmasse und der Risiken geht hervor, ob die RTF, unter Würdigung von Risikokonzentrationen, gegeben ist. Dies ist die zentrale Anforderung zur Risikotragfähigkeit.

1963 Die Erreichung von in den Strategien formulierten Zielen und die Einhaltung des definierten Risikoappetits müssen beurteilt und die Ursachen eventueller Abweichungen untersucht werden können. Der Strategieabgleich hinsichtlich der Ziele und des Risikoappetits bzw. Limitsysteme zu der RTF und den jeweiligen Risikoarten stellt daher einen weiteren bedeutenden Inhalt des Reportings zur RTF dar. Notwendige oder mögliche Steuerungsmaßnahmen sind ebenfalls mit aufzunehmen.[1558]

1964 Ergebnisse aus dem Kapitalplanungsprozess geben u. a. Auskunft darüber, ob die eingegangenen Risiken auch zukünftig getragen werden können[1559]. Um die Aussagekraft des Reportings um die Zukunftsorientierung zu erweitern und möglichen mittel- bis langfristigen Anpassungsbedarf der Risikopositionierung erkennen zu können wird empfohlen, die Ergebnisse des Kapitalplanungsprozesses in das Reporting zur RTF zu integrieren[1560].

1965 Mit der zusätzlichen Aufnahme der Frühwarnindikatoren für die Risiken und die risikoartenübergreifenden Effekte, deren erwartete Entwicklung und in diesem Zusammenhang vermuteten Auswirkungen auf die einzelnen Risiken bzw. die gesamte Risikosituation wird außerdem eine weiter in die Zukunft gerichtete Einschätzung zu der Entwicklung der Risiken ermöglicht.[1561]

1966 Durch die Anforderung, dass auch die möglichen Auswirkungen der Ergebnisse von Stresstests auf das RDP in den Risikoberichten dargestellt werden

---

1556 Im Folgenden oft mit RDM abgekürzt. Die Risikodeckungsmasse wird als das zur Deckung der Risiken bereitgestellte Risikodeckungspotenzial und somit als Teilmenge des RDP interpretiert. Sie kann mit dem Gesamtlimit gleichgesetzt werden.
1557 Vgl. *BaFin* (2012.12b), AT 1 Tz. 2 sowie AT 4.1 Tz. 1 und 5.
1558 Vgl. *BaFin* (2012.12b), AT 4.2 Tz. 1, 2 und 4 sowie AT 4.3.2 Tz. 1; *BaFin* (2016.02b), BT 3.1 Tz. 1.
1559 Vgl. *BaFin* (2012.12b), AT 4.1 Tz. 9; *BaFin* (2016.02b), AT 4.1 Tz. 11.
1560 Vgl. *BaFin* (2016.02b), BT 3.1 Tz. 1.
1561 Vgl. *BaFin* (2016.02b), BT 3.1 Tz. 1.

sollen, ergibt sich eine notwendige Verknüpfung von RTF und Stresstests[1562]. Mit der Integration der Ergebnisse von Stresstests in das Reporting wird diese Anforderung effizient erfüllt. Ausnahmen sind die inversen Stresstests, die bei der Betrachtung der RTF unberücksichtigt bleiben können, und Stresstests zu nicht in die RTF einbezogenen Risiken[1563].

Die Aufnahme von Zeitreihen zu zentralen Ergebnisgrößen der RTF-Berechnungen in das Reporting gibt einen Überblick über deren Entwicklung in der Vergangenheit, unterstützt bei der Interpretation der aktuellen Ergebnisse und ermöglicht Tendenzaussagen.

1967

Anders als bei den Ergebnissen der Stresstests darf auf eine Darstellung der den Ergebnissen der Risikotragfähigkeit zugrundeliegenden wesentlichen Annahmen innerhalb des Berichts verzichtet werden, da diese und die Bestimmung bedeutender Elemente zur Steuerung der RTF im Vorfeld durch die Geschäftsleitung genehmigt werden[1564]. Ob das Reporting zur RTF oder das Glossar zur Risikoberichterstattung dennoch um eine zusammenfassende Darstellung der bedeutenden Annahmen und Parameter zur Risikotragfähigkeit ergänzt wird, ist mit den Empfängern abzustimmen. Sie kann eine gute Hilfestellung bei der Interpretation der Ergebnisse und der Abgrenzung gegenüber den Ergebnissen der Stresstests sein.

1968

2.6. Häufigkeit des Reportings

2.6.1. Regelmäßiges Reporting

Die Risikotragfähigkeit, bei der eine umfassende Betrachtung und Beurteilung der Risikosituation auf Gesamtbankebene erfolgt, wird in den MaRisk implizit als Bestandteil der Risikoberichterstattung an die Geschäftsleitung und das Aufsichtsorgan vorausgesetzt. Dies geht beispielsweise aus den MaRisk-Anforderungen hervor, dass über die Risikosituation berichtet werden soll, dass neben einer bloßen Darstellung auch eine Beurteilung der Situation enthalten sein soll und dass in den Risikoberichten die Auswirkungen durchgeführter Stresstests auf die Risikosituation und auf das RDP dargestellt werden sollen.[1565]

1969

1562 Vgl. *BaFin* (2012.12b), AT 4.3.2 Tz. 4 und AT 4.3.3 Tz. 5; *BaFin* (2016.02b), BT 3.1 Tz. 2 und AT 4.3.3 Tz. 6.
1563 Vgl. *BaFin* (2012.12b), AT 4.1 Tz. 4 und AT 4.3.3 Tz. 3; *BaFin* (2016.02b), AT 4.3.3 Tz. 4.
1564 Vgl. *BaFin* (2012.12b), AT 4.1 Tz. 8 und AT 4.3.2 Tz. 4; *BaFin* (2016.02b), BT 3.1 Tz. 2.
1565 Vgl. *BaFin* (2012.12b), AT 4.3.2 Tz. 3, 4 und 6; *BaFin* (2016.02b), BT 3.1 Tz. 1, 2 und 5.

1970 Abgeleitet aus den Anforderungen an die Risikosteuerungs- und -controllingprozesse und an die Risikoberichterstattung ergibt sich für das Reporting an die Geschäftsleitung und das Aufsichtsorgan ein mindestens vierteljährlicher Turnus[1566]. Hieraus resultiert jedoch nicht zwangsläufig die Notwendigkeit eines vierteljährlichen Reportings zur RTF, da im Rahmen der aktuellen Berichterstattung auf vorangegangene Berichterstattungen verwiesen werden kann, sofern es seitdem keine relevanten Änderungen gegeben hat[1567]. Um hierzu eine Einschätzung zu ermöglichen, müssen zumindest bekannte negative Veränderungen des RDP oder der Risikobeträge der in das RTF-Konzept einbezogenen Risiken auf das Ergebnis der letzten Risikotragfähigkeitsbetrachtung reflektiert werden.

1971 Aufgrund der zentralen Bedeutung der RTF in Verbindung mit der mindestens vierteljährlichen Berichtspflicht über die wesentlichen Risiken werden die mindestens vierteljährliche Durchführung und damit verbunden auch ein mindestens vierteljährliches Reporting empfohlen. Dabei erscheint es vertretbar, auf die Aktualisierung einzelner Reportinginhalte, wie z. B. des Kapitalplanungsprozesses oder der Frühwarnindikatoren, zu verzichten, sofern sich gegenüber der letzten Durchführung keine besonderen Veränderungen ergeben haben. Aus der im KWG verankerten Verpflichtung zur Einreichung von Informationen über die RTF bei der Deutschen Bundesbank lässt sich eine mindestens jährliche Durchführung der Risikotragfähigkeitsbetrachtung und somit auch des Reportings ableiten[1568].

2.6.2. Anlassbezogenes Reporting (Ad-hoc-Berichterstattung)

1972 Aus der Anforderung, dass die wesentlichen Risiken des Kreditinstitutes laufend abgedeckt sind und die RTF damit gegeben ist, wird bereits deutlich, dass neben der regelmäßigen Durchführung und Berichterstattung auch die Notwendigkeit einer zusätzlichen anlassbezogenen Betrachtung der Risikotragfähigkeit überprüft werden muss (»ad hoc«)[1569]. Diese Anforderung wird in dem Konsultationsentwurf zur MaRisk-Novelle 2016 noch deutlicher formuliert[1570].

1973 Im Rahmen einer solchen anlassbezogenen Betrachtung sollten z. B. die potenziellen Auswirkungen von bekannt gewordenen unter Risikogesichtspunk-

---

1566 Vgl. *BaFin* (2012.12b), AT 4.3.2 Tz. 3 und 6 sowie BTR 1 Tz. 7 und BTR 2.1 Tz. 5; *BaFin* (2016.02b), AT 4.3.2 Tz. 3, BT 3.1 Tz. 1 und 5 sowie BT 3.2 Tz. 1, 3, 4, 5, 6 und 7.
1567 Vgl. *BaFin* (2012.12b), AT 4.3.2 Tz. 3; *BaFin* (2016.02b), BT 3.2 Tz. 2.
1568 Vgl. § 25 (1) Satz 2 *KWG*.
1569 Vgl. *BaFin* (2012.12b), AT 4.1 Tz. 1.
1570 Vgl. *BaFin* (2016.02b), BT 3.1 Tz. 3.

ten wesentlichen Informationen auf das Ergebnis der letzten durchgeführten Berechnung der RTF unverzüglich eingeschätzt und das Ergebnis dieser Einschätzung anschließend umgehend an die Geschäftsleitung, die jeweiligen Verantwortlichen, ggf. die Interne Revision und je nach Höhe auch an das Aufsichtsorgan weitergeleitet werden[1571]. Mögliche Anlässe für eine Ad-hoc-Berichterstattung sind z. B. unerwartet hohe Veränderungen der Kapitalquoten oder der Risiken sowie der Eintritt von besonderen Schadensereignissen.

2.7. Zeitrahmen für die Erstellung des Reportings

Über den zur Erstellung des Reportings zur RTF zur Verfügung stehenden Zeitrahmen finden sich in den MaRisk keine konkreten Vorgaben. Es wird jedoch gefordert, dass Berichte auf aktuellen Datengrundlagen aufbauen und innerhalb eines zeitlich adäquaten Rahmens erstellt werden. Berichte sollen eine bewusste und möglichst aktuelle Steuerung ermöglichen.[1572]

In § 9 Absatz 2 der FinaRisikoV[1573] wird den Kreditinstituten eine Frist von sieben Wochen zwischen Meldestichtag und Einreichung der Informationen zur Risikotragfähigkeit eingeräumt. Um dies zu ermöglichen, müssen die Ergebnisse der RTF vollständig ermittelt worden sein. Dies ist zwar nicht explizit gleichbedeutend mit der Fertigstellung des Reportings und der Bereitstellung an die vorgesehenen Empfänger, dient jedoch als Anhaltspunkt für den Zeitrahmen. Zukünftig ist von einem deutlich reduzierten Zeitrahmen auszugehen. Erstellungszeiten von zum Teil mehreren Wochen für Inhalte der Risikoberichterstattung können seitens der Empfänger und der Bankenaufsicht nicht mehr zugestanden werden.[1574]

Die vom Baseler Ausschuss für Bankenaufsicht bereits im Januar 2013 veröffentlichten Grundsätze für die effektive Aggregation von Risikodaten und die Risikoberichterstattung sollen die internen Risikodaten-Aggregationskapazitäten und Verfahren zur Risikoberichterstattung von Kreditinstituten stärken. Sie verfolgen u. a. das Ziel, eine schnellere Verfügbarkeit von Informationen zu erreichen und damit die Geschwindigkeit von Entscheidungsprozessen zu erhöhen[1575]. Um sämtliche Anforderungen an die Risikoberichterstattung zu

---

1571 Vgl. *BaFin* (2012.12b), AT 4.3.2 Tz. 5 und 6; *BaFin* (2016.02b), AT 4.3.2 Tz. 4 und BT 3.1 Tz. 5.
1572 Vgl. *BaFin* (2016.02b), BT 3.1 Tz. 4.
1573 Finanz- und Risikotragfähigkeitsinformationenverordnung. Vgl. auch Ausführungen in Kapitel B.III.
1574 Vgl. *BaFin* (2016.02a), S. 3.
1575 Vgl. *Baseler Ausschuss für Bankenaufsicht* (2013.01), S. 3, diskutiert in *Reuse* (2015.06).

AUFBAU EINES MARISK-KONFORMEN RISIKOREPORTINGS

erfüllen, müssen die aggregierten Risikoinformationen intern so früh wie möglich zur Verfügung stehen[1576].

1977 Die 14 Grundsätze gelten für alle Daten, die ein Kreditinstitut zur Steuerung seiner Risiken benötigt. Somit sind die Daten zur RTF fraglos mit inbegriffen. Adressat für die formulierten Grundsätze sind zunächst nur systemrelevante Kreditinstitute. Durch die Aufnahme der Anforderungen an die Datenarchitektur und IT-Infrastruktur in den Konsultationsentwurf der MaRisk-Novelle 2016 werden Teile der Grundsätze für große und komplexe Institute in deutsches Recht umgesetzt. Die weitere Entwicklung im Rahmen der Konsultationsphase und der daran anschließenden Prüfungspraxis der Bankenaufsicht bleibt abzuwarten.[1577]

1978 Kurz- bis mittelfristig kann dies dazu führen, dass die vierteljährliche Risikoberichterstattung zumindest von großen und komplexen Kreditinstituten **innerhalb von maximal zehn Tagen** fertiggestellt werden muss. Um dies zu erreichen, sind bei vielen Instituten und IT-Dienstleistern gegenüber dem derzeitigen Stand sehr umfangreiche Anpassungen auf prozessualer und technischer Ebene notwendig. Außerdem wäre damit ein starker Impuls zur Nutzung von standardmäßig zur Verfügung stehenden Prozessen, Anwendungen und Reportings in allen Bereichen der Gesamtbanksteuerung verbunden. Zugunsten der Schnelligkeit müsste auf vorgenommene Individualisierungen von Prozessen vermutlich weitestgehend verzichtet werden.[1578]

3. Gestaltungsbeispiele für die Inhalte des Reportings

1979 In dem Konsultationsentwurf zur MaRisk-Novelle 2016 wird ausdrücklich gefordert, dass die Risikoberichterstattung nachvollziehbar und aussagekräftig sein soll. Der Gestaltung des Reportings kommt somit große Bedeutung zu, da durch sie die benötigte Aussagekraft und die Nachvollziehbarkeit bei der Übermittlung der Ergebnisse bestimmt werden. Ein besonders wirksames Gestaltungselement stellen graphische Darstellungen der Ergebnisse dar. Durch Hinzufügen absoluter oder relativer Werte sowie einer schriftlichen Bewertung der Ergebnisse wird den Empfängern die Interpretation weiter erleichtert.[1579]

1576 Vgl. *Baseler Ausschuss für Bankenaufsicht* (2013.01), S. 10.
1577 Vgl. *Baseler Ausschuss für Bankenaufsicht* (2013.01), S. 4; *BaFin* (2016.02a), S. 2; *BaFin* (2016.02b), AT 4.3.4.
1578 Vgl. *Zimpel* (2013), S. 13; *Reuse* (2014.02), S. 3; *Reuse* (2015.06).
1579 Vgl. *BaFin* (2016.02b), BT 3.1 Tz. 1; *Eller/Heinrich/Perrot/Reif* (2010), S. 289.

Die einfache Erkennung wesentlicher Veränderungen der Ergebnisse und anderer Besonderheiten wird durch eine standardisierte und stabile Berichtsform erreicht. Nachträgliche Änderungen der Gestaltung sollten deshalb nur in Ausnahmefällen oder aus zwingenden Gründen vorgenommen werden.[1580]

In den nachfolgenden Abschnitten werden verschiedene Gestaltungsbeispiele für die einzelnen Berichtsbestandteile dargestellt. Die Reihenfolge der Abschnitte stellt zugleich einen Vorschlag für die tatsächliche Reihenfolge der Inhalte innerhalb des Reportings dar. Zuerst werden die für den Berichtszweck wichtigsten Ergebnisse in Kurzform dargestellt, anschließend folgen Detail- bzw. Zusatzinformationen.

Der Umfang der Berichterstattung sollte entsprechend dem Empfängerkreis mit diesem abgestimmt werden. Im Regelfall kann das Informationsbedürfnis des Aufsichtsorgans mit einem gegenüber dem Reporting für die Geschäftsleitung geringeren Umfang befriedigt werden.

3.1. Zusammenführung von Risikodeckungsmasse und Risiken

Da aus der Zusammenführung der Risikodeckungsmasse und der Risiken hervorgeht, ob die RTF gegeben ist, sollte dieser Reportingbestandteil an erster Stelle aufgenommen werden. Neben dem Risikoszenario können optional auch die Ergebnisse der Stresstests einbezogen werden. Bezüglich der Berichterstattung über die Ergebnisse von Stresstests wird auf das Kapitel »H.IV. Reporting von Stresstests« verwiesen.

In dem nachfolgenden Beispiel werden alle zentralen Ergebnisse zur RTF zusammengefasst dargestellt. Der Zusammenhang zwischen RDP und RDM[1581] bzw. Gesamtlimit wird transparent gemacht. Abbildung H – 1 stellt das RDP dem Risiko gegenüber.

1580 Vgl. *Bellavite-Hövermann* (2009), S. 28.
1581 Risikodeckungsmasse.

AUFBAU EINES MARISK-KONFORMEN RISIKOREPORTINGS

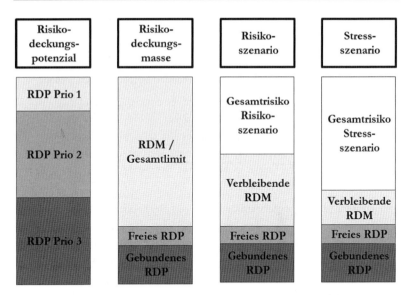

Abbildung H – 1:   *Gegenüberstellung RDP und Gesamtrisiko*[1582]

1985 Das gebundene RDP ergibt sich aus den Kapitalanforderungen bei Going-Concern-Ansätzen und aus evtl. zusätzlich von der Geschäftsleitung definierten strategischen Vorgaben zum Risikoappetit. Bei der Darstellung in Abbildung H – 2 bleibt das gebundene RDP unberücksichtigt.

1986 Um bereits an dieser Stelle den Anteil der einzelnen Risikoarten an dem Gesamtrisiko zu zeigen, kann das Gesamtrisiko in die einzelnen Risikobeträge aufgeteilt und diese als gestapelter Balken dargestellt werden.

1582 Eigene Darstellung in Anlehnung an *Schierenbeck/Lister/Kirmße* (2008), S. 10.

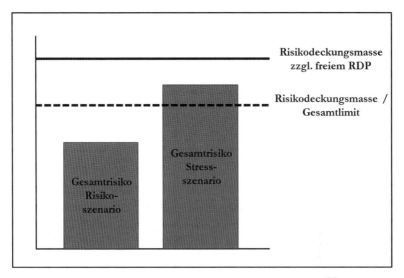

Abbildung H – 2: Gegenüberstellung RDM und Gesamtrisiko[1583]

Während die beiden vorherigen Darstellungsformen sowohl für die GuV-/bilanzorientierte als auch für die wertorientierte Sichtweise der RTF geeignet sind, wird in Abbildung H – 3 ein Beispiel eines ausführlichen Reports für die GuV-/bilanzorientierte Sichtweise vorgestellt.

1583 Eigene Darstellung.

AUFBAU EINES MARISK-KONFORMEN RISIKOREPORTINGS

Durchschnittliche Bilanzsumme (DBS) Plan 2016: 4.100.000 TEUR	Plan 2016		Risikoszenario		Limit	Auslastung	
	TEUR	% DBS	TEUR	% DBS	TEUR	TEUR	%
Ordentlicher Ertrag	117.000	2,85	104.000	2,53			
Zinsergebnis	94.000	2,29	82.000	2,00	-15.000	-12.000	80,0
Provisionsergebnis	22.500	0,55	21.500	0,52	-2.500	-1.000	40,0
Sonstiger ordentlicher Ertrag	500	0,01	500	0,01			
Ordentlicher Aufwand	-76.300	-1,86	-77.800	-1,90	-2.500	-1.500	60,0
Personalaufwand	-51.000	-1,24	-52.000	-1,27			
Sachaufwand	-25.000	-0,61	-25.500	-0,62			
Sonstiger ordentlicher Aufwand	-300	-0,01	-300	-0,01			
Nettoergebnis aus Finanzgeschäften	0	0,00	0	0,00			
Betriebsergebnis vor Bewertung	40.700	0,99	26.200	0,63			
Bewertungsergebnis gesamt	-28.000	-0,69	-19.400	-0,47			
Bewertungsergebnis Kreditgeschäft	-11.000	-0,27	-27.600	-0,67	-35.000	-16.600	47,4
Bewertungsergebnis Wertpapiergeschäft	-3.500	-0,09	-5.000	-0,12	-9.000	-1.500	16,7
Bewertungsergebnis Sonstiges	-2.500	-0,06	-4.000	-0,10	-5.000	-1.500	30,0
Zuführung (-) / Auflösung (+) Fonds für allgemeine Bankrisiken	-4.500	-0,11	0	0,00			
Zuführung (-) / Auflösung (+) Vorsorgereserven § 340f HGB	-6.500	-0,16	0	0,00			
Zuführung (-) / Auflösung (+) Vorsorgereserven § 26a KWG a. F.	0	0,00	17.200	0,42			
Betriebsergebnis nach Bewertung	12.700	0,30	6.800	0,16			
Neutrales Ergebnis / Operationelle Risiken	-4.000	-0,10	-5.500	-0,13	-6.000	-1.500	25,0
Ergebnis vor Steuern	8.700	0,20	1.300	0,03			
Gewinnabhängige Steuern	-5.900	-0,14	-300	-0,01			
Ergebnisausschüttung	-1.000	-0,02	0	0,00			
Zuführung (-) / Auflösung (+) Sicherheitsrücklage	-1.800	-0,04	-1.000	-0,02			
Risikodeckungsmasse / Gesamtlimit					-75.000	-35.600	47,5
Risikodeckungspotenzial inkl. Planergebnis 2016	394.700	9,62	359.100	8,76	75.000	35.600	47,5
Gewinnabhängige Steuern	5.900	0,14	300	0,01	0	5.600	---
Ergebnisausschüttung	1.000	0,02	0	0,00	0	1.000	---
Vorsorgereserven § 26a KWG a. F.	30.000	0,73	12.800	0,31	30.000	17.200	57,3
Vorsorgereserven § 340f HGB	36.500	0,89	30.000	0,73	30.000	6.500	21,7
Fonds für allgemeine Bankrisiken § 340g HGB	74.500	1,82	70.000	1,71	15.000	4.500	30,0
Sicherheitsrücklage	246.800	6,02	246.000	6,00	0	800	---

Abbildung H – 3:   *Gegenüberstellung RDM und Gesamtrisiko in periodischer Sichtweise*[1584]

3.2. Limitauslastung, Strategieabgleich und vorgeschlagene Steuerungsmaßnahmen

1988   Nach der für das Reporting zur RTF wichtigsten Information, ob die Risikotragfähigkeit gegeben ist, folgt mit der Betrachtung der Limitauslastung bzw. dem Strategieabgleich eine Beurteilung, ob und in welchem Umfang die in den Strategien formulierten Ziele erreicht werden und ob der definierte Risikoappetit eingehalten wird. Abbildung H – 4 visualisiert dies.

1584   Eigene Darstellung in Anlehnung an *Heinrich* (2006), S. 221.

Risikoart	Risikoszenario		
	Limit (Mio. EUR)	Auslastung (Mio. EUR)	Auslastung (%)
Risikoart 1	15,0	13,0	87
Risikoart 2	10,0	4,9	49
Unterrisikoart 2.1	---	3,4	---
Unterrisikoart 2.2	---	1,5	---
Risikoart 3	5,0	3,0	60
Risikoart 4	---	4,3	---
Unterrisikoart 4.1	3,0	2,8	93
Unterrisikoart 4.2	2,0	1,5	75
Gesamtrisiko (additiv)	35,0	25,2	72
Diversifikationseffekte	---	-2,1	---
Gesamtrisiko (korreliert)	35,0	23,1	66

Abbildung H – 4:   Limitauslastung[1585]

Bei der nachfolgenden Darstellung in Abbildung H – 5 werden Maßnahmenvorschläge ergänzt. Außerdem erfolgt mithilfe der abgestuften Darstellung der Limitauslastung zugleich eine Bewertung.

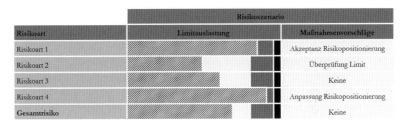

Abbildung H – 5:   Limitauslastung mit Maßnahmenvorschlägen[1586]

Als Grenzen für die Abstufung der Farben bezüglich der Limitauslastung können z. B. 80 % und 95 % verwendet werden. Mit diesen oder ähnlichen Schwellen sollten Berichtspflichten und die mögliche bzw. zwingende Durchführung von Maßnahmen verknüpft werden.

Sofern die Darstellung der Limitauslastung und des Strategieabgleiches miteinander verknüpft werden sollen, ist hierfür eine für beide Inhalte geeignete Visualisierung zur Bewertung des Ist- bzw. Plan-Wertes im Verhältnis zum

---

1585 Eigene Darstellung in Anlehnung an *Heinrich* (2006), S. 203.
1586 Eigene Darstellung.

AUFBAU EINES MARISK-KONFORMEN RISIKOREPORTINGS

Soll- bzw. Ziel-Wert zu wählen. In Abbildung H – 6 erfolgt die Bewertung beispielhaft durch eine Ampel.

Limitauslastung			Risikoszenario		
Risikoart	Limit (Mio. EUR)	Auslastung (Mio. EUR)	Wertung	Ursache/n	Maßnahme/n
Risikoart 1	15,0	13,0	○ ○ ●	...	Akzeptieren
Risikoart 2	10,0	4,9	● ○ ○	...	Limit prüfen
Risikoart 3	5,0	3,0	● ○ ○	...	Keine
Risikoart 4	5,0	4,3	○ ● ○	...	Position anpassen
Gesamtrisiko	35,0	25,2	● ○ ○	...	Keine
Weitere strategische Ziele	Soll / Ziel	Ist / Plan	Wertung	Ursache/n	Maßnahme/n
Gesamtkapitalquote nach Eintritt Risikoszenario (%)	≥ 10,5	11,8	○ ○ ●	...	Keine
Kernkapitalquote nach Eintritt Risikoszenario (%)	≥ 8,5	11,4	● ○ ○	...	Keine
Kapitalausstattung Planungsszenario in 2020 (%)	≥ 16,9	17,3	○ ○ ●	...	Keine
...	...	...	...	...	...

Abbildung H – 6: Limitauslastung mit Strategieabgleich[1587]

1992 Weitere Beschreibungen zu dem Strategieabgleich als Berichtsbestandteil enthält das Kapitel »H.V. Strategieabgleich«.

3.3. Risikodeckungspotenzial und -masse

1993 Aus dem Reportingbestandteil zum Risikodeckungspotenzial und zur Risikodeckungsmasse geht hervor, wie hoch das RDP insgesamt ist, wie es sich zusammensetzt und welcher Anteil als RDM bzw. Gesamtlimit zur Deckung der in die RTF einbezogenen Risiken zur Verfügung gestellt wird bzw. gestellt werden kann.

Bestandteil / TEUR	RDP	Mindestwert	Verwendbar	RDM kumuliert
RDP Prio 1	9.200	0	9.200	9.200
RDP Prio 2	60.000	0	60.000	69.200
RDP Prio 3	315.000	280.000	35.000	104.200
Gesamt	**384.200**	**280.000**	**104.200**	---

Abbildung H – 7: RDM mit gesperrten RDP-Bestandteilen[1588]

[1587] Eigene Darstellung.
[1588] Eigene Darstellung.

Während in Abbildung H – 7 je Bestandteil des RDP festgelegt wird, welcher Mindestwert gesperrt wird und folglich nicht als RDM verwendbar ist, ergibt sich das verwendbare RDP in der nachfolgenden Abbildung H – 8 durch den Abzug gebundener Eigenmittel auf Grundlage definierter Kapitalquoten.

Bestandteil	TEUR
RDP Prio 1	9.200
RDP Prio 2	60.000
RDP Prio 3	315.000
RDP Gesamt	**384.200**
Eigenmittelanforderung strategische Gesamtkapitalquote	-316.000
Zusätzliches RDP bei Reduzierung auf Mindest-Gesamtkapitalquote	36.000
Verwendbares RDP	**104.200**
RDM / Gesamtlimit	-75.000
Freies RDP	**29.200**

Abbildung H – 8:   *RDM mit Abzug des gebundenen RDP auf Grundlage definierter Kapitalquoten*[1589]

In den nächsten beiden Abschnitten werden Beispiele dargestellt, die speziell für die GuV-/bilanzorientierte bzw. für die wertorientierte Sichtweise der RTF verwendet werden können.

3.3.1. GuV-/bilanzorientierte Sichtweise

Grundlage bei der Ermittlung des RDP in der GuV-/bilanzorientierten Sichtweise bildet die Ermittlung des Planergebnisses für den Betrachtungshorizont. Abbildung H – 9 zeigt ein mögliches Beispiel.

1589   Eigene Darstellung.

AUFBAU EINES MARISK-KONFORMEN RISIKOREPORTINGS

DBS Plan 2016: 4.100.000 TEUR	Plan 2016	
	TEUR	% DBS
Ordentlicher Ertrag	**117.000**	**2,85**
Zinsergebnis	94.000	2,29
Provisionsergebnis	22.500	0,55
Sonstiger ordentlicher Ertrag	500	0,01
Ordentlicher Aufwand	**-76.300**	**-1,86**
Personalaufwand	-51.000	-1,24
Sachaufwand	-25.000	-0,61
Sonstiger ordentlicher Aufwand	-300	-0,01
Nettoergebnis aus Finanzgeschäften	**0**	**0,00**
Betriebsergebnis vor Bewertung	**40.700**	**0,99**
Bewertungsergebnis gesamt	**-17.000**	**-0,42**
Bewertungsergebnis Kreditgeschäft	-11.000	-0,27
Bewertungsergebnis Wertpapiergeschäft	-3.500	-0,09
Bewertungsergebnis Sonstiges	-2.500	-0,06
Betriebsergebnis nach Bewertung	**23.700**	**0,57**
Neutrales Ergebnis / Operationelle Risiken	**-4.000**	**-0,10**
Ergebnis vor Steuern	**19.700**	**0,47**
Mindestergebnis vor Steuern	**-10.500**	**-0,25**
Gewinnabhängige Steuern	-3.200	-0,08
Zuführung Vorsorgereserven	-1.500	-0,04
Zuführung Fonds für allgemeine Bankrisiken	-3.000	-0,07
Ergebnisausschüttung	-1.000	-0,02
Zuführung Sicherheitsrücklage	-1.800	-0,04
Modifiziertes Planergebnis für RDP	**9.200**	**0,22**

Abbildung H – 9:   *Ermittlung Planergebnis für RDP in periodischer Sichtweise*[1590]

Durch das in Abzug gebrachte Mindestergebnis vor Steuern wird berücksichtigt, dass auch im Risikofall in der GuV ein gewisser Mindesterfolg ausgewiesen werden soll. Zur Ermittlung des RDP bzw. der RDM wird das modifizierte Planergebnis noch um die weiteren Bestandteile des RDP ergänzt. Die Reihenfolge der Nennung soll der Reihenfolge des Einsatzes zur Deckung der Risiken bei deren Eintritt entsprechen. Dies zeigt Abbildung H – 10.

[1590] Eigene Darstellung in Anlehnung an *Heinrich* (2006), S. 221.

RDP-Bestandteil / TEUR	RDP	Mindestwert	Verwendbar	RDM kumuliert
Modifiziertes Planergebnis für RDP	9.200	0	9.200	9.200
Vorsorgereserven § 26a KWG a. F.	30.000	0	30.000	39.200
Vorsorgereserven § 340f HGB	30.000	0	30.000	69.200
Fonds für allgemeine Bankrisiken § 340g HGB	70.000	35.000	35.000	104.200
Sicherheitsrücklage	245.000	245.000	0	104.200
…		…	…	…

Abbildung H – 10:   Ermittlung RDM in periodischer Sichtweise[1591]

3.3.2. Wertorientierte Sichtweise

Das RDP und die RDM werden in der wertorientierten Sichtweise aus der Aufstellung der Vermögenswerte abgeleitet. Je nach Informationsbedürfnis können Vermögenswerte inkl. Unterteilung nach Aktiv- und Passivpositionen und evtl. Korrekturwerte separat oder bereits saldiert aufgeführt werden.

Stichtag: 31.03.2016	Aktiva			Passiva			Saldo Barwert
RDP-Bestandteil / TEUR	Barwert	Buchwert	Reserve / Last	Barwert	Buchwert	Reserve / Last	
Kasse	4.000	4.000	0				4.000
Zinsbuch inkl. Zinsderivate und Optionsbuch	650.000	620.000	30.000	450.000	460.000	10.000	200.000
Notleidende Forderungen	35.000	35.000	0				35.000
Aktien	20.000	18.000	2.000				20.000
Beteiligungen	4.000	4.000	0				4.000
Verbundene Unternehmen	1.000	1.000	0				1.000
Immobilien	24.000	24.000	0				24.000
Weitere Sachanlagen	5.000	5.000	0				5.000
Rückstellungen				65.000	65.000	0	-65.000
Sonstige Positionen	20.000	20.000	0	15.000	15.000	0	5.000
Zwischensumme	763.000	731.000	32.000	530.000	540.000	10.000	233.000

Korrekturpositionen / TEUR	Summe
Vermögenszuwachs (brutto)	12.000
Bestandskosten	-6.000
Einzelwertberichtigungen	-14.000
Erwartete Risiken	-40.000
Puffer für nicht quantifizierte Risiken	-5.000
Sonstige Abzugspositionen	-1.000
Benötigte Eigenmittel für strategische Gesamtkapitalquote	-98.000
Risikodeckungspotenzial bei strategischer Gesamtkapitalquote	81.000
Zusätzliches RDP bei Reduzierung auf Mindest-Gesamtkapitalquote	28.600
Freies Risikodeckungspotenzial	109.600
Anteil vom freien Risikodeckungspotenzial für Risikodeckungsmasse / Gesamtlimit	80 %
Risikodeckungsmasse / Gesamtlimit	87.680

Abbildung H – 11:   Ermittlung RDP und RDM aus Vermögenswertaufstellung[1592]

1591 Eigene Darstellung.
1592 Eigene Darstellung in Anlehnung an Heinrich (2006), S. 198; Becker/Schmitt/Winkler (2012), S. 237 f.

AUFBAU EINES MARISK-KONFORMEN RISIKOREPORTINGS

1999 Am rechten Rand der Abbildung können noch die Werte des letzten Stichtages ergänzt werden, um eingetretene Veränderungen des RDP erkennen zu können.

2000 Alternativ oder ergänzend wird die folgende graphische Darstellung der einzelnen Positionen vorgeschlagen. Korrekturpositionen werden ebenso wie das RDP auf der Passivseite ausgewiesen. Das Risikodeckungspotenzial kann dabei z. B. noch in gebundenes RDP, freies RDP und RDM bzw. Gesamtlimit aufgeteilt werden.

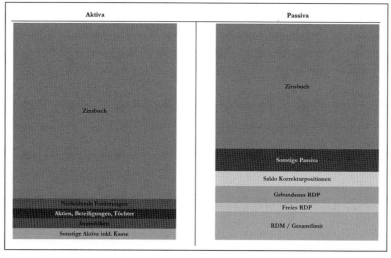

Abbildung H – 12:   *Graphische Darstellung Vermögenswertaufstellung*[1593]

2001 In dem nächsten Beispiel in Abbildung H – 13 werden die Korrekturpositionen direkt den korrespondierenden Positionen zugeordnet.

1593 Eigene Darstellung in Anlehnung an *Heinrich* (2006), S. 195.

Stichtag: 31.03.2016 Risikobetrachtungshorizont: 31.03.2017	Barwert (brutto)	Erwartete Performance	Erwartetes Risiko	Sonstige Korrektur	Barwert (netto)	Anteil Netto- barwert (%)
Kasse	4.000	0	0	0	4.000	2,1
Zinsbuch	235.000	7.000	-35.500	-14.000	192.500	102,4
Aktienbuch	20.000	1.750	-2.000	0	19.750	10,5
Beteiligungsbuch	5.000	250	-1.000	0	4.250	2,3
Sachanlagenbuch	29.000	1.000	-1.500	0	28.500	15,2
Sonstige vermögensrelevante Positionen	-60.000	0	0	-1.000	-61.000	-32,4
Vermögen	**233.000**	**10.000**	**-40.000**	**-15.000**	**188.000**	**100,0**
Provisionsüberschuss					2.000	1,1
Bestandskosten					-6.000	-3,2
Puffer für nicht quantifizierte Risiken					-5.000	-2,7
Benötigte Eigenmittel für strategische Gesamtkapitalquote					-98.000	-52,1
Risikodeckungspotenzial bei strategischer Gesamtkapitalquote					**81.000**	**43,1**
Zusätzliches RDP bei Reduzierung auf Mindest-Gesamtkapitalquote					28.600	15,2
Freies Risikodeckungspotenzial					**109.600**	**58,3**
Anteil vom freien Risikodeckungspotenzial für Risikodeckungsmasse / Gesamtlimit					80 %	---
Risikodeckungsmasse / Gesamtlimit					**87.680**	**46,6**

Abbildung H – 13:   Ermittlung RDP und RDM aus Nettovermögen[1594]

3.4. Risiken

Aus den Berichtsinhalten zu den Risiken geht hervor, wie hoch die Risiken der in die RTF einbezogenen Risikoarten insgesamt sind und wie sie sich zusammensetzen. Pauschale Beträge für nicht quantifizierte Risiken werden an dieser Stelle ebenfalls berücksichtigt, sofern sie nicht bereits vom RDP abgezogen wurden.

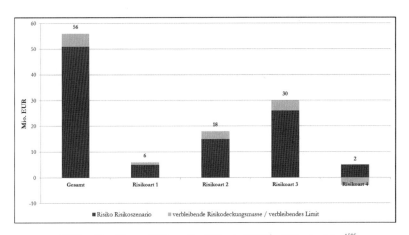

Abbildung H – 14:   Risiken mit verbleibender RDM/verbleibendem Limit[1595]

Bei den Abbildungen H – 14 und H – 15 wird außerdem der Limitabgleich zum Gesamtrisiko und den einzelnen Risikoarten mit abgedeckt.

1594 Eigene Darstellung.
1595 Eigene Darstellung.

AUFBAU EINES MARISK-KONFORMEN RISIKOREPORTINGS

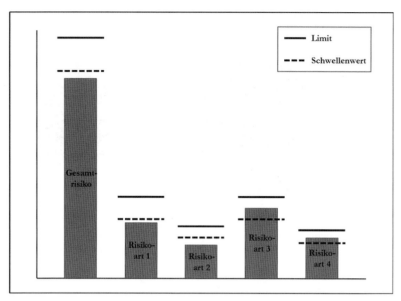

Abbildung H – 15:   *Risiken mit Schwellenwert und Limit*[1596]

2004   Bei der nächsten Darstellungsform ist der Limitabgleich auf das Gesamtlimit beschränkt. Der Beitrag der einzelnen Risikoarten zum Gesamtrisiko wird durch das rechte Kreisdiagramm hervorgehoben, wie Abbildung H – 16 zeigt.

1596   Eigene Darstellung.

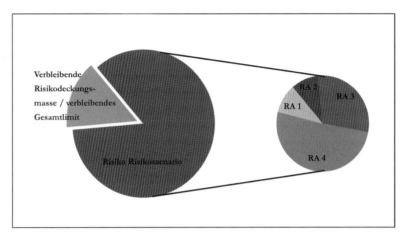

Abbildung H – 16: Risiken und verbleibende Risikodeckungsmasse als Kreisdiagramm[1597]

In dem Beispiel für eine Risikomatrix wird in Abbildung H – 17 neben dem Beitrag der Risikoarten zum Gesamtrisiko auch der Beitrag der einzelnen Geschäftsfelder des Kreditinstitutes zum Gesamtrisiko und den einzelnen Risiken ausgewiesen.

Abbildung H – 17: Risikomatrix[1598]

1597 Eigene Darstellung.
1598 Eigene Darstellung in Anlehnung an *Schierenbeck/Lister/Kirmße* (2008), S. 10.

AUFBAU EINES MARISK-KONFORMEN RISIKOREPORTINGS

2006 Eine Alternative zu der Differenzierung nach Geschäftsfeldern bzw. Funktionen ist die Unterteilung in Unternehmensbereiche bzw. Organisationseinheiten.[1599]

2007 Weitere Informationen zur Berichterstattung über die einzelnen Risikoarten enthält das **Kapitel »H.III. Reporting der Risikoarten«**.

3.5. Ergebnisse des Kapitalplanungsprozesses

2008 Nachfolgend werden verschiedene Beispiele zur Darstellung der Ergebnisse des Kapitalplanungsprozesses vorgestellt. Die Diagramme sollten in Abstimmung mit den Empfängern um Wertetabellen ergänzt werden, um insbesondere evtl. vorhandene Kapitallücken ihrer absoluten Höhe nach einschätzen zu können.

2009 Die Abbildungen H – 18 und H – 19 geben Beispiele für eine graphische und tabellarische Darstellung der Ergebnisse des Kapitalplanungsprozesses.

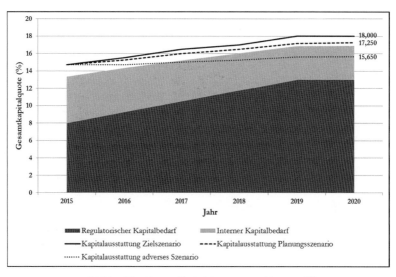

Abbildung H – 18:   *Kapitalplanungsprozess Diagramm*[1600]

1599 Vgl. *Schierenbeck/Lister/Kirmße* (2008), S. 10.
1600 Eigene Darstellung in Anlehnung *Baseler Ausschuss für Bankenaufsicht* (2011.06), S. 84.

Ergebnis Kapitalplanungsprozess bis 2020	2015	2016	2017	2018	2019	2020
Kapitalausstattung Zielszenario (%)	14,700	15,500	16,500	17,000	18,000	18,000
Überschuss / Fehlbetrag Kapital (%)	1,350	1,175	1,300	0,975	1,150	1,100
Überschuss / Fehlbetrag Kapital (Mio. EUR)	12,2	10,7	12,1	9,2	11,0	10,7
Kapitalausstattung Planungsszenario (%)	14,700	15,250	16,000	16,500	17,150	17,250
Überschuss / Fehlbetrag Kapital (%)	1,350	0,925	0,800	0,475	0,300	0,350
Überschuss / Fehlbetrag Kapital (Mio. EUR)	12,2	8,4	7,4	4,5	2,9	3,4
Kapitalausstattung adverses Szenario (%)	14,700	14,700	15,000	15,250	15,600	15,650
Überschuss / Fehlbetrag Kapital (%)	1,350	0,375	-0,200	-0,775	-1,250	-1,250
Überschuss / Fehlbetrag Kapital (Mio. EUR)	12,2	3,4	-1,9	-7,3	-11,9	-12,1
Gesamter Kapitalbedarf (%)	13,350	14,325	15,200	16,025	16,850	16,900
Interner Kapitalbedarf (%)	5,350	5,075	4,700	4,275	3,850	3,900
Regulatorischer Kapitalbedarf (%)	8,000	9,250	10,500	11,750	13,000	13,000

Abbildung H – 19:   *Kapitalplanungsprozess Werte*[1601]

Auf die Darstellung eines Zielszenarios kann verzichtet werden, sofern in dem internen Kapitalbedarf bereits strategische Kapitalpuffer berücksichtigt werden.

Die einzelnen Bestandteile des Kapitalbedarfes sollten in Abstimmung mit den Empfängern des Reportings differenzierter innerhalb des Diagramms dargestellt werden.

Nachfolgend werden Vorschläge für eine weitere Unterteilung des regulatorischen und des internen Kapitalbedarfes dargestellt. Aufgrund der höheren Übersichtlichkeit erfolgen die Vorschläge in getrennten Diagrammen. Bei der späteren Umsetzung sollten nur für das jeweilige Kreditinstitut relevante Positionen aufgenommen werden.

Die Abbildungen H – 20 und H – 21 stellen den regulatorischen Kapitalbedarf dar.

1601 Eigene Darstellung.

AUFBAU EINES MARISK-KONFORMEN RISIKOREPORTINGS

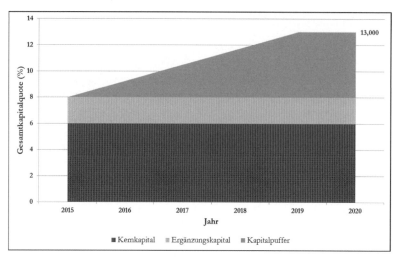

Abbildung H – 20:   *Regulatorischer Kapitalbedarf Diagramm*[1602]

Komponenten regulatorischer Kapitalbedarf	2015	2016	2017	2018	2019	2020
Gesamtkapital inkl. Puffer (%)	8,000	9,250	10,500	11,750	13,000	13,000
Kernkapital inkl. Puffer (%)	6,000	7,250	8,500	9,750	11,000	11,000
Kapitalpuffer (%)	0,000	1,250	2,500	3,750	5,000	5,000
Kapitalpuffer für anderweitig systemrelevante Institute (%)	0,000	0,000	0,000	0,000	0,000	0,000
Kapitalpuffer für global systemrelevante Institute (%)	0,000	0,000	0,000	0,000	0,000	0,000
Kapitalpuffer für systemische Risiken (%)	0,000	0,000	0,000	0,000	0,000	0,000
Antizyklischer Kapitalpuffer (%)	0,000	0,625	1,250	1,875	2,500	2,500
Kapitalerhaltungspuffer (%)	0,000	0,625	1,250	1,875	2,500	2,500
Ergänzungskapital (%)	2,000	2,000	2,000	2,000	2,000	2,000
Kernkapital (%)	6,000	6,000	6,000	6,000	6,000	6,000
Zusätzliches Kernkapital (%)	1,500	1,500	1,500	1,500	1,500	1,500
Hartes Kernkapital (%)	4,500	4,500	4,500	4,500	4,500	4,500

Abbildung H – 21:   *Regulatorischer Kapitalbedarf Werte*[1603]

In dem nächsten Beispiel (Abbildungen H – 22 und H – 23) wird unterstellt, dass der antizyklische Kapitalpuffer zur Abdeckung des internen Kapitalbedarfes herangezogen werden kann. Außerdem werden Abzugspositionen und potenzielle SREP[1604]-Kapitalzuschläge als interner Kapitalbedarf interpretiert, da diese von der jeweiligen institutsindividuellen Situation abhängen.

1602   Eigene Darstellung in Anlehnung *Baseler Ausschuss für Bankenaufsicht* (2011.06), S. 84.
1603   Eigene Darstellung in Anlehnung *Baseler Ausschuss für Bankenaufsicht* (2011.06), S. 84.
1604   Supervisory Review and Evaluation Process. Aufsichtlicher Überprüfungs- und Bewertungsprozess. Vgl. *EBA* (2014.12), diskutiert in Kapitel B.II.

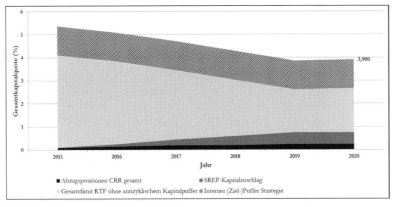

Abbildung H – 22:   *Interner Kapitalbedarf Diagramm*[1605]

Komponenten interner Kapitalbedarf	2015	2016	2017	2018	2019	2020
Interner Kapitalbedarf (%)	5,350	5,075	4,700	4,275	3,850	3,900
Interner (Ziel-)Puffer Strategie (%)	1,250	1,250	1,250	1,250	1,250	1,250
Gesamtlimit RTF ohne antizyklischem Kapitalpuffer (%)	4,000	3,575	3,000	2,425	1,850	1,900
Einsatz antizyklischer Kapitalpuffer für RTF (%)	0,000	-0,625	-1,250	-1,875	-2,500	-2,500
Abzüge Zinsänderungsrisiko (%)	0,000	0,100	0,100	0,100	0,100	0,100
Abzüge Überschreitung Großkreditobergrenze (%)	0,000	0,050	0,050	0,050	0,050	0,050
Gesamtlimit RTF (%)	4,000	4,050	4,100	4,150	4,200	4,250
SREP-Kapitalzuschlag (%)	0,000	0,100	0,250	0,400	0,500	0,500
Abzugspositionen CRR gesamt (%)	0,100	0,150	0,200	0,200	0,250	0,250
Abzugspositionen CRR vom Ergänzungskapital (%)	0,050	0,075	0,100	0,100	0,125	0,125
Abzugspositionen CRR vom Kernkapital (%)	0,050	0,075	0,100	0,100	0,125	0,125

Abbildung H – 23:   *Interner Kapitalbedarf Werte*[1606]

Eine der Grundlagen des Kapitalplanungsprozesses ist die mittelfristige Planung der Ertrags- und Aufwandspositionen. Zur Heranführung an die Ergebnisse des Kapitalplanungsprozesses ist die Aufnahme der Ergebnisplanung für mindestens ein Szenario hilfreich. Um die Interpretation für die Empfänger des Reportings zu vereinfachen, orientiert sich die nachfolgende Darstellungsform (Abbildungen H – 24 und H – 25) an der Ergebnisdarstellung des Kapitalplanungsprozesses.

2015

1605   Eigene Darstellung.
1606   Eigene Darstellung.

AUFBAU EINES MARISK-KONFORMEN RISIKOREPORTINGS

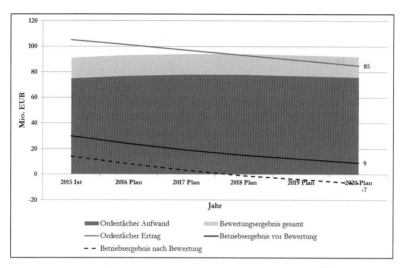

Abbildung H – 24:   Mittelfristige Ergebnisplanung Diagramm[1607]

Betriebsergebnisplanung bis 2020 (Mio. EUR)	2015 Ist	2016 Plan	2017 Plan	2018 Plan	2019 Plan	2020 Plan
Ordentlicher Ertrag	105	101	97	93	89	85
Zinsergebnis	75	70	65	60	55	50
Provisionsergebnis	25	26	27	28	29	30
Sonstiger ordentlicher Ertrag	5	5	5	5	5	5
Bewertungsergebnis gesamt	16	16	16	16	16	16
Bewertungsergebnis Kreditgeschäft	10	10	10	10	10	10
Bewertungsergebnis Wertpapiergeschäft	4	4	4	4	4	4
Bewertungsergebnis Sonstiges	2	2	2	2	2	2
Ordentlicher Aufwand	75	77	78	78	77	76
Personalaufwand	45	46	47	48	48	48
Sachaufwand	25	26	26	25	24	23
Sonstiger ordentlicher Aufwand	5	5	5	5	5	5
Betriebsergebnis vor Bewertung	30	24	19	15	12	9
Betriebsergebnis nach Bewertung	14	8	3	-1	-4	-7

Abbildung H – 25:   Mittelfristige Ergebnisplanung Werte[1608]

2016 Ähnlich wie bei der Darstellung der Ergebnisse des Kapitalplanungsprozesses sollte in Abstimmung mit den Empfängern des Reportings insbesondere bei uneinheitlichen prognostizierten Entwicklungen der einzelnen Ertrags- und Aufwandspositionen eine differenziertere Darstellung innerhalb des Diagramms vorgenommen werden. Neben den absoluten Beträgen sollten zusätzlich Relationen zu Bilanzgrößen aufgenommen werden, um Effekte aus evtl. angenommenen Bestandsveränderungen würdigen zu können.

1607   Eigene Darstellung.
1608   Eigene Darstellung.

3.6. Frühwarnindikatoren

Um die Frühwarnindikatoren in das Reporting zur RTF mit aufnehmen zu können und den Empfängern eine in die Zukunft gerichtete Einschätzung zur Entwicklung der Risiken zu ermöglichen, wird neben der erwarteten Entwicklung der Indikatoren auch die jeweils angenommene tendenzielle Auswirkung auf das Ergebnis der RTF ergänzt.

Der Vollständigkeit halber werden ebenfalls die Risikoarten, die nicht in die RTF einbezogen werden, bzw. deren Frühwarnindikatoren mit in die Übersicht aufgenommen. So kann auf eine zusätzliche Darstellung an anderer Stelle der Risikoberichterstattung verzichtet werden. Abbildung H – 26 veranschaulicht eine mögliche Darstellung.

Risikoart, ggf. Unterrisikoart	Indikator	Aktueller Wert	Prognosewert	Warnschwelle	Mögliche Maßnahmen bei Überschreitung der Warnschwelle	Angenommene Auswirkung auf Ergebnis RTF
Risikoart 1	1.1	2,2 %	2,5 %	5,0 %	...	Neutral
	1.2	6,7 %	6,5 %	6,0 %	...	Verschlechterung
Risikoart 2	2.1	1.320 Mio. EUR	1.350 Mio. EUR	1.100 Mio. EUR	...	Neutral
	2.2	67,0 Mio. EUR	70,0 Mio. EUR	55,0 Mio. EUR	...	Verbesserung
	2.3	14,3 Mio. EUR	12,9 Mio. EUR	18,0 Mio. EUR	...	Verbesserung
Risikoartenübergreifend	x.1	65.500 Stück	69.000 Stück	80.000 Stück	...	Verschlechterung
	x.2	10,5 %	10,3 %	8,4 %	...	Neutral
...						

Abbildung H – 26:   Frühwarnindikatoren detailliert[1609]

Bei den Frühwarnindikatoren handelt es sich oft um prognostizierte Werte, die sich je nach herangezogener Quelle unterscheiden. Eine 1:1-Beziehung zwischen einzelnen Frühwarnindikatoren und den jeweils verknüpften Risikoarten lässt sich aufgrund der Vielzahl der Risikofaktoren nicht herstellen. Selbst bei Eintritt der prognostizierten Werte für die Frühwarnindikatoren lässt sich die genaue Entwicklung des Risikos und damit auch das genaue Ergebnis der RTF in diesem unwahrscheinlichen Fall nicht ableiten. Aus diesem Grund kann bei der Darstellung der Frühwarnindikatoren zu Gunsten der Übersichtlichkeit für einen ersten Überblick auf die Werte verzichtet werden. Einen solchen Kurzüberblick zeigt Abbildung H – 27.

1609   Eigene Darstellung.

AUFBAU EINES MARISK-KONFORMEN RISIKOREPORTINGS

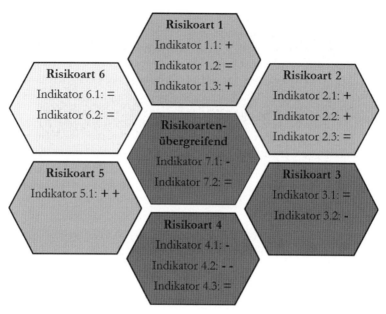

Abbildung H – 27: Frühwarnindikatoren Kurzüberblick[1610]

2020 Die erwartete Entwicklung der einzelnen Indikatoren bzw. die Nähe zu der jeweils definierten Warnschwelle wird durch eine festzulegende Bewertungsskala angezeigt. Mit einer zusätzlichen unterschiedlichen farblichen Unterlegung der einzelnen Felder kann außerdem die für die jeweilige Risikoart zusammengefasste angenommene Auswirkung auf das Ergebnis der RTF zum Ausdruck gebracht werden.

3.7. Zeitreihen

2021 In Abstimmung mit den Berichtsempfängern sollte entschieden werden, ob die Zeitreihen als eigener Reportingabschnitt aufgenommen oder alternativ bei dem jeweils passenden Berichtsteil ergänzt werden sollen.

2022 Die erste Zeitreihe in Abbildung H – 28 stellt die vorangegangenen Ergebnisse aus der Zusammenführung von RDP und Risiken graphisch dar.

[1610] Eigene Darstellung.

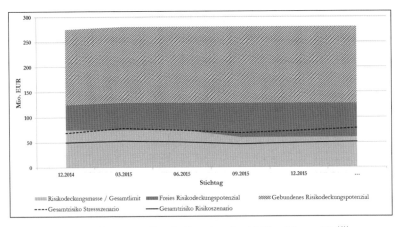

Abbildung H – 28:   Zeitreihe Gegenüberstellung RDP und Gesamtrisiko[1611]

Die Zeitreihe in Abbildung H – 29 zeigt die relative Auslastung der RDM bzw. des Gesamtlimits und die Belastung des RDP im Risikoszenario. Diese Darstellungsform kann ebenfalls für Zeitreihen bezüglich der Ergebnisse von Stresstests oder einzelner Risikoarten bzw. der Auslastung deren Teillimits übernommen werden.

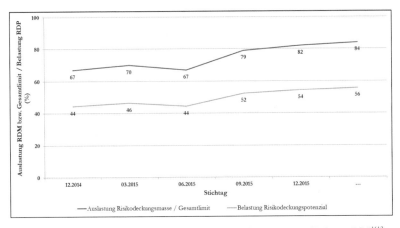

Abbildung H – 29:   Zeitreihe relative Auslastung RDM/Gesamtlimit und Belastung RDP[1612]

1611 Eigene Darstellung.
1612 Eigene Darstellung.

AUFBAU EINES MARISK-KONFORMEN RISIKOREPORTINGS

2024 Inhaltlich ähnlich ist der nächste Vorschlag in Abbildung H – 30, aus dem die Gesamtrisiken, deren Zusammensetzung und die verbleibende RDM bzw. das verbleibende Gesamtlimit hervorgehen.

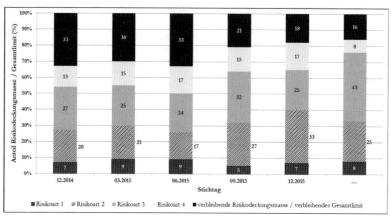

Abbildung H – 30:   *Zeitreihe Gesamtrisiken inkl. Aufteilung und verbleibende RDM*[1613]

2025 Das letzte vorgestellte Beispiel für eine Zeitreihe ist neben Risiken auch für die einzelnen Komponenten des RDP, evtl. Schwellenwerte und Limite geeignet. Abbildung H – 31 visualisiert diese Idee.

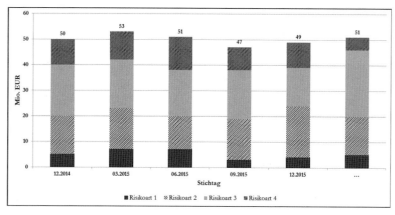

Abbildung H – 31:   *Zeitreihe Gesamtrisiken inkl. Aufteilung*[1614]

1613 Eigene Darstellung.
1614 Eigene Darstellung.

3.8. Annahmen und Parameter

Die Annahmen und Parameter zur RTF inkl. Stresstests sollten gemeinsam mit Definitionen verwendeter Begrifflichkeiten bzw. Kennzahlen in den Anhang zum Reporting aufgenommen werden, sofern diese nicht zur Verbesserung der Informations- bzw. Entscheidungsgrundlage an hervorgehobener Stelle bedeutend sind. Hierdurch wird die Übersichtlichkeit des Reportings gewahrt.[1615]

Die Darstellung sollte nach Themen sortiert in Tabellenform erfolgen. Die Inhalte des Anhangs sollten regelmäßig auf ihre Relevanz für den jeweiligen Bericht hin überprüft und bei Bedarf angepasst werden.

Auf die Aufnahme von konkreten Gestaltungsbeispielen für die Annahmen und Parameter wird an dieser Stelle verzichtet.

3.9. Anlassbezogenes Reporting (Ad-hoc-Berichterstattung)

Bei dem anlassbezogenen Reporting bzw. der Ad-hoc-Berichterstattung steht die Schnelligkeit der Weiterleitung der Informationen im Vordergrund.

Trotzdem wird auch für dieses Reporting die Entwicklung einer standardisierten Form empfohlen, die den Absender bei der Informationsweitergabe durch die Vorgabe von Muss- und Soll-Inhalten unterstützt.

Die Umsetzung kann z. B. als Mailvorlage oder Vordruck mit Auswahlfeldern und einem vordefinierten Empfängerkreis erfolgen. Inhalte, die dem Absender nicht bekannt sind, werden durch den Bereich Risikocontrolling ergänzt und nachgereicht. Abbildung H – 32 strukturiert einen möglichen Ad-hoc-Bericht.

1615 Vgl. *Bellavite-Hövermann* (2009), S. 28.

AUFBAU EINES MARISK-KONFORMEN RISIKOREPORTINGS

Ad-hoc-Berichterstattung gemäß MaRisk AT 4.3.2 Tz. 5 und BTO 1.2.6 Tz. 2	
Lfd. Nr. / Jahr und Datum	3 / 2015 vom 05.08.2015
Hauptsächlich betroffene Risikoart(en)	Adressenausfallrisiken Kundenkreditgeschäft
Ereignis inkl. Beschreibung	Notwendige Risikovorsorge in Höhe von x Mio. EUR nach Kenntnisnahme von gestelltem Insolvenzantrag des Kreditnehmers abc im Hinblick auf vorhandenen Blankoanteil
Datum Entstehen / Erkennen	04.08.2015 / 05.08.2015
Veränderung GuV ggü. Plan	Erhöhung prognostiziertes Bewertungsergebnis Kreditgeschäft
Veränderung RDP ggü. letzter RTF-Berechnung	Reduzierung aufgrund Rückgang des erwarteten Jahresergebnisses und Vermögenszuwachses
Veränderung Gesamtrisiko ggü. letzter RTF-Berechnung	Leichte Reduzierung durch Wegfall Kreditnehmer abc aus dem bei Risikoquantifizierung betrachteten Gesamtportfolio
Veränderung Auslastung Teil- / Gesamtlimit ggü. letzter RTF-Berechnung	Auswirkungen insgesamt gering, freies Teillimit für Risikoart vorhanden, Risikotragfähigkeit weiterhin mit Reserven gegeben
Veränderung Liquiditätslage	Reduzierung erwarteter Rückflüsse, Auswirkungen auf Liquiditätskennzahlen gering
Vorgeschlagene Maßnahmen	Bildung Risikovorsorge, Kündigung Kreditengagement, Kontaktaufnahme mit Kreditnehmer und Insolvenzverwalter, ...

Abbildung H – 32: Standardisierte Ad-hoc-Berichterstattung[1616]

4. Fazit

2032 Durch die hohe Bedeutung der RTF als ein zentrales Element der Gesamtbanksteuerung und des Risikomanagements von Kreditinstituten kommt auch dem Reporting zur RTF innerhalb der Risikoberichterstattung besondere Bedeutung zu.

2033 Aus dem Reporting zur RTF sollen die Geschäftsleiter und die Mitglieder des Aufsichtsorgans erkennen können, ob die RTF gegeben ist und ob sich Steuerungsimpulse ergeben.

2034 Um Akzeptanz und Verständnis für die Berichterstattung zu erzeugen, sollten Inhalte, Umfang und Form des Reportings zwischen Risikocontrolling-Funktion und den Empfängern regelmäßig abgestimmt werden. Eine Unterscheidung zwischen dem Reporting für die Geschäftsleitung und dem Bericht für das Aufsichtsorgan ist sinnvoll, da dessen Informationsbedürfnis im Regelfall mit einem geringeren Umfang befriedigt werden kann.

1616 Eigene Darstellung.

Die Berichtsform sollte standardisiert und stabil sein. Änderungen der Gestaltung sollten nur in Ausnahmefällen oder aus zwingenden Gründen vorgenommen werden. Anregungen für den Aufbau bzw. die Überprüfung und Anpassung des eigenen Reportings zur RTF wurden anhand verschiedener anschaulicher Darstellungsbeispiele für die vorgeschlagenen Inhalte gegeben. 2035

Die derzeit eingesetzten Berichte werden entweder innerhalb der Kreditinstitute selbst entwickelt oder stammen aus der jeweils genutzten RTF-Anwendung und zunehmend auch aus Management-Reportingsystemen. Im Hinblick auf die erhöhten Anforderungen an die Aggregation von Risikodaten und die Verfahren zur Risikoberichterstattung wird die Ablösung institutsindividueller Berichte und kurz- bis mittelfristig die Einführung eines Management-Reportingsystems auf Basis einer IT-Standardanwendung zur Darstellung der Risikoberichterstattung empfohlen. 2036

Neben dem regelmäßigen Reporting zur RTF sollte auch ein Prozess zum möglichst standardisierten anlassbezogenen Reporting (Ad-hoc-Berichterstattung) vorgehalten werden. 2037

Für die regelmäßige Berichterstattung zur RTF wird ein vierteljährlicher Turnus empfohlen. Der für die Erstellung derzeit zur Verfügung stehende Zeitrahmen wird sich zukünftig voraussichtlich deutlich reduzieren. Um die stetig steigenden Anforderungen an das Reporting auch weiterhin erfüllen zu können, sind bei vielen Kreditinstituten und IT-Dienstleistern gegenüber dem derzeitigen Stand sehr umfangreiche prozessuale und technische Anpassungen notwendig. Der Einsatz von schon heute im Bereich der Gesamtbanksteuerung zur Verfügung stehenden Standardprozessen, -anwendungen und -reportings sollte konsequent vorangetrieben werden. 2038

Vorgenommene Individualisierungen müssen auf ihre Fortführbarkeit hin überprüft werden. Sofern durch verfügbare Standardangebote methodisch und inhaltlich zutreffende Ergebnisse erzeugt werden können, sollten diese in dem aktuellen regulatorischen Umfeld gegenüber Eigenentwicklungen bevorzugt werden. 2039

III. Reporting der Risikoarten[1617]

1. Einleitung und aufsichtsrechtliche Grundlagen

2040 Neben der Risikotragfähigkeit sind die Risikosituation und damit die einzelnen Risikoarten fester Bestandteil einer aufsichtsrechtlich konformen Berichterstattung. Schon im Rahmen von Basel II wurde in den ICAAP[1618] der Grundstein für die heutigen aufsichtsrechtlichen Grundlagen für die ordnungsgemäße Berichterstattung der Risikotragfähigkeit und damit auch der Einzelrisiken gelegt. Ausgehend von den fünf wichtigsten Elementen[1619] des ICAAP sind insbesondere die Forderung der laufenden Überwachung durch die Geschäftsleitung und das Aufsichtsorgan, die umfassende Beurteilung der Risiken und die Forderung nach einem angemessenen System zur Überwachung und Berichterstattung Grundlage für die weitergehende Analyse der aufsichtsrechtlichen Grundlage eines Reportings der Risikoarten. Als Adressat eines Reportings werden demzufolge der Vorstand und das Aufsichtsorgan ausgemacht und ein Reporting über die Risikosituation des Institutes gefordert. Es sind hierbei alle wesentlichen Risiken zu integrieren. Über die genannten Risiken ist dem Vorstand und Verwaltungsorgan zu berichten. Die Forderungen des ICAAP sind in der deutschen Rechtsnorm im KWG § 25a[1620] und vor allem in den MaRisk[1621] umgesetzt.

2041 Die MaRisk fordern in AT 3, dass die Geschäftsleiter – um eine ordnungsgemäße Geschäftsorganisation und deren Weiterentwicklung garantieren zu können – die wesentlichen Elemente des Risikomanagement und insbesondere die wesentlichen Risiken kennen müssen. Dies impliziert, dass diese laufend (turnusmäßig) über die Risikolage und bei Bedarf (Ad-hoc) über wesentliche Informationen zu informieren sind – wie in AT 4.3.2 Tz. 3 ff. gefordert. Dies gilt neben den im vorherigen Kapitel behandelten allgemeinen Berichtsanforderungen über die Gesamtrisikosituation bzw. Risikotragfähigkeit auch für ein Reporting der wesentlichen Risiken[1622]. Ausgangspunkt ist demzufolge zunächst die Analyse der im Institut als wesentlich zu betrachtenden Risiken (Risikoinventur)[1623] – die neben den in den MaRisk als wesentlich vorweggenommenen

---

1617 Autor: **Matthias Brand**. Die Ausführungen geben die persönliche Auffassung des Autors wieder.
1618 Internal Capital Adequacy Assessment Process.
1619 Vgl. Auch Kapitel B II. und *BCBS* (2004.06), Tz. 721.
1620 Vgl. § 25a *KWG* (2013).
1621 Vgl. *BaFin* (2012.12a) und *BaFin* (2012.12b).
1622 V. a. ausgehend von *BaFin* (2012.12b), AT 4.3.2, Tz. 3 und Erläuterungen.
1623 Vgl. Kapitel D I und II.

Risikoarten noch weitere als für das Institut wesentlich zu identifizieren sucht. Für die wesentlichen Risiken sind dementsprechend die in den MaRisk festgelegten Forderungen an eine ordnungsgemäße Berichterstattung einzuhalten.

Im Folgenden soll zunächst ein Überblick über die von den MaRisk geforderten Ad-hoc-Berichtspflichten gegeben werden – insbesondere im Zusammenhang mit Informationspflichten aus den einzelnen Risikoarten. Anschließend werden die jeweiligen Anforderungen an die Berichterstattung der einzelnen Risikoarten im turnusmäßigen Risikobericht aufgeführt und beispielhaft dargestellt, wie ein aufsichtskonformes Reporting aufgebaut werden kann. Zusätzlich werden jeweils die sich aus den am 18.02.2016 in einer Konsultation veröffentlichten MaRisk 6.0-E zu erwartenden Neuerungen auf das Reporting der Risikoarten überblickartig dargestellt[1624].

2042

2. Ad-hoc Berichterstattung

Laut AT 4.3.2 sind unter Risikogesichtspunkten wesentliche Informationen unverzüglich an die Geschäftsleitung, die jeweiligen Verantwortlichen, gegebenenfalls an die Interne Revision und an das Aufsichtsorgan weiterzuleiten. Für diese wesentlichen Informationen ist eine turnusmäßige Berichterstattung nicht ausreichend. Es ist dementsprechend ein Prozess festzulegen, wie diese Informationen erkannt und unverzüglich (ohne schuldhafte Verzögerung) an den jeweiligen Adressaten weitergeleitet werden können.

2043

Wichtig ist in diesem Zusammenhang, dass im Gegensatz zur turnusmäßigen Berichterstattung die jeweiligen Fachabteilungen entscheiden, welche Informationen als wesentlich zu bezeichnen sind, sodass diese unverzüglich den entsprechenden Entscheidungsträgern mitgeteilt werden müssen[1625]. Zu diesem Zweck sind entsprechende klare Organisationsrichtlinien (Arbeitsanweisungen o. ä.) festzulegen, die genau regeln, welche Informationen an welche Stelle zu leiten sind.

2044

Die MaRisk schreiben eine Reihe von konkreten Ad-hoc-Berichtspflichten für Bereiche und Themen aus den einzelnen Risikoarten vor, die im Sinne des AT 4.3.2 als wesentliche Informationen gelten[1626]. Zur besseren Übersicht sind diese in Abbildung H – 33 zusammengefasst.

2045

1624 Vgl. *BaFin* (2016.02b), diskutiert in *Reuse* (2016.02b), S. 1 ff.
1625 Vgl. *DSGV* (2014), S. 228.
1626 Es werden jeweils lediglich die Berichtspflichten aus dem AT 4.3.2 Tz. 3 ff. behandelt. Berichtspflichten aus den von den in den MaRisk geforderten besonderen Funktionen (AT 4.4.1 Risikocontrolling-Funktion, AT 4.4.2 Compliance-Funktion und AT 4.4.3 Interner Revision) werden nicht besprochen.

AUFBAU EINES MARISK-KONFORMEN RISIKOREPORTINGS

	Ad-hoc-Berichterstattung Risikoarten			
	AT 4.3.2 - Tz. 5/6: Unverzügliche Weiterleitung unter Risikogesichtspunkten wesentlicher Informationen			
	Adressrisiko	Marktpreisrisiko	Liquiditätsrisiko	Operationelles Risiko
Wesentliche Informationen	BTO 1.2.6 Tz. 2: Ein erheblicher Risikovorsorgebedarf ist der Geschäftsleitung unverzüglich zu melden	BTR 1 Tz. 5 Satz 4: Tägliche Meldung Überschreitungen Emittenten- und Kontrahentenlimite ab einer unter Risikogesichtspunkten festgelegten Höhe.	BTO 2.2.1 Tz. 3: Anzeige von Geschäftsabschlüssen außerhalb der Geschäftsräume BTO 2.2.2 Tz. 5: Geschäfte zu nicht marktgerechten Bedingungen	BTR 3.1 Tz. 9: Festlegung der Kommunikationswege und Maßnahmen bei einem Liquiditätsengpass	Keine konkrete Forderung; Aber Verweis auf AT 4.3.2 - Tz. 5, AT 3 und BTR 4 Tz. 4: Auftreten bedeutender Schadensfälle
Empfänger	Geschäftsleitung	Zuständige Geschäftsleiter	Zuständige Geschäftsleiter	Geschäftsleitung	ggf. Geschäftsleitung; zumindest Bereichsleiter
	AT 4.3.2 - Tz. 5: ggf. Interne Revision und jeweilige Fachverantwortliche			interne Revision
	AT 4.3.2 - Tz. 6: Aufsichtsorgan			

Abbildung H – 33:   Ad-hoc-Berichterstattung Risikoarten[1627]

2046   In der Regel ist für die jeweilige Ad-hoc-Meldung der entsprechende Fachbereich zuständig, was in der Regel das Risikocontrolling ist. Jedoch beispielsweise bei bekannt werden eines erheblichen Risikovorsorgebedarfs (EWB-Meldung) wird dies regelmäßig jedoch der Bereich sein, der für die EWB-Festlegung zuständig ist – i. d. R. ist dies der Marktfolge-Bereich. Entsprechend ist bei Meldungen zu Geschäftsabschlüssen außerhalb der Geschäftsräume oder bei Geschäften zu nicht marktgerechten Bedingungen der Bereich Abwicklung und Kontrolle der Initiator für eine Ad-hoc-Meldung.

2047   Empfänger der Ad-hoc-Meldungen ist nach AT 4.3.2 Tz. 5 primär die Geschäftsleitung. Zudem sind die jeweiligen Fachbereiche und die interne Revision bei bedeutenden Schadensfällen aus den operationellen Risiken zu informieren. Weitere Informationspflichten an die interne Revision – die nichts mit der Berichtserstattung der Risikoarten zu tun hat – bestehen dann, wenn »relevante Mängel zu erkennen« sind oder »ein konkreter Verdacht auf Unregelmäßigkeiten besteht«.

2048   Ad-hoc-Berichtspflichten aus bedeutenden Schadensfällen aus dem operationellen Risiko sind je nach Tragweite für das Institut ebenfalls unverzüglich an die Geschäftsleitung zu melden – dann wenn dies als wesentliche Information (laut AT 4.3.2 Tz. 5) zu klassifizieren ist.

2049   Ad-hoc-Berichtspflichten von unter Risikogesichtspunkten wesentlichen Informationen an das Aufsichtsorgan sind in AT 4.3.2 Tz. 6 festgelegt. Hier sind vor allem Informationen weiterzuleiten, die auch für das Aufsichtsorgan relevant sind, was vor allem Informationen sein dürften, die die Gesamtrisikositu-

---

[1627] Eigene Darstellung in Anlehnung an *DSGV* (2014), S. 228 f.

ation des Hauses betreffen[1628]. Zu diesen Informationen sind je nach Wesentlichkeit alle oben genannten Informationen aus den Risikoarten zu zählen. Um eine reibungslose Informationsweitergabe zu gewährleisten, ist von der Geschäftsleitung in Zusammenarbeit mit dem Aufsichtsorgan ein geeignetes Verfahren bzw. ein geeigneter Prozess mit konkreten Kriterien einzurichten.

2050 In den MaRisk 6.0-E sind zum Thema Ad-hoc-Berichterstattung keine großen Änderungen in Sicht. Lediglich sind die in der Abbildung H – 1 genannten Anforderungen zu den Ad-hoc Berichtspflichten aus operationellen Risiken teilweise im separaten BT 3 zu finden[1629], so wird im BT 3 Tz. 3 eine deutlichere Formulierung und Konkretisierung dieser vorgenommen[1630].

3. Turnusmäßige Risikoberichtserstattung

3.1. Allgemeine Anforderungen

2051 In AT 4.3.2 – Tz. 3 fordern die MaRisk generell an eine Risikoberichtserstattung, dass diese in angemessenen Abständen die Geschäftsleitung über die Risikosituation zu informieren hat. Der in AT 4.3.2, Tz. 3 geforderte angemessene Turnus der Risikoberichtserstattung wird in den BTR 1–4 für jede wesentliche Risikoart konkretisiert[1631].

2052 So wird für den Adressrisikobericht ein zumindest vierteljährlicher Berichtsturnus gefordert – einheitlich mit dem Marktpreisrisikobericht. Für den Bericht über die Operationellen Risiken ist im Gegensatz dazu ein jährlicher Turnus ausreichend[1632]. Für die Berichterstattung über die Liquiditätssituation bestehen in den MaRisk keine Mindestanforderungen, es wird lediglich ein regelmäßiges Reporting gefordert[1633]. In Anlehnung an die Meldepflichten der LiqV bzw. der LCR[1634] ist es jedoch unter Umständen sinnvoll den Turnus

---

1628 Vgl. *DSGV* (2014), S. 227.
1629 Vgl. *BaFin* (2016.02b): Der bisherige BTR 4 Tz. 4 ist nun im neuen BT 3.2 Tz. 6 enthalten, der AT 4.3.2 Tz. 6 ist neu im BT 3.1 Tz. 5 umgesetzt.
1630 Vgl. BaFin (2016.02b): So wird konkret gefordert, dass das Institut in der Lage sein muss, Ad-Hoc-Berichte zu erstellen, sofern dies aufgrund der Risikosituation des Instituts oder der aktuellen Situation der Märkte, auf denen das Institut tätig ist, geboten erscheint.
1631 In den MaRisk 6.0-E sind diese in einem neuen separaten Teil BT 3 zu finden; vgl. *BaFin* (2016.02b), BT 3, diskutiert in *Reuse* (2016.02b), S. 1 ff.
1632 Die MaRisk 6.0-E fordern im neuen BT 3.2 Tz. 6 eine mindestens vierteljährliche Berichterstattung; vgl. *BaFin* (2016.02b), diskutiert in *Reuse* (2016.02b), S. 1 ff.
1633 Vgl. *BaFin* (2012.12b), BTR 3.1, Tz. 11. Die MaRisk 6.0-E konkretisieren dies und fordern analog zu den anderen Risikoarten im BT 3.2 Tz. 5 eine vierteljährliche Berichterstattung, vgl. BaFin (2016.02b).
1634 Vgl. Kapitel F.III in diesem Werk und *CRR* (2013).

nach den Meldeterminen (i. d. R. monatlich) auszurichten – die Daten hat das Institut sowieso zu erheben.

2053 Die MaRisk enthalten keine konkreten Anforderungen bzgl. des Aufbaus des Risikoberichts. So können einzelne Berichte zu den wesentlichen Risikoarten erstellt werden oder diese in einen Gesamtbericht integriert werden. Ein Umsetzungsbeispiel wäre, die einzelnen Berichtsteile in einen Gesamtbericht zu integrieren, der zur Information der Geschäftsleitung dient. Unter Umständen macht es Sinn, eine Kurzfassung des Risikoberichts zu erstellen – ein Management Summary – welches die wichtigsten Risiken und Kennzahlen enthält[1635]. Die Risikoberichterstattung bzgl. der Risikoarten kann so aufgebaut werden, dass am Anfang jedes Teilberichtes ein kurzer Überblick über die Risikomessung bzw. Risikolage aus der jeweiligen Risikoart gegeben wird. So können beispielsweise periodische und wertorientierte Risiken und deren Limite, sowie Risikotoleranzen aus der jeweiligen Risikoart berichtet werden. Diese Kennzahlen sind im übergeordneten Risikotragfähigkeitsbericht enthalten[1636], es kann aus Gründen der besseren Übersichtlichkeit dennoch sinnvoll sein, diese auch im jeweiligen Detailbericht darzustellen. An dieser Stelle können die jeweiligen Kennzahlen auch eine Ebene detaillierter dargestellt werden um zusätzliche Informationen liefern zu können – und nicht nur zu reproduzieren[1637].

2054 Bezüglich der Inhalte des Risikoberichts sind in den MaRisk eine Vielzahl von Vorgaben zu finden, so ist neben der Darstellung der Risikosituation ist auch eine Beurteilung dieser gefordert und Handlungsvorschläge aufzunehmen. In den Erläuterungen zur o. g. AT 4.3.2, Tz. 3 werden weitere Hinweise vor allem zu den Inhalten der Berichterstattung gegeben. Es wird angeführt, dass bei sich seit der vorangegangen Berichterstattung unveränderten Sachverhalten auf diese Informationen verwiesen werden darf. Zudem wird explizit genannt, dass Ertrags- und Kostenaspekte nicht isoliert von den Risikoaspekten zu sehen sind und deshalb auch in die Risikoberichterstattung aufgenommen werden können. Einzelheiten zu den Anforderungen an die Berichterstattung der jeweiligen wesentlichen Risiken sind in den MaRisk BTR 1–4 zu finden und werden in der Abbildung H – 34 zusammengefasst.

[1635] Beispielsweise kann eine solche Management-Summary für die Berichterstattung an das Aufsichtsorgan genutzt werden.
[1636] Vgl. Kapitel H.II.
[1637] Zusätzliche Informationen zur Ermittlung der Risikowerte bringen höhere Transparenz und Mehrwert – auch bei aufsichtlichen Prüfungen u. U. von Vorteil.

Turnusmäßige Risikoberichtserstattung Risikoarten					
AT 4.3.2 - Tz. 3: Berichterstattung in angemessenen Abständen über die Risikosituation					
	Adressrisiko	Marktpreisrisiko		Liquiditätsrisiko	Operationelles Risiko
MaRisk-Fundstelle	BTR 1 - Tz. 7	Täglicher Handelsbuch-Bericht BTR 2.2 Tz. 3	Risikobericht BTR 2.1. Tz. 5	BTR 3.1 Tz. 11	BTR 4 - Tz. 4/5
Turnus	vierteljährlich	täglich (Vortagsbasis)	vierteljährlich	"regelmäßig" keine konkreten Vorgaben → Orientierung an Meldepflichten	jährlich
Inhalte	wesentliche strukturelle Merkmale des Kreditgeschäfts	Tägliche Überwachung und Bewertung der mit marktpreisrisiko behafteten Positionen im Handelsbuch	Inhalt unter Einbezug interner Handelsgeschäfte	Liquiditätssituation → weitgehende Spielräume	Bedeutende Schadensfälle und wesentliche Operationelle Risiken
Empfänger	AT 4.3.2 - Tz. 3: Geschäftsleitung				
	AT 4.3.2 - Tz. 6: Aufsichtsorgan				

Abbildung H – 34:   Turnusmäßige Berichterstattung Risikoarten[1638]

Für die Erstellung des Risikoberichts ist laut MaRisk insgesamt die Risikocontrolling-Funktion zuständig – also ein von Markt und Handel unabhängiger Bereich[1639]. Die konkreten inhaltlichen Anforderungen aus den MaRisk werden jeweils pro Risikoart in den folgenden Abschnitten anhand von Umsetzungsbeispielen erläutert.

3.2. Adressrisikobericht

Die MaRisk geben im BTR 1 in der Tz. 7 vor, dass in regelmäßigen Abständen (mindestens vierteljährlich) einen Risikobericht zu erstellen ist, welcher die wesentlichen strukturellen Merkmale des Kreditgeschäftes enthält[1640]. Dazu sind neben den Risiken, die aus dem Kunden- und Eigengeschäftsportfolio entstehen können auch die aus Beteiligungen des Instituts an anderen Unternehmen resultierenden Risiken in den Bericht zu integrieren. Die konkreten inhaltlichen Anforderungen aus der BTR 1 – Tz. 7 können neben für die Geschäftsleitung zur Einschätzung der Adressrisikosituation sinnvolle weitere Informationen ergänzt werden. Abhängig von der Geschäftsausrichtung des Instituts macht es Sinn weitere Informationen bereit zu stellen, die vor allem mögliche Risikokonzentrationen im Kredit- bzw. Eigengeschäft identifizieren und zur Gesamteinschätzung der Risikosituation beitragen können[1641].

Der Adressrisikobericht kann in zwei grobe Themenbereiche aufgeteilt werden: Einen Überblick über die Risikolage im Adressrisiko und ein Überblick

---
1638 Eigene Darstellung basierend auf *BaFin* (2012.12b).
1639 Vgl. Kapitel H.II und *BaFin* (2012.12b), AT 4.4.1, Tz. 1 und 2.
1640 In den MaRisk 6.0-E in BT 3.2 Tz. 3 ergeben sich bzgl. der Berichtspflichten zu den Adressrisiken keine Änderungen, vgl. *BaFin* (2016.02b).
1641 Vgl. insbesondere *BaFin* (2012.12b), BTR 1, Tz.1 und Erläuterungen.

über die strukturellen Merkmale im Kreditgeschäft, welche das Kundengeschäftsportfolio, das Eigengeschäft und die Beteiligungen des Instituts umfasst.

3.2.1. Risikomessung und Gesamtportfolio

2058 Die Darstellung der Risikomessung im Adressrisiko zur Einbindung der Risiken in die Risikotragfähigkeit[1642] umfasst die wichtigsten Risiken[1643] und die zugehörigen Risikolimite und –toleranzen[1644] – unterschieden nach periodischem und wertorientiertem Steuerungskreis.

2059 Ein nicht zu vernachlässigender Punkt ist die zusammenfassende Darstellung und Kommentierung der im vergangenen Quartal abgegebenen Ad-hoc-Meldungen[1645] – unterschieden nach Kundengeschäft (Erheblicher Risikovorsorgebedarf nach BTO 1.2.6 Tz. 2) und Eigengeschäft (Überschreitungen von Kontrahenten- und Emittentenlimiten nach BTR 1 Tz. 5 Satz 4). Aus Gründen der Übersichtlichkeit bietet sich in einem ersten Schritt ein Gesamtüberblick über das Kreditportfolio an.

Portfolio	Bestand / Inanspruchnahme	Offene Zusagen / Limite	Limit
Kundengeschäft	6.365.090	2.158.366	8.523.456
Eigengeschäft	1.801.644	4.043.356	5.845.000
Beteiligungen	105.040	2.500	107.540
Summe	**8.271.774**	**6.204.222**	**14.475.996**

Abbildung H – 35:   Gesamtüberblick Kreditportfolio[1646]

2060 Die Anforderungen an die Darstellung der **wesentlichen strukturellen Merkmale des Kreditgeschäfte**s sind in den MaRisk sehr konkret und gelten für das Kunden- und Eigengeschäft gleichermaßen. Die MaRisk fordern unter BTR 1 – Tz. 7 a), e) und f) – also für die Mehrzahl der Inhalte des Adressrisikoberichts, diese vor dem Hintergrund einer Entwicklung darzustellen und nicht nur alleine einen Stichtag abzubilden. Dies ist jedoch schon

---

1642 Vgl. Kapitel F.I.
1643 Risikomaße für das Kunden-, Eigengeschäft und für das Beteiligungsportfolio.
1644 Hier sei vor allem auf den Q-Faktor (Relation unerwarteter/erwarteter Verlust) verwiesen – eine Kennzahl zur Messung von Granularität im Kreditportfolio – die sich gut als Risikotoleranz im Kundengeschäft eignet.
Risikotoleranzen werden in den MaRisk 6.0-E nun mit Risikoappetit umschrieben, vgl. *BaFin* (2016.02b), AT 4.2, Tz. 2, diskzitiert in *Reuse* (2016.02b), S. A 1.
1645 Vgl. Kapitel H.III.2.
1646 Eigene Darstellung in TEUR. Beispielhafte Darstellung des gesamten Kreditportfolios.

allein aus Gründen der Vergleichbarkeit und zur Einordnung der Ergebnisse für den Adressat zur Erfassung der Risikosituation als sinnvoll zu erachten.

Die im Folgenden genannten Anforderungen an die Berichterstattung der strukturellen Merkmale orientieren sich an der Größe und an dem Risikogehalt im Portfolio in dem jeweiligen Institut. So enthält die Tz. 7 eine Reihe von **Öffnungsklauseln**, die vor allem auf die Darstellung des risikorelevanten Geschäftes abzielen[1647].

3.2.2. Strukturelle Merkmale des Kundengeschäftsportfolios

Die Strukturellen Merkmale des Kundengeschäftsportfolios sind genau nach den sehr weitgehenden und konkreten Anforderungen der MaRisk auszurichten. Diese sind in Abbildung H – 36 dargestellt. Aufgrund dieser Fülle an Anforderungen werden im Folgenden nur einige aus Sicht des Autors besonders relevante Inhalte dargestellt.

[1647] Darstellung orientiert sich v. a. an Größe des Instituts und Risikogehalt im Portfolio. Kleinere Institute können die Anforderungen vereinfacht umsetzen. Vgl. *DSGV* (2014), S. 286 f. Die Prüfungspraxis zeigt zudem, dass ab »mittelgroßen« Instituten in der Regel alle Anforderungen der Tz. 7 umzusetzen sind.

Strukturelle Merkmale Kundengeschäftsportfolio			
1. Kreditnehmer und Sicherheitenstruktur	- Entwicklung Sicherheitenkategorien in Verbindung mit Kundengruppen. - Entwicklung Sicherheitenart (Stückzahl/Volumen)	BTR 1 - Tz. 7 a)	
2. Risikoklassifizierungsverfahren	Entwicklung des Volumens und Anzahl der Kreditnehmer pro Scoring-/Ratingverfahren und der jeweiligen Ausfallwahrscheinlichkeit (intern und extern).	BTR 1 - Tz. 7 a)	Zusätzlich: Ungeratetes Portfolio (Ratinglücke).
3. Branchen	Entwicklung des Volumens in der jeweiligen Branche.	BTR 1 - Tz. 7 a)	Zusätzlich: Drei größte Branchen und jeweils die drei größten Kunden (Analyse Konzentrationen).
4. Produkte	Entwicklung des Kreditvolumens in den jeweiligen Produktarten.	Optional	
5. Größenklassen	Entwicklung des Kreditvolumens und der Anzahl der Kreditnehmer aufgeteilt nach Größenklassen.	BTR 1 - Tz. 7 a)	Inklusive Linien. Analyse von Konzentrationen.
6. Großkredite	Anzahl der Großkredite im Kundengeschäft; Großkreditgrenze und Großkreditobergrenze.	BTR 1 - Tz. 7 b)	
7. Limite und Linien	- Limite und Linien pro Produktart - Offene Zusagen Darlehen	BTR 1 - Tz. 7 b)	
8. Engagements in der Kreditbetreuung	Anzahl Fälle und betreutes Volumen in der Sanierung und Abwicklung.	BTR 1 - Tz. 7 b)	Zudem: Fälle die interne Obergrenzen überschreiten, aber in KB angesiedelt sind.
9. Länderrisiken im Kundengeschäftsportfolio	Wohnsitz des KN: Kreditvolumen und Blankoanteil	BTR 1 - Tz. 7 c)	
10. Bemerkenswerte Überziehungen	Übersicht über überzogenes Engagement: - Überziehungsbetrag - relevante Kreditlinie - Überziehungstage - Begründung der Überziehung	BTR 1 - Tz. 7 d)	
11. Neugeschäft	Volumen Neugeschäft pro Produktart (insb. Darlehen)	BTR 1 - Tz. 7 e)	
12. Entwicklung Risikovorsorge	Entwicklung Risikovorsorge + Durchschnittsbestand Vorjahre	BTR 1 - Tz. 7 f)	
13. Obergrenzenüberschreiter	Von den internen, strategischen Obergrenzen abweichende Engagements. - Anzahl - Kreditvolumen - Blanko- bzw. Volumensüberschreitung.	BTR 1 - Tz. 7 g) Strategie- abweichung	Als Anlage: Überblick über Obergrenzenüberschreiter
14. Berichtspflichtige Kreditbeschlüsse	- Beschlüsse eines Vorstandsmitglieds bei negativem zweiten Votum. - Risikorelevante Beschlüsse eines Nicht-Marktvorstandsmitglieds im Rahmen seiner Einzelkompetenz. - Beschlüsse, die in einzelnen Punkten von der Risikostrategie abweichen.	BTR 1 - Tz. 7 h)	

Abbildung H – 36:   Überblick Anforderungen Kundengeschäftsportfolio[1648]

2063 Eine Darstellung der Entwicklung des Kreditportfolios nach Branchen, Ländern, Risiko- und Größenklassen, sowie Sicherheitenkategorien wird – unter Berücksichtigung von Risikokonzentrationen – ausdrücklich gefordert[1649]. Für die Abbildung des Kundengeschäftsportfolios eignet sich zur Analyse nach Konzentrationen insbesondere die Darstellung nach Branchen – aufgeschlüsselt nach den jeweils größten Branchen (Kreditvolumen) und zusätzlich nach den jeweils größten Kunden innerhalb der jeweiligen Branchen. Dies zeigt Abbildung H – 37 unter Berücksichtigung der Entwicklung (z. B. seit Vorjahresende). Veränderungen und Auffälligkeiten sind zu kommentieren.

1648 Eigene Darstellung in Anlehnung an *BaFin* (2012.12b), BTR 1.
1649 Vgl. *BaFin* (2012.12b), BTR 1, Tz. 7.

Branche	Volumen 31.12.2015	Anteil in % 31.12.2015	Volumen 31.12.2014	Anteil in % 31.12.2014
Verarbeitendes Gewerbe	506.333	20,66%	456.235	19,48%
Grundstücks- und Wohnungswesen	490.568	20,02%	480.563	20,52%
Energie-/ Wasserversorgung	435.688	17,78%	440.586	18,81%
Beratung, Planung, Sicherheit	266.452	10,87%	225.458	9,62%
Gesundheit und Soziales	125.673	5,13%	123.645	5,28%
Kredit- u. Versicherungsgewerbe	122.350	4,99%	115.352	4,92%
Dienstleistungen für Unternehmen	115.203	4,70%	104.568	4,46%
Einzelhandel	95.698	3,91%	89.565	3,82%
Großhandel	90.654	3,70%	95.685	4,08%
Öffentliche und Private Dienstleistungen	72.150	2,94%	68.956	2,94%
Kraftfahrzeughandel	56.325	2,30%	51.568	2,20%
Land- u. Forstwirtschaft, Fischerei	39.587	1,62%	55.685	2,38%
Gastgewerbe	20.568	0,84%	16.895	0,72%
Verkehr u. Nachrichtenübermittlung	12.156	0,50%	12.056	0,51%
Nicht zugeordnete Branchen	925	0,04%	5.658	0,24%
Summe	**2.450.330**	**100,00%**	**2.342.475**	**100,00%**

Abbildung H – 37:   Darstellung Branchen Kundengeschäft[1650]

Dem in den MaRisk genutzte Begriff »Risikoklassen« kann mit einer Darstellung nach Risikoklassifizierungsverfahren entsprochen werden. Auch hier ist die Darstellung der Entwicklung zu berücksichtigen – zudem wäre auch eine Darstellung des Blankovolumens denkbar[1651].

Bei der Darstellung des Kundengeschäftportfolios nach Sicherstellung bzw. nach Sicherheitenkategorien ist in Abhängigkeit von den im Institut vorhandenen Sicherheiten zu beachten, dass diese so strukturiert dargestellt werden, dass mögliche Konzentrationen erkennbar werden. Dies kann zum Beispiel mit einer zusätzlichen Untergliederung nach Kundengruppen erreicht werden – also in welcher Kundengruppe tritt welche Sicherheit besonders häufig auf.

Limite und Linien und (BTR 1 – Tz. 7 b) sind zu kommentieren und zusätzlich allfällige bemerkenswerten Überziehungen aufzuführen. In diesem Zusammenhang sind auch offene Zusagen aus Darlehen zu berücksichtigen.

3.2.3. Strukturelle Merkmale des Eigengeschäftsportfolios

Für die Berichterstattung der Strukturellen Merkmale des Eigengeschäftsportfolios sind die Anforderungen aus BTR 1 –Tz. 7 ebenso relevant, wie für das Kundengeschäft. Abbildung H – 38 gibt einen Überblick über Anforderungen und mögliche Ansatzpunkte zur Umsetzung.

1650 Eigene Darstellung. Angaben in TEUR. Beispielhafte Darstellung der Branchen der gewerblichen Kunden.
1651 Im Rahmen von aufsichtlichen Prüfungen wird dies teilweise gefordert.

AUFBAU EINES MARISK-KONFORMEN RISIKOREPORTINGS

Strukturelle Merkmale Eigengeschäftsportfolio			
1. Kontrahenten: Limite und Bestände	Limit und Bestand der Emittenten/Kontrahenten nach "Emittentengruppen".	BTR 1 - Tz. 7 a) und b)	Ggf. nur die drei mit dem größten Bestand pro Emittentengruppe.
Kontrahenten: Limite und Bestände nach Sicherung	Aufteilung des Limits und des Bestandes nach gedeckten und ungedeckten Renten.	BTR 1 - Tz. 7 a)	
2. Limitarten: Limite und Auslastung	Entwicklung Limite und Auslastung.	BTR 1 - Tz. 7 a)	
3. Ratingnoten	Portfolio aufgeteilt nach Volumen pro Ratingnote (externe Ratings)	BTR 1 - Tz. 7 a)	Begründung für ungeratete extra aufführen.
4. Großkredite	Anzahl der Großkredite im Eigengeschäft; Großkreditgrenze und Großkreditobergrenze.	BTR 1 - Tz. 7 b)	
5. Länderrisiken im Eigengeschäftsportfolio	Sitz des Kontrahenten - Limit und Bestand	BTR 1 - Tz. 7 c)	
6. Berichtspflichtige Beschlüsse	- Limitüberschreitungen - Beschlüsse, die in einzelnen Punkten von der Risikostrategie abweichen.	BTR 1 - Tz. 7 d) und g)	z.B. Fälle von überschrittenen Ziellimiten.
7. Ziellimite gemäß Risikostrategie	Bestände/Limite bei Kontrahenten, die von dem in der Risikostrategie für die jeweilige Bonität festgelegtem Limit abweichen.	BTR 1 - Tz. 7 g)	
8. Strukturierte Produkte	- Kurswert, Risikowirkung, Ratingnote, Tageskurs (Stichtag), Fälligkeit	BTR 1 - Tz. 7 allgemein	nicht explizit gefordert, jedoch als "wesentliches strukturelles Merkmal" in den RB zu integrieren

Abbildung H – 38:   Aufbau Adressrisikobericht Eigengeschäftsportfolio[1652]

2068   Inhaltlich ist der Überblick über die Entwicklung der Limite und Bestände aller Kontrahenten und Emittenten zentral. Eine Darstellung nach Branchen wie im Kundengeschäft nicht zielführend. In Abhängigkeit der Strategie des jeweiligen Instituts ist schon ex ante festgelegt, in welche Papiere von welchen Emittenten und Kontrahenten investiert werden darf. Insofern bietet sich hier eine Darstellung der Entwicklung nach Limitarten und deren Limite bzw. Auslastung an – aus Gründen der Übersichtlichkeit nur für die drei größten Kontrahenten im Portfolio.

2069   Dies verdeutlicht Abbildung H – 39.

1652   Eigene Darstellung in Anlehnung an *BaFin* (2012.12b), BTR 1.

Kreditnehmer	Limit 31.12.2015	Bestand 31.12.2015	Bestand Anteil in % 31.12.2015	Limit 31.12.2014	Bestand 31.12.2014	Bestand Anteil in % 31.12.2014
Öffentliche Hand	**3.450.000**	**563.629**	**31,3%**	**3.450.000**	**350.584**	**21,1%**
Bayern, Freistaat	400.000	95.658	5,3%	400.000	75.658	4,6%
Berlin, Land	200.000	89.845	5,0%	200.000	25.785	1,6%
Frankreich, Republik	75.000	78.317	4,3%	75.000	75.170	4,5%
KI mit Sonderaufgaben	**200.000**	**55.048**	**3,1%**	**260.000**	**84.249**	**5,1%**
Europäische Investitionsbank	50.000	45.846	2,5%	50.000	45.846	2,8%
Kreditanstalt für Wiederaufbau	50.000	9.202	0,5%	50.000	25.458	1,5%
Deutsche KI	**1.350.000**	**459.054**	**25,5%**	**1.405.854**	**565.578**	**34,0%**
Deutsche Bank AG	300.000	155.654	8,6%	300.000	194.568	11,7%
Commerzbank AG	250.000	125.001	6,9%	250.000	125.001	7,5%
Deutsche Postbank AG	300.000	104.258	5,8%	250.000	164.983	9,9%
Europäische KI	**400.000**	**350.458**	**19,5%**	**350.000**	**305.125**	**18,4%**
Société Générale S.A.	125.000	89.565	5,0%	125.000	45.658	2,7%
Barclays	100.000	65.450	3,6%	50.000	0	0,0%
Royal Bank of Scotland	100.000	55.457	3,1%	100.000	55.457	3,3%
Spezialfonds (incl. Separater Schuldner)	**380.000**	**365.560**	**20,3%**	**380.000**	**350.545**	**21,1%**
Spezialfonds 1	150.000	150.000	8,3%	150.000	150.000	9,0%
Spezialfonds 2	100.000	100.000	5,6%	100.000	100.000	6,0%
Immobilienfonds 2	25.000	15.865	0,9%	25.000	15.865	1,0%
Unbekannter Schuldner	**40.000**	**2.430**	**0,1%**	**0**	**0**	**0,0%**
Gesamtsumme	40.000	2.430	0,1%	0	0	0,0%
Kundenhandel	**25.000**	**5.465**	**0,3%**	**25.000**	**5.685**	**0,3%**
Renten und Publikumsfonds	25.000	5.465	0,3%	25.000	5.685	0,3%
Summe	**5.845.000**	**1.801.644**	**100,0%**	**5.870.854**	**1.661.766**	**100,0%**

Abbildung H – 39:   *Limite und Bestände nach Emittenten/Kontrahenten*[1653]

Die Darstellung des Eigengeschäftsportfolios nach Sicherstellung kann zwischen gedeckten und ungedeckten Renten getrennt werden. Auch hier ist es sinnvoll, nach Gruppen von Kontrahenten zu unterscheiden – z. B. öffentliche Hand, deutsche und europäische KI – und für jede dieser Gruppen darzustellen, wie das Verhältnis zwischen gedeckten und ungedeckten Renten ist. Hat das Institut Spezialfonds im Portfolio, so ist auch der Bestand des unbekannten Schuldners zu limitieren und aufzuführen[1654].

3.3. Marktpreisrisikobericht

Laut MaRisk BTR 2.1. – Tz. 5 ist in regelmäßigen Abständen – mindestens vierteljährlich, also turnusmäßig einheitlich mit dem Adressrisikobericht – ein Risikobericht über die vom Institut eingegangenen Marktpreisrisiken zu erstellen und der Geschäftsleitung zur Verfügung zu stellen[1655].

1653 Eigene Darstellung. Darstellung der jeweils drei Kontrahenten mit dem größten Bestand in TEUR auf Basis fiktiver Werte.
1654 Vgl. *CRR* (2013). Datenbasis per Großkreditmeldung des Vorquartals.
1655 In den MaRisk 6.0-E ergeben sich bzgl. der Berichtspflichten zu den Marktpreisrisiken keine Änderungen. Vgl. *BaFin* (2016.02b), BT 3.2, Tz. 4.

AUFBAU EINES MARISK-KONFORMEN RISIKOREPORTINGS

2072 Dabei muss zunächst danach unterschieden werden, um welche Positionen es sich handelt, da davon die Berichtsart bzw. der Turnus der Berichterstattung abhängt. Dies verdeutlicht Abbildung H – 40.

2073 Zunächst fordern die MaRisk in BTR 2.2. Tz. 3, dass für mit Marktpreisrisiken behafteten Geschäften aus dem Handelsbuch eine tägliche Limitanrechnung und -überwachung durchgeführt wird und zudem täglich eine Gesamtrisikoposition zu ermitteln ist und zusammen mit den entsprechenden Ergebnissen und Limitauslastungen täglich dem für das Risikocontrolling zuständigen Geschäftsleiter im täglichen Handelsbuch-Bericht zu melden sind.

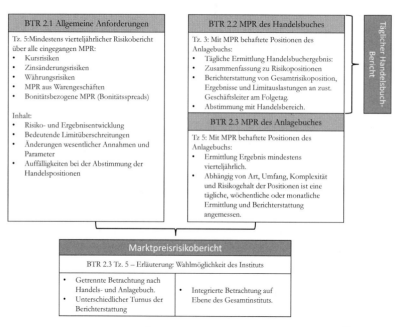

Abbildung H – 40: Überblick Anforderungen Reporting Marktpreisrisiko[1656]

2074 Nach BTR 2.3. Tz. 5 sind die mit Marktpreisrisiken behafteten Positionen im **Anlagebuch** mindestens vierteljährlich zu ermitteln, bewerten und zu berichten. Je nach Komplexität, Umfang und Risikogehalt der Positionen im Anlagebuch ist sogar ein täglicher, wöchentlicher oder monatlicher Turnus einzuhalten.

1656 Eigene Darstellung in Anlehnung an *BaFin* (2012.12b), BTR 2.1 bis 2.3.

Im turnusmäßigen Marktpreisrisikobericht sind alle Positionen einzubeziehen, bei denen Marktpreisrisiken entstehen können, laut BTR 2.1. Tz. 1 – Erläuterungen sind das Kursrisiken, Zinsänderungsrisiken, Währungsrisiken, Marktpreisrisiken aus Warengeschäften und insgesamt marktbezogene Risiken, die aus der Veränderung der Bonität einer Adresse resultieren und noch nicht im Adressrisiko berücksichtigt wurden[1657]. Dabei sind ausdrücklich die Positionen aus dem Anlagebuch und dem Handelsbuch sowie Kundengeschäfte und interne Handelsgeschäfte zu berücksichtigen. In den Erläuterungen zur o. g. Tz. 1 führt die Aufsicht aus, dass das Institut über die genaue Art und Weise der Berichterstattung freie Wahl hat. Das bedeutet, es kann eine nach Turnus getrennte Berichterstattung nach Anlage- und Handelsbuch erfolgen, so z. B. die Berichterstattung des Anlagebuchs (bei entsprechend geringem Risikoprofil) in einem vierteljährlichen Rhythmus und die des Handelsbuchs auf Basis des täglichen Handelsbuchreportings. In der Praxis lässt sich jedoch ein monatlicher Turnus – analog zur Berichterstattung über die Risikotragfähigkeit beobachten.

2075

3.3.1. Risikomessung und Überblick Marktdaten

Analog zum Adressrisiko- werden auch im Marktpreisrisikobericht die wichtigsten periodischen und wertorientierten Risiken[1658] und die zugehörigen Risikolimite zur Einbindung in die Risikotragfähigkeit[1659] dargestellt. Zudem sind die relevanten Risikotoleranzen[1660] darzustellen.

2076

Ein Überblick über die aktuellen Marktdaten (Zins- und Aktienmarktentwicklungen) ist hilfreich, um die Risiko- und Ergebnisentwicklung der mit Risiken behafteten Positionen richtig einordnen zu können.

2077

3.3.2. Periodische Marktpreisrisiken

Je nachdem, welche Steuerungskreise um Institut vorhanden sind, ist zwischen den periodischen und wertorientierten Marktpreisrisiken zu unterscheiden, die auch inhaltlich im Risikobericht voneinander zu trennen sind. Bei der Berichterstattung der Marktpreisrisiken im periodischen Steuerungskreis ist auf die o. g. Anforderungen der MaRisk zu achten. So ist in einem ersten Schritt ein Überblick über die Risiko- und Ergebnisentwicklung aller mit

2078

1657 Z. B. aus Kursrisiken oder Änderungen von Bonitätsspreads.
1658 I. d. R. periodisch: Zinsspannenrisiko und Bewertungsergebnis Wertpapiere; wertorientiert: Vgl. Kapitel F.II.
1659 Vgl. Kapitel F.II.
1660 Hier sei beispielhaft der Zinsrisikokoeffizient bzw. das sog. Prüfkriterium genannt. Vgl. Ausführungen in Kapitel F.II.

Marktpreisrisiko behafteter Positionen zu erstellen, wie Abbildung H – 41 zeigt.

	Wertentwicklung ohne Ausschüttung					GuV-Ergebnis
	IST 2014	IST 31.12.2015	Monats Ergebnis	Ausschüttungen bzw. Zins bis Stichtag	Performance bis 31.12.2015	IST 31.12.2015
Kundenhandel / Vermittlungsgeschäft an Kunden	65	175	-5	0	175	175
Nettoertrag/-aufwand des Handelsbestandes	65	175	-5	0	175	175
Schuldscheine, realisierte Ergebnisse	-10	-112	-19		-112	-112
strategische Derivate, realisierte Ergebnisse	0	545	545		545	545
Bewertungsergebnis relevante Positionen	-10	433	526	0	433	433
Restbestand Fonds	-41	8	2	3	11	8
Auslaufende Assets	-41	8	2	0	11	8
Liquiditätsreserve Renten	15.875	-21.258	-7.545	24.586	3.328	-7.256
Spezialfonds	11.586	2.148	-4.586	2.954	5.102	0
Immofonds	-268	-260	-56	325	65	-185
Strategische Assets	21.263	-18.804	-10.483	26.980	8.177	-6.733
Bewertungsergebnis Wertpapiere	21.212	-18.363	-9.955	26.983	8.621	-6.292

Abbildung H – 41:   Periodische Risiko- und Ergebnisentwicklung[1661]

2079   Es sind alle mit Marktpreisrisiko behaftete Positionen laut BTR 2.1. Tz. 5 a) einbezogen – Handelsbuch (täglicher Handelsbuchbericht) und Anlagebuch. Die unterschiedlichen Positionen sind zum Bewertungsergebnis Wertpapiere aggregiert.

2080   Nach BTR 2.1. Tz. 5 b-d sind bedeutende Limitüberschreitungen, Änderungen der wesentlichen Parameter und Auffälligkeiten bei der Abstimmung der Handelspositionen ebenfalls darzustellen – dies kann in einem separaten Punkt erfolgen und ist zu kommentieren.

3.3.3.   Wertorientierte Marktpreisrisiken

2081   In den Erläuterungen zum BTR 2.1 Tz. 5 weist die Aufsicht darauf hin, dass für die Zwecke des Risikoberichts entweder auf die Entwicklung des handelsrechtlichen (periodischen) Ergebnisses – einschließlich des schwebenden Ergebnisses, als auch auf die Entwicklung des betriebswirtschaftlichen (wertorientierten) Ergebnisses abgestellt werden kann. Bei Vorliegen eines wertori-

---

1661   Eigene Darstellung.

entierten Steuerungskreises ist dieser demzufolge auch zu berichten. Im ersten Schritt ist auch hier die Risiko- und Ergebnisentwicklung bzw. Value-at-Risk und Performance darzustellen – im vorliegenden Beispielin Abbildung H – 42 unterschieden nach Assetklassen und aggregiert zum Gesamtvermögen.

Assetklasse	Brutto-vermögen	Aktuelle Quote	Quote zum 12.2014	Performance in %	VaR in %	RORAC
Zinsbuch gesamt	2.269.065	181,7%	130,4%	0,9%	6,0%	0,14
Aktienbuch	98.256	7,9%	6,0%	5,1%	47,0%	0,11
Corporates	185.684	14,9%	14,1%	5,3%	3,5%	1,49
Emerging Markets	15.456	1,2%	0,5%	9,7%	15,5%	0,62
Wandelanleihen	25.658	2,1%	1,7%	4,6%	25,7%	0,18
Immobilien	20.586	1,6%	0,6%	3,5%	2,8%	1,22
Risikolos	-1.365.800	-109,4%	-53,4%	0,1%	-0,4%	-0,03
Disponierbares Vermögen (Netto)	**1.248.906**	**100,0%**	**100,0%**	**3,1%**	**7,0%**	**0,43**

Vermögensgegenstand / Portfolio	Vermögenswert	VaR	Limit	Limit-Auslastu
Strategische Assets	**1.248.906**	**87.259**	**169.000**	**51,6%**
Zinsbuch	939.911			
Spezialfond 1	180.578			
Spezialfonds 2	111.658			
Immobilienfonds	16.759			
Disponierbares Vermögen (Netto)	**1.248.906**	**87.259**	**169.000**	**51,6%**
Auslaufende Assets und Handel	**54**	**213**	**500**	**42,6%**
Auslaufende Assets	54	213		
Handelsbuch	0	195		
Beteiligungen	**104.985**	**76.358**	**90.000**	**84,8%**
Übriges nicht disponierbares Vermögen	-49.688			
Gesamtvermögen / Marktpreisrisiko	**1.304.257**	**163.830**	**259.500**	**63,1%**

Abbildung H – 42:   Wertorientierte Risiko- und Ergebnisentwicklung[1662]

Weitere relevante Informationen wie der Gesamtbankhebel[1663], die Darstellung der Vermögensstruktur über die einzelnen Assetklassen hinweg und die Risk/Return-Position[1664] im Vergleich zur Benchmark können optional der Berichterstattung hinzugefügt werden.

Des Weiteren ist ein Überblick über die Risikomessung und Performance im Zinsbuch zu geben. Hier steht vor allem der Barwert, Hebel und der VaR – immer im Vergleich zur Benchmark – im Mittelpunkt. Auch die Cash-Flow-

---

1662   Eigene Darstellung.
1663   Vgl. u. a. Kapitel E.III und F.II.
1664   Vgl. Kapitel F.II.

Struktur kann Eingang in das Reporting finden. Zudem sind die Limite für das Zinsbuch darzustellen – inkl. oberen und unterem Abweichungslimit. Weitere Aufsichtsrechtliche Anforderungen sind zu beachten und im Bericht zu berücksichtigen: Zinsrisikokoeffizient, Prüfkriterium und die verlustfreie Bewertung des Zinsbuchs[1665].

3.4. Liquiditätsrisikobericht

2084 Der Geschäftsleitung ist regelmäßig über die Liquiditätssituation des Instituts Bericht zu erstatten (BTR 3.1. – Tz. 11)[1666]. Zudem sind die Ergebnisse der Stresstests[1667] und wesentliche Änderungen des Notfallplans[1668] beizufügen. Zudem sind besondere Liquiditätsrisiken aus außerbilanziellen Geschäftskonstruktionen als gesondert zu berichten – hier geht es vor allem um außerbilanzielle Liquiditätslinien an Zweckgesellschaften.

2085 Neben der Forderung nach einer regelmäßigen Berichterstattung wird kein konkreter Turnus vorgegeben, jedoch kann es sinnvoll sein, diesen nach der Meldung der LCR auszurichten – was für einen monatlichen Report spräche. Die genaue Ausgestaltung ist dem jeweiligen Institut selbst überlassen, hängt jedoch auch von der Risikolage bzgl. der Liquiditätssituation ab.

2086 Laut einer Studie der BaFin aus dem Jahr 2008 wird in deutschen Kreditinstituten der Geschäftsleitung in der Regel mindestens einmal monatlich über die Liquiditätssituation berichtet – in Ausnahmefällen sogar monatlich oder täglich – insbesondere dann, wenn Liquiditätsengpässe auftreten. So war im Laufe der Subprime-Krise ein »*signifikanter Anstieg der Reportingfrequenz [...] zu beobachten*[1669]«.

1665 Vgl. *IDW* (2012).
1666 Die MaRisk 6.0-E fordern neu im BT 3.2 Tz.5 – analog zum Turnus der Berichterstattung der Adress- und Marktpreisrisiken – eine vierteljährliche Berichterstattung. Vgl. *BaFin* (2016.02b). Zudem werden die Anforderungen weiter konkretisiert. Neben der Berichterstattung über weitere besondere Liquiditätsrisiken werden weitere Anforderungen an die Berichterstattung insbesondere für systemrelevante Institute gestellt. Vgl hierzu Kapitel H.I.2.
1667 Vgl. Kapitel G und H.IV.
1668 Siehe hierzu u. a. *DSGV* (2014), S. 333: »*Dazu können Veränderungen der Kommunikationswege, der Verantwortlichkeiten, neue Maßnahmen zur Beeinflussung der Bilanzstruktur, Intensivierung der Beziehungen zu bestimmten Einlegern und Kontrahenten und die Veränderung der Reihenfolge zur Veräußerung von Aktiva gezählt werden.*«
1669 *BaFin* (2008.08), S. 10. In Bezug auf die Berichterstattung an das Aufsichtsorgan hat die BaFin ebenfalls in der Finanzmarktkrise eine erhöhte Meldefrequenz feststellen können.

Liquiditätsrisikosteuerung nach MaRisk – BTR 3			
Zahlungsfähigkeit	Marktliquidität	Liquiditätsübersicht - Liquiditätsablaufbilanz	Liquiditätskosten- verrechnung
BTR 3.1 Tz. 1 und 2	BTR 3.1 Tz. 4	BTR 3.1 Tz. 3	BTR 3.1 Tz. 5 und 6
Zahlungsfähigkeit jederzeit erfüllt. Frühzeitige Erkenntnis von Liquiditätsengpässen Zahlungsfähigkeits-CF • Liquiditätsengpass • Survival Period	Deckung auftretender Liquiditätsbedarf (auch bei angespanntem Marktumfeld) • Liquiditätsgrad Vermögenswerte • Zugang zu Refi-Quellen. • Liquiditätsreserven	Gegenüberstellung voraussichtliche Mittelzuflüsse und Mittelabflüsse	• Einfaches Kostenverrechnungs-system • Liquiditätstransfer-preissystem.

Risikomessung: Refinanzierungskostenrisiko	
Periodische Messung	Wertorientierte Messung

Abbildung H – 43: Überblick Anforderungen Liquiditätsrisiko[1670]

Neben den o. g. Pflichtangaben bzgl. der Berichtsinhalte wird den Instituten weitgehender Spielraum zugestanden. Wichtige Anhaltspunkte sind jedoch die sich aus den allgemeinen Anforderungen (BTR 3.1 Tz. 1 bis 6) ergebenden Mindestanforderungen an die Liquiditätsrisikosteuerung. Es wird zwar an dieser Stelle nicht explizit auf die Berichterstattung abgestellt, jedoch ergibt sich aus den inhaltlichen Anforderungen ein impliziter Reportingbedarf, wie Abbildung H – 43 verdeutlicht.

3.4.1. Risikomessung

An diese Stelle könnten die periodischen (z. B. Refinanzierungskostenrisiko) und wertorientierten Risiken und deren Limite aufgeführt werden, die in die Risikotragfähigkeit Eingang finden. Als relevante Risikotoleranzen sind die der Aufsicht zu meldenden Kennzahlen Liquiditätskennzahl[1671] und LCR[1672] geeignet. Zudem kann die Survival Period erhoben und limitiert werden[1673].

1670 Eigene Darstellung basierend auf *BaFin* (2012.12b), BTR 3.1.
1671 Vgl. *LiqV* (2013). Diese wird durch die LCR abgelöst, ist aber bis Ende 2016 noch zu melden. Vgl. *BaFin* (2014.12).
1672 Vgl. *CRR* (2013).
1673 Wird auf Basis des Zahlungsfähigkeits-Cashflows ermittelt. Vgl. Kapitel F.III.

AUFBAU EINES MARISK-KONFORMEN RISIKOREPORTINGS

3.4.2. Liquiditätsrisikosteuerung

2089 Die Sicherstellung der jederzeitigen Erfüllung der Zahlungsverpflichtungen (Zahlungsfähigkeit) kann auf eine anschauliche Weise mithilfe einer grafischen Veranschaulichung des Zahlungsfähigkeits-Cashflows und der Liquidität – aufgeteilt nach Laufzeitbändern – dargestellt werden.

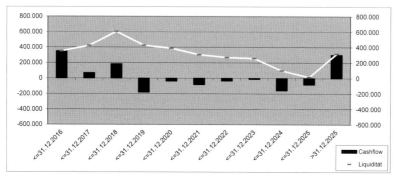

Abbildung H – 44: Zahlungsfähigkeitssicht im Liquiditätsrisiko[1674]

2090 Die Marktliquidität nach BTR 3.1 Tz.4 kann anhand von Darstellungen der liquidierbaren Assets und Verfügbarkeit möglicher **Refinanzierungsquellen** anschaulich dargestellt werden – aufgeschlüsselt nach Verfügbarkeit und Kosten.

2091 Eine anschauliche Darstellung zur Liquiditätsübersicht (BTR 3.1 Tz. 3) kann wie in Abbildung H – 44 mithilfe einer Liquiditätsablaufbilanz[1675] umgesetzt werden. Die Darstellung der Liquiditätsablaufbilanz kann zur Aufdeckung von etwaigen Liquiditätslücken dienen und nach Art der Positionen und Laufzeit aufzuschlüsseln: z. B. Kunden-/Eigengeschäft, Bilanzseite aktiv/passiv und gedeckt/ungedeckt.

2092 In Abhängigkeit der Komplexität der im Institut auftretenden Geschäftsaktivitäten und den entsprechenden (Liquiditäts-)Risiken fordern die MaRisk in BTR 3.1. Tz. 5 entweder ein einfaches Kostenverrechnungssystem (bei kleinteiligem Kundengeschäft) oder in Tz. 6 ein Liquiditätstransferpreissystem zur verursachungsgerechten internen Verrechnung der Liquiditätskosten, – nutzen und –risiken. Eine Darstellung dieses Systems ist demzufolge auch in die Berichterstattung aufzunehmen. Ein Musterbeispiel zeigt Abbildung H – 45.

[1674] Eigene Darstellung, Angaben in Teuro.
[1675] Liquiditätswasserfall bzw. Liquiditätsablauffächer. Vgl. Kapitel F.III.

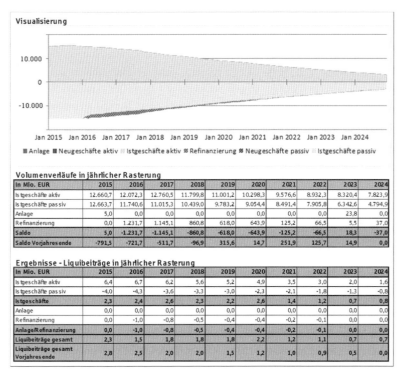

Abbildung H – 45: Liquiditätskostenverrechnungssystem[1676]

3.5. Bericht Operationelle Risiken

Der Geschäftsleitung ist mindestens jährlich über bedeutende Schadensfälle und wesentliche operationelle Risiken zu berichten. Der Bericht soll folgende Informationen beinhalten[1677]:

- Art, Ursachen, Ausmaß des Schadens bzw. des Risikos.
- Schon getroffene Gegenmaßnahmen.
- Mögliche, zukünftige Gegensteuerungsmaßnahmen (Versicherungen, Ersatzverfahren, Neuausrichtung Geschäftsaktivitäten, Katastrophenschutzmaßnahmen).
- Überwachung der Umsetzung.

1676 Eigene Darstellung.
1677 Vgl. BaFin (2012.12b), BTR 4.

2094 Die Geschäftsleitung ist möglichst umfassend über die Risikolage der operationellen Risiken zu informieren. Dies beinhaltet eine Berichterstattung von in der Vergangenheit getroffener und zukünftiger Gegensteuerungsmaßnahmen, da die MaRisk in BTR 4 – Tz. 5 fordern, künftige Maßnahmen zur Beseitigung der Ursachen des jeweiligen Schadens auf Basis der aktuellen Berichterstattung zu treffen. Es sind Vorschläge über diese im Bericht zu machen[1678].

3.5.1. Risikomessung

2095 Im Rahmen der Einbindung in die Risikotragfähigkeit ist über die zu limitierenden Risiken zu berichten. Hier geht es – wie in Kap. IV 3. ff dargestellt – in der periodischen und wertorientierten Sicht um die erwarteten und unerwarteten Verluste. Als zusätzliche Risikotoleranz kann z. B. das Bruttoschadensvolumen herangezogen werden.

3.5.2. Berichterstattung über relevante operationelle Risiken

2096 Die Berichterstattung über die operationellen Risiken hat eine sehr starke Prozess- und Steuerungsorientierung. Wie in den MaRisk gefordert, ist darauf zu achten, dass neben der Information des Vorstands über die Schadensfälle auch Vorschläge und Strategien zur Behebung der Risiken in den Bericht zu integrieren sind. Im ersten Schritt ist über die im Berichtszeitraum eingetretenen Schadensfälle zu berichten.

2097 Hier bietet sich eine Unterscheidung nach Ursachen und Prozessen an, wie Abbildung H – 46 veranschaulicht. Eine Aufstellung der Schadensfälle zum letzten Berichtstermin zu Vergleichszwecken und eine Darstellung der Entwicklung über einen längeren vergangenen Zeitraum kann sinnvollerweise beigefügt werden.

[1678] In den MaRisk 6.0-E verkürzt die Aufsicht den Berichtsturnus analog zu den anderen Risikoarten ebenfalls auf vierteljährlich. Inhaltlich sind keine Änderungen geplant. Vgl. *BaFin* (2016.02b), BT 3.2, Tz. 6.

BRAND

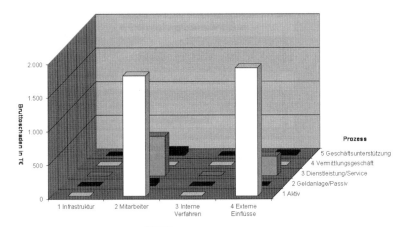

Bruttoschaden in T€; Fälle >=1.000 €	Kategorisierung nach Funktionen ("In welchem Prozess ist der Schaden aufgetreten?")					Summe
	1 Aktivprozesse	2 Geldanlage-/ Passivprozesse	3 Dienstleistungs-/ Serviceprozesse	4 Prozess Vermittlungsgeschäft	5 Geschäftsunterstützungsprozesse	
1 Infrastruktur	0,0	0,0	0,0	0,0	0,0	0,0
1.1 IT-Funktionalität	0,0	0,0	0,0	0,0	0,0	0,0
1.2 IT-Performance / IT-ausfall	0,0	0,0	0,0	0,0	0,0	0,0
1.3 IT-Sicherheit	0,0	0,0	0,0	0,0	0,0	0,0
1.4 Haustechnik	0,0	0,0	0,0	0,0	0,0	0,0
2 Mitarbeiter	1.787,0	56,0	589,6	2,6	78,9	2.514,1
2.1 Fähigkeit / Verfügbarkeit	56,0	0,0	0,0	0,0	76,0	132,0
2.2 Unautorisierte Handlungen	2,5	56,0	0,0	0,0	0,0	58,5
2.3 Bearbeitungsfehler	158,7	0,0	589,6	2,6	2,9	753,8
2.4 Unsachgemäße Beratung	1.569,8	0,0	0,0	0,0	0,0	1.569,8
3 Interne Verfahren	2,4	0,8	2,9	0,0	0,1	6,2
3.1 Aufbau- und Ablauforganisation	0,9	0,8	2,9	0,0	0,1	4,7
3.2 Information und Kommunikation	0,0	0,0	0,0	0,0	0,0	0,0
3.3 Projekte	1,5	0,0	0,0	0,0	0,0	1,5
3.4 Verträge	0,0	0,0	0,0	0,0	0,0	0,0
4 Externe Einflüsse	1.905,2	0,0	289,6	0,0	26,9	2.221,7
4.1 Naturgewalten/Unfälle	0,0	0,0	0,0	0,0	26,9	26,9
4.2 Kriminelle Handlungen	1.900,6	0,0	0,0	0,0	0,0	1.900,6
4.3 Outsourcing	0,0	0,0	289,6	0,0	0,0	289,6
4.4 Gesetze/Rechtsprechung	4,6	0,0	0,0	0,0	0,0	4,6
Summe	3.694,6	56,8	882,1	2,6	105,9	4.741,9
Nettoschaden in T€						4.168,8

Abbildung H – 46:   Eingetretene Schadensfälle Berichtszeitraum[1679]

Je nach Vorgehensweise zur Ermittlung des unerwarteten Verlusts können dementsprechende, weitere Informationen angegeben werden. Wenn dieser auf Basis einer Szenarioanalyse geschätzt wird, sind die zugrunde liegenden Szenarien und die entsprechenden Verlustpotenziale (pro Szenario) als jährliches (Gesamt-)Verlustpotenzial zu berichten und zu erläutern.

Bei besonderen wesentlichen Schadensfällen sind die schon getroffenen Gegenmaßnahmen zu dokumentieren und zukünftige Maßnahmen vorzuschlagen.

1679 Eigene Darstellung.

4. Berichterstattung an das Aufsichtsorgan

2100 Das Aufsichtsorgan ist nach AT 4.3.2 Tz.6 vierteljährlich schriftlich von der Geschäftsleitung über die Risikosituation »in angemessener Weise« schriftlich zu unterrichten. Auch sind unter Risikogesichtspunkten wesentliche Informationen ad-hoc zu melden[1680]. Weitere konkretere Vorgaben bezüglich einer Berichterstattung bestehen nicht[1681].

2101 Aus Gründen der Übersichtlichkeit und Komplexität/Umfang ist es unter Umständen sinnvoll für das Aufsichtsorgan eine Kurzfassung – d. h. eine Art Management Summary des Risikoberichtes zu erstellen, der die wichtigsten Punkte und Informationen zur Risikolage und vollständig die wesentlichen Risiken enthält, damit eine Informationsgleichheit zwischen Geschäftsleitung und Aufsichtsorgan sichergestellt ist[1682].

1680 Vgl. Kapitel H.III.2.
1681 In den MaRisk 6.0-E sind die Anforderungen an eine Berichterstattung im neuen BT 3.1 Tz. 5 zusammengefasst. Inhaltliche Änderungen ergeben sich nicht. Vgl. *BaFin* (2016.02b), BT 3.1, Tz. 5.
1682 Vgl. *DSGV* (2014), S. 225 ff.

IV. Reporting von Stresstests[1683]

1. Einleitende Worte zur Bedeutung und Reporting von Stresstests

Die Zunahme der regulatorischen Anforderungen und die wiederkehrenden Marktunruhen verleiten die Institute dazu, dass sie ihre Verfahren zur Beurteilung der wesentlichen Risiken ständig weiterentwickeln. Bei vielen Instituten hat sich der Value-at-Risk-Ansatz[1684] als Standard zur Risikomessung durchgesetzt, der vor allem bei der Bestimmung des erforderlichen Eigenkapitals und der internen Kapitalallokation Verwendung findet.[1685] 2102

Eine isolierte Risikobeurteilung auf Grundlage einer solchen Kennzahl ist jedoch aus verschiedenen Gründen problematisch. Die bereits in der Praxis angewendeten Value-at-Risk Ansätze sind in ihrer Grundausrichtung nicht dazu geeignet, Verlustgefahren aus extremen Marktsituationen[1686] adäquat abzubilden. Weiterhin sei angemerkt, dass die Messung des Risikos an einem Pool von historischen Daten, der lediglich in die Zukunft fortgeschrieben wird, erfolgt. Im Hinblick auf die Risikobetrachtung kann somit festgestellt werden, dass bisher nicht beobachtbare Ereignisse praktisch ausgeschlossen werden. Ein weiterer Kritikpunkt an dem Value-at-Risk-Ansatz bezieht sich auf die Abbildung nichtlinearer Positionen und die systematische Unterschätzung der Korrelation in Krisenzeiten.[1687] 2103

Somit ist die Verlässlichkeit statistischer Modelle für Aussagen über die Zukunft grundsätzlich eingeschränkt, was allerdings in Zeiten dynamischer Veränderungen umso mehr bedeutender ist[1688]. Mit Hilfe einer ergänzenden qualitativen Analyse kann die Verlässlichkeit statistischer Modelle erhöht werden. Eine Möglichkeit hierzu besteht in der Anwendung von Stresstests. Der Einsatz von Stresstests bietet die Möglichkeit, vom gewohnten Modell- oder Analyserahmen abzuweichen und daraus abgeleitete Risikobeurteilungen kritisch zu hinterfragen. Stresstests werden dann besonders bedeutend, wenn aufgrund der Datenlage gewisse Risiken nur eingeschränkt erfasst werden können und auch extreme Marktentwicklungen simuliert werden sollen.[1689] 2104

1683 Autor: **Gennadij Seel**. Die Ausführungen geben neben den aufsichtsrechtlichen Standardanforderungen auch die persönliche Auffassung des Autors wieder. Zudem erfolgte eine Integration von aktuellen Prüfungsfeststellungen.
1684 Eine praxisnahe Darstellung des Value at Risks findet sich in *Hull* (2015), S. 255 ff. wieder.
1685 Vgl. *Hannemann/Schneider* (2011), S 244.
1686 Solche extreme Marksituationen werden in der Praxis auch als »Fat Tails« bezeichnet.
1687 Vgl. *Hannemann/Schneider* (2011), S 244.
1688 Vgl. *Deutsche Bundesbank* (2009.09), S. 78.
1689 Vgl. *Deutsche Bundesbank* (2007a), S. 102.

Durch szenariobasierte Stresstests kann überprüft werden, ob ein Institut bei bestimmten negativen Marktentwicklungen noch genügend Risikodeckungsmasse aufweist[1690]. Stresstests stellen somit ein wichtiges (qualitatives) Instrument dar, um die erwähnten Schwachstellen der statistisch basierten (quantitativen) Risikomessverfahren zu kompensieren[1691]. Die Ergebnisse der Stresstests lassen sich in transparenter Weise kommunizieren und müssen in einem MaRisk-konformen Reporting berücksichtigt werden.

2105 Die folgenden Ausführungen zeigen die aufsichtsrechtlichen Anforderungen auf und geben ein Beispiel für ein Musterreporting.

2. Aufsichtsrechtliche Anforderungen

2.1. Anforderungen der MaRisk 6.0-E

2106 Wie bereits in Kapitel H.I. dargestellt, werden die Anforderungen an das Reporting mit der MaRisk 6.0-E neu strukturiert[1692]. In dem Entwurf der MaRisk in der Fassung vom 18.02.2016 werden die Anforderungen an die Risikoberichterstattung nun in einem eigenständigen besonderen Teil geregelt[1693].

2107 Gemäß den aufsichtsrechtlichen Anforderungen gliedert sich das Berichtswesen in einer gewissen Hierarchie. Nach BT 3.1 stehen an der Spitze die allgemeinen Anforderungen an die Risikoberichte.[1694] Hierzu zählt auch die Berichterstattung über die Ergebnisse der Stresstests und deren potenzielle Auswirkungen auf die Gesamtrisikosituation und das Risikodeckungspotenzial. In diesem Zusammenhang werden die Anforderungen an die Berichte der Risikocontrolling-Funktion in BT 3.2 geregelt. BT 3.3 widmet sich ausschließlich den Anforderungen an die Berichte der Compliance-Funktion. Die Anforderungen an die Berichte aus den Markt- und Handelsbereichen sind in BT 3.4 verankert. In BT 3.5 wird gefordert, dass das zentrale Auslagerungsmanagement mindestens jährlich einen Bericht über die wesentlichen Auslagerungen zu erstellen und der Geschäftsleitung zur Verfügung zu stellen hat.

2108 In den Regelungen der MaRisk sind die grundlegenden Mindestanforderungen an die Inhalte und den Empfängerkreis der Ergebnisse der Stresstests sowie der Risikotragfähigkeitsbetrachtungen enthalten. Die Geschäftsleitung hat sich nach BT 3.1 Tz. 1 ff in angemessenen Abständen über die Risikosituation und

---

1690 Vgl. *Deutsche Bundesbank* (2007b), S. 71 f.
1691 Vgl. *Reitz* (2006), S. 572.
1692 Vgl. Kapitel H.I.
1693 Vgl. *BaFin* (2016.02b), S. 74.
1694 Vgl. *BaFin* (2016.02b), S. 74.

die Ergebnisse der Stresstest berichten zu lassen. Die Risikoberichterstattung ist in nachvollziehbarer, aussagefähiger Art und Weise zu erstellen. Eine reine Darstellung der Risikosituation reicht allerdings nicht aus. Es wird eine kritische Beurteilung verlangt.[1695] Insbesondere sind die Ergebnisse der Stresstests und ihre potenziellen Auswirkungen auf die Risikosituation und die Risikodeckungspotentiale abzubilden. Stresstests basieren auf zahlreichen plausiblen Annahmen. Auch diese sind ein zentraler Bestandteil der Berichterstattung. In die Risikoberichterstattung sind bei Bedarf auch Handlungsvorschläge, z. B. zur Risikoreduzierung, aufzunehmen.[1696] Dies verdeutlicht, dass es der BaFin von großer Bedeutung ist, im Berichtswesen steuerungsrelevante Informationen hervorzuheben. Dies entspricht den betriebswirtschaftlichen Anforderungen an ein Berichtswesen, wonach das Berichtswesen klar dazu beitragen sollte, Handlungsempfehlungen hervorzuheben und damit ein schnelles und effizientes Handeln zu befähigen.

2.2. Eckpfeiler der Stresstestreports

Im Folgenden geht es darum, ein MaRisk-konformes Reporting näher zu betrachten. Gemäß MaRisk AT 4.3.2 ist das nachfolgend dargestellte Vorgehen einzuhalten:

2109

Angemessene Abstände der nachvollziehbaren und aussagefähigen Berichte an die Geschäftsleitung	Darstellung der wesentlichen Annahmen
Berichterstattung Stresstests nach MaRisk AT 4.3.2 Satz 7	
Bei Bedarf Handlungsvorschläge aufnehmen	Ergebnisse und potentielle Auswirkung auf Risikosituation und Risikodeckungspotentiale

Abbildung H – 47: *Vereinfachte Darstellung des AT 4.3.2 Tz. 7*[1697]

1695 Vgl. *BaFin* (2016.02b), S. 74.
1696 Vgl. *Held/Stottmeyer* (2012), S. 299.
1697 Eigene Darstellung in Anlehnung an: *Held/Stottmeyer* (2012), S. 297.

AUFBAU EINES MARISK-KONFORMEN RISIKOREPORTINGS

2110 Aus den MaRisk geht zwar deutlich hervor, dass grundsätzlich die Möglichkeit besteht, Stresstests über ein gesondertes Reporting an die Geschäftsleitung zu berichten, die Ergebnisse sind jedoch auf jeden Fall auf die Risikotragfähigkeit nach im Vorfeld erfolgter Abbildung zu beziehen. Dabei lassen sich univariate und multivariate Szenarioanalysen noch sehr gut in einzelne Risikobetrachtungen integrieren[1698]. Die Integration von Metaszenarien ist jedoch nur im Rahmen der Berichterstattung zur Risikotragfähigkeit sinnvoll[1699].

2111 In den nachfolgenden Abschnitten werden neben den aufsichtsrechtlichen auch die betriebswirtschaftlichen Anforderungen an die Berichterstattung von Stresstestergebnissen detailliert dargestellt.

3. Aufbau eines MaRisk-konformen Stresstestreportings

3.1. Generelle Hinweise zur Erstellung des Reportings

2112 Idealerweise sollte sich dabei das Berichtswesen an der bankspezifischen Risikotragfähigkeitskonzeption orientieren. Demnach werden die Ergebnisse aller relevanten Risiken im Kontext der Risikotragfähigkeitskonzeption der Bank zusammengeführt. Zu beachten ist, dass neben einer reinen Darstellung der Risiken und der Risikotragfähigkeit auch eine Beurteilung der Risikosituation zu erfolgen hat[1700][1701] sowie bei Bedarf auch Handlungsalternativen, z. B. zu Risikominimierung, zu berücksichtigen sind.[1702]

2113 Die Darstellungsmethoden können vielfältig sein und müssen nicht ausschließlich verbaler Natur sein. Sie können vielmehr durch Visualisierungen z. B. Ampel- oder Tachosystem ergänzt werden. Das Ziel sollte allerdings sein, dass dem Berichtsempfänger deutlich wird, wie der Stand der Risikosituation zu beurteilen ist. Vor dem Hintergrund eines effizienten und empfängergerechten Berichtswesen sollten, sofern möglich, visuelle Beurteilungsinstrumente zur Unterstützung integriert werden. Für visuelle Beurteilungsinstrumente sind im Vorfeld klare Parameter[1703] zu bestimmen. Diese stellen zugleich ein deutliches Maß an Verbindlichkeit und Einheitlichkeit der Beur-

---

[1698] Für eine Definition von univariaten und multivariaten Stresstests vgl. *Walter* (2012a), S. 10 ff. Vgl. hierzu auch *Reuse/Svoboda* (2010), S. 66.
[1699] Vgl. *Held/Stottmeyer* (2012), S. 298.
[1700] Hierbei wird empfohlen, dass zu den einzelnen Ergebnissen unterschiedlicher Risikoarten eine ausführliche Beurteilung erfolgt.
[1701] Die gehäufte Anzahl an Feststellungen aus den Sonderprüfungen hat in der Praxis gezeigt, dass eine ausführliche Beurteilung der Risikosituation in den meisten Risikoberichten fehlt.
[1702] Vgl. *Held/Stottmeyer* (2012), S. 301.
[1703] Hierzu gehört insbesondere die Festlegung der individuellen Schwellenwerte, z. B. wann eine Ampel Gelb bzw. Rot oder Grün wird.

teilung der Risikosituation dar. Durch eine entsprechende verbale Ergänzung kann die Aussagekraft des Berichtswesens deutlich gestärkt werden.

Die Notwendigkeit der Darstellung von Handlungsvorschlägen ist in aller Regel von dem jeweiligen Handlungsbedarf abhängig. Dieser ergibt sich immer dann, wenn Risiken definierte Grenzen überschritten haben. Hierbei kommt es stark auf die jeweilige Risikoneigung und den vorhandenen Risikopuffern an. Je nach Ausstattungsmerkmalen kann es sinnvoll sein, bereits rechtzeitig vor dem Überschreiten von Limiten Handlungsempfehlungen auszusprechen. In umgekehrten Fall, sprich bei einer zu geringen Auslastung der zur Verfügung gestellten Risikokapitals sollten ebenfalls rechtzeitig Handlungsempfehlungen ausgesprochen werden, da aus betriebswirtschaftlicher Sicht das zur Verfügung stehende Risikokapital möglichst optimal allokiert und genutzt werden sollte, da eine zu geringe Nutzung des Risikokapitals i.d.R eine Verminderung der Ertragslage zur Folge hat, was ebenfalls wieder Rückwirkungen auf das Risikotragfähigkeitspotenzial haben kann. 2114

Das Berichtswesen hat gemäß BT 3.1 Tz. 2 zudem die den Stresstests zugrunde liegenden wesentlichen Annahmen abzubilden.[1704] Dies erscheint vor allem dann sinnvoll zu sein, wenn die zugrunde liegenden Parameter in den Stresstests regelmäßig verändert werden. Erfolgt die Durchführung von Stresstests auf der Basis einheitlicher Risikoparameter, ist es sicherlich ausreichend, wenn diese in den organisatorischen Grundlagen[1705] der Bank entsprechend dargestellt werden.[1706] Bei Metaszenarien, die in Form von Stresstests durchgeführt werden, ist es angebracht, die einzelnen Szenarien und Parameter detaillierter zu erläutern. Hierzu eignet sich eine standardisierte Anlage in den jeweiligen Berichten oder, soweit sinnvoll, in den entsprechenden Rahmenbedingungen des Instituts. Daraus lässt sich ableiten, dass etwaige Änderungen an den Verfahren und Methoden im Risikomanagement Gegenstand des Berichtswesens sein müssen. Allerdings führen derartige Änderungen dazu, dass die Ergebnisse im Zeitablauf ggf. nicht mehr vergleichbar sind und es zu Fehlinterpretation der Ergebnisse kommen kann. Insoweit ist die Berücksichtigung etwaiger Änderungen bei den Parametern und Methoden ein nicht auszuschließender Bestandteil des Berichtswesens. 2115

1704 Vgl. *BaFin* (2016.02b), S. 74.
1705 Hierzu eignet sich insbesondere ein Risikotragfähigkeitskonzept. Ein Risikotragfähigkeitskonzept beinhaltet alle festgelegten Parameter, die im Rahmen der Risikotragfähigkeitsberechnungen verwendet werden.
1706 Vgl. *Held/Stottmeyer* (2012), S. 302.

2116 Eine bedeutende Anforderung an das allgemeine Berichtswesen und somit auch an das Berichtswesen von Stresstestergebnissen leitet sich aus den von der BaFin in den Erläuterungen zu den MaRisk gegebenen Ergänzungen zu Risikoberichterstattung ab. Hierbei wird klargestellt, dass das Berichtswesen nicht durch zu viele und ggf. unstrukturierte Inhalte und Informationen überfrachtet wird, so dass der Informationsgehalt der Risikoberichterstattung bzw. der Handlungsvorschläge nicht auf eine unsachgerechte Weise verzerrt wird.[1707] Dies sollte allerdings durch eine klare Strukturierung des Berichtswesens und durch eine prägnant auf den Punkt gebrachte Ausgestaltung verhindert werden[1708]. Zudem bietet es sich an, Visualisierungen und die Prägnante Zusammenfassung wesentlicher Informationen in einem »Management Summary« darzustellen.

3.2. Darstellung eines Musterreportings

2117 Tabelle H – 2 zeigt auszugsweise die Gliederung eines Muster-Stresstest-Reports.

[1707] Vgl. *BaFin* (2010.12c), S. 13.
[1708] Vgl. *Held/Stottmeyer* (2012), S. 302. Für ein sehr gutes Beispiel eines strukturierten Reports vgl. *Walter/Pfeifer* (2012), S. 252 ff.

Kapitel			Inhalt
1.			Das Wichtigste im Überblick
2.			Zielsetzung und Vorgehensweise
3.			Übergreifende Szenarien
	3.1.		Starker konjunktureller Einbruch
	3.2.		Hoher Wettbewerb um Kunden
4.			Stresstests sowie Konzentrationsrisikountersuchungen für die wesentlichen Risikoarten
	4.1.		Grundlagen
	4.2.		Marktpreisrisiken
		4.2.1	Zinsbuch
		4.2.1.1	Ausgangssituation
		4.2.1.2	Stresstest Marktentwicklung
		4.2.1.3	Stresstest Modelle
		4.2.1.4	Konzentrationsrisiken
		4.2.1.5	Überleitung für die Stress-Risikotragfähigkeit
		4.2.1.6	Schlussfolgerungen für die Risikotragfähigkeitsberechnung
		4.2.1.7	Schlussfolgerungen für die Risikosteuerung
		4.2.2	Weitere Marktpreisrisiken
	4.3.		Adressausfallrisiken
	4.4.		Operationelle Risiken
	4.5.		Liquiditätsrisiken
5.			Ermittlung der Stress-Risikotragfähigkeit
6.			Zusammenführung der Stresstests
7.			Ertragskonzentrationen
8.			Inverse Stresstests

Tabelle H – 2: Inhaltsverzeichnis eines Muster- Stresstest-Reports[1709]

Gegenstand des ersten Kapitels ist der Überblick über bedeutsame Engpässe bei den Stresstests, Risikokonzentrationen und der Risikotragfähigkeit. Darüber hinaus dürfen die Handlungsvorschläge nicht fehlen. Es ist also festzuhalten, dass innerhalb dieses Kapitels die wesentlichen Problemkonstellationen für jede Risikoart, die im sich anschließenden Analyseteil »Stresstests sowie Konzentrationsrisikountersuchungen für die wesentlichen Risiken«

[1709] In Anlehnung an: *Walter/Pfeifer* (2012), S. 353 ff.

behandelt werden, kompakt zusammengefasst werden. Eine derartige Zusammenfassung sollte die kritischen Aspekte hinsichtlich der Problemszenarien und den vorliegenden Konzentrationen unter Berücksichtigung der Wettbewerbslage erläutern sowie mögliche Folgen skizzieren.[1710]

2119 Das zweite Kapitel zeigt auf, mit welchen Themengebieten sich das erstellte Reporting beschäftigen und untersuchen sollte. Es sind folgende Fragestellungen zu beantworten:

- Wie wirken extreme Marktentwicklungen auf das Kreditinstitut?
- Welche Auswirkungen könnten durch Modellrisiken entstehen?
- Welche Bedeutung haben Risikokonzentrationen?
- Können extreme Risiken, die aus der heutigen Positionierung des Kreditinstitutes resultieren, ohne Verlust der Geschäftsgrundlage überstanden werden?

2120 Kapitel 3 setzt sich mit den übergreifenden Szenarien auseinander. Bei der zuvor dargestellten Mustergliederung handelt es sich um eine Verbindung von mehreren Sensitivitäts- und Szenarioanalysen, die das Ziel haben, Verlustpotenziale zu quantifizieren und entsprechend Hauptrisikotreiber die Risikofaktoren aller Risikoarten, zu identifizieren. Eine Szenarioerstellung kann durch historische, hypothetische oder ökonometrische Methoden erfolgen. Als übergreifende Szenarien können beispielsweise folgende Aspekte verwendet werden:[1711]

- Starker konjunktureller Einbruch,
- Hoher Wettbewerb um Kunden,
- Strukturelle Probleme in einer Branche/Region.

2121 Die Darstellung der Szenarien beinhaltet zwei wesentliche Faktoren. Einerseits handelt es sich um die Darstellung der Ursachen und ggf. deren direkte Folgen für die Allgemeinheit, andererseits, und dies ist der wichtigere Aspekt, um das Aufzeigen derjenigen Folgen, welche dieses Szenario für das eigene Haus hat.[1712]

2122 Im vierten Gliederungspunkt »Stresstests sowie wesentliche Konzentrationsrisikountersuchungen für die wesentlichen Risiken« sollten mindestens die in den MaRisk als wesentlich eingestuften Risikoarten enthalten sein. An dieser Stelle bietet es sich an, die komplexeren Risiken zu unterteilen. Eine mögliche

---

1710 Vgl. *Walter/Pfeifer* (2012), S. 353 f.
1711 Vgl. *Walter/Pfeifer* (2012), S. 354.
1712 Vgl. *Hannemann/Schneider* (2011), S 270 f.

Unterteilung zur Darstellung der Adressausfallrisiken kann die isolierte Betrachtung des Kundengeschäfts, des Eigengeschäfts sowie der Beteiligungen[1713] sein. Bei den Marktpreisrisiken kann z. B. zwischen Zinsbuch, Handelsgeschäften, Optionen und Immobilien unterteilt werden. Bei den jeweiligen Einzelbetrachtungen der Adressausfall- sowie der Marktpreisrisiken ist ein einheitlicher Aufbau empfehlenswert, der die folgenden Teilaspekte berücksichtigt:[1714]

- Ausgangssituation,
- Stresstests Marktentwicklung,
- Stresstests Modelle,
- Risikokonzentrationen,
- Überleitung für die Stress- Risikotragfähigkeit,
- Schlussfolgerungen für die Risikotragfähigkeitsberechnung und
- Schlussfolgerungen für die Risikosteuerung.

Innerhalb der Stresstests für Marktentwicklungen sind aus den kritischen Szenarien in der Ausgangssituation Stressszenarien zu entwickeln, die als Basis für die Stresstests Marktentwicklungen dienen. In diesem Zusammenhang sind die Auswirkungen auf die Zinsstruktur und auf die Zinsspanne entsprechend zu erläutern. Eine Darstellung der Auswirkungen der Stressszenarien auf den Zinsbuchbarwert[1715] sollte als Ergänzung ebenfalls in das Stresstestreporting aufgenommen werden.

Innerhalb des Gliederungspunktes »Stresstests Modelle« sollten z. B. die Ergebnisse aus den Margenveränderungen im Reporting aufgeführt werden, um eine entsprechende Veränderung des Zinsertrags ausweisen zu können. Diese Sensitivitätsanalysen können entsprechend auf Szenarien übertragen werden, die neben der Margenveränderung auch einen Volumensrückgang zum Gegenstand haben. Die Einflüsse auf die Zinserträge der Folgejahre sind von besonderer Bedeutung. Deshalb sollten in einer weiteren Betrachtung die großen variablen Positionen detailliert analysiert werden, die von sich stark verändernden Zinsen betroffen sind. Unter Umständen kann dies dazu führen, dass ein Beibehalten der Zinsanpassung entsprechend der Modellannahme nicht garantiert werden kann. Eine entsprechende Kombination inverser Zinsen mit der Verkürzung der gleitenden Durchschnitte und Nullmargen für

---

1713 Bei Beteiligung ist z:B. zwischen strategischen Beteiligungen sowie Beteiligungen an Immobilien zu differenzieren.
1714 Vgl. *Walter/Pfeifer* (2012), S. 354.
1715 Insbesondere auf die Barwertveränderung.

das Geldmarktkonto können zu starken Rückgängen in der Zinsspanne führen. Vor diesem Hintergrund ist auch die Darstellung solcher Entwicklungen im Reporting notwendig.

2125 Unter dem Punkt »Risikokonzentrationen« sind zentrale Aussagen z. B. über Strukturbesonderheiten zu treffen.

2126 Das Kapitel »Überleitung für die Stress-Risikotragfähigkeit« beschäftigt sich mit den Ergebnissen aus den Stresstests und Konzentrationsbetrachtungen mit definierten übergreifenden Szenarien.

2127 Die Schlussfolgerungen für die Risikotragfähigkeitsrechnung klären, ob und wie Risiken angemessen in der Risikotragfähigkeit berücksichtigt werden.

2128 Auch bei den Schlussfolgerungen für die Risikosteuerung besteht das Ziel darin, zu klären, ob und wie die Risiken angemessen berücksichtigt werden.

2129 Allerdings erfolgt diese Würdigung in Bezug auf die Steuerungsmaßnahmen. Hierbei sind folgende Fragestellungen zu beleuchten:[1716]

- Wie werden die Steuerungssysteme eingeschätzt und müssen in Bezug auf bereits ergriffene Maßnahmen Korrekturen vorgenommen werden?
- Welche Schwachstellen gibt es im aktuellen System?
- Welche Maßnahmen müssen ergriffen werden, um die Schwachstellen zu beseitigen?
- Welche Wirkung zeigen Maßnahmen, die in den Vorjahren beschlossen wurden?
- Müssen das Steuerungssystem, die Ressourcen, oder Managementverfahren verbessert oder optimiert werden?

2130 Im Rahmen des fünften Kapitels steht die Ermittlung der Stressrisikotragfähigkeit im Vordergrund. Hierbei soll die ausschlaggebende Frage beantwortet werden, ob die Bank den Eintritt extremer Risiken tragen kann. Solche extreme Risikoeintritte können z. B. aus Modellfehlern, extremen Marktbewegungen oder Risikokonzentrationen resultieren.

2131 Bei der Zusammenführung der Stresstests wird ermittelt, wie eine Auslastung dieser Stress-Deckungsmassen im Risikofall erfolgen könnte.

2132 Im siebten Kapitel ist auf die Ertragskonzentrationen einzugehen. Hierbei ist zunächst zu klären, in welchen Risiken Konzentrationen vorliegen. Hierzu ist es erforderlich, dass der Gesamtertrag zunächst in einzelne Komponenten aufgeteilt wird.

1716 Vgl. *Walter/Pfeifer* (2012), S. 355.

Der letzte Punkt des vorgestellten Muster-Stresstest-Reports setzt sich mit den inversen Stresstests auseinander. Inverse Stresstests werden von den MaRisk gefordert.[1717] Nach den MaRisk ist die Ausgestaltung und Durchführung von der Art, Umfang, Komplexität und Risikogehalt der Geschäftsaktivitäten abhängig.[1718] Ziel dieses Szenarios besteht in der Analyse von Ereignissen, die die Überlebenshäufigkeit des Instituts gefährden könnten. Entsprechend sind die Ergebnisse im Reporting darzustellen.

Der Fokus der aufsichtsrechtlichen Anforderungen liegt primär in den Ausprägungen des Risikotragfähigkeitskalküls. Allerdings muss die Aufsicht in erster Linie dafür sorgen, dass die Institute lediglich die Risiken eingehen, die sie auch tragen und managen können.[1719] Trotzdem ist das Risikotragfähigkeitskalkül immer auch untrennbar mit einer anderen betriebswirtschaftlichen Sichtweise verbunden, dem Risiko-Chancen-Kalkül. In diesem Zusammenhang stellt sich die Frage, inwieweit das eingesetzte Risikokapital bzw. das mit den Stresstests ermittelte Risiko hinsichtlich des mit dem Einsatz zu erzielenden (Mehr-) Ertrages gegenüber einer quasi risikolosen Verwendung betriebswirtschaftlich sinnvoll bzw. optimal eingesetzt wird. Eine Erweiterung der Beurteilung der Risikosituation bildet eine Darstellung der mit den Risikopositionen zu erzielenden (Mehr-) Erträge im Verhältnis zum eingegangenen Risiko und deren Entwicklung ab.[1720] Allerdings sollte keine isolierte Darstellung erfolgen. Steuerungsfördernd ist es vielmehr dann, wenn den ermittelten Kennzahlen Planwerte oder Benchmarkwerte gegenüber gestellt werden. Erst unter Berücksichtigung dieser Aspekte ist die Ist-Situation tatsächlich beurteilbar und es können Steuerungsimpulse hergeleitet werden.

4. Anforderungen an Empfängerkreis und Berichtsturnus

4.1. Empfängerkreis des Berichtswesens

Die MaRisk benennen in BT 3.1 Tz. 1 als erste Empfängergruppe für das Berichtswesen explizit die Geschäftsleitung[1721]. Die Geschäftsleitung trägt die Gesamtverantwortung für eine ordnungsgemäße Geschäftsorganisation und für das Risikomanagement. Diese Anforderung kann nur erfüllt werden, wenn

---

1717 Vgl. *BaFin* (2016.02b), S. 18.
1718 Vgl. *BaFin* (2016.02b), S. 18.
1719 Vgl. *Held/Stottmeyer* (2012), S. 303.
1720 Vgl. *Held/Stottmeyer* (2012), S. 303.
1721 Vgl. *BaFin* (2016.02b), S. 74.

sie die Risiken beurteilen und die erforderlichen Maßnahmen zu ihrer Steuerung und Begrenzung ergreifen kann.

2136 Als weiteren Berichtsempfänger definiert die MaRisk explizit das Aufsichtsorgan[1722]. Die Berichterstattung über die Risikosituation muss in angemessener Weise schriftlich erfolgen. Auch hier ist festzuhalten, dass das Aufsichtsorgan die erforderlichen Informationen benötigt um seinen Aufsichtspflichten nachzukommen.

2137 Weiterhin lässt sich die Interne Revision als zusätzliche Empfängergruppe für das Berichtswesen ableiten. Auch hier werden die entsprechenden Informationen benötigt, um die Sicherstellung der Funktionsfähigkeit der Aufgaben zu gewährleisten.

2138 Abschließend sind die Entscheidungsträger für Risikopositionen außerhalb der Geschäftsleitung in den Empfängerkreis des Berichtswesens einzubinden.

4.2. Anforderungen an den Berichtsturnus

2139 Hinsichtlich des Turnus der Berichterstattung sind neben der Generalnorm des AT 4.3.2 Tz. 3 der MaRisk insbesondere die neuen Vorschriften aus dem Entwurf der MaRisk in der Fassung vom 18.02.2016 zu beachten. Während die Generalnorm von angemessenen Abständen spricht, wird in dem neuen Entwurf insbesondere für große Institute eine zeitnahe Berichterstattung gefordert[1723].

2140 Nach dem AT 4.3.4 Tz. 5 müssen die Datenaggregationskapazitäten gewährleisten, dass sie hinreichend flexibel und leistungsfähig sind um auch in Stressphasen Ad-Hoc Informationen erstellen zu können[1724].

2141 Grundsätzlich kann jedoch weiterhin festgehalten werden, dass sich der Turnus der Berichterstattung an Struktur, Art, Umfang und Intensität der Geschäfte in Risikopositionen eines Institutes orientieren muss[1725]. Grundsätzlich reicht ein jährlicher Berichtsturnus der Stresstests aus, wenn diese durch adäquate Ad-Hoc Prozesse unterstützt werden.

1722 Vgl. *BaFin* (2010.12c), S. 14.
1723 Vgl. *BaFin* (2010.12c), S. 19.
1724 Vgl. *BaFin* (2016.02b), S. 18.
1725 Vgl. *Held/Stottmeyer* (2012), S. 311.

5. Fazit und Ausblick auf die Zukunft

Stresstest helfen, die eigenen Risikomodelle besser zu verstehen. Folglich sind sie als unterstützender/flankierender Kreis zu begrüßen, sollten aber nicht in einem reinen Datenfriedhof ausarten. Institute sollten sich auch dem Thema der inversen Stresstests[1726] nähern. Neben aufsichtsrechtlichen Anforderungen geben auch sie Einblick in die Nachhaltigkeit des Geschäftsmodells.

Stresstests gerieten schon seit einiger Zeit immer mehr in den Fokus auch der europäischen Aufsicht. Schon seit 2010 führt die europäische Aufsicht Stresstests für die Banken durch[1727]. Es ist davon auszugehen, dass im Rahmen des SREP, der zu erwartenden Säule 1+ Berechnungen sowie der immer kritischeren Diskussion um Risikomodelle Stresstests in Zukunft weiter an Bedeutung gewinnen werden.

[1726] Vgl. *Reuse/Svoboda* (2010), S. 70.
[1727] Vgl. umfassend *Reuse/Zeranski* (2010).

V. Reporting des Strategieabgleiches[1728]

1. Einleitende Worte

2144 Während die vorgenannten Kapitel I. bis IV. die aufsichtsrechtlich klar vorgegebenen Aspekte des Reportings beleuchteten, befasst sich dieses Kapitel mit dem ökonomischen Kern eines jeden Risikoreportings: dem Strategieabgleich. Letztlich ist es das Ziel eines jeden Reports, der Geschäftsleitung aufzuzeigen, ob die aufgestellten geschäfts- oder risikostrategischen Ziele erreicht werden können oder nicht. Folglich kommt dieser Art des Reportings, welches sich inhärent auch in den einzelnen Risikoarten wiederfindet, eine besondere Bedeutung zu. Da die Strategien heterogen sind, kann es an dieser Stelle kein »Standardreporting« geben. Folglich weisen auch die MaRisk 6.0-E keine diesbezüglichen Anforderungen im neuen BT 3 auf[1729].

2145 Dieses Kapitel offeriert dementsprechend keine abschließende Lösung für einen Strategieabgleich, wohl aber wird ein möglicher Weg zur Sicherstellung dieser Anforderungen aufgezeigt. Letztlich sind die Formulierungen und Strukturierungen der Strategien maßgeblich dafür verantwortlich, wie sich die Geschäftsleitung über die Zielerreichung der Strategien berichten lässt.

2. Anforderungen der MaRisk an einen Strategieabgleich

2.1. Inhaltliche Anforderungen

2146 Auch wenn die MaRisk keine explizite Vorgabe zum Inhalt einer Strategie machen, so sind doch einige Aspekte zu nennen, die einen direkten Einfluss auf ein mögliches Reporting haben[1730]. Tabelle H – 3 fasst diese zusammen und würdigt sie aus Sicht des Autors.

1728 Autor: **Svend Reuse**. Die Ausführungen geben die persönliche Auffassung des Autors wieder.
1729 Vgl. BaFin (2016.02b), BT 3, diskutiert in Kapitel H.I. und *Reuse* (2016.02b), S. 1 ff.
1730 Vgl. auch umfassend die Ausführungen von *Haug* in Kapitel C.I. bis C.IV.

AT	Inhalt	Folgen für das Reporting
4.1 (11)	Beim Kapitalplanungsprozess soll analysiert werden, wie sich Veränderungen der eigenen Geschäftstätigkeit oder der strategischen Ziele sowie Veränderungen des wirtschaftlichen Umfelds auf den Kapitalbedarf auswirken.	Falls es im Kapitalplanungsprozess zu Lücken kommt, sind diese aufzuzeigen. Letztlich kann dies nur geschehen, wenn die geschäftsstrategischen Ziele auch in den Folgejahren nicht erreicht werden. Dies ist entweder in einem separaten Kapitalplanungsprozessreporting oder im Strategieabgleich darzustellen. Hinzu kommt, dass der Kapitalplanungsprozess das Kernelement des SREP darstellt.
4.1 (11) Erl.	Bei der Kapitalplanung soll ein möglicher Kapitalbedarf frühzeitig identifiziert werden, so dass rechtzeitig geeignete Maßnahmen einzuleiten sind.	Diese Maßnahmen decken sich ggf. mit denen des AT 4.2.
4.2 (1)	Festlegung einer nachhaltigen Strategie.	Der Begriff der Nachhaltigkeit taucht ebenfalls im SREP Papier auf[1731]. Hiernach ist Nachhaltigkeit dann gegeben, wenn das Geschäftsmodell auch in den nächsten drei Jahren eine akzeptable Rendite erwirtschaftet. Dies sollte im Strategieabgleich in Kombination mit den Erkenntnissen aus dem Kapitalplanungsprozess gegeben sein.
4.2 (1)	Festlegung der Ziele des Instituts für jede wesentliche Geschäftsaktivität.	Der Strategieabgleich hat folglich für jede wesentliche Geschäftsaktivität zu erfolgen.
4.2 (1)	Auch die entsprechenden Maßnahmen sind in der Strategie aufzuführen.	Der Strategieabgleich muss folglich auch die Maßnahmen sowie deren Umsetzungsstand beinhalten.

1731 Vgl. *EBA* (2014.12), Tz. 55.

AUFBAU EINES MARISK-KONFORMEN RISIKOREPORTINGS

AT	Inhalt	Folgen für das Reporting
4.2 (1)	Bei der Erstellung der Strategie sind interne und externe Einflussfaktoren zu berücksichtigen.	Wenn diese sich wesentlich ändern, so ist dies im Reporting aufzuführen. Dies kann dann als Anlass genommen werden, die Strategien anzupassen.
4.2 (1) Erl.	Strategische Ziele sind die Eckpunkte für die operative Planung *»und müssen daher* **hinreichend konkret formuliert sein**, *um plausibel in die operative Unternehmensplanung überführt werden zu können.«*	Dieser Transformationsprozess ist einer der schwierigsten Aspekte bei der Erstellung der Strategien. Der Strategieabgleich muss folglich auch Aspekte der operativen Unternehmensplanung beinhalten. Zudem sind konkrete Zielwerte, am besten für jede Geschäftsaktivität, zu formulieren.
4.2 (1) Erl.	Es sind auch Aussagen zur zukünftig geplanten Ausgestaltung der IT-Systeme und zum Outsourcing zu treffen.	Diese beiden Aspekte finden sich in den sonstigen Anforderungen des BT 3 nicht wieder. Aussagen zu Abweichungen müssen ebenfalls in den Strategieabgleich aufgenommen werden.
4.2 (2)	Die Geschäftsleitung hat eine mit der Geschäftsstrategie konsistente Risikostrategie festzulegen.	Inkonsistenzen müssten im Strategieabgleich auch reportet werden.
4.2 (2)	Die Risikostrategie hat die Ziele der Risikosteuerung der wesentlichen Geschäftsaktivitäten sowie die dazugehörigen Maßnahmen zu umfassen.	Wesentliche Geschäftsaktivitätsziele und deren Erreichung sind zu reporten.
4.2 (2)	Der Risikoappetit des Institutes ist für jede Risikoart festzulegen.	Diese ehemals als Risikotoleranz bezeichnete Risikofreudigkeit ist ebenfalls Bestandteil des SREP-Papiers[1732]. Es bietet sich an, eine Tabelle mit den Risikotoleranzen aufzubauen. Ein Verstoß gegen den dort festgelegten Wert muss ebenfalls im Strategieabgleich dargelegt werden.

1732 Vgl. *EBA* (2014.12), Tz. 67.

AT	Inhalt	Folgen für das Reporting
4.2 (4)	Die in den Strategien dargestellten Ziele sind so zu formulieren, dass eine sinnvolle Überprüfung der Zielerreichung möglich ist. Die Ursachen für etwaige Abweichungen sind zu analysieren.	Analog AT 4.2 (1) Erl. ist der AT 4.2 (4) die zweite Stelle, an der **die hinreichende Quantifizierbarkeit der strategischen Ziele** gefordert wird. Auch die Ursachenanalyse wird explizit als Anforderung aufgeführt.
4.2 (5)	Die Erörterung der Strategien im Aufsichtsorgan muss auch die Ursachenanalyse im Falle von Zielabweichungen umfassen.	Dieser explizite Bezug zum Aufsichtsorgan zeigt, dass auch hier ein Reporting der Strategieeinhaltung zu erfolgen hat.

Tabelle H – 3: Reportingrelevante Anforderungen des AT 4.1 und 4.2 der MaRisk 6.0-E[1733]

Nur bei hinreichend klar formulierten und quantifizierbaren Strategien ist ein adäquates Reporting möglich. Strategien, die zu unkonkret sind, ermöglichen keine sinnvolle Überprüfung. Dies ist auch der Grund, wieso diese von der Aufsicht nicht als sachgerecht erachtet werden.

2.2. Reportingturnus

Inhärent schreiben die MaRisk einen mindestens jährlichen Turnus des Reportings der Strategieeinhaltung vor, da Strategien meist für einen Ein-Jahres-Horizont erstellt werden. Der BT 3 geht jedoch bei allen Reportings mindestens auf einen vierteljährlichen Rhythmus[1734], so dass empfohlen wird, im Rahmen des Quartalsreports auch einen Strategieabgleich einzuführen.

Je nach Risikolage des Instituts sind jedoch auch kürzere Turni möglich. Es bietet sich auch an, den Quartalsturnus mit einem wirksamen Ad-Hoc Reporting zu flankieren. So ist die zeitnahe Berichterstattung an Geschäftsleitung und Aufsichtsorgan sichergestellt.

1733 Eigene Darstellung in Anlehnung an *BaFin* (2016.02b), AT 4.1 und 4.2. Nicht jede wörtliche Übernahme der Formulierungen der MaRisk ist als solche gekennzeichnet worden.
1734 Vgl. *BaFin* (2016.02b), BT 3.

3. Beispiele für einen Strategieabgleich

3.1. Struktur

2150 Im ersten Schritt ist die Frage zu beantworten, ob ein separates Strategiereporting erwünscht ist oder ob die Überprüfung der Einhaltung der Strategien bei den jeweiligen Risikoarten des Quartalsberichtes erfolgt.

2151 Der Vorteil dieser dezentralen Darstellung ist, dass kein Zusatzreporting benötigt wird und dass die Würdigungen direkt bei den Risiken vorgenommen werden. Der Nachteil ist, dass nicht alle Aspekte eines Strategieabgleiches im Quartalsrisikobericht auftauchen. Zudem ist sonst nirgendwo eine aggregierte Aussage möglich, ob die Strategie eingehalten wurde oder nicht. Folglich ist aus Sicht des Autors einem zusätzlichen knappen Strategiereporting der Vorzug zu geben.

2152 Dieses könnte folgende Struktur aufweisen:

Nr.	Inhalt	Anmerkungen
1	Wesentliche Änderungen der internen und externen Einflussfaktoren	Diese sollten kurz analysiert werden und bei wesentlichen Änderungen reportet werden.
2	Abgleich der geschäftsstrategischen Ziele	Diese Aspekte können sich auch überlappen, auf jeden Fall ist eine Analyse bestehend aus: • Ziel, • Erreichung, • Maßnahme(n), • Würdigung der Strategieeinhaltung im Kontext der wesentlichen Geschäftsaktivitäten vorzunehmen.
3	Abgleich der risikostrategischen Ziele inkl. Wechselwirkung zum Risikoappetet.	
4	Strategieabweichungen resultierend aus dem Kapitalplanungsprozess	
5	Fazit zur Strategieerfüllung	Eine abschließende und umfassende Aussage zur Strategieeinhaltung aus Sicht der Risikocontrollingfunktion ist vorzunehmen.

Tabelle H – 4: Mögliche Struktur eines Strategiereportings[1735]

[1735] Eigene Darstellung.

3.2. Beispiel für das Reporting der wesentlichen Geschäftsaktivitäten

Unter der Annahme, dass es sich bei diesen um klassisches Kundengeschäft und Treasury handelt, könnte ein solches Reporting als Profitcenterrechnung bei Integration von Vollkosten und Eigenkapitalverzinsungsanspruch aufgebaut werden. Der Grund für die Aufnahme des Eigenkapitalanspruches verdeutlicht Abbildung H – 48.

2153

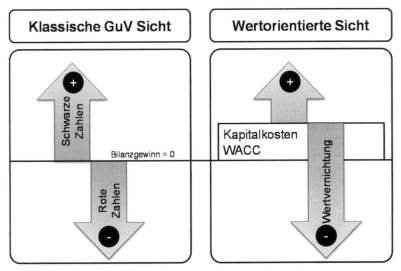

Abbildung H – 48: *Wertorientierte Betrachtung des Erfolges*[1736]

Zu erkennen ist, dass ein Gewinn kleiner 0 immer schlecht ist – ein Gewinn größer 0 muss aber im Umkehrschluss nicht zwingend gut sein. Nur wenn auch die Kapitalkosten[1737] erwirtschaftet werden, generiert die Bank Werte und ist auf lange Sicht profitabel.

2154

Wird diese Denke auf die wesentlichen Geschäftsaktivitäten übertragen, so lässt sich dies wie folgt visualisieren, wobei gleichzeitig eine SREP-konforme Spaltung des Gesamtbankergebnisses vorgenommen wird.

2155

1736 In Anlehnung an *Beck* (2003), S. 8. Vereinfachte Darstellung ohne die Integration von Steuern, Reservenbildung und sonstigen Effekten.

1737 Oft ermittelt über CAPM (Capital Asset Pricing Model) oder WACC (Weighted Average Cost of Capital). Der WACC bietet sich bei Banken nicht an, da diese mit der Passivseite Geld verdienen, vgl. *Reuse* (2007), S. 38.

AUFBAU EINES MARISK-KONFORMEN RISIKOREPORTINGS

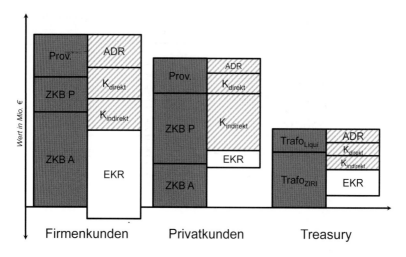

Abbildung H – 49: Reporting der wesentlichen Geschäftsaktivitäten[1738]

2156 Zu erkennen ist, dass alle Geschäftsfelder positive Ergebnisse erwirtschaften. Erst bei Integration der Eigenkapitalkosten wird jedoch deutlich, dass der Firmenkundenbereich einen negativen Wertbeitrag erwirtschaftet, da er die angesetzten Kapitalkosten nicht verdient.

2157 Auch im Hinblick auf SREP bietet es sich an, Mehrjahresziele für die Geschäftsbereiche zu definieren und diese im Rahmen der Geschäftsstrategie zu verankern. So kann ein Kapitalplanungsprozess auch Bottom Up auf Basis der einzelnen Geschäftsaktivitäten erfolgen, ein Strategiereporting ist dann einfach und transparent.

3.3. Beispiel für das Reporting der strategischen Einzelziele und Maßnahmen

2158 Unter der Annahme, dass Geschäfts- und Risikostrategie zusammen auf ihre Einhaltung reportet werden, zeigt Abbildung H – 50 eine mögliche Form der Visualisierung. Hierbei ist die Analyse des Risikoappetits direkt integriert.

1738 Eigene Darstellung. ZKB =Zinskonditionenbeitrag, Aktiv und Passiv. Prov. = Provisionen. K = Kosten. ADR = Adressrisiko. EKR = Eigenkapitalrenditeerwartungen.

Geschäftsstrategie		Umsetzung in Risikostrategie				Würdigung der Strategieeinhaltung			
Ziel	Seite	Abgeleitetes Ziel der Risikosteuerung	Maßnahmen	Zielkennzahl	Maßstab für Risikoappetit	Analyse	Vergleich zur Peer Group	Fazit	
Im Geschäftsfeld Treasury wollen wir nachhaltig stabile Erträge aus Zinsfristentrafo generieren.	1	Das Zinsänderungsrisiko soll passiv gesteuert werden, hierdurch sind nachhaltige Erträge generierabar. Dies soll mit der Benchmark 2,5 * 10J – 1,5 * 3M umgesetzt werden. Der Zinsschock ist hierbei irrelevant, wohl aber das interne Prüfkriterium.	Es sind im Laufe des Jahres Swaps zur Erreichung der Zielposition abzuschließen.	Abweichungs-limit < x%	nein	Die entsprechenden Maßnahmen wurden umgesetzt, der Ist Cash Flow liegt nahezu auf dem Soll Cash Flow, das Prüfkriterium ist eingehalten.	Wir haben ein im Vergleich zur Peer Group unterdurch-schnittliches Risiko.	:)	
				Prüfkriterium < 80%	ja				
				VaR < x Mio. €	ja				
Ausreichende Liquidität soll jederzeit sichergestellt sein.	5	Die Einhaltung der LCR ist jederzeit mit einem ausreichenden Puffer sicherzustellen.	Der Bestand an HQLA muss mindestens 500 Mio. € betragen, diese sollen zeitnah gekauft werden.	Bestand HQLA	nein	Die LCR wies untermonatig Werte < 0,95 auf, der Bestand an HQLA liegt noch immer < 500 Mio. €	Wir weisen eine im Vergleich zur Peer Group knappe LCR auf.	:(	
				LCR > 0,95	ja				

Abbildung H – 50:   Reporting der Strategieeinhaltung in Bezug auf einzelne Ziele[1739]

1739   Eigene Darstellung auf Basis fiktiver Ziele und Daten.

AUFBAU EINES MARISK-KONFORMEN RISIKOREPORTINGS

2159 Zu erkennen ist, dass jedes Teilziel messbar ist und am Ende mit einem Smiley gewürdigt wird. Hier sind auch andere Formen der Wertung möglich: Zielerreichungsgrade, Ampelfarben oder Würdigungen von +++ bis --- wären ebenfalls sinnvoll. Wichtig ist nur, dass Maßnahmen und Zielerreichungen im Hinblick auf ihren Erfolg transparent gewürdigt werden.

3.4. Beispiel für das Reporting der gesamten Strategieeinhaltung

2160 In letzter Konsequenz muss dann eine finale Würdigung des Strategieerfolges den Abschluss eines solchen Reportings folgen. Abbildung H – 51 zeigt ein solches Beispiel, welches in der Praxis noch um knappe und präzise Fazitformulierungen zu ergänzen ist.

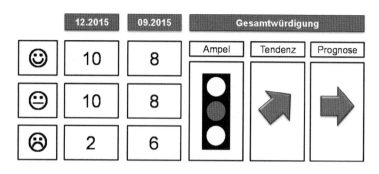

Abbildung H – 51: Reporting der Gesamtstrategieeinhaltung[1740]

2161 Der Vorteil einer solchen Darstellungsweise ist, dass diese 1:1 dem Aufsichtsorgan präsentiert werden können. Hierdurch wäre dann auch die Konsistenz zwischen dem Reporting an die Geschäftsleitung und das Aufsichtsorgan sichergestellt.

4. Fazit und Ausblick auf die Zukunft

2162 Das Thema des Strategieabgleiches ist wie bereits angedeutet der wichtigste Baustein im gesamten Reportingwerk. Nicht zuletzt durch das SREP Papier wird dies weiter an Bedeutung gewinnen. Ist die Bank in der Lage, insbesondere in den nächsten 12 Monaten aber auch in den nächsten 3 Jahren adäquate Erträge zu erwirtschaften? Es obliegt dem Strategieabgleichsreporting, genau diese Frage im Kontext der Kapitalplanung zu beantworten.

[1740] Eigene Darstellung auf Basis fiktiver Ziele und Daten.

I.

Softwarelösungen für die Risikotragfähigkeit

I. Softwarelösungen für die Risikotragfähigkeit

I. Einleitende Worte[1741]

Nicht zuletzt aufgrund der immer stärkeren Anforderungen des BCBS 239[1742], manifestiert in den neuen MaRisk[1743], wird deutlich, dass die für die Gesamtbanksteuerung wichtigen Tools nicht mehr über Excel abgedeckt werden dürfen. Vielmehr liegt der Fokus der Aufsicht auch hier auf standardisierten Lösungen zur Abbildung von Risikotragfähigkeit und Kapitalplanung.

Hierzu werden in diesem Kapitel die wohl bekanntesten Softwarelösungen zur Modellierung der Risikotragfähigkeit vorgestellt.

Im ersten Schritt wird das Tool **S-RTF** aus der Sparkassenfinanzgruppe präsentiert[1744]. Dieses Tool ist fest in die Systemlandschaft der Finanzinformatik integriert und dient den Sparkassen zur integrierten Ermittlung der Risikotragfähigkeit und der Kapitalplanung.

Im zweiten Schritt wird **SIMON**[1745] aus dem genossenschaftlichen Bereich beschrieben[1746]. Auch diese Softwarelösung ist prozessual in die OKULAR Lösung der Volks- und Raiffeisenbanken integriert.

Im dritten und letzten Schritt wird die wichtigste Lösung für den Privatbankenbereich vorgestellt[1747]: **zeb.future.grip**. Diese bankengruppenunabhängige Lösung präsentiert ebenfalls interessante Aspekte im Bereich der Risikotragfähigkeits- und Kapitalplanungsanalyse.

Erstmals gelingt es mit diesem Kapitel, einen umfassenden Überblick über die am Markt gängigen Softwarestandards zur Modellierung von Risikotragfähigkeit und Kapitalplanung zu geben.

Institute können so säulenübergreifend analysieren, welche technischen Möglichkeiten es gibt und diese ggf. als Anregung auf das eigene Rechenzentrum übertragen. Zudem geben die Screenshots Hilfestellungen, wie ein empfängergerechtes Reporting aussehen könnte[1748].

1741 Autor: **Svend Reuse**. Die Ausführungen geben die persönliche Auffassung des Autors wieder.
1742 Vgl. *Baseler Ausschuss für Bankenaufsicht* (2013.01), diskutiert in *Reuse* (2015.06).
1743 Vgl. *BaFin* (2016.02b), AT 4.3.4, diskutiert in *Reuse* (2016.02b), S. 1 ff.
1744 Vgl. Kapitel I.II.
1745 Soll-Ist-Monitoring.
1746 Vgl. Kapitel I.III.
1747 Vgl. Kapitel I.IV.
1748 Vgl. auch im Detail die Ausführungen in Kapitel H.

2170 Im Nachgang werden alle drei Lösungen im Hinblick auf ihre Leistungsstärke analysiert und einander gegenübergestellt. So kann jedes Institut die Stärken und Schwächen der eigenen Lösung besser erfassen.

2171 Zudem werden Wechselwirkungen zu angrenzenden Prozessen, wie z. B. der GuV Planung und der LCR-Planung aufgeworfen. Dies hilft dem Leser in der täglichen Praxis, seine Prozesse zu optimieren.

II. S-RTF als IT-Lösung für die Risikotragfähigkeit und Kapitalplanung in Sparkassen[1749]

1. S-RTF[1750] als IT-Instrument in der Sparkassen-Finanzgruppe

Die Risikotragfähigkeit[1751] und der Kapitalplanungsprozess[1752] führen eine Vielzahl an Informationen und Kennzahlen im Risikomanagement von Instituten zusammen. Häufig werden Daten aus verschiedensten Quellen wie z. B. der

- Bilanz (Ist, Planung und Strategie),
- GuV-Rechnungen (Ist, Planung und Strategie),
- Meldung gemäß CRR und GroMiKV[1753],
- Risikomessung,
- Limitierung,
- Kapitalallokation,
- Strategie und Planung
- Risikoinventur sowie
- Stresstestanalysen

zusammengeführt und in weiteren Rechenoperationen wie z. B. der Simulation aufsichtsrechtlicher Kennzahlen bzw. Kapitalquoten weiterverwendet und um Aspekte der Planung und des Risikomanagements ergänzt. Um Sparkassen hierbei alternativ zu Eigenentwicklungen zentral zu unterstützen wird seit einigen Jahren die Software S-RTF in der Sparkassen-Finanzgruppe entwickelt. Institute entscheiden sich für den Einsatz von S-RTF in der Regel bei Aufgabe von eigenen Excel-Lösungen.

2172

Die in S-RTF abbildbare Risikotragfähigkeit und Kapitalplanung basiert auf den in der Sparkassen-Finanzgruppe gemeinsam entwickelten Fachkonzeptionen. Auf diese Weise kann gewährleistet werden, dass die IT-Lösung und das Fachkonzept aufeinander abgestimmt sind.

2173

1749 Autor: **Jörg Friedberg**. Die Ausführungen geben die persönliche Auffassung des Autors wieder.
1750 S-RTF stellt eine Komponente der Software S-KARISMA/S-RTF dar.
1751 Auf Basis von *BaFin* (2012.12b), AT 4.1.
1752 Auf Basis von *BaFin* (2012.12b), AT 4.1, Tz. 9.
1753 Groß- und Millionenkreditverordnung.

2174 Die Software bündelt und strukturiert alle relevanten Daten aus dem Risikomanagement. Insbesondere bei Verwendung verschiedener Datenliefersysteme ist ein zentraler Ort für diesen Schritt von großem Vorteil. Granulare Daten wie z. B. Kundendaten werden dabei nicht verarbeitet[1754]. Darüber hinaus kann die Software auch als Datenlieferant für das Reportingsystem Management-Cockpit der Finanz Informatik GmbH & Co KG und das RTF-Meldewesen genutzt werden. Abbildung I – 1 verdeutlicht die Zusammenhänge.

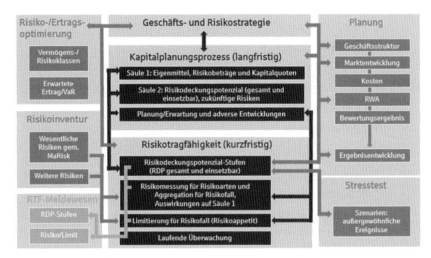

Abbildung I – 1:   *Zusammenhänge und Abhängigkeiten im Risikomanagement*[1755]

2. Unterstützung der Sparkassen in der Risikotragfähigkeit und Kapitalplanung

2175 Die MaRisk lassen bei der Erfüllung der Anforderungen an die Risikotragfähigkeit und Kapitalplanung viele Umsetzungsformen zu. Im Zentrum steht eine prozessorientierte laufende Sicherstellung der Risikotragfähigkeit gem. MaRisk AT 4.1 Tz. 1. Wesentliche Bestandteile dieses Prozesses sind:

- die Ermittlung des Risikodeckungspotenzials als Bestandsaufnahme aller in der Baseler Säule 1 und 2 ansetzbaren Kapitalkomponenten,

---

1754 Dies erfolgt in der zentral bereitgestellten IT-Lösung, deren Ergebnisse z. B. Risikogrößen darstellen.

1755 Eigene Darstellung. S-RTF deckt die Risikotragfähigkeit, die Kapitalplanung, das Reporting und das fachliche Mapping auf die Meldevordrucke im RTF-Meldewesen ab.

- die Ableitung eines einsetzbaren Anteils bei Anwendung eines Going-Concern-Ansatzes in Abhängigkeit der in den Instituten gewählten Mindestkapitaldefinition,

- die Festlegung des RTF-Limits im Sinne eines Gesamtrisikolimits (RTF-Limit)[1756],

- die Aufteilung des RTF-Limits auf einzelne Risikoarten und/oder Unterkategorien[1757] bzw. -klassen,

- die Risikoermittlung und -zusammenführung/-aggregation,

- die Abbildung der Limitauslastungen sowie,

- das Reporting gegenüber dem Vorstand und dem Kontrollorgan.

Weitere Prozessschritte, die für alle Institute relevant sind, beinhalten:

- die Meldung von Risikotragfähigkeitsinformationen gemäß FinaRisikoV (Finanz- und Risikotragfähigkeitsinformationenverordnung) an die Deutsche Bundesbank,

- die dafür erforderliche Zuordnung der einzelnen Komponenten der Risikotragfähigkeit auf die Meldevordrucke gemäß FinaRisikoV sowie

- die Erstellung einer Kapitalplanung als Ergänzung der Risikotragfähigkeit (vgl. MaRisk AT 4.1, Tz. 9), die sehr eng an die Kennzahlen der Risikotragfähigkeit angelehnt werden sollte.

S-RTF kann darüber hinaus auch als Datenquelle für das in der Sparkassen-Finanzgruppe eingesetzte Reportingsystem Management Cockpit genutzt werden.

Da die genannten Aufgaben im Risikomanagement eng miteinander verzahnt sind, können auf der einen Seite abgestimmte Prozessschritte die vorhandene Komplexität reduzieren und die jeweils relevanten Kennzahlen und Rechenoperationen transparent voneinander trennen. Auf der anderen Seite ist dabei die inhaltliche wie auch rechnerische Verzahnung der einzelnen Datenquellen und Management-Aufgaben wichtig.

1756 Das RTF-Limit stellt das Gesamtrisikolimit der Risikotragfähigkeit und damit den Risikoappetit dar. Der Risikoappetit kann über Leitplanken in S-RTF plausibilisiert werden. Diese zeigen die Limitauswirkungen auf.

1757 Die Begriffe Risikoart und Unterkategorie werden in der Regel in der periodischen/regulatorischen Risikotragfähigkeit genutzt. Demgegenüber werden Risikoklassen in der wertorientierten Risikotragfähigkeit verwendet.

SOFTWARELÖSUNGEN FÜR DIE RISIKOTRAGFÄHIGKEIT

2179 S-RTF weist aus diesem Grund eine prozessorientierte Menüstruktur auf[1758], bei der für alle Daten und Berechnungen eine gemeinsame und einheitliche Nutzung in der Risikotragfähigkeit und Kapitalplanung erfolgt.

2180 Folgende Module bzw. Funktionen können jedoch auch getrennt voneinander zur Anwendung kommen:

- Periodische/regulatorische Risikotragfähigkeit als Going-Concern-Ansatz,
- Wertorientierte Risikotragfähigkeit als Going-Concern-Ansatz[1759],
- Kapitalplanungsprozess für die Kennzahlen der Baseler Säulen 1 (CRR) und 2 (MaRisk),
- RTF-Meldewesen gemäß FinaRisikoV und
- Datenliefersystem für das Management Cockpit

2181 Abbildung I – 2 und I – 3 verdeutlichen die Workflows in S-RTF.

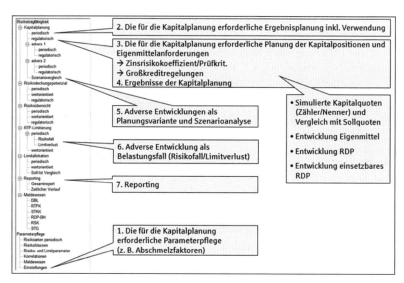

Abbildung I – 2:   Schritte in S-RTF für den Kapitalplanungsprozess[1760]

1758 Vgl. Abbildung I – 2 und I – 3.
1759 Aufgrund der freien Parametrisierung der Komponenten des Risikodeckungspotenzials und der Risikoquantifizierung ist prinzipiell auch eine Nutzung in einem Gone-Concern-Ansatz möglich.
1760 Eigene Darstellung auf Basis von S-RTF.

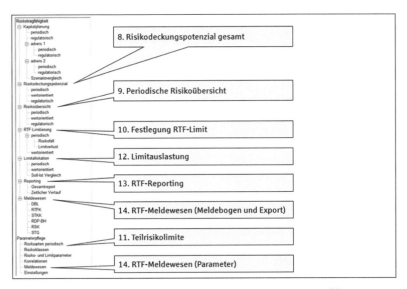

Abbildung I – 3: Schritte in S-RTF für die Risikotragfähigkeit[1761]

Auch wenn die Sicherstellung der Risikotragfähigkeit im Vordergrund der MaRisk stehen, so sehen der Menübaum von S-RTF und damit auch die Ablaufschritte gemeinsame Ermittlungsschemata für die Risikotragfähigkeit und den Kapitalplanungsprozess vor, um Doppelerfassungen und die inhaltlichen Abhängigkeiten zwischen beiden Managementaufgaben zu gewährleisten. Institute beginnen dabei mit der GuV-Planung, die in die Eigenkapital- und Eigenmittelplanung einfließt. Im Idealfall werden diese Informationen nur einmalig ermittelt. Für die periodische/regulatorische Risikotragfähigkeit bilden die Ergebnisgrößen auch die Ausgangslage für die Risikoquantifizierung. Dabei fließen erwartete Ergebnisse und Bewertungsverluste über das Planergebnis in das Risikodeckungspotenzial. Die Risikoquantifizierung zeigt die unerwarteten Belastungen und deren Wirkungen auf das Limit und Risikodeckungspotenzial.

In der Regel wird dieser Idealzustand erreicht, wenn Sparkassen den Berichtsstichtag 01.01. eines Geschäftsjahres bearbeiten. Hier beziehen sich sowohl der Risikobetrachtungshorizont der Risikotragfähigkeit wie auch die einzelnen Jahre der Kapitalplanung immer auf vollständige Geschäftsjahre. Unterjährig können bei einer rollierenden Risikotragfähigkeit die Betrachtungszeiträume auseinanderlaufen. Sparkassen erstellen hierfür bei Bedarf zwei getrennte

---

1761 Eigene Darstellung auf Basis von S-RTF.

Dateien, wobei die relevanten Kennzahlen die gleichen wie bei einer Folgejahrbetrachtung sind. Hier werden lediglich Geschäftsjahre abgebildet[1762].

2.1. Kapitalplanungsprozess

2184 Der Kapitalplanungsprozess als Ergänzung zur Risikotragfähigkeit soll die Tragfähigkeit zukünftiger Risiken sicherstellen und überwachen. Im Mittelpunkt der in S-RTF ermittelten Kennzahlen stehen die folgenden Fragen, wie Tabelle I – 1 zeigt:

Säule	Fragen
Säule 1/CRR	• Wie entwickelt sich das Jahresergebnis? • Welche Ergebnisse können/müssen thesauriert werden? • Wie entwickeln sich das Kernkapital und das aufsichtliche Gesamtkapital? • Wie entwickeln sich die Risikopositionen bzw. Eigenmittelanforderungen gem. CRR z. B. aus dem Wachstum im Kredit- und Eigengeschäft? • Wie entwickeln sich die Kapitalquoten im Vergleich zu den aufsichtsrechtlichen Sollquoten?
Säule 2/MaRisk-RTF	• Wie entwickelt sich das gesamte Risikodeckungspotenzial als Bestandaufnahme? • Wie entwickelt sich der einsetzbare Teil des Risikodeckungspotenzials in einem Going-Concern-Ansatz? • Kann ein zukünftiger externer Kapitalbedarf/Eigenmittelbedarf) oder interner Kapitalbedarf (einsetzbares Risikodeckungspotenzial) aus der notwendigen Unterlegung des Risikolimits bzw. der zukünftigen Risiken[1763] resultieren? • Welche potenziellen Maßnahmen würden helfen?

Tabelle I – 1: Zentrale Fragen in den verschiedenen Säulen[1764]

1762 Grundsätzlich kann in S-RTF sowohl eine Folgejahrbetrachtung mit maximal zwei Geschäftsjahren wie auch eine Risikotragfähigkeit mit rollierendem 12-Monatszeitraum abgebildet werden. Für diese erfolgt in 2016 jedoch eine Überarbeitung, um den Controllingprozess weiter zu unterstützen.

1763 Hierbei geht es nicht um eine mehrjährige Risikotragfähigkeit. Vielmehr müssen die in der Strategie bzw. Risikostrategie verankerten Entwicklungen in Bezug auf die damit verbundenen benötigten Eigenmittel und einsetzbaren Risikodeckungspotenziale tragfähig im Sinne eines Going-Concern-Ansatzes sein.

1764 Eigene Darstellung.

Diese Fragestellungen sind zum einen für die erwartete Entwicklung des Marktumfeldes und der angestrebten Geschäftsentwicklung und zum anderen für adverse Entwicklungen zu beantworten. Die erforderlichen Kennzahlen werden in S-RTF ermittelt. Für die adversen Entwicklungen sind drei Stufen vorgesehen:

1. Advers im Sinne einer ungünstigen Variante der Mittelfristplanung
2. Advers im Sinne eines Belastungsfalls auf Basis des Risikofalls[1765]
3. Advers im Sinne eines Belastungsfalls auf Basis eines Verlustes in Höhe des Limits

Die Belastungsfälle gehen dabei über die Mindestanforderungen hinaus und stellen zusätzliche Analysemöglichkeiten zur Identifikation von Anfälligkeiten dar.

2.1.1. Parameter in der Kapitalplanung

Die Entwicklung der Software S-RTF hatte unter anderem zum Ziel, innerhalb der Sparkassen-Finanzgruppe methodische Standards zu entwickeln. Dennoch müssen Institute entsprechend ihrer Konzepte Vorgaben in S-RTF parametrisieren. Dabei geht es um grundlegende Fragestellungen zur Form und zum Umfang der Berechnungen in der Kapitalplanung. Abbildung I – 4 verdeutlicht diese Metadatenparameter:

[1765] Zur Einordnung des Risikofalls muss zwischen dem Erwartungsfall, dem Risikofall und dem Stressfall unterschieden werden.

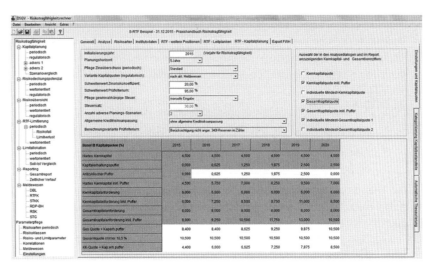

Abbildung I – 4: Parameter zur Festlegung wesentlicher Eckpunkte in der Kapitalplanung[1766]

2188 Neben dem zu betrachtenden Planungszeitraum können Institute die GuV-Struktur individuell anpassen und die Wirkungsweise der Kapitalpuffer festlegen. In der Regel werden diese als Kapitalsollquote abgebildet. Eher unüblich ist die Berücksichtigung über den Gesamtrisikobetrag. Weitere Einstellungen beziehen sich auf:

- die Schwellenwerte für den Zinsrisikokoeffizienten und das Prüfkriterium im Rahmen des Zinsänderungsrisikos sowie der etwaigen Unterlegung des Risikos mit Eigenmitteln bzw. der Berücksichtigung von Vorsorgereserven gemäß § 340f HGB,

- die Ermittlungsform bei den gewinnabhängigen Steuern,

- die zu analysierenden Szenarien in der Szenarioanalyse im Rahmen adverser Entwicklungen,

- die allgemeine Kreditrisikoanpassung[1767],

- die Auswahl relevanter Mindestkapitalquoten und

- die Annahmen in Bezug auf die Entwicklung der Sollkapitalquoten.

1766 Eigene Darstellung auf Basis von S-RTF.
1767 Die CRR sieht bei der Anrechnung von Vorsorgereserven gemäß § 340f HGB als Eigenmittel Übergangsregelungen vor.

Neben Standardeinstellungen in den genannten Parametern können auch individuelle Positionen für das gesamte Risikodeckungspotenzial angelegt und kategorisiert sowie Regeln für die Eigenmittelanrechnung und automatische Thesaurierung hinterlegt werden, wie Abbildungen I – 5 und I – 6 zeigen.

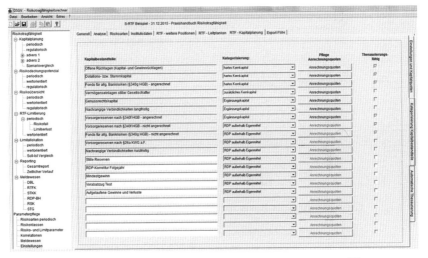

Abbildung I – 5: Individuelle Positionen im Risikodeckungspotenzial[1768]

1768 Eigene Darstellung auf Basis von S-RTF.

SOFTWARELÖSUNGEN FÜR DIE RISIKOTRAGFÄHIGKEIT

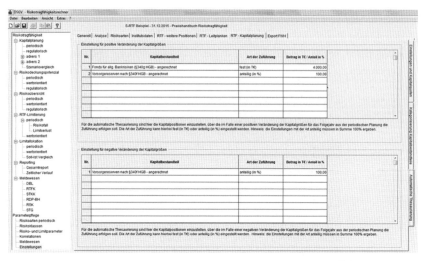

Abbildung I – 6:   Parameter für die automatische Thesaurierung[1769]

2.1.2. GuV-Planung als Basis für den Kapitalaufbau

Ein wesentlicher Teil des Aufbaus der Eigenmittel bzw. des Risikodeckungspotenzials erfolgt bei Sparkassen über die Thesaurierung der Jahresüberschüsse. Die Planwerte für die GuV-Rechnung werden in der Regel dem GuV-Planer[1770] entnommen. Deren Zuordnung auf Eigenkapitalpositionen im jeweiligen folgenden Planungsjahr erfolgt innerhalb von S-RTF durch manuelle Bestandsanpassungen oder durch die Funktion der automatischen Thesaurierung[1771].

Eine Beispiel-GuV auf Basis fiktiver Werte, so wie sie in S-RTF dargestellt wird, verdeutlicht Abbildung I – 7.

[1769] Eigene Darstellung auf Basis von S-RTF.
[1770] Software zur Planung der GuV der msgGILLARDON AG.
[1771] Lässt sich das Thesaurierungsverhalten des Instituts in einer Regel darstellen, so kann diese Funktion insbesondere für Szenarioanpassungen bzw. adverse Entwicklungen die Bearbeitung stark vereinfachen.

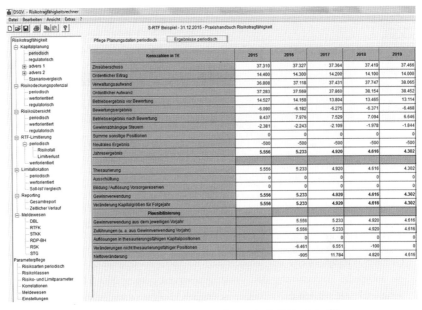

Abbildung I – 7: Zusammenfassung der GuV-Ergebnisse[1772]

2.1.3. Eigenkapital- und Eigenmittel-Planung

Die Planung der einzelnen Bestandspositionen des Eigenkapitals bzw. der Eigenmittel kann entweder sehr individuell erfolgen oder durch die Funktion der automatischen Thesaurierung vorgenommen werden. Umwidmungen oder z. B. Ausläufe von nachrangigen Verbindlichkeiten müssen ebenfalls individuell vorgenommen werden, wobei hierbei die Kommentierungsfunktion von großer Bedeutung ist. Diese Kommentare werden anschließend im Reporting gebündelt angezeigt. Damit erfüllt S-RTF eine wichtige Dokumentationspflicht.

Abbildung I – 8 veranschaulicht die Planung der Eigenmittel in S-RTF.

1772 Eigene Darstellung auf Basis von S-RTF.

SOFTWARELÖSUNGEN FÜR DIE RISIKOTRAGFÄHIGKEIT

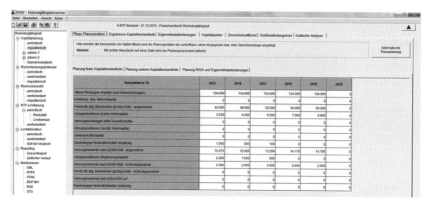

Abbildung I – 8: Eigenkapital- und Eigenmittelplanung in S-RTF[1773]

2.1.4. Weitere Unterstützungsfunktionen in der Planung

2194 Um die Wirkungsweise der allgemeinen Kreditrisikoanpassung[1774] und damit die mögliche Anrechnung der Vorsorgereserven gem. § 340 f HGB als Eigenmittel überprüfen zu können, ist in S-RTF ein vereinfachtes Verfahren implementiert. Anhand weniger Parameter kann eine maximale Anrechenbarkeit ermittelt werden. Inwieweit zukünftig Thesaurierungen in dieser Position sinnvoll sind, lässt sich aus den Berechnungen in S-RTF überprüfen. Fallen die ermittelten Anrechnungsquoten unter 100 %, so sollte die geplante Bestandsentwicklung überprüft werden.

2195 Um im weiteren Verlauf Planwerte für die verschiedenen Kapitalquoten zu ermitteln, werden in S-RTF auf aggregierter Ebene auch RWA[1775]- bzw. Gesamtrisikobeträge geplant.

2196 Auch die gewinnabhängigen Steuern können anhand eines durchschnittlichen Steuersatzes in S-RTF ermittelt werden. Damit können relativ einfach Planungswerte der GuV-Rechnung aus dem Ertrags- und Aufwandsbereich variiert werden, ohne dass in den einzelnen Szenarien separat Steuereffekte ermittelt werden müssen.

2197 Abbildung I – 9 visualisiert das vereinfachte Schema der allgemeinen Kreditrisikoanpassung.

1773 Eigene Darstellung auf Basis von S-RTF.
1774 Hierbei handelt es sich um Übergangsregelungen aus Basel III.
1775 Risikogewichtete Aktiva.

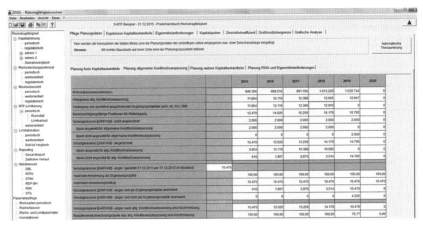

Abbildung I – 9: Vereinfachtes Schema der allgemeinen Kreditrisikoanpassung[1776]

2.1.5. Ergebnisse aus der Kapitalplanung

Nachdem die GuV-Planungsdaten in S-RTF unter Berücksichtigung pauschal ermittelter Steueraufwendungen für die Ergebnisdarstellung sowie deren Verwendung hinterlegt sind, können sowohl die anrechenbaren Eigenmittel sowie unter Beachtung der Gesamtrisikobeträge die geplanten Kapitalquoten ermittelt werden. Diese sind in Abhängigkeit des zu prüfenden Szenarios mit den Sollwerten gemäß den Übergangsreglungen nach Basel III zu vergleichen.

Dabei spielen die Quoten für das harte Kernkapital, das Kernkapital und das Gesamtkapital gleichermaßen eine wichtige Rolle. Da sich der Planungszeitraum über einen längeren Zeitraum erstreckt, wird die harte Kernkapitalquote in Anlehnung an die Zielsetzung von Basel III an Bedeutung gewinnen.

Wie diese Quoten in S-RTF dargestellt werden, zeigt Abbildung I – 10.

2198

2199

2200

[1776] Eigene Darstellung auf Basis von S-RTF.

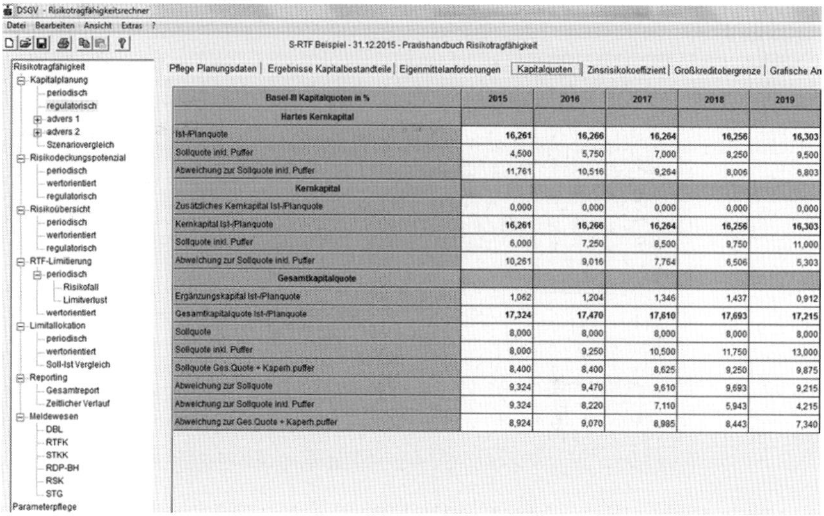

SOFTWARELÖSUNGEN FÜR DIE RISIKOTRAGFÄHIGKEIT

Abbildung I – 10:   Entwicklung der Kapitalquoten als Soll-Plan-Vergleich[1777]

2201 Sollten in der Darstellung der erwarteten Entwicklung die Soll-Kapitalquoten nicht erfüllt werden, ist eine Anpassung der Planung zu prüfen. Dafür können die granularen Daten aus dem Liefersystem GuV-Planer verwendet werden, die wiederum in S-RTF aufzunehmen sind.

2202 Um eine erste Indikation für das erforderliche zukünftige Planergebnis zu erhalten, dient S-RTF auch als einfaches Szenarioinstrument, in dem grobe Planungsannahmen variiert und gleichzeitig die Auswirkungen auf die Kapitalentwicklung und damit auf die Kapitalquoten geschätzt werden können. Es ist insofern relativ einfach, die benötigte Ergebnisentwicklung zur Erfüllung der Kapitalanforderungen der CRR (Baseler Säule 1) und der Risikotragfähigkeit (Baseler Säule 2) zu ermitteln. Diese Vorgaben müssen anschließend wiederum in eine detaillierte Ergebnisplanung eingehen.

2203 Um neben den zentralen Kennzahlen der Baseler Säule 1 auch die Entwicklungen der Säule 2 zu bewerten, kann mittels S-RTF und der ermittelten benötigten Eigenmittel auch das gesamte sowie das einsetzbare Risikodeckungspotenzial ermittelt werden[1778], wie Abbildung I – 11 zeigt.

1777 Eigene Darstellung auf Basis von S-RTF.
1778 Vgl. *Friedberg* (2013).

814

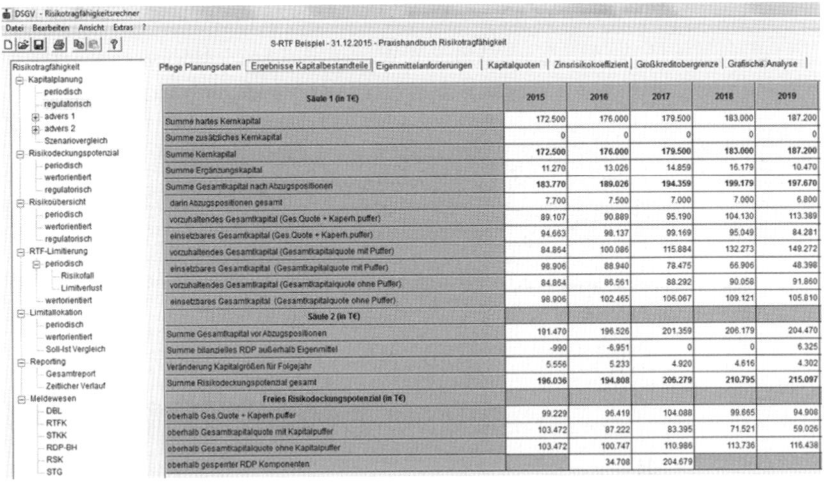

Säule 1 (in T€)	2015	2016	2017	2018	2019
Summe hartes Kernkapital	172.500	176.000	179.500	183.000	187.200
Summe zusätzliches Kernkapital	0	0	0	0	0
Summe Kernkapital	**172.500**	**176.000**	**179.500**	**183.000**	**187.200**
Summe Ergänzungskapital	11.270	13.026	14.859	16.179	10.470
Summe Gesamtkapital nach Abzugspositionen	**183.770**	**189.026**	**194.359**	**199.179**	**197.670**
darin Abzugspositionen gesamt	7.700	7.500	7.000	7.000	6.800
vorzuhaltendes Gesamtkapital (Ges.Quote + Kaperh.puffer)	89.107	90.889	95.190	104.130	113.389
einsetzbares Gesamtkapital (Ges.Quote + Kaperh.puffer)	94.663	98.137	99.169	95.049	84.281
vorzuhaltendes Gesamtkapital (Gesamtkapitalquote mit Puffer)	84.864	100.086	115.884	132.273	149.272
einsetzbares Gesamtkapital (Gesamtkapitalquote mit Puffer)	98.906	88.940	78.475	66.906	48.398
vorzuhaltendes Gesamtkapital (Gesamtkapitalquote ohne Puffer)	84.864	86.561	88.292	90.058	91.860
einsetzbares Gesamtkapital (Gesamtkapitalquote ohne Puffer)	98.906	102.465	106.067	109.121	105.810
Säule 2 (in T€)					
Summe Gesamtkapital vor Abzugspositionen	191.470	196.526	201.359	206.179	204.470
Summe bilanzielles RDP außerhalb Eigenmittel	-990	-6.951	0	0	6.325
Veränderung Kapitalgrößen für Folgejahr	5.556	5.233	4.920	4.616	4.302
Summe Risikodeckungspotenzial gesamt	**196.036**	**194.808**	**206.279**	**210.795**	**215.097**
Freies Risikodeckungspotenzial (in T€)					
oberhalb Ges.Quote + Kaperh.puffer	99.229	96.419	104.088	99.665	94.908
oberhalb Gesamtkapitalquote mit Kapitalpuffer	103.472	87.222	83.395	71.521	59.026
oberhalb Gesamtkapitalquote ohne Kapitalpuffer	103.472	100.747	110.986	113.736	116.438
oberhalb gesperrter RDP Komponenten		34.708	204.679		

Abbildung I – 11: *Entwicklung der einzelnen Stufen des Risikodeckungspotenzials*[1779]

2.1.6. Berücksichtigung möglicher Wechselwirkungen zwischen Kapitalplanung und Zinsänderungsrisiken

Für die Szenarien der Kapitalplanung können in S-RTF potenziell zusätzliche Eigenmittelanforderungen aus dem Zinsänderungsrisiko überwacht werden. Hierfür wird der Zinsrisikokoeffizient sowie das aufsichtliche Prüfkriterium in Verbindung mit den weiteren Gesamtrisikopositionen ermittelt, für die bereits in S-RTF Planwerte vorliegen. Eine dynamische langjährige Ermittlung der Veränderungen des Zinsbuchbarwertes erfolgt nicht. Ziel ist die Abbildung eines fachlich einfachen Rechenschemas[1780]. 2204

Sollte die zukünftige Entwicklung der Eigenmittel und der Gesamtrisikopositionen keinen ausreichenden Spielraum für das zukünftige Zinsänderungsrisiko aufweisen, so kann indikativ eine potenzielle Anpassung der Planung durch interative Veränderungen der Planungsannahmen in S-RTF in Angriff genommen werden. Hierzu gehört beispielsweise die Anpassung der Wachstumsannahmen im Kreditgeschäft bzw. der RWA-Entwicklung. Alternativ kann auch ein maximaler Veränderungswert für den Zinsbuchbarwert im Planungszeitraum abgeleitet werden, der sich an den aufsichtsrechtlichen 2205

1779 Eigene Darstellung auf Basis von S-RTF.

1780 Die Bankenaufsicht plant aktuell eine generelle Eigenmittelunterlegung von Zinsänderungsrisiken. Vgl. *Fachgremium Zinsänderungsrisiko im Anlagebuch* (2016). In Abhängigkeit der finalen Umsetzungsform der Eigenmittelunterlegung erfolgt ggf. eine Anpassung der Funktion in S-RTF.

Grenzen oder eigenen strategischen Grenzen des Prüfkriteriums orientiert. Dieser zeigt im Vergleich zu aktuellen Werten den Spielraum bzw. den Abstand zum gewählten Grenzwert. Abbildung I – 12 verdeutlicht diese Effekte.

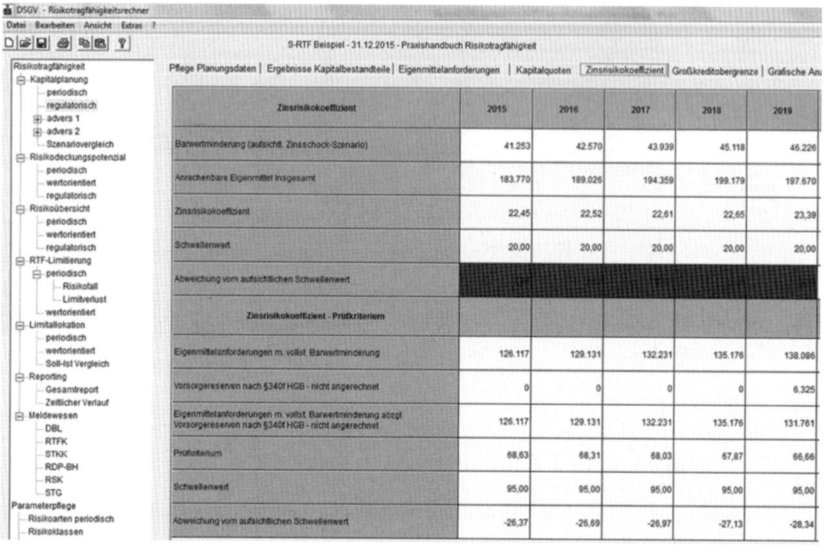

Zinsrisikokoeffizient	2015	2016	2017	2018	2019
Barwertminderung (aufsichtl. Zinsschock-Szenario)	41.253	42.570	43.939	45.118	46.226
Anrechenbare Eigenmittel insgesamt	183.770	189.026	194.359	199.179	197.670
Zinsrisikokoeffizient	22,45	22,52	22,61	22,65	23,39
Schwellenwert	20,00	20,00	20,00	20,00	20,00
Abweichung vom aufsichtlichen Schwellenwert					
Zinsrisikokoeffizient - Prüfkriterium					
Eigenmittelanforderungen m. vollst. Barwertminderung	126.117	129.131	132.231	135.176	138.086
Vorsorgereserven nach §340f HGB - nicht angerechnet	0	0	0	0	6.325
Eigenmittelanforderungen m. vollst. Barwertminderung abzgl. Vorsorgereserven nach §340f HGB - nicht angerechnet	126.117	129.131	132.231	135.176	131.761
Prüfkriterium	68,63	68,31	68,03	67,87	66,66
Schwellenwert	95,00	95,00	95,00	95,00	95,00
Abweichung vom aufsichtlichen Schwellenwert	-26,37	-26,69	-26,97	-27,13	-28,34

Abbildung I – 12: *Potenzielle Verletzung des Prüfkriteriums im Planungszeitraum*[1781]

2.1.7. Grafische Aufbereitung für die potenzielle Entwicklung

2206 Werden im Kapitalplanungsprozess verschiedene Kapitalquoten für die Ermittlung benötigter Eigenmittel genutzt, kann auch eine grafische Gegenüberstellung die Kommunikation im Institut unterstützen. Hierfür bietet S-RTF Standarddarstellungen an.

2207 Das hier aufbereitete Musterbeispiel dient dabei der Überlegung, von welchen Kapitalquoten bei der Ermittlung des Mindestkapitals auszugehen ist. Für die Beurteilung der langfristigen Tragfähigkeit ist die Entwicklung des einsetzbaren Risikodeckungspotenzials entscheidend. Hierfür wird das aktuelle Risiko und Gesamtrisikolimit für das laufende Geschäftsjahr und das Folgejahr gegenübergestellt. Dies zeigt Abbildung I – 13.

1781 Eigene Darstellung auf Basis von S-RTF.

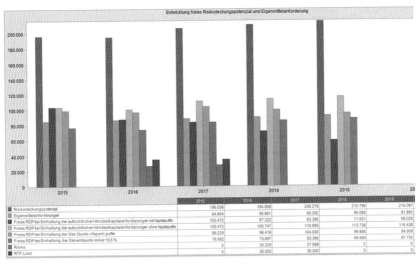

Abbildung I – 13: Beispiel für die einzelnen Mindestkapitalgrößen im Kapitalplanungsprozess[1782]

2.1.8. Adverse Entwicklungen und deren Auswirkungen auf die Kennzahlen der Kapitalplanung

Die Bankenaufsicht erwartet von Instituten neben einer Kapitalplanung, die auf erwarteten Entwicklungen im Marktumfeld und einer angestrebten Geschäftsentwicklung beruht, zusätzlich die Betrachtung von adversen Entwicklungen. Ziel dieser Anforderung gemäß MaRisk AT 4.1 Tz. 9 ist die Auseinandersetzung des Instituts mit wesentlichen Planungsannahmen, deren möglichen Schwankungen und den sich daraus ergebenden Auswirkungen auf den externen (Eigenmittelanforderungen gemäß CRR) und internen (einsetzbares Risikodeckungspotenzial) Kapitalbedarf.

2208

Auch wenn in S-RTF auf Basis der GuV-Plandaten Sensitivitätsanalysen möglich sind, so erwartet die Bankenaufsicht tiefergreifende Variationen der Planungsannahmen. Sparkassen nutzen hierfür wiederum die IT-Liefersysteme wie z. B. den GuV-Planer. Im Ergebnis wird die angepasste Plan-GuV in S-RTF durch Kopierfunktionen übernommen. Die Weiterverarbeitung in Form von angepassten Steueraufwendungen, Thesaurierungen, Änderungen im Eigenkapital und den Eigenmitteln sowie der Anrechenbarkeit können dann automatisch ermittelt werden. Um die Resultate der adversen Szenarien mit der Ursprungsplanung zu vergleichen, bietet S-RTF entsprechende Ge-

2209

1782 Eigene Darstellung auf Basis von S-RTF.

SOFTWARELÖSUNGEN FÜR DIE RISIKOTRAGFÄHIGKEIT

genüberstellungen der wichtigsten Kennzahlen. Abbildung I – 14 zeigt die entsprechende Darstellung in S-RTF.

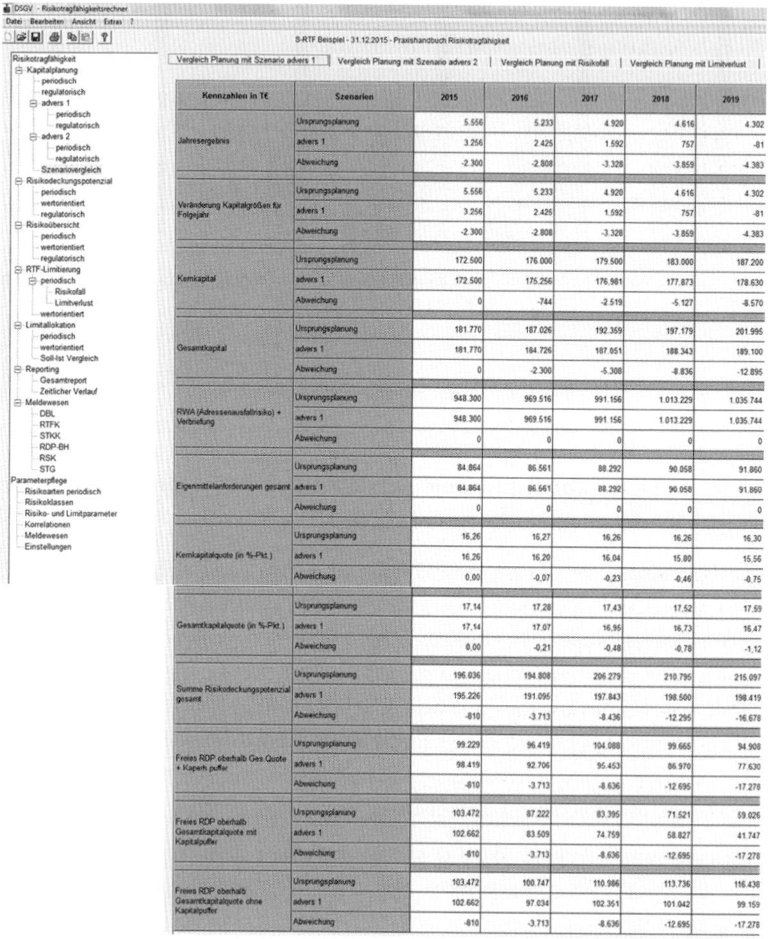

Abbildung I – 14:   Szenarioanalyse für ein adverses Szenario in S-RTF[1783]

2210   Entscheidend bei der Bewertung der Ergebnisse aus der Szenarioanalyse werden in der Regel die kumulativen Effekte sein, die sich im Beispiel im Planungsjahr 2019 zeigen. Für das vorliegende Ergebnis kann S-RTF so genutzt

---

1783   Eigene Darstellung auf Basis von S-RTF.

werden, dass nur drei Berechnungsalgorithmen angestoßen werden müssen. Zusätzliche manuelle Berechnungen sind dann nicht zwingend erforderlich.

2.1.9. Risikofall und Limitverlust als adverse Entwicklungen – Auswirkungen einer starken Belastung

Aufgrund der in S-RTF vorhandenen Risiko- und Limitwerte können weitere adverse Entwicklungen in Form von Extrembelastungen für die ursprüngliche Kapitalplanung berechnet und bewertet werden. Die Ergebnisdarstellung entspricht der Szenarioanalyse aus Kapitel 2.1.7. 2211

In S-RTF werden die Risiko- und Limitwerte als Belastung für die Planergebnisse und ggf. Eigenkapitalbestandteile genutzt. Berücksichtigt werden dabei vorgegebene Verwendungsreihenfolgen und ggf. Anteile der Komponenten des Risikodeckungspotenzials, die nicht zum Verlustausgleich bereitgestellt wurden. 2212

Da die Belastungsfälle nur für die vorhandenen Jahre der Risikotragfähigkeit berücksichtigt werden können, sollten bei Bedarf auch weiterführende Effekte auf die Ergebnisgrößen berücksichtigt werden. S-RTF sieht hierfür die Erfassung eines zusammengefassten, geschätzten Gesamteffekts vor. 2213

S-RTF ermöglicht darüber hinaus die Berücksichtigung von Entlastungseffekten im Risikofall. So führen die im Risikofall abgebildeten Abschreibungen im Kunden- und Eigengeschäft ggf. zu einer Reduktion der geplanten RWA-Werte. Diese können jedoch nur grob geschätzt werden, da z. B. Informationen zu Gewichtungsklassen für die potenziell ausfallgefährdeten Kredite nicht vorliegen, wenn Simulationstools zum Einsatz kommen. 2214

Um die Überlagerung von verschiedenen Effekten z. B. bei der Ermittlung des Risikodeckungspotenzials im Risikofall transparent zu machen, werden Drill-Down-Funktionen an verschiedenen Stellen angeboten. Hier werden Ausgangs- und Ergebnisgrößen sowie die einzelnen Veränderungseffekte separat dargestellt. Abbildung I – 15 veranschaulicht dies. 2215

SOFTWARELÖSUNGEN FÜR DIE RISIKOTRAGFÄHIGKEIT

2016			
Wert vor Zuführung u. Belastung	geplante Zuführung / Anpassung	Belastung durch Risikofall	Wert nach Zuführung u. Belastung
134.000	0	0	134.000
0	0	0	0
44.000	0	-10.517	33.483
0	0	0	0
0	0	0	0
1.000	-500	0	500
10.470	0	-10.470	0
2.000	0	-2.000	0
0	0	0	0
0	0	0	0
0	0	0	0
500	-500	0	0
0	-5.556	0	-5.556
-1.000	0	1.000	0
-500	0	0	-500
10	0	0	10
5.233	0	-4.233	1.000
195.713	-6.556	-26.220	162.937

Abbildung I – 15:   Drill-Down-Funktion in S-RTF[1784]

2.2. Periodische/regulatorische Risikotragfähigkeit

2216   Eine weitere Kernaufgabe von S-RTF stellt die Zusammenführung und Verzahnung der Kennzahlen aus der Ermittlung des Risikodeckungspotenzials, der Risikomessung und -aggregation sowie der Limitierung dar.

2217   Hierfür nutzen Sparkassen die im Kapitalplanungsprozess verwendeten Erfassungsdialoge in identischer Form. Streng genommen werden die Daten jedoch für die Risikotragfähigkeit lediglich für den relevanten Risikobetrachtungszeitraum des gesamten Planungszeitraums benötigt.

2218   Zur Anwendung kommen rollierende 12-Monatszeiträume oder die Sicherstellung der Risikotragfähigkeit für das laufende und ggf. folgende Geschäftsjahr. In S-RTF können dafür die entsprechenden Dialoge angepasst werden. So können für die einzelnen Prozessschritte der Risikotragfähigkeit entweder zwei Spalten für das laufende Geschäftsjahr und das Folgejahr oder eine Spalte für den kommenden 12-Monatszeitraum ausgewählt werde.

1784   Eigene Darstellung auf Basis von S-RTF.

2.2.1. Risikodeckungspotenzial als Bestandsaufnahme und der einsetzbare Anteil im Going-Concern-Ansatz

Aufgrund der bereits erfassten Ergebnis- Eigenkapital- und Eigenmitteldaten wird das Risikodeckungspotenzial automatisch abgeleitet. Eine konsistente Kapitalplanung und Risikotragfähigkeitsberechnungen sind somit problemlos darstellbar. Dies ist im laufenden Prozess einer der großen Vorteile von S-RTF.

Sollten die Definitionen des Risikodeckungspotenzials in der Risikotragfähigkeit und Kapitalplanung z. B. aufgrund einer Definition des Risikos inkl. erwarteter Verluste auseinanderfallen, so müssen in S-RTF entsprechende Korrekturposten angelegt werden. Damit ist eine jederzeitige Überleitung sichergestellt. Ziel sollte jedoch die Verwendung einheitlicher Steuerungsgrößen in der Kapitalplanung und in der Risikotragfähigkeit sein. Die Verwendung von beispielsweise zwei verschiedenen Definitionen des einsetzbaren Risikodeckungspotenzials führen zu intransparenten Berichten.

Abbildung I – 16 verdeutlicht die Ermittlung des Risikodeckungspotenzials als Bestandsaufnahme in S-RTF.

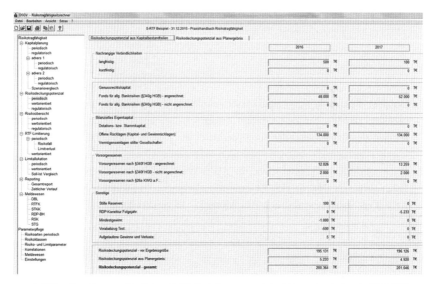

Abbildung I – 16:   *Ermittlung des Risikodeckungspotenzials als Bestandsaufnahme in S-RTF*[1785]

1785 Eigene Darstellung auf Basis von S-RTF.

2.2.2. Kennzahlen zur Unterstützung bei der Festlegung des RTF-Limits

2222 S-RTF soll Institute bei der Limitierung unterstützen und die potenziellen Auswirkungen des festzulegenden RTF-Limits transparent zu machen.

2223 In einem ersten Schritt gilt es, auf der Grundlage der Planwerte für die Eigenmittel und RWA-Werte sowie einer ausgewählten Kapitalquote das im Going-Concern-Ansatz erforderliche Mindestkapital zu bestimmen. Die sich daraus ergebenden Stufen des Risikodeckungspotenzials werden gebündelt dargestellt und dem RTF-Limit gegenübergestellt, wie Abbildung I – 17 zeigt.

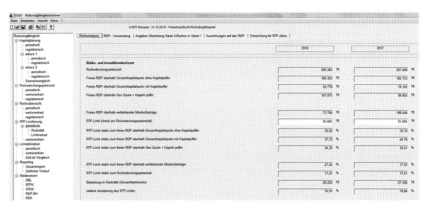

Abbildung I – 17:   Stufen des Risikodeckungspotenzials[1786]

2224 Darüber hinaus können Sparkassen einzelne Komponenten des Risikodeckungspotenzials für den Going-Concern-Ansatz sperren oder die Auswirkungen des Risikofalls oder eines Verlustes in Höhe des RTF-Limits ableiten. Hierbei werden die aufsichtsrechtlich relevanten Kennzahlen wie z. B. das Kern- und Gesamtkapital sowie die RWA-Werte in den einzelnen Belastungsfällen ermittelt und in einer Gesamtübersicht den Ist-Werten gegenübergestellt. Das Sperren wird durch Abbildung I – 18 verdeutlicht.

[1786] Eigene Darstellung auf Basis von S-RTF.

	2016				2017			
	RDP, absolut zzgl. Steuerentlastung (T€)	verbleibender Mindestbetrag (T€)	Verwendb. RDP einzeln (T€)	Verwendb. RDP kumulativ (T€)	RDP, absolut zzgl. Steuerentlastung (T€)	verbleibender Mindestbetrag (T€)	Verwendb. RDP einzeln (T€)	Verwendb. RDP kumulativ (T€)
Plausibilisierung RTF-Limit/Anteil am RDP	Belastung im Risikofall/RTF-Limit vollständig hinterlegt				Belastung im Risikofall/RTF-Limit vollständig hinterlegt			
Planergebnis/Veränderung Vorsorgereserve	5.233	1.000	4.233	4.233	4.920	1.500	3.420	3.420
Reduzierter geplanter Steueraufwand	2.243	2.243	0	4.233	2.109	2.109	0	3.420
Mindestgewinn	-1.000	0	-1.000	3.233	0	0	0	3.420
Vorsorgereserven nach §340f HGB - nicht angerechnet	2.000	0	2.000	5.233	2.000	0	2.000	5.420
Vorsorgereserven nach §340f HGB - angerechnet	12.026	0	12.026	17.259	13.259	0	13.259	18.679
Fonds für allg. Bankrisiken (§340g HGB) - angerechnet	48.000	25.000	23.000	40.259	52.000	0	52.000	70.679
Offene Rücklagen (Kapital- und Gewinnrücklagen)	134.000	100.000	34.000	74.259	134.000	0	134.000	204.679
Stille Reserven	100	100	0	74.259	0	0	0	204.679
Nachrangige Verbindlichkeiten langfristig	500	500	0	74.259	100	100	0	204.679

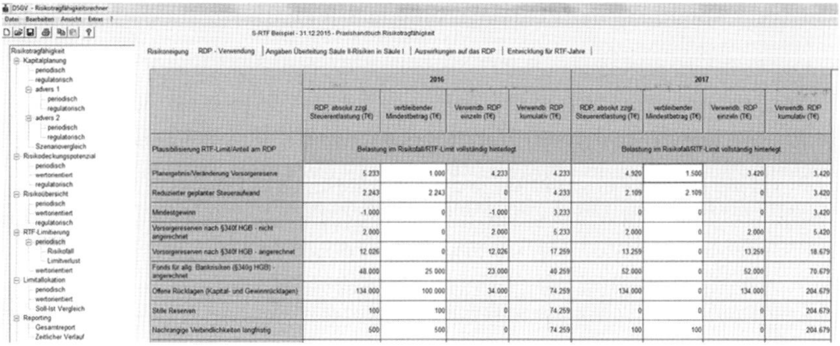

Abbildung I – 18: *Sperrung einzelner Komponenten des Risikodeckungspotenzials*[1787]

Die daraus resultierende Simulation aufsichtsrechtlicher Kennzahlen zeigt Abbildung I – 19. 2225

Kennzahlen in T€	2016				
	erwartet	Risikofall	potenzielle Veränderung	Limitverlust	potenzielle Veränderung
Belastung im Risikofall / bei Limitverlust		26.220		35.000	
hartes Kernkapital	176.000	159.483	-16.517	149.703	-26.297
Kernkapital	176.000	159.483	-16.517	149.703	-26.297
Ergänzungskapital	11.026	500	-10.526	500	-10.526
Gesamtkapital	187.026	159.983	-27.043	150.203	-36.823
darin Abzugsposten	7.500	8.000	500	9.000	1.500
RWA (Adressenausfallrisiko) + Verbriefung	969.516	969.516	0	969.516	0
Eigenmittelanforderungen für Adressenausfallrisiko	77.561	77.561	0	77.561	0
Eigenmittelanforderungen operationelles Risiko	8.500	8.500	0	8.500	0
Eigenmittelanforderung Marktrisikoposition	500	500	0	500	0
Eigenittelanforderungen erhöhtes Zinsänderungsrisiko	0	0	0	0	0
Eigenmittelanforderungen gesamt	86.561	86.561	0	86.561	0
Kernkapitalquote (in %-Pkt.)	16,266	14,739	-1,526	13,836	-2,430
Gesamtkapitalquote (in %-Pkt.)	17,285	14,786	-2,499	13,882	-3,403
Ges.Quote + Kaperh.puffer (in %-Pkt.)	8,400	8,400	0,000	8,400	0,000
Abweichung (in %-Pkt.)	8,885	6,386	-2,499	5,482	-3,403
Risikodeckungspotenzial	200.364	162.937	-37.427	154.157	-46.207
Freies Risikodeckungspotenzial					
oberhalb Ges.Quote + Kaperh.puffer	101.975	64.048	-37.927	54.268	-47.707
oberhalb Gesamtkapitalquote (8%)	106.303	68.376	-37.927	58.596	-47.707

Abbildung I – 19: *Simulation aufsichtsrechtlicher Kennzahlen*[1788]

1787 Eigene Darstellung auf Basis von S-RTF.

1788 Eigene Darstellung auf Basis von S-RTF.

SOFTWARELÖSUNGEN FÜR DIE RISIKOTRAGFÄHIGKEIT

2.2.3. Abbildung der Risikomessung in S-RTF

2226 Die Risikoartenstruktur in S-RTF ist frei parametrisierbar, da sich Sparkassen bei der Darstellung des Risikos entweder an GuV-Positionen oder an den wesentlichen Risiken gemäß MaRisk orientieren. Erfasst werden Erwartungswerte, die direkt oder indirekt im Planergebnis einfließen sowie die Positionswerte im Risikofall. Die Abweichung vom Planungswert stellt dann das Risiko dar. Nur diese Werte fließen in die Limitauslastung ein. Das Risiko als unerwartete Belastung wird mit negativen Vorzeichen gekennzeichnet. Abbildung I – 20 veranschaulicht ein solch typisches Beispiel.

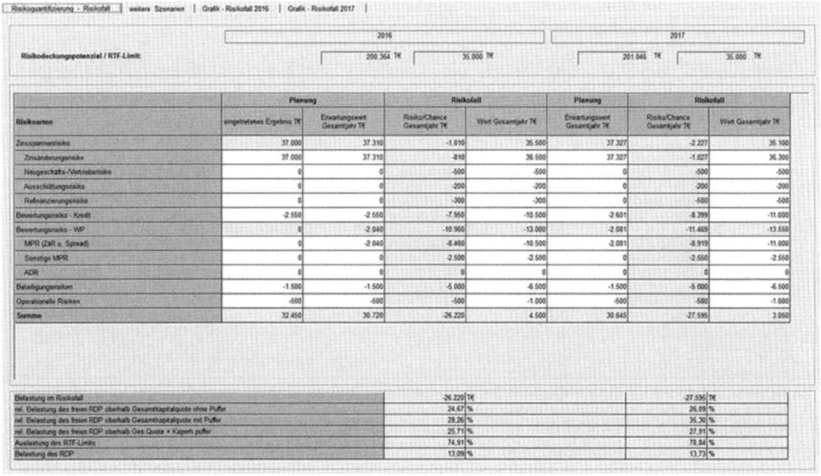

Abbildung I – 20:   Risikoübersicht in S-RTF[1789]

2.2.4. Limitauslastung und Gesamtübersicht

2227 Nach der Zusammenführung der einzelnen Daten und Informationen in S-RTF werden die Ergebnisse in einer Darstellung komprimiert. Unter Berücksichtigung etwaiger Ampelstufen kann neben dem aktuellen Risikoappetit die Risikolage des Instituts schnell und übersichtlich dargestellt werden.

2228 Gegebenenfalls werden Teilrisikolimite so ausgewählt, dass auf Gesamtbankebene Limitspielräume verbleiben (frei verfügbares RTF-Limit). Im Ergebnis schlagen die Teilrisikolimite früher an, so dass bewusst Entscheidungen zur Limitallokation getroffen werden müssen. Nicht zwingend ist dabei

---

1789 Eigene Darstellung auf Basis von S-RTF.

die Anpassung des RTF-Limits. Die Limitierung des Musterbeispiels zeigt
Abbildung I – 21.

Limitierung / Limitallokation und Auslastung	Limitauslastung unterjährig	2016			2017		
		Limitierung (T€)	Risiko (T€)	Limitauslastung (%)	Limitierung (T€)	Risiko (T€)	Limitauslastung (%)
Gesamtbank							
Risikodeckungspotenzial		200.364			201.046		
oberhalb Ges.Quote + Kaperh.puffer		101.975			98.855		
oberhalb Gesamtkapitalquote mit Kapitalpuffer		92.778			78.162		
oberhalb Gesamtkapitalquote ohne Kapitalpuffer		106.303			105.753		
oberhalb gesperrter RDP Komponenten		73.764			199.446		
RTF-Limit /Anteil am RDP		35.000	26.220	74,9	35.000	27.595	78,0
Verteilung auf Risikoarten							
Zinsspannenrisiko		2.800	1.810	64,6	2.800	2.227	79,5
Zinsänderungsrisiko		1.100	810	73,6	1.100	1.027	93,4
Neugeschäfts-/Vertriebsrisiko		800	500	62,5	800	500	62,5
Ausschüttungsrisiko		300	200	66,7	300	200	66,7
Refinanzierungsrisiko		600	300	50,0	600	500	83,3
Bewertungsrisiko - Kredit		11.000	7.950	72,3	11.000	8.399	76,4
Bewertungsrisiko - WP		14.000	10.950	78,3	14.000	11.469	81,9
MPR (Z&R u. Spread)		10.500	8.460	80,6	10.500	8.919	84,9
Sonstige MPR		3.500	2.500	71,4	3.500	2.550	72,9
ADR				0			0
Beteiligungsrisiken		5.500	5.000	90,9	5.500	5.000	90,9
Operationelle Risiken		700	500	71,4	700	500	71,4
frei verfügbares RTF-Limit		1.000			1.000		

Abbildung I – 21:   Gesamtübersicht zur Risikotragfähigkeit in S-RTF[1790]

2.3. Wertorientierte Risikotragfähigkeit

Die wertorientierte Risikotragfähigkeit in S-RTF ist eng an die Kapitalallokation angelehnt und verfolgt einen Going-Concern-Ansatz. Im Wesentlichen macht sich dieses in den Risikogrößen bzw. in dem dort zugrunde gelegten Konfidenzniveaus bemerkbar. Die wertorientierte Risikotragfähigkeit kann einen periodischen/regulatorischen Steuerungskreis ergänzen, um potenziellen Vermögenswertschwankungen bzw. Performanceabweichungen adäquaten Vermögenswerte gegenüberzustellen. Dies erfolgt unabhängig von handelsrechtlichen Bewertungsfragen.

2.3.1. Ermittlung des Risikodeckungspotenzials

Das Risikodeckungspotenzial wird über die Zusammenfassung aller Vermögenswerte zum Treasury-Vermögen und der Berücksichtigung von Korrekturpositionen abgeleitet. In S-RTF sind die relevanten Vermögenspositionen frei zu konfigurieren. Für diese werden dann die aktuellen Markt- oder Barwerte ermittelt und in S-RTF erfasst. Zu diesen Korrekturgrößen gehören

---

1790 Eigene Darstellung auf Basis von S-RTF.

u. a. der Kostenbarwert, sichere Provisionsergebnisse und ggf. Pensionsrückstellungen.

2231 Ergänzend können den Vermögenswerten auch Buchwerte gegenübergestellt werden, so dass stille Reserven und Lasten abgebildet werden können. Deren Beobachtung ist insbesondere im Zeitverlauf interessant[1791].

2232 Abbildung I – 22 visualisiert das Treasury Vermögen der Musterbank.

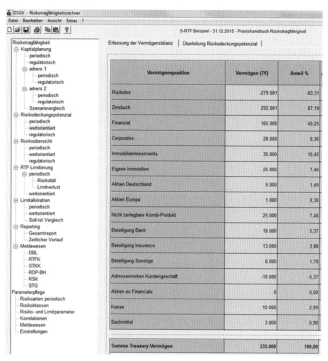

Abbildung I – 22:   *Treasury-Vermögen in S-RTF*[1792]

2233 Im nächsten Schritt gilt es, das Treasury Vermögen in Risikodeckungspotenzial überzuleiten. Dies wird durch Abbildung I – 23 dargestellt.

1791 Funktion Gesamtreporting – zeitlicher Verlauf.
1792 Eigene Darstellung auf Basis von S-RTF.

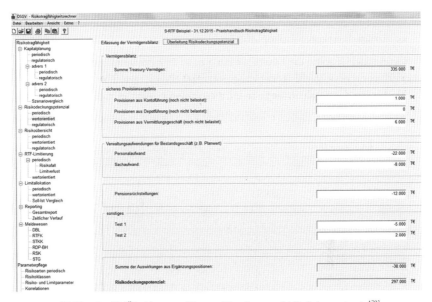

Abbildung I – 23: Überleitung vom Treasury-Vermögen zum Risikodeckungspotenzial[1793]

2.3.2. Zusammenführung der Risikowerte und Limitierung

S-RTF unterstützt bei der Abbildung der Risikowerte sowohl die Risikodefinition Value at Risk[1794] als auch das Verlustrisiko[1795]. Erfasst werden können relative Risikogrößen wie auch absolute Werte. Häufig werden die Risiko- und Limitwerte additiv zum Gesamtrisiko und -limit aggregiert. Daneben können Sparkassen zur Berücksichtigung von Diversifikationseffekten zwischen den Risikoarten auch ein Korrelationsmodell anwenden, wobei weitere Unterstützungsfunktionen zur Herleitung von Korrelationskoeffizienten[1796] und zum Stabilitätstest über die Softwarekomponente S-KARISMA angeboten wird. Ggf. ist zwischen integrierbaren und additiven Risikoklassen zu differenzieren.

Werden Risiken noch nicht regelmäßig mit einem Quantifizierungsmodell ermittelt, so können Risikopuffer in Form von Schätzwerten in der Limitierung aufgenommen werden.

1793 Eigene Darstellung auf Basis von S-RTF.
1794 Inkl. der Performanceabweichung zum Betrachtungszeitraum t_1.
1795 Wertschwankungen lediglich bezogen auf den Vermögenswert.
1796 Unter Berücksichtigung der aufsichtsrechtlichen Vorgaben gemäß *BaFin* (2012.12b), AT 4.1, Tz. 6 und 7.

SOFTWARELÖSUNGEN FÜR DIE RISIKOTRAGFÄHIGKEIT

2236 Das wertorientierte RTF-Limit deckt das additive oder korrelierte Gesamtrisiko zuzüglich etwaiger Risikopuffer und Limitreserven ab.

2237 Grundsätzlich sollte die Limitauslastung nahe 100 Prozent liegen, um das zur Verfügung gestellte Risikodeckungspotenzial einzusetzen. Nur dadurch kann die für das Gesamthaus angestrebte Performance auch erreicht werden. Abbildung I – 24 veranschaulicht eine solche Limitierung.

Risikoklassen	Vermögen (T€)	Anteil %	VaR (T€)	%	Risikolimit (T€)	Risikolimit %	Limitaus- lastung %	Status
Risiken zur Integration								
Risikofos	-279.081	-83,31	27.213	-9,75	27.350	-9,80	99,50	
Zinsbuch	292.081	87,19	9.157	3,14	9.639	3,30	95,00	
Financials	165.000	49,25	6.950	4,21	7.425	4,50	93,60	
Corporates	28.000	8,36	1.648	5,88	1.680	6,00	98,07	
Immobilieninvestments	35.000	10,45	3.676	10,50	3.850	11,00	95,45	
Eigene Immobilien	25.000	7,46	2.371	9,49	2.750	11,00	86,23	
Aktien	6.000	1,79	3.080	51,33	3.180	53,00	96,86	
Nicht zerlegbare Kombi-Produkt	25.000	7,46	8.250	33,00	8.750	35,00	94,29	
Beteiligung Bank/Insurance	31.000	9,25	17.192	55,46	17.980	58,00	95,62	
Beteiligung Sonstige	6.000	1,79	3.274	54,56	3.600	60,00	90,93	
Adressrisiken Kundengeschäft	-18.000	-5,37	7.668	-42,60	8.460	-47,00	90,64	
Summe	316.000	94,33	59.442	18,81				
Risiken zur Addition								
Kasse	10.000		0	0,00	0	0,00	0,00	
Sachmittel	3.000		0	0,00	0	0,00	0,00	
Sicherheiten in Abwicklung	6.000		0	0,00	0	0,00	0,00	
Summe	19.000		0	0,00				
Gesamtsumme	335.000		59.442	17,74	62.366	18,62		

	Hebel (T€)	Ist-Hebel			Hebellimit (T€)	Hebel- limit	Limit- auslastung %	
Hebelklasse	279.081	1,83			502.500	2,50	55,54	
Puffer								
Operationelle Risiken			1.000	0,34	1.000	0,34	100,00	
Liquiditätsrisiken			1.500	0,51	1.500	0,51	100,00	
Risikopuffer stabile Diversifikationsannahmen			10.000	3,37	10.000	3,37	100,00	
Risikotragfähigkeit	297.000		71.942	24,22	75.000	25,25	95,92	
nicht alloziertes RTF-Limit					134			

Abbildung I – 24:   Übersicht für die Limitauslastung[1797]

1797 Eigene Darstellung auf Basis von S-RTF.

2.4. Gegenüberstellung von Stresstestergebnissen und Risikodeckungspotenzial

In der Risikoübersicht der periodischen/regulatorischen Risikotragfähigkeit können weitere Risikoszenarien neben dem zu limitierenden Risikofall abgebildet werden. Um eine Bewertung dieser Szenarien vorzunehmen, erfolgt in S-RTF auf der einen Seite eine Gegenüberstellung mit den einzelnen Stufen des Risikodeckungspotenzials. Auf der anderen Seite können Sparkassen die Belastungen der einzelnen Komponenten des Risikodeckungspotenzials für ihre Analyse betrachten. Dabei können Sparkassen zwischen den Werten des Risikodeckungspotenzials und dem jeweils bereitgestellten Anteil wählen, der sich aus der Sperrung einzelner Anteile ergibt[1798]. Abbildung I – 25 geht näher auf diese Aspekte ein.

2238

RDP-Komponente	2016		
	Witschaftlicher Abschwung	Stresstest individuell	Inverser Stresstest
	Belastung %	Belastung %	Belastung %
Planergebnis/Veränderung Vorsorgereserve			
Reduzierter geplanter Steueraufwand			
Mindestgewinn			
Vorsorgereserven nach §340f HGB - nicht angerechnet			
Vorsorgereserven nach §340f HGB - angerechnet			
Fonds für allg. Bankrisiken (§340g HGB) - angerechnet	56,7	63,0	
Offene Rücklagen (Kapital- und Gewinnrücklagen)	0,0	0,0	27,8
Stille Reserven	0,0	0,0	0,0
Belastung aus Risikoquantifizierung	47.720	50.720	105.720
Relative Belastung des			
freien RDP oberhalb Gesamtkapitalquote ohne Puffer	44,9	47,7	99,5
freien RDP oberhalb Gesamtkapitalquote mit Puffer	51,4	54,7	113,9
freien RDP oberhalb Ges.Quote + Kaperh.puffer	46,8	49,7	103,7
Risikodeckungspotenzial	23,8	25,3	52,8

Abbildung I – 25:   *Bewertung von Stressszenarien*[1799]

1798 Vgl. Abbildung I – 18.
1799 Eigene Darstellung auf Basis von S-RTF.

SOFTWARELÖSUNGEN FÜR DIE RISIKOTRAGFÄHIGKEIT

2.5. Gesamtreporting und Datenexport

2239 Innerhalb von S-RTF ist eine Reportingfunktion implementiert, die auf der Basis von Standardtabellen für das Controlling individuell zusammengestellte Reports generiert. Diese stehen als pdf[1800]-Datei sowie als separater Datenexport zur Verfügung. Die Gliederung des Reporting orientiert sich am Menübaum der Software und schließt mit Angaben zu den Parametern ab.

2240 Zu den einzelnen Gliederungspunkten können Kommentierungen aufgenommen werden. Liegen in Instituten über einen längeren Zeitraum Daten zur Risikotragfähigkeit vor, so können Diagramme mit zeitlichen Verläufen in das Gesamtreporting integriert werden. Abbildung I – 26 zeigt die Individualisierungsmöglichkeiten der Reportings.

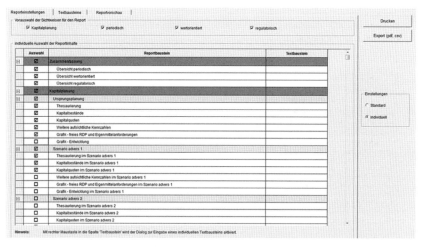

Abbildung I – 26:   *Individuelle Zusammenstellung des Gesamtreport in S-RTF[1801]*

2241 Diese Einstellungen führen dann ohne weiteren manuellen Aufwand zu einem entsprechenden Reporting im pdf-Format. Diese zeigt exemplarisch Abbildung I – 27.

1800   Portable document file.
1801   Eigene Darstellung auf Basis von S-RTF.

830

```
Gesamtreport                    S-RTF Beispiel              Stand 31.12.2015


Inhalt

1 Zusammenfassung
2 Kapitalplanung
  2.1 Thesaurierung
  2.2 Kapitalbestände
  2.3 Kapitalquoten
  2.4 Weitere aufsichtliche Kennzahlen
  2.5 Grafik - freies RDP und Eigenmittelanforderungen
  2.6 Thesaurierung im Szenario advers 1
  2.7 Kapitalbestände im Szenario advers 1
  2.8 Kapitalquoten im Szenario advers 1
  2.9 Szenariovergleich - Planung zu advers 1
  2.10 Szenariovergleich - Planung zu advers 2
  2.11 Szenariovergleich - Planung zu Risikofall
  2.12 Szenariovergleich - Planung zu Limitverlust
3 Risikodeckungspotenzial
  3.1 periodisch
  3.2 wertorientiert
  3.3 regulatorisch
4 Risikoquantifizierung
  4.1 periodisch
  4.2 wertorientiert
  4.3 regulatorisch
5 RTF-Limitierung
  5.1 Leitplanken - periodisch
  5.2 Thesaurierung im Risikofall
  5.3 Kapitalbestände im Risikofall
  5.4 Kapitalquoten im Risikofall
  5.5 Weitere aufsichtliche Kennzahlen im Risikofall
  5.6 Grafik
  5.7 Thesaurierung bei Limitverlust
  5.8 Kapitalbestände bei Limitverlust
  5.9 Kapitalquoten bei Limitverlust
  5.10 Weitere aufsichtliche Kennzahlen bei Limitverlust
  5.11 Grafik
```

Abbildung I – 27:   *Exemplarische Gliederung eines Gesamtreports in S-RTF*[1802]

Darüber hinaus verfügt S-RTF über eine Datenschnittstelle für das Reportingsystem Management-Cockpit der FI[1803].

2.6. Meldung gemäß FinaRisikoV

Mit den ersten Meldestichtagen 30.06.2015 und 31.12.2015 mussten alle Institute qualitative und quantitative Daten ihres Risikotragfähigkeitskonzepts an die Deutsche Bundesbank liefern. Die aufsichtsrechtlichen Meldebogen decken dabei ein breites Spektrum für die Abbildung von Risikotragfähigkeitskonzeptionen ab. Durch die Flexibilität der Vordrucke ist eine Zuordnung der

---

1802 Eigene Darstellung auf Basis von S-RTF.
1803 Finanz Informatik GmbH & Co. KG.

SOFTWARELÖSUNGEN FÜR DIE RISIKOTRAGFÄHIGKEIT

institutseigenen Angaben erforderlich. Hierfür bietet S-RTF Parameter[1804] an, die eine Zuordnung über Voreinstellungen bei Standardkennzahlen vereinfacht. Dabei werden auch die Nutzungsspielräume berücksichtigt.

2244 Grundlegende Einstellungen erfolgen über die Parameterpflege. Dies zeigt Abbildung I – 28.

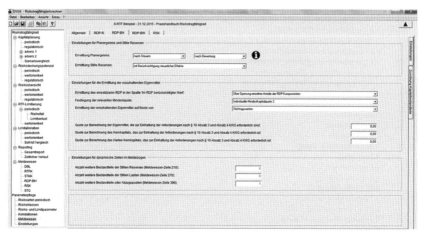

Abbildung I – 28:   *Grundlegende Parameter für die Zuordnung des Risikodeckungspotenzials auf den aufsichtsrechtlichen Meldebogen RDP-BH*[1805]

2245 Abbildung I – 29 in einem nächsten Schritt offeriert die Mappingfunktionen für einzelne Komponenten des Risikodeckungspotenzials.

[1804] Z. B. Vorgaben zur Überleitung der relevanten benötigten Eigenmittel im Meldebogen RDP-BH.
[1805] Eigene Darstellung auf Basis von S-RTF. Vgl. *FinaRisikoV* (2014) und Kapitel B.II für tiefergehende Analysen.

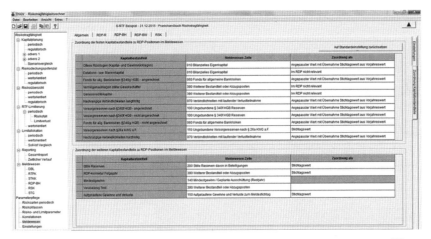

Abbildung I – 29: Mappingfunktion für einzelne Komponenten des Risikodeckungspotenzials[1806]

Im Ergebnis können die Daten aus S-RTF in die in der Software hinterlegten Meldebogen übernommen werden. Zusätzlich bietet S-RTF die Möglichkeit, an zentraler Stelle alle ergänzenden qualitativen Informationen für das Meldewesen zusammenzuführen und zu speichern. Vor dem Export an die für den Datentransfer verantwortliche Software[1807] können die Ergebnisse in S – RTF vorplausibilisiert und betrachtet werden.

Einen Beispielbericht – hier der RDP-BH – wird in Abbildung I – 30 dargestellt.

1806 Eigene Darstellung auf Basis von S-RTF. Vgl. *FinaRisikoV* (2014) und Kapitel B.II für tiefergehende Analysen.
1807 Bei Sparkassen das IT-System BAIS = Banken-Aufsicht-Informations-System.

SOFTWARELÖSUNGEN FÜR DIE RISIKOTRAGFÄHIGKEIT

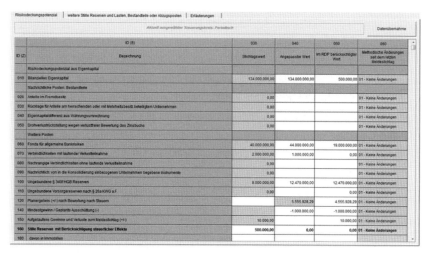

Abbildung I – 30:   *Beispielbericht RDP-BH in S-RTF*[1808]

3. S-RTF als Standardlösung in der Sparkassen-Finanzgruppe

2248   In der Vergangenheit wurden die für die Risikotragfähigkeit und den Kapitalplanungsprozess erforderlichen Daten und Berechnungen häufig im Rahmen von institutseigenen Excel-Lösungen umgesetzt. Mit zunehmender Entwicklung der bankaufsichtlichen Vorgaben stellen viel Sparkassen die Eigenentwicklungen ein und nutzen die Standardsoftware S-RTF. Hierzu korrespondieren die im DSGV entwickelten Fachkonzepte.

2249   Letztendlich hat auch das neu eingeführte Meldewesen zur Risikotragfähigkeit noch einmal aufgezeigt, dass Standardlösungen aufwendige Prozesse vermeiden können.

1808   Eigene Darstellung auf Basis von S-RTF. Vgl. *FinaRisikoV* (2014) und Kapitel B.II für tiefergehende Analysen.

III. Risikotragfähigkeit mit VR-Control© SIMON[1809]

1. Ganzheitliche Gesamtbanksteuerung mit VR[1810]-Control©

1.1. Steuerungsperspektiven mit VR-Control©

Das Softwarepaket VR-Control© ist innerhalb der genossenschaftlichen Finanzgruppe das dominierende Steuerungstool und ermöglicht mit seinen verschiedenen Paketen eine integrierte Gesamtbanksteuerung. Hierbei baut VR-Control© auf Daten des Kernbankensystems agree21 auf[1811]. 2250

Im Wesentlichen handelt es sich hierbei um folgende Bestandteile: 2251

- VR-Control© okular CBS[1812] zur integrierten ertragsorientierten Vertriebssteuerung;

- VR-Control© okular DB[1813]-III-Planer zur gesamtbankorientierten Vertriebsplanung;

- VR-Control© okular KRM[1814] zur Messung und Steuerung des Kreditrisikos aus Kundengeschäften;

- VR-Control© okular ORM[1815] zur Erfassung und Steuerung des operationellen Risikos;

- VR-Control© okular ZIABRIS
  - zur Messung des Marktpreisrisikos aus Eigengeschäften;
  - Das Modul KPM-EG[1816] erweitert auf Wunsch das Modul ZIABRIS um die Steuerung von Adress-, Migrations-, und Credit-Spread-Risiken im Eigengeschäft.

- VR-Control© okular ZIRIS[1817] zur ganzheitlichen Zinsbuchsteuerung.

Nebenher sind weitere Softwaremodule innerhalb von okular© erhältlich. Die vorgenannten Module bilden die durch die MaRisk AT 2.2. definierten wesentlichen Risiken ab und bilden somit die Grundlage zur softwarebasierten 2252

1809 Autor: **Noel Boka**. Die Ausführungen geben die persönliche Auffassung des Autors wieder. Der Artikel gibt einen Überblick über die Nutzung der Software. Ein Anspruch auf Vollständigkeit und Umfänglichkeit besteht nicht. Im Zweifel ist die technische und fachliche Dokumentation der parcIT GmbH bzw. der FIDUCIA & GAD IT AG heranzuziehen.
SIMON = **S**oll-**I**st-**Mon**itoring.
1810 Volks- und Raiffeisenbanken.
1811 Vgl. *FIDUCIA & GAD IT AG* (2015).
1812 Controlling Berichtssystem.
1813 Deckungsbeitrag.
1814 Kreditrisikomanagement.
1815 Operational Risk Management.
1816 Kreditportfoliomodell für das Eigengeschäft.
1817 Zinsrisikomanagement.

SOFTWARELÖSUNGEN FÜR DIE RISIKOTRAGFÄHIGKEIT

Risikotragfähigkeitsberechnung[1818]. Das Modul CBS steht nicht unmittelbar in einem Zusammenhang zur Risikotragfähigkeit, erweitert jedoch das Gesamtbankreporting um beispielsweise Bestandsgrößen. Hierbei ist als Beispiel die Zulieferung der größten Kundeneinlagen zur Einschätzung des Liquiditätsrisikos zu nennen. Das Modul DB-III-Planer gibt Implikationen zur Rentabilität. Typischerweise erfolgt eine automatische technische Versorgung der Daten. In Einzelfällen kann eine Überleitung durch technische Einstellung angestoßen oder verhindert werden. So sind Daten aus ORM »online« zu überführen, während Daten des Kreditrisikomanagements aus Kundengeschäften technisch automatisiert in Wartungsläufen überführt werden.

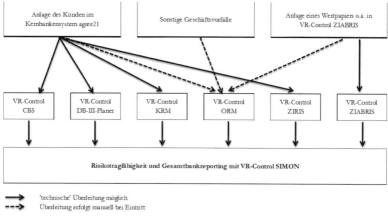

Abbildung I – 31:   Datenversorgung innerhalb von VR-Control[1819]

1.2. Risikotragfähigkeit mit VR-Control© okular SIMON

2253   Zur Ableitung der Risikotragfähigkeit ist das Berichtsmodul SIMON (**S**oll-**I**st-**Mon**itoring) zu konsultieren. Die Risikotragfähigkeit kann sowohl barwertig als auch periodisch vorgenommen werden. Eine Gone-Concern Betrachtung ist nicht vorgesehen. Folgend wird die Risikotragfähigkeit in ihrem Kern, also der Gegenüberstellung von Risikodeckungsdeckungsmassen und den aggregierten Risikogrößen betrachtet. Ergänzende Zulieferung aus CBS und dem DB-III-Planer bleiben ausgenommen. Abbildung I – 32 stellt die schematische Risikotragfähigkeitsermittlung dar.

1818   Vgl. *BaFin* (2012.12b), AT 2.2 i. V. m. AT 4.1 Tz. 1.
1819   Eigene Darstellung.

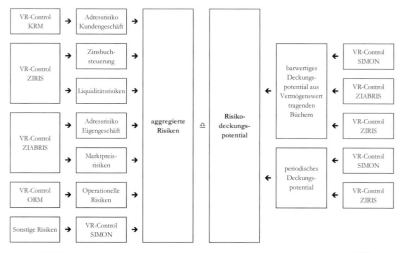

Abbildung I – 32: Schematische Risikotragfähigkeitsermittlung mit VR-Control[©1820]

Es ist zu konstatieren, dass die barwertige Ermittlung des Risikodeckungspotentials durch VR-Control© technisch in der Aggregation der Risikodeckungsmassen unterstützt wird. Demgegenüber sind zur periodischen Ermittlung der Risikodeckungsmassen vermehrt manuelle Eingaben vorzunehmen.[1821] Die korrekte und vollumfängliche Anlage und Pflege der Risikodeckungsmassen ist der aufwendigste Teil der Risikotragfähigkeit in VR-Control© SIMON. Hieraus folgend ist in der Konsequenz eine Limitierung manuell abzuleiten.

2254

Die tatsächliche Gegenüberstellung der zur Limitierung aufgeteilten Risikodeckungsmassen und der Risiken erfolgt im Anschluss im Reporting. Das Reporting untergliedert sich in folgende Berichtsmöglichkeiten:

2255

- MaRisk-Risikoreporting;
- VR-ControllingReport;
- Gesamtbank Soll-Ist-Vergleich[1822].

1820 Eigene Darstellung.
1821 Das Teilbetriebsergebnis der Ergebnisvorschaurechnung wird aus VR-Control© ZIRIS gepflegt. Der Saldo der Erträge/Aufwendungen des Handelsbestandes und der Position weiterer Risiken (wie beispielsweise Beteiligungsrisiken, Vertriebsrisiken) muss manuell gepflegt werden. Die Risikodeckungsmasse aus Substanzwerten wie beispielsweise das regulatorische Eigenkapital ist ebenfalls manuell zu pflegen.
1822 Eine genauere Ausführung zu den Unterschieden der Berichte erfolgt an dieser Stelle nicht.

SOFTWARELÖSUNGEN FÜR DIE RISIKOTRAGFÄHIGKEIT

2256 Abbildung I – 33 visualisiert die Programmsteuerung im Programmpaket VR-Control© SIMON.

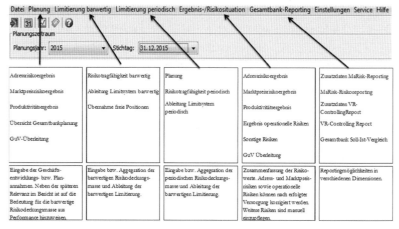

Abbildung I – 33:   *Einstiegsübersicht VR-Control© SIMON*[1823]

2. Anwendung von VR-Control© okular SIMON

2.1. Limitierung

2257 Innerhalb der Limitierung werden einerseits die Risikodeckungsmassen ermittelt und zusammengeführt. Andererseits werden die Risikodeckungsmassen in eine Limitierung der Risiken überführt. Die barwertige und periodische Ermittlung der Risikodeckungsmassen wird folgend getrennt behandelt.

2.1.1. Barwertige Limitierung

2258 Die barwertige Risikodeckungsmasse wird innerhalb von VR-Control© in die barwertige Substanz, also dem Reinvermögenswert, sowie der barwertigen Performance unterschieden. Entscheidend sind hierbei die kapitaltragenden Bücher[1824] wie beispielsweise das strategische Zinsbuch. Ausgehend hiervon können Korrekturen gebildet oder technisch nicht überlieferte Positionen eingefügt werden. Es ist zu betonen, dass das bilanzielle Eigenkapital sowie bilanzielle Reserven systemseitig als Abzugsposten vorgesehen sind. Reinver-

---

1823 Eigene Darstellung sowie Bildschirmausdruck aus VR-Control© SIMON, Version 5.8.
1824 Innerhalb der Einstellungen zu den kapitaltragenden Büchern ist eine Überführung in die Risikotragfähigkeit bzw. Berichterstattung auszuwählen.

mögen aus Provisionen, Grundstücken und Gebäuden o. ä. sind – je nach Typisierung – als Vermögens-, Verkehrs-, oder Buchwert manuell einzubringen. Innerhalb von VR-Control© SIMON werden Zahlungsverkehrsprovisionen besonders betont und berechnet. Abschließend sind die Betriebskosten, die allgemeinen Stückkosten und barwertige Risikokosten abzuziehen.

Es ist zu beachten, dass die vorgenannten Werte größtenteils manuell zu befüllen sind und keiner automatisierten Datenversorgung obliegen. Abbildung I – 34 stellt die RDM – Substanzwertermittlung dar.

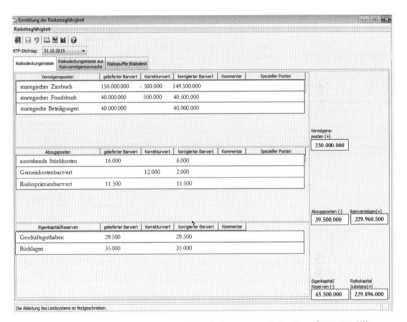

Abbildung I – 34: Barwertige RDM – Substanzwert in VR-Control© SIMON[1825]

Anschließend ist der barwertige Vermögenswert um den Barwert des erwarteten Geschäftes zu ergänzen. Dies ist vor dem Hintergrund einer Going-Concern-Betrachtung zu begründen. Hierbei werden aus dem Menüpunkt Planung Planwerte und Planerträge übernommen. Dies zeigt Abbildung I – 35.

[1825] Eigene Darstellung sowie Bildschirmausdruck aus VR-Control© SIMON, Version 5.8.

SOFTWARELÖSUNGEN FÜR DIE RISIKOTRAGFÄHIGKEIT

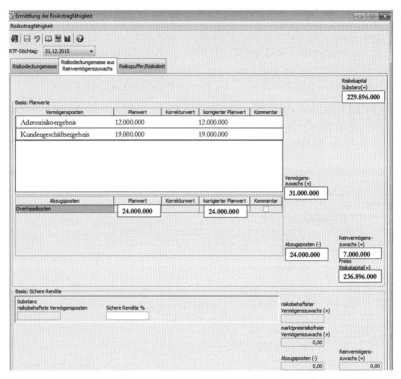

Abbildung I – 35:   Barwertige RDM – Performance in VR-Control© SIMON[1826]

2261   Unmittelbar mit Aggregation des Substanz- und Performancebarwertes würden die Risikodeckungsmassen vollständig in eine direkte Limitierung überführt werden. Damit im Sinne der Unternehmensfortführung nicht das gesamte barwertige Risikodeckungspotential ins Risiko gestellt wird, kann ein Risikopuffer in Abzug gebracht werden. Hierunter sind Risikoneigungen, Sicherheitsbedürfnisse oder sonstige Vorsorgen zu fassen. Die Risikopuffer werden softwareseitig wie folgt dargestellt:

1826   Eigene Darstellung sowie Bildschirmausdruck aus VR-Control© SIMON, Version 5.8.

Abbildung I – 36:   Barwertige RDM – Risikopuffer in VR-Control© SIMON[1827]

Zunächst ist innerhalb der Limitierung zu entscheiden, ob der Marktwert oder der Marktwert zzgl. der sicheren Performance als Risikodeckungsmasse angerechnet werden soll. Anschließend können die Risiken limitiert werden.

Während an den Marktpreisrisiken zusätzlich eine Entscheidung zur Skalierung des Limits auf die Haltedauer des Marktpreisbuches zu treffen ist, kann die Limitierung der Adress- und operationellen Risiken ohne weitere Einschränkung erfolgen. Unter den sonstigen Risiken können bankindividuelle Risiken angelegt werden. Die Ableitung des Limitsystems verdeutlicht Abbildung I – 37.

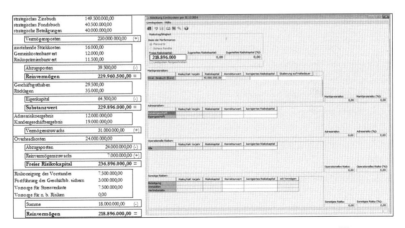

Abbildung I – 37:   Barwertige Limitierung und Berechnungssystematik[1828]

1827   Bildschirmausdruck aus VR-Control© SIMON, Version 5.8.
1828   Eigene Darstellung sowie Bildschirmausdruck aus VR-Control© SIMON, Version 5.8.

SOFTWARELÖSUNGEN FÜR DIE RISIKOTRAGFÄHIGKEIT

2.1.2. Periodische Limitierung

2264 Die periodische Ermittlung der Risikodeckungsmassen ist in VR-Control© SIMON durch vermehrte manuelle Eingaben gekennzeichnet. Lediglich das Teilbetriebsergebnis der Ergebnisvorschaurechnung wird bereitgestellt. Dies führt in der Konsequenz zu einer stichtagsbezogenen manuellen Eingabe und Anpassung.

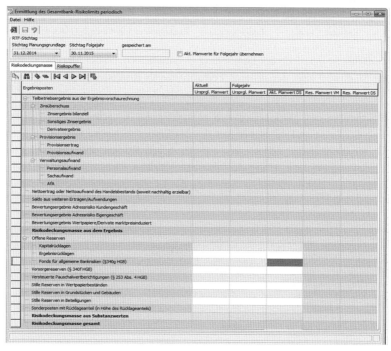

Abbildung I – 38:   Periodische Risikodeckungsmasse[1829]

2265 Zur Vervollständigung der Risikodeckungsmasse aus dem Ergebnis ist es erforderlich, die Planwerte für

- den Nettoertrag oder Nettoaufwand des Handelsbestands sowie
- den Saldo aus weiteren Erträgen und Aufwendungen

manuell unter dem Reiter »Planung« zu erfassen.

[1829] Bildschirmausdruck aus VR-Control© SIMON, Version 5.8.

842

Die Bewertungsergebnisse Kunden- und Eigengeschäft wie auch das marktpreisinduzierte Bewertungsergebnis der Wertpapiere und Derivate können – bei Vornahme der zugehörigen Einstellung – direkt aus VR-Control© ZIRIS übernommen werden.

Die komplettierten Werte ergänzen an dieser Stelle die Risikodeckungsmasse aus dem Ergebnis. In der Folge sind die Risikodeckungsmassen aus Substanz, also offene Reserven, wie Kapitalrücklage, Ergebnisrücklage, Vorsorgereserven sowie stille Reserven manuell zu erfassen. Da bilanzielle Werte typsicherweise nicht innerhalb von VR-Control© erfasst werden, müssen Veränderungen stets gepflegt werden. Sollten keine Veränderungen vorgenommen werden, werden die Vorstichtagswerte fortgeschrieben.

In einem nächsten Schritt ist der Risikopuffer zu erfassen. Während die Ermittlung der periodischen Deckungsmasse individuell erweiterbar ist (rechte Maustaste → neue Zeile einfügen), sind die Felder des abzuziehenden Risikopuffers fest vorgegeben. Zu den Abzugsposten gehören unter anderem der Mindestgewinn, das aufsichtlich gebundene Eigenkapital, sowie die Risikoneigung des Vorstandes.

Es ist zu konstatieren, dass der benötigte Mindestgewinn im oberen Teilfenster ermittelt wird und die Summe des benötigten Mindestgewinns – ohne erneute Auflistung im unteren Teilfenster – unmittelbar je nach Einstellung berücksichtigt wird[1830]. Der Mindestgewinn wird dann sofort dem Risikopuffer hinzugerechnet.

Abbildung I – 39 verdeutlicht diese Zusammenhänge.

1830 Die Einstellung zur Berücksichtigung des Mindestgewinns erfolgt in dem Menüpunkt der Reporterstellung unter dem Menüpunkt »Einstellungen MaRisk-Risikoreporting«.

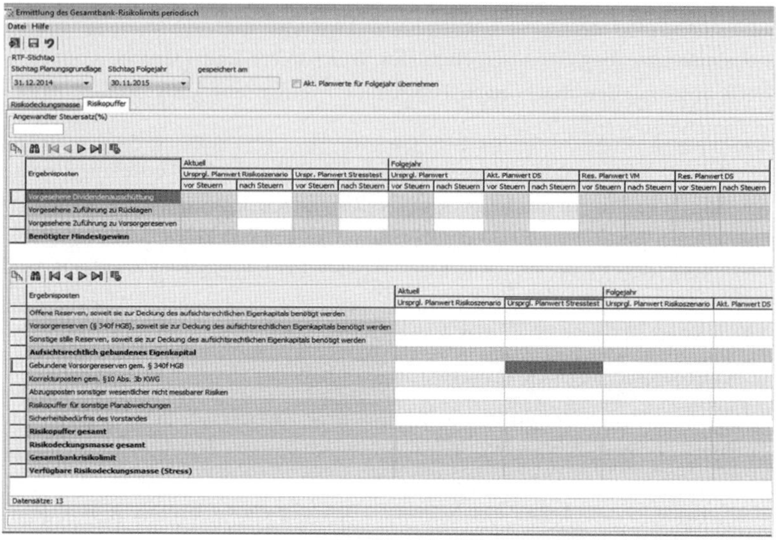

SOFTWARELÖSUNGEN FÜR DIE RISIKOTRAGFÄHIGKEIT

Abbildung I – 39: Periodischer Risikopuffer[1831]

2271 Bei Eingabe des periodischen Risikopuffers können Abzugspositionen erfasst werden, die nicht innerhalb der Limitierung ins Risiko gestellt werden sollen.

2272 Es ist abschließend darauf hinzuweisen, dass für die periodische Ermittlung der Risikodeckungsmassen sowie für die Limitierung eine Folgejahresbetrachtung möglich ist. Ein automatischer Übertrag der Limitierung auf das Folgejahr ist systemisch vereinfacht (rechter Button der Bearbeitungsleiste) vorgesehen.

2273 Abbildung I – 40 visualisiert eine mögliche periodische Limitierung.

[1831] Bildschirmausdruck aus VR-Control© SIMON, Version 5.8.

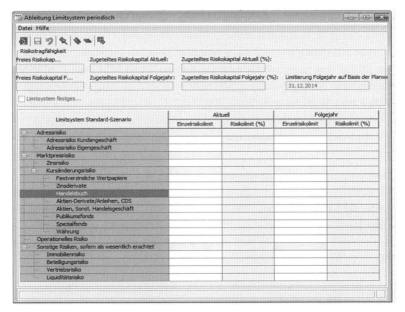

Abbildung I – 40:   Periodische Limitierung[1832]

2.2. Ergebnis-/Risikosituation

Nachdem die barwertige und/oder periodische Ermittlung der Risikodeckungsmasse sowie die jährliche Limitierung vorgenommen wurde, kann unter dem Reiter Ergebnis-/Risikosituation die Risikosituation erfasst werden. Innerhalb der Softwarelogik ist hier eine technische Übernahme der Risikowerte aus den VR-Control© Modulen vorgesehen. So können innerhalb des Reiters neben dem Kundengeschäftsergebnis, und dem Produktivitätsergebnis ebenso die zur Risikotragfähigkeit vorgesehenen Risiken angezeigt, erfasst oder korrigiert werden. Einstellungen zur Berechnung und Überführung sind im jeweiligen Modul KRM, ZIABRIS oder ZIRIS vorzunehmen. Es ist vorgesehen, dass die gelieferten Ergebnisse innerhalb der Risikosituation korrigiert werden können. Sofern ORM zur Steuerung und Messung von operationellen Risiken genutzt wird erfolgt eine automatische Überleitung der Berichtsstruktur. Andernfalls ist eine Risikogröße manuell einzupflegen.

Ausgehend von den fortgeschrittenen Messmethoden zum Adress-, Marktpreis- und operationellen Risiko wird abschließend die Messung und Erfas-

---

[1832] Bildschirmausdruck aus VR-Control© SIMON, Version 5.8.

SOFTWARELÖSUNGEN FÜR DIE RISIKOTRAGFÄHIGKEIT

sung der sonstigen Risiken betrachtet. Hierbei wird durch die Software die Unterteilung in Beteiligungsrisiken, Immobilienrisiken, Vertriebsrisiken und sonstige frei definierbaren Risiken unterschieden. Für die vorgegebenen Risiken erfolgt eine pauschale Berechnung innerhalb von VR-Control© SIMON. Hierbei sind Risikoprozentsätze i.S. einer strategischen Managemententscheidung – nach Möglichkeit konsistent zu den weiteren Modellen und Verfahren – festzulegen. Diese werden dann je nach Risikoart und in Abhängigkeit von Standard- oder Stressszenario mit dem Bar-, Markt- oder Buchwert verrechnet.

2276 Das barwertige Beteiligungsrisiko errechnet sich demzufolge aus dem Barwert der Beteiligungen bzw. im Falle der periodischen Betrachtungsweise mit dem Buchwert der Beteiligungen. Das Immobilienrisiko ergibt sich im Normalszenario durch die Subtraktion des Marktwertes abzüglich des Beleihungswertes. Im Stressszenario errechnet sich dieser Wert aus dem Marktwert multipliziert mit einem Risikoprozentsatz.

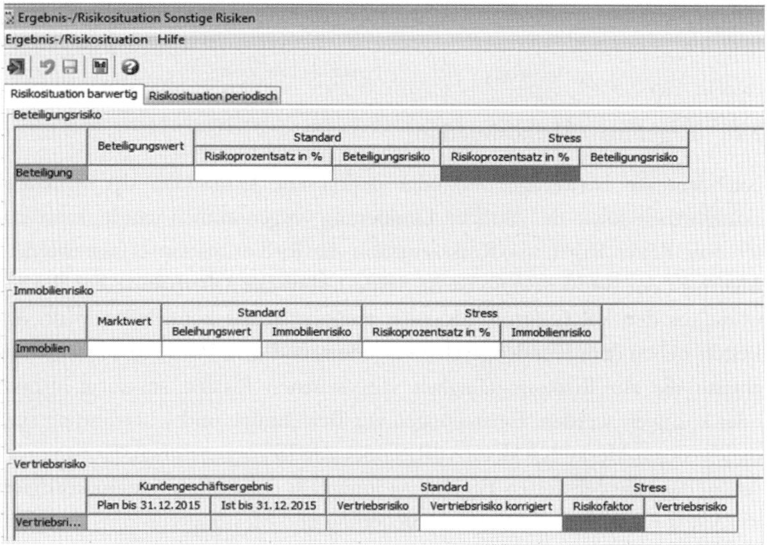

Abbildung I – 41: Pauschale Risikoberechnung[1833]

[1833] Bildschirmausdruck aus VR-Control© SIMON, Version 5.8.

Die Anlage sonstiger, frei definierbarer Risiken obliegt jedem Institut selbst. Das Hinzufügen dieser Risiken innerhalb der Limitierung erfolgt barwertig wie periodisch identisch (rechter Mausklick → Zeile hinzufügen). Die Risikoermittlung hat dabei außerhalb der Software zu erfolgen.

2.3. Gesamtbank-Reporting

Ausgehend von der abgeschlossenen Ermittlung der Risikodeckungsmasse, der darauf aufbauenden Limitierung und der regelmäßigen Risikoermittlung stehen innerhalb des SIMON drei verschiedene Reporting-Wege zur Verfügung:

- MaRisk-Risikoreporting;
- VR-ControllingReport;[1834]
- Gesamtbank-Soll-Ist-Vergleich.

Der MaRisk-Report ist als Standardreporting zur Darstellung aller relevanten Risiken zu charakterisieren. In seinem Kern kann er auf das bloße Reporting der Risikotragfähigkeit reduziert werden. Er bietet allerdings genauso die Möglichkeit unterschiedliche Aggregationsstufen hinzuzufügen. Damit kann die Gegenüberstellung der Risikodeckungsmassen und des Risikos um steuerungsrelevante Informationen und Strukturanalysen (beispielsweise die Analyse der größten Kreditnehmer) ergänzt werden.

Demgegenüber steht der Gesamtbank Soll-Ist-Vergleich, der das Gesamtinstitut risiko- und ertragsorientiert hochaggregiert darstellt.

In der Folge wird ausschließlich das MaRisk Reporting als Kerninstrument der Risikotragfähigkeit mit VR-Control© SIMON fokussiert. Die Menüführung gibt einen ersten Überblick, welche Einstellungen oder weitere Eingaben vorzunehmen sind.

1834 Auf eine Darstellung des VR-ControllingReports wird an dieser Stelle vollständig verzichtet.

SOFTWARELÖSUNGEN FÜR DIE RISIKOTRAGFÄHIGKEIT

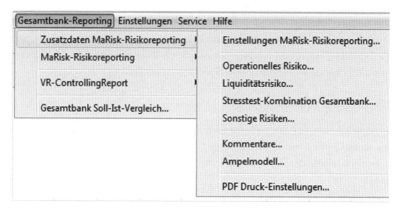

Abbildung I – 42:   *Menüführung des MaRisk-Reports in VR-Control© SIMON*[1835]

2282 Unmittelbar vor Reporterstellung sind einmalig bzw. bei Anpassung der Betrachtungsweise Einstellungen zum MaRisk-Reporting vorzunehmen. Diese beziehen sich vornehmlich auf die Berücksichtigung bzw. Aggregation einzelner Ergebnisbestandteile wie beispielsweise:

- Detaillierungsgrad des Teilbetriebsergebnisses der Ergebnisvorschaurechnung;

- Berücksichtigung des Mindestgewinns vor Steuern im Rahmen der periodischen Ermittlung der Risikodeckungsmassen;

- Detaillierungsgrade einzelner Risiken;

- Nutzung des durch die Software vorgegebenen Ampelmodells[1836].

2283 Abhängig von der weiteren Nutzung von VR-Control© ORM sind Schadenfälle entweder innerhalb von ORM bzw. innerhalb des SIMON anzulegen.

2284 Im Bereich der Liquiditätsrisiken sind umfängliche Eingaben vorzunehmen, da eine technische Belieferung nicht vorgesehen ist. Die Erfassung der Liquiditätsrisiken bezieht sich hierbei hauptsächlich auf die Erfassung wesentlicher Strukturkennzahlen der Liquiditätsverordnung, abhängig vom jeweiligen Laufzeitband. Der zweite Teil der Eingabemöglichkeiten ist dynamisch und erfordert eine vollständig manuelle Clusterung, wie auch regelmäßige Erfassung, durch den Anwender. Durch die Nutzung des Moduls CBS oder KRM

1835 Bildschirmausdruck aus VR-Control© SIMON, Version 5.8.
1836 Das Ampelmodell wird in diesem Zusammenhang sowohl innerhalb der Anwendung SIMON, aber auch in anverwandten Programmen wie ZIABRIS, KRM und Zinsmanagemenent eingestellt.

können zudem die größten Abflussrisiken bzw. die größten Abrufrisiken dargestellt werden.

Da insbesondere die Adressrisiken bzw. auch Marktpreisrisiken innerhalb des Softwarepaketes technisch übergeben werden, können weitere Einstellungen zum Reporting auch innerhalb der Module KRM, ZIABRIS und Zinsmanagement vorgenommen werden.

Die Gestaltung und Darstellung kombinierter Stresstest-Szenarien ist als großer Vorteil der Software zu werten. Verschiedene, zugelieferte wie auch innerhalb von SIMON erfasste univariate Risikoszenarien können durch eine Dropdown-Menüführung miteinander kombiniert werden. In diesem Zusammenhang ist die nach MaRisk geforderte Forderung nach der Berücksichtigung von Korrelationen mit einer Korrelation von 1 zu antworten.[1837] Hierbei handelt es sich sicherlich um die konservativste Annahme, eine Veränderung dieser Korrelationsannahme von 1 ist jedoch nicht möglich.

Zuletzt sind innerhalb des jeweiligen Berichtsmenüs Möglichkeiten zur Erfassung von Kommentaren vorgesehen. An einer zentralen Stelle, und damit nicht innerhalb der Erfassung des jeweiligen Risikos, werden alle Kommentierungen zu den einzelnen Berichtsbestandteilen erfasst. Die üblichen Textbearbeitungsfunktionen wie auch die Möglichkeit Grafiken in bestimmten Formaten anzuhängen sind gegeben.

Ausgehend von den Vorbereitungen ist nun der Bericht zu erstellen. Es ist bei erstmaliger Verwendung eine neue Berichts-Schablone anzulegen, alternativ kann ein neuer Bericht auch als Schablonen-Kopie angefertigt werden. Die Schablonen regeln dabei den Umfang des Berichtes, denn unabhängig von den vorgenommenen Einstellungen ist der Umfang und die Tiefe, wie auch die Anzeige der Kommentare an dieser Stelle vorzunehmen. Es ist erneut zu betonen, dass die Anzeige der Kommentare an dieser Stelle definiert wird. Erfasste, aber nicht in der Kommentierung aktivierte Kommentare werden nicht angezeigt.

Eine ausreichende Datengrundlage[1838] vorausgesetzt kann dann ein PDF-Bericht erzeugt werden. Der PDF-Bericht wird dabei im DIN A4 Format

---

[1837] Vgl. BaFin (2012.12b), AT 4.3.3 Tz. 1. Die Forderung nach Diversifikationseffekten innerhalb von Stresstestkonzepten bleibt auch innerhalb der neuen Konsultation der MaRisk 6.0-E an selber Stelle erhalten. Vgl. BaFin (2016.02b), AT 4.3.3 Tz. 1. Diversifikationseffekte werden detailliert in Kapitel D.VIII erörtert.

[1838] Die Datengrundlage »erfasst/kommentiert« zeigt die vollständige Erfassung aller Risiken und aller Kommentare an und lässt eine finale Berichterstellung zu.

SOFTWARELÖSUNGEN FÜR DIE RISIKOTRAGFÄHIGKEIT

ausgegeben und ist grafisch eher einem Textformat als einem Präsentationsformat ähnlich. Eine Ausgabe im *.csv[1839] Format ist ebenfalls möglich.

2290 Soll lediglich die Risikotragfähigkeit berichtet werden, so kann die Schablone angepasst und der Bericht auf ein Minimum reduziert werden.[1840] Insgesamt sind folgende Berichtsdimensionen innerhalb der Reportings auswählbar, wie Tabelle I – 2 zeigt.

Ausführungen zur Gesamtbanksteuerung
Management-Summary Gesamtbanksteuerung
Gesamtbanksteuerung periodisch
Zusammenfassung der Vermögens-, Bestands- und Ergebnisentwicklung, Bestandsentwicklung – Kundengeschäft, Ergebnisentwicklung, Ermittlung des periodischen Gesamtbank-Risikolimits, Darstellung der Risiken aus der Planabweichung nach GuV-Positionen – aktuelles Jahr, Darstellung der Risiken aus der Planabweichung nach Risikoarten – aktuelles Jahr, Risikosituation aktuelles Jahr (Risikoszenario), Liquiditätsrisiko (Liquiditätskennzahl), Stresstests – aktuelles Jahr, Risikosituation Folgejahr (Risikoszenario), Ex post Betrachtung am 31.12 des Geschäftsjahres, Prozentuale Aufteilung des Gesamtbankrisikolimits
Gesamtbanksteuerung barwertig
Ermittlung des barwertigen Gesamtbank-Risikolimits, Limitsystem barwertig, Risikosituation (Risikoszenario) und Risikosituation (Stresstest)
Anhang Gesamtbanksteuerung
Adressrisiko
Management-Summary Adressrisikosteuerung
Adressrisikosteuerung periodisch (Gesamtbank)
Gesamtbank-Limitierung Adressrisiko (periodisch), Risikoszenario und Stress-Szenarien 1–4 (periodisch), Zeitreihe Ist-Werte (periodisch), Stress-Szenarien 1–2 (periodisch), Stress-Szenarien 3–4 (periodisch), Stress-Szenarien 5–6 (periodisch), ex post Betrachtung 31.12. (periodisch)
Adressrisikosteuerung barwertig (Gesamtbank)
Gesamtbank-Limitierung Adressrisiko (barwertig), Stress-Szenarien 1–2 (barwertig), Stress-Szenarien 3–4 (barwertig), Stress-Szenarien 5–6 (barwertig)

1839 Comma separated value.
1840 Eine detaillierte Darstellung der weiteren Berichtsteile wird an dieser Stelle nicht verfolgt.

Strukturlimitierung Kundengeschäft (ADR)

Strukturlimite Kundengeschäft RV, Entwicklung Strukturlimite Kundengeschäft RV, Analyse und Entwicklung Kennzahlen Kundenkreditportfolio RV, Analyse und Entwicklung Branchenquoten RV, Analyse und Entwicklung der Kreditnehmerlimite RV, Strukturlimite Kundengeschäft IA, Entwicklung Strukturlimite Kundengeschäft IA, Analyse und Entwicklung Kennzahlen Kundenkreditportfolio IA, Analyse und Entwicklung Branchenquoten IA, Analyse und Entwicklung der Kreditnehmerlimite IA, Stellungnahme zur Einhaltung von Kennzahlenlimitierungen

Strukturanalysen Kundengeschäft (ADR)

Kundenkreditportfolio nach VR-Rating, Kundenkreditportfolio nach Bonität, Kundenkreditportfolio nach Risikogruppe, Kreditstrukturanalyse, Wanderungsbewegung innerhalb des VR-Rating, Wanderungsbewegung innerhalb der Bonität, Wanderungsbewegung innerhalb der Risikogruppe, Kundenkreditportfolio nach Branchen, Kundenkreditportfolio nach Größenklassen, Kundenkreditportfolio nach Größenklassen (VR-Rating), Kundenkreditportfolio nach Größenklassen (Bonität), Kundenkreditportfolio nach Größenklassen (Risikogruppe), Größenklassenanalyse Risikovolumen, Engagementliste – 25 größte Risikovolumen, Größenklassenanalyse Blankovol. (RV), Engagementliste – 25 größte Blankovol. (RV), Kundenkreditportfolio nach Sicherheitenkategorien, Barwertiges Adressrisikoergebnis, CVaR nach VR-Rating, CVaR nach Bonität, CVaR nach Risikogruppe, CVaR nach Kreditnehmer (20 größte CVaR-Werte), CVaR nach Branchen, Kreditportfoliomodell (Gesamtbankauswertung), Entwicklung der Risikovorsorge, Bemerkenswerte Kunden, Bedeutende Überziehungen (Engagementsicht), Bedeutende Überziehungen (Kundensicht), Umfang und Entwicklung des Neugeschäfts (VR-Rating), Umfang und Entwicklung des Neugeschäfts (Bonität), Umfang und Entwicklung des Neugeschäfts (Risikogruppe), Kundenliste – 25 größten Neugeschäfte

Adressrisiken im Eigengeschäft

Angaben zu Risiken im Eigenanlagebestand, Analyse Eigengeschäftsportfolio (periodisch) – Risiko-Szenario, Analyse Eigengeschäftsportfolio (periodisch) – Stress-Szenario 1, Analyse Eigengeschäftsportfolio (periodisch) – Stress-Szenario 2, Analyse Eigengeschäftsportfolio (barwertig) – Risiko-Szenario, Analyse Eigengeschäftsportfolio (barwertig) – Stress-Szenario 1, Analyse Eigengeschäftsportfolio (barwertig) – Stress-Szenario 2

Sonstige Angaben (ADR)

Kapitalunterlegung gemäß CRR, Angaben zu Großkrediten, Länderrisiken im Kundenkreditportfolio, Sonstige berichtspflichtige Kreditentscheidungen, Angabepflichten nach MaRisk, Sonstige Bemerkungen und Hinweise zum Adressrisikobericht

SOFTWARELÖSUNGEN FÜR DIE RISIKOTRAGFÄHIGKEIT

Anhang Adressrisikobericht	
OpRisk-Bericht	
Management-Summary Steuerung operationeller Risiken	
Steuerung OpRisk periodisch (Gesamtbank)	
	Gesamtbank-Limitierung OpRisk (periodisch) – aktuelles Jahr, Gesamtbank-Limitierung OpRisk (periodisch) – Folgejahr
Steuerung OpRisk barwertig (Gesamtbank)	
	Gesamtbank-Limitierung OpRisk (barwertig)
Schadensfälle und wesentliche Risiken	
	Berichterstattung über bedeutende Schadensfälle, Berichterstattung über wesentliche Risiken
Anhang OpRisk-Risikobericht	
Liquiditätsrisikobericht	
Management-Summary Liquiditätsrisikosteuerung	
Steuerung Liquiditätsrisiken	
	Liquiditäts- und Beobachtungskennzahlen, Potentieller Mittelabfluss, 10 größte Einleger (Fälligkeiten in einem Monat), 10 größte Abrufrisiken (offene Kreditzusagen)
Anhang Liquiditätsrisikobericht	
Sonstige Risiken	
Management-Summary Steuerung sonstiger Risiken	
Steuerung sonstiger Risiken (Gesamtbank)	
	Gesamtbank-Limitierung sonstige Risiken (periodisch und barwertig) – aktuelles Jahr, Gesamtbank-Limitierung sonstige Risiken (periodisch und barwertig) – Folgejahr
Anhang Sonstige Risiken	

Tabelle I – 2: Potentielle Berichtsbestand MaRisk-Reporting mit VR-Control© SIMON[1841]

1841 Eigene Darstellung in Anlehnung an VR-Control© SIMON, Version 5.8.

Die technische Umsetzung in der Software zeigt folgende Abbildung.

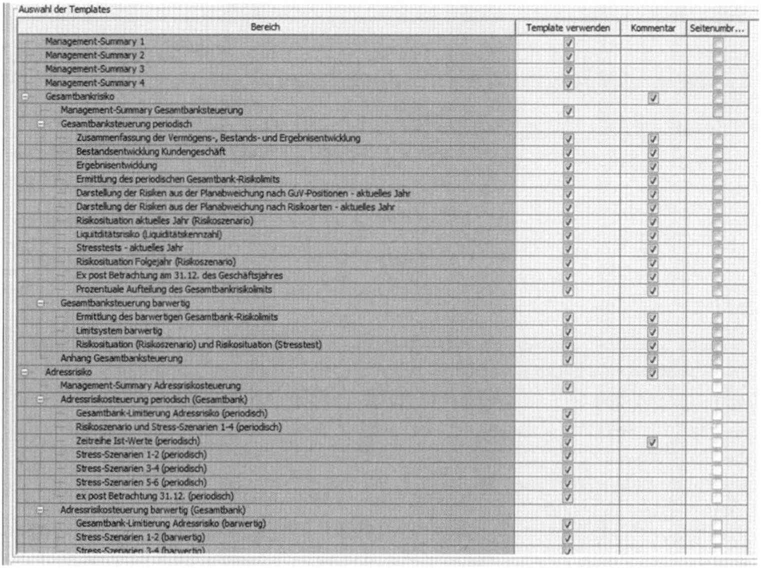

Abbildung I – 43: Einstellung des Detaillierungsgrades des Berichtes[1842]

Ausgehend von der nun abgeschlossenen Reporterstellung wird der Risikotragfähigkeitsreport in den Abbildung I – 44 (wertorientiert) und I – 45 (periodisch) ausgegeben. Abbildung I – 46 verdeutlicht die Periodische Ist-Risikosituation und Limitauslastung.

1842 Bildschirmausdruck aus VR-Control© SIMON, Version 5.8.

SOFTWARELÖSUNGEN FÜR DIE RISIKOTRAGFÄHIGKEIT

Abbildung I – 44:   Beispielbericht – Vermögens- und Ertragsübersicht[1843]

1843   Eigene Darstellung in Anlehnung an VR-Control© SIMON, Version 5.8.

Ermittlung des periodischen Gesamtbank-Risikolimits

Periodische Ermittlung der Risikodeckungsmasse

Periodische Ermittlung der Risikodeckungsmasse	Aktuelles Jahr Folgejahr	Planwert Urspr. Planwert
Teilbetriebsergebnis aus der Ergebnisvorschaurechnung		
Zinsüberschuss		
Zinsergebnis bilanziell		
Sonstiges Zinsergebnis		
Derivateergebnis		
Provisionsergebnis		
Provisionsertrag		
Provisionsaufwand		
Verwaltungsaufwand		
Personalaufwand		
Sachaufwand		
AfA		
Nettoertrag oder Nettoaufwand des Handelsbestands		
Saldo aus weiteren Erträgen/Aufwendungen		
Bewertungsergebnis Adressrisiko Kundengeschäft		
Bewertungsergebnis Adressrisiko Eigengeschäft		
Bewertungsergebnis Wertpapiere/Derivate marktpreisinduziert		
Risikodeckungsmasse aus dem Ergebnis		
Offene Reserven		
Kapitalrücklagen		
Ergebnisrücklagen		
Fonds für allgemeine Bankrisiken (§340g HGB)		
Vorsorgereserven (§ 340f HGB)		
Versteuerte Pauschalwertberichtigungen (§ 253 Abs. 4 HGB)		
Stille Reserven in Wertpapierbeständen		
Stille Reserven in Grundstücken und Gebäuden		
Stille Reserven in Beteiligungen		
Sonderposten mit Rücklageanteil (in Höhe des Rücklageanteils)		
Risikodeckungsmasse aus Substanzwerten		
Risikodeckungsmasse gesamt		

Periodische Ermittlung des Risikopuffers

Ermittlung des Risikopuffers	Aktuelles Jahr				Folgejahr	
	Risikoszenario		Stressszenario		Risikoszenario ursprünglich	
	vor Steuern	nach Steuern	vor Steuern	nach Steuern	vor Steuern	nach Steuern
Vorgesehene Dividendenausschüttung						
Vorgesehene Zuführung zu Rücklagen						
Vorgesehene Zuführung zu Vorsorgereserven						
Benötigter Mindestgewinn						

Ermittlung des Risikopuffers	Aktuelles Jahr		Folgejahr
	Risikoszenario	Stressszenario	Risikoszenario ursprünglich
Offene Reserven, soweit sie zur Deckung des aufsichtsrechtlichen Eigenkapitals benötigt werden			
Vorsorgereserven (§ 340f HGB), soweit sie zur Deckung des aufsichtsrechtlichen Eigenkapitals benötigt werden			
Sonstige stille Reserven, soweit sie zur Deckung des aufsichtsrechtlichen Eigenkapitals benötigt werden			
Aufsichtsrechtlich gebundenes Eigenkapital			
Gebundene Vorsorgereserven gem. § 340f HGB			
Korrekturposten gem. §10 Abs. 3b KWG			
Abzugsposten sonstiger wesentlicher nicht messbarer Risiken			
Risikopuffer für sonstige Planabweichungen			
Sicherheitsbedürfnis des Vorstandes			
Risikopuffer gesamt			

Abbildung I – 45:   Beispielbericht – Periodische Risikodeckungsmassen[1844]

1844   Eigene Darstellung in Anlehnung an VR-Control© SIMON, Version 5.8.

SOFTWARELÖSUNGEN FÜR DIE RISIKOTRAGFÄHIGKEIT

Periodische Ermittlung des Gesamtbankrisikolimits	Aktuelles Jahr		Folgejahr
Ermittlung des GBR	Risiko-szenario	Stress-szenario	Risikoszenario ursprünglich
Risikodeckungsmasse gesamt			
Risikopuffer gesamt			
Gesamtbankrisikolimit			
Verfügbare Risikodeckungsmasse (Stress)			

Darstellung der Risiken aus der Planabweichung nach GuV-Positionen - aktuelles Jahr

GuV-Position	Ursprünglicher Planwert Eckwertplanung	Aktualisierter Planwert Erfolgsvorschau	Risikoergebnis
Planabweichung aus Risiko			
Zinsüberschuss			
Zinsergebnis bilanziell			
Sonstiges Zinsergebnis			
Derivateergebnis			
Bewertungsergebnis Adressrisiko Kundengeschäft			
Bewertungsergebnis Adressrisiko Eigengeschäft			
Bewertungsergebnis Wertpapiere/Derivate marktpreisinduziert			
Sonstige Planabweichungen			
Nettoertrag oder Nettoaufwand des Handelsbestands			
Provisionsergebnis			
Provisionsertrag			
Provisionsaufwand			
Verwaltungsaufwand			
Personalaufwand			
Sachaufwand			
AfA			
Saldo aus weiteren Erträgen/Aufwendungen			
Betriebsergebnis nach Bewertung			

Darstellung der Risiken aus der Planabweichung nach Risikoarten - aktuelles Jahr

Risikoart	Ursprünglicher Planwert Eckwertplanung	Aktualisierter Planwert Erfolgsvorschau	Risikoergebnis
Adressrisiko			
Adressrisiko Kundengeschäft			
Adressrisiko Eigengeschäft			
Marktpreisrisiko			
Zinsrisiko			
Kursänderungsrisiko			
Operationelles Risiko			
Saldo aus weiteren Erträgen/Aufwendungen			

Abbildung I – 46:   *Beispielbericht – Periodische IST-Risikosituation und Limitauslastung*[1845]

1845 Eigene Darstellung in Anlehnung an VR-Control© SIMON, Version 5.8.

3. Kritische Würdigung der Risikotragfähigkeitsmöglichkeiten mit VR-Control© SIMON

3.1. VR-Control© SIMON im Kontext der MaRisk 6.0[1846]

Mit VR-Control© SIMON werden die bisherigen Anforderungen der MaRisk hinsichtlich des Reportings grundlegend unterstützt. Mit der im Februar erschienenen Konsultation der MaRisk wird insbesondere das Reporting fokussiert. Auf dieser Basis ist die Nutzung des SIMON neu zu beurteilen. Aus diesem Grund werden folgend die neuen Anforderungen des Konsultationsentwurfs der MaRisk tabellarisch den bisherigen Möglichkeiten des Reporting mithilfe von VR-Control© SIMON gegenübergestellt und kommentiert. Es ist anzumerken, dass eine Anpassung der Software an die neuen Anforderungen zur Erhaltung des Nutzens zu erwarten ist.

In der Folge werden insbesondere die Teilziffern zu den neuen Anforderungen des BT 3 der MaRisk-Konsultation den derzeitigen technischen Gegebenheiten gegenübergestellt und in einem gemeinsamen Kontext kritisch gewürdigt. Dies zeigt Tabelle I – 3.

Anforderungen der MaRisk-Konsultation		Berücksichtigung innerhalb von VR-Control© SIMON	Fazit
BT 3.1, Tz. 1	Regelmäßigkeit der Berichterstattung an die Geschäftsleitung mit eingeschlossener zukunftsgerichteter Prognose und angemessen gewichteter qualitativer Aussagen.	Die Berichterstattung mit VR-Control© SIMON kann regelmäßig und zuverlässig erstellt werden. Die Datenversorgung erfolgt technisch mind. monatlich (bspw. KRM). Die zukunftsgerichteten Prognosen und qualitative Aussagen basieren auf zusätzlichen Strukturauswertungen. Sie können durch die Kommentierungsfunktion und die Möglichkeit des Einfügens von Grafiken jederzeit ergänzt werden.	☺
BT 3.1, Tz. 2	Ergebnisse der Stresstests und deren potentielle Auswirkungen auf die Risikosituation sind angemessen zu würdigen.	Durch die Einstellung und Parametrisierung zweier Gesamtbank-Stresstests[1847] kann diese Anforderung quantitativ erfüllt werden. Die	☺

[1846] Eine Beurteilung der Anforderungen an Auslagerungen gemäß *BaFin* (2012.12b), AT 9 durch die technische Übertragung des Berichtswesens wird nicht vorgenommen. An dieser Stelle sollen die inhaltlichen Anforderungen zur Risikotragfähigkeit fokussiert werden.

[1847] Die Qualität und Ausgestaltung der Stresstests ist nicht Gegenstand dieser Anforderung. Unter Umständen sind manuelle Eingriffe/Korrekturen vorzunehmen.

SOFTWARELÖSUNGEN FÜR DIE RISIKOTRAGFÄHIGKEIT

Anforderungen der MaRisk-Konsultation		Berücksichtigung innerhalb von VR-Control© SIMON	Fazit
		qualitative Kommentierung hat über die Kommentierungsfunktion zu erfolgen.	
BT 3.1, Tz. 3	Ad-hoc-Risikoberichte sollten je nach Risikogefüge und Marktsituation erstellbar sein.	Die Erstellung von Ad-Hoc-Risikoberichten ist kritisch zu beurteilen, da sowohl VR-Control© KRM und ZIRIS lediglich eine monatliche Berechnung zulassen. ZIABRIS lässt teilweise einen abweichenden Berechnungsturnus zu.	☹
BT 3.1, Tz. 4	Angemessener zeitlicher Rahmen der Berichterstellung und Versendung.	Aufgrund des hohen Automatisierungsgrad ist bei vollständiger und konsequenter Nutzung eine zeitnahe Erstellung möglich.	☺
BT 3.1, Tz. 5	Es handelt sich an dieser Stelle lediglich um eine Umwidmung aus AT 4.3.2 Tz. 6.		
BT 3.2, Tz. 1	Regelmäßige Erstellung von Risikoberichten der Risikocontrolling-Funktion. Nach Bedarf ebenfalls eine tägliche oder wöchentliche Berichterstattung.	Die Erstellung von Kurzberichten für das Marktrisiko ist nicht möglich. Der monatliche bzw. vierteljährliche kann ressourcenschonend abgebildet werden. Kurzfristigere Berichte mit Fokus auf Marktpreisrisiko-Positionen sollten anders abgebildet werden. Entscheidend ist das Risikogefüge.	😐
BT 3.2, Tz. 2	Bestandteile der Risikoberichte sollten sein: Ausgestaltung der Kapitalausstattung, Refinanzierung, Kennziffern der Liquiditäts- und Kapitalausstattung usw.	Insbesondere hinsichtlich der Refinanzierungspositionen und der Kennziffern ist die derzeitige Darstellung des Reportings von VR-Control© SIMON nicht ausgelegt.	☹
BT 3.2, Tz. 3	Adressenausfallrisiken sind mindestens vierteljährlich und mit einer Mindestanforderung an die Ausgestaltung des Berichts zu reporten.	Die Darstellung der Adressenausfallrisiken im Kundengeschäft erfolgt in einer großen Bandbreite und einer ausreichenden Berichtstiefe. Kleinere qualitative Anforderungen könnten über die Reportingfunktion abgebildet werden. Entscheidend zur Beurteilung sind in diesem Zusammenhang der Umfang und die Bedeutung des Eigenschäftes. Länderrisiken sind	😐

Anforderungen der MaRisk-Konsultation		Berücksichtigung innerhalb von VR-Control© SIMON	Fazit
BT 3.2, Tz. 4	Marktpreisrisiken sind mindestens vierteljährlich und mit einer Mindestanforderung an die Ausgestaltung des Berichts zu reporten.	beispielsweise bis dato nur im Kundenkreditportfolio abbildbar. Marktpreisrisiken können nicht immer und nicht vollständig über VR-Control© SIMON reportet werden. Teilweise kann auf ein ebenfalls bestehendes Limitsystem in VR-Control© ZIABRIS zurückgegriffen werden. In diesem Zusammenhang ist das Risikogefüge für einen erhöhten Anpassungsbedarf entscheidend.	☹ ☺
BT 3.2, Tz. 5	Liquiditätsrisiken sind mind. vierteljährlich und mit einer Mindestanforderung an die Ausgestaltung des Berichts zu reporten.	Die Reportingmöglichkeiten der Liquiditätsrisiken erfüllen nicht in ausreichendem Maße die Anforderungen der MaRisk-Konsultation.	☹
BT 3.2, Tz. 6	Operationelle Risiken sind mindestens vierteljährlich und mit einer Mindestanforderung an die Ausgestaltung des Berichts zu reporten.	Sollte das Risikogefüge und der Umfang der operationellen Risiken keine untypischen Ausprägungen annehmen, kann VR-Control© SIMON als ausreichend zu erachten. Die Kommentierungsfunktion sollte gemäß BT 3.1 Tz. 1 in jedem Fall genutzt werden.	☺
BT 3.2, Tz. 7	Sonstige Risiken sind mind. vierteljährlich und mit einer Mindestanforderung an die Ausgestaltung des Berichts zu reporten.	Sonstige Risiken sind weitreichend definiert, dass technische Vorgaben diesem Umstand schwierig gerecht werden können. Eine Würdigung ist daher von dem Risikogefüge des individuellen Instituts abhängig.	--

Tabelle I – 3:   Neuerungen des BT 3 der MaRisk-Konsultation innerhalb von VR-Control© SIMON[1848]

Beginnend mit AT 4.1 zur Risikotragfähigkeit der MaRisk-Konsultation ist zu attestieren, dass an dieser Stelle keine wesentlichen Neuerungen vorgenommen wurden, sondern lediglich einzelne Bestandteile umgegliedert oder klar-

---

1848 Eigene Darstellung in Anlehnung an *BaFin* (2016.02b), BT 3.1. Auf eine u. U. explizite Kennzeichnung wörtlicher Zitate wurde innerhalb der Tabelle zugunsten der Übersichtlichkeit und Lesbarkeit verzichtet. Details der Anforderungen sind der MaRisk-Konsultation zu entnehmen.

gestellt wurden. Insofern ist eine ausführliche Beleuchtung an dieser Stelle nicht erforderlich.[1849]

2296 Während die Risikosteuerungs- und -controllingsprozesse nach AT 4.3.2 der MaRisk Konsultation Nr. 02/2016 keine Handlungsimplikationen zu einer vom bisherigen Vorgehen abweichenden Praxis liefern, sind demgegenüber Veränderungen im Bereich des Stresstests festzustellen. Nach AT 4.3.3 der MaRisk-Konsultation sind unter Tz. 2 Formulierungen zu regelmäßigen bzw. anlassbezogenen gesamtinstitutsumfassende Stresstests vorzufinden. In diesem Zusammenhang ist der Grundsatz der doppelten Proportionalität genauso zu berücksichtigen, wie die Formulierung übergeordneter Szenarien. Makroökonomische wie auch sonstige externe Einflüsse sind in diesem Zusammenhang ebenfalls zu berücksichtigen.[1850]

2297 Mit VR-Control© SIMON können diese gesamtbankorientierten Stresstests abgebildet werden. Typischerweise werden innerhalb des Stresstests nach AT 4.3.3 Tz. 2 der MaRisk Konsultation die wesentlichen Risiken innerhalb eines Stressszenarios zusammengefasst. Dies ist dahingehend einzuschränken, dass die bloße quantitative Berechnung nur bedingt möglich ist. Zwar sind spezifische, voreingestellte bzw. zinskurvenabhängige Risikosituationen berechenbar – sollten die Anforderungen jedoch darüber hinausgehen sind Anpassungen anderweitig vorzunehmen. Im Bereich der Adressrisiken können verschiedene Szenarien wie beispielsweise das Absinken der Sicherheitenwerte oder eine Erhöhung der PDs betrachtet werden. Ferner sind die innerhalb des SIMON pauschal errechneten Risiken oder das bloße Shiften beispielsweise des Beteiligungsrisikos kritisch zu analysieren. Ähnlich verhält es sich ebenfalls in Bezug auf die »Wechselwirkungen«, also den Inter-Risikokonzentrationen[1851]. Je nach interpretierter Proportionalität kann sich die Abbildung des Stresstest erschweren bzw. es müssen umfassende manuelle Korrekturen der Risikowerte vorgenommen werden.

2298 Die nach AT 4.3.4 neu hinzugekommenen Anforderungen an das Datenmanagement, die Datenqualität und der Aggregation von Risiken bezieht sich in einem ersten Schritt auf systemrelevante Institute mit einer Bilanzsumme größer 30 Mrd. Euro. Die in diesen Teilziffern geforderte Qualität des Datenmanagements, der Datenqualität und der Aggregation von Risiken greift wesentlich tiefer als es die derzeitigen Möglichkeiten von VR-Control©

1849 Vgl. BaFin (2016.02b), AT 4.1 ff. i. V. m. Reuse (2016.02b), S. 1.
1850 Vgl. BaFin (2016.02b), AT 4.3.3 Tz. 2.
1851 In VR-Control© SIMON werden Inter-Risikokonzentrationen durch eine Korrelation von 1 angenommen. Diese Einstellung ist nicht veränderbar.

SIMON derzeit erlauben. Dies betrifft insbesondere die manuell zu übertragenden bilanziellen Größen oder bestimmte Risikoarten.

Es ist jedoch einzuschränken, dass die derzeitige Nutzung des SIMON typischerweise nicht unter dem AT 4.3.4 erfolgt.[1852] Zur Erfüllung der innerhalb dieses Teils geforderten Anforderungen kann jedoch auf eine solide Grundlage aufgebaut werden.

Die nach BT 3 gestellten Anforderungen an die Risikoberichterstattung sind neu hinzugekommen und stellen die anteilig größte Veränderung der MaRisk dar. In diesem Zusammenhang sind für VR-Control© SIMON typischerweise die Berichte an das Aufsichtsorgan bzw. die Berichte der Risikocontrolling-Funktion zu erwähnen. Die Berichte der Marktbereiche sind innerhalb von SIMON nur bedingt abbildbar. Lediglich der Bericht des Marktbereiches im Kreditgeschäft nach BT 3.4 Tz. 2 kann durch den Adressrisikoteil des MaRisk-Reports zielführend unterstützt werden.[1853]

Es ist zu attestieren, dass VR-Control© SIMON eine solide Basis zur Anpassung an die neue MaRisk-Konsultation bietet. Einige Anforderungen sind bereits in der derzeitigen Version abbildbar und zeigen die Vorteilhaftigkeit des Programms anhand der derzeitigen aufsichtsrechtlichen Entwicklung auf.

3.2. Stärken der Anwendung

Der größte Vorteil von VR-Control© SIMON ist sicherlich der ausgeprägte Automatisierungsanteil – insbesondere im Adressrisiko Kundengeschäft. Dieser Vorteil wiegt umso schwerer je typisierter das Geschäft des jeweiligen Instituts ist. Die aufsichtlichen Tendenzen und die daraus abzuleitenden Erfordernisse zum Aufbau und der Weiterentwicklung technischer Reportingmöglichkeiten unterstreichen die Vorteilhaftigkeit von VR-Control© SIMON[1854].

Das integrierte Steuerungskonzept VR-Control© bietet an dieser Stelle eine solide Grundlage konzeptionell fortschrittlich und aufeinander abgestimmte Steuerungsperspektiven und -bestandteile zu vereinen. Das integrierte Reporting-Modul SIMON fasst die Steuerungsgrößen zusammen und bietet eine

---

1852 Vgl. *BaFin* (2016.02b), AT 4.3.4, diskutiert in *Reuse* (2016.02b), S. 1 ff. Vgl. auch umfassend *Reuse* (2014.02), S. 2–6 und *Reuse* (2015.06).
1853 Vgl. *BaFin* (2016.02b), BT 3.4 Tz. 2.
1854 Beispielsweise stellt der BCBS 239 eine erhebliche Verschärfung der Anforderungen an die IT-technische Ausstattung der Kreditinstitute dar. Die Anforderungen wurden mittelbar – wenn auch erst ab einer Bilanzsumme größer 30 Mrd. Euro – in die MaRisk-Konsultation aufgenommen. Vgl. *BaFin* (2016.02b), AT 4.3.4, diskutiert in *Reuse* (2016.02b), S. 1 ff.

passende Berichtsgrundlage. Fehler aus manuellen Tätigkeiten der Berichtserstellung können dadurch u. U. vermieden und ein ordnungsmäßiges Reporting kann gefördert werden. Die Anforderung nach AT 4.3.2 Tz. 1 zur integrierten Risikosteuerungs- und controllingprozessen kann durch die automatischen Datenflüsse innerhalb des Softwarepakets nachhaltig sichergestellt werden[1855]. Die Nutzung des Ampelsystems ermöglicht in der Konsequenz die Nutzung von Steuerungs- und Überwachungsimpulsen und einer daraus hervorgehenden aktiven Risikosteuerung.

2304 Die vollumfängliche Berücksichtigung der wesentlichen Risiken nach AT 2.2 der MaRisk ist in diesem Zusammenhang eine inhärente Grundvoraussetzung zur Darstellung der Risikotragfähigkeit. Die Erweiterungsfähigkeit der Risiken, wie beispielsweise das fest vorgegebene Vertriebs- und Beteiligungsrisiko, sowie die Erweiterungspotentiale zu frei anlegbaren Risiken ist als wesentlicher Vorteil zu nennen. Die Variabilität und Flexibilität des Berichtstools unabhängig von der Anzahl und der proportionalen[1856] Tiefe der Risiken ist als wesentlicher Vorteil zu identifizieren.

2305 Es ergibt sich, dass der MaRisk-Report insbesondere hinsichtlich des Reportings an den Aufsichtsrat nahezu alle notwendigen Informationen erfasst und somit ein umfassendes Aufsichtsrat-Reporting automatisiert und datenqualitätsgesichert liefert. Die prozessualen Vorteile und die Berichtsqualität sind entscheidende Argumente das Aufsichtsrat-Reporting zu nutzen. Die Kommentierungsfunktionen und die Möglichkeit der Ergänzung mit weiteren Grafiken lassen das MaRisk-Reporting als solide, aber auch variable, Berichtsgrundlage erscheinen. Die optische wie auch inhaltliche Konstanz ist als Vorteil zu nennen.

2306 In Bezug auf das Reporting an die Geschäftsleitung bzw. das Reporting der Risikocontrolling-Funktion ist festzuhalten, dass je nach Empfängerkreis zusätzliche Informationen ergänzt werden müssen. Insbesondere bestimmte Informationen aus dem Marktpreisrisiko bzw. zu Strukturauswertungen aus dem Eigengeschäft können nicht immer durch VR-Control© SIMON abgebildet werden. In der Praxis kann derzeit eine Kombination aus dem standardisierten und technisch automatisierten MaRisk-Report mit ergänzenden Informationen aus anderen Medien einen maximalen Nutzen bringen. Die Informationen des Adressrisikoteils bieten ausreichend steuerungsrelevante Impulse.

[1855] Vgl. *BaFin* (2016.02b), BT 3.4 Tz. 2.
[1856] Im Sinne der MaRisk.

Abschließend sind nochmals die besonderen Stärken hinsichtlich der Automatisierung des Adressrisiko- und Risikotragfähigkeitsreportings herauszustellen. Vor dem Hintergrund der immer höher werdenden Anforderungen an die Datenaggregationskapazitäten und technisch soliden Reportingmöglichkeiten sollten bestehende Möglichkeiten nach VR-Control© SIMON genutzt werden. Zudem kann auf eine anpassungsfähige Berichtsgrundlage aufgebaut werden.

3.3. Schwächen der Anwendung

Beginnend mit der Herleitung der Risikodeckungsmassen ist zu erwähnen, dass es keine unmittelbare Einstellungsmöglichkeit hinsichtlich einer Going-Concern oder Gone-Concern-orientierten Betrachtungsweise besteht. Die Erfassung der Risikodeckungsmassen ist technisch in der Unternehmensfortführung vorgegeben. Die Ermittlung der Risikodeckungsmassen in einem Liquidationsansatz ist nicht unmittelbar vorgesehen. Es besteht jedoch die Umgehungslösung, dass die technisch vorgegeben Abzugsposten Eigenkapital bzw. Reserven mit einer Korrektur auf den Wert Null ausgenommen werden können.

Es ist zu ergänzen, dass beispielsweise die Ermittlung des Migrationsrisikos im Kundenkreditgeschäft mit Hilfe von VR-Control© KRM nicht möglich ist und aus risikogesichtspunkten ein Liquidationsansatz damit nicht verfolgt werden kann. In diesem Zusammenhang bleibt die Erstellung einer Risikotragfähigkeit im Liquidationsansatz als kritisch/inkonsistent zu betrachten.

Es ist anzufügen, dass innerhalb der barwertigen Betrachtungsweise das Eigenkapital und Geschäftsguthaben frühzeitig vom Reinvermögen der Bank abgezogen wird (siehe Abbildung I – 34). Im Anschluss daran werden nochmals Abzugsposten für die Risikoneigung gebildet, sodass Abzüge (mit ähnlicher ‚Sicherheits-Intention' an zwei verschiedenen Stellen vorgenommen werden. Theoretisch könnte somit das Eigenkapital als Abzug vom Reinvermögen, aber auch im Sinne der Risikoneigung als Abzug vorgenommen werden. Zur verbesserten Übersichtlichkeit und einer intuitiven Handhabung sollten die Abzugsposten auf einem Erfassungsblatt abgebildet werden. Eine Ergänzung der Abbildung vier kann die Handhabbarkeit erheblich verbessern. Demgegenüber ist die Berücksichtigung des Mindestgewinns der periodischen Betrachtungsweise bei Erstellung des MaRisk-Reportings und nicht bei Erfassung der Risikodeckungsmasse einzustellen. Bei Berücksichtigung wird der Mindestgewinn dann unmittelbar – obwohl diese Felder optisch nicht zusammenhängen – zum Risikopuffer addiert.

SOFTWARELÖSUNGEN FÜR DIE RISIKOTRAGFÄHIGKEIT

2311 Weitergehend ist innerhalb der Berichtsaufteilung eine besondere Vertiefung hinsichtlich diverser Strukturauswertungen im Adressrisiko des Kundengeschäfts zu sehen. Dies setzt voraus, dass innerhalb die Risikostruktur des individuellen Instituts dieser Berichtsstruktur gerecht wird. Sollten demgegenüber Marktpreisrisiken wie beispielsweise Währungsrisiken oder Zinsrisiken die Risikostruktur überproportional determinieren, so kann die angebotene Berichtsstruktur dem Risikogefüge der Bank nicht vollständig gerecht werden.

2312 Unter Beachtung einer erwarteten wesentlichen Verschärfung der Anforderungen an Liquiditätsrisiken gemäß BTR 3 der MaRisk Konsultation ist auf diverse Problematiken hinsichtlich der Erfassung und Berechnung hinzuweisen.[1857] Die bloße Berücksichtigung der Liquiditätskennziffern nach der Liquiditätsverordnung ist gegenüber der fehlenden LCR- und NSFR-Kenngrößen als problematisch zu erachten. Zwar erlauben einzelne zukaufbare Module in VR-Control© ZIRIS die Abbildung der Liquiditätsablaufbilanz, eines Liquidity at Risk (LaR) oder eines Liquidity Value at Risk (LVaR). Es erfolgt jedoch keine automatische Übertragung und die Erfassung unterliegt der vollständigen manuellen Vorbelegung verschiedener Reportingfelder. Im derzeitigen Softwarestand sind die Betrachtungstiefe und die Erfassungsmöglichkeit der Liquiditätsrisiken als kritisch zu betrachten.

2313 Betreffend den Vertriebs-, Beteiligungs-, Immobilien- und sonstigen Risiken ist zu attestieren, dass die pauschalen Berechnungsmethoden nicht in jedem Institut die Vorgaben der doppelten Proportionalität individuell erfüllen. Hat ein Institut für sich weitere wesentliche Risiken festgelegt, so ist festzustellen, dass diese unter »sonstigen Risiken« erfasst und als saldierte Größe in die Risikotragfähigkeit eingebracht werden. Es ist demzufolge kritisch zu betrachten, dass die Erfassung und Darstellung wesentlicher Risiken mittels unterschiedlicher Darstellungs- und Erfassungsweisen erfolgt.

2314 Als Nachteil ist ebenfalls die fehlende Anpassungsmöglichkeit der Ergebnistabellen im späteren Bericht zu interpretieren. So wird in den Ergebnistabellen des Gesamtbankergebnisses ebenfalls »Einnahmen aus Warengeschäften« ausgewiesen. Ein Ausblenden solcher Ergebnisbestandteile ist nicht möglich.

2315 Abschließend ist eine teilweise fehlende intuitive Handhabung festzustellen. So ist beispielsweise zu nennen, dass das Eigenkapital in der barwertigen Betrachtungsweise in einer anderen Erfassungsmaske als die weiteren Abzugspositionen abgezogen wird. Ebenfalls sind unterschiedliche Menü-Pfade zur Erfassung oder Einstellung der einzelnen Risiken zu nennen. In diesem Zu-

---

[1857] Vgl. *BaFin* (2016.02b), BTR 3 ff.

sammenhang ist zu attestieren, dass die zuverlässige und nachhaltige Nutzung der Risikotragfähigkeit im Wesentlichen davon abhängt, dass der Anwender über eine umfangreiche und tiefgreifende Programmkenntnis verfügt, da eine intuitive Handhabung zur Berichterstellung nicht ausreicht. Dies ist damit zu begründen, dass auch in zuliefernden Programmen Einstellungen vorzunehmen sind und die Dateneingabe, Verrechnung und Aggregation ein tiefgreifendes Programmverständnis erfordert.

4. Fazit und Ausblick

Unter Beachtung der steigenden Anforderungen an die IT-technische Ausstattung der Kreditinstitute und den damit verbundenen hohen Anforderungen an die Datenaggregations- und automatisierten Reportingkapazitäten ist zu attestieren, dass die Nutzung von VR-Control© SIMON immer wichtiger zur nachhaltigen Erfüllung der aufsichtlichen Vorgaben wird. Es ist zu beachten, dass die Einführung der Risikotragfähigkeit mit VR-Control© SIMON vermutlich einen Anpassungsbedarf der bisherigen Vorgehensweise implizieren würde.

Eine Adaption der Berechnungs- und Vorgehenslogik des SIMON in das bisherige Medium der Berichterstattung kann in einem Einführungsprojekt ein erster Schritt sein. In einem zweiten Schritt kann in der Folge die Berichterstellung auf VR-Control© SIMON umgestellt werden. Dies führt bei zeitlich großzügig auseinanderliegenden Einführungsschritten einerseits zu einem frühzeitigen Verständnis der Berechnungs- und Berichtslogik, und andererseits zu einer soliden Einführung der tatsächlichen Software, da fachliche und technische Fragestellungen auseinanderfallen.

Insgesamt erscheinen die Vorteile der Nutzung der Berichtssoftware VR-Control© SIMON umso größer, je typisierter das Risikoportfolio ist. Dies ist dahingehend einzuschränken, dass je risikorelevanter (im Sinne des SREP) oder größer im Sinne der Proportionalität das jeweilige Institut ist, desto unpassender kann der Bericht oder einzelne Berichtsbestandteile werden.

Zur Nutzung der Vorteile, die insbesondere in dem hohen Automatisierungsgrad ungleich schwerer wiegen als die nicht immer intuitive Handhabung, sollte die Einführung vorangetrieben werden. Die manuellen Schritte sollten in den zukünftigen Softwareaktualisierungen weiter abgebaut und durch technische Datenflüsse oder der Weiterentwicklung der Risikomessmethoden in VR-Control© SIMON ersetzt werden. Mit der technischen Umsetzung der MaRisk 6.0-E kann die Vorteilhaftigkeit der Risikotragfähigkeitsberechnung mit VR-Control© SIMON weiter steigen.

IV. Softwarelösungen für die strategische RTF-Planung – zeb.future.grip[1858]

1. Notwendigkeit von Softwarelösungen für die RTF

2320 In den vergangenen Jahren haben sich die (regulatorischen) Anforderungen an die Bestimmung und Steuerung der Risikotragfähigkeit (RTF) signifikant gewandelt. Spätestens mit Inkrafttreten von Basel II ist sowohl durch die Abbildung der Risiken im Rahmen der regulatorischen Eigenkapitalunterlegung (Säule I) als auch durch die in der Säule II verankerte RTF-Rechnung als zentrales Element des Internal Capital Adequacy Assessment Process (ICAAP), ist die RTF zu einem zentralen Bestandteil der Gesamtbanksteuerung geworden. Mit der Umsetzung von ICAAP und MaRisk[1859] sind in Deutschland die zentralen gesetzlichen Grundlagen gelegt worden, die sich durch die ab dem 01.01.2016 anzuwendenden SREP-Guidelines der EBA[1860] noch weiter verstetigt haben.

2321 Diese weitergehende Konkretisierung und Kodifizierung der Anforderungen an die RTF-Bestimmung gehen auch mit einer neuen inhaltlichen Ausrichtung einher. Während in der Vergangenheit vor allem methodische Aspekte wie z. B. die Vollständigkeit der Risikobetrachtung und Verankerung der Bepreisung des Risikos in der Banksteuerung standen, werden in den neueren Verordnungen insbesondere auch zukunftsgerichtete Sichtweisen unter Berücksichtigung von (Stress-)Szenarien unterstrichen. So sind im Rahmen der SREP-Guidelines[1861] u. a. die Profitabilität des Instituts sowie deren Nachhaltigkeit und Robustheit in potentiellen ungünstigen Szenarien, der Risikoappetit, die Funding-Struktur, Ertragskonzentrationen, die Marktposition, die Strategie, die Plandaten und -annahmen zu bestimmen.[1862] Diese szenariobasierten Anforderungen an die RTF manifestieren sich auch in den durch die EBA veranlassten Stresstests, wie z. B. den im Jahr 2014 durchgeführten Stresstests oder den für das Jahr 2016[1863] geplanten Tests. Auch hier nimmt die Aufsicht verstärkt die nachhaltige Profitabilität der Institute in den Fokus ihrer Prüfungen.

1858 Autor: **Christian Buddendick**. Die Ausführungen geben die persönliche Auffassung des Autors wieder.
1859 Vgl. *BaFin* (2012.12b); *BaFin* (2016.02b), AT 4.3.4, diskutiert in *Reuse* (2016.02b), S. 1 ff.
1860 Vgl. *EBA* (2015.11).
1861 Vgl. *EBA* (2014.12), diskutiert in Kapitel B.II.
1862 Vgl. *Zanthier* (2015), S. 46.
1863 Vgl. *EBA* (2015.11).

Um diesen Anforderungen gerecht zu werden, sind Banken angehalten ihre strategischen Planungsprozesse zu hinterfragen. Hierbei sind neben den methodischen Aspekten insbesondere auch die prozessualen und IT-technischen Voraussetzungen auf den Prüfstand zu stellen. Nur wenn geeignete Softwarelösungen vorhanden sind, kann die Frage der Nachhaltigkeit des Geschäftsmodells auch in Stressszenarien effektiv und effizient beantwortet werden.

Im Folgenden wird zunächst näher betrachtet, welche konkreten Herausforderungen sich aktuell für die strategische Planung stellen, um anschließend aufzuzeigen, wie durch Simulationsmodelle und deren Einbettung in Softwarelösungen diese Herausforderungen adressiert werden können. Anschließend wird anhand der Lösung zeb.future.grip exemplarisch aufgezeigt, wie eine Unterstützung der strategischen Planung und Stresstestszenarien erfolgen kann. Hierbei wird aufgezeigt, wie entsprechende holistische Simulationsmodelle[1864] auszugestalten sind und welche Auswertungsmöglichkeiten sich ergeben. Im letzten Abschnitt werden die zentralen Ergebnisse zusammengefasst und ein Ausblick auf zukünftige Entwicklungen und Trends aufgezeigt.

2. Unterstützung der strategischen RTF-Planung durch Softwarelösungen

2.1. Herausforderungen bei der strategischen RTF-Planung

Der Entwicklung langfristiger Strategien zur Sicherung der Überlebensfähigkeit und des Wachstums des Unternehmens steht seit jeher im Fokus der strategischen Bankplanung.[1865] Durch die neuen, regulatorischen Anforderungen hat sich diese Sichtweise weiter konkretisiert. Im Rahmen der strategischen Planung kommt der Bestimmung der RTF eine zentrale Rolle zu. Nicht zuletzt durch die mit SREP einhergehende Bewertung des Geschäftsmodells ist die systematische Berücksichtigung und Bestimmung der RTF in zukünftigen Szenarien aktiv zu beplanen.

Darüber hinaus wird im Rahmen der Umsetzung von SREP und ICAAP auch von den Banken gefordert, Stresstests durchzuführen. Neben den von den Aufsichtsorganen festgelegten Stresstests (z. B. EBA-Stresstest 2016[1866]) be-

---

1864 Vgl. Hierzu auch die Ausführungen in Kapitel C.VI.
1865 Vgl. *Rudolph* (1986), S. 111.
1866 Vgl. *EBA* (2015.11).

steht auch die Anforderung, interne Tests durchzuführen und die RTF in diesen Szenarien zu bestimmen.[1867]

2326 Ausgehend von den aktuellen Trends im Bankenumfeld wie z. B. dem anhaltenden Niedrigzinsumfeld, dem erhöhten Margendruck und den weiter steigenden regulatorischen Anforderungen, steigen auch die Anforderungen an die strategische Planung. Engpässe und weitergehende regulatorische Anforderungen (u. a. die Notwendigkeit einer Kapitalplanung mit einem Horizont von mehr als zwei Jahren)[1868] erfordern mehrperiodige und integrierte Planungs- und Analysemöglichkeiten. Daneben sind immer mehr Parameter sowie deren Interdependenzen in der Planung zu berücksichtigen und Auswertungen, auch ad-hoc für Stressszenarien, zu unterstützen. Die Bewertung der Nachhaltigkeit des Geschäftsmodells erfordert zudem, dass die Geschäftsmodellspezifika zu berücksichtigen sind und somit im Ergebnis das Verständnis für das Geschäftsmodell weiter auszubauen. Eine effektive und effiziente Unterstützung bei den Aufgaben der strategischen Planung ist nur durch den Einsatz von Softwarelösungen möglich.

2327 Trotz der gestiegenen Bedeutung geeigneter Softwarelösung finden sich in der Praxis oftmals selbstentwickelte, historisch gewachsene und komplexe Lösungen, die den veränderten Anforderungen nur unzureichend gerecht werden. In Abbildung I – 47 sind die zentralen Herausforderungen im Rahmen der strategischen Planung aufgezeigt, die durch den Einsatz geeigneter Softwarelösungen adressiert werden können.

1867 Vgl. *Hatak* (2014).
1868 Vgl. *Bank für Internationalen Zahlungsausgleich* (2014).

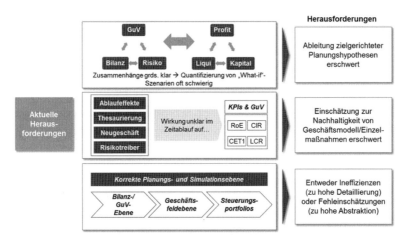

Abbildung I – 47: Herausforderungen bei der strategischen RTF-Planung[1869]

Während die grundsätzlichen Zusammenhänge zwischen GuV, Bilanz und Risiko klar sind, gestaltet sich die Modellierung dieser Wirkungszusammenhänge in entsprechenden Softwarelösungen in der Praxis oftmals schwierig. Die Abstraktion von den konkreten Sachverhalten, die notwendig ist, damit ein Planungsmodell für die RTF handhabbar bleibt, ist vielfach zu stark ausgeprägt, so dass z. B. Partialmodelle genutzt werden (u. a. isolierte GuV Planung), die keine »What-if«-Szenarien unterstützen.

Neben den sachlogischen Zusammenhängen, stellen auch zeitliche Effekte eine Herausforderung für die Bestimmung der RTF im Rahmen der strategischen Planung dar. Thesaurierung von Gewinnen oder die Ablaufeffekte in bestehenden Portfolien sind Themengebiete, die nur in wenigen Fällen explizit in der Planung berücksichtigt werden. Ähnlich verhält es sich mit den relevanten Risikotreibern und deren Entwicklung im Zeitablauf (z. B. Einfluss von Vertriebsoffensiven auf das Kreditportfolio und dessen Risiko). Insbesondere eine unzureichende Berücksichtigung von zeitlichen Effekten kann dazu führen, dass die Nachhaltigkeit des Geschäftsmodells oder geplanter Maßnahmen nur schwer zu beurteilen ist.

Eine dritte Herausforderung liegt, wie bei jeder Modellierung, in der Bestimmung des richtigen Abstraktionsniveaus. Hierbei ist ein Trade-off zwischen Genauigkeit und damit Detaillierungsgrad der einzelnen zu beplanenden Größen und der Abstraktion von relevanten Sachverhalten zugunsten einer

---

1869 Eigene Darstellung.

einfachen Nachvollziehbarkeit und Interpretation der Ergebnisse zu lösen. Das Abstraktionsniveau ist hierbei individuell, entsprechend des Geschäftsmodells, für jedes Institut zu bestimmen. Bei bestimmten Geschäftsmodellen kann es z. B. sinnvoll sein, einzelne Kredite zu beplanen, wenn diese ein hohes Volumen und eine hohe strategische Bedeutung für das Institut haben.

2331 Diese drei Herausforderungen können nur dann adressiert werden, wenn einer Softwarelösung ein geeignetes Simulationsmodell zugrunde liegt. Die Güte des Simulationsmodells hat einen wesentlichen Einfluss auf die Effektivität und Effizienz der Unterstützung zur Bestimmung der RTF im Rahmen der strategischen Planung. Im Folgenden werden die Anforderungen an Simulationsmodelle erläutert, die im Kern einer Softwarelösung stehen.

2.2. Anforderungen an Simulationsmodelle zur Bestimmung der RTF

2332 Bei der Bestimmung der RTF im Rahmen der strategischen Planung kommt Simulationsmodellen eine gewichtige Bedeutung zu. *»Die Simulation ist konstruktionsorientiert und wird eingesetzt, wenn ein Problem zwar formal formulierbar, aber analytisch nicht oder nur schwer lösbar ist. Hierbei wird das Verhalten des Problemsystems in einem Simulationsmodell abgebildet, Umweltzustände durch Belegung der Modellparameter mit verschiedenen Zufallszahlen nachgebildet und die Ausprägungen der Zielgrößen analysiert*[1870].«

2333 Die zentrale Herausforderung bei der Gestaltung von Simulationsmodellen besteht darin, den geeigneten Abstraktionsgrad zu bestimmen. Wird versucht, das Modell zu detailliert an die konkreten Sachverhalte anzulehnen, so besteht die Gefahr in das Bonini-Paradoxon[1871] hineinzulaufen. Durch die zunehmende Komplexität des Modells kann es dazu kommen, dass das Modell weniger verständlich ist und am Ende genauso schwer zu begreifen ist, wie der Realweltausschnitt, der im Modell abgebildet werden soll.

2334 Neben der Wahl des geeigneten Abstraktionsniveaus haben Simulationsmodelle zur Bestimmung der RTF im Rahmen der strategischen Planung weitere inhaltliche Anforderungen zu erfüllen, wie Abbildung I – 48 zeigt.

1870 *Wilde/Hess* (2006), S. 6.
1871 Vgl. *Bonini* (1963).

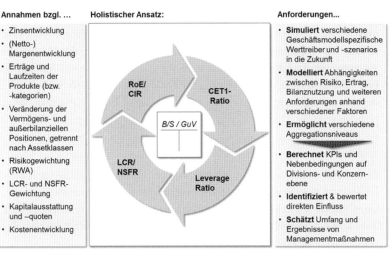

Abbildung I – 48: Anforderungen an Simulationsmodelle zur Bestimmung der RTF[1872]

Die Bestimmung der RTF als Teil der strategischen Planung, erfordert ein holistisches Planungs- und Simulationsmodell. In dem Modell sind insbesondere Annahmen über exogene und endogene Faktoren zu treffen. Zu den endogenen Faktoren gehört u. a. die erwartete Entwicklung des Zinsniveaus in den verschiedenen Laufzeitbändern. Zudem sind Annahmen über die Margenentwicklung der relevanten Produkte zu treffen und die Erträge sowie die Laufzeiten dieser zu bestimmen. Die bilanziellen und außerbilanziellen Positionen sind getrennt nach Assetklassen und Portfolien zu modellieren. Hierbei ist zu beachten, dass eine in sich geschlossene Bilanz unabdingbar ist. Im Zeitablauf sind zudem die Ausschüttungsquoten sowie die Steuerbelastungen zu berücksichtigen. Damit ein ausgewogenes Bild über die RTF sowie die Nachhaltigkeit des Geschäftsmodells gewonnen werden kann, ist ein vollständiges KPI-Set in dem Modell zu berücksichtigen. Die Ermittlung dieses KPI-Sets erfordert, dass auch die Risikogewichtung (RWA) sowie die LCR- und NSFR-Gewichtung der einzelnen Steuerungsportfolien hinterlegt wird. Weiterhin sind auch Kapitalausstattung und -quoten sowie die Kostenentwicklung im Modell zu berücksichtigen.

Ausgehend von diesen Inputparametern kann ein Modell definiert werden, das die Auswirkung von unterschiedlichen Szenarien (insbesondere auch Stressszenarien) im Zeitablauf simuliert. Hierbei sind neben der RTF auch die

---

1872 Eigene Darstellung.

SOFTWARELÖSUNGEN FÜR DIE RISIKOTRAGFÄHIGKEIT

wesentlichen KPIs abzubilden, wie z. B. RoE und Leverage Ratio. Das Modell muss hierbei in der Lage sein, verschiedene geschäftsmodellspezifische Werttreiber und -szenarien abzubilden. Insbesondere sind hierbei die Abhängigkeiten zwischen Risiko, Ertrag, Bilanznutzung und regulatorischen Anforderungen anhand verschiedener Faktoren zu berücksichtigen. Auch sind verschiedene Aggregationsniveaus zu unterstützen. So sind bspw. KPIs und Nebenbedingungen auf Divisions- und Konzernebene darzustellen und die Ergebnisse von Managementmaßnahmen auf den jeweiligen Ebenen transparent auszuweisen.

2337 In der Praxis finden sich bislang nur wenige Lösungen, die eine umfassende Abdeckung der oben genannten Anforderungen an Simulationsmodelle erfüllen. Oftmals wird die strategische Planung auf Basis von selbstentwickelten Tabellenkalkulationen durchgeführt, die eine Abdeckung der Anforderungen oftmals nicht gewährleisten.

2.3. Beispiel für eine Softwarelösung: zeb.future.grip

2338 zeb.future.grip ist stellvertretend für eine Reihe von Softwarelösungen zur strategischen Planung zu nennen, die am Markt etabliert sind. Diese Lösungen helfen, die Hauptherausforderungen in der strategischen Planung zu adressieren, indem sie u. a. sicherstellen, dass die zentralen Parameter und Wirkungszusammenhänge nachvollziehbar und transparent berücksichtigt werden.

2339 Als ein zentraler Vorteil der Lösung zeb.future.grip ist die Nutzung eines geschlossenen holistischen Simulationsmodelles zu nennen. Dieses Modell gewährleistet, dass sowohl die sachlogischen als auch zeitlichen Verbundeffekte von Managemententscheidungen sachgerecht abgebildet werden, ohne dass die Komplexität des Modells eine Interpretation der Ergebnisse beeinträchtigt. Neben der Nutzung der Lösung zur Unterstützung der RTF-Bestimmung im Rahmen der strategischen Planung bietet die Lösung auch Unterstützung bei der Durchführung von Stresstests. In den folgenden Abschnitten werden die Unterstützungspotenziale in beiden Szenarien erläutert.

2.3.1. Einsatz zur strategischen Planung

2340 Die Nutzung eines holistischen Simulationsmodells[1873] mit klar definierten Parametrisierungsmöglichkeiten sowie die Bereitstellung von vordefinierten Auswertungsmöglichkeiten sind wesentliche Vorteile von zeb.future.grip zur Unterstützung der strategischen Planung.

[1873] Vgl. Hierzu auch die Ausführungen in Kapitel C.VI.

Zur Steigerung der Benutzerfreundlichkeit, insbesondere in Bezug auf Modellierung, Parametrierung und Transparenz, sind sieben Grundszenarien zu definieren, die flexibel zu Gesamtszenarien kombiniert werden können. Diese Szenarien umfassen sowohl externe Faktoren (z. B. Marktszenario) als auch die unter nehmensinternen Faktoren (bspw. Konditionsszenario).

Die folgenden Szenarien sind als Voraussetzung einer strategischen Planung und der Bestimmung der RTF durch den Anwender zu definieren: Marktszenario, Margenszenario, Konditionsszenario, Bilanzstrukturszenario, GuV-Szenario, Adressrisikoszenario und Parameterszenario. Neben diesen Standardszenarien, die auch über einen einfachen Datenimport aus relevanten Vorsystemen befüllt werden können (z. B. Befüllung der relevanten Portfolien hinsichtlich Margen und Ablauffiktionen), ist eine individuelle Erweiterung um spezifische Szenarien möglich. Durch diese Szenarien können die Geschäftsmodellspezifika berücksichtigt werden und relevante Werttreiberbäume zur Abbildung der Ertrags- und Risikotreiber in der strategischen Planung berücksichtigt werden.

In Abbildung I – 49 ist exemplarisch die Planung von relevanten Werttreibern für die Bereiche Investment Banking und Wealth Management dargestellt.

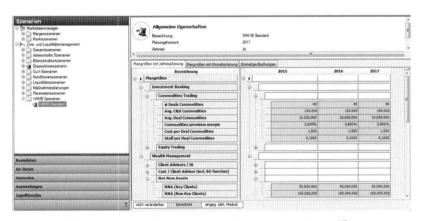

Abbildung I – 49:   *Beispielszenarien zur Simulation mit zeb.future.grip*[1874]

Die Berücksichtigung von Ertrags- und Risikotreibern ermöglicht, eine Bewertung der Risikotragfähigkeit des spezifischen Geschäftsmodells vorzunehmen, wie sie auch durch die Umsetzung von SREP gefordert wird. So können z. B. Annahmen über die Entwicklung der Net New Assets im Be-

---

1874 Eigene Darstellung.

reich des Wealth Managements oder über die Marktentwicklung im Bereich Investmentbanking in Form von Annahmen über die entsprechenden Deals getroffen werden. Vor dem Hintergrund dieser Werttreiber ist zudem eine Abbildung von geplanten Maßnahmen möglich (z. B. Ausbau der Marktposition im Wealth Management durch zusätzliche Kapazitäten und Vertriebsoffensiven mit geringeren Margen). Die hierbei definierten Szenarien können für zukünftige Simulationen gespeichert werden. Ebenso ist das Speichern und Einfügen bestehender Simulationen in zeb.future.grip einfach möglich.

2345 Die definierten Planszenarien, ermöglichen auf Basis einer konsistenten, in sich geschlossenen Bilanz-, GuV- & Cash-Flow-Planung, eine Auswertung in sämtlichen relevanten Dimensionen. Das vollständigen Basis-KPI-Set, welches auch regulatorisch relevanter Kennzahlen umfasst, deckt alle relevanten Ertrags-, Risiko- und Wachstumsdimensionen ab. Der mehrperiodische Planungshorizont ist beliebig spezifizierbar, so dass eine präzise Berücksichtigung von Abläufen und Zinsentwicklungen ermöglicht wird. Neben diesen funktionalen Vorteilen, bietet der Einsatz von zeb.future.grip zudem den Vorteil, dass die integrierte Szenarioverwaltung »auf Knopfdruck« möglich ist, und somit die vorherrschenden Probleme bei der Nutzung von selbstentwickelten Tabellenkalkulationslösungen (z. B. Versionsverwaltung von verschiedenen Szenarien bzw. kombinierte Auswertung) vermieden werden.

2346 Ein weiteres Einsatzgebiet für die Nutzung von zeb.future.grip, dem im Rahmen der RTF-Bestimmung eine gewichtige Bedeutung zugemessen wird, ist die Unterstützung von Stresstests. Im folgenden Kapital werden die Einsatzpotenziale von zeb.future.grip im Rahmen von Stresstests näher beleuchtet.

2.3.2. Einsatz bei der Simulation von Stressszenarien

2347 Neben der regulären strategischen Planung und der Bewertung der Nachhaltigkeit des Geschäftsmodells stellen Stresstests ein wesentliches Element der RTF Planung dar. Stresstests sind sowohl extern durch Regulatoren getrieben, als auch intern zur Bewertung der Nachhaltigkeit zwingend erforderlich. Um konsistente Ergebnisse zu gewährleisten und eine Vergleichbarkeit der ermittelten Ergebnisse zu erreichen, sollte die Durchführung dieser Tests nach einem analogen Vorgehen erfolgen. Die Lösung zeb.future.grip bietet mit das Potenzial die Durchführung von Stresstests effektiv und effizient zu unterstützen. Abbildung I – 50 visualisiert dies.

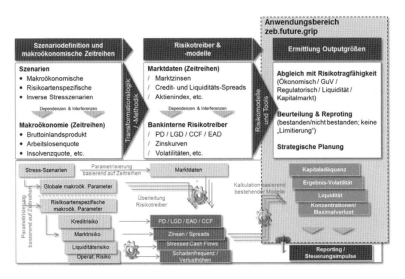

Abbildung I – 50:   Unterstützung von zeb.future.grip im Rahmen von Stresstests[1875]

Die Softwarelösung zeb.future.grip fügt sich bei der Durchführung von Stresstests nahtlos in die Gesamtarchitektur ein. Grundlagen der Durchführung von Stresstests bilden die relevanten Szenarien und makroökonomischen Zeitreihen, die sowohl globale Rahmenparamter, wie z. B. das Bruttoinlandsprodukt oder die Arbeitslosenquote, aber auch risikospezifische Parameter, insbesondere Kredit-, Markt-, Liquiditäts und operationale Risiken beinhalten.

2348

Diese Szenarien und Zeitreihen sind in den relevanten Risikomodellen und Risikotreibern zu integrieren. Hierbei sind z. B. Entwicklungen der Marktzinsen und Aktienindizes sowie Credit- und Liquiditätsspreads als Grundlage für die Simulation von Marktstressszenarien zu berücksichtigen. Aus der internen Sicht sind u. a. die PG und LD für die Kreditportfolien oder Volatilitäten zu definieren, die in dem Modell berücksichtigt werden sollen. Ausgehend von diesen Parametern lassen sich hierdurch z. B. die Stressed Cash-Flows ableiten.

2349

Die Bestimmung dieser ersten beiden Schritte erfolgt außerhalb von zeb.future.grip. Die flexible Architektur ermöglicht eine automatisierte Anbindung bestehender Vorsysteme innerhalb der Bank über standardisierte Schnittstellen (z. B. Kreditrisikomanagementsystem, Marktdatenbank, Liquiditätsrisikomanagementsoftware). Zudem ist es möglich, manuelle Datenim-

2350

1875   Eigene Darstellung.

portschnittstellen inkl. vordefinierter Standardtemplates zu nutzen, um weitere, für die Simulation relevante Daten in das System zu laden. Ausgehend von diesem Datenhaushalt, der sowohl Marktdaten und -parameter als auch die relevanten Attribute für die definierten Steuerungsportfolien erhält, kann die Simulation der Stressszenarien erfolgen. Hierbei wird die RTF aus den verschiedenen Dimensionen (ökonomisch, GuV, regulatorisch, Liquidität, Kapitalmarkt) bestimmt und anhand der definierten Schwellen bzw. Bandbreiten bewertet. Da es sich bei der Lösung um eine Unterstützung der strategischen Planung handelt, steht die Limitierung nach Risikoarten bzw. von einzelnen Portfolien nicht im Fokus. Vielmehr sind die Ergebnisse der strategischen Planung insbesondere im Hinblick auf die RTF, in die regulären Limitierungsprozesse zu integrieren und bei der operativen Ausgestaltung des Limitierungssystems zu berücksichtigen.

2351 In Abbildung I – 51 wird exemplarisch aufgezeigt, welche Auswertungsmöglichkeiten zur Beurteilung der verschiedenen Stressszenarien durch zeb.future.grip gegeben sind.

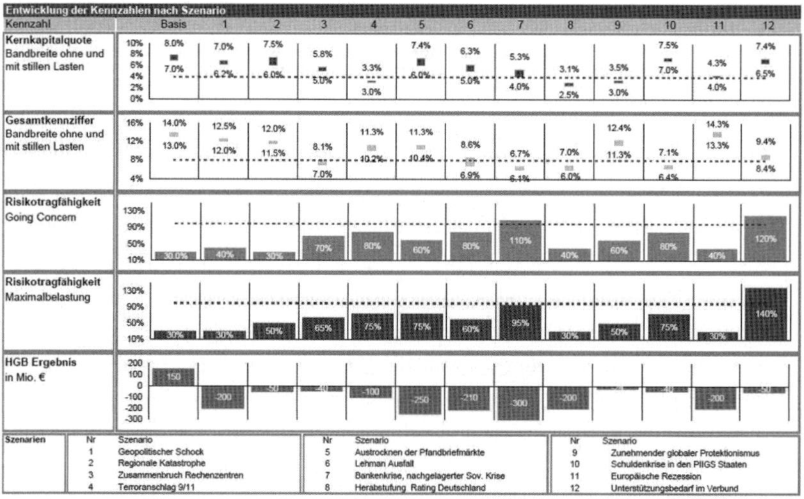

Abbildung I – 51:   Beispielauswertung RTF im Stressfall mit zeb.future.grip[1876]

2352 Wie in Abbildung I – 51 ersichtlich ist, ermöglicht es die Lösung zeb.future.grip, die Stressszenarien auf einen Blick gegeneinander zu vergleichen. So wird für die relevanten Kennzahlen, wie z. B. die Kernkapitalquote

---

1876   Eigene Darstellung.

oder das GuV Ergebnis, auf einen Blick ersichtlich, in welchen Szenarien eine Unterschreitung der definierten Grenzen erfolgt.

Ein besonderes Augenmerk der Lösung liegt auf der Bestimmung der Risikotragfähigkeit, die bei der obigen Auswertung sowohl in der Going-Concern, als auch für eine Maximalbelastung ausgewiesen wird. In der Gegenüberstellung der Szenarien zeigt sich, dass nur in einem Szenario die Risikotragfähigkeit aus beiden Perspektiven gegeben ist (Szenario 12). Zwar wird auch im Bankkrisenszenario (Szenario 7) die Going-Concern RTF erreicht, allerdings liegt die RTF aus Maximalbelastungssicht hier unter 100 %. Neben den in Abbildung I – 51 gezeigten Standardauswertungsmöglichkeiten bietet zeb.future.grip auch weitere Schnittstellen an, durch die z. B. eine direkte Anbindung an das bestehende Top Management Reporting ermöglicht wird.

Wie in dem vorhergehenden Abschnitt aufgezeigt, bieten geeignete Softwarelösungen, die auf holistischen Simulationsmodellen basieren, nicht nur Potenziale zur Unterstützung der strategischen Planung, sondern erlauben es auch die neuen Anforderungen, im Hinblick auf interne und externe Stresstests zu erfüllen. Diese kombinierten Einsatzmöglichkeiten helfen, die Effektivität und Effizienz im Rahmen der RTF-Bestimmung zu erhöhen.

3. Zusammenfassung und Ausblick

Die gestiegene Bedeutung der Bestimmung der RTF im Rahmen der Banksteuerung und die erhöhten regulatorischen Anforderungen führen dazu, dass bisherige Ansätze zur strategischen Planung zu überdenken sind. Herausforderungen stellen sich hierbei insbesondere in drei Feldern:

1. Abbildung der relevanten Wirkungszusammenhänge vor dem Hintergrund der Geschäftsmodellspezifika,
2. Berücksichtigung von zeitlichen Effekten und
3. Auswahl eines geeigneten Abstraktionsniveaus im Spannungsfeld zwischen Genauigkeit und Interpretierbarkeit.

Diese Herausforderungen können nur dann erfolgreich angegangen werden, wenn die strategischen Planungsprozesse angepasst werden und geeignete Softwarelösungen zum Einsatz gebracht werden. Softwarelösungen sind dann besonders effektiv und effizient, wenn sie auf holistischen Simulationsverfahren aufbauen. Diese ermöglichen es, eine balancierte Sicht auf die relevanten KPIs zu haben bei einer gleichzeitigen Berücksichtigung der für das Geschäftsmodell relevanten Risikotreiber. Bei der Modellierung ist neben den zeitlichen Verbundeffekten auch die Wahl des adäquaten Aggregationsniveaus zu berücksichtigen. Lösungen, bei denen Hilfestellungen durch standardisierte Modellkomponenten geboten werden, sind hierbei vollflexiblen Lösungen vorzuziehen, da letztere besonders im Hinblick auf die Transparenz und Nachvollziehbarkeit der Ergebnisse deutliche Nachteile aufweisen.

2357 Mit zeb.future.grip wurde im vorliegenden Beitrag eine Lösung vorgestellt, die im Rahmen der strategischen Planung sowohl die regulären Planungsprozesse unterstützt, als auch eine systematische Bewertung von der Nachhaltigkeit des Geschäftsmodells auch in Stressszenarien ermöglicht. Während die Bestimmung der RTF hierbei eine zentrale Rolle einnimmt, sind auch die Auswirkungen auf die weiteren KPIs zu berücksichtigen, um eine umfassende Bewertung der Stressszenarien zu gewährleisten. Die Ergebnisse einer solchen strategischen Planung, auch unter Berücksichtigung von Stressszenarien, sind in die operative Planung zu integrieren und insbesondere mit der Limitierung zu harmonisieren.

2358 Es ist zu erwarten, dass die Bedeutung der RTF-Bestimmung in der strategischen Planung weiter steigen wird. Indikatoren hierfür sind in dem sich weiter verschärfenden regulatorischen Umfeld zu sehen sowie der immer häufigeren Frequenz der Durchführung von Stresstests. Um sich für diese Herausforderungen zu wappnen, sollten Banken heute bereits prüfen, inwiefern die entsprechenden Planungsprozesse durch den Einsatz von IT-Lösungen adäquat unterstützt werden. Der Einsatz geeigneter Lösungen, die eng mit den Steuerungsprozessen verzahnt sind, kann einen wesentlichen Vorteil im Hinblick auf Effektivität und Effizienz bieten und birgt somit das Potenzial zur Sicherung eines strategischen Wettbewerbsvorteils bei der Bewältigung der regulatorischen Herausforderungen.

V. Würdigung der Softwarelösungen für die RTF-Darstellung[1877]

Die präsentierten Softwarelösungen zeigen deutlich auf, wie vielschichtig die technische Umsetzung der Risikotragfähigkeitsberechnung ist. Für die Institute stellt sich oftmals die Frage, welche Software am besten zu ihnen passt. Hierbei gilt es zudem, alle aufsichtsrechtlichen Anforderungen adäquat zu berücksichtigen und umzusetzen.

Auch wenn an dieser Stelle keine Produktempfehlung gegeben werden soll, so kann doch zumindest ein Kriterienkatalog präsentiert werden, anhand dessen ein Vergleich der Lösungen möglich ist. Dieser wohl erstmalig vorgenommene Abgleich lässt sich in mehrere Bereiche unterteilen. Dies zeigt Tabelle I – 4:

Kriterien		Softwarelösungen		
Kat.	Aspekt	S-RTF	SIMON	zeb.future.grip
Datenbasis, technische Integration und Implementierung	Bestehen technische Schnittstellen zu Vorliefersystemen?	Nein (aber Kopierfunktion)	Ja	Ja
	Performance	Sehr Gut	Gut	Gut
	Ist eine Historisierung der Ergebnisse möglich?	Ja	Ja	Ja
	Implementierungsaufwand	Gering	Gering	Mittel
	Kosten der Implementierung	Gering	Gering	Mittel
	Zertifizierung vorhanden?	Ja	Ja	Ja
Meldewesen	Können die für die Meldung nach FinaRisikoV benötigten Daten problemlos ermittelt werden?	Ja	Mit Aufwand	Mit Aufwand (Customizing)
	Besteht eine Schnittstelle zur Meldewesensoftware?	Ja	Nein	Nein

---

[1877] Autor: **Svend Reuse**. Die Ausführungen geben die persönliche Auffassung des Autors wieder.

SOFTWARELÖSUNGEN FÜR DIE RISIKOTRAGFÄHIGKEIT

Kat.	Kriterien / Aspekt	Softwarelösungen S-RTF	SIMON	zeb.future.grip
Ermittlung der RTF	Trennung Going-/Gone-Concern möglich?	Ja	Eingeschränkt	Ja
	Barwertige und periodische Risikotragfähigkeit möglich?	Ja	Ja	Ja
	Datenintegrität mit Kapitalplanung?	Ja	Ja	Ja
	Ultimo/Ultimo Folgejahr möglich?	Ja	Ja	Ja
	Rollierend 12M möglich?	Ja	Ja	Ja
Kapitalplanung	Integration des aufsichtsrechtlichen Zielpfades?	Ja	Ja	Ja
	LCR/NSFR Planungen möglich?	Nein	Nein	Ja
	Planung der Unterlegung des Zinsrisikos möglich?	Ja	Nein	Nein
	Berücksichtigung Großkreditüberschreitungen möglich?	Ja	Nein	Nein
	Planung interne RTF möglich?	Ja	Ja	Ja
	Berücksichtigung adverser Szenarien?	Ja	Ja	Ja
	Wertorientierte Betrachtung und Kapitalallokation möglich?	Ja, mit S-KARISMA	Nein	Eingeschränkt
Stresstests	Berücksichtigung Stresstests?	Ja	Ja	Ja
	Kombination von mehreren Teilszenarien (Margen, Bilanzstruktur, etc.) zu dynamischer Szenarioanalyse möglich?	Nein	Eingeschränkt	Ja
Reporting	Integrierte Reportingfunktion?	Ja	Ja	Ja
	Aufbau des Reportings	Ansprechend	Adäquat	Ansprechend
	Besteht eine Schnittstelle zum Management-Reporting?	Ja	Ja	Ja
	Ad Hoc Reporting möglich?	Nein (von Liefersystemen abhängig)	Eingeschränkt	i. d. R. Nein

Tabelle I – 4: Kriterien zum Vergleich der präsentierte Softwarelösungen[1878]

1878 Eigene Einschätzung des Herausgebers auf Basis der vorgenannten Analysen und Gesprächen mit den Autoren der Kapitel I.II bis I.IV.

Die wesentlichen Stärken und Schwächen lassen sich wie folgt zusammenfassen.

Es ist hervorzuheben, dass **S-RTF** als einzige Lösung eine umfassende Schnittstelle zum Meldewesen aufweist, was den Nutzern eine Menge Arbeit in dieser Richtung erspart. Zudem ist durch die Verknüpfung mit der wertorientierten Asset Allocation Software S-KARISMA eine simultane Planung des wertorientierten Vermögens möglich. Hinzu kommen die einfache Bedienung und die Integration mit der Kapitalplanung sowie die flexible Umsetzung von Ultimo/Ultimo Folgejahr oder rollierend 12M.

SIMON ist schon lange in den Systemen der parcIT integriert und bietet eine tiefe Integration mit den Vorliefersystemen des Okular-Paketes. Die Reportings beinhalten alle wesentlichen Informationen und die Quartalsberichte sind umfassend und aufsichtskonform.

zeb.future.grip bietet den umfassendsten Ansatz zur Szenariobetrachtung und besticht durch optisch ansprechende Reportings. Auch hier bestehen technische Schnittstellen zu Vorliefersystemen, so dass sich Ergebnisse schnell veredeln lassen.

Als Fazit lässt sich festhalten, dass alle Lösungen recht heterogen sind und verschiedene Stärken und Schwächen aufweisen. Zudem setzen sie unterschiedliche Schwerpunkte. Jedes Institut muss letztlich auf Basis der Risikolage und des eigenen RTF-Konzeptes entscheiden, welche Lösung verwendet wird.

Nicht zuletzt aufgrund BCBS 239[1879] ist die Entscheidungsfähigkeit bei verbundangehörigen Banken wie den Genossenschaftsbanken und Sparkassen begrenzt, da hier die Zugehörigkeit zu einem Rechenzentren vorgegeben ist[1880] und damit auch die Auswahl der Software richtigerweise zentral stattfindet. Eine externe Lösung ist aus Sicht des Herausgebers für diese Institute nicht zu empfehlen, zumal Verbundkonzepte und die dazugehörige Softwarelösung immer enger verzahnt werden und sich die Synergien eines Rechenzentrums nur realisieren lassen, wenn die Institute die angebotenen Standards auch nutzen.

1879 Vgl. *BCBS* (2013.01a), diskutiert in *Reuse* (2015.06).
1880 Vgl. u. a. *Propach/Reuse* (2005), S. 402.

J.
Prüfung und Beurteilung der Risikotragfähigkeits-Prozesse

J. Prüfung und Beurteilung der Risikotragfähigkeits-Prozesse

I. RTF-Prozessprüfung im Fokus der Internen Revision[1881]

1. Einleitung

Seit der Umsetzung der Regelungen von Basel II und der Verankerung der Säule 2 in den MaRisk sind Banken regulatorisch gefordert, angemessene Risikomanagementprozesse insbesondere zur Sicherstellung der Risikotragfähigkeit einzurichten. Als zentrales Element des Risikomanagements und der Gesamtbanksteuerung sind daher auch die Prozesse zur Sicherstellung der Risikotragfähigkeit Gegenstand von Prüfungen der Internen Revision. Durch die Erweiterungen der Regularien im Zuge der Finanzmarktkrise, die sich im deutschen Aufsichtsrecht in den regelmäßigen Novellen der MaRisk[1882] niederschlagen, vergrößert sich auch die Revisionslandkarte (Audit Universe) zumindest um konkrete regulatorische Anforderungen (z. B. Stresstests, Kapitalplanungsprozesse).

2367

Auch in den Vorgaben der Europäischen Bankenaufsicht (EBA) für den aufsichtlichen Überprüfungsprozess (Supervisory Review and Evaluation Process – SREP) spielt die Risikotragfähigkeit eine entscheidende Rolle bei der Beurteilung der Institute[1883]. Insbesondere wird in den SREP-Leitlinien auf die Solidität, Wirksamkeit und Vollständigkeit des ICAAP Wert gelegt.[1884] Zwar gibt es von der EBA bislang nur wenige konkrete Vorgaben für den ICAAP, aber aktuelle Konsultationen zu Dokumentationsanforderungen[1885] und Stresstests[1886] lassen erahnen, dass diese in den nächsten Jahren noch folgen werden, wenn die EBA die Vereinheitlichung der Säule 1 abgeschlossen hat und die stark divergierenden Ansätze zur Säule 2 in den einzelnen Mitgliedsstaaten weiter harmonisiert.

2368

1881 Autor: **Berthold R. Haag**. Die Ausführungen geben die persönliche Auffassung des Autors wieder.
1882 Die Mindestanforderungen für Risikomanagement wurden am 14.08.2009, am 15.12.2010 und zuletzt am 14.12.2012 erweitert. Zur aktuellen Entwurfsfassung vom 18.02.2016 vgl. *BaFin* (2016.02b), diskutiert in *Reuse* (2016.02b), S. 1 ff.
1883 Vgl. umfassend Kapitel B.II.
1884 Vgl. *EBA* (2014.12), Kap. 5.6.2.
1885 Vgl. *EBA* (2015.12a).
1886 Vgl. *EBA* (2015.12b).

PRÜFUNG UND BEURTEILUNG DER RTF-PROZESSE

2369 Aus Sicht der Revision hat sich damit die Bedeutung des ICAAP nochmals verstärkt, da neben der betriebswirtschaftlichen Notwendigkeit eines verlässlichen Risikomanagements auch die regulatorische Bedeutung zugenommen hat. So ist ein verlässlicher ICAAP der Startpunkt für die Bestimmung möglicher zusätzlicher Kapitalanforderungen im SREP.[1887] Da die regulatorische Einschätzung unterlagenbasiert stattfinden wird, wird die prüferische Beurteilung der Dokumentation an Bedeutung gewinnen, da sie einerseits den tatsächlichen Gegebenheiten entsprechen muss und andererseits unklare und missverständliche Darstellungen direkte Auswirkungen auf die aufsichtliche Beurteilung haben werden. Auch zeigen erste Erfahrungen mit der neuen Aufsichtspraxis, dass auf die Abarbeitung der intern festgestellten Mängel besonderer Wert gelegt wird und die Nichtumsetzung aufsichtlich sanktioniert wird. Zwar wirkt sich die Praxis der EZB und der EBA noch nicht unmittelbar auf die national beaufsichtigten Institute aus, aber auch dies wird sich in den nächsten Jahren im Zuge zunehmender Konvergenz ändern.

2370 Bei der Flut an Regularien stehen auch die Prüfer vor der großen Herausforderung, den Überblick über die aktuellen Anforderungen zu behalten. Nach wie vor gilt für die Revision grundsätzlich die Vorgabe einer risikoorientierten Prüfungsplanung. Da zu den übermittelnden SREP-Informationen auch Prüfungsberichte gehören[1888], wird es nur schwer erklärbar sein, zumindest ausgewählte Prozesse nicht jährlich zu prüfen. So könnte dies für kleinere Institute durch eine jährliche »ICAAP« oder »RTF«-Prüfung abgedeckt werden, während bei größerer Komplexität der Geschäftsaktivitäten oder der Teilprozesse mehrere Prüfungen mit unterschiedlichen und wechselnden Schwerpunkten durchgeführt werden könnten. Entscheidet man sich dafür, mehrere Prüfungen durchzuführen, ist die wechselseitige Beeinflussung der Teilprozesse zu beachten, um die Erkenntnisse aus einer Prüfung in der anderen berücksichtigen zu können, um Prüflücken zu vermeiden und aggregierte Aussagen für den Jahresbericht zu erhalten.

2371 Die Prüfungsgegenstände können folgendermaßen systematisiert werden:
- Risikoinventur
- Gesamtbanksteuerung (integrierte Risiko- und Ertragssteuerung)
- Kapitalmanagement
  - Bestimmung des Risikodeckungspotenzials
  - Kapitalplanungsprozess

[1887] Vgl. *EBA* (2014.12), Tz. 326.
[1888] Vgl. *EBA* (2015.12a), Tz. 55 und Tz. 58.

- Risikoquantifizierung und -steuerung
  - Marktpreisrisiko (inkl. Zinsänderungsrisiko Bankbuch)
  - Kreditrisiko
  - Operationelles Risiko
  - Ggf. weitere Risikoarten
  - Aggregation
- Steuerung nicht quantifizierter Risikoarten
- Stresstests
- Berichtswesen

In engem Zusammenhang mit der Gesamtbanksteuerung stehen die Strategieprozesse sowie der Budget- und Planungsprozess, die allerdings über die eigentliche Risikotragfähigkeit hinausgehen.[1889] Sofern für die Risikoquantifizierung regulatorisch zugelassene interne Modelle für Marktrisiken oder operationelle Risiken eingesetzt werden, kann es sinnvoll sein, die Besonderheiten für die Quantifizierung der Risikotragfähigkeit in eine Prüfung der internen Modelle (die ohnehin im jährlichen Turnus durchzuführen ist) zu integrieren.

Der vorliegende Beitrag orientiert sich im Wesentlichen an dieser Systematik. Dabei werden die wesentlichen Aussagen für eine Prüfung vorgestellt und die wichtigsten Kriterien für die Beurteilung erörtert. Im Abschnitt zur Risikoquantifizierung wird auf die Besonderheiten der einzelnen Risikoarten nur am Rande eingegangen. Die Methodenfreiheit führt zu einer Vielzahl denkbarer Modelle zur Risikoquantifizierung, deren Besonderheiten den Umfang dieses Beitrags übersteigen. Vielmehr wird ein Konzept vorgestellt, das grundsätzlich für die Prüfung beliebiger Risikomodelle verwendet werden kann. Für eine sorgfältige Prüfungsvorbereitung ist es aber unverzichtbar, sich mit weiterführender Literatur zu den jeweiligen Themen zu beschäftigen.

2. Risikoinventur

Voraussetzung für die Berücksichtigung aller wesentlichen Risiken im Risikotragfähigkeitskonzept ist deren Identifizierung über eine umfassende Risikoinventur. Ausgehend von der Betrachtung in Säule 1 ist auch in den MaRisk[1890] klargestellt (AT 2.2, Tz. 1), dass zu den wesentlichen Risikoarten zumindest Kreditrisiken, Marktpreisrisiken und operationelle Risiken gehören. Zwar sind in den MaRisk auch Liquiditätsrisiken genannt, diese sind aber in AT 4.1,

---

1889 So sind die Anforderungen an Strategien auch in den MaRisk im Modul AT 4.2 von der Risikotragfähigkeit getrennt.
1890 Sämtliche Referenzen beziehen sich auf die Fassung der MaRisk vom 14.12.2012.

Tz. 4 wiederum weitgehend aus der Betrachtung der Risikotragfähigkeit ausgeschlossen. Weiterhin explizit verankert ist die eingehende Beschäftigung mit Risikokonzentrationen sowohl innerhalb einzelner Risikoarten als auch risikoartenübergreifend[1891]. Welchen weiteren Risiken ein Institut ausgesetzt ist und ob diese wesentlich sind, hängt vom institutsindividuellen Geschäftsmodell und der strategischen Ausrichtung ab.

2375 Eine Umfrage der Deutschen Bundesbank[1892] hat gezeigt, dass die drei großen Risikoarten von nahezu allen Instituten im Risikotragfähigkeitskonzept berücksichtigt werden. Weitere erwähnte Risikoarten sind Beteiligungsrisiko (das auch als Teil des Kreditrisikos ähnlich der Säule 1 berücksichtigt sein kann), Vertriebs- oder Geschäftsrisiko, Liquiditätsrisiko (Refinanzierungs-Risiko kann auch Teil des Geschäftsrisikos quantifiziert sein), Immobilienrisiko, Versicherungsrisiko oder Reputationsrisiko. [1893]

> Ist ein wirksamer Risikoinventur-Prozess eingerichtet, der geeignet ist, alle wesentlichen Risiken des Instituts zu identifizieren?

2376 Die Verpflichtung zur Durchführung einer Risikoinventur ergibt sich aus AT 2.2, Tz. 2. Der Begriff »Inventur« und das Bild der kaufmännischen Inventur legen bereits nahe, dass die gesamten Geschäftsaktivitäten eines Instituts regelmäßig auf die vorhandenen Risiken durchleuchtet werden sollten. Die eingehende Beschäftigung mit den Geschäftsaktivitäten und Portfolien setzt voraus, dass die zuständigen Mitarbeiter die Geschäftsmodelle auch verstehen. Ab einer gewissen Komplexität des Instituts kann solches Fachwissen nicht mehr nur bei Risikocontrolling-Einheiten bestehen. Demzufolge sollten an der Risikoinventur auch Experten aus Markt und Marktfolge beteiligt sein. Dem Anreizproblem Ersterer könnte durch organisatorische Vorkehrungen begegnet werden, so dass im Fall eintretender zuvor unentdeckter Risiken die Verantwortung auch auf Marktseite liegt. Die Interne Revision kann die Ergebnisse der Risikoinventur auch für Prüfungen der Geschäftsfelder nutzen. Dadurch kann einerseits die Wirksamkeit der Risikoinventur besser beurteilt werden, andererseits kann dies als wertvolle Information zur Prüfungsvorbereitung dienen.

2377 Bei der Untersuchung einzelner Geschäftsfelder – die dazu in homogene Bereiche aufgeteilt werden sollten – darf aber nicht nur das aktuelle Portfolio

---

1891 Vgl. *BaFin* (2012.12c), Erläuterungen zu AT 2.2, Tz. 1.
1892 Vgl. *Deutsche Bundesbank* (2010.11), S. 13 ff.
1893 Vgl. *Deutsche Bundesbank* (2010.11), S. 15.

im Fokus der Risikoinventur stehen. Um dem vorausschauenden Charakter des ICAAP Rechnung zu tragen, müssen auch geplante Aktivitäten und insbesondere strategische Veränderungen betrachtet werden. Für ein konsistentes Vorgehen über die einzelnen Bereiche hinweg sollten zudem diverse Indikatoren herangezogen werden. Ein wichtiges Instrument zur Identifikation unberücksichtigter Risiken ist dabei die Ertragsanalyse unter Berücksichtigung der gemessenen Risiken. Eine hohe Risikorentabilität kann ein Indiz dafür sein, dass nicht alle Risiken ausreichend quantifiziert sind. Entscheidend für die Abbildung in der Risikomessung ist letztlich, ob die eingesetzten Modelle in der Lage sind, die Geschäfte ausreichend abzubilden. Daher sollten auch Modellexperten an der Risikoinventur beteiligt sein.

Wichtiges prüferisches Kriterium ist die Vollständigkeit der Risikoinventur. Neben den Portfolien und Aktivitäten der einzelnen Geschäftsfelder sind auch Töchter und Beteiligungen mit einzubeziehen. Auch wenn kein direktes finanzielles Risiko besteht, können Reputationserwägungen im Zweifelsfall das übergeordnete Institut zur Haftungsübernahme zwingen. Eine umfassende Risikoinventur darf an der Bilanz bzw. dem Konsolidierungskreis nicht haltmachen, sondern muss sich auch auf Zweckgesellschaften erstrecken. In der Finanzmarktkrise gab es gerade in Deutschland prominente Beispiele, bei denen Risiken aus Zweckgesellschaften – wenn auch regulatorisch zulässig – unterschätzt wurden, was die Existenz der Institute letztlich beendet hat. 2378

Die Erkenntnisse aus der Inventur einzelner Bereiche sind dann sorgfältig zu aggregieren. So können Risiken zwar für einzelne Teilportfolien unwesentlich sein, aber bei häufigem Auftreten insgesamt für das Institut dennoch relevant sein. Konzentrationen sind dagegen übergreifend zu beurteilen, sollten also über eine Top-Down-Analyse untersucht werden. Die Existenz von Risiko- und Ertragskonzentrationen sollte in verschiedenen Dimensionen (z. B. Partner, Branchen, geografische Größen) untersucht werden. Dabei ist risikoartenübergreifend zu aggregieren und es sind auch Sekundärrisiken einzubeziehen. Beispielsweise können gegenüber einem Kreditnehmers neben den direkten in der Adressrisikorechnung berücksichtigten Kreditrisiken (z. B. direkte Kredite, zugesagte Linien oder Kontrahentenrisiken) noch Emittentenrisiken im Handelsbestand bestehen, aber auch Sekundärrisiken z. B. als CDS-Underlying oder im Sicherheitsportfolio. Indirekte Risiken können auch durch wirtschaftliche Abhängigkeit anderer Kreditnehmer, z. B. von Zulieferern, Angestellten oder Vermietern entstehen. Der Ausfall dieses Kreditnehmers wirkt sich dann auf alle direkten und indirekten Risikopositionen aus. 2379

PRÜFUNG UND BEURTEILUNG DER RTF-PROZESSE

2380 Im laufenden Prozess der Risikoinventur ist es eher unwahrscheinlich, dass völlig neue Risikoarten entdeckt werden, die für ein Institut als wesentlich zu klassifizieren sind. Dies wird sich eher aus strategischen Veränderungen ableiten. Wichtig ist daher die Verknüpfung der Risikoinventur mit dem Strategieprozess und dem Neuproduktprozess. Das Ergebnis der Risikoinventur sollte idealerweise eine Liste mit Risiken sein, die noch nicht oder nicht ausreichend in der Risikomessung berücksichtigt sind. Diese Risiken sind dann genauer auf ihre Materialität zu untersuchen und zu quantifizieren. Die Quantifizierung kann in einer groben Abschätzung bestehen, was in den MaRisk über AT 4.1, Tz. 5 explizit zulässig ist. Prüferisch ist dann die Frage nach der Robustheit der Abschätzung zu beurteilen.

2381 Die Grenze für die Materialität eines Risikos, d. h. ab wann ein Risiko explizit zu quantifizieren ist, sollte institutsindividuell klar festgelegt sein. Allerdings kann die Komplexität einer genauen Quantifizierung im Rahmen der Risikotragfähigkeitsbetrachtung entgegenstehen. Eine solche Entscheidung, keine detaillierte Quantifizierung für die Zwecke der Risikotragfähigkeit zu verfolgen, sollte von zuständigen Gremien bzw. der Geschäftsleitung getroffen werden. In jedem Fall sind auch dann ausreichende Vorkehrungen zur Steuerung dieser Risiken zu treffen:

- Berücksichtigung über einen Puffer in der Risikotragfähigkeit
- Regelmäßige Überprüfung der Abschätzung der Quantifizierung
- Ggf. anderweitige Steuerung der Risiken

2382 Für das oben angeführte Beispiel der Einzelkreditnehmer-Konzentrationen, deren Abhängigkeiten durch gängige Modelle nicht modelliert werden können wären denkbare Maßnahmen die Berücksichtigung weiterer Aspekte in der Kreditgenehmigung, Einrichtung umfassender Limite (unter Berücksichtigung des Handelsbuchs und indirekter Risiken) und regelmäßiges Reporting.

3. Gesamtbanksteuerung

Ist das Risikotragfähigkeits-Konzept wirksam und konsistent in das Steuerungskonzept des Instituts integriert?

2383 Zwar könnte die Berechnung der Risikotragfähigkeit als rein quantitative Nebenbedingung der Banksteuerung gelten, aber damit wäre weder der effiziente und wirtschaftliche Einsatz der Ressource Kapital gegeben, noch die Risikotragfähigkeitsrechnung als wirksames Instrument des Risikomanagements etabliert. Die MaRisk fordern in AT 4.3.2, Tz. 1 eine gemeinsame Ertrags- und Risikosteuerung und erwähnen explizit den Begriff der Gesamtbanksteuerung. Diese Forderung einer integrierten Steuerung soll der Tatsache Rechnung tragen, dass Erträge im Bankgeschäft ohne Risiken nicht erzielbar sind. Dies geht deutlich über den in BTO 1.2, Tz. 7 für das Kreditgeschäft geforderten Zusammenhang zwischen Rating und Marge hinaus. Dieser isoliert nämlich insbesondere die Effekte von Risikokonzentrationen. Auch die Einrichtung eines Limitsystems auf Risikomaßen (z. B. Value at Risk) genügt für diese Anforderung nicht, da dann die Ertragskomponente losgelöst ist. Die Herausforderung in der Prüfung des Gesamtbanksteuerungskonzepts besteht in der Frage, ob die Risikotragfähigkeits-Zahlen überhaupt eine Steuerungswirkung besitzen oder als regulatorisches Übel eine Nebenbedingung darstellen. Auch die SREP-Leitlinien fordern, den Nutzen des ICAAP in den Entscheidungs- und Risikomanagementprozessen zu analysieren. Dabei spielen neben der Konsistenz mit der Strategie und der Kapitalplanung auch die Sensibilisierung und die Kenntnis der Geschäftsleitung eine Rolle.

Für eine wirksame Integration müssen die Ergebnisse der eigentlichen Risikoquantifizierung die operative Geschäftstätigkeit auch tatsächlich beeinflussen. Ausgehend von der Definition des Risikoappetits, d. h. der Festlegung wie viel Risiko ein Institut insgesamt bereit ist einzugehen[1894], sind Risikotoleranzen bzw. -limite festzulegen, die das Risikoniveau für bestimmte Geschäftsbereiche festlegen. Dadurch wird das insgesamt zur Verfügung stehende Risikodeckungspotenzial auf verschiedene Risikoarten und Geschäftsbereiche verteilt, d. h. das Kapital allokiert. Im Sinne einer nachhaltigen Steuerung sollte die Allokation vom aktuellen Portfolio und den geplanten Aktivitäten ausgehen, wobei die Verknüpfung zum Strategieprozess deutlich wird. Bei der Frage der Verteilung des Kapitals sind aber auch Ertragsgesichtspunkte zu berücksichtigen. Es ist darauf zu achten, ob die eingerichteten Limite nur so hoch sind, dass bei kompletter Auslastung die Risikotragfähigkeit noch immer gegeben ist. Für die Beurteilung der Wirksamkeit ist aber interessant, wie bei Limitüberschreitungen reagiert wird. Sollte eine Überschreitung stets dazu führen, dass das Limit angepasst wird, kann von einer tatsächlichen Steuerungswirkung kaum eine Rede sein. Vielmehr sollte es Fälle geben, in denen eine Limitüberschreitung zu einem Portfolioabbau oder zumindest einer anderweitigen Begrenzung der Risiken (z. B. durch höhere Besicherungen oder Einstellen von Neugeschäft). Ein kritischer Punkt für die Beurteilung des eingerichteten Limitsystems ist die Frage, wie auflaufende Verluste berücksichtigt wer-

2384

[1894] Vgl. *BCBS* (2010.10), S. 2 f.

den. Sind beispielsweise ausgefallene Kreditnehmer aus der Anrechnung ausgeschlossen, entsteht bei Ausfall eines Kreditnehmers freies Limit, obwohl gleichzeitig durch den Abschreibungsbedarf das Kapital sinkt. Die Risikotragfähigkeit kann dann unter ein gewünschtes Niveau sinken.

2385 Ausgangspunkt zur Beurteilung der integrierten Risiko- und Ertragssteuerung ist zunächst, welches Steuerungskonzept die Bank verfolgt und mittels welcher Kennzahlen die Umsetzung messbar gemacht wird. Beispiele für risikoadjustierte Performance-Maße sind RORAC[1895], RARORAC[1896] oder EVA[1897]. Dabei ist die Frage, welches Maß verwendet wird, prüferisch von geringer Relevanz, da sich über Vor- und Nachteile zumindest auf akademischem Niveau lange streiten lässt. Es ist vielmehr wichtig, dass sich die Entscheidungsträger über die Grenzen und Nachteile der verwendeten Kennzahlen im Klaren sind. Zunächst müssen sich also im Steuerungskonzept Kennzahlen finden, die Risikozahlen (interne und nicht nur regulatorische) berücksichtigen und für die Zielwerte festgelegt sind.

2386 Um eine Steuerungswirkung entfalten zu können, müssen diese Kennzahlen regelmäßig überprüft und beurteilt werden. Evidenz für die tatsächliche Relevanz lässt sich aus den Aktivitäten bei Abweichung von den Zielgrößen erhalten. Führt eine Abweichung nicht zu einer Ursachenanalyse und gegensteuernden Maßnahmen, ist eine Steuerungsrelevanz nicht gegeben. Hier darf allerdings nicht aus – möglicherweise begründbaren – Einzelfällen ein genereller Rückschluss auf Irrelevanz gezogen werden. Vielmehr sollten alle Einzelfälle zu einem Gesamtbild für die Beurteilung aggregiert werden.

2387 Für ein funktionsfähiges Steuerungskonzept ist die Operationalisierung entscheidend. Eine zu aggregierte Betrachtung der Risikozahlen bei letztlicher Geschäftssteuerung auf Ertragsbasis kann leicht dazu führen, dass den Risiken bei Einzelentscheidungen nicht ausreichend Rechnung getragen wird. In der Regel sind die verwendeten Risikomaße (z. B. Value at Risk) Portfoliomaße, die per Definition für Einzelgeschäfte keinen Sinn ergeben. Andererseits ist bei ausreichender Granularität des Portfolios der Risikobeitrag eines Einzelgeschäfts approximativ bestimmbar, so dass dieses Argument eine tiefere Operationalisierung nicht von vornehrein ausschließt. Beim Abschluss bedeutender Transaktionen, die die Risikotragfähigkeit signifikant beeinflussen, sollten die Auswirkungen der Transaktion bei deren Genehmigung dargestellt werden. Sofern zur Bestimmung der Risikobeiträge von Einzelgeschäften und

---

1895 Return on risk adjusted capital.
1896 Risk adjusted return on risk adjusted capital.
1897 Economic value added.

insbesondere von Neugeschäften Approximationen verwendet werden, sollte diese Methodik sorgfältig entwickelt und validiert werden, was wiederum Gegenstand von Prüfungshandlungen sein sollte. Je nach Risikoart kann eine risikogerechte Aufteilung auf Geschäfte sehr schwer möglich sein (z. B. bei operationellen Risiken). Es kann aber keine Lösung sein, diese Risiken einfach auszublenden, sondern es sind andere geeignete Steuerungsmechanismen zu implementieren (z. B. über einen pauschalen Margenaufschlag).

In einem konkreten Steuerungskonzept ist zu hinterfragen, ob die Erfüllung der operativen Ziele auch dazu führt, dass die Ziele der Risikosteuerung erreicht werden. Lassen sich dazu Gegenbeispiele finden, besteht ein methodischer Bruch, der die Wirksamkeit des Steuerungskonzepts in Frage stellt. 2388

4. Kapitalmanagement

Unter dem Begriff Kapitalmanagement lassen sich die Prozesse zur Berechnung des Risikodeckungspotenzials und zur Planung des Kapitalbedarfs zusammenfassen. Zur Sicherstellung der Risikotragfähigkeit ist den aggregiert gemessenen Risiken das Risikodeckungspotenzial, also das ökonomisch bestimmte Eigenkapital, gegenüberzustellen. Die Notwendigkeit der Berechnung des Risikodeckungspotenzials ergibt sich somit direkt aus den MaRisk AT 4.1. Die Einrichtung eines Kapitalplanungsprozesses wurde in der jüngsten Novelle der MaRisk als AT 4.1, Tz. 8 explizit als Teil der Risikotragfähigkeit verankert und soll die Zukunftsperspektive weiter untermauern.[1898] Das Ziel ist dabei nicht, die Risikotragfähigkeits-Rechnung auf einen mehrjährigen Zeithorizont auszudehnen, sondern die Ressource Kapital längerfristig zu planen und etwaigen Kapitalbedarf frühzeitig zu identifizieren. Dabei steht vor allem die intensive Beschäftigung mit der Zukunft des Instituts im Zentrum und nicht die methodisch exakte Prognose. 2389

> Wird das Risikodeckungspotenzial ökonomisch plausibel und konsistent mit dem gewählten Steuerungsansatz bestimmt?

Im Unterschied zum klar definierten Kapitalbegriff nach Säule 1 steht unter Säule 2 die ökonomische Sichtweise im Vordergrund, so dass sich in der Berechnung des Kapitals Unterschiede zwischen regulatorischer und interner Betrachtung ergeben. Die methodischen Ansätze lassen sich nach der unterstellten Sichtweise der Risikotragfähigkeit in zwei Klassen einteilen. Steht der 2390

[1898] Vgl. *BaFin* (2012.12a), S. 2 f.

Eigentümerschutz im Fokus, spricht man von einem Going-Concern-Ansatz (oder Fortführungsansatz), steht der Gläubigerschutz im Fokus, spricht man von einem Gone-Concern-Ansatz (oder Liquidationsansatz). Seit Dezember 2012 ist in AT 4.1, Tz. 8 verankert, dass der Steuerungsansatz der Risikotragfähigkeit grundsätzlich beiden Zielen Rechnung tragen muss. Daher kann sich in der Praxis die Notwendigkeit ergeben, das Risikodeckungspotenzial nach beiden Methoden zu bestimmen. Während der Going-Concern-Ansatz den Gläubigerschutz impliziert, so dass dieser als einziger Ansatz ausreichen kann[1899], ist bei einem Gone-Concern-Ansatz die Fortführung ausgeblendet. Somit sind ergänzende Verfahren einzurichten, für die das Risikodeckungspotenzial in der anderen Sichtweise zu bestimmen ist.

2391 Für die Berechnung des Risikodeckungspotenzials gibt es die Möglichkeit einer bilanzorientierten oder wertorientierten Ableitung, wobei die Berechnung konsistent zum Steuerungsansatz sein muss. Eine bilanzorientierte Ermittlung ist konsistent zum Going-Concern-Ansatz und eine wertorientierte Ermittlung konsistent zum Gone-Concern-Ansatz.[1900] Allerdings ist eine vollständig wertorientierte Sicht in der Praxis schwer umzusetzen, da sich bei der Ermittlung eines »wahren« Firmenwerts Schwierigkeiten, bspw. bei einer barwertigen Beurteilung zukünftiger Ertragskraft ergeben. Daher finden sich in der Praxis solche Verfahren eher selten.[1901] Auch aufsichtlich sind einer vollständigen Wertorientierung Grenzen gesetzt, wie sich an den Klarstellungen zur Berücksichtigung eines Eigenbonitätseffekts zeigt.[1902] Eine Annäherung an eine wertorientiertere Sicht im Gone-Concern-Ansatz ausgehend von Bilanzgrößen kann also durchaus möglich sein.

2392 Die Prüfung der Ermittlung des Risikodeckungspotenzials hat sich durch die Veröffentlichung des RTF-Papiers[1903] der BaFin Ende 2011 wesentlich vereinfacht. Der größte Teil des Papiers stellt nämlich die regulatorischen Maßstäbe zur Berechnung des Risikodeckungspotenzials klar, so dass eine Soll-Vorgabe existiert, die dem prinzipienorientierten Grundgedanken der MaRisk eigentlich widerspricht. Im Detail gibt es allerdings noch diverse Fragestellungen.

2393 Bei einer bilanzorientierten Ableitung kann auch die Prüfung vom bilanziellen Eigenkapital ausgehen und den vollständigen und ökonomisch plausiblen Ansatz von Zu- und Abschlägen hinterfragen. Bei Zuschlägen ist insbesonde-

---

1899 Vgl. *Deutsche Bundesbank* (2013.03), S. 35.
1900 Vgl. *Deutsche Bundesbank* (2013.03), S. 35.
1901 Vgl. *Wiesemann* (2012). S. 21.
1902 Vgl. *BaFin* (2011.12), Abschnitt IV.1.7, Tz. 60 f. und Abschnitt IV.2.4, Tz. 80 f.
1903 Vgl. *BaFin* (2011.12).

re der Ansatz stiller Reserven, die erst durch Transaktionen realisierbar sind (z. B. stille Reserven in Immobilien), kritisch zu betrachten. Bei Abschlägen ist darauf zu achten, ob diese vollständig berücksichtigt wurden, oder ob nicht weitere Abzüge vorzunehmen sind (z. B. aktive latente Steuern), da sich das Eigenkapital im unterstellten Steuerungsszenario um solche Positionen verringern würde. Es ist stets zu überlegen, ob die Positionen am Ende des Betrachtungshorizonts bei Realisierung aller Risiken noch vorhanden wären. Bei einer wertorientierten Ableitung steht bei der Prüfung neben der vollständigen Berücksichtigung der im RTF-Papier[1904] dargestellten Sachverhalte die Plausibilität der unterstellten Annahmen im Vordergrund.

> Ist ein umfassender und zukunftsgerichteter Kapitalplanungsprozess eingerichtet?

Die Verankerung eines mehrjährigen Kapitalplanungsprozesses in den MaRisk zwingt die Institute, sich detailliert mit der längerfristigen Planung zu beschäftigen und diese prozessual zu etablieren. Weiterführende konkrete Vorgaben existieren dazu bislang kaum, auch die Veröffentlichung des Basel-Komitees beschränkt sich auf Vorgaben für das Rahmenwerk und die interne Governance.[1905] Dabei sollte sich ein solcher Prozess aus betriebswirtschaftlichen Überlegungen schon längst in der Unternehmenssteuerung finden und die Banken fordern dies von ihren Kreditkunden wahrscheinlich auch ein. Die Planung zukünftiger Geschäftstätigkeit und strategischer Ausrichtung sowie die damit einhergehende Ressourcenplanung sollten bei einer soliden Unternehmensführung selbstverständlich sein.

2394

Zur eigentlichen Kapitalplanung gehören einerseits die Prognose der Entwicklung des Kapitals selbst als auch die Prognose des Kapitalbedarfs. Die Kapitalbestandteile sind dabei ausgehend von der Berechnung des Risikodeckungspotenzials noch relativ einfach in die Zukunft fortzuschreiben, da es sich zumindest bei den harten Kapitalbestandteilen um feste Größen handelt, die gegebenenfalls um bereits geplante Kapitalmaßnahmen (Aus- oder Einzahlungen) zu bereinigen sind. Da neben der internen auch die regulatorische Sicht explizit gefordert ist, sind die sich aus Basel III bzw. der CRD IV ergebenden Anforderungen an die Qualität des Kapitals und die Kapitalquoten zu berücksichtigen. Auf Basis der sich abzeichnenden Umsetzungsfristen ist der Wegfall nachrangiger und hybrider Kapitalbestandteile gut planbar. Beim

2395

1904 Vgl. *BaFin* (2011.12).
1905 Vgl. *BCBS* (2014.01).

Ansatz von stillen Reserven sind die Abschläge aufgrund der sich im Zeitverlauf erhöhenden Unsicherheit vorsichtiger (also geringere stille Reserven) anzusetzen. Die Prüfung kann sich – ebenso wie die Prognose selbst – an der aktuellen Rechnung orientieren. Die Annahmen an die Entwicklung können auf Plausibilität und Nachvollziehbarkeit untersucht werden.

2396 Wesentlich komplexer gestaltet sich hingegen die Prognose der Kapitalanforderungen. Da es sehr schwierig ist, zukünftige Portfolien und deren Zusammensetzung (z. B. hinsichtlich Ratingstruktur) detailliert zu planen, sind robustere Annahmen zu treffen. Bei der Bestimmung der Planportfolien ist die Konsistenz zur längerfristigen Strategie herzustellen. Soweit Geschäftsbereiche ausgebaut oder abgebaut werden sollen, muss sich dies in der Entwicklung wiederspiegeln. Auch bei auslaufendem Geschäft sind Annahmen zu treffen, insbesondere ist kritisch zu hinterfragen, ob Finanzierungen zum Ende der Kreditlaufzeit tatsächlich abgelöst werden können (z. B. bei Immobilienfinanzierungen). Es ist also sinnvoll und notwendig, verschiedene Szenarien zu betrachten, wobei sich die in AT 4.1, Tz. 9 erwähnten »adversen Entwicklungen« wiederum an der strategischen Ausrichtung des Instituts und seinen individuellen Verwundbarkeiten orientieren sollte. An dieser Stelle wird die Verknüpfung zu den Stresstests offensichtlich. Auch wenn sich die Planung nicht am Eintritt extremer Szenarien orientieren wird, sollten doch mehrere Szenarien und darunter eine plausible adverse Entwicklung (bzw. in Form einer Rezession) als Worst-Case-Szenario berücksichtigt werden. Ein Ausblenden negativer Erkenntnisse würde die Kapitalplanung wertlos machen und nicht zur Transparenz über die Lage des Instituts beitragen. Für die Quantifizierung der Risiken aus den Planportfolien werden möglicherweise approximative Methoden verwendet, da nicht alle Informationen vorhanden sind, die für die eigentlichen Modelle notwendig wären. Solchen Approximationen liegen vereinfachende Annahmen zugrunde, die beispielsweise nicht mehr zutreffend sein könnten, wenn sich die Portfoliozusammensetzung verändert. In jedem Fall sollten die bei der Planung eingesetzten Methoden und Verfahren zum Prüfungsumfang gehören.

2397 Für die Prüfung der Kapitalplanung ist es daher wichtig, zu beurteilen, ob die Erkenntnisse aus anderen Prozessen, wie der Risikoinventur, den Stresstests und der Strategie angemessen berücksichtigt werden. Außerdem ist für die prüferische Beurteilung entscheidend, ob die getroffenen Annahmen dokumentiert, plausibel und nachvollziehbar sind.

5. Risikoquantifizierung

Zentrales Element zur Sicherstellung der Risikotragfähigkeit ist die Quantifizierung des ökonomischen Verlustpotentials mittels Risikomodellen. Damit besitzt auch die Prüfung der Methoden und Prozesse durch die Interne Revision eine wichtige Bedeutung. Aufgabe der Internen Revision ist dabei nicht die Beurteilung der Modelle selbst (dies ist Aufgabe der Validierung), sondern die Beurteilung, ob Modellrisiken einem angemessenem Kontrollumfeld genügen bzw. ob die Steuerung des Modellrisikos (Model Risk Management) wirksam ist. Unter Modellrisiko versteht man dabei das Risiko finanzieller Verluste aufgrund von Entscheidungen, die auf falschen oder falsch angewendeten Modellen basieren, sowie das Risiko entgangener Gewinne infolge ungünstiger strategischer Entscheidungen.[1906] Zu einem aktiven Management von Modellrisiken gehören eine robuste Entwicklung, eine effektive Validierung, eine sorgfältige Anwendung und eine solide Governance-Struktur.[1907]

Es liegt in der Natur von Modellen als approximative Darstellung »wahrer« Zusammenhänge, Vereinfachungen und Annahmen zu unterliegen. Es ist daher entscheidend, diese Vereinfachungen und Annahmen zu verstehen und ihre Materialität regelmäßig zu untersuchen. Das Verständnis muss dabei nicht nur bei den Entwicklern und Validierern (d. h. den Mitarbeitern des Risikocontrollings) vorliegen, sondern auch bei den Anwendern, die Entscheidungen auf Basis von Modellergebnissen treffen (d. h. insbesondere beim Senior Management und den Vorständen). Gerade die Verwendung von extern entwickelten Modellen in kleineren Instituten entbindet diese nicht, sich dem Problem des Modellrisikos zu stellen. Denn hier besteht die Gefahr, dass die externen Lösungen (von Beratern, Gruppen- oder Verbandslösungen) unreflektiert und ohne wirkliches Verständnis (d. h. als Black Box) übernommen werden. Das Verständnis der Modellannahmen und -grenzen hilft den Anwendern aber bei der Interpretation der Ergebnisse und kann somit die Akzeptanz der Modelle bei den Entscheidern erhöhen und damit die wirksame Anwendung im Risikomanagement und bei strategischen Entscheidungen ermöglichen. Letztlich kann *»ein Modell (…) ein fundiertes Risikomanagement nicht ersetzen, sondern stellt lediglich ein Werkzeug der bankinternen Risikosteuerung dar*[1908]*.«*

Die grundsätzliche Vorgehensweise bei der Prüfung von Modellen ist weitgehend unabhängig von der Art des Modells und sollte immer die Prozessschrit-

---

1906 Vgl. *Federal Reserve* (2011), S. 1.
1907 Vgl. *Federal Reserve* (2011), S. 4.
1908 *Deutsche Bundesbank* (2007.12), S. 72.

te Governance, Modellentwicklung, Validierung und Anwendung umfassen. Die im Folgenden dargestellten Fragestellungen für Prüfungen sind daher nicht weiter nach Modellen für einzelne Risikoarten unterschieden. Der Prüfungsmaßstab richtet sich dabei auch nach der Komplexität der Modelle. Von Seiten der Aufsicht wurde kürzlich klargestellt, dass das Prinzip der Proportionalität dann nicht mehr greift, wenn sich ein Institut entschieden hat, eine Risikoart mittels eines fortschrittlichen Ansatzes zu quantifizieren.[1909] Vereinfachungen mit dem Argument, das sei aufgrund der Größe des Instituts nicht notwendig, sind dann nicht mehr zulässig. Die Methodenfreiheit kann zu sehr unterschiedlichen Fragestellungen in den Einzelfällen führen, je nach Risikoart und Modell. Im RTF-Papier hat die Aufsicht einige grundsätzliche Aspekte und Erwartungen aufgeführt, die in den spezifischen Prüfungen zu berücksichtigen sind.[1910]

2401 Für die Zwecke der Risikotragfähigkeit werden insbesondere für Marktrisiken und Operationelle Risiken auch nach Säule 1 zugelassene interne Modelle verwendet. Beim operationellen Risiko muss dazu das Konfidenzniveau angepasst werden, was mit Annahmen an die Verlustverteilung einhergeht, die zu analysieren und begründen sind. Beim Marktrisiko muss sowohl die Haltedauer als auch das Konfidenzniveau angepasst werden. Werden Haltedauern angenommen, die kürzer als der Horizont der Risikotragfähigkeit ist (i. d. R. ein Jahr), so ist der Nachweis zu erbringen, dass es tatsächlich möglich ist, die Positionen zu schließen.[1911]

5.1. Modellentwicklung

> Sind die zur Modellentwicklung (Schätzung) verwendeten Daten repräsentativ, decken sie einen ausreichend langen Zeitraum (inkl. Downturn) ab und sind sie geeignet aufbereitet?

2402 Die größte Herausforderung bei der Entwicklung von Risikomodellen stellt regelmäßig die unzureichende Datenverfügbarkeit dar. Zum einen sind häufig keine ausreichenden internen Daten vorhanden, zum anderen reichen – selbst bei interner Verfügbarkeit – die benötigten Historien so weit in die Vergangenheit, dass die früheren Daten für die heutigen Portfolien der Bank oder die wirtschaftlichen Rahmenbedingungen nicht mehr relevant sind. Für diese Problemstellungen muss der Modellentwickler geeignete Lösungen finden.

[1909] Vgl. *Deutsche Bundesbank* (2013.03), S. 36.
[1910] Vgl. *BaFin* (2011.12), Abschnitt V, S. 12 ff.
[1911] Vgl. *Wiesemann* (2012), S. 22.

Die Frage der Repräsentativität stellt sich auch, falls zur Modellentwicklung eine Vollerhebung aller intern verfügbaren Daten herangezogen wird. Änderungen in der Strategie oder den Geschäftstätigkeiten (z. B. durch Aufgabe oder Aufnahme von Geschäftsfeldern, Kundengruppen oder Produkten) können nämlich dazu führen, dass auch interne Daten nicht mehr repräsentativ sind. Beispielsweise kann sich die Zusammensetzung des Handels- oder Kreditportfolios verändern, so dass frühere Konzentrations- oder Diversifikationseffekte nicht mehr zutreffend sind. Daher sollten die historischen Daten mit dem aktuellen Portfolio verglichen werden. Da in der Internen Revision häufig ein guter Überblick über die gesamten Geschäftsaktivitäten eines Instituts vorliegt – und oftmals langjährige Erfahrung vorhanden ist – bestehen gute Voraussetzungen, die Annahmen der Datenaufbereitung zu hinterfragen. 2403

Bei der Nutzung externer Daten ist die Eignung für das Institut in besonderer Weise zu hinterfragen. Je nach weiterer Verwendung sollte die externe Stichprobe weitgehend mit dem Bankportfolio übereinstimmen. Gegebenenfalls kann es auch ausreichen, dass das interne Portfolio ausreichend abgedeckt ist. In letzterem Fall sind mögliche Verzerrungseffekte vom Entwickler zu untersuchen. Als Beispiel sei die Nutzung der Daten von Ratingagenturen (für Migration oder Ausfall) für die Parametrisierung eines Kreditportfoliomodells genannt. Diese Daten sind von nordamerikanischen Unternehmen dominiert, deren Verhalten nicht ohne weiteres auf ein Portfolio deutscher mittelständischer Unternehmen übertragbar ist. Häufig wird die Repräsentativität mit statistischen Methoden untersucht, aber für eine prüferische Plausibilisierung ist eine grafische Betrachtung der Verteilungen meist ausreichend. Die beobachteten Abweichungen sollten dann dahingehend weiter analysiert werden, wie sie sich auf die Schätzungen auswirken. Die Begründungen dazu sind auf Plausibilität prüfbar. 2404

Bei der Datenaufbereitung stehen neben einem sorgfältigen Prozess zur Qualitätssicherung die Vorgehensweisen bei Anpassungen der Originaldaten, beim Umgang mit Lücken und bei der Bereinigung von Ausreißern im Vordergrund. Es ist zu prüfen, ob die Definition der Datenfelder mit der beabsichtigten Nutzung übereinstimmt oder ob Anpassungen notwendig sind. Auch Brüche in den Historien, beispielsweise durch Veränderungen in der Bankorganisation oder den IT-Systemen sind zu beachten. Sofern Anpassungen notwendig sind, sollten diese gut dokumentiert und plausibel begründet, sowie deren Auswirkungen auf die eigentliche Modellentwicklung untersucht sein. 2405

2406 Die Bereinigung von Ausreißern ist besonders kritisch zu hinterfragen. Zwar können Ausreißer die statistische Schätzung verzerren, aber gerade extreme Beobachtungen sind für die Entwicklung von Modellen für die Risikotragfähigkeit, bei der es um die Schätzung extremer Ereignisse geht, wichtig. Häufig können aber Ausreißer durch Datenfehler oder technische Effekte entstehen, die natürlich zu bereinigen sind.

> Werden die Risikomodelle mit geeigneten Methoden entwickelt und sind die zugrunde liegenden Annahmen ausreichend untersucht?

2407 Die prüferische Unterlegung der ersten Teilfrage erfordert ein tieferes Verständnis der bei der Modellentwicklung verwendeten statistischen Methoden. Bei kleineren Instituten und demzufolge kleineren Revisions-Abteilungen ist die dafür notwendige Qualifikation üblicherweise nicht vorhanden. Aufgrund des Proportionalitätsprinzips ist dies aber regulatorisch auch nicht erforderlich. Letztlich sollen die Mitarbeiter des Risikocontrollings in der Lage sein, die Modelle und deren Annahmen den Anwendern verständlich darzulegen und zu erklären. Eine kritische Herausforderung dieser Erläuterungen und ein Hinterfragen der Modellannahmen ausgehend von einem allgemeinen bankbetriebswirtschaftlichen Risikoverständnis ist dann sicherlich ausreichend.

2408 Ein wichtiger organisatorischer Aspekt der Modellentwicklung ist die Zusammensetzung des Entwicklungsteams. Die Beteiligung von Experten aus Markt- und Marktfolge an der Entwicklung stellt einen wichtigen Beitrag dar. Aus Prüfersicht ist dabei das Anreizproblem im Auge zu behalten. Sofern die Modellergebnisse hohen Einfluss auf das Risikomanagement haben, könnten gerade Marktmitarbeiter daran interessiert sein, dass die Modelle möglichst niedrige Risikowerte erzeugen.[1912] Die Ergebnisse solcher Diskussionen sind ein wichtiger Indikator für die Stellung und Unabhängigkeit der Risikocontrolling-Funktion. Zeigt sich allerdings nur geringes Interesse, kann dies ein Indiz für eine zu geringe Rolle der Risikotragfähigkeit in der internen Steuerung sein.

2409 Ein grundlegendes Prinzip der MaRisk ist die Freiheit der Institute bei der Wahl der Methoden, auch wenn in der Praxis von größeren Instituten auch fortgeschrittenere Methoden erwartet werden. Infolge dessen ist aber auch ein quantitativ versierter Prüfer nicht der bessere Modellentwickler und im Zentrum einer Prozessprüfung steht nicht das Modell selbst, sondern der Entwick-

---

1912 Vgl. *Federal Reserve* (2011), S. 7.

lungsprozess. Die Vorgehensweise bei der Entwicklung sollte insgesamt nachvollziehbar und schlüssig sein. Dazu gehört, dass wichtige Annahmen der Methodik überprüft werden (z. B. Unabhängigkeitsannahmen bei einer linearen Regression). Weiterhin sollten die Ergebnisse statistischer Analysen richtig interpretiert werden. Neben statistischer Signifikanz sollten die Ergebnisse auch auf ökonomische Plausibilität geprüft werden, um Scheinkorrelationen zu vermeiden. Diese führen zu Modellen, die zwar innerhalb der Entwicklungsstichprobe (in-sample) gute Ergebnisse liefern, aber auf neue Daten angewendet (out-of-sample) keine Prognosekraft mehr besitzen. Beispielsweise erfordert die Parametrisierung eines Kreditportfoliomodells (wie Risk Frontier) eine Vielzahl von geschätzten Werten, die die Zahl der Beobachtungen (d. h. der Zeitpunkte) weit übersteigt. In solchen Fällen von hochdimensionalen Parametern bei geringem Stichprobenumfang sind statistische Ergebnisse vorsichtig zu interpretieren.

Seit der jüngsten Novelle erfordern die MaRisk in AT 4.1, Tz 8, dass wesentliche Annahmen der Modellierung von der Geschäftsleitung zu genehmigen sind. Dies impliziert, dass diese in einer nicht nur quantitativen Experten verständlichen Form aufbereitet sein müssen. Der wirksame Umgang mit Modellrisiken erfordert, dass sich die Entwicklung eingehend mit Annahmen und Limitierungen der Modelle beschäftigt. Gerade die Frage nach Modellschwächen oder Situationen in denen die Modelle keine verlässlichen Ergebnisse liefern, führt in Prüfungsgesprächen häufig zu Aussagen, dass die Modelle gut funktionierten. Dies ist aber entweder eine Schutzbehauptung aus Sorge vor einem negativem Prüfungsergebnis oder ein Indiz für einen unzureichenden Umgang mit Modellrisiken. Tatsächlich muss sich ein Entwickler bewusst sein, dass jedes Modell eine Vielzahl von Annahmen beinhaltet. Daher sollte er sich mit den möglichen Auswirkungen intensiv auseinander gesetzt haben.

Für die Berücksichtigung von Diversifikationseffekten sowohl innerhalb als auch zwischen den Risikoarten sind in AT 4.1, Tz. 6 hohe Hürden gestellt. Es ist demnach nicht ausreichend, die Diversifikationen (d. h. die betreffenden Modellparameter) mittels einer Stichprobe, die auch eine konjunkturelle Abschwungphase umfasst, zu schätzen. Bei einer Schätzung über einen Konjunkturzyklus hinweg könnten sich nämlich die Parameter über Auf- und Abschwungphasen mitteln, so dass sie in einer Abschwungphase die Risiken unterschätzen. Die Abschwungphase selbst ist institutsindividuell festzulegen. Je nach dem konkreten Geschäftsmodell muss diese nicht mit makroökonomischen Situationen übereinstimmen, sondern kann versetzt sein.

5.2. Berechnung der Risikomaße

> Basiert die regelmäßige Berechnung der Risikomaße auf qualitätsgesicherten Daten, einem angemessenen Kontrollumfeld und werden die Ergebnisse ausreichend kommuniziert?

2412   Zur Bestimmung der Risikotragfähigkeit sind regelmäßig (in der Regel monatlich, bei volatileren Portfolien zum Beispiel des Marktrisikos auch täglich) die Risikomaße mittels der Modelle auf aktuellen Portfolien zu berechnen. Zur Prüfung des Rechenprozesses gehören auch dessen Organisation, die eingesetzten IT-Lösungen, die personelle Ausstattung und die Dokumentation. Auf diese Fragestellungen einer Prüfung wird im Folgenden nicht näher eingegangen, da sich wenige Besonderheiten im Vergleich zu sonstigen Prozessprüfungen ergeben.

2413   Die Qualität und Zuverlässigkeit der Berechnungen hängt maßgeblich von den ins Modell eingehenden Portfoliodaten ab. Diese sollten zeitnah nach den Stichtagen verfügbar sein. Vor Beginn der eigentlichen Berechnung sollte die Datenbasis auf übliche Qualitätsdimensionen (Genauigkeit, Vollständigkeit, Konsistenz) überprüft werden. Soweit bereits Modellergebnisse als Eingangsparameter dienen (z. B. Risikoparameter auf Kundenebene wie PD, LGD und EaD bei Kreditportfoliomodellen), sind auch diese Modelle entsprechend der Ausführungen zu Modellentwicklung und Validierung zu prüfen. Neben den Kontrollen der Datenbasis sind auch die fachlichen Anforderungen Gegenstand einer Prüfung. Diese Anforderungen müssen konsistent zu den Modellen sein. Für die vollständige Ermittlung der Risiken müssen alle relevanten Positionen in der Rechnung berücksichtigt sein (z. B. alle bestandsführenden Vorsysteme, alle Tochtergesellschaften), und dies muss konsistent zu den Ergebnissen der Risikoinventur sein. Die Abgrenzung zwischen den Risikoarten muss klar definiert sein (z. B. Kreditrisiko versus Beteiligungsrisiko), und es ist darauf zu achten, dass keine Positionen verlorengehen. Daher sind bei der Prüfung Filter- und Ausschlussregeln bei der Datenübertragung genauso zu hinterfragen wie Transformationen und Ableitungen der Ursprungsdaten. Besonderes Augenmerk ist auf den Umgang mit fehlenden Daten zu legen. Bei unvollständigen Daten können Standardwerte abgeleitet werden. Die Ableitungsregeln sollten zu konservativen Ergebnissen führen, daher sind die Auswirkungen auf das Rechenergebnis gut zu überlegen. Manuelle Eingriffe der Fachabteilungen sollten identifizierbar und dokumentiert sein und bei einer Prüfung hinterfragt werden. Ab einer kritischen Masse an fehlenden Daten kann es notwendig sein, den Rechenprozess nicht zu starten und auf Nachlieferungen zu warten. Solche Notfalllösungen sollten inklusive einer Kompetenzordnung definiert sein.

Soweit für den eigentlichen Rechenprozess zentralisierte IT-Lösungen zum Einsatz kommen, ist deren sachgerechte Bedienung zu prüfen. Üblicherweise können die Spezifikationen (z. B. Modellparameter) über Regeltabellen eingestellt werden, die dann mit den Schätzungen der Modellentwicklungen übereinstimmen müssen. Bei zentralen Lösungen werden zudem automatisierte Lauf- und Fehlerprotokolle erzeugt. Daneben sollten die Modellergebnisse auf Verarbeitungsfehler überprüft werden und die Veränderung zu früheren Stichtagen plausibilisiert werden. Das gesamte Kontrollumfeld des Rechenprozesses kann bei einer Prüfung beispielhaft anhand einiger Stichtage nachvollzogen werden. Sofern simulationsbasierte Modelle zum Einsatz kommen, ist die Stabilität der Simulation zu überprüfen, d. h. die Anzahl der Simulationen muss hoch genug sein, damit das Rechenergebnis nicht zu stark zwischen zwei Rechenläufen schwankt (d. h. der Monte-Carlo-Fehler muss kontrolliert werden).

Die Rechenergebnisse sind an die weiterverarbeitenden Einheiten (z. B. Reporting oder Controlling) zu kommunizieren. Dies sollte in Form einer offiziellen Freigabe geschehen, bei der die Auffälligkeiten aus den vorangegangenen Kontrollen der Datenbasis und der Rechenergebnisse weitergegeben werden. Der sachgerechte Umgang der Empfänger mit dieser Information kann bei dortigen Prüfungen beurteilt werden.

5.3. Validierung

Die Anforderung an eine regelmäßige Validierung der Methoden zur Berechnung der Risikotragfähigkeit verbarg sich in den MaRisk in der einfachen Formulierung in AT 4.1, Tz. 8: »*Die Angemessenheit der Methoden und Verfahren ist zumindest jährlich von den fachlich zuständigen Mitarbeitern zu überprüfen*« Ergänzend findet sich in Tz. 7 noch explizit die Anforderung zur Überprüfung der Diversifikationsannahmen. In der jüngsten Novellierung wurden nun Konkretisierungen sowohl im Text als auch in den Erläuterungen ergänzt, die eine kritische Analyse der Annahmen der Modelle, also eine effektive Steuerung und fortlaufende Kontrolle des Modellrisikos, fordern. Auch der Begriff der quantitativen und qualitativen Validierung kommt nun in den Erläuterungen expressis verbis vor.

2417 Im Gegensatz zur Modellentwicklung handelt es sich bei der Validierung um eine regelmäßige Aufgabe, die gewährleisten soll, dass die einmalig entwickelten Modelle wie für ihre Verwendung beabsichtigt funktionieren. Dazu ist es notwendig, das Modell und seine Annahmen unter Berücksichtigung eines sich verändernden Umfelds (z. B. der Geschäftätigkeit oder des wirtschaftlichen Umfeldes) effektiv herauszufordern (»effective challenge«[1913]). Aufgabe der Revision ist es somit, die Wirksamkeit der Validierung zu beurteilen. So kann sich insbesondere ein positives Prüfungsergebnis für ein eigentlich unzureichendes Modell mit einer wirksamen Validierung ergeben. A priori besteht bei einem negativen Validierungsergebnis sogar ein geringeres Prüfrisiko, da das Kontrollsystem die Probleme bereits erkannt hat, während ein positives Validierungsergebnis durch eine unzureichende Validierung zustande gekommen sein kann.

2418 Die besondere Schwierigkeit erklärt sich aus der Verwendung der Modelle für die Risikotragfähigkeitsrechnung. Das Verlustpotential eines Instituts soll auf einem hohen Konfidenzniveau mit einem Horizont von in der Regel einem Jahr prognostiziert werden. Die Anwendung einfacher Backtesting-Verfahren – also die Gegenüberstellung von Prognose und Realisation – mit statistischer Genauigkeit zur Beurteilung der Modellgenauigkeit ist daher von vornehrein ausgeschlossen. Denn dafür müssten mehrere hundert Beobachtungen (d. h. mehrere hundert Jahre), an Daten vorliegen. Eine wirksame Validierung zeichnet sich durch eine Vielzahl von Untersuchungen aus, die in Summe die Funktionsfähigkeit der Modelle untermauern bzw. in Frage stellen. Kernelemente einer Validierung – und damit deren Prüfung – sind Governance sowie die Validierung des Modell-Design, der Modell-Performance und der Modell-Anwendung.

> Wird die Validierung unter einem robusten Rahmenwerk durchgeführt (Validation Governance)?

2419 Für eine wirksame Modellvalidierung sind zunächst die Rahmenbedingungen zu schaffen. Ausgehend von der Verwendung der Modelle zur Banksteuerung sollte es im eigenen Interesse der Geschäftsleitung sein, die Funktionsfähigkeit dieser Modelle regelmäßig zu validieren. Versteht man Modelle als ein Werkzeug des Risikomanagements ist es wichtig zu wissen, ob dieses Werkzeug noch immer so funktioniert, wie es einmal beabsichtigt war. Dies bedeutet

---

[1913] Vgl. *Federal Reserve* (2011), S. 9.

einerseits, ausreichende Ressourcen (vor allem personelle) für eine fortlaufende Modellpflege zur Verfügung zu stellen, aber auch sich mit den Ergebnissen der Validierung intensiv zu beschäftigen und für die Erledigung festgestellter Mängel zu sorgen.

Für die Prüfung der Rahmenbedingungen ist die Frage der Unabhängigkeit der Validierung wichtig. Gerade in kleineren Instituten ist der Aufbau einer separaten unabhängigen Validierungseinheit nicht wirtschaftlich, so dass Modellentwickler oftmals gleichzeitig Validierer sind. Dies verhindert per se noch keine wirksame Validierung. Im Gegenteil kann es stets sinnvoll sein, dass gewisse Validierungsaufgaben beim Entwickler verbleiben. Allerdings kann der Blick des Entwicklers verzerrt sein. Dabei ist nicht unbedingt Absicht zu unterstellen, aber bei der ständigen Beschäftigung mit einem Modell kann eine gewisse Betriebsblindheit entstehen. Ein Mindestmaß an unabhängigem Review ist daher notwendig.[1914] Es kann aber auch eine Kulturfrage des Unternehmens sein, ob eine kritische Auseinandersetzung mit der eigenen Arbeit gefördert oder unterdrückt wird. Als Indiz kann bereits der Umfang der Feststellungen einer Validierung dienen, denn aufgrund der fehlenden klaren quantitativen Evidenz ist es eher eine Frage des Aufwands, Auffälligkeiten zu entdecken.

2420

Validierungsberichte sollten nicht nur eine Dokumentation der Aktivitäten und der quantitativen Ergebnisse sein, die vielleicht sogar primär für interne und externe Prüfer erstellt wird, aber ansonsten keine große Aufmerksamkeit genießt. Vielmehr sollte ein Validierungsbericht ein Management-Bericht sein, der eine wertende Zusammenfassung in verständlicher Form enthält. Der Bericht darf sich nicht in quantitativen Details verlieren, sondern sollte für Modellanwender und höhere Führungsebenen verständlich sein. Nur so können die Ergebnisse der Validierung das Vertrauen in die Modelle stärken. Festgestelle Probleme sollten – wie bei Revisions-Prüfungen – in Maßnahmen münden, für deren tiefere Untersuchung oder Behebung ausreichende Ressourcen bereitgestellt werden. Die Umsetzung sollte terminiert sein und überwacht werden.

2421

Wird das Modell-Design inklusive der wesentlichen Annahmen wirksam überprüft?

1914 Vgl. *Federal Reserve* (2011), S. 9.

2422 Der gewählte Modellansatz lässt sich mit alternativen Methoden vergleichen (Benchmarking). Ideen dazu lassen sich in der Regel in der Literatur oder Forschung finden. Dabei kann es sich durchaus um fortschrittlichere Methoden handeln, deren Verwendung neue Fragestellungen und Annahmen aufwerfen würde. Für ein tieferes Verständnis eines Modells und seiner Beschränkungen ist die Beschäftigung mit alternativen Methoden und deren Ergebnissen wichtig. Wird dieser Aufwand gescheut oder a priori aufgrund eines vorweggenommenen Ergebnisses in Frage gestellt, kann dies Rückschlüsse auf die Governance zulassen.

2423 Bei der Überprüfung des Modellansatzes ist auch die Verbindung zur Strategie des Instituts zu berücksichtigen. Veränderte Produkte, Kunden oder Bankprozesse (z. B. Kreditgewährungsstandards) können ein einmal angemessenes Modell ungeeignet werden lassen. Neben den bereits eingetretenen Veränderungen im Portfolio (das daraufhin zu untersuchen ist) ist für eine vorausschauende Sicht der Risikotragfähigkeit die Beschäftigung mit geplanten und absehbaren Veränderungen wesentlich für eine umfassende Validierung.

2424 Im verwendeten Modell sind die wesentlichen Annahmen regelmäßig auf ihre Materialität zu prüfen. Es gibt stets Konstellationen, in denen Modelle die Risiken nicht sachgerecht quantifizieren können. Mag das für das Portfolio zum Zeitpunkt der Entwicklung noch ohne große Bedeutung gewesen sein, kann sich dies ändern und sollte daher regelmäßig überprüft werden. Im Ergebnis sind dann die aktuellen Auswirkungen zu dokumentieren, falls möglich zu quantifizieren und ab gewissen Schwellen zu berichten. Voraussetzung für die regelmäßige Überprüfung der Annahmen ist, dass man sich mit ihnen bereits während der Entwicklung der Modelle auseinandergesetzt hat, so dass bereits vor Einführung der Modelle eine umfassende Aufgabenliste für die regelmäßige Validierung feststeht.

> Werden die Modellergebnisse mit geeigneten Methoden auf Genauigkeit und Stabilität überprüft?

2425 Wesentliche Kriterien für die Prognosekraft der Modelle sind deren Genauigkeit und Stabilität. Aufgrund der oben dargelegten Problematik, die Schätzungen einem statistisch validen Backtesting zu unterziehen, sind der Validierung der Genauigkeit Grenzen gesetzt. Trotzdem sollte ein einfacher Vergleich von Prognose und Realisation stattfinden. Zur Erweiterung der Anzahl der Beobachtungen können historische Portfolien, Teilportfolien oder hypothetische

Portfolien herangezogen werden. Bei gleichzeitiger Reduktion des Quantils könnte somit eine für statistische Tests ausreichende Datenbasis erreicht werden.

Zur Beurteilung der Stabilität sind insbesondere regelmäßig Sensitivitätsanalysen als wesentliches Instrument durchzuführen. Dabei ist zu untersuchen, wie die Variation einzelner oder mehrerer Eingangsparameter das Ergebnis verändern. Dies ist vor allem bei komplexen oder simulationsbasierten Modellen wichtig, bei denen die Wirkung der Eingangsparameter nicht offensichtlich ist. Große Ergebnissprünge bei vergleichsweise geringen Änderungen des Inputs können auf Probleme in der Modellspezifikation deuten. Zur Plausibilisierung der Ergebnisse sollten auch Experten und Anwender an der Validierung beteiligt werden. Letztlich dienen auch Sensitivitätsanalysen dem besseren Verständnis des Modells. Gerade bei komplexen Modellen sind die Annahmen nicht immer direkt ersichtlich. 2426

Bei simulationsbasierten Modellen ist die Simulationsvarianz (d. h. der Monte-Carlo-Fehler) regelmäßig zu untersuchen, da diese auch vom aktuellen Portfolio abhängt. Die Stabilität der Modellparameter kann beim Vorliegen neuer Datenpunkte durch Neuschätzung oder auf Basis alternativer Stichproben überprüft werden. Auch wenn bestimmte Modellparameter häufig aktualisiert werden müssen, kann dies ein Indiz für unzureichende Stabilität sein. 2427

Die hier genannten Beispiele stellen natürlich keine abschließende Liste dar, sondern sollen einige wesentliche Elemente einer Validierung anführen. Für die prüferische Beurteilung ist es letztlich entscheidend, ob sich aus den durchgeführten Analysen ein schlüssiges Gesamtbild ergibt. Das Fehlen einzelner Analysen kann anmerkungsbedürftig sein, für die Gesamtbeurteilung ist aber entscheidend, inwiefern dies zu den Gesamtaussagen noch Mehrwert bringen würde. Das Augenmerk der Prüfung sollte vor allem auf dem Umgang mit den Ergebnissen liegen. Diese sollten richtig interpretiert sein und zu plausiblen Schlussfolgerungen führen. Auch die Ableitung geeigneter Maßnahmen aus der Validierung ist von Bedeutung. 2428

> Wurden die Anwendung der Modelle und deren Ergebnisse ausreichend überprüft?

Aus der klarstellenden Erläuterung zu AT 4.1, Tz. 8 ergibt sich, dass auch die Anwendung der Modelle regelmäßig Gegenstand der Validierung sein sollte. Unter Anwendung ist dabei einerseits der eigentliche Berechnungsprozess als 2429

PRÜFUNG UND BEURTEILUNG DER RTF-PROZESSE

auch die Verwendung im Risikomanagement zu verstehen. Beim regelmäßigen Berechnungsprozessgehört sowohl die Datenverfügbarkeit als auch die verwendeten Infrastruktur zu den Objekten der Validierung. Unzureichende Daten, die zu – hoffentlich konservativen – Approximationen und Annahmen führen, können die Aussagekraft und Genauigkeit der Ergebnisse massiv beeinträchtigen. Auch wiederkehrende Probleme, die im regelmäßigen Rechenprozess vorkommen, sollten über einen Validierungsbericht aggregiert dargestellt und mit geeigneten Maßnahmen unterlegt werden. Sofern in den Modellen expertenbasierte Eingangsparameter oder »Overrides« verarbeitet werden, ist deren Herleitung kritisch zu durchleuchten.

2430 Die Angemessenheit der eingesetzten Infrastruktur sollte auch unter Kosten-Nutzen-Aspekten validiert werden. Nicht zentralisierte IT-Anwendungen bieten zwar einerseits eine größere Flexibilität, können aber den Pflegeaufwand und das Risiko unbeabsichtigter Fehler erhöhen. Auch hier können sich aufgrund veränderter Rahmenbedingungen die Voraussetzungen einmal getroffener Entscheidungen verändern. Dies wäre im Rahmen einer Validierung transparent zu machen.

2431 Die Fehlinterpretation von Modellergebnissen stellt einen entscheidenden Aspekt des Modellrisikos dar. Daher sollte auch regelmäßig validiert werden, wofür die Ergebnisse verwendet werden und ob die Modelle überhaupt für die tatsächliche Verwendung konzipiert wurden. Beispielsweise sind Value-at-Risk-Zahlen als Portfoliomaß für eine Steuerung auf Ebene einzelner Kunden oder Geschäfte zunächst nicht geeignet und ein Rückverteilungsalgorithmus sollte eine gewisse Robustheit besitzen. Sofern sich neue Anforderungen ergeben, wäre über eine Änderung zu entscheiden, um falsche Steuerungsimpulse zu verhindern. Teil einer Validierung sollte auch die systematische Befragung der Anwender der Modelle sein, auch um einen besseren Einblick zu gewinnen, ob die Modellergebnisse richtig verstanden und verwendet werden. Auch im Rahmen der Prüfung kann es sinnvoll sein, Anwender zu befragen.

6. Stresstests

2432 Während Stresstests (zunächst unter dem Begriff »Szenariobetrachtungen«) von Anfang an in den MaRisk verankert waren, hat die Aufsicht die regulatorische Bedeutung in den Novellen von 2009[1915] durch Erweiterungen und von 2010[1916] durch ein eigenes Modul herausgestellt. Damit wird unterstrichen,

---

1915 Vgl. *BaFin* (2009.08).
1916 Vgl. *BaFin* (2010.12b).

dass Stresstests als wesentliches Instrument des Risikomanagements und keinesfalls als rein quantitative Übung zu verstehen sind. Insbesondere soll mit Hilfe von Stresstests eine vorausschauende Perspektive in das Risikomanagements und in die strategische Planung gebracht werden.[1917] Das Ziel ist es, die wesentlichen Verwundbarkeiten des Instituts zu erkennen und sich dabei auch von den Limitierungen der Modelle zu lösen.[1918] Neben Sensitivitäts- und Szenariorechnungen sind insbesondere inverse Stresstests zu implementieren, um Situationen zu identifizieren, die die Überlebensfähigkeit der Institute in Frage stellen (»default events«). Ergänzt wird dies in jüngster Zeit noch um die Anforderungen an Sanierungspläne[1919], nach denen Situationen zu identifizieren sind, die eine Restrukturierung notwendig machen (»near default events«). In den Erläuterungen zu AT 4.3.3, Tz. 5 ist klargestellt, dass die Ergebnisse der Stresstests nicht zwangsläufig zu einer Kapitalunterlegung führen müssen. Dies soll allerdings vor allem dazu dienen, dass unliebsame Ergebnisse nicht von vorneherein aus den Betrachtungen ausgeschlossen werden. Die Ableitung eines nachvollziehbaren Handlungsbedarfs ist in jedem Fall notwendig, falls vorgegebene Limite gerissen werden. Letztlich kann es aber auch eine Option sein, bewusste Entscheidung des Managements das unternehmerische Risiko, das erst in einer außergewöhnlichen Situation entsteht, zu tragen.

> Spielen Stresstests eine wesentliche Rolle im Risikomanagement der Bank und ist das Senior Management ausreichend integriert?

Diese entscheidende Anforderung ist prüferisch am schwierigsten zu beurteilen, da die Evidenz für die Integration der Ergebnisse ins Risikomanagement unter Umständen nicht offensichtlich ist. Es gibt allerdings gewisse Anhaltspunkte anhand derer die Aussage verifiziert werden kann. Es ist zu hinterfragen, welche Erkenntnisse aus den Stresstests in die Festlegung des Risikoappetits und der Geschäfts- und Risikostrategien eingeflossen sind. So könnten die Erkenntnisse über verwundbare Teilportfolien in eine strategische Reduzierung des Neugeschäfts oder höhere Anforderungen an Bonität oder Sicherheiten münden. Im Extremfall wäre auch die Definition von Abbauportfolien denkbar. Möglicherweise wurde auch die Festlegung von (Konzentrations-)Limiten durch die Ergebnisse der Stresstests beeinflusst.

1917 Vgl. *CEBS* (2010), S. 2., sowie *EBA* (2015.12b), Kap. 4.2.
1918 Vgl. *BaFin* (2011.12), VI, Tz. 104.
1919 Vgl. *BaFin* (2012.11).

2434 Ein zentraler Aspekt für eine wirksame Integration von Stresstests in die Banksteuerung ist eine aktive Beteiligung des Senior Managements bei der Szenarioidentifikation und der Ergebnisdiskussion (»Senior Management's buy-in«).[1920] Zwar wird bei solchen Gesprächen die Revision nicht beteiligt sein, aber der Umfang und Detailgrad von Präsentationen kann Aufschluss geben, wie intensiv die Diskussion ist. Ergebnisse der Stresstests sollten nicht nur auf Arbeitsebene ausführlich diskutiert werden, sondern sollten auch mit Vorständen und im Risiko-Ausschuss des Aufsichtsrats vorgestellt werden. Soweit spezielle Komitees für Stresstests eingesetzt werden, kann die Risikokultur am nominellen und tatsächlichen Teilnehmerkreis abgelesen werden. Schließlich kann es sein, dass anlassbezogen Stresstests auf Anfrage des Senior Managements und des Vorstands durchgeführt werden.

> Sind die Prozesse zur Szenario-Generierung geeignet, um wesentliche Verwundbarkeiten des Portfolios zu identifizieren?

2435 Die Szenario-Generierung darf keine isolierte Aufgabe von Spezialisten aus dem Risikocontrolling sein, sondern sollte unter Beteiligung von Portfolio-Managern, Marktfolge und Vertriebseinheiten erfolgen. Auf Seiten des Risikocontrollings sind Verantwortliche aller als wesentlich identifizierten Risikoarten einzubeziehen. Hier sollte auch eine enge Verbindung zur Risikoinventur bestehen, in der ja idealerweise die einzelnen Geschäftsbereiche bereits auf ihre Risiken und damit auch Verwundbarkeiten durchleuchtet wurden.

2436 Die klassischen Instrumente der Stresstests sind Sensitivitäts- und Szenario-Analysen, wobei letztere historische und hypothetische Varianten umfassen sollten. Beide Werkzeuge bewegen sich allerdings noch innerhalb des Modellrahmens, wobei gewisse Schocks (bspw. eine schwere Rezession) in ein Risikomaß (üblicherweise Value at Risk) übersetzt werden. Demzufolge unterliegen die Ergebnisse denselben Beschränkungen wie die Modelle, die sich im Fall extremer Beobachtungen noch verstärken können. Dies kann dazu führen, dass kein umfassendes Bild über die wahren Verwundbarkeiten des Instituts erzeugt wird. Daher sehen die MaRisk in AT 4.3.3, Tz. 3 als Ergänzung Inverse Stresstests vor, die als komplementäre Ergänzung der traditionellen Instrumente gedacht sind. Diese dürfen sich nicht nur auf die quantitative Aufgabe beschränken, wie stark die Risikotreiber (z. B. makroökonomische

---

[1920] Vgl. *BCBS* (2009.05), S. 8.

Variablen) ausschlagen müssen, um vorgegebene Schwellenwerte für das Risikomaß zu durchbrechen.

Der Umfang von Sensitivitätsanalysen sollte sich an der Komplexität der Modelle orientieren. Bei einfachen Modellen mit linearen Zusammenhängen ist der Erkenntnisgewinn gering, während beispielsweise im Marktrisiko komplexe Produkte umfangreichere Untersuchungen erfordern. In jedem Fall sollten die Ergebnisse einer kritischen Überprüfung unterzogen werden, gerade auch um nichtlineare Zusammenhänge zu identifizieren. 2437

Szenarioanalysen werden häufig mit makroökonomischen Variablen modelliert, wobei ein verbales Szenario (z. B. der Austritt Griechenlands aus der Euro-Zone) in Parameter übersetzt wird. Die klare verbale Formulierung eines Szenarios kann der Akzeptanz bei den Entscheidungsträgern eines Instituts dienen. Wichtig ist auch hier die Plausibilisierung der Ergebnisse, da mehr oder weniger komplexe Modelle zugrunde liegen können, die nicht unbedingt in der Lage sind, in extremen Situationen robuste Ergebnisse vorherzusagen. Evidenz für einen funktionierenden Prozess zur Identifikation kann auch die Anzahl der diskutierten (wenn auch nicht immer gerechneten) Szenarien bieten sowie die Häufigkeit deren Erneuerung oder Aktualisierung (Lebenszyklus). Allerdings erhöht die bloße Anzahl gerechneter Szenarien nicht unbedingt den Erkenntnisgewinn. Die Modellierung eines schweren konjunkturellen Abschwungs wird in AT 4.3.3, Tz. 2 regulatorisch explizit erwartet. Die Erfahrung während der Finanzkrise hat gezeigt, was unter einem schweren Abschwung (als Änderung des Bruttoinlandsprodukts) verstanden werden kann. Der konjunkturelle Einbruch des Jahres 2009 war aber in Deutschland von extremen politischen Maßnahmen begleitet, die die Auswirkungen auf Arbeitslosigkeit und Firmeninsolvenzen stark begrenzt haben. Somit kann dieses historische Szenario nicht uneingeschränkt als Muster für einen schweren konjunkturellen Abschwung in der Zukunft gelten. 2438

Als schwierig gestaltet sich die Verknüpfung mit operationellen Risiken, da bei diesen empirisch kaum ein Zusammenhang mit der Konjunktur hergestellt werden kann. Operationelle Risiken laufen daher gewissermaßen orthogonal zu Kredit- und Marktrisiken, können aber die Existenz eines Instituts gefährden. Historisch hat sich dies insbesondere bei Instituten mit relevanter Handelstätigkeit gezeigt (z. B. Barings Bank oder Société Général). 2439

Inverse Stresstests können als simple (wenn auch nicht trivial lösbare) quantitative Aufgabe verstanden werden, für ein vorgegebenes Verlustniveau, das die Überlebensfähigkeit des Instituts in Frage stellt, Werte für Risikofaktoren 2440

(i. d. R. makroökonomische Faktoren) zu bestimmen. Dieses Vorgehen unterliegt allerdings weiterhin dem Modellrisiko und ist daher nur eingeschränkt in der Lage, zusätzliche Verwundbarkeiten aufzudecken. Daher sollte zusätzlich eine Bottom-Up-Betrachtung durchgeführt werden, die auf einer Analyse der Portfolien unter Berücksichtigung risikoartenübergreifender Konzentrationen beruht. Eine wirksame Risikoinventur kann dafür der geeignete Startpunkt sein. Auch sollte die Betrachtung schwer quantifizierbare Risikoarten wie Reputationsrisiko mit einschließen. Weiterhin können inverse Stresstests der Szenarioidentifikation dienen, indem aus einer speziellen Verwundbarkeit eines Portfolios ein bankweit relevantes Szenario entstehen kann. Als neue Anforderung kristallisiert sich die Nutzung zur Analyse des Geschäftsmodells und dessen Nachhaltigkeit heraus.[1921]

2441 Im Hinblick auf die Anforderung der MaRisk nach anlassbezogenen Stresstests stellt sich die Frage nach den Auslösern (trigger events) für einen ad hoc Stresstest. Dies sollte nicht nur die kurzfristige Anfrage von Vorständen sein, sondern auch prozessimmanent festgelegt sein. Voraussetzung für die Umsetzung ist die Verfügbarkeit der relevanten Daten und eine flexiblen Infrastruktur.

> Sind die Auswirkungen der Szenarien auf die Risikotragfähigkeit mit geeigneten Methoden quantifiziert?

2442 Die Übersetzung der Szenarien in Risikofaktoren, die als Eingangsparameter für die Berechnung von Risikomaßen (z. B. Value at Risk) dienen, ist für die verschiedenen Risikoarten unterschiedlich schwierig. Gängige Kreditportfoliomodelle verwenden als Risikofaktoren makroökonomische Parameter, so dass hier eine direkte Berechnung mittels der Modelle für die Risikotragfähigkeitsrechnung möglich ist. Bei anderen Risikoarten müssen die makroökonomischen Faktoren zunächst in die eigentlichen Risikofaktoren übersetzt werden (z. B. Zinskurven für Marktrisiko). Die dieser Transformation zu Grunde liegenden Annahmen sollten nachvollziehbar und plausibel dokumentiert sein. Sofern die Modelle der Risikotragfähigkeitsrechnung herangezogen werden, sollten diese kritisch darauf untersucht worden sein, ob sie in extremen Situationen noch verlässliche Ergebnisse liefern. Die Parametrisierung dieser Modelle auf historischen Daten führt dazu, dass sie für »normale« Situationen konstruiert werden, die ja gerade in Stressszenarien nicht mehr vorhanden

---

1921 Vgl. *EBA* (2015.12b), Tz. 86 ff.

sind. Die geforderte Downturn-Stabilität bietet dafür einen guten Anhaltspunkt, trotzdem sollte die Gültigkeit der Modellannahmen in extremen Situationen von den Fachverantwortlichen untersucht worden sein.

Bei anderen Risikoarten, die häufig über robustere Varianz-Kovarianz-Ansätze für die Risikotragfähigkeit quantifiziert werden, stehen solche explizite Risikofaktoren nicht zur Verfügung, so dass eine separate Modellierung notwendig ist. Die Entwicklung spezieller Modelle für Stresstests unterliegt im Grunde denselben Prozessen wie die Entwicklung von Risikotragfähigkeitsmodellen, so dass sie auf gleiche Weise geprüft werden können. Allerdings sind nicht dieselben Anforderungen an die statistische Evidenz zu stellen. Oftmals wird es schwierig sein, plausible statistisch signifikante Ergebnisse zu erzielen. Daher ist eine expertenbasierte Modellierung ein zulässiger Weg, der aber einem schlüssigen Vorgehen folgen sollte und die bei der Entwicklung getroffenen Annahmen sollten für eine Prüfung plausibel nachvollziehbar sein.

Werden Stresstest-Ergebnisse ausreichend analysiert, angemessen berichtet und mit geeigneten Handlungsempfehlungen unterlegt?

Für die Bestimmung der Auswirkungen von Stressszenarien auf die Risikotragfähigkeit wäre die Gegenüberstellung mit dem Risikodeckungspotenzial auf Ebene des Gesamtinstituts ausreichend. Damit würde aber der Mehrwert der Stresstests für das Risikomanagement stark reduziert und eine sinnvolle Verwendung dieses Werkzeugs verhindert. Vielmehr sollten die Auswirkungen der Szenarien auf einzelne Portfolien untersucht und diskutiert werden. Dazu ist ein Vergleich der gestressten und der ungestressten Zahlen und ein Abgleich mit dem Limitsystem sinnvoll. Darüber hinaus sind die Treiber der Veränderungen zu identifizieren und dies kann auch gleichzeitig der Plausibilisierung der Ergebnisse dienen. Eine umfangreiche Analyse ist vor allem dann nötig, wenn Szenarien erstmals gerechnet werden oder sich signifikante Änderungen zwischen den Stichtagen ergeben.

Um eine effektive Einbindung der Entscheidungsträger in den Stresstestprozess zu ermöglichen, ist ein aussagekräftiges Berichtswesen wichtig. Dazu gehört neben einer transparenten und übersichtlichen Darstellung der Ergebnisse ein umfangreicher Anteil an Kommentierungen und Bewertungen. Die Berichte sollten nicht nur Informationszwecken dienen, sondern die Diskussion der Ergebnisse und der Ableitung von Entscheidungen dienen.

PRÜFUNG UND BEURTEILUNG DER RTF-PROZESSE

2446 Die Ableitung von Handlungsempfehlungen sollte nachvollziehbar sein und die Empfehlungen selbst klar formuliert und messbar sein. Die Entscheidung über solche Empfehlungen ist allerdings nicht alleinige Aufgabe der operativ zuständigen Einheiten, sondern an dieser Stelle kommt wieder die Einbindung des Senior Management zum Tragen, da es sich um strategische Entscheidungen handeln kann. Die Erkenntnisse über die Auswirkungen von Stresstests sollten Eingang in die Definition des Risikoappetits, die Erstellung der Geschäfts- und Risikostrategie, die Kapitalplanung und in die Aktualisierung des Sanierungsplans finden. Für die prüferische Beurteilung ist also wiederum wichtig, die Verknüpfung der einzelnen Teilprozesse im Auge zu behalten.

7. Berichtswesen

2447 Seit der Veröffentlichung Nr. 239 des Basel-Kommittees »Principles for effective risk data aggregation and reporting«[1922] im Januar 2013 hat sich unter dem Schlagwort BCBS 239 in der Bankenindustrie und den angehängten Beratungsunternehmen starker Aktionismus verbreitet, der nicht unerheblich auf der Unsicherheit beruht, für wen und in welcher Auslegung diese Prinzipien anwendbar sind. Dabei formuliert das Papier im Kern lediglich Grundprinzipien für die interne Berichterstattung einer Bank, die im Eigeninteresse der Entscheidungsträger für ein wirksames Risikomanagement erfüllt sein sollten. Denn wer wird schon ernsthaft in Frage stellen, dass die Risikoinformationen vollständig, zeitnah und verständlich kommuniziert werden sollten? Auch in den neuen MaRisk sind diese Anforderungen zumindest für große und komplexe Institute verankert worden[1923]. Zudem geben das Papier und die MaRisk 6.0-E wichtige Anregungen, wie innerhalb einer Bank Risiken kommuniziert werden sollten.

> Liegen Risikodaten und -informationen vollständig, genau und zeitnah vor und können sie sorgfältig und flexibel aggregiert werden?

2448 Die Grunddatenbestände für das Reporting stehen üblicherweise als Auswertebestände aus den Risikosystemen zur Verfügung. Für die Genauigkeit und Vollständigkeit der in den Berichten verwendeten Daten ist damit nicht nur der letzte Schritt relevant, sondern bereits die Erfassung in den bestandsführenden Vorsystemen, die Datenübertragung in die Risikosysteme und die

---

1922 Vgl. *BCBS* (2013.01a), u. a. diskutiert in *Reuse* (2015.06).
1923 Vgl. *BaFin* (2016.02b), AT 4.3.4 diskutiert in *Reuse* (2016.01b), S. 1 ff.

914

Verarbeitung in der Risikorechnung. Somit ist ein übergreifendes Datenqualitätsrahmenwerk notwendig. Bei der Erfassung in den Vorsystemen muss bereits die Relevanz der Daten für nachfolgende Prozesse bekannt sein und in deren Abhängigkeit müssen Qualitätsstandards und Kontrollintensität festgelegt werden. Auch kann die Verantwortung für die Richtigkeit letztlich nur beim Erfasser liegen. Die Abnehmer ihrerseits müssen wissen, was ein Datenfeld konkret bedeutet und eine Beschreibung haben, denn eine einfache Feldbezeichnung kann durchaus Interpretationsspielraum lassen.

Bei der Verarbeitung und Aggregation von Risikodaten sind häufig Informationen aus mehreren Quellen notwendig, die verknüpft werden. Oftmals finden sich »historisch gewachsene« Datenflüsse, bei denen gespeicherte Daten weiterverwendet werden, ohne dass die Bedeutung der Datenfelder den Erfassern bekannt war. Dass dies recht einfach zu mangelhafter Datenqualität führen kann ist offensichtlich. Vor Übermittlung der Daten an die weiterverarbeitenden Einheiten sollte eine Freigabe erfolgen und die Ergebnisse der Kontrollen kommuniziert werden, damit der Abnehmer Einschränkungen kennt und diese je nach Materialität auch in den Risikoberichten dargestellt werden können. 2449

Für ein zeitnahes Reporting ist ein hoher Automatisierungsgrad notwendig, der es gleichzeitig erlaubt, ein robustes Kontrollumfeld zu etablieren. Dem entgegen steht die Notwendigkeit, dass flexible Auswertemöglichkeiten bestehen sollten, um auch ad hoc Daten in anderer Form aggregieren zu können. Somit wird es am Ende häufig einen Auswertebestand geben, auf den flexibel mit Datenbanksoftware zugegriffen werden kann. Dies birgt vor allem das Risiko, dass durch den flexiblen Zugriff die Daten unbeabsichtigt verändert werden können und die spontanen Aggregationen fehleranfälliger sind. Zur Mitigierung sind geeignete Vorkehrungen durch Berechtigungskonzepte und Testverfahren zu treffen. 2450

Für die Beurteilung, ob die Berichte ausreichend schnell erzeugt werden können, ist die gesamte Produktionskette auf ihre Effektivität zu untersuchen. Die Anforderungen hängen aber auch von der Volatilität der betrachteten Risikoart und ihrer Auswirkung auf das Gesamtrisikoprofil des Instituts ab. Während sich Risiken aus Handelsgeschäften schneller verändern können und damit Daten schneller überholt werden, ist das traditionelle Kreditgeschäft träger. In jedem Fall sind Annahmen an die Volatilität und Bedeutung von Risiken regelmäßig von den Fachbereichen zu überprüfen. Zudem sollte es klare Vorgaben geben, wann die Berichte fertiggestellt werden müssen. 2451

PRÜFUNG UND BEURTEILUNG DER RTF-PROZESSE

> Sind Risikoberichte genau, verständlich und klar, um als Grundlage für wirksame Entscheidungen dienen zu können?

2452 Grundsätzlich sollten die Risikoberichte Aussagen zu allen signifikanten Risikobereichen enthalten. Während sowohl die MaRisk (z. B. BTR 1 Tz. 7, AT 4.3.4) als auch das BCBS-239-Papier (s. Tz. 59) Mindestanforderungen definieren, sollte eine klare Verknüpfung zu den bei der Risikoinventur als wesentlich identifizierten Risiken und den Vorgaben der Risikostrategie bestehen.

2453 Die Anforderungen an die Risikoberichterstattung sind aber in erster Linie vom Berichtsempfänger zu definieren. Dies gilt sowohl im Hinblick auf die Frequenz als auch für den konkreten Inhalt. Dazu ist eine regelmäßige Abstimmung zwischen den Einheiten, die die Berichte erstellen und den Berichtsempfängern notwendig. Dabei sollten auch Möglichkeiten vorgestellt werden, welche Inhalte dargestellt werden können. Dabei stellt sich die Frage, wer tatsächlich Empfänger der Risikoberichte ist. Aggregierte monatliche oder quartalsweise Berichte werden in der Regel an den Gesamtvorstand und den Aufsichtsrat verteilt, so dass es sich nicht um einen Bericht für den Risikovorstand handelt, sondern um einen Bericht des Risikovorstandes. Sofern die Berichte in den Sitzungen besprochen werden, können deren Protokolle, die der Revision üblicherweise vorliegen, Hinweise für eine Prüfung geben. Ebenso kann es hilfreich sein – ggf. über die Revisionsleitung – die Rückmeldung der Empfänger über deren Zufriedenheit zu erfragen. Kommen nur wenige oder keine Rückfragen zu den Berichten bei den Erstellern an, kann dies ein Indiz dafür sein, dass die Berichte nur von untergeordneter Relevanz für die tatsächliche Entscheidungsfindung im Institut sind.

2454 Bei der Präsentation ist auf die Balance zwischen quantitativer und qualitativer Information zu achten. In einem detaillierten Zahlenwerk wird es höheren Management-Ebenen, die eine Vielzahl von Informationen zu verarbeiten haben, schwer fallen, Wichtiges von Unwichtigem zu unterscheiden. Auch wenn die Verantwortung für die Inhalte beim Empfänger liegt, trägt der Ersteller wiederum die Verantwortung, die Berichte klar auf die wesentlichen Risiken zu fokussieren und darf sich daraus nicht durch die Meldung befreien. Zudem sollte der Textanteil für höhere Management-Ebenen zunehmen.

8. Fazit

Auch wenn die Risikotragfähigkeit bereits seit einigen Jahren bei allen Instituten etabliert sein sollte, stellen die Weiterentwicklungen vor allem der regulatorischen Rahmenbedingungen die Prüfungen der Internen Revision vor immer wieder neue Herausforderungen. Gerade vor dem Hintergrund der nunmehr europäischen Bankenaufsicht, werden die Regulierungen in den nächsten Jahren nochmals zunehmen Neben dem steten Wandel und der Vielzahl methodischer Einzelfragen ist vor allem die Verknüpfung der Teilkomponenten zu einem schlüssigen System des Risikomanagements und der Banksteuerung die zentrale Fragestellung für wirksame Prüfungen. Neben der Erfüllung der (zumeist jährlichen) Prüfpflicht kann gerade darin ein Mehrwert durch die Arbeit der Internen Revision entstehen.

Auch die Stärkung der Risikokultur[1924] auf verschiedenen Ebenen des Instituts kann durch eine effektive Prüfungsarbeit unterstützt werden. Schließlich steht die Qualität der Revisionsarbeit bei einem solch zentralen Thema auch im Fokus der externen Beurteilung durch die Aufsicht, die sich zunehmend auf die Beurteilungen der internen Revision stützen will. Es ist daher für die Reputation der Internen Revision wichtig und zugleich eine Chance, sich den Fragestellungen aus der Risikotragfähigkeit und ihrer Steuerung umfassend zu widmen.

[1924] Gefordert in den MaRisk 6.0-E, vgl. *BaFin* (2016.02b), AT 3, Tz. 1 Erl.

II. Prüfung der Risikotragfähigkeit aus Sicht der externen Prüfung[1925]

1. Vorbemerkungen

2457 Die Anforderungen an die Risikotragfähigkeit der Banken haben sich im Zuge der Finanzmarkt- und Staatenkrise verschärft. Die Bundesbank hat in diesem Kontext im November 2010 im Rahmen der »Range of Practice« zur Sicherstellung der Risikotragfähigkeit bei deutschen Kreditinstituten[1926] und im Monatsbericht März 2013 zu den bankinternen Methoden zur Ermittlung und Sicherstellung der Risikotragfähigkeit und deren bankaufsichtlicher Bedeutung ausführlich Stellung genommen.[1927] Ergänzt wurden diese Erläuterungen durch das gemeinsam erarbeitete Papier der Bundesbank und der BaFin vom 07.12.2011 über die »Aufsichtliche Beurteilung bankinterner Risikotragfähigkeitskonzepte«[1928].

2458 Alle Beiträge heben hervor, dass Risiken umfassender zu berücksichtigen und in stärkerem Maße zukunftsorientiert zu beurteilen sind als bisher. Ferner sollen sich die Institute intensiver mit den Grenzen der zur Risikoquantifizierung eingesetzten Methoden auseinandersetzen.

2459 Diese Entwicklung spiegelt sich unverändert in den aktuellen Diskussionen über die mehrfach verschobenen und nun zur Konsultation stehenden MaRisk 6.0-E[1929] und den ab dem 01.01.2016 für alle Institute verbindlichen bankaufsichtlichen Überprüfungsprozess (Supervisory Review and Evaluation Process – SREP) wieder[1930]. Eine umfassende Betrachtung der Risiken eines Instituts und der zu ihrer Deckung zur Verfügung stehenden Mittel unter Berücksichtigung der individuellen Gegebenheiten ist mit unterschiedlichsten Herausforderungen verbunden. So wird z. B. verlangt, dass die zur Risikotragfähigkeitssteuerung eingesetzten Verfahren gemäß AT 4.1, Tz. 8 der MaRisk sowohl das Ziel der Fortführung des Instituts als auch den Schutz der Gläubiger vor Verlusten aus ökonomischer Sicht angemessen zu berücksichtigen haben. Hieraus ergeben sich weitreichende Konsequenzen. Insbesondere ist es somit erforderlich, beiden Perspektiven auch in der Steuerung Rechnung zu

---

1925 Autor: **Wolfgang Otte**. Die Ausführungen geben die persönliche Auffassung des Autors wieder.
1926 Vgl. *Deutsche Bundesbank* (2010.11), diskutiert in Kapitel B.I.4.
1927 Vgl. *Deutsche Bundesbank* (2013.03), S. 31.
1928 Vgl. *BaFin* (2011.12).
1929 Vgl. *BaFin* (2016.02a); *BaFin* (2016.02b), umfassend diskutiert in *Reuse* (2016.02b), S. 1 ff.
1930 Umfassend diskutiert in Kapitel B.II.

tragen. Dies kann je nach Ausgangslage eines Instituts die Notwendigkeit nach sich ziehen, die Bestimmung des Risikodeckungspotenzials (RDP) sowohl unter Fortführungs- als auch unter Liquidationsaspekten durchzuführen mit besonderem Augenmerk auf die Bestimmung der relevanten Abzugsposten wie z. B. der latenten Steuern oder des Goodwills.

Mit der Weiterentwicklung der Ausgestaltung der Verfahren zur Ermittlung und Sicherstellung der Risikotragfähigkeit durch die Institute sind auch die Anforderungen an die Prüfung dieser Konzepte gestiegen. 2460

Hiermit nicht zu verwechseln ist die Prüfung des Risikotragfähigkeitsmeldewesens[1931]. Im Zusammenhang dem dem CRD-Umsetzungsgesetz wurde in § 25 KWG die Pflicht der Kreditinstitute verankert, regelmäßig Risikotragfähigkeitsinformationen einzureichen. Die Einzelheiten zur Meldepflicht sind in der Verordnung zur Einreichung von Finanz- und Risikotragfähigkeitsinformationen (FinaRisikoV) geregelt. Danach war für die meisten Institute erstmalig zum Meldestichtag 31. Dezember 2015 über qualitative (z. B. verwendete Steuerungskreise) und quantitative Informationen (z. B. Zusammensetzung des Gesamtrisikoprofils) zur verwendeten Risikotragfähigkeitskonzeption im Meldewesen zu berichten. Inhaltlich stellt § 8 Abs. 2 Satz 2 FinaRisikoV ausdrücklich klar, dass die neuen Meldevoschriften zu den Risikotragfähigkeitsinformationen die Ausgestaltung der Verfahren unberührt lässt. Aus diesem Grunde wird das Risikotragfähigkeitsmeldewesen an dieser Stelle nicht weiter betrachtet. 2461

Maßstab für die Prüfung von Risikotragfähigkeitskonzepten bildet insofern unverändert die von der Aufsicht in dem Leitfaden »Aufsichtliche Beurteilung interner Risikotragfähigkeitskonzepte« (RTF-Leitfaden) dargelegte Sichtweise[1932], ergänzt durch die Ausführungen zur Bedeutung der Risikotragfähigkeitskonzepte in den MaRisk. Auf dieser Basis sind Prüfer gefragt, ihre Einschätzung zur inhaltlichen Ausgestaltung preiszugeben. Diese Einschätzung erfordert eine ganzheitliche institutsindividuelle und zugleich zukunftsorientierte Betrachtung der Kapital- und Risikosituation.[1933] Grundlage dieser Einschätzung muss einerseits die vom Institut erstellte Dokumentation sein, andererseits muss der Prüfer auch ein Bild von einem Soll-Zustand vor Augen haben, mit dem er den Ist-Zustand abgleichen kann. 2462

1931 Umfassend diskutiert in Kapitel B.III.
1932 Vgl. *BaFin* (2011.12).
1933 Vgl. *Deutsche Bundesbank* (2013.03), S. 33.

2463 Voraussetzung für die Festlegung eines Soll-Zustandes ist die Kenntnis des Prüfers vom jeweiligen Institut. Die Kenntnis umfasst die Geschäfts- und Risikostrategie sowie das hieraus schlüssig abgeleitete Risikotragfähigkeitskonzept, welches im Rahmen der Risikosteuerungs- und -controllingsysteme/ -methoden in die Aufbau- und Ablauforganisation zu integrieren ist. Dieser institutsseitig geforderte Zusammenhang zwischen der Geschäfts- und Risikostrategie auf der einen Seite und den Prozessen zur Sicherstellung der Risikotragfähigkeit auf der anderen Seite wird zukünftig auch durch die Aufsicht im aufsichtlichen Überprüfungsverfahren der zweiten Säule des Baseler Rahmenwerkes gespiegelt. Dieser umfasst neben der Würdigung des ICAAP-Prozesses zukünftig auch den aufsichtlichen Überprüfungs- und Beurteilungsprozess (SREP). Hierauf sowie auf der Kenntnis des Internen Kontrollsystems basierend können die Abläufe, mit denen die Vollständigkeit der Risikoabbildung und die Konsistenz der Verfahren sichergestellt werden sollen, sowie das diesen Abläufen innewohnende Risiko eingeschätzt werden. Eine sachgerechte Erfüllung der Aufgaben von Prüfern im Rahmen der Einschätzung der Angemessenheit interner Risikotragfähigkeitskonzepte setzt damit die Kenntnis der Anforderungen der Institute sowie der Aufsicht an interne Risikotragfähigkeitskonzepte voraus. Dem folgend ist auch der nachfolgende Beitrag strukturiert. Nach einer Ableitung der Anforderungen an interne Risikotragfähigkeitskonzepte werden die Schwerpunkte der Prüfung sowie ausgewählte Prüfungshandlungen dargestellt.

2. Anforderungen der Aufsicht an die Ermittlung der Risikotragfähigkeit auf Basis der MaRisk

2464 Die laufende Sicherstellung der Risikotragfähigkeit ist die zentrale Aufgabe des Gesamtbanksteuerungsprozesses. Entsprechend nimmt die Entwicklung, Implementierung und Kommunikation der institutsindividuellen Risikotragfähigkeitskonzeption eine zentrale Rolle im Rahmen der Umsetzung der MaRisk ein. Hiermit ist sicherzustellen, dass die wesentlichen Risiken eines Instituts durch das Risikodeckungspotenzial, unter Berücksichtigung von Risikokonzentrationen, laufend abgedeckt sind. Den Ausgangspunkt und das zentrale Instrument bei der Ermittlung der Risikotragfähigkeit bildet der interne Prozess zur Sicherstellung der Risikotragfähigkeit (Internal Capital Adequacy Assessment Process: ICAAP). Im ICAAP hat jedes Institut die wesentlichen Risikoarten zu identifizieren, mit eigenen Methoden zu quantifizieren und in angemessener Höhe mit Kapital zu unterlegen, das qualitativ geeignet sein muss, auftretende Verluste zu absorbieren. Damit die Risikotragfähigkeit laufend sichergestellt wird, muss sie in den Entscheidungsprozessen, der Geschäfts- und Risikostrategie sowie den Risikosteuerungs- und -controllingprozessen verankert werden. Dies erfordert unter anderem, dass der ICAAP fester Bestandteil des Limitsystems sowie der internen Berichterstattung ist.[1934]

Darüber hinaus rückt der Nachweis der Verlässlichkeit und Stabilität der der Risikomessung zugrunde liegenden Parameter (z. B. zeitliche Stabilität bezüglich Credit Spread und Migrationsrisiken[1935]) immer stärker in den Fokus. Hierbei ist insbesondere auch der adäquaten Bestimmung von Diversifikationseffekten und Risikokonzentrationen sowohl zwischen verschiedenen als auch innerhalb einzelner Risikoarten Rechnung zu tragen.

Ein weiterer wesentlicher Aspekt ist die konsistente Einbettung der Risikotragfähigkeitsrechnung in die Risikostrategie, die wiederum entsprechend aus der Geschäftsstrategie abgeleitet sein muss. Hierbei ist insbesondere die Formulierung der Risikotoleranz bzw. der Risikoneigung von zentraler Bedeutung: mit der Festlegung der Risikotoleranz wird die bewusste Entscheidung getroffen, in welchem Maß das Institut bereit ist, Risiken zur Erreichung der strategischen Ziele einzugehen. Dies zeigt exemplarisch Abbildung J – 1.

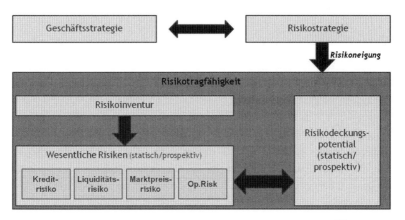

Abbildung J – 1:   *Einbindung der RTF in die Gesamtbanksteuerung*[1936]

In Vorbereitung auf den aufsichtlichen Überprüfungs- und Beurteilungsprozess (SREP), den laufenden Dialog zwischen Aufsicht und Instituten sowie

---

1934   Vgl. *Deutsche Bundesbank* (2013.03), S. 32 f.
1935   Vgl. *Deutsche Bundesbank* (2013.03), S. 31, 36.
1936   Eigene Darstellung.

auf Basis der Erkenntnisse von Sonderprüfungen gemäß § 44 Abs. 1 KWG im Bereich des Risikomanagements stehen die von den Instituten ausgewählten Methoden zur Ermittlung der Risikotragfähigkeit unverändert im Mittelpunkt und sind daher Prüfungsschwerpunkt. Insbesondere bei den Sonderprüfungen werden hohe formale Anforderungen an die Systeme und deren Dokumentation gestellt.[1937]

2468 Für die Kreditinstitute war es in der Vergangenheit oft schwierig, sich auf mögliche Prüfungsfeststellungen einzustellen, da die MaRisk entsprechend ihrer Philosophie hinsichtlich der Methodik weitgehende Umsetzungsspielräume zuließen. Die Methodenfreiheit findet jedoch ihre Grenze, wenn die eingesetzten Verfahren nach Ansicht der Prüfer nicht mehr angemessen sind. Um für die Kreditinstitute mehr Kalkulierbarkeit bezüglich der Anforderungen der Aufsicht zu gewährleisten, hat die BaFin einen RTF-Leitfaden veröffentlicht, der die MaRisk-Anforderungen ergänzt. Die Rechtsgrundlage hierfür ist § 25a Abs. 1 KWG. Dieses Papier wurde von der BaFin und der Bundesbank gemeinsam erstellt und spiegelt deren Sichtweise in Bezug auf die Risikotragfähigkeit wider.[1938]

2469 Mit der Veröffentlichung des RTF-Leitfadens wollte die Aufsicht dann auch verstärkt darauf hinwirken, dass sich die Institute bei der Methodenauswahl am Gebot der Vollständigkeit der Risikoabbildung, der Konsistenz der Verfahren und dem Vorsichtsprinzip zu orientieren haben.

2470 Die Aufsicht wird künftig ein noch größeres Augenmerk auf eine integrative Betrachtungsweise des Zusammenspiels von Eigenkapital und Risiko richten. Der adäquaten Umsetzung einer auf das Institut und dessen Risikolage passenden Risikotragfähigkeit kommt folglich eine noch größere Bedeutung zu.[1939]

2471 Während Säule 1 von Basel II die regulatorische Sicht auf das Eigenkapital und die risikogewichteten Aktiva für die einzelnen regulatorisch relevanten Risikoarten determiniert, wird im Rahmen der Anforderungen der Säule 2 von Basel II die Einrichtung eines ICAAP und damit einer ausreichenden Kapitalausstattung verlangt. Gemäß den MaRisk müssen die Prozesse der internen Risiko- und Kapitalsteuerung in ein integriertes System zur Ertrags- und Risikosteuerung (»Gesamtbanksteuerung«) eingebunden werden. In dem Prozess der internen Risikosteuerung dominieren wirtschaftliche Erwägungen,

---

1937 Vgl. *Deutsche Bundesbank* (2010.11), S. 7 ff.
1938 Vgl. *BaFin* (2011.12).
1939 Vgl. *Kramer* (2010), S. 85.

weshalb es dort um eine Abdeckung der Risiken mit dem ökonomischen Kapital ankommt und das regulatorische Kapital nur als Nebenbedingung in den Prozess der Gesamtbanksteuerung einfließt.

Eine Erweiterung innerhalb des ganzheitlichen, stark prozessorientierten bankaufsichtlichen Überprüfungsprozesses (SREP) stellen die TSCR (Total SREP Capital Requirements) dar. Im Rahmen dieses sog. Kapitalbewertungsprozesses[1940] ist zu beurteilen, ob die im Institut vorhandene Kapitalausstattung (regulatorisch – Säule I, intern – Säule II) die vorhandenen, potenziellen Kapitalrisiken[1941] solide abdeckt. Aufsichtsbehörden sind im Rahmen des TSCR aufgefordert, zusätzliche Eigenmittelanforderungen (quantitative Kapitalmaßnahmen) anzuordnen, wenn sie zur Einschätzung gelangen, dass die vorhandene (interne und regulatorische) Kapitalausstattung nicht ausreicht, um sowohl zukünftige Kapitalanforderungen (Basel III) als auch das Gesamtrisikoprofil (ICAAP, Zinsänderungsrisiko Bankbuch – IRRBB) abzudecken. War die Festlegung zusätzlicher Kapitalanforderungen im aufsichtlichen Alltag bislang eher die Ausnahme, sehen die EBA Guidelines und die CRD IV Tatbestände vor, die künftig zwingend zu Eigenmittelzuschlägen führen (vgl. auch § 10 Absatz 3 Satz 2 KWG). Die Eigenkapitalanforderungen nach Säule I bilden damit die Untergrenze, die um zusätzliche Anforderungen aufgrund des SREP zur TSCR-Ratio (Total SREP Capital Requirement-Ratio) aufgestockt werden.

2472

Die Prüfung der Aufsicht zielt regelmäßig auf die Vollständigkeit der Risikoabbildung, die Konsistenz der Verfahren sowie die Beachtung des Vorsichtsprinzips ab. Ergänzend können noch weitere Aspekte für die Beurteilung von Risikotragfähigkeitskonzepten der Kreditinstitute thematisiert werden. Mit Verweis auf AT 4.1, Tz. 3 der MaRisk muss mindestens jährlich im Rahmen der Risikostrategie auch eine mehrperiodische Betrachtung, die sogenannte planerische Risikotragfähigkeitsermittlung/-betrachtung, erfolgen. Knüpft das Risikotragfähigkeitskonzept an Jahresabschluss-Größen an, so ist gemäß AT 4.1, Tz. 3 der MaRisk eine angemessene Betrachtung über den Bilanzstichtag hinaus erforderlich.

2473

Durch die MaRisk ist vorgegeben, dass auf der Grundlage der Risikotragfähigkeit Limite zur Begrenzung der Risiken einzurichten sind. Das Limitsystem soll die Risikotragfähigkeit jederzeit gewährleisten. Die Limitfestlegung obliegt der Geschäftsleitung und ist Teil der Risikostrategie. Unterjährige

2474

1940 Vgl. *BaFin* (2016.02b), AT 4.1, Tz. 11.
1941 Vgl. *BaFin* (2016.02b), AT 2.2.

Anpassungen können auf Grund geänderter Rahmenbedingungen (z. B. Strategieanpassungen, Veränderungen der Risikomessmethodik) erforderlich werden und sind dann ebenfalls durch die Geschäftsleitung zu beschließen.

2475 Die MaRisk fordern, dass für die im Rahmen der Risikotragfähigkeit berücksichtigten Risiken regelmäßig angemessene Stressszenariobetrachtungen durchzuführen sind. Mit Hilfe dieser Stressszenariobetrachtungen soll überprüft werden, ob ein Kreditinstitut auch bei bestimmten negativen Marktentwicklungen ein ausreichendes Risikodeckungspotenzial besitzt.

2476 Eine Konkretisierung dieser Anforderungen erfolgt im RTF-Leitfaden, der ein wesentliches Hilfsmittel für die Prüfung ist. Einen Schwerpunkt der Prüfung bildet die Vollständigkeit der Berücksichtigung aller Risikoarten. Im Unterschied zur Säule 1, die sich für Zwecke der Mindestkapitalanforderungen auf die Einbeziehung der Adressenausfall-, Marktpreis- und operationellen Risiken beschränkt, kommt es für Zwecke der Säule 2 (Bankaufsichtlicher Überprüfungsprozess) auf die institutsindividuelle Sicht an. Diese bezieht auch die nicht in der Säule 1 berücksichtigten Risiken, wie z. B. die strategische Risiken und die Liquiditätsrisiken mit ein.

2477 Neben der Prüfung der Vollständigkeit der berücksichtigten Risiken richtet sich der Fokus der Prüfung auf die Methoden zur Risikoquantifizierung. Die eingesetzten Methoden müssen geeignet sein, d. h. sie müssen die Stabilität der Risikomessung gewährleisten sowie Diversifikationseffekte und Risikokonzentrationen innerhalb einer Risikoart und zwischen verschiedenen Risikoarten berücksichtigen.

2478 Ein besonderes Augenmerk muss der Prüfer auf die Konsistenz der Methoden in Bezug auf das gesamte Risikotragfähigkeitskonzept legen. So muss er sich in Ansehung der eingesetzten Methoden einen Einblick in das vom Institut implementierte Limitsystem verschaffen und dessen Eignung zur Sicherung der Risikotragfähigkeit beurteilen. Außerdem muss er die Risikotragfähigkeit eines Instituts bzw. die Umsetzung des Konzeptes inkl. verschiedener Szenariorechnungen einschätzen können. Der Prüfer muss sich hier einerseits ein Urteil bilden, ob die vom Institut ausgewählten Szenarien bzw. die verwendeten Parameter angemessen, d. h. ausreichend vorsichtig sind, und andererseits die Richtigkeit der vom Institut vorgenommenen Berechnungen prüfen.

2479 Eine der anspruchsvollsten Aufgaben für den Prüfer ist die Beurteilung, ob das Risikotragfähigkeitskonzept schlüssig aus der Geschäfts- und Risikostrategie abgeleitet wurde und ob das Institut die Risikotragfähigkeitsbetrachtung in seine Entscheidungsprozesse eingebettet hat. Die Risikostrategie, wie auch die Risikosteuerungs- und Controllingprozesse müssen schlüssig zur Risikoneigung und -toleranz eines Instituts sein.

Eine nicht zu unterschätzende Herausforderung stellt außerdem die Prüfung der Angemessenheit der Dokumentation dar, für die beispielhaft die Dokumentation der Schlüssigkeit der gewählten Verfahren untereinander sowie die Einbettung des Konzeptes in die Geschäfts- und Risikostrategie genannt werden können.

2480

3. Ansätze zur Ermittlung und Sicherstellung der Risikotragfähigkeit

Im Rahmen der Risikotragfähigkeitsberechnung wird geprüft, inwieweit die quantifizierbaren Risiken einen festgelegten Anteil am Risikodeckungspotenzial auslasten. Sind die Risiken geringer als die zur Verfügung stehenden Mittel, so ist die Tragfähigkeit gegeben.

2481

Zur Ermittlung und Sicherstellung der RTF haben sich zwei Grundtypen entwickelt: sogenannte Going-Concern-/Fortführungsansätze und Gone-Concern/Liquidationsansätze. In beiden Ansätzen werden alle wesentlichen Risiken eines Instituts über einen Risikobetrachtungshorizont von in der Regel einem Jahr gemessen und gesteuert. Dabei sind die Risiken auch auf seltene Verlustausprägungen abstellende Risikomaße und Parameter zu quantifizieren. Den so ermittelten Risiken wird das zur Abdeckung schlagend werdender Verluste geeignete Risikodeckungspotenzial gegenübergestellt. Neben diesen Gemeinsamkeiten gibt es erhebliche Unterschiede zwischen der Grundausrichtung der beiden Ansätze und den mit ihnen verfolgten Zielen.[1942]

2482

3.1. Going-Concern-Ansätze

Bei der Anwendung von Going-Concern-Ansätzen steht der Schutz der Anteilseigner im Mittelpunkt der Betrachtung. Die Going-Concern-Perspektive hat als Prämisse die Fortführung des aktuellen Geschäftsmodells. Die Bank ist dabei auch in Zukunft handlungsfähig und setzt ihren Geschäftsbetrieb langfristig fort. Der Going-Concern-Fall wird über die periodische Risikotragfähigkeitsbetrachtung abgebildet. Sie bezieht sich auf die laufende und folgende Bilanzperiode und sichert maximale GuV-Verluste in definierten Szenarien ab.

2483

Institute, die in der Risikotragfähigkeit einen Going-Concern-Ansatz verfolgen, verknüpfen die Risikomessung und Limitierung zusätzlich mit den auf-

2484

1942 Vgl. *BaFin* (2011.12).

sichtlichen Mindestkapitalanforderungen in Form von Kernkapitalquoten, da diese Voraussetzung zur Fortführung des Geschäftsbetriebes sind. Hier stehen fast immer handelsrechtliche Regelungen im Vordergrund. Die Bankenaufsicht sieht vor, dass das Mindestkapital aus der Säule 1 in einem Going-Concern-Ansatz nicht als RDP angesetzt werden darf.

3.2. Gone-Concern-Ansätze

2485 In der Liquidations-Perspektive wird nicht mehr von der Fortführung des Geschäftsbetriebes ausgegangen. Dabei steht das Gläubigerschutz-Prinzip im Vordergrund (Vermögen > Verbindlichkeiten). Betrachtet werden die ökonomischen/barwertigen Risiken für den gesamten Zeithorizont (Totalperiode), was somit eine Gesamtsicht auf die Risikotragfähigkeit darstellt. Abgebildet wird die Liquidations-Perspektive über die ökonomische Risikotragfähigkeit, die eine Absicherung der maximalen Vermögensverluste unter Einbeziehung der Ex-ante-Sicht sicherstellt.

2486 Das Ziel von Gone-Concern-Ansätzen ist es, selbst in einer Extremsituation, das heißt bei einer Realisierung aller in der RTF-Steuerung berücksichtigten Risiken, die Institutsgläubiger aus dem verbleibenden Vermögen des Instituts zu bedienen und sie so vor Verlusten zu schützen. Die Grundannahme ist dabei nicht, dass von einer Liquidation tatsächlich ausgegangen wird. Vielmehr wird angenommen, dass im Risikobetrachtungshorizont eintretende Verluste möglicherweise in der Zukunft zu einer Liquidation führen könnten.

3.3. Beide Ansätze im Vergleich

2487 Die Aufsicht akzeptiert beide Ansätze als grundsätzlich geeignet, die RTF eines Instituts sicherzustellen, sofern sie auch selten eintretende Verluste in der Risikomessung abbilden.

2488 Bei Gone-Concern-Ansätzen sind Verlustereignisse mit vergleichsweise niedrigerer Eintrittswahrscheinlichkeit und höherer Verlustausprägung zu berücksichtigen, da in diesen Ansätzen über das Risikodeckungspotenzial hinaus keinerlei weitere Reserven zur Befriedigung von Gläubigeransprüchen verfügbar sind.

2489 Realisieren sich hingegen bei Going-Concern-Ansätzen derart hohe Risiken, dass das gesamte Risikodeckungspotenzial aufgezehrt wird, so steht immer noch das zur Einhaltung der aufsichtlichen Mindestkapitalanforderungen erforderliche Kapital für eine dann eventuell notwendige Restrukturierung oder Abwicklung zur Verfügung. Naturgemäß liegt sowohl die Fortführung der Institute als auch der Gläubigerschutz im Interesse der Bankenaufsicht. Deshalb hat sie diese grundsätzlich anzustrebende Zweigleisigkeit im RTF-Leitfaden angelegt und seit der Überarbeitung der MaRisk im Dezember 2012 auch in AT 4.1, Tz. 8 als Anforderung verankert, dass RTF-Konzepte sowohl eine Institutsfortführung als auch den Schutz der Gläubiger vor ökonomischen Verlusten sicherzustellen haben. Alle Institute müssen mit ihrem RTF-Instrumentarium beiden Schutzzielen Rechnung tragen. Institute, die auf einen Gone-Concern-Ansatz setzen, müssen in jedem Fall ergänzende Verfahren einrichten, mit denen sie die Einhaltung der Kapitalanforderungen gemäß Säule 1 sicherstellen, da dieses Ziel mit einem Gone-Concern-Ansatz allein nicht sichergestellt wird. Bei den Instituten, die einen Going-Concern-Ansatz verfolgen, kann dieser Ansatz als einziger hingegen ausreichend sein. Dazu ist aber vom jeweiligen Institut sicherzustellen, dass das für die Einhaltung der Mindestkapitalanforderungen reservierte Kapital auch in voller Höhe für die Befriedigung von Gläubigeransprüchen zur Verfügung steht.

Neben diesen beiden Grundansätzen lässt sich das RTF-Instrumentarium der Institute in der Praxis auch hinsichtlich der Ableitung des Risikodeckungspotenzials unterscheiden. Ein großer Teil der Institute leitet im Rahmen der primär steuerungsrelevanten Verfahren das Risikodeckungspotenzial aus Bilanz- bzw. GuV-Größen ab, einige Institute verwenden demgegenüber eine wertorientierte Ableitung des Risikodeckungspotenzials.[1943] Aus diesen beiden Alternativen zur Festlegung des Risikodeckungspotenzials und den beiden RTF-Grundsätzen lassen sich theoretisch vier verschiedene Kombinationen bilden. Dies zeigt Abbildung J – 2.

[1943] Vgl. *Hannemann/Scheider* (2011), S. 159 f.

	GuV-/bilanzorientiert	wertorientiert
Going-Concern-Ansatz	RDP: bilanzielle Größen als Basis	RDP: Markt- bzw. Barwert des Portfolios
	Risiko: Normalfall/Niedriges Konfidenzniveau	Risiko: Normalfall/Niedriges Konfidenzniveau
	Ziel RTF: jederzeitige Erfüllung Säule 1 Schutz der Eigentümer	Ziel RTF: jederzeitige Erfüllung Säule 1 Schutz der Eigentümer
Liquidationsansatz	RDP: bilanzielle Größen als Basis	RDP: Markt- bzw. Barwert des Portfolios
	Risiko: Worst Case/sehr hohes Konfidenzniveau	Risiko: Worst Case/sehr hohes Konfidenzniveau
	Ziel RTF: Abbildung des Maximalbelastungsfalls, Gläubigerschutz	Ziel RTF: Abbildung des Maximalbelastungsfalls, Gläubigerschutz

Abbildung J – 2:   Wahlmöglichkeiten zur RTF-Bestimmung[1944]

2491 Methodisch konsistent ist es, das Risikodeckungspotenzial in Going-Concern-Ansätzen bilanzorientiert und in Gone-Concern-Ansätzen wertorientiert abzuleiten. Going-Concern-Ansätze sind gerade darauf ausgerichtet, die dauerhafte Einhaltung der Kapitalanforderungen der Säule 1 sicherzustellen. Da letztere aus der Bilanz abgeleitet werden, ist es nur folgerichtig, auch die Definition des Risikodeckungspotenzials an Bilanzgrößen festzumachen. Bei Gone-Concern-Ansätzen hingegen geht es um die Substanz des Instituts im Falle einer fiktiven Liquidation. Da diese zur Befriedigung der Gläubigeransprüche zur Verfügung stehende Substanz gerade dem Wert der Vermögensgegenstände des Instituts entspricht, ist es konsistent, in solchen Ansätzen eine wertorientierte Ermittlung des Risikodeckungspotenzials durchzuführen.

2492 Werden in einem Gone-Concern-Ansatz Bilanzwerte als Ausgangsgröße verwendet, so entsteht zunächst ein methodischer Bruch. Die Konsistenz mit der Grundidee des Ansatzes ist nur dadurch zu erreichen, dass diese Werte durch geeignete Korrekturen bereinigt werden (z. B. Hinzurechnung stiller Reserven, Abzug stiller Lasten) und letztendlich der Unternehmensbarwert indirekt ermittelt wird. Die Aufsicht ist sich der methodischen Komplexität bewusst, denen sich Institute bei einem solchen Vorgehen stellen müssen. Die Beurteilung eines solchen Vorgehens hängt in entscheidendem Maße davon ab, welche Auswirkungen diese methodischen Inkonsistenzen auf die Bestimmung der RTF haben.

[1944] Eigene Darstellung.

Ebenfalls methodisch problematisch ist eine Kombination aus wertorientierter Festlegung des Risikodeckungspotenzials und Going-Concern-Ansatz, da die Einhaltung der Kapitalanforderungen der Säule 1 in diesem Fall nicht mehr ohne weiteres sichergestellt ist. Ursächlich hierfür ist, dass die Kapitalanforderungen gemäß Säule 1 auf Bilanzwerten basieren, das Risikodeckungspotenzial im RTF-Konzept jedoch barwertig abgeleitet wird.

2493

Ein Teil der Institute, die eine wertorientierte Risikotragfähigkeit in der Säule 2 abbilden, berücksichtigt risikomindernde Diversifikationseffekte. In der Vergangenheit hat sich gezeigt, dass nicht alle Risiken gleichzeitig bzw. gleichgerichtet schlagend werden. Diese Effekte reduzieren das Gesamtrisiko und können auch in der Festlegung des RTF-Limits berücksichtigt werden. An die erforderlichen statistischen Methoden und deren Anwendung in der Säule 2 stellt die Bankenaufsicht hohe Anforderungen.[1945]

2494

So müssen risikomindernde Diversifikationseffekte innerhalb und zwischen Risikoarten gemäß AT 4.1, Tz. 6 der MaRisk

2495

1. auf Annahmen basieren, die auf eine Analyse der Institutsverhältnisse zurückgehen,

2. anhand repräsentativer Daten ermittelt werden, die auch Veränderungen über konjunkturelle Auf- und Abschwungphasen hinweg widerspiegeln, und

3. so konservativ geschätzt werden, dass sie auch in konjunkturellen Abschwungphasen sowie bei ungünstigen Marktverhältnissen als ausreichend stabil angenommen werden können. Eine progressive Herangehensweise wird seitens der Bankenaufsicht nicht toleriert.

Bei Verwendung von Diversifikationsannahmen aus anderen Quellen wird empfohlen, die Datengrundlagen sowie die Herkunft der Daten und damit deren Verwendbarkeit kritisch vor dem Hintergrund der Anforderungen in AT 4.1, Tz. 6 und 7 zu überprüfen.[1946]

2496

In der Prüfungspraxis zeigt sich allerdings, dass ein Nachweis der Repräsentativität nicht oder nur mit einem für das Institut nicht vertretbaren Aufwand erbracht werden kann. Daher verzichten viele Institute regelmäßig auf die Möglichkeit der Berücksichtigung risikomindernder Diversifikationseffekte.

2497

Bei der Prüfung der unterschiedlichen Ansätze zur Ermittlung der Risikotragfähigkeit geht es neben der Prüfung der rechnerischen Richtigkeit im Wesentlichen um die richtige Umsetzung des Fortführungs- oder des Liquidationsan-

2498

1945 Vgl. *Friedberg* (2013).
1946 Vgl. *DSGV* (2014), S. 243.

satzes. Hier bietet der RTF-Leitfaden der Aufsicht eine wertvolle Hilfestellung.[1947]

4. Ermittlung des Risikodeckungspotenzials

2499 Das Risikodeckungspotenzial einer Bank umfasst das gesamte realisierbare Vermögen welches in handelsrechtlicher, vermögensorientierter bzw. aufsichtlicher Diktion des Eigenkapitals bzw. der Eigenmittel betrachtet werden kann.

2500 Das Risikodeckungspotenzial sollte durch keine geschäftspolitische Entscheidung beeinflusst werden und gleichzeitig konsistent für alle Sichtweisen die Frage beantworten, wie viel Gesamtvermögen bzw. Kapital einem Institut zu einem fixierten Zeitpunkt zur Verfügung steht.

2501 In Abhängigkeit vom gewählten Ansatz ergibt sich die Zusammensetzung des Risikodeckungspotenzials. Institute, die einen Gone-Concern-Ansatz gewählt haben, können alle Kapitalbestandteile einbeziehen, die im angenommenen Fall einer möglichen Liquidation verlustabsorbierend wären. Dagegen geht die Definition des Risikodeckungspotenzials bei Instituten mit einem Going-Concern-Ansatz von der aus Säule 1 stammenden Zusammensetzung der Eigenmittel aus. Für Zwecke der internen Risikosteuerung kann daher höchstens der nach Abzug aufsichtlicher Kapitalanforderungen verbleibende und bei Fortführung verfügbare Teil des Kapitals als Risikodeckungspotenzial dienen.

2502 In Going-Concern-Steuerungskreisen ist es üblich, auch potenziell verlustabsorbierend wirkende Plangewinnbestandteile den quantifizierten Risiken gegenüberzustellen.[1948]

2503 Unabhängig vom gewählten Steuerungsverfahren müssen sich Institute mit ihren aus der Abweichung zwischen Marktwerten und Bilanzansätzen in der Rechnungslegung resultierenden stillen Lasten befassen. Stille Lasten signalisieren, dass die bilanziellen Wertansätze nicht der aktuellen ökonomischen Lage entsprechen. Aus der Logik eines Gone-Concern-Ansatzes heraus folgt eine zwingende Berücksichtigung stiller Lasten im Rahmen der RTF, entweder risikoerhöhend oder das Risikodeckungspotenzial mindernd, um das angestrebte Ziel des jederzeitigen Gläubigerschutzes sicherstellen zu können. Bei Going-Concern-Ansätzen hingegen ist zunächst keine Berücksichtigung der stillen Lasten erforderlich, sofern Durchhaltewille und -fähigkeit sowie die

---

1947 Vgl. *BaFin* (2011.12).
1948 Vgl. *BaFin* (2011.12).

angenommene Wertaufholung zweifelsfrei gegeben sind. Über die Definition methodisch konsistenter Verfahren hinaus verfolgt die Säule 2 aber insbesondere das Ziel einer ökonomischen Sichtweise auf die RTF der Institute. Die MaRisk fordern deshalb nicht nur das Sichtbarmachen von Grenzen und Beschränkungen der eingesetzten Methoden und Verfahren, sondern – wie vorstehend bereits erwähnt – explizit auch den Schutz der Gläubiger vor Verlusten. Daher wird von Instituten mit erheblichen stillen Lasten eine Berücksichtigung derselben auch im Falle einer RTF-Betrachtung in Going-Concern-Ansätzen gefordert, sofern kein paralleler steuerungsrelevanter Gone-Concern-Ansatz implementiert wurde, in dem die stillen Lasten per se zu berücksichtigen sind. Der RTF-Leitfaden macht dieses methodische Verständnis der Bankenaufsicht zum Umgang mit stillen Lasten transparent. Dem ökonomischen Ansatz von Säule 2 folgend gibt es eine Symmetrie zwischen stillen Lasten und stillen Reserven. Letztere können bei bilanzorientierten Ansätzen grundsätzlich dem Risikodeckungspotenzial hinzugerechnet werden. Allerdings erwartet die Aufsicht, dass Institute dabei den Unwägbarkeiten und Grenzen bezüglich der Hebbarkeit der stillen Reserven innerhalb ihres RTF-Ansatzes Rechnung tragen.

Zusammengefasst stellt sich die Ermittlung der RTF bei Wahl eines GuV-/ bilanzorientiertem Going-Concern-Ansatzes wie in Abbildung J – 3 visualisiert dar[1949].

[1949] Vgl. *BaFin* (2011.12).

Planergebnisse	Nur bei konservativer Kalkulation ansetzbar
Planverlust	Abzug
Bilanzielles Eigenkapital und ähnliche Positionen	ansetzbar
Anteile im Fremdbesitz	Entweder in Höhe der Risiken der Tochter oder quotal
Stille Reserven	• Vorsorgereserven nach § 340f HGB ansetzbar • Wertaufholungsbeträge nur unter Berücksichtigung steuerlicher Belastungen
Stille Lasten	• Abzug nicht erforderlich, wenn Durchhalteabsicht und -fähigkeit gegeben sind • Wertaufholung der Position glaubwürdig ist Indizien für fehlende Durchhalteabsicht und -fähigkeit • Realisierung von stillen Lasten in der Vergangenheit • Ansatz von Wertpapieren des Anlagevermögens in der Liquiditätsplanung • Geschäftspolitische Weichenstellungen Erhebliche stille Lasten müssen berücksichtigt werden.
Eigenbonitätseffekt bei IFRS-Bilanzierung	Kein Ansatz möglich
Aktive latente Steuern	Abzug
Goodwill	Abzug
Patronatserklärungen, Haftsummenzuschläge u.ä.	Nicht als RDP ansetzbar

Abbildung J – 3:   Ermittlung der RTF mittels GuV- / bilanzorientiertem Going-Concern-Ansatz[1950]

2505   Die Ausrichtung der Prüfungshandlungen orientiert sich an dem jeweils vom Institut gewählten Ansatz. Die Definition des Risikodeckungspotenzials bei Anwendung des Fortführungsansatzes unterscheidet sich grundlegend von der beim Liquidationsansatz. Schwerpunkt einer Prüfung ist dabei vor allem die Konsistenz des Ansatzes im Kontext der Geschäfts- und Risikostrategie sowie des daraus abgeleiteten Risikotragfähigkeitskonzeptes und der im Detail eingesetzten Methoden. Die konkrete Prüfung des Risikodeckungspotenzials orientiert sich dann wieder ganz maßgeblich am Leitfaden der Aufsicht, der auch hier eine wertvolle Hilfestellung bietet. Kritische Punkte sind insbesondere die Behandlung der stillen Reserven und stillen Lasten sowie des Goodwills und der latenten Steuern, nicht zuletzt aber auch insbesondere eventuell einbezogene Planergebnisse.

5. Ausgewählte Themen zur Risikotragfähigkeit eines Instituts

2506   Unter der Risikotragfähigkeit eines Kreditinstituts ist zu verstehen, dass alle wesentlichen Risiken (i. d. R. Adressausfallrisiken, Marktpreisrisiken und Operationelle Risiken, aber unter Umständen auch strategische Risiken, Liquiditätsrisiken, Immobilienrisiken, Versicherungsrisiken etc.) durch das RDP,

---

1950   Eigene Darstellung auf Basis BaFin (2011.12).

laufend abgedeckt sind[1951]. Die Definition des RDP obliegt dem jeweiligen Institut und ist folglich mit bestimmten »Freiheitsgraden« im Sinne der Methodenfreiheit versehen. Das RDP sorgt für einen Risikopuffer, der den Fortbestand des Instituts sichert, falls eines oder mehrere Risiken schlagend werden. Entsprechende Prozesse zur Berechnung und zur Überwachung sind in der integrierten Gesamtbanksteuerung zu berücksichtigen.

Gemäß dem Proportionalitätsprinzip kann jedes einzelne Institut die von ihm verwendeten Methoden und Prozesse der Art, dem Umfang, der Komplexität und dem Risikogehalt seiner individuellen Geschäftstätigkeit entsprechend ausgestalten. Diese Methodenfreiheit der Institute findet jedoch ihre Grenze dort, wo Verfahren willkürlich und inkonsistent angewendet werden und deshalb ein angemessenes und wirkungsvolles Risikomanagement unmöglich wird. 2507

Bei der Ausgestaltung der Risikotragfähigkeitskonzeption sind folgende Grundsätze zu beachten:[1952] 2508

1. Das Risikodeckungspotenzial (Eigenmittel, Eigenkapital, geplante Ergebnisgrößen, Vermögen etc.) kann nur einmal zur Risikoabdeckung verwendet werden.
2. Alle wesentlichen Risikoarten des Risikotragfähigkeitskonzepts sollten in mindestens einer Sichtweise (wertorientiert, periodisch, regulatorisch) berücksichtigt werden. Ausgenommen sind Risiken, die nicht sinnvoll mit Risikodeckungspotenzial unterlegt werden können[1953].
3. Werden in einer Sichtweise nicht alle wesentlichen Risikoarten berücksichtigt, so ist dies bei der Risikolimitierung zu berücksichtigen.

5.1. Bestimmung des periodischen Risikodeckungspotenzials

Bei der periodischen Sichtweise werden dem Risikodeckungspotenzial, das sich aus dem handelsrechtlich ausgewiesenen Eigenkapital und einer geplanten Ergebnisgröße ermitteln lässt, die handelsrechtlich auszuweisenden Risiken (z. B. Bewertungs- und Zinsspannenrisiken, mögliche Risiken aus außerbilanziellen Geschäften sowie ggf. weitere Risiken) gegenübergestellt. 2509

Hierbei stehen die Komponenten bzw. Größen der Betriebsergebnis- bzw. Erfolgsspannenrechnung und der Bilanz im Mittelpunkt. Häufig wird in diesem Zusammenhang auch von der GuV-Sicht gesprochen. 2510

1951 Vgl. Abbildung H – 1.
1952 Vgl. *DSGV* (2014), S. 232.
1953 Vgl. Öffnungsklausel in *BaFin* (2012.12c), AT 4.1, Tz. 4.

2511 Zudem ist die periodische Sichtweise hinsichtlich der Gestaltungsspielräume der Betriebsergebnisrechnung und Bilanz als Steuerungskonzept einsetzbar.[1954]

2512 Grundsätzlich hat jedes Institut für sich zu definieren, welche Kapitalbestandteile es im Falle ungeplanter Verluste als risikoabsorbierend ansieht. Im RDP, der Summe aus Kernkapital, ggf. freiem Ergänzungskapital und geplantem Jahresüberschuss vor Steuern, sind weitere Mittel, wie z. B. Ergänzungs- und Nachrangkapital nur insoweit zu berücksichtigen, als dass sie zur Erfüllung des Solvabilitätskoeffizienten, nicht aber zur »echten« Verlustabdeckung herangezogen werden dürfen. Das RDP wird mindestens einmal jährlich und bei signifikanten Änderungen, wie z. B. Kapitalmaßnahmen oder Änderung der Ergebniserwartung, anlassbezogen aktualisiert. Das übliche Maß für das Risiko und damit für den ökonomischen Kapitalbedarf ist der Value-at-Risk (VaR). Es muss sichergestellt werden, dass ein Institut in der GuV die ggf. schlagend werdenden Risiken verkraften kann, ohne das Geschäftsmodell aufgeben zu müssen.

5.2. Ermittlung des wertorientierten Risikodeckungspotenzials

2513 Die wertorientierte Sichtweise stellt das Vermögen eines Instituts als Risikodeckungspotenzial den Risiken (Marktpreisrisiken, Adressenausfallrisiken etc.) des Instituts gegenüber. Spätestens mit dem Inkrafttreten der aktuellen Überarbeitung der Behandlung von Zinsänderungsrisiken muss diese Sichtweise auch die ausreichende Kapitalausstattung der Banken für das Abfedern von potentiellen Verlusten aus Zinsänderungsrisiken berücksichtigen. Dabei soll nicht nur das allgemeine Zinsänderungsrisiko erfasst werden, sondern auch das Risiko aus Credit Spreads. Das Gesamtvermögen wird dabei maßgeblich durch den Marktwert bzw. den Barwert der einzelnen Vermögenspositionen bestimmt. Letztlich handelt es sich analog einer Unternehmensbewertung um eine Art Unternehmenswert der Bank, welcher alle inhärent vorhandenen stillen Lasten aber auch Bestandsgeschäftsreserven beinhaltet.

2514 Hierdurch wird die ökonomisch ausgerichtete Risikotragfähigkeit als interne Banksteuerung in den prozessualen Workflow integriert. Diese Sichtweise stellt gleichzeitig die Basis für die modernen Lösungsansätze zur Ermittlung der optimalen Allokation des Risikokapitals eines Instituts dar.[1955]

[1954] Vgl. *DSGV* (2014), S. 234.
[1955] Vgl. *DSGV* (2014), S. 234.

5.3. Stresstests

Stresstests, welche ein Institut nach AT 4.3.3 der MaRisk für alle wesentlichen Risiken auf Einzel- und Gesamtinstitutsebene durchzuführen hat, sollen auch die Anfälligkeit des Instituts für außergewöhnliche, aber plausibel mögliche Ereignisse aufzeigen. Dabei ist es unerheblich, ob die wesentlichen Risiken im Risikotragfähigkeitskonzept berücksichtigt werden oder nicht. Bei wahrscheinlichkeitsbasierten Messmethoden ist hierbei in angemessener Weise zu analysieren, wie sich Risiken jenseits des dem Konfidenzniveau entsprechenden Quantils der Verlustverteilung auswirken können. Stresstests können bewusst zur Ermittlung des Risikobetrags eingesetzt werden.

Zur Sicherstellung der Risikotragfähigkeit werden in vielen Instituten insbesondere in der periodischen Sicht verschiedene Szenarien berücksichtigt. Im Mittelpunkt der betriebswirtschaftlichen Beurteilung der Szenarien stehen dabei die möglichen Auswirkungen auf das Risikodeckungspotenzial. Die Szenarien fließen entweder als »erwartetes Szenario« in die Ermittlung des Risikodeckungspotenzials ein oder werden als Risikofall in einer Limitierung berücksichtigt. Häufig werden bereits ergänzend die Belastungen für extreme Stressszenarien ermittelt und dem Risikodeckungspotenzial gegenübergestellt.

Die Durchführung von Stresstests folgt meist mit folgendem Ablauf:

1. Definition eines Ereignisses,
2. Identifikation der Risikofaktoren,
3. Veränderung der Risikoparameter (abgeleitet aus historischen Daten oder Expertenschätzungen),
4. Ermittlung der Risikokennzahlen,
5. Berücksichtigung der Ergebnisse bei der Beurteilung der Risikotragfähigkeit,
6. ggf. Ableitung von Maßnahmen,
7. Turnusmäßige Prüfung der Angemessenheit des Ereignisses, der Risikofaktoren und der Risikoparameter.[1956]

Die Angemessenheit der Stresstests und der zugrunde liegenden Annahmen ist gemäß AT 4.3.3 Tz. 4 der MaRisk mindestens jährlich zu überprüfen. Hierzu eignet sich ein Abgleich zwischen Stressszenarien und Realität. Dabei werden die Hypothesen der Stressszenarien den realisierten Veränderungen der Risikofaktoren gegenübergestellt. Bei Überschreitungen der in den Szena-

---

[1956] Entnommen aus *DSGV* (2014), S. 263.

rien angenommenen Variationen in der Realität sollte in jedem Fall eine Anpassung der Annahmen und ggf. eine erneute Simulation erfolgen. Auch die Angemessenheit bezüglich der strategischen Ausrichtung des Instituts und des wirtschaftlichen Umfelds[1957] sollte in diesem Zuge kritisch überprüft und ggf. angepasst werden.

2519 Ein weiteres Indiz für die Angemessenheit ist die ausreichend starke Veränderung der Risikofaktoren beim Stresstest. Die zugrunde liegenden Szenarien müssen dabei auf das Gefährdungspotenzial des Instituts abzielen, d. h. in der Regel zu erheblichen Belastungen führen.

6. Art und Umfang der Prüfungshandlungen

2520 Anlässlich der Prüfung von Jahresabschlüssen hat ein Prüfer gemäß § 29 Abs. 1 Satz 2 KWG unter anderem festzustellen, ob das Institut die Anforderungen nach § 25a Abs. 1 Satz 3 KWG erfüllt hat. Inhaltlich umfasst dies die Frage, ob das Institut eine ordnungsgemäße Geschäftsorganisation hat, die insbesondere ein angemessenes und wirksames Risikomanagement umfassen muss, auf dessen Basis ein Institut die Risikotragfähigkeit laufend sicherstellen kann.[1958] Im Zuge der Planung der Prüfungshandlungen muss der Prüfer sicherstellen, dass der beschriebene Prüfungsgegenstand eine angemessene – d. h. der aus den Prüfungszielen abzuleitenden Bedeutung entsprechende – Berücksichtigung findet. Das übergeordnete Prüfungsziel wurde bereits eingangs beschrieben. Es ist die Aufgabe des Prüfers einzuschätzen, ob ein Institut über eine Risikotragfähigkeitskonzeption verfügt, mit der sichergestellt werden kann, dass die wesentlichen Risiken eines Instituts durch das Risikodeckungspotenzial, unter Berücksichtigung von Risikokonzentrationen, laufend abgedeckt sind.

2521 Um diese Einschätzung abgeben zu können, muss der Prüfer eines Instituts im ersten Schritt eine Prüfungsstrategie entwickeln sowie anschließend Art und Umfang der Prüfungshandlungen festlegen. Bei der Ausgestaltung der Prüfungshandlungen muss sich der Prüfer auch bei der Prüfung der Risikotragfähigkeitskonzeption zwischen einer Aufbau- und Funktionsprüfung der Prozesse einerseits und den aussagebezogenen Prüfungshandlungen andererseits entscheiden. Diese erste Entscheidung wird der Prüfer auf der Basis seiner Risikoanalyse, d. h. einer eventuell bestehenden Erkenntnis aus früheren Prüfungen über das Institut und dessen Tätigkeit, des Verständnisses des

---

1957 Vgl. *BaFin* (2012.12b), AT 4.3.3, Tz. 2.
1958 Vgl. § 25a Abs. 1 Satz 3 *KWG*.

internen Kontrollsystems sowie der Risiko- und Wesentlichkeitseinschätzungen ableiten. Grundsätzlich ist die Durchführung von Aufbau- und Funktionsprüfungen (IKS-Prüfung) überall dort verpflichtend, wo aussagebezogene Prüfungshandlungen allein keine ausreichende Prüfungssicherheit gewährleisten.[1959] Mit Bezug auf die Prüfung der Einhaltung der von der Aufsicht aufgestellten prinzipienorientierten Anforderungen an die Ermittlung der Risikotragfähigkeit ist es sogar kaum vorstellbar, dass die Einhaltung dieser Anforderungen ohne die Durchführung einer Aufbau- und Funktionsprüfung möglich ist. Insbesondere die im Abschnitt 2 erwähnte Prüfung der Vollständigkeit der Erfassung aller Risiken sowie die Prüfung der Angemessenheit der zur Risikoquantifizierung eingesetzten Methoden, des Limitsystems und der zur Einschätzung der Risikotragfähigkeit durchgeführten Szenariorechnungen sind Prüffelder, die eine Aufbau- und Funktionsprüfung erfordern.

Aussagebezogene Prüfungshandlungen, d. h. analytische Prüfungshandlungen und Einzelfallprüfungen könnten hingegen bei der Überprüfung der rechnerischen Richtigkeit und methodisch fehlerfreien Umsetzung der Liquidations- oder Fortführungsansätze zum Tragen kommen. 2522

Die Anwendung analytischer Prüfungshandlungen setzt voraus, dass Zusammenhänge zwischen bestimmten Informationen und Daten vorhanden sind und fortbestehen. Ein vorgefundener Zusammenhang kann daher als Prüfungsnachweis für die Vollständigkeit, Genauigkeit und Richtigkeit der Daten dienen. Analytische Prüfungshandlungen umfassen beispielsweise Vergleiche der zu beurteilenden Daten mit Informationen aus Vorjahren, mit vom Unternehmen erwarteten Ergebnissen (Budgetierung und Prognosen), mit Erwartungen des Abschlussprüfers oder mit branchenspezifischen Kennzahlen.[1960] 2523

Auch bei den in Kapitel H.II. 5 dargestellten ausgewählten Themen kann die Durchführung aussagebezogener Prüfungshandlungen ggf. zielführend sein. Dies sollte insbesondere in Bezug auf die Prüfung der Ermittlung des wertorientierten Risikodeckungspotenzials wie auch die Prüfung der vom Institut durchgeführten Stresstests gelten. 2524

1959 Vgl. *WP Handbuch* (2012), Rn. 105.
1960 Vgl. *IDW* (PS 312), Rn. 5 ff.

7. Zusammenfassung und Fazit

2525 Die Einschätzung des Prüfers zur inhaltlichen Ausgestaltung der Risikotragfähigkeitskonzeption von Instituten erfreut sich unverändert einer besonderen Aufmerksamkeit sowohl bei den Instituten wie auch bei der Aufsicht. Ursächlich hierfür sind die Bankenkrisen der zurückliegenden Jahre und die auch aus diesem Anlass vorgenommene Konkretisierung der aufsichtlichen Anforderungen. Mit dem Leitfaden zur Risikotragfähigkeit erfolgte eine von den Instituten oft geforderte Konkretisierung hinsichtlich der Berechnung des Risikodeckungspotenzials und der Abgrenzung des Liquidationsansatzes vom Going-Concern-Ansatz. Grundsätzliche Fragen zur Ermittlung eines periodischen und/oder wertorientierten Risikodeckungspotenzials erfahren hierdurch unter Berücksichtigung der Solvabilität eine Klarstellung. Im Monatsbericht März 2013 hat die Bundesbank diesen Leitfaden punktuell ergänzt. Hinsichtlich der Bestimmung der Risikodeckungsmasse wurde u. a. darauf hingewiesen, dass eine undifferenzierte Berücksichtigung von Plangewinnen als Risikodeckungspotenzial in der Perspektive Going-Concern im Widerspruch zur substanzbasierten Risikotragfähigkeitsbetrachtung steht. Eine Berücksichtigung kann nur im Rahmen einer konservativen Ermittlung unter Berücksichtigung potenzieller Ergebnisschwankungen, z. B. durch geeignete Abschläge oder eine explizite Modellierung von Geschäftsrisiken, erfolgen.[1961] Ergänzende Vorgaben enthalten auch die im Dezember 2012 novellierten MaRisk, die von den Instituten zusätzlich einen mehrjährigen Kapitalplanungsprozess einforderten. Die Bundesbank stellt fest, dass dabei auch eine lediglich grobe Abschätzung des Kapitalbedarfs in gewissen Grenzen als angemessen gelten kann. Dabei sollte die Betrachtung der Risiken im Rahmen einer integrierten Sicht nicht vernachlässigt werden. Der Umfang der Kapitalplanung sollte sich zudem nicht ausschließlich nur auf die regulatorischen Komponenten beziehen.

2526 Die Konkretisierung der bislang von der Aufsicht veröffentlichten Mindestanforderungen und Leitfäden geht nicht soweit, dass man von einem vorgegebenen aufsichtlichen Modell zur Berechnung der Risikotragfähigkeit eines Instituts im Rahmen der Säule 2 sprechen kann. Dies soll sich auch im Rahmen der anstehenden Neuerungen, etwa durch die MaRisk 6.0-E oder die Veröffentlichung einheitlicher europäischer Vorgaben in Form von Leitlinien (EBA/GL/2014/13) zum aufsichtlichen Überprüfungs- und Bewertungsprozess (Supervisory Review and Evaluation Process – SREP) durch die europäi-

---

1961 Vgl. *Deutsche Bundesbank* (2013.03), S. 41 f.

sche Bankenaufsichtsbehörde EBA (European Banking Authority), nicht ändern. Für den Prüfer bieten das bestehende Regelwerk sowie die darauf Bezug nehmenden Veröffentlichungen der Aufsicht aber wertvolle Hinweise für die Prüfung in Form von Leitplanken, innerhalb derer die Institute Methoden frei wählen dürfen und der Prüfer die Angemessenheit einschätzen muss. Es ist zu erwarten, dass die Aufsicht den Druck auf die Weiterentwicklung der ertrags- und risikoorientierten Ausgestaltung ihrer Risikosteuerungskonzepte und -prozesse weiter erhöhen wird. Der Schwerpunkt wird dabei voraussichtlich auf einem effektiven, nachvollziehbaren und konsistenten Einsatz von Ertrags-, Risiko- und Kapitalsteuerungsinstrumenten liegen.

Die Aufsicht verstärkt ihren Fokus zudem auf die Themen Datenhaltung sowie Management-Informationssysteme. Das Basel Committee on Banking Supervision hat hierzu im Januar 2013 die von der Task Force on SIB Supervision of the Standards Implementation Group erarbeiteten Grundsätze für die effektive Aggregation von Risikodaten und die Risikoberichterstattung veröffentlicht (BCBS 239)[1962]. Dabei stellt die Aufsicht klar, dass künftig auch vom systematischen Einsatz von Kapitalzuschlägen durch die Aufsicht Gebrauch gemacht wird, falls die Risikosteuerungsprozesse mängelbehaftet sind. Dem Prüfer wird in diesem Verfahren eine doppelte Aufgabe zuteil. Von Seiten der Institute wird von ihm erwartet, dass er die Risikosteuerungsprozesse sachlich richtig und transparent im Prüfungsbericht darstellt. Aus der Sicht der Aufsicht wird man den Prüfer daran messen, ob sich seine Einschätzung in Bezug auf die Funktionsfähigkeit der Risikosteuerungsprozesse auch im Ernstfall bewahrheitet. Der Umgang mit der Wahrnehmung dieser scheinbar widerstreitenden Interessen sollte dem in der Betreuung beaufsichtigter Institute erfahrenen Prüfer jedoch vertraut sein.

2527

[1962] Vgl. *BCBS* (2013.01a).

III. Ausblick auf die Zukunft der Prüfung der RTF[1963]

2528 Die Risikotragfähigkeitskonzeption sowie deren Einklang mit der Geschäfts- und Risikostrategie werden auch in den nächsten Jahren im Fokus der internen und externen Prüfer bleiben. Dies wird insbesondere dadurch verstärkt, dass die Aufsicht im Rahmen des SREP-Papiers nun auch den Fokus auf das Geschäftsmodell legt. Folgende zentrale Fragen gilt es in diesem Zusammenhang zu beantworten[1964]:

1. Ist das Geschäftsmodell in der Lage, in den kommenden 12 Monate eine rentable Rendite zu erzielen?
2. Ist die Strategie nachhaltig genug, dies auch für mindestens drei Jahre sicherzustellen?

2529 Die Wechselspiele zwischen Geschäftsmodell, Geschäfts- und Risikostrategie sowie Risikotragfähigkeit und Kapitalplanung sind durchaus komplex. Im Rahmen der Prüfung der Risikotragfähigkeit werden sie aus Sicht des Herausgebers noch tiefergehender analysiert werden als heute.

2530 Instituten ist zu empfehlen, sich bei der diesbezüglichen Positionierung ihrer Häuser auf die relevanten Papiere der Aufsicht nebst den Leitfäden der Verbände zu stützen. Die in Kapitel J aufgeworfenen Prüfungsfragen sollten in jedem Institut eingehend analysiert werden. Hierbei sind folgende Fragen/Aufgaben relevant:

1. Werden Methoden und Systeme konsistent zum aufsichtsrechtlichen Status Quo eingesetzt?
2. Sind diese Dinge adäquat dokumentiert?
3. Positioniert sich das Institut klar im Hinblick auf Going-Concern und Gone-Concern?
4. Ist die Konsistenz zur Strategie gegeben?
5. Gibt es »Regelungslücken« im Haus, die es zu schließen gilt?
6. Sind Geschäftsmodell, Geschäftsstrategie, Kapitalplanung und Risikotragfähigkeit konsistent zueinander?

2531 Es wird immer deutlicher, dass eine adäquate Dokumentation sowie eine Begründung für die Wahl der durch die Aufsicht definierten Ansätze für die Risikosteuerung einer Bank essentiell wichtig sind.

1963 Autor: **Svend Reuse**. Die Ausführungen geben die persönliche Auffassung des Autors wieder.
1964 Vgl. *EBA* (2014.12), Tz. 55.

Aus Sicht des Herausgebers ist es durchaus nachvollziehbar, dass die Aufsicht diesem Thema eine besondere Bedeutung beimisst – die Risikotragfähigkeit ist die zentrale Steuerungsgröße einer Bank. Jedes Institut muss sich intensiv mit dem gewählten RTF-Konzept auseinandersetzen und dieses auch adäquat reporten und entsprechend den aufsichtlichen Anforderungen laufend modifizieren. Gerade der Säule 1+ Ansatz wird zu deutlichen Veränderungen in den Konzepten führen. 2532

Es ist zu erwarten, dass die Prüfer in Zukunft nicht nur die Berechnung als solche, sondern vielmehr den Risikotragfähigkeits*prozess* kritisch prüfen werden – ist dieser in der Lage, die Risikoposition einer Bank adäquat zu steuern oder laufen die angedachten Gegensteuerungsmaßnahmen ins Leere? Das Controlling muss folglich nicht »nur« die korrekte Berechnung im Auge haben, sondern muss vielmehr den gesamten Steuerungskreis proaktiv gestalten, um ein Institut frühzeitig vor Schaden zu bewahren. 2533

# K.

Fazit und abschließender Ausblick auf die Zukunft

K. Fazit und abschließender Ausblick auf die Zukunft[1965]

Nicht zuletzt die Finanzmarktkrise und auch der anstehende SREP-Prozess haben das Thema Risikotragfähigkeit wieder in den Fokus der Bankenaufsicht gerückt und entsprechende Richtungen vorgegeben. Auch wenn es in der jüngsten Vergangenheit zahlreiche theoretische und praktische Weiterentwicklungen gegeben hat, werden sich die Institute gerade in Bezug auf SREP und Säule 1+ mehreren Herausforderungen stellen müssen, die wie folgt formuliert werden können.

2534

I. Methodische Konzeption

Mit dem Papier vom 07.12.2011 hat die BaFin erfreuliche Klarheit bei der Ermittlung des Risikodeckungspotenzials geschaffen. Diese Punkte werden im Einzelnen in Abbildung K – 1 zusammengefasst.

2535

Periodische RTF (IV.1)			Wertorientierte RTF (IV.2)		
1.1	Planergebnisse	3	2.1	Berücksichtigung erwarteter Verluste bei der Barwertermittlung von aktivischen Positionen	3
1.2	Bilanzielles Eigenkapital und ähnliche Positionen	2	2.2	Berücksichtigung von Bestandskosten	3
1.3	Anteile im Fremdbesitz	1	2.3	Ablauffiktionen bei der Barwertermittlung	3
1.4	Stille Reserven a) Vorsorgereserven nach § 340f HGB b) Sonstige Bewertungsreserven c) Durch Transaktionen realisierbare stille Reserven	3	2.4	Barwert der eigenen Verbindlichkeiten	2
1.5	Stille Lasten bei Wertpapieren im Anlagebestand	2	2.5	Ansatz erwarteter Vermögenszuwächse	2
1.5.1	Grundsätzliche Herangehensweise	2	Relevanz für mittelständische KI: 1: gering 2: mittel 3: hoch		
1.5.2	Sonderfall Bewertungsmodelle	2			
1.6	Stille Lasten aus Pensionsverpflichtungen a) IFRS-Rechnungslegung b) HGB-Rechnungslegung	2			
1.7	Eigenbonitätseffekt bei IFRS-Bilanzierung	1			
1.8	Aktive Latente Steuern	2			
1.9	Goodwill	1			
1.10	Patronatserklärungen, Haftsummenzuschläge u.ä.	1			

Abbildung K – 1: Wesentliche aufsichtsrechtliche Eckpunkte zur Ermittlung der RTF[1966]

[1965] Autor: **Svend Reuse**. Die Ausführungen geben die persönliche Auffassung des Autors wieder.
[1966] Vgl. *Reuse/Schillings* (2012), S. 9.

FAZIT UND ABSCHLIEßENDER AUSBLICK AUF DIE ZUKUNFT

2536 Gerade in Bezug auf die Verwendung von Gewinnen und Eigenkapitalbestandteilen wurden konkrete Hinweise zur Umsetzung gegeben, die es den Instituten erleichtern, adäquate Modelle in der Praxis umzusetzen.

2537 Nichtsdestotrotz verbleiben einige offene Punkte, die es in naher Zukunft zu klären gilt. So heißt es im Monatsbericht der Deutschen Bundesbank:

> »Es ist methodisch konsistent, das Risikodeckungspotenzial in **Going-Concern-Ansätzen bilanzorientiert** und in **Gone-Concern-Ansätzen wertorientiert** abzuleiten. In diesen beiden Fällen ist die Art der Festlegung des Risikodeckungspotenzials unmittelbar mit dem RTF-Grundansatz kompatibel.
>
> »Ebenfalls methodisch problematisch ist eine **Kombination aus wertorientierter Festlegung des Risikodeckungspotenzials und Going-Concern-Ansatz**, da die Einhaltung der Kapitalanforderungen der Säule 1 in diesem Fall nicht mehr ohne Weiteres sichergestellt ist. Ursächlich hierfür ist, dass die Säule-1-Kapitalanforderungen auf Bilanzwerten basieren, das Risikodeckungspotenzial im RTF-Konzept jedoch barwertig abgeleitet wird. **Die Praxis zeigt, dass eine konsistente Überleitungsrechnung in solchen Fällen nicht gefunden werden kann.**«[1967]«

2538 An dieser Stelle besteht durchaus Diskussionsbedarf. Es ist aus Sicht des Herausgebers durchaus möglich, Gone-Concern Ansätze periodisch und Going-Concern Ansätze wertorientiert abzubilden. Dies lässt sich wie folgt begründen:

2539 Auch ein periodisches Deckungspotenzial kann mit dem Totalverzehr des Eigenkapitals geplant werden. Die BaFin gibt hier sogar explizit vor, wie periodenorientierte Gone-Concern Ansätze auszugestalten sind[1968]. Dies lässt vice versa den Schluss zu, dass die BaFin ein solches RTF-Modell durchaus akzeptiert.

2540 Die wertorientierte Sicht stellt per se eine Art Unternehmensbewertung auf Basis eines Reproduktions- bzw. Liquidationsansatzes dar[1969], da konsequenterweise nur Bestandteile des Altgeschäftes – auf Ertrags- wie auf der Kostenseite – Verwendung finden. Dies bedeutet jedoch nicht zwingend, dass dies auch einem Liquidationsansatz im Sinne der RTF-Betrachtung entspricht.

1967 *Deutsche Bundesbank* (2013.03), S. 35.
1968 Vgl. *BaFin* (2011.12), Tz. 24.
1969 Vgl. *Reuse* (2007), S. 103.

Zum einen erlaubt die BaFin explizit die Implementierung von Neugeschäften[1970], zum anderen ist ein Vergleich der regulatorischen Eigenkapitalanforderungen mit dem Gesamtbankbarwert sehr wohl möglich. Werden nur freie Eigenkapitalbestandteile und wertorientierte stille Reserven der Risikotragfähigkeit zur Verfügung gestellt, so kann aus Sicht des Herausgebers von einem wertorientierten Going-Concern Ansatz gesprochen werden.

Die Behauptung, dass Überleitungsrechnungen von der barwertigen in die periodische Welt aufgrund der Bilanzbetrachtung nicht funktionieren, rüttelt an den Grundfesten der barwertigen Betrachtung, nämlich dass alle wertorientierten Zuwächse sich irgendwann in der GuV wiederfinden lassen müssen. Dies konnte jedoch bereits nachgewiesen werden[1971], so dass dieses Argument nur bedingt gelten kann. Allerdings muss in diesem Fall auch eine periodische Going-Concern Sicht ergänzend betrachtet werden, um die Fortführungssicht in beiden Perspektiven sicherzustellen. 2541

Wünschenswert ist es letztlich, die bestehenden Möglichkeiten der Überleitungsrechnung praktisch und akademisch weiter zu entwickeln, um es den Instituten hier leichter zu machen, diese Aspekte auch in den Kapitalplanungsprozess nach MaRisk[1972] zu integrieren. 2542

Klenner/Tangemann[1973] haben aufgezeigt, dass die Steuerung des aktuellen Barwertes alleine nicht die richtigen Steuerungsimpulse generiert[1974]. Gerade im Hinblick auf den SREP sind zudem eher periodische Ansätze erforderlich. Es lässt sich zeigen, dass zeitraumorientierte Barwertansätze unter Berücksichtigung des Neugeschäftes weitergehende Erkenntnisse mit sich bringen. 2543

Dies sei auszugsweise am Beispiel einer Bank dargestellt, die eine Bilanzsumme von 500.000 € aufweist, im Rahmen des Kundengeschäftes im gleitenden 5-Jahres Satz investiert ist und sich zu 450.000 € im Jahresgeld refinanziert[1975]. Drei Zinsszenarien (»konstant«/»fallend flach«/»steigend steil«) wurden auf diese Beispielbank angewendet. Die Ergebnisse in Bezug auf Zinsspanne und Barwert zeigt Abbildung K – 2. 2544

1970 Vgl. *BaFin* (2011.12), Tz. 82 – 84.
1971 Vgl. u. a. *Reuse* (2012b), S. 278 – 283 und die dort angegebene Literatur.
1972 Vgl. *BaFin* (2012.12b), AT 4.1, Tz. 9.
1973 Vgl. die Ausführungen in Kapitel E.II.
1974 Allerdings sei klar herausgestellt, dass die bestehenden Konzepte des DSGV Meilensteine im Hinblick auf die barwertige Banksteuerung darstellen und weiterhin Gültigkeit haben. Vgl. *Reuse* (2016.02a), S. 138 und die dort angegebene Literatur.
1975 Zur detaillierten Herleitung der Beispielbank vgl. *Reuse* (2016.02a), S. 139 ff. Die dort aufgeführten und hier in Kürze wiedergegebenen Erkenntnisse sollen ausdrücklich nur als mögliche Erweiterung und nicht als Kritik an den bestehenden Konzepten verstanden werden.

FAZIT UND ABSCHLIEßENDER AUSBLICK AUF DIE ZUKUNFT

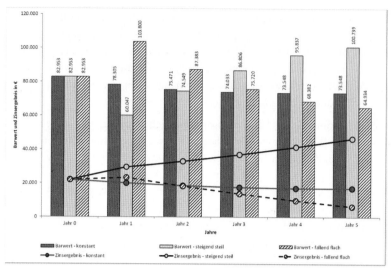

Abbildung K – 2:   Barwert- und Zinsergebnissimulation der Beispielbank[1976]

2545   Abbildung K – 3 stellt diese Ergebnisse in Bezug auf das kumulierte Zinsergebnis dar.

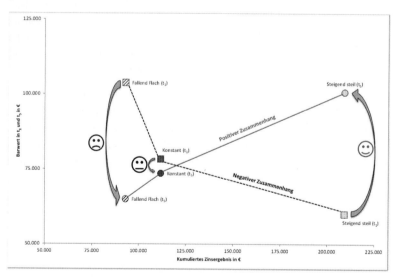

Abbildung K – 3:   Barwertentwicklung versus kumuliertes Zinsergebnis[1977]

1976   Entnommen aus *Reuse* (2016.02a), S. 140.
1977   Entnommen aus *Reuse* (2016.02a), S. 141.

Eine starke Zinssteigerung im 1. Jahr der Betrachtung hat auf den gesamten Zeitraum ganz andere Auswirkungen, als es der reine Stichtagsbarwert vermuten lässt[1978]. Zuerst sinkt der Barwert – um danach überproportional zu steigen. Steigende Zinsen sind gut für die Bank – in einer Zeitraumbetrachtung auch in der barwertigen Denke. Diese Erkenntnis sollte im Kapitalplanungsprozess adäquat berücksichtigt werden.

Es bleibt zu hoffen, dass diese Form der Barwertmodellierung Eingang in die Steuerungssysteme finden wird, auch wenn die Meldepflicht nach FinaRisikoV in vielen Instituten zur Abschaltung des barwertigen Steuerungskreises geführt hat. Dies ist bedauerlich, bietet der barwertige Steuerungskreis doch gerade für Performancemessung, Asset Allocation und Zinsbuchsteuerung richtige und nachhaltige Steuerungsimpulse[1979].

II. Kapitalplanungsprozess und Mehrjährigkeit der RTF

Auch wenn die MaRisk mit dem Kapitalplanungsprozess keine mehrperiodische RTF fordern, so muss ein Institut bei der RTF Betrachtung auch das Folgejahr unter Einbezug eines möglicherweise eingetretenen Risikofalles beachten und entsprechende Gegensteuerungsmaßnahmen planen.

Wird der Betrachtungshorizont auf mehr als zwei Jahre erweitert, so greifen die Regelungen des Kapitalplanungsprozesses. Dieser soll aufzeigen, ob und wann Kapitalbedarf für ein Institut besteht. Gerade im Rahmen der Geschäftsmodellanalyse des SREP ist der Kapitalplanungsprozess **das** Steuerungsmedium schlechthin[1980].

Allerdings sind die Wechselwirkungen zwischen RTF, Kapitalplanung und auch aufsichtsrechtlicher Mindestanforderungen nicht zu unterschätzen. Dies zeigt Abbildung K – 4.

1978 Vgl. *Reuse* (2016.02a), S. 141 f.
1979 Vgl. *Reuse* (2016.02a), S. 138, 142 und die dort angegebene Literatur.
1980 Vgl. *EBA* (2014.12), S. 27 ff.

FAZIT UND ABSCHLIEßENDER AUSBLICK AUF DIE ZUKUNFT

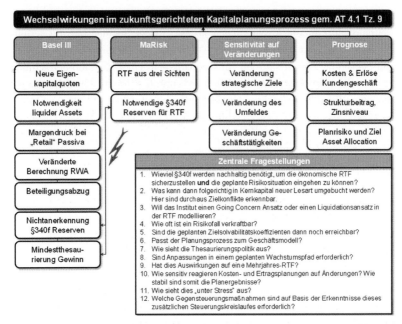

Abbildung K – 4:   *Wechselwirkungen im Kapitalplanungsprozess nach MaRisk*[1981]

2551   Vor allem die Vernetzung mit den Anforderungen nach Basel III und SREP zeigen deutlich den gestiegenen Bedarf an regulatorischem Eigenkapital. Gerade Sparkassen können dies nur durch Gewinnthesaurierung realisieren, was dem Thema Ausschüttungspolitik eine besondere Bedeutung zukommen lässt. Zudem muss auch im Kapitalplanungsprozess ein Puffer für (mindestens) einen Risikofall vorhanden sein, was wiederum die Eigenkapitalstrategie in Bezug auf die Art des zu bildenden bzw. umzubuchenden Eigenkapitals beeinflusst. Das Zusammenspiel der Faktoren in Abbildung K – 4 macht das Thema Kapitalplanungsprozess komplexer, als es auf den ersten Blick den Anschein hat. Diese Wechselwirkungen aufzulösen und entsprechende Konzepte zu erarbeiten, wird die Aufgabe der nächsten 2–3 Jahre sein.

1981   Vgl. *Reuse* (2013.02), S. 12.

III. Risikoinventur und Risikoarten

Während noch vor wenigen Jahren die Adress- und die Marktpreisrisiken die wesentlichen Risiken waren, die gemessen wurden, sind in den letzten Jahren immer mehr Risiken hinzugekommen. So sind operationelle Risiken mittlerweile quantifizierbar[1982] und auch Liquiditätsrisiken können in die Risikotragfähigkeit eingebaut werden[1983]. Hinzu kommen weitere Risiken wie strategische Risiken, Ertragsrisiken[1984] und Modellrisiken[1985], die es im Rahmen einer umfassenden Risikoinventur zu »entdecken«, zu klassifizieren und – bei Wesentlichkeit – zu messen gilt. Hier ist ein Ende der Feingliederung der Risiken noch nicht in Sicht, sowohl qualitativ (Welche Risiken gibt es?) als auch quantitativ (Wie können diese gemessen werden?) wird es hier in naher Zukunft zu Weiterentwicklungen kommen. Allein die Frage der Haltedauer in der periodischen Welt[1986] muss auch vor dem Hintergrund der Risiken bei der Skalierung von Limiten und Risikowerten und der möglicherweise vorhandenen Autokorrelation noch einmal umfassend diskutiert werden.

2552

Kritisch sei an dieser Stelle angemerkt, dass viele Neumodellierungen mit einem exponentiell hohen Modellrisiko »erkauft« werden. Weniger ist hier oft mehr – besser, es findet ein einfaches Modell Anwendung, um dessen Schwächen der Nutzer weiß, als dass ein komplexes Modell verwendet wird, dessen Wechselwirkungen der Nutzer oft nicht erkennt und hierdurch Fehlsteuerungsimpulse generiert[1987]. Hier können eher Stresstests[1988] helfen, Modellschwächen offen zu legen.

2553

IV. Säule 1+ Ansatz

Durch die Erweiterung des Säule 1 Gedankens auf den Säule 1+ Ansatz geraten die Grundfeste des Going-Concern in Diskussion. Abbildung K – 5 verdeutlicht die Veränderung der Denke.

2554

1982 Vgl. Kapitel F.IV.
1983 Vgl. Kapitel F.III.
1984 Vgl. Kapitel F.V.
1985 Vgl. Kapitel D.VI.
1986 Anschaulich diskutiert in *Deutsche Bundesbank* (2013.03), S. 39. Vgl. auch Kapitel F.I.5.1.
1987 Vgl. *Reuse* (2012.01), S. 39.
1988 Vgl. Kapitel G.

FAZIT UND ABSCHLIEßENDER AUSBLICK AUF DIE ZUKUNFT

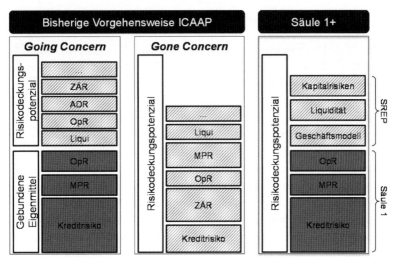

Abbildung K – 5:   *Zukünftige Eigenkapitalunterlegung nach SREP/Säule 1+*[1989]

2555   Zu erkennen ist, dass die ehemals in Säule 2 anhängigen Risiken nun auch in Säule 1 zu unterlegen sind. Weist das interne Modell für die bestehenden Risiken einen höheren Wert aus als die regulatorische Pauschalmethode, so sind auch hierfür Aufschläge möglich.

2556   Folglich wird Risikotragfähigkeit in Zukunft deutlich quantitativer und, wie zu befürchten ist, auf einem deutlich höheren Konfidenzniveau zu messen sein. Zudem führt dies bei den meisten Instituten dazu, dass sie wahrscheinlich in den Liquidationsansatz wechseln müssen, da sonst zu viel Eigenkapital gebunden wird. Die Bundesbank hat dies bereits erkannt[1990] und formuliert: Die *»SREP-Kapitalfestsetzung führt im Going-Concern-Ansatz zu einer Verringerung des verfügbaren Risikodeckungspotenzials*[1991]*«*. Des Weiteren wird ausgeführt, dass die *»Risikotragfähigkeit nach der derzeitigen Methodik im Einzelfall nicht mehr ohne weiteres gegeben ist*[1992]*«*.

2557   Der weitere Umgang mit den SREP-Zuschlägen in der RTF befindet sich aufsichtsintern zum Zeitpunkt der Drucklegung[1993] in intensiver Diskussion[1994]. Aus Sicht des Herausgebers mögliche Ideen finden sich in Tabelle K – 1.

1989   Eigene Darstellung in Anlehnung an *Wiesemann* (2015), S. 5, 7.
1990   Vgl. *Hanenberg* (2016), S. 6.
1991   *Hanenberg* (2016), S. 6.
1992   *Hanenberg* (2016), S. 6.
1993   Juni 2016.
1994   Vgl. *Hanenberg* (2016), S. 6.

Idee	Würdigung
Abstellen des Going-Concern Ansatzes auf 8,0 % + SREP-Zuschlag (➔ *ohne Kapitalerhaltungspuffer*)	Aus Sicht des Herausgebers ist es eine gangbare Alternative, den Kapitalerhaltungspuffer aus der Going-Concern Definition herauszunehmen. Letztlich dient er ja, wie der Name schon sagt, nur dem Erhalt des Kapitals mit der Sanktion durch Ausschüttungssperren. Eine Verknappung der RTF würde aber auch durch diesen Ansatz nicht zu vermeiden sein.
Risiken, die über SREP quantifiziert wurden, werden bei der der Quantifizierung in Säule 2 außen vor gelassen	So könnte z. B. das Zinsänderungsrisiko aus der Risikomessung in Säule 2 herausgenommen werden. Gleiches gälte für das Kreditrisiko. Dies ist aber methodisch angreifbar und aufgrund der Vermengung von Barwert- und GuV-Welt nur bedingt zu empfehlen.
Umstellen auf einen Liquidationsansatz	Diese Vorgehensweise führt zu einer konsequenten Messung und Anrechnung aller Risiken in Säule 1. Dies ist für deutsche Banken ein Kulturwandel, stellt aber fast die einzige Möglichkeit dar, SREP zu erfüllen und gleichzeitig genug RTF für das Geschäftsmodell zu haben und folglich auch im europäischen Vergleich wettbewerbsfähig zu sein.

Tabelle K – 1: Mögliche Folgen des SREP für die Risikotragfähigkeitsansätze[1995]

Faktisch führen alle Zwischenlösungen zu einem Aufweichen der bisher so klar gelebten Trennung von Going- und Gone-Concern Ansätzen. Hieraus lässt sich schlussfolgern: »*Bei konsequenter Umsetzung dieses Gedankens haben Säule II-Ansätze der RTF [...] mittelfristig ausgedient*[1996].« Der Going-Concern Ansatz wird »ausgehöhlt« und durch einen Liquidationsansatz ersetzt werden.

Erste Anzeichen für die Umsetzung des Säule 1+ Ansatzes sind schon zu spüren. Noch in 2016 wird die Aufsicht eine Allgemeinverfügung erlassen, die die Eigenkapitalunterlegung von Zinsänderungsrisiken aller Institute in Säule1 regelt[1997]. Zudem werden die ersten 370 Institute noch bis Ende Juni 2016 die

---

1995 Eigene Darstellung auf Basis persönlicher Einschätzungen.
1996 *Reuse* (2016.03), S. 20.
1997 Vgl. *Fachgremium Zinsänderungsrisiko im Anlagebuch* (2016), S. 1.

FAZIT UND ABSCHLIEßENDER AUSBLICK AUF DIE ZUKUNFT

Anhörungsschreiben zu einem kombinierten SREP-Kapitalzuschlag erhalten[1998] und somit bereits in 2016 die SREP Anforderungen vollumfänglich erfüllen müssen. Alle anderen deutschen Institute werden in den kommenden drei Jahren folgen[1999], so dass ab ca. 2018 der SREP komplett in Deutschland umgesetzt sein wird. Auch die Methodik zur Ermittlung der Zuschläge steht weitestgehend fest[2000].

2560 In Summe ist diese Entwicklung sicherlich nicht positiv zu werten, da die Institute deutlich mehr Kapital vorhalten müssen, als sie es durch die Anforderungen nach Basel III sowie schon müssen. Allerdings können auch positive Aspekte dieser Entwicklung aufgezeigt werden. Zum einen wird eine europaweite Harmonisierung der Risikotragfähigkeit sichergestellt. Zum anderen muss jedes Institut für sich berechnen, ob es sich bei einem Liquidationsansatz bei 99,9 % Konfidenzniveau nicht doch besser stellt als in einem wie auch immer gearteten Going-Concern Ansatz. Im Zweifelsfall ist das Geschäftsmodell einer Bank durch eine komplette Abdeckung in Säule 1 sogar eher tragbar als unter einem Going-Concern Ansatz, was im internationalen Wettbewerb durchaus ein Vorteil darstellen kann.

V. Ausblick

2561 Für Banken und Sparkassen bedeutet dies, dass das Thema Risikotragfähigkeit in Zukunft weiterhin an Bedeutung gewinnen wird und sich vor dem Hintergrund des Säule 1+ Ansatzes ggf. noch einmal grundlegend ändern wird. Eine enge Verzahnung von Kapitalplanungsprozess, Strategie, Geschäftsmodellanalyse und RTF ist unerlässlich, um ein Institut adäquat steuern zu können[2001].

2562 Die richtige Ausgestaltung eines Risikotragfähigkeitsprozesses unter Implementierung der zu erwartenden Weiterentwicklungen vor dem Hintergrund der sich verschärfenden regulatorischen Anforderungen ist für Geschäftsleitung, Revision und Gesamtbanksteuerung eine der größten Herausforderung der kommenden Jahre.

1998 Vgl. *Wieck* (2016), S. 17.
1999 Vgl. *Wieck* (2016), S. 17.
2000 Vgl. *Wieck* (2016), S. 9 ff.
2001 Vgl. hierzu auch die Ausführungen in Kapitel C.

Anhang

Anhang

Anhang 1: Detaillierte Praxistipps für die Risikotragfähigkeit[2002]

Kapitel		Praxistipps
A.	I.-III.	**Einleitende Worte zum vorliegenden Werk** • Risikotragfähigkeit ist und bleibt ein zentraler Bestandteil der Gesamtbanksteuerung – Sie sollten hier ausreichend Ressourcen vorhalten. • SREP wird hier Einzug halten und konkrete Auswirkungen auf die RTF entfalten. Verfolgen Sie diese Entwicklung eng. • Sinnvoll ist immer eine ganzheitliche Sicht auf die Bank – auch wenn die periodische Sichtweise die Minimumanforderung darstellt, kommen Häuser, die ihr Zinsrisiko wertorientiert steuern um eine wertorientierte Risikotragfähigkeit nicht umhin. Letztlich stellt sich im Zuge der FinaRisikoV die Frage, ob dieser Steuerungskreis überhaupt noch Relevanz haben soll. • Eine klare Abgrenzung von Going-Concern und Liquidationsansatz ist auch in der Dokumentation vorzunehmen. • Beantworten Sie für sich klar die Frage, was Sie für eine Form der periodischen Steuerung bevorzugen: rollierend oder Ultimo/Ultimo Folgejahr. Stellen Sie hier für sich eine Liste mit Pros und Cons auf.
B.	I.	**Anforderungen der Bankenaufsicht an die Risikotragfähigkeit** • Hat die Geschäftsleitung ein internes Verfahren zur Kapitalbeurteilung entwickelt und Eigenkapitalziele festgelegt, die dem Risikoprofil der Bank entsprechen? • Sind die gewählten internen Kapitalziele gut begründet und stehen die Ziele in Einklang mit dem Gesamtrisikoprofil und der aktuellen Geschäftssituation? • Werden strenge, zukunftsorientierte Stresstests durchgeführt, die mögliche Ereignisse oder Veränderungen der Marktkonditionen aufzeigen, die sich negativ auf die

---
[2002] Erstellt auf Basis der Informationen aller Autoren.

ANHANG 1: DETAILLIERTE PRAXISTIPPS

Kapitel	Praxistipps
	Bank auswirken könnten?
	▪ Ist sichergestellt, dass die Geschäftsleitung die Art und den Umfang der eingegangenen Risiken sowie deren Beziehung zur angemessenen Eigenkapitalausstattung kennt?
	▪ Verfügt die Bank über ein angemessenes System zur Überwachung und Berichterstattung über die Risikopositionen sowie zur Einschätzung der Auswirkungen eines sich ändernden Risikoprofils auf ihren Eigenkapitalbedarf?
	▪ Erhalten die Geschäftsleitung oder das oberste Verwaltungsorgan regelmäßig Berichte über das Risikoprofil und den Kapitalbedarf der Bank?
	▪ Existiert eine solide Unternehmenssteuerung, wozu eine klare Organisationsstruktur mit genau abgegrenzten, transparenten und kohärenten Verantwortungsbereichen, wirksame Verfahren zur Ermittlung, Steuerung, Überwachung und Meldung der Risiken sowie angemessene interne Kontrollmechanismen zählen?
	▪ Bestehen klare aufbau- und ablauforganisatorische Regelungen, die eine transparente und konsistente Abgrenzung der Verantwortungsbereiche der Mitarbeiter erlauben?
	▪ Existiert eine ordnungsgemäße Geschäftsorganisation, die die Einhaltung der zu beachtenden gesetzlichen Bestimmungen und der betriebswirtschaftlichen Notwendigkeiten gewährleistet?
	▪ Ist die Beachtung der besonderen organisatorischen Anforderungen des § 25a Absatz 1a KWG auch auf Ebene einer Institutsgruppe, Finanzholding-Gruppe sowie Finanzkonglomerats durch das übergeordnete Unternehmen gewährleistet?
	▪ Ist sichergestellt, dass auf der Grundlage des Gesamtrisikoprofils die wesentlichen Risiken des Instituts durch das Risikodeckungspotenzial, unter Berücksichtigung von Risikokonzentrationen, vollständig und laufend abgedeckt sind und damit die Risikotragfähigkeit gegeben ist?
	▪ Könnte das Institut bei einem Going-Concern-Ansatz unter Einhaltung der bankaufsichtlichen Mindestkapital-

Kapitel		Praxistipps
		anforderungen noch fortgeführt werden, selbst wenn alle Positionen des zur Risikoabdeckung angesetzten RDP durch schlagend werdende Risiken aufgezehrt würden?
		▪ Werden die wesentlichen Risiken eines Instituts zumindest in einem Steuerungskreis, der den Grundsätzen und Kriterien des aufsichtlichen Papiers entspricht, mit strengen, auf seltene Verlustausprägungen abstellenden Risikomaßen und Parametern quantifiziert?
		▪ Sind bei Instituten, die ihre Risikotragfähigkeit anhand eines Going-Concern-Ansatzes mit wertorientierter RDP-Ableitung oder eines Liquidationsansatzes steuern, ergänzende Verfahren vorhanden, die auf die Einhaltung der aufsichtlichen Mindestkapitalanforderungen bei schlagend werdenden Risiken abzielen?
		▪ Werden nur solche Mittel in Ansatz gebracht, die auf die Risikotragfähigkeit des Instituts aus eigener derzeitiger Substanz heraus abstellen?
B	*II.*	**Auswirkungen des SREP auf die Banksteuerung**
		▪ Zur Sicherstellung einer angemessenen und einheitlichen Datenqualität aller bereitzustellenden Informationen ist die Schaffung einer zentralen Stelle im Institut zu empfehlen.
		▪ Die Institute sollten im Rahmen einer Überarbeitung ihres vorhandenen Kapitalplanungsprozesses die Auswirkungen/Anforderungen des »SREP-Kapitalbewertungsprozesses« angemessen berücksichtigen.
		▪ Verfolgen Sie die aktuellen Entwicklungen – schon bald gilt der SREP auch für kleine deutsche Institute.
		▪ Wappnen Sie sich frühzeitig im Rahmen von Szenarioanalysen und bereiten Sie sich auch im Rahmen der Kapitalplanung auf diese Aufschläge vor.
B.	*III.*	**Meldung der Risikotragfähigkeit nach FinaRisikoV**
		▪ Führen Sie einen Abgleich ihres Risikotragfähigkeitskonzeptes mit den Meldebögen durch – Welche Vordrucke sind für Sie relevant?
		▪ Welche Steuerungskreise beziehungsweise RTF-Ansätze existieren in Ihrem Institut – Lässt sich die Anzahl der »RTF-Ansätze« gegebenenfalls reduzieren?

ANHANG 1: DETAILLIERTE PRAXISTIPPS

Kapitel		Praxistipps
		▪ Klären Sie die Zuständigkeiten und Ablaufprozesse. Kann durch die Prozessausgestaltung die Meldequalität sichergestellt werden? Dokumentieren Sie die Ergebnisse.
		▪ Gleichen Sie – zur Vermeidung von Missverständnissen – die bankaufsichtliche Nomenklatur mit den institutseigenen Bezeichnungen ab.
B.	*IV.*	**Ausblick auf die zukünftigen zu erwartenden Regelungen durch die Aufsicht**
		▪ Standardeigenkapitalquoten werden folglich eher die Ausnahme als die Regel sein. Bereiten Sie sich hierauf vor.
		▪ Simulieren Sie die Eigenmittelunterlegung von Zinsänderungsrisiken.
		▪ Verfolgen Sie die Diskussion um die Abgrenzung von Going-Concern und Liquidationsansatz.
C.	*I.-IV.*	**Zusammenhang von Strategiekonzepten und Risikotragfähigkeit**
		▪ Formulierung strategischer Ziele: Formulieren Sie strategische Ziele nicht nur als rein globale Finanzziele, sondern verwenden Sie auch Zielgrößen wie Potentialausschöpfung, Marktanteile sowie Wachstums- und Kostenziele.
		▪ Messbarkeit von strategische Zielen: Verwenden Sie nur solche Zielgrößen, die auch controllingfähig und somit quantifizierbar sind. Definieren Sie für jedes strategische Ziel auch eine Kennzahl und einen entsprechenden Zielwert, der erreicht werden soll.
		▪ Interne und externe Einflussfaktoren: Nutzen Sie für die Ihrer Strategie zugrundeliegenden Prämissen solche Einflussfaktoren, die anhand von statistischem Datenmaterial verfügbar sind und problemlos überprüft können.
		▪ Konsistenz von Strategie und Kapitalplanung: Die Abstimmung von Strategie und Kapitalplanung sorgt dafür, dass für beide Prozesse einheitlicher Betrachtungszeitraum vorliegt und zwischen strategischen Zielen und dem Kapitalbedarf eines Instituts keine Widersprüche

Kapitel		Praxistipps
		bestehen. Der Planungszeitraum für Geschäftsstrategie und Kapitalplanung sollte fünf Jahre betragen.
		• Integration adverser Entwicklungen in die Kapitalplanung: Um auch in unerwarteten Situationen eine angemessene Kapitalausstattung sicherzustellen, muss die Geschäftsleitung eines Instituts auch adversen Entwicklungen Rechnung tragen. Dies kann relativ effizient gelöst werden, indem Sie neben dem Trendszenario gemäß der Geschäftsstrategie mindestens ein alternatives Szenario mit entsprechenden veränderten Vorannahmen darstellen.
		• Falls noch nicht geschehen: Sichten Sie die NZU Umfrage der Bundesbank und überlegen Sie, welche Impulse dies auf Ihre Strategie hat.
C.	V.	**Berücksichtigung von Kapitalplanungsprozess und Basel III im Risikotragfähigkeitskonzept**
		• Transformieren Sie Ihren Kapitalplanungsprozess zum Zwecke der vollumfassenden Kapitalplanung in einen möglichst weitreichend institutionalisierten Prozess.
		• Berücksichtigten Sie frühzeitig erweiterte Steuerungskennziffern des Meldewesens (NSFR usw.).
		• Prüfen Sie die Konsistenz des Planungsprozesses zu den anverwandten Anforderungen der MaRisk.
		• Prüfen Sie in einem regelmäßigen Abstand Ihre adversen Szenarien auf Konsistenz zum Geschäftsmodell.
		• Ein guter Kapitalplanungsprozess bezieht sich auf denselben Zeithorizont wie die Geschäfts- bzw. Risikostrategie.
		• Kapitalplanung ist die quantitative Übersetzung der qualitativ gehaltenen Geschäftsstrategie und sollte daher dieselben Aussagen aufweisen.
		• Es empfehlen sich unterschiedlich gelagerte uni- und multivariate adverse Szenarien.
		• Neben der Erfüllung der aufsichtlichen Vorgaben an einen Kapitalplanungsprozess kann ein aktives Kapitalmanagement ein Instrument der Unternehmenssteuerung und zur Generierung von Wettbewerbsvorteilen (→ Rückkoppelung zum Rating → Refinanzierungskos-

ANHANG 1: DETAILLIERTE PRAXISTIPPS

Kapitel	Praxistipps
	ten → Liquiditätskostenverrechnungssystem → Kundenkonditionen) sein. Dies ist v. a. für Institute die sich am Interbankenmarkt/Kapitalmarkt refinanzieren wichtig. • Bei systemrelevanten Instituten, die unter die MaSan fallen, sollte eine transparente Verknüpfung von Belastungsszenarien und MaSan erfolgen.
C. VI.	**Umsetzungsherausforderungen in der Praxis – Integriertes Engpassmanagement zur Sicherstellung von Kapitaladäquanz und -effizienz** • In den meisten Banken liegt aktuell der Fokus auf Sicherstellung der regulatorischen Kapitaladäquanz in ihren multiplen Ausprägungen. • Die synchrone Sicherstellung von regulatorischer Kapitaladäquanz einerseits und wertorientierter Kapitaleffizienz andererseits wird weithin als notwendig erachtet, stellt die Banksteuerung jedoch vor große Herausforderungen. • Ein integriertes Engpassmanagement kann dabei helfen, beide Sichten miteinander zu verbinden. Wesentliche Elemente hierbei sind (i) eine werttreiberbasierte Gesamtbankplanung, (ii) eine engpassorientierte Kapitalallokation, (iii) ein szenariobasiertes Risikomanagementsystem sowie (iv) ein holistisches Analyse- und Reportingframework. • Auf dem Weg zu einem integrierten, engpassorientierten Kapitalmanagement können institutsindividuell unterschiedliche Schwerpunkte gesetzt und einzelne Elemente (wie z. B. Planung, Kapitalallokation, Stresstesting) entsprechend priorisiert werden. • Übergreifende Erfolgsfaktoren sind: (i) Transparenz über Engpässe, Kapitalallokationsopportunitäten und Trade-off-Entscheidungen, (ii) Reduktion der Komplexität durch möglichst homogene Definition der Daten, Methoden und Verfahren sowie möglichst enge Verzahnung der Steuerungskreise sowie (iii) Einbindung des RTF-Kalküls – erweitert zu einem mehrperiodischen Risiko-Chancen-Kalkül – in alle relevanten Management-Prozesse.

Kapitel		Praxistipps
C.	VII.	**Fazit und Ausblick** • Die Bankenaufsicht wird sich des Themas RTF verstärkt widmen – es ist ein zentraler Bestandteil der Risikosteuerung und -strategie. • Halten Sie die Veröffentlichung von Basel, EBA etc. im Blick. Es ist zu erwarten, dass hier weitere Verschärfungen auch im Hinblick auf SREP kommen werden.
D.	I.	**Definition Risikoinventur** • Die Risikoinventur ist ein Prozess zur Risikoidentifikation und damit ein wesentlicher Bestandteil im Risikomanagement-Prozess. • Eine gut durchgeführte Risikoinventur stellt sicher, dass die Risiken hinsichtlich Quantität und Qualität richtig erkannt werden. • Die Risikoinventur liefert wertvolle Informationen für eine strategische Analyse der Gesamtbank.
D.	II.	**Strukturierung von Risikoarten** • Identifizieren Sie Ihre relevanten Geschäftsprozesse. • Stellen Sie einen aussagefähigen Risikokatalog auf. • Die Strukturierung von Risikoarten steigert die Effizienz in späteren Risikoinventur-Workshops. • Die einzelnen Risiken sollten klar beschrieben werden, um Missverständnissen vorzubeugen.
D.	III.	**Anforderungen an die Risikoinventur gemäß MaRisk** • Die Anforderung an ein Gesamtrisikoprofil besteht schon länger. Bei der Forderung nach einer Risikoinventur geht es um die Forderung nach einem strukturierten Prozess bei der Erstellung des Gesamtrisikoprofils. • Betrachten Sie die Risiken ganzheitlich, d. h. ohne eine zeitliche Beschränkung (Bilanzstichtag o. ä.). • Betten Sie die Risikoinventur in den regelmäßigen Planungszyklus ein. • Analysieren Sie Risikokonzentrationen bei wesentlichen Risiken. • Richten Sie angemessene Vorkehrungen für unwesentliche Risiken ein.

ANHANG 1: DETAILLIERTE PRAXISTIPPS

Kapitel	Praxistipps
D. IV.	**Aufbau eines modernen Inventurprozesses** • Leiten Sie nicht von den Risikoarten kommend eine Inventur ab, sondern erkennen Sie aus den Geschäften alle einzelnen Risiken. • Definieren Sie objektiv nachvollziehbare Schwellen, anhand derer die Wesentlichkeit von Risiken überprüft werden können.
D. V.	**Praktische Umsetzungsimpulse bei der Ausgestaltung der Inventur** • Die Teilnehmer an der Risikoinventur müssen die ganze Bandbreite der Bank abdecken. • Bereiten Sie die Teilnehmer eines Risikoinventur-Workshops auf den Sinn und Zweck der Risikoinventur vor. • Vermitteln Sie die Risikoinventur als Chance zum Erkennen des eigenen Bereiches und nicht ausschließlich als aufsichtsrechtliche Pflicht. • Integrieren Sie die Risikoinventur in die Kultur des Hauses.
D. VI.	**Umgang mit Modellrisiken/-schwächen/-fehlern** • Ein a priori erstelltes Validierungskonzept, das das grundsätzliche Vorgehen, die Methoden, Frequenzen, Verantwortlichkeiten und die Ergebnisdokumentation beschreibt, ist nützlich. • Bei der Überprüfung der Risikomodelle sollte die Ableitung aus der bzw. die Konsistenz zur Geschäftsstrategie hinterfragt und dokumentiert werden. • Der Fokus der Validierung sollte, neben rein statistischen Verfahren, auf einer kritischen, qualitativen Auseinandersetzung mit der Risikosituation im Kontext der geschäftsstrategischen Ausrichtung liegen. • Stresstests und Expertenschätzungen stellen sinnvolle Validierungsinstrumente dar. • Überführen Sie die Überprüfung der Modellrisiken in einen regelmäßigen Workflow. • Stellen Sie sicher, dass Sie ein für Ihr Haus adäquates Modell eingeführt haben. Weniger kann hier oft mehr sein.

Kapitel		Praxistipps
D.	VII.	**Umgang mit Konzentrationsrisiken** • Analysieren Sie Ihr Geschäftsmodell hinsichtlich immanenter Risikokonzentrationen! Überlegen Sie, in welcher Weise diese Konzentrationen in die Risikoinventur und in die Risikotragfähigkeitsrechnung eingehen. • Schaffen Sie eine offene Risikokultur, damit neue oder unentdeckte Risikokonzentrationen zügig aufgedeckt werden und der Umgang mit der neuen Erkenntnis professionell gemanagt wird. • Überlegen Sie, ob Risikokonzentrationen (1) als eigenes Risiko, (2) im Rahmen der Standardrisikoarten oder (3) als institutsspezifische Risikoarten abgebildet werden sollen. Erörtern Sie die Konsequenz für die Eigenkapitalanforderung nach Säule I plus! • Schaffen Sie Auswertungsmöglichkeiten für qualitative und quantitative Analysen von Risikokonzentrationen, um diese innerbetrieblich und gegenüber Aufsichtsgremien transparent machen zu können.
D.	VIII.	**Kritische Analyse risikomindernder Diversifikationseffekte** • Diversifikationseffekte halten gerade in Zeiten der Krise! Entsprechende Argumente liefert Ihnen dieser Artikel. • Dokumentieren Sie den Umgang mit Diversifikationseffekten anhand der vorgestellten Checkliste. • Machen Sie sich klar, dass es außer expliziten Korrelationen auch implizite Diversifikationen in den Risikomodellen gibt. Auch diese sollten Sie dokumentieren und ggf. mit entsprechenden Stresstests unterlegen. • Wenn Ihre RTF nur aufgrund von Diversifikationsfähigkeiten gegeben ist, sollten Sie Ihre Risikoposition und Strategie einer kritischen Analyse unterziehen. • Korrelation-at-Risk Ansätze helfen, mit gestressten Korrelationen die Stabilität derselben nachzuweisen. • In der barwertigen Welt ist der Ansatz von Diversifikationen unkritisch – in der GuV Welt sind diese nur anzusetzen, wenn sie nachweisbar hergeleitet werden können.

ANHANG 1: DETAILLIERTE PRAXISTIPPS

Kapitel		Praxistipps
D.	IX.	**Ausblick auf die zukünftige Weiterentwicklung der Risikoinventur** • Entwickeln Sie rechtzeitig Risikofrüherkennungsverfahren für alle Risikoarten. • Denken Sie retrograd – schließen Sie von den Geschäftsfeldern einer Bank auf die Art und Höhe der Risiken, nicht umgekehrt.
E.	I.	**Steuerungsansätze zur Herleitung der Risikotragfähigkeit** • Die Dokumentation der getroffenen Parameter ist wichtig. • Beachten Sie die Konsistenz zwischen Deckungsmasse und Risiko. • Entscheiden Sie sich bewusst für einen Going-Concern- oder Liquidationsansatz. • Bauen Sie Ihre Risikotragfähigkeitskonzepte konsistent zur Steuerungsperspektive der Bank auf. • Beachten Sie die Auswirkungen von Basel III. • Ist der Eigenmittelbedarf der Säule I vom Deckungspotenzial abgezogen (Going-Concern-Ansatz)? • Sind die Bestandskosten über die Totalperiode im wertorientierten Ansatz berücksichtigt? • Sind erwartete Verluste hinreichend und konsistent berücksichtigt? • Beachten Sie alle wesentlichen Risiken in der Risikotragfähigkeit! • Berücksichtigen Sie Buchwertreserven bei der Risikodarstellung in GuV – orientierten Ansätzen! • Gibt es bei Einführung von SREP eigentlich noch Methodenfreiheit? • Kann das Konzept einer Risikotragfähigkeit einfach umgestellt werden (Going-Concern/Gone-Concern; GuV-Sicht/wertorientierte Sicht)? • Wann werden die neuen Anforderungen aus SREP für mein Institut gelten?

Kapitel		Praxistipps
E.	*II.*	**Erweiterung und kritische Analyse des barwertigen Steuerungskreises** • Diskutieren Sie im Institut über die Grundzusammenhänge zwischen periodischen und wertorientierten Steuerungsimpulsen. • Analysieren Sie hierbei auch die Grenzen der jeweiligen Verfahren. • Wenn Sie barwertig steuern: Betrachten Sie barwertige Risiken nicht nur kurzfristig, sondern weiten Sie den Betrachtungshorizont aus. • Diskutieren Sie diese Ergebnisse mit der Aufsicht.
E.	*III.*	**Risikotragfähigkeit im Kontext der Asset Allocation** • Nutzen Sie Korrelationen bei der Bestimmung der optimalen Asset Allocation, aber achten Sie dabei auf vorsichtige Annahmen. • Eine Verwendung in der RTF sollte nur selektiv erfolgen. • Mit einer Optimierung auf Basis historischer Zeitreihen können Sie auf explizite Korrelationsschätzungen verzichten, da diese implizit berücksichtigt werden. • Bestimmen Sie geeignete Leitplanken für die Optimierung, damit Sie umsetzbare Ergebnisse erhalten. • Verproben Sie die Ergebnisse einer wertorientiert durchgeführten Asset Allocation stets bezüglich der Auswirkungen auf GuV, Risikotragfähigkeit und Kapitalplanung. • Beachten Sie dabei mögliche Verschiebungen der Gewichtungen der einzelnen Assetklassen im Zeitverlauf. • Kombinieren Sie verschiedene Assetklassen in einem Spezialfonds, das ist die einzige Möglichkeit, Diversifikationseffekte in die GuV zu transportieren.
E.	*IV.*	**Ausblick auf die Zukunft der RTF-Konzepte** • Going-Concern sind vor dem Hintergrund von SREP und Säule 1+ perspektivisch tot. • Rechnen Sie bereits heute testweise einen Gone-Concern Ansatz auf Basis 99,9 % und würdigen Sie die Ergebnisse entsprechend.

ANHANG 1: DETAILLIERTE PRAXISTIPPS

Kapitel		Praxistipps
F.	*I.*	**Adressausfallrisiko (inkl. Kontrahenten- und Spreadrisiko)** • Die Definition und Strukturierung des Adressenausfallrisikos ist als »Suchraster« in einen Risikokatalog aufzunehmen. • Prüfen Sie die Rechenergebnisse zum Expected Shortfall für Ihr Institut. • Falls Sie »gebrochene« Kreditrisikowerte berechnen wollen, liefert Ihnen dieser Artikel umfassende Ideen hierzu. • Befassen Sie sich umfassend mit der Qualität des Dateninputs und Maßnahmen zur Qualitätssicherung. • Vergegenwärtigen Sie sich auch die impliziten Annahmen der genutzten Modelle. • Ersetzen Sie nicht Modellrisiko durch Modellrisiko.... Auch einfache und pragmatische Ansätze können ihre Daseinsberechtigung haben! • Entscheidend ist die kritische Würdigung von Messergebnissen. • Dokumentation von Annahmen und Parametern inklusive Backtesting. • Adressatengerechte Darstellung – Unterscheidung von Fach und Führungsebene? • Leitfrage: Welche Adressrisikoausprägungen sind zu betrachten und wie bzw. durch welches Modell werden diese sachgerecht abgebildet? • Kritische Würdigung von Pufferbeträgen und Limiten in Bezug auf den Gesamtkontext.
F.	*II.*	**Marktpreisrisiko (inkl. Zinsänderungsrisiko)** • Es sollte eine ausführliche Analyse der Wirkung von eingetretenen Marktpreisrisiken auf die GuV-Rechnung erfolgen. Diesbezüglich sind klare Abgrenzungen zu den Effekten anderer Risikoarten zu treffen. Hinsichtlich des Zinsspannenrisikos ist eine möglichst granulare Betrachtung der Erfolgsquellen erforderlich. • Insbesondere bei Marktpreisrisiken ist auf eine stringente Limitierung vom Gesamtlimit für Marktpreisrisiken

Kapitel	Praxistipps
	bis hin zu den Unterlimiten zu achten. Es sollten klare Regelungen getroffen werden, wie die Limite oder Risikowerte umzurechnen sind, wenn in der operativen Steuerung Haltedauern verwendet werden, welche vom Risikobetrachtungshorizont abweichen. Zudem sollte eine Integration eingetretener Risiken im Limitsystem sichergestellt werden.
	• Es sollten eindeutige Regelungen hinsichtlich der in die periodische Risikotragfähigkeit einzubeziehenden Positionen festgelegt werden. Positionen, welche nicht unmittelbar in der Risikotragfähigkeitsberechnung berücksichtigt werden, sind im Rahmen der Betrachtung stiller Lasten einzubeziehen, sofern diese nicht in einen barwertigen Steuerungskreis integriert sind. Es sollte eine eindeutige Erheblichkeitsschwelle für stille Lasten definiert werden.
	• Die Ableitung von Zinsszenarien für die Zinsspannenrechnung sollte nach möglichst objektiven Maßstäben erfolgen. Die Anzahl und Art der Szenarien sollte sich an der Struktur des Portfolios orientieren. Befinden sich Produkte im Portfolio, welche sensitiv auf z. B. Versteilerungen der Zinsstrukturkurve reagieren, sind derartige Dynamiken auch im Rahmen der Szenarien zu betrachten. Anhaltspunkte kann der Abgleich der eigenen Szenarien mit den durch den Baseler Ausschuss für Bankenaufsicht vorgeschlagen sechs Standard-Szenarien liefern.
	• Bei der Ermittlung der erfolgswirksamen Effekte von Barwertveränderungen bei Wertpapieranlagen ist auf eine konsistente (Nicht-)Berücksichtigung von stillen Reserven bei der Ableitung des Risikodeckungspotenzials sowie der Risikoquantifizierung zu achten.
	• Kreditinstitute sollten sich zur Wahl eines geeigneten Risikomessverfahrens kritisch mit der Struktur des zugrundeliegenden Portfolios auseinandersetzen, insbesondere hinsichtlich des Umfangs an rationalen und verhaltensbasierten Optionsrisiken.
	• Banken mit hohem Einlagenvolumen sollten sich mit den neuen Einschränkungen hinsichtlich der Modellierung von variabel verzinslichen Produkten auseinandersetzen.

ANHANG 1: DETAILLIERTE PRAXISTIPPS

Kapitel		Praxistipps
		▪ Kreditinstitute mit einem hohen Beitrag aus Zinsfristentransformation sollten die Auswirkungen einer möglichen Unterlegung des Basel II-Zinsschocks prüfen, insbesondere mit Blick auf einen angemessenen Risikopuffer für die Going-Concern Annahme.
F.	*III.*	**Liquiditätsrisiko** ▪ Die Finanzkrise zeigte, dass die regulatorischen Stresstests zu kurz greifen und nicht immer geeignet sein müssen, die Finanzmarktstabilität zu beurteilen, was am Kernproblem liegt, »Undenkbares zu denken«. ▪ Formulieren Sie bitte eine klare Liquiditätsrisikostrategie als Rahmen für die Liquiditätsrisikotragfähigkeit ihrer Bank(engruppe). ▪ Bitte sorgen Sie für ein leistungsfähiges Liquiditätsrisikocontrolling, das über eigene Budgets, Ressourcen und angemessenes Know how verfügt. ▪ Bitte sorgen Sie für ein leistungsfähiges Liquiditätsrisikomanagement, das über eigene Budgets, Ressourcen und angemessenes Know how verfügt. ▪ Überprüfen Sie bitte alle wichtigen LCR-Liquiditätsannahmen und Liquiditätsrisikostresstests in Ihrer Bank(engruppe). Bitte stellen Sie sicher, dass sich Ihre Liquiditätsstressszenarien für Nettomittelabflüsse, Liquiditäts(risiko)kosten und die Mobilisierbarkeit von Liquiditätsreserven nicht im Normalbereich bewegen. Dieses Problem kann vermieden werden, indem Goodness-of-fit- und Backtestinganalysen sowie das LaR- und LVaR-Konzept umsichtig eingesetzt werden. ▪ Berücksichtigen Sie die Liquiditätsrisikotragfähigkeit angemessen im Deckungsbeitragsschema für die Vor- und Nachkalkulation aller Produkte und bei allen liquiditätsrelevanten Bankgeschäftsprozessen, Transaktionen. ▪ Installieren Sie ein angemessenes, integriertes IT-System zur Steuerung der institutsspezifischen Erfüllung der Liquidity Coverage Ratio (LCR-IT), womit auch die kritische Überprüfung der LCR-Annahmen mit dem Liquidity at Risk (LaR)-Konzept gehört zur IKS-Kontrolle, dass sich Stressszenarien im Fristenfächer 1 bis 30 Tage nicht im Normalbereich bewegen; das LaR-

Kapitel		Praxistipps
		Konzept dient gleichzeitig zur Eskalation und Deeskalation der Mobilisierung der Liquiditätsreserven in der Liquiditätsrisikotragfähigkeit, wenn die »echten Net Cash Outflows« als Zentralbankgeldnettomittelabflüsse bestimmte LaR-Werte im Fristenfächer 1 bis 30 Tage übersteigen. • Installieren Sie dazu ein angemessenes, integriertes Liquidity Allocation Management IT-System (LCAM-IT), das stets die Mobilisierbarkeit der Liquiditätsreserven für die jederzeitige Zahlungsbereitschaft sicherstellt. • Sorgen Sie in Ihrer Bank für ein transparentes Liquiditätsrisikomanagement im Liquiditätskrisenfall mit klaren Limiten und wirksamen Steuerungsmaßnahmen, wozu auch aktuelle, entscheidungsorientierte Reports an die Geschäftsleitung und den Aufsichts-/Verwaltungsrat im Sinne des SREP gehören.
F.	IV.	**Operationelles Risiko** • Werden die erwarteten Verluste für operationelle Risiken bereits vollständig implizit über Kosten in der Risikotragfähigkeit berücksichtigt oder sind explizite Schätzungen erforderlich? • Wenn Szenarien oder Verlustdaten für die Ermittlung der Anrechnungsbeiträge verwendet werden (sollen), sollte darauf geachtet werden, dass nur kontowirksamer Aufwand berücksichtigt wird. • Bei Szenarien oder Verlustdaten mit Bezug oder Überschneidung zum Adressrisiko soll zur Vermeidung einer doppelten Anrechnung nur der Anteil bei der Schätzung des erwarteten und unerwarteten Verlusts berücksichtigt werden, der nicht bereits über den Anrechnungsbetrag zum Adressenrisiko berücksichtigt wurde. • Ist sichergestellt, dass die vorliegenden internen Informationen (Schadensfälle und/oder Szenarien) ausreichend sind, um daraus den erwarteten und/oder unerwarteten Verlust operationeller Risiken der Bank verlässlich abschätzen zu können? Ist z. B. die Dauer der Verlustdatenhistorie ausreichend für eine valide Schätzung oder decken die Szenarien alle Bereiche des individuellen Risikoprofils ab?

ANHANG 1: DETAILLIERTE PRAXISTIPPS

Kapitel		Praxistipps
F.	V.	**Sonstige Risiken: Ertragsrisiko als Residualgröße für Sonstige Risiken** • Die Einführung und Umsetzung der Risikoart »Ertragsrisiko« sollte funktionsübergreifend (Controlling, Bilanzierung, Absatzplanung/Vertrieb und Risikomanagement) erfolgen, um bereits vorhandenes Wissen in der Organisation effizient zu heben. • Eine sorgfältige Analyse der Positionen des Ertragsrisikos und deren Abgrenzung zu anderen Risikoarten stellt sicher, dass das Ertragsrisiko ausschließlich die relevanten und bisher nicht beobachteten Risikotreiber des Instituts beinhaltet. • Ein mathematisch basierter Ansatz zur standardisierten Risikomessung des Ertragsrisikos auf Basis historischer Plan-Ist-Abweichungen bildet eine gute Basis und sind ressourcenschonend umsetzbar. • Weitergehende, umfassendere Szenariobetrachtungen sind mindestens mittelfristig vorzunehmen und sollten auf Basis der methodischen Vorgaben des EBA-Stresstest vorgenommen werden. Der Einsatz verbundeigener Software bietet sich bei solchen Analysen an, die die Planungstools der Sparkassen- und genossenschaftlichen Verbände umfassende Möglichkeiten bieten. • Im Ertragsrisiko sind neben den klassischen Ertragstreibern »Vertrieb/Volumen«, »Kosten« und »Provisionen« die Auswirkungen der weiteren »Sonstigen Risikoarten« auf das GuV-Ergebnis regelmäßig zu überprüfen. Oft ist es ausreichend, dies in den häufig üblichen Ergebnis-Vorschau-Runden systematisiert vorzunehmen. Bei dauerhaft hohen Risiken aus individuellen Treibern ist eine einfache Abbildung über das Ertragsrisiko als Sammelrisikoart nicht mehr als adäquat einzuschätzen.
G.	I.-V.	**Stresstests zur Ergänzung der RTF** • Auf Basis von Stresstests können Banken analysieren, wie sich seltene, aber plausible Stressereignisse bzw. krisenhafte ökonomische Entwicklungen auf die Risikotragfähigkeit ihrer Institute auswirken. • Makroökonomische Modelle helfen plausible Krisenszenarien abzuleiten, die für ein risikoartenübergreifendes Stressszenario verwendet werden können. Mit Mon-

Kapitel	Praxistipps
	te-Carlo Simulationen können Eintrittswahrscheinlichkeiten für Stressszenarien bestimmt werden. • Die Eintrittswahrscheinlichkeiten für Stressszenarien sollen den Entscheidungsträgern ein Gefühl für die Ungewissheit eines Stressszenarios geben. Somit wird dem Management eine Entscheidungshilfe zur Hand gegeben, die es erlaubt, die einzelnen Stressereignisse untereinander einzuordnen und daraus adäquate Maßnahmen ableiten zu können. • Ziel ist es, das Gesamtrisikoprofil eines Instituts einem Stressszenario auszusetzen, das für alle Risikoarten den gleichen Hintergrundfaktor, gemeint ist die Konjunktur, besitzt. • Mittlerweile hat sich als State of the Art für die Aggregation von Risikoverteilungen (Kredit-, Marktpreisrisiken etc.) zu einer Gesamtrisikoverteilung eines Kreditinstituts die Modellierung mit Hilfe von Copula-Funktionen etabliert. • Anhand der Gesamtrisikoverteilung lässt sich die Ausfallwahrscheinlichkeit bzw. das Rating eines Instituts bestimmen. Eine Stresssituation kann diese Ausfallwahrscheinlichkeit verändern, so dass eine Ratingherabstufung bei Stressfall eintreten kann. • Stresstests erfahren vor dem Hintergrund des SREP eine neue Bedeutung. Sichten Sie die dort dargestellten Ausführungen!
H. *I.*	**Anforderungen der MaRisk an ein Risikoreporting** • Die Reportinganforderungen der MaRisk 6.0-E sind in einem neuen BT 3 zusammengeführt worden. Nutzen Sie diesen Anlass, Ihr Reporting zu überarbeiten. • Überlegen Sie frühzeitig, wie Sie die geforderten Reportings aus dem Markt sicherstellen wollen. • Stellen Sie ein funktionierendes Ad-Hoc-Reportingkonzept sicher.
H. *II.*	**Reporting der Risikotragfähigkeit** • Die Berechnung der RTF und die Erstellung des Reportings sollten durch das Risikocontrolling unter Federführung der Risikocontrolling-Funktion erfolgen.

ANHANG 1: DETAILLIERTE PRAXISTIPPS

Kapitel		Praxistipps
		• Alle Geschäftsleiter und die Mitglieder des Aufsichtsorgans sollten Empfänger des Reportings zur RTF sein. • Stimmen Sie Inhalte und Form des Reportings zur RTF mit den Empfängern ab. Im Regelfall kann das Informationsbedürfnis des Aufsichtsorgans mit einem gegenüber dem Reporting für die Geschäftsleitung geringeren Umfang befriedigt werden. Stimmen Sie den Vorschlag für das Reporting an das Aufsichtsorgan im Vorfeld mit der Geschäftsleitung ab. • Die Berichtsform sollte standardisiert und stabil sein. Änderungen der Gestaltung sollten nur in Ausnahmefällen oder aus zwingenden Gründen vorgenommen werden. • Streben Sie die Ablösung institutsindividueller Berichte durch Berichte aus RTF-Anwendungen oder Management-Reportingsystemen an. • Kurz- bis mittelfristig wird der Einsatz eines Management-Reportingsystems auf Basis einer IT-Standardanwendung empfohlen. • Nutzen Sie möglichst standardmäßig zur Verfügung stehende Prozesse, Anwendungen und Reportings, um sich frühzeitig auf erhöhte Anforderungen an die Aggregation von Risikodaten und Verfahren zur Risikoberichterstattung einzustellen und die Einführung eines Management-Reportingsystems zu erleichtern. • Nehmen Sie neben den Ergebnissen des Kapitalplanungsprozesses auch die Ergebnisse der mittelfristigen Planung der Ertrags- und Aufwandspositionen in das Reporting zur RTF auf. • Überprüfen Sie die Inhalte des Anhangs zur Risikoberichterstattung regelmäßig auf ihre Relevanz für den jeweiligen Bericht hin und nehmen Sie bei Bedarf Anpassungen vor. • Entwickeln Sie auch für das anlassbezogene Reporting bzw. die Ad-hoc-Berichterstattung eine standardisierte Form, die den Absender bei der Informationsweitergabe unterstützt.
H.	III.	**Reporting der Risikoarten** • Stellen Sie eine konsistente Berichterstattung an den Vorstand und das Aufsichtsorgan sicher.

Kapitel		Praxistipps
		• Das Berichtswesen sollte möglichst standardisiert sein.
		• Vermeiden Sie Eigenlösungen. Mittelfristig ist die Verwendung von Excel nicht mehr sachgerecht.
		• Stellen Sie einen optimal abgestimmten Prozess und Zuständigkeiten sicher, um den Prozess möglichst effizient zu gestalten.
		• Minimierung Sie Schnittstellen im Prozess (»Fischgrätenmodell«).
H.	IV.	**Reporting von Stresstests**
		• Binden Sie das Stresstest-Berichtswesens in die bankspezifische Risikotragfähigkeitskonzeption ein.
		• Sorgen Sie für eine klare Strukturierung und Visualisierung von steuerungsrelevanten Stresstest-Ergebnissen.
		• Legen Sie einen besonderen Fokus auf die Einbindung der Konzentrationsrisiken.
		• Nachvollziehbare Beurteilung der Ergebnisse sollten in das Berichtswesen eingebunden werden.
H.	V.	**Reporting des Strategieabgleiches**
		• Machen Sie sich beim Reporting immer wieder klar: das wichtigste Ziel des Reportings ist der Nachweis, ob die Strategie des Hauses eingehalten wird!
		• Dies bezieht sich insbesondere auf Kapitalplanung und Risikotragfähigkeit.
		• Sorgen Sie in den Strategien für nachvollziehbare und messbare Ziele – umso leichter ist der Strategieabgleich.
		• In diesem sollten Sie Ziele, Maßnahmen und Erreichungen würdigen.
		• Dies kann in Form von Smileys und Trend-/Tendenzpfeilen geschehen.
		• Reporten Sie die Strategieerreichung der wesentlichen Geschäftsaktivitäten.
		• Halten Sie sich an den Reportingturnus des Risikoreports – i. d. R. quartalsweise.
		• Sowohl eine dezentrale Integration des Strategieabgleiches in den Risikoreport als auch ein separates Reporting ist möglich.

ANHANG 1: DETAILLIERTE PRAXISTIPPS

Kapitel		Praxistipps
		▪ Sorgen Sie für eine knappe aber doch aussagefähige Gesamtwürdigung am Ende des Strategieabgleiches.
I.	*I.*	**Softwarelösungen für die Risikotragfähigkeit** ▪ Die dargestellte Auswahl der Softwarelösungen ist nicht fallabschließend, wohl aber repräsentativ für die meisten Institute in Deutschland. ▪ Es handelt sich hierbei um die erste Darstellung dieser Art! ▪ Den Instituten soll eine objektivierte Unterstützungshilfe bei der Auswahl der Software gegeben werden.
I.	*II.*	**S-RTF** ▪ Nutzen Sie die Möglichkeiten zur Erstellung der Meldungen nach FinaRisikoV mit S-RTF. Die Software ist von allen vorgestellten Lösungen hier am weitesten. ▪ Verzahnen Sie technisch die Kapitalplanung und die Risikotragfähigkeit miteinander. ▪ Nutzen Sie das Reporting aus S-RTF und leiten Sie die Ergebnisse in das Management Cockpit über, um auch eine adäquate Berichterstattung Richtung Aufsichtsorgan zu gewährleisten. ▪ S-RTF ist für Sparkassen jeder Größe adäquat. Der Einsatz wird uneingeschränkt für alle der Finanzinformatik angehörigen Institute empfohlen.
I.	*III.*	**VR-Control SIMON** ▪ Wägen Sie vor der Implementierungsentscheidung die Automatisierungsvorteile und die u. U. entstehenden Proportionalitätsnachteile sorgsam ab. ▪ Beziehen Sie im Sinne einer Ad-Hoc-Berichterstattung eine zusätzliche Reportingvariante für Marktpreisrisiken (insb. Kurswertrisiken) und Adressrisiken des Eigengeschäfts in Ihr Reportingkonzept ein. ▪ Nutzen Sie insbesondere im Bereich der Adressrisiken Kundengeschäft die umfassenden Automatisierungsvorteile. ▪ Planen Sie die Implementierung nach Möglichkeit in einem ersten Schritt in der Umsetzung der SIMON Berechnungsweise im bisherigen Reporting und stellen Sie

Kapitel		Praxistipps
		erst in einem zweiten Schritt auf die technische Automatisierung um.
		▪ Nutzen Sie die Kommentierungs- und Grafikoptionen umfassend zu einer qualitativen Würdigung des Reportings.
		▪ SIMON ist die zu empfehlende Softwarelösung für den genossenschaftlichen Bereich.
I.	*IV.*	**zeb.future.grip**
		▪ Die Bestimmung der Risikotragfähigkeit ist nicht zuletzt aufgrund neuer regulatorischer Anforderungen, in der strategischen Planung zu verankern. Die hierdurch entstehenden Herausforderungen können nur durch den Einsatz spezialisierter Softwarelösungen bewältigt werden.
		▪ Die in der Praxis oftmals vorzufindenden Tabellenkalkulationsmodelle sind vielfach nicht in der Lage eine effektive und effiziente Unterstützung zu bieten.
		▪ zeb.future.grip ist eine adäquate Lösung für die Institute, die keinem zentralen Rechenzentrum angehören.
I.	*V.*	**Würdigung der Softwarelösungen**
		▪ Eine abschließende Empfehlung kann an dieser Stelle nicht gegeben werden.
		▪ Einen objektivierten Kriterienkatalog bietet Kapitel I.V.
		▪ Nutzen Sie die Standardlösungen Ihres Rechenzentrums – nur dann sind Daten konsistent, lassen sich Synergien nutzen.
		▪ Verzahnen Sie das Meldewesen nach FinaRisikoV mit der Softwarelösung.
J.	*I.*	**RTF-Prozessprüfung im Fokus der Internen Revision**
		▪ Ist ein wirksamer Risikoinventur-Prozess eingerichtet, der geeignet ist, alle wesentlichen Risiken des Instituts zu identifizieren?
		▪ Ist das Risikotragfähigkeits-Konzept wirksam in das Steuerungskonzept des Instituts integriert?
		▪ Wird das Risikodeckungspotenzial ökonomisch plausibel und konsistent mit dem gewählten Steuerungsansatz bestimmt?

ANHANG 1: DETAILLIERTE PRAXISTIPPS

Kapitel	Praxistipps
	• Ist ein umfassender und zukunftsgerichteter Kapitalplanungsprozess eingerichtet? • Sind die zur Modellentwicklung (Schätzung) verwendeten Daten repräsentativ, decken sie einen ausreichend langen Zeitraum (inkl. Downturn) ab und sind sie geeignet aufbereitet? • Werden die Risikomodelle mit geeigneten Methoden entwickelt und sind die zugrunde liegenden Annahmen ausreichend untersucht? • Basiert die regelmäßige Berechnung der Risikomaße auf qualitätsgesicherten Daten, einem angemessenen Kontrollumfeld und werden die Ergebnisse ausreichend kommuniziert? • Wird die Validierung unter einem robusten Rahmenwerk durchgeführt (Validation Governance)? • Wird das Modell-Design inklusive der wesentlichen Annahmen wirksam überprüft? • Werden die Modellergebnisse mit geeigneten Methoden auf Genauigkeit und Stabilität überprüft? • Wurden die Anwendung der Modelle und deren Ergebnisse ausreichend überprüft? • Spielen Stresstests eine wesentliche Rolle im Risikomanagement der Bank und ist das Senior Management ausreichend integriert? • Sind die Prozesse zur Szenario-Generierung geeignet, um wesentliche Verwundbarkeiten des Portfolios zu identifizieren? • Sind die Auswirkungen der Szenarien auf die Risikotragfähigkeit mit geeigneten Methoden quantifiziert? • Werden Stresstest-Ergebnisse ausreichend analysiert, angemessen berichtet und mit geeigneten Handlungsempfehlungen unterlegt? • Liegen Risikodaten und -informationen vollständig, genau und zeitnah vor und können sie sorgfältig und flexibel aggregiert werden? • Sind Risikoberichte genau, verständlich und klar, um als Grundlage für wirksame Entscheidungen dienen zu können?

Kapitel		Praxistipps
J.	II.	**Feststellungen zur Risikotragfähigkeit im Rahmen der Jahresabschlussprüfung** • Ist die Risikotragfähigkeitskonzeption unter Beachtung des Grundsatzes der Proportionalität in die Geschäfts- und Risikostrategie, in die wesentlichen Entscheidungsprozesse sowie in die Risikosteuerungs- und -controllingprozesse ausreichend verankert? • Sind die Risikosteuerungsprozesse mit dem Limitsystem und der internen Berichterstattung ausreichend verzahnt? • Können die implementierten Prozesse und eingesetzten Methoden die Vollständigkeit der Risikoabbildung und die Konsistenz der Verfahren gewährleisten? • Sind die eingesetzten Methoden geeignet, Diversifikationseffekte und Risikokonzentrationen innerhalb einer Risikoart und zwischen verschiedenen Risikoarten angemessen zu berücksichtigen? • Verfügt das Institut über eine Dokumentation der Risikotragfähigkeitskonzeption und der in diesem Zusammenhang implementierten Prozesse und eingesetzten Methoden, die es einem sachkundigen Dritten ermöglichen, sich mit angemessenen Aufwand einen Einblick zu verschaffen?
J.	III.	**Ausblick auf die Prüfung der RTF** • Werden Methoden und Systeme konsistent zum aufsichtsrechtlichen Status Quo eingesetzt? • Sind diese Dinge adäquat dokumentiert? • Positioniert sich das Institut klar im Hinblick auf Going-Concern und Gone-Concern? • Ist die Konsistenz zur Strategie gegeben? • Gibt es »Regelungslücken« im Haus, die es zu schließen gilt?
K.	I.-V.	**Fazit und abschließender Ausblick auf die Zukunft** • Achten Sie auf einen dynamischen Risikoinventurprozess. • Halten Sie die Weiterentwicklungen der Aufsicht im Blick.

ANHANG 1: DETAILLIERTE PRAXISTIPPS

Kapitel	Praxistipps
	• Verzahnen Sie Strategie, Risikotragfähigkeit, Kapitalplanungsprozess, Basel III, Risikoinventur und SREP sauber miteinander – dies ist die größte Herausforderung in den nächsten Jahren. • Integrieren Sie Spartenrechnungen zur Sicherstellung eines positiven Beitrages jeder Einheit zu Ihrem Gesamtergebnis. • Stellen Sie sich auf den Säule 1+ Ansatz ein. Mit sehr großer Wahrscheinlichkeit werden Sie schon bald Gone-Concern-Ansätze Ansätze rechnen müssen.

Anhang 2: AT 4.1 – Anforderungen an die Risikotragfähigkeit (MaRisk 5.0, 14.12.2012)

Bundesanstalt für Finanzdienstleistungsaufsicht (BaFin) — BaFin

AT 4 Allgemeine Anforderungen an das Risikomanagement

AT 4.1 Risikotragfähigkeit

1	Auf der Grundlage des Gesamtrisikoprofils ist sicherzustellen, dass die wesentlichen Risiken des Instituts durch das Risikodeckungspotenzial, unter Berücksichtigung von Risikokonzentrationen, laufend abgedeckt sind und damit die Risikotragfähigkeit gegeben ist.	
2	Das Institut hat einen internen Prozess zur Sicherstellung der Risikotragfähigkeit einzurichten. Die Risikotragfähigkeit ist bei der Festlegung der Strategien (AT 4.2) sowie bei deren Anpassung zu berücksichtigen. Zur Umsetzung der Strategien beziehungsweise zur Gewährleistung der Risikotragfähigkeit sind ferner geeignete Risikosteuerungs- und -controllingprozesse (AT 4.3.2) einzurichten.	
3	Knüpft das Risikotragfähigkeitskonzept an Jahresabschluss-Größen an, so ist eine angemessene Betrachtung über den Bilanzstichtag hinaus erforderlich.	**Betrachtung über den Bilanzstichtag hinaus** Bei Anknüpfung des Risikotragfähigkeitskonzeptes an Jahresabschluss-Größen können in der Regel eine Betrachtung bis zum übernächsten Bilanzstichtag spätestens ab Mitte des Jahres oder eine rollierende 12-Monats-Betrachtung angemessene Lösungsansätze sein.
4	Wesentliche Risiken, die nicht in das Risikotragfähigkeitskonzept einbezogen werden, sind festzulegen. Ihre Nichtberücksichtigung ist nachvollziehbar zu begründen und nur dann möglich, wenn das jeweilige Risiko aufgrund seiner Eigenart nicht sinnvoll durch Risikodeckungspotenzial begrenzt werden kann (z. B. im Allgemeinen Liquiditätsrisiken). Es ist sicherzustellen, dass solche Risiken angemessen in den Risikosteuerungs- und -controllingprozessen berücksichtigt werden.	

Anlage 1: Erläuterungen zu den MaRisk in der Fassung vom 14.12.2012 - Seite 9 von 64

ANHANG 2: ANFORDERUNGEN AN DIE RISIKOTRAGFÄHIGKEIT

Bundesanstalt für Finanzdienstleistungsaufsicht (BaFin)

5	Verfügt ein Institut über keine geeigneten Verfahren zur Quantifizierung einzelner Risiken, die in das Risikotragfähigkeitskonzept einbezogen werden sollen, so ist für diese auf der Basis einer Plausibilisierung ein Risikobetrag festzulegen. Die Plausibilisierung kann auf der Basis einer qualifizierten Expertenschätzung durchgeführt werden.
6	Soweit ein Institut innerhalb oder zwischen Risikoarten risikomindernde Diversifikationseffekte im Risikotragfähigkeitskonzept berücksichtigt, müssen die zugrunde liegenden Annahmen anhand einer Analyse der institutsindividuellen Verhältnisse getroffen werden und auf Daten basieren, die auf die individuelle Risikosituation des Instituts als übertragbar angesehen werden können. Die zugrunde liegenden Datenhistorien müssen ausreichend lang sein, um Veränderungen von Diversifikationseffekten in konjunkturellen Auf- und Abschwungphasen widerzuspiegeln. Diversifikationseffekte müssen so konservativ geschätzt werden, dass sie auch in konjunkturellen Abschwungphasen sowie bei im Hinblick auf die Geschäfts- und Risikostruktur des Instituts ungünstigen Marktverhältnissen als ausreichend stabil angenommen werden können.	**Daten aus anderen Quellen** Diversifikationseffekte, die auf der Basis von Daten und Annahmen ermittelt werden, die unreflektiert aus anderen Quellen übernommen wurden, dürfen im Risikotragfähigkeitskonzept nicht berücksichtigt werden. Auf externen Daten beruhende Annahmen zu Diversifikationseffekten (z. B. im Rahmen von Kreditportfoliomodellen) setzen voraus, dass die zugrunde liegenden Daten die Geschäfts- und Risikostruktur des Instituts widerspiegeln. **Datenhistorien** Die Ableitung von Diversifikationseffekten in Form einer reinen Durchschnittsbildung über konjunkturelle Auf- und Abschwungphasen hinweg ist nur dann ausreichend, wenn sich die Diversifikationseffekte über den gesamten Konjunkturzyklus hinweg als sehr stabil erwiesen haben und keine Anhaltspunkte dafür vorliegen, dass sie in Zukunft nicht stabil bleiben werden. Ergibt die Analyse der Datenhistorie, dass diese Bedingungen nicht erfüllt sind, können Diversifikationseffekte höchstens in dem Ausmaß berücksichtigt werden, wie sie auch in für das Institut sehr ungünstigen Marktphasen Bestand haben. Die Festlegung von Diversifikationsannahmen innerhalb der Marktpreisrisiken kann gegebenenfalls auf Zeitreihen beruhen, die nicht alle Phasen eines Konjunkturzyklus abdecken. Es ist jedoch sicherzustellen, dass Diversifikationseffekte auch auf der Basis eines Zeitraums ermittelt werden, der im Hinblick auf das aktuelle Portfolio des Instituts eine ungünstige geeignete Marktphase darstellt. Beinhaltet die beobachtbare Historie keine entsprechend geeignete Marktphase, kann anstelle einer historischen ausnahmsweise eine hypothetische Marktphase berücksichtigt werden, die entsprechend konservativ ausgestaltet sein muss.
7	Die Verlässlichkeit und die Stabilität der Diversifikationsannahmen sind regelmäßig und gegebenenfalls anlassbezogen zu überprüfen.	
8	Die Wahl der Methoden und Verfahren zur Beurteilung der Risikotragfähigkeit liegt in der Verantwortung des Instituts. Die den Methoden und Verfahren	**Kritische Analyse der Risikoquantifizierungsverfahren** Da jegliche Methoden und Verfahren zur Risikoquantifizierung die Realität nicht

Anlage 1: Erläuterungen zu den MaRisk in der Fassung vom 14.12.2012 - Seite 10 von 64

ANHANG 2: ANFORDERUNGEN AN DIE RISIKOTRAGFÄHIGKEIT

Bundesanstalt für Finanzdienstleistungsaufsicht (BaFin)

	zugrunde liegenden Annahmen sind nachvollziehbar zu begründen. Die Festlegung wesentlicher Elemente der Risikotragfähigkeitssteuerung sowie wesentlicher zugrunde liegender Annahmen ist von der Geschäftsleitung zu genehmigen. Die Angemessenheit der Methoden und Verfahren ist zumindest jährlich durch die fachlich zuständigen Mitarbeiter zu überprüfen. Dabei ist den Grenzen und Beschränkungen, die sich aus den eingesetzten Methoden und Verfahren, den ihnen zugrunde liegenden Annahmen und den in die Risikoquantifizierung einfließenden Daten ergeben, hinreichend Rechnung zu tragen. Die Aussagekraft der quantifizierten Risiken ist insofern kritisch zu analysieren. Die zur Risikotragfähigkeitssteuerung eingesetzten Verfahren haben sowohl das Ziel der Fortführung des Instituts als auch den Schutz der Gläubiger vor Verlusten aus ökonomischer Sicht angemessen zu berücksichtigen.	vollständig abzubilden vermögen, ist dem Umstand, dass die Risikowerte Ungenauigkeiten – sowohl auf Ebene der Einzelrisiken als auch auf aggregierter Ebene – aufweisen oder das Risiko unterschätzen könnten, bei der Beurteilung der Risikotragfähigkeit hinreichend Rechnung zu tragen. Sind bei vergleichsweise einfachen und transparenten Verfahren die ermittelten Risikowerte im Hinblick auf die Grenzen und Beschränkungen des Verfahren erkennbar hinreichend konservativ, kann auf eine weitergehende Analyse verzichtet werden. Sind die Methoden und Verfahren, die ihnen zugrunde liegenden Annahmen, Parameter oder die einfließenden Daten vergleichsweise komplex, so ist eine entsprechende quantitative und qualitative Validierung dieser Komponenten sowie der Risikoergebnisse in Bezug auf ihre Verwendung erforderlich. **Fortführungsziel und Gläubigerschutz** Ist ein konkreter Steuerungsansatz aus der Perspektive eines der beiden Ziele (Fortführung des Instituts oder Gläubigerschutz) ausgestaltet, so ist ggf. dem jeweils anderen Ziel durch entsprechende Adjustierungen bzw. Ergänzungen des Steuerungsansatzes Rechnung zu tragen. Einzelheiten ergeben sich aus dem Leitfaden zur aufsichtlichen Beurteilung bankinterner Risikotragfähigkeitskonzepte (Schreiben vom 07.12.2011, insbesondere Tzn. 17, 18, 49).
9	Jedes Institut muss über einen Prozess zur Planung des zukünftigen Kapitalbedarfs verfügen. Der Planungshorizont muss einen angemessen langen, mehrjährigen Zeitraum umfassen. Dabei ist zu berücksichtigen, wie sich über den Risikobetrachtungshorizont des Risikotragfähigkeitskonzepts hinaus Veränderungen der eigenen Geschäftstätigkeit oder der strategischen Ziele sowie Veränderungen des wirtschaftlichen Umfelds auf den Kapitalbedarf auswirken. Möglichen adversen Entwicklungen, die von den Erwartungen abweichen, ist bei der Planung angemessen Rechnung zu tragen.	**Zukunftsgerichteter Kapitalplanungsprozess** Der zukunftsgerichtete Kapitalplanungsprozess ist eine Ergänzung des Risikotragfähigkeitskonzeptes, um auch die zukünftige Fähigkeit, die eigenen Risiken tragen zu können, angemessen zu überwachen und zu planen. Bei der Kapitalplanung geht es darum, etwaigen Kapitalbedarf (intern und regulatorisch), der sich über den Risikobetrachtungshorizont hinaus ergeben könnte, rechtzeitig zu identifizieren und erforderlichenfalls frühzeitig geeignete Maßnahmen einzuleiten.

Anlage 1: Erläuterungen zu den MaRisk in der Fassung vom 14.12.2012 - Seite 11 von 64

983

Anhang 3: BT 3 – Anforderungen an die Risikoberichterstattung (MaRisk 6.0-E, 18.02.2016)

Bundesanstalt für Finanzdienstleistungsaufsicht (BaFin)

	festgestellten Mängel in geeigneter Form zu überwachen. Ggf. gegebenenfalls ist hierzu eine Nachschauprüfung anzusetzen.
2	Werden die wesentlichen Mängel nicht in einer angemessenen Zeit beseitigt, so hat der Leiter der Internen Revision darüber zunächst den fachlich zuständigen Geschäftsleiter schriftlich zu informieren. Erfolgt die Mängelbeseitigung nicht, so ist die Geschäftsleitung spätestens im Rahmen des nächsten Gesamtberichts schriftlich über die noch nicht beseitigten Mängel zu unterrichten.

BT 3 Anforderungen an die Risikoberichterstattung

BT 3.1 Allgemeine Anforderungen an die Risikoberichte

		Nachvollziehbarkeit und Aussagefähigkeit der Risikoberichte Eine nachvollziehbare und aussagefähige Risikoberichterstattung setzt auch ein inhaltlich angemessenes Verhältnis zwischen quantitativen Informationen (hinsichtlich Positionsgröße, Risiko) und qualitativer Beurteilung wesentlicher Positionen und Risiken voraus.
1	Die Geschäftsleitung hat sich regelmäßig über die Risikosituation berichten zu lassen. Die Risikoberichterstattung ist in nachvollziehbarer, aussagefähiger Art und Weise zu verfassen. Sie hat neben einer Darstellung auch zur Beurteilung der Risikosituation zu enthalten. Die Berichte müssen auf vollständigen, genauen und aktuellen Daten beruhen, die flexibel für die Erfordernisse des Risikomanagements aufbereitet und angepasst werden können. Die Risikoberichte müssen auch eine zukunftsorientierte Risikoeinschätzung abgeben und sich nicht ausschließlich auf aktuelle und historische Daten stützen. In die Risikoberichterstattung sind bei Bedarf auch Handlungsvorschläge, z. B. zur Risikoreduzierung, aufzunehmen.	
2	In den Risikoberichten sind insbesondere auch die Ergebnisse der Stresstests und deren potenzielle Auswirkungen auf die Risikosituation und das Risikodeckungspotenzial darzustellen. Ebenfalls darzustellen sind die den Stresstestests zugrunde liegenden wesentlichen Annahmen. Darüber hinaus ist auch auf Risikokonzentrationen und deren potenzielle Auswirkungen gesondert einzugehen.	
3	Neben der turnusmäßigen Erstellung von Risikoberichten (Gesamtrisikobericht, Berichte über einzelne Risikoarten) muss das Institut in der Lage sein, Ad-Hoc-Risikoberichte zu erstellen, sofern dies aufgrund der aktuellen Risikosituation des Instituts oder der aktuellen Situation der Märkte, auf denen das Institut tätig ist, geboten erscheint.	

Konsultation 02/2016: Entwurf der MaRisk in der Fassung vom 18.02.2016

ANHANG 3: ANFORDERUNGEN AN DIE RISIKOBERICHTERSTATTUNG

Bundesanstalt für Finanzdienstleistungsaufsicht (BaFin)

4	Die Risikoberichte sind in einem zeitlich angemessenen Rahmen zu erstellen, der eine aktive und zeitnahe Steuerung der Risiken auf der Basis der Berichte ermöglicht, wobei die Produktionszeit auch von der Art und der Volatilität der Risiken abhängt.	
5	Die Geschäftsleitung hat das Aufsichtsorgan vierteljährlich über die Risikosituation in angemessener Weise schriftlich zu informieren. Die Berichterstattung ist in nachvollziehbarer, aussagefähiger Art und Weise zu verfassen und hat neben der Darstellung auch eine Beurteilung der Risikosituation zu enthalten. Auf besondere Risiken für die Geschäftsentwicklung und dafür geplante Maßnahmen der Geschäftsleitung ist gesondert einzugehen. Für das Aufsichtsorgan unter Risikogesichtspunkten wesentliche Informationen sind von der Geschäftsleitung unverzüglich weiterzuleiten. Hierfür hat die Geschäftsleitung gemeinsam mit dem Aufsichtsorgan ein geeignetes Verfahren festzulegen.	**Ausschüsse des Aufsichtsorgans** Adressat der Risikoberichterstattung sollte grundsätzlich jedes Mitglied des Aufsichtsorgans sein. Soweit das Aufsichtsorgan Ausschüsse gebildet hat, kann die Weiterleitung der Informationen auch auf einen Ausschuss beschränkt werden. Voraussetzung dafür ist, dass ein entsprechender Beschluss über die Einrichtung des Ausschusses besteht und der Vorsitzende des Ausschusses regelmäßig das gesamte Aufsichtsorgan informiert. Zudem ist jedem Mitglied des Aufsichtsorgans weiterhin das Recht einzuräumen, die an den Ausschuss geleitete Berichterstattung einsehen zu können

BT 3.2 Berichte der Risikocontrolling-Funktion

1	Die Risikocontrolling-Funktion hat regelmäßig, mindestens aber vierteljährlich, einen Gesamtrisikobericht über die als wesentlich eingestuften Risikoarten zu erstellen und der Geschäftsleitung vorzulegen. Mit Blick auf die einzelnen als wesentlich eingestuften Risikoarten kann in Abhängigkeit von der Risikoart, der Art, dem Umfang, der Komplexität, des Risikogehalts und der Volatilität der jeweiligen Positionen sowie der Marktentwicklung auch eine monatliche, wöchentliche oder tägliche Berichterstattung über einzelne Risikoarten erforderlich sein.	**Berichterstattung in Stressphasen** Von den Instituten wird erwartet, dass sie in Stressphasen des eigenen Instituts den Berichtsturnus erhöhen, soweit dies für die aktive und zeitnahe Steuerung der Risiken erforderlich erscheint. **Als wesentlich eingestufte Risikoarten** Zu den als wesentlich eingestuften Risikoarten gehören zumindest jene, die in AT 2.2 Tz. 1 aufgeführt sind.
2	Der Gesamtrisikobericht hat neben den wesentlichen Informationen zu den einzelnen als wesentlich eingestuften Risikoarten, den Stresstestergebnissen und Informationen zu den Risikokonzentrationen, auch Angaben zur Angemessenheit der Kapitalausstattung, zum aufsichtsrechtlichen und ökonomischen Kapital, zu den aktuellen Kapital- und Liquiditätskennzahlen sowie zu Refinanzierungspositionen zu enthalten. Ferner sind auch Prognosen zur Entwicklung der Kapital- und Liquiditätskennzahlen und der Refinanzierungspositionen aufzunehmen.	**Hinweise zur Risikoberichterstattung** Die Risikoberichterstattung an die Geschäftsleitung kann – soweit dies aus Sicht des Instituts als sinnvoll erachtet wird – durch prägnante Darstellungen ergänzt werden (z. B. ein Management Summary). Soweit sich im Hinblick auf Sachverhalte in vorangegangenen Berichterstattungen keine relevanten Änderungen ergeben haben, kann im Rahmen der aktuellen Berichterstattung auf diese Berichterstattung verwiesen werden. Da Risikoaspekte nicht isoliert von Ertrags- und Kostenaspekten diskutiert werden können, können letztere ebenfalls in die Risikoberichterstattung

Konsultation 02/2016: Entwurf der MaRisk in der Fassung vom 18.02.2016 - Seite 75 von 79

ANHANG 3: ANFORDERUNGEN AN DIE RISIKOBERICHTERSTATTUNG

Bundesanstalt für Finanzdienstleistungsaufsicht (BaFin)

3. In regelmäßigen Abständen, mindestens aber vierteljährlich, ist ein Risikobericht über die Adressenausfallrisiken, in dem die wesentlichen strukturellen Merkmale des Kreditgeschäfts enthalten sind, zu erstellen und der Geschäftsleitung zur Verfügung zu stellen. Der Risikobericht hat die folgenden Informationen zu umfassen:

a) Die Entwicklung des Kreditportfolios, z. B. nach Branchen, Ländern, Risikoklassen und Größenklassen oder Sicherheitenkategorien, unter besonderer Berücksichtigung von Risikokonzentrationen.

b) den Umfang der vergebenen Limite und externen Linien; ferner sind Großkredite und sonstige bemerkenswerte Engagements (z. B. Sanierungs- und Abwicklungskredite von wesentlicher Bedeutung). Kredite in der Intensivbetreuung von wesentlicher Bedeutung) aufzuführen und ggf. zu kommentieren,

c) ggf. eine gesonderte Darstellung der Länderrisiken,

d) bedeutende Limitüberschreitungen (einschließlich einer Begründung),

e) den Umfang und die Entwicklung des Neugeschäfts,

f) die Entwicklung der Risikovorsorge des Instituts,

g) getroffene Kreditentscheidungen von wesentlicher Bedeutung, die von den Strategien abweichen, und

h) Kreditentscheidungen im risikorelevanten Kreditgeschäft, die Geschäftsleiter im Rahmen ihrer Krediteinzelkompetenz beschlossen haben, soweit diese von den Voten abweichen, oder wenn sie von einem Geschäftsleiter getroffen werden, der für den Bereich Marktfolge zuständig ist.

aufgenommen werden. Auch eine Diskussion der Handlungsvorschläge mit den jeweils verantwortlichen Bereichen ist grundsätzlich unproblematisch, solange sichergestellt ist, dass der Informationsgehalt der Risikoberichterstattung beziehungsweise der Handlungsvorschläge nicht auf eine unsachgerechte Weise verzerrt wird.

Wahrnehmung der Einzelkompetenz durch den Marktfolge-Geschäftsleiter bei Sanierungskrediten
Da nach Tz. 3 b) über bemerkenswerte Engagements (z. B. Sanierungs- und Abwicklungskredite von wesentlicher Bedeutung) zu berichten ist, ist eine zusätzliche Berichtspflicht bei Entscheidungen über Sanierungskredite, die durch einen Marktfolge-Geschäftsleiter im Rahmen seiner Einzelkompetenz getroffen werden, nicht erforderlich.

4. In regelmäßigen Abständen, mindestens aber vierteljährlich, ist ein Risikobericht über die vom Institut insgesamt eingegangenen Marktpreisrisiken einschließlich der Zinsänderungsrisiken zu erstellen und der Geschäftsleitung zur Verfügung zu stellen. Der Bericht hat unter Einbeziehung der internen Handelsgeschäfte folgende Informationen zu umfassen:

Ergebnisentwicklung
Für die Zwecke des Risikoberichts kann auf die Entwicklung des handelsrechtlichen Ergebnisses (einschließlich schwebender Gewinne und Verluste) oder auf die Entwicklung des betriebswirtschaftlichen Ergebnisses abgestellt werden.

ANHANG 3: ANFORDERUNGEN AN DIE RISIKOBERICHTERSTATTUNG

Bundesanstalt für Finanzdienstleistungsaufsicht (BaFin)

Tägliche Berichterstattung
Bei Nicht-Handelsbuchinstituten mit unter Risikogesichtspunkten überschaubaren Positionen im Handelsbuch kann auf die tägliche Berichterstattung zugunsten eines längeren Turnus verzichtet werden.

a) Einen Überblick über die Risiko- und Ergebnisentwicklung der mit Marktpreisrisiken behafteten Positionen,
b) bedeutende Limitüberschreitungen,
c) Änderungen der wesentlichen Annahmen oder Parameter, die den Verfahren zur Beurteilung der Marktpreisrisiken zugrunde liegen,
+d) Auffälligkeiten bei der Abstimmung der Handelspositionen (z. B. hinsichtlich der Handelsvolumina, GuV-Auswirkungen, Stornoquoten).

Die nach BTR 2.2 Tz. 3 zu ermittelnden Gesamtrisikopositionen und Ergebnisse und die Limitauslastungen sind zeitnah im nächsten Geschäftstag dem für das Risikocontrolling zuständigen Geschäftsleiter zu berichten. Die Meldung ist mit dem Handelsbereich abzustimmen.

Die Berichtspflichten aus BTO 2.2.1 Tz. 2 Buchstabe d (bedeutende Handelsgeschäfte zu nicht marktgerechten Bedingungen) bleiben unberührt.

5. Es ist regelmäßig, mindestens aber vierteljährlich, ein Risikobericht über die Liquiditätsrisiken und die Liquiditätssituation zu erstellen und der Geschäftsleitung zur Verfügung zu stellen. Im Risikobericht sind auch die Ergebnisse der Stresstests und wesentliche Änderungen des Notfallplans für Liquiditätsengpässe darzustellen. Auf besondere Liquiditätsrisiken aus außerbilanziellen Gesellschaftskonstruktionen, aus verschiedenen Fremdwährungen sowie für die untertägige Liquiditätssituation ist gesondert einzugehen. Global systemrelevante und anderweitig systemrelevante Institute sowie kapitalmarktorientierte Institute haben den Risikobericht über die Liquiditätsrisiken und die Liquiditätssituation mindestens monatlich zu erstellen. Dabei ist zusätzlich über die Höhe, die Qualität und die Zusammensetzung der Liquiditätsreserven zu berichten.

6. Die Geschäftsleitung ist mindestens vierteljährlich über bedeutende Schadensfälle und wesentliche operationelle Risiken zu unterrichten. Die Berichterstattung hat die Art des Schadens beziehungsweise Risikos, die Ursachen, das Ausmaß des Schadens beziehungsweise Risikos und ggf. bereits getroffene Gegenmaßnahmen zu umfassen.

7. Die Geschäftsleitung ist mindestens vierteljährlich über die sonstigen vom Institut als wesentlich identifizierten Risiken zu unterrichten. Die Berichterstattung hat dabei das jeweilige Risiko, die Ursachen, die möglichen Implikationen sowie ggf. bereits getroffene Gegenmaßnahmen zu umfassen.

Konsultation 02/2016: Entwurf der MaRisk in der Fassung vom 18.02.2016 - Seite 77 von 79

987

ANHANG 3: ANFORDERUNGEN AN DIE RISIKOBERICHTERSTATTUNG

Bundesanstalt für Finanzdienstleistungsaufsicht (BaFin)

Aus den Berichten muss hervorgehen, warum diese als wesentlich klassifiziert wurden, wie sich die aktuelle Risikosituation darstellt sowie ggf. mit welchen Maßnahmen diesen Risiken begegnet wurde bzw. begegnet werden kann.

BT 3.3 Berichte der Compliance-Funktion

1 Die Compliance-Funktion hat mindestens jährlich sowie anlassbezogen der Geschäftsleitung über ihre Tätigkeit Bericht zu erstatten. Darin ist auf die Angemessenheit und Wirksamkeit der Regelungen zur Einhaltung der wesentlichen rechtlichen Regelungen und Vorgaben einzugehen. Ferner hat der Bericht auch Angaben zu möglichen Defiziten sowie zu Maßnahmen zu deren Behebung zu enthalten. Die Berichte sind auch an das Aufsichtsorgan und die Interne Revision weiterzuleiten.

BT 3.4 Berichte der Markt- und Handelsbereiche

1 Die Markt- und Handelsbereiche haben regelmäßig Berichte über die Geschäftssituation in ihren jeweiligen Bereichen zu erstellen und diese den jeweils zuständigen Geschäftsleitern zur Verfügung zu stellen. Dazu gehören insbesondere Berichte der Marktbereiche im Kreditgeschäft, des Handelsbereiches, des Liquiditätsrisikomanagements und des Treasury.

2 Die Marktbereiche im Kreditgeschäft haben monatlich einen Bericht über die Geschäftssituation in ihren Bereichen zu erstellen und den zuständigen Geschäftsleitern zur Verfügung zu stellen. Die Berichte müssen den Geschäftsleitern ermöglichen, sich einen umfassenden Überblick über das Kreditgeschäft zu verschaffen und darauf Steuerungsmaßnahmen aufzubauen. Dazu gehört insbesondere auch ein Überblick über die Engagements der Intensivbetreuung. Über die Sanierungs- und Abwicklungsengagements ist vom fachlich zuständigen Bereich zu berichten.

3 Der Handelsbereich hat zeitnah am nächsten Geschäftstag über die Gesamtrisikopositionen, Ergebnisse und Limitauslastungen im Handel vom Vortrag an den für den Handel zuständigen Geschäftsleiter zu berichten.

Tägliche Berichterstattung
Zur täglichen Berichterstattung kann auch der im Risikocontrolling erstellte Bericht nach BT 3.2 Tz. 4 zweiter Absatz herangezogen werden.

ANHANG 3: ANFORDERUNGEN AN DIE RISIKOBERICHTERSTATTUNG

4 Beim Vorliegen wesentlicher untertägiger Liquiditätsrisiken sind die Ergebnisse der täglich zu ermittelnden Liquiditätssituation den zuständigen Geschäftsleitern zeitnah am nächsten Geschäftstag zu berichten.

5 Der Bereich Treasury hat, in Abhängigkeit von der Bedeutung des Treasury für die Gesamtbanksteuerung (Risiko- und Ergebnisbeitrag), monatlich, wöchentlich oder ggf. täglich einen Bericht über seine Aktivitäten zum Aktiv-Passiv-Management zu erstellen und dem zuständigen Geschäftsleiter zur Verfügung zu stellen. Der Bericht hat eine Darstellung des Mandats, der Positionen, der Laufzeiten sowie der damit verbundenen Risiken zu umfassen.

BT 3.5 Berichte zu Auslagerungen

1 Das zentrale Auslagerungsmanagement hat mindestens jährlich einen Bericht über die wesentlichen Auslagerungen zu erstellen und der Geschäftsleitung zur Verfügung zu stellen. Der Bericht hat die Ergebnisse der Analyse der von den Auslagerungsunternehmen eingereichten Berichte zu enthalten und eine Aussage darüber zu treffen, ob die erbrachten Dienstleistungen der Auslagerungsunternehmen den vertraglichen Vereinbarungen entsprechen, die ausgelagerten Aktivitäten und Prozesse angemessen gesteuert und überwacht werden können und ob weitere risikomindernde Maßnahmen ergriffen werden sollen.

ANHANG 4: AUFSICHTLICHE BEURTEILUNG

Anhang 4: Aufsichtliche Beurteilung bankinterner Risikotragfähigkeitskonzepte

Aufsichtliche Beurteilung bankinterner Risikotragfähigkeitskonzepte

Inhaltsübersicht:

I. EINLEITUNG 2
II. DEFINITIONEN 2
III. GRUNDSÄTZE DER AUFSICHTLICHEN BEURTEILUNG 3
IV. RISIKODECKUNGSPOTENZIAL 4
    IV. 1 RISIKODECKUNGSPOTENZIAL BEI GUV-/BILANZORIENTIERTER RDP-ABLEITUNG 5
    IV. 1.1 PLANERGEBNISSE 5
    IV. 1.2 BILANZIELLES EIGENKAPITAL UND ÄHNLICHE POSITIONEN 5
    IV. 1.3 ANTEILE IM FREMDBESITZ 6
    IV. 1.4 STILLE RESERVEN 6
    IV. 1.5. STILLE LASTEN BEI WERTPAPIEREN IM ANLAGEBESTAND 8
        IV. 1.5.1. Grundsätzliche Herangehensweise 8
        IV. 1.5.2 Sonderfall Bewertungsmodelle 8
    IV. 1.6 STILLE LASTEN AUS PENSIONSVERPFLICHTUNGEN 9
    IV. 1.7 EIGENBONITÄTSEFFEKT BEI IFRS-BILANZIERUNG 9
    IV. 1.8 AKTIVE LATENTE STEUERN 10
    IV. 1.9 GOODWILL 10
    IV. 1.10 PATRONATSERKLÄRUNGEN, HAFTSUMMENZUSCHLÄGE U.Ä. 11
    IV. 2 RISIKODECKUNGSPOTENZIAL BEI WERTORIENTIERTER RDP-ABLEITUNG 11
    IV. 2.1 BERÜCKSICHTIGUNG ERWARTETER VERLUSTE BEI DER BARWERTERMITTLUNG VON AKTIVISCHEN
        POSITIONEN 11
    IV. 2.2 BERÜCKSICHTIGUNG VON BESTANDSKOSTEN 11
    IV. 2.3 ABLAUFFIKTIONEN BEI DER BARWERTERMITTLUNG 11
    IV. 2.4 BARWERT DER EIGENEN VERBINDLICHKEITEN 12
    IV. 2.5 ANSATZ ERWARTETER VERMÖGENSZUWÄCHSE 12
V. RISIKOARTEN UND RISIKOQUANTIFIZIERUNG 12
    V. 1 SPEZIFISCHE ASPEKTE DER ZU BERÜCKSICHTIGENDEN RISIKOARTEN 12
    V. 2 ERWARTETE UND UNERWARTETE VERLUSTE 13
    V. 3 RISIKOBETRACHTUNGSHORIZONT 13
    V. 4 BEOBACHTUNGSZEITRAUM 14
    V. 5 WEITERE PARAMETER DER RISIKOQUANTIFIZIERUNG 14
VI. STRESSTESTS 14

07.12.2011

ANHANG 4: AUFSICHTLICHE BEURTEILUNG

Aufsichtliche Beurteilung bankinterner Risikotragfähigkeitskonzepte

I. Einleitung

1 Gemäß § 25a Abs. 1 KWG müssen Institute über eine ordnungsgemäße Geschäftsorganisation verfügen, die insbesondere ein angemessenes und wirksames Risikomanagement umfassen muss, auf dessen Basis die Risikotragfähigkeit laufend sicherzustellen ist. Konkret werden Verfahren zur Ermittlung und Sicherstellung der Risikotragfähigkeit als ein Element des Risikomanagements verlangt.

2 Der Begriff der Risikotragfähigkeit erfährt in den „Mindestanforderungen an das Risikomanagement" (MaRisk) eine inhaltliche Konkretisierung. Danach haben die Institute auf der Grundlage des Gesamtrisikoprofils sicherzustellen, dass die wesentlichen Risiken durch das Risikodeckungspotenzial (RDP), unter Berücksichtigung von Konzentrationen, laufend abgedeckt sind und damit die Risikotragfähigkeit gegeben ist (AT 4.1 Tz. 1).

3 Den Anforderungen hinsichtlich der Angemessenheit und Wirksamkeit der Risikotragfähigkeitskonzepte können Kreditinstitute grundsätzlich durch unterschiedlich ausgestaltete interne Verfahren entsprechen. **Die Methodenfreiheit der Kreditinstitute findet ihre Grenze indes dort, wo die internen Verfahren das aufsichtsrechtlich vorgegebene Ziel „Sicherstellung der Risikotragfähigkeit" nicht hinreichend zu gewährleisten in der Lage sind.**

4 Bei der Beurteilung der internen Verfahren im Rahmen des bankaufsichtlichen Überprüfungsprozesses orientiert sich die Aufsicht unter Berücksichtigung des Proportionalitätsprinzips an den Geboten der Vollständigkeit der Risikoabbildung, der Konsistenz der Verfahren sowie dem Vorsichtsprinzip. Als Konkretisierung dieser Grundprinzipien legt sie in ihrer derzeitigen Aufsichtspraxis grundsätzlich die Prinzipien und Kriterien zugrunde, die in diesem Papier festgehalten sind. Damit wird zugleich die gebotene Einheitlichkeit des Verwaltungshandelns sichergestellt. Sofern die Besonderheiten eines Einzelfalls dies rechtfertigen, kann bei nachvollziehbarer und schlüssiger Begründung ausnahmsweise von den nachfolgend formulierten Prinzipien und Kriterien abgewichen werden.

5 Die in diesem Papier vorgenommenen Definitionen (z.B. für Going-Concern- und Liquidationsansätze) dienen ausschließlich der Systematisierung. Eine Wertung ist mit den definierten Begriffen nicht verbunden.

II. Definitionen

6 Für die Zwecke dieses Papiers erfolgt eine Unterscheidung der in der Praxis anzutreffenden Risikotragfähigkeitskonzepte zum einen in Going-Concern- und Liquidationsansätze sowie zum anderen danach, ob die Ableitung des RDP in einem Steuerungskreis GuV-/bilanzorientiert oder wertorientiert erfolgt. Mit den Definitionen folgt die Aufsicht den in der Praxis beobachtbaren Vorgehensweisen der Institute, auch wenn sich diese im Einzelfall nicht immer der gleichen Begriffe wie die Aufsicht bedienen.

7 Als Steuerungskreis wird im Rahmen dieses Papiers jede Gesamtheit zusammenhängender, steuerungsrelevanter[1] Verfahren verstanden, die darauf abzielen, dass die auf Gesamtinstituts- bzw. Gruppenebene aggregierten Risiken durch das RDP laufend abgedeckt sind.

<u>a) Going-Concern- und Liquidationsansätze</u>

---

[1] Die Steuerungsrelevanz ergibt sich insbesondere durch eine geeignete Limitierung der Risiken und ein angemessenes Reporting.

07.12.2011

ANHANG 4: AUFSICHTLICHE BEURTEILUNG

Aufsichtliche Beurteilung bankinterner Risikotragfähigkeitskonzepte

8   Allgemein werden solche Steuerungskreise als Going-Concern-Ansätze bezeichnet, bei denen das Institut unter Einhaltung der bankaufsichtlichen Mindestkapitalanforderungen noch fortgeführt werden könnte, selbst wenn alle Positionen des zur Risikoabdeckung angesetzten RDP durch schlagend werdende Risiken aufgezehrt würden. Beinhaltet das zur Risikoabdeckung angesetzte RDP in einem Steuerungskreis hingegen (auch) Positionen, bei deren Aufzehrung ceteris paribus eine Fortführung des Instituts grundsätzlich nicht mehr möglich wäre, so handelt es sich um einen Liquidationsansatz (auch als Gone-Concern-Ansatz bezeichnet). Während ein Going-Concern-Ansatz also im Kern darauf abzielt, auch bei vollständiger Aufzehrung des RDP die bankaufsichtlichen Mindestkapitalanforderungen noch zu erfüllen, stellt ein Liquidationsansatz darauf ab, dass bei einer fiktiven Liquidation (ohne Abstellen auf Zerschlagungswerte) die Gläubiger vollständig befriedigt werden könnten.

9   Die Unterscheidung zwischen Going-Concern- und Liquidationsansätzen erfolgt daher im Rahmen dieses Papiers anhand des vom Institut **selbst definierten maximal zur Risikoabdeckung eingesetzten RDP**. Als Going-Concern-Ansätze werden dabei solche Steuerungskreise bezeichnet, die jenen Teil der regulatorischen Eigenmittel, der mindestens zur Erfüllung der bankaufsichtlichen Mindesteigenkapitalanforderungen gemäß Solvabilitätsverordnung (SolvV)[2] notwendig ist, nicht im Risikotragfähigkeitskonzept zur Risikoabdeckung berücksichtigen. Beinhaltet das vom Institut definierte maximal zur Risikoabdeckung eingesetzte RDP hingegen auch diesen Teil der regulatorischen Eigenmittel (vollständig oder teilweise), so handelt es sich um einen Liquidationsansatz. Gleiches gilt, wenn Positionen als RDP zur Risikoabdeckung angesetzt werden, die per se nur im Insolvenz- bzw. Liquidationsfall zum Verlustausgleich zur Verfügung stehen, was insbesondere auf typische nachrangige Verbindlichkeiten zutrifft[3].

b) GuV-/bilanzorientierte und wertorientierte Ableitung des RDP

10 Eine GuV-/bilanzorientierte Ableitung des RDP liegt vor, wenn ein Plangewinn, wie er in der externen Rechungslegung erwartet wird, und/oder Bilanzpositionen als RDP angesetzt sind.

11 Demgegenüber handelt es sich um eine wertorientierte RDP-Ableitung, wenn das RDP aus rein ökonomischer Perspektive grundsätzlich losgelöst von der Abbildung in der externen Rechnungslegung definiert ist und bilanzielle Ansatz- und Bewertungsregeln, die im Hinblick auf die ökonomische Betrachtung verzerrend wirken können, mithin nicht zum Tragen kommen.

12 Verfahren, die zwar von Bilanzgrößen ausgehen, dabei aber das bilanzielle Eigenkapital um stille Lasten und Reserven bereinigen, können im Ergebnis einer wertorientierten RDP-Ableitung nahekommen.

III. Grundsätze der aufsichtlichen Beurteilung

13 Ob die bankinternen Verfahren angemessen sind oder nicht, beurteilt die Bankenaufsicht grundsätzlich in Form einer **Gesamtwürdigung aller Elemente der Risikotragfähigkeitssteuerung im jeweiligen Einzelfall**. Im Hinblick auf einzelne Elemente können zwar ggf. konkrete Fallgestaltungen von vornherein als inkonsistent oder nicht hinreichend konservativ erkannt werden. Abseits solcher eindeutigen Mängel bleibt die Beurteilung der Risikotragfähigkeitssteuerung einer

---

[2] Unter Berücksichtigung etwaiger erhöhter Anforderungen gemäß § 10 Abs. 1b oder § 45b Abs. 1 Satz 2 KWG
[3] Auch wenn nachrangige Verbindlichkeiten nicht direkt als RDP definiert wurden, ist ggf. zu analysieren, wie es sich auf die Anrechenbarkeit dieser Positionen bei den regulatorischen Eigenmitteln auswirken würde, wenn Kernkapital zum Verlustausgleich aufgezehrt werden müsste.

ANHANG 4: AUFSICHTLICHE BEURTEILUNG

Aufsichtliche Beurteilung bankinterner Risikotragfähigkeitskonzepte

Gesamtbetrachtung aller Elemente vorbehalten, wobei Art, Umfang, Komplexität und Risikogehalt der Geschäftsaktivitäten sowie Umfeld und Größe des jeweiligen Kreditinstituts zu berücksichtigen sind.

14 Bei ihrer Beurteilung berücksichtigt die Aufsicht die in den folgenden Abschnitten dargestellten Aspekte und legt dabei grundsätzlich die dort formulierten Prinzipien und Kriterien zugrunde. Dabei beachtet sie das **Prinzip der Wesentlichkeit**. Unabhängig von der Wesentlichkeit können im Einzelfall konkrete Sachverhalte ein Abweichen von den Prinzipien und Kriterien rechtfertigen.

15 Dieses Papier erhebt zudem nicht den Anspruch, alle mit dem Thema verbundenen Aspekte, die aus jedem denkbaren Einzelfall resultieren können, aufzugreifen. Die Aufsicht lässt daher in die Beurteilung institutsinterner Verfahren ggf. zusätzliche Gesichtspunkte einfließen, die hier nicht behandelt werden.

16 Für die in den nachfolgenden Abschnitten thematisierten Aspekte sind vielfach bei Liquidationsansätzen andere Maßstäbe angezeigt als bei Going-Concern-Ansätzen. Während die Unterscheidung der Ansätze indes logisch zutreffend „digital" erfolgt (ein Ansatz ist entweder Liquidations- oder Going-Concern-Ansatz), ist bei der Beurteilung von Going-Concern-Ansätzen zu berücksichtigen, wie weit die RDP-Definition noch von einem Liquidationsansatz entfernt ist. Je dichter sie sich an der Schwelle zum Liquidationsansatz befindet, umso mehr nähert sich der aufsichtliche Beurteilungsmaßstab in der Regel jenem Maßstab an, der an Liquidationsansätze regelmäßig anzulegen ist. Umgekehrt wendet die Aufsicht die für einen Liquidationsansatz geltenden Maßstäbe ggf. abgemildert an, wenn das zur Risikoabdeckung angesetzte RDP die Schwelle zum Liquidationsansatz lediglich geringfügig überschreitet.

17 Die Aufsicht geht davon aus, dass die wesentlichen Risiken[4] eines Instituts zumindest in einem Steuerungskreis, der den Grundsätzen und Kriterien dieses Papiers entspricht, mit strengen, auf seltene Verlustausprägungen abstellenden Risikomaßen und Parametern quantifiziert werden.

18 Da jeder Steuerungsansatz die Risikotragfähigkeit nur aus einer bestimmten Perspektive zu beleuchten vermag, geht die Aufsicht davon aus, dass die Institute die Grenzen der von ihnen implementierten Steuerungskreise kennen und ihnen angemessen begegnen. So erwartet die Aufsicht bei Instituten, die ihre Risikotragfähigkeit anhand eines Going-Concern-Ansatzes mit wertorientierter RDP-Ableitung oder eines Liquidationsansatzes steuern, dass zumindest ergänzende Verfahren vorhanden sind, die auf die Einhaltung der aufsichtlichen Mindestkapitalanforderungen bei schlagend werdenden Risiken abzielen. Dabei werden nur freie Eigenmittelbestandteile als Risikopuffer zu berücksichtigen sein, die dem Institut unter Fortführungsgesichtspunkten zur Verfügung stehen.

IV. Risikodeckungspotenzial

19 Es sind nur solche Ansätze der Risikotragfähigkeitsbetrachtung angemessen, die auf die Risikotragfähigkeit des Instituts aus eigener derzeitiger Substanz heraus abstellen. Die Berücksichtigung von erhofften Leistungen Dritter, auf die bei eigener Unfähigkeit des Instituts, schlagend werdende Risiken auszugleichen, etwaige Lasten abgewälzt werden sollen, widerspräche der eigentlichen Zielsetzung interner Risikotragfähigkeitskonzepte. Diese sollen gerade verhindern, dass die Überlebensfähigkeit von Instituten bzw. die Gläubigerbefriedigung nur durch Stützungsleistungen Dritter gewährleistet werden können.[5]

---

[4] Die Aussage bezieht sich nicht auf solche Risiken, die aufgrund ihrer Eigenart nicht sinnvoll durch RDP begrenzt werden können (vgl. AT 4.1 Tz. 4 MaRisk).
[5] Die Möglichkeit eines „Waivers" nach § 2a KWG bleibt unter den dort genannten Voraussetzungen unberührt.

07.12.2011

ANHANG 4: AUFSICHTLICHE BEURTEILUNG

Aufsichtliche Beurteilung bankinterner Risikotragfähigkeitskonzepte

IV. 1 Risikodeckungspotenzial bei GuV-/bilanzorientierter RDP-Ableitung

IV. 1.1 Planergebnisse

20   Die Berücksichtigung noch nicht erzielter aber geplanter Gewinne als Risikodeckungspotenzial setzt voraus, dass sie vorsichtig ermittelt wurden. Je volatiler bzw. unsicherer Ergebniskomponenten sind, die mit positiven Ergebnisbeiträgen in einen als RDP angesetzten Plangewinn einfließen, um so mehr ist dem damit verbundenen Risiko negativer Abweichungen durch Abschläge vom Plangewinn oder bei der Risikoquantifizierung Rechnung zu tragen.

21   In einem schlüssigen Gesamtkonzept sind sowohl erwartete als auch unerwartete Verluste zu berücksichtigen (vgl. Abschnitt V. 2). Wird als RDP-Bestandteil das geplante „Ergebnis vor Bewertung" angesetzt, so kann sich die Ermittlung der Risikobeträge nicht auf unerwartete Verluste beschränken. Vielmehr müssen in diesem Fall auch die erwarteten Bewertungsaufwendungen als Risikobetrag angesetzt werden. Demgegenüber kann sich der Risikoansatz grundsätzlich auf unerwartete Bewertungsverluste beschränken, wenn als RDP-Position das geplante „Ergebnis nach Bewertung" angesetzt wird, das die (konservativ kalkulierten) geplanten Bewertungsaufwendungen bereits beinhaltet.

22   Über die anfänglich konsistente und hinreichend konservative Kalkulation des Plangewinns hinaus muss gewährleistet sein, dass unterjährig eintretende Veränderungen, die negative Abweichungen von der ursprünglichen Planung auslösen, im Jahresverlauf verfolgt werden. Erforderlichenfalls ist der ursprünglich angesetzte Plangewinn anzupassen.

23   Grundsätzlich kommt der Ansatz eines Plangewinns als RDP nur in einem Going-Concern-Ansatz in Frage. Soweit der Plangewinn auch Neugeschäft berücksichtigt, muss sichergestellt sein, dass die den Neugeschäftsannahmen immanenten Risiken angemessen abgebildet werden. Dies kann entweder durch den Ansatz auf der Risikoseite oder eine entsprechend konservative Kalkulation der Plangewinnbestandteile erfolgen.

24   Bei Liquidationsansätzen ist zwar die Berücksichtigung von Gewinnanteilen möglich, die bereits unterjährig aufgelaufen sind. Ein darüber hinausgehender Ansatz von - noch nicht erzielten aber geplanten - Gewinnbestandteilen als RDP ist nur plausibel, soweit ein Institut darlegen kann, dass die Ergebniskomponenten auch im Liquidationsfall noch im Interesse der Befriedigung der Gläubiger erzielbar wären. Aus diesem Blickwinkel dürfen bspw. Ertragsbestandteile, die auf geplantem Neugeschäft beruhen, nicht angesetzt werden.

25   Geht ein Kreditinstitut in seiner Planung bereits von einem Verlust aus, so ist der Planverlust stets vom RDP abzuziehen. Ergeben sich im Jahresverlauf indes Erkenntnisse, die einen gegenüber dem Planwert geringeren Verlust (oder nunmehr einen Gewinn) erwarten lassen, so kann der angesetzte Verlust entsprechend reduziert werden.

IV. 1.2 Bilanzielles Eigenkapital und ähnliche Positionen

26   Im Hinblick auf ihre Haftungsfunktion können bilanzielle Eigenkapitalpositionen ebenso wie in Säule 1 auch bei der internen Risikotragfähigkeitssteuerung als RDP angesetzt werden.[6]

27   Wiederum parallel zu Säule 1 können grundsätzlich auch die jeweils separat ausgewiesenen Positionen Nachrangige Verbindlichkeiten, Genussrechtskapital sowie Fonds für allgemeine Bankrisiken nach § 340g HGB in der Regel als RDP Berücksichtigung finden.

---

[6] Ebenso, wie in Säule 1 sind dabei eigene Anteile im Bestand des Instituts selbstverständlich abzuziehen.

ANHANG 4: AUFSICHTLICHE BEURTEILUNG

Aufsichtliche Beurteilung bankinterner Risikotragfähigkeitskonzepte

28 Beim Fonds für allgemeine Bankrisiken ist jedoch zu berücksichtigen, dass gemäß § 340e Abs. 4 HGB aus dem Nettoertrag des Handelsbestands eine Risikoreserve dotiert werden muss, die separat, ggf. als Davon-Vermerk, im Fonds für allgemeine Bankrisiken auszuweisen ist. Da die Bildung dieser Unterposition zwingend ist und nicht der Disposition des Instituts unterliegt, kann sie nicht beliebig zum Verlustausgleich herangezogen werden. Grundsätzlich darf sie nur zum Ausgleich eines Nettoaufwands aus dem Handelsbestand aufgelöst werden. Ein Ansatz dieser Risikoreserve als RDP kommt daher bei Going-Concern-Ansätzen nur insoweit in Frage, wie auf der anderen Seite Risiken des Handelsbestands angesetzt sind.

29 Nachrangige Verbindlichkeiten, die nicht an laufenden Verlusten teilnehmen, dürfen nur bei Liquidationsansätzen als RDP angesetzt werden, da sie von vornherein nur bei Liquidation oder Insolvenz zum Ausgleich von Verlusten zur Verfügung stehen.

IV. 1.3 Anteile im Fremdbesitz

30 Bei der Ermittlung der Risikotragfähigkeit auf Gruppenebene ist zu berücksichtigen, dass Anteile an Tochterunternehmen, die nicht von gruppenangehörigen Unternehmen, sondern von Dritten gehalten werden, grundsätzlich nur für Risiken haften, die bei dem jeweiligen Tochterunternehmen schlagend werden.

31 Um diesem Umstand gerecht zu werden, stehen auf Gruppenebene[7] grundsätzlich zwei Möglichkeiten alternativ offen:

32 a) Fremdanteile werden höchstens in der Höhe als RDP der Gruppe angesetzt, wie es ihrem prozentualen Anteil am quantifizierten Risikobetrag der jeweiligen Tochter entspricht. Ein die anteiligen Risiken übersteigender Wert der Fremdanteile wird hingegen bei Ermittlung des Gruppen-RDP eliminiert.

33 Ggf. ist bei dieser Variante darüber hinaus eine weitere Verringerung des auf Gruppenebene ansetzbaren Anteils der Fremdanteile geboten, wenn der Beitrag der betreffenden Tochter zum Gesamtrisikowert der Gruppe deutlich geringer ist als der Risikobetrag auf Einzelebene der Tochter. Dies kann z.B. dadurch verursacht sein, dass bei der Gruppen-Risikotragfähigkeitsermittlung ein Netting der Positionen über die rechtlichen Einheiten hinweg erfolgt.

Oder

34 b) Risiken und RDP der Tochterunternehmen werden jeweils quotal, entsprechend der Beteiligungsquote der Gruppe, in der Risikotragfähigkeitsbetrachtung der Gruppe angesetzt.

IV. 1.4 Stille Reserven

a) Vorsorgereserven nach § 340f HGB[8]

35 Hinsichtlich ihrer Verlustausgleichsfunktion haben Vorsorgereserven nach § 340f HGB eine mit den offenen Eigenkapitalposten vergleichbare Qualität. Ihr Ansatz als RDP ist deshalb bei Konzepten, die an die HGB-Rechnungslegung anknüpfen, grundsätzlich möglich. Etwas anderes gilt nur für die anstelle der Bildung von EWB oder Rückstellungen gebundenen Vorsorgereserven.

36 Bei Unterscheidung der Risikotragfähigkeitsansätze in Going-Concern- und Liquidationsansätze (s. II.), können die ungebundenen § 340f-Vorsorgereserven wie

---

[7] In den Steuerungskreisen der Töchter können selbstverständlich die Minderheitenanteile, auch soweit sie die tatsächlichen anteiligen Risiken auf Ebene der jeweiligen Tochter übersteigen, als RDP berücksichtigt werden.

[8] „Alt-Reserven" nach § 26a (alt) KWG sowie „versteuerte Pauschalwertberichtigungen" gem. § 336 Abs. 2 i.V.m. §§ 279 und 253 Abs. 4 HGB haben eine mit §-340f-HGB-Vorsorgereserven vergleichbare Qualität. Die unter a) getroffenen Aussagen gelten daher auch für diese Positionen in gleicher Weise.

ANHANG 4: AUFSICHTLICHE BEURTEILUNG

Aufsichtliche Beurteilung bankinterner Risikotragfähigkeitskonzepte

fiktives Kernkapital behandelt werden. D.h. bei der Überprüfung, ob ein Going-Concern- oder ein Liquidationsansatz vorliegt, kann fiktiv davon ausgegangen werden, dass es sich bei den Vorsorgereserven um Kernkapital handelt, was insbesondere Auswirkungen auf die in Säule 1 vorzunehmenden Kappungen nach § 10 Abs. 2 KWG haben kann.

b) Sonstige Bewertungsreserven

37 Nach Wegfall des Beibehaltungswahlrechts im deutschen Rechnungslegungsrecht ergeben sich abseits der § 340f-Vorsorgereserven (und der faktisch identischen Positionen; vgl. Fußnote 8) grundsätzlich zum Bilanzstichtag keine stillen Reserven mehr, die in vergleichbarer Weise durch schlichten Buchungsvorgang gehoben werden könnten[9].

38 Unterjährig können indes rechnungslegungsrelevante Bewertungsgewinne auflaufen, die aus dem (zwingenden) Wertaufholungsgebot resultieren. Entsprechende Wertaufholungsbeträge können mithin grundsätzlich dem Risikodeckungspotenzial zugerechnet werden. Hierbei ist aber einerseits darauf zu achten, dass etwaige steuerliche Belastungen, die bei Realisierung der Reserve entstehen würden, berücksichtigt werden. Zum anderen ist sicherzustellen, dass auch die Risikomessung auf Basis des erhöhten Wertes erfolgt.

c) Durch Transaktionen realisierbare stille Reserven

39 Das dem deutschen Rechnungslegungsrecht zugrunde liegende Anschaffungskostenprinzip führt dazu, dass die Buchwerte von Aktiva ggf. unter deren aktuell realisierbaren Marktwerten liegen, ohne dass eine Zuschreibung im Jahresabschluss zulässig wäre. Anders als bei den unter a) und b) behandelten Positionen können diese Reserven mithin nur durch Transaktionsvorgänge realisiert werden.

40 Ein Ansatz derartiger Reserven als RDP ist an strenge Maßstäbe zu knüpfen.

41 Analog zu b) ist der um die stillen Reserven vergrößerten Basis in der Risikomessung Rechnung zu tragen. Ferner müssen auch hier steuerliche Effekte, die sich aus einer Hebung der stillen Reserve ergäben, mindernd angesetzt werden.

42 Wenig fungible Positionen sind mit einer erhöhten Unsicherheit hinsichtlich ihrer Bewertung wie auch im Hinblick auf eine etwaige Realisierung verbunden. Stille Reserven in nicht handelbaren Beteiligungen oder in Immobilien werden deshalb von der Aufsicht grundsätzlich nicht als RDP akzeptiert. Eine Abweichung von diesem Grundsatz setzt voraus, dass zeitnahe und valide Bewertungsgutachten den Wert, der dem betroffenen Aktivum beigemessen wird, bestätigen und dabei vorsichtige Annahmen und nachvollziehbare Bewertungsparameter zugrunde gelegt und ferner die mit der Realisierung der stillen Reserven verbundenen Risiken angemessen berücksichtigt werden. Auch bei Vorliegen dieser Voraussetzungen kommt der Ansatz stiller Reserven in Immobilien oder nicht handelbaren Beteiligungswerten nur in Betracht, wenn den damit verbundenen Unsicherheiten durch angemessen hohe Wertabschläge Rechnung getragen wird.

43 Allgemein ist darauf zu achten, dass der Ansatz stiller Reserven nicht inkonsistent zu anderen Elementen des Risikotragfähigkeitskonzeptes ist. So könnte bspw. eine Doppelanrechnung von RDP daraus resultieren, dass die in einem Festzins-Aktivum ruhende zinsinduzierte stille Reserve als RDP angesetzt und zugleich der im laufenden Jahr erwartete Zinsertrag aus dieser Position in einen ebenfalls als RDP berücksichtigten Plangewinn einfließt. Ferner könnte sich eine Inkonsistenz ergeben, soweit stille Reserven als RDP angesetzt werden, deren Realisierung Sicherungsbeziehungen „aufreißen" würde.

---

[9] Auf den Sonderfall etwaiger „Zuschreibungsreserven", die noch aus Wertminderungen herrühren, welche vor Inkrafttreten des BilMoG vorgenommen wurden, sei hier nicht näher eingegangen. Sie haben eine im Zeitablauf abnehmende Bedeutung.

ANHANG 4: AUFSICHTLICHE BEURTEILUNG

Aufsichtliche Beurteilung bankinterner Risikotragfähigkeitskonzepte

44 Knüpft die RDP-Definition in einem Steuerungskreis an die IFRS-Rechnungslegung an, so gelten die Ausführungen unter b) und c) analog für stille Reserven, die sich aus Anwendung der IFRS-Vorschriften ergeben.

IV. 1.5. Stille Lasten bei Wertpapieren im Anlagebestand[10]

IV. 1.5.1. Grundsätzliche Herangehensweise

45 Nach den einschlägigen Rechnungslegungsvorschriften dürfen Wertpapiere[11], die wie Anlagevermögen bewertet werden, im HGB-Jahresabschluss nur dann mit einem höheren als dem zum Bilanzstichtag beizulegenden Zeitwert angesetzt werden, wenn davon auszugehen ist, dass die daraus resultierende stille Last sich im Zeitablauf wieder auflöst, also eine entsprechende Wertaufholung erfolgt. Voraussetzung für die Höherbewertung im Jahresabschluss ist, dass das bilanzierende Institut das entsprechende Aktivum dauerhaft zu halten beabsichtigt und hierzu auch in der Lage ist.

46 Bei Liquidationsansätzen kann eine künftige Wertaufholung nicht unterstellt werden. Die stillen Lasten sind deshalb vom RDP abzuziehen oder entsprechend bei den Risiken anzusetzen.

47 Bei Going-Concern-Ansätzen ist eine Bereinigung der stillen Lasten in Wertpapieren des Anlagebestands nicht erforderlich, sofern sich keine Zweifel an der unterstellten Dauerhalteabsicht und -fähigkeit sowie der angenommenen Wertaufholung ergeben.

48 Sind Zweifel am Vorliegen dieser Voraussetzungen begründet, so ist bei einem Going-Concern-Ansatz von einer Realisierung der stillen Lasten in Wertpapieren des Anlagebestands auszugehen. Die stillen Lasten sind daher insoweit vom RDP abzuziehen oder auf der Risikoseite als Risikobetrag anzusetzen.

49 Liegen stille Lasten in Wertpapieren des Anlagebestands in erheblicher Größenordnung vor, so erwartet die Aufsicht, dass diese in einem Steuerungskreis vollständig berücksichtigt werden.

50 Die vorstehend dargestellte Herangehensweise ist grundsätzlich auch für Wertpapiere angezeigt, die der Deckungsmasse für Öffentliche Pfandbriefe nach dem PfandBG zugeordnet sind.

IV. 1.5.2 Sonderfall Bewertungsmodelle

51 Liegt für Wertpapiere des Anlagebestands kein aktiver Markt vor, so kann zur Referenzgröße für Ermittlung etwaiger stiller Lasten auf Werte zurückgegriffen werden, die anhand anerkannter Bewertungsmodelle (z.B. Discounted-Cashflow-Modelle) ermittelt wurden. Analog zur Handhabung bei wie Umlaufvermögen bewerteten Wertpapieren, deren beizulegender Zeitwert für die Rechnungslegung mit anerkannten Bewertungsmodellen bestimmt werden darf, muss die Differenz zwischen Modelle-Wert und ggf. vorhandenem indikativen Wert hier grundsätzlich nicht als stille Last behandelt werden.

52 Macht ein Institut von vorstehender Regelung Gebrauch, so hat es die Entwicklung der Differenzen zwischen Modelle-Werten und ggf. vorliegenden indikativen Werten regelmäßig zu beobachten und zu analysieren.

---

[10] Die Ausführungen dieses Abschnitts stellen auf die HGB-Rechnungslegung ab. Knüpft die RDP-Definition in einem Steuerungskreis an die IFRS-Rechnungslegung an, so gelten die Ausführungen analog für stille Lasten in Wertpapieren der nicht zum Fair Value bewerteten IFRS-Kategorien.

[11] Die hier getroffenen Aussagen gelten auch für Schuldscheindarlehen, soweit diese in der internen Steuerung eines Instituts wie Wertpapiere behandelt werden.

ANHANG 4: AUFSICHTLICHE BEURTEILUNG

Aufsichtliche Beurteilung bankinterner Risikotragfähigkeitskonzepte

IV. 1.6 Stille Lasten aus Pensionsverpflichtungen

a) IFRS-Rechnungslegung

53 Hinsichtlich der Abbildung von versicherungsmathematischen Gewinnen und Verlusten schreibt IAS 19 (rev. 2011) spätestens ab dem Jahr 2013 die Vereinnahmung über die GuV oder die Eigenkapitalposition „Other comprehensive income" vor. Bis dahin kann hingegen alternativ noch das so genannte Korridorverfahren angewandt werden. Dies erlaubt, versicherungsmathematische Verluste nur insoweit erfolgswirksam zu erfassen, wie sie 10 % des Planvermögens bzw. der Pensionsverpflichtungen übersteigen, wobei der übersteigende Betrag über die durchschnittliche Restdienstzeit der Mitarbeiter gestreckt erfasst werden darf.

54 Verfährt ein Institut nach diesem Verfahren, so sind die (noch) nicht in der Rechnungslegung abgebildeten versicherungsmathematischen Verluste bei Liquidationsansätzen vom RDP abzuziehen. Hiervon kann insoweit abgesehen werden, wie die „stille Last" auf einkalkulierte künftige Gehaltssteigerungen und Inflationserwartungen entfällt.

55 Sowohl bei Liquidations- als auch bei Going-Concern-Ansätzen sind die möglichen künftigen Wertschwankungen des Planvermögens als Risiko zu berücksichtigen. Dies gilt unabhängig davon, ob versicherungsmathematische Gewinne und Verluste nach dem Korridorverfahren oder einem der alternativen Verfahren berücksichtigt werden.

b) HGB-Rechnungslegung

56 Der Gesetzgeber hat den Unternehmen zugestanden, die aus der Methodikumstellung nach BilMoG resultierenden Rückstellungs-Fehlbeträge über einen Zeitraum von maximal 15 Jahren gestreckt aufzustocken.

57 Wird ein (HGB-) Plangewinn als RDP-Position angesetzt, so ist darin der in der betreffenden Periode zu erwartende Aufstockungsbetrag aus der Methodikumstellung zu berücksichtigen.

58 Bei Liquidationsansätzen muss grundsätzlich der vollständige aus der Umstellung resultierende Betrag berücksichtigt werden. D.h. ein in der Rechnungslegung auf künftige Perioden gestreckter Aufstockungsbetrag ist als stille Last entweder vom RDP abzuziehen oder als Risikobetrag anzusetzen. Analog zu a) kann hierauf insoweit verzichtet werden, wie der Aufstockungsbetrag auf einkalkulierten künftigen Gehaltssteigerungen bzw. Inflationsannahmen beruht.

59 Über die vorgenannten stillen Lasten hinaus, können in der HGB-Rechnungslegung weitere stille Lasten aus Altzusagen (vor 01.01.1987) resultieren. Gemäß Art. 28 EGHGB kann hier auf die Bildung von Rückstellungen nach § 249 Abs. 1 Satz 1 HGB verzichtet werden. Ergeben sich bei einem Institut, dessen RDP-Definition auf HGB-Werte abstellt, derartige stille Lasten, so sind diese in angemessener Weise zu ermitteln und zumindest bei Liquidationsansätzen vom RDP abzuziehen.

IV. 1.7 Eigenbonitätseffekt bei IFRS-Bilanzierung

60 Bei der IFRS-Bilanzierung erfolgt die Erstbewertung finanzieller Verbindlichkeiten grundsätzlich zum beizulegenden Zeitwert. In bestimmten Fällen ist auch die Folgebewertung von Verbindlichkeiten mit dem zum jeweiligen Bilanzstichtag beizulegenden Zeitwert vorzunehmen bzw. als Wahlrecht zulässig.

61 Daraus folgt, dass Entwicklungen, die hinsichtlich der Refinanzierung eines Instituts eigentlich negativ sind, eine Verbesserung der in der Rechnungslegung ausgewiesenen Verhältnisse nach sich ziehen. Gleiches gilt für die in einem Steuerungskreis ermittelte Risikotragfähigkeit, sofern das IFRS-Eigenkapital ungefiltert als RDP angesetzt ist.

ANHANG 4: AUFSICHTLICHE BEURTEILUNG

Aufsichtliche Beurteilung bankinterner Risikotragfähigkeitskonzepte

62 Soweit die Verbesserung der in der Rechnungslegung ausgewiesenen Verhältnisse auf dem individuell allein das jeweilige Institut betreffenden Bonitätseffekt (Eigenbonitätseffekt) beruht, ist dieser bei der RDP-Ermittlung zu eliminieren.

63 Vorstehendes gilt analog für Institute, die das RDP ausgehend von der HGB-Rechnungslegung ermitteln und dabei stille Reserven aus eigenen Verbindlichkeiten als RDP-Position ansetzen.

IV. 1.8 Aktive latente Steuern

64 Aktive latente Steuern lassen sich materiell als Steuerentlastung in zukünftigen Perioden interpretieren, da die ihnen zugrunde liegenden abweichenden Wertansätze eine aus IFRS-/handelsbilanzieller Sicht zunächst zu hohe tatsächliche Steuerzahlung bedingen. In der Rechnungslegung resultiert aus dem Ansatz aktiver latenter Steuern eine Erhöhung des bilanziell ausgewiesenen Eigenkapitals.

65 Der in den aktiven latenten Steuern abgebildete künftige Steuerentlastungseffekt realisiert sich indes grundsätzlich nur insoweit, wie in den zukünftigen Perioden ein steuerpflichtiges Einkommen erzielt wird.

66 Da in <u>Liquidationsansätzen</u> regelmäßig von künftigen steuerlichen Verlusten auszugehen ist, ist ein solcher Steuerentlastungseffekt grundsätzlich nicht zu erwarten. Mangels Einzelveräußerbarkeit ist auch eine anderweitige Verwertung aktiver latenter Steuern im Liquidationsfall nicht möglich, so dass aktiven latenten Steuern in diesen Ansätzen im Allgemeinen keine wertbildende, das Eigenkapital erhöhende Wirkung beizumessen ist. Deshalb sind aktive latente Steuern in einem Liquidationsansatz grundsätzlich zu eliminieren.

67 Ist bei einem Institut unter der Going-Concern-Prämisse zumindest mittelfristig von steuerlichen Ertragsüberschüssen in entsprechender Größenordnung auszugehen, was mit der Realisierbarkeit der aktiven latenten Steuern einherginge, so ist eine Eliminierung der latenten Steuern bei <u>Going-Concern-Ansätzen</u> insoweit verzichtbar. Sprechen jedoch Anhaltspunkte dafür, dass ein Institut auch über mehrere Jahre hinweg keinen steuerlichen Gewinn erzielen wird, so ist eine Auflösung der gebildeten aktiven latenten Steuern im nächsten Jahresabschluss zu unterstellen. Sie sind daher in diesem Fall zu eliminieren.

IV. 1.9 Goodwill

68 Ein Goodwill im Sinne eines derivativen Geschäfts- oder Firmenwerts stellt eine rechentechnische Restgröße dar.

69 Die Elemente, auf die er zurückgeführt wird, können im Liquidationsfall nicht als valide Werte angesehen werden. So sind die im Goodwill aufgehenden Faktoren per Definition keine separaten Vermögensgegenstände und im Liquidationsfall daher nicht einzeln veräußerbar. Parallel zu den entsprechenden Vorgaben in Säule 1[12] ist deshalb ein bilanzieller Goodwill bei Ermittlung des RDP in Liquidationsansätzen grundsätzlich zu eliminieren.

70 Unter der Going-Concern-Prämisse können zwar einzelne Komponenten im Falle einer erwartungsgemäß positiven Zukunftsentwicklung möglicherweise valide Werte darstellen. Auch hierbei handelt es sich indes um Komponenten, die sich - insbesondere in Krisenphasen - sehr schnell verflüchtigen können. Grundsätzlich ist ein Goodwill deshalb auch bei Going-Concern-Ansätzen zu eliminieren, sofern die RDP-Definition bilanzielles Eigenkapital berücksichtigt. Davon kann nur insoweit abgesehen werden, wie ein Goodwill auf Faktoren beruht, deren Werthaltigkeit und zukünftige Bilanzierbarkeit nachweislich sichergestellt sind.

---

[12] S. § 10 Abs. 2a Satz 2 Nr. 2, § 10a Abs. 6 Satz 9 und 10 sowie Abs. 7 i.V.m. § 64h Abs. 3 KWG

ANHANG 4: AUFSICHTLICHE BEURTEILUNG

Aufsichtliche Beurteilung bankinterner Risikotragfähigkeitskonzepte

IV. 1.10 Patronatserklärungen, Haftsummenzuschläge u.ä.

71 Im Hinblick auf die fehlende effektive Kapitalaufbringung sind Patronatserklärungen, die bspw. von Muttergesellschaften für ihre Tochterbanken abgegeben werden, bei letzteren nicht als RDP ansetzbar.

72 Gleiches gilt für allgemeine Beistandserklärungen, wie sie bspw. Verbundorganisationen für ihre Mitgliedsinstitute abgeben. Werden hingegen von Dritten (bspw. Verbundeinrichtungen bzw. Sicherungseinrichtungen) konkrete Ausfallgarantien für bestimmte bzw. exakt bestimmbare Assets rechtsverbindlich abgegeben, so kann dies auf der Risikoseite, z.B. durch ein geringeres Risikogewicht, berücksichtigt werden.

73 Haftsummenzuschläge der Kreditgenossenschaften stehen nicht unmittelbar im Institut zum Verlustausgleich zur Verfügung. Sie sind daher nicht als RDP ansetzbar.

IV. 2 Risikodeckungspotenzial bei wertorientierter RDP-Ableitung

IV. 2.1 Berücksichtigung erwarteter Verluste bei der Barwertermittlung von aktivischen Positionen

74 Die wertorientierte RDP-Ermittlung muss zukünftig zu erwartende Ausfälle von Schuldnern angemessen berücksichtigen. Soweit dies nicht bereits durch Anpassung der Zahlungsströme, die in die Barwertermittlung von Aktivpositionen eingehen, geschieht, müssen mit einem risikolosen Zinssatz ermittelte Barwerte entsprechend korrigiert werden.

75 Die Berücksichtigung der erwarteten Verluste kann insbesondere anhand risikoadäquater Spreadaufschläge auf die risikolosen Abzinsungssätze erfolgen. Für Kredite kann alternativ auch eine Korrektur der risikolos abgezinsten Barwerte durch den Abzug von Standardrisikokosten vorgenommen werden. Bei der Berechnung von Standardrisikokosten ist darauf zu achten, dass diese auch die Laufzeit der betrachteten Portfolien angemessen berücksichtigen (z.B. anhand der durchschnittlichen Kapitalbindungsdauer). Der Ansatz von Standardrisikokosten für einen kürzeren Zeitraum, der nicht die Totalperiode abdeckt (z.B. ein Jahr), kommt nur in Betracht, wenn das Institut nachweisen kann, dass hierdurch die erwarteten Verluste über die Laufzeit des Portfolios nicht wesentlich unterschätzt werden.

IV. 2.2 Berücksichtigung von Bestandskosten

76 Die Ermittlung des RDP muss die Kosten, die für Fortführung und Verwaltung der Positionen anfallen (Bestandskosten), in konsistenter Weise berücksichtigen.

77 Dabei ist die Laufzeit der betrachteten Portfolien angemessen zu berücksichtigen. Eine grundsätzlich konsistente Verfahrensweise ist insoweit die Errechnung eines Kostenbarwerts, bei dem die in zukünftigen Perioden anfallenden Bestandskosten auf den aktuellen Zeitpunkt abgezinst werden.

IV. 2.3 Ablauffiktionen bei der Barwertermittlung

78 Werden zur Barwertermittlung die Zahlungsströme aus Positionen mit unbestimmter Laufzeit (z.B. Girokonto- oder Spareinlagen) oder möglichen vertraglichen Optionen (z.B. Kündigungsrechte der Schuldner) anhand von Ablauffiktionen festgelegt, so sind diese plausibel festzulegen.

79 Grundsätzlich ist bei der Plausibilisierung insbesondere das beobachtete Kundenverhalten maßgeblich zu berücksichtigen. In bestimmten Fällen können qualifizierte Expertenschätzungen zur Festlegung der Ablauffiktionen angemessen sein. Dies gilt insbesondere, wenn sich das Kundenverhalten stark verändert hat, eine Änderung des Kundenverhaltens wegen Umfeldveränderungen zu erwarten ist oder bei Geschäften in neuen Produkten bzw. auf neuen Märkten.

ANHANG 4: AUFSICHTLICHE BEURTEILUNG

Aufsichtliche Beurteilung bankinterner Risikotragfähigkeitskonzepte

IV. 2.4 Barwert der eigenen Verbindlichkeiten

80 Wendet ein Institut zur Ermittlung des Barwerts der eigenen Verbindlichkeiten Abzinsungssätze an, die im Vergleich mit einem risikolosen Zins einen Spread beinhalten, so führt dies grundsätzlich zu einem zu niedrigen Ansatz der Verbindlichkeiten. Lediglich in eng begrenzten Ausnahmefällen (bspw. wenn die zinsbedingte Wertentwicklung bestimmter Aktiva perfekt mit der zinsbedingten Wertentwicklung bestimmter Passiva korreliert) kann die Abzinsung mit einem oberhalb der risikolosen Zinskurve liegenden Zinssatz akzeptiert werden. Hierbei darf indes allenfalls der allgemeine Spread der Assetklasse, der das Institut angehört, Berücksichtigung finden.

81 Analog zu den Ausführungen unter IV. 1.7 darf ein negativer Eigenbonitätseffekt nicht zu einer Erhöhung des ermittelten barwertigen Reinvermögens führen.

IV. 2.5 Ansatz erwarteter Vermögenszuwächse

82 Rechnet ein Institut dem wertorientiert ermittelten RDP auch erwartete Vermögenszuwächse aus Neugeschäft hinzu, so darf es sich nur um vorsichtig kalkulierte Planansätze bezogen auf den Zeitraum der Risikotragfähigkeitsbetrachtung handeln[13]. Besondere Zurückhaltung ist beim Ansatz von Neugeschäften bei sehr volatilen Geschäften angezeigt. Werden in diesen Geschäftssegmenten geplante Geschäftsausweitungen ohne angemessene Sicherheitsabschlag angesetzt, so muss dies bei Quantifizierung der Risiken entsprechend berücksichtigt werden.

83 Ferner müssen den Ausführungen in IV. 2.1 und 2.2 entsprechend erwartete Verluste sowie Bestandskosten für das unterstellte Neugeschäft in den erwarteten Vermögenszuwachs einkalkuliert sein.

84 Analog zum Plangewinn bei GuV-/bilanzorientierter RDP-Ableitung kann ein geplanter Vermögenszuwachs grundsätzlich bei Liquidationsansätzen nicht angesetzt werden.

V. Risikoarten und Risikoquantifizierung

V. 1 Spezifische Aspekte der zu berücksichtigenden Risikoarten

85 Hinsichtlich der in der Risikotragfähigkeitssteuerung zu berücksichtigenden Risikoarten sind folgende Aspekte zu beachten:

86 In einem Going-Concern-Ansatz mit GuV-/bilanzorientierter RDP-Ableitung kann es im Hinblick auf die Bewertungsvorschriften zur externen Rechnungslegung ggf. akzeptiert werden, wenn hier Kursrisiken bei Positionen im Anlagebestand unberücksichtigt bleiben. Analog zur Handhabung stiller Lasten setzt dies jedoch voraus, dass das Institut die Positionen dauerhaft halten will und kann und eine Realisierung der Kursrisiken in der Rechnungslegung im betrachteten Zeithorizont nicht zu erwarten ist (vgl. IV. 1.5.1).

87 Für zinstragende Geschäfte im Depot A sind grundsätzlich auch <u>Credit Spread Risiken</u> zu berücksichtigen, wobei eine differenzierte Herangehensweise geboten ist:

88 Da Credit Spread Risiken bei Depot-A-Positionen, die dem Handelsbestand zugeordnet bzw. wie Umlaufvermögen bewertet sind[14], im Falle ihrer Realisierung

---

[13] Dies korrespondiert mit der Einbeziehung eines Plangewinns im Rahmen einer GuV-/bilanzorientierten Going-Concern-Betrachtung.

[14] Die hier getroffenen Aussagen zu Depot-A-Beständen, die dem Handelsbestand zugeordnet bzw. wie Umlaufvermögen bewertet sind, gelten bei Ansätzen, die auf der IFRS-Rechnungslegung basieren, entsprechend für die mit dem Fair Value bewerteten Depot-A-Bestände. Die Aussagen zu dem Anlagebestand zugeordneten Depot-A-

ANHANG 4: AUFSICHTLICHE BEURTEILUNG

Aufsichtliche Beurteilung bankinterner Risikotragfähigkeitskonzepte

grundsätzlich eine Wertanpassung in der Rechnungslegung auslösen, sind sie in Steuerungskreisen mit GuV-/bilanzorientierter RDP-Ableitung stets zu berücksichtigen.

89 Bei Depot-A-Positionen des Anlagebestands kann hingegen auf den Ansatz von Credit Spread Risiken in einem Going-Concern-Ansatz mit GuV-/bilanzorientierter RDP-Ableitung verzichtet werden, sofern Positionen die unter IV. 1.5.1 erwähnten Anforderungen an eine Nichtberücksichtigung stiller Lasten erfüllen. Die Verwirklichung der Credit Spread Risiken hätte hier nur die Entstehung/Erhöhung stiller Lasten zur Folge, die aber nicht zwingend rechnungslegungswirksam würden. Bei Liquidationsansätzen führen die unter IV. 1.5.1 angestellten Überlegungen indes zu dem Erfordernis, die Risiken aus Depot-A-Positionen des Anlagebestands anzusetzen.

90 Die Logik einer wertorientierten RDP-Ermittlung erfordert grundsätzlich die Berücksichtigung von Credit Spread Risiken unabhängig davon, welcher Rechnungslegungskategorie die betroffenen Positionen zugeordnet sind. Soweit bei Buchkrediten jedoch keine aussagekräftigen Marktinformationen zu den Kreditnehmern im Hinblick auf das Credit Spread Risiko zu erhalten sind, kann auf die Berücksichtigung verzichtet werden.

91 Als ein Aspekt des Adressenausfallrisikos sind grundsätzlich auch Migrationsrisiken zu analysieren. Realisieren sie sich, so führt dies – anders als der Eintritt eines Ausfallereignisses – zwar noch nicht unbedingt zu rechnungslegungsrelevantem Aufwand. Der ökonomische Wert der betroffenen Position verringert sich jedoch auf jeden Fall. Bei Liquidationsansätzen sind deshalb regelmäßig nicht nur Ausfall- bzw. Default-Risiken, sondern auch Migrationsrisiken in der Risikotragfähigkeitsrechung angemessen zu berücksichtigen. Dies kann entweder innerhalb eines Kreditportfoliomodells geschehen oder ggf. auch durch andere Verfahren, wie insbesondere entsprechende Stresstests, deren Ergebnisse als Risikowert im Rahmen der Risikotragfähigkeitsbetrachtung angesetzt werden (siehe auch Abschnitt VI). So kann insbesondere bei kleineren Kreditinstituten ggf. eine Verschiebung der Ausfallwahrscheinlichkeiten (PD-Shift) zur Abbildung des Migrationsrisikos angemessen sein.

92 Erbringt ein Kreditinstitut den Nachweis, dass sich Migrations- und Credit Spread Risiken überschneiden, so kann es den anzusetzenden Risikobetrag insoweit bereinigen.

V. 2 Erwartete und unerwartete Verluste

93 Bei den als wesentlich identifizierten Verlustrisiken muss das Gesamtkonzept sowohl erwartete als auch unerwartete Verluste umfassen. Auf die Abbildung erwarteter Verluste kann insoweit auf der Risikoseite verzichtet werden, wie sie bereits adäquat bei Bestimmung des RDP berücksichtigt wurden (vgl. IV. 1.1).

V. 3 Risikobetrachtungshorizont

94 Für die Risikotragfähigkeitsbetrachtung sind die Risiken über einen einheitlich langen künftigen Zeitraum zu ermitteln, der üblicherweise ein Jahr beträgt (Risikobetrachtungshorizont).

95 Bei Marktpreisrisiken muss sichergestellt sein, dass auch bei wechselnden Positionen und zwischenzeitlichen Glattstellungen insgesamt nicht mehr RDP aufgezehrt werden kann, als für diese Risiken für den gesamten Risikobetrachtungshorizont allokiert ist.

Positionen gelten analog für die in der IFRS-Rechnungslegung nicht zum Fair Value bewerteten Positionen.

ANHANG 4: AUFSICHTLICHE BEURTEILUNG

Aufsichtliche Beurteilung bankinterner Risikotragfähigkeitskonzepte

96 Eine konsistente Messung der Marktpreisrisiken im Rahmen der Risikotragfähigkeitsbetrachtung erfordert die Festlegung einer Haltedauer für Marktrisikopositionen sowie ein konsistentes Limitsystem, um die Risikonahme über den gesamten Risikobetrachtungshorizont steuern zu können.

97 Bei der Festlegung der Haltedauer von Marktrisikopositionen kann daher ein potenzieller Abbau von Risikopositionen nur insoweit berücksichtigt werden, wie das Institut nachweisen kann, dass eine solche Steuerungsmaßnahme mit den Strategien, Risikosteuerungs- und –controllingprozessen sowie der Portfoliostruktur im Einklang steht. Dies schließt die konsistente Berücksichtigung der Ertrags- und Kostensituation nach einem unterstellten Abbau von Risikopositionen ein.

98 Die Auswirkungen etwaiger Marktverwerfungen sind in Stresstests abzubilden. Je weniger solche Stressgesichtspunkte bei Festlegung der Haltedauern berücksichtigt wurden, umso mehr müssen sie in den Stresstests (vgl. VI.) Berücksichtigung finden.

V. 4 Beobachtungszeitraum

99 Die von den Instituten verwendeten Ansätze zur Risikoquantifizierung beruhen im Regelfall zumindest teilweise auf beobachteten Entwicklungen aus der Vergangenheit. Diese bilden dann einen Teil der Berechnungsgrundlage für die Bewertung des (in die Zukunft gerichteten) Risikos.

100 Beinhaltet der Beobachtungszeitraum ausschließlich oder überwiegend Zeiten geordneter und ruhiger Marktverhältnisse, so sind auch die Auswirkungen von stärkeren Parameterveränderungen bei der Risikoermittlung angemessen zu berücksichtigen, wenn diese für die bei der Risikotragfähigkeitsbetrachtung angenommene Haltedauer nicht auszuschließen sind.

V. 5 Weitere Parameter der Risikoquantifizierung

101 Je nach Wahl der Risikomaße, anhand derer die Risiken quantifiziert werden, haben über die vorgenannten Größen hinaus weitere Parameter wesentlichen Einfluss auf die resultierenden Risikowerte (bspw. Konfidenzniveau, Korrelationskoeffizienten).

102 Die Wahl der Parameter muss mit der Perspektive der Risikotragfähigkeitsbetrachtung im Einklang stehen. So sind bei Liquidationsansätzen die Risiken nach solch strengen Maßstäben zu quantifizieren, dass eine Realisierung der quantifizierten Risiken nur in äußerst unwahrscheinlichen Fällen eine vollständige Aufzehrung der angesetzten RDP nach sich ziehen würde (bspw. sehr hohes Konfidenzniveau bei Value at Risk). Bei Going-Concern-Ansätzen sind die Parameter der Risikomessung in Abhängigkeit davon festzulegen, wie eng die RDP-Definition ist. Je dichter diese sich an der Schwelle zum Liquidationsansatz befindet, umso strenger müssen die Parameter ausfallen. Tz. 17 bleibt unberührt.

VI. Stresstests

103 Die Stresstests, die ein Institut nach AT 4.3.3 MaRisk durchzuführen hat, sollen auch die Anfälligkeit des Instituts für außergewöhnliche, aber plausibel mögliche Ereignisse aufzeigen. Bei wahrscheinlichkeitsbasierten Messmethoden ist hierbei in angemessener Weise zu analysieren, wie sich Risiken jenseits des dem Konfidenzniveau entsprechenden Quantils der Verlustverteilung auswirken können. Je weiter das Konfidenzniveau, das in einem Steuerungskreis angesetzt wird, von 100 % entfernt ist, umso bedeutsamer werden insoweit Stressbetrachtungen.

104 Darüber hinaus müssen auch in angemessenem Umfang Stresstests durchgeführt werden, die sich von der zur Risikoquantifizierung in der Risikotragfähigkeitsbetrachtung zugrunde gelegten Verlustverteilung lösen. Dabei sind potenzielle Ereignisse zu analysieren, die in einer wahrscheinlichkeitsbasierten Risikoquantifizierung nicht oder nicht hinreichend abgebildet sind, weil bspw. die Marktverhältnisse während des Beobachtungszeitraums wenig volatil waren.

ANHANG 4: AUFSICHTLICHE BEURTEILUNG

**Aufsichtliche Beurteilung bankinterner
Risikotragfähigkeitskonzepte**

105 Stresstests können bewusst zur Ermittlung des Risikobetrages eingesetzt werden, der bei Sicherstellung der Risikotragfähigkeit Berücksichtigung findet. Die in Tz. 17 getroffene Aussage gilt dann für die Ausgestaltung der Stresstests sinngemäß.

Anhang 5: FinaRisikoV und Anlagen

2336 Bundesgesetzblatt Jahrgang 2014 Teil I Nr. 62, ausgegeben zu Bonn am 29. Dezember 2014

**Verordnung
zur Änderung der Finanzinformationenverordnung[1]
und der Verordnung zur Übertragung von Befugnissen zum Erlass
von Rechtsverordnungen auf die Bundesanstalt für Finanzdienstleistungsaufsicht**

Vom 19. Dezember 2014

Das Bundesministerium der Finanzen verordnet auf Grund

– des § 25 Absatz 3 Satz 1 und 2 des Kreditwesengesetzes, der zuletzt durch Artikel 1 Nummer 47 Buchstabe c des Gesetzes vom 28. August 2013 (BGBl. I S. 3395) geändert worden ist, im Benehmen mit der Deutschen Bundesbank sowie

– des § 10 Absatz 1 Satz 2 in Verbindung mit Satz 1 und 3, des § 10a Absatz 7 Satz 2 in Verbindung mit Satz 1 und 3, des § 11 Absatz 1 Satz 4 in Verbindung mit Satz 2, 3 und 5, des § 13 Absatz 1 Satz 2 in Verbindung mit Satz 1 und 3, des § 13c Absatz 1 Satz 3 in Verbindung mit Satz 2 und 4, des § 22 Satz 2 in Verbindung mit Satz 1 und 3 sowie auch in Verbindung mit § 14 Absatz 1 Satz 1, des § 22d Absatz 1 Satz 3 in Verbindung mit Satz 2, des § 24 Absatz 4 Satz 2 in Verbindung mit Satz 1 und 3 sowie auch in Verbindung mit § 2 Absatz 10 Satz 4 und 7 sowie § 2c Absatz 1 Satz 2, des § 24c Absatz 7 Satz 2 in Verbindung mit Satz 1, des § 25 Absatz 3 Satz 3 in Verbindung mit Satz 1 und 2, des § 25a Absatz 6 Satz 4 in Verbindung mit Satz 1 bis 3 und 5, des § 25e Satz 2 in Verbindung mit § 24 Absatz 4 Satz 2, des § 25f Absatz 4 Satz 2 in Verbindung mit Satz 1 und 3, des § 29 Absatz 4 Satz 3 in Verbindung

mit Satz 1 und 2, des § 31 Absatz 1 Satz 2 in Verbindung mit Satz 1, des § 51a Absatz 1 Satz 3 in Verbindung mit Satz 2 und 4, des § 51b Absatz 2 Satz 2 in Verbindung mit Satz 1 und 3 sowie des § 53j Absatz 3 Satz 3 in Verbindung mit Satz 1 und 2 des Kreditwesengesetzes, von denen § 10 Absatz 1 zuletzt durch Artikel 1 Nummer 21 des Gesetzes vom 28. August 2013 (BGBl. I S. 3395), § 10a Absatz 7 durch Artikel 1 Nummer 22 des Gesetzes vom 28. August 2013 (BGBl. I S. 3395), § 11 Absatz 1 durch Artikel 1 Nummer 16 des Gesetzes vom 17. November 2006 (BGBl. I S. 2606) und § 13 Absatz 1 durch Artikel 1 Nummer 27 des Gesetzes vom 28. August 2013 (BGBl. I S. 3395) neu gefasst worden ist, § 13c Absatz 1 durch Artikel 1 Nummer 21 des Gesetzes vom 21. Dezember 2004 (BGBl. I S. 3610) eingefügt worden ist, § 22 Satz 2 durch Artikel 1 Nummer 38 des Gesetzes vom 28. August 2013 (BGBl. I S. 3395) neu gefasst worden ist, § 22d Absatz 1 durch Artikel 4a Nummer 4 des Gesetzes vom 22. September 2005 (BGBl. I S. 2809) eingefügt worden ist, § 24 Absatz 4 Satz 2 durch Artikel 1 Nummer 30 Buchstabe b des Gesetzes vom 17. November 2006 (BGBl. I S. 2606), § 24c Absatz 7 durch Artikel 6 Nummer 23 des Gesetzes vom 21. Juni 2002 (BGBl. I S. 2010) eingefügt worden ist, § 25 Absatz 3 durch Artikel 1 Nummer 47 Buchstabe c des Gesetzes vom 28. August 2013 (BGBl. I S. 3395) geändert worden ist, § 25a Absatz 6 durch Artikel 1 Nummer 48 des Gesetzes vom 28. August 2013 (BGBl. I S. 3395) neu gefasst worden ist, § 25f Absatz 4 durch Artikel 2 Nummer 4 des Gesetzes vom 7. August 2013 (BGBl. I S. 3090) eingefügt worden ist, § 29 Absatz 4 durch Artikel 2 Nummer 15 Buchstabe c des Gesetzes vom 20. März 2009 (BGBl. I S. 607) neu gefasst worden

---

[1] Diese Verordnung dient der Umsetzung der Richtlinie 2013/36/EU des Europäischen Parlaments und des Rates vom 26. Juni 2013 über den Zugang zur Tätigkeit von Kreditinstituten und die Beaufsichtigung von Kreditinstituten und Wertpapierfirmen, zur Änderung der Richtlinie 2002/87/EG und zur Aufhebung der Richtlinien 2006/48/EG und 2006/49/EG (ABl. L 176 vom 27.6.2013, S. 338) sowie der Anpassung des Aufsichtsrechts an die Verordnung (EU) Nr. 575/2013 des Europäischen Parlaments und des Rates vom 26. Juni 2013 über Aufsichtsanforderungen an Kreditinstitute und Wertpapierfirmen und zur Änderung der Verordnung (EU) Nr. 648/2012 (ABl. L 176 vom 27.6.2013, S. 1).

Das Bundesgesetzblatt im Internet: www.bundesgesetzblatt.de | Ein Service des Bundesanzeiger Verlag www.bundesanzeiger-verlag.de

ist, § 31 Absatz 1 zuletzt durch Artikel 1 Nummer 58 Buchstabe b des Gesetzes vom 28. August 2013 (BGBl. I S. 3395) geändert worden ist, § 51a Absatz 1 durch Artikel 1 Nummer 84 des Gesetzes vom 28. August 2013 (BGBl. I S. 3395), § 51b Absatz 2 durch Artikel 1 Nummer 84 des Gesetzes vom 28. August 2013 (BGBl. I S. 3395) und § 53j Absatz 3 durch Artikel 1 Nummer 16 des Gesetzes vom 13. Februar 2013 (BGBl. I S. 174) eingefügt worden ist:

Anlage 17	RTFK
Anlage 18	STKK
Anlage 19	RDP-R
Anlage 20	RDP-BI
Anlage 21	RDP-BH
Anlage 22	RDP-BW
Anlage 23	RSK
Anlage 24	STG".

**Artikel 1
Änderung der
Finanzinformationenverordnung**

Die Finanzinformationenverordnung vom 6. Dezember 2013 (BGBl. I S. 4209) wird wie folgt geändert:

1. Die Überschrift wird wie folgt gefasst:

   „Verordnung
   zur Einreichung von
   Finanz- und Risikotragfähigkeitsinformationen nach dem Kreditwesengesetz
   (Finanz- und Risikotragfähigkeitsinformationenverordnung – FinaRisikoV)".

2. Die Inhaltsübersicht wird wie folgt geändert:

   a) Der Angabe zu § 1 wird folgende Angabe vorangestellt:

   „Abschnitt 1
   Allgemeines".

   b) Nach der Angabe zu § 1 wird folgende Angabe eingefügt:

   „Abschnitt 2
   Finanzinformationen".

   c) Nach der Angabe zu § 7 wird folgende Angabe eingefügt:

   „Abschnitt 3
   Risikotragfähigkeitsinformationen".

   d) Die Angabe zu § 8 wird durch die folgende Angabe ersetzt:

   „§ 8 Art und Umfang der Risikotragfähigkeitsinformationen".

   e) Nach der Angabe zu § 8 werden die folgenden Angaben eingefügt:

   „§ 9 Turnus, Frist und Verfahren zur Einreichung der Risikotragfähigkeitsinformationen

   § 10 Risikotragfähigkeitsinformationen von Kreditinstituten

   § 11 Risikotragfähigkeitsinformationen auf zusammengefasster Ebene

   § 12 Kreditinstitute und Gruppen mit erhöhter Meldefrequenz

   Abschnitt 4
   Schlussvorschrift

   § 13 Übergangsregelungen".

   f) Nach der Angabe zu Anlage 13 werden die folgenden Angaben eingefügt:

   „Anlage 14 DBL

   Anlage 15 GRP

   Anlage 16 STA

3. Dem § 1 wird folgende Abschnittsüberschrift vorangestellt:

   „Abschnitt 1
   Allgemeines".

4. Nach § 1 wird folgende Abschnittsüberschrift eingefügt:

   „Abschnitt 2
   Finanzinformationen".

5. Nach § 7 wird folgende Abschnittsüberschrift eingefügt:

   „Abschnitt 3
   Risikotragfähigkeitsinformationen".

6. § 8 wird durch die folgenden §§ 8 bis 12 ersetzt:

   „§ 8
   Art und Umfang
   der Risikotragfähigkeitsinformationen

   (1) Die Risikotragfähigkeitsinformationen im Sinne des § 25 Absatz 1 und 2 des Kreditwesengesetzes bestehen aus den Angaben zur Konzeption der Risikotragfähigkeitssteuerung, zum Risikodeckungspotential, zu den Risiken und den Verfahren zu ihrer Ermittlung, Steuerung und Überwachung gemäß den Formularen in den Anlagen 14 bis 24. Nähere Bestimmungen zu Art und Umfang der jeweils einzureichenden Risikotragfähigkeitsinformationen ergeben sich aus den §§ 10 und 11.

   (2) Mit den Formularen werden Pflichtangaben und freiwillige Angaben erhoben, die auf Informationen beruhen, welche den Kreditinstituten und übergeordneten Unternehmen bereits vorliegen. Die Ausgestaltung der Verfahren zur Ermittlung und Sicherstellung der Risikotragfähigkeit durch die Kreditinstitute und übergeordneten Unternehmen wird durch die Risikotragfähigkeitsinformationen gemäß den Anlagen 14 bis 24 nicht berührt.

   § 9
   Turnus, Frist und Verfahren
   zur Einreichung der Risikotragfähigkeitsinformationen

   (1) Nach § 25 Absatz 1 Satz 2 und Absatz 2 Satz 2 des Kreditwesengesetzes haben Kreditinstitute und übergeordnete Unternehmen einmal jährlich Risikotragfähigkeitsinformationen einzureichen. Hiervon abweichend haben Kreditinstitute und übergeordnete Unternehmen, die gemäß § 12 Absatz 1 und 2 einer erhöhten Meldefrequenz unterliegen, Risikotragfähigkeitsinformationen in halbjährlichem Turnus einzureichen. Hat die Bundesanstalt nach § 12 Absatz 3 für ein Kreditinstitut oder eine Gruppe eine erhöhte

Meldefrequenz angeordnet, so ist der in der Anordnung bestimmte Meldeturnus einschlägig.

(2) Die Risikotragfähigkeitsinformationen sind innerhalb von sieben Wochen nach dem von der Bundesanstalt festgelegten Meldestichtag einzureichen.

(3) Die Risikotragfähigkeitsinformationen sind der Deutschen Bundesbank elektronisch zu übermitteln. Die Deutsche Bundesbank veröffentlicht auf ihrer Internetseite die zu verwendenden Datenformate und den Übertragungsweg.

§ 10
Risikotragfähigkeits-
informationen von Kreditinstituten

(1) Kreditinstitute haben die Angaben gemäß § 8 Absatz 1 zu melden und hierfür die Formulare aus den Anlagen 14 und 17 bis 24 dieser Verordnung zu verwenden.

(2) Kreditinstitute im Sinne des § 53b und des § 53c Nummer 2 des Kreditwesengesetzes und Wertpapierhandelsbanken im Sinne des § 1 Absatz 3d Satz 5 des Kreditwesengesetzes sind von der Pflicht, Risikotragfähigkeitsinformationen nach Absatz 1 einzureichen, befreit.

(3) Kreditinstitute, die nach § 2a Absatz 2 des Kreditwesengesetzes für das Management von Risiken mit Ausnahme des Liquiditätsrisikos von den Anforderungen an eine ordnungsgemäße Geschäftsorganisation gemäß § 25a Absatz 1 des Kreditwesengesetzes freigestellt sind, sind von der Pflicht, Risikotragfähigkeitsinformationen nach Absatz 1 einzureichen, befreit. Satz 1 gilt entsprechend für Kreditinstitute, für die eine solche Freistellung gemäß § 2a Absatz 5 des Kreditwesengesetzes als gewährt gilt.

§ 11
Risikotragfähigkeits-
informationen auf zusammengefasster Ebene

(1) Übergeordnete Unternehmen einer Gruppe, zu der mindestens ein Kreditinstitut mit Sitz im Inland gehört, haben die Risikotragfähigkeitsinformationen der Gruppe auf zusammengefasster Ebene gemäß § 8 Absatz 1 einzureichen und hierfür die Formulare aus den Anlagen 14 bis 24 dieser Verordnung zu verwenden.

(2) Gehören zu einer Gruppe keine inländischen Kreditinstitute, die weder Wertpapierhandelsbank noch Kreditinstitut im Sinne des § 53b oder § 53c Nummer 2 des Kreditwesengesetzes sind, so ist das übergeordnete Unternehmen von der Pflicht, Risikotragfähigkeitsinformationen nach Absatz 1 einzureichen, befreit.

§ 12
Kreditinstitute und
Gruppen mit erhöhter Meldefrequenz

(1) Ein Kreditinstitut unterliegt einer erhöhten Meldefrequenz, wenn

1. seine Bilanzsumme im Durchschnitt zu den jeweiligen Jahresabschlussstichtagen der letzten drei abgeschlossenen Geschäftsjahre 30 Milliarden Euro erreicht oder überschritten hat,

2. es als potentiell systemgefährdend im Sinne des § 20 Absatz 1 Satz 2 Nummer 2 und Satz 3 in Verbindung mit § 67 Absatz 2 des Sanierungs- und Abwicklungsgesetzes eingestuft wurde, oder

3. es Finanzhandelsinstitut im Sinne des § 25f Absatz 1 des Kreditwesengesetzes ist.

(2) Das übergeordnete Unternehmen einer Gruppe gemäß § 11 unterliegt einer erhöhten Meldefrequenz, wenn

1. der Gruppe mindestens ein inländisches Kreditinstitut gemäß Absatz 1 angehört oder

2. die Bilanzsumme der Gruppe im Durchschnitt zu den jeweiligen Jahresabschlussstichtagen der letzten drei abgeschlossenen Geschäftsjahre 50 Milliarden Euro erreicht oder überschritten hat.

(3) Die Bundesanstalt kann für ein Kreditinstitut oder eine Gruppe im Einzelfall eine erhöhte Meldefrequenz anordnen, soweit dies zur Erfüllung ihrer Aufgaben erforderlich ist."

7. Nach § 12 wird folgende Abschnittsüberschrift eingefügt:

„Abschnitt 4
Schlussvorschrift".

8. Der bisherige § 8 wird § 13.

9. Die Anlagen 14 bis 24 aus dem Anhang zu dieser Verordnung werden angefügt.

**Artikel 2
Änderung der Verordnung
zur Übertragung von Befugnissen
zum Erlass von Rechtsverordnungen auf die
Bundesanstalt für Finanzdienstleistungsaufsicht**

§ 1 Nummer 5 der Verordnung zur Übertragung von Befugnissen zum Erlass von Rechtsverordnungen auf die Bundesanstalt für Finanzdienstleistungsaufsicht vom 13. Dezember 2002 (BGBl. 2003 I S. 3), die zuletzt durch Artikel 6 der Verordnung vom 30. Januar 2014 (BGBl. I S. 322) geändert worden ist, wird wie folgt gefasst:

„5. Rechtsverordnungen nach Maßgabe des § 10 Absatz 1 Satz 1 und 3, des § 10a Absatz 7 Satz 1 und 3, des § 11 Absatz 1 Satz 1 und 3, des § 13 Absatz 1 Satz 1 und 3, des § 13c Absatz 1 Satz 2 und 4, des § 22 Satz 1 und 3, dieser auch in Verbindung mit § 14 Absatz 1 Satz 1, des § 24 Absatz 4 Satz 1 und 3, dieser auch in Verbindung mit § 2 Absatz 10 Satz 4 und 7, § 2c Absatz 1 Satz 2 sowie § 25e Satz 3, des § 25a Absatz 6 Satz 1 bis 3 und 5, des § 25f Absatz 4 Satz 1 und 3 sowie des § 53j Absatz 3 Satz 1 und 2 des Kreditwesengesetzes jeweils im Einvernehmen mit der Deutschen Bundesbank und nach Anhörung der Spitzenverbände der Institute, Rechtsverordnungen nach Maßgabe des § 51a Absatz 1 Satz 2 und 4 sowie des § 51b Absatz 2 Satz 1 und 3 des Kreditwesengesetzes jeweils im Einvernehmen mit der Deutschen Bundesbank und nach Anhörung des Spitzenverbands der Wohnungsunternehmen mit Spareinrichtung, Rechtsverordnungen nach Maßgabe des

Bundesgesetzblatt Jahrgang 2014 Teil I Nr. 62, ausgegeben zu Bonn am 29. Dezember 2014 **2339**

§ 22d Absatz 1 Satz 2 und des § 24c Absatz 7 Satz 1 des Kreditwesengesetzes, Rechtsverordnung nach Maßgabe des § 25 Absatz 3 Satz 1 und 2 des Kreditwesengesetzes im Einvernehmen mit der Deutschen Bundesbank, Rechtsverordnung nach Maßgabe des § 29 Absatz 4 Satz 1 und 2 des Kreditwesengesetzes im Einvernehmen mit dem Bundesministerium der Justiz und für Verbraucherschutz und nach Anhörung der Deutschen Bundesbank und Rechtsverordnung nach Maßgabe des § 31 Absatz 1 Satz 1 des Kreditwesengesetzes im Benehmen mit der Deutschen Bundesbank,".

Artikel 3
Inkrafttreten

Diese Verordnung tritt am Tag nach der Verkündung in Kraft.

Berlin, den 19. Dezember 2014

Der Bundesminister der Finanzen
Schäuble

2340 Bundesgesetzblatt Jahrgang 2014 Teil I Nr. 62, ausgegeben zu Bonn am 29. Dezember 2014

Anhang zu Artikel 1 Nummer 9

Anlage 14
(zu § 10 Absatz 1 und § 11 Absatz 1)

DBL Bericht - Risikotragfähigkeit

ID (Z)	ID (S)		
10	1.	Institutsname	
20	2.	Kreditgeber-ID	
30	3.	Berichtsumfang	10
40	4.	Stichtag	▶
50	5.	Ansprechpartner	(Vorname, Name)
60	6.	Telefon	
70	7.	E-Mail	

Das Bundesgesetzblatt im Internet: www.bundesgesetzblatt.de | Ein Service des Bundesanzeiger Verlag www.bundesanzeiger-verlag.de

Anlage 15
(zu § 11 Absatz 1)

GRP	ID (2)	ID (U)	ID (S)	Anwendungsbereich / Umfang des Risikotragfähigkeitskonzepts				
				10	20	30	40	50
				1. Nicht einbezogene Unternehmen i. S. des § 10a KWG				
				Umfassen die Angaben alle Unternehmen i. S. des § 10a KWG? Falls nicht, so führen Sie bitte alle nicht einbezogenen gruppenangehörigen Unternehmen i. S. des § 10a KWG nachfolgend an.				
				Kreditnehmer-ID	Name des Unternehmens	Bilanzsumme	Beteiligungsquote (in Prozent)	Rechnungslegungsstandard
				Änderung der Angaben: + Unternehmen hinzufügen.				
10			1	Erläuterungen:				
20								
				2. Einbezogene Unternehmen, die nicht unter § 10a KWG fallen				
				Sind Unternehmen in das Risikotragfähigkeitskonzept einbezogen, die nicht zu den Unternehmen i. S. des § 10a KWG gehören? Falls ja, so führen Sie bitte die einbezogenen Unternehmen, die nicht unter § 10a KWG fallen, nachfolgend an.				
				Kreditnehmer-ID	Name des Unternehmens	Bilanzsumme	Beteiligungsquote (in Prozent)	Rechnungslegungsstandard
				Änderung der Angaben: + Unternehmen hinzufügen.				
30			1	Erläuterungen:				
40								

ANHANG 5: FINARISIKOV UND ANLAGEN

2342 Bundesgesetzblatt Jahrgang 2014 Teil I Nr. 62, ausgegeben zu Bonn am 29. Dezember 2014

GRP			Anwendungsbereich / Umfang des Risikotragfähigkeitskonzepts			
ID (Z)	ID (U)	ID (S)	10	20	30	40	50

3. **Unternehmen mit Freistellung nach § 2a Absatz 2 oder Absatz 5 KWG**

Gibt es Unternehmen in der Gruppe, die für das Management von Risiken mit Ausnahme des Liquiditätsrisikos von den Anforderungen an eine ordnungsgemäße Geschäftsorganisation gemäß § 25a Absatz 1 KWG eine Freistellung nach § 2a Absatz 2 oder Absatz 5 KWG in Anspruch nehmen?

Falls ja, so führen Sie bitte die betreffenden Unternehmen nachfolgend an.

	Kreditnehmer-ID	Name des Unternehmens	Bilanzsumme	Rechnungslegungsstandard

50 | 1 | | | |

Änderung der Angaben: + Unternehmen hinzufügen   + Unternehmen zusammen mit Stammdatenmeldung (STA) hinzufügen

60 Erläuterungen:

4. **Ergänzende Angaben und Erläuterungen**

70

Das Bundesgesetzblatt im Internet: www.bundesgesetzblatt.de | Ein Service des Bundesanzeiger Verlag www.bundesanzeiger-verlag.de

Bundesgesetzblatt Jahrgang 2014 Teil I Nr. 62, ausgegeben zu Bonn am 29. Dezember 2014   **2343**

Anlage 16
(zu § 11 Absatz 1)

STA	ID (Z)	ID (U)	ID (S)	Stammdatenmeldung 10
	10	1		Name/Firma (lt. Registereintragung)
	20	1		Postleitzahl
	30	1		Sitz
	40	1		Staat
	50	1		ISO-Code (Staat)
	60	1		Bundesstaat
	70	1		Wirtschaftszweig-Code
	80	1		Steuernummer
	90	1		Registereintragung - Art und Nummer
	100	1		Registereintragung - Ort
	110	1		Legal Entity Identifier (LEI)
	120	1		Kreditnehmer-ID

Das Bundesgesetzblatt im Internet: www.bundesgesetzblatt.de | Ein Service des Bundesanzeiger Verlag www.bundesanzeiger-verlag.de

ANHANG 5: FINARISIKOV UND ANLAGEN

Anlage 17
(zu § 10 Absatz 1 und § 11 Absatz 1)

RTFK — Konzeption der Risikotragfähigkeitsberechnungen

ID (Z)	ID (U)	ID (S)		
		10		20
			1. Angaben zum Steuerungskreis oder ergänzenden Verfahren	
10	1		Bankinterne Bezeichnung	
20	1		Steuerungskreis Kennnummer (KNR)	
30	1		Folgejahresbetrachtung zu Steuerungskreis (KNR)	
40	1		Die Folgejahresbetrachtung ist zum Stichtag nicht relevant	☐
50	1		Ergänzendes Verfahren zu Steuerungskreis (KNR)	
60	1		Der Steuerungskreis ist primär steuerungsrelevant	☐
			Änderung der Angaben: + Steuerungskreis hinzufügen	
			2. Ergänzende Angaben und Erläuterungen	
70				

Bundesgesetzblatt Jahrgang 2014 Teil I Nr. 62, ausgegeben zu Bonn am 29. Dezember 2014

Anlage 18
(zu § 10 Absatz 1 und § 11 Absatz 1)

STKK			Konzeption des Steuerungskreises - Steuerungskreis KNR ...			
ID (Z)	ID (U)	ID (S)	10	20	30	40

1. Verfahren

Das verwendete Verfahren entspricht konzeptionell einem:

Erläuterungen:

2. RTF-Betrachtungshorizont

2.1 Konzeptionell

Erläuterungen:

2.2 Für diese RTF-Meldung

(TT.MM.JJJJ)

3. Zielsetzung und Motivation des Steuerungskreises

3.1 Liegt dem Steuerungskreis ein einheitliches Konfidenzniveau zu Grunde?
Falls ja, geben Sie dieses bitte an.
Höhe des Konfidenzniveaus (in Prozent)

3.2 Welche Ziele liegen dem Steuerungskreis zu Grunde? (Mehrfachnennung möglich)
☐ Schutz der Gläubiger vor Verlusten (im Liquidationsfall)
☐ Schutz nur der erstrangigen Gläubiger (im Liquidationsfall)

☐ Einhaltung folgender Zielkapitalkennziffer(n):
Harte Kernkapitalquote (in Prozent)
Kernkapitalquote (in Prozent)
Gesamtkapitalquote (in Prozent)

Wurden bei der Ermittlung der Zielkapitalkennziffern Kapitalpufferanforderungen oder erhöhte Eigenmittelanforderungen berücksichtigt?
Falls ja, geben Sie bitte die Höhe an.

Kapitalpufferanforderung für
Kapitalerhaltungspuffer (§ 10c KWG) (in Prozent)
antizyklischen Kapitalpuffer (§ 10d KWG) (in Prozent)
systemische Risiken (§ 10e KWG) (in Prozent)
global systemrelevante Institute (§ 10f KWG) (in Prozent)
anderweitig systemrelevante Institute (§ 10g KWG) (in Prozent)
kombinierte Kapitalpuffer-Anforderung (§ 10i KWG) (in Prozent)

Erhöhte Eigenmittelanforderung nach
§ 10 Absatz 3 KWG (in Prozent)
§ 10 Absatz 4 KWG (in Prozent)

Erläuterungen:

Das Bundesgesetzblatt im Internet: www.bundesgesetzblatt.de | Ein Service des Bundesanzeiger Verlag www.bundesanzeiger-verlag.de

ANHANG 5: FINARISIKOV UND ANLAGEN

Bundesgesetzblatt Jahrgang 2014 Teil I Nr. 62, ausgegeben zu Bonn am 29. Dezember 2014

STKK			Konzeption des Steuerungskreises - Steuerungskreis KNR ...				
ID (Z)	ID (U)	ID (S)	10	20	30	40	
220			☐ Angestrebtes Zielrating:				
230	1		Vergebende Stelle ▼	Ratingnote		Ausblick	
			Änderung der Angaben:	+ Rating hinzufügen			
			Erläuterungen:				
240							
250			☐ Einhaltung der Großkreditobergrenze (bitte kurz erläutern)				
			Erläuterungen:				
260							
270			☐ Sonstige Ziele (bitte kurz erläutern)				
			Erläuterungen:				
280							
		4.	Ableitung des RDP				
290			Auf welcher Basis wird das RDP abgeleitet? ▼				
			Erläuterungen:				
300							
		5.	Ergänzende Angaben und Erläuterungen				
310							

Das Bundesgesetzblatt im Internet: www.bundesgesetzblatt.de | Ein Service des Bundesanzeiger Verlag www.bundesanzeiger-verlag.de

ANHANG 5: FINARISIKOV UND ANLAGEN

Anlage 19
(zu § 10 Absatz 1 und § 11 Absatz 1)

RDP-R Risikodeckungspotenzial - Steuerungskreis KNR ... - Ableitung ausgehend von den regulatorischen Eigenmitteln

ID (Z)	ID (UI)	ID (S)		10	20	30	40	50	60
			1. Zusammensetzung des Risikodeckungspotenzials						
			Auf welchem Rechnungslegungsstandard beruht die Ermittlung des regulatorischen Eigenmittels?						
					Bestandteil des Risikodeckungspotenzials	Stichtagswert	Angepasster Wert	Im RDP berücksichtigter Wert	Methodische Änderungen seit dem letzten Meldestichtag
			1.1 Risikodeckungspotenzial aus Eigenmitteln						
10			Hartes Kernkapital						
20				Hartes Kernkapital, das zur Einhaltung der Anforderung nach Artikel 92 Absatz 1 Buchstabe a) CRR erforderlich ist (-)					
30				Hartes Kernkapital, das zur Einhaltung der kombinierten Kapitalpufferanforderung nach § 10i KWG erforderlich ist (-)					
40				Hartes Kernkapital, das zur Einhaltung von Anforderungen nach § 10 Absatz 3 und Absatz 4 KWG zusätzlich erforderlich ist (-)					
50			Kernkapital						
60									
70				Kernkapital, das zur Einhaltung der Anforderung nach Artikel 92 Absatz 1 Buchstabe b) CRR erforderlich ist (-)					
80				Kernkapital, das zur Einhaltung von Anforderungen nach § 10 Absatz 3 und Absatz 4 KWG zusätzlich erforderlich ist (-)					
90			Eigenmittel						
100				Eigenmittel, die zur Einhaltung der Anforderungen aus Artikel 92 Absatz 1 Buchstabe c) CRR erforderlich sind (-)					
110				Eigenmittel, die zur Einhaltung von Anforderungen nach § 10 Absatz 3 und Absatz 4 KWG zusätzlich erforderlich sind (-)					

ANHANG 5: FINARISIKOV UND ANLAGEN

RDP-R Risikodeckungspotenzial - Steuerungskreis KNR ... - Ableitung ausgehend von den regulatorischen Eigenmitteln

ID (Z)	ID (U)	ID (S)	Bestandteil des Risikodeckungspotenzials	Stichtagswert	Angepasster Wert	Im RDP berücksichtigter Wert	Methodische Änderungen seit dem letzten Meldestichtag
			1.2 Angaben zu in den Eigenmitteln berücksichtigten Posten				
120			Fonds für allgemeine Bankrisiken				▶
130			Ungebundene Vorsorgereserven nach § 340f HGB				▶
140			└ darunter nicht in den Eigenmitteln enthalten				▶
150			└ darunter nicht in den Eigenmitteln enthalten				▶
160			Stille Reserven gemäß § 10 Absatz 2b Satz 1 Nummer 6 und 7 KWG a. F.				▶
170			└ darunter nicht in den Eigenmitteln enthalten				▶
180			└ davon in Immobilien				▶
190			└ darunter nicht in den Eigenmitteln enthalten				▶
200			└ davon in Wertpapieren				▶
210			└ darunter nicht in den Eigenmitteln enthalten				▶
220			Neubewertungsrücklage				▶
230			└ darunter nicht in den Eigenmitteln enthalten				▶
240			Verbindlichkeiten mit laufender Verlustteilnahme				▶
250			└ darunter nicht in den Eigenmitteln enthalten				▶
260			Nachrangige Verbindlichkeiten ohne laufende Verlustteilnahme				▶
270			└ darunter nicht in den Eigenmitteln enthalten				▶
280			Anteile im Fremdbesitz				▶
290			└ darunter nicht in den Eigenmitteln enthalten				▶
300			Aufgelaufene Gewinne und Verluste zum Meldestichtag (+/-)				▶
310			└ darunter nicht in den Eigenmitteln enthalten (+/-)				▶
320			Eigenkontrakteffekte (+/-)				▶
330			└ darunter nicht in den Eigenmitteln eliminiert (+/-)				▶
340			Aktive latente Steuern (-)				▶
350			└ darunter nicht in den Eigenmitteln eliminiert (-)				▶
360			Goodwill (-)				▶
370			└ darunter nicht in den Eigenmitteln eliminiert (-)				▶
380			Sonstige immaterielle Vermögensgegenstände (-)				▶
390			└ darunter nicht in den Eigenmitteln eliminiert (-)				▶
400			+ weiteren Bestandteil oder Abzugsposten hinzufügen				
410							

ANHANG 5: FINARISIKOV UND ANLAGEN

Bundesgesetzblatt Jahrgang 2014 Teil I Nr. 62, ausgegeben zu Bonn am 29. Dezember 2014   **2349**

RDP-R			Risikodeckungspotenzial - Steuerungskreis KNR ... - Ableitung ausgehend von den regulatorischen Eigenmitteln				
ID (Z)	ID (U)	ID (S)	10	20	30	40	50	60
				Bestandteil des Risikodeckungspotenzials	Stichtagswert	Angepasster Wert	Im RDP berücksichtigter Wert	Methodische Änderungen seit dem letzten Meldestichtag
				1.3 Weitere Posten				
420				Planergebnis (+/-) ☐ vor Bewertung ☐ vor Steuern ☐ nach Bewertung ☐ nach Steuern				
430				Mindestgewinn / Geplante Ausschüttung (-)				▶
440				Ungebundene Vorsorgereserven nach § 26a KWG a. F.				▶ ▶
450				Stille Reserven ☐ mit Berücksichtigung steuerlicher Effekte ☐ ohne Berücksichtigung steuerlicher Effekte				
460				∟-davon in Immobilien				▶ ▶
470				∟-davon in Wertpapieren				
480				∟-davon in Beteiligungen				
490				+ weiteren Bestandteil der stillen Reserven hinzufügen				▶ ▶ ▶ ▶ ▶
500				Stille Lasten (-)				
510				∟-davon in Immobilien (-)				
520				∟-davon in Wertpapieren (-)				
530				∟-davon in Beteiligungen (-)				
540				∟-davon aus Pensionsverpflichtungen (-)				
550	1			+ weiteren Bestandteil der stillen Lasten hinzufügen				
560	1			+ weitere Bestandteil oder Abzugsposten hinzufügen				▶ ▶
570				**1.4 Zwischensumme**				
580				**1.5 Zusätzliche Korrekturposten**				
590				Abzugsposten für bereits im RDP berücksichtigte Risiken (-)				
600				Nicht explizit zur Abdeckung von Risiken berücksichtigter Puffer (-)				
610				**1.6 Gesamt**				
620				**2.** Ergänzende Angaben und Erläuterungen				
630								

Das Bundesgesetzblatt im Internet: www.bundesgesetzblatt.de | Ein Service des Bundesanzeiger Verlag www.bundesanzeiger-verlag.de

ANHANG 5: FINARISIKOV UND ANLAGEN

Anlage 20
(zu § 10 Absatz 1 und § 11 Absatz 1)

RDP-BI Risikodeckungspotenzial - Steuerungskreis KNR .... - Ableitung ausgehend von der externen Rechnungslegung (IFRS)

ID (Z)	ID (U)	ID (S)		Stichtagswert	Angepasster Wert	Im RDP berücksichtigter Wert	Methodische Änderungen seit dem letzten Meldestichtag
		10		20	30	40	50	60
			1. Zusammensetzung des Risikodeckungspotenzials				
			Bestandteil des Risikodeckungspotenzials				
10			**1.1 Risikodeckungspotenzial aus Eigenkapital**				
			Bilanzielles Eigenkapital				▶
			1.2 Nichtrechtliche Posten				
20			Neubewertungsrücklage				▶
30			Anteile im Fremdbesitz				▶
40			Eigenkapitaldifferenz aus Währungsumrechnung				▶
50			Cash-Flow-Hedge-Rücklage				▶
			1.3 Weitere Posten				
60			Verbindlichkeiten mit laufender Verlustteilnahme				▶
70			Nachrangige Verbindlichkeiten ohne laufende Verlustteilnahme				▶
80			nachrichtlich: von in die Konsolidierung einbezogenen Unternehmen begebene Instrumente				▶
90			Planergebnis (+/-)				
100			☐ vor Bewertung ☐ vor Steuern				▶
110			☐ nach Bewertung ☐ nach Steuern				▶
120			Mindestgewinn / Geplante Ausschüttung (-)				▶
130			Aufgelaufene Gewinne und Verluste zum Meldestichtag (+/-)				
140			☐ mit Berücksichtigung steuerlicher Effekte				▶
150			☐ ohne Berücksichtigung steuerlicher Effekte				▶
160			L davon in Immobilien				▶
170			L davon in Wertpapieren				▶
180			L davon in Beteiligungen				▶
190	1		+ weiteren Bestandteil der stillen Reserven hinzufügen				
200			Stille Lasten (-)				▶
210			L davon in Immobilien (-)				▶
220			L davon in Wertpapieren (-)				▶
230			L davon in Beteiligungen (-)				▶
240	1		+ weiteren Bestandteil der stillen Lasten hinzufügen				

1019

ANHANG 5: FINARISIKOV UND ANLAGEN

RDP-BI			Risikodeckungspotenzial - Steuerungskreis KNR ... - Ableitung ausgehend von der externen Rechnungslegung (IFRS)					
ID (Z)	ID (0)	ID (B)	Bestandteil des Risikodeckungspotenzials	Stichtagswert	Angepasster Wert	Im RDP berücksichtigter Wert	Methodische Änderungen seit dem letzten Meldestichtag
	10			20	30	40	50	60
250			Nicht zur zweckfreien Verlustabdeckung zur Verfügung stehende Posten (-)				▶
260			Aktive latente Steuern (-)				
270			Goodwill (-)				▶
280			Sonstige immaterielle Vermögensgegenstände (-)				▶
290			Eigenkontoaktiefkete (+/-)				▶ ▶
300			Zur Einhaltung der Anforderungen nach Artikel 92 Absatz 1 Buchstabe c) CRR benötigte Eigenmittel (-)				▶
310			L- darunter zur Einhaltung der Anforderungen nach Artikel 92 Absatz 1 Buchstabe b) benötigtes Kernkapital (-)				
320			L- darunter zur Einhaltung der Anforderungen nach Artikel 92 Absatz 1 Buchstabe a) CRR benötigtes hartes Kernkapital (-)				▶
330			Hartes Kernkapital, das zur Einhaltung der kombinierten Kapitalpufferanforderung nach § 10i KWG erforderlich ist (-)				▶
340			Eigenmittel, die zur Einhaltung der Anforderungen nach § 10 Absatz 3 und Absatz 4 KWG erforderlich sind (-)				▶
350			L- darunter Kernkapital, das zur Einhaltung der Anforderungen nach § 10 Absatz 3 und Absatz 4 KWG erforderlich ist (-)				
360			L- darunter hartes Kernkapital, das zur Einhaltung der Anforderungen nach § 10 Absatz 3 und Absatz 4 KWG erforderlich ist (-)				
370	1		+ weiteren Bestandteil oder Abzugsposten hinzufügen				
380			1.4 Zwischensumme				
			1.5 Zusätzliche Korrekturposten				
390			Abzugsposten für bereits im RDP berücksichtigte Risiken (-)				
400			Nicht explizit zur Abdeckung von Risiken berücksichtigter Puffer (-)				
410			1.6 Gesamt				

ANHANG 5: FINARISIKOV UND ANLAGEN

RDP-BI Risikodeckungspotenzial - Steuerungskreis KNR ... - Ableitung ausgehend von der externen Rechnungslegung (IFRS)

ID (Z) | ID (U) | ID (B)

2. Ergänzende Angaben und Erläuterungen

420

ANHANG 5: FINARISIKOV UND ANLAGEN

Anlage 21
(zu § 10 Absatz 1 und § 11 Absatz 1)

RDP-BH — Risikodeckungspotenzial - Steuerungskreis KNR ... - Ableitung ausgehend von der externen Rechnungslegung (HGB)

ID (2)	ID (U)	ID (S)		10	20	30	40	50	60
				Bestandteil des Risikodeckungspotenzials		Stichtagswert	Angepasster Wert	Im RDP berücksichtigter Wert	Methodische Änderungen seit dem letzten Meldestichtag
			1. Zusammensetzung des Risikodeckungspotenzials						
				1.1 Risikodeckungspotenzial aus Eigenkapital					
10				Bilanzielles Eigenkapital					▶
				1.2 Nachrichtliche Posten					
20				Anteile im Fremdbesitz					▶▶
30				Rücklage für Anteile an herrschenden oder mit Mehrheitsbesitz beteiligten Unternehmen					▶▶
40				Eigenkapitaldifferenz aus Währungsumrechnung					▶▶
50				Drohverlustrückstellung wegen verlustfreier Bewertung des Zinsbuchs					▶▶
				1.3 Weitere Posten					
60				Fonds für allgemeine Bankrisiken					▶▶▶
70				Verbindlichkeiten mit laufender Verlustteilnahme					▶▶▶
80				Nachrangige Verbindlichkeiten ohne laufende Verlustteilnahme					▶▶▶
90				nachrichtlich: von in die Konsolidierung einbezogenen Unternehmen begebene Instrumente					
100				Ungebundene § 340f HGB Reserven					▶▶▶
110				Ungebundene Vorsorgereserven nach § 26a KWG a. F.					▶▶▶
120				Planergebnis (+/-) ☐ vor Bewertung ☐ nach Bewertung					
130				☐ vor Steuern ☐ nach Steuern					
140				Mindergewinn / Geplante Ausschüttung (-)					▶▶▶
150				Aufgelaufene Gewinne und Verluste zum Meldestichtag (+/-)					
160				Stille Reserven					
170				☐ mit Berücksichtigung steuerlicher Effekte ☐ ohne Berücksichtigung steuerlicher Effekte					
180				L davon in Immobilien					
190				L davon in Wertpapieren					
200				L davon in Beteiligungen					
210				+ weiteren Bestandteil der stillen Reserven hinzufügen					

ANHANG 5: FINARISIKOV UND ANLAGEN

RDP-BH			Risikodeckungspotenzial - Steuerungskreis KNR ... - Ableitung ausgehend von der externen Rechnungslegung (HGB)				
ID (Z)	ID (U)	ID (S)					
		10	Bestandteil des Risikodeckungspotenzials	20 Stichtagswert	30	40 Angepasster Wert	50 Im RDP berücksichtigter Wert	60 Methodische Änderungen seit dem letzten Meldestichtag
220			Stille Lasten (-)					
230			└ davon in Immobilien (-)					▶▶▶▶
240			└ davon in Wertpapieren (-)					
250			└ davon in Beteiligungen (-)					
260			└ davon aus Pensionsverpflichtungen (-)					
270	1		+ weiteren Bestandteil der stillen Lasten hinzufügen					▶
280			Nicht zur zwackfreien Verlustabdeckung zur Verfügung stehende Posten (-)					▶▶▶▶
290			Aktive latente Steuern (-)					▶
300			Goodwill (-)					▶
310			Sonstige immaterielle Vermögensgegenstände (-)					▶
320			Zur Einhaltung der Anforderungen nach Artikel 92 Absatz 1 Buchstabe c) CRR benötigte Eigenmittel (-)					▶
330			└ darunter zur Einhaltung der Anforderungen nach Artikel 92 Absatz 1 Buchstabe b) benötigtes Kernkapital (-)					
340			└ darunter zur Einhaltung der Anforderungen nach Artikel 92 Absatz 1 Buchstabe a) CRR benötigtes hartes Kernkapital (-)					
350			Hartes Kernkapital, das zur Einhaltung der kombinierten Kapitalpufferanforderung nach § 10i KWG erforderlich ist (-)					▶
360			Eigenmittel, die zur Einhaltung der Anforderungen nach § 10 Absatz 3 und Absatz 4 KWG erforderlich sind (-)					▶
370			└ darunter Kernkapital, das zur Einhaltung der Anforderungen nach § 10 Absatz 3 und Absatz 4 KWG erforderlich ist (-)					
380			└ darunter hartes Kernkapital, das zur Einhaltung der Anforderungen nach § 10 Absatz 3 und Absatz 4 KWG erforderlich ist (-)					
390	1		+ weiteren Bestandteil oder Abzugsposten hinzufügen					
400			**1.4 Zwischensumme**					
410			**1.5 Zusätzliche Korrekturposten**					
420			Abzugsposten für bereits im RDP berücksichtigte Risiken (-)					▶▶
430			Nicht explizit zur Abdeckung von Risiken berücksichtigter Puffer (-)					
			1.6 Gesamt					

ANHANG 5: FINARISIKOV UND ANLAGEN

Bundesgesetzblatt Jahrgang 2014 Teil I Nr. 62, ausgegeben zu Bonn am 29. Dezember 2014   **2355**

RDP-BH	Risikodeckungspotenzial - Steuerungskreis KNR ... - Ableitung ausgehend von der externen Rechnungslegung (HGB)					
		10	20	30	40	50	60
ID (Z)	ID (U)	ID (B)	2. Ergänzende Angaben und Erläuterungen				
		440					

ANHANG 5: FINARISIKOV UND ANLAGEN

Anlage 22
(zu § 10 Absatz 1 und § 11 Absatz 1)

RDP-BW

Risikodeckungspotenzial - Steuerungskreis KNR ... - Barwertige Ableitung

ID (Z)	ID (U)	ID (S)	10	20	30	40	50
				Stichtagswert	Angepasster Wert	Im RDP berücksichtigter Wert	Methodische Änderungen seit der letzten Meldestichtag
			1. Zusammensetzung des Risikodeckungspotenzials (Barwertige Ableitung)				
			Bestandteil des Risikodeckungspotenzials				
10			1.1 Risikodeckungspotenzial aus Nettovermögenswert				
20			Nettovermögenswert				▶
30			└ davon Barwert des Zinsbuchs				▶
40			└ davon Kostenbarwert				▶
50	1		└ davon Standardrisikokostenbarwert				▶
60	1		+ weiteren Bestandteil oder Abzugsposten des Nettovermögenswerts hinzufügen				
			+ weiteren Bestandteil oder Abzugsposten hinzufügen				
			1.2 Posten				
70			Zur Einhaltung der Anforderungen nach Artikel 92 Absatz 1 Buchstabe c) CRR benötigte Eigenmittel (-)				▶
80			└ darunter zur Einhaltung der Anforderungen nach Artikel 92 Absatz 1 Buchstabe b) benötigtes Kernkapital (-)				▶
90			Hartes Kernkapital, das zur Einhaltung der Anforderungen nach Artikel 92 Absatz 1 Buchstabe a) CRR benötigtes hartes Kernkapital (-)				▶
100			Eigenmittel, die zur Einhaltung der Anforderungen nach § 10 Absatz 3 und Absatz 4 KWG erforderlich sind (-)				▶
110			└ darunter Kernkapital, das zur Einhaltung der Anforderungen nach § 10 Absatz 3 und Absatz 4 KWG erforderlich ist (-)				▶
120			└ darunter hartes Kernkapital, das zur Einhaltung der Anforderungen nach § 10 Absatz 3 und Absatz 4 KWG erforderlich ist (-)				▶
130			+ weiteren Abzugsposten hinzufügen				
140							

1025

ANHANG 5: FINARISIKOV UND ANLAGEN

Bundesgesetzblatt Jahrgang 2014 Teil I Nr. 62, ausgegeben zu Bonn am 29. Dezember 2014   **2357**

ANHANG 5: FinaRisikoV UND ANLAGEN

Anlage 23
(zu § 10 Absatz 1 und § 11 Absatz 1)

ANHANG 5: FinaRisikoV UND ANLAGEN

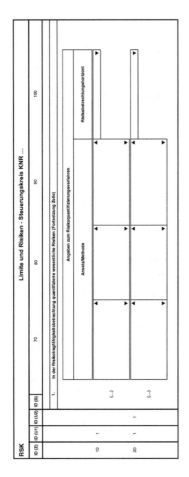

ANHANG 5: FINARISIKOV UND ANLAGEN

RSK	ID (Z)	ID (U1)	ID (U2)	ID (S)	Limite und Risiken - Steuerungskreis KNR...				
					110	120	130	140	
					In der Risikotragfähigkeitsbetrachtung quantifizierte wesentliche Risiken (Fortsetzung Zeile)	Angaben zum Risikoquantifizierungsverfahren			
					Haltedauer	Minimale Haltedauer (in Geschäftstagen)	Maximale Haltedauer (in Geschäftstagen)	Risikobegriff	
				1.					
10		1			(...)				
20			1		(...)				

ANHANG 5: FinaRisikoV UND ANLAGEN

Bundesgesetzblatt Jahrgang 2014 Teil I Nr. 62, ausgegeben zu Bonn am 29. Dezember 2014 **2361**

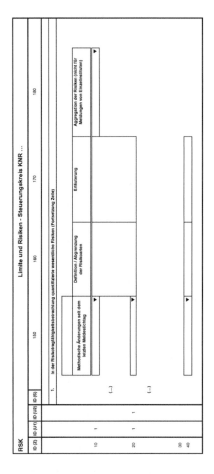

Das Bundesgesetzblatt im Internet: www.bundesgesetzblatt.de | Ein Service des Bundesanzeiger Verlag www.bundesanzeiger-verlag.de

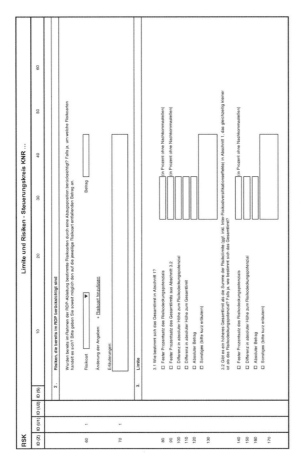

ANHANG 5: FinaRisikoV UND ANLAGEN

Bundesgesetzblatt Jahrgang 2014 Teil I Nr. 62, ausgegeben zu Bonn am 29. Dezember 2014 **2363**

RSK			Limite und Risiken - Steuerungskreis KNR ...					
ID (Z)	ID (U1)	ID (U2)	ID (S)	10	20	30	40	50	60
			4. Überschreitungen des RDP zwischen Meldestichtagen					
180			4.1 Überstiegen die Risiken seit dem Stichtag der letzten Meldung das zur Abdeckung zur Verfügung stehende Risikodeckungspotenzial? Falls ja, um welchen Betrag?					
190			4.2 Überstiegen die Risiken seit dem Stichtag der letzten Meldung das Gesamtlimit? Falls ja, um welchen Betrag?					
200			Erläuterungen:					
			5. Berücksichtigung eingetretener Verluste bzw. geringerer Gewinne					
210			5.1 Wie werden bereits eingetretene Verluste berücksichtigt?					
220			5.2 Wie werden geringere Gewinne als in der RDP-Ableitung angenommen berücksichtigt?					
230			5.3 Falls Berücksichtigung über Risikoseite erfolgt, wie hoch ist der Betrag nach etwaigen Diversifikationseffekten?					
240			Erläuterungen:					
			6. Nicht mit Risikodeckungspotenzial unterlegte wesentliche Risiken					
250			Haben Sie wesentliche Risiken identifiziert, die nicht mit Risikodeckungspotenzial unterlegt werden? Falls ja, so geben Sie diese bitte an. Risikoart ▶ Änderung der Angaben: + Risikoart hinzufügen					
260			Erläuterungen:					

Das Bundesgesetzblatt im Internet: www.bundesgesetzblatt.de | Ein Service des Bundesanzeiger Verlag www.bundesanzeiger-verlag.de

ANHANG 5: FINARISIKOV UND ANLAGEN

Limite und Risiken - Steuerungskreis KNR ...

7. Adressenausfallrisiken - Kreditportfoliomodelle

Modell 1
- 7.1 Auf welchem Grundtypus basiert Ihr Kreditportfoliomodell?
- 7.2 Anwendungsbereich des Kreditportfoliomodells (bei "Zusammengefasster Meldung"):
- 7.3 Einbezogene Positionen:
  - 7.3.1 Welcher Risikobegriff wird zugrunde gelegt?
  - 7.3.2 Worauf werden die Risiken bezogen?
  - 7.3.3 Wie fließen die Risikopositionen in die Kreditrisikoberechnung ein?
  - 7.3.4 In welcher Form fließen Verlustquoten (LGDs) in die Kreditrisikoberechnung ein?

Änderung der Angaben: + Position hinzufügen

Erläuterungen:

Änderung der Angaben: + Modell hinzufügen

8. Ergänzende Angaben und Erläuterungen

ANHANG 5: FinaRisikoV UND ANLAGEN

Bundesgesetzblatt Jahrgang 2014 Teil I Nr. 62, ausgegeben zu Bonn am 29. Dezember 2014   **2365**

Anlage 24
(zu § 10 Absatz 1 und § 11 Absatz 1)

STG			Steuerungsmaßnahmen und zukünftige Risikotragfähigkeit						
ID (Z)	ID (U)	ID (S)	10	20	30	40	50	60	

1. Frequenz der Berichterstattung

- 10: Welche Frequenz der Berichterstattung ist in dem RTF-Konzept vorgesehen? [▼] ☐ Ad-hoc
- 20: Erläuterungen:

2. Beschlüsse auf der Grundlage der Risikotragfähigkeitsberechnung

Wurden im Zeitraum seit der letzten RTF-Meldung aufgrund einer bereits vorliegenden oder sich konkret abzeichnenden Gefährdung der Risikotragfähigkeit Beschlüsse gefasst? Falls ja, welchen Inhalt hatten die Beschlüsse? (Mehrfachnennung möglich)

Beschlussgegenstand
- 30: Änderung der Risikostrategie — ☐ (bitte kurz erläutern)
- 40: Aus-/Abbau von Aktivitäten/Geschäftsfeldern — ☐ (bitte kurz erläutern)
- 50: Anpassungen der internen Steuerung — ☐ (bitte kurz erläutern)
- 60: Preispolitik — ☐ (bitte kurz erläutern)
- 70: Veränderungen bei Limiten — ☐ (bitte kurz erläutern)
- 80: Maßnahmen zur Reduktion der Risiken — ☐ (bitte kurz erläutern)
- 90: Sonstige Steuerungsmaßnahmen — ☐ (bitte kurz erläutern)
- 100: Erläuterungen:

3. Maßnahmen zur Verstärkung des Risikodeckungspotenzials

Wurden aufgrund einer bereits vorliegenden oder sich konkret abzeichnenden Gefährdung der Risikotragfähigkeit Maßnahmen zur Verstärkung des Risikodeckungspotenzials (z. B. Kapitalerhöhung, Verzicht auf Gewinnausschüttung) beschlossen und/oder durchgeführt bzw. sind solche Maßnahmen konkret (kurz- und mittelfristige Kapitalplanung) geplant? Falls ja, geben Sie diese bitte nachfolgend an.

	Maßnahme	Höhe	Zeitraum / Zeitpunkt	
			Start	Ende
110	1			

Änderung der Angaben: + Maßnahme hinzufügen

- 120: Erläuterungen:

4. Kapitalplanung

- 130: 4.1 Auf welchen Zeitraum erstreckt sich Ihre regulatorische Kapitalplanung? [   ] (in ganzen Monaten)
- 140: 4.2 Auf welchen Zeitraum erstreckt sich Ihre interne Kapitalplanung? [   ] (in ganzen Monaten)
- 150: 4.3 Anzahl der Szenarien, anhand derer Sie die Kapitalplanung durchführen: [▼]
- 160: Erläuterungen:

5. Ergänzende Angaben und Erläuterungen

- 170:

Das Bundesgesetzblatt im Internet: www.bundesgesetzblatt.de | Ein Service des Bundesanzeiger Verlag www.bundesanzeiger-verlag.de

1034

Literaturverzeichnis

Literaturverzeichnis

AbwMechG (2015): Gesetz zur Anpassung des nationalen Bankenabwicklungsrechts an den Einheitlichen Abwicklungsmechanismus und die europäischen Vorgaben zur Bankenabgabe (Abwicklungsmechanismusgesetz – AbwMechG) vom 2. November 2015, in: Bundesgesetzblatt Jahrgang 2015 Teil I Nr. 43, ausgegeben zu Bonn am 5. November 2015, S. 1864–1887, erhältlich auf: http://www.bundesfinanzministerium.de/Content/DE/Down loads/Gesetze/2015-11-05-Abwicklungsmechanismusgesetz.pdf?__blob=pu blicationFile&v=2, Abfrage vom 03.03.2016.

Akmann, M./Beck, A./Herrmann, R./Stückler, R. (2005): Die Liquiditätsrisiken dürfen nicht vernachlässigt werden, in: Betriebswirtschaftliche Blätter 2005, Heft 10, S. 556–559.

Albert, A. (2010): Bankenaufsichtliche Regulierung des Liquiditätsrisikomanagements, in: Zeranski, S. (Hrsg.): Ertragsorientiertes Liquiditätsrisikomanagement, 2. Auflage, Heidelberg 2010, S. 85–199.

Albrecht, P. (2005): Kreditrisiken – Modellierung und Management: Ein Überblick, in: German Risk and Insurance Review, 1. Jahrgang, Mannheim 2005, erhältlich auf: http://www.risk-insurance.de/Invited_Papers/166/Albrecht Kreditrisiken.pdf, Abfrage vom 01.05.2016.

Alexander, C. (2011): Market Risk Analysis, Volume IV, Value-at-Risk Models, Chichester (West Sussex/England) 2011.

Altrock, F./Hakenes, H. (2000): Die Kalkulation ausfallbedrohter Finanztitel mit Rating-Übergangsmatrizen, erhältlich auf: https://www.wiwi.uni-muen ster.de/fcm/downloads/forschen/ifk_db/ifkdb00_02.pdf, Abfrage vom 25.02.2016.

Ammann, M./Schmid, C./Wegmann, P. (2000): Risikomanagement. Gesucht: Das beste Kreditportfolio-Modell, in: Schweizer Bank, 01/2000, S. 1–4.

Angermüller, N./Zeranski, S. (2008): New Approaches for Efficient Liquidity Management in the Light of Recent Regulation and Developments, in: Journal of International Banking Law and Regulation, Volume 23, Issue 10, 2008, S. 506–513.

Aubin, P. (2010): Ertrag, Risiko und Produktivität, in: Zeitschrift für das gesamte Kreditwesen, 24/2010, S. 1340–1349.

Axt, M./Daferner M. (2008): Anwendung der Szenariotechnik – Abbildung des Geschäftsrisikos, in: Risiko-Manager, Heft 15/2008, S. 16–18.

BaFin (2005.12): Rundschreiben 18/2005: Mindestanforderungen an das Risikomanagement, Bonn, 20.12.2005.

BaFin (2007.09): Empfehlung des Fachgremiums OpR zur Datensammlung (interne Schadensdaten) im AMA, 13. September 2007, erhältlich auf:

LITERATURVERZEICHNIS

http://www.bafin.de/SharedDocs/Veroeffentlichungen/DE/Auslegungsentscheidung/BA/ae_070913_datensammlung.html, Abfrage vom 01.05.2016.

BaFin (2008.08): Studie – Praxis des Liquiditätsrisikomanagements in ausgewählten deutschen Kreditinstituten, vom 28.08.2008, http://www.bafin.de/SharedDocs/Downloads/DE/dl_fa_080128_studie_liquiditaetsrisikomanagement_ba.html, Abfrage vom 13.03.2016.

BaFin (2009.05): Studie zum Management operationeller Risiken in Instituten, die einen Basisindikatoransatz verwenden (aktualisierte Version vom 04.05.2009), erhältlich auf: http://www.bafin.de/SharedDocs/Downloads/DE/Eigenmittel_BA/dl_studie_oprisk_bia_ba.pdf?__blob=publicationFile&v=6, Abfrage vom 01.05.2016.

BaFin (2009.08): Rundschreiben 15/2009: Mindestanforderungen an das Risikomanagement, Bonn, 14.08.2009.

BaFin (2010): Rundschreiben 11/2010 (BA) vom 15.12.2010 Mindestanforderungen an das Risikomanagement – MaRisk, 2010, Bonn.

BaFin (2010.05) Jahresbericht der BaFin 2009, erhältlich auf: http://www.bafin.de/SharedDocs/Downloads/DE/Jahresbericht/dl_jb_2009.pdf?__blob=publicationFile&v=10, Abfrage vom 01.05.2016.

BaFin (2010.07): Konsultation 5/2010 – Anschreiben zur Überarbeitung der MaRisk, erhältlich auf: http://www.bafin.de/SharedDocs/Veroeffentlichungen/DE/Konsultation/2010/kon_0510_marisk_ba.html, Abfrage vom 01.05.2016.

BaFin (2010.12a): Anschreiben zu den MaRisk vom 15.12.2010.

BaFin (2010.12b): Rundschreiben 11/2010 (BA) vom 15.12.2010, Bonn, 15.12.2010.

BaFin (2010.12c): Anlage 1: Erläuterung zu den MaRisk in der Fassung vom 15.12.2010.

BaFin (2011.11): Rundschreiben 11/2011: Zinsänderungsrisiken im Anlagebuch; Ermittlung der Auswirkungen einer plötzlichen und unerwarteten Zinsänderung, GZ: BA 55-FR 2232-2010/0001; Bonn 09.11.2011.

BaFin (2011.12): Aufsichtliche Beurteilung bankinterner Risikotragfähigkeitskonzepte der Kreditinstitute, Papier BA 54-K 3000-2010/0006, 2011/0362266 vom 07.12.2011, erhältlich auf: http://www.bafin.de/SharedDocs/Downloads/DE/Leitfaden/BA/lf_111212_risikotragfaehigkeit.pdf?__blob=publicationFile&v=10, Abfrage vom 23.08.2015.

BaFin (2012.04): Konsultation 06/2011 – Neukonzeption des bankaufsichtlichen Meldewesens vom 01.03.2011, zuletzt geändert am 26.04.2012: Konzept der deutschen Bankenaufsicht – Modul A, erhältlich auf: http://www.bafin.de/SharedDocs/Downloads/DE/Konsultation/2011/dl_kon_0611_konzept_modulA.pdf?__blob=publicationFile&v=2, Abfrage vom 01.05.2016.

LITERATURVERZEICHNIS

BaFin (2012.11): Konsultation 12/2012 – Entwurf eines Rundschreibens zu Mindestanforderungen an die Ausgestaltung von Sanierungsplänen, (MaSan) Geschäftszeichen BA 57-K 5311-2012/0003 vom 02.11.2012.

BaFin (2012.12a): MaRisk Novelle 2012 – Veröffentlichung der Endfassung, Anschreiben an die Verbände, Bonn/Frankfurt, 14.12.2012.

BaFin (2012.12b): Rundschreiben 10/2012 (BA) MaRisk vom 14.12.2012.

BaFin (2012.12c): Anlage 1: Erläuterung zu den MaRisk in der Fassung vom 14.12.2012.

BaFin (2014.04): Rundschreiben 3/2014 (BA) – Mindestanforderungen an die Ausgestaltung von Sanierungsplänen (MaSan) vom 25. April 2014, erhältlich auf: https://www.bafin.de/SharedDocs/Veroeffentlichungen/DE/Rundschreiben/rs_1403_masan_ba.html?nn=2818068, Abfrage vom 10.03.2016.

BaFin (2014.12): Liquidität: LCR-Mindeststandard für Europa, 01.12.2014. http://www.bafin.de/SharedDocs/Veroeffentlichungen/DE/Fachartikel/2014/fa_bj_1412_liquiditaet_lcr_mindeststandard_fuer_europa.html, Abfrage vom 30.03.2016.

BaFin (2015.02): Allgemeinverfügung der BaFin zur Einreichung der Informationen zur Risikotragfähigkeit, GZ: BA 54-FR 2204-2010/0004, 25. Februar 2015, erhältlich auf: http://www.bafin.de/SharedDocs/Aufsichtsrecht/DE/Verfuegung/vf_150224_informationen_risikotragfaehigkeit_ba.html, Abfrage vom 13.03.2016.

BaFin (2016.02a): Anschreiben zur Konsultation 02/2016 – MaRisk-Novelle 2016, GZ: BA 54-FR 2210-2016/0008, 2016/0056411 vom 18.02.2016.

BaFin (2016.02b): Konsultation 02/2016: Entwurf der MaRisk in der Fassung vom 18. Februar 2016, erhältlich auf: http://www.bafin.de/SharedDocs/Downloads/DE/Konsultation/2016/dl_kon_0216_marisk_2016.pdf?__blob=publicationFile&v=2, Abfrage vom 10.03.2016.

BaFin/Deutsche Bundesbank (2009.08): Risikoorientierte Aufsicht nach Umsetzung der zweiten Säule von Basel II, Veröffentlichung im Rahmen von CEBS supervisory disclosure vom 27. August 2009, erhältlich auf: http://www.bafin.de/SharedDocs/Downloads/DE/Bericht/dl_sdtf_basel2_risikoorientierte_aufsicht.pdf?__blob=publicationFile&v=2, Abfrage vom 10.03.2016.

BaKred (1995): Verlautbarung über Mindestanforderungen an das Betreiben von Handelsgeschäften der Kreditinstitute, Aktenzeichen I 4 – 42 – 3/86, Berlin 23.10.1995.

Bamber, G./Dorfleitner, G./Glaab, H. (2005): Risikobasierte Kapitalallokation in Versicherungsunternehmen unter Verwendung des Co-Semivarianz-Prinzips, in: Spremann, K. (Hrsg): Versicherungen im Umbruch, Berlin Heidelberg New York 2005, S. 399–414.

LITERATURVERZEICHNIS

Bank für Internationalen Zahlungsausgleich (2014): Grundlagen für ein solides Verfahren zur Kapitalplanung, erhältlich auf: http://www.bis.org/publ/bcbs 277_de.pdf, Abfrage vom 30.01.2016.

Bank of England (2015): The PRA's methodologies for setting Pillar 2 capital, London.

Bannert, T. (2000): Integriertes Treasury-Management – Bilanzstruktursteuerung mit kombinierten barwertig/periodischen Konzepten, in: Zeitschrift für das gesamte Kreditwesen, Vol. 18/2000, Frankfurt 2000, zeb/Sonderdruck.

Baron, O.-N./Rinne, H. (2015): Stresstests: Prüfung der Angemessenheit, (k)eine leichte Aufgabe, in: RevisionsPraktiker, 3. Jahrgang, August 2015, S. 150–155.

Bartetzky, P. (2012): Praxis der Gesamtbanksteuerung, Stuttgart 2012.

Bartetzky, P./Gruber, W./Wehn, C. S. (2008): Handbuch Liquiditätsrisiko, Stuttgart 2008.

Barth, H. (2012): Risikotragfähigkeitskonzepte von Banken aus Sicht der Wirttschaftsprüfung, in: Becker, A./Berndt, M./Klein, J. (Hrsg.): Risikotragfähigkeit im Fokus der Bankenaufsicht, 2. Auflage, Heidelberg 2012, S. 159–216.

Baseler Ausschuss für Bankenaufsicht (2001): Working Paper on the IRB Treatment of Expected Losses and Future Margin Income, Basel 2001.

Baseler Ausschuss für Bankenaufsicht (2004.06): Internationale Konvergenz der Kapitalmessung und Eigenkapitalanforderungen, erhältlich auf: https://www.bundesbank.de/Redaktion/DE/Downloads/Aufgaben/Bankenaufsicht/Gesetze_Verordnungen_Richtlinien/rahmenvereinbarung_baseler_eigenkapitalempfehlung_200406.pdf?__blob=publicationFile, Abfrage vom 01.05.2016.

Baseler Ausschuss für Bankenaufsicht (2006.06): Internationale Konvergenz der Eigenkapitalmessung und Eigenkapitalanforderungen, erhältlich auf: www.bis.org/publ/bcbs128ger.pdf, Abfrage vom 05.12.2015.

Baseler Ausschuss für Bankenaufsicht (2010): Basel III: A global regulatory framework for more resilient banks and banking systems, Basel 2010.

Baseler Ausschuss für Bankenaufsicht (2011.06): Basel III: Ein globaler Regulierungsrahmen für widerstandsfähigere Banken und Bankensysteme, erhältlich auf: http://www.bis.org/publ/bcbs189_de.pdf, Abfrage vom 01.05.2016.

Baseler Ausschuss für Bankenaufsicht (2012.09): Grundsätze für eine wirksame Bankenaufsicht; erhältlich auf: http://www.bis.org/publ/bcbs230_de.pdf, Abfrage vom 01.05.2016.

Baseler Ausschuss für Bankenaufsicht (2012.12) BIS Revisions to the Basel Securisation Framework – consultative document; erhältlich auf: http://www.bis.org/publ/bcbs236.pdf, Abfrage vom 01.05.2016.

Baseler Ausschuss für Bankenaufsicht (2013.01): Grundsätze für die effektive Aggregation von Risikodaten und die Risikoberichterstattung, Januar 2013, er-

LITERATURVERZEICHNIS

hältlich auf: http://www.bis.org/publ/bcbs239_de.pdf, Abfrage vom 01.05.2016.

Baseler Ausschuss für Bankenaufsicht (2014): Grundlagen für ein solides Verfahren zur Kapitalplanung, erhältlich auf: http://www.bis.org/publ/bcbs277_de.pdf, Abfrage vom 06.09.2015.

Batz, C./Martin, P./Seel, W./Zydowitz, S. von (2011): Einbindung von Risiko- und Ertragskonzentrationen in den Strategieprozess in Kühn, S./Stegner, P. (Hrsg.): Management von Risikokonzentrationen, Heidelberg 2011, S. 75–118.

BCBS (1999): Risk Concentrations Principles, Basel 1999.

BCBS (2004.06): International Convergence of Capital Measurement and Capital Standards, June 2004.

BCBS (2004.07): Principles for the Management and Supervision of Interest Rate Risk, erhältlich auf: http://www.bis.org/publ/bcbs108.pdf, Abfrage vom 23.01.2016.

BCBS (2005): Basel II: International Convergence of Capital Measurement and Capital Standards: a Revised Framework, Basel 2005.

BCBS (2005.05): Working Paper No. 14 – Studies on the Validation of Internal Rating Systems, Mai 2005, erhältlich auf: http://www.bis.org/publ/bcbs_wp14.pdf, Abfrage vom 01.05.2016.

BCBS (2005.07): An Explanatory Note on the Basel II IRB Risk Weight Functions, Basel 2005, erhältlich auf: http://www.bis.org/bcbs/irbriskweight.pdf, Abfrage vom 01.05.2016

BCBS (2006): Working Paper No. 15- Studies on credit risk concentration, Basel 2006.

BCBS (2008): Cross-sectoral review of group-wide identification and management of risk concentrations, Basel 2008.

BCBS (2008.09): Principles for Sound Liquidity Risk Management and Supervision, September 2008.

BCBS (2009.05): Principles for Sound Stress Testing Practices and Supervision, erhältlich auf: http://www.bis.org/publ/bcbs155.pdf, Abfrage vom 30.06.2013.

BCBS (2010.10): Principles for enhancing corporate governance, erhältlich auf: http://www.bis.org/publ/bcbs176.pdf, Abfrage vom 01.05.2016.

BCBS (2010.12): International Framework for Liquidity Risk Measurement, Standards and Monitoring, December 2010.

BCBS (2013.01a): Principles for effective risk data aggregation and risk reporting, erhältlich auf: http://www.bis.org/publ/bcbs239.pdf, Abfrage vom 01.05.2016.

BCBS (2013.01b): Basel III: The Liquidity Coverage Ratio and liquidity risk monitoring tools, January 2013.

LITERATURVERZEICHNIS

BCBS (2014): Supervisory framework for measuring and controlling large exposures, BCBS 246, Basel 2014.

BCBS (2014.01): A Sound Capital Planning Process: Fundamental Elements, January 2014.

BCBS (2014.10): Basel III: the net stable funding ratio, October 2014.

BCBS (2015.06a): Consultative Document – Interest Rate Risk in the Banking Book, erhältlich auf: http://www.bis.org/bcbs/publ/d319.pdf, Abfrage vom 23.01.2016.

BCBS (2015.06b): Net Stable Funding Ratio disclosure standards, June 2015.

BCBS (2016.01a): Standards – Minimum Capital Requirements for Market Risk, erhältlich auf: http://www.bis.org/publ/d352.pdf, Abfrage vom 23.01.2016.

BCBS (2016.01b): Explanatory Note on the Revised Minimum Capital Requirements for Market Risk, erhältlich auf: http://www.bis.org/publ/d352_note.pdf, Abfrage vom 27.01.2016.

Beck, A./Feix, M./Stückler, R. (2012): Risikointegration und Fundierung der Risikostrategie unter Einhaltung der Risikotragfähigkeit, in: Becker, A./Gruber, W./Wohlert, D. (Hrsg.): Handbuch MaRisk und Basel III: Neue Anforderungen an das Risikomanagement in der Bankpraxis, 2. Auflage, Frankfurt am Main 2012, S. 345–363.

Beck, A./Lesko, M. (2006): Zur Modellierung von Abhängigkeiten in der Bankpraxis – Copula-Funktionen zur Ermittlung des Gesamtbankrisikoprofils, in: Betriebswirtschaftliche Blätter 05/2006, S. 289 – 293.

Beck, A./Lesko, M. (2011): Asset Allokation und Risikotragfähigkeit – Aspekte der Korrelationsschätzung, in: RisikoManager 6/2011, 17.03.2011, S. 1, 8–18.

Beck, A./Lesko, M./Wegner, O. (2009): Risikoaggregationsverfahren für die Kapitalallokation – Konsequenzen und Erkenntnisse aus der Finanzkrise, in: RisikoManager 25/26/2009, 12.2009, S. 48–56.

Beck, R. (2003): Erfolg durch wertorientiertes Controlling: Entscheidungen unterstützende Konzepte (Grundlagen und Praxis der Betriebswirtschaft, Band 73), Berlin 2003.

Becker, A./Dettling, V./Winkler, O. (2014): Beurteilung (interner Prozesse) der Risikotragfähigkeit und Kapitalplanung aus Sicht der internen Revision, in: Becker, A. (Hrsg.): Risikotragfähigkeit im Fokus der Bankenaufsicht, Finanz Colloquium Heidelberg, Heidelberg 2014, S. 257–396.

Becker, A./Schmitt, M./Winkler, O. (2012): Prüfung der Internen Revision im Prüffeld der Risikotragfähigkeitskonzepte, in: Becker, A./Berndt, M./Klein, J. (Hrsg.): Bearbeitungs- und Prüfungsleitfaden Risikotragfähigkeit im Fokus der Bankenaufsicht, 2. Auflage, Heidelberg 2012, S. 217–341.

LITERATURVERZEICHNIS

Beeck, H./Johanning, L./Rudolph, B. (2002): Value-at-Risk-Limitstrukturen zur Steuerung und Begrenzung von Marktrisiken im Aktienbereich, 2002, Nr. 97/02, München 2002.

Behn, M./Haselmann, R./Sobott, J./Weber, R./Wulf, D. (2013): Welche Aussagekraft haben Länderratings? Eine empirische Modellierung der Ratingvergabe während der europäischen Schuldenkrise, in: Zeitschrift für betriebswirtschaftliche Forschung, Februar 2013, S. 2–31.

Bellavite-Hövermann, Y. (2009): Gesamtbankrisikosteuerung aus Sicht des Aufsichtsrats, in: Hilz-Ward, R./Everling, O. (Hrsg.): Risk Performance Management, Wiesbaden 2009, S. 15–34.

Benölken, H./Blütchen, A./Hintermeier, J. (2011): Strategieprozess und neue MaRisk, Frankfurt am Main 2011.

Bergermann, M./Welp, C. (2013): Jetzt kämpfen auch Sparkassen ums Überleben, Düsseldorf 2013, erhältlich auf: http://www.wiwo.de/unternehmen/banken/boom-der-vergangenen-jahre-ist-vorbei-jetzt-kaempfen-auch-sparkassen-ums-ueberleben/8090554.html, Abfrage vom 01.05.2016.

Bette, H./Koll, M./Wildtraut, I. F. (2012): Maß für Beteiligungsrisiken, in: die bank 03/2012, S. 60–63.

BHW Bausparkasse (2011): Geschäftsbericht 2011, Hameln 2011.

Bielmeier, S. (2015): Banken: Woher kommen die Erträge…, Vortrag auf der Konferenz Gesamtbanksteuerung 2014 am 19. Februar 2014, Frankfurt School of Finance, Frankfurt.

Bielmeier, S./Stappel, M. (2016): Ertragssituation und –perspektiven im deutschen Bankensektor, in: Heithecker, D./Tschuschke, D. (Hrsg.): Geschäftsmodellanalyse, Heidelberg 2016 (demnächst).

Bietke, D./Henne, A./Reichling, P. (2007): Praxishandbuch Risikomanagement und Rating. Ein Leitfaden, 2. Auflage, Wiesbaden 2007.

Biller, I./Mitschele. A./Schlottmann, F./Seese, D./Vorgrimler, S. (2004): Einsatz des LIBOR-Marktmodells in der Zinsänderungsrisikosteuerung, in: Zeitschrift für das gesamte Kreditwesen 22/2004, S. 37–40.

Bimmler, M./Mönke, R. (2004): Sockel der Gesamtbanksteuerung, in: Bankpraxis + Geschäftspolitik, Heft 3/2004, S. 31–34.

Bisterfeld, S. (2013): Kapitel I – V Risikoinventur, in: Reuse, S. (Hrsg.): Praktikerhandbuch Risikotragfähigkeit, Heidelberg 2013, 185–205.

Blömer, S. (2015): Die neue europäische Bankenaufsichtsfunktion Single Supervisory Mechanism (SSM) – Herausforderungen für deutsche Institute, in: Banken-Times Spezial Banksteuerung/Treasury, Juli/August 2015, S. 28–31.

Bloomberg (2013): CDS Daten.

Bloomberg (2016): Datenreihen RexP, DJ Euro Stoxx 50, DAX 30, Emerging Markets Daily Net TR EUR, LPX 50 TR Private Equity, BofA Merrill Lynch Euro Corporate Index.

Bolt, W./de Haan, L./Hoeberichts, M./van Oordt, M.R.C./Swank, J. (2012): Bank profitability during recessions, Journal of Banking and Finance, Vol. 36 (9), S. 2552–2564.

Bonini, C. P. (1963): Simulation of information and decision systems in the firm, Englewood Cliffs, N. J. 1963.

Börsenzeitung (2015.09.15): Ertragsschwäche der Banken alarmiert die EZB, Frankfurt, Nummer 176, Seite 3.

Brienen, T./Quick, M. (2006): Identifizierung, Bewertung und Steuerung von Geschäftsrisiken – ein Ansatz für eine umfassendere Risikobetrachtung, in: Risiko-Manager, Heft 25/26 – 2006, S. 8–13.

BRRD (2014.05): Richtlinie 2014/59/EU zur Festlegung eines Rahmens für die Sanierung und Abwicklung von Kreditinstituten und Wertpapierfirmen und zur Änderung der Richtlinie 82/891/EWG, der Richtlinien 2001/24/EG, 2002/47/EG, 2004/25/EG, 2005/56/EG, 2007/36/EG, 2011/35/EU, 2012/30/EU und 2013/36/EU sowie der Verordnungen (EU) Nr. 1093/2010 und (EU) Nr. 648/2012 vom 15. Mai 2014 (Bank Recovery and Resolution Directive), erhältlich auf: http://eur-lex.europa.eu/legal-content/DE/TXT/PDF/?uri=CELEX:32014L0059&from=DE, Abfrage vom 10.03.2016.

Buchmüller, P./Fuhrmann, A. (2012): Operationelles Risiko: Stresstesting und Überprüfung der Angemessenheit der Eigenmittelausstattung für die Risikoart operationelles Risiko, in: Geiersbach, K./Walter, B. (Hrsg.): Praktikerhandbuch Stresstesting, 2. Auflage, Heidelberg, S. 230–263.

Bundesministerium der Finanzen (2006): Verordnung über die Liquidität der Institute vom 14. Dezember 2006.

Bünte, D./Schnabl, J./Schlottmann, F./Seese, D./Vorgrimler, S. (2009): Integration von Spreadrisiken in die Kreditrisikomessung, in: Kreditwesen, 13/2009, S. 25–28.

Burghof, H.P./Nau, K./Trede, S. (2012): Analyse und Prognose automobiler Restwerte für das Risikomanagement, in: Finanzierung Leasing Factoring, Heft 2, S. 66–70.

Busch, K./Dahms-Singelmann, B./Heithecker, D./Wendt, B. (2016): CRR-Offenlegungspflichten Adressenausfallrisiken, in: Klopf, G./Kasprowicz, T. (Hrsg.): Neue regulatorische Offenlegungspflichten für Kreditinstitute, 2. Auflage, Heidelberg 2016, S. 123–190.

CEBS (2004): The Application of the Supervisory Review Process under Pillar 2 – Consultative Document, London 2004.

LITERATURVERZEICHNIS

CEBS (2005): Guidelines on the Application of the Supervisory Review Process (CP03 revised), June 2005, erhältlich auf: https://www.eba.europa.eu/documents/10180/37070/CP03-second1.pdf, Abfrage vom 01.05.2016.

CEBS (2007.08): First Part of CEBS's technical Advice to the European Commission on Liquidity Risk Management, August 2007.

CEBS (2008.06): Second Part of CEBS's technical Advice to the European Commission on Liquidity Risk Management, June 2008.

CEBS (2009.12): Guidelines on Liquidity Buffers & Survival Periods, December 2009.

CEBS (2010): CEBS Guidelines on Stress Testing (GL32), Committee of European Banking Supervision.

CEBS (2010.08): CEBS Guidelines on Stress Testing, August 2010.

CEBS (2010.09): Leitlinien über das Management von Konzentrationsrisiken im Rahmen der aufsichtlichen Überprüfung, vom 2. September 2010, London 2010.

CEBS (2010.10): CEBS Guidelines on Liquidity Cost Benefit Allocation, October 2010.

Cherubini, U./Luciano, E./Vecchiato, W. (2004): Copula Methods in Finance, Chichester 2004.

Commerzbank (2011): Geschäftsbericht 2011, Frankfurt 2011.

COPS GmbH (o. J.): Auswertungsprofil zu Stresstests und LVaR für die wertorientierte Analyse der Liquiditätsrisikotragfähigkeit in Banken.

Couto, L. R. (2002): Framework for the Assessment of Bank Earnings, Financial Stability Institute Award 2002, Bank for International Settlements, Basel 2002.

CRD IV (2013): Richtlinie 2013/36/EU des Europäischen Parlaments und des Rates vom 26. Juni 2013 über den Zugang zur Tätigkeit von Kreditinstituten und die Beaufsichtigung von Kreditinstituten und Wertpapierfirmen, zur Änderung der Richtlinie 2002/87/EG und zur Aufhebung der Richtlinien 2006/48/EG und 2006/49/EG, S. 338–436, erhältlich auf: http://eur-lex.europa.eu/LexUriServ/LexUriServ.do?uri=OJ:L:2013:176:FULL:DE:PDF, Abfrage vom 01.05.2016.

CRD IV Umsetzungsgesetz (2013): Gesetz zur Umsetzung der Richtlinie 2013/36/EU über den Zugang zur Tätigkeit von Kreditinstituten und die Beaufsichtigung von Kreditinstituten und Wertpapierfirmen und zur Anpassung des Aufsichtsrechts an die Verordnung (EU) Nr. 575/2013 über Aufsichtsanforderungen an Kreditinstitute und Wertpapierfirmen (CRD IV-Umsetzungsgesetz), in: Bundesgesetzblatt Jahrgang 2013 Teil I Nr. 53, ausgegeben zu Bonn am 3. September 2013, S. 3395–3457.

LITERATURVERZEICHNIS

Cremers, H./Krones, J. (2012): Eine Analyse des Credit Spreads und seiner Komponenten als Grundlage für Hedge Strategien und Kreditderivaten, Frankfurt am Main 2012.

CRR (2013): Berichtigung der Verordnung (EU) Nr. 575/2013 des Europäischen Parlaments und des Rates vom 26. Juni 2013 über Aufsichtsanforderungen an Kreditinstitute und Wertpapierfirmen und zur Änderung der Verordnung (EU) Nr. 646/2012, 30.11.2014, S. 6–342, erhältlich auf: http://eur-lex.europa.eu/LexUriServ/LexUriServ.do?uri=OJ:L:2013:321:0006:0342:DE:PDF, Abfrage vom 01.05.2016.

Dahlitz, H. (2010): Untersuchung bestehender Kreditportfoliomodelle und Entwicklung eines Einperiodenmodells zur Bestimmung des Kreditportfolios auf GuV-Basis für kleine und mittlere Kreditinstitute, in: Schütt, H. (Hrsg.): Deutsches Institut für Bankwirtschaft – Schriftenreihe, Band 5 (11/2010), Berlin 2010.

Daniélsson, J./Zigrand, J.-P. (2005): On time-scaling of risk and the square-root-of-time rule, London 2005, S. 2–18.

DB Research (2013): CDS Daten, erhältlich auf: http://www.dbresearch.de, Abfrage vom 30.06.2013.

DeFusco, R. A./McLeavey, D. W./Pinto, J. E./Runkle, D. E. (2007): Quantitative Investment Analysis, Hoboken NJ 2007.

DekaBank (2015): Ergebnisse des Projektmoduls »Fonds im Risikomanagement«, in: DekaBank (Hrsg.): Markt & Impuls für Sparkassen, Ausgabe 3/2015, S. 26–27.

Deutsche Bundesbank (2002.01): Das Eigenkapital der Kreditinstitute aus bankinterner und regulatorischer Sicht, Monatsbericht Januar, Frankfurt am Main 2002, S. 41–60.

Deutsche Bundesbank (2006.01): Die Umsetzung der neuen Eigenkapitalregelungen für Banken in deutsches Recht, Monatsbericht Januar, Frankfurt am Main 2006, S. 69–91.

Deutsche Bundesbank (2006.06): Konzentrationsrisiken in Kreditportfolios. In: Monatsbericht Juni 2006, S. 35–54.

Deutsche Bundesbank (2007): Stresstests: Methoden und Anwendungsgebiete, Sonderaufsatz im Finanzstabilitätsbericht 2007.

Deutsche Bundesbank (2007.12): Zum aktuellen Stand der bankinternen Risikosteuerung und der Bewertung der Kapitaladäquanz im Rahmen des aufsichtlichen Überprüfungsprozesses im: Monatsbericht 2007, S. 57–72, erhältlich auf:https://www.bundesbank.de/Redaktion/DE/Downloads/Veroeffentlichungen/Monatsberichtsaufsaetze/2007/2007_12_bankinternen_risikosteuerung.pdf?__blob=publicationFile, Abfrage vom 09.09.2015.

LITERATURVERZEICHNIS

Deutsche Bundesbank (2007a): Stresstests: Methoden und Anwendungsbeispiele, in: Finanzstabilitätsbericht 2007, November 2007.

Deutsche Bundesbank (2007b): Zum aktuellen Stand der bankinternen Risikosteuerung und der Bewertung der Kapitaladäquanz im Rahmen des aufsichtlichen Überprüfungsprozesses, in: Monatsbericht, Dezember 2007.

Deutsche Bundesbank (2008.02): Richtlinie zur Durchführung und Qualitätssicherung der laufenden Überwachung der Kredit- und Finanzdienstleistungsinstitute durch die Deutsche Bundesbank (Aufsichtsrichtlinie – AufsichtsRL) vom 21. Februar 2008, erhältlich auf: http://www.bundesbank.de/Redaktion/DE/Downloads/Kerngeschaeftsfelder/Bankenaufsicht/Gesetze_Verordnungen_Richtlinien/richtlinie_durchfuehrung_qualitaetssicherung.pdf?__blob=publicationFile, Abfrage vom 30.06.2013.

Deutsche Bundesbank (2008.09): Zur Steuerung von Liquiditätsrisiken in Kreditinstituten, Monatsbericht September 2008, S. 59–74.

Deutsche Bundesbank (2009): Stabilität im deutschen Bankensystem – Ertragslage, Finanzstabilitätsbericht 2009, S. 41–44, Frankfurt 2009.

Deutsche Bundesbank (2009.09): Änderung der neu gefassten EU-Bankenrichtlinie und der EU-Kapitaladäquanzrichtlinie sowie Anpassungen der Mindestanforderungen an das Risikomanagement, Monatsbericht September 2009, S. 67–83, erhältlich auf: https://www.bundesbank.de/Redaktion/DE/Downloads/Veroeffentlichungen/Monatsberichtsaufsaetze/2009/2009_09_kapitaladaequanzrichtlinie.pdf?__blob=publicationFile, Abfrage vom 01.05.2016.

Deutsche Bundesbank (2010): Anstieg und Spreizung der Risikotragfähigkeit im deutschen Finanzsystem, Finanzstabilitätsbericht 2010, S. 83–104, Frankfurt 2010.

Deutsche Bundesbank (2010.11): »Range of Practice« zur Sicherstellung der Risikotragfähigkeit bei deutschen Kreditinstituten, Frankfurt, 11. November 2010.

Deutsche Bundesbank (2011a): Basel III – Leitfaden zu den neuen Eigenkapital- und Liquiditätsregeln für Banken, Frankfurt 2011.

Deutsche Bundesbank (2011b): Finanzstabilitätsbericht 2011, Frankfurt/Main, 8. November 2011.

Deutsche Bundesbank (2011c): Deutsches Finanzsystem zwischen erhöhter Risikotragfähigkeit und zunehmenden Ansteckungsrisiken, Finanzstabilitätsbericht 2011, S. 45–66, Frankfurt 2011.

Deutsche Bundesbank (2012): Das deutsche Bankensystem fünf Jahre nach Ausbruch der Finanzkrise, Finanzstabilitätsbericht 2012, S. 31–40, Frankfurt 2012.

LITERATURVERZEICHNIS

Deutsche Bundesbank (2013.03): Bankinterne Methoden zur Ermittlung und Sicherstellung der Risikotragfähigkeit und ihre bankaufsichtliche Bedeutung, in: Monatsbericht März 2013, S. 31–45, erhältlich auf: https://www.bundesbank.de/Redaktion/DE/Downloads/Veroeffentlichungen/Monatsberichtsaufsaetze/2013/2013_03_risiktragfaehigkeit.pdf?__blob=publicationFile, Abfrage vom 01.05.2016.

Deutsche Bundesbank (2013.06): Die Umsetzung von Basel III in europäisches und nationales Recht, in: Monatsbericht Juni 2013, S. 57–73, erhältlich auf: https://www.bundesbank.de/Redaktion/DE/Downloads/Veroeffentlichungen/Monatsberichtsaufsaetze/2013/2013_06_umsetzung_basel_3.pdf?__blob=publicationFile, Abfrage vom 04.01.2016.

Deutsche Bundesbank (2013a): Ergebnisse des Basel III-Monitoring für deutsche Institute, Stichtag 30.06.2012, Frankfurt am Main 2013, erhältlich auf: https://www.bundesbank.de/Redaktion/DE/Downloads/Aufgaben/Bankenaufsicht/Basel/2012_06_basel3_monitoring_deutsche_institute.pdf?__blob=publicationFile, Abfrage vom 01.05.2016.

Deutsche Bundesbank (2013b): Deutsche Banken unter verstärktem Ertragsdruck, in: Finanzstabilitätsbericht 2013, Frankfurt 2013, S. 51–72.

Deutsche Bundesbank (2014): Risikolage im deutschen Finanzsystem, in: Finanzstabilitätsbericht 2014, Frankfurt 2014, S. 37–60,

Deutsche Bundesbank (2015.09): Die Ertragslage der deutschen Kreditinstitute im Jahr 2014, in: Monatsbericht, September, , Frankfurt a. M. 2015, S. 43–77.

Deutsche Bundesbank (2015.09): Die Ertragslage der deutschen Kreditinstitute im Jahr 2014, in: Monatsbericht September 2015, S. 43–76, erhältlich auf: https://www.bundesbank.de/Redaktion/DE/Downloads/Veroeffentlichungen/Monatsberichte/2015/2015_09_monatsbericht.pdf, Abfrage vom 17.01.2016.

Deutsche Bundesbank (2015a): Risikotragfähigkeitsinformationen – Merkblatt für die Meldungen gemäß §§ 10, 11 FinaRisikoV, zuletzt geändert am 28.05.2015, Frankfurt 2015.

Deutsche Bundesbank (2015b): Risikotragfähigkeitsinformationen Beispiele für die Meldungen gemäß §§ 10, 11 FinaRisikoV, zuletzt geändert am 28.05.2015, Frankfurt 2015.

Deutsche Bundesbank (2015c): XBRL-Taxonomie für die Meldung der Risikotragfähigkeitsinformationen ab Juni 2015, veröffentlicht am 27.05.2015, erhältlich auf:https://www.bundesbank.de/Redaktion/DE/Standardartikel/Service/Meldewesen/xbrl_taxonomie_fuer_die_meldung_der_risikotragfaehigkeitsinformationen.html, Abfrage vom 01.05.2016.

Deutsche Bundesbank (2015d): Risiken im deutschen Bankensektor, in: Finanzstabilitätsbericht 2015, Frankfurt 2015, S. 29–40.

LITERATURVERZEICHNIS

Deutsche Bundesbank (2016): Meldungen zu Risikotragfähigkeitsinformationen nach der FinaRisikoV, zuletzt geändert am 18.01.2016, abrufbar auf https://www.bundesbank.de/Redaktion/DE/Standardartikel/Service/Meldewesen/meldungen_zur_bankenaufsicht.html, Abfrage vom 14.03.2016.

Deutsche Bundesbank (2016.01): Die Aufsicht über die weniger bedeutenden Institute im einheitlichen europäischen Aufsichtsmechanismus, in: Monatsbericht Januar 2016, S. 53–65 erhältlich auf: https://www.bundesbank.de/Redaktion/DE/Downloads/Veroeffentlichungen/Monatsberichte/2016/2016_01_monatsbericht.pdf, Abfrage vom 26.01.2016.

Deutsche Bundesbank (2016.03): Kapitalmarktstatistik, März 2016, Statistisches Beiheft 2 zum Monatsbericht, erhältlich auf: http://www.bundesbank.de/Redaktion/DE/Downloads/Veroeffentlichungen/Statistische_Beihefte_2/2016/2016_03_kapitalmarktstatistik.pdf?__blob=publicationFile, Abfrage vom 09.04.2016

Deutsche Bundesbank/BaFin (2008): Praxis des Liquiditätsrisikomanagements in ausgewählten deutschen Kreditinstituten, Frankfurt am Main 2008, erhältlich auf: http://www.bundesbank.de/Redaktion/DE/Downloads/Aufgaben/Bankenaufsicht/praxis_des_liquiditaetsrisikomanagements_in_ausgewaehlten_deutschen_kreditinstituten.pdf?__blob=publicationFile, Abfrage vom 01.05.2016.

Deutsche Bundesbank/BaFin (2012): Merkblatt zur Meldung von Ausnahmen bei Rückvergleichen bei internen Marktrisikomodellen gemäß § 318 SolvV, Bon, 23.03.2012, erhältlich auf: http://www.bundesbank.de/Redaktion/DE/Downloads/Kerngeschaeftsfelder/Bankenaufsicht/Informationen_Merkblaetter/solvabilitaet_merkblatt_zur_meldung_von_ausnahmen_bei_rueckvergleichen_bei_internen_marktrisikomodellen_gemaess_318_solvv.pdf?__blob=publicationFile, Abfrage vom 30.06.2013.

Deutsche Bundesbank/BaFin (o. J.): Merkblatt zur Zulassung eines internen Liquiditätsmess- und -steuerungsverfahrens nach § 10 Liquiditätsverordnung.

Deutsche Sparkassenzeitung (2011): Dossier: Risiken managen. Arbeitskreis fünf – Sparkassen-CreditPortfolioView – Mit CPV einen Gang höherschalten. 28.01.2011, Nr. 04, S. 18.

DGSD (2014.04): Richtlinie 2014/49/EU über Einlagensicherungssysteme vom 16. April 2014 (Deposit Guarantee Scheme Directive), erhältlich auf: http://eur-lex.europa.eu/legal-content/DE/TXT/PDF/?uri=CELEX:32014L0049&from=DE, Abfrage vom 10.03.2016.

Dietz, T. (2010): Liquiditätsrisikomanagement in Banken und die Finanzkrise aus Sicht der Bankenaufsicht, in: Zeranski, S. (Hrsg.): Ertragsorientiertes Liquiditätsrisikomanagement, 2. Auflage, Heidelberg 2010, S. 7–81.

LITERATURVERZEICHNIS

Dombret, A. (2015a): Die Auswirkungen niedriger Zinsen – Ergebnisse einer Umfrage unter deutschen Banken, Statement für ein Pressegespräch zur Niedrigzinsumfrage von Bundesbank und BaFin vom 18.09.2015, erhältlich auf: https://www.bundesbank.de/Redaktion/DE/Reden/2015/2015_09_18_do mbret.html, Abfrage vom 30.01.2016.

Dombret, A. (2015b): The situation in the German banking sector – challenges in striking a balance between weak profitability and the lowinterest-rate environment, Rede anlässlich der Pressekonferenz zum Financial Stability Review, 25.11.2015, erhältlich auf: https://www.bundesbank.de/Redaktion/EN/ Reden/2015/2015_11_25_dombret.html, Abfrage vom 15.12.2015.

Dombret, A./Röseler, R. (2015): Ertragslage und Widerstandsfähigkeit deutscher Kreditinstitute im Niedrigzinsumfeld, Pressegespräch mit A. Dombret und R. Röseler am 18. September 2015, erhältlich auf: http://www.bafin.de/Shared Docs/Downloads/DE/Rede_Vortrag/dl_150918_pk_niedrigzinsumfeld_bbk _bafin.pdf?__blob=publicationFile&v=5, Abfrage vom 15.03.2016.

Dörflinger, M./Müller, M. A. (2011): Kreditrisikokonzentration im Fokus von § 19 Abs. 2 KWG, in: Kühn, S./Stegner, P. (Hrsg.): Management von Risikokonzentrationen, Heidelberg 2011, S. 48–72.

DSGV (2011): Mindestanforderungen an das Risikomanagement – Interpretationsleitfaden, 4. Auflage, Berlin 2011.

DSGV (2014): Mindestanforderungen an das Risikomanagement, Interpretationsleitfaden 5.1, erhältlich auf: http://www.s-wissenschaft.de/dokumen te/MaRiskInte_160324135149.PDF, Abfrage vom 25.03.2016.

DSGV (2015): Bedienerhandbuch S-RTF, Version 5.0, Berlin, April 2015 (nur innerhalb der S-Finanzgruppe verfügbar).

DSR (2010): Deutscher Rechnungslegungs Standard Nr. 5–10 (DRS 5–10) Risikoberichterstattung von Kredit- und Finanzdienstleistungsinstituten, geänderten Fassung vom 05.01.2010, erschienen im Schäffer-Poeschel Verlag, Stuttgart 2012.

Düllmann, K./Masschelein, N. (2007): A tractable model to measure sector concentration risk in credit portfolios', Journal of Financial Services Research, Vol. 32, S. 55–79.

Duttweiler, R. (2009): Managing Liquidity in Banks, Chichester 2009.

EBA (2012.11): Leitlinien zur Beurteilung der Eignung von Mitgliedern des Leitungsorgans und von Inhabern von Schlüsselfunktionen, EBA/GL/ 2012/06 vom 22. November 2012, erhältlich auf: https://www.eba. europa.eu/documents/10180/106695/EBA_2012_00220000_DE_COR.pdf, Abfrage vom 09.04.2016.

EBA (2013): EBA Work Programme 2013–2018, erhältlich auf: http://www. eba.europa.eu/Aboutus/Work-Programme/Work-Programme-2013.aspx, Abfrage vom 30.06.2013.

LITERATURVERZEICHNIS

EBA (2013.02): Discussion Paper On Defining Liquid Assets in the LCR under the draft CRR, 21 February 2013.

EBA (2013.03): Draft Implementing Technical Standards On Asset Encumbrance Reporting under article 95a of the draft Capital Requirements Regulation (CRR), 26 March 2013.

EBA (2013.07): EBA FINAL draft Regulatory Technical Standards on own funds [part 1] under Regulation (EU) No 575/2013 (Capital Requirements Regulation – CRR), EBA/RTS/2013/01, 26 July 2013, erhältlich auf: https://www.eba.europa.eu/documents/10180/359901/EBA-RTS-2013-01-draft-RTS-on-Own-Funds-Part-1.pdf/d1217588-ff05-4063-8d6f-5d7c81f2cc 64, Abfrage vom 10.04.2016.

EBA (2013.12): EBA FINAL draft Regulatory Technical Standards On the determination of the overall exposure to a client or a group of connected clients in respect of transactions with underlying assets under Article 390(8) of Regulation (EU) No 575/2013, EBA/RTS/2013/07, erhältlich auf: https://www.eba.europa.eu/documents/10180/513001/EBA-RTS-2013-07+(Determination+of+exposures+).pdf, Abfrage vom 09.04.2016.

EBA (2014.04): Methodological note EU-wide Stress Test 2014 – Version 2.0, 29.04.2014, erhältlich auf: https://www.eba.europa.eu/documents/10180/669262/Methodological+Note.pdf, Abfrage vom 10.04.2016.

EBA (2014.12): EBA/GL/2014/13 – Leitlinien zu gemeinsamen Verfahren und Methoden für den aufsichtlichen Überprüfungs- und Bewertungsprozess (SREP) vom 19. Dezember 2014, erhältlich auf: https://www.eba.europa.eu/documents/10180/1051392/EBA-GL-2014-13+GL+on+Pillar+2+(SREP)%20-+DE.pdf/5d63aad3-5b03-4301-b1c9-174e3670ad66, Abfrage vom 01.02.2016.

EBA (2015.05): Final Report – Guidelines on the Management of Interest Rate Risk arising from non-trading Activities, erhältlich auf: https://www.eba.europa.eu/documents/10180/1084098/EBA-GL-2015-08+GL+on+the+management+of+interest+rate+risk+.pdf, Abfrage vom 23.01.2016.

EBA (2015.10): EBA/GL/2015/03 – Leitlinien zur Steuerung des Zinsänderungsrisikos bei Geschäften des Anlagebuchs (IRRBB) vom 5. Oktober 2013, erhältlich auf: https://www.eba.europa.eu/documents/10180/1218453/EBA-GL-2015-08_DE_Guidelines+on+IRRBB.pdf/2e7e72d7-9a29-41bb-885d-4244a2e8ca55, Abfrage vom 10.03.2016.

EBA (2015.11): EU-wide Stress Test 2016 – Draft Methodological Note, 05.11.2015, erhältlich auf: https://www.eba.europa.eu/documents/10180/1259315/DRAFT+2016+EU-wide+ST+methodological+note.pdf, Abfrage vom 10.04.2016.

EBA (2015.12a): Consultation Paper: guidelines on ICAAP and ILAAP information collected for SREP purposes, EBA/CP/2015/26 vom 11.12.2015.

LITERATURVERZEICHNIS

EBA (2015.12b): Consultation Paper: Draft Guidelines on stress testing and supervisory stress testing, EBA/CP/2016/28 vom 18.12.2015.

EBA (2015.12c): EBA Report (EBA/Op/2015/22) on Net Stable Funding Requirements under Article 510 of the CRR, 15 December 2015.

ECB (2010): EU-Stresstest Exercise – key message on methodological issues, vom 23.07.2010, London 2010.

ECB (2015.11): Draft ECB Regulation on the collection of granular credit and credit risk data vom 18. November 2015, erhältlich auf: https://www.ecb.europa.eu/stats/money/aggregates/anacredit/html/index.en.html, Abfrage vom 10.03.2016.

Ellebracht, H./Lenz, G./Osterhold, G. (2004): Systemische Organisations- und Unternehmensberatung, Wiesbaden 2004.

Eller, R./Dreesbach, S. (1997): Technische und quantitative Wertpapieranalyse, Stuttgart 1997.

Eller, R./Heinrich, M./Perrot, R./Reif, M. (2010): Kompaktwissen Risikomanagement – Nachschlagen, verstehen und erfolgreich umsetzen, Wiesbaden 2010.

Ellrott, H./Förschle, G./Kozikowski, M./Winkeljohann, N. (2010): Beck'scher Bilanz-Kommentar Handelsbilanz Steuerbilanz, 7. Auflage, München 2010.

Engelmann, B./Kamga-Wafo, G. L. (2011): Performancemessung von Beteiligungen, in: Kreditwesen, 04/2011, S. 24–28.

Erbsen, N.-C. (2011): Schlanke Strategieprozesse für Finanzdienstleister – die Industrie als Vorbild; in: Zeitschrift für das gesamte Kreditwesen 05/2011, 64. Jg., S. 503–510.

Estrada, J. (2006): Downside Risk in Practice, in: Journal of Applied Corporate Finance, Winter, S. 117–125.

Estrada, J. (2008): Mean-Semivariance Optimization: A Heuristic Approach, in: Journal of Applied Science, Spring/Summer, S. 57–72.

EU-Kommission (2012.10): High-level Expert Group on reforming the structure of the EU banking sector (Liikanen Report); erhältlich auf: http://ec.europa.eu/internal_market/bank/docs/high-level_expert_group/report_en.pdf, Abfrage vom 01.05.2016.

Europäische Kommission (2014.10): Delegierte Verordnung (EU) 2015/61 der Kommission vom 10. Oktober 2014 zur Ergänzung der Verordnung (EU) Nr. 575/2013 des Europäischen Parlaments und des Rates in Bezug auf die Liquiditätsdeckungsanforderung an Kreditinstitute, EU Amtsblatt 17.01.2015, S. 1–36, erhältlich auf: http://eur-lex.europa.eu/legal-content/DE/TXT%20/PDF/?uri=OJ:L:2015:011:FULL&from=DE, Abfrage vom 01.05.2016.

LITERATURVERZEICHNIS

Europäische Union (2008): Verordnung (EG) Nr. 1126/2008 der Kommission vom 3. November 2008 zur Übernahme bestimmter internationaler Rechnungslegungsstandards gemäß der Verordnung (EG) Nr. 1606/2002 des Europäischen Parlaments und des Rates, Brüssel 2008.

Europäische Union (2014): Delegierte Verordnung (EU) Nr. 241/2014 der Kommission vom 7. Januar 2014 zur Ergänzung der Verordnung (EU) Nr. 575/2013 des Europäischen Parlaments und des Rates im Hinblick auf technische Regulierungsstandards für die Eigenmittelanforderungen an Institute, Brüssel.

Europäische Zentralbank (2016.01): Aufsichtliche Erwartungen an ICAAP und ILAAP sowie harmonisierte Erhebung von ICAAP- und ILAAP-Informationen, Frankfurt am Main, 8. Januar 2016.

Fabozzi, F. J. (2003): Professional Perspectives on Fixed Income Portfolio Management, Volume 4, Hoboken (New Jersey/United States) 2003.

Fachgremium Zinsänderungsrisiko im Anlagebuch (2016): Ergebnisprotokoll zur 3. Präsenzsitzung des Fachgremiums IRRBB am Donnerstag, 28. Januar 2016, 10:00 Uhr bis 16:00 Uhr im Hause der Deutschen Bundesbank, Zentrale, Frankfurt am Main, erhältlich auf: http://www.bundesbank.de/Redaktion/DE/Downloads/Aufgaben/Bankenaufsicht/Gremien_Protokolle_Empfeh lungen/fachgremien_zinsaenderungsrisiko_anlagebuch_protokoll_sitzung_ 3.pdf?__blob=publicationFile, Abfrage vom 24.04.2016.

Farne, M./Klingeler, R./Koll, M. (2009): Messung von Beteiligungsrisiken, in: Risiko Manager, 14/2009, S. 16–19.

Farne, M./Koll, M./Kurth, M. (2010): Kreditportfoliomodellierung in der Praxis, in: Koll, M. (Hrsg.): Aktuelle Themen der Unternehmenssteuerung, consultingpartner-Schriftenreihe Sammelband 2009/2010, Köln 2010, S. 61–88.

Fecht, F. (2013): Der unbesicherte Geldmarkt – Blinddarm des Finanzsystems?, in: Kreditwesen, 7/2013, S. 20–24.

Federal Reserve (2011): Supervisory Guidance on Model Risk Management, Board of Governors of the Federal Reserve System and Office of the Comptroller of the Currency, 04.04.2011.

Feix, M./Stückler, R. (2010): Software-use-case ic.asset-allokation: Hat sich die As-set-Allokation auch in der Finanzmarktkrise bewährt?, in: IC Nova Kundeninformation, Ausgabe 1.2010, Karlsruhe 2010, S. 4–6.

FIDUCIA & GAD IT AG (2015): »agree21«: das neue gruppenweite Bankverfahren der Fiducia & GAD IT AG; erhältlich auf: https://www.fiduciagad.de/leistungen/agree21.html, Abfrage vom 06.02.2016.

Fiebig, M./Heithecker, D. (2015): Aufbau und Durchführung einer ganzheitlichen Risikoinventur nach den MaRisk, in: Janßen, S./Riediger, H. (Hrsg.): Praktikerhandbuch Risikoinventur, Heidelberg 2015, S. 189–236.

LITERATURVERZEICHNIS

Finansinspektionen (2015): FI's methods for assessing individual risk types within Pillar 2, Stockholm 2015.

Finanzen.net (2016): Ölpreis in EUR (Brent) – Historische Kurse, erhältlich auf: http://www.finanzen.net/rohstoffe/oelpreis@brent/euro/historisch, Abfrage vom 11.02.2016.

Finanzmarktrichtlinie-Umsetzungsgesetz (2007): Gesetzes zur Umsetzung der Richtlinie über Märkte für Finanzinstrumente und der Durchführungsrichtlinie vom 16. Juli 2007, BGBl. I S. 1330–1381, erhältlich auf: http://www.berlin.de/imperia/md/content/balichtenberghohenschoenhausen/gesetzevorschriften/baz_frug.pdf?start&ts=1276263546&file=baz_frug.pdf, Abfrage vom 01.05.2016.

FinaRisikoV (2014): Verordnung zur Änderung der Finanzinformationenverordnung und der Verordnung zur Übertragung von Befugnissen zum Erlass von Rechtsverordnungen auf die Bundesanstalt für Finanzdienstleistungsaufsicht vom 19.12.2014, in: Bundesgesetzblatt Jahrgang 2014, Teil I, Nr. 62, Bonn, 29.12.2014, S. 2336–2365.

Fischer, S. (2009): Analytische Methode zur Bestimmung des Value at Risk von Kreditportfolien, in: Betriebswirtschaftliche Blätter, 58. Jg., Nr. 4, Berlin 2009, S. 204–208.

Fischer, S. (2010): Ermittlung von Risikokonzentrationen im klassischen Kundenkreditgeschäft, in: Betriebswirtschaftliche Blätter, 59. Jg., Berlin 2010, S. 20–25.

Fischer, S. (2012a): Ratio calculandi periculi – ein analytischer Ansatz zur Bestimmung der Verlustverteilung eines Kreditportfolios. Dresdner Beiträge zu Quantitativen Verfahren Nr. 58/12, Dresden 2012, erhältlich auf: http://wwqvs.file3.wcms.tu-dresden.de/publ/DBQV58_12.pdf, Abfrage vom 30.06.2013.

Fischer, S. (2012b): Kreditrisikomanagement mit r. c. p. – Ein plastischer Erläuterungsansatz, in: Bankentimes Spezial, Dezember 2012 & Januar 2013, S. 2–8.

Frankfurter Volksbank (2015): Offenlegungsbericht nach Art. 435 bis 455 CRR – Institutsgruppe Frankfurter Volksbank eG per 31.12.2014, erhältlich auf: https://www.frankfurter-volksbank.de/content/dam/f1740-0/dateien_neu2/ueber_uns/Offenlegungsbericht_FVB_2014.pdf, Abfrage vom 01.05.2016.

Fraß, N./Korn, R./Schnabl, J./Vorgrimler, S. (2010): Die Risikoeinschätzung verbessern, in: die bank 02/2010, S. 48–53.

Frère, E./Reuse, S. (2007): GuV-Effekte eines barwertigen VaR in der Zinsbuchsteuerung, in: BankPraktiker 03/2007, 2. Jg. Heidelberg 2007, S. 130–135.

LITERATURVERZEICHNIS

Frère, E./Reuse, S./Svoboda, M. (2008): Aktuelle Probleme im deutschen Bankensektor – eine kritische Analyse und mögliche Lösungsansätze, FOM Schriftreihe Band 13, Essen 2008.

Frey, T./Kurth, M. (2012): Umfassendes Werkzeug – Kreditportfoliomodelle für Eigengeschäfte: Erfolgsfaktoren der Implementierung, in: Bankinformation, 10/2012, S. 48–51.

Fried, C./Liermann, V. (2011): Umsetzung Kreditportfoliomodell für Eigengeschäfte: ein Praxisbericht, erhältlich auf: http://www.ifb-group.com/lw_resource/datapool/file/item_323/01_umsetzung_kreditportfoliomodell_fr_eigengeschfte.pdf, Abfrage vom 30.06.2013.

Friedberg, J. (2013.): Wechselwirkungen von Kapital und Risiko zwischen Säule 1 und 2, in: Betriebswirtschaftliche Blätter, 04.03.2013, erhältlich auf: https://www.sparkassenzeitung.de/files/pdfgenerator/article/28722_wechsel wirkungen-von-kapital-und-risiko.pdf, Abfrage vom 28.03.2016.

Frühauf, M. (2016): EZB nimmt Italiens Banken ins Visier – Aufseher fragen Liquidität von zwei Instituten nun täglich ab. Kunden ziehen Einlagen ab. Andere Banken reduzieren ihre Kreditlinien, in: Frankfurter Allgemeine Zeitung vom 9.3.2016, S. 18.

Füser, K. (2009): Argumentationsleitfaden zum Umgang mit Konzentrationsrisiken und -chancen in spezialisierten Kreditinstituten, Ernst & Young GmbH im Auftrag des Bankenfachverbands e. V., Stuttgart.

Gann, P./Marschall, S. (2012): Ein GuV-orientierter Ansatz zur Quantifizierung des Geschäftsrisikos in Kreditinstituten, in: Corporate Finance, Heft 1/2012, S. 24–34.

Geiersbach, K./Günther, A. (2010): Prüfung von Kreditportfoliomodellen am Beispiel von CreditPortfolioView, in: Bankentimes, September 2010, S. 29–31.

Geiersbach, K./Prasser, S. (2010): Kreditportfoliomodelle – Risikotragfähigkeitskonzeption und Risikoquantifizierung aus Sicht der Internen Revision, in: ForderungsPraktiker, 05/2010, S. 213–219.

Gelhausen, H. F./Fey, G./Kämpfer, G. (2009): Rechnungslegung und Prüfung nach dem Bilanzrechtsmodernisierungsgesetz, Düsseldorf 2009.

Glaser, C. (2012a): Das Management von Risikokonzentrationen im Leasing-Geschäft, in: Finanzierung Leasing Factoring, Heft 2, S. 60–65.

Glaser, C. (2012b): Strategieprozess vor dem regulatorischen Hintergrund; in: FLF Finanzierung Leasing Factoring 03/2012, S. 130–136.

Glaser, C. (2013): Die Steuerung von Asset-Risiken im Leasing-Geschäft, in: Finanzierung Leasing Factoring, Heft 3, S. 108–113.

Gleißner, W./Romeike, F. (2008): Analyse der Subprime-Krise, Risikoblindheit und Methodenschwächen, in: Risikomanager, Ausgabe 21/2008 vom 15.10.2008, S. 7–12.

LITERATURVERZEICHNIS

Goldschmidt, P./Rudy, D. (2010): Kreditrisiken im Handelsbuch – zunehmende Bedeutung. In: Kreditwesen, 10/2010, S. 10.

Gordy, M. B. (2003): A Risk-Faktor Model Foundation for Ratings-Based Bank Capital Rules, in: Journal of Financial Intermediation, Vol. 12, S. 199–232.

Gordy, M/Lütkebohmert, E. (2013): Granularity Adjustment for Regulatory Capital Assessment, in: International Journal of Central Banking, September, S. 33–71.

Greene, W. H. (2011): Econometric Analysis, Essex 2011.

Haas, R./Knapp, M./Lerner, M. (2008): Ermittlung von Schadensverteilungen mithilfe des Default-Mode-Ansatzes – Entwicklung eines Kreditportfoliomodells für ein mittelständisches Kreditinstitut, in: Risiko Manager, 13/2008, S. 16–25.

Haasis, D./Böhme, H. (2012): Positives Fazit für das Periodikmodul – Heutige Errechnung künftiger Ergebnisse, in: Die SparkassenZeitung, 27.04.2012, Nr. 17, Berlin 2012, S. 10.

Hahneiser, O./Schulte-Mattler, H. (2010): Aggregation von Marktpreis- und Adressausfallrisiken, in: Risiko-Manager 15/2010, erhältlich auf: http://www.risikomanager.com/index.php?id=162&tx_ttnews%5Bcat%5D=155&tx_tt news%5Btt_news%5D=15715&tx_ttnews%5BbackPid%5D=775&cHash=9 3c1f1c65d005a237fc691261175e7bb, Abfrage vom 01.05.2016.

Handschuher, N. (2013): Validierung von Risikomessverfahren und Stresstests zur Reduzierung von Modellrisiken, in: Kühn, S. (Hrsg.): MaRisk-konforme Risikomessverfahren: Prognosegüte – Validierungsprozess – Modellschwächen, Heidelberg 2013, S. 199–242.

Hanenberg, L. (2016): Nationale Verfahren zur Ermittlung der aufsichtlichen angemessenen Eigenmittelausstattung – Ergänzung, Folienpräsentation im Rahmen der BaFin Konferenz »Neues SREP Konzept der Aufsicht«, Bonn, 04.05.2016.

Hannemann, R./Schneider, A. (2011): Mindestanforderungen an das Risikomanagement (MaRisk); Kommentierung unter Berücksichtigung der Instituts-Vergütungsverordnung (InstitusVergV), 3. Auflage, Stuttgart 2011.

Hannemann, R./Schneider, A./Weigl, T. (2013): Mindestanforderungen an das Risikomanagement (MaRisk), 4. Auflage, Stuttgart 2013.

Hartmann, U. (2012): MaRisk-Novelle 2012 – Der bankbetriebliche Risikomanagementprozess als Prüfungs- und Beratungsfeld einer WP-Gesellschaft; erhältlich auf: http://www.leuphana.de/fileadmin/user_upload/Forschungs einrichtungen/ibfr/bankfinanz/files/NBT2012/Vortrag_Hartmann.pdf, Abfrage vom 01.05.2016.

Hartmann-Wendels, T./Pfingsten, A./Weber, M. (2010): Bankbetriebslehre, 5. Auflage, Berlin et al. 2010.

LITERATURVERZEICHNIS

Hartmann-Wendels, T./Weber, M./Pfingsten, A. (2006): Bankbetriebslehre, 5. Überarbeitete Auflage, Berlin Heidelberg 2010.

Hatak, W. (2014): Risikomanagement von Banken: Stresstest-Methoden vor und nach der Finanzkrise: Ansatz zur Implementierung eines inversen Stresstests im Kreditrisiko, Hamburg 2014.

Haug, M. (2013): Strategiekonzepte und Risikotragfähigkeit, in: Reuse, S. (Hrsg.): Praktikerhandbuch Risikotragfähigkeit, Finanz Colloquium Heidelberg, Heidelberg 2013.

Haug, M. (2014): Das Zusammenspiel von Geschäftsstrategie, Risikotragfähigkeit und Kapitalplanung, erhältlich auf: http://blog.fc-heidelberg.de/2014/03/10/das-zusammenspiel-von-geschaeftsstrategie-risikotragfaehigkeit-und-kapitalplanung/, Abfrage vom 06.09.2015.

Heger, P./Neubert, B. (2007): Quantifizierung von Marktrisiken: Vorgehensmodelle zur Identifikation von Portfolios mit signifikant nichtlinearen Marktrisiken, in: Risiko Manager, Heft 23/2007, S. 6–10.

Heidorn, T./Rupprecht, S. (2009): Einführung in das Kapitalstrukturmanagement bei Banken, Frankfurt School – Working Paper Series No. 121, April 2009, erhältlich auf: http://www.frankfurt-school.de/clicnetclm/fileDownload.do?goid=000000140092AB4, Abfrage vom 01.05.2016.

Heinrich, M. (2006): Konzeption der Risikotragfähigkeit auf Gesamtbankebene, in: Eller, R./Heinrich, M./Perrot, R./Reif, M. (Hrsg.): MaRisk in der Praxis, Weinheim 2006, S. 190–227.

Heithecker, D. (2007): Aufsichtliche Kreditportfoliomodelle – Eine modelltheoretische Analyse der Kreditrisikomessung unter Basel II, Berlin 2007.

Heithecker, D. (2012): Messung von Adressenkonzentrationen –Alternativen zur Granularitätsanpassung (überarbeitete Fassung), in: Erben, R. F. (Hrsg.): Risiko Manager Jahrbuch 2012/2013, Bank Verlag: Köln, S. 104–115.

Heithecker, D. (2015): Definition und Abgrenzung von Modellrisiken, in: Heithecker, D./Tschuschke, D. (Hrsg.): Management von Modellrisiken, Finanz Colloquium Heidelberg: Heidelberg 2015, S. 42–61.

Heithecker, D./Hohe, S./Tschuschke, D. (2012a): Ertragsrisiken – Entwicklung einer neuen Standard-Risikoart, in: Banken-Times, 07–08/2012, S. 40–41.

Heithecker, D./Hohe, S./Tschuschke, D. (2012b): Identifizierung und Bewertung von Ertragsrisiken, in: Zeitschrift für das gesamte Kreditwesen, 15/2012, S. 28–31.

Heithecker, D./Hohe, S./Tschuschke, D. (2014): Messung von Ertragsrisiken, in: BankPraktiker, Nr. 4, S. 122–129.

Heithecker, D./Tschuschke, D. (2013): Messung von Identifikationsrisiken durch Ertragsschwankungen, in: Banken-Times Spezial Banksteuerung und Treasury Management, 2013, Bd. 6, Nr. Dezember/Januar, S. 2–6.

LITERATURVERZEICHNIS

Heithecker, D./Tschuschke, D. (2016): Bedeutung von Erträgen und Ertrags-Volatilitäten, in: Heithecker, D./Tschuschke, D. (Hrsg.): Geschäftsmodellanalyse, Heidelberg 2016 (demnächst).

Helaba Invest (2015): Institutional HI®-Lights, Sondernewsletter Risikomanagement, Frankfurt am Main, Dezember 2015.

Held, R./Stottmeyer, M. (2012): Integration und Reporting auf Institutsebene, in: Geiersbach, K./Walter, B. (Hrsg.), Praktikerhandbuch Stresstesting, 2. Aufl., Heidelberg 2012, S. 297–321.

Hermann, V./Kurth, M. (2009): Das Vega-Modell. Modellierung von Spreadrisiken im Eigengeschäftsportfolio, erhältlich auf: http://www.consulting partner.de/index.php?download=vega_modell__netzwerk.pdf, Abfrage vom 25.02.2016.

Herrmann, M./Rempel-Oberem, T. (2010):Risikotragfähigkeit und Risikolimite für das Treasury Management in Banken, in: Zeranski, S. (Hrsg.): Treasury Management in mittelständischen Kreditinstituten, Heidelberg 2010, S. 103–128.

HGB (2016): Handelsgesetzbuch in der im Bundesgesetzblatt Teil III, Gliederungsnummer 4100-1, veröffentlichten bereinigten Fassung, das zuletzt durch Artikel 4 des Gesetzes vom 31. März 2016 (BGBl. I S. 518) geändert worden ist.

HGBEG (2016): Einführungsgesetz zum Handelsgesetzbuch in der im Bundesgesetzblatt Teil III, Gliederungsnummer 4101-1, veröffentlichten bereinigten Fassung, das zuletzt durch Artikel 5 des Gesetzes vom 31. März 2016 (BGBl. I S. 518) geändert worden ist.

Hibbeln, M. (2010): Risk Management in Credit Portfolios, Heidelberg et al. 2010.

Hofer, M. (2013): Neue MaRisk für Banken, erhältlich auf: https://www.bafin.de/SharedDocs/Veroeffentlichungen/DE/Fachartikel/2013/fa_bj_20 13_03_marisk_ba.html, Abfrage vom 06.09.2015.

Hofmann, M. (2015): Spezialfonds auf dem Prüfstand: Im Fokus von 44er-Prüfungen, in: BankPraktiker, Ausgabe 06/2015, Heidelberg 2015, S. 206–209.

Holzgraefe, L./Utzel, G. (2012): Neuerungen in VR-Control 5.6 – Neue Funktionen, neue Module und Status der Java-Migration, erhältlich auf: http://www.parcit.de/images/stories/publikationen/sonstiges_infomaterial/geno point_neuerungen_vr_control.pdf, Abfrage vom 01.05.2016.

Hortmann, S./Seide, A. (2006): Kapitalallokation und Limitsysteme im Kontext der MaRisk, in: Becker, A./Gruber, W./Wohlert, D. (Hrsg.): Handbuch MaRisk, Mindestanforderungen an das Risikomanagement in der Bankpraxis, Frankfurt 2006, S. 299–331.

LITERATURVERZEICHNIS

Huber, A. (2006): Strategische Planung in deutschen Unternehmen, Berlin 2006, erhältlich auf: http://www.phius.de/media/files/2006_SP_dt_Unt.pdf, Abfrage vom 01.05.2016.

Hufeld, F. (2016): Neujahrspresseempfang der BaFin 2016, Rede von Felix Hufeld, Präsident der BaFin, am 12. Januar 2016 in Frankfurt am Main, erhältlich auf: https://www.bafin.de/SharedDocs/Reden/DE/re_160112_neujahrspresseempfang_p.html, Abfrage vom 28.03.2016.

Hull, J. C. (2011): Risikomanagement: Banken, Versicherungen und andere Finanzinstitutionen; 2. Auflage, München 2011.

Hull, J. C. (2015): Risk Management and Financial Institutions, 4. Auflage, New Jersey 2015.

IDW (2012): IDW Stellungnahme zur Rechnungslegung: Einzelfragen der verlustfreien Bewertung von zinsbezogenen Geschäften des Bankbuchs (Zinsbuchs) (IDW RS BFA 3), in: IDW (Hrsg.): Heft 10/2012 der IDW Fachnachrichten.

IDW (PS 312): Analytische Prüfungshandlungen, in: WPg 17/2001, S. 903 ff.; FN-IDW 8/2001, S. 343 ff. vom 02.07.2001.

IDW (PS 525): IDW Prüfungsstandard: Die Beurteilung des Risikomanagements von Kreditinstituten im Rahmen der Abschlussprüfung (IDW PS 525) vom 26. Juni 2010.

ifb AG/parcIT GmbH (o. J.): Abbildung: Zusammenspiel von dispositivem, strukturellem Liquiditätsrisikocontrolling und Liquiditätsrisikotragfähigkeit für normale und extreme Liquiditätsverläufe in Banken.

Institute of International Finance (2007): Principles of Liquidity Risk Management, March 2007.

InvG (2013): Investmentgesetz vom 15. Dezember 2003 (BGBl. I S. 2676), das zuletzt durch Artikel 5 des Gesetzes vom 13. Februar 2013 (BGBl. I S. 174) geändert worden ist, erhältlich auf: http://www.gesetze-im-internet.de/bundesrecht/invg/gesamt.pdf, Zugriff am 30.06.2013.

Janssen, S./Riediger, H. (2015): Begriffsbestimmung und Rahmen für die Durchführung einer Risikoinventur, in: Janssen, S./Riediger, H. (Hrsg.): Praktikerhandbuch Risikoinventur, Heidelberg 2015, S. 11–50.

Jarque, C./Bera, A. (1980): Efficient Tests for Normality, Heteroscedasticity, and Serial Independence of Regression Residuals, Economics Letters, 6. Jg. 1980, Nr. 3, S. 255–259.

Johanning, L. (2009): Strategisches Risikomanagement, Frankfurt 2009; erhältlich auf: http://www.ed-academy.com/fileadmin/publikationen/Strategisches_Risikomanagement_LJ_Festschrift_zum_65._Geburtstag_von_Bernd_Rudolph_2009.pdf, Abfrage vom 30.06.2013.

LITERATURVERZEICHNIS

KAGB (2015): Kapitalanlagegesetzbuch vom 4. Juli 2013 (BGBl. I S. 1981), das durch Artikel 7 des Gesetzes vom 21. Dezember 2015 (BGBl. I S. 2531) geändert worden ist.

Kaiser, T. (2010): Reputationsmanagement in Banken, in: Zeitschrift für das gesamte Kreditwesen, 3/2010, S. 17–20.

Kallenbrunnen, T. (2015): Prüfung des Kapitalplanungsprozesses: Welche Aspekte müssen beachtet werden, in: Revisionspraktiker, Ausgabe Juni & Juli 2015, Finanz Colloquium Heidelberg, Heidelberg 2015.

Kämpfer, H. (2011.01): Bankaufsichtsrechtliche Konsequenzen aus der Finanzmarktkrise – Entwicklung und Auswirkung auf die Sparkassen, Präsentation im Rahmen des Euroforum – Basel III und die Weiterentwicklung des Bankaufsichtsrechts, Frankfurt am Main, Januar 2011, Folien 1–42.

Kempf, J.-P. (2015): Ergebnisse des Projektmoduls Fonds im Risikomanagement, in: Markt & Impuls, Ausgabe 3/2015, Frankfurt/Main 2015.

Kirchner, C. (2009.06.30): Die Herde bebt – Kurse verschiedener Anlageklassen bewegen sich in die gleiche Richtung – Analysten warnen vor Absturzgefahr, in: Financial Times Deutschland vom 30.06.2009, S. 19.

Kirmße, S. (2009): Limitierung als Kernbestandteil des Risikomanagements in Banken, Vortrag an der Universität Hohenheim, 3.02.2009, erhältlich auf: https://www.uni-hohen-heim.de/fileadmin/einrichtungen/bank/BankI_II_downloads/Vortrag_Prof_Kirmsse_Limitierung.pdf, Abfrage vom 30.01.2016.

Klaßen, S./Klingeler, R./Koll, M. (2010): Aspekte des Beteiligungsmanagements, in: Koll, M. (Hrsg.): Aktuelle Themen der Unternehmenssteuerung, consultingpartner-Schriftenreihe Sammelband 2009/2010, Köln 2010, S. 11–36.

Klenner, O./Tangemann, A. (2013): Achtung bei steigenden Barwerten im Zinsbuch, in: Bankpraktiker 08/2013, 8. Jg. Heidelberg 2013, S. 220–227.

Klingeler, R./Koll, M./Noack, R. (2010): Von der Incremental Risk Charge zur Modellierung des Eigengeschäfts, in: Koll, M. (Hrsg.): Aktuelle Themen der Unternehmenssteuerung, consultingpartner-Schriftenreihe Sammelband 2009/2010, Köln 2010, S. 37–60.

Klomfaß, C./Kramer, H. (2012): Zinsbuchsteuerung als Basis für die wertorientierte Risikotragfähigkeit, in: Reuse, S. (Hrsg.): Zinsrisikomanagement, 2. Auflage, Heidelberg 2012, S. 331–348.

KMPG (2011): Basel III – Handlungsdruck baut sich auf: Implikationen für Finanzinstitute, Frankfurt 2011, erhältlich auf: http://www.kpmg.de/docs/KPMG_Basel_3_FRM_2011web.pdf, Abfrage vom 30.06.2013.

Knies, K. (1876): Geld und Credit II. Abteilung Der Credit, Leipzig 1876, S. 249.

Koch, P. (2011): PC-Workshop S-Karisma und S-RTF – Weiterentwicklungen im Workshop gezeigt, in: Die SparkassenZeitung, Ausgabe vom 06.05.2011, Dossier: Kapitalallokation, Seite 14.

Köhne, M./Sattler, H. (2011): Strategien und Risiken im Fokus der Aufsicht; in: Die Bank 09/2011, erhältlich auf: http://www.die-bank.de/betriebswirtschaft/strategien-und-risiken-im-fokus-der-aufsicht/, Abfrage vom 30.06.2013.

Koll, M./Kurth, M. (2009): Vega-Modell. Bewertung von Bonitäts- und Spreadrisken im Eigengeschäft, erhältlich auf http://www.consultingpartner.de/index.php?download=flyer_cp_-_vega-modell.pdf, Abfrage vom 01.05.2016.

Konrad, E. (2004): Bewegen sich Aktien- und Rentenmarkt künftig wieder im Gleichschritt?, in: Sparkasse 02/2004, 121. Jg. 2004, Nr. 2, S. 102–105.

Kramer, H. (2010): Moderne Ansätze zur fachseitigen Ausgestaltung der Risikotragfähigkeitsdarstellung in einer mittelgroßen Sparkasse, in: Becker, A./Berndt, M./Klein, J. (Hrsg.): Risikotragfähigkeit im Fokus der Bankenaufsicht, Heidelberg 2010, S. 5–90.

Kramer, H. (2012): Moderne Ansätze zur fachseitigen Ausgestaltung der Risikotragfähigkeitsdarstellung in einer mittelgroßen Sparkasse, in: Becker, A./Berndt, M./Klein, J. (Hrsg.): Risikotragfähigkeit im Fokus der Bankenaufsicht, 2. Auflage, Heidelberg 2012, S. 5–90.

Kramer, H. (2014): Ansätze zur Ausstattung der Risikotragfähigkeit und der Kapitalplanung, in: Becker, A. (Hrsg.): Risikotragfähigkeit im Fokus der Bankenaufsicht, Finanz Colloquium Heidelberg, Heidelberg 2014, S. 5–122.

Kramer, H./Held, R. (2013): Allgemeine Anforderungen an das Risikomanagement, in: Becker, A./Berndt, M./Klein, J. (Hrsg.): Die neuen MaRisk. Bearbeitungs- und Prüfungsleitfaden, 3. Auflage, Heidelberg 2013, S. 70–134.

Kühlwein, A.-J. (2016): Rating und Monitoring von Banken – bedeutende Einflussfaktoren, in: Heithecker, D./Tschuschke, D. (Hrsg.): Geschäftsmodellanalyse, Heidelberg 2016 (demnächst).

Kuhn, L. (2012): Risikokommunikation im Rahmen der Gesamtbanksteuerung – entscheidend für Vertrauen und Akzeptanz, in: Bantleon, U./Becker, A. (Hrsg.): Risikomanagement und Frühwarnverfahren, Stuttgart 2012, S. 141–170.

KWG (1997): Sechstes KWG-Änderungsgesetz vom 22. Oktober 1997 (BGBl. I S. 2518).

KWG (2013): Kreditwesengesetz in der Fassung der Bekanntmachung vom 9. September 1998 (BGBl. I S. 2776), das zuletzt durch Artikel 1 des Gesetzes vom 3. April 2013 (BGBl. I S. 610) geändert worden ist, erhältlich auf: http://www.gesetze-im-internet.de/bundesrecht/kredwg/gesamt.pdf, Abfrage vom 30.03.2016.

LITERATURVERZEICHNIS

KWG (2016): Kreditwesengesetz in der Fassung der Bekanntmachung vom 9. September 1998 (BGBl. I S. 2776), das durch Artikel 12 des Gesetzes vom 11. März 2016 (BGBl. I S. 396) geändert worden ist.

Lach, N./Neubert, B./Kirmße, S. (2002): Integrierte Zinsbuchsteuerung, o. O. 2002, zeb/Sonderdruck.

Landesbank Baden-Württemberg (2011): Der Geschäftsbericht 2011, Stuttgart 2011.

Lesko, M. (2011): Korrelationen – Stabilität und Vertrauensbereiche, in: ICnova Kundeninformation 02.2011, S. 7–9.

Lesko, M./Beck, A./Feix, M. (2007): Wertorientierte Adressrisikosteuerung in der Praxis – moderne Ansätze im Credit Risk Management, in: Risiko Manager, 17/2007, S. 10–16.

Lesko, M./Beck, A./Feix, M./Stückler, R. (2009): CVaR-Modelle der nächsten Generation – Integration von Spreadrisiken in die CVaR-Messung, in: Risiko Manager, 19/2009, S. 1, 6–13.

LiqV (2013): Liquiditätsverordnung vom 14. Dezember 2006 (BGBl. I S. 3117), die zuletzt durch Artikel 1 der Verordnung vom 6. Dezember 2013 (BGBl. I S. 4166) geändert worden ist.

Markowitz, H. (1952): Portfolio Selection, in: Journal of Finance, 7. Jg. 1952, Nr. 1, S. 77–91.

Markowitz, H. (1959): Portfolio Selection – Efficient Diversification of Investments, New York, NY 1959.

Markowitz, H. M./Hebner, M. T./Brunson, M. E. (2009): Does Portfolio Theory Work During Financial Crises?, erhältlich auf: http://www.ifaarchive.com/pdf/does%20portfolio%20theory%20work%20hmm%20mbedits%205-19-09.pdf, Abfrage vom 01.05.2016.

Martellini, L./Priaulet, P./Fabozzi, F./Luo, M. (2005): Hedging Interest-Rate Risk with Term-Structure Factor Models, in: Fabozzi, F. (Hrsg.): The Handbook of Fixed Income Securities, 7. Auflage, New York (United States) 2005, S. 967–986.

Martin, M. R. W./Reitz, S./Wehn, C. S. (2014): Kreditderivate und Kreditrisikomodelle. Eine mathematische Einführung, 2. Auflage, Wiesbaden 2014.

Martin, M./Bächstädt, K.-H./Pietrzak, M. (2011): Kontrahentenausfall- und Kontrahentenabsicherungsrisiken, in: Risiko Manager, 16/2011, S. 1, 6–13.

Martin, P. (2013): Umgang mit Konzentrationsrisiken, insbesondere Ertragskonzentrationen, in: Reuse, S. (Hrsg.): Praktikerhandbuch Risikotragfähigkeit, Heidelberg 2013, S. 218–238.

LITERATURVERZEICHNIS

Memmel, C. (2011): Banks' Exposure to Interest Rate Risk, their Earnings from Term Transformation, and the Dynamics of Term Structure, in: Journal of Banking and Finance, Vol. 35 (2), S. 282–289.

Meybom, P. (2012): Bessere Planung in fünf Phasen; in: Sparkassenzeitung 09.11.2012, 75. Jg., erhältlich auf: https://www.sparkassenzeitung.de/bessere-planung-in-fuenf-phasen/150/46/25961/2, Abfrage vom 01.05.2016.

Mikosch, B. (2009.04.17): Entzaubertes Erfolgsrezept – Risikostreuung half Millionären bislang durch jede Krise – bis 2008. Dennoch sehen Vermögensverwalter keine Alternativen, in: Financial Times Deutschland vom 17.04.2009, S. 22.

Moloney, N./Ferran, E./Payne, J. (2015): The Oxford Handbook of Financial Regulation, Oxford University Press, Vereinigtes Königreich, 2015.

Monetary Authority of Singapore (2003): Technical Paper on Credit Stress-Testing, MAS Information Paper, erhältlich auf: http://unpan1.un.org/intradoc/groups/public/documents/apcity/unpan011700.pdf, Abfrage vom 30.06.2013.

Mrusek, F. (2012): Strategiekonforme Kapitalallokation in Banken – Entscheidungsmodelle für das Value-based Management, in: Schriftenreihe des zeb/, Band 62, Frankfurt am Main, S. 1–416.

Müller, M. A. (2011): Kreditrisikosteuerung mithilfe von Credit Spreads, Aachen 2011.

Mußler, H. (2013): Sparen in der Bank lohnt sich nicht mehr, in: Frankfurter Allgemeine Zeitung vom 4. Mai 2013, Nr. 103, S. 23.

Nelson, R. B. (1999): An introduction to copulas, volume 139 of Lecture Notes in Statistics, New York 1999.

Nemet, M./Ulrich, P.-O. (2010): Substanzwertrechnung: Anwendungsbereiche und Weiterentwicklung, in: Finanzierung Leasing Factoring, Heft 3, S. 123–130.

Neumann, F. (2015): Wesentlichkeitseinstufung der Risiken in Abhängigkeit von Risikotragfähigkeit und Gesamtbankrisikoprofil, in: Janssen, S./Riediger, H. (Hrsg.): Praktikerhandbuch Risikoinventur, Heidelberg 2015, S. 118–127.

Noack, T./Cremers, H./Mala, J. (2014): Neue regulatorische Konzepte der Bankenaufsicht und ihre Auswirkungen auf die Gesamtbanksteuerung, in: Frankfurt School of Finance and Management – Working Paper Series, No. 212.

OenB (2004): Leitfadenreihe zum Kreditrisiko – Ratingmodelle und -validierung, Eine Kooperation von Oesterreichischer Nationalbank und Finanzmarktaufsicht FMA, Wien 2004, erhältlich auf http://www.fma.gv.at/typo3conf/ext/dam_download/secure.php?u=0&file=1961&t=1342404629&hash=d8f4d6a2ffdd266c543195d02d385901, Abfrage vom 01.05.2016.

LITERATURVERZEICHNIS

Opher, G. (2015): Zusammenfassung von Kreditnehmern: Art. 4 Abs. 1 Nr. 39 CRR bzw. § 19 Abs. 2 KWG, in: ForderungsPraktiker, Heft 11–12, S. 250–253.

Oriwol, D./Theiler, U. (2014): Risk-/Return-effiziente Kapitalallokation im Rahmen des Bilanzstrukturmanagements, erhältlich auf: http://www.ursulatheiler.de/resources/TheilerOriwol.pdf, Abfrage vom 13.02.2016 Ebenso erschienen in: Riekeberg, M./Utz, E. R. (Hrsg.): Handbuch Strategische Gesamtbanksteuerung, Band 2, 3. Auflage, Stuttgart 2014.

Pape, U./Schlecker, M. (2008): Berechnung des Credit Spreads, in: Finanz Betrieb, 10/2008, S. 658–665.

Papenbrock, J. (2016): Neue Finanztechnologien für effiziente Portfolios und digitales Reporting im institutionellen Investmentmanagement, in: BankenTimes SPEZIAL Banksteuerung/Treasury, Ausgabe Januar 2016, Heidelberg 2016, S. 1–5.

Peachey, A. N. (2006): Great Financial Disasters of our Time, 2. Auflage, Berlin 2006.

Propach, J./Reuse, S.: (2005): Darstellung und Bewertung des S-Data-Warehouse-Konzeptes, in: Betriebswirtschaftlichen Blätter, 54. Jg., 07/2005, Stuttgart, S. 396–403.

PrüfbV (2015): Verordnung über die Prüfung der Jahresabschlüsse der Kreditinstitute und Finanzdienstleistungsinstitute sowie über die darüber zu erstellenden Berichte (Prüfungsberichtsverordnung – PrüfbV), vom 11. Juni 2015, in: Bundesgesetzblatt Jahrgang 2015 Teil I Nr. 23, S. 930–964.

PWC (2012.12): MaRisk-Newsletter Ausgabe 27, 12/2012, erhältlich auf: http://www.pwc.de/de/newsletter/finanzdienstleistung/assets/marisk_newsletter_4.pdf, Abfrage vom 01.05.2016.

Pykhtin, M. (2004): Multi-factor Adjustment, in: Risk, Vol. 17, 3, S. 85–90.

Rauthe, M. (2011): Prüfung und Beurteilung aus Sicht der Internen Revision, in: Kühn, S./Stegner, P. (Hrsg.), Management von Risikokonzentrationen, Heidelberg 2011, S. 281–309.

Reitz, S. (2006): Stresstests, in: Becker, A./Gruber, W./Wohlert, D. (Hrsg.), Handbuch MaRisk, Frankfurt a. M., 2006, S. 572.

Rempel-Oberem, T./Zeranski, S. (2008): Liquidity at Risk zur Liquiditätssteuerung in Finanz-Instituten, in: Risikomanager 2008, Heft 2, S. 1, 8–11.

Reuse, S. (2006.07): Berechnung des Value-at-Risk mit der Monte-Carlo-Simulation – Vorstellung bestehender Modelle und Würdigung der Ergebnisse, in: Bankpraktiker, 1. Jg., Juli 2006, Ausgabe 07–08/2006, Düsseldorf, S. 366–371.

LITERATURVERZEICHNIS

Reuse, S. (2007): Corporate Evaluation in the German Banking Sector, Wiesbaden 2007.

Reuse, S. (2010.01): Distribution of Share and Bond Prices – an Analysis with the Kolmogorov-Smirnov and Jarque Bera test via MS Excel at the Example of the German RexP and DAX, in: 2nd International PhD Conference – New Economic Challenges, 20.01.2010 – 21.01.2010, Brno 2010, S. 85–91.

Reuse, S. (2011): Korrelationen in Extremsituationen – Eine empirische Analyse des deutschen Finanzmarktes mit Fokus auf irrationales Marktverhalten, Stuttgart 2011, zzgl. Diss. Masaryk Universität Brno.

Reuse, S. (2011.07) : Korrelationen in der Gesamtbanksteuerung – Anforderungen der MaRisk und Auswirkungen auf die Asset Allocation, in: Bankpraktiker, 6. Jg., Juli/August 2011, Ausgabe 07–08/2011, Düsseldorf, S. 270–275.

Reuse, S. (2011.11): Risikomessverfahren und Modellrisiken in der Gesamtbanksteuerung – was sollte ein Vorstand wissen?, in: Bankentimes Spezial Geschäftsleitung Oktober & November, S. 1–4.

Reuse, S. (2012.01): Kritische Würdigung des Modellrisikos in der Adressrisikosteuerung – Diskussion von Annahmen und Parametern sowie praxisgerechte Umsetzung, in: ForderungsPraktiker, 3 Jg. Januar 2012, Ausgabe 01/2012, Heidelberg, S. 34–39.

Reuse, S. (2012.09): Integration des zukunftsgerichteten Kapitalplanungsprozess (AT 4.1 Tz. 9 MaRisk-E 2012) in Strategie und Risikotragfähigkeit, in: Banken-Times Spezial – Haftungsfragen/Vorstandspflichten, Ausgabe September & Oktober 2012, Finanz Colloquium Heidelberg, Heidelberg 2012, S. 2–6.

Reuse, S. (2012a): Definition effizienter Benchmarks für die passive Steuerung, in: Reuse, S. (Hrsg.): Zinsrisikomanagement, 2. Auflage, Heidelberg 2012, S. 159–167.

Reuse, S. (2012b): Controlling und Reporting des Zinsänderungsrisikos, in: Reuse, S. (Hrsg.): Zinsrisikomanagement, 2. Auflage, Heidelberg, 2012, S. 233–288.

Reuse, S. (2013.02): MaRisk 5.0 – Umsetzungsimplikationen aus den Klarstellungen und Neuregelungen für 2013, in: Bankpraktiker, 8. Jg., Februar 2013, Ausgabe 02/2013, Heidelberg, S. 8–14.

Reuse, S. (2013.03): Verlustfreie Bewertung des Zinsbuches: Auswirkungen des IDW RS BFA 3 auf die Bilanzierungspraxis 2013, in: Banken Times, März 2013, S. 14–15.

Reuse, S. (2013.04): Hat die Neuregelung der verlustfreien Bewertung des Zinsbuches nach IDW RS BFA 3 Auswirkungen auf die Zinsrisikostrategie der Zukunft?, in: Bankentimes Spezial Haftungsfragen/Vorstandspflichten, März & April 2013, S. 2–4.

LITERATURVERZEICHNIS

Reuse, S. (2014): Umsetzung des Basismeldewesens FinaV – Aufbereitung valider Plan-, Ertrags-, und Risikodaten zur unterjährigen Meldung an die Bankenaufsicht, in: FC Heidelberg (Hrsg.): Handbuch Bankaufsichtliches Meldewesen – Vorgaben • Datenanforderungen • Umsetzungshinweise, 2. Auflage, Heidelberg 2014, S. 130–183.

Reuse, S. (2014.02): Auswirkungen des BCBS 239 »Grundsätze zur Aggregation von Risikodaten und Risikoberichterstattung« auf die Datenhaltung und das Datenmanagement der Institute, in: Banken-Times SPEZIAL, IT/ORGA/NEUE MEDIEN, Januar & Februar 2014, S. 2–6, erhältlich auf: https://www.fc-heidelberg.de/daten/bankentimes/IT0114.pdf, Abfrage vom 29.12.2015.

Reuse, S. (2014.09): Risikotragfähigkeit: Aktuelle Diskussionspunkte in: CompRechtsPraktiker, 1. Jg., September/Oktober 2014, Ausgabe 09–10/2014, Heidelberg, S. 205–211.

Reuse, S. (2015.02): FinaV 2.0: Meldung von Risikotragfähigkeitsinformationen, in: Bankpraktiker, 10. Jg., Februar 2015, Ausgabe 02/2015, Heidelberg, S. 41–46.

Reuse, S. (2015.05): MaRisk 6.0 – Analyse und Würdigung der ersten offiziell verfügbaren Informationen, in: Bankentimes Spezial Banksteuerung/Treasury, Mai & Juni 2015, S. 18–20.

Reuse, S. (2015.06): BCBS 239 – Steigende Anforderungen an das Datenmanagement, in: Betriebswirtschaftliche Blätter, 64. Jg., Juni 2015, 17.06.2015.

Reuse, S. (2016.02a): Periodische versus wertorientierte Zinsbuchsteuerung im Kontext des Niedrigzinsumfeldes, in: ZfgK – Zeitschrift für das gesamte Kreditwesen, 69. Jg., 01. Februar 2016, Heft 3, Frankfurt, S. 138–142.

Reuse, S. (2016.02b): MaRisk 6.0-E – Kritische Analyse des Konsultationsentwurfes vom 18.02.2016 und Anlage: MaRisk 6.0-E – Detailanalyse aller Änderungen, in: Banken-Times Spezial Sonderausgabe MaRisk NEU – Februar 2016, S. 1–5 und Anlage S. 1–9.

Reuse, S. (2016.02c): MaRisk 6.0-E – Kurzwürdigung des Entwurfes vom 18.02.2016, in: Sonderbeilage des FCH zu den Printmedien BankPraktiker u.v.m.

Reuse, S. (2016.03): Meldung der Risikotragfähigkeit nach FinaRisikoV – Herausforderungen für die ersten Meldungen, in: Banken Times Klassik, März 2016, S. 19–20.

Reuse, S./Schillings, R. (2011): Risikotragfähigkeit der Kreditinstitute – Anforderung der Aufsicht und praktische Umsetzungsimpulse – Teil 1: periodische vs. Barwertige RTF, in: Banken Times Spezial Banksteuerung & Treasury Management, Dezember/Januar.

Reuse, S./Schillings, R. (2012): Risikotragfähigkeit der Kreditinstitute – Anforderungen der Aufsicht und praktische Umsetzungsimpulse – Teil 2: Eckpunkte des BaFin Papiers vom 07.12.2011, in: Bankentimes Spezial Banksteuerung/Treasury Management Februar & März 2012, S. 7–12.

Reuse, S./Svoboda, M. (2010): Stresstests – Kritische Analyse der Anforderungen in den neuen MaRisk und Modellierung eines Prototypen, in: Bankpraktiker 5. Jg., März 2010, Ausgabe 03/2010, Düsseldorf, S. 65–70.

Reuse, S./Zeranski, S. (2009.10): Neue MaRisk-Anforderungen an Stresstests [Rundschreiben 15/2009 (BA)], in: Bankentimes Spezial Controlling/Gesamtbanksteuerung Oktober & November 2009.

Reuse, S./Zeranski, S. (2010): Aussagekraft der EU-Stresstests für den deutschen Bankensektor, in: Bankentimes Spezial Banksteuerung/Treasury Management Oktober & November 2010.

Riediger, H. (2013): Risikoinventur – Ein Erfahrungsbericht, in: BankPraktiker, Heft 07–08.2013, S. 262–268.

Riekeberg, M./Utz, E. R. (2011): Strategische Gesamtbanksteuerung, 2. Auflage, Stuttgart 2011.

Rolfes, B. (2008): Gesamtbanksteuerung, 2. Auflage, Stuttgart 2008.

Rolfes, B./Schierenbeck, H./Schüller, S. (1998): Gesamtbankmanagement. Integrierte Risiko-/Ertragssteuerung in Kreditinstituten, in: Schriftenreihe des zeb/, Frankfurt am Main, Band 18, S. 1–288.

Romeike, F./Hager, P. (2009): Erfolgsfaktor Risiko-Management 2.0 – Methoden, Beispiele, Checklisten, Wiesbaden 2009.

Rudolph, B. (1986), Aufbau und Ablauf der strategischen Bankplanung, in: Congena (Hrsg.), Bank-Entwicklung – Strategien für die Bank der Zukunft, Wiesbaden 1986, S. 111–120.

Rudolph, B. (2009): Die internationale Finanzkrise, Ursachen, Treiber, Veränderungsbedarf und Reformansätze, Discussion paper 2009–10, Munich School of Management, University of Munich, erhältlich auf: http://www.econstor.eu/dspace/bitstream/10419/104506/1/lmu-dpba_2009-10.pdf, Abfrage vom 14.02.2016.

Runge, M./Schneider, H./Trost, R. (2004): Kreditrisikomanagement in Banken unter besonderer Berücksichtigung ausgewählter Kreditrisikomodelle, zgl. Diss. Technische Universität Ilmenau, Ilmenau 2004.

SAG (2015): Sanierungs- und Abwicklungsgesetz vom 10. Dezember 2014 (BGBl. I S. 2091), das zuletzt durch Artikel 1 des Gesetzes vom 2. November 2015 (BGBl. I S. 1864) geändert worden ist.

Schäfer, M./Runge, M. (2007): Kreditportfolio-Risikomessung mit Hilfe von CreditPortfolioView, in: Betriebswirtschaftliche Blätter, 04/2007, S. 212–215.

Schäl, I. (2003): Die Quantifizierung und Steuerung von operationellen Risiken, zeb/Competence Center Operational Risk, Münster 2011.

LITERATURVERZEICHNIS

Scharpf, P./Schaber, M. (2011): Handbuch Bankbilanz, 4. Auflage, IDW Düsseldorf 2011.

Schäuble, W. (2013): Regierungserklärung zur Sicherung der Stabilität der Eurozone und der Finanzhilfe für Zypern, Berlin 18.04.2013.

Schierenbeck, H. (1999): Ertragsorientiertes Bankmanagement, 6. Aufl., Band 2, Risiko-Controlling und Bilanzstruktur-Management, Wiesbaden 1999.

Schierenbeck, H. (2003): Ertragsorientiertes Bankmanagement: Band 1, Grundlagen, Marktzinsmethode und Rentabilitäts-Controlling, 8. Auflage, Wiesbaden 2003.

Schierenbeck, H./Lister, M./Kirmße, S. (2008): Ertragsorientiertes Bankmanagement, Band 2: Risiko-Controlling und integrierte Rendite-/Risikosteuerung, 9. Auflage, Wiesbaden 2008.

Schierenbeck, H./Lister, M./Kirmße, S. (2014): Ertragsorientiertes Bankmanagement, Band 1: Messung von Rentabilität und Risiko im Bankgeschäft, 9. Auflage, Wiesbaden 2014.

Schira, J. (2012): Statistische Methoden der VWL und BWL: Theorie und Praxis, München 2012.

Schlienkamp, C. (1998): Grundlagen der Asset Allocation, in: Eller, R. (Hrsg.): Handbuch des Risikomanagements, Stuttgart 1998, S. 315–334.

Schmitz, A. (2015): Lackmustest für Mischfonds, in: Börsen-Zeitung, Jahresschlussausgabe 2015, Seite 22, Frankfurt am Main, 31.12.2015.

Schön, B. (2016): Wann Kündigungen gut verzinster Bausparverträge rechtens sind, in: Finanztipp – das gemeinnützige Online-Verbrauchermagazin, erhältlich auf: http://www.finanztip.de/bausparvertrag/bausparvertrag-gekuendigt/, Abfrage vom 23.02.2016.

Schwenker, B. (2011): Europa führt! Plädoyer für ein erfolgreiches Managementmodell, Köln 2011.

Seifert-Granzin, J. (1996): Finanzderivate – Formen, Märkte, Crashs, Kontrollen, Werkstattbericht 15, Heidelberg, Juli 1996, erhältlich auf: http://www.woek-web.de/web/cms/upload/pdf/woek/publikationen/seifert_1996_finanzderivate.pdf, Abfrage vom 01.05.2016.

Seuthe, A. (2010): Wandel zu einer risikoorientierten Aufsicht, in: Helfer, M./Nolte, T. (Hrsg.): Corporate Governance in Regionalbanken, Heidelberg 2010, S. 97–114.

Seuthe, A. (2012): Sicherstellung und Monitoring der Risikotragfähigkeit aus Sicht der Bankenaufsicht, in: Becker, A./Berndt, M./Klein, J. (Hrsg.): Risikotragfähigkeit im Fokus der Bankenaufsicht, 2. Auflage, Heidelberg 2012, S. 91–158.

LITERATURVERZEICHNIS

Siedenbiedel, K. (2015): Der Niedergang der Bausparkassen, in: FAZ Online, erhältlich auf: http://www.faz.net/aktuell/finanzen/meine-finanzen/finanzieren/bausparvertrag-in-der-krise-der-niedergang-der-bausparkassen-13522391.html, Abfrage vom 29.02.2016.

Sievi, C. (1999): Neugestaltung variabler Passivprodukte, in: Betriebswirtschaftliche Blätter, 07/1999, S. 31–39.

Sievi, C./Wegner, O. (2013): Einbeziehung von Fonds, in: Betriebswirtschaftliche Blätter, 03/2013, S. 1–11.

Sievi, C./Wegner, O./Freundorfer, E. (2011): Integration von Marktpreisrisiken, Stuttgart 2011.

Sievi, C./Wegner, O./Schumacher, M. (2006.12): Integration von Marktpreisrisiken, Teil 3 – Korrelationsmodell als praktikables Konzept, in: Betriebswirtschaftliche Blätter, 55. Jg. 2006, Nr. 12/2006, S. 690–698.

Sievi, C./Wegner, O./Zühlsdorf, R. (2007): Gleitende Durchschnitte bei variabel verzinsten Produkten: Praxisfragen bei der Festlegung der Mischungsverhältnisse, in: Betriebswirtschaftliche Blätter, 04/2007, S. 191–195.

SolvV (2013): Solvabilitätsverordnung vom 6. Dezember 2013 (BGBl. I S. 4168), erhältlich auf: http://www.gesetze-im-internet.de/bundesrecht/solvv_2014/gesamt.pdf, Abfrage vom 01.05.2016.

Sparkasse Pforzheim Calw (2015): Offenlegungsbericht der Sparkasse Pforzheim Calw – Offenlegung gemäß CRR zum 31.12.2014, erhältlich auf: https://www.sparkasse-pforzheim-calw.de/pdf/geschaeftsbericht/Offenlegungsbericht_2014.pdf, Abfrage vom 01.05.2016.

Sparkassen Rating und Risikosysteme GmbH (2012): SR – Imageflyer, Berlin 2012, erhältlich auf: http://www.s-rating-risikosysteme.de/_download_gallery/SR-Imageflyer_interaktiv.pdf, Abfrage vom 30.06.2013.

Sparkassen- und Giroverband Hessen-Thüringen (2012): Verbundrechenschaftslegung 2011, Frankfurt am Main 2012, erhältlich auf: http://www.sparkassen-finanzgruppe-ht.de/finanzgruppe/finanzgruppe/verbundkonzept/_images/Verbundrechenschaftslegung-2011.pdf, Abfrage vom 01.05.2016.

Spellmann, F. (2002): Gesamtrisikomessung von Banken und Unternehmen, 1. Auflage, Wiesbaden 2002.

Spielberg, H./Becher, F. (2013.04): Welche Risikoaggregationsmethode ist MaRisk-konform?, in: Die Bank, 4/2013, S. 30–35.

Spindler, C. (2001): Einsatz der Asset Allocation in einem Industrieunternehmen, in: Eller, R. et. al. (Hrsg.): Modernes Bondmanagement, 2. Auflage, Wiesbaden 2001, S. 147–170.

Spremann, K. (2002): Finanzanalyse und Unternehmensbewertung, München 2002.

LITERATURVERZEICHNIS

SSM-Rahmenverordnung (2014.04): Verordnung (EU) Nr. 468/2014 der EZB zur Einrichtung eines Rahmenwerks für die Zusammenarbeit zwischen der EZB und den nationalen zuständigen Behörden und den nationalen benannten Behörden innerhalb des einheitlichen Aufsichtsmechanismusvom 16. April 2014, erhältlich auf: https://www.ecb.europa.eu/ecb/legal/pdf/celex_32014r0468_de_txt.pdf, Abfrage vom 10.03.2016.

SSM-Verordnung (2013.10): Verordnung (EU) Nr. 1024/2013 zur Übertragung besonderer Aufgaben im Zusammenhang mit der Aufsicht über Kreditinstitute auf die EZB vom 15. Oktober 2013, erhältlich auf: http://eur-lex.europa.eu/legal-content/DE/TXT/PDF/?uri=CELEX:32013R1024&from=DE, Abfrage vom 10.03.2016.

Stadtsparkasse Düsseldorf (2015): Offenlegungsbericht der Stadtsparkasse Düsseldorf – Offenlegung gemäß CRR zum 31.12.2014, erhältlich auf: https://www.sskduesseldorf.de/pdf/Finanzberichte/Offenlegungsbericht_gem_CRR_zum_31122014.pdf, Abfrage vom 01.05.2016.

Stahmer, K. (2014): Einführung eines Management-Reportingsystems auf Basis einer IT-Standard-Anwendung, in: Riekeberg, M./Utz, E. (Hrsg.): Strategische Gesamtbanksteuerung, Band 2, 3. Auflage, Stuttgart 2014, S. 253–267.

Standard & Poor's (2011): Default, Transition, and Recovery: 2011 Annual Global Corporate Default Study And Rating Transitions, S&P RatingsDirect on the Global Credit Portal, March 21, 2012.

Standard & Poor's (2014): Default, Transition, and Recovery: 2014 Annual Global Corporate Default Study And Rating Transitions, S&P Rat-ingsDirect on the Global Credit Portal, April 30, 2015, erhältlich auf: https://www.nact.org/resources/2014_SP_Global_Corporate_Default_Study.pdf, Abfrage vom 25.02.2016.

Stegmann, M. (2012): CPV im Fokus – Intensive Prüfung verlangt gute Vorarbeit, in: Die SparkassenZeitung, 27.01.2012, Nr. 04, Berlin 2012, S. 11.

Steinberg, R. (1999): Zinsänderungsrisiko und Bankenaufsicht, Analyse und Weiterentwicklung bankaufsichtsrechtlicher Zinsrisikonormen, in: Rolfes, B./Schierenbeck, H. (Hrsg.): Schriftenreihe des Zentrums für Ertragsorientiertes Bankmanagement, Münster, Band 21, Frankfurt am Main 1999.

Steinberg, R. (1999): Zinsänderungsrisiko und Bankenaufsicht, Analyse und Weiterentwicklung bankaufsichtsrechtlicher Zinsrisikonormen, in: Rolfes, B./Schierenbeck, H. (Hrsg.): Schriftenreihe des Zentrums für Ertragsorientiertes Bankmanagement, Münster, Band 21, Frankfurt am Main 1999.

Steiner, M./Bruns, C. (1996): Wertpapiermanagement, 5. Auflage, Stuttgart 1996.

Strobel, A. (1953): Die Liquidität – Methoden ihrer Berechnung, 2. Auflage, Stuttgart 1953.

Talkenberger, D./Wehn, C. S. (2012): Kontrahentenrisiko im Überblick, in: Ludwig, S./Martin, M. R. W./Wehn, C. (Hrsg.): Kontrahentenrisiko: Bewertung, Steuerung, Unterlegung nach Basel III und IFRS, Stuttgart 2012, S. 1–19.

Teitge, T. (2016): Analyse von Konzentrationsrisiken, in: Heithecker, D./Tschuschke, D. (Hrsg.): Geschäftsmodellanalyse, Heidelberg 2016 (demnächst).

Tente, N./Stein, I./Silbermann, L./Deckers, T. (2015): Der antizyklische Kapitalpuffer in Deutschland – Analytischer Rahmen zur Bestimmung einer angemessenen inländischen Pufferquote, Deutsche Bundesbank, November 2015, erhältlich auf: https://www.bundesbank.de/Redaktion/DE/Downloads/Ver oeffentlichungen/Studien/der_antizyklische_kapitalpuffer.pdf?__blob=publi cationFile, Abfrage vom 28.03.2016

Theiler, U./Dersch, D. (2011): Effiziente Asset Allocation in Kreditinstituten – Innovative Benchmark-Optimierung und dynamische Wertsicherung, erhältlich auf: http://www.ursula-theiler.de/resources/TheilerDersch.pdf, Abfrage vom 13.02.2016. Ebenso erschienen in: Braun, H./Heuter, H. (Hrsg.): Handbuch Treasury, Stuttgart 2011.

Thelen-Pischke, H./Sawahn, W. (2012): Regulatorische Agenda 2012 für Vorstände und Aufsichtsräte: Passen die Geschäftsmodelle noch?; in: Zeitschrift für das gesamte Kreditwesen 02/2012, 65. Jg., S. 64–67.

Thießen, F./Zeranski, S. (2011): Damoklesschwert der Staatsverschuldung und die Folgen für die Banksteuerung, in: Zeitschrift für das gesamte Kreditwesen 2011, Heft 3, S. 120–126.

Treasuryworld (o. J.): Unternehmens- und Risikosteuerung, erhältlich auf: http://www.treasuryworld.de/basiswissen/gesamtbank-risikosteuerung, Abfrage vom 01.05.2016.

Ullrich, W. (2012): Steigenden Anforderungen der Aufsicht offensiv begegnen – Ausbau der Internen Revision zum Frühwarn- und Steuerungsinstrument, in: Betriebswirtschaftliche Blätter 01/2012, 61. Jg., S. 6–8.

Utz, E. (2011): Operationelle Risiken. Grundlagen, Messmethoden und Querschnittsthemen in der Praxis, Stuttgart 2011.

Viertes Finanzmarktförderungsgesetz (2002): Gesetzes zur weiteren Fortentwicklung des Finanzplatzes Deutschland (Viertes Finanzmarktförderungsgesetz) vom 21. Juni 2002 (BGBl. I S. 2010 – 2072, erhältlich auf: http://ec.europa. eu/internal_market/finances/docs/actionplan/transposition/germany/d1-de. pdf, Abfrage vom 01.05.2016.

Voit, J. (2012a): Argumentationshilfe »Risikokonzentrationen und Diversifikation (ARD)« – Konzentrieren? Diversifizieren? Institute müssen argumentieren!, in: Betriebswirtschaftliche Blätter 02/2012, S. 521.

Voit, J. (2012b): Modelleinsatz ist ein wichtiger Teil des Bankbetriebs – Ein Beipackzettel für Risikomodelle?, in: Betriebswirtschaftliche Blätter, 11/2012, Nr. 11, S. 636.

Volk, T./Wiesemann, B. (2012): Aufsichtliche Beurteilung bankinterner Risikotragfähigkeitskonzepte. in: Zeitschrift für das gesamte Kreditwesen, Band 65, Ausgabe 6/2012, S. 267–272.

Volksbank Stuttgart (2015): Offenlegungsbericht nach Art. 435 bis 455 CRR per 31.12.2014 der Volksbank Stuttgart eG, erhältlich auf: https://www.volksbank-stuttgart.de/content/dam/f0054-0/pdf/wir_ueber_uns/offenlegungsberichte/2014-12-31%20VBS%20Offenlegungsbericht%20per%2031.12.2014.pdf, Abfrage vom 01.05.2016.

Volkswagen Financial Services (2011): Geschäftsbericht 2011, Braunschweig 2011.

Wagatha, M. (2004): Makroökonomische Schocks in der Kreditwirtschaft – eine Analyse mit VaR Modellen, in: Kredit und Kapital, 37. Jg., Heft 1, S. 31–61.

Wagatha, M. (2005): Kointegrationskonzepte für die Kreditrisikomodellierung – Systematische Kreditrisiken und makroökonomische Theorienbildung, Wiesbaden 2005.

Wagatha, M. (2011a): Controlling des Adressrisikos für das Treasury Management in Banken, in: Zeranski (Hrsg.): Treasury Management in mittelständischen Kreditinstituten, Heidelberg, S. 1467–1523.

Wagatha, M. (2011b): Qualitative Einschätzung von Risikokonzentrationen mithilfe von Stress-Szenarien, in: Kühn, S./Stegner, P. (Hrsg.): Management von Risikokonzentrationen, Heidelberg 2011, S. 183–214.

Wagatha, M. (2012): IRB-/Basel II-Stresstests, in: Geiersbach, K./Walter, B. (Hrsg.): Praktikerhandbuch Stresstesting, 2. Auflage, Heidelberg, S. 27–65.

Walter, B. (2012a): Grundlagen, in: Geiersbach, K./Walter, B. (Hrsg.): Praktikerhandbuch Stresstesting, 2. Auflage, Heidelberg, S. 7–23.

Walter, B. (2012b): Zinsbuchsteuerung in: Geiersbach, K./Walter, B. (Hrsg.): Praktikerhandbuch Stresstesting, 2. Auflage, Heidelberg, S. 94–129.

Walter, B., Pfeifer, G. (2012): Muster-Stresstest-Reports für die Praxis, in BankPraktiker, Heft 10, 2012, S. 352–357.

Wanka, T. (2012): Überprüfung der praktischen Umsetzbarkeit moderner Verfahren der Liquiditätsrisikomessung, in: Schöning, S./Ramke, T. (Hrsg.): Modernes Liquiditätsrisikomanagement in Kreditinstituten, Stuttgart 2012, S. 129–156.

Wax, K. (2014): Mehrperioden – vs. Rollierende Betrachtung der Risikotragfähigkeit, in: re|peat Jahrbuch Treasury & Private Banking 2014, S. 331–341, erhältlich auf: http://www.rolandeller.de/training/wp-content/uploads/2014/03/Wax-Mehrperiodenbetrachtung-in-der-RTF.pdf, Abfrage vom 30.04.2016.

Weber, D. (2009): Risikopublizität von Kreditinstituten – Integrative Umsetzung von Transparenzanforderungen, Wiesbaden 2009.

Wegner, O./Sievi, C. (2010): Einzelfragen der Risikomessung: Die Verfahren der Sparkassen bewähren sich in Theorie und Praxis, in: Betriebswirtschaftliche Blätter, 07/2010, S. 392–397.

Wegner, O./Sievi, C. R./Goebel, R. (2011): Kritische Analyse des BaFin-Zinsrisikokoeffizienten in: Betriebswirtschaftliche Blätter 09.2011, S. 486–491, erhältlich auf: http://www.dr-sievi.de/fileadmin/downloads/aufsaetze/KritischeAnalyseBaFinZinsrisikokoeffizient.pdf, Abfrage vom 04.04.2016.

Wegner, O./Sievi, C./Schumacher, M. (2001): Szenarien der wertorientierten Steuerung des Zinsänderungsrisikos, in: Betriebswirtschaftliche Blätter, 03/2001, S. 138–145.

Wehrsporn, U. (2001): Kreditrisikomodelle der nächsten Generation, in: risknews 05/2001, S. 3–8.

Weimer, T. (2012): Auf dem Weg zur Re-Regionalisierung, in: Die Bank 10/2012, S. 52–55.

Wermuth, N. (2015): Bankaufsichtliche Vorgaben, in: Janssen, S./Riediger, H. (Hrsg.): Praktikerhandbuch Risikoinventur, Heidelberg 2015, S. 67–100.

Wieck, S. (2016): SREP Kapitalfestsetzung – Methodik für weniger bedeutende Institute, Folienpräsentation im Rahmen der BaFin Konferenz »Neues SREP Konzept der Aufsicht«, Bonn, 04.05.2016.

Wiedemann, A. (2004): Risikotriade: Zins-, Kredit- und operationelle Risiken, in: Wiedemann, A. (Hrsg.): Band 4 der Schriftenreihen ccfb – competence center finanz- und bankmanagement, Frankfurt am Main 2004.

Wiedemann, A. (2008): Risikotriade: Zins-, Kredit- und operationelle Risiken, in: Wiedemann, Arnd (Hrsg.): Band 4 der Schriftenreihe ccfb – competence center finanz- und bankmanagement, 2. Auflage, Frankfurt am Main 2008.

Wiedemann, A. (2009): Financial Engineering: Bewertung von Finanzinstrumenten, in: Wiedemann, A. (Hrsg.): Band 1 der Schriftenreihe ccfb – competence center finanz- und bankmanagement, 5. Auflage, Frankfurt am Main 2009.

Wiesemann, B. (2012): Aufsichtliche Beurteilung von Risikotragfähigkeitskonzepten, in: BaFin Journal, 02/2012, S. 18–22.

Wiesemann, B. (2015): Anforderungen an die Eigenkapitalausstattung, Präsentation gehalten am 20.10.2015 auf der BaFin-Tagung »Neues SREP Konzept der Aufsicht«, erhältlich auf: http://www.bafin.de-/DE/DieBaFin/Presse/Veranstaltungen/-veranstaltungen_node.html, Abfrage vom 20.10.2015.

Wilde, T./Hess, T. (2006): Methodenspektrum der Wirtschaftsinformatik: Überblick und Portfoliobildung, in: Hess, T. (Hrsg.) Arbeitsbericht Nr. 2/2006, München 2006.

Wimmer, K. (2012): Deutliche Konsequenzen – MaRisk: Das neue Liquiditätstransferpreissystem und seine mutmaßlichen Folgen für Kalkulation und Preispolitik, in: Bankinformation, 12/2012, S. 28–29.

Wimmer, K. (2013): Moderne Bankkalkulation – Grundlagen und Anwendungsmöglichkeiten, 4. Auflage, Stuttgart 2013.

Wimmer, K. (2015): EBA-SREP und die Folgen für die MaRisk, in: Finanzierung Leasing Factoring 62 (2015), Heft 1, S. 17–21.

Wimmer, K./Schirsch, C. (2013a): Kapitalplanungsprozess: Gestiegene Anforderungen, in: Die Bank, o. Jg., 2013, Nr. 08, S. 52–55.

Wimmer, K./Schirsch, C. (2013b): MaRisk: Umsetzungsempfehlungen zum Kapitalplanungsprozess – Planung und Steuerung des Eigenkapitals, in: Finanzierung, Leasing, Factoring, o. Jg., 2013, Nr. 05, S. 198–202.

Wimmer, K./Schirsch, C. (2013c): Berücksichtigung von Kapitalplanungsprozess und neuen aufsichtliche Kennziffern im Risikotragfähigkeitskonzept, in: Reuse, S. (Hrsg.): Praktikerhandbuch Risikotragfähigkeit, Finanz Colloquium Heidelberg, Heidelberg 2013, S. 134–155.

Wirth, M. (1890): Geschichte der Handelskrisen, Frankfurt am Main 1890, S. 8 f.

Wirtz, B. W. (2010): Business Model Management: Design – Instrumente – Erfolgsfaktoren von Geschäftsmodellen, Wiesbaden 2010.

WP Handbuch (2012): Handbuch 2012, Wirtschaftsprüfung, Rechnungslegung, Beratung, Band I, 14. Auflage, Düsseldorf 2012.

Zanthier, U. (2015): Analyse und Beurteilung von Geschäftsmodellen vor dem Hintergrund regulatorischer Anforderungen, in: Everling, O./Goedeckemeyer, K.-H. (Hrsg.), S. 39–49.

Zanthier, U. von (2015): Analyse und Beurteilung von Geschäftsmodellen vor dem Hintergrund regulatorischer Anforderungen, in: Everling, O./Goedeckemeyer, K.-H. (Hrsg.): Bankenrating, 2. Auflage, Wiesbaden 2015, S. 39–54.

zeb European Banking Study (2015): Complexity kills: How European Banking Models have to change in a complex world, Studie, Münster 2015.

zeb market flash (2016.01): 2015: »another lost year« for the banking industry?, Issue 16, Münster 2016.

zeb value compass (2012): Banking industry in strategic trap between short-term regulatory compliance and long-term value creation, Interne Studie, Münster 2012.

Zeranski, S. (2005): Liquidity at Risk zur Steuerung des liquiditätsmäßigfinanziellen Bereichs, Chemnitz 2005.

LITERATURVERZEICHNIS

Zeranski, S. (2006): Statistische Modellierung extremer Finanzrisiken in Banken – Analyse von Zahlungsstrom- und Marktpreisrisiken mit der POT-Methode, Köln, 06.11.2006, erhältlich auf: http://www.cfr-cologne.de/download/kolloquium/2007/zeranski.pdf, Abfrage vom 01.05.2016.

Zeranski, S. (2007): Liquiditätsmanagement bei Banken: Theoretische Fundierung, in: Thießen, F./Walther, U. (Hrsg.): Knapps Enzyklopädisches Lexikon des Geld-, Bank- und Börsenwesens, 5. Auflage, Frankfurt am Main 2007, S. 1–15.

Zeranski, S. (2008): Kommentierung der Liquiditätsverordnung (LiqV), in: Boos, K.-H./Fischer, R./Schulte-Mattler, H. (Hrsg.): Kreditwesengesetz: Kommentar zu KWG und Ausführungsvorschriften, 3. Auflage, München 2008, S. 2755–2760.

Zeranski, S. (2010a): Ertragsorientiertes Liquiditätsrisikomanagement, 2. Auflage, Heidelberg 2010.

Zeranski, S. (2010b): Implikationen auf die Weiterentwicklung des Marktrisikocontrollings, in: Romeike, F. et al. (Hrsg.): Die Bankenkrise – Ursachen und Folgen im Risikomanagement, Frankfurt/Main 2010, S. 131–162.

Zeranski, S. (2010c): Implikationen auf die Weiterentwicklung des Liquiditätsrisikocontrollings, in: Romeike, F. et al. (Hrsg.): Die Bankenkrise – Ursachen und Folgen im Risikomanagement, Frankfurt am Main 2010, S. 163–195.

Zeranski, S. (2012a): Stresstesting Liquiditätsrisiko in Banken, in: Geiersbach, K./Walter, B. (Hrsg.): Praktikerhandbuch Stresstesting, Heidelberg 2012, 2. Auflage, S. 196–229.

Zeranski, S. (2012b): Kommentierung der Liquiditätsverordnung (LiqV), in: Boos, Karl-Heinz/Fischer, R./Schulte-Mattler, H. (Hrsg.): KWG-Kommentar, 4. Auflage, München 2012, S. 2593–2630.

Zeranski, S. (2013): Historische Finanzkrisen, Basel III und Change Management, Vortrag auf der Hochschultagung der Brunswick European Law School (BELS) zum Thema »Basel III, Finanzkrise, Staatsschulden: neue Rahmenbedingungen und Erfolgsfaktoren für die Unternehmensführung«, Ostfalia Hochschule Campus Wolfenbüttel, 24. April 2013.

Zeranski, S. (2014): Gesamtbanksteuerung in der Praxis, Heidelberg 2014.

Zeranski, S. (2015): Modellrisiken bei Liquiditätsrisiken, in: Heithecker, D./Tschuschke, D. (Hrsg.), Management von Modellrisiken, Heidelberg, 2015, S. 249–280.

Zeranski, S. (2016): Kommentierung Artikel 411 bis 428 CRR, in: Boos, K.-H./Fischer, R./Schulte-Mattler, H. (Hrsg.): KWG-Kommentar, 5. Aufl., München 2016 (in Erscheinung).

Zeranski, S./Gebauer, B. (2013): Kommentierung MaRisk BTR 3 – Liquiditätsrisikomanagement, in: Buchmüller, P./Pfeifer, G. (Hrsg.): MaRisk Interpretationshilfen, 4. Auflage, Heidelberg 2013, S. 356–444.

LITERATURVERZEICHNIS

Zeranski, S./Geiersbach, K./Walter, B. (2008): Ökonomisches Kapital für das Liquiditätsrisiko in Banken, in: Becker, A./Gehrmann, V./Schulte-Mattler, H. (Hrsg.): Handbuch ökonomisches Kapital, Frankfurt am Main 2008, S. 368–432.

Zimmermann, H. (1991): Zeithorizont, Risiko und Performance: Eine Übersicht, in: Finanzmarkt und Portfolio Management, 5. Jg. 1991, Nr. 2, S. 146–181.

Zimpel, R. (2013): Einheitliches Risikomanagement, BCBS # 239: Grundsätze zur Aggregation von Risikodaten und Risikoberichterstattung. In: News 02/2013, S. 11–13, erhältlich auf: http://www.msg-gillardon.de/fileadmin/user_upload/pdf/fachartikel/NEWS/2013-02/BCBS-239-NEWS-2013-02.pdf, Abfrage vom 29.12.2015.

Abkürzungsverzeichnis

Abkürzungsverzeichnis

ABS	=	Asset Backed Securities
Abs.	=	Absatz
ADR	=	Adressrisiko
AdrR	=	Adressrisiko
AIF	=	Alternative Investmentfonds
A-IRB	=	Advanced IRB Approach
AMA	=	Advanced Measurement Approach
AnaCredit	=	Analytical Credit Dataset
ASF	=	Available Amount of Stable Funding
AT	=	Allgemeiner Teil der MaRisk
BA	=	Bankenaufsicht
BaFin	=	Bundesanstalt für Finanzdienstleistungsaufsicht
BAIS	=	Banken-Aufsicht-Informations-System
BaKred	=	Bundesaufsichtsamt für das Kreditwesen
BCBS	=	Basel Committee on Banking Supervision
BFA	=	Bankenfachausschuss
BIA	=	Basisindikatoransatz
BilMoG	=	Bilanzrechtsmodernisierungsgesetz
BIP	=	Bruttoinlandsprodukt
BIZ	=	Bank für Internationalen Zahlungsausgleich
BMF	=	Bundesministerium der Finanzen
BofA	=	Bank of America
bp	=	Basispunkte
BRRD	=	Bank Recovery and Resolution Directive
bspw.	=	beispielsweise
BT	=	Besonderer Teil
BTO	=	Besonderer Teil Organisation
BTR	=	Besonderer Teil Risiko
BW	=	Barwert
bzgl.	=	bezüglich
BZS	=	Bruttozinsspanne
bzw.	=	beziehungsweise
c. p.	=	ceteris paribus

ABKÜRZUNGSVERZEICHNIS

CAPM	=	Capital Asset Pricing Model
CBS	=	Controlling Berichtssystem
CCF	=	Credit Conversion Factor
CDS	=	Credit Default Swap
CEBS	=	Committee of European Banking Supervisors
CET 1	=	Core Equity Tier 1
CF	=	Cash-Flow
CIR	=	Cost Income Ratio
CondVaR	=	Conditional Value at Risk
COREP	=	Common Reporting
CP	=	Consulting Paper
CPV	=	Credit Portfolio View
CRD	=	Capital Requirements Directive
CRM	=	Customer Relationship Management
CRR	=	Capital Requirements Regulation
csv	=	Comma separated value
CVaR	=	Credit Value at Risk
D	=	Ausfallwahrscheinlichkeit
d. h.	=	das heißt
DAX	=	Deutscher Aktienindex
DB	=	Deckungsbeitrag
DBL	=	Deckblatt
DCF	=	Discounted Cash Flow
DGSD	=	Deposit Guarantee Scheme Directive
DJ	=	Dow Jones
DSGV	=	Deutscher Sparkassen- und Giroverband
E	=	Zinselastizität
E	=	Entwurf
EAD	=	Exposure at Default
EaR	=	Earnings-at-Risk
EBA	=	European Banking Authority, Europäischen Bankenaufsichtsbehörde
ECAI	=	External Credit Assessment Institution
EKR	=	Eigenkapitalrenditeerwartungen
EL	=	Expected Loss

ABKÜRZUNGSVERZEICHNIS

EP	=	Erzeugerpreis
ER	=	Ertragsrisiko
Erl.	=	Erläuterungen
ES	=	Expected Shortfall
ESFS	=	Europäischen Systems der Finanzaufsicht
ESZB	=	Europäisches System der Zentralbanken
et al.	=	et alii
etc.	=	et cetera
EU	=	Europäische Union
EUR	=	Euro
EV	=	erwarteter Verlust
EVA	=	Economic value added
EWB	=	Einzelwertberichtigung
EWMA	=	Exponentially Weighted Moving Average-Model
EZB	=	Europäische Zentralbank
f.	=	folgende
ff.	=	fortfolgende
FI	=	Finanz Informatik GmbH & Co. KG
FinaRisikoV	=	Finanz- und Risikotragfähigkeits–informationen–verordnung
FinaV	=	Finanzinformationenverordnung
FINREP	=	Financial Reporting
FinTech	=	Finanztechnologie
F-IRB	=	Foundation IRB Approach
FRTB	=	Fundamental Review of the Trading Book
GE	=	Geldeinheiten
ggf.	=	gegebenenfalls
ggü.	=	gegenüber
GKM	=	Geld- und Kapitalmarkt
GL	=	Guideline
GroMiKV	=	Groß- und Millionenkreditverordnung
GRP	=	Gruppenspezifische Informationen
G-SIB	=	Global Systemically Important Banks
GuV	=	Gewinn- und Verlustrechnung
HGB	=	Handelsgesetzbuch

HGBEG	=	Einführungsgesetz zum Handelsgesetzbuch
HHI	=	Herfindahl-Hirschman-Index
HQLA	=	High Quality Liquid Assets
i. d. R.	=	in der Regel
i. H. v.	=	in Höhe von
i. V. m.	=	in Verbindung mit
i. W.	=	im Wesentlichen
IAS	=	International Accounting Standards
ICAAP	=	Internal Capital Adequacy Assessment Process
IDW	=	Institut der Wirtschaftsprüfer
Ifo-G	=	ifo-Geschäftsklimaindex
IFRS	=	International Financial Reporting Standards
IKS	=	Internes Kontrollsystem
ILAAP	=	Internal Liquidity Adequacy Assessment Process
InvG	=	Investmentgesetz
IQ	=	Insolvenzquote
IRB/IRBA	=	Auf internen Ratings basierender Ansatz
IRRBB	=	Interest Rate Risk in the Banking Book
IT	=	Informationstechnologie
IWF	=	Internationaler Währungsfonds
k	=	Laufzeitband
KaC	=	Korrelation-at-Chance
KAGB	=	Kapitalanlagegesetzbuchs
KaR	=	Korrelation-at-Risk
KMU	=	Kleine und mittelständische Unternehmen
KPI	=	Key Performance Indicator
KPM-EG	=	Kreditportfoliomodell für das Eigengeschäft
KR	=	Kreditrisiko
KRM	=	Kreditrisikomanagement
KSA	=	Kreditrisikostandardansatz
KVG	=	Kapitalverwaltungsgesellschaft
KWG	=	Gesetz über das Kreditwesen
L	=	Verlust
LAF	=	Liquiditätsablauffächer
LAR/LaR	=	Liquidity at Risk

ABKÜRZUNGSVERZEICHNIS

LCAM	=	Liquidity Collateral Allocation Management System
LCR	=	Liquidity Coverage Ratio
lfd.	=	laufend(es)
LGD	=	Loss Given Default
LiqV	=	Liquiditätsverordnung
LRTF	=	Liquiditätsrisikotragfähigkeit
LSI	=	Less Significant Institutions
LST	=	Liquiditätsrisikostresstests
LVaR	=	Liquidity Value at Risk
M	=	Maturity
M	=	Minus
MaH	=	Mindestanforderungen an das Betreiben von Handelsgeschäften der Kreditinstitute
MaK	=	Mindestanforderungen an das Kreditgeschäft der Kreditinstitute
MaRisk	=	Mindestanforderungen an das Risikomanagement
MaSan	=	Mindestanforderungen an die Ausgestaltung von Sanierungsplänen
max.	=	maximal
MiFID	=	Markets in Financial Instruments Directive
Mio.	=	Millionen
ML	=	Merrill Lynch
MMULT	=	Matrizenmultiplikation
MPR	=	Marktpreisrisiko
MpR	=	Marktpreisrisiko
MREL	=	Minimum Requirement for Eligible Liabilities
MSCI	=	Morgan Stanley Capital Index
MVaR	=	Marginale(r) VaR
MZ	=	Marktzins
NCO	=	Nettomittelabfluss
NEMAX	=	Neuer-Markt-Index
NP	=	Nettoproduktion
NR	=	Not rated
NSFR	=	Net Stable Funding Ratio
o. a.	=	oben angegeben
o. J.	=	Ohne Jahr(gang)

ABKÜRZUNGSVERZEICHNIS

OCR	=	Overall Capital Requirement
OE	=	Organisationseinheit
OGAW	=	Organismen für gemeinsame Anlagen in Wertpapiere
OpRisk	=	Operationelles Risiko
OR	=	Operationelles Risiko
ORM	=	Operational Risk Management
OTC	=	Over the Counter
P	=	Plus
P	=	Wahrscheinlichkeit
p. a.	=	per anno
PD	=	Probability of Default
pdf	=	portable document file
pdf/PDF	=	Portable Document File
PfandBG	=	Pfandbriefgesetz
PrüfbV	=	Prüfungsberichtsverordnung
PS	=	Prüfungsstandard
PZ	=	Positionszins
Q	=	Quartal(e)
r. c. p.	=	Ratio calculandi periculi
RARORAC	=	Risk adjusted return on risk adjusted capital
RDM	=	Risikodeckungsmasse
RDP	=	Risikodeckungspotenzial
RDP-BH	=	Risikodeckungspotenzial bilanzorientiert HGB
RDP-BI	=	Risikodeckungspotenzial bilanzorientiert IFRS
RDP-BW	=	Risikodeckungspotenzial barwertig
RDP-R	=	Risikodeckungspotenzial regulatorisch
RepRisk	=	Reputationsrisiko
resp.	=	respektive
Rewe	=	Rechnungswesen
RexP	=	Deutscher Rentenindex Performanceindex
RoE	=	Return on Equity
RORAC	=	Return on Risk Adjusted Capital
RORAL	=	Return On Risk Adjusted Liquidity
RORC	=	Return On Regulatory Capital
ROREC	=	Return on Regulatory Capital

ABKÜRZUNGSVERZEICHNIS

RORL	=	Return on Regulatory Liquidity
RP	=	Rohölpreis
RR	=	Recovery Rate
RS	=	Stellungnahmen zur Rechnungslegung
RSF	=	Required Amount of Stable Funding
RSK	=	Risiken und Limite
RTF	=	Risikotragfähigkeit
RTFK	=	Risikotragfähigkeitskonzept
RTS	=	Regulatory Technical Standard
RWA	=	Risikogewichtete Aktiva
S&P	=	Standard and Poor's
S.	=	Seite
s.	=	siehe
SAG	=	Sanierungs- und Abwicklungsgesetz
SIB	=	Systemically Important Banks
S-KARISMA	=	Software der Sparkassen zur Steuerung der Asset Allocation
sog.	=	sogenannt(es)
SolvV	=	Solvabilitätsverordnung
SPV	=	Special Purpose Vehicle
SR	=	S-Rating und Risikosysteme
SREP	=	Supervisory Review and Evaluation Process
SRP	=	Supervisory Review Process
S-RTF	=	Sparkassen-RTF: Software zur Berechnung der Risikotragfähigkeit
SSM	=	Single Supervisory Mechanism
STA	=	Stammdaten
STA	=	Standardansatz
STG	=	Steuerungsmaßnahmen
STKK	=	Steuerungskreiskonzept
SWOT	=	Strengths, Weaknesses, Opportunities and Threats
t, T	=	Zahlungszeitpunkte
TEUR	=	Tausend Euro
TLAC	=	Total Loss Absorbing Capacity
TR	=	Total Return
TREA	=	Total Risk Exposure Amount

TSCR	=	Total SREP Capital Requirement
TSR	=	Total Shareholder Return
Tz.	=	Textziffer
u. a.	=	untere anderem
u. ä.	=	und ähnliche(s)
u. U.	=	unter Umständen
UL	=	Unexpected Loss
USA	=	United States of America
usw.	=	und so weiter
UV	=	unerwarteter Verlust
VaR	=	Value-at-Risk
VAR	=	Vektorautoregressive Modelle
vdp	=	Verband deutscher Pfandbriefbanken
VDS	=	Verlustdatensammlung
Vgl.	=	Vergleiche
VR	=	Volks- und Raiffeisenbanken
WACC	=	Weighted Average Cost of Capital
XBRL	=	eXtensible Business Reporting Language
z. B.	=	zum Beispiel
z. T.	=	zum Teil
ZBAF	=	Zerobondabzinsfaktor
zeb/	=	Zentrum für ertragsorientiertes Bankmanagement
ZKB	=	Zinskonditionenbeitrag
ZKB A	=	Zinskonditionenbeitrag Aktiv
ZKB P	=	Zinskonditionenbeitrag Passiv
ZS	=	Zinsstruktur
ZVAdr	=	Zentrale Vorverarbeitung Adressenrisiko

Abbildungsverzeichnis

Abbildungsverzeichnis

Abbildung A – 1:	Abgrenzung verschiedener Risikotragfähigkeitsbegriffe	5
Abbildung A – 2:	Rollierend vs. Ultimo/Ultimo Folgejahr	7
Abbildung A – 3:	Abgrenzung von Risikotragfähigkeitskonzepten	8
Abbildung B – 1:	The Supervisory Review Process	25
Abbildung B – 2:	Einbeziehung wesentlicher Risiken	42
Abbildung B – 3:	Abgrenzung von Risikotragfähigkeitskonzepten	49
Abbildung B – 4:	Verhältnis des Risikodeckungspotenzials zu den Eigenmitteln	70
Abbildung B – 5:	SREP – Übersicht über die Hauptbestandteile	86
Abbildung B – 6:	Anwendung des SREP auf die verschiedenen Kategorien	89
Abbildung B – 7:	Vorgehensweise/Aufbau SREP – Kapitalbewertungsprozess	104
Abbildung B – 8:	Bestimmung zusätzlicher Eigenmittel zur Deckung unerwarteter Verluste	105
Abbildung B – 9:	Modernisierung des Meldewesens/Weiterentwicklungsbedarf Gesamtbanksteuerung	110
Abbildung B – 10:	Übersicht der Meldevordrucke gemäß FinaRisikoV	117
Abbildung B – 11:	Systematisierung der Meldevordrucke	118
Abbildung B – 12:	Praxisbeispiel – Meldevordruck RDP-BI	123
Abbildung B – 13:	Zuständigkeiten im Meldeprozess	126
Abbildung B – 14:	Prozess der Datenerhebung am Beispiel des Meldevordrucks RDP-BH	127
Abbildung C – 1:	Umsetzung bankaufsichtlicher Regelungen in der EU	139
Abbildung C – 2:	Bankbetrieblicher Strategieprozess	143
Abbildung C – 3:	Beispiel eines MaRisk-konformen Strategieprozesses	145
Abbildung C – 4:	Zusammenhang zwischen Geschäfts- und Risikostrategie	148
Abbildung C – 5:	Konsistenz zwischen Geschäfts- und Risikostrategie	149
Abbildung C – 6:	Übersicht der wesentlichen Risiken eines Instituts	150

ABBILDUNGSVERZEICHNIS

Abbildung C – 7:	Optimierungsaufgabe für das Kapitalmanagement einer Bank	152
Abbildung C – 8:	Anforderungen an den Kapitalplanungsprozess nach AT 4.1 Tz. 9 MaRisk	153
Abbildung C – 9:	Phasen des Kapitalplanungsprozesses	155
Abbildung C – 10:	Bilanzielles Risikodeckungspotenzial	161
Abbildung C – 11:	Aufgliederung des periodischen Risikodeckungspotenzials	163
Abbildung C – 12:	Barwertiges Risikodeckungspotenzial	164
Abbildung C – 13:	Ableitung der Deckungsmasse in der wertorientierten Risikotragfähigkeit	165
Abbildung C – 14:	Zusammenhang zwischen Risikotragfähigkeit und Kapitalplanung	171
Abbildung C – 15:	Kreislaufmodell der Strategieentwicklung	172
Abbildung C – 16:	Beispielhafte Prämissen für externe und interne Einflussfaktoren	175
Abbildung C – 17:	Kapitalplanungsprozess nach MaRisk	176
Abbildung C – 18:	Kapitalpuffer und stille Reserven	178
Abbildung C – 19:	Prozessuale Einbindung der Kapitalplanung	185
Abbildung C – 20:	Zusammensetzung der Kapitalanforderungen	190
Abbildung C – 21:	Einflussgrößen des Kapitalplanungsprozesses	191
Abbildung C – 22:	Überleitung der Eigenkapitalgrößen	194
Abbildung C – 23:	Ermittlung der Risikopositionen	195
Abbildung C – 24:	Bilanzielle Kapitalplanung	197
Abbildung C – 25:	Regulatorische Schlussfolgerung	198
Abbildung C – 26:	Berücksichtigung des Zinsschocks nach Basel	200
Abbildung C – 27:	Veränderte Bilanzstruktur im adversen Szenario	201
Abbildung C – 28:	Regulatorische Bilanzstruktur im adversen Szenario	202
Abbildung C – 29:	Gegenüberstellung der Kapitalplanungskennziffern	203
Abbildung C – 30:	Prozentualer Anteil der Prüfungsfeststellungen nach Klassifizierungskategorie	211
Abbildung C – 31:	Relevante Risiko- und Kapitalsteuerungskreise	213
Abbildung C – 32:	Langfristige TSR Performance und Standardabweichung nach Branchen weltweit (2004–2014)	214

ABBILDUNGSVERZEICHNIS

Abbildung C – 33:	Ergebnisse Analyse Kapitalallokation	215
Abbildung C – 34:	Illustrativer Werttreiberbaum zur Planung – hier regulatorischer Steuerungskreis	218
Abbildung C – 35:	Grundidee wertorientierter Kapitalallokationskonzepte	220
Abbildung C – 36:	Hurdle Rates zur Performancemessung und Steuerung des Geschäftsportfolios	221
Abbildung D – 1:	Überblick über die Risiken des Instituts	241
Abbildung D – 2:	Modellrisiken und Modellfehler	258
Abbildung D – 3:	Jährlicher Validierungsprozess	260
Abbildung D – 4:	Validierung Risikotragfähigkeitsmodelle	261
Abbildung D – 5:	Validierung von Kreditrisikomodellen	264
Abbildung D – 6:	Risikokonzentrationen unter Beachtung des SREP	275
Abbildung D – 7:	Deskriptive Statistiken der Bestandteile der Gesamterträge nach Einkunftsarten und des Fristentransformationsbeitrags nach Produkten	289
Abbildung D – 8:	Deskriptive Statistiken des Margenbeitrags und Provisionsüberschusses nach Produkten	289
Abbildung D – 9:	Baumdarstellung der Konzentration des Kreditgeschäftes im Filialbereich	296
Abbildung D – 10:	Modellbasierte Messung von Risikokonzentrationen	298
Abbildung D – 11:	Maßnahmenzirkel zu Risikokonzentrationen	302
Abbildung D – 12:	Prinzip der (neuen) Säule I plus	303
Abbildung D – 13:	Korrelationsmatrix der ausgewählten Assetklassen 1996–2010	312
Abbildung D – 14:	Dax und RexP – klassische und gleitende 250-Tages-Korrelation bis 2010	314
Abbildung D – 15:	DAX und RexP – Korrelationsverhalten vor und nach einer Krise	316
Abbildung D – 16:	Aggregiertes Korrelationsverhalten vor und nach einer Krise	317
Abbildung D – 17:	Entwicklung der Indizes bis 01.2016	320
Abbildung D – 18:	Dax und RexP – klassische und gleitende 250-Tages-Korrelation bis 2016	321

ABBILDUNGSVERZEICHNIS

Abbildung D – 19:	Korrelationsmatrix der ausgewählten Assetklassen 2000–2016	322
Abbildung D – 20:	Checkliste zur Dokumentation der verwendeten Diversifikationseffekte	324
Abbildung D – 21:	Korrelationshistogramm DAX – RexP & ML Corporate – RexP bis 2010	327
Abbildung D – 22:	KaR und KaC für DAX – RexP & ML Corporate – RexP bis 2010	328
Abbildung D – 23:	KaR, KaC und Spreadmatrix für ausgewählte Assetklassen bis 2010	329
Abbildung D – 24:	Korrelationshistogramm DAX – RexP (2000–2016)	330
Abbildung D – 25:	KaR, KaC und Spreadmatrix für ausgewählte Assetklassen bis 2016	331
Abbildung D – 26:	Systematisierter Einsatz von Diversifikationseffekten	333
Abbildung D – 27:	Retrograde Risikoinventur	335
Abbildung E – 1:	Sicherstellung der Risikotragfähigkeit durch ausreichendes Risikodeckungspotenzial	339
Abbildung E – 2:	Dimensionen bankinterner Steuerungskreise für die Sicherstellung der Risikotragfähigkeit	343
Abbildung E – 3:	Ermittlung des aufsichtsrechtlichen Mindestkapitals in 2015 (regulatorische Risikotragfähigkeit)	346
Abbildung E – 4	Quantitative Stärkung der Eigenmittelunterlegung bis 2020	351
Abbildung E – 5:	Bestandteile des GuV – orientierten Deckungspotenzials	357
Abbildung E – 6:	Bestandteile des barwertorientierten Deckungspotenzials	366
Abbildung E – 7:	Grundzusammenhang Vermögens-/ GuV-Entwicklung	378
Abbildung E – 8:	Bilanz der Beispielbank im Jahr 1	391
Abbildung E – 9:	Summencashflow in der Ausgangssituation	392
Abbildung E – 10:	GuV-Effekt einer ad-hoc Zinssteigerung am Geld- und Kapitalmarkt	394

ABBILDUNGSVERZEICHNIS

Abbildung E – 11:	EK- und Vermögenseffekt einer Ad-Hoc Zinssteigerung, Horizont 10 Jahre)	395
Abbildung E – 12:	EK- und Vermögenseffekt im unterstellten Worst Case Szenario (Hebel 1,5)	396
Abbildung E – 13:	GuV-Effekt im Zeitablauf (im unterstellten Worst Case Szenario)	397
Abbildung E – 14:	GuV Effekt unterschiedlicher Hebe	398
Abbildung E – 15:	Verlustfreie Bewertung des Bankbuch in der Niedrigzinsphase	400
Abbildung E – 16:	Verlustfreie Bewertung des Bankbuchs – Realisierte GuV Effekte bei Eintritt des Zinsszenarios	401
Abbildung E – 17:	Zinsschockeffekt in Bezug auf Laufzeit und Hebel	404
Abbildung E – 18:	Belastungen im Kapitalplanungsprozess bei unterschiedlichen Zinsbuchhebeln	406
Abbildung E – 19:	Berechnung des Korrelationskoeffizienten	415
Abbildung E – 20	Darstellung verschiedener Korrelationen im Zeitverlauf	418
Abbildung F – 1:	Geschäftsaktivitäten und Risikoarten	445
Abbildung F – 2:	Strukturierung des Risikos I	447
Abbildung F – 3:	Strukturierung des Risikos II	455
Abbildung F – 4:	VaR und ES	458
Abbildung F – 5:	Systematisierung Portfoliomodelle I	460
Abbildung F – 6:	Portfoliomodelle und ihre Unterscheidungsmerkmale	462
Abbildung F – 7:	Wesentliche Parameter von Portfoliomodellen im Vergleich	463
Abbildung F – 8:	Kritische Auseinandersetzung mit Portfoliomodellen	467
Abbildung F – 9:	Einbindung in die periodische Risikotragfähigkeit I	479
Abbildung F – 10:	Einbindung in die periodische Risikotragfähigkeit II	480
Abbildung F – 11:	Betrachtungsfokus	484
Abbildung F – 12:	Betrachtung des laufenden Jahres	488
Abbildung F – 13:	Betrachtung des Folgejahres	489

ABBILDUNGSVERZEICHNIS

Abbildung F – 14:	Restrisiko des laufenden Jahres zum jeweiligen Simulationszeitpunkt	490
Abbildung F – 15:	Restrisiko des Folgejahres zum jeweiligen Simulationszeitpunkt	491
Abbildung F – 16:	Ein-Jahres-Migrationsmatrix	495
Abbildung F – 17:	Drei-Jahres-Migrationsmatrix	495
Abbildung F – 18:	Drei-Jahres-Migrationsmatrix – berechnet	496
Abbildung F – 19:	Drei-Jahres-Migrationsmatrix – Differenz »berechnet minus Ausgangsmatrix«	496
Abbildung F – 20:	Beispiel Simulationsergebnisse CPV	497
Abbildung F – 21:	Ausgangsmatrix für Beispiel	498
Abbildung F – 22:	H1 – Schritt 1	499
Abbildung F – 23:	H1 – Schritt 2	499
Abbildung F – 24:	H1 – Schritt 3	500
Abbildung F – 25:	H1 – Schritt 4	500
Abbildung F – 26:	H3 – 3-Monats-Matrix	502
Abbildung F – 27:	H3 – 6-Monats-Matrix	502
Abbildung F – 28:	H3 – 9-Monats-Matrix	502
Abbildung F – 29:	Zeitliche Transformation der Input-Parameter – Konstellationen zur Berechnung der Ergebniswerte	503
Abbildung F – 30:	Zeitliche Transformation der Input-Parameter – Konstellationen zur Berechnung der Ergebniswerte – Näherung	504
Abbildung F – 31:	Berechnungsbeispiel, Quantilswerte (Restrisiko) zum jeweiligen Simulationszeitpunkt	504
Abbildung F – 32:	Vergleich der Ansätze	505
Abbildung F – 33:	Rollierende Planwerte	507
Abbildung F – 34:	Vergleich der Ansätze II	508
Abbildung F – 35:	Planwerte Ultimo-Ultimo	509
Abbildung F – 36:	Planwerte Rollierend	509
Abbildung F – 37:	Vergleich der Ansätze – Limitauslastung	509
Abbildung F – 38:	Einbindung in die barwertige Risikotragfähigkeit	513
Abbildung F – 39:	Übersicht über die Limitierung von Adressenausfallrisiken in den MaRisk	515
Abbildung F – 40:	Gegenüberstellung Limitarten	517
Abbildung F – 41:	Limitsystem	518

ABBILDUNGSVERZEICHNIS

Abbildung F – 42:	Risikotragfähigkeit und Limitsystem I	521
Abbildung F – 43:	Risikotragfähigkeit und Limitsystem II	523
Abbildung F – 44:	Beispiel zur Risikodefinition als (kalkulierter plus eingetretener) unerwarteter Verlust in der periodischen Risikotragfähigkeit	529
Abbildung F – 45:	Wirkungsweise eintretender Marktpreisrisiken in der Erfolgsrechnung	531
Abbildung F – 46:	Beispiel zur differenzierten Betrachtung des Szenarioeffekts bei einem Wertpapier der Liquiditätsreserve in der periodischen Risikotragfähigkeitssicht	545
Abbildung F – 47:	Ermittlung des Value-at-Risk im Varianz-Kovarianz-Ansatz	551
Abbildung F – 48:	Ermittlung des VaR bei Zinsinstrumenten durch eine Historische Simulation	553
Abbildung F – 49:	Möglichkeiten zur Limitierung von Marktpreisrisiken unter Anrechnung eingetretener Risiken	562
Abbildung F – 50:	Mögliche Veränderungen in der Abdeckung von Marktpreisrisiken in Säule I und II	567
Abbildung F – 51:	Komponenten des finanziellen Gleichgewichts in Banken	576
Abbildung F – 52:	Komponenten des Liquiditätsrisikos in Banken	577
Abbildung F – 53:	Kurzfristige und strukturelle Liquiditätsrisikosteuerung in Banken	579
Abbildung F – 54:	Problemstellung des kurz-, mittel- bis langfristigen Liquiditätsrisikomanagements	581
Abbildung F – 55:	Einordnung des Liquiditätsrisikos in die bankbetriebliche Risikotragfähigkeit	583
Abbildung F – 56:	Liquidity Coverage Ratio und Net Stable Funding Ratio in Banken	600
Abbildung F – 57:	Einordnung der LRTF in den Liquiditätsrisikomanagementkreislauf in Banken	608
Abbildung F – 58:	Prinzipdarstellung zur Diskussion der Liquiditätsreserven in der bankbetrieblichen Liquiditätsrisikotragfähigkeit für normale, unruhige und extreme Liquiditätsverläufe	611

ABBILDUNGSVERZEICHNIS

Abbildung F – 59:	Formeller Rahmen für Liquiditätsrisikostresstests in Banken	615
Abbildung F – 60:	Materieller Rahmen für Liquiditätsrisikostresstests in Banken	616
Abbildung F – 61:	Formeller und materieller Rahmen für die Liquiditätsrisikotragfähigkeit in Banken	617
Abbildung F – 62:	Zusammenspiel von dispositivem, strukturellem Liquiditätsrisikocontrolling und Liquiditätsrisikotragfähigkeit für normale und extreme Liquiditätsverläufe in Banken	619
Abbildung F – 63:	Stresstests und LVaR für die wertorientierte Analyse der Liquiditätsrisikotragfähigkeit in Banken	620
Abbildung F – 64:	Auswertungsprofil zu Stresstests und LVaR für die wertorientierte Analyse der Liquiditätsrisikotragfähigkeit in Banken	622
Abbildung F – 65:	Vereinfachte Darstellung der Abzugsposten vom Bruttovermögen	638
Abbildung F – 66:	Illustrative Darstellung eines Gesamtbankzahlungsstroms mit Ein- und Auszahlungen für das Operationelle Risiko	640
Abbildung F – 67:	Klassifizierung von Risikoarten innerhalb der Risikoinventur	644
Abbildung F – 68:	Klassifizierung von Risikoarten innerhalb der Risikoinventur	648
Abbildung F – 69:	Gespaltene Normalverteilung für $p_{down} = 35\,\%$, $p_{up} = 65\,\%$, $\sigma_{down} = 18{,}6\,\%$ und $\sigma_{up} = 10\,\%$ bei einem Earnings-at-Risk von $-14{,}7\,\%$ bei $z = 95\,\%$	670
Abbildung F – 70:	Abgrenzung risikoartenspezifische und risikoartenübergreifende Szenarioanalysen	672
Abbildung G – 1:	Typen von Stresstests	685
Abbildung G – 2:	Phasen bei der Modellierung von Stressszenarien	685
Abbildung G – 3:	CDS Spreads für Argentinien	690
Abbildung G – 4:	Übersicht über mögliche standardisierte Sensitivitätsanalysen	692
Abbildung G – 5:	Verlauf ausgewählter Risikofaktoren	699

ABBILDUNGSVERZEICHNIS

Abbildung G – 6:	Gesamtrisikomodell	702
Abbildung G – 7:	Prognose der Risikoparametererteilungen	704
Abbildung G – 8:	Bestimmung von Rangkorrelationen für das Copula-Modell	706
Abbildung G – 9:	Auswirkung des Stressszenarios auf die RTF	708
Abbildung H – 1:	Gegenüberstellung RDP und Gesamtrisiko	728
Abbildung H – 2:	Gegenüberstellung RDM und Gesamtrisiko	729
Abbildung H – 3:	Gegenüberstellung RDM und Gesamtrisiko in periodischer Sichtweise	730
Abbildung H – 4:	Limitauslastung	731
Abbildung H – 5:	Limitauslastung mit Maßnahmenvorschlägen	731
Abbildung H – 6:	Limitauslastung mit Strategieabgleich	732
Abbildung H – 7:	RDM mit gesperrten RDP-Bestandteilen	732
Abbildung H – 8:	RDM mit Abzug des gebundenen RDP auf Grundlage definierter Kapitalquoten	733
Abbildung H – 9:	Ermittlung Planergebnis für RDP in periodischer Sichtweise	734
Abbildung H – 10:	Ermittlung RDM in periodischer Sichtweise	735
Abbildung H – 11:	Ermittlung RDP und RDM aus Vermögenswertaufstellung	735
Abbildung H – 12:	Graphische Darstellung Vermögenswertaufstellung	736
Abbildung H – 13:	Ermittlung RDP und RDM aus Nettovermögen	737
Abbildung H – 14:	Risiken mit verbleibender RDM/verbleibendem Limit	737
Abbildung H – 15:	Risiken mit Schwellenwert und Limit	738
Abbildung H – 16:	Risiken und verbleibende Risikodeckungsmasse als Kreisdiagramm	739
Abbildung H – 17:	Risikomatrix	739
Abbildung H – 18:	Kapitalplanungsprozess Diagramm	740
Abbildung H – 19:	Kapitalplanungsprozess Werte	741
Abbildung H – 20:	Regulatorischer Kapitalbedarf Diagramm	742
Abbildung H – 21:	Regulatorischer Kapitalbedarf Werte	742
Abbildung H – 22:	Interner Kapitalbedarf Diagramm	743
Abbildung H – 23:	Interner Kapitalbedarf Werte	743
Abbildung H – 24:	Mittelfristige Ergebnisplanung Diagramm	744
Abbildung H – 25:	Mittelfristige Ergebnisplanung Werte	744

ABBILDUNGSVERZEICHNIS

Abbildung H – 26:	Frühwarnindikatoren detailliert	745
Abbildung H – 27:	Frühwarnindikatoren Kurzüberblick	746
Abbildung H – 28:	Zeitreihe Gegenüberstellung RDP und Gesamtrisiko	747
Abbildung H – 29:	Zeitreihe relative Auslastung RDM/Gesamtlimit und Belastung RDP	747
Abbildung H – 30:	Zeitreihe Gesamtrisiken inkl. Aufteilung und verbleibende RDM	748
Abbildung H – 31:	Zeitreihe Gesamtrisiken inkl. Aufteilung	748
Abbildung H – 32:	Standardisierte Ad-hoc-Berichterstattung	750
Abbildung H – 33:	Ad-hoc-Berichterstattung Risikoarten	754
Abbildung H – 34:	Turnusmäßige Berichterstattung Risikoarten	757
Abbildung H – 35:	Gesamtüberblick Kreditportfolio	758
Abbildung H – 36:	Überblick Anforderungen Kundengeschäftsportfolio	760
Abbildung H – 37:	Darstellung Branchen Kundengeschäft	761
Abbildung H – 38:	Aufbau Adressrisikobericht Eigengeschäftsportfolio	762
Abbildung H – 39:	Limite und Bestände nach Emittenten/Kontrahenten	763
Abbildung H – 40:	Überblick Anforderungen Reporting Marktpreisrisiko	764
Abbildung H – 41:	Periodische Risiko- und Ergebnisentwicklung	766
Abbildung H – 42:	Wertorientierte Risiko- und Ergebnisentwicklung	767
Abbildung H – 43:	Überblick Anforderungen Liquiditätsrisiko	769
Abbildung H – 44:	Zahlungsfähigkeitssicht im Liquiditätsrisiko	770
Abbildung H – 45:	Liquiditätskostenverrechnungssystem	771
Abbildung H – 46:	Eingetretene Schadensfälle Berichtszeitraum	773
Abbildung H – 47:	Vereinfachte Darstellung des AT 4.3.2 Tz. 7	777
Abbildung H – 48:	Wertorientierte Betrachtung des Erfolges	793
Abbildung H – 49:	Reporting der wesentlichen Geschäftsaktivitäten	794
Abbildung H – 50:	Reporting der Strategieeinhaltung in Bezug auf einzelne Ziele	795
Abbildung H – 51:	Reporting der Gesamtstrategieeinhaltung	796
Abbildung I – 1:	Zusammenhänge und Abhängigkeiten im Risikomanagement	802

ABBILDUNGSVERZEICHNIS

Abbildung I – 2:	Schritte in S-RTF für den Kapitalplanungsprozess	804
Abbildung I – 3:	Schritte in S-RTF für die Risikotragfähigkeit	805
Abbildung I – 4:	Parameter zur Festlegung wesentlicher Eckpunkte in der Kapitalplanung	808
Abbildung I – 5:	Individuelle Positionen im Risikodeckungspotenzial	809
Abbildung I – 6:	Parameter für die automatische Thesaurierung	810
Abbildung I – 7:	Zusammenfassung der GuV-Ergebnisse	811
Abbildung I – 8:	Eigenkapital- und Eigenmittelplanung in S-RTF	812
Abbildung I – 9:	Vereinfachtes Schema der allgemeinen Kreditrisikoanpassung	813
Abbildung I – 10:	Entwicklung der Kapitalquoten als Soll-Plan-Vergleich	814
Abbildung I – 11:	Entwicklung der einzelnen Stufen des Risikodeckungspotenzials	815
Abbildung I – 12:	Potenzielle Verletzung des Prüfkriteriums im Planungszeitraum	816
Abbildung I – 13:	Beispiel für die einzelnen Mindestkapitalgrößen im Kapitalplanungsprozess	817
Abbildung I – 14:	Szenarioanalyse für ein adverses Szenario in S-RTF	818
Abbildung I – 15:	Drill-Down-Funktion in S-RTF	820
Abbildung I – 16:	Ermittlung des Risikodeckungspotenzials als Bestandsaufnahme in S-RTF	821
Abbildung I – 17:	Stufen des Risikodeckungspotenzials	822
Abbildung I – 18:	Sperrung einzelner Komponenten des Risikodeckungspotenzials	823
Abbildung I – 19:	Simulation aufsichtsrechtlicher Kennzahlen	823
Abbildung I – 20:	Risikoübersicht in S-RTF	824
Abbildung I – 21:	Gesamtübersicht zur Risikotragfähigkeit in S-RTF	825
Abbildung I – 22:	Treasury-Vermögen in S-RTF	826
Abbildung I – 23:	Überleitung vom Treasury-Vermögen zum Risikodeckungspotenzial	827
Abbildung I – 24:	Übersicht für die Limitauslastung	828
Abbildung I – 25:	Bewertung von Stressszenarien	829

ABBILDUNGSVERZEICHNIS

Abbildung I – 26:	Individuelle Zusammenstellung des Gesamtreport in S-RTF	830
Abbildung I – 27:	Exemplarische Gliederung eines Gesamtreports in S-RTF	831
Abbildung I – 28:	Grundlegende Parameter für die Zuordnung des Risikodeckungspotenzials auf den aufsichts. rechtlichen Meldebogen RDP-BH	832
Abbildung I – 29:	Mappingfunktion für einzelne Komponenten des Risikodeckungspotenzials	833
Abbildung I – 30:	Beispielbericht RDP-BH in S-RTF	834
Abbildung I – 31:	Datenversorgung innerhalb von VR-Control©	836
Abbildung I – 32:	Schematische Risikotragfähigkeitsermittlung mit VR-Control©	837
Abbildung I – 33:	Einstiegsübersicht VR-Control© SIMON	838
Abbildung I – 34:	Barwertige RDM – Substanzwert in VR-Control© SIMON	839
Abbildung I – 35:	Barwertige RDM – Performance in VR-Control© SIMON	840
Abbildung I – 36:	Barwertige RDM – Risikopuffer in VR-Control© SIMON	841
Abbildung I – 37:	Barwertige Limitierung und Berechnungssystematik	841
Abbildung I – 38:	Periodische Risikodeckungsmasse	842
Abbildung I – 39:	Periodischer Risikopuffer	844
Abbildung I – 40:	Periodische Limitierung	845
Abbildung I – 41:	Pauschale Risikoberechnung	846
Abbildung I – 42:	Menüführung des MaRisk-Reports in VR-Control© SIMON	848
Abbildung I – 43:	Einstellung des Detaillierungsgrades des Berichtes	853
Abbildung I – 44:	Beispielbericht – Vermögens- und Ertragsübersicht	854
Abbildung I – 45:	Beispielbericht – Periodische Risikodeckungs.massen	855
Abbildung I – 46:	Beispielbericht – Periodische IST-Risikosituation und Limitauslastung	856

ABBILDUNGSVERZEICHNIS

Abbildung I – 47:	Herausforderungen bei der strategischen RTF-Planung	869
Abbildung I – 48:	Anforderungen an Simulationsmodelle zur Bestimmung der RTF	871
Abbildung I – 49:	Beispielszenarien zur Simulation mit zeb.future.grip	873
Abbildung I – 50:	Unterstützung von zeb.future.grip im Rahmen von Stresstests	875
Abbildung I – 51:	Beispielauswertung RTF im Stressfall mit zeb.future.grip	876
Abbildung J – 1:	Einbindung der RTF in die Gesamtbanksteuerung	921
Abbildung J – 2:	Wahlmöglichkeiten zur RTF-Bestimmung	928
Abbildung J – 3:	Ermittlung der RTF mittels GuV-/bilanzorientiertem Going-Concern-Ansatz	932
Abbildung K – 1:	Wesentliche aufsichtsrechtliche Eckpunkte zur Ermittlung der RTF	945
Abbildung K – 2:	Barwert- und Zinsergebnissimulation der Beispielbank	948
Abbildung K – 3:	Barwertentwicklung versus kumuliertes Zinsergebnis	948
Abbildung K – 4:	Wechselwirkungen im Kapitalplanungsprozess nach MaRisk	950
Abbildung K – 5:	Zukünftige Eigenkapitalunterlegung nach SREP/Säule 1+	952

Tabellenverzeichnis

Tabellenverzeichnis

Tabelle C – 1:	Checkliste Umsetzung Kapitalplanungsprozess	205
Tabelle D – 1:	Auszug aus dem AT 2.2 der MaRisk vom 14.12.2012	233
Tabelle D – 2:	Komponenten des Adressrisikos	243
Tabelle D – 3:	Fragenkatalog für Risikotreiber im Adressrisiko	245
Tabelle D – 4:	Komponenten des Marktpreisrisikos	247
Tabelle D – 5:	Fragenkatalog für Risikotreiber im Marktpreisrisiko	248
Tabelle D – 6:	Komponenten des Liquiditätsrisikos	250
Tabelle D – 7:	Fragenkatalog für Risikotreiber im Liquiditätsrisiko	251
Tabelle D – 8:	Fragenkatalog für Risikotreiber im operationellen Risiko	253
Tabelle D – 9:	Anzahl der Textstellen zum Thema Konzentration(srisiko)	270
Tabelle D – 10:	Geltende Leitlinien der CEBS/EBA für Kreditinstitute zum Umgang mit Konzentrationsrisiken	272
Tabelle D – 11:	Bedeutende Vorgaben zum Umgang mit Konzentrationsrisiken	274
Tabelle D – 12:	Vorgaben des SREP zu Konzentrationsrisiken nach Themengebieten	279
Tabelle D – 13:	Vorgaben der MaRisk 6.0-E zu Konzentrationsrisiken nach Themengebieten	282
Tabelle D – 14:	Beispielhaftes Analyseergebnis aus der deskriptiven Statistik der Ertragszusammensetzung	292
Tabelle D – 15:	Mathematische Definition von Maßzahlen der absoluten Konzentrationsrisikomessung unter Nutzung der Excel-Nomenklatur für die mathematischen Funktionen	295
Tabelle D – 16:	Anzahl und effektive Anzahl der Produktgruppen der im Beispiel aufgeführten Ertragsquellen	295
Tabelle D – 17:	Kreditnehmer-individueller Granularitätsaufschlag für Adressenkonzentrationen	300
Tabelle D – 18:	Abgrenzung verschiedener Risikotragfähigkeitsbegriffe	309
Tabelle D – 19:	Diversifikationseffekte in der Risikosteuerung einer Bank	325

TABELLENVERZEICHNIS

Tabelle E – 1:	Steuerungswirkungen in beiden Sichtweisen je Risikoart	388
Tabelle E – 2:	Risikotragfähigkeit und Risiko in der Ausgangssituation	393
Tabelle E – 3:	Auswirkungen auf den Kapitalplanungsprozess	405
Tabelle E – 4:	Auswirkungen auf den Kapitalplanungsprozess als negative Abweichung (Verlust)	407
Tabelle E – 5:	Aussagekraft der Werte des Korrelationskoeffizienten	416
Tabelle E – 6:	Beispiel Portfoliorisiko	423
Tabelle F – 1:	Systematisierung der Messung von Zinsänderungsrisiken	535
Tabelle F – 2:	Wirkung von Elastizitätsüberhängen auf die Bruttozinsspanne (BZS)	538
Tabelle F – 3:	Parameter für die Ableitung von Zinsszenarien nach IRRBB	541
Tabelle F – 4:	Formeln zur Berechnung der absoluten Zinsschocks für die Konstruktion der sechs Zinsszenarien gemäß IRRBB	542
Tabelle F – 5:	Berechnungsbeispiel zur Ableitung der sechs Zinsszenarien gemäß IRRBB	542
Tabelle F – 6:	Vor- und Nachteile der unterschiedlichen VaR-Ansätze	556
Tabelle F – 7:	Überblick über Anforderungen an das Liquiditätsrisikomanagement MaRisk 5.0, BTR 3	602
Tabelle F – 8:	Überblick über Änderungen an das Liquiditätsrisikomanagement nach MaRisk 6.0-E, BTR 3	604
Tabelle F – 9:	Übersicht zur Berücksichtigung von Ertragsrisiken in den Risikoberichten (2014)	653
Tabelle F – 10:	Hinweise im SREP-Papier auf Ertragsrisiken gemäß SREP	657
Tabelle F – 11:	Berechnungsbeispiel des ansetzbaren Planertrags bei einer Ultimo/Ultimo-Betrachtung	665
Tabelle F – 12:	Berechnungsbeispiel des ansetzbaren Planertrags bei einer rollierenden Betrachtung	666
Tabelle F – 13:	Berechnungsbeispiel des Ertragsrisiko bei Anwendung der bedingten unteren Varianz	668

Tabelle F – 14:	Übersicht parametrische Methoden zur Bestimmung des Ertragsrisikos	671
Tabelle F – 15:	Zinsabhängige und zinsunabhängige Erträge im EBA-Stresstest 2016 und 2014	677
Tabelle G – 1:	Rangkorrelationen aus Simulationsergebnissen	707
Tabelle G – 2:	Einjährige Ausfallhäufigkeiten von S&P Ratings	707
Tabelle H – 1:	Analyse der Anforderungen des BT 3 der MaRisk 6.0-E	715
Tabelle H – 2:	Inhaltsverzeichnis eines Muster- Stresstest-Reports	781
Tabelle H – 3:	Reportingrelevante Anforderungen des AT 4.1 und 4.2 der MaRisk 6.0-E	791
Tabelle H – 4:	Mögliche Struktur eines Strategiereportings	792
Tabelle I – 1:	Zentrale Fragen in den verschiedenen Säulen	806
Tabelle I – 2:	Potentielle Berichtsbestand MaRisk-Reporting mit VR-Control© SIMON	852
Tabelle I – 3:	Neuerungen des BT 3 der MaRisk-Konsultation innerhalb von VR-Control© SIMON	859
Tabelle I – 4:	Kriterien zum Vergleich der präsentierte Softwarelösungen	880
Tabelle K – 1:	Mögliche Folgen des SREP für die Risikotragfähigkeitsansätze	953

Stichwortverzeichnis

Stichwortverzeichnis

Stichwort	RdNr.
Abrufrisiko	577, 726, 828, 1629
Abschwung	95, 108, 880, 1035, 1879, 1908, 1918, 2411, 2438, 2495
Ad-hoc-Berichterstattung	1972, 2029 ff, 2043 ff., 2100, 2140, 214
Adress(en)ausfallrisiko/-en	715, 845, 1230 ff., 1356
Adressenkonzentration	786, 787, 795, 843, 847, 848, 853, 862
Adressrisiko/-en	714 ff., 755 ff., 2045 ff., 2056 ff., 2290
Adverse Entwicklungen	113, 577, 598, 608, 610, 1188, 2185, 2190, 2208, 2211, 2396
Adverse(s) Szenario/-en	576, 608 ff., 1859, 2009, 2209
AMA – Advanced Measurement Approach	92, 602, 766, 949, 952, 1731
Analytische Prüfungshandlungen	2522, 2523
Asset Allocation	23, 867 ff., 1160 ff., 1171 ff., 2326, 2547
Assetklasse	194, 596, 723, 724, 870 ff., 995 ff., 1171 ff., 2082, 2335
Aufsichtliche Beurteilung	115, 134, 398, 2369, 2457, 2462
Aussagebezogene Prüfungshandlungen	2521, 2522
Barwertige Risikotragfähigkeit (→ siehe auch Wertorientierte Risikotragfähigkeit)	2, 509, 515, 1452, 1502, 1757, 2180, 2229, 2081, 2494
Basel II	41 ff., 488, 623, 624, 773, 783, 848, 1608, 1795
Basel III	13, 263, 570, 587, 593, 946, 958, 1626 ff., 1633, 2551
Basel II-Zinsschock/Zinsrisikokoeffizient	367, 521, 564, 594, 609, 1539, 1592, 1594, 1626, 2076, 2083, 2188, 2204
Basisindikatoransatz	92, 603, 609, 949, 952, 1728, 1730, 1748
Benötigte Eigenmittel	588, 953, 1998, 2001
Bericht(e) (→ siehe auch Risikoberichte(e))	48, 95, 99, 259, 296 ff., 661, 662, 817, 856, 869, 1047, 1464, 1936–2162, 2220, 2288 ff., 2363, 2421, 2445 ff.

STICHWORTVERZEICHNIS

Berichterstattung (→ siehe auch Risikoberichterstattung)	43, 1936–2162, 2258, 2290 ff., 2447, 2453, 2464, 2527
Berichtsinhalt(e)	2002, 2087
Bestandskosten	190, 191, 197, 1010, 1012, 1014, 1017, 1040, 1760, 1998, 2001
Beteiligungsrisiko	328, 406, 679, 680, 740, 742, 1065, 1260, 2276, 2297, 2304, 2375, 2413
Betrachtungshorizont (→ siehe auch Risikobetrachtungshorizont)	112–114, 207–209, 482, 545 ff. 966, 1030 ff., 1093, 1109, 1128 ff., 1340, 1360–1450, 1580, 1827, 2393, 2482, 2486, 2549
Bewertungsrisiko	828, 1346, 1352, 1489 ff., 1538, 1557
Bilanzstrukturmanagement	477, 617, 618
Bonitätsrisiko	1498, 1614
Branche	475, 638, 718, 719, 778–812, 841, 852, 900, 1266, 1308, 1772, 2063–2068, 2290
Compliance	80, 631, 644, 792, 794, 828, 1773, 1774, 2045, 2107
Compliance-Risiken	1771, 1773, 1774
Conditional Value at Risk	1220, 1276
Copula	1918 ff.
CRD IV	39, 50 ff., 127, 251 ff., 276 ff., 371, 384, 591, 603, 780, 928 ff., 1603, 2395, 2472
Credit Portfolio View (CPV)	844, 902, 1021, 1278 ff., 1306 ff., 1355, 1396, 1421, 1473, 1922
Credit-Spread-Risiko (Credit Spread Risk)	201 ff., 328, 760, 1019, 1020, 1245–1248, 1292–1352, 1454, 1478, 1890, 2251
Credit-Value-at-Risk (CVaR)	608, 611, 624, 1276, 2290
CRR (Capital Requirements Regulation)	13, 251, 276, 297–316, 586 ff., 781 ff., 857–860, 945 ff., 1722 ff., 1823, 2184
Darstellungsbeispiele (im Reporting)	1944, 2035
Deckungsmasse (→ siehe auch Risikodeckungsmasse)	229, 500 ff., 568, 751 ff., 925–943, 1013–1039, 1918, 1933, 1983–2004, 2254–2292, 2308, 2310, 2525

STICHWORTVERZEICHNIS

Deckungspotenzial (RDP) (→ siehe auch Risikodeckungspotenzial)	8, 79–111, 127, 137–198, 225–241, 353, 408–422, 501–523, 925–943, 962–1036, 1575–1586, 1962–2001, 2184–2249, 2389–2395, 2481–2525, 2537
Diversifikation, Diversifikationseffekte, Diversifizierung	108, 522, 753, 867–920, 1035, 1036, 1160–1225, 1267, 1302, 1547, 2234, 2411, 1494–2498
Dynamisches Limit	1583, 1584
Earnings-at-Risk	1810–1846
Eigenbonitätseffekt	174, 176, 195, 977, 978, 1011, 2391
Eigenkapitalplanung	570
Eigenmittelanforderungen	13, 61, 69 ff., 251–264, 284, 352–368, 593–594, 945–950, 1594, 1731, 2184
Eigenmittelunterlegung von Zinsänderungsrisiken	1132, 1135, 1156, 1157, 1227, 1590–1592, 2204
Eingetretene(s) Risiko/-en	1485, 1486, 1570, 1581, 1586
Einsetzbares Risikodeckungspotenzial	2184, 2208
Elastizitätskonzept	1502–1517
Emittentenrisiko	828, 1252, 1264, 1291, 2379
Engpassmanagement	620 ff.
Engpassorientierte Kapitalallokation	646, 654 ff.
Ereignisstressszenarien	1711
Ergänzende(s) Verfahren	136, 397, 398, 401, 415, 2390, 2489
Ergebnisplanung	648, 2015, 2202
Ertrags- und Risikosteuerung	1675, 1798, 2471
Ertragskonzentration	475, 740, 743, 792, 807, 820 ff., 2117, 2132, 2379
Ertragsprognose	822, 1863, 1865
Ertragsrisiko/-en	791, 807–866, 922, 1465, 1489, 1766–1866
Ertragszusammensetzung	821, 828
Erwartete(r) Verlust(e)	69, 188, 206, 716, 1026, 1276, 1396, 1446, 1738, 1931
Erwartete(r) Vermögenszuwachs/-wächse	196, 510, 1012

1113

STICHWORTVERZEICHNIS

ex ante	654, 1487, 1492, 1585, 2068, 2485
ex post	1, 654, 1492, 1496
Excessive Leverage	364
FinaRisikoV	277, 380–427, 1617, 1975, 2243, 2360
Flache Zinsstrukturkurve, Verflachung	477, 1513, 1519, 1524
Fortführungsansatz (→ siehe auch Going-Concern-Ansatz)	8, 13, 14, 125 ff., 274, 401, 432, 517, 937, 978, 1014, 1228, 1596, 2219, 2483, 2489, 2504, 2537, 2554–2560
Frühwarnindikatoren	1682, 1965, 1971, 2017–2020
Gegenseitenkonzept	1693, 1699
Geldflüsse	638, 1680, 1684
Gesamtbankrisiko	522, 1034–1036, 1219, 1922
Gesamtbanksteuerung	375, 645, 657, 661, 1620, 1689, 1719, 1798, 2250, 2383, 2466
Gesamtrisikoaggregation	1924
Gesamtrisikoprofil (→ siehe auch Risikoprofil)	89, 101, 108, 307, 354, 685, 709, 1018, 1023, 1160, 1798, 1919
Geschäftsfeld	67, 331, 339, 466, 650 ff., 701, 1729, 1852, 2005, 2156, 2158, 2377
Geschäftsmodell	5, 51, 60–75, 248, 284 ff., 335 ff., 433, 461–465, 485, 553, 634, 647, 791 ff., 1098, 1127, 1229, 1611, 1628, 1766 ff., 1800, 1858 ff., 2146, 2326, 2528, 2557, 2560
Geschäftsmodellanalyse	284, 335 ff., 433, 486, 630, 791 ff., 821, 1766, 1800, 1859, 1882, 2549, 2561
Geschäftsstrategie	55, 219, 285, 437, 439, 453 ff., 530, 536, 548–553, 605, 750, 767, 1635, 1678, 1792, 1798, 2146, 2157 ff., 2466, 2530
Going-Concern-Ansatz (→ siehe auch Fortführungsansatz)	8, 13, 14, 125 ff., 274, 401, 432, 517, 937, 978, 1014, 1228, 1596, 2219, 2483, 2489, 2504, 2537, 2554–2560
Gone-Concern-Ansatz (→ siehe auch Liquidationsansatz)	13, 125 ff., 151, 180, 202 ff., 274, 401, 432, 581, 937, 941 ff., 969, 978, 1013, 1014, 1020 ff., 1228, 1470, 1596, 1814 ff., 2308, 2391, 2485–2504, 2530, 2537–2540, 2554–2556

STICHWORTVERZEICHNIS

Guidelines on the Application of the Supervisory Review Process	56
Herfindahl-Hirschman-Index (HHI)	792, 835, 836, 838–843, 849, 865
Historische Simulation	759, 900, 1074, 1104, 1118, 1218, 1310, 1558, 1559, 1567
Hurdle Rates	656
Identifikationsrisiko	1781
ILAAP	60–68, 1603 ff., 1938
Immobilienrisiken	1213, 1478, 1771, 1776, 2275, 2375, 2506
Indikatorverfahren	1739, 1745, 1746
indirekte Kosten	1622
Integrierte Steuerungsarchitektur	2348
Interest Rate Risk in the Banking Book (IRRBB)	325, 327, 354, 362, 430, 609, 632, 792, 1519, 1522–1525, 1591, 2472
Internal Capital Adequacy Assessment Process (ICAAP)	7, 33–85, 246–250, 265 ff., 273 ff., 350, 378, 442, 516, 633, 1899, 2040, 2368, 2463
Interrisikokonzentration	737
Inventurprozess	685–713, 1771
Investitionsrisiken	1771, 1776
Investmentfonds	1570, 1571, 1588
Kapitalbedarf	44, 48, 96, 112–114, 315, 330, 355, 368, 377, 480, 481, 514, 534, 562, 568, 598, 603, 639, 655, 1013, 1040, 1188, 1334, 1879, 2009–2014, 2146, 2208, 2389, 2395, 2549
Kapitalbewertung	69, 271, 350–379, 2472
Kapitalerhaltungspuffer	13, 14, 591, 593, 958, 959, 2013, 2557
Kapitalplanung(sprozess)	98, 113, 263, 378, 477–482, 534, 545–549, 557–619, 1055, 1137–1157, 1188, 1964, 2008–2016, 2146, 2152–2162, 2184–2215, 2393–2397, 2548–2551, 2561
Konditionsbeitrag	487, 822 ff., 1496, 1788, 1804, 1852
Kontrahentenrisiko	285, 317, 715, 1252, 1258, 1294–1299, 1473, 2379
Konzentrationsmaß	833–848

STICHWORTVERZEICHNIS

Konzentrationsrisiko/-en (→ siehe auch Risikokonzentration)	770–866, 1266, 1317, 1473, 1775
Konzentrationsstrategie	864
Korrelation/-skoeffizient	214, 600, 608, 707, 753, 757, 867–920, 1036, 1160–1185, 1267, 1290, 1302, 1351, 1466, 1547 ff., 1765, 1872–1928, 2103, 2234, 2286, 2409, 2552
Korrelation-at-Chance (KaC)	867–920
Korrelation-at-Risk (KaR)	867–920
Kostenrisiko/-en	740, 922, 1710, 1776, 1786–1792, 1802
Kreditrisiko	47, 715, 755, 776, 792, 845, 900, 1019, 1251, 1385 ff.1876, 1892–1895, 1911–1923, 2557
kurzfristige Liquiditätsrisikosteuerung	1617
Länderrisiko/-en	679, 682, 715, 1018, 1264, 1295, 2062, 2067
Latente Steuern	178, 180, 232, 975, 978, 2393
Limit(e), Limitauslastung, Limitierung, Limitstruktur, Limitsystem	91, 399, 415, 475, 514, 655, 777, 854 ff., 1211 ff., 1364 ff., 1433, 1441, 1457–1471, 1572–1586, 1751 ff., 1860–1862, 1932, 1984, 1988–2004, 2023, 2045, 2073, 2080, 2222 ff., 2257 ff., 2384, 2432, 2552
Liquidationsansatz (→ siehe auch Gone-Concern-Ansatz)	13, 125 ff., 151, 180, 202 ff., 274, 401, 432, 581, 937, 941 ff., 969, 978, 1013, 1014, 1020 ff., 1228, 1470, 1596, 1814 ff., 2308, 2391, 2485–2504, 2530, 2537–2540, 2554–2556
Liquiditätsallokation	1689, 1721
Liquiditätskennziffer	1669, 1938, 2312
Liquiditätskosten	985, 1613, 1617, 1622, 1626, 1630, 1631, 1632, 1635, 1675–1719, 2092
Liquiditätsnutzen	985, 1622, 1631, 1635, 1675–1719
Liquiditätsrisiko/-en	47, 92, 104, 484, 625, 634, 726 ff., 764 ff., 900, 1068–1073, 1089, 1597–1721, 1848, 1938, 2045, 2054, 2084–2092

Liquiditätsrisikokosten	1626, 1630, 1631, 1679, 1680, 1681, 1689, 1694, 1695, 1700, 1719
Liquiditätsrisikostrategie	1635, 1666, 1667, 1677, 1678, 1681
Liquiditätsrisikostresstest	1607, 1681, 1702, 1703, 1706, 1712, 1713, 1714
Liquiditätsrisikotoleranz	1635, 1677, 1678, 1680
Liquiditätsrisikotragfähigkeit	634, 1597, 1604–1721
Liquiditätsverrechnungssystem	1689, 1690
Liquidity Coverage Ratio (LCR)	594, 596, 1192, 1606 ff., 1633 ff., 1673, 1680, 1688, 1704, 1719, 2085, 2158, 2312, 2334, 2335, 2360
Makroökonomische Modelle	1878, 1910, 1913
Management-Reportingsystem	1955, 1956, 1958, 1960, 1961, 2036
MaRisk 6.0-E	17, 30, 112, 266, 431, 448, 480, 799, 920, 924, 1148–1150, 1676, 1936–1939, 1952, 1972, 1977, 1979, 2042, 2050, 2084, 2106–2108, 2144, 2146, 2293–2301, 2319, 2447, 2526
Marktliquiditätsrisiko	726, 1084, 1151, 1614, 1615, 1629
Marktpreisrisiko/-en	92, 105, 208, 325–328, 721–725, 748, 760–763, 868, 949, 1032, 1074–1089, 1246, 1478–1596, 1848, 1860, 1888, 1918, 1938, 2045, 2054, 2071–2083
MaSan	349
Meldewesen	4, 271, 273, 277, 296–300, 313, 375, 380–427, 1047, 1633, 2174, 2249, 2360, 2461
Migrationsrisiko (downgrade risk)	204, 323, 715, 1019, 1021, 1180, 1244, 1248, 1293, 1309, 2309
Mischungsverhältnis	1509, 1531, 1539
Modellfehler	744, 747, 2130
Modellrisiko/-en	322, 332, 356, 525, 625, 634, 744–769, 917, 924, 1180, 1194, 1212, 1302, 1330, 1473, 1477, 1578, 1757, 1775, 1786, 1922, 1928, 1930, 2119, 2398–2416, 2431, 2440, 2552
Modellschwäche(n)	356, 362, 744–769, 2410, 2553
Monte-Carlo-Simulation	759, 760, 900, 1556, 1563, 1565, 1567, 1878, 1914, 2414, 2427

Nachhaltigkeit	285, 337, 347, 439, 448, 462, 485, 634, 1229, 1611, 1628, 2142, 2146, 2321–2357, 2440
Net Stable Funding Ratio (NSFR)	594, 1606, 1626, 1633, 1634, 1636, 1669–1680, 1698, 1701, 1717, 2312, 2335, 2360
Niedrigzinsphase	550, 553, 618, 1037, 1125, 1127, 1766, 1794, 1804, 1858, 1865
Normalverteilung	904, 905, 1220, 1550–1556, 1565, 1580, 1835–1846, 1920, 1921
Normalverteilung, gespaltene	1835–1846
Ökonomisches (Eigen)kapital	478, 1631
Operationelle(s) Risiko/en	47, 285, 329, 331, 532, 731–736, 1066, 1067, 1089, 1722–1765, 1800, 1899, 1938, 2045, 2054, 2093–2099
Optimierung	478, 624, 666, 700, 885, 993, 1000, 1160, 1165, 1179–1225, 1257, 1592, 1666
Overall Capital Requirement (OCR)	360, 361, 366
Pauschalrisiko	1774
Peer Group	276, 299, 304, 305, 306, 314, 339, 341, 342, 354, 365, 373, 374, 376, 2158
Periodische Risikotragfähigkeit	1129, 1137, 1144, 1346, 1347, 1348, 1492, 1502, 1581, 1732, 2360, 2483
Planergebnis	138, 239, 411, 413, 422, 505, 507, 752, 968, 978, 979, 1584, 1754, 1996, 1997, 2182, 2202, 2505
Planertrag	236, 1810, 1814, 1816, 1818–1837, 2260
Plangewinn	128, 138, 140, 141, 157, 171, 198, 523, 582, 938, 968, 1799, 1814, 2502, 2525
Plan-Ist-Abweichung	1802, 1810, 1832–1862
Produktrisiko/-en	1614
Provisionsrisiko/-en	1771, 1786, 1788, 1802
Prüfungsfeststellung(en)	633, 2468
Refinanzierungskostenrisiko	2086, 2088
Refinanzierungsrisiko/-en	284, 285, 726, 1215, 1616, 1629, 1792, 1882

STICHWORTVERZEICHNIS

Reporting (→ siehe auch Risikoreporting)	17, 399, 425, 656, 661 ff., 934, 1936–2162, 2239–2241, 2278, 2290, 2293, 2294, 2360, 2450
Reputationsrisiko/-en	322, 354, 519, 525, 527, 679, 685, 740, 767, 1018, 1215, 1713, 1773, 1786, 1800, 2375, 2440
Retrograde Risikoinventur	921
Risikoaggregation	1922, 1924
Risikoarten	199, 678–742, 778, 795, 812–818, 861, 1018, 1058, 1089, 1237, 1266, 1771, 1786, 1791, 1848, 1918 ff., 2040–2101, 2508, 2552
Risikobericht(e)	48, 95, 99, 259, 296 ff., 661, 662, 817, 856, 869, 1047, 1464, 1936–2162, 2220, 2288 ff., 2363, 2421, 2445 ff.
Risikoberichterstattung	43, 1936–2162, 2258, 2290 ff., 2447, 2453, 2464, 2527
Risikobetrachtungshorizont	112–114, 207–209, 482, 545 ff. 966, 1030 ff., 1093, 1109, 1128 ff., 1340, 1360–1450, 1580, 1827, 2393, 2482, 2486, 2549
Risikodeckungsmasse (→ siehe auch Deckungsmasse)	229, 500 ff., 568, 751 ff., 925–943, 1013–1039, 1918, 1933, 1983–2004, 2254–2292, 2308, 2310, 2525
Risikodeckungspotenzial (RDP) (→ siehe auch Deckungspotenzial)	8, 79–111, 127, 137–198, 225–241, 353, 408–422, 501–523, 925–943, 962–1036, 1575–1586, 1962–2001, 2184–2249, 2389–2395, 2481–2525, 2537
Risikohandbuch	615, 1467
Risikoidentifikation	681
Risikoinventur	376, 493, 498, 499, 500, 519, 673–743, 767, 771, 921–924, 1023, 1234, 1359, 1771, 1786, 2374–2382, 2552, 2553
Risikokatalog	703, 714, 715, 1233, 1234, 1235
Risikokonzentration(en) (→ siehe auch Konzentrationsrisiko/-en)	67, 89, 93, 220, 317, 360, 445, 474, 685, 690, 707, 719, 724, 729, 735, 737, 770–866, 932, 1266, 1278, 1308, 1681, 1711, 1765, 1893, 1938, 2297, 2383, 2464, 2465, 2477

STICHWORTVERZEICHNIS

Risikomodell	322, 536, 627, 747–769, 810, 813, 870, 898, 900, 902, 940, 1021, 1271, 1272, 1293, 1334, 1336, 1385 ff., 1473, 1542, 1597, 1765, 1917–1924, 2142, 2373, 2402, 2406
Risikopotenzial	308, 356, 925, 926, 935, 943, 980, 1018–1036, 1234, 1269–1273, 1470
Risikoprofil (→ siehe auch Gesamtrisikoprofil)	89, 101, 108, 307, 354, 685, 709, 1018, 1023, 1160, 1798, 1919
Risikopuffer	91, 136, 712, 1212, 1333, 1350, 1353, 2114, 2235, 2236, 2261, 2268–2272, 2506
Risikoquantifizierung	110, 111, 199–215, 633, 753, 1023–1033, 1267, 1301, 1484, 1495, 1534–1596, 1847, 2182, 2371 ff., 2398–2431, 2521
Risikoreporting (→ siehe auch Reporting)	17, 399, 425, 656, 661 ff., 934, 1936–2162, 2239–2241, 2278, 2290, 2293, 2294, 2360, 2450
Risikostrategie	55, 79, 219, 439–487, 548, 570, 750, 917, 2144–2162, 2463, 2466, 2473, 2479, 2505
Risikotragfähigkeit, barwertig	2, 509, 515, 1452, 1502, 1757, 2180, 2081, 2229, 2494
Risikotragfähigkeit, periodisch	1129, 1137, 1144, 1346, 1347, 1348, 1492, 1502, 1581, 1732, 2360, 2483
Risikotragfähigkeit, wertorientiert	2, 509, 515, 1452, 1502, 1757, 2180, 2081, 2229, 2494
Risikotragfähigkeitsermittlung	149, 2253, 2473
Risikotragfähigkeitsinformationen	278, 383, 384, 387, 393, 419, 2176, 2461
Risikotreiber	320, 689, 716, 718, 723, 728, 734, 788, 791, 796, 810, 812, 1496, 1681, 1712–1714, 1872, 1874, 2120, 2329, 2342, 2344, 2349, 2356, 2436
rollierend	11, 12, 104, 480, 966, 1030, 1183, 1360 ff., 1455, 1487, 1586, 1754 ff., 1825 ff., 2183, 2218, 2360, 2362
RORAC	656, 1620, 2081, 2385
ROREC	656
RTF-Kalkül	621, 627, 629, 630, 645, 649, 650, 666
RTF-Limit	2175, 2222 ff., 2494

STICHWORTVERZEICHNIS

Sammelrisikoart	1778, 1779, 1788
Sanktionsmaßnahmen	271, 283, 299, 370–372
Säule 1+ / Säule I Plus Ansatz	265–379, 432, 857, 858, 936, 942, 1040, 1228, 1822–1824, 2143, 2532, 2534, 2554–2560
Schadensfalldatenbank	1730, 1755
Schwerer konjunktureller Abschwung	95, 108, 522, 1035, 1879, 1907, 1908, 1918, 2438, 2495
Sektorkonzentration	475, 786, 788, 789, 843, 846, 851, 861, 1266
Selbstverzehrende Limite	1460, 1584
Sensitivitätsanalyse	1513, 1681, 1872, 1884, 1890, 1902, 1903, 2124, 2209, 2426, 2437
Simulation	652, 663, 664, 706, 725, 759, 760, 870, 900, 904, 1032, 1062, 1071, 1074, 1075, 1104, 1118, 1143, 1150, 1186, 1218–1222, 1286, 1310, 1350, 1352, 1368 ff., 1537–1567, 1744, 1878, 1909, 1913–1929, 2172, 2214, 2323, 2331–2358, 2414, 2426, 2427, 2518, 2544
Skalierung	514, 641, 1032, 1356, 1360–1450, 1520–1524, 1567, 1580, 1584, 1745, 2263, 2552
Software Risikotragfähigkeit	2163–2366
Sonstige(s) Risiko/-en	24, 679, 685, 712, 1766–1866, 2290
Spezialfonds	1161, 1186–1194, 1238, 1305, 1308, 1349, 1588, 1667, 2070
S-RTF	16, 1160, 2165, 2172–2249, 2359–2366
Stabilität von Korrelationen	867–920
Standardansatz	47, 92, 632, 948, 949, 1590–1595, 1729, 1730, 1731, 1858
Steuerungskreis	123–136, 163, 397–408, 549, 636, 640, 650, 666, 765, 935–942, 1041–1159, 1284, 1322 ff., 1451 ff., 1461 ff., 1585, 2078, 2502, 2547
Steuerungssilo	621
Strategieabgleich	1963, 1988–1992, 2144–2162
Strategieprozess	437, 448–460, 466, 491, 529, 534, 538–544, 668
Strategische Planung	2323, 2326, 2337, 2432

STICHWORTVERZEICHNIS

Strategische(s) Risiko/-en	24, 47, 336, 486, 519, 533, 740, 923, 1018, 1771, 1773, 1774, 1786, 2476, 2506, 2552
Stressszenario/-en	367, 514, 596, 625, 1635, 1636, 1644, 1657, 1704, 1708–1711, 1867–1935, 2123, 2238, 2275, 2326, 2347–2358, 2444, 2516
Stresstest(s)	95–98, 208, 216–218, 284, 367, 598, 658, 750, 777, 868, 898, 902–914, 1607, 1702–1704, 1709, 1713, 1848, 1850–1859, 1867–1935, 2102–2143, 2238, 2286, 2296, 2321, 2347–2354, 2360, 2432–2448, 2515–2519
Stresstestreporting	2102–2143
Strukturbeitrag	487, 822, 823, 824, 1496, 1804
Strukturelle Liquiditätsrisikosteuerung	1617, 1618
Supervisory Review and Evaluation Process (SREP)	56, 60–75, 261, 265–379, 428–433, 483–487, 628, 634, 773, 785 ff., 1039, 1228, 1594–1596, 1604, 1628, 1800–1806, 1882, 2014, 2146, 2155, 2162, 2368, 2459, 2472, 2526, 2528, 2554–2562
Supervisory Review Process (SRP)	33, 38, 41, 51, 56, 59, 85, 246, 302, 483
Szenarioanalyse(n)	245, 749–767, 800–810, 863, 1021, 1027, 1104, 1118, 1502, 1528–1549, 1681, 1774, 1811, 1846, 1848–1859, 1872, 1873, 1903–1917, 2098, 2110, 2120, 2188, 2209, 2438
Terminrisiko	726, 1614, 1629
Total SREP Capital Requirement (TSCR)	271, 351, 360–363, 366–372, 377, 797, 2472
Überprüfungs- und Sanktionsinstrumente der Aufsicht	242–259
Ultimo/Ultimo Folgejahr	11, 12, 24, 1825–1833, 2360, 2362
Unerwartete(r) Verlust(e)	69, 139, 206 ff., 353–355, 358, 719, 849, 943, 1026, 1176–1278, 1249, 1396 ff., 1484–1488, 1536–1538, 1725, 1733–1763, 1860, 1888, 1930–1933
Unwesentliche(s) Risiko/-en	108, 690, 712, 1632

Validierung	65, 66, 111, 112, 320, 394, 423, 528, 744–769, 1569, 1571, 1735, 1744, 2398, 2400, 2413–2431
Validierungsprozess	744, 745, 750
Value at Risk (VaR)	47, 92, 215, 532, 608, 611, 624, 725, 753, 760, 777, 783, 980, 1027, 1028, 1219, 1220, 1275–1278, 1329, 1334, 1436, 1455, 1502, 1537–1569, 1590, 1619, 1630, 1666, 1680, 1681, 1706–1726, 1810–1844, 1868, 1876, 1892, 1909, 2083, 2102, 2312, 2383, 2431, 2436, 2512
Variabel verzinsliche Positionen	1504, 1505
Varianz-Kovarianz-Ansatz	760, 900, 1036, 1550, 1554, 1557, 1558, 1567, 1832, 1845, 1846, 2443
Verflachung (der Zinsstruktur)	477, 1513, 1519, 1524
Verlustbegrenzungslimit	1583, 1584
Verlustfreie Bewertung des Bankbuchs	980, 1085, 1122–1129, 1155, 2083
Verlustobergrenze	1, 925, 979, 1015, 1575, 1909
Vertriebsrisiko	354, 519, 740, 743, 767, 1771, 1788, 1786, 1792
Verzahnung	470, 490, 629, 634, 665, 1596, 2178, 2216, 2561
VR-Control	2250–2319, 2359–2366
Wertorientierte Risikotragfähigkeit (→ siehe auch Barwertige Risikotragfähigkeit)	2, 509, 515, 1452, 1502, 1757, 2180, 2081, 2229, 2494
Werttreiberbasierte Gesamtbankplanung	646, 647
Wesentliche/s Risiko/-en	104, 108, 268, 317–334, 415, 683, 714, 726, 767, 1018–1023, 1064, 1597, 1605, 1938, 2313
XBRL-Taxonomie	394, 395
Zahlungsbereitschaft	1607 ff., 1675 ff.
Zahlungsfähigkeit	1607, 1683, 2086, 2089
zeb.future.grip	2320–2358, 2359–2366

STICHWORTVERZEICHNIS

Zeitreihen	107, 110, 276, 299, 374, 522, 753, 763, 868, 1074, 1174, 1178, 1218, 1514, 1914, 1967, 2021–2025, 2348, 2349
Zielportfolio	1180, 1186, 1205, 1206, 1210, 1212, 1216, 1218, 1221, 1223
Zinsänderungsrisiko/-en	47, 325–327, 430–433, 521, 609, 722, 796, 950, 1084–1089, 1100–1159, 1478–1596, 1800, 1804, 2073, 2075, 2158, 2204, 2557, 2559
Zinsbuch	422, 599, 867, 896, 993–1000, 1006, 1084–1159, 1452, 1478–1596, 1888, 2081, 2083, 2258, 2547
Zinsbuchsteuerung	995, 1305, 1888, 2251, 2547
Zinsspannenrisiko/-en	1502, 1503, 1513, 1517, 1526–1538, 1574, 2509
Zinsstrukturmodell	1563, 1564
Zinsszenario/-en	725, 1127, 1137, 1513–1527, 1538, 1566, 1592, 1800, 2544